Multivariate Analysis

多變量
分析方法
統計軟體應用 第6版

陳正昌、程炳林、陳新豐、劉子鍵 著

五南圖書出版公司 印行

❧ 第六版序言 ❧

　　在社會及行為科學的研究中，隨著研究方法的複雜及個人電腦的普及，應用多變量統計方法來分析資料的機會也相對增加。特別是近年來，各大學研究生人數逐年增加，基於學位論文撰寫的需要，多變量分析方法及統計套裝軟體的運用乃成為不可或缺的能力。

　　西元 1994 年，有鑑於初次接觸多變量統計分析的學習者經常對於電腦程式的撰寫及報表閱讀感到困難，當時是博士候選人的陳正昌及程炳林乃以國內較普遍的統計軟體為主，撰寫《SPSS、SAS、BMDP 統計軟體在多變量統計上的應用》一書，介紹這三套軟體在多變量統計上的應用，並特別針對輸出報表做比較詳細的說明。

　　隨著電腦統計軟體視窗版的發展與更新，加上多變量分析方法不斷推陳出新，2003 年，乃由陳正昌另外邀請陳新豐及劉子鍵一同參與改寫工作，合力完成《應用多變量分析方法——統計軟體應用》這一著作。感謝讀者的支持，使本書歷經五次改版共十四刷 (另加大陸簡體字版)；更有超過二千四百位博碩士生在學位論文中，以本書為參考文獻。

　　此次改版，除了改用較新的資料做為範例，配合最新版統計軟體，補充新的概念外，第十三章多層次模式增加 SPSS 及 SAS 分析方法，並對第十二章結構方程模式做較大幅度的增補，整體共多了一百頁篇幅。此版仍附有光碟片，內含書中所有範例之資料及程式，並有詳細的操作說明影音檔，期望讀者能更快學會統計分析軟體。光碟中另附有陳偉儒先生設計用來計算構念信度及 AVE 的程式。

　　在本書中，我們挑選了較常用的多元迴歸分析 (multiple regression analysis)、邏輯斯迴歸分析 (logistic regression analysis)、典型相關分析 (canonical correlation analysis)、區別分析 (discriminant analysis)、平均數之假設考驗 (hypothesis testing of means)、多變量變異數分析 (multivariate analysis of variance, MANOVA)、主成份分析 (principal component analysis)、因素分析 (factor analysis)、集群分析 (cluster analysis)、多元尺度法 (multidimensional scaling, MDS)、結構方程模式 (structural equation modeling, SEM)、多層次模式 (multilevel modeling, MLM)，及線性對數模式 (loglinear model) 等十三種方法加以介紹。在多數的章節中，第一部分均為理論的說明，第二部分為小型資料的簡要分析及說明，第三部分是應用各種統計軟體 (以 SAS 及 SPSS 為主) 配合實際的資料加以解說，第四部分則為統計摘要。

本書的主要分析工具是 SAS 9.22 版、SPSS 19 版 (考量字體大小，操作畫面僅使用中文版加以示範，另附英文註解)。不過，第六章除了使用 SPSS 外，也兼用 NCSS 8.0 版，第十二章採用 LISREL 8.80 版、Amos 19.0 版，及 Mplus 6.12 版，第十三章則另行使用 HLM 7.0 版進行分析。由於同一軟體的新舊版本之間差異並不大，因此本書也適用於早期的版本。在視窗環境中，許多統計套裝軟體已經不太需要撰寫程式，所以本書在 SPSS、NCSS 及 HLM 部分，均有點取選單 (menu) 的圖示。不過因為有部分分析方法 (特別是多變量變異數分析及結構方程模式)，無法利用選單涵蓋所有功能，因此我們仍配合使用撰寫程式的方式進行分析 (程式中大寫部分為指令，讀者可以全部照引；小寫部分為變項，需要視個人資料加以更改)。輸出報表部分，為了不增加太多的篇幅，都只選擇一套軟體為主要解說的依據，必要時再輔以其他軟體。幸好，較知名的統計套裝軟體之輸出結果差異都不大，讀者應該都可以從本書中找到需要的說明。在本書出版後，新改版的 SAS 9.3、SPSS 23、Amos 23、NCSS 10，及 Mplus 8.4，它們的分析結果也都與本書相同。

本書能夠順利出版，首先要感謝臺灣師範大學林清山教授，在多變量課程認真的教導，並細心地審閱第一版初稿，恩師提攜之情永難忘懷。其次，四位作者在政治大學研究所就學期間，接受林邦傑教授、馬信行教授、余民寧教授、郭貞教授，及詹志禹教授在多變量統計相關課程的知識傳授，亦是本書得以完成的憑藉。林邦傑教授已於今年瓜熟蒂落、靠岸歇息，他是我們在多變量統計的啟蒙恩師，在此致上由衷感謝與懷思。

此次，我們邀請了成功大學教育研究所博士巫博瀚及賴英娟伉儷參與，他們共同撰寫了多層次模式實例分析中的 SPSS 及 SAS 程式及報表說明，有兩位年輕學者的加入，也代表了本書的歷史傳承。

當然，五南圖書出版公司慨允出版，張毓芬副總編輯細心規劃，侯家嵐責任編輯居間聯繫，以及許多讀者對本書的支持及指正，更是我們需要申謝的。

本書從出版到歷次修訂，花費了許多時間及心力才得以完成，期間也得力於許多人的協助。當然，不論如何用心，錯誤疏漏之處或恐難免，敬祈諸位先進直接與我們聯繫，提出批評指正，謹此表示感謝之意。除了本書所附光碟片外，如果仍需要資料檔及影音說明檔進行練習，煩請上陳正昌的網頁，在「個人著作」之「專書」部分下載 (http://faculty.nptu.edu.tw/~chencc/)。

陳正昌、程炳林、陳新豐、劉子鍵　謹識

2016 年 3 月

❧ 目　錄 ❧

1 多變量方法與軟體簡介

1.1 多變量分析方法簡介

學者在進行量化研究時，常不僅限於單變量 (univariate) 或雙變量 (bivariate) 的分析，許多時候要使用多變量分析 (multivariate analysis) 的方法。嚴格而言，多變量分析是用來同時分析兩個以上依變項的觀察資料的方法，它將依變項視為彼此有關的融合體，同時加以考量，而不是彼此無關而分離的單獨變項 (林清山，1988a)。寬鬆而言，多變量分析是用來探討多個變項間的單一關係或是多組關係的技術 (Hair, Black, Babin, Anderson & Tatham, 2006)，因此，多變量分析方法可大略定義為：同時分析三個以上變項間關係的方法。

隨著個人電腦的快速普及與統計軟體的持續發展，加上目前多數統計軟體的操作都相當容易，多變量統計已逐漸成為資料分析時不可或缺的工具。另一方面，由於前述的條件，使得許多以往較為複雜的多變量方法 (如：結構方程模式及多層次模式)，也普遍被使用。然而，如何選擇適當的方法加以善用，則需要特別留心，否則常會導致錯誤的結論。

在決定分析方法之前，研究者應先了解研究變項的性質。變項一般分成四類：**名義變項** (nominal variable, 或譯為名目變項)、**次序變項** (ordinal variable, 或譯為順序變項)、**等距變項** (interval variable, 或譯為區間變項)，及**比率變項** (ratio variable, 或譯為等比變項)。前兩者為**非計量性變項** (nonmetric variable)，無法進行數學之四則運算，為**質的變項** (qualitative variable, 或稱定性變項)；後二者為**計量性變項** (metric variable)，是**量的變項** (quantitative variable, 或稱定量變項)。

其次，應了解變項是屬於**自變項** (independent variable) 或**依變項** (dependent variable)，若不區分是自變項或依變項，則屬於**相依變項** (interdependent variable)。

1

依據上述的分類，可以將常用的多變量分析方法整理成**表 1-1**。

表 1-1　多變量分析方法分類

		依變項		
		無依變項	非計量	計量
自變項	非計量	對數線性模式 多元尺度法 潛在類別分析	邏輯對數線性模式	Hotelling T^2 多變量變異數分析
	計量	主成份分析 因素分析 集群分析 多元尺度法	邏輯斯迴歸分析 區別分析	多元迴歸分析 多變量迴歸分析 典型相關分析 結構方程模式

如果自變項及依變項都是計量的變項，適用的統計方法有多元迴歸分析 (見本書第二章)、多變量迴歸分析、典型相關分析 (第四章)、結構方程模式 (第十二章)。多元迴歸分析主要在使用一組計量 (或非計量) 變項加以組合，以對另一個計量變項進行預測。典型相關分析是分別針對兩組計量變項加以組合，以求得組合因素的相關。結構方程模式 (也包含徑路分析) 則在探討多個計量變項間的因果關係。

假使自變項是計量變項，而依變項為非計量變項，適用的統計方法有邏輯斯迴歸分析 (第三章) 及區別分析 (第五章)。區別分析常用於分類，是使用一組計量 (或非計量) 變項加以組合，以對另一個非計量變項加以預測，此常用於觀察體的分類。進行區別分析時，如果資料違反統計假定，邏輯斯迴歸分析是可行的替代方法，邏輯斯迴歸分析常用於醫學的研究。

要比較各組間多個計量變項平均數的差異，Hotelling T^2 (第六章) 及多變量變異數分析 (簡稱 MANOVA，見本書第七章) 是常用的方法。Hotelling T^2 適於用一組或兩組之間多個計量依變項平均數的比較，如果自變項是三組 (水準) 以上，或是有兩個以上非計量的自變項 (二因子以上)，則應使用多變量變異數分析。

如果變項都是計量變項，但不區分自變項或依變項 (稱為相依變項)，則可用的統計方法有主成份分析 (第八章)、因素分析 (第九章)、集群分析 (第十章)，及多元尺度法 (簡稱 MDS，見第十一章)。主成份分析是針對一組計量變項加以線性

組合,以達到精簡的目的。因素分析則在探討一組計量變項的潛在因素或結構,可以針對變項加以分類。集群分析是使用一組計量 (或非計量) 變項,對觀察體 (也可用於變項,但較少使用) 加以分類。MDS 之目的在發掘一組變項 (可為計量或非計量) 背後之隱藏結構,希望在主要元素所構成的構面圖來表達出資料所隱藏的內涵。

當變項都是非計量變項時,如果是相依變項,可以使用對數線性模式 (第十四章)、MDS,及潛在類別分析。對數線性模式在探討一組非計量變項的關係,分析時並沒有自變項及依變項之分,如果依變項也同樣是非計量變項,則應使用邏輯 (logit) 對數線性模式 (也見第十四章)。潛在類別分析在探討一組非計量變項的潛在因素或結構 (亦為非計量性質),類似於計量變項的因素分析 (可使用 Latent GOLD 或 Mplus 進行分析),此方法可參見邱皓政 (2008) 的專書。

1.2 統計軟體簡介

多數研究者在進行多變量分析時,均會使用現成的統計套裝軟體;而配合統計軟體撰寫教科書,也是目前的趨勢。經過多年的發展,目前常見的統計軟體均具備相當友善的操作界面,也具有非常完備的分析功能。不過,軟體難免會有錯誤 (bug),除了定期更新 (update) 及升級 (upgrade) 外,由於計算過程像是「黑箱」(black box),使用者無法了解其中奧祕,筆者建議最好能同時使用兩套以上軟體進行分析並互相對照,以減少可能出現的運算錯誤。

常言道:「尺有所短,寸有所長。」這些統計軟體 (如 SPSS 及 SAS),多半是配合多數使用者的普遍需要,因此涵蓋的分析程序較多,然而對於特殊需要者,則會顯得不足,此時就有必要使用較特定用途的統計軟體 (如 LISREL 及 AMOS)。以下簡要介紹國內研究者常用的統計軟體 (其他較詳細的說明請參見本書各統計方法專章),多數軟體 (除 SAS 外) 都可以在該公司的網站下載試用版 (多數是一定使用期限的完整版,少數是分析變項較少但無使用期限的限定版),有需要的讀者可以自行下載。

1.2.1 SPSS (新名為 IBM SPSS Statistics)

SPSS 軟體所屬之 SPSS 公司 (網址為 http://www-01.ibm.com/software/analytics /spss) 於 1968 年設立，至今已有四十多年 (2009 年 7 月被 IBM 公司併購)，早期 它代表著 Statistical Package for the Social Sciences，其後是 Statistical Product and Service Solutions 的縮寫，自 2009 年 4 月起，短期更名為 PASW (Predictive Analytics Software)，並有一系列產品，目前改為 IBM SPSS Statistics。

SPSS Statistics 目前為 21 版，自第 8 版開始，偶數版 (除 16 版外) 均有繁體 中文版，17 版開始已可直接切換 12 種語言界面及報表 (含繁體及簡體中文)。SPSS Statistics 採短期授權及長期賣斷兩種方式，如果要進行多變量分析，最少需要 Base、Advanced，及 Regression 三個模型 (model)，其他模型可視使用者需要加以 選購。19 版之後，改為 Standard、Professional，及 Premium 三種版本。

進入 SPSS Statistics 後，首先會出現以下畫面，可以在此開啟現成的資料檔或 選擇輸入資料。此時點選「取消」按鈕可以直接進入資料登錄。如果勾選左下角 的「以後不要再顯示這個訊息」，則下次再登入時就不會看到這個畫面。

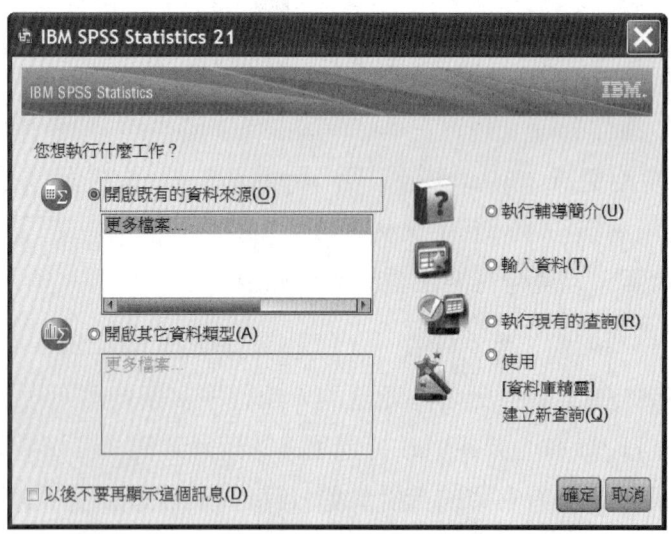

圖 1-1　SPSS Statistics 進入畫面

在資料檔中有「資料檢視」及「變數檢視」兩個子視窗，後者可以界定變項 的各種屬性，前者則是輸入資料之處。SPSS Statistics 可以讀入 SAS、STATA，及

SYSTAT 的資料檔進行分析；也可以將資料檔存成 SAS 及 STATA 兩種統計軟體，及其他試算軟體或資料庫軟體格式，以便使用其他軟體進行分析。

　　SPSS Statistics 可採點取選單及撰寫語法兩種方式進行分析，目前多數統計方法均可使用選單方式進行分析，但典型相關分析仍須使用撰寫 MANOVA 語法或執行 "Canonical correlation.sps" 巨集檔的方式進行分析。

　　撰寫的語法如果正確無誤 (自 17 版之後提供語法檢查功能) 或選單點選完成 (正確與否則視研究者之統計知識而定)，則可以產生報表。在輸入視窗左邊為瀏覽器，可直接點選所需要的部分，右邊為報表 (多數均已表格化處理)，可以直接複製到文書處理軟體。

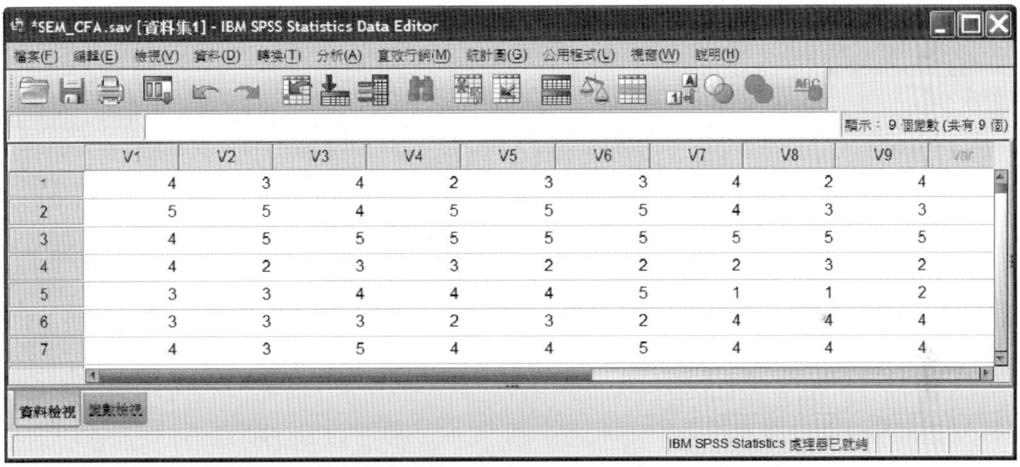

圖 1-2　SPSS Statistics 資料檢視畫面

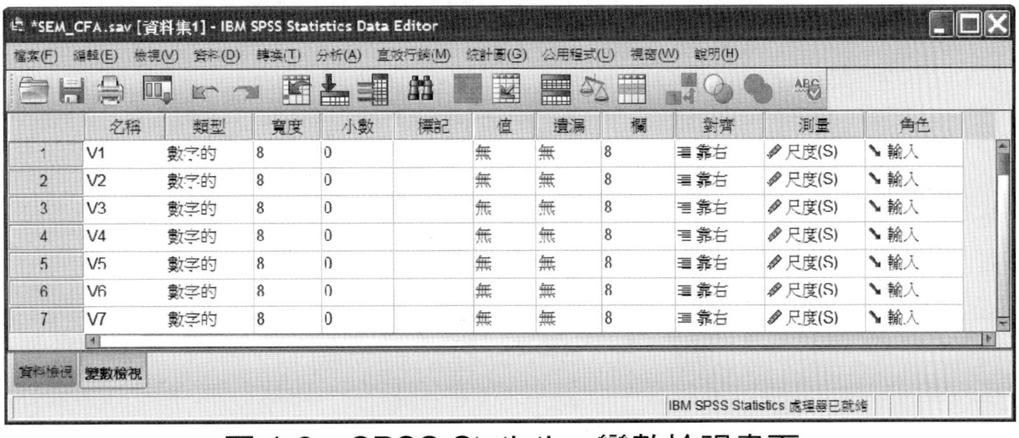

圖 1-3　SPSS Statistics 變數檢視畫面

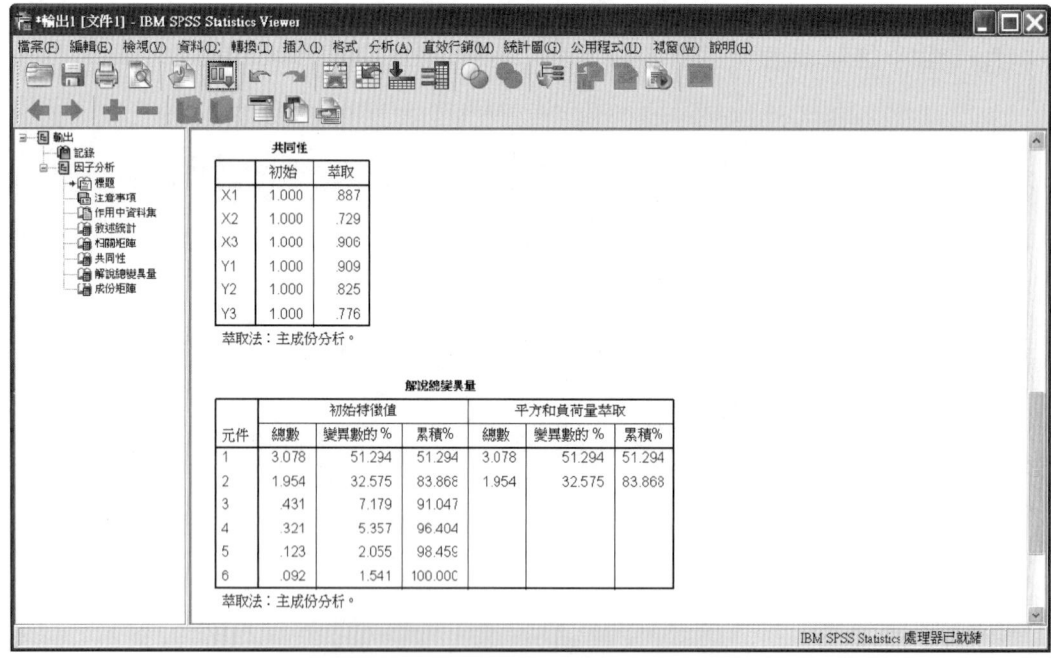

圖 1-4　SPSS 語法檔及選單

圖 1-5　SPSS 輸出結果檔

1.2.2　SAS

　　SAS 軟體所屬之 SAS 公司 (網址為 http://www.sas.com) 成立於 1976 年，距今已超過三十年歷史。早期 SAS 是 Statistical Analysis System 的縮寫，現在該公司宣稱，SAS 只是一個名稱，不代表任何英文字。

　　SAS 最新版為 9.3 版，以承租方式為主，如果進行多變量分析，至少要有 BASE 及 STAT 兩個模組，如果要進行高解析度之繪圖，則需 GRAPH 模組。假設欲使用矩陣加以計算，可以選用 IML (Interactive Matrix Language) 模組。SAS 公司另一套 JMP 軟體 (目前為第 10 版，可下載試用版)，亦具有強大的繪圖及分析功能。

　　進入 SAS 系統後，主要有 4 個視窗，它們分別是 Editor、Log、Output，及 Results。Editor 用來撰寫 (或開啟) 語法，完成後點選 👟 按鈕即可進行分析；Log 顯示分析過程的訊息，如果語法有誤無法執行，會在此視窗出現錯誤訊息；Output 視窗為分析後報表；Results 視窗為分析結果之瀏覽器，可快速找到分析之結果。SAS 9.2 版之結果檔以純文字形式為主，9.3 版則改為 HTML 形式呈現 (如果使用中文版，9.3 版會有中文報表)，對於網頁設計相當方便。

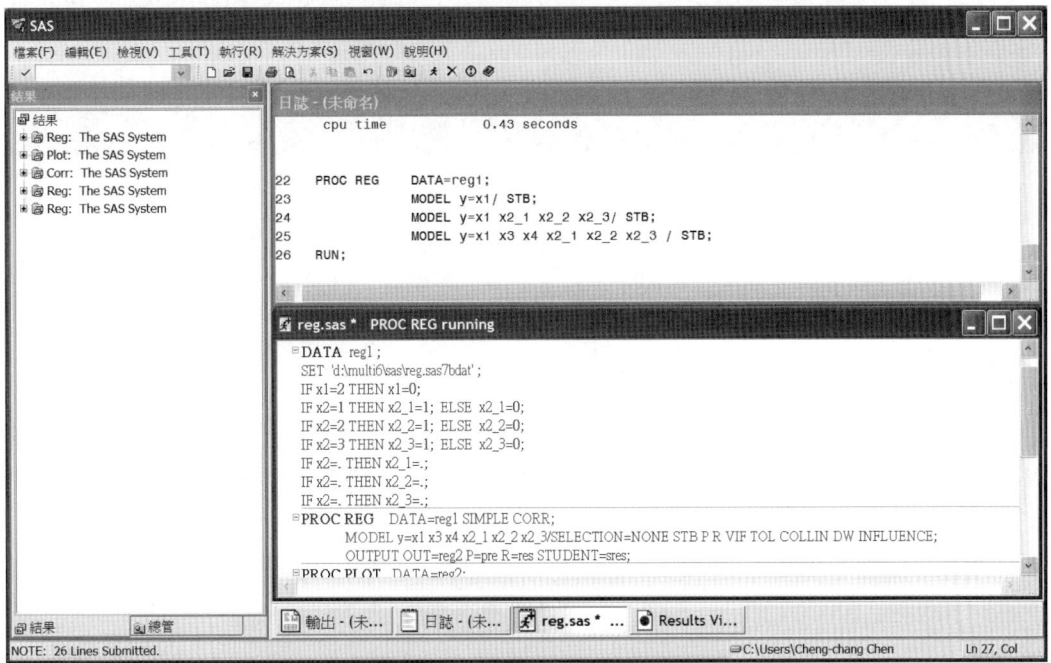

圖 1-6　SAS 操作畫面

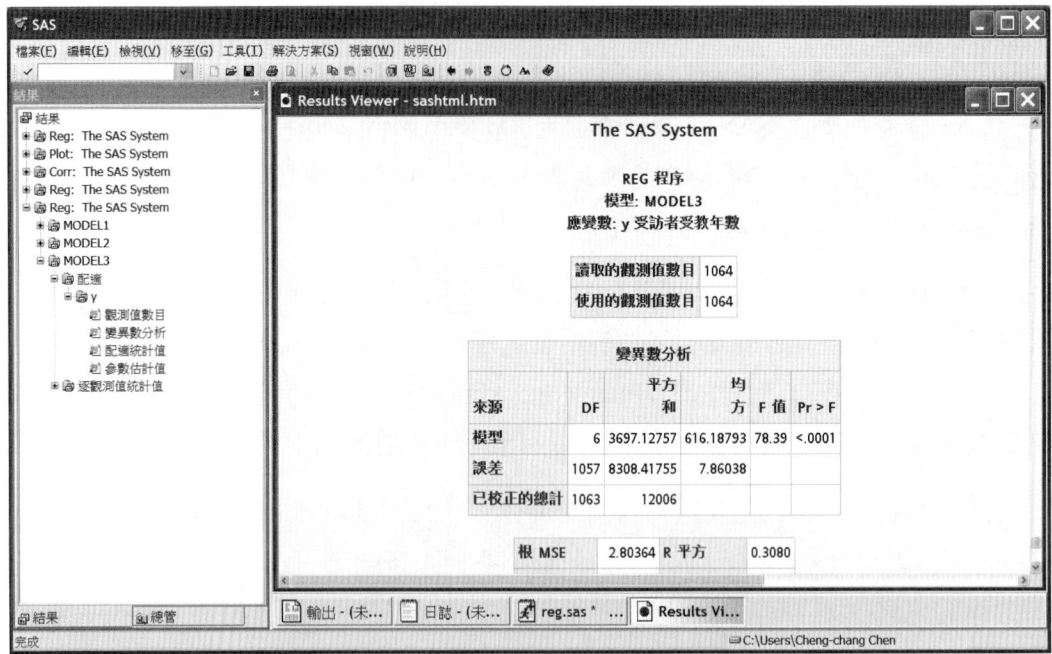

圖 1-7　SAS 之 HTML 輸出結果

　　早期的 SAS 只能使用撰寫語法的方式進行分析，6.12 版後可以使用 Analyst 進行部分統計分析 (9.2 版之後不再支援此項目)，目前可使用 Enterprise Guide 進行多數的分析工作，不需撰寫語法，對初學者甚為方便。

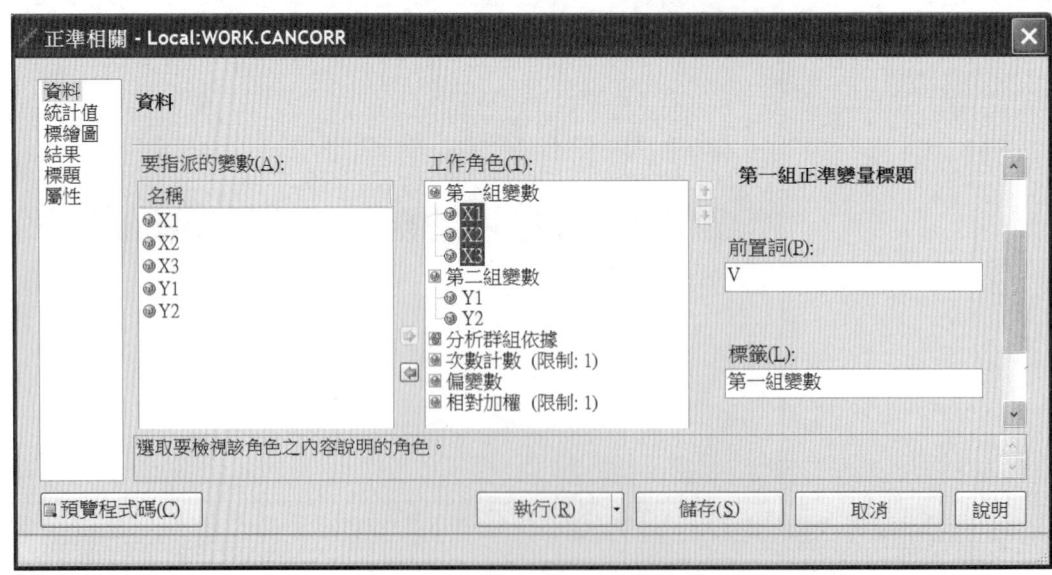

圖 1-8　SAS 之 Enterprise Guide 操作畫面

Enterprise Guide 報表以 HTML 形式呈現，下圖為典型 (正準) 相關分析結果。

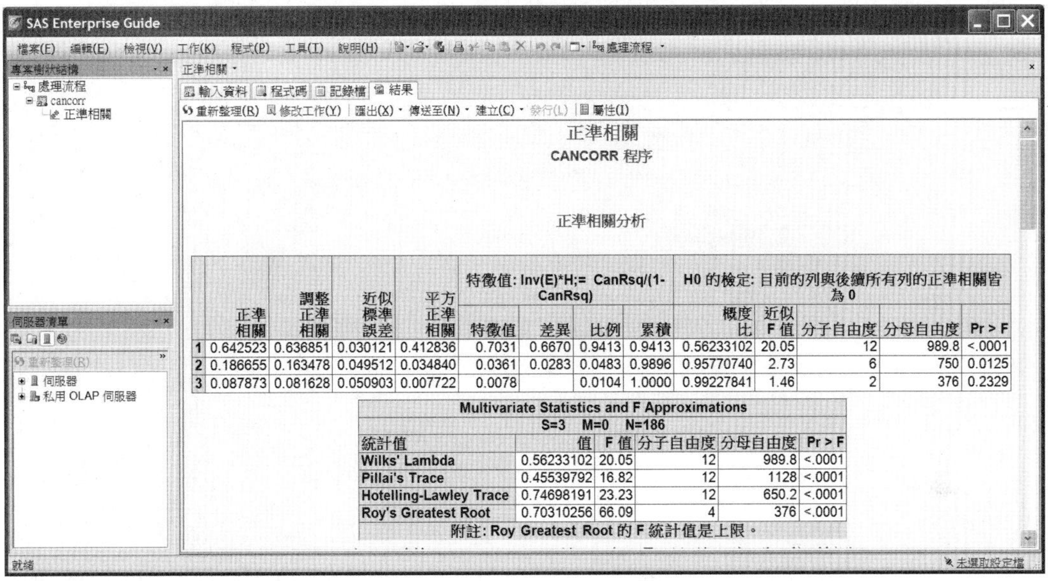

圖 1-9　SAS 之 Enterprise Guide 分析結果

1.2.3　Minitab、STATISTICA，及 STATGRAPHICS

Minitab 軟體早期屬於賓州州立大學，目前為獨立運用的 Minitab 公司 (網址為 http://www.minitab.com，臺灣分公司網址為 http://www.minitab.com.tw)，具有功能完整的 6 Sigma 及實驗設計功能，目前為 16.2 版。

STATISTICA 為 StatSoft 公司 (網址為 http://www.statsoft.com，臺灣分公司網址為 http://www.statsoft.com.tw) 所發行，目前為第 10 版，其 7.1 版有繁體中文版，8.0 版有簡體中文版。除了完備的多變量統計方法之外，STATISTICA 也具有實驗設計、資料採礦、類神經網路，及結構方程模式等分析功能。STATISTICA 可以直接讀入 SAS、SPSS、JMP，及 Minitab 的資料檔進行分析，分析方式則以選單點選為主，統計繪圖功能相當強大，操作也相當簡便。

STATGRAPHICS 屬於 StatPoint 公司 (網址為 http://www.statgraphics.com)，於 1982 年即發行第 1 版，目前最新版為 16.1 版，其特點為統計繪圖，報表相對於其他軟體則較簡要，除常用之多變量分析方法外，它也包含了 6 Sigma 及實驗設計的功能。

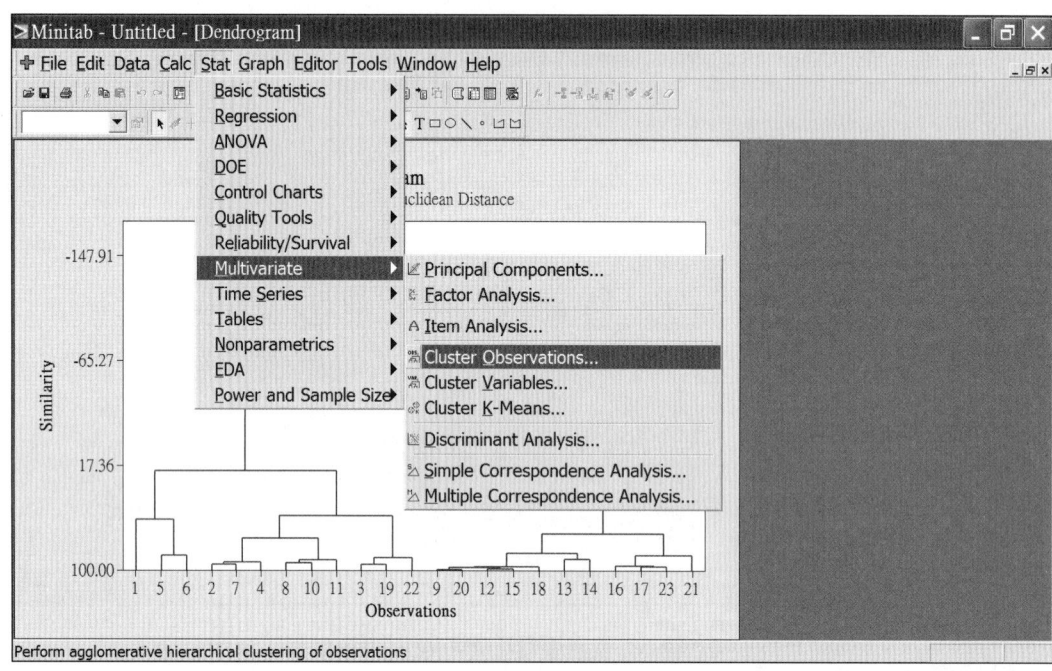

圖 1-10　Minitab 操作畫面

圖 1-11　STATISTICA 操作畫面

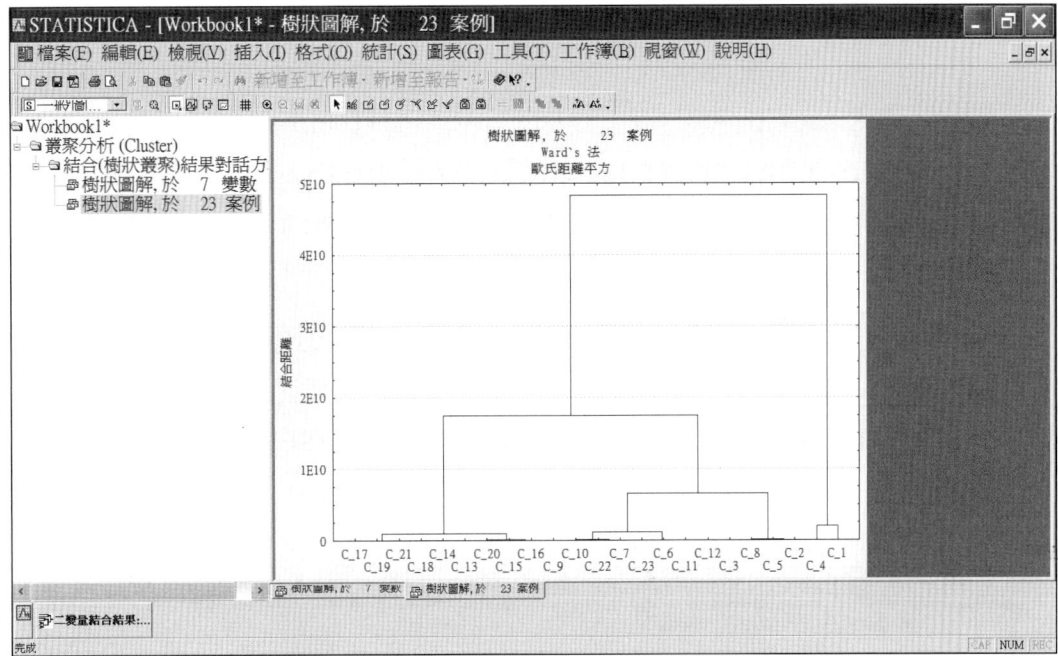

圖 1-12　STATISTICA 輸出結果

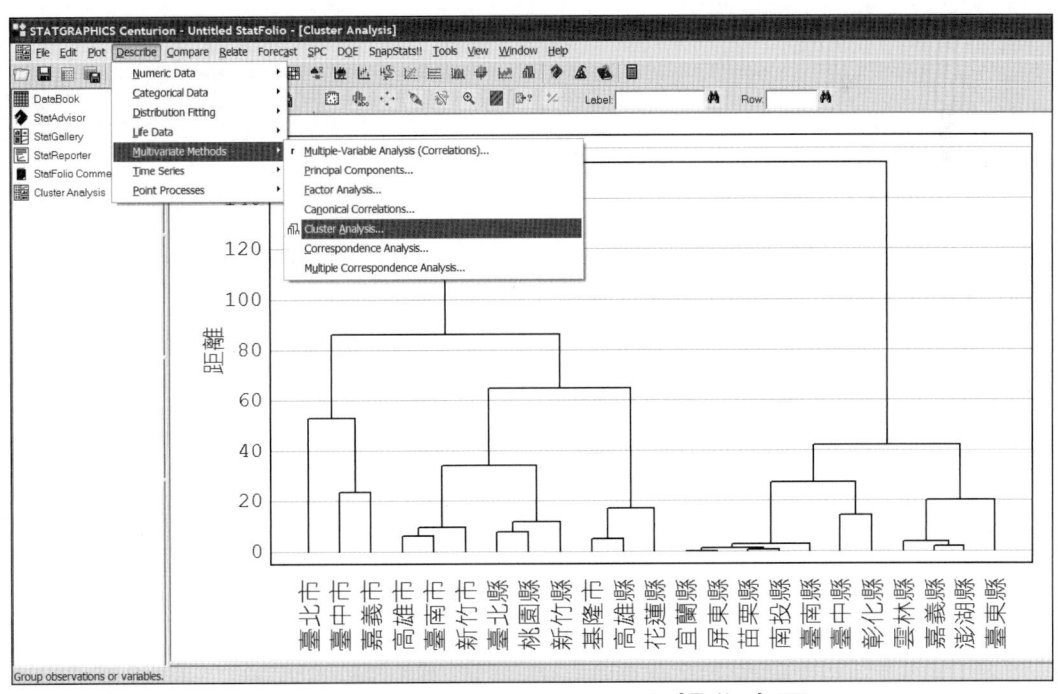

圖 1-13　STATGRAPHICS 操作畫面

1.2.4 STATA

STATA 為 StataCorp 公司 (網址為 http://www.stata.com) 所發行，目前是 12 版，雖然僅能讀入 STATA 本身的資料檔，不過可以使用 Stat/Transfer (目前為 11 版) 將其他統計軟體的資料檔轉換成 STATA 格式，或是使用 SPSS 將資料直接存成 STATA 格式。STATA 可以使用選單點選進行分析，也可以撰寫語法，如果有缺少之統計功能，可以透過網路尋找其他使用者提供的 ado 檔，擴充性相當大。

STATA 比一般統計軟體提供更多的分析方法，它在類別資料及縱貫資料的分析更是突出。STATA 以往並沒有內附分析結構方程模式 (SEM) 的功能，自 12 版後已經加入此分析程序，使用上更是方便。

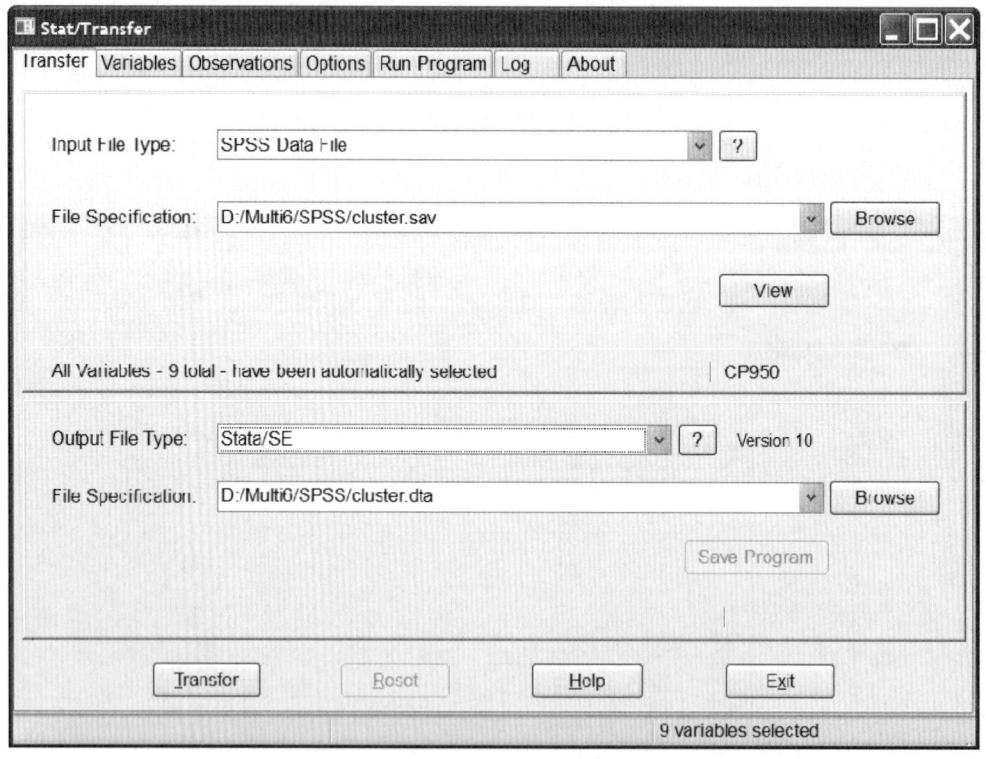

圖 1-14　Stat/Transfer 操作畫面

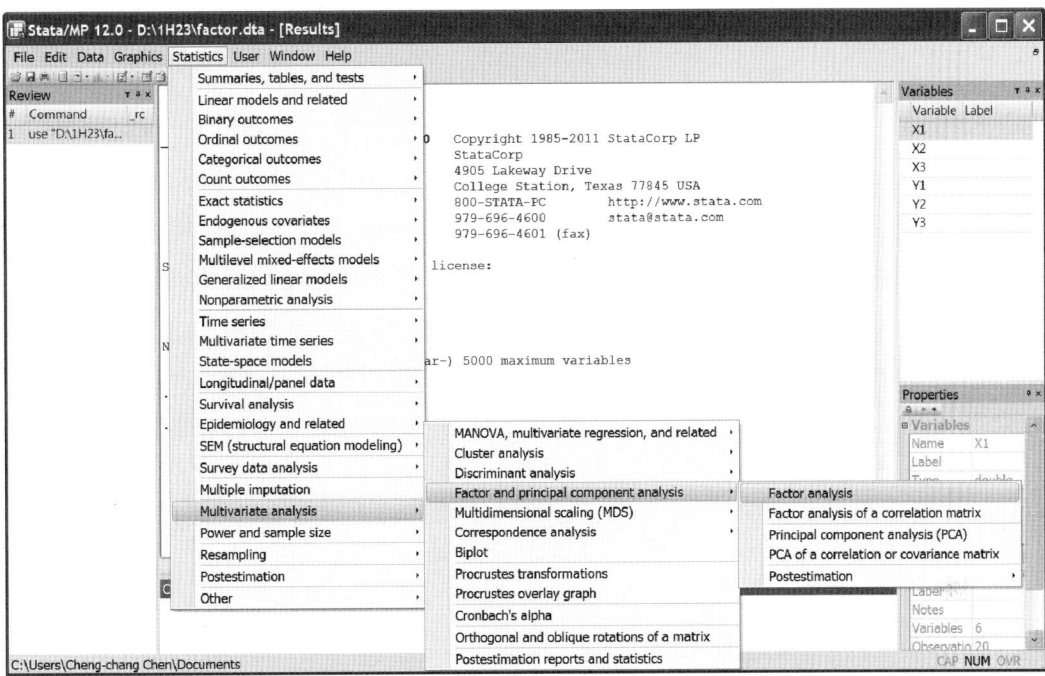

圖 1-15 STATA 操作畫面

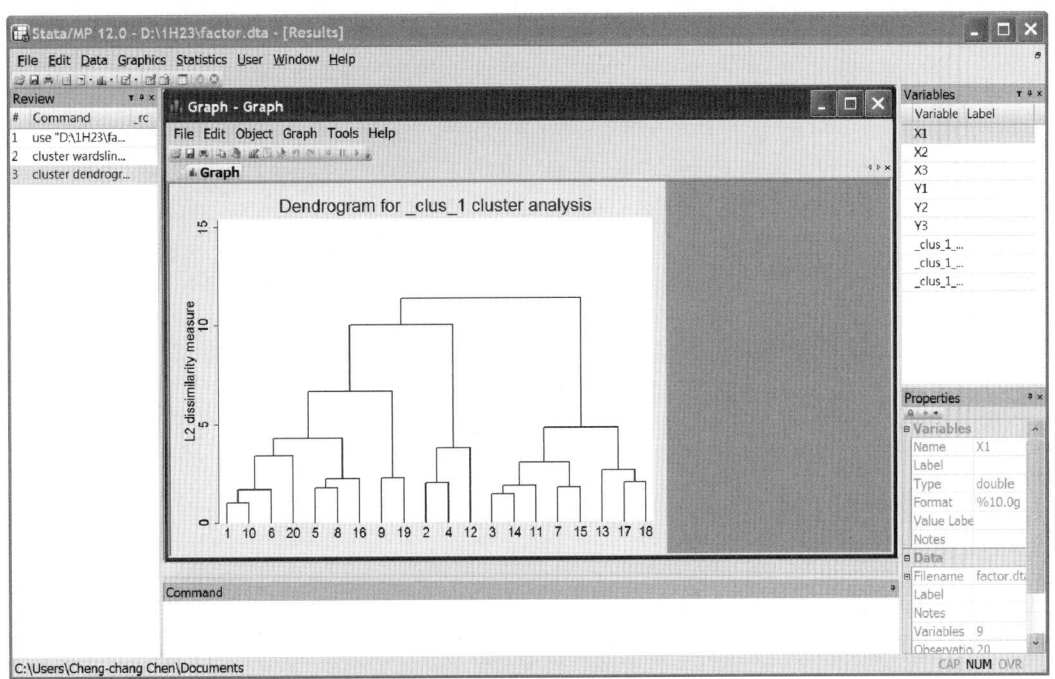

圖 1-16 STATA 輸出結果

1.2.5　SYSTAT

　　SYSTAT 於 1982 年開始發行，曾被 SPSS 公司併購，目前是 Cranes Software 的子公司 (網址為 http://www.systat.com)，最新版本是 13.0 版。SYSTAT 除了擁有常用的多變量分析法外，也具有其他統計軟體較欠缺的單變量假設考驗功能 (如：平均數 Z 考驗，及比例、變異數、相關係數的假設考驗)。SYSTAT 免費提供功能較精簡但無使用期限的學生版 MYSTAT 軟體 (另有完整功能但有 30 天使用期限的 SYSTAT 可下載)，多數常用的多變量統計方法均可以使用本軟體進行分析。該公司另一套 SigmaPlot 軟體 (目前為第 12.0 版)，則具有強大的統計繪圖功能。

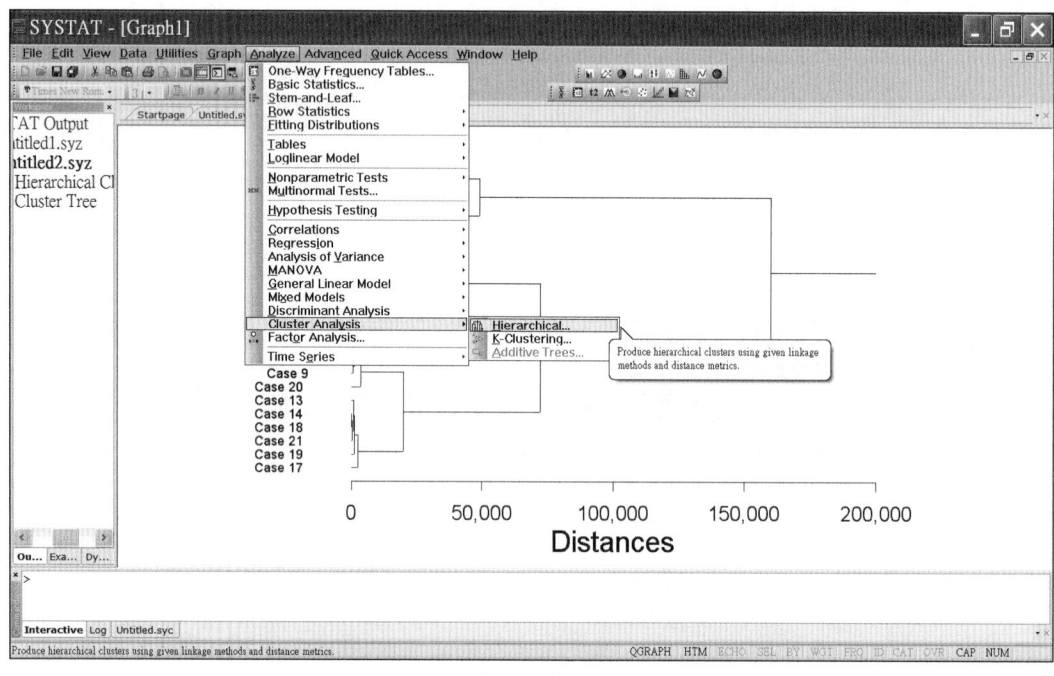

圖 1-17　SYSTAT 操作畫面

1.2.6　NCSS

　　NCSS 為 NCSS 公司 (網址為 http://www.ncss.com) 所發行 (最早於 1981 年發行)，目前是 8.0 版，另有 PASS (Power Analysis and Sample Size) 11 版可以進行統計考驗力分析及樣本數計算。NCSS 具有 SAS 及 SPSS 多數的分析能力，而其 Hotelling T^2 則是其他兩者欠缺的功能。

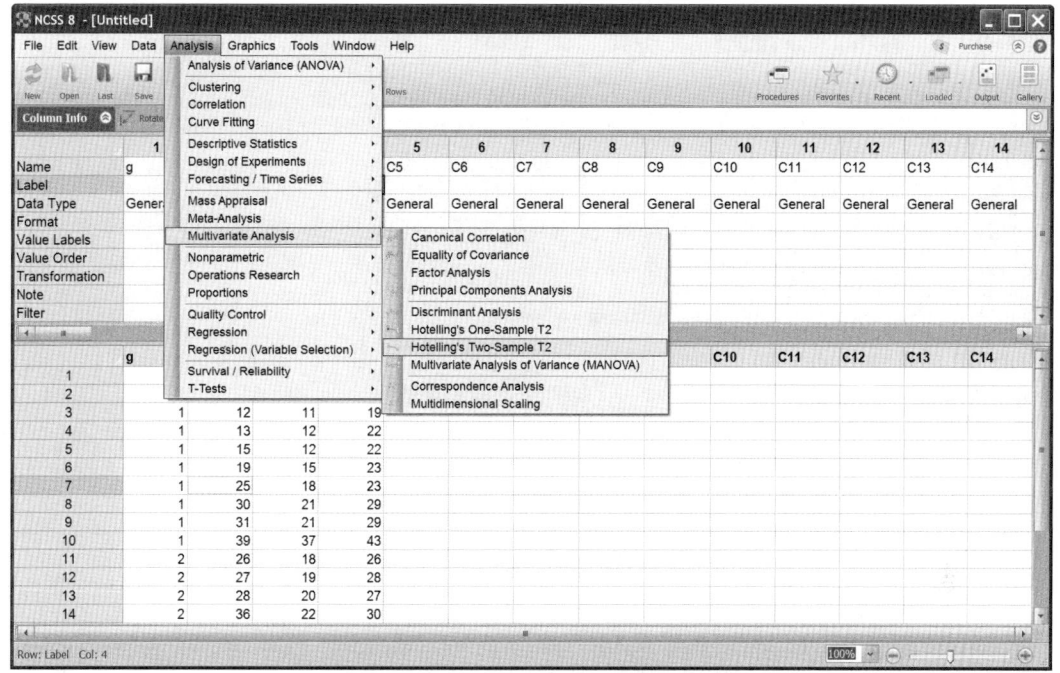

圖 1-18　NCSS 操作畫面

1.2.7　S-PLUS 及 R

　　S 語言是由 AT&T 貝爾實驗室所開發一種用來進行數據探索、統計分析，及繪圖的語言，而 S-Plus 及 R 都是植基於 S 語言的統計軟體。S-PLUS 由 TIBCO 公司 (網址為 http://www.tibco.com) 販售，屬於商業軟體，目前為第 8.2 版；而 R 則是一群志願者所開發的軟體 (網址為 http://www.r-project.org)，屬於自由軟體 (freeware)，目前為 2.15.1 版。兩套軟體有一定的相容性。

　　這兩套軟體均能處理多數的多變量統計分析，也具有相當優異的繪圖功能。S-PLUS 可以兼採選單及語法方式進行分析，R 以撰寫語法為主，如果安裝 R Commander 也可以使用選單進行分析。

　　由於 R 屬自由軟體，沒有版權問題，適合經費不足的單位或學生；且參與開發的志工眾多，有特殊的統計方法，多數可以在網路中尋找並安裝，目前有愈來愈多的統計書籍使用 R 進行分析，因此值得大力推薦。在臺灣可以經由臺灣大學或靜宜大學下載特定的附加程式。

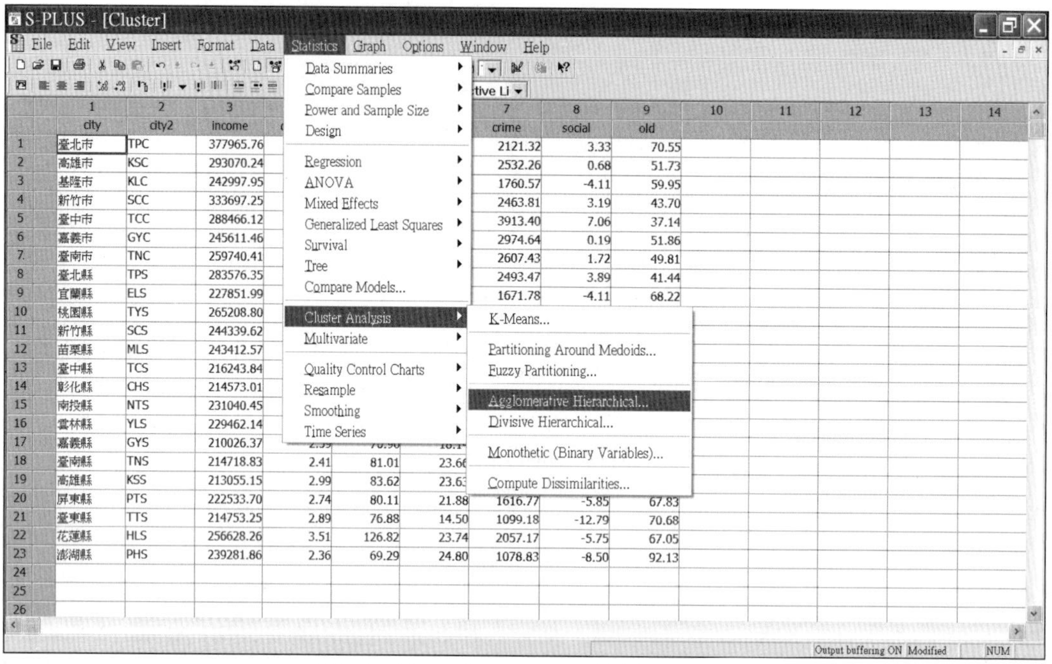

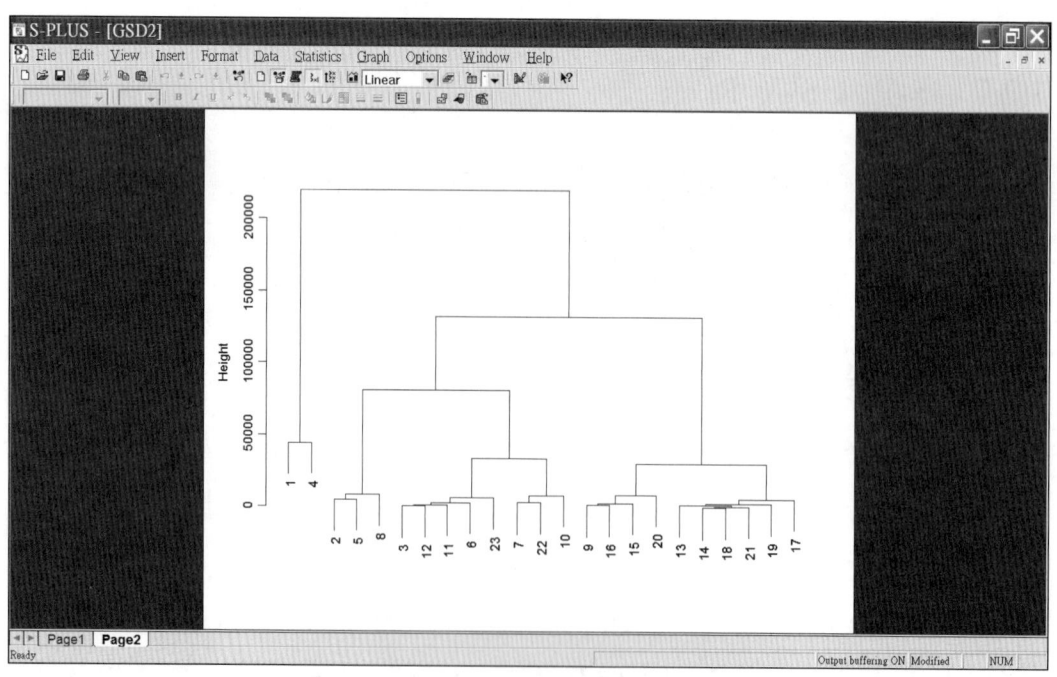

圖 1-19　S-PLUS 操作畫面

圖 1-20　S-PLUS 繪製之圖形

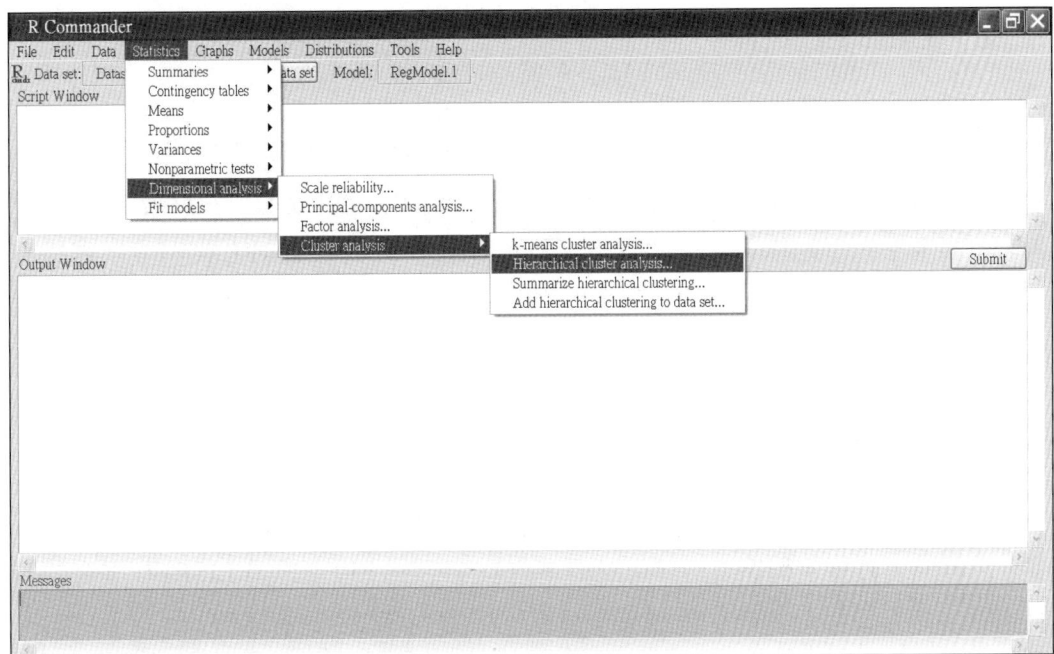

圖 1-21　R 操作畫面

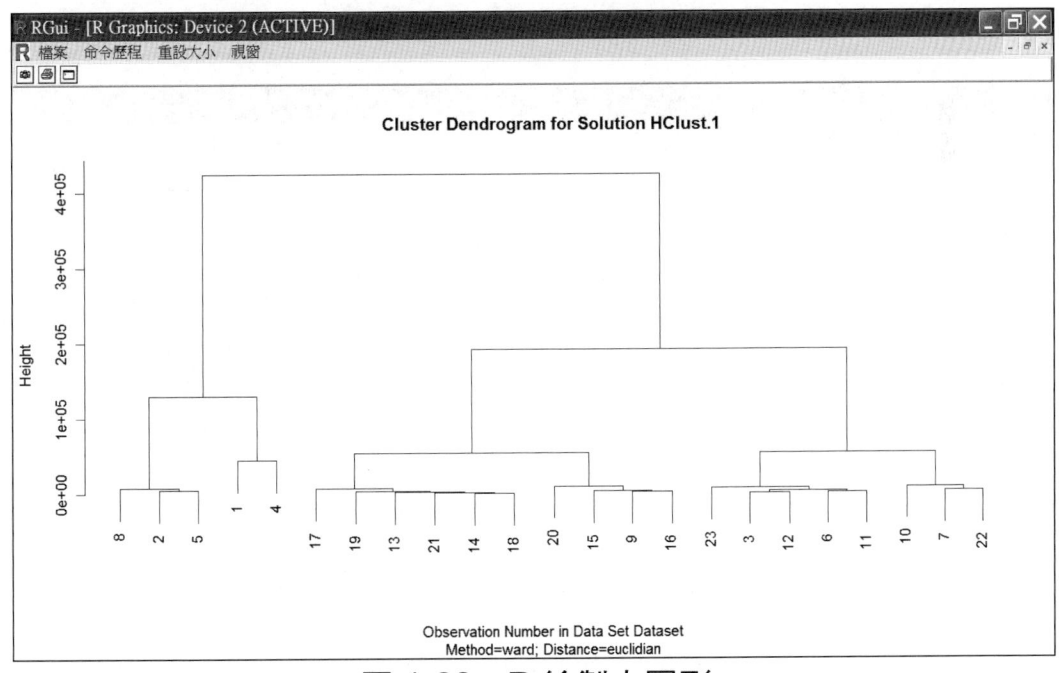

圖 1-22　R 繪製之圖形

1.2.8　LISREL

　　LISREL 由瑞典統計學家 Jöreskog 及 Sörbom 於 1970 年代設計，目前由 Scientific Software 公司（網址為 http://www.ssicentral.com/lisrel）發行，最新版是 8.8 版，主要用來進行結構方程模式分析，由於使用者眾多，LISREL 甚至成為結構方程模式的代名詞。除了結構方程模式之外，LISREL 也提供了各式迴歸及試探性因素分析功能。

　　LISREL 的使用者多數使用語法進行分析，早期的 LISREL 語法較為專業，須具備矩陣概念，目前的 SIMPLIS 語法則使用簡單的英文，配合方程式加以撰寫，使用甚為方便。語法撰寫完成後，點選 按鈕即可。其資料檔可以內含於語法中，也可以另外指定檔案；格式可為標準之文字形式，也可以是 LISREL 本身的資料格式，如果使用 LISREL 語法，則可以直接讀入 SPSS 的資料檔。

　　LISREL 可以使用語法繪製徑路圖，也可以由圖形產生語法。其 SIMPLIS 語法之結果檔較為簡要，筆者建議加上 "LISREL OUTPUT" 及關鍵字，以輸出較為完整之 LISREL 結果。

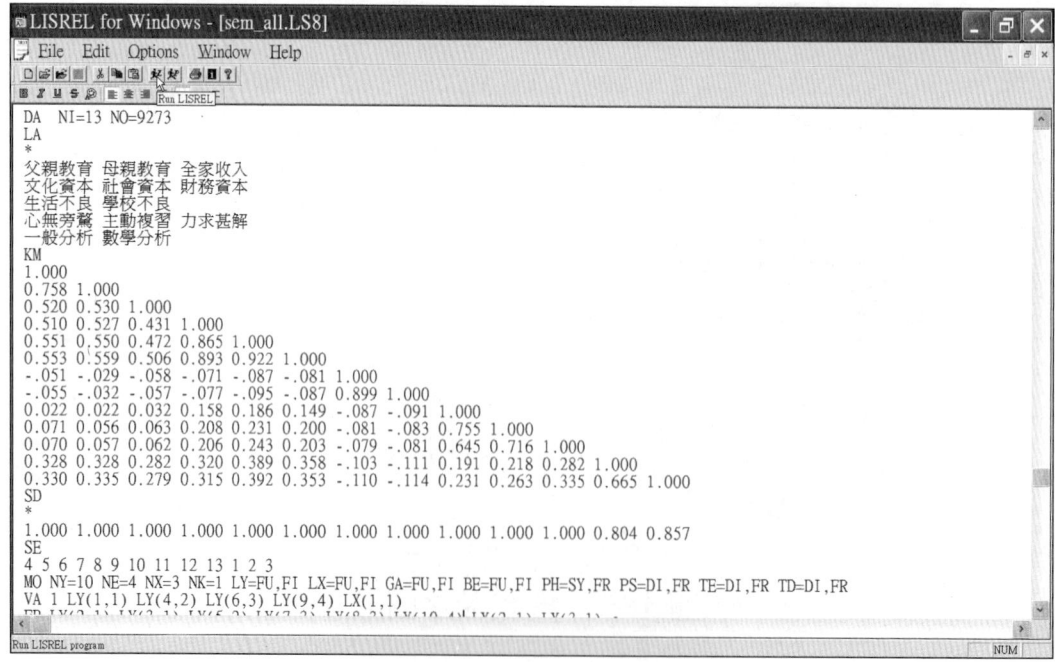

圖 1-23　LISREL 語法檔

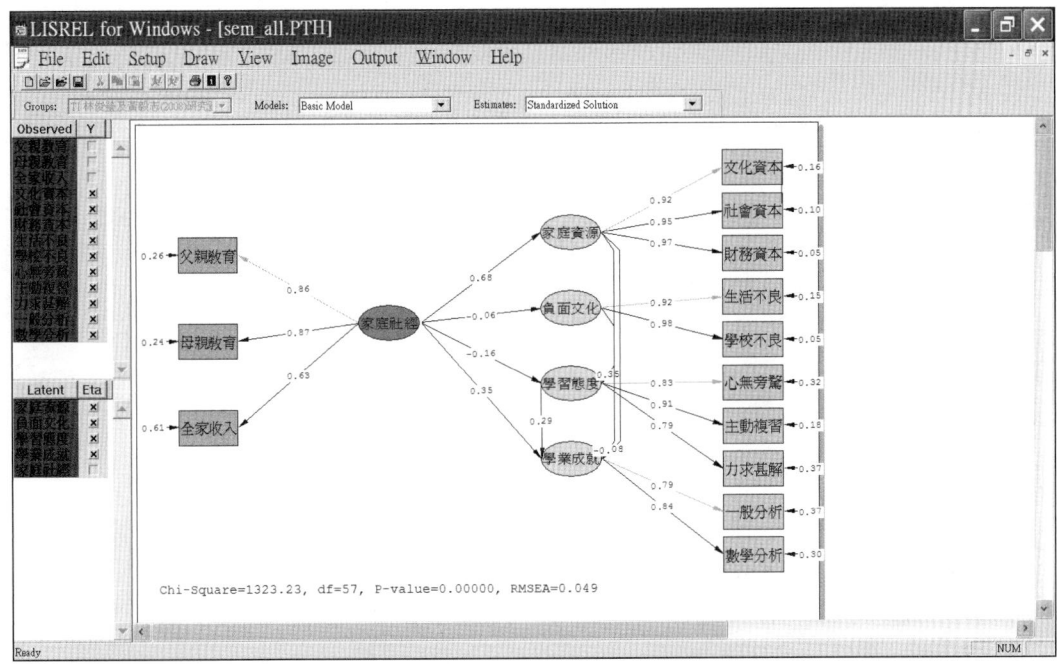

圖 1-24 LISREL 徑路圖

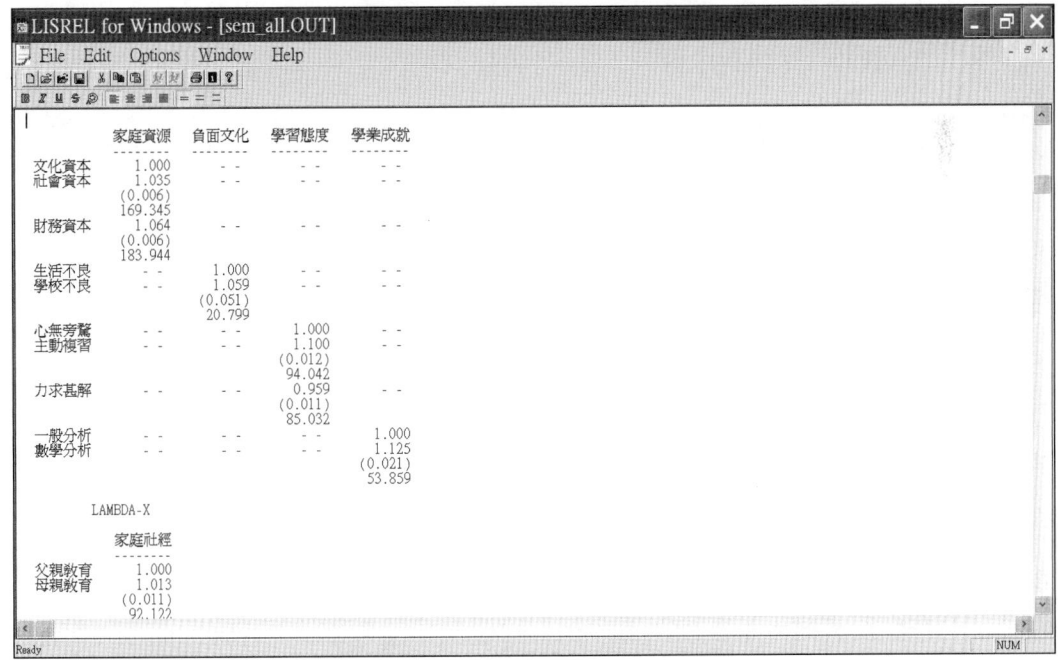

圖 1-25 LISREL 輸出結果

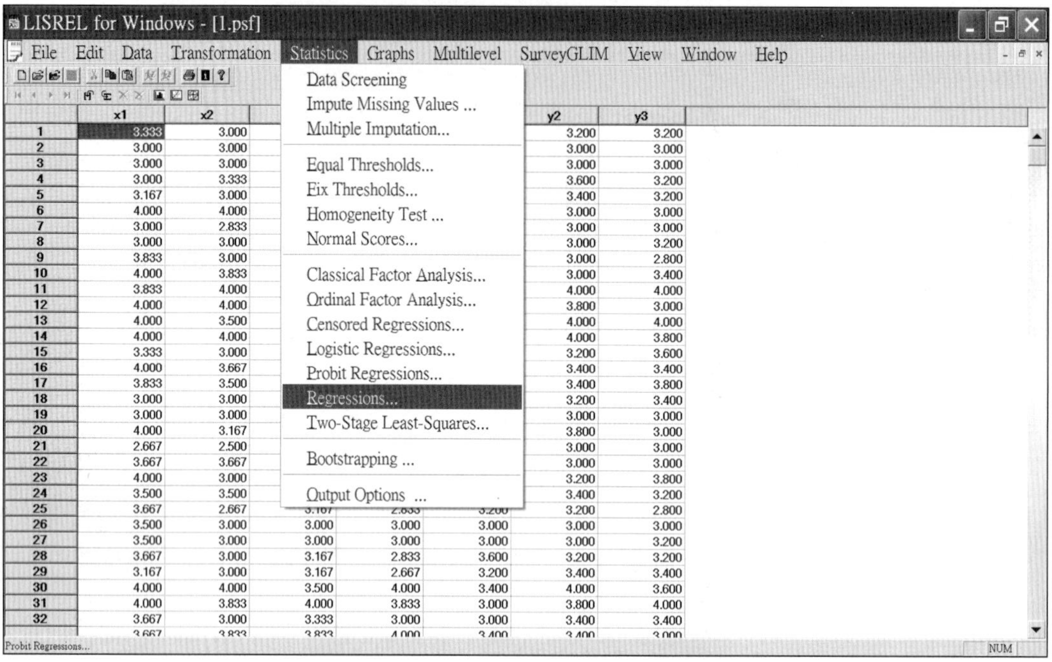

圖 1-26　LISREL 選單畫面

1.2.9　AMOS 及 Mplus

　　AMOS 由 Arbuckle 設計，SPSS 公司 (網址為 http://www-01.ibm.com/software /analytics/spss/products/statistics/amos/) 發行，目前是 21 版，主要用來進行結構方程模式分析，可以直接使用 SPSS 資料進行分析。由於操作界面簡單，AMOS 逐漸受到使用者的喜愛。

　　分析前，先繪製徑路圖，接著點選 "Analyze" 下之 "Calculate Estimates" 即可估計參數。如果模式無誤，可以點選 "View the output path diagram" 檢視分析結果。也可以從 "View" 下之 "Text Output" 檢視文字報表。

　　Mplus (網址為 http://www.statmodel.com) 由 Muthén 伉儷所設計，前身為 LISCOMP。Mplus 於 1998 年發行第 1 版，目前為 6.12 版，可以用來進行結構方程模式、潛在類別模式，及各種迴歸分析，可說是功能相當強大的統計軟體。Mplus 以撰寫語法為主，語法完成後，點選 RUN 即可進行分析，其輸出檔為純文字形式。

　　如果進行結構方程模式分析，Mplus 所提供的適配性指標較 LISREL 及 AMOS 少，但是它能進行的分析方法 (如，潛在類別分析)，則較後兩者多。

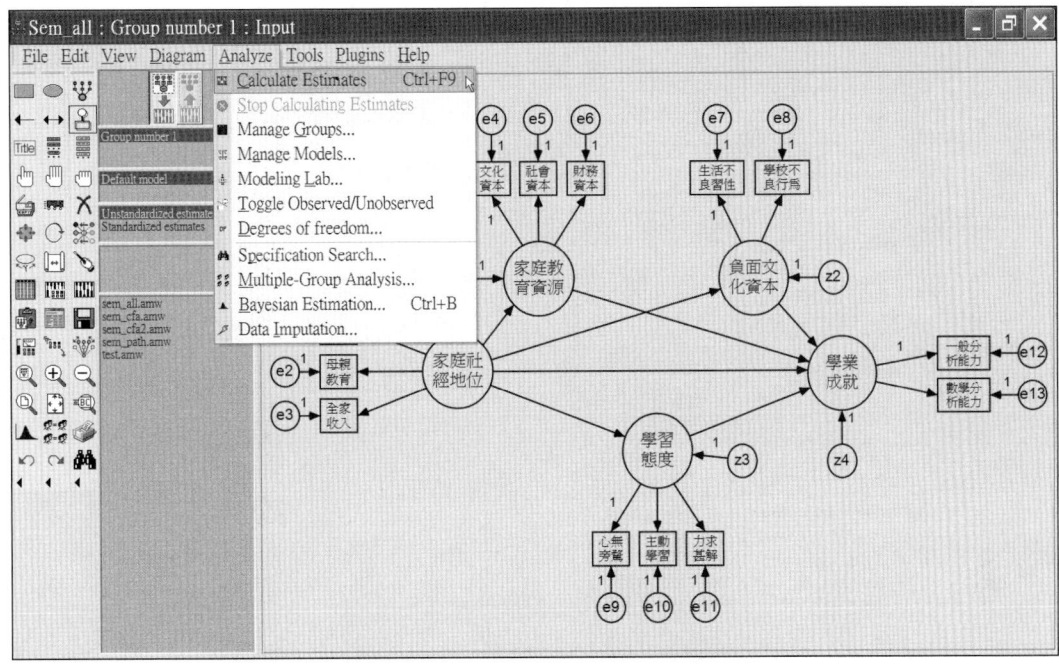

圖 1-27　AMOS 操作畫面

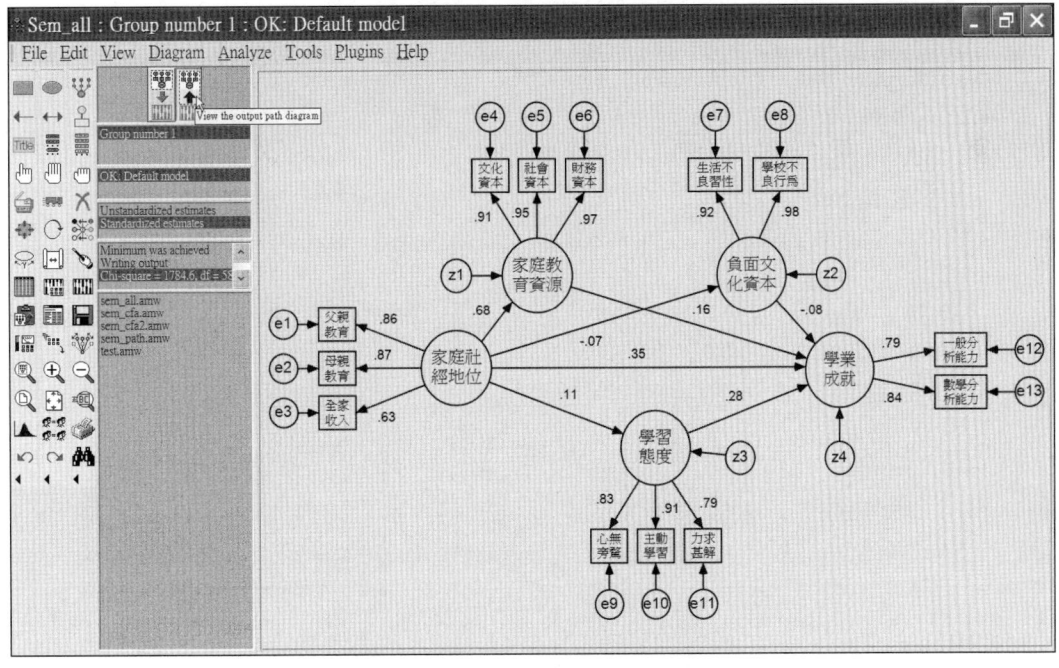

圖 1-28　AMOS 徑路圖

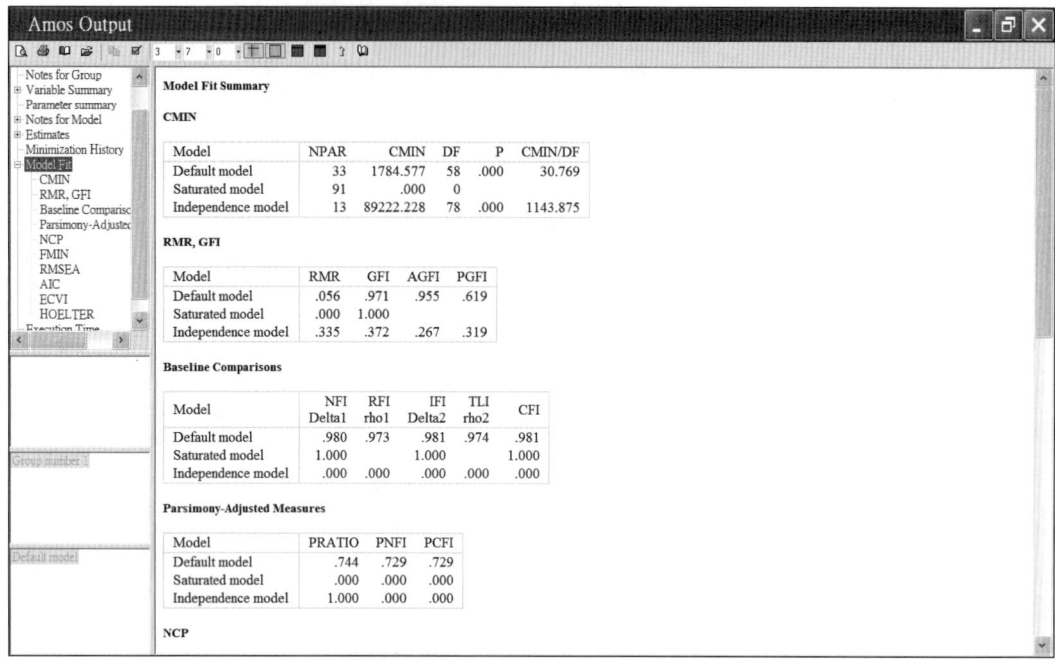

圖 1-29　AMOS 輸出結果

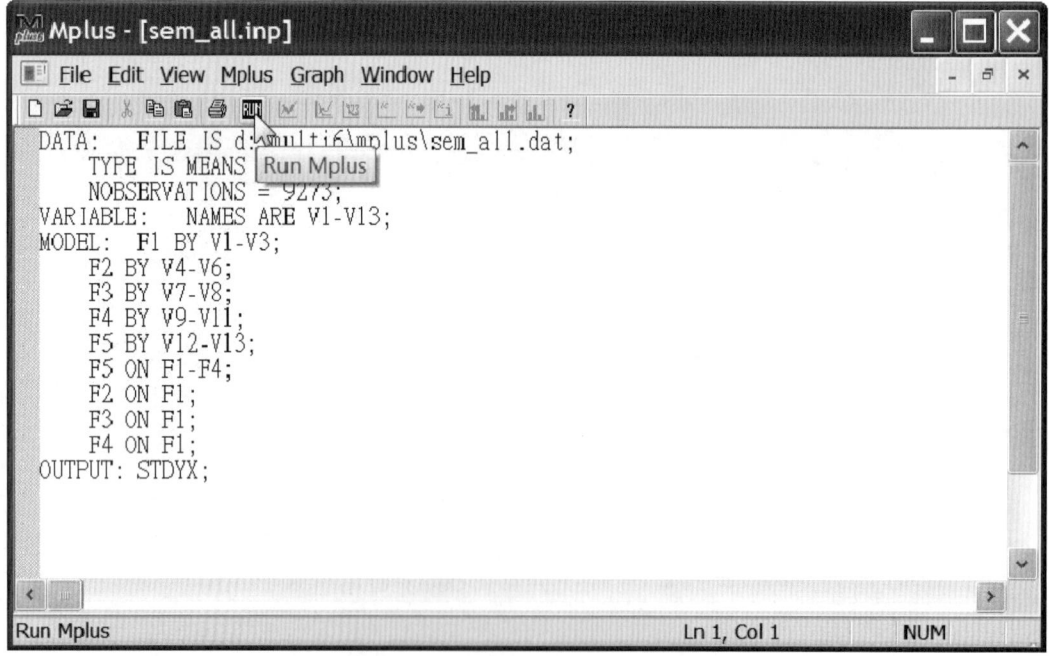

圖 1-30　Mplus 操作畫面

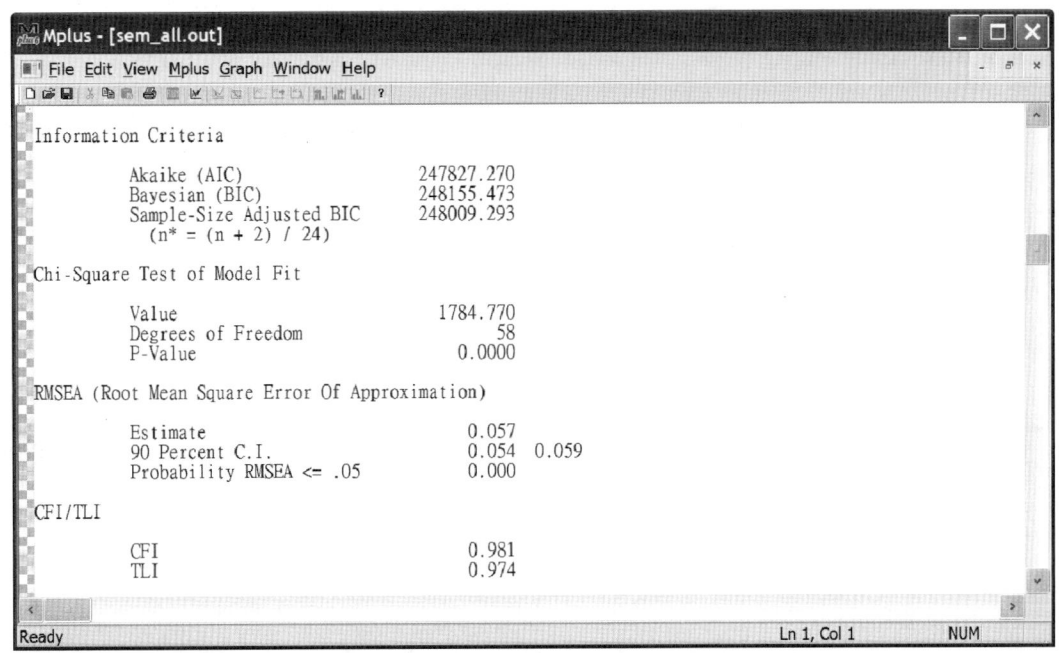

圖 1-31　Mplus 輸出結果

1.2.10　HLM 及 MLwiN

多層次模式 (Multilevel Modeling, MLM) 與結構方程模式 (SEM) 可說是目前多變量分析的顯學，多數統計套裝軟體均或多或少具備分析多層次模式的功能，然而，較完整者，仍首推 HLM 及 MLwiN。

HLM 由 Raudenbush、Bryk，及 Congdon 設計，同樣為 Scientific Software 公司 (網址為 http://www.ssicentral.com/hlm) 所發行，目前是 7.0 版，主要用來進行多層次模式分析，HLM (階層線性模式) 幾乎等於多層次模式的代名詞。

HLM 可以讀入 SPSS、SAS、SYSTAT，及 STATA 的資料檔，並轉換為 ssm 或 mdm 檔。將模式界定完成，點選 "Run Analysis" 即可進行參數估計。完成分析後，會直接在瀏覽器顯示結果 (第 6 版前在 "File" 當中選擇 "View Output" 即可檢視文字輸出結果)。

MLwiN 同樣用來進行多層次模式分析，前身為 MLn，由英國 Bristol 大學之多層次模式中心 (The Centre for Multilevel Modelling，代表人為 Goldstein 教授，網址為 http://www.cmm.bristol.ac.uk) 發行，目前為 2.25 版。

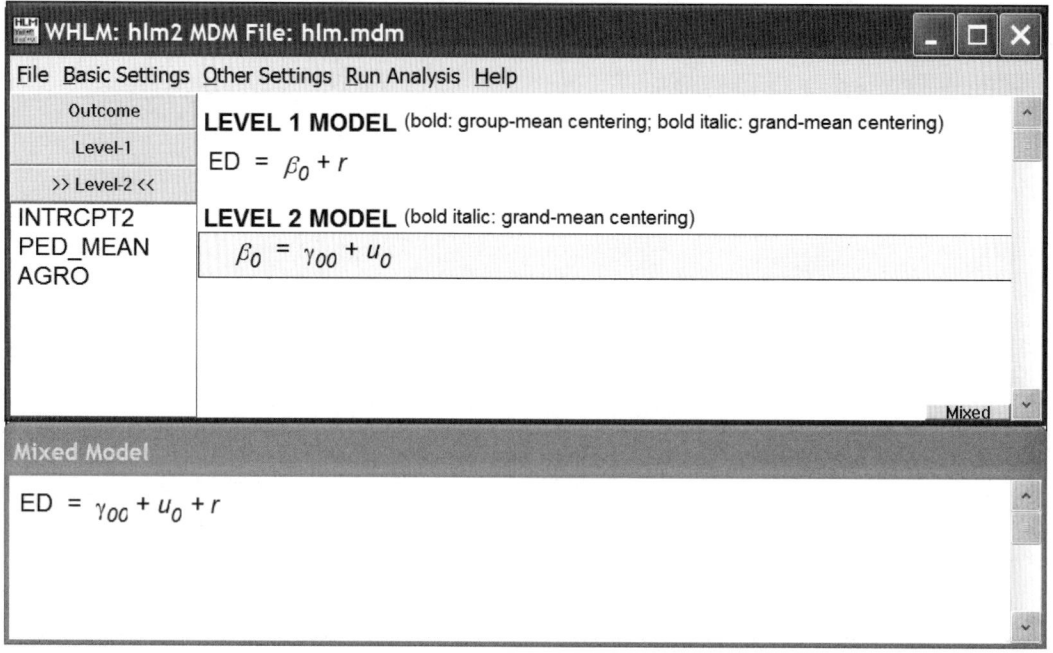

圖 1-32 HLM 操作畫面

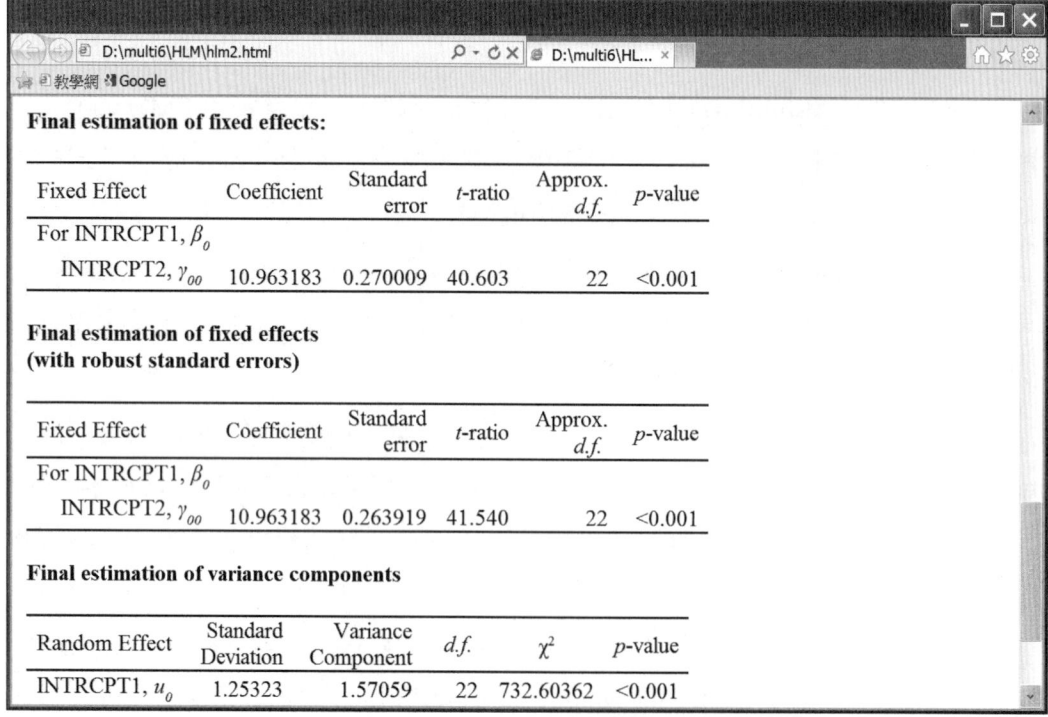

圖 1-33 HLM 輸出結果

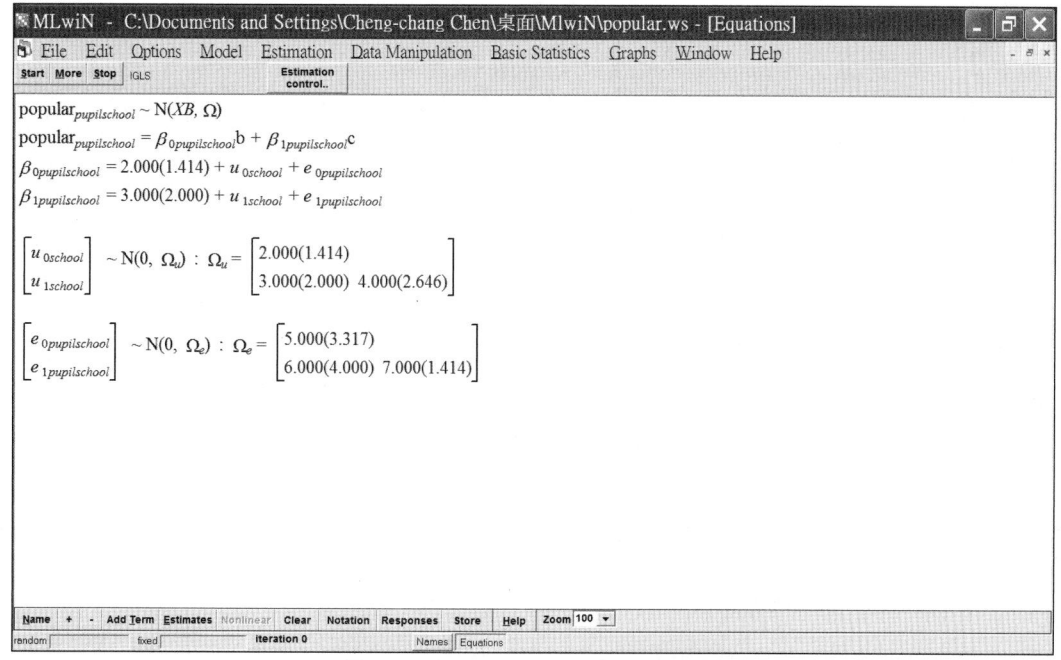

圖 1-34　MLwiN 操作畫面

1.3　多變量分析方法與統計軟體選擇

　　除非專精於程式設計，可以自行撰寫所需要的程式，否則多數研究者在進行多變量分析時，均會選擇使用現成的統計套裝軟體。

　　前述所介紹的統計軟體，可分為兩大類：一類是具有廣泛的分析功能，但是某些特定的方法可能較欠缺或正在發展中，此類軟體以 SPSS 及 SAS 歷史最為悠久，使用者也較多，其他如 Minitab、NCSS、STATA、STATISTICA、STATGRAPHICS，及 SYSTAT，也都各有優異的功能。另一類是特定功能的軟體，但也具備部分常用的統計方法，此類軟體如 AMOS、LISREL、Mplus、HLM，及MLwiN。

　　在眾多軟體中，如何選擇研究者所需要的程序，本書以 SPSS 及 SAS 為主，其他軟體為輔，整理如表 1-2，提供讀者參考。

表 1-2　多變量分析方法與統計軟體選擇

統計方法	SPSS	SAS	其他軟體
多元迴歸分析	REGRESSION	REG	Lisrel、Mplus
邏輯斯迴歸分析	LOGISTIC REGRESSION、NOMREG	LOGISTIC	Lisrel、Mplus
典型相關分析	MANOVA、CANONICAL CORRELATION 巨集	CANCORR	
區別分析	DISCRIMINANT	CANDISC、DISCRIM、STEPDISC	
Hotelling T^2 分析	GLM、MANOVA、T-TEST	GLM、TTEST	NCSS
多變量變異數分析	GLM、MANOVA	GLM	
主成份分析	FACTOR	PRINCOMP	
因素分析	FACTOR	FACTOR	Lisrel、Mplus
集群分析	CLUSTER、QUICK CLUSTER	CLUSTER、FASTCLUS	
多元尺度法	ALSCAL	MDS	
結構方程模式		CALIS、TCALIS	Amos、Lisrel、Mplus
多層次模式	MIXED、VARCOMP	MIXED、GLIMMIX、VARCOMP	Mplus、HLM、MLwiN
對數線性模式	HILOGLINEAR、LOGLINEAR、GENLOG	CATMOD、GENMOD	

2 多元迴歸分析

· 陳正昌 ·

多元迴歸分析可以使用下列的形式表示其關係：

$$Y_1 = X_1 + X_2 + X_3 + \cdots + X_n$$

(計量)　　　　　(計量, 非計量)

2.1　理論部分

迴歸分析 (regression analysis) 適用於自變項 (又稱為預測變項, predictor) 及依變項 (又稱為效標變項, criterion) 均為**量的變項** (含等距變項及比率變項) 的分析。如果自變項及依變項各為一個，稱為**簡單迴歸**；如果有多個自變項，一個依變項，稱為**多元迴歸**或**複迴歸** (multiple regression)；如果自變項及依變項均為多個，則是**多變量多元迴歸** (multivariate multiple regression)。

假使自變項不是量的變項 (如為名義變項或次序變項)，應將該變項轉換為**虛擬變項** (dummy variable)；如果依變項是次序變項，則應進行**次序性迴歸分析**；如果依變項是二類的名義變項，通常會進行二分的**邏輯斯迴歸分析** (binary logistic regression analysis) 或 probit **迴歸分析**；假使依變項是多類別的名義變項，通常會進行**區別分析** (discriminant) 或**多項式邏輯斯迴歸分析** (multinomial logistic regression analysis)。

本章旨在說明依變項 (以一個為主) 為量的變項，而自變項為質或量的變項之多元迴歸分析，其他方法，則參見本書其他各章。

為了替後續的多層次分析 (multilevel modeling, MLM) 奠定基礎，本章也針對調節變項 (moderator variable) 加以說明。

2.1.1 迴歸的意義

迴歸分析與**變異數分析** (analysis of variance) 是以往研究者經常使用的統計方法。而迴歸分析主要的用途有二：一為**解釋**，二為**預測**。解釋的功能主要在於說明預測變項與效果變項間的**關聯強度**及**關聯方向**；預測的功能則是使用迴歸方程式，利用已知的自變數來預測未知的依變數。例如：研究者可以利用以往的高中生各科畢業成績當預測變項，而以其大學入學成績當效標變項，來建立迴歸方程式，以解釋哪些科目對大學入學成績最有預測作用，及其總預測效果如何。如果其他條件相同，則可利用今年度尚未參加大學入學考試的高中應屆畢業生的各科畢業成績，以預測他們參加入學考試的成績。

但是為什麼預測的統計方法要稱為迴歸呢？這是起於 Francis Galton (1982-1911) 與 Karl Pearson (1857-1936) 對親子兩代身高的研究，他們發現子代有趨向全體平均身高的現象 (如**圖 2-1**)。Pearson 收集 1893-1898 年 1375 對英國 65 歲以下婦女及她們的 18 歲以上女兒身高資料 (資料引自 Weisberg, 2005，原資料單位為英吋)，其中母親平均身高為 158.63 公分，女兒為 161.93 公分，兩代間增加了 3.30 公分。繪成簡單散布圖如下，由**圖 2-1** 左邊可看出，身高較高的母親，女兒也較高，反之，母親身高較矮，女兒也較矮，兩者有正相關。

左圖中虛線 (斜率是 1，截距為 3.30) 是以女兒身高 = 母親身高*1 + 3.30 進行估計。假設有一位母親的身高是 140，則其女兒為 143.30；如果母親身高為 180，則女兒為 183.30。

實線部分則是以最小平方法求得的迴歸線，與虛線相交處為 (158.63, 161.93)。由圖中可看出，對於身高是 145 公分的母親 (低於平均數)，她們的女兒的身高比較多是高於 148.30 (實線高於虛線)。母親身高在 145 以下者，她們的女兒實際身高多數比母親身高加 3.30 來得高。對於身高是 175 公分的母親 (高於平均數)，她們的女兒的身高比較多是低於 178.30 (實線低於虛線)。身高高於 175 的母親，她們的女兒實際身高多數比母親身高加 3.30 來得矮。綜言之，身高低於平均數的母親，雖然女兒也較矮，但是會比直接用母親身高加 3.30 來得高；反之，身高高於平均數的母親，雖然女兒也較高，但是會比直接用母親身高加 3.30 來得矮。這種**趨向平均數**的現象稱為**迴歸** (regression)。

左圖中實線的方程式為女兒身高 = 母親身高*0.54 + 76，代表母親如果比他人

高 1 公分，女兒身高僅高 0.54 公分；反之，如果母親身高矮 1 公分，女兒也只矮 0.54 公分。因為母親身高比其他人高 (或矮) 1 公分，女兒並沒有如預期也增減 1 公分，所以女兒身高就會趨向平均數。同樣的情形也出現在父親與兒子身高的關係中 (圖 2-1 右，迴歸線為 兒子身高 = 父親身高*0.51 + 86，n=1079)。

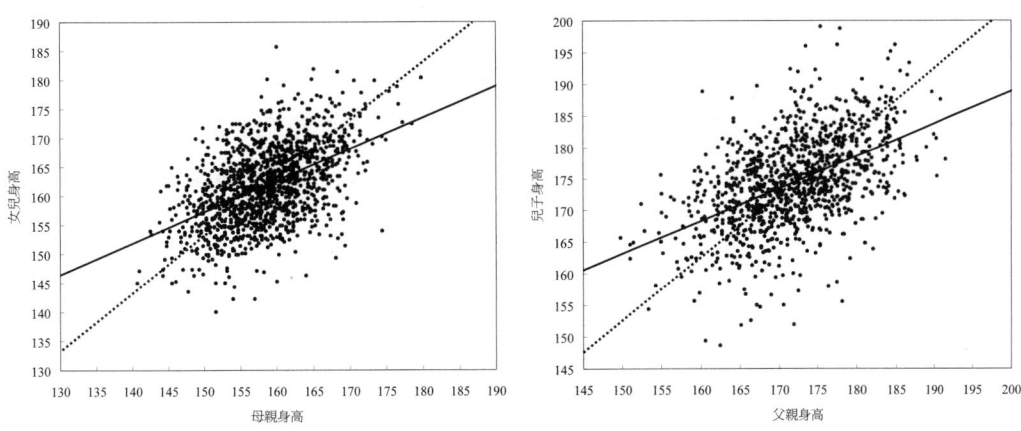

圖 2-1　趨向平均數

2.1.2　簡單迴歸

簡單迴歸圖示如下，在 X 與 Y 的散布圖中，我們希望找到一條適配線，使其具有最佳不偏估計式 (Best Linear Unbiased Estimator, BLUE) 的特性。

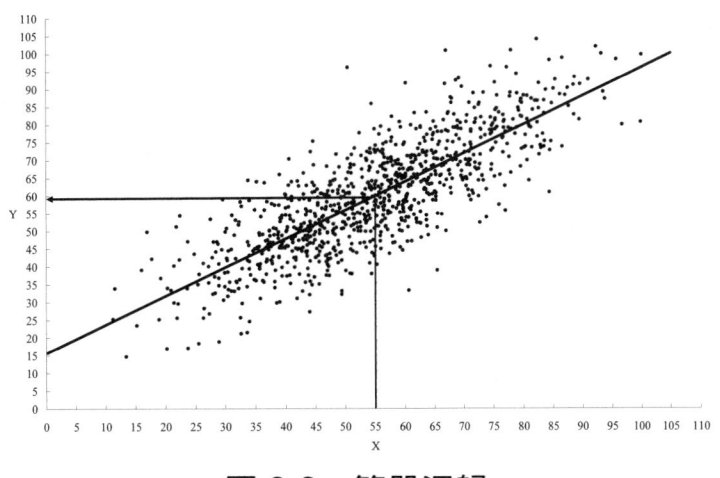

圖 2-2　簡單迴歸

簡單迴歸方程式以 $\hat{Y} = bX + a$ 表示，其中 b 是迴歸的**原始加權係數**，又稱為**斜率** (slope)，a 是**常數項** (constant)，又稱為**截距** (intercept)，$\hat{Y}$ 是由 X 所預測的數值，與真正的 Y 變數有差距，差距 (殘差, residual) $e = Y - \hat{Y}$。迴歸分析最常使用**最小平方法** (least squares method, LS) 以求解，LS 法須符合兩個條件：一是：$\Sigma(Y - \hat{Y}) = \Sigma e = 0$，一是 $\Sigma(Y - \hat{Y})^2 = \Sigma e^2 \Rightarrow min$。

簡單迴歸分析的虛無假設是 $H_0 : b = 0$，對立假設則為 $H_1 : b \neq 0$。除非有特別的理由，不然截距 a (常數) 是不設定為 0 的 (即使 t 考驗的結果不顯著)。而且，除非在所有預測變項都為 0 時截距仍有意義，否則一般研究者通常比較關心斜率，而比較不留意常數項。

$$b = \frac{CP_{XY}}{SS_X} = \frac{\Sigma XY - \frac{\Sigma X \Sigma Y}{N}}{\Sigma X^2 - \frac{(\Sigma X)^2}{N}} = r_{XY} \frac{S_Y}{S_X}$$

求解後，且迴歸方程式一定通過座標上 $(\overline{X}, \overline{Y})$ 這一點 (也就是 $\overline{Y} = b\overline{X} + a$)，所以 $a = \overline{Y} - b\overline{X}$。

如果分別將 X、Y 變數化為 z 分數，求得的迴歸方程式為 $\hat{z}_Y = \beta z_X$，β 為迴歸之**標準化加權係數**。$\beta = b \frac{S_X}{S_Y}$，在簡單迴歸中，$\beta = r$。一般而言，原始的迴歸方程式比較適合直接使用，而標準化迴歸方程式常用在比較預測變項的重要性。美國心理學會 (Wilkinson, 1999) 建議：一般情形下原始及標準化迴歸係數都要呈現在研究結果中。不過，如果是純粹應用性的研究，只要列出原始係數；而純粹理論性的研究，則只要列出標準化係數。

當研究者不知道 X 而想預測 Y，最好的方法就是使用 $\overline{Y}$，因為 $\Sigma(Y - \overline{Y}) = 0$，而 $\Sigma(Y - \overline{Y})^2 \Rightarrow min$，$\Sigma(Y - \overline{Y})^2$ 就是 Y 變數的離均差平方和 (SS_Y)，一般稱為 SS_{total}。

如果知道 X 而想預測 Y，最好的方法就是使用 $\hat{Y}$，$\Sigma(\hat{Y} - \overline{Y})^2$ 表示使用 $\hat{Y}$ 而不用 $\overline{Y}$ 預測 Y 而減少的錯誤，$SS_{reg} = \Sigma(\hat{Y} - \overline{Y})^2$。

前面說過：$\Sigma e^2 = \Sigma(Y - \hat{Y})^2$，這是使用迴歸方程式不能預測到 Y 的部分，也就是知道 X 而預測 Y，但仍不能減少的錯誤，$SS_{res} = \Sigma(Y - \hat{Y})^2$。

$SS_{total} = SS_{reg} + SS_{res}$，所以 $SS_{reg} = SS_{total} - SS_{res}$。

在計算迴歸的**效果量** (effect size) 時，一般會使用**消減錯誤比例** (proportional

reduction in error, PRE)。$PRE = \dfrac{E_1 - E_2}{E_1}$，$E_1$ 是不知道 X 變數而直接預測 Y 變數時的錯誤，也就是 SS_{total}；E_2 是知道 X 而預測 Y 的錯誤，也就是 SS_{res}，因此迴歸分析的 $PRE = \dfrac{SS_{total} - SS_{res}}{SS_{total}} = \dfrac{SS_{reg}}{SS_{total}} = r^2$，$r^2$ 稱為**決定係數** (coefficient of determination)。

2.1.3　淨相關及部分相關

在介紹多元迴歸分析之前，有必要對**淨相關** (partial correlation) 及**部分相關** (part correlation) 的概念加以說明。

簡單相關、淨相關及部分相關可以分別用下圖表示：

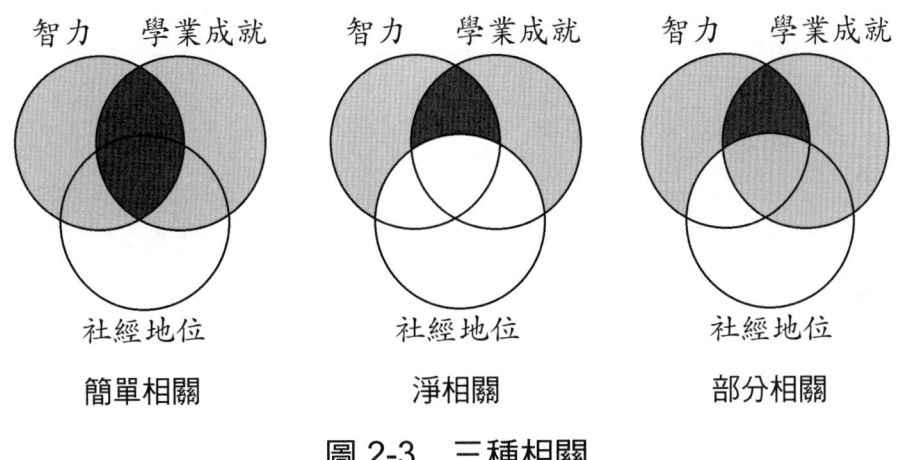

圖 2-3　三種相關

在上圖，假使研究者完全不考慮「社會經濟地位」的情形下，想要了解「智力」及「學業成就」的關聯，此時會求兩者的**簡單相關** (也稱零階相關, zero-order correlation，通常就是 Pearson 積差相關)。假使研究者認為：「社會經濟地位」會同時影響「智力」及「學業成就」(也就說前者是後兩者共同的因)，因此想要將「社會經濟地位」的效果**同時**自「智力」與「學業成就」中排除，再分析後兩者之間是否有關聯。一般會使用**淨相關** (或稱**偏相關**) 來分析這個問題。在本問題中因為排除一個變數的影響之後，再求另兩個變數間的單純相關，所以又可稱為**一階淨相關** (first-order partial correlation)。依此類推，如果排除二個變數的影響，則稱為**二階淨相關** (second-order partial correlation)，不過一般較少使用。

　　假使研究者認為：「社會經濟地位」只會直接影響「智力」(可能經由遺傳)，對「學業成就」只有間接影響 (可能經由智力、文化資本或是教育態度)，因此只想要將「社會經濟地位」的效果自「智力」中排除，但是並不將「社會經濟地位」的效果自「學業成就」中排除，最後再看「智力」與「學業成就」是否仍有關聯。一般使用**部分相關**來分析這個問題。部分相關又稱為**半淨相關** (semi-partial correlation)，因為它只排除對其中一個變數的效果。

　　在此例中，淨相關是先以社經地位為預測變數，分別以智力及學業成就為依變數，進行簡單迴歸分析，然後求其各自的殘差，最後再求兩個殘差的簡單相關。部分相關則是以社經地位為預測變數，智力為依變數，進行簡單迴歸分析，然後求其殘差，最後再求殘差與學業成就的簡單相關。

　　假設以 X_1 代表智力，X_2 代表學業成就，X_3 代表社經地位，則排除社經地位影響後，智力與學業成就的淨相關為 $r_{12 \cdot 3} = \dfrac{r_{12} - r_{13}r_{23}}{\sqrt{1 - r_{13}^2}\sqrt{1 - r_{23}^2}}$ ；而排除社經地位影響後的智力，與學業成就的部分相關為 $r_{2(1 \cdot 3)} = \dfrac{r_{12} - r_{13}r_{23}}{\sqrt{1 - r_{13}^2}}$ 。

2.1.4　兩個預測變項的多元迴歸

　　多元迴歸的概念可以用以下的圖說明之。

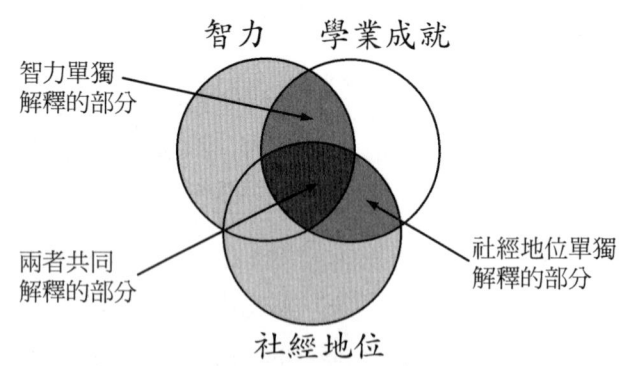

圖 2-4　多元相關及多元迴歸

　　在圖中，如果只有智力與學業成就，那麼智力對學業成就的預測力就是簡單

相關的平方。但是如果加入社經地位後，因為社經地位與智力有關係，所以它們對學業成就的聯合預測力 (圖形 ◖ 部分) 就會分成三個部分：第一部分是智力對學業成就單獨的預測力 (圖形 ▲ 部分)，第二部分是社經地位對學業成就單獨的預測力 (圖形 ◣ 部分)，第三部分則是智力及社經地位共同對學業成就的預測力 (圖形 ● 部分)。所以為了增加迴歸分析的預測力，所有的預測變數之間的相關要愈低愈好，而每個預測變數與依變數的相關則要愈高愈好。如果每個預測變數之間的相關都是 0，則所有預測變數與依變數的多元相關就等於個別相關係數的總和，此時自變數對依變數的整體預測力最大，同時也沒有**多元共線性** (multicollinearity) 的問題。

多元迴歸之決定係數的平方根為**多元相關係數** (multiple correlation coefficient)，它是一組變項與一個變項之間的相關係數。多元相關係數都是正數。

如果只有兩個預測變數，則未標準化迴歸係數 $b_1 = \dfrac{r_{1Y} - r_{12}r_{2Y}}{1 - r_{12}^2} \times \dfrac{s_Y}{s_1}$，

$b_2 = \dfrac{r_{2Y} - r_{12}r_{1Y}}{1 - r_{12}^2} \times \dfrac{s_Y}{s_2}$，截距 $a = \overline{Y} - b_1\overline{X}_1 - b_2\overline{X}_2$；而標準化迴歸係數 $\beta_1 = \dfrac{r_{1Y} - r_{12}r_{2Y}}{1 - r_{12}^2}$，

$\beta_2 = \dfrac{r_{2Y} - r_{12}r_{1Y}}{1 - r_{12}^2}$。所以 $b_1 = \beta_1 \times \dfrac{s_Y}{s_1}$，$b_2 = \beta_2 \times \dfrac{s_Y}{s_2}$。

在此也要說明抑制變項 (suppressor variable) 的影響。在**圖 2-5** 左邊，X_1 與 Y 有關聯 (可為正或負)，而 X_2 與 Y 則無關聯或關聯程度極小 (因此 R^2 應為 0 或非常接近 0)，但是因為 X_1 與 X_2 有關聯 (可能是正或負)，因而將 X_1 與 Y 無關聯的變異排除或抑制了，因而當使用 X_1 與 X_2 聯合對 Y 進行迴歸時的 R^2 會比單獨使用 X_1 對 Y 的 R^2 增加許多，此時 X_2 的加權係數不為 0，X_1 加權係數的絕對值會大於 X_1 與 Y 相關係數的絕對值。在此處，X_1 是受抑制變項，X_2 是古典 (或傳統) 抑制變項 (classical suppressor variable)，也是最早對抑制變項的定義。

圖 2-5 中間，X_2 與 Y 有低度的關聯 (可正可負)，當 X_1 與 X_2 對 Y 進行多元迴歸時，兩者的加權係數都達顯著，X_2 對 Y 的加權係數會和 X_2 與 Y 的簡單相關正負相反，此時 X_2 稱為負向抑制變項 (negative suppressor variable)。當加入以上兩種抑制變項時，都會使得 X_1 對 Y 的加權係數變大。

圖 2-5 的右邊，X_1 及 X_2 分別與 Y 的關聯程度都不高，單獨進行簡單迴歸時，可能加權係數都不顯著。但是因為 X_1 與 X_2 有高相關，互相排除分別與 Y 無關聯

的變異後，會使得 X_1 與 X_2 聯合對 Y 進行多元迴歸時，X_1 與 X_2 的加權係數都變大，此時稱為交互抑制變項 (reciprocal suppressor variable)。

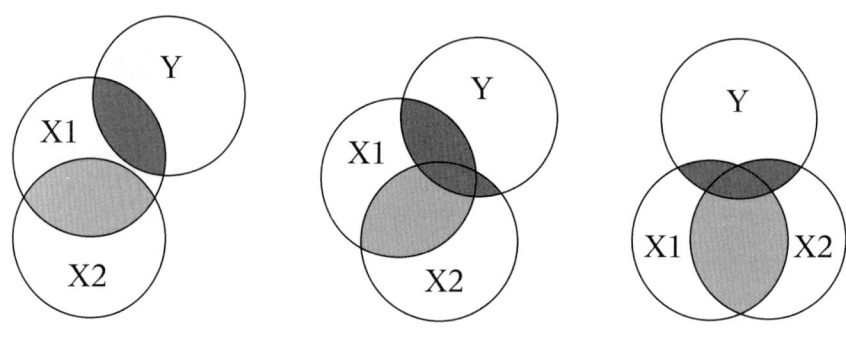

圖 2-5　三種抑制變項

2.1.5　三個以上預測變項的多元迴歸

多元迴歸分析的主要步驟有：1.獲得迴歸係數；2.估計誤差的標準誤；3.估計迴歸係數的標準誤；4.考驗係數的顯著性；5.以所獲係數進行預測；6.診斷模式的適配度。

2.1.5.1　原始迴歸係數與標準化係數

多元迴歸的一般公式為：

$$\mathbf{Y} = \mathbf{Xb} + \varepsilon \qquad\qquad (公式\ 2\text{-}1)$$

Y：效標變項行向量
X：預測變項矩陣
b：迴歸參數行向量
ε：誤差行向量

由上式移項後可得：

$$\mathbf{Y} - \varepsilon = \mathbf{Xb} \qquad\qquad (公式\ 2\text{-}2)$$

公式中 $\mathbf{Y}-\varepsilon$，通常以 $\hat{\mathbf{Y}}$ 代表，亦即由公式估計所得之效標變項，因此如果將一般公式展開後可得到：

$$\hat{Y} = Y - \varepsilon = b_0 + b_1 X_1 + b_2 X_2 + b_3 X_3 + \cdots\cdots + b_i X_i \qquad\qquad (公式\ 2\text{-}3)$$

公式中 b_1、b_2、……、b_i，分別是 X_1、X_2、……、X_i 變項的**原始迴歸係數**，又稱之為**斜率**，b_0 稱為**截距** (也可以用 a 表示)。進行預測時，只要直接將各預測變項的原始數值代入迴歸模式中，用原始迴歸係數當加權即可預測效標變項。

然而，由於：1.在研究中變項的單位經常是不一致的，因此無法由係數的大小看出相對的重要性。如以父母的教育年數、職業聲望分數，及家庭收入來預測子女的學業成績，此時四個變項的單位都不一致，如果三個預測變項的原始加權係數都為 0.5，也不代表同等重要。2.預測變項的單位本身並無意義，如使用 Likert 式的量表，將等級化為 1~5 分，此時單位並無太大意義。3.同一變項使用不同單位，就會影響原始係數，如身高可以用公分、公尺、吋、呎，甚至台尺為單位，所得的原始加權係數就會不同。此時化為標準分數 (Z 分數)，以計算**標準化迴歸係數**會比較恰當。

標準化迴歸係數的計算方法有三種：1.只將預測變項 X 加以標準化，X 標準化係數為 $b \times S_X$；2.只將效標變項 Y 加以標準化，Y 標準化係數為 $\dfrac{b}{S_Y}$；3.同時將 X 及 Y 標準化，XY 標準化係數 $\beta = b \times \dfrac{S_X}{S_Y}$。在 XY 標準化係數中，截距項 β_0 為 0。

XY 標準化或 X 標準化迴歸係數主要用來比較個別預測變項的相對重要性，如果沒有多元共線問題，則係數愈大者對效標變項變異量的解釋量愈大。然而，有時研究者會使用名義或是次序變項當預測變項，此時應將變項轉成虛擬變項 (見 2.1.8 之說明)，然而將虛擬變項標準化並無意義，因此只將效標變項標準化，預測變項則為原始數據，此時所算的係數即為 Y 標準化係數。

在多數統計軟體中，都只有原始係數及 XY 標準化係數，並未提供 X 標準化或 Y 標準化係數。如果要求後兩種標準化係數，可以透過自行將 X 變項或 Y 變項標準化後，再投入迴歸模式即可，此時報表中的原始係數即為 X 標準化或 Y 標準化係數；而報表中之標準化係數，仍為 XY 標準化係數。

此外，在進行預測時應注意：預測變項的數值不可超過原先建立迴歸方程式時的上下限，因為此時已難確保預測變項與效標變項仍然維持原來的線性關係。

2.1.5.2 迴歸係數之矩陣解法

一般統計軟體在進行迴歸分析時，是以矩陣形式運算，其解為：

$$\mathbf{b} = (\mathbf{X'X})^{-1}\mathbf{X'y} \tag{公式 2-4}$$

在上式中，X 矩陣通常會在第一行加上元素都為 1 的向量，以求得常數項。

如果將 $\mathbf{X}$ 矩陣、$\mathbf{y}$ 向量化為 z 分數，稱之為 $\mathbf{X}_z$ 矩陣、$\mathbf{y}_z$ 行向量，則其解為：

$$\boldsymbol{\beta} = (\mathbf{X'}_z\mathbf{X}_z)^{-1}\mathbf{X'}_z\mathbf{y}_z = \mathbf{R}^{-1}\mathbf{r} \tag{公式 2-5}$$

其中 $\mathbf{R}^{-1}$ 是所有自變項之間相關矩陣的反矩陣，而 $\mathbf{r}$ 是自變項與依變項間的相關向量。

上式中，因為 $\mathbf{X'X}$ 矩陣要求反矩陣，所以矩陣 $\mathbf{X}$ 必須是**非特異矩陣** (nonsingular matrix)，也就是說各行的向量必須**線性獨立** (linearly independent)，某一行向量不可以是其他行向量的線性組合，也就是某一個變數不可以等於其他自變數經由某種加權 (係數可以為正負之整數、小數，或 0) 後的總和。如果一個量表有三個分量表，千萬不要將三個分量的分數及總分當成預測變項，因為三個分量的加總會等於總分，此時就會線性相依，就無法求解。

2.1.5.3 整體考驗

在考驗**整體迴歸分析**是否顯著方面，一般使用 F 考驗。F 考驗可以整體檢定所有預測變數是否可以聯合預測效標變數，其公式為：

$$F = \frac{R^2/k}{(1-R^2)/(N-k-1)} = \frac{SS_{reg}/k}{SS_{res}/(N-k-1)} = \frac{MS_{reg}}{MS_{res}} \quad \text{(N 為總人數、k 為預測變項數)}$$

$$df = k, N - k - 1 \tag{公式 2-6}$$

如果計算所得的 F 值大於查表 F 值，或是電腦報表中 F 的機率值 p 小於研究所定的第一類型錯誤機率值 α (通常訂為 .05)，即達到顯著水準，表示預測變項與效標變項的多元相關不為 0，而迴歸係數中**至少有一個不等於 0**。

2.1.5.4　個別係數考驗

要考驗**個別迴歸係數**是否顯著，可以使用 t 考驗或是估計信賴區間。t 考驗是將 **b** 矩陣除以 **b** 之估計標準誤得到 t 值，並查 t 分配表 (大略而言，t 的絕對值大於 1.96 或 2.58 就分別達到 .05 及 .01 顯著水準)，其自由度為 $N-k-1$。估計信賴區間的公式是：

$$b_i - t_{\alpha/2,(N-k-1)}\, s_{bi} \leq b_i \leq b_i + t_{\alpha/2,(N-k-1)}\, s_{bi} \qquad\qquad\text{(公式 2-7)}$$

s_{bi} 是第 i 個 b 值的估計標準誤，為 $(\mathbf{y'y} - \mathbf{b'X'y})/(N-k-1) \times diag\sqrt{(\mathbf{X'X})^{-1}}$。

如果 $b_i \pm t_{\alpha/2,(N-k-1)}\, s_{bi}$ 中間包含 0，表示 b_i 不顯著，應視為與 0 無差異。

2.1.5.5　決定係數 (效果量)

決定係數 R^2，代表預測變項可以聯合預測效標變項變異的百分比，研究者在建立迴歸模式時，總希望其值愈高愈好。其公式為：

$$R^2 = \frac{SS_{reg}}{SS_{total}} = \frac{\mathbf{b'X'y} - (\Sigma Y)^2/N}{\mathbf{y'y} - (\Sigma Y)^2/N} = \frac{\mathbf{b'X'y} - N\bar{y}^2}{\mathbf{y'y} - N\bar{y}^2} \qquad\qquad\text{(公式 2-8)}$$

不過因為 R^2 的期望值並不為 0，且如果將迴歸方程式應用新的樣本時，一般會有縮水 (shrinkage) 的現象，因此便使用公式 2-9 加以校正：

$$\hat{R}^2 = 1 - (1 - R^2)\frac{N-1}{N-k-1} \qquad\qquad\text{(k 為預測變項數)} \qquad\text{(公式 2-9)}$$

另一方面，不管預測變項與效標變項是否有關，當預測變項愈來愈多，則 R^2 一定會愈來愈大；但是如果加入無關的預測變項，則 $\hat{R}^2$ 反而會愈來愈小，甚至小於 0，因此 $\hat{R}^2$ 有判別預測變項是否重要的功能 (馬信行, 1988)，同時也帶有懲罰研究者過度加入不重要之預測變項的意味。

2.1.5.6　迴歸分析之假設

　　迴歸分析的假設有：1.變項間為**線性關係**；2.殘差的標準誤在各觀察體上保持恆定，此即為殘差之**等分散性** (homoscedasticity)；3.**殘差獨立性**，即殘差間相關為0；4.殘差為**常態分配**，即殘差的期望值為 0 (Hair, Anderson, Tatham, & Black, 1995)。

　　此外，為了能有較正確的估計，預測變項最好不要有太高的相關，以避免**多元共線性**的問題。當發現有共線問題時，一般採取的方法有三：1.將彼此相關係數較高的預測變項只取一個重要的變項投入分析；2.使用**脊迴歸** (ridge regression) 分析；3.使用**主成份迴歸** (principal component regression) (此會在第八章介紹)。不過後二者都是**偏差的估計** (biased estimation)，其中脊迴歸之決定係數會變小，主成份迴歸則無影響。

2.1.5.7　預測變項之選取方法

　　進行多元迴歸分析時，如果將所有預測變數一次進入迴歸方程式，而不考慮個別變數是否顯著，稱為**全部進入法**。但是，有時基於模式精簡的目的，研究者可能只選取部分的預測變項，此時就會使用各種方法來篩選，其方法大約有：1.**前向選取法** (向前法, forward method)；2.**後向選取法** (向後法, backward method)；3.**逐步迴歸分析法** (逐步法, stepwise method)；4.**所有可能組合法** (all possible subsets method)；及 5.**階層迴歸** (hierarchical regression)。前三種方法主要是計算預測變項的淨進入 F 值 (F-to-enter) 與淨退出 F 值 (F-to-remove)，如果前者大於設定的標準就進入迴歸方程，後者如果小於設定就退出迴歸方程，直到沒有任何變項達到標準時才停止。

　　前向選取法第一次會選擇與效標變項簡單相關最高的預測變項進入模式。其次會選擇排除已進入模式之預測變項後，與效標變項之一階淨相關 (也就是淨進入 F 值最大) 最高的預測變項進入，而不是與效標變項之簡單相關次高的預測變項進入。第三步則是選擇排除已進入模式之二個預測變項後，與效標變項之二階淨相關最高預測變項進入，一直到沒有符合條件的變項為止。

　　後向選取法與前向選取法相反，是先將所有變數 (假設為 k 個) 放入迴歸模式，然後將排除其他 k–1 個預測變項後，與效標變項之 k–1 階淨相關最低的預測

變項 (也就是淨排除 F 值最大的變項) 剔除，此時模式中保留 k－1 個預測變項。接著，再將排除其他 k－2 個預測變項後，與效標變項之 k－2 階淨相關最低的預測變項剔除，一直到沒有符合條件的變項為止。

　　逐步法是以前向選取法為主，當變數進入後，則改採後向選取法，將不重要的變數剔除，如果沒有可剔除的變數，就繼續採用前向選取法，如此反覆進行，一直到沒有變數被選取或剔除為止。

　　所有可能組合法是將所有變數加以組合 (所有可能組合數目為 $2^k－1$)，然後根據 $\hat{R}^2$、AIC、BIC、Mallows Cp，或殘差均方值 (MSres) 等準則選擇最佳的組合當成預測變數。

　　學者 (Edirisooriya, 1995; Thompson, 1995) 指出逐步迴歸的許多問題：1.更換研究樣本後，選取的預測變項就可能不同；2.進入迴歸模式中的預測變項不見得是最重要的變項；3.變項進入的順序不代表重要性的順序，因此在應用時宜更加留意。所以在正式研究中，最好使用強迫進入法，將研究者在文獻探討後所選取的預測變項全部投入迴歸分析；其他四種方法比較屬於試探性質，最好只在前導研究 (pilot study) 或試探性研究 (exploratory study) 中才使用，儘量不要在驗證性研究 (confirmatory study) 中使用 (林清山，1988a)。

　　階層迴歸則是依據理論，依序投入預測變項。例如，研究者想要以家庭社經指數、智力、學習動機、努力程度來預測學生的學業成就。由於學生一出生即受到家庭背景的影響，因此首先將家庭社經指數投入迴歸模式。其中智力為較固定不可變之因素，所以在第二步驟中投入；第三、四步驟則分別投入學習動機及努力程度，如此即可分析在其他變項進入後，後續進入的變項可以增加多少預測力。由於前一階段迴歸模式中的預測變項，均包含於後一階段中，因此它也具有窩巢 (nested) 的特性。

2.1.5.8　樣本數之決定

　　進行多元迴歸分析時，每個自變項最少要有 5 個樣本，且最好有 15~20 個樣本；如果使用逐步法，則更要增加到 50 個樣本，如此迴歸分析的結果才具有類推性，也才可以適用到不同的樣本上 (Hair et al., 2010)。

2.1.6 共同性分析 (commonality analysis)

透過共同性分析，可以計算每個預測變項對效標變項的解釋力。以下圖三個預測變項為例，一共可以拆解成 $2^3 - 1 = 7$ 個部分，它們包含 X_1、X_2、X_3 單獨對效標變項 (假設為 Y，圖中未畫出) 解釋的部分，及 X_1 與 X_2、X_1 與 X_2、X_2 與 X_3 共同解釋的部分，再加上 X_1 與 X_2 與 X_3 共同解釋的部分，其關係可以表示用 $R^2_{y.123} = U_1 + U_2 + U_3 + C_{12} + C_{13} + C_{23} + C_{123}$ 表示，其中，

$$U_1 = R^2_{y.123} - R^2_{y.23} ,$$

$$U_2 = R^2_{y.123} - R^2_{y.13} ,$$

$$U_3 = R^2_{y.123} - R^2_{y.12} ,$$

$$C_{12} = R^2_{y.13} + R^2_{y.23} - R^2_{y.123} - R^2_{y.3} ,$$

$$C_{13} = R^2_{y.12} + R^2_{y.23} - R^2_{y.123} - R^2_{y.2} ,$$

$$C_{23} = R^2_{y.12} + R^2_{y.13} - R^2_{y.123} - R^2_{y.1} ,$$

$$C_{123} = R^2_{y.1} + R^2_{y.2} + R^2_{y.3} - R^2_{y.12} - R^2_{y.13} - R^2_{y.23} + R^2_{y.123} .$$ 此部分的計算過程可以參見 Amado (1999)、Capraro 與 Capraro (2001)、Cool (2001)、Kroff (2002)、Nimon (2010)、Pedhazur (1997) 等人的著作。

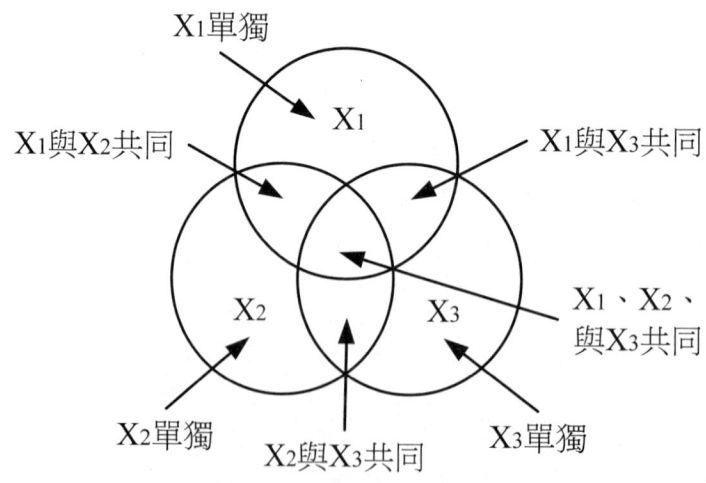

圖 2-6　共同性分析

如果預測變項有 k 個，則可拆解成 $2^k - 1$ 個部分，此時就要使用統計軟體來計算。Nimon (2010) 提供了 SPSS 的程式檔，可以快速算出每個部分的解釋力，可說相當方便。

然而，共同性分析也有其他問題 (詳見 Pedhazur, 1997)。它沒有顯著性考驗；當預測變項改變時，唯一性就會改變，因此解釋力並不是固定的；而如果有抑制變項出現，或某些預測變項的相關為正，某些為負時，共同性可能會出現負數的情形 (此時可將其視為 0；唯一性則都 ≥ 0)。又如，要分析 6 個預測變項的解釋力，就有 $2^6 - 1 = 63$ 個部分，其中唯一性只有 6 個，其他 57 個都是共同性，所以並不容易解釋。不過，如果能謹慎使用，它仍不失是一個有效的工具 (Kroff, 2002)。

2.1.7 結構係數 (structure coefficient)

Thompson (1990) 曾為文呼籲：「不要忘了結構係數。」因為只看加權係數是不夠的 (Courville & Thompson, 2010)。Whitaker (1997a) 也主張，當有共線性時，結構係數可以避免對多元迴歸分析結果做出錯誤的結論。

有時，某個變項與效標變項有高度相關，也是很好的預測變項，但是因為加入了其他高度相關的預測變項，而使得加權係數接近 0；或是加入了抑制變項；或是迴歸模型界定不正確。這些都會使得加權係數變得不可信。因此，直接計算預測變項與預測值 $\hat{Y}$ 的簡單相關，有其必要性 (Heidgerken, 1999; Henard, 1998)。

然而，多數研究者在進行迴歸分析時，會忽略**結構係數** (傅粹馨, 1996)，即使常見的統計軟體也沒有直接提供這樣的輸出結果。結構係數是預測變項與合成或潛在變項的相關，在多元迴歸分析中，它就是每一個預測變項與預測值 (即 $\hat{Y}$) 之間的簡單相關，計算的方法為每個預測變項與效標變項的相關係數除以多元相關係數 (Thompson, 1990)。亦即：

$$r_{X_i\hat{Y}} = \frac{r_{X_iY}}{R_{Y \cdot X_1, X_2 \dots X_k}}$$

(公式 2-10)

結構係數不受共線性的影響，所以正負與簡單相關相同，但有時會產生一個

現象，即加權係數 β 因受多元共線性或抑制變項影響，而與結構係數的正負符號不同，導致研究者不知該選擇那一個係數才好。對此，Thorndike 提出：當研究者想了解每個預測變項所貢獻的變異量時，則採加權係數 β；當研究者之興趣在了解預測變項與合成變項間的關係，則採結構係數 (詳見傅粹馨, 1996, p.19)。

由於常見的統計軟體在進行迴歸分析時，都沒有提供結構係數，研究者可以透過兩個步驟得到此係數：1.將預測值 $\hat{Y}$ 儲存成新的變項；2.求所有預測變項與 $\hat{Y}$ 的簡單相關。

然而，Pedhazur (1997) 認為結構係數對於解釋多元迴歸並沒有太大的助益，因為由公式 2-10 中可以看出，結構係數是每個預測變項與效標變項的簡單相關除以多元相關係數，簡單相關與結構係數維持同樣的比值關係 (簡單相關除以結構係數等於多元相關)，因此，簡單相關係數已經提供同樣的訊息了，不須另外計算結構係數。

再者，即使迴歸分析結果沒有意義，也有可能得到極大的結構係數。假如 $R^2 = .0016$ (表示所有預測變項對效標變項的解釋力僅為 0.16%)，此時多元相關 $R = .04$。又如 $r_{X_2Y} = .036$ (表示兩者的簡單相關極小)，但是結構係數則為 $\frac{.036}{.04} = .90$，此時反而會得到不適當的解釋，認為預測變項與效標變項的關聯強度極大。因此，結構係數最好在多元相關達到顯著時才使用，而且要同時呈現兩種係數。因為，只看結構係數不看加權係數，也是同樣錯誤的 (Courville & Thompson, 2010)。

2.1.8　虛擬變項的多元迴歸

在多元迴歸分析中，預測變項的性質通常是**等距變項**或**比率變項** (二者合稱計量性資料)。當預測變項為**名義變項**或**次序變項**之**非計量性資料**時，不可以直接投入分析，必須轉換成**虛擬變項**，以 0、1 代表。茲舉例說明之：假設研究者欲以「性別」、「社經水準」及「智商」三變項為預測變項，以預測學生之「學業成績」。此時智商一般視為「等距變項」(但是仍有爭議)，可直接投入迴歸分析，不必轉換。性別為「名義變項」，在登錄資料時最好直接以 0、1 代表，例如以 0 代表女生、1 代表男生，即可直接投入迴歸分析；但是如果以 1、2 代表男、女，就須經過轉換。社經水準為「次序變項」，假使分別以 1、2、3 代表高、中、低社經水準，則必須

轉換成虛擬變項，方可投入迴歸分析。

　　轉換成虛擬變項時，虛擬變項數必須是**水準** (level) 數減 1，以避免**線性相依** (linearly dependent) 的情形。由於社經水準有高、中、低 3 個水準，因此只要以 2 個虛擬變項 (高、中) 代表即可，茲以下表表示之：

虛擬變項

		高	中
原	高:1	1	0
變	中:2	0	1
項	低:3	0	0

　　由上表可看出：原來以 1 代表高社經水準，經轉換後以 10 (讀為壹零) 代表之。其中 1 可視為「是」，0 為「不是」，因此 10 即表示「『是』高社經水準，『不是』中社經水準」；01 表示「『不是』高社經水準，『是』中社經水準」；00 表示「『不是』高社經水準，也『不是』中社經水準」，因此是低社經水準。經過這樣的轉換後，即可將社經水準當成預測變數。

　　進行**一般迴歸分析**時，效標變項必須是**計量性資料**。如果效標變項是**非計量性資料**，而且是二分變項 (如痊癒與未痊癒、及格與不及格)，則可進行**邏輯斯迴歸分析** (請見第三章)；如果是**多分類別變項** (如文法商工農醫)，而欲進行分析，就必須進行**區別分析** (請見第五章) 或**多項式邏輯斯迴歸分析**；如果是**次序變項** (如高中低，國小、國中、高中、大專、研究所)，則須進行**次序邏輯斯迴歸分析**。

2.1.9　調節變項

　　迴歸分析可以探討兩個變項的交互作用，此時就需藉助調節變項的概念；而認識調節變項，也有助於對本書第十三章多層次分析的學習遷移。

2.1.8.1　主要概念

　　調節變數是一種質或量的變數，會改變自變數 (或預測變數) 對依變數 (或效標變數) 之間作用的方向及／或強度。在下圖為中，X_1 對 Y 有影響，但是 X_2 的作用會改變 X_1 對 Y 的影響，此時 X_2 就是調節變數。

在迴歸分析中 X_1 通常是量的變項，X_2 如果也是量的變項，一般的處理方式是將 X_1 與 X_2 相乘，得到乘積 (假設名為 X1X2)，再將此交互作用當預測變項，連同 X_1 及 X_2 一起投入進行迴歸。如果交互作用顯著，表示 X_2 會對 X_1 對 Y 的影響產生調節作用 (或是 X_1 會對 X_2 對 Y 的影響產生調節作用)。假使係數是正，表示 X_2 增強了 X_1 對 Y 的影響；反之，假使係數是負，表示 X_2 減弱了 X_1 對 Y 的影響。

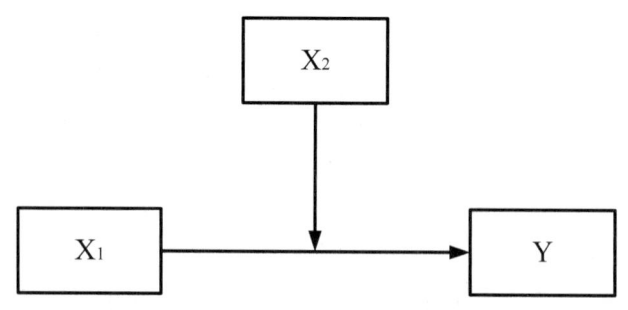

圖 2-7　X_2 為 X_1 之調節變項

如果 X_2 是類別 (質的) 變項，則應轉換為虛擬變項 (類別數減 1)，再分別與 X_1 相乘得到交互作用項。後續的分析，如果某個虛擬變項的主要效果顯著，表示某一組與參照組之間的平均數 (截距) 有顯著差異；如果某個虛擬變項與 X_1 的交互作用效果顯著，表示某一組與參照組之間，X_1 對 Y 的影響 (斜率) 有顯著不同。在繪圖時，可以使用 X_2 為分組變項，畫出 X_1 對 Y 的散布圖，以得到不同的迴歸線。

假使 X_2 是量的變項，與 X_1 有交互作用，也可以透過將 X_2 分組 (一般多分為高低兩組)，再針對高低兩組分別進行迴歸分析 (X_1 對 Y)，如此即可得到更進一步的訊息。

2.1.9.2　實例分析

以 2006 年社會變遷的資料為例，第一個報表中，X_1 (父親受教年數) 對 Y (受訪者受教年數) 有正向且顯著的影響，迴歸模型為 $\hat{Y} = 7.197 + 0.604 X1$，父親每增加 1 年的教育，子女就增加 0.604 年的教育，如果父親未受教，子女的平均受教年數是 7.197 年。

模式		未標準化係數		標準化係數	t	顯著性
		B 之估計值	標準誤差	Beta		
1	(常數)	7.197	.144		49.881	.000
	X1 父親受教年數	.604	.017	.641	35.992	.000

第二個報表，當加入 X_2 (性別，轉為虛擬變項，0 為女性，1 為男性) 及 X_2 與 X_1 的交互作用後，模型為 $\hat{Y} = 6.144 + 0.697X1 + 2.155X2 - 0.188X1X2$，其中 X_2 的原始係數為 2.155，表示男性比女性 (參照組) 平均多受 2.155 年教育。而交互作用項的原始係數為 -0.188，表示 X_2 會負向影響 (減弱) X_1 對 Y 的正向影響。換言之，在女性組中，X_1 對 Y 的影響較大，男性組中，X_1 對 Y 的影響較小。

模式		未標準化係數		標準化係數	t	顯著性
		B 之估計值	標準誤差	Beta		
2	(常數)	6.144	.199		30.860	.000
	X1 父親受教年數	.697	.024	.740	29.343	.000
	X2 性別	2.155	.284	.242	7.578	.000
	X1X2 交互作用	-.188	.033	-.212	-5.685	.000

上述整體迴歸模型為 $\hat{Y} = 6.144 + 0.697X1 + 2.155X2 - 0.188X1X2$，接著將 X_2 的數值分別代入。

當 $X_2=0$ 時(女性組)，迴歸模型是 $\hat{Y} = 6.144 + 0.697X1 + 2.155*0 - 0.188X1*0$，也就是 $\hat{Y} = 6.144 + 0.697X1$。

當 $X_2=1$ 時(男性組)，迴歸模型是 $\hat{Y} = 6.144 + 0.697X1 + 2.155*1 - 0.188X1*1$，也就是 $\hat{Y} = (6.144 + 2.155) + (0.697 - 0.188)X1 \approx 8.300 + 0.509X1$。

第三個報表是以 X_2 為分組變項，使用 X_1 對 Y 進行迴歸分析，其結果與上面的說明相同。

模式		未標準化係數		標準化係數	t	顯著性
		B 之估計值	標準誤差	Beta		
女	(常數)	6.144	.220		27.973	.000
	X1 父親受教年數	.697	.026	.660	26.597	.000
男	(常數)	8.300	.180		46.040	.000
	X1 父親受教年數	.509	.021	.630	24.825	

　　由於第二個報表中 X_2 的係數 (2.155) 達顯著，表示男女兩個迴歸模型中的常數項 (截距) 不相等；X1X2 的係數 (－0.188) 也達顯著，表示男女兩個迴歸模型中的 X_1 對 Y 的影響 (斜率) 不相等。

　　由下圖可看出，女性組 (虛線) 的截距較小而斜率較大，男性組 (實線) 則是截距較大斜率較小，性別 (男性組) 減弱了父親受教年數對受訪者受教年數的正向影響。

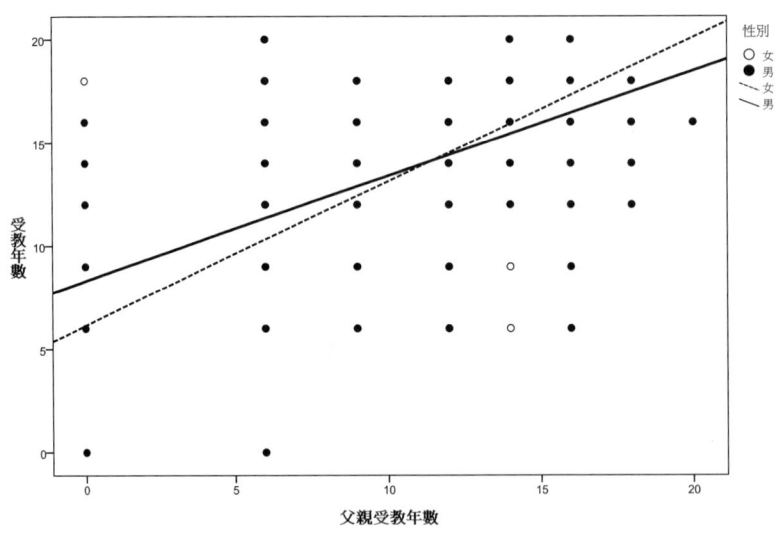

圖 2-8　分組迴歸線

2.1.10　迴歸診斷

　　在迴歸診斷方面，大致可分成三部分：1.**殘差**的檢定；2.**離群值** (outlier) 及具**影響力觀察值** (influential observation) 的檢出；3.**共線性**的檢定。

　　殘差值的檢定主要診斷其常態分配及獨立性。離群值及具影響力觀察值的檢定，主要在發現特殊的觀察體，在此方面可以使用標準化殘差、t 標準化 (Studentized) 殘差、Cook D 距離、刪除觀察體後之殘差、刪除觀察體後迴歸係數之改變、刪除觀察體後預測值之改變、槓桿量 (leverage) 等標準加以診斷。而共線性的檢定則在診斷預測變項相依的程度，以避免迴歸係數標準誤及預測值變異

數膨脹的缺點。診斷標準有容忍度 (tolerance)、變異數膨脹因素 (variance inflation factor; VIF)、特徵值(eigen value)、條件指標 (condition index) 及變異數比例 (variance proportion)。

2.1.10.1 殘差常態性及等分散性檢定

1. **殘差值與預測值交叉散布圖**：這通常是用迴歸殘差 (有原始、標準化，或 t 標準化殘差) 與預測值 (用原始預測值或標準化預測值皆可) 來畫交叉散布圖，可用來檢定殘差是否具有等分散性，同時也可看出是否有離異值 (outlier, 或稱極端值) 或是具影響力 (influential) 的觀察值。**圖 2-9** 是利用 SPSS 所畫 t 標準化殘差與預測值的交叉散布圖，圖形呈水平隨機分配，因此未違反等分散性假定。不過箭頭所指可能是離異值。

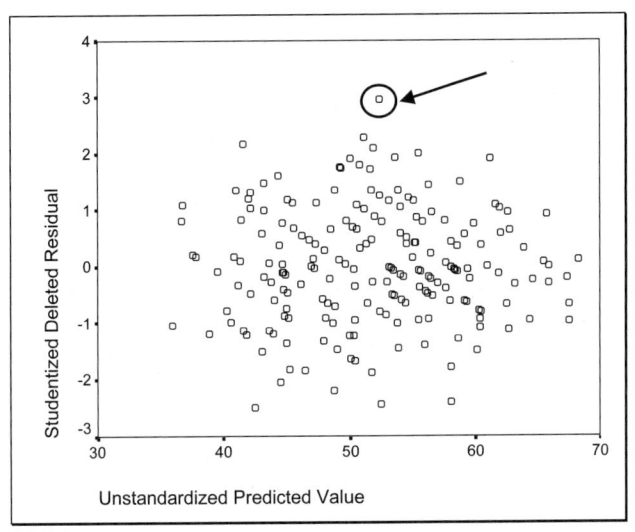

圖 2-9　殘差及預測值交叉散布圖

2. **常態機率分布圖**：利用累積比例常態機率分布圖及去趨勢常態機率分布圖可以用來檢定殘差是否為常態分配。**圖 2-10** 及**圖 2-11** 是利用 SPSS 所繪圖形，前者的點大致在左下到右上的 45 度直線上，因此接近常態分配；後者的點則未在線附近呈水平隨機分布，因此不是常態分配，其主要原因是因為有箭頭 2 個離異值存在，如果將他們刪除，則殘差就會成常態分配。

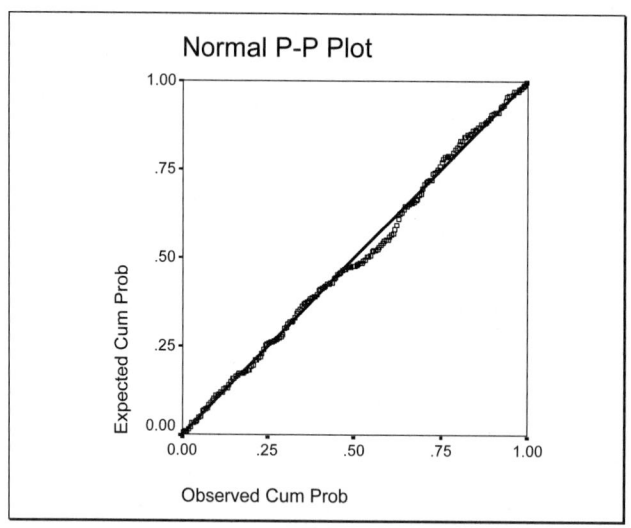

圖 2-10　累積常態機率圖

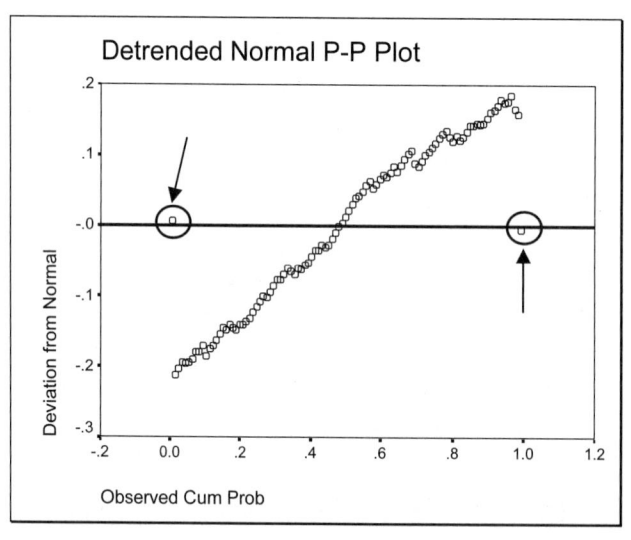

圖 2-11　去趨勢常態機率圖

2.1.10.2　殘差自我相關檢定

此最常利用 Durbin-Watson 之 D 檢定法（$D = \dfrac{\sum\limits_{t=2}^{n}(e_t - e_{t-1})^2}{\sum\limits_{t=1}^{n} e_t^2}$），如果 DW 值在 2

上下，通常沒有違反假設。如果不是時間數列的資料，可以不必進行檢定。

2.1.10.3　離異值及具影響力觀察值檢定

離異值是和其他觀察值有顯著不同的觀察值，因此根據迴歸方程得到的預測值與該觀察體的實際值有很大的殘差，而具影響力的觀察值則是對迴歸分析結果產生重大影響的觀察值。

圖 2-12 是沒有明顯的離異值及具影響力的觀察值，此時 $R^2 = 0.6579$，原始迴歸方程式為 $Y = 0.805X + 15.632$。在圖 2-13 中圓圈所指部分的觀察體與其他觀察體距離甚遠，但是對迴歸方程式沒有顯著的影響力。在圖 2-14 中，圓圈所指的兩個觀察體，與其他觀察體在 X 與 Y 兩變項上的數值明顯不同 (一個是 X 大 Y 小，一個是 X 小 Y 大)，不僅是離異值，也會明顯影響迴歸方程式 (R^2 降低，斜率減小，截距變大)，因此要特別加以留意。如果重新檢查原始資料發現登錄有誤，則要加以更正；如果資料無誤，則建議同時呈現保留與刪除該觀察體所得的兩種迴歸分析結果 (王保進, 1996)。因為該觀察體的存在是一事實，他 (或它) 反映了某種現象，所以如果貿然將其刪除，有可能會忽略了重要的發現。

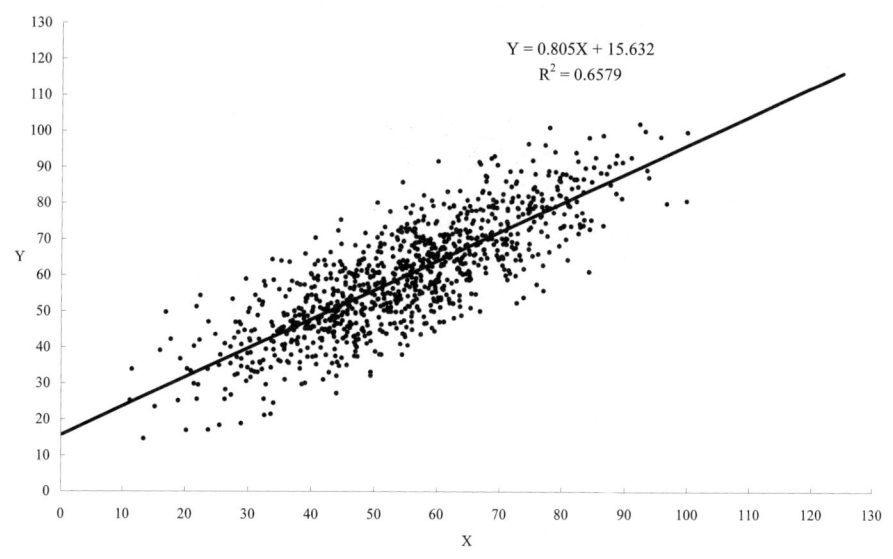

圖 2-12　無離異值及具影響力觀察值

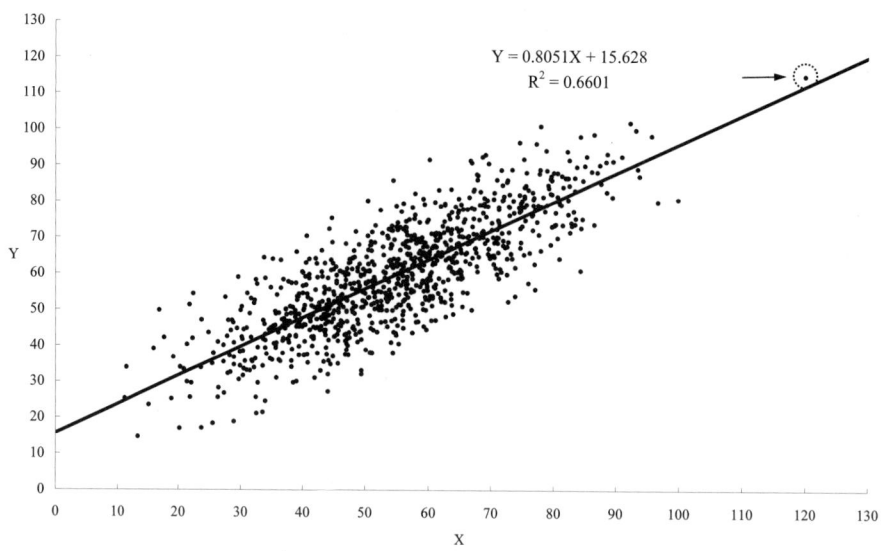

圖 2-13　離異值

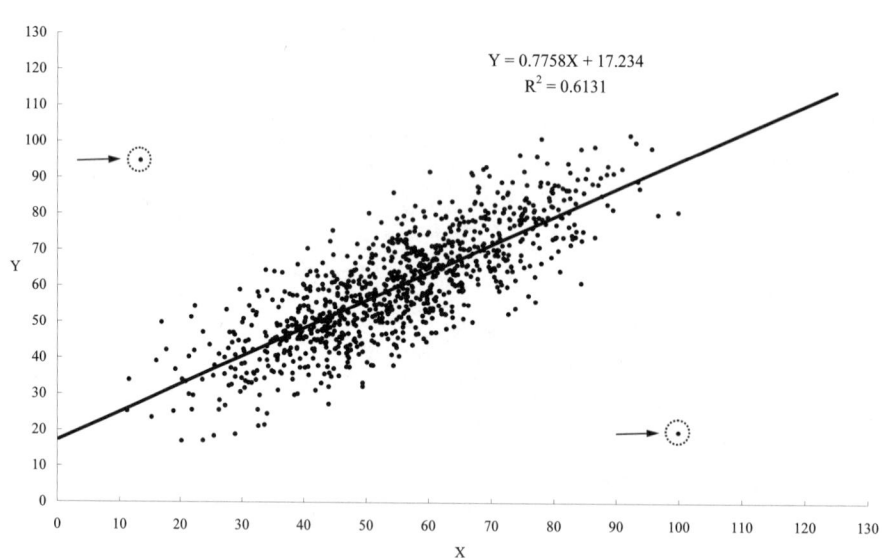

圖 2-14　具影響力觀察值

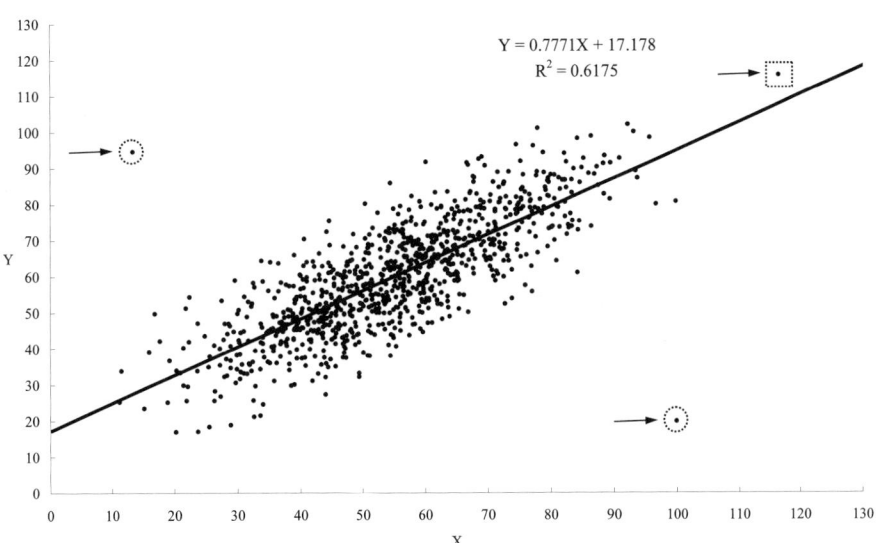

圖 2-15　同時有離異值及具影響力觀察值

此二者常用的檢查統計量有以下幾種：

1. **標準化殘差值**：某個觀察值的殘差 $e_i = Y_i - \hat{Y}_i$，但是如果其 Y 值愈大，則殘差就可能愈大，因此就用迴歸標準誤加以標準化 $\dfrac{e_i}{S} = \dfrac{e_i}{\sqrt{MSe}}$，其絕對值如果大於 2 (或 3) 倍標準誤，表示可能是離異值。

2. **t 標準化殘差值**：$\dfrac{e_i}{\sqrt{MSe \times (1 - h_{ii})}}$，它是進行 t 分配化後的標準化殘差，其絕對值如果大於 $t_{(\alpha\,;\,N-k-2)}$ 倍標準誤，表示可能是離異值。

3. **刪除後 t 標準化殘差值**：$\dfrac{e_{(i)}}{\sqrt{MSe_{(i)} \times (1 - h_{ii})}}$，它是以刪除第 i 個觀察值後所得迴歸方程式，預測第 i 個觀察值，其 t 標準化殘差絕對值，如果大於 $t_{(\alpha\,;\,N-k-2)}$ 倍標準誤，表示可能是離異值。

4. **槓桿量** (leverage value)：$h_{ii} = diag(\mathbf{X}(\mathbf{X'X})^{-1}\mathbf{X'})$，如果超過 $2\left[\dfrac{(k+1)}{N}\right]$，表示可能是離異值。槓桿量只能測出在預測變項上的離異值，對於效標變項上

的離異值並不能檢測出來。槓桿量最大值為 1 (Pedhazur, 1997)

5. Cook D 距離值：$\dfrac{(b-b_{(i)})'X'X(b-b_{(i)})}{p \times MS_e} = \dfrac{e_{(i)}^2}{p \times MS_e}\left(\dfrac{h_{ii}}{(1-h_{ii})^2}\right)$，它是刪除第 i

個觀察值後之迴歸係數改變值，Cook D 值大約等於 DFFITS ^{2}/k，因此如果它
的值大於 4/N 或 4/(N–k–1)，則表示可能是具影響力之觀察值。Cook D 距離
可以同時檢測來自預測變項及效標變項的具影響力之觀察值 (Pedhazur,
1997)。

6. 馬氏距離 (Mahalanobis distance)： $D_i = (n-1)\left(h_{ii} - \dfrac{1}{n}\right)$，表示該觀察值與其

他觀察值總平均的距離，其值愈大，表示愈有可能是具影響力之觀察值。

7. DFFITS：$\dfrac{\hat{Y} - \hat{Y}_{(i)}}{\sqrt{MSe_{(i)} \times h_{ii}}}$，是用完整迴歸方程預測第 i 個觀察值，與用刪除第 i

個觀察值後所得迴歸方程預測第 i 個觀察值之差距，如果超過 $2\sqrt{(k+1)\Big/N}$，
表示可能是具影響力之觀察值 (Rawlings, Pantula, & Dickey, 1998)。

8. DFBETA：$\dfrac{b - b_{(i)}}{\sqrt{MSe_{(i)} \times diag(\mathbf{XX})^{-1}}}$，刪除第 i 個觀察值後之迴歸係數改變值，

如果標準化 DFBETA 大於 $2\Big/\sqrt{N}$，表示可能是具影響力之觀察值 (Rawlings,
Pantula, & Dickey, 1998)。

9. 共變數率 (covariance ratio)：$\dfrac{S_{(i)}^2 \left|(X'X)_{(i)}^{-1}\right|}{S^2 \left|(X'X)^{-1}\right|}$，刪除第 i 個觀察值後對迴歸係數精

確性的改變，其值如果超過 1 會增加精確性，小於 1 則減少。如果與 1 的差
距(即 $|COVRATIO_i - 1|$)大於 $3(k+1)\Big/N$，表示可能是具影響力之觀察值。

此外，利用圖 2-10 及圖 2-11 的殘差常態機率圖亦可看出，像圖 2-16 右邊圓
框內即為離異值，而方框內即為具影響力觀察值。

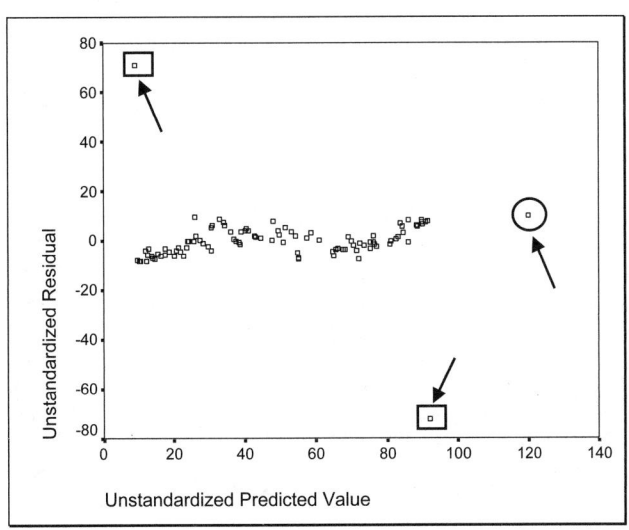

圖 2-16　殘差去趨勢常態圖

2.1.10.4　多元共線性檢定

1. **預測變項間之積差相關**：大於 .8 表示可能有共線性。

2. 決定係數極大，而個別迴歸係數多數或均不顯著。

3. **容忍度 (tolerance) 及變異數波動因素 (variance inflation factor; VIF)**：容忍度為 $1 - R_i^2$，其中 R_i^2 表示以其他預測變項預測第 i 個預測變項所得的決定係數，其值愈大表示共線問題愈嚴重。因此容忍度 $1 - R_i^2$ 愈小，愈有共線問題，$VIF = \dfrac{1}{1 - R_i^2}$，它是容忍度的倒數，如果大於 10，表示該變項與其他預測變項有共線問題。

4. **(X'X)** 之行列式值，接近 0，此時表示 **X** 矩陣可能是特異矩陣 (singular matrix)，也就是有線性相依的情形。

5. **條件指數**(conditional index; CI)：$\sqrt{\dfrac{\lambda_{max}}{\lambda_i}}$，其中 λ 是由 **(X'X)** 所求之特徵值，CI 在 30~100 間，表示有中度共線性；在 100 以上，表示有高度共線性 (Rawlings, Pantula, & Dickey, 1998)。

6. **變異數比例**：由 **(X'X)** 所求之特徵向量 (eigen vector)，如果在任一列中有任兩變項以上之係數之絕對值非常接近 1 者，表示這些變項間有共線性。

2.1.11 多變量多元迴歸分析

前面所說都是只有一個效標變項的多元迴歸分析，如果有多個效標變項，就應改用**多變量多元迴歸分析** (multivariate multiple regression analysis, MMRA 或稱**多變量迴歸分析**, multivariate regression analysis; MRA)。簡單迴歸分析及多元迴歸分析，都只是多變量多元迴歸分析的特例。MMRA 可用下列式子表示：

$$\mathbf{Y} = \mathbf{XB} + \mathbf{E},$$

其中，**Y** 是 $n \times p$ 階矩陣，**X** 是 $n \times q$ 階矩陣 (q 等於預測變項數 k 加 1)，**B** 是 $q \times p$ 階矩陣，**E** 是 $n \times p$ 階矩陣，

迴歸係數 **B** 矩陣同樣可以使用 $(\mathbf{X'X})^{-1}\mathbf{X'Y}$ 求得。

多變量多元迴歸分析是同時考量多個依變項的關係。1.它進行一次的迴歸分析，而不是重複進行多次的多元迴歸分析，因此可以避免第一類型錯誤機率膨脹的問題。2.可分析效標變項被預測變項預測的層面數 (與典型相關相同)。3.且可以考驗某一預測變項對所有效標變項的預測效果是否不為 0。4.對不同的效標變項，同一個預測變項的效果是否相等。5.或是在模式中，某些預測變項的效果是否相等。不過，如果效標變項間的相關為 0 (極為少見)，則不須進行 MMRA。

多變量多元迴歸分析與典型相關有許多相近之處 (Lutz & Eckert, 1994)，因此在面臨多個預測變項與多個效標變項的分析時，多數研究者會採用典型相關分析，而較少採用多變量多元迴歸分析。

在 SAS 中，如果要進行 MMRA，其語法舉例如下 (假設有 3 個 Y，4 個 X)：

```
PROC REG;
        MODEL Y1 Y2 Y3 = X1 X2 X3 X4 / STB;
        M1: MTEST / PRINT DETAILS;
        M2: MTEST X1;
        M3: MTEST Y1 - Y3, Y1 - Y3, X1;
```

MODEL 中，等號前後分別為效標變項及預測變項，斜線後表示列出標準化加權係數。後面三列進行不同的考驗，M1 在進行整體考驗，檢驗 X1~X4 是否可以聯合解釋 Y1 及 Y2，並列出詳細的訊息。整體解釋力可使用 $\eta^2 = 1 - \Lambda$ 求得 (請參見第七章)；M2 考驗在 MMRA 中，X1 是否可以同時顯著預測 Y1、Y2，及 Y3；M3 考驗對 Y1、Y2，及 Y3 進行多元迴歸時，三個模式中 X1 的效果是否不同。

近來，許多軟體 (含 SPSS 及 SAS) 也逐漸提供淨最小平方 (partial least squares, PLS) 迴歸法的分析功能。PLS 迴歸是結合主成份分析、典型相關與迴歸分析的技術，在於使用一組變項以預測另一組變項，並描述它們的共同結構，未來應會更加普及，是值得讀者加以留意的分析方法。

在 SAS 中，如果要進行 PLS，其語法舉例如下：

```
PROC PLS   NFAC=3 DETAILS;
           MODEL Y1 Y2 Y3 = X1 X2 X3 X4;
```

語法中 NFAC 表示要萃取的因素數，DETAILS 則是列出詳細結果。

2.2　假設性資料

假設有 20 個觀察體在 4 個變項的數據，以 Y 為依變項，X1~X3 為自變項進行多元迴歸分析。

觀察體	Y	X1	X2	X3	觀察體	Y	X1	X2	X3
1	13.2	11.9	12.5	7.0	11	10.4	10.4	6.0	6.9
2	4.5	5.8	7.5	12.3	12	12.5	11.8	9.3	8.1
3	6.2	2.4	8.3	12.1	13	10.3	8.4	9.2	7.7
4	13.4	12.5	5.2	4.3	14	14.0	12.1	10.6	8.0
5	6.1	8.7	7.6	11.2	15	9.6	7.5	7.4	9.8
6	10.0	12.2	10.6	10.9	16	13.2	10.3	12.7	7.8
7	11.9	12.3	9.8	10.0	17	10.3	12.7	6.9	7.4
8	5.8	4.7	7.7	14.4	18	5.8	7.6	8.0	13.4
9	14.4	10.5	8.0	4.2	19	16.7	13.3	16.6	2.6
10	11.9	10.3	12.3	8.1	20	11.4	7.2	9.9	4.1

2.2.1 簡要語法

在 SPSS 中使用以下語法進行分析：

```
REGRESSION
        /DESCRIPTIVES ALL
        /STATISTICS ALL
        /DEPENDENT Y
        /METHOD=ENTER X1 X2 X3
        /CASEWISE PLOT(ZRESID) OUTLIERS(3).
```

在 SAS，建議語法如下：

```
ODS GRAPHICS ON;
PROC REG   SIMPLE CORR PLOT=ALL;
        MODEL Y=X1 X2 X3/STB;
RUN;
```

2.2.2 簡要報表

在相關矩陣可以看出，三個自變項與 Y 變項的相關分別為 .773、.544，及 -.858，p 值均小於 .01。X1~X3 之間的相關最高為 X1 及 X3 之 -.600，並未大於 .80，因此沒有嚴重的共線問題。

Correlations		Y	X1	X2	X3
Pearson Correlation	Y	1.000	.773	.544	-.858
	X1	.773	1.000	.340	-.600
	X2	.544	.340	1.000	-.320
	X3	-.858	-.600	-.320	1.000
Sig. (1-tailed)	Y	.	.000	.007	.000
	X1	.000	.	.071	.003
	X2	.007	.071	.	.084
	X3	.000	.003	.084	.

下圖為三個 X 變項分別對 Y 的散布圖，大致呈直線關係。

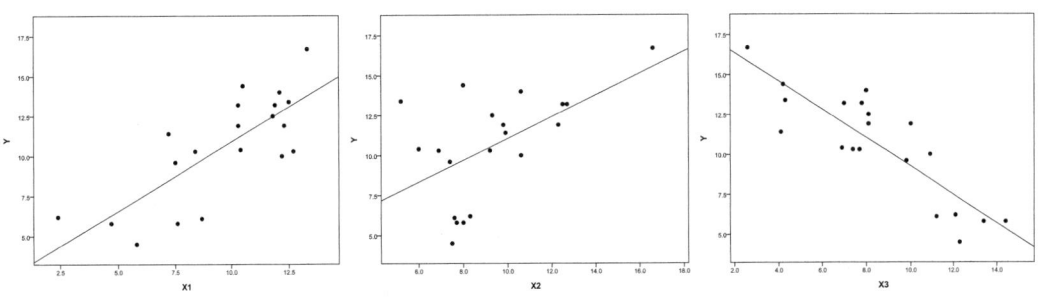

　　整體考驗部分。當三個 X 同時投入當預測變項時，由變異數分析 (ANOVA) 摘要表可以看出，$F(3, 16) = 44.004$，$p < .001$，表示三個 X 變項可以聯合預測 Y 變項。

ANOVA[b]					
Model	Sum of Squares	df	Mean Square	F	Sig.
1　Regression	193.250	3	64.417	44.004	.000[a]
Residual	23.422	16	1.464		
Total	216.672	19			
a. Predictors: (Constant), X1, X2, X3					
b. Dependent Variable: Y					

　　由上表中 SS 可計算下表之整體預測力，$R^2 = \dfrac{193.250}{216.672} = .892$，校正後之 $\hat{R}^2 = 1 - (1 - .892^2)\dfrac{20 - 1}{20 - 3 - 1} = .872$。三個自變項可以聯合解釋 Y 變項 87.2%的變異量。

Model Summary				
Model	R	R Square	Adjusted R Square	Std. Error of the Estimate
1	.944[a]	.892	.872	1.2099
a. Predictors: (Constant), X3, X2, X1				

　　個別考驗部分，常數項及三個 X 變項加權係數的 p 值均小於 .05，所以每個 X 變項都可以顯著預測 Y 變項，係數之正負均與前面簡單相關相同。

原始迴歸方程式為 $\hat{Y} = 0.391X_1 + 0.304X_2 - 0.594X_3 + 9.044$ ；

標準化迴歸方程式為 $Z_{\hat{Y}} = 0.347Z_{X_1} + 0.243Z_{X_2} - 0.272Z_{X_3}$ 。

Coefficients [a]					
	Unstandardized Coefficients		Standardized Coefficients		
Model	B	Std. Error	Beta	t	Sig.
1　(Constant)	9.044	2.061		4.387	.000
X1	.391	.118	.347	3.315	.004
X2	.304	.111	.243	2.747	.014
X3	-.594	.108	-.572	-5.504	.000
a. Dependent Variable: Y					

　　使用 Nimon (2010) 設計的 SPSS 程式檔進行分析得到下表，當使用 X1~X3 對 Y 進行迴歸分析時，全部的 R^2 為 .8919。以 X1 為例，X1 單獨解釋的部分為 .0742 (佔全部解釋量的 8.3239%)，X1 與 X2、X1 與 X3 共同解釋的部分分別為 .0300 及 .3167，X1 與 X2 及 X3 共同解釋的部分為 .1768。因此，X1 對 Y 的單獨解釋部分為 .0742，而與 X2 及 X3 共同解釋的部分 (含 C12、C13、C123) 則為 .0300 + .3167 +.1738 = .5236 (有捨入誤差)，全部總和為 .5978，這也等於單獨使用 X1 對 Y 進行簡單迴歸的 R^2。

　　在拆解的七部分中，X1 與 X3 共同對 Y 解釋的變量 .3167 為最大 (佔 35.5088%)。

Variables	Coefficient	Percent
Unique to　　X1	.0742	8.3239
Unique to　　X2	.0510	5.7157
Unique to　　X3	.2047	22.9473
Common to　　X1 X2	.0300	3.3678
Common to　　X1 X3	.3167	35.5088
Common to　　X2 X3	.0384	4.3094
Common to　　X1 X2 X3	.1768	19.8272
Total	.8919	100.0000

Variable	Unique	Common	Total
X1	.0742	.5236	.5978
X2	.0510	.2453	.2963
X3	.2047	.5320	.7366

2.3　應用部分

2.3.1　範例說明

　　以下將以中央研究院社會研究所「2006 年臺灣社會變遷調查」中，1064 名出生於民國 39 (西元 1950) 年至 65 (1976) 年間受訪者之「性別」(x1)、「父親籍貫」(x2)、「父親受教育年數」(x3)、「母親受教育年數」(x4)為預測變項，對「受訪者受教育年數」(y) 進行多元迴歸分析。

　　原調查資料中「性別」分別以 1、2 代表男、女性。「父親籍貫」1 代表臺灣閩南人，2 代表臺灣客家人，3 代表大陸各省籍，4 代表臺灣原住民，5 為其他 (因人數較少，所以在本書中不列入分析)。父母親及受訪者原資料皆為類別變項，筆者已將其轉換為比率變項 (受教育年數)，其中「自修」一類轉為 3 年。

　　因為在本分析中，性別為二分變項，因此直接將女性代碼轉換為 0。父親籍貫有 4 類，因此須轉換成 3 個虛擬變項。且由於原住民族與其他族群的差異最大，所以將原住民族當成參照組。

2.3.2　SPSS 分析步驟圖

1.　在進行分析之前，先將類別變項轉換成虛擬變項。第一步驟是將「性別」轉成 0、1 的二分變項。因為只有兩個類別，所以可以《**重新編碼成同一變數**》(Recode into Same Variables) 即可。

2. 點選性別(x1)之後，再點選《舊值與新值》(Old and New Values)。

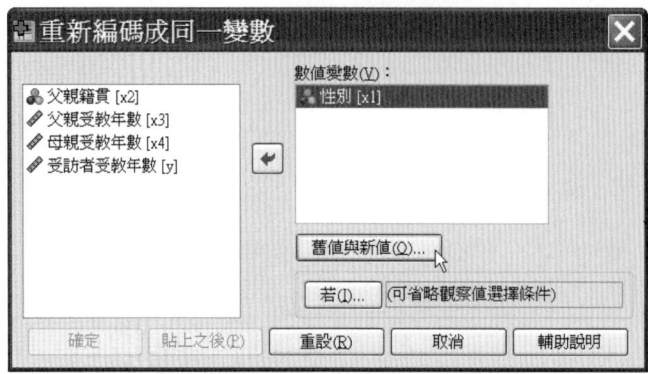

3. 在《舊值》(Old value) 中輸入 2，《新值》(New Value) 中輸入 0，然後點選
   《新增》(Add)，再點選《繼續》(Continue) 回上一畫面，最後再點選《確定》
   (OK) 即可。

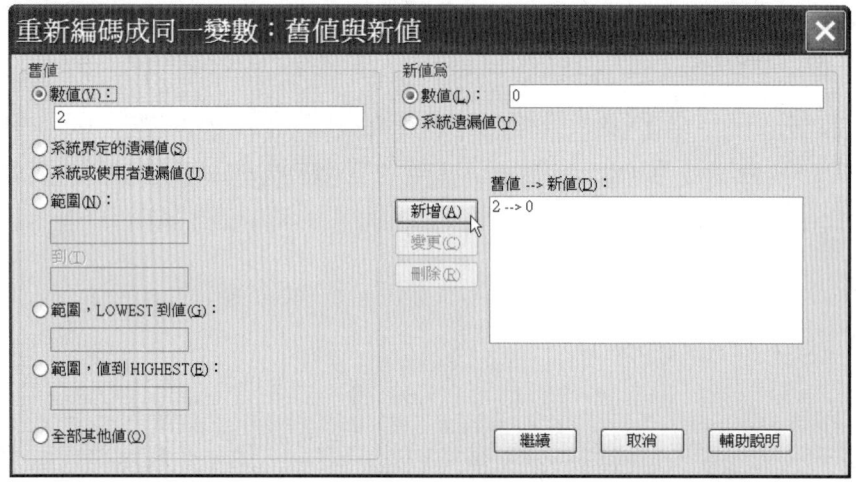

4. 接著，將「父親籍貫」(x2) 轉成虛擬變項。因為此變項有 4 個類別，要化成
   3 個虛擬變項，所以要《重新編碼成不同變數》(Recode into Different
   Variables)。

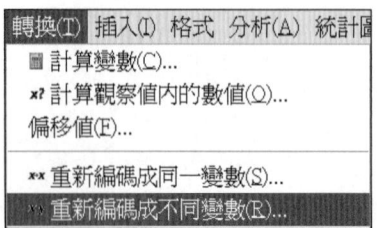

5. 點選父親籍貫 (x2) 之後，在《**輸出之新變數**》(Output Variable) 中輸入第 1
   個虛擬變項 x2.1，然後在《**註解**》(Label) 中輸入「閩南人 vs 原住民」(不輸
   入亦可)，接著點選《**變更**》(Change)，最後再點選《**舊值與新值**》(Old and New
   Values)，進入下一畫面。

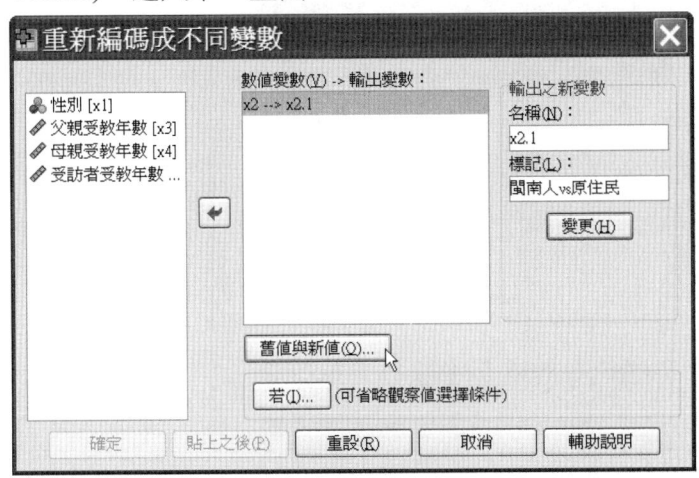

6. 首先在《**舊值**》(Old value) 中輸入 1，《**新值**》(New Value) 中輸入 1，然後
   點選《**新增**》(Add)；其次分別輸入 2、0，並按新增；接著分別再輸入 3、0，
   並按新增；最後分別輸入 4、0，並按新增。緊接著再點選《**繼續**》(Continue)
   回上一畫面，最後再點選《**確定**》(OK) 即可。

7. 在點選完 4 之畫面後，先點選《**重設**》(Reset)，讓所有空格清空。重新點選
   父親籍貫 (x2) 之後，在《**輸出之新變數**》(Output Variable) 中輸入第 2 個虛

擬變項 x2.2，然後在《註解》(Label) 中輸入「客家人 vs 原住民」，接著點
選《變更》(Change)，最後再點選《舊值與新值》(Old and New Values)，進
入下一畫面。

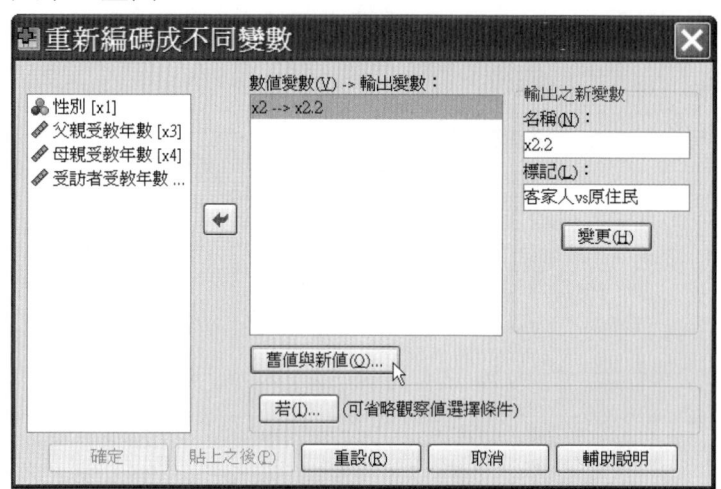

8. 首先在《舊值》(Old value) 中輸入 1，《新值》(New Value) 中輸入 0，然後
點選《新增》(Add)；其次分別輸入 2、1，並按新增；接著分別再輸入 3、0，
並按新增；最後分別輸入 4、0，並按新增。緊接著再點選《繼續》(Continue)
回上一畫面，最後再點選《確定》(OK) 即可。

9. 在點選完 4 之畫面後，先點選《重設》(Reset)，讓所有空格清空。重新點選
父親籍貫 (x2) 之後，在《輸出之新變數》(Output Variable) 中輸入第 3 個虛

擬變項 x2.3，然後在《註解》(Label) 中輸入「大陸各省 vs 原住民」，接著點選《變更》(Change)，最後再點選《舊值與新值》(Old and New Values)，進入下一畫面。

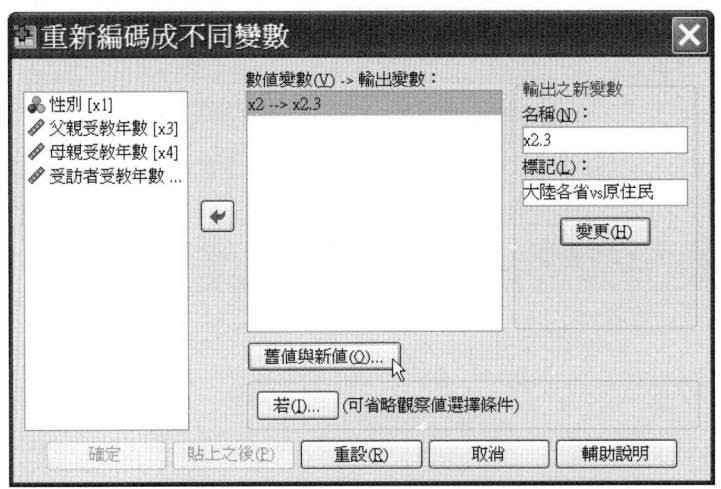

10. 首先在《舊值》(Old value) 中輸入 1，《新值》(New Value) 中輸入 0，然後點選《新增》(Add)；其次分別輸入 2、0，並按新增；接著分別再輸入 3、1，並按新增；最後分別輸入 4、0，並按新增。緊接著再點選《繼續》(Continue) 回上一畫面，最後再點選《確定》(OK) 即可。

11. 現在開始進行多元迴歸分析，選項順序分別為《分析》(Analyze)、《迴歸方法》(Regression)、《線性》(Linear)。

12. 將 y 點選至《依變數》(Dependent)，x3、x4，及 4 個虛擬變項 (x1、x2.2、x2.2、x2.3) 點選至《自變數》(Independent(s))。切記，不可以再把 x2 點選至自變數。此時分析方法為〈強迫進入變數法〉(Enter)。

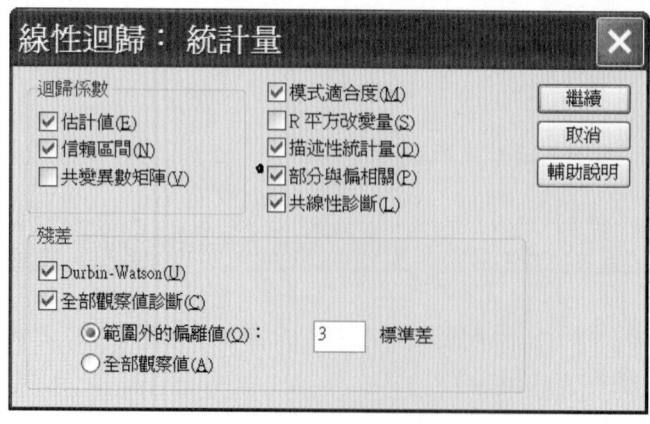

13. 在《統計量》(Statistics) 選單下，可視需要勾選以下項目。如果想要列出所有觀察值的各項殘差診斷值，可以勾選〈全部觀察值〉(All cases)。

14. 在《統計圖》(Plot) 選單下，可以勾選標準化殘差圖，並繪製**標準化預測值**
    (ZPRED) 對**標準化殘差值(ZRESID)** 之散布圖。如果要繪製多個散布圖，可
    以點選《下一個》(Next) 後，再重新選擇變項至 X 軸及 Y 軸。

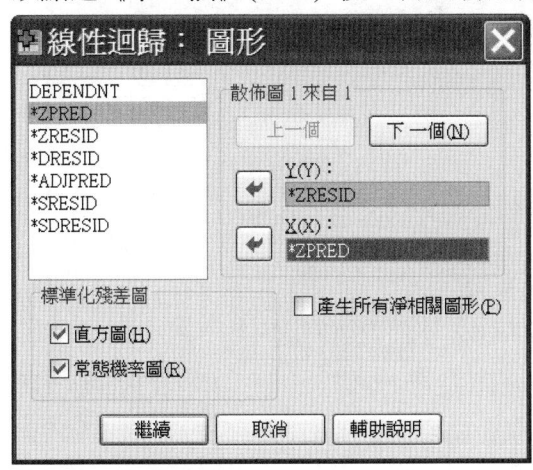

15. 在《**儲存**》(Save) 選單下，可以選擇將預測值、殘差、距離、影響統計量及
    預測區間儲存至現行的分析資料檔中。在選單中，儲存後之變項名稱是由系
    統自動加以命名，如果要自行命名，就要使用撰寫語法的方式。

16. 重新進行另一次分析，變項同前，但是分析方法改為〈**逐步迴歸分析法**〉
(Stepwise)。(此處僅說明統計概念，建議讀者謹慎使用此方法。)

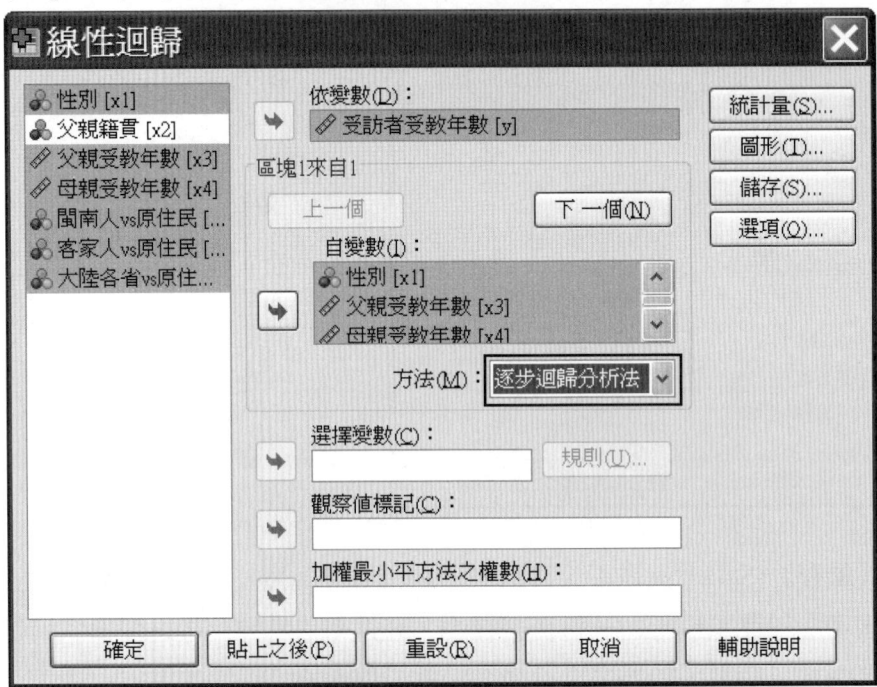

17. 在《統計量》(Statistics) 選單下，可視需要勾選以下項目。

18. 要進行階層迴歸，使用方法為 Enter 法，選擇《**依變數**》後，首先選擇第一
步驟進入之《**自變數**》(在此為性別)，接著點選《**下一個**》(Next)。

19. 第二步驟進入之自變數為父親籍貫之三個虛擬變項，接著再點選《**下一個**》。

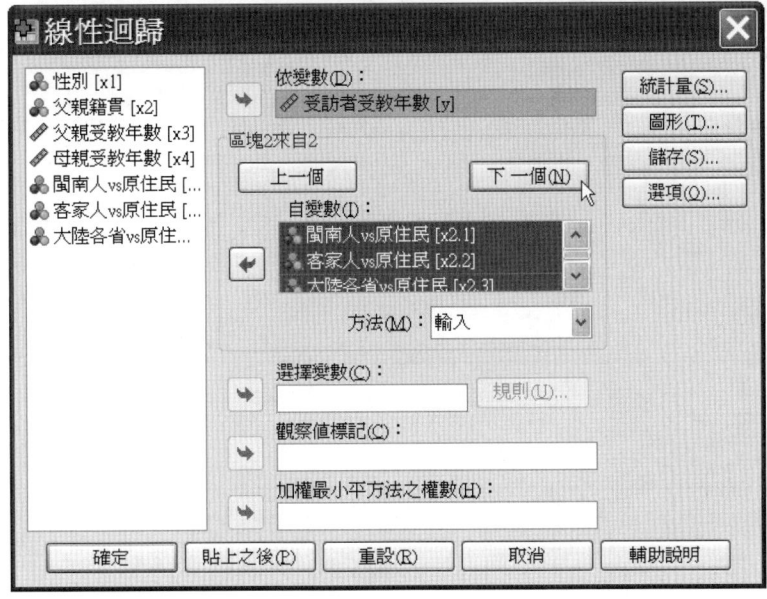

20. 第三步驟進入之自變數為父親及母親之受教年數,最後點選《確定》(OK)。

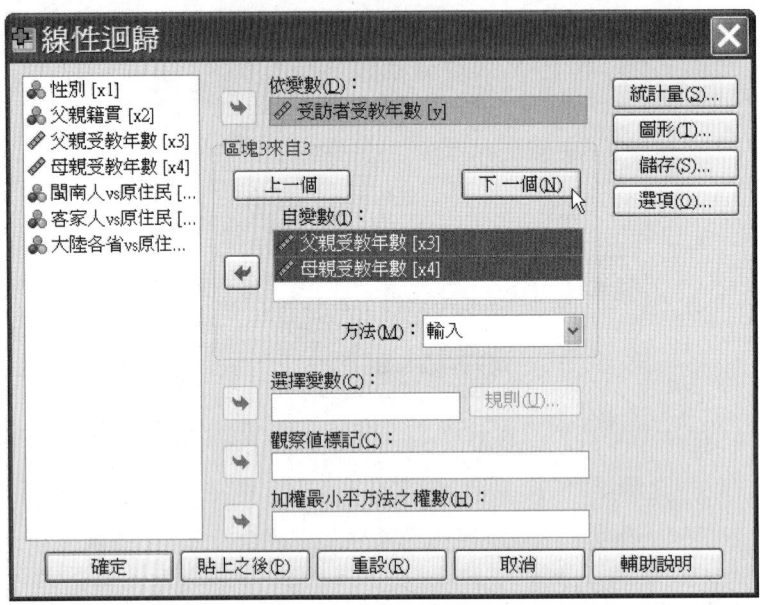

21. 在《統計量》下,應勾選〈R 平方改變量〉(R squared change)。

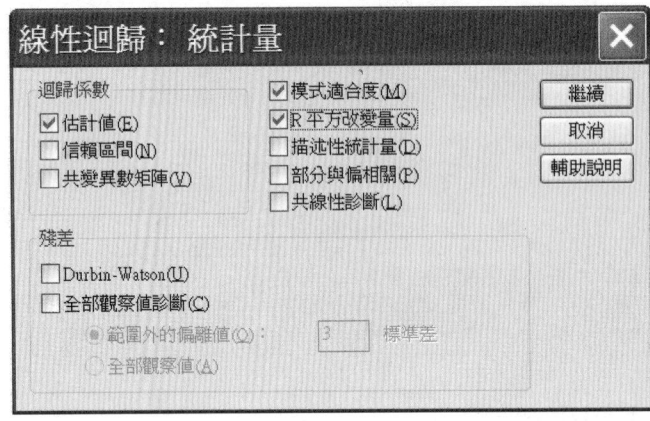

2.3.3 SPSS 程式

```
[1]   GET              FILE='d:\multi6\spss\reg.sav' .
[2]   RECODE           x1   (2=0).
[3]   RECODE           x2   (1=1)(2=0)(3=0)(4=0)   INTO   x2.1 .
      RECODE           x2   (1=0)(2=1)(3=0)(4=0)   INTO   x2.2 .
      RECODE           x2   (1=0)(2=0)(3=1)(4=0)   INTO   x2.3 .
[4]   REGRESSION
[5]                    /DESCRIPTIVE=MEAN VARIANCE STDDEV CORR
                       SIG
```

```
[6]                        /STATISTICS=DEFAULTS CI COLLIN TOL ZPP
[7]                        /DEPENDENT=y
[8]                        /METHOD=ENTER x1 x3 x4 x2.1 x2.2 x2.3
[9]                        /SCATTERPLOT=(*SRES, *PRED) (*ZRES, *ZPRED)
[10]                       /CASEWISE=ALL RESID ZRESID SRESID SDRESID
                            MAHAL COOK LEVER COVRATIO DFFIT SDFIT
                            DFBETA
[11]                       /RESIDUAL=OUTLIERS(COOK MAH SDR) DURBIN
                            NORMPROB(ZRES) HIST(ZRES)
[12]                       /SAVE=PRED(P) RESID(R) ZRESID(ZR) SRESID(SR)
                            SDRESID(SDR) COOK(COOK) LEVER(H)
                            MAHAL (M) DFFIT(DFFIT).
[13]  CORRELATIONS
                           /VARIABLES=p with x1 x3 x4 x2.1 x2.2 x2.3
                           /MISSING=LISTWISE .
[14]  REGRESSION

                           /STATISTICS COEFF OUTS R ANOVA CHANGE ZPP
                           /DEPENDENT=y
                           /METHOD=STEPWISE x1 x3 x4 x2.1 x2.2 x2.3.

[15]  REGRESSION

                           /STATISTICS= DEFAULTS CHANGE
                           /DEPENDENT y
                           /METHOD=ENTER x1
                           /METHOD=ENTER x2.1 x2.2 x2.3
                           /METHOD=ENTER x3 x4.
```

2.3.4　SPSS 程式說明

[1]　界定資料檔存放於 D 磁碟的 MULTI6 下之 DATA 資料夾中，檔名是「reg.sav」，這是 SPSS 的系統檔，因此不用界定變項名稱。SPSS 的系統檔可以在進入 SPSS 系統後，直接點選《檔案》(File) 選單，選擇《開啟舊檔》(Open)，再指出檔名即可。

[2]　RECODE 表示要轉碼。因為欲將「性別」投入迴歸分析，所以將原來代表女生的 2 轉碼成 0，男生本來就登錄為 1，因此不須轉碼。此時以女生當參照組。

[3]　進行另一次轉碼，但是轉碼後會產生 3 個新的變項 (x2.1、x2.2、x2.3)。原本 x2 變項為 1 者，轉碼後在 3 個新的變項的代碼分別為 1、0、0；x2 變項為 2 者，新的代碼分別為 0、1、0；x2 變項為 3 者，新的代碼分別為 0、0、1；2 變項為 4 者，新的代碼分別為 0、0、0。如果確定所有觀察體都沒有缺失值，本部分指令也可以用以下的指令代替：

```
COUNT    x2.1= x2(1).
COUNT    x2.2= x2(2).
COUNT    x2.3= x2(3).
```

[4] 進行迴歸分析。

[5] 列印出平均數、變異數、標準差、相關矩陣、顯著水準等描述統計資料。

[6] 列出內定統計量、迴歸係數之信賴區間、共線性統計、容忍度、零階相關、
     淨相關及部分相關等統計量。

[7] 效標 (依) 變項為 y。

[8] 以強迫進入法將 x1、x3、x4、x2.1、x2.2、x2.3 等預測 (自) 變項投入分析。

[9] 分別以 t 標準化殘差及預測值、標準化殘差及標準化預測值畫散布圖。

[10] 列出所有觀察值之各項迴歸診斷統計量。因為此部分報表較寬,所以建議分
     為三次執行。不然,可以使用以下指令:

```
/CASEWISE PLOT(ZRESID) OUTLIERS(3) .
```

     只列出標準化殘差值大於 3 的觀察體即可。

[11] 列出離異值、Durbin-Watson 值、標準化殘差之常態圖及直方圖。

[12] 將迴歸分析產生之有關統計量存在現行分析檔中,括號中為新名稱 (括號中
     的變項名稱不寫亦可,此時由系統自動命名)。變項於程式執行完後會出現在
     資料檔中,如果有需要,可以在資料視窗中加以存檔,以進行後續之分析。

[13] 計算原始預測值 (系統命名為 p) 與所有預測變項的簡單相關,此即結構係
     數。

[14] 進行另一次迴歸分析,不過此次採逐步法,因此不一定每個預測變項都能進
     入迴歸方程。

[15] 階層迴歸分析,依變項為 Y,步驟一之自變項為 x1,步驟 2 為 x2.1、x2.2、
     x2.3,步驟 3 為 x3 及 x4。統計量中列出各步驟之 R^2。

2.3.5 SAS 程式

```
[1]    DATA    reg1 ;
       SET    'd:\multi6\sas\reg.sas7bdat' ;
[2]    IF x1=2 THEN x1=0;
[3]    IF x2=1 THEN x2_1=1;   ELSE   x2_1=0;
       IF x2=2 THEN x2_2=1;   ELSE   x2_2=0;
       IF x2=3 THEN x2_3=1;   ELSE   x2_3=0;
```

```
        IF x2=. THEN x2_1=.;
        IF x2=. THEN x2_2=.;
        IF x2=. THEN x2_3=.;
[4]     PROC REG          DATA=reg1 SIMPLE CORR;
[5]                       MODEL y=x1 x3 x4 x2_1 x2_2 x2_3
                                 /SELECTION=NONE STB P R VIF TOL
                                 COLLIN DW INFLUENCE;
[6]                       OUTPUT OUT=reg2 P=pre R=res STUDENT=sres;
[7]     PROC PLOT         DATA=reg2;
                          PLOT sres*pre;
                          PLOT res*pre;
[8]     PROC CORR         DATA=reg2;
                          VAR pre;
                          WITH x1 x3 x4 x2_1 x2_2 x2_3;
[9]     PROC REG          DATA=reg1;
                          MODEL y=x1 x3 x4 x2_1 x2_2 x2_3
                                 /SELECTION=STEPWISE STB;
[10]    PROC REG          DATA=reg1;
                          MODEL y=x1/ STB;
                          MODEL y=x1 x2_1 x2_2 x2_3/ STB;
                          MODEL y=x1 x3 x4 x2_1 x2_2 x2_3 / STB;
[11]    RUN;
```

2.3.6　SAS 程式說明

[1] 設定資料集為reg1，系統資料檔名為 "reg.sas7bdat"，置放於 D 磁碟的 MULTI6 之 SAS 資料夾中。

[2] 因為欲將「性別」投入迴歸分析，所以將原來代表女生的 2 轉碼成 0，男生本來就登錄為 1，因此不須轉碼。

[3] 將父親籍貫轉換為虛擬變項。如果確定觀察體沒有缺失值，則後 3 列可以不寫。

[4] 使用 reg1 資料集進行迴歸分析，並列出簡單描述統計及相關矩陣。

[5] MODEL 指令中等號之前 (y) 為效標變項，等號之後 (x1、x3、x4、x2_1、x2_2、x2_3) 為預測變項。斜線後之 SELECTION=NONE 代表將所有預測變項投入迴歸分析，此外還要列出標準化迴歸係數、預測值、殘差值、VIF 值、容忍度、共線性資料、DW 值及影響值。

[6] 將迴歸分析所產生之統計資料另存到 reg2 的資料集中，除原來 reg1 資料集中所有資料外，另加入 PRE (預測值)、RES (殘差)、SRES (標準化殘差) 三個變項。

[7] 以 REG2 資料集中之資料繪製散布圖，分別為 SRES 對 PRE，RES 對 PRE。

[8] 計算原始預測值 (自行命名為 PRE) 與所有預測變項的簡單相關，此即結構
係數。

[9] 再以 REG1 資料集進行另一次迴歸分析，不過此次採逐步法，因此不一定每
個預測變項都能進入迴歸方程。

[10] 最後再以 REG1 資料集進行另一次迴歸分析，此次採階層法，第一個模式之
預測變項為 x1，第二個模式增加 x2 之三個虛擬變項，第三個模式則再加入
x3 及 x4。

[11] 執行程式。

2.3.7 報表及解說 (以 SPSS 報表為主)

[1]

Descriptive Statistics				
	Mean	Std. Deviation	Variance	N
受訪者受教年數	12.021	3.361	11.294	1064
性別	0.476	0.500	0.250	1064
父親受教年數	6.917	4.189	17.549	1064
母親受教年數	4.572	3.664	13.428	1064
閩南人 VS 原住民	0.697	0.460	0.211	1064
客家人 VS 原住民	0.151	0.359	0.129	1064
大陸各省 VS 原住民	0.137	0.344	0.119	1064

　　七個變項的簡單描述統計，含平均數、標準差、變異數及有效觀察體數。SPSS
迴歸分析內定只要某一觀察體在這七個變項有任一個缺失值就不列入分析
(Listwise 方式)。

　　受訪者平均受教年數為 12.021 年，均比其父親或母親的受教年數高，顯示教
育有提昇的情形。性別平均數為 0.476，表示代碼為 1 者 (在此為男性) 佔 47.6%。
「閩南人 vs 原住民」的平均數為 0.697，表示在有效的觀察體中，閩南人佔 69.7%。
同理可知，客家人佔 15.1%，大陸各省籍佔 13.7%。100－69.7－15.1－13.7=1.5，
則原住民受訪者僅佔 1.5%。

[2]

Correlations								
		受訪者受教年數	性別	父親受教年數	母親受教年數	閩南人 VS 原住民	客家人 VS 原住民	大陸各省 VS 原住民
Pearson Correlation	受訪者受教年數	1.000	.076	.523	.447	-.111	-.018	.203
	性別	.076	1.000	.020	.018	-.016	-.024	.069
	父親受教年數	.523	.020	1.000	.624	-.208	-.054	.353
	母親受教年數	.447	.018	.624	1.000	-.109	-.014	.169
	閩南人 VS 原住民	-.111	-.016	-.208	-.109	1.000	-.641	-.605
	客家人 VS 原住民	-.018	-.024	-.054	-.014	-.641	1.000	-.168
	大陸各省 VS 原住民	.203	.069	.353	.169	-.605	-.168	1.000
Sig. (1-tailed)	受訪者受教年數	.	.007	.000	.000	.000	.276	.000
	性別	.007	.	.260	.282	.303	.217	.012
	父親受教年數	.000	.260	.	.000	.000	.038	.000
	母親受教年數	.000	.282	.000	.	.000	.328	.000
	閩南人 VS 原住民	.000	.303	.000	.000	.	.000	.000
	客家人 VS 原住民	.276	.217	.038	.328	.000	.	.000
	大陸各省 VS 原住民	.000	.012	.000	.000	.000	.000	.

　　各變項之相關矩陣及顯著水準。由此可大略看出預測變項間是否有共線性，因此處預測變項間的相關係數不是非常高 (最高為 .624，未大於 .8 以上)，所以共線問題不是很嚴重。效標變項與父親受教年數的相關最高，為 .523。迴歸分析時，我們通常希望預測變項間相關愈低愈好，而個別預測變項與效標變項的相關則要愈高愈好。

　　性別與受訪者受教年數的簡單相關 (正確應為**點二列相關**) 為 .076，表示代碼為 1 者 (男性) 的平均受教年數較高。「閩南人 vs 原住民」與受訪者受教年數的簡單相關 (亦為點二列相關) 為 - .111，表示代碼為 1 者 (閩南人) 的平均受教年數較代碼為 0 者 (在此含客家人、大陸各省及原住民) 為低。

[3]

Model Summary [b]					
Model	R	R Square	Adjusted R Square	Std. Error of the Estimate	Durbin-Watson
1	.555 [a]	.308	.304	2.804	1.874

[a] Predictors: (Constant), 大陸各省 vs 原住民, 性別, 客家人 vs 原住民, 母親受教年數, 父親受教年數, 閩南人 vs 原住民
[b] Dependent Variable: 受訪者受教年數

　　結果顯示：6 個 (正確而言應是 4 個) 預測變項與效標變項的 R^2 為 .308

$(\sqrt{.308} = .555$，即為多元相關)，表示 6 個變項可聯合預測效標變項 30.8% 的變異量。這是由[4]中迴歸的 SS 除以迴歸之 SS 加殘差之 SS，亦即 $R^2 = SS_{reg}/(SS_{reg}+SS_{res})$。即使調整後之 R^2 仍有 .304，此在社會科學中也算是滿高的。估計標準誤等於[4]中之 MS_{res} 之平方根，可用來求預測值的信賴區間的。DW 值 1.874，與 2 有點差距，表示觀察體間可能有自我相關的情形，不過，因為這不是時間數列的資料，所以影響不大；如果應用在計量經濟學時，就應加以留意。

[4]

ANOVA [b]						
Model		Sum of Squares	df	Mean Square	F	Sig
1	Regression	3697.128	6	616.188	78.392	0.000 [a]
	Residual	8308.418	1057	7.860		
	Total	12005.545	1063			

a Predictors: (Constant), 大陸各省 vs 原住民, 性別, 客家人 vs 原住民, 母親受教年數, 父親受教年數, 閩南人 vs 原住民
b Dependent Variable: 受訪者受教年數

迴歸分析摘要表，其 F 值為 78.392，是由 MS_{reg} (616.188) 除以 MS_{res} (7.860) 而得，達 .001 顯著水準，表示[3]中之 R 及 R^2 不是因為機率造成的，也表示整體之迴歸係數不為 0，至少有一個預測變項與效標變項的相關達顯著水準。本部分統計資料可化為**迴歸分析摘要表**，放入研究論文中。

在自由度 (df) 中，全體之自由度等於有效觀察體數減 1 (即 $N-1$)，迴歸部分之自由度等於預測變項數 (k)，殘差部分就等於 $N-k-1$。

[5]

Coefficients [a]		Unstandardized Coefficients		Standardized Coefficients	t	Sig.
Model		B	Std. Error	Beta		
1	(Constant)	6.752	.734		9.203	.000
	性別	.392	.173	.058	2.266	.024
	父親受教年數	.308	.028	.384	11.086	.000
	母親受教年數	.183	.030	.200	6.091	.000
	閩南人 vs 原住民	2.095	.733	.287	2.857	.004
	客家人 vs 原住民	2.168	.759	.231	2.857	.004
	大陸各省 vs 原住民	2.367	.773	.242	3.061	.002

a Dependent Variable: 受訪者受教年數

Coefficients [a]						
95% Confidence Interval for B		Correlations			Collinearity Statistics	
Lower Bound	Upper Bound	Zero-order	Partial	Part	Tolerance	VIF
5.312	8.191					
.053	.731	.076	.070	.058	.991	1.009
.253	.362	.523	.323	.284	.546	1.831
.124	.243	.447	.184	.156	.607	1.648
.656	3.534	-.111	.088	.073	.065	15.363
.679	3.657	-.018	.088	.073	.100	10.006
.850	3.884	.203	.094	.078	.104	9.581
a　Dependent Variable: 受訪者受教年數						

　　原報表因較寬，故筆者加以截成兩部分。第一部分為未標準化係數、標準化係數、t 值及 p 值 (Sig.部分)。第二部分為未標準化係數之信賴區間、各種相關，及共線性統計量。

　　未標準化 (原始) 迴歸係數是由公式 2-4 所得的結果，是由預測變項求效標變項時的加權係數。由本處可知，在其他預測變項相同的條件下，父親受教年數每增加 1 年，其子女受教年數就增加 0.308 年，而母親受教年數每增加 1 年，其子女受教年數就增加 0.183 年，可見父母教育程度愈高，子女受教育年數也就愈多。男性平均受教育年數比女性高 0.392 年 (由性別之係數得知)，可見男女受教育機會並不均等 (不過，由其他分析可知，隨著受訪者年齡愈來愈輕，此差異已在縮小中)。閩南人比原住民平均多 2.095 年 (由閩南人 vs 原住民之係數而知)，客家人比原住民平均多 2.168 年 (由客家人 vs 原住民之係數而知)，大陸各省籍比原住民平均多 2.367 年 (由大陸各省 vs 原住民之係數而知)。原始之迴歸方程式為：Y=0.392*X1+0.308*X3+0.183*X4+2.095*X2.1 +2.168*X2.2+2.367*X2.3+6.752。

　　標準化迴歸係數是由公式 2-5 求得，亦可使用 $\beta = b \times \dfrac{S_X}{S_Y}$ 計算。以「父親受教年數」為例，其未標準化係數為 0.308，標準差為 4.189，而依變項之標準差為 3.361 (見報表[1])，因此 $0.308 \times \dfrac{4.189}{3.361} = 0.384$。由標準化迴歸係數可以比較預測變項的相對重要性，由此處可知，父親受教年數對受訪者受教年數的預測作用，較母親受教年數來得大。其他變項因為是虛擬變項，所以標準化之後意義不大，只要看未標準化係數即可。

　　t 值是由迴歸係數除以其標準誤而得，其值愈大愈容易達到顯著水準。在此例

中，t 之絕對值應大於 1.96221 才達到 .05 顯著水準 (因為 $t_{(\frac{.05}{2},1057)}$ =1.96221)。由報表可看出所有預測變項之 b 值均達 .05 顯著水準，因此其 p 值也均小於.05。

在第二部分中，第一欄為未標準化迴歸係數之信賴區間。計算方法為 $b_i \pm t_{(\frac{\alpha}{2},df)} \times S_{bi}$。以「父親受教年數」為例，b=0.308，標準誤為 0.028，t 之臨界值為 1.96221，因此 95%信賴區間為 0.308±1.96221× 0.028，下限為 0.253，上限為 0.362。如果信賴區間不包含 0，表示該係數顯著不同於 0。

第二欄分別為各預測變項與效標變項之簡單相關 (零階相關)、淨相關及部分相關。由此可知，父親受教年數與受訪者受教年數的三種相關係數都最高。

第三欄是與多元共線性有關的統計量。其中容忍度為 $1-R_i^2$，R_i^2 表示由其他預測變項預測第 i 個預測變項所得的 R^2，因為 R_i^2 愈高表示其他預測變項對第 i 個預測變項的解釋量愈高，因此 $1-R_i^2$ 愈小 (通常為 0.1)，表示此預測變項與其他的預測變項共線問題愈嚴重。變異數波動因素 (VIF $= \frac{1}{1-R_i^2} = \frac{1}{容忍度}$)，其值愈大 (通常為 10)，表示該預測變項與其他預測變項共線問題愈嚴重。

[6]

Observed SD: 3.3606579							
SD of Error: 2.8036362							
y	b	t	P>t	bStdX	bStdY	bStdXY	SDofX
x1	0.39186	2.266	0.024	0.1958	0.1166	0.0583	0.4996
x2_1	2.09531	2.857	0.004	0.9630	0.6235	0.2866	0.4596
x2_2	2.16781	2.857	0.004	0.7772	0.6451	0.2313	0.3585
x2_3	2.36688	3.061	0.002	0.8148	0.7043	0.2424	0.3442
x3	0.30789	11.086	0.000	1.2898	0.0916	0.3838	4.1892
x4	0.18347	6.091	0.000	0.6723	0.0546	0.2001	3.6645

b = raw coefficient
t = t-score for test of b=0
P>t = p-value for t-test
bStdX = x-standardized coefficient
bStdY = y-standardized coefficient
bStdXY = fully standardized coefficient
SDofX = standard deviation of X

　　使用 STATA 進行分析所得的各項係數。以 x3 為例，其原始係數為 0.30789，標準差為 4.1892，$0.30789 \times 4.1892 = 1.2898$，為 X 標準化係數。Y 的標準差為 3.3606579 (在報表開頭)，因此 $0.30789 \div 3.3606579 = 0.0916$，為 Y 標準化係數。XY 標準化係數則為 $0.30789 \times 4.1892 \div 3.3606579 = 0.3838$。

[7]

				Collinearity Diagnostics						
				Variance Proportions						
Model	Dimension	Eigenvalue	Condition Index	(Constant)	性別	父親受教年數	母親受教年數	閩南人 vs 原住民	客家人 vs 原住民	大陸各省 vs 原住民
1	1	4.0917	1.0000	.00	.02	.01	.01	.00	.00	.00
	2	1.0260	1.9970	.00	.00	.00	.00	.00	.00	.07
	3	1.0003	2.0225	.00	.00	.00	.00	.00	.07	.00
	4	.5122	2.8263	.00	.75	.02	.08	.00	.00	.00
	5	.2589	3.9752	.01	.22	.01	.37	.01	.01	.03
	6	.1037	6.2815	.00	.01	.96	.54	.00	.00	.03
	7	.0071	24.0872	.98	.00	.00	.00	.98	.91	.87

a Dependent Variable: 受訪者受教年數

　　共線性分析的統計量，因為有 6 個自變項加截距，所以 **X'X** 為 7×7 之方陣，其特徵值 (eigenvalue) 總和為 7，變異數比例 (variance proportions) 為其特徵向量。條件指數 (Condition index) 為最大的特徵值 (4.0917) 除以每個特徵值再取平方根，此處最大的條件指數為 24.0872 ($\sqrt{\frac{4.0917}{0.0071}} = 24.0872$) 小於 30，共線問題不是非常嚴重。

　　由下至上檢查每一橫列的變異數比例，發現在最下一列時 (向度 7)，「閩南人 vs 原住民」、「客家人 vs 原住民」及「大陸各省 vs 原住民」的係數分別為 .98、.91、.87，表示三個預測變項的共線性比較嚴重，不過因為是虛擬變項，所以不必特別留意。而倒數第二列中 (向度 6)，父親受教年數與母親受教年數的係數分別為 .96 及 .54，表示這兩個變項的共線性比其他變項來得大些，但是因為並未同時都大於.80，所以並不嚴重。其他各列的係數沒有同時比較大者，所以表示其他各變項間沒有共線問題。

[8]

Casewise Diagnostics [a]					
Case Number	Std. Residual	受訪者受教年數	Residual	Stud. Residual	Stud. Deleted Residual
8	3.239	18	9.081	3.254	3.269
12	2.606	18	7.306	2.611	2.618
264	-3.156	0	-8.847	-3.163	-3.177
390	-2.665	6	-7.472	-2.682	-2.690
476	-3.181	0	-8.919	-3.197	-3.211
552	2.606	18	7.306	2.611	2.618
605	-3.156	0	-8.847	-3.163	-3.177
627	2.983	20	8.363	2.987	2.998
710	-3.156	0	-8.847	-3.163	-3.177
733	2.795	18	7.838	2.801	2.810
771	-3.156	0	-8.847	-3.163	-3.177
828	-3.156	0	-8.847	-3.163	-3.177
845	-3.156	0	-8.847	-3.163	-3.177
851	-2.744	3	-7.694	-2.750	-2.759
945	2.787	20	7.813	2.791	2.800
1010	-2.726	6	-7.642	-2.732	-2.740
1048	2.640	16	7.401	2.736	2.744
1056	-.389	9	-1.092	-.404	-.403
1057	-1.371	6	-3.843	-1.377	-1.377
1058	.104	12	.291	.104	.104
1059	-.268	6	-.752	-.278	-.278
1060	-1.320	6	-3.700	-1.366	-1.367
1061	.681	12	1.908	.706	.705
1062	-.250	9	-.700	-.258	-.258
1063	-1.320	6	-3.700	-1.366	-1.367
1064	-.611	9	-1.713	-.612	-.612
a Dependent Variable: 受訪者受教年數					

各觀察體診斷值報表之一，此處只列出部分觀察體。

個別觀察體的殘差、標準化殘差、t 標準化殘差、t 標準化刪除殘差，後三種標準化殘差的絕對值如果大於 2 或 3，則表示該觀察值可能是離異值。編號 8 及 476 這兩個受訪者的 ZRESID、SRESID、SDRESID 之絕對值均大於 3，可能是離異值。經檢查原始資料，發現 8 號為女性客家人，其父母親受教育年數都為 0 年，預測值應為 8.919 年，但是該受訪者受教育年數為 18 年 (碩士)，因此殘差為 9.081 年。476 號也為女性客家人，其父母親受教育年數都為 0 年，預測值應為 8.919 年，但是該受訪者受教育年數為 0 年 (不識字)，因此殘差為 - 8.919 年

[9]

Casewise Diagnostics [a]						
Case Number	Centered Leverage Value	Mahal. Distance	Cook's Distance	COVRATIO	DFFIT	Std. DFFIT
8	.009	9.169	.015	.947	.088	.321
12	.003	3.380	.004	.966	.030	.168
264	.004	4.033	.007	.946	-.042	-.219
350	.076	80.560	.032	1.071	-.369	-.476
390	.012	12.514	.013	.972	-.096	-.305
444	.068	71.781	.039	1.054	.386	.527
476	.009	9.169	.014	.950	-.086	-.316
552	.003	3.380	.004	.966	.030	.168
605	.004	4.033	.007	.946	-.042	-.219
627	.002	1.737	.003	.951	.022	.152
710	.004	4.033	.007	.946	-.042	-.219
733	.003	3.025	.004	.959	.030	.173
771	.004	4.033	.007	.946	-.042	-.219
828	.004	4.033	.007	.946	-.042	-.219
845	.004	4.033	.007	.946	-.042	-.219
851	.003	3.380	.004	.961	-.032	-.177
945	.002	1.993	.003	.959	.022	.149
1010	.003	3.658	.005	.962	-.034	-.182
1048	.068	72.415	.079	1.029	.549	.747
a Dependent Variable: 受訪者受教年數						

各觀察體診斷值報表之二。

各觀察體之槓桿量、馬氏距離、Cook D 距離、共變數比率、刪除後預測差異、刪除後標準化預測差異。

Leverage 值最大者為 350 號之 0.076 (大於 $2[{(k+1)}/{N}] = 2(7/1064) = 0.013$)；Mahalanobis 值最大者為 350 號之 80.560；Cook D 值最大者為 1048 號之 0.079；DFFIT 絕對值最大者為 1048 號之 0.549 (大於 $2\sqrt{(k+1)/N} = 2\sqrt{7/1064} = 0.162$)；SDFFIT 絕對值最大者為 1048 號之 0.747。經檢查原始資料，350 號受訪者為原住民女性，受教年數為 6 年，父母受教育年數分別為 12 及 0 年，標準化殘差值為 −1.586。雖然她各項數值都比較高，但仍不是具影響力的觀察值。1048 號受訪者也是女性原住民，父母受教年數分別為 6 及 0 年，但她接受了 16 年教育，標準化殘差值為 2.640。

[10]

Casewise Diagnostics [a]							
Case Number	DFBETA						
	(Constant)	性別	父親受教 年數	母親受教 年數	閩南人 vs 原住民	大陸各省 vs 原住民	客家人 vs 原住民
8	.022	-.016	-.003	-.001	.009	.066	.025
12	.007	-.013	.002	-.003	.013	.003	.003
264	-.021	.016	.003	.001	-.021	-.009	-.025
350	-.316	.003	-.004	.004	.324	.324	.335
390	.008	.012	-.006	.005	.002	-.045	.017
476	-.022	.015	.003	.001	-.009	-.065	-.025
552	.007	-.013	.002	-.003	.013	.003	.003
945	-.004	.016	-.001	.002	.007	-.003	-.003
1010	.009	.013	-.003	.001	-.010	.000	.011
1048	.533	-.006	.003	-.004	-.530	-.530	-.534
a Dependent Variable: 受訪者受教年數							

各觀察體診斷值報表之三。

　　刪除該觀察值後，迴歸係數的標準化差異。因為係數太多了，因此通常先檢查 DFFIT 較大者，如果 DFBETA 較大者，可能是具影響力的觀察值。其中編號 1048 之 DFFIT 為 .549（見上表），各 DFBETA 之絕對值也較大。

[11]

Residuals Statistics [a]					
	Minimum	Maximum	Mean	Std. Deviation	N
Predicted Value	6.75	17.37	12.02	1.865	1064
Std. Predicted Value	-2.825	2.870	.000	1.000	1064
Standard Error of Predicted Value	.135	.777	.212	.084	1064
Adjusted Predicted Value	6.37	17.36	12.02	1.867	1064
Residual	-8.919	9.081	.000	2.796	1064
Std. Residual	-3.181	3.239	.000	.997	1064
Stud. Residual	-3.197	3.254	.000	1.000	1064
Deleted Residual	-9.006	9.168	.000	2.814	1064
Stud. Deleted Residual	-3.211	3.269	.000	1.002	1064
Mahal. Distance	1.480	80.560	5.994	8.590	1064
Cook's Distance	.000	.079	.001	.003	1064
Centered Leverage Value	.001	.076	.006	.008	1064
[a] Dependent Variable: 受訪者受教年數					

各種殘差及離異值檢定之最小值、最大值、平均數、標準差及觀察體數。

[12]

Outlier Statistics				
		Case Number	Statistic	Sig. F
Stud. Deleted Residual	1	8	3.269	
	2	476	-3.211	
	3	845	-3.177	
	4	828	-3.177	
	5	771	-3.177	
	6	710	-3.177	
	7	605	-3.177	
	8	264	-3.177	
	9	627	2.998	
	10	733	2.810	
Mahal. Distance	1	350	80.560	
	2	170	74.186	
	3	1061	72.831	
	4	1056	72.831	
	5	1048	72.415	
	6	1059	71.781	
	7	444	71.781	
	8	1063	70.427	
	9	1062	70.427	
	10	1060	70.427	
Cook's Distance	1	1048	.079	.999
	2	444	.039	1.000
	3	350	.032	1.000
	4	1063	.019	1.000
	5	1060	.019	1.000
	6	8	.015	1.000
	7	476	.014	1.000
	8	390	.013	1.000
	9	238	.012	1.000
	10	25	.011	1.000
[a] Dependent Variable: 受訪者受教年數				

　　第一部分為刪除該觀察值後之 t 標準化殘差及該受訪者代號，此處列出絕對值最大的前 10 位，其 SDRESID 均大於 2，前 8 人更大於 SPSS 內定之決斷標準 3，可能是離異值。

　　第二部分為馬氏距離最大前 10 位。其中第 350 位受訪者與其他受訪者相似性最低，其次為 170 號及 1061 號。

　　第三部分為 Cook D 距離前 10 大的受訪者，其值如果大於 4/N (等於 0.0038)，表示該觀察體為具影響力的觀察值。本例中前 10 個觀察值的 D 值均大於 0.0038。

[13]

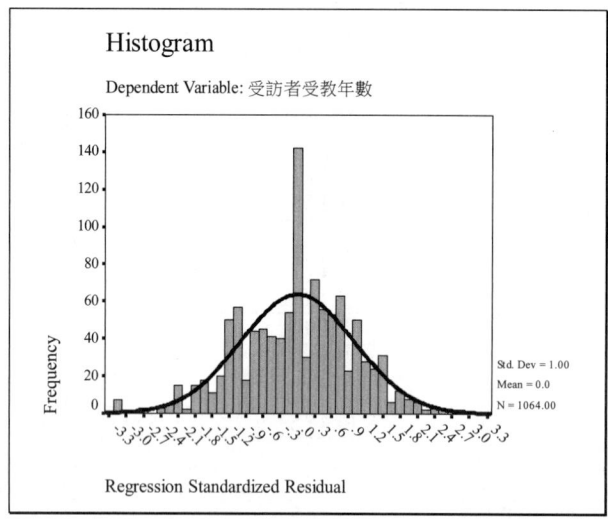

　　標準化殘差之直方圖，曲線部分為常態分配線，由圖可知樣本觀察值大致接近常態分布。

[14]

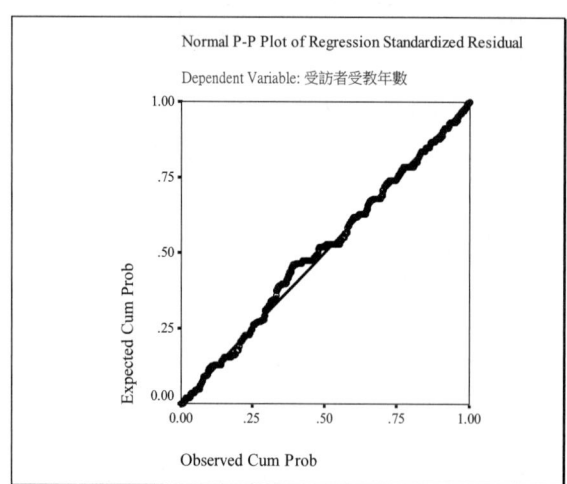

　　標準化殘差之常態機率分布圖，如果樣本為常態分布，則所有點均要在 45 度線上，由圖可知樣本觀察值接近常態分布。

[15]

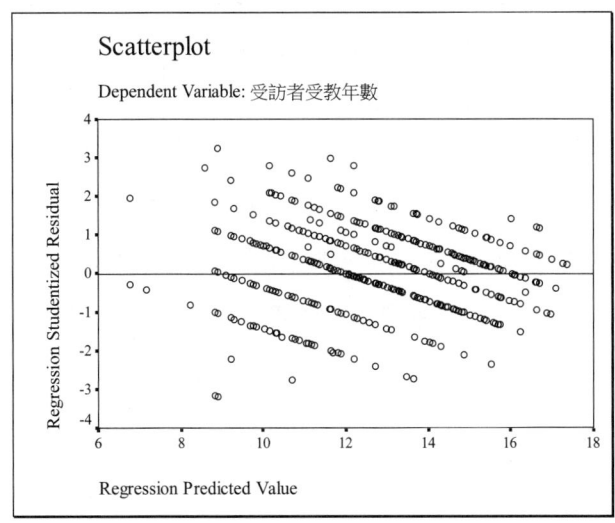

　　t 標準化殘差與原始預測值之交叉散布圖，用以檢定樣本觀察值之常態性及殘差變異數是否具有齊一性，如果散布圖在 0 上下隨機分布，表示樣本觀察值為常態分布及殘差變異數具有齊一性。此圖形呈左寬右窄的分布，因此觀察體可能違反殘差等分散性之假設，或是有離異值出現。

[16]

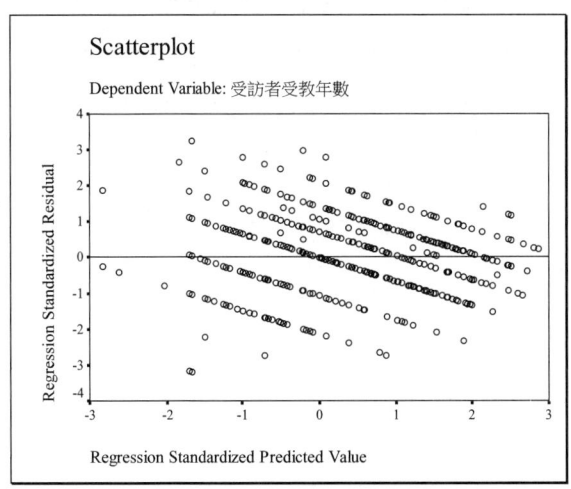

　　標準化殘差與標準化預測值之交叉散布圖，功用同上圖。

[17]

Correlations [a]							
		性別	父親受教年數	母親受教年數	閩南人 vs 原住民	客家人 vs 原住民	大陸各省 vs 原住民
Unstandardized Predicted Value	Pearson Correlation	.137	.943	.806	-.200	-.033	.366
	Sig. (2-tailed)	.000	.000	.000	.000	.285	.000
[a] Listwise N=1853							

　　迴歸分析之結構係數。其求法是以預測變項及效標變項的相關係數除以多元相關。以父親受教年數為例,它與受訪者受教年數的簡單相關是 .523 見報表[2]),而整體迴歸分析的多元相關是 .555 報表[3]),因此兩者的結構係數就是 $\frac{.523}{.555} = .943$。

[18]

Variables Entered/Removed [a]			
Model	Variables Entered	Variables Removed	Method
1	父親受教年數	.	Stepwise (Criteria: Probability-of-F-to-enter <= .050, Probability-of-F-to-remove >= .100).
2	母親受教年數	.	Stepwise (Criteria: Probability-of-F-to-enter <= .050, Probability-of-F-to-remove >= .100).
3	性別	.	Stepwise (Criteria: Probability-of-F-to-enter <= .050, Probability-of-F-to-remove >= .100).
[a] Dependent Variable: 受訪者受教年數			

　　繼續進行逐步迴歸。一開始先指明 PIN 及 POUT 的標準。第一步進入者為父親受教年數,其後分別為母親受教年數及受訪者性別。

　　由前述的分析得知,如果使用強迫投入法,則所有變項均達 .05 顯著水準,但是因為使用逐步迴歸分析時,則只有父母受教年數及性別達顯著,父親籍貫之三個虛擬變項均未進入。

[19]

Model Summary									
Model	R	R Square	Adjusted R Square	Std. Error of the Estimate	Change Statistics				
					R Square Change	F Change	df1	df2	Sig. F Change
1	.523 [a]	.274	.273	2.865	.274	400.420	1	1062	.000
2	.546 [b]	.298	.296	2.819	.024	35.919	1	1061	.000
3	.549 [c]	.302	.300	2.812	.004	6.331	1	1060	.012

a Predictors: (Constant), 父親受教年數
b Predictors: (Constant), 父親受教年數, 母親受教年數
c Predictors: (Constant), 父親受教年數, 母親受教年數, 性別

各步驟之多元相關、R^2、調整後 R^2、估計標準誤及各種改變的統計量。

由[21]之簡單相關得知，父親受教年數與受訪者受教年數之零階相關為 .523，所以其 R^2 為 $.523^2$=.274。此時，不能預測的部分為 1－.274=.726。其中，$\sqrt{1-R^2}$ $=\sqrt{1-.274}$ = .852，稱為**疏離係數** (coefficient of alienation)。

而由[22]未進入變項之**淨相關**可知 (Model 為 1 之部分)，在父親受教年數進入迴歸方程後，母親受教年數與受訪者受教年數的**淨相關**最高，為 .181，因此加入母親受教年數後的解釋變異量將為 $(.181)^2 \times .726$=.024，.274+.024=.298，此即第 2 步驟中之 R^2 改變量。另一方面，.024=$(.154)^2$，.154 即是[21]步驟 2 中母親受教年數與受訪者受教年數之**部分相關**。

當父親受教年數及母親受教年數進入迴歸方程後，不能解釋的變異量為 1－.298=.702。再由[22]未進入變項之**淨相關**可知 (Model 為 2 之部分)，此時性別與受訪者受教年數之淨相關 .077 為最高者，因此加入性別後的解釋變異量將為 $(.077)^2 \times .702$=.004，.298+.004=.302，此即第 3 步驟中之 R^2 改變量。另一方面，.004=$(.065)^2$，.065 即是[21]步驟 3 中性別與受訪者受教年數之**部分相關**。

在此要提醒讀者，有許多研究者常會誤以為母親受教年數**單獨**對受訪者受教年數的預測力為 .024。其實，這是因為父親受教年數與母親受教年數有高相關(.624)，而父親受教年數這一變項又已經先進入迴歸方程了，所以此時母親受教年數能**增加**的預測力只有 .024。事實上，由簡單相關得知，母親受教年數與受訪者受教年數的零階相關為 .447，所以單只有母親受教年數的預測力即有 $.447^2$=.200，絕對不會只有 .024。

[20]

ANOVA [d]						
Model		Sum of Squares	df	Mean Square	F	Sig.
1	Regression	3287.196	1	3287.196	400.420	.000 [a]
	Residual	8718.349	1062	8.209		
	Total	12005.545	1063			
2	Regression	3572.682	2	1786.341	224.753	.000 [b]
	Residual	8432.864	1061	7.948		
	Total	12005.545	1063			
3	Regression	3622.750	3	1207.583	152.698	.000 [c]
	Residual	8382.795	1060	7.908		
	Total	12005.545	1063			
a Predictors: (Constant), 父親受教年數						
b Predictors: (Constant), 父親受教年數, 母親受教年數						
c Predictors: (Constant), 父親受教年數, 母親受教年數, 性別						
d Dependent Variable: 受訪者受教年數						

各分析步驟之變異數分析摘要表。

[21]

Coefficients [a]									
Model		Unstandardized Coefficients		Standardized Coefficients	t	Sig.	Correlations		
		B	Std. Error	Beta			Zero-order	Partial	Part
1	(Constant)	9.117	.170		53.748	.000			
	父親受教年數	.420	.021	.523	20.011	.000	.523	.523	.523
2	(Constant)	8.973	.169		53.215	.000			
	父親受教年數	.321	.026	.400	12.145	.000	.523	.349	.313
	母親受教年數	.181	.030	.197	5.993	.000	.447	.181	.154
3	(Constant)	8.774	.186		47.200	.000			
	父親受教年數	.320	.026	.399	12.147	.000	.523	.350	.312
	母親受教年數	.181	.030	.197	5.991	.000	.447	.181	.154
	性別	.434	.173	.065	2.516	.012	.076	.077	.065
a Dependent Variable: 受訪者受教年數									

　　各分析步驟之迴歸係數及其顯著性檢定與相關係數。由各步驟之標準化迴歸係數 (Beta) 可看出，先進入方程中之變項的係數會比較大。

　　第 1 步驟中父親受教年數之標準化迴歸係數為 .523，會等於它與受訪者受教年數的簡單相關。第 2 步驟中母親受教年數的標準化迴歸係數為 .197，t 值為 5.993，均與[22]步驟 1 中 Beta In 及 t 部分相同。第 3 步驟中性別的標準化迴歸係數為 .065，t 值為 2.516，也與[22]步驟 2 中 Beta In 及 t 部分相同。

[22]

Excluded Variables						
Model		Beta In	t	Sig.	Partial Correlation	Collinearity Statistics
						Tolerance
1	性別	.066 [a]	2.516	.012	.077	1.000
	母親受教年數	.197 [a]	5.993	.000	.181	.610
	閩南人 vs 原住民	-.002 [a]	-.087	.930	-.003	.957
	客家人 vs 原住民	.010 [a]	.390	.696	.012	.997
	大陸各省 vs 原住民	.021 [a]	.759	.448	.023	.875
2	性別	.065 [b]	2.516	.012	.077	1.000
	閩南人 vs 原住民	-.007 [b]	-.250	.803	-.008	.956
	客家人 vs 原住民	.006 [b]	.242	.809	.007	.996
	大陸各省 vs 原住民	.033 [b]	1.197	.231	.037	.871
3	閩南人 vs 原住民	-.006 [c]	-.220	.826	-.007	.956
	客家人 vs 原住民	.008 [c]	.301	.764	.009	.996
	大陸各省 vs 原住民	.029 [c]	1.035	.301	.032	.867
a Predictors in the Model: (Constant), 父親受教年數						
b Predictors in the Model: (Constant), 父親受教年數, 母親受教年數						
c Predictors in the Model: (Constant), 父親受教年數, 母親受教年數, 性別						
d Dependent Variable: 受訪者受教年數						

　　此部分的報表應與[21]迴歸係數一起看，因為使用逐步迴歸，所以第 1 步時只有父親受教年數進入方程式中，因此被排除的變項就是性別、母親受教年數、「閩南人 vs 原住民」、「客家人 vs 原住民」，及「大陸各省 vs 原住民」。第 2 步時增加母親受教年數進入方程式中，因此被排除的變項就是性別、「閩南人 vs 原住民」「客家人 vs 原住民」，及「大陸各省 vs 原住民」。

　　Tolerance (容忍度) 為共線性診斷之依據，前面已說明過。

[23]

Variables Entered/Removed [b]			
Model	Variables Entered	Variables Removed	Method
1	性別 [a]	.	Enter
2	閩南人 vs 原住民, 大陸各省 vs 原住民, 客家人 vs 原住民 [a]	.	Enter
3	母親受教年數, 父親受教年數 [a]	.	Enter
a　All requested variables entered.			
b　Dependent Variable: 受訪者受教年數			

　　接下來為階層迴歸分析之報表。

　　在模式一中，進入之預測變項為受訪者性別；模式二增加了父親籍貫；模式三再增加受訪者父母之受教年數。依變項為受訪者受教年數。

[24]

Model Summary									
Model	R	R Square	Adjusted R Square	Std. Error of the Estimate	Change Statistics				
					R Square Change	F Change	df1	df2	Sig. F Change
1	.076 [a]	.006	.005	3.353	.006	6.159	1	1062	.013
2	.232 [b]	.054	.050	3.275	.048	17.900	3	1059	.000
3	.555 [c]	.308	.304	2.804	.254	194.129	2	1057	.000
a Predictors: (Constant), 性別									
b Predictors: (Constant), 性別, 閩南人 vs 原住民, 大陸各省 vs 原住民, 客家人 vs 原住民									
c Predictors: (Constant), 性別, 閩南人 vs 原住民, 大陸各省 vs 原住民, 客家人 vs 原住民, 母親受教年數, 父親受教年數									

此為三個模式之摘要表。在模式一中,預測變項為受訪者性別,此時 R^2 為 .006,所以性別對受訪者受教年數之解釋力為 0.6%,並不高。在模式二中加入父親籍貫,R^2 增加為 .054,比模式一增加 .048,因此在性別已進入迴歸模式後,加入受訪者父親之籍貫,可以增加 4.8%的解釋力。模式三同時投入受訪者父母之受教年數,此時 R^2 為 .308,比模式二增加 25.4%之解釋力。

[25]

ANOVA [d]						
Model		Sum of Squares	df	Mean Square	F	Sig.
1	Regression	69.227	1	69.227	6.159	.013 [a]
	Residual	11936.318	1062	11.239		
	Total	12005.545	1063			
2	Regression	645.274	4	161.318	15.038	.000 [b]
	Residual	11360.271	1059	10.727		
	Total	12005.545	1063			
3	Regression	3697.128	6	616.188	78.392	.000 [c]
	Residual	8308.418	1057	7.860		
	Total	12005.545	1063			
a Predictors: (Constant), 性別						
b Predictors: (Constant), 性別, 閩南人 vs 原住民, 大陸各省 vs 原住民, 客家人 vs 原住民						
c Predictors: (Constant), 性別, 閩南人 vs 原住民, 大陸各省 vs 原住民, 客家人 vs 原住民, 母親受教年數, 父親受教年數						
d Dependent Variable: 受訪者受教年數						

各模式之變異分析摘要表。

[26]

	Coefficients(a)					
		Unstandardized Coefficients		Standardized Coefficients		
Model		B	Std. Error	Beta	t	Sig.
1	(Constant)	11.778	.142		82.987	.000
	性別	.511	.206	.076	2.482	.013
2	(Constant)	8.990	.847		10.619	.000
	性別	.381	.202	.057	1.886	.060
	閩南人 vs 原住民	2.605	.856	.356	3.044	.002
	客家人 vs 原住民	2.715	.886	.290	3.066	.002
	大陸各省 vs 原住民	4.528	.891	.464	5.082	.000
3	(Constant)	6.752	.734		9.203	.000
	性別	.392	.173	.058	2.266	.024
	閩南人 vs 原住民	2.095	.733	.287	2.857	.004
	客家人 vs 原住民	2.168	.759	.231	2.857	.004
	大陸各省 vs 原住民	2.367	.773	.242	3.061	.002
	父親受教年數	.308	.028	.384	11.086	.000
	母親受教年數	.183	.030	.200	6.091	.000
a　Dependent Variable: 受訪者受教年數						

各模式之迴歸係數及其顯著性檢定。

在此應留意：性別在模式一、三中皆達 .05 顯著水準，但是在模式二中則不顯著。

[27]

	Excluded Variables [c]				Collinearity Statistics
Model		Beta In	t	Sig.	Partial Correlation	Tolerance
1	閩南人 vs 原住民	-.110 [a]	-3.611	.000	-.110	1.000
	客家人 vs 原住民	-.016 [a]	-.536	.592	-.016	.999
	大陸各省 vs 原住民	.199 [a]	6.618	.000	.199	.995
	父親受教年數	.522 [a]	20.007	.000	.523	1.000
	母親受教年數	.446 [a]	16.284	.000	.447	1.000
2	父親受教年數	.513 [b]	18.427	.000	.493	.874
	母親受教年數	.423 [b]	15.425	.000	.428	.971
a Predictors in the Model: (Constant), 性別						
b Predictors in the Model: (Constant), 性別, 閩南人 vs 原住民, 大陸各省 vs 原住民, 客家人 vs 原住民						
c Dependent Variable: 受訪者受教年數						

各階段中，未進入模式變項之各項統計量。此部分請參考[22]之說明。

2.4 分析摘要表

經過前述的分析後,讀者可參考以下方式,將分析摘要表列入研究報告中,**表 2-1** 為迴歸分析摘要表:

表 2-1 迴歸分析摘要表

變異來源	SS	自由度	MS	F
模　式	3697.128	6	618.188	78.392***
誤　差	8308.418	1057	7.860	
全　體	12005.545	1063		

*** $p < .001$

各變項之迴歸係數及其顯著考驗可列摘要表如**表 2-2**:

表 2-2 使用強迫進入法之迴歸係數估計值

變　項	b	SE	β
性別	0.392*	0.173	0.058
父親受教年數	0.308***	0.028	0.384
母親受教年數	0.183***	0.030	0.200
閩南人 vs 原住民	2.095**	0.733	0.287
客家人 vs 原住民	2.168**	0.759	0.231
大陸各省 vs 原住民	2.367	0.773	0.242
截距	6.752	0.734	
	$R^2 = .391$	$\hat{R}^2 = .389$	

* $p < .05$　　** $p < .01$　　*** $p < .001$

如果使用逐步迴歸,建議可使用以下的摘要表:

表 2-3 使用逐步法之迴歸係數估計值

步驟	變　項	B	SE	β	R^2 增加量
1	父親受教年數	0.320***	0.026	0.399	.274
2	母親受教年數	0.181***	0.030	0.197	.024
3	性別	0.434*	0.173	0.065	.004
	截距	8.774	0.186		

* $p < .05$　　** $p < .01$　　*** $p < .001$

使用階層迴歸,建議可使用以下的摘要表:

表 2-4 使用階層迴歸係數估計值

變　　項	模式一			模式二			模式三		
	b	SE	B	b	SE	β	b	SE	β
性別	0.511*	0.206	0.076	0.381	0.202	0.057	0.392*	0.173	0.058
閩南人 vs 原住民				2.605**	0.856	0.356	2.095**	0.733	0.287
客家人 vs 原住民				2.715**	0.886	0.290	2.168**	0.759	0.231
大陸各省 vs 原住民				4.528***	0.891	0.464	2.367**	0.773	0.242
父親受教年數							0.308***	0.028	0.384
母親受教年數							0.183***	0.030	0.200
截距	11.778	0.142		8.990	0.847		6.752	0.734	
	R^2 =.006, $\hat{R}^2$ =.005			R^2 =.054, $\hat{R}^2$ =.050			R^2 =.308, $\hat{R}^2$ =.304		

* $p<.05$ ** $p<.01$ *** $p<.001$

3 邏輯斯迴歸分析

· 陳正昌 ·

邏輯斯迴歸分析可以使用下列的形式表示其關係：

$$Y_1 = X_1 + X_2 + X_3 + \cdots + X_n$$

（二元非計量）　　　（計量, 非計量）

3.1　理論部分

前一章已說明依變項為計量變項的一般迴歸分析，本章接著說明依變項為非計量變項且為二分或多分 (多類別) 變項的迴歸分析——邏輯斯迴歸分析。

3.1.1　邏輯斯迴歸分析適用時機

在進行線性迴歸分析之前，研究者通常會使用散布圖 (scatter plot) 針對兩個變項之間是否呈現直線關係進行了解。以陳正昌 (1994) 的資料為例，研究者想要探討「國小六年級學生之離差智商是否能預測其學業成績 (以國語及數學兩科成績代表)」。如果直接以離差智商與學業成績 (均為計量性資料) 繪製圖 3-1 之散布圖，可以看出兩者為直線關係。接著，將學業成績以 120 分為分界，分成不及格與及格兩組。此時，如果再用離差智商與學業成績分組繪製圖 3-2 之散布圖 (成為二項分配)，幾乎無法判斷兩者的關係。但是如果再將離差智商以每 10 分為一組，分別計算不同離差智商組別，學業成績及格的百分比，再畫成散布圖如圖 3-3，則可以發現兩者有相當高的曲線相關，而此種曲線近似 logistic 累積分配函數的曲線圖 (如圖 3-4)。

因此，在第二章的多元迴歸分析部分曾提及，進行**線性迴歸分析**時，效標變

項 (或稱依變項、反應變項) 必須是**計量性資料**。但是如果效標變項是**非計量性資料**,而且是**二分變項** (binary variable 或是 dichotomous variable,如男與女、有與無、購買與不買、及格與不及格,分別以 1 及 0 代表),此時使用一般線性迴歸分析所預測的依變項有可能超過1,也就不再適用,而應進行**邏輯斯迴歸分析** (logistic regression analysis,或譯為**邏吉式迴歸分析**)。邏輯斯迴歸除了效標變項 (依變項) 的性質與一般線性迴歸不同外,分析的步驟可說是大同小異。

使用相同的資料,如果不管依變項是否為兩類,仍然採用一般迴歸分析 (第一個報表,以 SPSS 進行分析),其相對的顯著性雖然仍與邏輯斯迴歸分析 (第二個報表) 相似,R^2 也相近,只是此時殘差已不符合等分散性,並有其他問題 (詳見王濟川、郭志剛, 2003;黃紀、王德育, 2012),因此應採較合理的邏輯斯迴歸分析。

	Unstandardized Coefficients		Standardized Coefficients	t	Sig.
	B	Std. Error	Beta		
(常數)	-.543	.097		-5.578	.000
X1	.032	.031	.075	1.039	.300
X2	.204	.029	.492	6.902	.000
X3	.007	.036	.016	.184	.854
X4	.071	.038	.158	1.835	.068

	B	S.E.	Wald	df	Sig.	Exp(B)
X1	.226	.210	1.161	1	.281	1.253
X2	1.312	.240	29.785	1	.000	3.712
X3	.016	.238	.004	1	.947	1.016
X4	.488	.277	3.106	1	.078	1.629
常數	-6.910	1.019	45.973	1	.000	.001

在預測變項是計量性資料,而效標變項是二分變項時,研究者也可以使用區別分析。兩種方法的整體分類精確性互有優劣,不過,區別分析要符合多變量常態分配及變異數同質性等假設,條件比較嚴格;如果不能符合這些假設時,研究者通常傾向採用邏輯斯迴歸分析 (Meshbane & Morris, 1996)。而有些研究在分析效標變項是二分變項時,也會採用機率迴歸 (probit regression) 分析,probit 模式是假設符合累積標準常態分配的迴歸分析方法,其累積曲線與 logistic 近似。在**圖 3-4** 箭頭所指位置為累積 P(z) 是 0.5 的位置,兩者的 z 值均是 0;累積 P(z) 至 .95 時,probit 的 z 值是 1.65,logistic 的 z 值是 2.94 (Tabachnick & Fidell, 2007)。

由於 probit 迴歸不能計算勝算比,對於機率的轉換也比 logistic 迴歸困難,因此在多數的情形下,研究者比較傾向使用邏輯斯迴歸 (Pampel, 2000)。

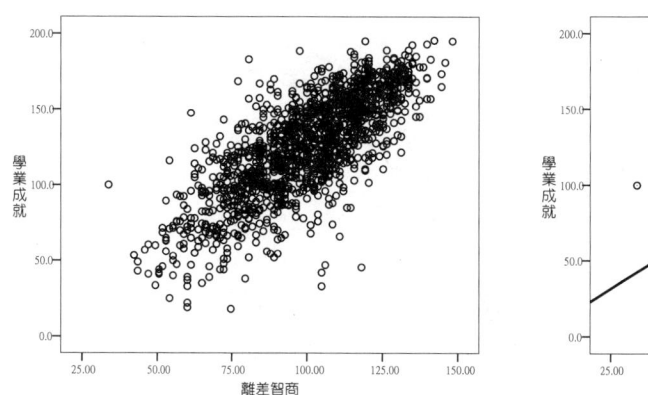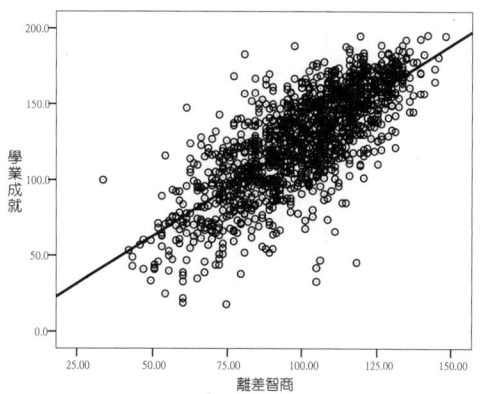

圖 3-1　離差智商及學業成績散布圖

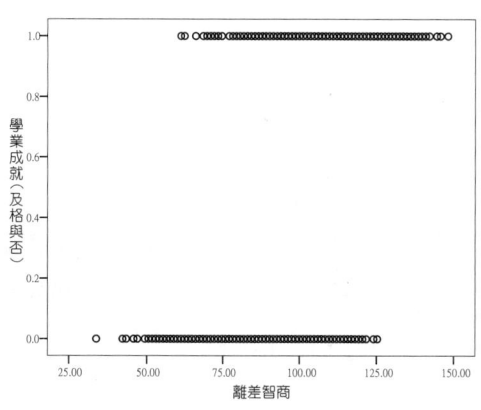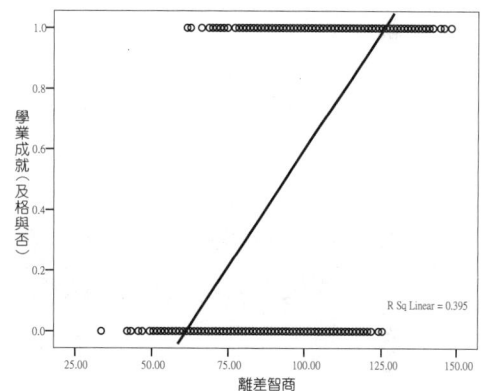

圖 3-2　離差智商及學業成績(及格與否)散布圖

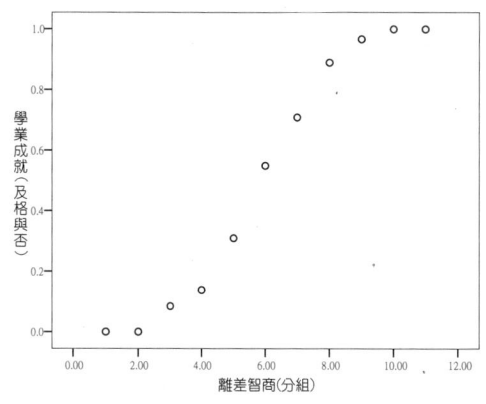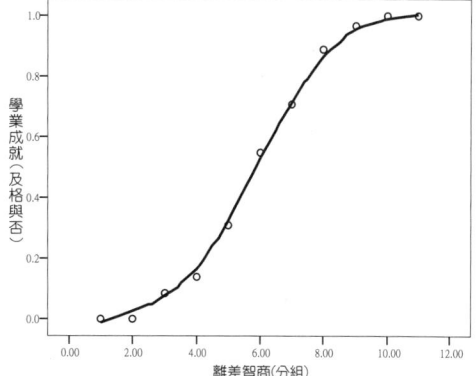

圖 3-3　離差智商(分組)及學業成績(及格與否)散布圖

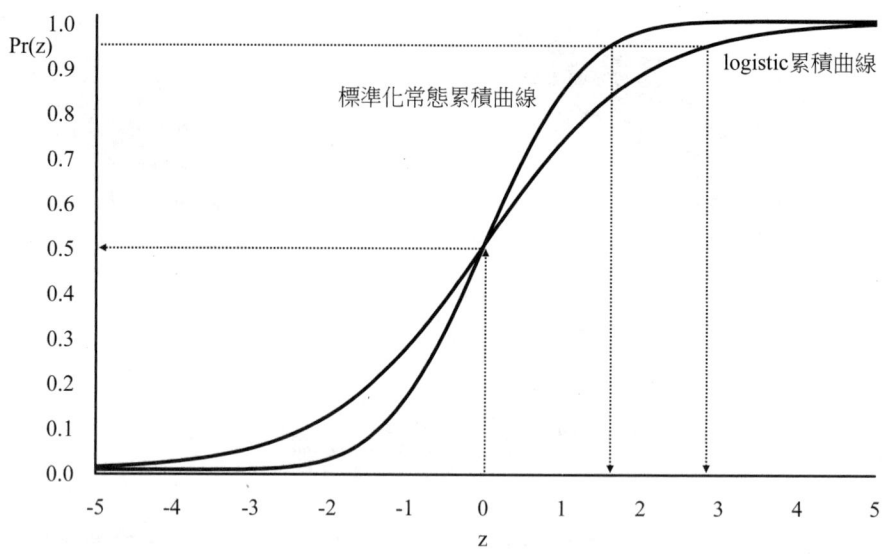

圖 3-4　累積 logistic 及標準化常態曲線圖

　　在 logistic 累積曲線中，相鄰兩個機率值的差異並不相等 (非等差級數增加)，在 z 值較小或較大的兩極端值 (地板或天花板)，差異較小 (也就增加之機率值較小)，而在中間 z 值部分，差異則較大 (Pampel, 2000)，圖示如圖 3-5。

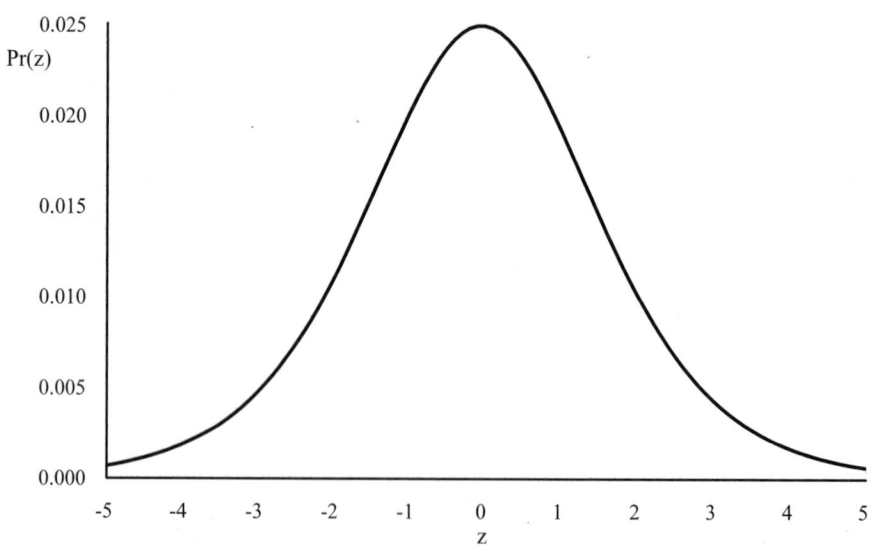

圖 3-5　相鄰累積 logistic 曲線差異值

3.1.2　列聯表的計算

在說明邏輯斯迴歸分析的概念之前，我們先了解以下的交叉表。由表中可知，智商較高而成績及格的比例為 $\frac{614}{722} = 0.8504$，智商較低而成績及格的比例為 $\frac{211}{654} = 0.3226$，前者是後者的 2.636 倍($\frac{614/722}{211/654} = \frac{0.8504}{0.3226} = 2.636$)，此在統計上稱為**相對風險** (relative risk, RR)。

表 3-1　離差智商與學業成績列聯表

			學業成績		總計
			不及格 (代碼為 0)	及　格 (代碼為 1)	
離差智商	低 (代碼為 0)	人數 百分比	443 67.74%	211 32.26%	654 100.00%
	高 (代碼為 1)	人數 百分比	108 14.96%	614 85.04%	722 100.00%
總計		人數 百分比	551 40.04%	825 59.96%	1376 100.00%

使用上表的資料進行邏輯斯迴歸分析，可以得到下表的結果：[*]

表 3-2　表 3-1 之分析結果

		B	S.E.	Wald	df	Sig.	Exp(B)
步驟 0	常數	.404	.055	53.826	1	.000	1.497
步驟 1	離差智商	2.480	.134	343.776	1	.000	11.936
	常數	-.742	.084	78.628	1	.000	.476

由**表 3-2** 步驟 1 可看出，$\ln\left(\frac{學業成績及格比例}{學業成績不及格比例}\right) = 2.480 \times 離差智商 - 0.742$。當離差智商是低分組 (代碼為 0) 時，學業成績及格比例與不及格比例之比值 (稱

---

[*] 在線性多元迴歸中是使用**最小平方法**來求解，但是在邏輯斯迴歸中，則使用**最大概似法** (maximum likelihood method，或譯為**最大可能性法**) 來進行參數的估計。詳細的運算過程，可以參閱林清山 (1998) 的著作。

為**勝算, odds**) 的自然對數 (即 logit, 譯為**邏輯**) 為 $2.480 \times 0 - 0.742 = -0.742$，對 -0.742 取指數 (exponent)，就等於 0.476 (也就是 $e^{(-0.742)} = 0.476$)；當離差智商是高分組 (代碼為 1) 時，logit 為 $2.480 \times 1 - 0.742 = 1.738$，$e^{(1.738)} = 5.685$。

再由**表 3-1** 中可以看出，先不管智商如何，學業成績及格與不及格的總人數分別為 825 及 551 人。整體而言，及格人數與不及格人數的比為 $\frac{825}{551} = 1.497$，也就是及格人數 (或比例) 是不及格人數 (或比例) 的 1.497 倍 (等於**表 3-2** 步驟 0 中常數項之 $e^{(B)}$)。此時，如果將 1.497 取自然對數，則 $\ln(1.497) = 0.404$ (等於步驟 0 中常數項之 B)。換言之，學業成績邊際次數中 $\frac{及格人數}{不及格人數} = \frac{825}{551} = 1.497$，而 $\ln\left(\frac{825}{551}\right) = 0.404$。$\frac{1}{(1 + \exp^{-(0.404)})} = 0.600$ (見後面之說明)，等於 $\frac{825}{1376}$，是全體及格的比例。

如果考量智商的差異後，在較低智商組 (離差智商不到 100) 中，及格與不及格的比為 $\frac{211}{443} = 0.476$ (等於步驟 1 中常數項之 $e^{(B)}$)，$\ln(0.476) = -0.742$ (等於步驟 1 中常數項之 B)；在較高智商組 (離差智商 100 以上) 中，及格與不及格的勝算為 $\frac{614}{108} = 5.685$，$\ln(5.685) = 1.738$ (等於 2.480 - 0.742)。如果將 5.686 除以 0.476，則等於 11.936 (等於步驟 1 中離差智商之 $e^{(B)}$)，$\ln(11.936) = 2.480$ (等於步驟 1 中離差智商之 B)，也就是高智商組中及格與不及格的勝算，是低智商組中及格與不及格勝算的 11.936 倍 (此稱為**勝算比, odds ratio, OR**)。因此，使用離差智商的高低可以預測學業成績及格與否。(註：計算時有四捨五入的小誤差，後面亦同。)

綜合上述，可以得到以下的算式：

$$\ln\left(\frac{211}{443}\right) = -0.742$$，等於**表 3-2** 步驟 1 之常數項，$\frac{211}{443} = 0.476 = e^{-0.742}$。

$$\frac{1}{1 + \exp^{-(-0.742)}} = 0.323$$，等於**表 3-1** 中 $\frac{211}{654}$ 之比值；

$$\ln\left(\frac{\frac{614}{108}}{\frac{211}{443}}\right) = 2.480，等於步驟 1 離差智商之係數 B，\frac{\frac{614}{108}}{\frac{211}{443}} = 11.936 = e^{2.480} ；$$

$$\ln\left(\frac{614}{108}\right) = 1.738 = 2.480 + (-0.742)，等於步驟\ 1\ 中兩個係數之和，$$

$$\frac{614}{108} = e^{1.738} = e^{2.480+(-0.742)}。\frac{1}{1 + \exp^{-(1.738)}} = 0.850，等於表 3-1 中 \frac{614}{722} 之比值。$$

而勝算比與相對風險可以透過以下公式加以轉換，

$$勝算比 = \frac{p_1 / (1 - p_1)}{p_2 / (1 - p_2)} = 相對風險 \times \frac{(1 - p_2)}{(1 - p_1)}$$

$$相對風險 = 勝算比 \times \frac{(1 - p_1)}{(1 - p_2)} \tag{公式 3-1}$$

3.1.3　邏輯斯迴歸分析的通式

在多元線性迴歸中，以 X 預測 Y 的通式是：

$$E(Y \mid X) = \hat{Y} = b_0 + b_1 X_1 + b_2 X_2 + b_3 X_3 + \cdots\cdots + b_i X_i \tag{公式 3-2}$$

而在多元邏輯斯迴歸中，以 X 預測 Y 的通式則是：

$$E(Y \mid X) = \pi(X) = \frac{e^{(b_0 + b_1 X_1 + b_2 X_2 + b_3 X_3 + \cdots\cdots + b_i X_i)}}{1 + e^{(b_0 + b_1 X_1 + b_2 X_2 + b_3 X_3 + \cdots\cdots + b_i X_i)}} \tag{公式 3-3}$$

$\pi(X)$ 是使用 X 來預測 Y 為 1 的機率，使用最大概似法估計所得的結果可用 $\hat{\pi}(X)$ 或 $p(X)$ 代表。以上例而言，$p(X) = \dfrac{e^{(-0.742+2.480X_1)}}{1 + e^{(-0.742+2.480X_1)}}$，當 X_1 為 0 時，

$p(X) = \dfrac{e^{(-0.742)}}{1 + e^{(-0.742)}} = 0.323 = \dfrac{211}{654}$，是低智商組及格的比例；當 X_1 為 1 時，

$p(X) = \dfrac{e^{(-0.742+2.480)}}{1 + e^{(-0.742+2.480)}} = 0.850 = \dfrac{614}{722}$，是高智商組及格的比例。

公式 3-3 也可以寫成以下的形式：

$$\pi(X) = \frac{1}{1 + e^{-(b_0 + b_1 X_1 + b_2 X_2 + b_3 X_3 + \cdots + b_i X_i)}}$$ (公式 3-4)

當 X_1 為 0 時，$p(X) = \dfrac{1}{1 + e^{-(-0.742)}} = 0.323$（低智商組及格比例），當 X_1 為 1 時，

$p(X) = \dfrac{1}{1 + e^{-(-0.742 + 2.480)}} = 0.850$（高智商組及格比例）。

利用公式 3-4 計算 $\dfrac{p(X)}{1 - p(X)}$ 的比 $(1 - p(X)$ 代表 Y 為 0 的機率，也可以用 $q(X)$ 來表示，$\dfrac{p(X)}{1 - p(X)}$ 的比稱為**勝算**)，則：

$$\frac{p(X)}{1 - p(X)} = \frac{p(X)}{q(X)} = \frac{\dfrac{1}{1 + e^{-(b_0 + b_1 X_1 + b_2 X_2 + b_3 X_3 + \cdots + b_i X_i)}}}{1 - \dfrac{1}{1 + e^{-(b_0 + b_1 X_1 + b_2 X_2 + b_3 X_3 + \cdots + b_i X_i)}}}$$

$$= \frac{\dfrac{1}{1 + e^{-(b_0 + b_1 X_1 + b_2 X_2 + b_3 X_3 + \cdots + b_i X_i)}}}{\dfrac{1}{1 + e^{(b_0 + b_1 X_1 + b_2 X_2 + b_3 X_3 + \cdots + b_i X_i)}}}$$ (公式 3-5)

$$= e^{(b_0 + b_1 X_1 + b_2 X_2 + b_3 X_3 + \cdots + b_i X_i)}$$

代入數值後，$\dfrac{p(X)}{1 - p(X)} = e^{(-0.742 + 2.480 X_1)}$。當 X_1 為 0 時，$e^{(-0.742)} = 0.476 = \dfrac{211}{443}$，是低智商組及格人數與不及格人數的勝算；當 X_1 為 1 時，$e^{(-0.742 + 2.480)} = 5.685 = \dfrac{614}{108}$，是高智商組及格人數與不及格人數的勝算。

再對勝算取自然對數 (以 g(X) 表示)，此稱為 logit 轉換，它代表「發生及未發生比」的自然對數，則

$$g(X) = \ln\left(\frac{p(X)}{1 - p(X)}\right) = b_0 + b_1 X_1 + b_2 X_2 + b_3 X_3 + \cdots + b_i X_i$$ (公式 3-6)

代入數值，當 X_1 為 0 時，$-0.742 = \ln\left(\dfrac{211}{443}\right)$；當 X_1 為 1 時，

$$-0.742 + 2.480 = 1.738 = \ln\left(\frac{614}{108}\right)。$$

所以，在邏輯斯迴歸分析中，預測變項的線性組合，代表的是勝算的自然對數。

綜合上述，2×2 交叉表中各細格的比例可整理成**表 3-3**。由表中可看出：

$$OR = \frac{p(Y \mid X=1)/1-p(Y \mid X=1)}{p(Y \mid X=0)/1-p(Y \mid X=0)} = \frac{\dfrac{1}{1+e^{-(\beta_0+\beta_1)}}\Big/\dfrac{1}{1+e^{(\beta_0+\beta_1)}}}{\dfrac{1}{1+e^{-(\beta_0)}}\Big/\dfrac{1}{1+e^{(\beta_0)}}} = e^{\beta_1} \qquad \text{(公式 3-7)}$$

亦即，取指數後的加權係數 Exp(B) 代表 X=1 組的勝算與 X=0 組的勝算之勝算比。

表 3-3　各細格比例之計算公式

效標變項(Y)	預測變項(X)	
	X=1	X=0
Y=1	$p(1) = \dfrac{1}{1+e^{-(\beta_0+\beta_1)}}$	$p(0) = \dfrac{1}{1+e^{-(\beta_0)}}$
Y=0	$1-p(1) = \dfrac{1}{1+e^{(\beta_0+\beta_1)}}$	$1-p(0) = \dfrac{1}{1+e^{(\beta_0)}}$
總和	1.0	1.0

3.1.4　量的預測變項之邏輯斯迴歸分析

如果使用離差智商分數（量的變項）對學生學業成績及格與否進行邏輯斯迴歸，可以得到下表：

表 3-4　量的變項對二分變項之分析結果

		B	S.E.	Wald	df	Sig.	Exp(B)
步驟 0	常數	.404	.055	53.826	1	.000	1.497
步驟 1	離差智商	.101	.005	344.299	1	.000	1.106
	常數	-9.508	.535	315.919	1	.000	.000

當預測變項未進入時，常數為 0.404，取指數後 $e^{0.404} = 1.497$，代表及格人數是不及格人數的 1.497 倍。

當預測變項進入後，得到方程式：

$\ln(\dfrac{\text{學業成績及格}}{\text{學業成績不及格}}$ 之勝算) $=0.101\times$ 離差智商-9.508。

如果學生的離差智商為 94，則 $p(X) = \dfrac{e^{(-9.508+0.101\times94)}}{1+e^{(-9.508+0.101\times94)}} = \dfrac{1}{1+e^{-(-9.508+0.101\times94)}} =$ 0.497，表示及格的機率為 0.497，因為機率值小於 0.5，要猜測的話，會猜這些學生的學業成績為「不及格」；如果學生的離差智商為 95，則 $p(X) = \dfrac{e^{(-9.508+0.101\times95)}}{1+e^{(-9.508+0.101\times95)}} = \dfrac{1}{1+e^{-(-9.508+0.101\times95)}} = 0.522$，因為機率值大於 0.5，要猜測的話，會猜這些學生的學業成績為「及格」。

當智商為 94 時，及格機率與不及格機率的比為 $\dfrac{0.497}{1-0.497} = 0.989$，勝算小於 1；當智商為 95 時，及格機率與不及格機率的比為 $\dfrac{0.522}{1-0.522} = 1.094$，勝算大於 1。勝算比 $\dfrac{1.094}{0.989} = 1.106$，這就是 $e^{(B)}$，因此學生的離差智商每增加 1 個單位，則及格與不及格機率的勝算，就會增加 0.106 倍或 10.6% (也就是 1.106 – 1)。如果學生的離差智商每增加 10 個單位，則及格與不及格機率的勝算，就會增加 1.739 倍或 73.9% ($1.106^{10} - 1$)。

換言之，邏輯斯迴歸的係數，代表個別預測變項相鄰一個單位間，效標變項是 1 與 0 勝算的比率 (即**勝算比**)。例如，X_2 變項的原始加權係數是 1.5，則 $e^{1.5}=4.482$，表示 X_2 變項是 2 時，比 X_2 為 1 的勝算比是 4.482；又如，X_5 變項的原始加權係數是 – 1.8，則 $e^{-1.8}=0.165$，表示 X_5 變項是 2 時，比 X_5 為 1 的勝算比是 0.165。因為 $e^{(\text{正數})} >1$，所以當迴歸係數的值為正數時，表示預測變項的數值愈大，則效標變項為 1 的機率就會增加；反之，$e^{(\text{負數})} <1$，表示預測變項數值愈大，則效標變項為 1 的機率就會減少，換言之，效標變項為 0 的機率就會增加。

在一般迴歸當中，標準化係數有其重要性，但是在邏輯斯迴歸中，一般不列出標準化係數。SPSS 軟體早期可以計算標準化係數，但是目前已經不提供了。主要是因為原始的邏輯斯迴歸係數，多半轉換為勝算比進行解釋，較少使用標準化係數來進行說明。

在邏輯斯迴歸中，常見的標準化係數有三種 (也請參見第二章迴歸分析)：

一是 X 標準化係數，計算方法為 X 變項各自之原始係數乘以 X 之標準差，亦即：$b_i \times S_{X_i}$。

二是 Y 標準化係數，計算方法為 X 變項各自之原始係數除以潛在 Y 變項 (非觀察到之 Y 變項) 之標準差，亦即：$\dfrac{b_i}{S_{\hat{Y}}^*}$。其中 $S_{\hat{Y}}^*$ 是使用原始迴歸係數所得預測值 $\hat{Y}$ 的變異數加上 $\pi^2/3$ 之後再取平方根，也就是 $S_{\hat{Y}}^* = \sqrt{S_{\hat{Y}}^2 + \dfrac{\pi^2}{3}}$。

三是 XY 標準化係數，計算方法為 X 變項各自之原始係數乘以 X 之標準差再除以潛在 Y 之標準差，亦即：$\dfrac{b_i \times S_{X_i}}{S_{\hat{Y}}^*}$ 或 $b_i \times \dfrac{S_{X_i}}{S_{\hat{Y}}^*}$。

如果研究的目的在於比較不同的模式，則後兩種標準化係數會比較適用。

在 SPSS 中可以將 X 變項標準化 (化為 Z 分數) 再投入迴歸模式中，以得到 X 標準化係數；在 SAS 中可以選擇列出 XY 標準化係數，不過其 Y 變項的標準差統一為 $\pi/\sqrt{3}$，因此是偏標準化係數 (王濟川、郭志剛, 2003)。如果要計算標準化係數，建議使用 STATA 或 Mplus 軟體。

綜言之，邏輯斯迴歸對係數的解釋可以有三個方法 (Pampel, 2000)：

一是直接就係數加以解釋。此係數具有可加性，它代表的是預測變項每一個單位量的變化，對依變項勝算比之自然對數的影響，不管自變項的值是小、中、大，每個單位量的變化對依變項的效果都是相同的。假如，大學生取得的證照數對於能否在畢業前獲得工作機會有影響，則擁有 2 張與 3 張之差異，對依變項的效果，與 8 張與 9 張之差異對依變項的效果是相同的。如果此部分的係數是 0，表示自變項對依變項沒有影響。

二是將係數轉換 (取指數)，針對勝算比加以解釋。留意，此時是就兩個勝算的比值加以解釋，而不是針對機率加以說明。如果轉換後的值是 1，表示自變項對依變項沒有影響；大於 1，表示增加勝算比；而小於 1，表示減少勝算比。在 SPSS 及 SAS 報表中，都提供有 Exp(B) 的值，只要將 $(\text{Exp}(B)-1) \times 100$ 即代表減少或增加百分點。

不過，機率值在相當接近 0 或 1 時，使用勝算會有誤導作用。如成功的機率

是 .99，失敗機率為 .01，勝算是 99；當成功的機率是 .995，失敗機率為 .005 時，勝算則變是 199。即使成功機率只增加 .005 (即 5%)，但是勝算已增加了 101% (199/99=2.01)。此時可以改採第三種方式，將上述兩種值加以轉換，以機率的方式解釋。此部分，可以使用 $\dfrac{1}{1+e^{-(b_0+b_1X_1+b_2X_2+b_3X_3+\cdots+b_iX_i)}}$ 來計算依變項為 1 的機率，依變項為 0 的機率則是 $\dfrac{1}{1+e^{(b_0+b_1X_1+b_2X_2+b_3X_3+\cdots+b_iX_i)}}$。而比較簡單的方式，則是使用 $\beta \times p \times (1-p)$，獲得簡易的改變機率值 (Allison, 1999)。

至於標準化係數，在邏輯斯迴歸中較少使用。

3.1.5 整體模式的考驗

在考驗係數是否顯著時，邏輯斯迴歸也與一般迴歸相同，有兩種部分：一是考驗整個模式是否顯著，旨在考驗所有預測變項是否可以聯合預測效標變項，如果不顯著，則停止分析。二是在整體考驗顯著後，接著考驗個別係數是否顯著，也就是考驗哪一個預測變項對效標變項有顯著的預測效果。

整體模式考驗的方法之一是計算殘差平方和，公式是：

$$\chi^2 = \sum_{i=1}^{n} \frac{(Y_i - \hat{\pi}_i)^2}{\hat{\pi}_i(1-\hat{\pi}_i)} \qquad\qquad\qquad (公式\ 3\text{-}8)$$

其中 $\hat{\pi}_i$ 是第 i 個觀察體的預測機率值，$(Y_i - \hat{\pi}_i)^2$ 是第 i 個觀察體的實際值減去預測值 (也就是殘差) 的平方，加總之後的 χ^2 值會符合自由度為 n - k - 1 (k 為自變項數) 的 χ^2 分配，如果計算所得 χ^2 值不顯著，表示模式適配度良好。然而，如果只根據此指標做決策，卻常會犯第二類型錯誤，因此在新版的 SPSS 軟體中已經不再提供此適配指標 (王濟川、郭志剛，2003)。

另一種考驗整個模式是否顯著的方法，可以用「加入預測變項後的模式是否與沒有加入預測變項更有解釋力」來思考 (Hosmer & Lemeshow, 2000)。它是藉由比較兩個模式的負 2 倍自然對數概似值 (LL 值) 的差異，

$$\chi^2 = -(-2LL_B - (-2LL_0)) = -2LL_0 - (-2LL_B) \qquad\qquad (公式\ 3\text{-}9)$$

其中 LL_0 是沒有投入任何預測變項 (除常數項外) 時概似值的自然對數，而 LL_B 是投入預測變項後概似值的自然對數。此時，兩個模式的－2LL 差異會形成自由度為 k (k 為預測變項數) 的 χ^2 分配，如果兩者的－2LL 達到顯著差異，表示投入預測變項 (不含常數項) 後，的確有顯著增加的解釋力。

LL 值的概念類似線性迴歸中的殘差平方和，如果－2LL 愈大表示預測的適配度 (goodness of fit) 愈差。LL 的公式如下：

$$LL = \sum_{i=1}^{n} (y_i \ln(\hat{\pi}_i) + (1 - y_i) \ln(1 - \hat{\pi}_i)) \qquad \text{(公式 3-10)}$$

由於 χ^2 考驗會受到樣本大小的影響，因此 Hosmer 及 Lemeshow (2000) 的適配度 (稱不適配度較恰當) 的考驗是另一種可行的選擇。Hosmer-Lemeshow 考驗，是根據預測機率值進行升冪排列，再將資料大約等分成 g 組 (g 通常為 10)。因為效標變項是二分變項，因此就會形成 2×g 的列聯表。如果分析結果適切的話，在實際值為 1 這一欄的觀察次數應該是由少到多排列，而實際值為 0 這一欄的觀察次數則應該由多到少排列。

接著再使用 $\sum \dfrac{(f_o - f_e)^2}{f_e}$ 計算 χ^2 值 (近似自由度為 g－2 之卡方分配)。Hosmer-Lemeshow 考驗計算所得的 χ^2 值如果不顯著，就表示模式的適配度相當不錯 (接受虛無假設 H_0：模式與觀察資料適配)；反之，如果達到顯著，就表示模式的適配度不理想。

3.1.6　個別係數的考驗

個別係數是否顯著的考驗，有三種常用的方式。

如果樣本數很多，可以採用 z 考驗，將個別的迴歸係數除以標準誤，

$$z = \hat{\beta}_k \Big/ se_{\hat{\beta}_k} \qquad \text{(公式 3-11)}$$

當 $\alpha = .05$ 時，|z|如果大於 1.96，就達顯著。如果要計算個別的迴歸係數的信賴區間，可以使用以下公式，

$$\hat{\beta}_k \pm z_{\left(\frac{\alpha}{2}\right)} \times se_{\hat{\beta}_k}$$ （公式 3-12）

假使要計算 95%信賴區間，則是 $\hat{\beta}_k \pm 1.96 \times se_{\hat{\beta}_k}$，如果信賴區間不含 0，則表示該係數達 .05 顯著水準。

不過，常見的統計軟體多半採用 Wald 考驗，

$$W = \left(\hat{\beta}_k \big/ se_{\hat{\beta}_k}\right)^2$$ （公式 3-13）

Wald 考驗實際上就是 z 統計量的平方，在自由度為 1 時，其值會趨近於χ^2分配，因此，當$\alpha = .05$時，W 如果大於 3.84，就達顯著。

雖然 Wald 值很容易計算，但是在迴歸係數的絕對值很大時，這一係數的標準誤可能會被高估，導致 Wald 值變得比較小 (也就不容易顯著)，因此犯第二類型錯誤的機率就會增加，考驗也會比較保守 (王濟川、郭志剛，2003；Tabachnick & Fidell, 2007)。所以如果發現迴歸係數的絕對值很大時，可以使用巢式迴歸 (nested regression) 的概似值考驗代替。

巢式迴歸首先將所有預測變項加常數項 (稱為完整模式, full model) 投入進行分析，接著剔除一個預測變項 (此稱為縮減模式, reduced model)，經由比較兩模式間的－2LL 值差異，即可計算χ^2值。如果χ^2值顯著，表示該變項有顯著的解釋力。

3.1.7 預測的準確性

對於邏輯斯迴歸模式的準確性，通常有三種計算方法。

3.1.7.1 分類正確率交叉表

在區別分析 (請見本書第五章) 後一般會計算分類正確率 (hit ratio)，同樣地，在邏輯斯迴歸後也可以計算此數據。

不過，因為邏輯斯迴歸分析所得的預測值是機率值，所以會先以一個機率值為分割點劃分成 0 與 1 (如果沒有指定，一般是以 0.5 為分割點)，接著再與實際值

比較，得到以下的交叉表，

實際值	預測值	
	0 (機率值≦0.5)	1 (機率值＞0.5)
0	A (真陰性)	B (偽陽性)
1	C (偽陰性)	D (真陽性)

在表中 A 與 D 是分類正確的觀察體數，B 與 C 是分類錯誤的觀察體數，整體預測的正確率是 $\dfrac{A+D}{A+B+C+D} \times 100\%$，數值愈高，表示迴歸分析的效度愈高。不過這是內在效度，如果要應用在其他的樣本上，需要再經過交叉驗證的步驟 (主要概念請參考第五章區別分析)。

在表中，實際值為 1 而預測值也為 1 的人數為 D，佔實際值為 1 總人數的 $\dfrac{D}{C+D} \times 100\%$，此稱為**敏感性** (sensitivity)，它是實際為陽性 (含真陽性及偽陰性) 中真陽性的比例。實際值為 0 而預測值也為 0 的人數為 A，佔實際值為 0 總人數的 $\dfrac{A}{A+B} \times 100\%$，此稱為**特異性** (specificity)，它是實際為陰性 (含真陰性及偽陽性) 中真陰性的比例。敏感性及特異性是預測正確的比率。

另一方面，預測值及實際值均為 1 的人數是 D，佔預測值為 1 總人數的 $\dfrac{D}{B+D} \times 100\%$，此稱為**陽性預測值** (positive predictive value)，它是預測為陽性 (含真陽性及偽陽性) 中真陽性的比例。預測值及實際值均為 0 的人數是 A，佔預測值為 0 總人數的 $\dfrac{A}{A+C} \times 100\%$，此稱為**陰性預測值** (negative predictive value)，它是預測為陰性 (含真陰性及偽陰性) 中真陰性的比例。

3.1.7.2　類 R^2 指標 (或稱假 R^2 指標)

在一般線性迴歸中，我們會用決定係數 R^2 代表預測變項對效標變項變異量解釋的百分比。在邏輯斯迴歸中，則可以透過 3.1.5 節當中提到 L_0 與 L_B 兩個模式的 $-2LL$ 值的比較來計算 McFadden 的 ρ^2，

$$\rho^2 = \frac{-2LL_0 - (-2LL_B)}{-2LL_0} = 1 - \frac{-2LL_B}{-2LL_0} = 1 - \frac{LL_B}{LL_0} \qquad \text{（公式 3-14）}$$

McFadden ρ^2 值最小是 0，最大為 1，但是在實際應用的情境中，一般不使用此公式，而採用 Cox-Snell 的 R^2，

$$R_{CS}^2 = 1 - e^{\left(\frac{-2LL_B - (-2LL_0)}{n}\right)} \qquad \text{（公式 3-15）}$$

然而 Cox-Snell 的 R^2 值最大不會等於 1，所以 Nagelkerke 提出調整的 R^2，

$$R_N^2 = \frac{R_{CS}^2}{1 - e^{\left(\frac{2LL_0}{n}\right)}} \qquad \text{（公式 3-16）}$$

經過調整之後，R^2 值最大就會是 1 了。

上述所有的類 R^2 指標，都只是代表預測變項與效標變項的關聯強度，不代表解釋的百分比，這是在使用時應該留意的。此類指標最好僅用在模式間的比較。

3.1.7.3　預測機率與實際值的關聯

邏輯斯迴歸所得的預測值是以機率形式表示，其值介於 0 與 1 之間，而實際值則有 0 與 1 兩種情形。如果計算預測機率及實際值這兩個變項的關聯性，也可以當成是預測準確性的指標。

介紹關聯性量數之前，我們先以下表說明三種比較的結果。

觀察體代號	1	2	3	4	5	6
實際值	1	0	0	1	1	1
預測機率	0.40	0.50	0.30	0.50	0.60	0.45

在 6 個觀察體中，實際值是 0 的有 2 人，1 的有 4 人，因此要比較的對數是 8 對 (2×4=8)。他們分別是(1,2)、(1,3)、(2,4)、(2,5)、(2,6)、(3,4)、(3,5)、(3,6)。

首先，以 (2,5) 這一對為例，2 號的實際值是 0，預測機率值為 0.50，5 號的

實際值是 1，預測機率值為 0.60。此時，實際值是 1 的 5 號，其預測機率值 0.60，大於實際值是 0 的 2 號之預測機率值 (0.50)。當實際值大的觀察體，其預測機率也大時，此情形稱為是**和諧**的 (concordant)。在上表，和諧的對數有 (1,3)、(2,5)、(3,4)、(3,5)、(3,6) 等五對。

其次，以 (1,2) 這一對為例，1 號的實際值是 1，預測機率值為 0.40，2 號的實際值是 0，預測機率值為 0.50。實際值大的觀察體，其預測機率卻比較小時，此情形稱為是**不和諧**的 (discordant)。在上表，不和諧的對數有 (1,2) 及 (2,6) 這兩對。

而 (2,4) 這一對，2 號的實際值是 0，4 號的實際值是 1，兩者的預測機率值都是 0.50，既不是和諧，也不是不和諧，此時稱為**結** (tie)。在上表，只有 (2,4) 這一對為結。

接著可以計算以下四種量數，

$$\text{Gamma} = \frac{N_c - N_d}{N_c + N_d} = \frac{5-2}{5+2} = 0.429 \qquad \text{(公式 3-17)}$$

$$\text{Somers} \quad D = \frac{N_c - N_d}{t} = \frac{5-2}{8} = 0.375, \; t \text{ 為不同實際值的比較對數} \quad \text{(公式 3-18)}$$

$$\text{Tau-a} = \frac{N_c - N_d}{0.5N(N-1)} = \frac{5-2}{0.5 \times 6 \times (6-1)} = 0.200, \quad N \text{ 為總人數} \qquad \text{(公式 3-19)}$$

$$\text{c} = \frac{N_c + 0.5(t - N_c - N_d)}{t} = \frac{5 + 0.5(8-5-2)}{8} = 0.688 \qquad \text{(公式 3-20)}$$

c 量數最小為 0.5，代表完全無關；最大值為 1，代表完全關聯。

其中，Somers D 與 c 可以經由以下的公式加以轉換，

$$\text{Somers D} = 2(\text{c} - 0.5) \qquad \text{(公式 3-21)}$$

$$\text{c} = \text{Somers D}/2 + 0.5 \qquad \text{(公式 3-22)}$$

以上四個量數都可以用來代表預測機率值與實際值的關聯程度，不過這些指標都不是從絕對值的角度來使用，而是用來比較不同模式之用 (王濟川、郭志剛, 2003)。

3.1.8 樣本數之決定

因為使用最大概似法進行估計，邏輯斯迴歸分析時所需要的樣本數要較一般迴歸多，Hosmer 及 Lemeshow (2000) 建議全體的樣本大小最好大於 400。而在每個組中，每個要估計的參數最少要有 10 個樣本 (Hair et al., 2010)。

3.1.9 其他邏輯斯迴歸分析模式

當效標變項是三類以上時 (如將學生分為考取公立大學、考取私立大學、未考取三類，或是選舉時將票投給國民黨、民進黨，其他政黨，或投廢票)，一般會使用第五章說明的區別分析。不過，由於區別分析須符合比較多的統計假設，因此如果資料不能符合這些假設時，使用多項式邏輯斯迴歸 (multinomial logistic regression) 會比較恰當。

進行多項式邏輯斯迴歸時，須選定一個參照組。分析時，統計軟體會針對其他各組與參照組相比，得到組別數減 1 的迴歸方程 (如果效標變項是 4 組，則會得到 3 組迴歸方程)，其意義與兩個類別邏輯斯迴歸相同。最後，透過機率值的計算，將觀察體重新分類到機率最高的組別。

當效標變項是三類以上且為次序變項時 (如社會經濟地位分為低、中、高；學歷分為國小、國中、高中、大專、研究所)，此時可以採用次序性邏輯斯迴歸 (ordinal logistic regression)。如果符合迴歸平行假定，則次序性邏輯斯迴歸與二元邏輯斯迴歸的解釋方法相當近似。

如果讀者對其他的邏輯斯迴歸模式有興趣，可以進一步閱讀王濟川及郭志剛 (2003)、黃紀及王德育 (2012)，或 Hosmer 及 Lemeshow (2000) 的專書。

3.2　假設性資料

假設有 30 個觀察體在 4 個變項的數據，以 Y 為依變項，X1~X3 為自變項進行多元邏輯斯迴歸分析。

觀察體	Y	X1	X2	X3	觀察體	Y	X1	X2	X3
1	1	13.6	10.3	6.2	16	0	2.1	7.0	11.2
2	1	4.2	16.5	12.0	17	0	12.8	6.9	10.4
3	1	12.5	9.1	12.7	18	1	6.7	10.2	3.9
4	0	7.1	6.2	11.1	19	0	11.6	4.4	11.0
5	1	7.2	10.8	9.5	20	1	14.0	9.2	8.9
6	1	13.5	10.1	5.7	21	1	10.4	9.9	7.9
7	0	8.7	10.0	12.9	22	0	6.2	7.2	17.0
8	1	14.1	8.3	12.1	23	0	7.6	7.1	13.6
9	0	6.4	11.2	13.8	24	1	9.1	10.4	7.4
10	1	9.5	12.6	7.6	25	0	7.6	6.7	12.2
11	0	8.5	6.9	8.2	26	0	8.8	3.1	11.2
12	0	10.8	5.1	10.5	27	0	9.0	12.9	10.8
13	0	13.1	9.9	18.1	28	1	11.8	13.8	11.3
14	1	11.0	8.1	11.8	29	1	5.1	6.7	8.5
15	1	12.9	9.9	8.7	30	0	7.5	8.5	6.0

3.2.1　簡要語法

在 SPSS 中使用以下語法進行分析：

```
LOGISTIC REGRESSION Y
        /METHOD=ENTER X1 X2 X3 .
```

在 SAS，建議語法如下：

```
PROC LOGISTIC DESC;
        MODEL Y=X1 X2 X3 / RSQ LACKFIT;
RUN;
```

3.2.2 簡要報表

　　模式之整體考驗。當模式只有常數項時，–2LL 為 41.589，三個 X 進行模式後，–2LL 值為 22.368，兩者相差 19.221，即為模式之 χ^2 值，整體模式 $\chi^2(3, N = 30) = 19.221$，$p<.001$，三個 X 可以聯合預測 Y。

Model Fitting Information				
	Model Fitting Criteria	Likelihood Ratio Tests		
Model	-2 Log Likelihood	Chi-Square	df	Sig.
Intercept Only	41.589			
Final	22.368	19.221	3	.000

　　Hosmer 及 Lemeshow 的不適配考驗，$\chi^2(8, N=30) = 8.747$，$p=.364$，未達.05 顯著水準，表示整體模式是適配的。

Hosmer and Lemeshow Test			
Step	Chi-square	df	Sig.
1	8.747	8	.364

　　整體解釋力。三個類 R^2 分別為 .473、.631，及 .462。

Pseudo R-Square	
Cox and Snell	.473
Nagelkerke	.631
McFadden	.462

　　由 SAS 分析所得的四種關聯量數。

Association of Predicted Probabilities and Observed Responses			
Percent Concordant	91.6	Somers' D	0.831
Percent Discordant	8.4	Gamma	0.831
Percent Tied	0.0	Tau-a	0.430
Pairs	225	c	0.916

　　個別變項之考驗，X2 及 X3 達 .05 顯著水準，X2 對 Y 為正向效果，係數為 0.538，取指數後 (Exp(0.538) = 1.713)，X2 增加一個單位，則 Y 的勝算比增加 0.713

(也就是 71.3%)；X3 對 Y 則為負向效果，係數為 –0.449，Exp(–0.449) = 0.638，
X3 增加一個單位，則 Y 的勝算比減少 0.362 (等於 1 – 0.638，也就是 36.2%)。

Variables in the Equation						
		B	S.E.	Wald	df	Sig.	Exp(B)
Step 1[a]	X1	.359	.211	2.908	1	.088	1.432
	X2	.538	.225	5.721	1	.017	1.713
	X3	-.449	.208	4.662	1	.031	.638
	Constant	-3.604	3.475	1.076	1	.300	.027
a. Variable(s) entered on step 1: X1, X2, X3.						

另外進行 Probit 迴歸分析所得的參數估計值如下。表中顯著性 Sig.值與上表差
不多，而 Logistic 迴歸的係數 (B) 是 Probit 相對應參數估計值的 1.62~1.96 倍之間
(大約為 $\frac{\pi}{\sqrt{3}} = 1.81$ 倍)。

Parameter Estimates							
	Parameter	Estimate	Std. Error	Z	Sig.	95% Confidence Interval	
						Lower Bound	Upper Bound
PROBIT[a]	X1	.202	.113	1.782	.075	-.020	.424
	X2	.310	.118	2.618	.009	.078	.542
	X3	-.277	.121	-2.290	.022	-.515	-.040
	Intercept	-1.835	1.794	-1.023	.306	-3.630	-.041
a. PROBIT model: PROBIT(p) = Intercept + BX							

重新分類結果，實際值為 0，也預測為 0 者有 12 個觀察值，而實際值為 1，
也預測為 1 者有 13 個觀察值，因此分類正確者為 25，正確率為 25/30*100% =
83.3%。實際值為 0，預測為 1 者有 3 個觀察值，實際值為 1，預測為 0 者有 2 個
觀察值，總共有 5 個觀察體的分類錯誤。

Classification Table[a]					
			Predicted		
			Y		Percentage Correct
Observed			0	1	
Step 1	Y	0	12	3	80.0
		1	2	13	86.7
	Overall Percentage				83.3
a. The cut value is .500					

3.3 應用部分

3.3.1 範例說明

以下將以中央研究院社會研究所「2006 年臺灣社會變遷調查」中，1064 名出生於民國 39 年至 65 年間受訪者之「性別」(x1)、「父親籍貫」(x2)、「父親受教育年數」(x3)、「母親受教育年數」(x4)為預測變項，對「受訪者受教育年數」(y) (轉碼成國中以下及高中以上兩種學歷，前者代碼為 0，後者為 1) 進行多元邏輯斯迴歸分析。

原調查資料中「性別」分別以 1、2 代表男、女性。「父親籍貫」1 代表本省籍閩南人，2 代表本省籍客家人，3 代表大陸各省籍，4 代表原住民族，5 為其他 (因人數較少，所以在本書中不列入分析)。父母親及受訪者原資料皆為類別變項，筆者已將其轉換為比率變項 (受教育年數)，其中「自修」一類轉為 3 年。

因為在本分析中，性別為二分變項，因此直接將女性代碼轉換為 0。父親籍貫有 4 類，所以須轉換成 3 個虛擬變項。

3.3.2 SPSS 分析步驟圖

1. 先進行卡方考驗，選項順序分別為《分析》(Analyze) →《敘述統計》(Descriptive Statistics) →《交叉表》(Crosstabs)。(註：此部分僅為與邏輯斯迴歸分析結果對照，讀者不一定要依此步驟進行分析。)

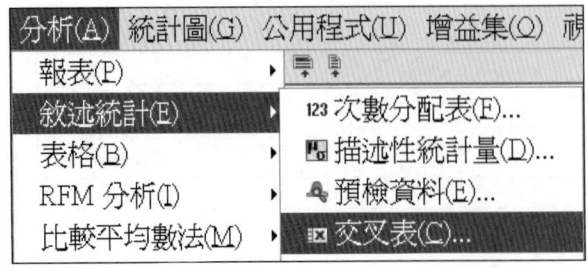

2. 分別將 y (受訪者教育) 及 x1 (性別) 點選至《列》(Row) 與《欄》(Column)。

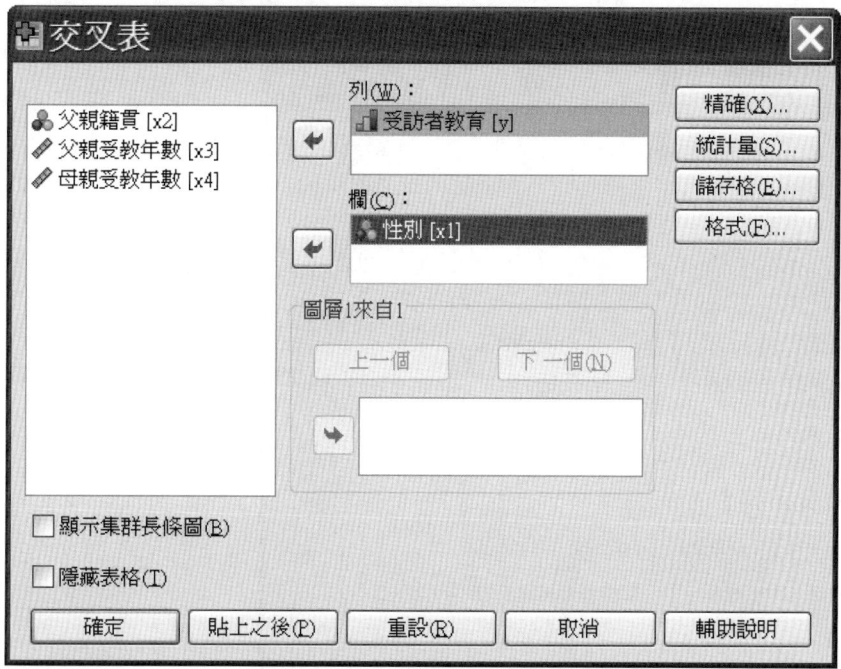

3. 在《統計量》(Statistics) 選單下，勾選《卡方統計量》(Chi-square)。

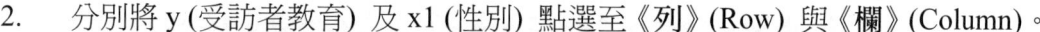

4.　在《**儲存格**》(Cells) 選單下，勾選《**觀察值**》(Observed) 及《**行**》(Column) 百分比。

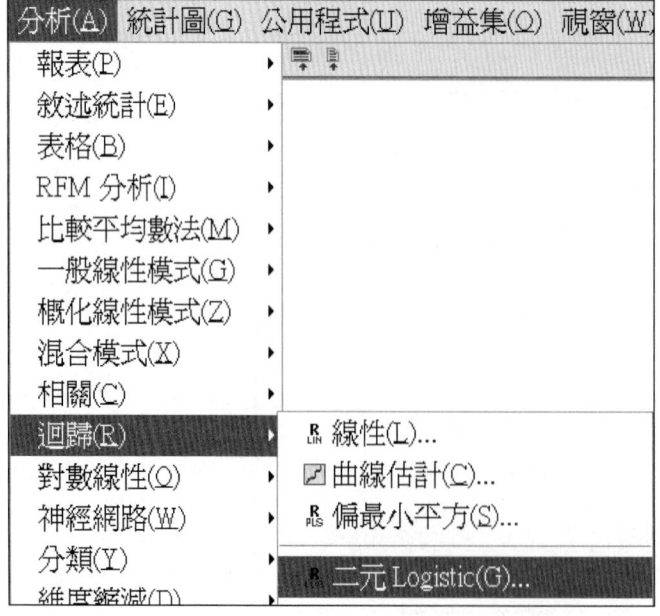

5.　接著進行邏輯斯迴歸分析，選項順序分別為《**分析**》(Analyze) → 《**迴歸**》 (Regression) → 《**二元 Logistic**》(Binary Logistic)。

6. 　將 y 點選至《依變數》(Dependent)，x1 點選至《共變量》(Covariate(s))，此
　　時分析方法為〈輸入〉(Enter)。

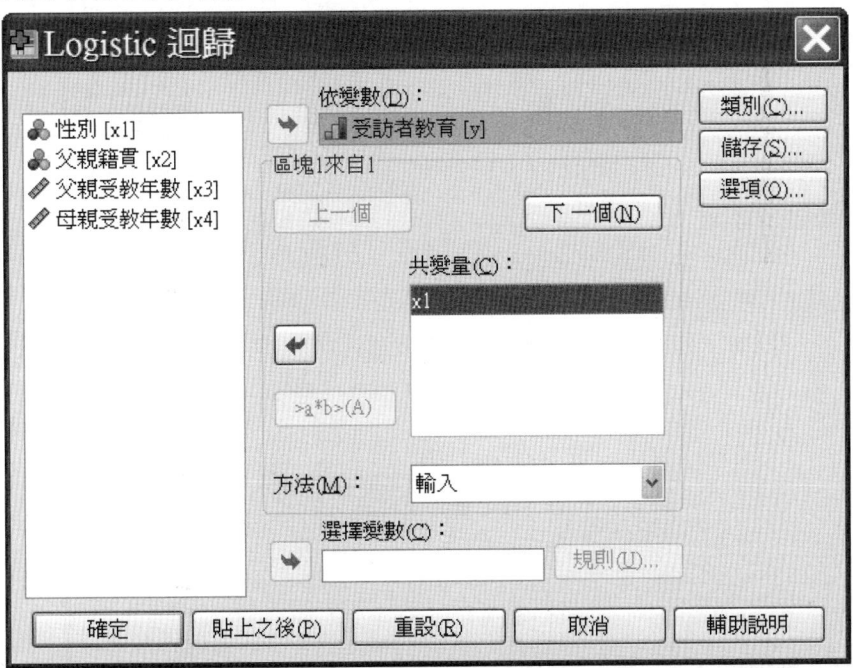

7. 　在《選項》(Options) 選單下，勾選《疊代過程》(Iteration history)。

8.　進行另一次邏輯斯迴歸分析，將 y 點選至《依變數》(Dependent)，x1、x2、
x3、x4 點選至《共變量》(Covariate(s))。此時分析方法為〈輸入〉(Enter)。

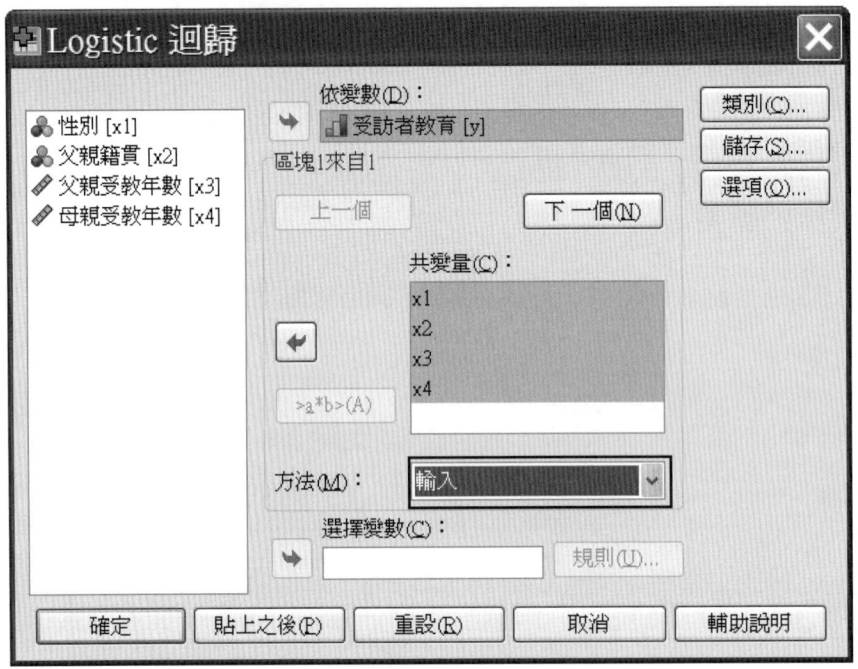

9.　因為 x1 及 x2 為類別變項，須轉換為虛擬變項，所以在《類別》(Categorical)
選單下，將 x1 及 x2 選至《類別共變量》(Categorical Covariates) 中，系統自
動設定以最後一類當〈指標〉(Indicator)。

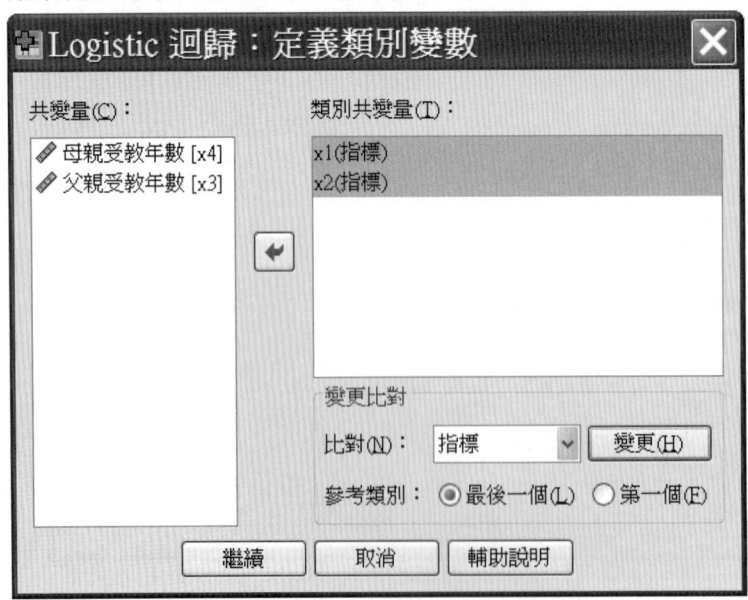

10. 在《選項》(Options) 選單下，勾選《Hosmer-Lemeshow 適合度》 (goodness-of-fit)、《Exp(B)之信賴區間》(CI for Exp(B))，及《疊代過程》 (Iteration History)。

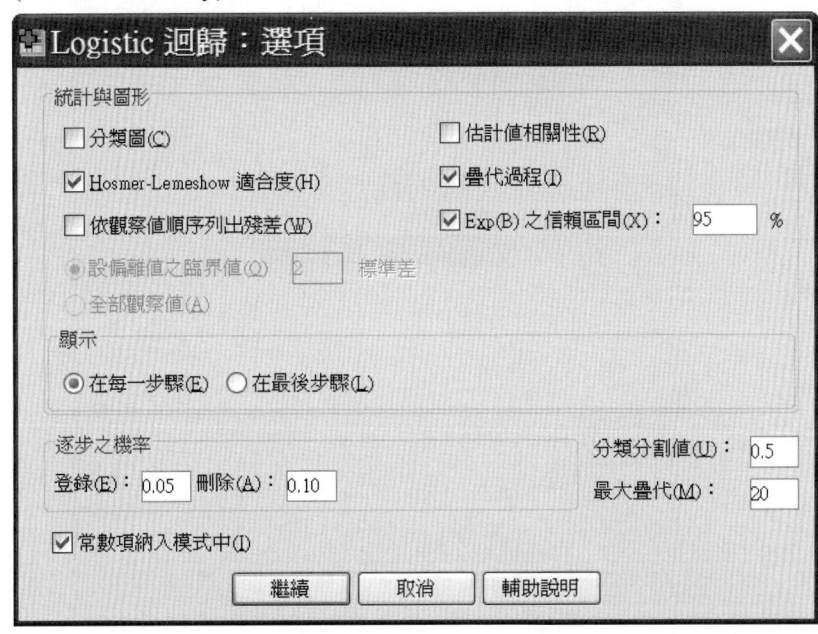

11. 再進行另一次邏輯斯迴歸分析，此時分析方法為《向前：LR》(Forward: LR) 法。(此處僅說明統計概念，建議讀者謹慎使用此方法。)

12. 接著說明階層邏輯斯迴歸分析之步驟。首先將 y 點選至《**依變數**》，其次將 x1 點選至《**共變量**》，再按《**下一個**》，此時採用強迫進入法。

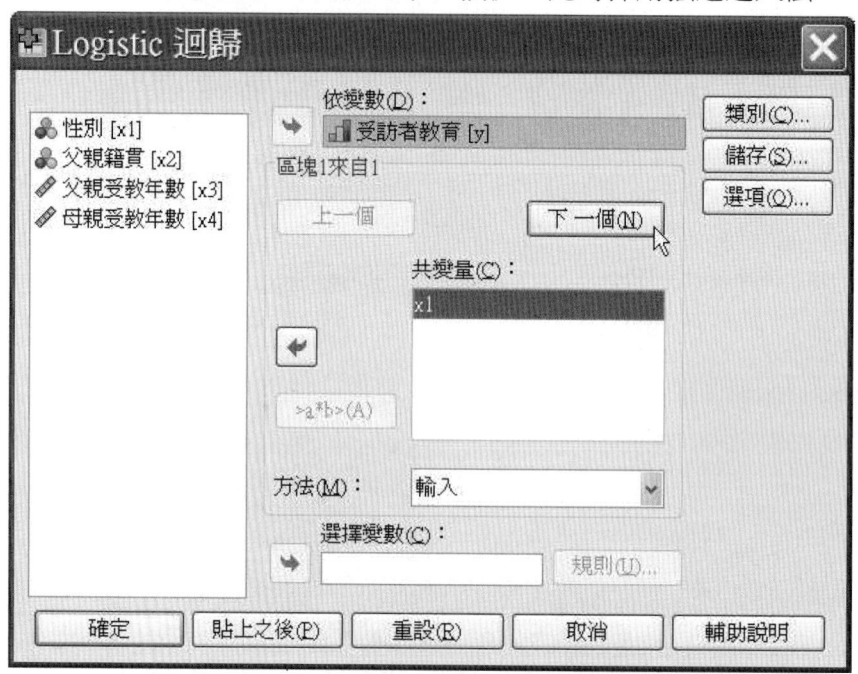

13. 第二步驟進入之共變量為 x2 (父親籍貫)，接著再點選《**下一個**》。

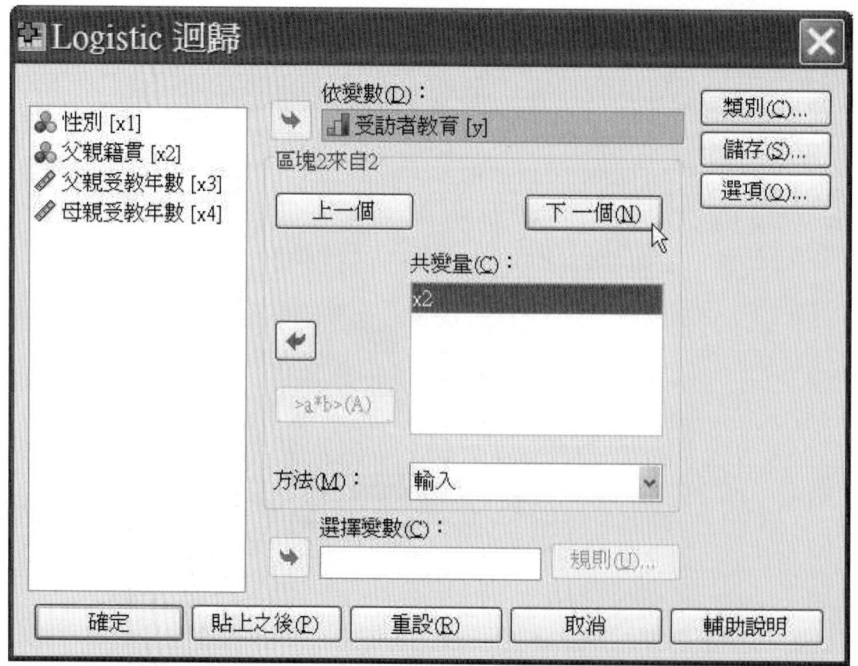

14. 第三步驟進入之共變量為 x3 及 x4 (父母親之受教年數)，最後點選《**確定**》(OK)。

15. 因為 x1 及 x2 為類別變項，所以使用前述的方式轉成虛擬變項。

16. 進行多項式邏輯斯迴歸分析，選項順序分別為《分析》(Analyze) →《迴歸》
(Regression) →《多項式 Logistic》(Multinomial Logistic)。

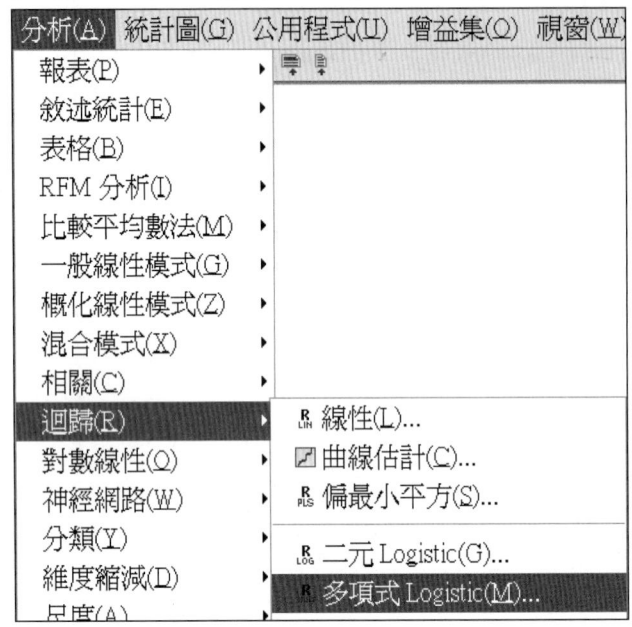

17. 依變項內定以最後一組當參照組，如果要變更，則在《參考類別》(Reference
Category) 中加以界定。

18.　選擇《第一個類別》(First Category) 後再點選《繼續》。

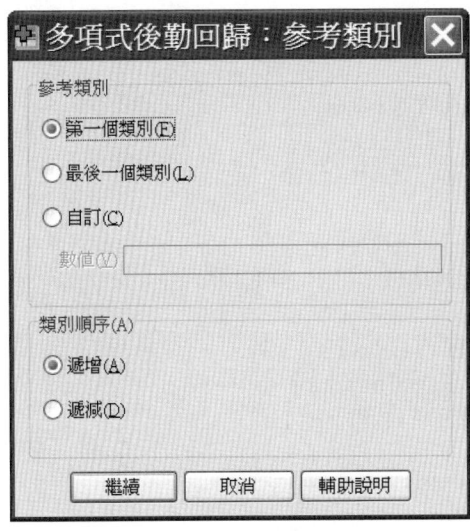

19.　在《統計量》(Statistics) 選單下，加勾選《分類表》(Classification table)。

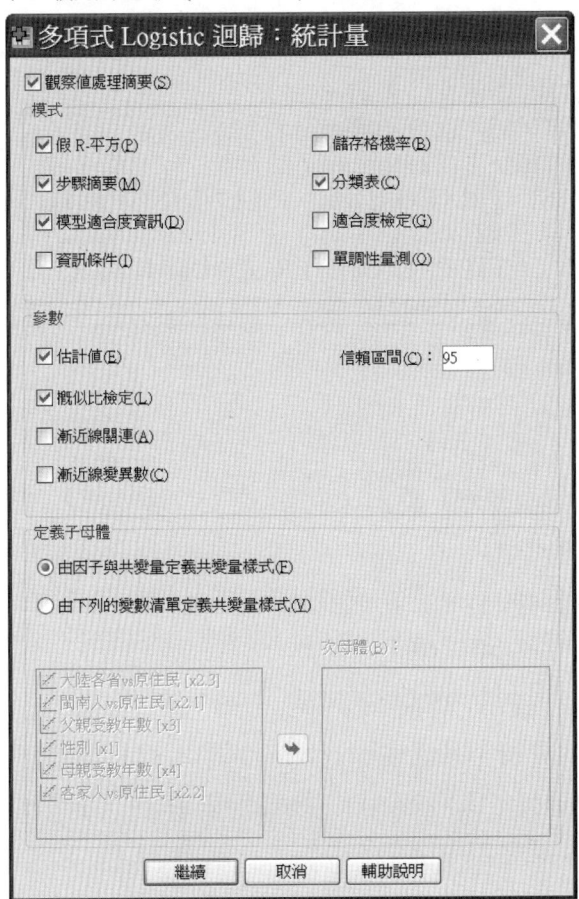

3.3.3 SPSS 程式

```
[1]    CROSSTABS
                      /TABLES=y    BY x1
                      /STATISTICS=CHISQ
                      /CELLS= COUNT COLUMN.
[2]    LOGISTIC REGRESSION    y
[3]                   /METHOD = ENTER x1
[4]                   /PRINT = GOODFIT ITER(1) CI(95).
[5]    LOGISTIC REGRESSION    y
                      /METHOD = ENTER x1 x2 x3 x4
                      /CONTRAST (x2)=Indicator
                      /PRINT = GOODFIT ITER(1).
[6]    LOGISTIC REGRESSION    y
                      /METHOD = FSTEP(LR) x1 x2 x3 x4
                      /CONTRAST (x2)=Indicator
                      /PRINT = GOODFIT.
[7]    LOGISTIC REGRESSION VARIABLES y
                      /METHOD=ENTER x1
                      /METHOD=ENTER x2
                      /METHOD=ENTER x3 x4
                      /CONTRAST (x1)=Indicator(1)
                      /CONTRAST (x2)=Indicator,
[8]    NOMREG         y (BASE=FIRST ORDER=ASCENDING) WITH x1 x2.1
                      x2.2 x2.3 x3 x4
                      /PRINT = FIT PARAMETER SUMMARY LRT CPS
                      STEP MFI .
```

3.3.4 SPSS 程式說明

[1] 進行 y (受訪者是否有高中以上學歷) 與 x1 (性別) 之交叉表分析，列出細格之次數及行百分比，並計算χ^2值。

[2] 以 y 為效標變項進行邏輯斯迴歸。

[3] 使用預測變項 (在此為 x1) 全部投入模式中。

[4] 列出適配度、疊代過程、及係數的 95%信賴區間。

[5] 使用全部投入法進行另一次分析，預測變項為 x1 (性別)、x2 (父親籍貫)、x3 (父親受教年數)、x4 (母親受教年數)。其中 x2 為類別變項 (4 類)，因此以最後一組為參照組，轉換成 3 個虛擬變項。

[6]　使用向前法進行另一次分析。

[7]　進行階層式邏輯斯迴歸分析，依序進入之變項為 x1、x2、x3 及 x4，其中 x1 以第一組(女性)當參照組，x2 以最後一組(原住民族)當參照組。

[8]　進行多項式邏輯斯迴歸分析，預測變項為 x1 (性別)、x2.1、x2.2、x2.3、(父親籍貫之 3 個虛擬變項)、x3 (父親受教年數)、x4 (母親受教年數)。效標變項為 y，設定第一組 (代號為 0) 當參照組。

3.3.5　SAS 程式

```
[1]    DATA    logreg ;       SET    'd:\multi6\sas\logreg.sas7bdat' ;
[2]    PROC    FREQ;
                              TABLES x1*y/CHISQ;
[3]    PROC    LOGISTIC    DESC;
[4]                           MODEL y=x1 /RSQ LACKFIT;
[5]    PROC    LOGISTIC    DESC;
                              CLASS x2 /PARAM=REF;
                              MODEL y=x1 x2 x3 x4 /RSQ LACKFIT;
[6]    PROC    LOGISTIC    DESC;
                              CLASS x2 /PARAM=REF;
                              MODEL y=x1 x2 x3 x4 /RSQ LACKFIT
                                     SELECTION=F;
[7]    PROC    LOGISTIC    DESC;
                              MODEL y=x1 /RSQ;
       PROC    LOGISTIC    DESC;
                              CLASS x2 /PARAM=REF;
                              MODEL y=x1 x2 /RSQ;
       PROC    LOGISTIC    DESC;
                              CLASS x2 /PARAM=REF;
                              MODEL y=x1 x2 x3 x4 /RSQ;
[8]    RUN;
```

3.3.6　SAS 程式說明

[1]　讀入 SAS 之系統資料檔。

[2]　進行 x1 與 y 之交叉表分析，並計算 χ^2 值。

[3]　進行邏輯斯迴歸，因為 1 代表發生之事件，0 代表未發生，所以將資料由大到小排序。

[4] 模式中等號前之 y 為效標變項，等號後之 x1 為預測變項，並求 R^2。如果在斜線後加上 "LINK=PROBIT" 就可以進行 probit 迴歸分析。

[5] 使用全部投入法進行另一次分析，預測變項為 x1、x2、x3、x4。其中 x2 為類別變項 (4 類)，因此以最後一組為參照組，轉換成 3 個虛擬變項。

[6] 使用向前法進行另一次分析。

[7] 由於 SAS 之 logistic 程序只能界定一個模式，因此利用三次分析以進行階層式邏輯斯迴歸。不過，使用此方法時應留意觀察體沒有遺漏值，否則三個模式的觀察體數會不同。

[8] 執行程式。

3.3.7　報表及解說 (以 SPSS 報表為主)

[1]

		Frequency	Percent	Valid Percent	Cumulative Percent
	受訪者教育				
Valid	國中以下	294	27.63	27.63	27.63
	高中以上	770	72.37	72.37	100.00
	Total	1064	100.00	100.00	

　　首先使用次數分配分析，列出依變項類別的次數。接受國中以下教育的受訪者有 294 人，佔 27.632%；接受高中以上教育的受訪者有 770 人，佔 72.368%。後者是前者的 2.619 倍，如果取自然對數，則 $\ln(2.619) = 0.963$。

[2]

Dependent Variable Encoding	
Original Value	Internal Value
國中以下	0
高中以上	1

依變項的編碼，0 代表學歷為國中 (含) 以下，1 代表學歷為高中 (含) 以上。

[3]

Categorical Variables Codings					
			Parameter coding		
		Frequency	(1)	(2)	(3)
父親籍貫	台灣閩南人	742	1.000	.000	.000
	台灣客家人	161	.000	1.000	.000
	大陸各省市	146	.000	.000	1.000
	台灣原住民	15	.000	.000	.000
性別	男	506	1.000		
	女	558	.000		

　　類別變項轉碼摘要。因為父親籍貫有四類，所以轉成三個虛擬變項。在此，設定原住民為參照組，轉碼過程可以參閱第二章之多元迴歸部分。

[4]

Iteration History [a,b,c]			
			Coefficients
Iteration		-2 Log likelihood	Constant
Step 0	1	1255.324	.895
	2	1254.328	.962
	3	1254.328	.963

a　Constant is included in the model.
b　Initial -2 Log Likelihood: 1254.328
c　Estimation terminated at iteration number 3 because parameter estimates changed by less than .001.

　　疊代過程。當只有常數項時－2LL 為 1254.328，常數項為 .963。

[5]

Classification Table [a,b]				
		Predicted		
		受訪者教育		Percentage
Observed		國中以下	高中以上	Correct
Step 0　受訪者教育	國中以下	0	294	.0
	高中以上	0	770	100.0
Overall Percentage				72.4

a　Constant is included in the model.
b　The cut value is .500

　　只以常數項進行預測時，實際上為國中以下學歷且預測為國中以下學歷者為 0 人，實際上為高中以上學歷且預測為高中以上學歷者為 770 人，因此預測正確人數為 770 (等於 0+770)，正確率為 72.4% ($\frac{770}{1064}$)。這是因為有高中以上學歷的人數較多，所以只用常數項預測時，就會全部都預測為「有」高中以上學歷，如此正確率會較高。

[6]

Variables in the Equation						
		B	S.E.	Wald	Df	Sig.	Exp(B)
Step 0	Constant	.963	.069	197.232	1	.000	2.619

　　當所有預測變項都未進入，只有常數項時，$e^{(.963)} = 2.619 = \frac{770}{294}$，表示「有完成高中以上教育」與「未完成高中以上教育」的勝算為 2.619。$\frac{e^{(.963)}}{1+e^{(.963)}} = \frac{1}{1+e^{-(.963)}}$ =.7237= $\frac{770}{1064}$，表示完成高中以上教育的比例為 .7237；$1 - \frac{1}{1+e^{-(.963)}} = \frac{1}{1+e^{(.963)}} = .2763$，因此未完成高中教育的比例為 .2763。此部分之百分比請對照報表[1]。

[7]

Variables not in the Equation			Score	df	Sig.
Step 0	Variables	x1(1)	1.151	1	.283
		x2	42.509	3	.000
		x2(1)	11.754	1	.001
		x2(2)	.009	1	.926
		x2(3)	31.890	1	.000
		x3	178.361	1	.000
		x4	151.350	1	.000
	Overall Statistics		214.093	6	.000

　　預測變項均未進入方程式中。如果全部進入後 χ^2 為 214.093，達 .05 顯著水準。其中 x1(1)是 x1 的虛擬變項，而 x2(1)、x2(2)、x2(3)是 x3 的虛擬變項。

[8]

Iteration History(a,b,c,d)								
	-2 Log likelihood	Coefficients						
Iteration		x1(1)	x2(1)	x2(2)	x2(3)	x3	x4	Constant
Step 1　1	1045.728	-1.618	.058	1.220	1.339	1.454	.112	.099
2	1001.974	-2.238	.100	1.440	1.565	2.063	.176	.144
3	998.036	-2.456	.113	1.510	1.632	2.419	.203	.153
4	997.971	-2.481	.114	1.517	1.639	2.486	.206	.154
5	997.971	-2.481	.114	1.517	1.639	2.488	.206	.154
6	997.971	-2.481	.114	1.517	1.639	2.488	.206	.154

a　Method: Enter
b　Constant is included in the model.
c　Initial -2 Log Likelihood: 1254.328
d　Estimation terminated at iteration number 6 because parameter estimates changed by less than .001.

疊代過程。當預測變項進入後，－2LL 為 997.971。

[9]

Omnibus Tests of Model Coefficients				
		Chi-square	df	Sig.
Step 1	Step	256.358	6	.000
	Block	256.358	6	.000
	Model	256.358	6	.000

當 6 個預測變項 (有 3 個是父親籍貫的虛擬變項) 進入後，χ^2 值為 256.358 (等於1254.328－997.971，有四捨五入之誤差)，$p<.001$，表示 6 個預測變項可以顯著預測效標變項。

[10]

Testing Global Null Hypothesis: BETA=0			
Test	Chi-Square	DF	Pr > ChiSq
Likelihood Ratio	256.3576	6	<.0001
Score	214.0924	6	<.0001
Wald	169.8573	6	<.0001

　　SAS 的整體性考驗，所有的 p 值均小於 .0001，表示 6 個預測變項可以顯著預測效標變項。其中 Likelihood Ratio 是上表的 χ^2 值，而 Score 等於報表[7]的全體進入之 Score 值。

[11]

Model Summary		
Step	-2 Log likelihood	Cox & Snell R Square	Nagelkerke R Square
1	997.971 [a]	.214	.309
a　Estimation terminated at iteration number 6 because parameter estimates changed by less than .001.			

Pseudo R-Square	
Cox and Snell	.214
Nagelkerke	.309
McFadden	.204

　　模式摘要，－2LL 值為 997.971，Cox-Snell $R^2 = 1 - e^{\left(\frac{997.971-1254.328}{1064}\right)} = .214$，Nagelkerke R^2 為 $\dfrac{R^2_{CS}}{1 - e^{\left(\frac{2LL_0}{n}\right)}} = \dfrac{.214}{1 - e^{\left(\frac{-1254.328}{1064}\right)}} = .309$。如果使用 NOMREG 程序，可以另外得到 McFadden $\rho^2 = \dfrac{1254.328 - 997.971}{1254.328} = .204$。

[12]

Hosmer and Lemeshow Test			
Step	Chi-square	df	Sig.
1	8.960	8	.346

　　Hosmer-Lemeshow 的適配度考驗，χ^2 值為 8.960，$p=.346$，大於 .05，表示模式適當。

[13]

Contingency Table for Hosmer and Lemeshow Test					
		受訪者教育=國中以下		受訪者教育=高中以上		
		Observed	Expected	Observed	Expected	Total
Step 1	1	81	79.703	30	31.297	111
	2	55	49.786	38	43.214	93
	3	44	49.747	75	69.253	119
	4	25	22.925	45	47.075	70
	5	23	28.104	98	92.896	121
	6	31	24.278	83	89.722	114
	7	18	22.012	107	102.988	125
	8	8	10.909	101	98.091	109
	9	7	5.116	101	102.884	108
	10	2	1.421	92	92.579	94

Hosmer-Lemeshow 的適配度考驗，在列聯表的細格中，有觀察次數 F_o 及期望次數 F_e，使用 $\sum \dfrac{(F_o - F_e)^2}{F_e}$ 可以計算報表[12]的 χ^2 值。

[14]

Classification Table [a]					
			Predicted		
			受訪者教育		Percentage Correct
Observed			國中以下	高中以上	
Step 1	受訪者教育	國中以下	115	179	39.1
		高中以上	54	716	93.0
	Overall Percentage				78.1
a The cut value is .500					

以 6 個預測變項進行預測後，並設定機率的切割點為 .500，重新分類的正確性為 78.1%，其正確性為原先的 1.08 倍 (78.1/72.4=1.08)。如果以區別分析的標準來看，並未超過 25% 的預測正確性。

敏感性為 $0.930(\dfrac{716}{54+716} = 0.930)$，特異性為 $0.391(\dfrac{115}{115+179} = 0.391)$；陽性預測值是 $0.800(\dfrac{716}{179+716} = 0.800)$，陰性預測值是 $0.680(\dfrac{115}{115+54} = 0.680)$。

[15]

Variables in the Equation							95.0% C.I.for EXP(B)	
		B	S.E.	Wald	df	Sig.	Exp(B)	Lower	Upper
Step 1 [a]	x1(1)	.114	.157	.523	1	.470	1.121	.823	1.526
	x2			15.472	3	.001			
	x2(1)	1.517	.586	6.690	1	.010	4.557	1.444	14.384
	x2(2)	1.639	.611	7.190	1	.007	5.150	1.554	17.064
	x2(3)	2.488	.668	13.861	1	.000	12.039	3.249	44.614
	x3	.206	.029	51.158	1	.000	1.229	1.162	1.301
	x4	.154	.028	29.290	1	.000	1.166	1.103	1.233
	Constant	-2.481	.599	17.164	1	.000	.084		
a Variable(s) entered on step 1: x1, x2, x3, x4.									

迴歸係數及其考驗。以 x1 為例，其原始加權係數為 0.114，標準誤為 0.157，如果採用 z 考驗，則 $\frac{0.114}{0.157} = 0.723$，不過，一般軟體都採用 Wald χ^2 考驗，$0.723^2 = 0.523$。$p = .470$，未達 .05 顯著水準。係數 95%信賴區間計算方法是：$0.114 \pm 1.960 \times 0.157$，下限為 -0.195，上限為 0.422 (信賴區間含 0，因此與 0 無顯著差異)，取指數後分別為 0.823 及 1.526。(註：計算部分會有捨入誤差)

常數項為 -2.481，取指數後為 0.084，表示當其他變項都為 0 時 (此時代表的是父母皆未接受教育的原住民族女性)，其「有完成高中以上教育人數」是「沒有完成高中以上教育人數」的 0.084 倍。如果取倒數，則表示「沒有接受高中以上教育的人數」是「有接受高中以上教育人數」的 11.905 倍 ($\frac{1}{0.084} = 11.905$)。

整體而言，當其他變項保持恆定時，性別的係數為 0.114，$e^{(0.114)}=1.121$，表示男性 (代號為 1) 「完成高中以上學歷與未完成高中學歷的勝算」是女性 (代號為 0) 的 1.121 倍，不過未達.05 顯著水準。x2 整體的顯著性為.001，表示父親籍貫可以顯著預測其子女是否完成高中以上學歷。x2(1) (閩南人對原住民) 的係數為 1.517，$e^{(1.517)}=4.557$，顯示閩南人「有無高中以上學歷的勝算」是原住民的 4.557 倍。同理，客家人 (x2(2)) 及大陸各省籍 (x2(3)) 「有無高中以上學歷的勝算」分別是原住民的 5.150 倍及 12.039 倍。而父親受教年數(x3)每增加 1 年，其子女「具有高中以上學歷與未具有高中學歷的勝算」之機率就增加 .229 (也就是 22.9%)。

母親受教年數每增加 1 年，兩者勝算的機率就增加 .166(16.6%)。

　　以父母親受教年數都是 6 年的客家女性為例，其具有高中學歷的機率為

$\dfrac{1}{1+e^{-(0\times0.114+0\times1.517+1\times1.639+0\times2.488+6\times0.206+6\times0.154-2.481)}}=0.789$，如果以 0.5 為切割點，則預測她

具有高中以上學歷；如果父母親受教年數都是 0 年的閩南男性，有高中學歷的機

率為 $\dfrac{1}{1+e^{-(1\times0.114+1\times1.517+0\times1.639+0\times2.488+0\times0.206+0\times0.154-2.481)}}=0.299$，會預測他不具有高中以上

學歷。

　　因為各迴歸係數 (除常數項外) 都是正數，因此取指數後就都大於 1，也就是
各預測變項愈大，完成高中教育與未完成高中教育的勝算也愈大；反之，如果迴
歸係數為負，則取指數後會小於 1，代表完成高中教育與未完成高中教育的勝算會
愈小。

[16]

y	Coef.	Std. Err.	z	P>z	[95% Conf. Interval]	
x1	.1138653	.1574498	0.72	0.470	-.1947307	.4224612
x2 1	1.516751	.5864276	2.59	0.010	.3673738	2.666128
x2 2	1.638949	.6112321	2.68	0.007	.4409562	2.836942
x2 3	2.488168	.6683226	3.72	0.000	1.17828	3.798056
x3	.2063448	.0288495	7.15	0.000	.1498008	.2628889
x4	.1536096	.0283832	5.41	0.000	.0979796	.2092397
cons	-2.480896	.5988252	-4.14	0.000	-3.654571	-1.30722

Observed SD: .44738517
Latent SD: 2.3246032
Odds of: 高中以上 vs 國中以下

y	b	z	P>z	bStdX	bStdY	bStdXY	SDofX
x1	0.11387	0.723	0.470	0.0569	0.0490	0.0245	0.4996
x2 1	1.51675	2.586	0.010	0.6971	0.6525	0.2999	0.4596
x2 2	1.63895	2.681	0.007	0.5876	0.7050	0.2528	0.3585
x2 3	2.48817	3.723	0.000	0.8565	1.0704	0.3685	0.3442
x3	0.20634	7.152	0.000	0.8644	0.0888	0.3719	4.1892
x4	0.15361	5.412	0.000	0.5629	0.0661	0.2421	3.6645

b = raw coefficient
z = z-score for test of b=0
P>z = p-value for z-test
bStdX = x-standardized coefficient
bStdY = y-standardized coefficient
bStdXY = fully standardized coefficient
SDofX = standard deviation of X

　　使用 STATA 軟體所得之迴歸係數，第一部分為原始係數、標準誤、z 值、p 值，及原始係數之 95%信賴區間；第二部分為原始係數、z 值、p 值、X 標準化係數、Y 標準化係數、XY 標準化係數，及 X 之標準差。第二部分報表最上面也顯示觀察到之 y 變項的標準差為 0.44738517，潛在 y 變項的標準差為 2.3246032。

　　以 x1 為例，其原始係數為 0.11387，標準差為 0.4996，因此 X 標準化係數為 $0.11387 \times 0.4996 = 0.0569$，Y 標準化係數為 $0.11387 \div 2.3246032 = 0.0490$，而 XY 標準化係數則為 $0.11387 \times 0.4996 \div 2.3246032 = 0.0245$。

　　其中潛在 y 變項的標準差 2.3246032 之計算方法如下：

　　1. 先使用 $X_1 * 0.114 + X_{2(1)} * 1.517 + X_{2(2)} * 1.639 + X_{2(3)} * 2.488 + X3 * 0.206 + X4 * 0.154 - 2.481$ 求得 $\hat{Y}$，此時 $\hat{Y}$ 的變異數為 2.113912 (另外計算，未列出報表)。

　　2.或是將軟體預測所得之機率值 $\hat{p}$ 儲存，並計算 $\ln(\hat{p} / 1 - \hat{p})$ 以得到 $\hat{Y}$。

　　3.計算 $\dfrac{\pi^2}{3} = 3.289869$。

　　4.計算 $\sqrt{2.113912 + 3.289868} = 2.3246032$ (會有捨入誤差)。

[17]

Analysis of Maximum Likelihood Estimates						
Parameter	DF	Estimate	Standard Error	Wald Chi-Square	Pr > ChiSq	Standardized Estimate
Intercept	1	-2.4808	0.5988	17.1632	<.0001	
x1	1	0.1139	0.1574	0.5230	0.4696	0.0314
x2_1	1	1.5167	0.5864	6.6895	0.0097	0.3843
x2_2	1	1.6389	0.6112	7.1898	0.0073	0.3240
x2_3	1	2.4878	0.6683	13.8574	0.0002	0.4722
x3	1	0.2063	0.0288	51.1554	<.0001	0.4766
x4	1	0.1536	0.0284	29.2906	<.0001	0.3103

　　使用 SAS 軟體所得之迴歸係數，以 x1 為例，其原始係數為 0.1139，標準差為 0.4996（見報表[16]），Y 之標準差為 $\dfrac{\pi}{\sqrt{3}} = 1.8139$，XY 標準化係數則為 $0.1139 \times 0.4996 \div 1.8139 = 0.0314$。

[18]

Likelihood Ratio Tests				
	Model Fitting Criteria	Likelihood Ratio Tests		
Effect	-2 Log Likelihood of Reduced Model	Chi-Square	df	Sig.
Intercept	245.491	17.820	1	.000
x1	228.194	.524	1	.469
x3	285.557	57.887	1	.000
x4	257.365	29.694	1	.000
x2.1	234.675	7.005	1	.008
x2.2	235.184	7.514	1	.006
x2.3	242.292	14.622	1	.000

The chi-square statistic is the difference in -2 log-likelihoods between the final model and a reduced model. The reduced model is formed by omitting an effect from the final model. The null hypothesis is that all parameters of that effect are 0.

使用 SPSS 之 NOMREG 程序所得的巢式迴歸考驗，當所有變項 (含常數項) 都進入時，－2LL 值為 227.670 (未在此顯示)，第二欄為縮減模式 (意即如果該變項從完整模式中刪除) 的－2LL 值，以 334.109 各自減去第二欄即可得到第三欄的χ² 值。在自由度都是 1 的情形下，p 值與上面的報表相差不多。

[19]

Association of Predicted Probabilities and Observed Responses			
Percent Concordant	78.0	Somers' D	0.596
Percent Discordant	18.4	Gamma	0.618
Percent Tied	3.6	Tau-a	0.238
Pairs	226380	c	0.798

使用 SAS 所得的四種關聯量數。由表中可得知，總比較對數為 226380，和諧對數的比例為 78.0% (約為 176576 對)，不和諧的對數為 18.4% (約為 41654 對)，結為 3.6% (約為 8150 對)。四種關聯量數的計算如下：

$$Somers\ D = \frac{N_c - N_d}{t} = \frac{176576 - 41654}{226380} = 0.780 - 0.184 = 0.596 ，$$

$$Gamma = \frac{N_c - N_d}{N_c + N_d} = \frac{176576 - 41654}{176576 + 41654} = \frac{.780 - .184}{.780 + .184} = 0.618 ，$$

$$\text{Tau-a} = \frac{N_c - N_d}{0.5N(N-1)} = \frac{176576 - 41654}{0.5 \times 1064 \times (1064-1)} = 0.238 \text{，}$$

$$c = \frac{N_c + 0.5(t - N_c - N_d)}{t} = \frac{176576 + 0.5(226380 - 176576 - 41654)}{226380} = 0.798 \text{。}$$

[20]

Omnibus Tests of Model Coefficients		Chi-square	df	Sig.
Step 1	Step	208.772	1	.000
	Block	208.772	1	.000
	Model	208.772	1	.000
Step 2	Step	29.150	1	.000
	Block	237.922	2	.000
	Model	237.922	2	.000
Step 3	Step	17.912	3	.000
	Block	255.834	5	.000
	Model	255.834	5	.000

　　以下為逐步邏輯斯迴歸，此處是各步驟的χ^2值。步驟 0 的–2LL 值為 1254.328，步驟 1 的–2LL 值為 208.772，因此步驟 1 的三個χ^2值均為 –(207.772 – 1254.328) =1245.556；步驟 2 的–2LL 值為 1016.406，因此步驟 2 的步驟χ^2值為 –(1016.406 – 1045.556) =29.150，區塊及模式χ^2值均為 –(1016.406 – 1254.328) =237.922。

[21]

Model Summary			
Step	-2 Log likelihood	Cox & Snell R Square	Nagelkerke R Square
1	1045.556 [a]	.178	.257
2	1016.406 [a]	.200	.289
3	998.494 [b]	.214	.309
a	Estimation terminated at iteration number 5 because parameter estimates changed by less than .001.		
b	Estimation terminated at iteration number 6 because parameter estimates changed by less than .001.		

各步驟的–2LL 值及類 R^2 值，計算方法請見前面的說明。

[22]

Hosmer and Lemeshow Test			
Step	Chi-square	df	Sig.
1	4.467	4	.346
2	5.614	6	.468
3	5.230	7	.632

各步驟的 Hosmer-Lemeshow 考驗，p 值均大於.05，表示模式理想。

[23]

Contingency Table for Hosmer and Lemeshow Test					
	受訪者教育 = 國中以下		受訪者教育 = 高中以上		
	Observed	Expected	Observed	Expected	Total
Step 1　1	90	90.800	42	41.200	132
2	47	39.517	36	43.483	83
3	127	136.302	373	363.698	500
4	18	18.071	117	116.929	135
5	9	6.770	104	106.230	113
6	3	2.540	98	98.460	101
Step 2　1	86	84.935	34	35.065	120
2	48	43.286	36	40.714	84
3	50	58.389	96	87.611	146
4	16	14.930	35	36.070	51
5	68	65.700	240	242.300	308
6	13	14.663	97	95.337	110
7	11	8.147	96	98.853	107
8	2	3.950	136	134.050	138
Step 3　1	73	71.319	26	27.681	99
2	62	57.654	42	46.346	104
3	45	50.311	75	69.689	120
4	25	22.982	45	47.018	70
5	53	51.522	178	179.478	231
6	12	17.721	81	75.279	93
7	13	13.142	97	96.858	110
8	7	6.753	100	100.247	107
9	4	2.595	126	127.405	130

各步驟的 Hosmer-Lemeshow 考驗，方法請見前面所述。

[24]

Classification Table [a]					
			Predicted		
			受訪者教育		Percentage
Observed			國中以下	高中以上	Correct
Step 1	受訪者教育	國中以下	90	204	30.6
		高中以上	42	728	94.5
	Overall Percentage				76.9
Step 2	受訪者教育	國中以下	111	183	37.8
		高中以上	55	715	92.9
	Overall Percentage				77.6
Step 3	受訪者教育	國中以下	114	180	38.8
		高中以上	53	717	93.1
	Overall Percentage				78.1
a The cut value is .500					

　　各步驟的分類正確率。在步驟 1 當只加入父親受教年數時，分類正確率為 76.6%，是未加入任何變項正確率 72.4% 的 1.06 倍；在步驟 2 加入母親受教年數後，分類正確率為 77.6%，是步驟 1 的 1.01 倍 (是步驟 0 的 1.07 倍)；即使在步驟 3，其正確率也才是步驟 1 的 1.02 倍 (是步驟 0 的 1.08 倍)。

[25]

Variables in the Equation		B	S.E.	Wald	df	Sig.	Exp(B)
Step 1 [a]	x3	.295	.024	146.804	1	.000	1.343
	Constant	-.790	.149	27.976	1	.000	.454
Step 2 [b]	x3	.215	.028	60.565	1	.000	1.240
	x4	.150	.028	28.924	1	.000	1.162
	Constant	-.885	.151	34.206	1	.000	.413
Step 3 [c]	x2			16.090	3	.001	
	x2(1)	1.548	.585	7.008	1	.008	4.702
	x2(2)	1.667	.610	7.475	1	.006	5.298
	x2(3)	2.533	.666	14.480	1	.000	12.592
	x3	.206	.029	50.952	1	.000	1.229
	x4	.153	.028	29.254	1	.000	1.166
	Constant	-2.456	.598	16.893	1	.000	.086
a Variable(s) entered on step 1: x3.							
b Variable(s) entered on step 2: x4.							
c Variable(s) entered on step 3: x2.							

　　各步驟的迴歸係數，最後一步驟時，$e^{(1.1548 \times x2.1 + 1.667 \times x2.2 + 2.533 \times x2.3 + 0.206 \times x36 + 0.153 \times x4 - 2.456)}$ 代表受訪者完成高中教育與未完成高中教育的勝算。當其他條件相同時，大陸各

省籍完成高中教育與未完成高中教育的勝算是原住民的 12.592 倍 (由 x2(3) 的 Exp(B)得知)；父親每多受 1 年教育，子女完成高中教育與未完成高中教育的勝算就是其他人的 1.229 倍(由 v6 的 Exp(B)得知)。其餘係數依此類推。

[26]

Model if Term Removed				
Variable	Model Log Likelihood	Change in -2 Log Likelihood	df	Sig. of the Change
Step 1　x3	-627.164	208.772	1	.000
Step 2　x3	-544.268	72.130	1	.000
x4	-522.778	29.150	1	.000
Step 3　x2	-508.203	17.912	3	.000
x3	-528.089	57.683	1	.000
x4	-514.077	29.659	1	.000

　　各步驟中如果已進入迴歸模式中的變項又被剔除，其－2LL 的改變情形，由 p 值均小於 .05 來看，表示各步驟中均不應把已進入的變項再剔除，否則對迴歸的整體效度會有顯著的影響。

[27]

Variables not in the Equation			Score	df	Sig.
Step 1	Variables	x1	1.112	1	.292
		x2	16.900	3	.001
		x2(1)	2.279	1	.131
		x2(2)	.251	1	.617
		x2(3)	9.332	1	.002
		x4	29.836	1	.000
	Overall Statistics		47.590	5	.000
Step 2	Variables	x1	1.232	1	.267
		x2	17.813	3	.000
		x2(1)	1.723	1	.189
		x2(2)	.112	1	.738
		x2(3)	9.035	1	.003
	Overall Statistics		18.357	4	.001
Step 3	Variables	x1	.523	1	.469
	Overall Statistics		.523	1	.469

各步驟中未進入變項如果於下步驟進入後可以減少的模式χ²值 (χ²值愈大表示模式愈不適配)。以步驟 1 為例，在此步驟中，已進入的變項為 x3，未進入的變項為 x1、x2(1)、x2(2)、x2(3)、及 x4。此時，如果將 x1 於步驟 2 中投入，則可以減少χ²值 1.122；如果投入 x4，則可以減少χ²值 239.836。比較之後，在步驟 2 會加入 x4 變項，因為它可以顯著減少模式的χ²值。

[28]

Classification Table [a,b]					
			Predicted		
			受訪者教育		Percentage
Observed			國中以下	高中以上	Correct
Step 0	受訪者教育	國中以下	0	294	.0
		高中以上	0	770	100.0
	Overall Percentage				72.4
a Constant is included in the model.					
b The cut value is .500					

以下為階層邏輯斯迴歸分析結果。當只以常數項進行預測時，正確率為 72.4%。

[29]

Variables in the Equation		B	S.E.	Wald	df	Sig.	Exp(B)
Step 0	Constant	.963	.069	197.232	1	.000	2.619

當所有預測變項都未進入，只有常數項時，B 為 0.963。

[30]

Variables not in the Equation			Score	df	Sig.
Step 0	Variables	x1(1)	1.151	1	.283
	Overall Statistics		1.151	1	.283

預測變項 x1 未進入方程式中。如果進入後 χ²為 1.151，p 為.283，未達 .05 顯著水準，以性別無法預測受訪者是否接受高中以上教育。

[31]

Omnibus Tests of Model Coefficients				
		Chi-square	df	Sig.
Step 1	Step	1.153	1	.283
	Block	1.153	1	.283
	Model	1.153	1	.283

步驟一時，x1 進入迴歸模式中，$\chi^2(1)$=1.153，p=.283。

[32]

Model Summary			
Step	-2 Log likelihood	Cox & Snell R Square	Nagelkerke R Square
1	1253.175 [a]	.001	.002
a　Estimation terminated at iteration number 4 because parameter estimates changed by less than .001.			

類 R^2 指標，計算方法請見前面之說明。當只有 x1 時，預測力非常低。

[33]

Classification Table [a]				
		Predicted		
		受訪者教育		Percentage Correct
Observed		國中以下	高中以上	
Step 0	受訪者教育　國中以下	0	294	.0
	高中以上	0	770	100.0
	Overall Percentage			72.4
a　The cut value is .500				

即使加入 x1，正確率仍然不變，為 72.4%。

[34]

Variables in the Equation						
		B	S.E.	Wald	df	Sig.	Exp(B)
Step 1 [a]	x1(1)	.148	.138	1.150	1	.283	1.159
	Constant	.894	.093	91.849	1	.000	2.444
a Variable(s) entered on step 1: x1.						

預測變項 x1 進入方程式中，B 為 0.148，取指數後為 1.159，p=.283。

[35]

Omnibus Tests of Model Coefficients				
		Chi-square	df	Sig.
Step 1	Step	47.049	3	.000
	Block	47.049	3	.000
	Model	48.201	4	.000

步驟二時，x2 之 3 個虛擬變項進入迴歸模式中，在此步驟中χ^2(3)=47.049，p<.001，整體模式χ^2(4)=48.201，p<.001。

[36]

Model Summary			
Step	-2 Log likelihood	Cox & Snell R Square	Nagelkerke R Square
1	1206.127 [a]	.044	.064
a Estimation terminated at iteration number 5 because parameter estimates changed by less than .001.			

類 R^2 指標，此時 Cox-Snell R^2=.044，Nagelkerke R^2=.064，預測力仍不高。

[37]

Classification Table [a]				
		Predicted		
		受訪者教育		Percentage Correct
Observed		國中以下	高中以上	
Step 1 受訪者教育	國中以下	10	284	3.4
	高中以上	5	765	99.4
Overall Percentage				72.8
a The cut value is .500				

加入 x1 及 x2，正確率為 72.8%，僅比前一步驟增加 0.4%的正確率。

[38]

Variables in the Equation						
		B	S.E.	Wald	df	Sig.	Exp(B)
Step 1 ª	x1(1)	.072	.141	.265	1	.607	1.075
	x2			34.513	3	.000	
	x2(1)	1.487	.555	7.184	1	.007	4.423
	x2(2)	1.654	.577	8.226	1	.004	5.226
	x2(3)	3.081	.627	24.135	1	.000	21.770
	Constant	-.708	.549	1.665	1	.197	.493
a Variable(s) entered on step 1: x2.							

　　再加入預測變項 x2 進入方程式中，此時其 3 個虛擬變項的 p 值均小於 .05，x1 則大於 .05。

[39]

Omnibus Tests of Model Coefficients				
		Chi-square	df	Sig.
Step 1	Step	208.156	2	.000
	Block	208.156	2	.000
	Model	256.358	6	.000

　　步驟三時，再加入 x3 及 x4 進入迴歸模式中，在此步驟中$\chi^2(2)$=208.156，$p<$.001，整體模式$\chi^2(6)$=256.358，$p<$.001。

[40]

Model Summary			
Step	-2 Log likelihood	Cox & Snell R Square	Nagelkerke R Square
1	997.971 ª	.214	.309
a　Estimation terminated at iteration number 6 because parameter estimates changed by less than .001.			

　　類 R^2 指標，此時 Cox-Snell R^2=.214，Nagelkerke R^2=.309。

[41]

Classification Table [a]				
		Predicted		
		受訪者教育		Percentage Correct
Observed		國中以下	高中以上	
Step 1 受訪者教育 國中以下		115	179	39.1
高中以上		54	716	93.0
Overall Percentage				78.1
a The cut value is .500				

再加入 x3 及 x4，正確率為 78.1%，比前一步驟增加 5.3%。

[42]

Variables in the Equation							
		B	S.E.	Wald	df	Sig.	Exp(B)
Step 1 [a]	x1(1)	.114	.157	.523	1	.470	1.121
	x2			15.472	3	.001	
	x2(1)	1.517	.586	6.690	1	.010	4.557
	x2(2)	1.639	.611	7.190	1	.007	5.150
	x2(3)	2.488	.668	13.861	1	.000	12.039
	x3	.206	.029	51.158	1	.000	1.229
	x4	.154	.028	29.290	1	.000	1.166
	Constant	-2.481	.599	17.164	1	.000	.084
a Variable(s) entered on step 1: x2.							

最後之係數，說明請見報表[15]。

[43]

Case Processing Summary			
		N	Marginal Percentage
受訪者教育	國中以下	294	27.6%
	高中職	380	35.7%
	大專	390	36.7%
Valid		1064	100.0%
Missing		0	
Total		1064	
Subpopulation		154 [a]	
a The dependent variable has only one value observed in 75 (48.7%) subpopulations.			

以下為多項式邏輯斯迴歸分析，此時效標變項改為 3 類，總有效樣本為 1064
人。

[44]

Model Fitting Information				
Model	-2 Log Likelihood	Chi-Square	df	Sig.
Intercept Only	890.572			
Final	537.019	353.553	12	.000

當只有常數項時，–2LL 為 890.572，加入 6 個預測變項 (其中 3 個為父親籍貫
之虛擬變項) 後–2LL 為 537.019，因此模式之χ^2值為 353.5531，在 df=12 下，$p<.001$，
因此 6 個預測變項可以顯著預測受訪者的教育。

[45]

Pseudo R-Square	
Cox and Snell	.283
Nagelkerke	.319
McFadden	.152

類 R^2 指標，計算方法請見前面之說明。

[46]

Likelihood Ratio Tests				
Effect	-2 Log Likelihood of Reduced Model	Chi-Square	df	Sig.
Intercept	576.286	39.267	2	.000
x1	537.789	.770	2	.680
x2.1	545.210	8.191	2	.017
x2.2	545.101	8.082	2	.018
x2.3	552.334	15.315	2	.000
x3	626.295	89.276	2	.000
x4	576.286	39.267	2	.000
The chi-square statistic is the difference in -2 log-likelihoods between the final model and a reduced model. The reduced model is formed by omitting an effect from the final model. The null hypothesis is that all parameters of that effect are 0.				

各預測變項的顯著性考驗。以 x1 為例,當 6 個預測變項加上常數項都進入迴歸方程時, -2LL 為 537.019 (見報表[44]),當不含 x1 的其他 5 個預測變項及常數項進入迴歸方程時,-2LL 為 537.789,因此 x1 的 χ^2 值等於 537.789 - 537.019 = 0.770,其 p 值等於 .680,表示 x1 不具有顯著的解釋力。其他變項的算法亦同。

[47]

Parameter Estimates								95% Confidence Interval for Exp(B)	
受訪者教育 [a]		B	Std. Error	Wald	df	Sig.	Exp(B)	Lower Bound	Upper Bound
高中職	Intercept	-2.245	.632	12.618	1	.000			
	x1	.087	.167	.271	1	.603	1.091	.786	1.515
	x2.1	1.144	.621	3.398	1	.065	3.140	.930	10.597
	x2.2	1.368	.646	4.487	1	.034	3.928	1.108	13.929
	x2.3	2.102	.703	8.944	1	.003	8.182	2.064	32.444
	x3	.155	.031	25.550	1	.000	1.167	1.099	1.239
	x4	.121	.030	15.970	1	.000	1.129	1.064	1.198
大專	Intercept	-4.904	1.088	20.297	1	.000			
	x1	.161	.184	.768	1	.381	1.175	.820	1.684
	x2.1	2.313	1.076	4.623	1	.032	10.108	1.227	83.264
	x2.2	2.260	1.096	4.256	1	.039	9.584	1.119	82.051
	x2.3	3.234	1.130	8.197	1	.004	25.377	2.773	232.210
	x3	.293	.034	75.448	1	.000	1.341	1.255	1.432
	x4	.202	.033	38.030	1	.000	1.224	1.148	1.306
a The reference category is: 國中以下.									

因為效標變項有 3 類,以國中小為參照組後,可得到 2 組迴歸方程。

以高中職對國中小這組方程式而言,x2.1 (閩南人對原住民) 的係數為 1.144,取指數後為 3.140,表示在其他條件相同時,閩南人之高中職與國中小的勝算,是原住民之高中職與國中小勝算的 3.140 倍。而在大專對國中小這組方程式中,x2.1 的係數是 2.313,勝算比為 10.108,相當地高。

[48]

Classification				
	Predicted			
Observed	國中小	高中職	大專	Percent Correct
國中以下	177	93	24	60.2%
高中職	106	167	107	43.9%
大專	36	142	212	54.4%
Overall Percentage	30.0%	37.8%	32.2%	52.3%

　　分類正確性交叉表，總正確人數為 177 + 167 + 212 = 556，正確率為 $\frac{556}{1064}$ =52.3%。

[49]

Classification Results [a]						
			Predicted Group Membership			
		受訪者教育	國中以下	高中職	大專	Total
Original	Count	國中以下	198	72	24	294
		高中職	130	145	105	380
		大專	51	131	208	390
	%	國中以下	67.3	24.5	8.2	100.0
		高中職	34.2	38.2	27.6	100.0
		大專	13.1	33.6	53.3	100.0
a 51.8% of original grouped cases correctly classified.						

　　同樣變項，使用區別分析所得的分類正確性交叉表，總正確人數為 198 +145 + 208 = 551，正確率為 $\frac{551}{1064}$ =51.8%，與使用多項式邏輯斯迴歸之正確率相差無幾。

[50]

Parameter Estimates						
					95% Confidence Interval	
	Parameter	Estimate	Std. Error	Z	Sig.	Lower Bound	Upper Bound
PROBIT[a]	性別	.066	.092	.719	.472	-.114	.246
	閩南人 vs 原住民	.861	.342	2.518	.012	.191	1.531
	客家人 vs 原住民	.943	.356	2.644	.008	.244	1.641
	大陸各省 vs 原住民	1.333	.380	3.508	.000	.588	2.078
	父親受教年數	.114	.016	7.135	.000	.083	.145
	母親受教年數	.094	.017	5.690	.000	.062	.127
	Intercept	-1.396	.346	-4.036	.000	-1.742	-1.050
a. PROBIT model: PROBIT(p) = Intercept + BX							

　　此部分為使用 SPSS 之 Probit 進行研究問題一之分析結果，係數代表對依變項 Z 值的影響，與報表[15]相比較，各係數之 p 值相差不多。多數時候使用 logistic 及 probit 的適配結果是類似的 (Agresti, 2007)，一般而言，前者所得的係數約是後者的 $\frac{\pi}{\sqrt{3}}$ (≈ 1.81) 倍。如果父母親都接受 6 年教育的客家女性，代入函數，得到：

$$Z = 0*.066 + 0*.861 + 1*.943 + 0*1.333 + 6*.114 + 6*.094 - 1.396 = 0.795$$

　　將 Z 值轉換為機率值是 0.787，與 logistic 所得的機率 0.789 相差極小，表示她完成高中學業的可能性較高，具有國中學歷的機率為 $1 - 0.787 = 0.213$，因此會預測他的學歷為高中以上，此與報表[15]的結果一致。

3.4 分析摘要表

　　經過前述的分析後，讀者可參考以下方式，將分析摘要表列入研究報告中，各變項之迴歸係數及其顯著考驗可列摘要表如**表 3-5** 及**表 3-6**：

表 3-5　使用強迫進入法之邏輯斯迴歸係數估計值

變　項	B	SE	Exp(B)
截距	-2.481***	0.599	0.084
性別	0.114	0.157	1.121
父親受教年數	0.206***	0.029	1.229
母親受教年數	0.154***	0.028	1.166
閩南人 vs 原住民	1.517**	0.586	4.557
客家人 vs 原住民	1.639***	0.611	5.150
大陸各省 vs 原住民	2.488***	0.668	12.039
Cox-Snell R^2=.214　Nagelkerke R^2=.309　正確率=78.1%			

** $p < .01$　*** $p < .001$

如果使用逐步迴歸，建議可使用以下的摘要表：

表 3-6　使用逐步法之邏輯斯迴歸係數估計值

步驟	變　項	B	SE	Exp(B)	Cox-Snell R^2 增加量	Nagelkerke R^2 增加量
1	父親教育	0.206***	0.029	1.229	.178	.257
2	母親教育	0.153***	0.028	1.166	.022	.032
3	閩南人 vs 原住民	1.548**	0.585	4.702	.013	.019
	客家人 vs 原住民	1.667**	0.610	5.298		
	大陸各省 vs 原住民	2.533***	0.666	12.592		
	常數	-2.456	0.598	0.086		

* $p < .05$　** $p < .01$　*** $p < .001$

使用階層迴歸，建議可使用以下的摘要表：

表 3-7　使用階層邏輯斯迴歸係數估計值

變　項	模式一			模式二			模式三		
	B	SE	Exp(B)	B	SE	Exp(B)	B	SE	Exp(B)
截距	0.894***	0.093	2.444	-0.708	0.549	0.493	-2.481	0.599	0.084
性別	0.148	0.138	1.159	0.072	0.141	1.075	0.114	0.157	1.121
閩南人 vs 原住民				1.487**	0.555	4.423	1.517**	0.586	4.557
客家人 vs 原住民				1.654**	0.577	5.226	1.639**	0.611	5.150
大陸各省 vs 原住民				3.081***	0.627	21.770	2.488***	0.668	12.039
父親受教年數							0.206***	0.029	1.229
母親受教年數							0.154***	0.028	1.166
	R_{CS}^2 =.001，R_N^2 =.002			R_{CS}^2 =.004，R_N^2 =.064			R_{CS}^2 =.214，R_N^2 =.309		

** $p < .01$　*** $p < .001$

4 典型相關分析

典型相關分析可以使用下列的形式表示其關係：

$$Y_1 + Y_2 + Y_3 + \cdots + Y_n = X_1 + X_2 + X_3 + \cdots + X_n$$

（計量, 非計量）　　　　（計量, 非計量）

4.1　理論部分

典型相關 (canonical correlation) 與多變量多元迴歸分析類似，都適用於兩組均為多個**量的變項**的分析，不過典型相關的兩組變項不一定有自變項或依變項的區別，而多變量多元迴歸分析則須區別自變項與依變項。由於多變量多元迴歸分析的一些限制，多數研究者較傾向使用典型相關分析。近來年由於結構方程模式的盛行，典型相關屬於其特例，因此也可以使用結構方程模式加以分析 (詳見傅粹馨, 2002)。

4.1.1　典型相關的意義

典型相關又翻譯為**規則相關**或**正準相關**，是由統計學家 Harold Hotelling (1895-1973) 所發展出來的統計技術，主要用來處理兩組**計量性**資料之間的直線相關。

當研究的變項只有 X、Y 兩個量的變項時，這兩個變項的線性相關為**簡單相關** (如 Pearson 積差相關)；當研究變項只有一個 Y 變項、但卻有 p 個 X 變項時，這 p 個 X 變項與一個 Y 變項之間的線性相關為**多元相關** (multiple correlation)；當

研究變項同時有 p 個 X 變項、q 個 Y 變項時，這 p 個 X 變項與 q 個 Y 變項之間的線性相關是為**典型相關**。事實上，典型相關是最普遍化的相關，簡單相關與多元相關都只是它的一個特例而已 (Johnson & Wichern, 2007)。迴歸分析的情形也是類似，下表是相關及迴歸分析的對照表。

表 4-1 相關及迴歸

變項數	相　　關	迴　　歸
一對一	簡單相關	簡單迴歸
多對一	多元相關	多元迴歸
多對多	典型相關	多變量多元迴歸

典型相關分析的目的，在找出 p 個 X 變項的加權值 (類似迴歸分析中的加權係數) 與 q 個 Y 變項的加權值，使 p 個 X 變項的線性組合分數 (稱為**典型因素** (canonical factor)、**典型分數** (canonical score) 或**典型變量** (canonical variate)) 與 q 個 Y 變項的線性組合分數間的簡單相關 (此即為典型相關 $\rho_{\chi\eta}$) 達到最大值 (林清山，1988a)。

在找出第一對相關程度最大的線性組合後，還可以找出與第一對線性組合沒有相關的第二對相關程度次高的線性組合。假定 p > q，則線性組合的對數為 q；假定 p < q，則線性組合的對數為 p。換言之，線性組合的對數 t = min(p, q)。

典型相關的概念可以用**圖 4-1** 表示。此時，箭頭是由兩側的變項指向中央的典型因素，此為**形成性指標** (formative indicators)，概念與主成份分析相近。主成份分析的目的在於將觀察變項加以線性重組，使組合所得主成份的變異量達到最大，不過，典型相關分析的目的是要使兩側的觀察變項組合後之典型因素的相關達到最大，典型因素本身的變異量並不一定最大，因此典型相關雖然可以達到數學上精簡的目的，但常常並不利於解釋 (Tabachnick & Fidell, 2007)。

在**圖 4-1** 中，W_1 與 W_2 是三個 X 變項的線性組合，b 則是 X 變項對典型因素 W 的加權係數。係數下的足標 (subscript) 是先寫箭頭所指變項的代號，所以 b_{21} 代表 X_1 對 W_2 的加權係數。V_1 與 V_2 代表二個 Y 變項的線性組合，c 則是其加權係數。W_1、W_2、V_1、V_2 即是前述的典型因素，而 $\rho w_1 v_1$、$\rho w_2 v_2$ 就是典型相關係數。

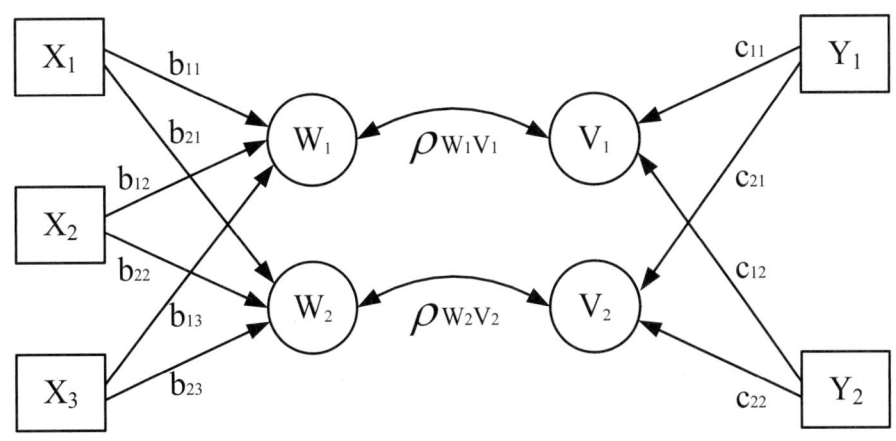

図 4-1　典型相關分析示意圖

4.1.2　典型相關的基本假定

典型相關分析的基本假定如下：

1. X 與 Y 變項必須都為**計量性資料** (等距變項或比率變項)。

2. p 與 q 必須都大於 1。

3. 典型因素之數目等於 p 或 q 中較小者，即 t＝min (p, q)，t 為典型因素數目。

4. X 與 Y 變項間線性組合的簡單相關必須最大。

5. 非相對應的典型因素間必須相互獨立，即相關為 0。以**圖 4-1** 為例，即 $\rho w_1 v_2$、$\rho w_2 v_1$、$\rho w_1 w_2$、$\rho v_1 v_2$ 均為 0。

4.1.3　典型加權、典型因素與典型相關係數

假定前述 X 與 Y 變項皆轉換為標準分數，其平均數為 0、標準差為 1，W 為 p 個 X 變項的線性組合、V 為 q 個 Y 變項的線性組合，以公式表示則為：

$$W_t = b_{t1}X_1 + b_{t2}X_2 + \cdots\cdots + b_{tp}X_p \tag{公式 4-1}$$

$$V_t = c_{t1}Y_1 + c_{t2}Y_2 + \cdots\cdots + c_{tp}Y_p \tag{公式 4-2}$$

如果以矩陣表示，則：

$$W = bX \hspace{6cm} \text{(公式 4-3)}$$

$$V = cY \hspace{6cm} \text{(公式 4-4)}$$

此處 $X = [X_1, X_2, \cdots\cdots, X_p]$，$Y = [Y_1, Y_2, \cdots\cdots, Y_q]$，

$\qquad b = [b_{t1}, b_{t2}, \cdots\cdots, b_{tp}]$，$c = [c_{t1}, c_{t2}, \cdots\cdots, c_{tq}]$，

$\qquad$ 其中 p 是 X 變項的個數，q 是 Y 變項的個數，t 是典型相關的個數。

而根據積差相關的定義公式，N 個觀察體的 W 與 V 的相關係數為：

$$\rho_{wv} = \Sigma WV \Big/ N \hspace{5cm} \text{(公式 4-5)}$$

典型相關分析的目的即在找出適當的 b 與 c 值，使 W 與 V 的簡單相關係數 ρ_{wv} 達到最大。前述的 ρ_{wv} 即為**典型相關係數**，W、V 稱為**典型因素**、**典型變量**或**典型變項** (canonical variable)，b、c 稱為**典型加權係數** (canonical weight coefficient)。

在多元迴歸中，我們可以用 $\hat{Y} = b_1 X_1 + b_2 X_2 + b_3 X_3 + \cdots\cdots + b_p X_p$ 的公式來預測 Y (此處之變項及係數均已標準化)。在典型相關中，此時的 $\hat{Y}$ 就如同 W。同樣地，我們也可以用 $\hat{X} = c_1 Y_1 + c_2 Y_2 + c_3 Y_3 + \cdots\cdots + c_q Y_q$ 的公式來預測 X，而此時的 $\hat{X}$ 就如同 V。典型相關實際上就是 W 與 V 的簡單相關。而在簡單相關中，X 變項與 Y 變項的相互解釋量就是 r^2 (決定係數)，W 與 V 的互相解釋量就是 ρ_{wv}^2。

使用標準化之典型加權係數，可以比較變項的相對重要性，所求得的典型因素平均數為 0，標準差為 1。SAS 及 SPSS 另外會列出原始之典型加權係數，其公式為：原始加權係數 $= \dfrac{\text{標準化加權係數}}{\text{該變項之標準差}}$，換言之，標準化加權係數 = 原始加權係數×標準差。不過，兩種軟體的原始加權係數均未附截距，因此計算所得的典型因素標準差雖為 0，但是平均數卻不等於 1。

求得第一組典型加權 b_1、c_1，以計算第一組典型因素 W_1、V_1，並使其簡單相關 $\rho_{w_1 v_1}$ 達到最大後，接著還可以找出第二組典型加權 b_2、c_2，以求得第二組典型因素 W_1、V_2 及第二對典型相關 $\rho_{\chi_2 \eta_2}$。此時 b_2、c_2 不只需要使得 W_2 及 V_2 的簡單相關達到最大，同時必須使第一組典型因素與第二組典型因素間的相關為 0。即 $\rho_{w_1 v_1}$ 為最大、$\rho_{w_2 v_2}$ 次之，且 $\rho_{w_1 v_2} = 0$、$\rho_{w_2 v_1} = 0$、$\rho_{w_1 w_2} = 0$、$\rho_{v_1 v_2} = 0$。

同理還可以找出 b_3、c_3，……，所能找到的最大對數是 p 與 q 中較小者。假定 p=3、q=4，則所能找到的最大典型加權對數為 3。然而，在典型相關分析中，並非每一組典型因素都能達到統計上的顯著水準，因此典型相關分析通常只保留較重要的幾組典型因素。

4.1.4　典型因素結構係數

在解釋典型因素的性質或對典型因素命名時，還必須了解各 X 變項與其典型因素 W 之間的相關，及各 Y 變項與其典型因素 V 間的相關。這些相關係數稱為**典型因素結構係數** (canonical factor structure coefficient)。典型因素結構係數在性質上與因素分析中的**因素結構係數**相近，它代表 X 變項與 W，或 Y 變項與 V 之間的簡單相關。以 X 變項為例，典型因素結構係數是：

$$\mathbf{r}_{X_iW_t} = \frac{\Sigma X_i W_t}{N} = \frac{\Sigma X_i(b_{t1}X_1 + b_{t2}X_2 + \cdots\cdots + b_{tp}X_p)}{N}$$
$$= b_{t1}\frac{\Sigma X_iX_1}{N} + b_{t2}\frac{\Sigma X_iX_2}{N} + \cdots\cdots + b_{tp}\frac{\Sigma X_iX_p}{N}$$
$$= b_{t1}\mathbf{r}_{X_iX_1} + b_{t2}\mathbf{r}_{X_iX_2} + \cdots\cdots + b_{tp}\mathbf{r}_{X_iX_p}$$

（公式 4-6）

同理可得 Y 變項的典型因素結構係數是：

$$\mathbf{r}_{Y_jV_t} = c_{t1}\mathbf{r}_{Y_jY_1} + c_{t2}\mathbf{r}_{Y_jY_2} + \cdots\cdots + c_{tq}\mathbf{r}_{Y_jY_q}$$　（公式 4-7）

由此可知，某一變項與某一典型因素之相關等於該變項與同一組其他變項之相關係數乘以該典型因素之典型加權後的累加和。由於典型因素通常不只一對，故若以矩陣表示，則典型因素結構係數為：

$S_X=R_{XX}b$　（公式 4-8）

$S_Y=R_{YY}c$　（公式 4-9）

此處 S_X 為 X 變項的典型因素結構係數，R_{XX} 為 X 變項的相關係數矩陣，b 為

X 變項的典型加權係數；S_Y 為 Y 變項的典型因素結構係數，R_{YY} 為 Y 變項的相關係數矩陣，c 為 Y 變項的典型加權係數。

典型因素結構係數的概念可以用圖 4-2 表示。此時，箭頭是由中央的典型因素指向兩側的變項，概念與因素分析相近。

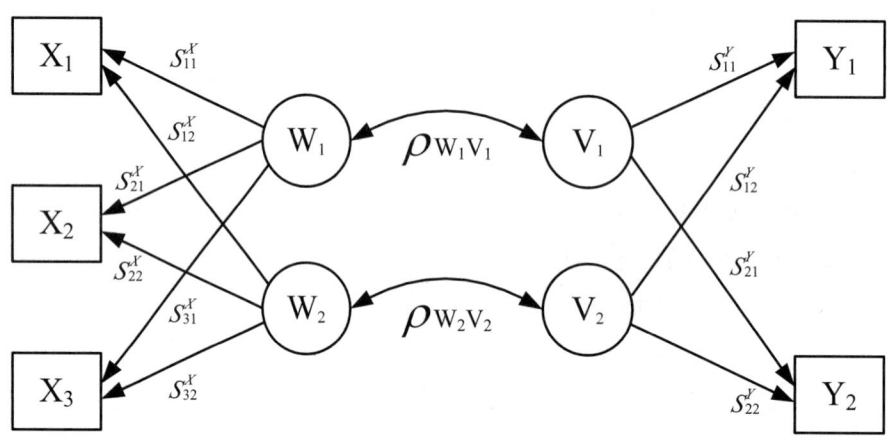

圖 4-2　典型因素結構示意圖

由於典型因素結構係數等於典型加權係數再乘上相關係數矩陣的累加和，所以除非變項間完全無關，否則兩者常會不一致。如果變項間有高度相關，則有可能會使典型因素結構係數與典型加權係數有極大的差異，甚至出現正負號相反的情形，在解釋時應多加留意。依據經驗法則，結構係數如果 ≧.30 則可視為有意義 (Pedhazur, 1997)。另外，由於典型因素結構係數是觀察變項與典型因素之間的相關，根據 Cohen (1988) 對相關值大小的界定，若相關值 ≧.50 就屬於高相關，故讀者亦可採此標準來判定有意義的結構係數。

4.1.5　交叉結構係數 (index 係數)

上述的典型因素結構係數是指各 X 變項與其典型因素 W 之間的相關，或各 Y 變項與其典型因素 V 間的相關。而此處的**交叉結構係數** (cross-structure coefficient) 則是指各 X 變項與另一側典型因素 V 之間的相關，或各 Y 變項與另一側典型因素

W 間的相關。

　　由圖 4-3 可以看出：如果要求 X_1 與 V_1 的相關係數，因為中間跨越 (cross) 了 W_1 與 V_1 的相關，所以要用**相乘**的方式。亦即，$r_{X1V1} = r_{X1W1} \times \rho_{W1V1}$。另一方面，要求 Y_1 與 W_1 的相關係數，中間也跨越了 W_1 與 V_1 的相關，所以 $r_{Y1W1} = r_{Y1V1} \times \rho_{W1V1}$。

　　擴而大之，可以得到以下的公式：

$$r_{XiVj} = r_{XiWj} \times \rho_{WjVj} \qquad\qquad\qquad (公式\ 4\text{-}10)$$

$$r_{YkWj} = r_{YkVj} \times \rho_{WjVj} \qquad\qquad\qquad (公式\ 4\text{-}11)$$

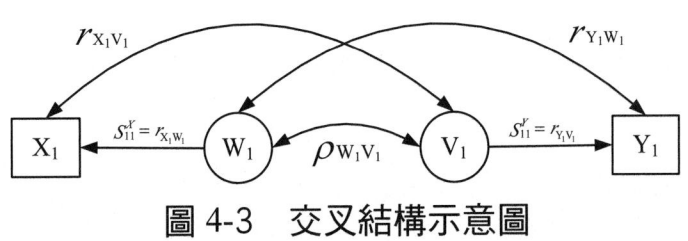

圖 4-3　交叉結構示意圖

4.1.6　平均解釋量 (adequacy 指數)

　　前面說明過，在簡單相關中，X 變項與 Y 變項的相互解釋量就是決定係數 r^2。同理，W_j 對每一個 X 變項的解釋量也是典型因素結構係數的平方。$\mathbf{S}'_{XW_j}\mathbf{S}_{XW_j}$ 就是 W_j 對 p 個 X 變項的總解釋量，$\mathbf{S}'_{XW_j}\mathbf{S}_{XW_j}$ 如果除以 X 變項的數目 p，就是其平均解釋量 (adequacy 指數)，又稱為**抽出變異百分比**。因此 adequacy 指數是某一個典型因素與各觀察變項之典型因素結構係數的平方和，再除以觀察變項的個數。

　　綜言之，$\dfrac{\mathbf{S}'_{XW_j}\mathbf{S}_{XW_j}}{p}$ 是第 j 個 W 對 p 個 X 變項的平均解釋量，$\dfrac{\mathbf{S}'_{YV_j}\mathbf{S}_{YV_j}}{q}$ 是第 j 個 V 對 q 個 Y 變項的平均解釋量。

　　由於 W_1、W_2、$\cdots$、W_t 兩兩之間的相關都是 0，所以典型因素對 X 變項的平均解釋量可以相加成為累積解釋量；V_1、V_2、$\cdots$、V_t 這一側也是如此。如果 X、Y

變項的數目不同，則典型因素對各自觀察變項的累積解釋量也會不同。假設 Y 變項的數目比較少 (亦即 q < p，所以典型因素的個數 t 就等於 q)，則 q 個 V 變項對 q 個 Y 變項的累積解釋量會等於 100%，但是 q 個 W 變項對 p 個 X 變項的累積解釋量就會小於 100%。

4.1.7　重疊量數

重疊量數 (redundancy measure) 又稱為**重疊指數** (redundancy index)，在典型相關分析中是一個重要的概念 (由 Stewart 及 Love 在 1968 年提出的)。某一個典型相關係數 ρ_{wv} 是典型因素 W 與 V 之間的相關，而 ρ^2_{wv} 代表這兩個典型因素的重疊程度，亦即 W 與 V 所共有的變異數。但是此一重疊程度卻無法反映出 X 與 Y 變項之間的重疊程度。

所謂重疊量數 $Rdw_j \cdot v_j$ 是指 q 個 Y 變項透過第 j 組典型因素，所能解釋 p 個 X 變項之變異量的百分比。公式如下：

$$Rdw_j \cdot v_j = \frac{\mathbf{S}'_{XW_j}\mathbf{S}_{XW_j}}{p} \times \rho^2_{W_jV_j} \qquad\qquad (公式 4\text{-}12)$$

公式中，$\rho^2_{W_jV_j}$ 代表第 j 組典型因素的重疊程度，而 $\dfrac{\mathbf{S}'_{XW_j}\mathbf{S}_{XW_j}}{p}$ 是第 j 個 W 對 p 個 X 變項的平均解釋量，因此兩者的乘積就可以代表 q 個 Y 變項透過第 j 組典型因素，對 p 個 X 變項的平均解釋量。

同理，重疊量數 $Rdv_j \cdot w_j$ 是指 p 個 X 變項透過第 j 組典型因素，所能解釋 q 個 Y 變項之變異量的百分比。其公式如下：

$$Rdv_j \cdot w_j = \frac{\mathbf{S}'_{YV_j}\mathbf{S}_{YV_j}}{q} \times \rho^2_{W_jV_j} \qquad\qquad (公式 4\text{-}13)$$

一言以蔽之，重疊量數就是「平均解釋量」乘上「典型相關的平方」。

事實上，典型相關的重疊量數與多元迴歸的多元相關平方 (R^2) 有密切的關係。p 個 X 變項透過 t 組典型因素，所能解釋 q 個 Y 變項之變異量的累積百分比，

會等於 p 個 X 變項分別對每一個 Y 變項所做多元迴歸所得到的 q 個 R^2 的平均數。同樣地，q 個 Y 變項透過 t 組典型因素，所能解釋 p 個 X 變項之變異量的累積百分比，也會等於 q 個 Y 變項分別對每一個 X 變項所做多元迴歸所得到的 p 個 R^2 的平均數 (Sharma, 1996)。

前面提及交叉結構係數，重疊量數也等於各自的交叉結構係數之平方和，再除以 X 或 Y 的個數。

由於兩邊的 adequacy 指數 (平均解釋量) 不同，所以 X 變項透過 j 組典型因素對 Y 變項的解釋量，與 Y 變項透過 j 組典型因素對 X 變項的解釋量會有所不同。換言之，兩組變項的互相解釋量不是對稱的。

然而，上述的計算並未考量到變項間交互的相關，嚴格來說並不是「多變量」的概念，Cramer 及 Nicewander 建議，只要以典型相關平方和的平均來代表即可 (引自 Stevens, 1996)，此方法也最簡單。

4.1.8　典型相關的顯著性考驗

典型相關的顯著性考驗有三類，一是考驗 p 個 X 變項與 q 個 Y 變項之間是否有典型相關存在，或是考驗 p 個 X 變項與 q 個 Y 變項之間的典型相關是否皆為 0 (Sharma, 1996)；二是考驗個別的典型相關係數是否達顯著，此種考驗在 SPSS 中又稱向度減縮分析 (dimension reduction analysis)。三是個別加權係數的顯著性考驗。

4.1.8.1　p 個 X 變項與 q 個 Y 變項之間是否有典型相關之整體考驗

整體考驗的目的，在於考驗 p 個 X 變項與 q 個 Y 變項之間是否有典型相關。SAS 及 SPSS 會計算四種多變項統計量，分別是 Wilks Λ、Pillai-Bartlett trace V、Hotelling-Lawley trace T 及 Roy Greatest Root。這四種統計量的計算公式如下所示：

$$\text{Wilks} \quad \Lambda = \prod_{j=1}^{t}(1-\rho_j^2) \ \text{或是} \ \Lambda = 1 \Big/ \prod_{j=1}^{t}(1-\lambda_j) \qquad\qquad (公式\ 4\text{-}14)$$

Pillai-Bartlett trace V = $\sum\limits_{i=1}^{t} [\lambda_i/(1+\lambda_i)] = \sum\limits_{j=1}^{t} \rho_j^2$ (公式 4-15)

Hotelling-Lawley trace T = $\sum\limits_{i=1}^{t} \lambda_i$ (公式 4-16)

Roy Greatest Root = $[\lambda_1/(1+\lambda_1)] = \rho_1^2$ 或是 λ_1 (公式 4-17)

前述四個公式中，ρ_j^2 是典型相關係數的平方，λ_i 是特徵值，λ_1 是最大特徵值。在 SPSS 中，Roy Greatest Root = $\lambda_1/(1+\lambda_1)$；但在 SAS 中，Roy Greatest Root = λ_1。在顯著性考驗上，SAS 會將這四種多變項統計量轉換成 F 近似值後再進行顯著性考驗 (其轉換公式參見本書多變量變異數分析章)；SPSS 只將前三種多變項統計量轉換成 F 近似值，Roy Greatest Root 必須以 s、m、n 為自由度 (SPSS 報表中有提供)，查 θ 分配表來決定是否達顯著水準。s、m、n 之計算式如下：

s = min(q, p)

m = (|q - p| - 1)/2

n = (N - q - p - 2)/2

前述四種多變項統計量如果達顯著水準，就表示 p 個 X 變項與 q 個 Y 變項之間有典型相關存在，適合進行典型相關分析。讀者在呈現此項結果時，只需從這四種統計量中擇一報導即可，不必四種都呈現。一般而言，在這四種多變項統計量中，Wilks Λ 是較常被使用的。

4.1.8.2　個別典型相關係數的顯著性考驗

個別典型相關的考驗，一般使用向度縮減的方式。假設有三個典型相關係數，首先考驗第一到第三個相關係數是否不為 0；其次刪去第一個相關係數，再考驗第二到第三個相關係數是否不為 0；最後刪去前二個相關係數，再考驗第三相關係數是否不為 0。然而，這樣的考驗方式卻有其限制。在這樣的考驗中，只有最後一個考驗是個別的 (第三個典型相關係數) 檢定，前兩個則包含了兩個以上典型相關係數的考驗。或許有可能第二、三個典型相關係數合併考驗時達顯著，但是單獨考驗第二個典型相關係數卻未必顯著 (詳見傅粹馨，2002)。不過，也有學者 (Mendoza, Markos, & Gonter) 進行 Monte Carlo 研究，反駁上述的說法 (Stevens, 1996)。

考驗時，首先計算逐步之 Wilks Λ 值。第一次考驗時，$\Lambda = \prod_{j=1}^{t}(1 - \rho_j^2)$；第二次考驗時，$\Lambda = \prod_{j=2}^{t}(1 - \rho_j^2)$；第三次則為 $\Lambda = \prod_{j=3}^{t}(1 - \rho_j^2)$；其後依此類推。求得 Λ 值後，可以使用 Rao 提出的方法，轉成近似的 F 值，或是 Bartlett 的方法轉成 χ^2 值。

在 SPSS 的 MANOVA 指令及 SAS 中，都是以 Rao F 近似值來考驗個別典型相關係數是否達顯著水準，其公式是：

$$R_f = \frac{1 - \Lambda^{1/s}}{\Lambda^{1/s}} \times \frac{ms - \dfrac{pq}{2} + 1}{pq} \qquad\qquad (公式\ 4\text{-}18)$$

此處，R_f 是 Rao 之 F 近似值 (如果 pq 等於 1 或 2 時，為精確的 F 值)，p 是第一組變項數，q 是第二組變項數，Λ 同公式 4-14，R_f 的自由度為 (pq, ms-pq/2+1)；而 s、m 分別是：

$$s = \sqrt{\frac{p^2q^2 - 4}{p^2 + q^2 - 5}}\ ，若\ p^2 + q^2 \leq 5，則\ s=1 \qquad\qquad (公式\ 4\text{-}19)$$

$$m = N - \frac{3}{2} - \frac{(p+q)}{2} \qquad\qquad (公式\ 4\text{-}20)$$

當考驗第二個典型相關係數是否達顯著時，公式 4-18~4-20 依然適用，但是公式 4-18 及 4-19 中的 p、q 要各自減 1 (公式 4-20 則不減 1)；$\Lambda = \prod_{j=2}^{t}(1 - \rho_j^2)$，即 Λ 值要由 1 減第二個典型相關係數的平方往後連乘。當考驗第三個典型相關係數是否達顯著時，公式 4-18~4-20 同樣適用，但是公式 4-18 及 4-19 中的 p、q 要各自減 2；$\Lambda = \prod_{j=3}^{t}(1 - \rho_j^2)$，即 Λ 值要由 1 減第三個典型相關係數的平方往後連乘。考驗第四個以後的典型相關係數是否達顯著之方式依此類推。

除前述的 Rao F 近似值外，BMDP 及 SPSS 的 INCLUDE 指令是採 Bartlett 的 χ^2 近似值來考驗個別典型相關係數的顯著性，其公式是：

$$\Lambda = \prod_{j=1}^{t}(1 - \rho_j^2) \qquad \text{(公式 4-21)}$$

在典型因素 W、V 的相關為 0 的虛無假設下，Λ值成下式的 χ^2 分配，而自由度為 pq：

$$\chi^2 = -[(N-1) - \frac{1}{2}(p+q+1)]ln\Lambda \qquad \text{(公式 4-22)}$$

如果前述虛無假設被拒絕，表示第一個典型相關係數達顯著水準，則繼續考驗去掉第一個典型相關係數 ρ_1 的影響之後，所剩下的典型相關係數是否達顯著水準，此時計算公式為：

$$\Lambda' = \prod_{j=2}^{t}(1 - \rho_j^2) \qquad \text{(公式 4-23)}$$

$$\chi^2 = -[(N-1) - \frac{1}{2}(p+q+1)]ln\Lambda' \qquad \text{(公式 4-24)}$$

$$df = (p-1)(q-1) \qquad \text{(公式 4-25)}$$

所以考驗去掉 r 個典型相關係數的影響後，所剩下的典型相關係數是否達顯著水準，其一般公式是：

$$\Lambda'' = \prod_{j=r+1}^{t}(1 - \rho_j^2) \qquad \text{(公式 4-26)}$$

$$\chi^2 = -[(N-1) - \frac{1}{2}(p+q+1)]ln\Lambda'' \qquad \text{(公式 4-27)}$$

$$df = (p-r)(q-r) \qquad \text{(公式 4-28)}$$

因為是採逐步縮減的考驗方式，而典型相關係數又是依次減少，所以公式 4-22 也可以當成整體考驗的方法。如果第一對典型相關的考驗結果顯著，則表示所有的典型相關聯合起來是顯著的，也就是兩組變項間有顯著的關聯；反之，如果第一對典型相關的考驗不顯著，則表示其後所有的考驗也不顯著。

4.1.8.3　原始典型加權係數的顯著性考驗

原始典型加權係數如果僅以係數大小來判斷相對重要性，而未考量到係數之標準誤，容易造成誤判。SAS 及 SPSS 均未提供原始典型加權係數之顯著考驗，如有需要，可使用 Stata 軟體來進行分析。

4.1.9　轉軸

在部分統計軟體 (如 SPSS 及 Stata) 中，雖也提供結構係數或原始加權係數 (較少用) 轉軸的功能，不過由於轉軸之後可能失去典型相關最大化的目標，而原本相關應為 0 的典型因素也可能變得有關 (相關係數通常都極小)，違反了典型相關分析的邏輯，因此一般均不進行轉軸的步驟。

4.1.10　以相關矩陣計算典型相關

以相關矩陣計算典型相關時，首先必須解公式 4-29 的特徵值與特徵向量：

$$(R_{XX}^{-1}R_{XY}R_{YY}^{-1}R_{YX} - \lambda I)b = 0$$

$$(R_{YY}^{-1}R_{YX}R_{XX}^{-1}R_{XY} - \lambda I)c = 0 \qquad\qquad (公式 4\text{-}29)$$

同時必須滿足 **b'R_{XX}b**=1 和 **c'R_{YY}c**=1 條件，此一條件的目的在使 W_j 與 V_j 之平均數為 0、標準差為 1。由公式 4-29 所求得的特徵值 λ_j 即為 ρ_j^2，其平方根就是典型相關係數 ρ_j (此係數都是正數)，而特徵向量 b 為 X 變項的典型加權係數；c 是為 Y 變項的典型加權係數。根據公式 4-30 可以互求 Y 與 X 變項的典型加權係數：

$$c = \frac{R_{YY}^{-1}R_{YX}b}{\rho}$$

$$b = \frac{R_{XX}^{-1}R_{XY}c}{\rho} \qquad\qquad (公式 4\text{-}30)$$

由於公式 4-29 中的 $R_{XX}^{-1} R_{XY} R_{YY}^{-1} R_{YX}$ 與 $R_{YY}^{-1} R_{YX} R_{XX}^{-1} R_{XY}$ 並非對稱矩陣，無法使用疊代法來解特徵值和特徵向量，所以只適用於變項數較少的情況。如果變項數比較大，必須以疊代法解特徵值及特徵向量時，則使用公式 4-31：

$$(R_{XX}^{-1/2} R_{XY} R_{YY}^{-1} R_{YX} R_{XX}^{-1/2} - \lambda \mathbf{I}) b^* = 0$$

$$(R_{YY}^{-1/2} R_{YX} R_{XX}^{-1} R_{XY} R_{YY}^{-1/2} - \lambda \mathbf{I}) c^* = 0 \qquad \text{（公式 4-31）}$$

但是在 SAS 及 SPSS 統計軟體中所指的特徵值並不等於此處所解出的特徵值 λ，而是由 $\dfrac{\lambda_j}{1 + \lambda_j}$ 轉換而得。且由公式 4-31 解出來的特徵向量 b^*、c^* 必須以公式 4-32 轉換才能得到典型加權係數 b、c：

$$b = R_{XX}^{-1/2} b^*$$

$$c = R_{YY}^{-1/2} c^* \qquad \text{（公式 4-32）}$$

X 變項與典型因素 W、及 Y 變項與典型因素 V 之相關矩陣又稱為**典型因素結構係數**，其算法如公式 4-33：

$$S_X = R_{XW} = R_{XX}b$$

$$S_Y = R_{YV} = R_{YY}c \qquad \text{（公式 4-33）}$$

此外亦可求 X 變項與典型因素 V、Y 變項與典型因素 W 之相關矩陣，此為**交叉結構係數**，公式如下：

$$R_{XW} = S_X \cdot \rho = R_{XX}b \cdot \rho = R_{XX} \frac{R_{XX}^{-1} R_{XY}c}{\rho} \cdot \rho = R_{XY}c$$

$$R_{YV} = S_Y \cdot \rho = R_{YY}c \cdot \rho = R_{YY} \frac{R_{YY}^{-1} R_{YX}b}{\rho} \cdot \rho = R_{YX}b \qquad \text{（公式 4-34）}$$

至於第 j 個典型因素 W_j 自 p 個 X 變項中抽出的變異百分比，及第 j 個典型因素 V_j 自 q 個 Y 變項中抽出的變異百分比，分別如下：

$$\frac{\mathbf{S}'_{XW_j}\mathbf{S}_{XW_j}}{p}$$

$$\frac{\mathbf{S}'_{YV_j}\mathbf{S}_{YV_j}}{q} \hspace{4cm} \text{(公式 4-35)}$$

重疊量數的計算同公式 4-12 及公式 4-13 所述。

$$Rdw_j \cdot v_j = \frac{\mathbf{S}'_{XW_j}\mathbf{S}_{XW_j}}{p} \times \rho^2_{W_j V_j} \hspace{2cm} \text{(公式 4-12)}$$

$$Rdv_j \cdot w_j = \frac{\mathbf{S}'_{YV_j}\mathbf{S}_{YV_j}}{q} \times \rho^2_{W_j V_j} \hspace{2cm} \text{(公式 4-13)}$$

4.2　假設性資料

假設有 30 個觀察體，填寫二個量表 (其中 X 量表為 X1~X3，Y 量表為 Y1~Y2)，以此資料進行典型相關分析。

觀察體	X1	X2	X3	Y1	Y2	觀察體	X1	X2	X3	Y1	Y2
1	3	3	3	4	4	16	4	4	3	2	3
2	4	4	3	3	3	17	2	2	2	2	3
3	3	2	2	3	3	18	4	4	4	4	4
4	2	2	3	3	2	19	2	2	1	2	2
5	3	4	3	3	3	20	5	5	4	3	4
6	4	3	4	3	3	21	1	1	1	1	1
7	4	5	4	5	5	22	3	2	3	3	3
8	3	4	3	4	5	23	3	3	3	3	2
9	4	4	3	4	4	24	2	3	3	2	2
10	5	5	5	4	4	25	4	4	3	5	5
11	2	3	2	3	3	26	5	5	5	4	4
12	1	2	2	3	3	27	4	4	5	4	5
13	4	4	4	3	3	28	3	3	2	2	3
14	2	3	2	1	2	29	2	2	2	3	3
15	3	3	4	4	5	30	2	2	3	3	3

4.2.1 簡要語法

在 SPSS 中列印出向度縮減檢定，及原始、標準化、結構等係數，ALPHA(1.0) 則是將所有典型相關都列出。

```
MANOVA Y1 Y2 WITH X1 X2 X3
        /PRINT=SIGNIF(EIGEN DIMENR)
        /DISCRIM=RAW STAN COR ALPHA(1.0)
        /DESIGN .
```

在 SAS，建議語法如下，ALL 表示列出詳細報表。

```
PROC CANCORR ALL;
        VAR   Y1 Y2 ;
        WITH X1 X2 X3 ;
RUN ;
```

4.2.2 簡要報表

由原始資料可以計算三個相關矩陣，其中 X 量表間的相關 R_{XX} 如下表，三個變項的相關係數都在 .70 以上。

	X1	X2	X3
X1	1.0000	0.8688	0.7927
X2	0.8688	1.0000	0.7786
X3	0.7927	0.7786	1.0000

Y 量表間的相關 R_{YY} 如下表，兩變項的相關為 .86。

	Y1	Y2
Y1	1.0000	0.8572
Y2	0.8572	1.0000

X 量表與 Y 量表間的相關 R_{XY}，相關在 .57 ~ .06 之間。

	Y1	Y2
X1	0.5762	0.6128
X2	0.5744	0.6480
X3	0.6403	0.6337

為了解特徵向量，以 SAS/IML 另外求得 $R_{XX}^{1/2}$：

	X1	X2	X3
X1	0.8088	0.4498	0.3787
X2	0.4498	0.8150	0.3652
X3	0.3787	0.3652	0.8504

$R_{YY}^{1/2}$ 為：

	Y1	Y2
Y1	0.8703	0.4925
Y2	0.4925	0.8703

　　$R_{XX}^{-1} R_{XY} R_{YY}^{-1} R_{YX}$ (非對稱矩陣) 之特徵值為 0.4775、0.0534，及 0.0000，其中第三個特徵值為 0，在典型相關分析，不列入後續分析。0.4775 及 0.0534 是兩對典型因素間 (W1 與 V1，及 W2 與 V2) 的相互解釋量，取平方根後分別為 .6910 及 .2311，即為典型相關，圖示如下：

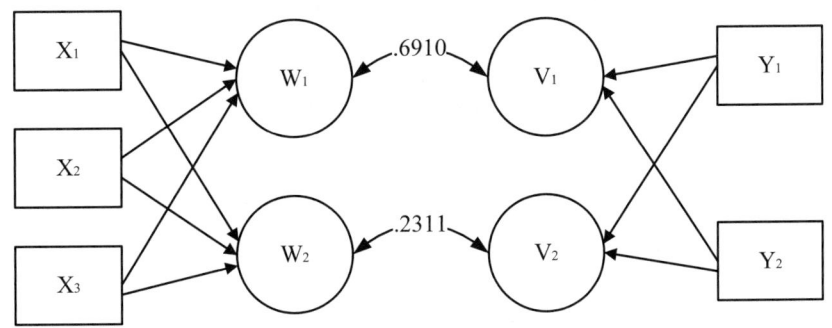

　　整體考驗部分，Wilks Λ 值為 0.4946，轉換為 $F_{(6, 50)} = 3.52$，$p = .0056$，達 .05 顯著水準，因此 3 個 X 與 2 個 Y 之間具有典型相關。

Multivariate Statistics and F Approximations					
Statistic	Value	F Value	Num DF	Den DF	Pr > F
Wilks' Lambda	0.4946	3.52	6	50	0.0056
Pillai's Trace	0.5309	3.13	6	52	0.0107
Hotelling-Lawley Trace	0.9703	3.97	6	31.616	0.0045
Roy's Greatest Root	0.9139	7.92	3	26	0.0006
NOTE: F Statistic for Roy's Greatest Root is an upper bound.					
NOTE: F Statistic for Wilks' Lambda is exact.					

個別考驗部分，第一對典型相關的為 .6910，p = .0056，達 .05 顯著水準；第二對相關的為 .2311，p = .4900，不顯著。因此，後續只要針對第一對典型相關進行解釋即可。即使考驗顯著，許多研究者也不解釋低於 .30 的相關係數，因為 .30 的平方已小於 10%，較不具實質意義 (Tabachnick & Fidell, 2007)。

	Canonical Correlation	Squared Canonical Correlation	Test of H0: The canonical correlations in the current row and all that follow are zero				
			Likelihood Ratio	Approximate F Value	Num DF	Den DF	Pr > F
1	0.6910	0.4775	0.4946	3.52	6	50	0.0056
2	0.2311	0.0534	0.9466	0.73	2	26	0.4900

使用 $R_{XX}^{-1/2} R_{XY} R_{YY}^{-1} R_{YX} R_{XX}^{-1/2}$ (對稱矩陣) 求得前二行特徵向量並經過轉換後，即為 X 變項對典型因素 W 的標準化加權係數。

Standardized Canonical Coefficients for Set-1		
	W1	W2
X1	0.1044	-0.3507
X2	0.4164	1.7264
X3	0.5447	-1.3585

把標準化加權係數矩陣左乘 R_{XX} 即可得到第一組變項之負荷量矩陣，是典型因素 W 與 X 變項的相關係數 (也是典型結構係數)。

Canonical Loadings for Set-1		
	W1	W2
X1	0.8980	0.0724
X2	0.9313	0.3640
X3	0.9517	-0.2922

$R_{YY}^{-1}R_{YX}R_{XX}^{-1}R_{XY}$ 之特徵值為 0.4775、0.0534，與 $R_{XX}^{-1}R_{XY}R_{YY}^{-1}R_{YX}$ 的前二個特徵值相同。使用 $R_{YY}^{-1/2}R_{YX}R_{XX}R_{XY}R_{YY}^{-1/2}$ 求得特徵向量並經過轉換後，即可得到 Y 變項對典型因素 V 的標準化加權係數。

Standardized Canonical Coefficients for Set-2		
	V1	V2
Y1	0.3605	-1.9083
Y2	0.6736	1.8215

　　第二組變項之標準化加權係數矩陣左乘 R_{YY} 即可得到結構矩陣，是典型因素 V 與 Y 變項的典型結構係數，此為典型因素 V 與 Y 變項的相關係數。

Canonical Loadings for Set-2		
	V1	V2
Y1	0.9379	-0.3468
Y2	0.9826	0.1856

　　根據第一組標準化加權係數，可繪得以下的圖。

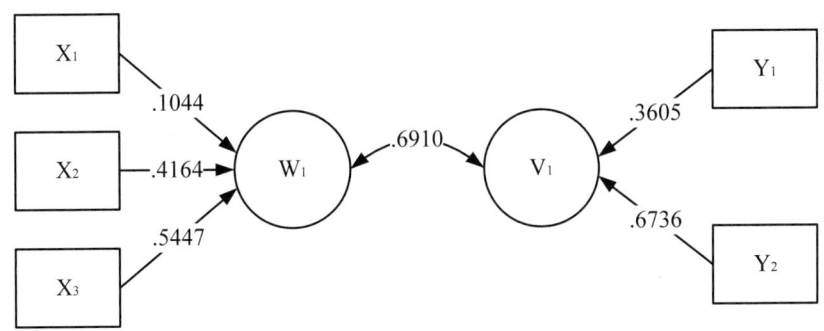

　　而根據第一組結構係數，可繪得以下的圖 (箭頭方向改變)。

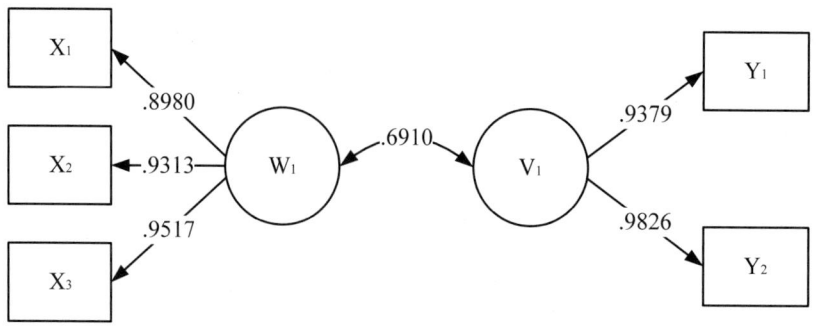

平均解釋量的算法是結構係數的平均平方和。典型因素 W1 對 3 個 X 的平均

解釋量為 $\frac{.8980^2 + .9313^2 + .9517^2}{3} = .8598 = 85.98\%$，典型因素 V1 對 2 個 Y 的平均

解釋量為 $\frac{.9379^2 + .9826^2}{2} = .9226 = 92.26\%$。

交叉結構係數是指 X 與 V，或 Y 與 W 之間的相關。將上圖第一組變項的結構
係數 (X 與 W 的相關)，乘上典型相關係數 (W 與 V 的相關)，就可以得到 X 與 V
的相關，此即為第一組變項的交叉結構係數。

Cross Loadings for Set-1		
	V1	V2
X1	0.6205	0.0167
X2	0.6435	0.0841
X3	0.6577	-0.0675

利用上表，可繪出 V1 與 3 個 X 變項間的交叉結構係數圖。圖中的 .6205 可
以由 .8980 與 .6910 相乘而得。

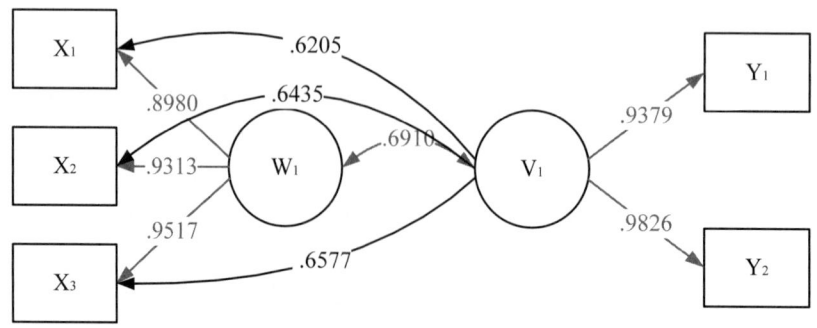

典型因素 V1 對 3 個 X 變項的平均解釋量就是重疊量數，它是 $\frac{.6205^2 + .6435^2 + .6577^2}{3} = .4106 = 41.06\%$，也等於典型因素 W1 對 3 個 X 變項的平均解釋量 (.8598) 乘上 V1 對 W1 的解釋量 (.4775)，即 $.8598 \times .4775 = .4106 = 41.06\%$。因此，2 個 Y 變項經由第一對典型因素，可以平均解釋 3 個 X 變項 41.06% 的變異量。

Canonical Variable Number	Standardized Variance of the X Variables Explained by		Canonical R-Square	The Opposite Canonical Variables	
	Their Own Canonical Variables				
	Proportion	Cumulative Proportion		Proportion	Cumulative Proportion
1	0.8598	0.8598	0.4775	0.4106	0.4106
2	0.0744	0.9342	0.0534	0.0040	0.4145

要計算 Y 與 W 的相關 (第二組變項之交叉結構係數)，則是將 Y 與 V 的相關 (第二組結構係數)乘上 V 與 W 的相關 (典型相關)。

Cross Loadings for Set-2		
	W1	W2
Y1	0.6481	-0.0802
Y2	0.6790	0.0429

利用上表，可繪出 W1 與 2 個 Y 變項間的交叉結構係數圖。 .6481 等於 .9379 乘上 .6910。

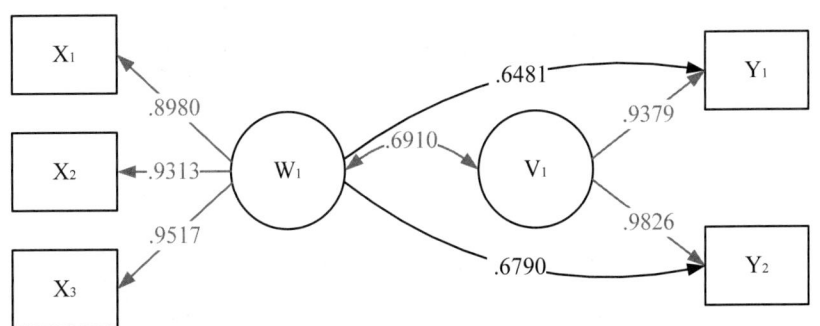

典型因素 W1 對 2 個 Y 變項的平均解釋量是 $\dfrac{.6481^2 + .6790^2}{2} = .4405 = 44.05\%$，也等於典型因素 V1 對 2 個 Y 變項的平均解釋量 (.9226) 乘上 W1 對 V1 的解釋量 (.4775)，即 $.9226 \times .4775 = .4406 = 44.06\%$ (有捨入誤差)。因此，3 個 X 變項經由第一對典型因素，可以平均解釋 2 個 Y 變項 44.06%的變異量。

Canonical Variable Number	Standardized Variance of the Y Variables Explained by		Canonical R-Square	The Opposite Canonical Variables	
	Their Own Canonical Variables				
	Proportion	Cumulative Proportion		Proportion	Cumulative Proportion
1	0.9226	0.9226	0.4775	0.4406	0.4406
2	0.0774	1.0000	0.0534	0.0041	0.4447

下圖是四個典型因素間兩兩之散布圖。由圖中可以看出 V1 與 W1 成正相關，且所有點 (觀察體) 較接近適配線；V2 與 W2 雖然也是正相關，但是點較遠離適配線，因此相關程度較低。V1 與 V2、V1 與 W2、V2 與 W1、W1 與 W2 的適配線都呈水平，因此兩個變項間都為零相關。

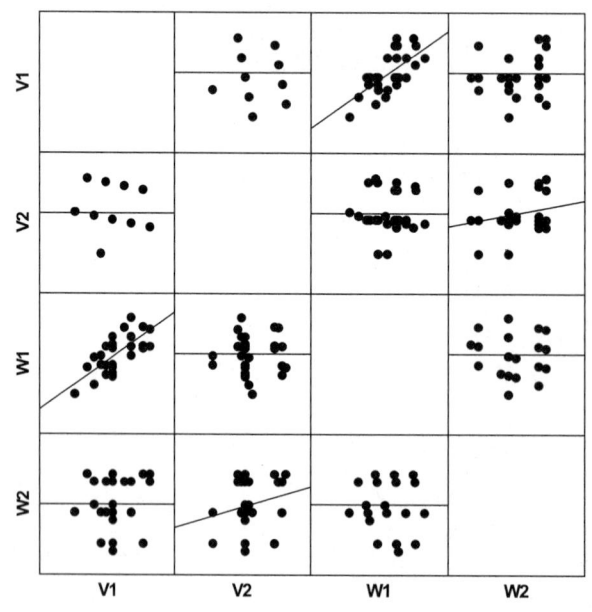

4.3　應用部分

4.3.1　範例說明

　　以下將以調查所得之高屏三縣市 381 位國小教師，在筆者 (陳正昌) 自編的四種專業信念分量表 (X 變項) 及三種教學效能分量表 (Y 變項) 之得分進行典型相關分析。七個分量表的所有題目都是以四點量表測量，其中專業信念每個分量表各有五題，教學效能每個分量表各有六題。四種個人專業信念分別是專業認同、專業投入、專業倫理，及研究進修，三種教學效能分別是教學計畫、教學內容，及教學評量。

　　SPSS 自第 8 版後，已經將 MANOVA 的分析步驟從選單中移除，因此 SPSS 部分將不呈現點選的過程。

4.3.2　SPSS 程式

```
[1]   GET              FILE='d:\multi6\spss\cancorr.sav' .
[2]   MANOVA           y1 y2 y3 WITH x1 x2 x3 x4
[3]                    /PRINT=SIGNIF(EIGEN    DIMENR)
[4]                    /DISCRIM=RAW    STAN    COR    ALPHA(1.0)
[5]                    /DESIGN .
[6]   INCLUDE          'c:\program files\spss\Canonical correlation.sps' .
[7]   CANCORR          SET1= y1 y2 y3 /
[8]                    SET2= x1 x2 x3 x4 / .
```

4.3.3　SPSS 程式說明

[1]　界定資料檔存放於 D 磁碟的 MULTI6 下之 SPSS 資料夾中，檔名是「cancorr.sav」，這是 SPSS 的系統檔，因此不用界定變項名稱。SPSS 的系統檔可以在進入 SPSS 系統後，直接點選《**檔案**》(File) 選單，選擇《**開啟舊**

檔》(Open)，再指出檔名即可。

[2]　以 MANOVA 指令界定進行典型相關分析，將兩組變項置於「WITH」關鍵字之前後。WITH 之後是 X 變項，在 SPSS 的報表中稱為 COVARIATES (共變項)，WITH 之前是 Y 變項，在 SPSS 的報表中稱為 DEPENDENT (依變項)。

[3]　PRINT 副指令界定輸出的選擇項，此處要求對特徵值 (EIGEN) 進行顯著性考驗 (SIGNIF)，同時也要求向度減縮分析 (DIMENR)。向度減縮分析可以獲得各個典型相關係數的顯著性考驗結果。

[4]　DISCRIM 副指令界定原始的典型加權係數 (RAW)、標準化的典型加權係數 (STAN) 及變項與典型因素的相關 (COR)。因為 SPSS 內定不列出不顯著的典型因素及其各種係數，所以界定 ALPHA(1.0) 的選項，以獲得所有典型因素的訊息。

[5]　DESIGN 副指令界定分析設計的模型，此次指令不寫也無妨。若以 MANOVA 指令進行典型相關分析，其程式至此已經結束，以下[6]～[8]介紹的是另一種指令語法。

[6]　視窗版的 SPSS 增加了分析典型相關的巨集檔 Canonical correlation.sps (第 16 版無此巨集檔，不過仍可使用早期版本之檔案；19 版則改放在 C:\Program Files\IBM\SPSS\Statistics\19\Samples\English 或其他各國語言之資料夾中)，可以用 INCLUDE 指令叫出 (資料夾名稱依個人安裝位置而不同)，它是用矩陣語法寫成，分析的結果與 SAS 相似。其顯著性考驗改用 Bartlett 的 χ^2 近似值。

[7]　進行 CANCORR 分析，其後界定第 1 組變項 (Y 變項)，最後面要記得加上斜線 /。

[8]　界定第 2 組變項 (X 變項)，後面要加上斜線 /，且最後要加上英文句點。

4.3.4　SAS 程式

```
[1]  DATA  cancorr ;      SET   'd:\multi6\sas\cancorr.sas7bdat' ;
[2]  PROC  CANCORR  OUT=can_all  ALL
                    VNAME='教學效能'   WNAME='專業信念'
                    VPREFIX=V   WPREFIX=W ;
[3]                 VAR  y1  y2  y3 ;
[4]                 WITH  x1  x2  x3  x4 ;
[5]  RUN ;
```

4.3.5　SAS 程式說明

[1]　設定資料集為 cancorr，系統資料檔名為 "cancorr.sas7bdat"，置放於 D 磁碟的 MULTI6 之 SAS 資料夾中。

[2]　PROC CANCORR 指令要求進行典型相關分析，輸出選項要求列印所有的統計量，並將結果輸出 (會產生典型因素) 到 can_all 資料集。為了讓報表容易閱讀，可以分別將以下的 VAR 及 WITH 變項命名為「教學效能」及「專業信念」(因為文字部分用括號夾住，所以可以輸入中文)。而相對於 VAR 及 WITH 變項而新產生的典型因素，分別用 V 及 W 當字首 (此是內定的字母)。

[3]　VAR 次指令界定典型相關分析中，第一組變項 (Y 變項) 是 Y1、Y2 及 Y3。

[4]　WITH 次指令界定典型相關分析中，第二組變項 (X 變項) 是 X1、X2、X3 及 X4。

[5]　程式結束，開始進行分析。

4.3.6　報表及解說 ([1]~[24]是 SAS 報表，[25]~[39]為 SPSS 報表)

[1]

教學效能	3
專業信念	4
Observations	381

　　VAR 所界定的變項 (教學效能) 有 3 個，WITH 所界定的變項 (專業信念) 是 4 個，有效的觀察體是 381 個。在 SAS 中，典型相關分析是採用 listwise 的方式排除缺失值，所以只要某個樣本在某一個變項有缺失值，就不將這個樣本納入分析。

[2]

Means and Standard Deviations			
Variable	Mean	Standard Deviation	Label
Y1	3.281890	0.345212	教學計畫
Y2	3.365879	0.374715	教學內容
Y3	3.376903	0.364319	教學評量
X1	3.510936	0.399320	專業認同
X2	3.321960	0.392196	專業投入
X3	3.470254	0.387663	專業倫理
X4	3.330709	0.416395	研究進修

　　七個變項的平均數 (第 2 欄) 與標準差 (第 3 欄)。測量這七個分量表的題目都是四點量表，在計分時是採總分除以題目數，所以平均數會介於 1～4 之間。從表中平均數可知，受試者有較高的專業認同 ($M = 3.51$) 及專業倫理 ($M = 3.47$)。

[3]

Correlations Among the 教學效能			
	Y1	Y2	Y3
Y1	1.0000	0.6613	0.6688
Y2	0.6613	1.0000	0.7144
Y3	0.6688	0.7144	1.0000

　　三個教學效能變項間的相關矩陣，表中顯示三個變項間皆有高度的正相關。

[4]

Correlations Among the 專業信念				
	X1	X2	X3	X4
X1	1.0000	0.6613	0.6963	0.6539
X2	0.6613	1.0000	0.7593	0.6771
X3	0.6963	0.7593	1.0000	0.6960
X4	0.6539	0.6771	0.6960	1.0000

　　四個專業信念變項間的相關矩陣，也都有高度正相關。

[5]

Correlations Between the 教學效能 and the 專業信念				
	X1	X2	X3	X4
Y1	0.4917	0.5285	0.4745	0.4793
Y2	0.5190	0.4940	0.5208	0.4705
Y3	0.5034	0.5102	0.5361	0.4367

　　三個教學效能變項與四個專業信念變項間的相關矩陣，都為正相關。

[6]

	Canonical Correlation	Adjusted Canonical Correlation	Approximate Standard Error	Squared Canonical Correlation
1	0.642523	0.636851	0.030121	0.412836
2	0.186655	0.163478	0.049512	0.034840
3	0.087873	0.081628	0.050903	0.007722

　　三個典型相關係數 (第 1 欄)、調整後的典型相關係數 (第 2 欄)、近似標準誤 (第 3 欄) 及典型相關係數的平方 (第 4 欄，即 ρ_j^2)。調整後的典型相關係數可能為負值。當未調整的典型相關係數接近 0，或調整後的典型相關係數大於未調整的典型相關係數時，會列印為缺失值。

　　由此可看出：第 1 對典型因素間的相關係數為 0.6423，互相的解釋量為 41.28%，第 2、3 對的互相解釋量分別為 3.48%及 0.77%。如果要快速計算兩組變項的互相解釋量為 $\dfrac{0.412836 + 0.034840 + 0.007722}{3} = 0.151799 \cong 15.18\%$。

[7]

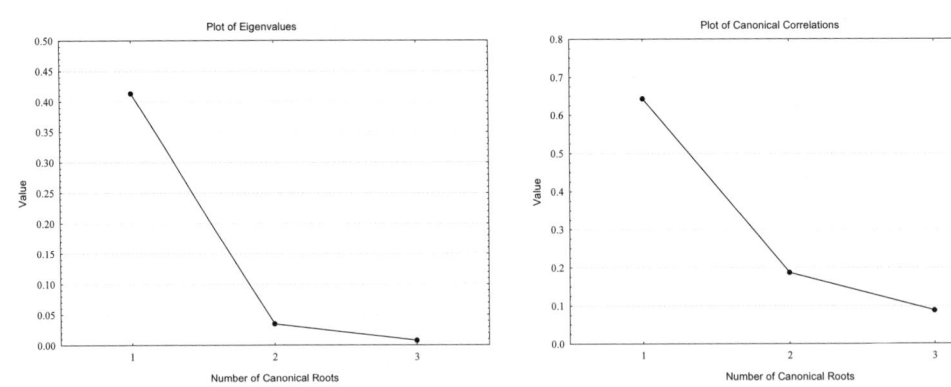

　　使用 Statistica 所繪之特徵值 (典型相關係數平方) 及典型相關陡坡圖 (詳細說明請見第九章之因素分析部分)，由圖中可看出第一對典型相關之後即快速下降，亦即第一對及第二對典型相關相差甚大，因此可以只取一對典型相關即可。

[8]

Eigenvalues of Inv(E)*H= CanRsq/(1-CanRsq)			
Eigenvalue	Difference	Proportion	Cumulative
0.7031	0.6670	0.9413	0.9413
0.0361	0.0283	0.0483	0.9896
0.0078		0.0104	1.0000

　　特徵值 (第 1 欄)、特徵值差異量 (第 2 欄)、特徵值所佔變異百分比 (第 3 欄) 及百分比之累加量 (第 4 欄)。此處的特徵值是由 $\rho_j^2/(1-\rho_j^2)$ 而得。第 1 對典型因素的解釋百分比為 94.13%，到第 2 對時特徵值所佔變異百分比的累加量已達 98.96%，累積到第 3 對則為 100%。

[9]

Test of H0: The canonical correlations in the current row and all that follow are zero				
Likelihood Ratio	Approximate F Value	Num DF	Den DF	Pr > F
0.56233102	20.05	12	989.8	<.0001
0.95770740	2.73	6	750	0.0125
0.99227841	1.46	2	376	0.2329

　　此處在考驗個別典型相關係數的顯著性。表格中列出逐步的Λ值 (第 1 欄)，並用 Rao 的 F 近似值 (第 2 欄)，檢定各個典型相關係數的顯著性 (第 5 欄)，其計算方式參見 4.1.8.2。第 1 個Λ值為 0.5623，轉換後的 F 近似值為 20.05，在自由度為 12, 989.8 (第 3、4 欄) 的 F 分配中，大於此數的機率值 p 已經小於 .0001 了，因此達 .05 的顯著水準 (研究者設定 α 為 .05)，表示第 1 個典型相關係數不為 0。由第 2 及 3 列可知，第 3 個典型相關係數未達顯著水準。讀者在呈現典型相關分析之結果時，只需呈現達顯著者，未達顯著者可以不呈現。

[10]

Multivariate Statistics and F Approximations					
S=3 M=0 N=186					
Statistic	Value	F Value	Num DF	Den DF	Pr > F
Wilks' Lambda	0.56233102	20.05	12	989.8	<.0001
Pillai's Trace	0.45539792	16.82	12	1128	<.0001
Hotelling-Lawley Trace	0.74698191	23.23	12	650.2	<.0001
Roy's Greatest Root	0.70310256	66.09	4	376	<.0001
NOTE: F Statistic for Roy's Greatest Root is an upper bound.					

　　多變項考驗，這是在考驗 p 個 X 變項與 q 個 Y 變項之間是否有典型相關存在。表中四種多變項統計量的計算公式參見 4.1.8.1。第 1 欄的 Wilks Λ值與報表[9]第 1 個Λ值相同，而 Roy 的最大根則為報表[8]中的第 1 個特徵值。由此處可知四種多變項統計量的 F 近似值之 p 值均小於 .0001，表示 p 個 X 變項與 q 個 Y 變項之間沒有典型相關存在的虛無假設應予拒絕，因此 p 個 X 變項與 q 個 Y 變項之間應有典型相關存在。從報表[9]中亦可知，在三個典型相關係數中，第 1、2 個典型相關達 .05 顯著水準。讀者在呈現此項結果時，只需從這四種統計量中擇一報導即可。一般而言，在這四種多變項統計量中，Wilks Λ 是較常被使用的。另外，表中「S=3 M=0　N=186」是 θ 分配的自由度，s、m、n 的計算公式參見 4.1.8.1。

　　表中的備註說明：Roy 最大根的 F 值是其上限。

[11]

Raw Canonical Coefficients for the　教學效能				
		V1	V2	V3
Y1	教學計畫	1.1123422466	-3.881235731	-1.017989223
Y2	教學內容	1.0115196482	0.8192286751	3.862334082
Y3	教學評量	0.9988577508	2.7780873486	-3.028982304

　　三個教學效能變項分別對其三個典型因素的原始典型加權係數。根據這些係數可以求出原始的典型因素分數。原始加權係數適合於利用原始變項計算典型因素分數；不過，由於變項的單位常會不一致，所以一般比較少用。原始係數乘以該變項的標準差，就等於[13]之標準化加權係數。例如，教學計畫對 V1 的原始加權係數為 1.1123422466，其標準差為 0.34521(見報表[2])，1.1123422466*0.34521 即等於 0.3840。

[12]

Raw Canonical Coefficients for the 專業信念		W1	W2	W3
X1	專業認同	0.934290249	0.3204645661	1.5306151393
X2	專業投入	0.8797836708	-2.272506533	-3.394182527
X3	專業倫理	0.7018429928	3.9592905889	-0.294849769
X4	研究進修	0.3469181218	-2.034345322	2.2321989385

　　四個專業信念變項分別對其三個典型因素的原始典型加權係數。

[13]

Standardized Canonical Coefficients for the 教學效能		V1	V2	V3
Y1	教學計畫	0.3840	-1.3398	-0.3514
Y2	教學內容	0.3790	0.3070	1.4473
Y3	教學評量	0.3639	1.0121	-1.1035

　　三個教學效能變項分別對其三個典型因素的標準化典型加權係數。根據這些係數可以求出 $V_1 \sim V_3$ 的典型因素分數：

$$V_1 = 0.3840 \times Z_{Y1} + 0.3790 \times Z_{Y2} + 0.3639 \times Z_{Y3} ,$$

$$V_2 = -1.3398 \times Z_{Y1} + 0.3070 \times Z_{Y2} + 1.0121 \times Z_{Y3} ,$$

$$V_3 = -0.3514 \times Z_{Y1} + 1.4473 \times Z_{Y2} - 1.1035 \times Z_{Y3} 。$$

　　從這些係數可知三個 Y 變項對 V_1 的貢獻相差不多，而教學評量對 V_2 的貢獻較大。

[14]

Standardized Canonical Coefficients for the 專業信念		W1	W2	W3
X1	專業認同	0.3731	0.1280	0.6112
X2	專業投入	0.3450	-0.8913	-1.3312
X3	專業倫理	0.2721	1.5349	-0.1143
X4	研究進修	0.1445	-0.8471	0.9295

　　四個專業信念變項分別對其三個典型因素的標準化典型加權係數。根據這些係數亦可以求出 W_1~W_3 的典型因素分數，其過程及解釋參見報表[13]。

[15]

Correlations Between the 教學效能 and Their Canonical Variables		V1	V2	V3
Y1	教學計畫	0.8780	-0.4600	-0.1324
Y2	教學內容	0.8929	0.1440	0.4266
Y3	教學評量	0.8915	0.3354	-0.3046

　　三個教學效能變項分別與其三個典型因素的相關係數 (典型因素結構係數)。此處顯示三種教學效能與第 1 個典型因素 V_1 的相關都很高，而 V_2 則與教學評量的正相關較高，與教學計畫則為負相關。

[16]

Correlations Between the 專業信念 and Their Canonical Variables		W1	W2	W3
X1	專業認同	0.8851	0.0534	0.2592
X2	專業投入	0.8962	-0.2147	-0.3845
X3	專業倫理	0.8944	0.3576	-0.0527
X4	研究進修	0.8114	-0.2986	0.3483

　　四個專業信念變項分別與其三個典型因素的相關係數。由本表可知，W_1 與四個 X 變項均有高相關，W_2 則與專業倫理有較高的相關。合併[15]及[16]可知，就第 1 對典型因素而言，四種專業信念透過 W_1 和 V_1 與三種教學效能有正向關係 (結構係數的正負號相同。亦即專業信念得分愈高者，其教學效能感也愈高。就第 2 對典型因素而言，專業倫理透過 W_2 和 V_2 與教學評量有正向關係，而與教學計畫有負相關。

[17]

Correlations Between the 教學效能 and the Canonical Variables of the 專業信念		W1	W2	W3
Y1	教學計畫	0.5641	-0.0859	-0.0116
Y2	教學內容	0.5737	0.0269	0.0375
Y3	教學評量	0.5728	0.0626	-0.0268

　　三種教學效能變項與四個專業信念之典型因素 (W_1~W_3) 的相關係數 (稱為交叉結構係數)。教學計畫與 W_1 的交叉結構係數為 0.5641，等於教學計畫與 V_1 的相關係數 0.8780 乘以 W_1 與 V_1 的相關係數 ($\rho_1 = 0.642523$)，其餘類推。

　　如果把各交叉係數的平方和再除以變項數，就是重疊量數。例如：第一行之 $\dfrac{0.5641^2 + 0.5737^2 + 0.5728^2}{3} = 0.3252$，這就是報表[21]中之第一個重疊量數。

[18]

Correlations Between the 專業信念 and the Canonical Variables of the 教學效能		V1	V2	V3
X1	專業認同	0.5687	0.0100	0.0228
X2	專業投入	0.5758	-0.0401	-0.0338
X3	專業倫理	0.5747	0.0668	-0.0046
X4	研究進修	0.5213	-0.0557	0.0306

　　四個專業信念變項與三個教學效能之典型因素 (V_1～V_3) 的交叉結構係數。專業認同與 V_1 (整體之教學效能) 的交叉結構係數為 0.5687，等於專業認同與 V_1 的相關係數 0.8851 乘以 W_1 與 V_1 的相關係數 ($\rho_1=0.6523$)，其餘類推。

　　每一行的交叉結構係數之平方和除以變項數 4，就是重疊量數。例如，第二行之 $\dfrac{0.0100^2 + (-0.0401)^2 + 0.0668^2 + (-0.0557)^2}{4} = 0.0023$，這就是報表[22]中之第二個重疊量數。

[19]

Canonical Variable Number	Raw Variance of the 教學效能 Explained by		Canonical R-Square		
	Their Own Canonical Variables			The Opposite Canonical Variables	
	Proportion	Cumulative Proportion		Proportion	Cumulative Proportion
1	0.7884	0.7884	0.4128	0.3255	0.3255
2	0.1098	0.8982	0.0348	0.0038	0.3293
3	0.1018	1.0000	0.0077	0.0008	0.3301

　　與教學效能變項有關的原始重疊量數，SPSS 的 MANOVA 沒有此部分報表。由於變項的單位常會不一致，因此很少看這個結果。

[20]

Canonical Variable Number	Raw Variance of the 專業信念 Explained by		Canonical R-Square		
	Their Own Canonical Variables			The Opposite Canonical Variables	
	Proportion	Cumulative Proportion		Proportion	Cumulative Proportion
1	0.7580	0.7580	0.4128	0.3129	0.3129
2	0.0663	0.8243	0.0348	0.0023	0.3153
3	0.0862	0.9105	0.0077	0.0007	0.3159

　　與專業信念變項有關的原始重疊量數，義同[19]。

[21]

Canonical Variable Number	Standardized Variance of the 教學效能 Explained by		Canonical R-Square		
	Their Own Canonical Variables			The Opposite Canonical Variables	
	Proportion	Cumulative Proportion		Proportion	Cumulative Proportion
1	0.7876	0.7876	0.4128	0.3252	0.3252
2	0.1149	0.9026	0.0348	0.0040	0.3292
3	0.0974	1.0000	0.0077	0.0008	0.3299

　　與教學效能變項有關的標準化重疊量數。第 2 欄是 3 個教學效能變項被 3 個典型因素 ($V_1 \sim V_3$) 所能解釋的平均變異百分比，此百分比的公式是 $\dfrac{\mathbf{S'}_{YV_j}\mathbf{S}_{YV_j}}{q}$ ，是

典型因素結構的平方和除以 3 (Y 變項數) 而得。以 V_1 對 3 個教學效能的平均解釋量為例，0.7876 會等於 $\dfrac{0.8780^2 + 0.8929^2 + 0.8915^2}{3}$ (係數見報表[15])，其餘類推。

第 3 欄是 3 個典型因素對 3 個教學效能變項的累積解釋量，是由第 2 欄往下累加而得。因為是 3 個典型因素對 3 個變項的解釋量，所以會等於 100 ％。

第 5 欄是 4 個專業信念變項透過第 j 對典型因素對 3 個教學效能變項的平均解釋量 (重疊量數)，公式是 $\dfrac{\mathbf{S}'_{YV_j}\mathbf{S}_{YV_j}}{q} \times \rho^2_{W_j V_j}$。因為第 1 個典型因素 ($V_1$) 對 3 個教學效能變項的平均解釋量為 0.7876，而 V_1 與 W_1 的互相解釋量為 0.4128 (第 4 欄)，所以 $0.7876 \times 0.4128 = 0.3252$，其餘類推。

第 6 欄是第 5 欄的累加和。由此處可看出：4 個專業信念變項透過 3 對典型因素對 3 個教學效能變項的總解釋量是 0.3299，等於 32.99%。

[22]

Standardized Variance of the 專業信念 Explained by					
Canonical Variable Number	Their Own Canonical Variables		Canonical R-Square	The Opposite Canonical Variables	
	Proportion	Cumulative Proportion		Proportion	Cumulative Proportion
1	0.7612	0.7612	0.4128	0.3143	0.3143
2	0.0665	0.8277	0.0348	0.0023	0.3166
3	0.0848	0.9125	0.0077	0.0007	0.3172

與專業信念變項有關的標準化重疊量數，第 2 欄是 4 個專業信念變項被 3 個典型因素 ($W_1 \sim W_3$) 所能解釋的平均變異百分比，此百分比的公式是 $\dfrac{\mathbf{S}'_{XW_j}\mathbf{S}_{XW_j}}{p}$。以 W_1 對 4 個專業信念的平均解釋量為例，$\dfrac{0.8851^2 + 0.8962^2 + 0.8944^2 + 0.8114^2}{4} = 0.7612$ (係數見報表[16])，其餘類推。

第 3 欄是 3 個典型因素對 4 個專業信念變項的累積解釋量，是由第 2 欄往下累加而得。因為是 3 個典型因素對 4 個變項的解釋量，所以會小於 100 ％。

第 5 欄是 3 個教學效能變項透過第 j 對典型因素對 4 個專業信念變項的平均解

釋量，公式是 $\dfrac{\mathbf{S}'_{XW_j}\mathbf{S}_{XW_j}}{p}\times\rho^2_{W_jV_j}$。第 1 個典型因素 ($W_1$) 對 4 個專業信念變項的平均解釋量為 0.7612，而 V_1 與 W_1 的互相解釋量為 0.4128，所以 $0.7612\times0.4128=0.3143$，其餘類推。3 個教學效能變項透過 3 對典型因素對 4 個專業信念變項的總解釋量等於 31.72%。

此處尚有兩點值得留意：一是典型相關分析的目的是使 X 變項組合而得的 W 變項，與 Y 變項組合而得的 V 變項兩者之間的相關依次達到最大。但是 W 變項對 X 變項的平均解釋量，或是 V 變項對 Y 變項的平均解釋量並不一定會依大小排列。以本例而言，四個專業信念被本身的三個典型因素解釋的百分比分別為 76.12%、6.65%，及 8.48%，即未依大小排列。

二是 p 個 X 變項透過 m 組典型因素對 q 個 Y 變項的解釋量 (含平均及總和)，並不等於 q 個 Y 變項透過 m 組典型因素對 p 個 X 變項的解釋量。以本例而言，4 個專業信念變項透過 3 對典型因素對 3 個教學效能變項的總解釋量是 32.99%，但是 3 個教學效能變項透過 3 對典型因素對 4 個專業信念變項的總解釋量等於 31.72%，所以兩組變項互相的解釋量是不相同的。

[23]

Squared Multiple Correlations Between the 教學效能 and the First M Canonical Variables of the 專業信念				
M		1	2	3
Y1	教學計畫	0.3182	0.3256	0.3258
Y2	教學內容	0.3292	0.3299	0.3313
Y3	教學評量	0.3281	0.3320	0.3327

使用 WITH 次指令界定的變項 (X 變項) 所導出的 3 個典型因素對 VAR 次指令所界定變項進行多元迴歸分析的累積 R^2 值，即以 $W_1\sim W_3$ 分別對 Y1、Y2 及 Y3 進行多元迴歸分析所得的累積 R^2 值。

以第一列為例，效標變項是 Y1，預測變項是 W_1、W_2、W_3。當以 W_1 預測 Y1 時，所得的 R^2 值為 .3182，此即是[17]處 Y1 與 W_1 交叉結構係數 0.5641 的平方；再投入 W_2 後，R^2 值增加成 .3256，增加部分為 .0074，就是 Y2 與 W_2 交叉結構係數 -0.0859 的平方；3 個 W 全部投入後所得的 R^2 值是 .3258，此一 R^2 值也會等於

以 WITH 所界定的 4 個專業信念變項 X1、X2、X3 及 X4 為預測變項，以 Y1 為效標變項進行多元迴歸分析所得的 R^2 值 (見報表[28])。

M 等於 3 這一欄的 3 個 R^2 值的平均數，會等於 4 個專業信念變項透過 3 對典型因素對 3 個教學效能變項的累積解釋量 (即[21]的重疊量數)，也就是 $\frac{0.3258 + 0.3313 + 0.3327}{3} = 0.3299$。

[24]

Squared Multiple Correlations Between the 專業信念 and the First M Canonical Variables of the 教學效能				
M		1	2	3
X1	專業認同	0.3234	0.3235	0.3241
X2	專業投入	0.3315	0.3332	0.3343
X3	專業倫理	0.3302	0.3347	0.3347
X4	研究進修	0.2718	0.2749	0.2758

使用 VAR 次指令界定的變項 (Y 變項) 所導出的 3 個典型因素對 WITH 次指令所界定的變項進行多元迴歸分析的累積 R^2 值，即以 V_1~V_3 分別對 X1、X2、X3 及 X4 進行多元迴歸分析所得的累積 R^2 值。M 等於 3 這一欄的 3 個 R^2 值的平均數，會等於 3 個教學效能變項透過 3 對典型因素對 4 個專業信念變項的累積解釋量 (即[22]的重疊量數)，亦即 $\frac{0.3241 + 0.3343 + 0.3347 + 0.2758}{4} = 0.3172$。

[25]

EFFECT .. WITHIN CELLS Regression					
Multivariate Tests of Significance (S = 3, M = 0, N = 186)					
Test Name	Value	Approx. F	Hypoth. DF	Error DF	Sig. of F
Pillais	.45540	16.82283	12.00	1128.00	.000
Hotellings	.74698	23.19794	12.00	1118.00	.000
Wilks	.56233	20.04893	12.00	989.80	.000
Roys	.41284				

從[25]以後是 SPSS 的 MANOVA 指令之輸出報表。此處是四種多變項統計量的顯著性考驗，即考驗 X 變項與 Y 變項之間是否有典型相關存在，四種多變項統

計量的計算公式參見 4.1.8.1。此處的各項數值與[10]處 SAS 的輸出幾乎相同，唯一不同者是 Roys 的最大根 (Roy Greatest Root)。在 SAS 中，Roy Greatest Root = λ_1，而且轉換成 F 近似值。但是在 SPSS 中，Roy Greatest Root = $\lambda_1 / (1+\lambda_1)$。若要判斷其顯著性，必須以 s、m、n 為自由度 (S = 3, M = 0, N = 186)，查 θ 分配表。由此處可知 p 個 X 變項與 q 個 Y 變項之間有典型相關存在。讀者在呈現此項結果時，只需從這四種統計量中擇一報導即可。

[26]

Eigenvalues and Canonical Correlations					
Root No.	Eigenvalue	Pct.	Cum. Pct.	Canon Cor.	Sq. Cor
1	.703	94.126	94.126	.643	.413
2	.036	4.832	98.958	.187	.035
3	.008	1.042	100.000	.088	.008

　　特徵值及典型相關。第 2 欄呈現三個特徵值依序是 .703、.036 及 .008，此處的特徵值是由 $\rho_j^2/(1-\rho_j^2)$ 而得；第 3 欄的特徵值所佔變異百分比是由該特徵值除以全體特徵值總和而得；第 4 欄是特徵值所佔變異百分比之累加量。這些數值與[8]處 SAS 的輸出相同。第 5 欄是典型相關係數，第 6 欄是典型相關係數平方，這些數值與[6]處 SAS 的輸出亦大致相同。

[27]

Dimension Reduction Analysis					
Roots	Wilks L.	F	Hypoth. DF	Error DF	Sig. of F
1 TO 3	.56233	20.04893	12.00	989.80	.000
2 TO 3	.95771	2.73020	6.00	750.00	.012
3 TO 3	.99228	1.46295	2.00	376.00	.233

　　向度減縮分析。此處在考驗各個典型相關係數是否達顯著水準，與[9]處 SAS 的輸出是相同的。表格中列出逐步的Λ值 (第 2 欄)，並用 Rao 的 F 近似值 (第 3 欄)，檢定各個典型相關係數的顯著性 (第 6 欄)，其計算方式參見 4.1.8.2。第 1 欄的「1 TO 3」表示檢定第 1 個到第 3 個典型相關係數是否達顯著水準；「2 TO 3」表示檢定第 2 個到第 3 個典型相關係數是否達顯著水準；「3 TO 3」表示檢定第 3

個典型相關係數是否達顯著水準。根據典型相關分析原理,第 1 個典型相關係數最大,其後依序遞減。所以當「1 TO 3」的考驗達顯著水準時,表示第 1 到第 3 個典型相關係數中至少有一個達顯著水準,而這一個達顯著水準的典型相關係數應是第 1 個,因第 1 個典型相關係數最大;當「2 TO 3」的考驗達顯著水準時,表示第 2 到第 3 個典型相關係數中至少有一個達顯著水準,而這一個達顯著水準的典型相關係數應是第 2 個,因排除第 1 個典型相關係數後,第 2 個典型相關係數最大;其餘依此類推。因此,「1 TO 3」的考驗可以視為第 1 個典型相關係數的顯著性考驗;「2 TO 3」的考驗可以視為第 2 個典型相關係數的顯著性考驗;「3 TO 3」的考驗則是第 3 個典型相關係數的顯著性考驗。前述考驗過程即為向度減縮分析。此處的考驗結果顯示第 1 及第 2 個典型相關係數達顯著水準,第 3 個典型相關係數未達顯著水準。讀者在呈現典型相關分析之結果時,只需呈現達顯著者,未達顯著者可以不呈現。

[28]

Univariate F-tests with (4,377) D. F.						
Variable	Sq. Mul. R	Adj. R-sq.	Hypoth. MS	Error MS	F	Sig. of F
Y1	.32575	.31858	3.68792	.08121	45.41454	.000
Y2	.33129	.32417	4.41905	.09489	46.56817	.000
Y3	.33273	.32563	4.19543	.08951	46.87215	.000

這是以 4 個專業信念變項為預測變項,分別以 Y1、Y2 及 Y3 三種教學效能當效標變項進行多元迴歸分析所得的 R^2 值 (第 2 欄)、調整後 R^2 值 (第 3 欄)、F 考驗 (第 4~第 7 欄),與[23]部分 SAS 報表中 M = 3 中的 R^2 值相同。

[29]

Univariate F-tests with (3,378) D. F.						
Variable	Sq. Mul. R	Adj. R-sq.	Hypoth. MS	Error MS	F	Sig. of F
X1	.32407	.31869	6.54541	.10864	60.24890	.000
X2	.33429	.32900	6.51323	.10321	63.10519	.000
X3	.33472	.32942	6.37163	.10078	63.22583	.000
X4	.27584	.27008	6.05802	.12656	47.86773	.000

　　這是以 3 個教學效能為預測變項，分別以 X1、X2、X3 及 X4 四種專業信念為效標變項進行多元迴歸分析所得的 R^2 值(第 2 欄)、調整後 R^2 值(第 3 欄)、F 考驗 (第 4~第 7 欄)，與[24]部分 SAS 報表中 M = 3 中的 R^2 值相同。請讀者注意的是，SPSS 的 MANOVA 指令並未提供這項輸出，但為與 SAS 的輸出相互對照，作者將 SPSS 程式[2]之依變項與共變項的位置對調，即「MANOVA　X1 X2 X3 X4　WITH　Y1 Y2 Y3」，所得之結果。

[30]

Raw canonical coefficients for DEPENDENT variables			
	Function No.		
Variable	1	2	3
Y1	-1.112	-3.881	1.018
Y2	-1.012	.819	-3.862
Y3	-.999	2.778	3.029

　　三個教學效能變項分別對其三個典型因素的原始典型加權係數，義同[11]處 SAS 之輸出。此處第 1 組及第 3 組典型加權係數之方向與[11]處相反，但這不影響結果的解釋。

[31]

Standardized canonical coefficients for DEPENDENT variables			
	Function No.		
Variable	1	2	3
Y1	-.384	-1.340	.351
Y2	-.379	.307	-1.447
Y3	-.364	1.012	1.104

　　三個教學效能變項分別對其三個典型因素的標準化典型加權係數，義同[13]處 SAS 之輸出 (1、3 組正負相反)。

[32]

Correlations between DEPENDENT and canonical variables			
	Function No.		
Variable	1	2	3
Y1	-.878	-.460	.132
Y2	-.893	.144	-.427
Y3	-.891	.335	.305

典型結構係數報表。這是依變項 (在指令中 WITH 之前的一組變項，本例中稱為 Y 變項) 與其典型因素 (V) 之間的相關係數，係數與[15] SAS 報表相同 (第一、三組的正負與 SAS 相反)。

[33]

Variance in dependent variables explained by canonical variables				
CAN. VAR.	Pct Var DE	Cum Pct DE	Pct Var CO	Cum Pct CO
1	78.764	78.764	32.516	32.516
2	11.494	90.258	.400	32.917
3	9.742	100.000	.075	32.992

重疊量數報表，此部分可以與[21]之 SAS 報表相對照。此時應留意報表開頭為 "Variance in **dependent** variables explained by canonical variables"，這表示是**依變項**這一組變項被自己的典型因素 (V) 解釋的百分比 (稱為**平均解釋量或抽出變異%**) 及被另一側典型因素 (W) 所解釋的百分比 (稱為**重疊量數**)。由報表**第 2 欄**中可知，依變項被自己的三個典型因素所解釋的百分比分別為 78.764%、11.494%及9.742%。以 78.764%為例，它等於[32]中第一組結構係數平方和的平均 (計算公式參見 4.1.6)。亦即，$78.764\% = 0.78764 = \dfrac{(-.878)^2 + (-.893)^2 + (-.891)^2}{3}$，其餘類推。第 3 欄是第 2 欄的累積總和，因為是 3 個典型因素解釋 3 個變項，所以總解釋量為 100%。

第 4 欄是依變項被另一側的典型因素所解釋的百分比 (重疊量數)。由[6]或[26]可知第一個典型相關的平方為 0.412836，所以 0.412836 乘上第二欄的 78.764%，就會等於第四欄的 32.516%；同理，將第二個典型相關的平方 0.034840 乘上11.4945%就會等於 0.400% (計算公式參見 4.1.7)，其餘類推。此代表 3 個 CO 變項

(共變項，在本例中稱為 X 變項) 透過**第一對**典型因素對 3 個 DE 變項 (依變項，
在本例中稱為 Y 變項) 的解釋百分比是 32.516%。第五欄是第四欄的累積總和，
表示 4 個 X 變項 (專業信念) 透過 **3** 對典型相關可以解釋 3 個 Y 變項 (教學效能)
32.992% 的變異量。但由於第 3 個典型相關係數未達顯著水準，故讀者在呈現時
只需解釋達顯著者：4 個專業信念 (X 變項) 透過第一組典型因素 (W_1、V_1) 可以
解釋 3 種教學效能 (Y 變項) 總變異量的 32.516%左右；4 個專業信念透過第二組
典型因素 (W_2、V_2) 可以解釋 3 種教學效能總變異量的 0.400%；合計 4 個專業信
念透過兩組典型因素共可以解釋 3 種教學效能總變異量的 32.917%。

[34]

Raw canonical coefficients for COVARIATES			
	CAN. VAR.		
Covariate	1	2	3
X1	-.934	.320	-1.531
X2	-.880	-2.273	3.394
X3	-.702	3.959	.295
X4	-.347	-2.034	-2.232

　　四個專業信念分別對其三個典型因素的原始典型加權係數，義同[12]處 SAS
之輸出。如同[31]一般，此處第 1 組第 3 組典型加權係數之方向與[12]處相反，但
同樣不影響結果的解釋。

[35]

Standardized canonical coefficients for COVARIATES			
	CAN. VAR.		
Covariate	1	2	3
X1	-.373	.128	-.611
X2	-.345	-.891	1.331
X3	-.272	1.535	.114
X4	-.144	-.847	-.929

　　四個專業信念分別對其三個典型因素的標準化典型加權係數，義同[14]處 SAS
之輸出。

[36]

Correlations between COVARIATES and canonical variables			
	CAN. VAR.		
Covariate	1	2	3
X1	-.885	.053	-.259
X2	-.896	-.215	.385
X3	-.894	.358	.053
X4	-.811	-.299	-.348

　　典型結構係數報表。這是共變項 (在指令中 WITH 之後的一組變項，本例中稱為 X 變項) 與其典型因素 (W) 之間的相關係數，係數與[16] SAS 報表相同，不過第一、三組的正負也與 SAS 相反，但同樣不影響結果的解釋。

　　由於在 SPSS 的報表中兩邊的第一組係數 (含原始加權係數、標準化加權係數，及典型結構係數) 都為負數，因此可以同時將正負號調換 (也就是負號改為正號，而正號改為負號)，這樣比較方便解釋。

[37]

Variance in covariates explained by canonical variables				
CAN. VAR.	Pct Var DE	Cum Pct DE	Pct Var CO	Cum Pct CO
1	31.426	31.426	76.122	76.122
2	.232	31.657	6.650	82.771
3	.065	31.723	8.477	91.249

　　重疊量數報表，此部分可以與[22]之 SAS 報表相對照。此處報表開頭為 "Variance in *covariates* explained by canonical variables"，這表示是**共變項**這一組變項被自己的典型因素 (W) 解釋的百分比 (抽出變異%) 及被另一側典型因素 (V) 所解釋的百分比 (重疊量數)。請讀者注意，此處的抽出變異%及重疊量數之欄位與[32]處並不相同，切勿混淆。由第四欄中可知，共變項被自己的典型因素所解釋的百分比分別為 76.122%、6.650%及 8.477%。以 76.122%為例，它等於[36]中第一組結構係數平方和的平均 (計算公式參見 4.1.6)。亦即 $76.122\% = 0.76122 = \dfrac{(-.885)^2 + (-.896)^2 + (-.894)^2 + (-.811)^2}{4}$，其餘類推。第五欄是第四欄的累積總和，因為是 3 個典型因素解釋 4 個變項，所以總解釋量小於 100%。

　　第四欄是共變項被另一側的典型因素所解釋的百分比 (重疊量數)。由[6]可知

第一對典型相關的平方為 0.412836，所以 0.412836 乘上第四欄的 76.122%，就會
等於第二欄的 31.426%；同理，將第二個典型相關的平方 0.034840 乘上 6.650%就
會等於 0.232% (計算公式參見 4.1.7)，其餘類推。此代表 3 個 DE 變項 (在本例中
稱為 Y 變項，即三種教學效能) 透過**第一對**典型因素對 4 個 CO 變項 (在本例中稱
為 X 變項，即四種專業信念) 的解釋百分比是 31.426%。第三欄是第二欄的累積總
和，表示 3 個 Y 變項 (教學效能) 透過 **3 對**典型因素共可以解釋 4 個 X 變項 (專
業信念) 31.723% 的變異量。但如同[33]一般，由於第 3 個典型相關係數未達顯著
水準，故讀者在呈現時只需解釋達顯著者：3 種教學效能 (Y 變項) 透過第一組典
型因素 $(V_1 \cdot W_1)$ 可以解釋 4 個專業信念 (X 變項) 總變異量的 31.426%；3 種教
學效能透過第二組典型因素 $(V_2 \cdot W_2)$ 可以解釋 4 個專業信念總變異量的
0.232%；合計 3 種教學效能透過兩組典型因素共可以解釋 4 個專業信念總變異量
的 31.657%。

[38]

Cross Loadings for Set-1			
	1	2	3
Y1	-.564	-.086	.012
Y2	-.574	.027	-.037
Y3	-.573	.063	.027

使用 SPSS 矩陣語言分析所得之三種教學效能變項與四個專業信念之典型因
素 $(W_1 \sim W_3)$ 的交叉結構係數，與報表[17]相同 (同樣是第一、三係數正負相反)。

[39]

Cross Loadings for Set-2			
	1	2	3
X1	-.569	.010	-.023
X2	-.576	-.040	.034
X3	-.575	.067	.005
X4	-.521	-.056	-.031

四個專業信念變項與三個教學效能之典型因素 $(V_1 \sim V_3)$ 的交叉結構係數，與
報表[18]相同。

4.4 統計摘要表

根據前述分析結果，可將典型相關分析結果做成**表 4-1** 的摘要表。表中各項數值都是取自 SAS 報表。讀者或許可以試著從 SAS 報表中去找出前述各項數值。不過，SPSS 報表中，與第 1、3 對典型因素有關的典型係數 (加權係數、典型結構係數及交叉結構係數)，其正負號會與 SAS 相反 (數值則相同)，分析時應留意。當然，這種差異並不影響結果的解釋。另外，尚有幾點說明：一是表中所列為典型結構係數；二是表中只呈現達顯著水準之兩組典型因素及各項係數；三是在結果的解釋上，宜先報導 4.1.8 介紹的兩類統計考驗結果，之後再解釋兩組變項之間的關係。

表 4-1　典型相關分析統計摘要表

X 變項	典型因素		Y 變項	典型因素	
	W_1	W_2		V_1	V_2
專業認同	.885	.053	教學計畫	.878	-.460
專業投入	.896	-.215	教學內容	.893	.144
專業倫理	.894	.358	教學評量	.891	.335
研究進修	.811	-.299			
抽出變異%	76.122	6.650	抽出變異%	78.764	11.494
重 疊 量 數	31.426	0.232	重 疊 量 數	32.516	0.400
	ρ^2	.413	.035		
	典型相關	.643	.187		
	p	.000	.012		

5 區別分析

・陳正昌・

區別分析可以使用下列的形式表示其關係：

$$Y_1 = X_1 + X_2 + X_3 + \cdots + X_n$$

(非計量)　　　　　　(計量)

5.1　理論部分

區別分析 (discriminant analysis，或譯為**判別分析**、**鑑別分析**)，是由英國統計學家 Ronald Fisher (1890-1962) 所發展的統計方法 (Betz, 1987)，常被用來進行觀察體的分類。如：醫師會根據各種檢查數據及臨床症狀，判斷就診者是否患了某種疾病 (或罹患何種疾病)；地質學家會依據化學成份，判斷岩石的種類；教師會根據學生各種表現，判斷他們比較適合就讀的科系。這些都可以利用區別分析來進行。區別分析與集群分析都在進行分類，不過區別分析有分組變項，集群分析則無。

5.1.1　兩種取向的區別分析

一般而言，區別分析有兩種取向：一是**預測取向**的區別分析 (predictive discriminant analysis, PDA)；一是**描述取向**的區別分析 (descriptive discriminant analysis, DDA) (Huberty, 1994)。PDA 的主要目的在於將觀察體分類到不同的組別，並著重其分類正確率；而 DDA 則在於描述不同組別間的差異情形 (Huberty & Olejnik, 2006; Stevens, 2002; Whitaker, 1977b)。Huberty 認為這兩種取向的區別分析共同之處很少，除了：1.它們都有多個反應變項 (response variable，在此處係指計

量變項)；2.它們都有多個組別的觀察體 (引自 Klemmer, 2000, p.4)。

Huberty 及 Olejnik (2006) 認為，DDA 與 PDA 的關係，近似多元相關分析 (multiple correlation analysis, MCA) 與多元迴歸分析 (multiple regression analysis, MRA) 的關係。也就是 DDA 近似 MCA，以關係的探討為目的；而 PDA 近似 MRA，以預測為目的，其關係可類比為 DDA : MCA :: PDA : MRA。

多元迴歸分析中，主要在求一組計量資料 (預測變項, predictor variables) 的線性組合，以對另一個計量資料 (效標變項, criterion variable) 進行預測。線性組合的加權值稱為**迴歸係數**，有未標準化 (原始) 係數及標準化係數。

在區別分析中，計量資料 (反應變項, response variable) 的線性組合有兩種：一是**線性區別函數** (linear discriminant function, LDF)，在描述取向的區別 (DDA) 分析較常使用。與迴歸係數類似，它也有或未標準化係數及標準化係數。區別分析通常會計算組合後變項 (區別分數) 與反應變項的相關係數 (稱為**結構係數**)，而迴歸分析很少計算單一預測變項與線性組合分數 (效標變數的預測值 $\hat{Y}$) 的相關係數。不過，許多學者建議在進行迴歸分析時，仍應留意結構係數 (傅粹馨, 1996)。

區別分析中另外有 Fisher 的**線性分類函數** (linear classification function, LCF)，在預測取向的區別分析 (PDA) 較常使用。它在計算反應變項的線性組合 (數目等於分組變項的組數)，依所得結果大小將觀察體重新分組，並比較原始組別及重新分類組別的正確率 (hit rate)。

綜言之，在 PDA 中，一般會較著重 Fisher 的線性分類函數 (linear classification function, LCF)，而 DDA 則較著重線性區別函數 (LDF) (Huberty & Olejnik, 2006)。

5.1.2　預測取向的區別分析

預測取向的區別分析發展較早，功用與迴歸分析一樣都在預測，其概念與迴歸分析有許多雷同之處，它的主要目的在計算一組**預測變項**的線性組合，以對一個**分組變項**重新加以分類，並檢查其再分組的正確性。

在迴歸分析中**效標變項** (criterion variable) 與**預測變項** (predictor variable) 通常都是**計量資料**，當效標變項為非計量資料且為二分變項時，也可使用邏輯斯迴

歸 (logistic regression)，如果依變項為非計量的多類別變項，而資料又違反統計假設時 (如：多變量常態分配及變異數同質性)，則可以使用多項式邏輯斯迴歸 (multinomial logistic regression) (請見第三章)，然而此方法要設定參照組，解釋上較不方便，因此當依變項是多個類別的變項，而又能符合統計假設時，研究者大多傾向使用預測取向的區別分析 (PDA)。PDA 的自變項 (一般稱為**預測變項**) 是**計量性資料**，而依變項 (一般稱為**分組變項**, grouping variable) 是非計量資料。

預測取向之區別分析的目標有三：1.決定有效的估計，以得到最高的分類正確率；2.判斷分類正確率是否比隨機猜測來得高；3.如果有，好多少 (Huberty & Olejnik, 2006; Klemmer, 2000)。

為了達到上述的目標，PDA 首先在求得線性分類函數 (LCF) 或其他分類方法，對現有觀察體重新進行分類的正確性 (內在效度)，並判斷此分類正確率比隨機猜測好多少。其次，如果研究者已經知道某一觀察體所有預測變項的數值，則可根據以往線性分類函數對其進行分類，等事件發生後，再驗證分類的正確性 (外在效度)。

例如，研究者可以利用以往的高中生各科在校成績 (計量資料) 及其大學入學考試的結果分為「考取公立大學」、「考取私立大學」、「未考取」等三類 (非計量資料)，來建立三個線性分類函數；在其他條件相等之下，再用今年度尚未參加學力測驗或大學指定科目考試的高中應屆畢業生的各科在校成績，以預測他們參加入學考試的結果，等正式放榜後再計算預測的正確性。

5.1.3 描述取向的區別分析

描述取向的區別分析 (DDA) 在於解釋或描述各組之間的差異 (Dolenz, 1993; Henington, 1994)，主要探討問題有二：1.有多少構念 (層面) 可以用來表示群間的差異；2.這些構念是什麼 (Huberty & Olejnik, 2006)。其目標有三：1.選擇較少的反應變項，使其仍保有原先所有變項的分組效果；2.依對分組效果的貢獻將變項排序；3.解釋分組效果的結構 (Klemmer, 2000)。DDA 常用在多變量變異數分析 (multivariate analysis of variance, MANOVA) 的追蹤分析 (請見本書第七章)。在 DDA 中，分組變項 (grouping variable) 被視為自變項，而反應變項 (response variable) 則視為依變項 (Buras, 1996)，取向與 MANOVA 相同。

描述取向的區別分析主要在求得**線性區別函數**，以計算新的變項 (構念)，它與迴歸分析的模式相似，有原始 (或未標準化) 係數及標準化係數。不過，區別分析通常會計算單一預測變項與構念間的相關係數 (稱為**結構係數**)，而迴歸分析很少計算單一預測變項與線性組合分數 (實際上就是效標變數的預測值 $\hat{Y}$) 的相關係數。

假設有 2 個反應變項 (X_1 及 X_2)，1 個 2 類的分組變項 (Y)，其分組散布圖如**圖 5-1**。在此圖中可以看出：這 2 組之 X_1 及 X_2 的平均數雖然都有不同，但是如果只看 X_1，則可以發現有部分第 1 組的觀察體是高於第 2 組的，也就是兩組之間在變項 1 上有重疊。同樣地，X_2 也是有重疊的情形。但是，如果我們可以找到一條直線 (是 X_1 及 X_2 的線性組合，$D=u_1X_1+u_2X_2+u_0$)，使得兩組間之 D 分數 (函數或構念) 完全沒有重疊，則這條直線 (也就是線性區別函數) 就可以用來區辨這兩組。

當預測變項增為 3 個以上，分組變項有 3 類以上時，雖然不容易以平面圖繪出，不過，其主要原理仍是相同的。

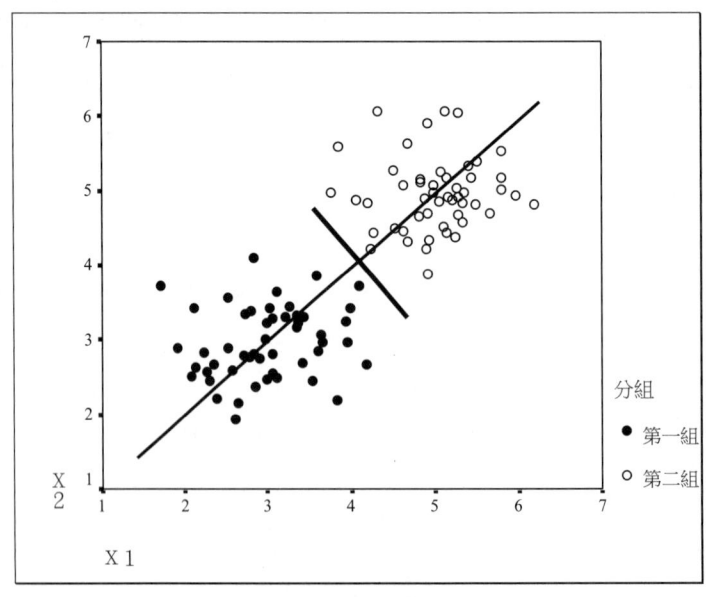

圖 5-1 線性區別函數之散布圖

5.1.4　兩種取向區別分析的比較

在 PDA 中，加權係數通常對分類正確率的解釋沒有幫助，而重要的變項，常常是被排除函數之外，增加反應變項雖然可以得到較小的 Wilks Λ 值，但是有時反而會減少分類正確率 (Hwang, 2001; Thompson, 1995a, 1998)，而 DDA 則不會因為減少變項而增加區辨力 (Buras, 1996)。

綜言之，PDA 與 DDA 的差異，可以整理成**表 5-1**。

表 5-1　兩種取向之區別分析

	預測取向 (PDA)	描述取向 (DDA)
目的	分類或預測組別成員	解釋或說明組別差異
預測變項的角色	反應(計量)變項	分組變項
效標變項的角色	分組變項	反應(計量)變項
待答問題	1. 個別組及全體的正確分類率是多少？ 2. 分類正確率是否比隨機猜測來得好？ 3. 分類正確率有比較好，是好多少？	1. 是否有與原始反應變項相同效果的次組合？ 2. 依對分組效果相對貢獻之次組合變項，所排定的合理順序是什麼？ 3. 對分組效果之結構的合理解釋是什麼？
主要使用統計	線性分類函數(LCF)、分類表	線性區別函數(LDF)、Wilks Λ、結構係數
反應變項之組合	LCF	LDF
組合之數目	g	min (g–1, p)
分析變項之構念	否	是
刪除反應變項	是	可能
反應變項排序	是	是
刪除或排序之依據	分類正確率	組別間差異
其他		主要用在 MANOVA 的追蹤分析，以解釋其後續效果

資料來源：
Applied MANOVA and discriminant analysis (2nd ed.), by C. J. Huberty & S. Olejnik, 2006, Hoboken, NJ: John Wiley.
"*Stepwise descriptive or predictive discriminant pnalysis: Don't even think about using it!*" by C. D. Klemmer, 2000, (ED438321).

5.1.5 原始區別函數係數

在進行區別分析之前，要像多變量變異數分析 (MANOVA，請見第七章) 一樣，先用分組變項的各組別，求出組間的 SSCP 矩陣 (以 **B** 表示) 、聯合組內 SSCP 矩陣 (以 **W** 表示) 及全體 SSCP (以 **T** 表示)：

$$\mathbf{B} = \sum_{i=1}^{k} n_i (\overline{X}_{i\cdot} - \overline{X}..)(\overline{X}_{i\cdot} - \overline{X}..)' \qquad \text{(公式 5-1)}$$

$$\mathbf{W} = \sum_{i=1}^{k} \mathbf{W}_i = \sum_{i}^{k} \sum_{j}^{n} (X_{ij} - \overline{X}_{i\cdot})(X_{ij} - \overline{X}_{i\cdot})' \qquad \text{(公式 5-2)}$$

$$\mathbf{T} = \mathbf{B} + \mathbf{W} = \sum_{i=1}^{k} \sum_{j=1}^{n} (X_{ij} - \overline{X}..)(X_{ij} - \overline{X}..)' \qquad \text{(公式 5-3)}$$

描述取向區別分析的主要目的在於求得直線轉換的區別分數 $(D = Xu + c)$，然後使得各分組之間 D 的差異達到最大 (而且這些區別分數 D 兩兩之間的相關都為 0)，所以在使 $\dfrac{u'\mathbf{B}u}{u'\mathbf{W}u}$ 的值達到最大。經過矩陣微分的推導之後，在解得下式之特徵值 λ 及特徵向量 **v**。

$$(\mathbf{W}^{-1}\mathbf{B} - \lambda \mathbf{I})\mathbf{v} = 0 \qquad \text{(公式 5-4)}$$

求解後，每一個 λ 值都有一組對應的 **v** 向量。其中 λ 值便是**區別效標**，它可以用來計算個別區別函數所解釋的百分比，最大的 λ 值也可以用來考驗整體的顯著性。λ 的數目設為 q，則，

$$q = min(p, g-1), \qquad (\text{p 為預測變項數, g 為組數}) \qquad \text{(公式 5-5)}$$

這些特徵向量 **v** 再經過公式 5-6 的轉換就是**原始區別函數係數 u** 向量。

$$\mathbf{u} = \mathbf{v} \times \sqrt{(N-g)}, \quad \mathbf{c} = -\mathbf{u}\overline{\mathbf{X}} \qquad (\text{c 為常數}) \qquad \text{(公式 5-6)}$$

5.1.6　標準化區別函數係數

但是，在解上述的方程所用的分數是原始分數，因此所得到的原始係數不能代表各預測變項的相對重要性。如果要得到**標準化區別函數係數**，其公式為：

$$\mathbf{u}^* = \sqrt{diag\mathbf{W}\Big/(N-g)} \times \mathbf{u} \qquad\qquad (公式\ 5\text{-}7)$$

其中 $diag\mathbf{W}$ 是 $\mathbf{W}$ 矩陣的主對角線元素，主對角線外元素為 0。實際上，$\sqrt{\mathbf{W}\Big/(N-g)}$ 也就是聯合組內共變數矩陣。由上式所求得的 $\mathbf{u}^*$ 就可以代表各預測變項相對的重要性。一般而言，如果預測變項沒有共線性問題，係數值愈大，該變項就愈重要。

在 SAS 軟體中，還有**全體之標準化區別函數係數**，其公式為：

$$\mathbf{u}_T^* = \sqrt{diag\mathbf{T}\Big/(N-1)} \times \mathbf{u} \qquad\qquad (公式\ 5\text{-}8)$$

其中 $\sqrt{\mathbf{T}\Big/(N-1)}$ 就是全體之共變數矩陣。

5.1.7　結構係數(structure coefficient)

此外，還有預測變項與區別函數之**聯合組內相關矩陣** (稱為**聯合組內結構係數矩陣**)，它代表預測變項與區別函數的簡單相關，是聯合組內相關矩陣 (R_w) 右乘標準化區別函數係數矩陣而得，其公式為：

$$s = \mathbf{R}_w\mathbf{u}^* \qquad\qquad (公式\ 5\text{-}9)$$

同樣地，在 SAS 中也有全體之結構係數矩陣，其公式為：

$$s_T = \mathbf{R}_T\mathbf{u}_T^* \qquad\qquad (公式\ 5\text{-}10)$$

以上兩種結構係數何者較佳？學者各有不同的看法。依 Klecka (1980) 的看

法，如果研究者的興趣是在了解各**組內**區別函數與變項的相關，最好使用聯合組內結構係數；如果想要確認各**組間**哪一個區別函數所提供的訊息較有用時，則應使用全體結構係數。大略而言，全體之結構係數會比聯合組內結構係數稍大，但是其絕對值的相對等級則相似。SPSS 只提供聯合組內結構係數。

5.1.8　標準化區別函數係數與結構係數執重

標準化區別函數係數與結構係數的意義不盡相同。前者考慮預測變項對區別函數的整體貢獻。某個預測變項的標準化係數，是排除其他預測變項後，與區別函數的部分相關 (part correlation)，因此會受到其他同時進入之變項的影響。後者則是個別預測變項和區別函數的簡單相關，所以不會受到其他變項的影響。當所有預測變項之間的相關為 0 時，這兩種係數應該一樣。如果它們之間差異過大，或是方向有所不同時，可能就有多元共線性的問題 (Klecka, 1980)。

部分學者認為在解釋區別函數時，應以結構係數為主，因為它比較穩定。不過，也有學者指出，當樣本與變數比太小時 (少於 20)，兩者都不是很穩定 (Johnson ,1998; Stevens, 1996)。所以，許多研究結果均建議，每個預測變項應有 20 個觀察體 (最少也要有 5 個觀察體)，如此分析結果才較穩定 (Hair et al., 2006; SPSS, 2000; Stevens, 1996)。

5.1.9　區別函數轉軸

使用因素分析時，常會進行因素轉軸；在進行區別分析時，SPSS 軟體也提供了 varimax 轉軸法，針對標準化區別函數係數或是結構係數加以轉軸。不過，一經轉軸之後，第一個區別函數的解釋力就不是最大了，此時，SPSS 會提供各區別函數的個別解釋力。

5.1.10　統計顯著性考驗

在考驗顯著性方面，可以使用 Wilks Λ (或稱 U 統計) 來進行，其公式為：

$$\Lambda = \prod_{i=k+1}^{q} \frac{1}{1+\lambda_i}$$ (公式 5-11)

其中 q 為區別函數數目，λ 為特徵值，k 代表刪除的函數數目，Π代表連乘。

如果不剔除任何特徵值，此公式可以考驗整體及第一區別函數的顯著性；其次，剔除第一個 (最大) 特徵值之影響，可考驗第二及其以後的特徵值是否顯著；接著再剔除第二個 (次之) 特徵值之影響，以考驗第三及其以後的特徵值是否顯著；然後依此類推，直到最後一個特徵值為止。

此外，亦可使用 Bartlett 的 χ^2 考驗，其公式為：

$$\chi_m^2 = -\left(N-1-\frac{p+g}{2}\right)ln\Lambda_k, \;\; df = (p-k)(g-k-1)$$ (公式 5-12)

在解釋方面，利用先前求得的原始區別函數係數向量，分別乘以各觀察體在各變項上得分的矩陣即可得到區別分數，其公式為：

$$D = Xu + c \qquad\qquad (c \text{ 為常數})$$ (公式 5-13)

至於各組的區別分數的平均數 (形心) ，則是：

$$\overline{D} = \overline{X}u + c \qquad\qquad (c \text{ 為常數})$$ (公式 5-14)

5.1.11　分類的方法

區別分析常用的分類方法有四種 (Johnson, 1998; Sharma, 1996; SPSS, 2000)。

一是**截斷值 (cutoff-value) 法**：此法是根據區別分數計算一個截斷值，如果某個觀察體的分數大於這個截斷值，就歸為一類；如果小於這個截斷值，則歸為另一類。

二是**線性分類函數 (linear classification function, LCF) 法**：這類技術是將觀察體依線性組合後的函數分數，將其分類到分數最高的一組。這種方法最先由 Fisher

建議使用，因此一般稱為 Fisher 分類函數 (Fisher classification function)。

　　三是**距離函數** (distance function) **法**：這類技術是將觀察體用距離函數 (通常使用 Mahalanobis 距離)，將其分類到與某一個形心距離最小的組別。

　　四是**最大可能性** (maximum likelihood) 或**機率** (probability) **法**：這類技術是將觀察體依事後機率 (posterior probability)，將其分類到機率最高的一組。這種方法使用依據多變量常態分配而計算的機率值來進行分類。

　　當符合多變量常態分配及共變數同質的假設時，上述四種的分類結果會相同。

5.1.11.1　截斷值法

　　截斷值法是計算一個分割點，在這個分割點之下的觀察體劃歸為某一組，分割點之上的則歸為另一組。如果只有兩組，而且兩組的觀察體個數相同，則截斷值為 $\dfrac{\overline{D}_1 + \overline{D}_2}{2}$。如果兩組觀察體個數不同，則截斷值為 $\dfrac{n_1 \overline{D}_1 + n_2 \overline{D}_2}{n_1 + n_2}$。

　　以下面第一個圖為例，超過截斷值的部分均會被分類為第 2 組；在截斷值以下，則歸類為第 1 組。因此，深色陰影部分的觀察體實際上為第 1 組，但是卻會被歸為第 2 組；反之，淺色陰影部分的觀察體實際上為第 2 組，但是卻會被歸為第 1 組。分類的最後結果是，白色部分的觀察體是分類正確的，而陰影部分則是分類錯誤的觀察體。

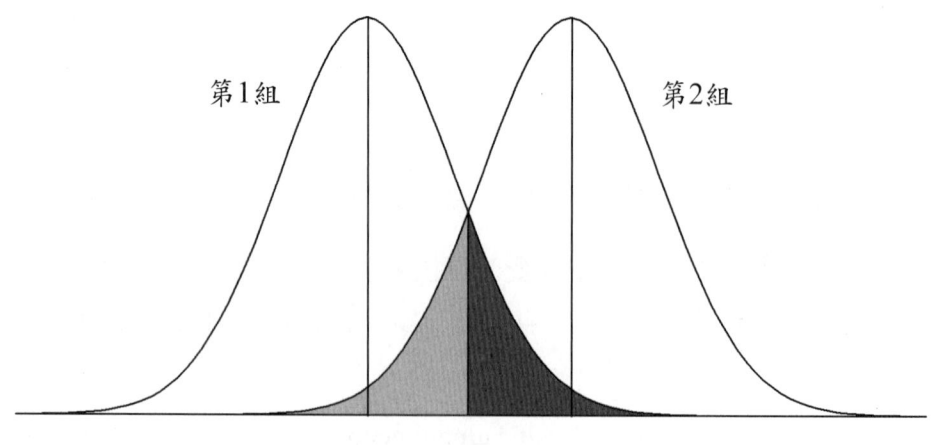

$\overline{D}_1$　　截斷值　　$\overline{D}_2$

　　然而，分類錯誤是要付出代價 (cost) 的。例如，醫師根據各種體檢數據與臨床症狀，判斷就診者是否 (有兩種結果) 罹患某種疾病 (例如癌症)。如果醫師判斷就診者罹患此種疾病，但是事實上他並未罹患此種疾病 (醫學上稱為**偽陽性**, false positive)，則醫師做了錯誤的判斷 (醫學上稱為**誤診**)。就診者可能因此要花更多的時間與金錢接受進一步的檢查，甚至因而上了手術臺。另一方面，醫師判斷就診者並未罹患此種疾病，但是事實上他卻真的罹患此種疾病 (醫學上稱為**偽陰性**, false negative)，則醫師也做了錯誤的判斷 (醫學上稱為**漏診**)。就診者可能因此耽誤了醫治的時機，多受一些身心的痛苦，甚至因而有生命的危險。這兩種都是因為錯誤分類而要付出的代價。

　　如果就診者事實上未罹患疾病，而醫師的診斷結果也是陰性，此稱為**真陰性** (true negative)；反之，如果就診者事實上已經罹患疾病，而醫師的診斷結果也是陽性，則稱為**真陽性** (true positive)。這兩者都是正確的診斷。

　　綜上所述，可以整理如下表。

		事　　實	
		陰性	陽性
判斷	陰性	真陰性	偽陰性 (漏診)
	陽性	偽陽性 (誤診)	真陽性

5.1.11.2　線性分類函數法

　　分類函數法是利用 Fisher 的分類函數係數 (classification function coefficients) 左乘原變項的分數以求得分類分數。分類函數係數的求法如下：

$$b = (N - g)W^{-1}\overline{X}_g, \quad c = -.5b\overline{X}_g + ln(\text{prior}) \qquad (\text{prior：事前機率}) \qquad (\text{公式 5-15})$$

其中 b 為分類係數矩陣，$\overline{X}_g$ 為預測變項在各組之平均數所構成的矩陣。

　　利用上述分類函數係數可將觀察體重新歸到分數 (**Xb**) 最高的那一組。等分類後可對照原來的分組，摘要成分類交叉表，並計算分類的正確率。此外，利用這些分類分數也可轉換成事後機率，同樣也可以做為重新分類的依據。

5.1.11.3　距離函數法

　　這類技術是分別計算個別觀察體到每一組形心的距離函數 (通常使用 Mahalanobis 距離)，與某個組的形心距離較小，表示觀察體與該組的成員較相似，就將其分類到那一組。Mahalanobis 距離的公式為：

$$D_j^2 = (X - \overline{X}_j)' S^{-1} (X - \overline{X}_j) \qquad\qquad (公式\ 5\text{-}16)$$

5.1.11.4　機率法

　　機率法是根據**事前機率** (prior probability) 及 Mahalanobis 距離計算個別觀察體歸屬於某一組的**事後機率**，然後將其分類到機率最高的那一組。

　　事前機率是指分類前觀察體落入各組的機率。如果研究者要使用 3 個預測變項對高中畢業生能否考上大學 (即上榜或落榜) 進行區別分析。假設研究者事前不知道大學的錄取率，則上榜與落榜的事前機率應視為相同，也就是都為 .50；如果研究者已經知道大學的錄取率是 75%，則上榜與落榜的事前機率就分別為 .75 及 .25。而在上述例子中，隨機選取 100 個人，有多少人目前罹患癌症，這是事前機率。經驗告訴我們，罹患癌症者應該不會有 50 人 (也就是機率為 .50)。不過，精確的事前機率則有待大量的醫學研究。然而，除非明確知道各組的事前機率，不然一般建議將各組的事前機率設為相等。

　　SPSS 計算每一組事後機率的計算公式如下 (SPSS, 2000)：

$$P(G_j \mid X) = \frac{P_j \mid S_j \mid^{-1/2} e^{D_j^2/2}}{\displaystyle\sum_{j=1}^{k} P_j \mid S_j \mid^{-1/2} e^{D_j^2/2}} \qquad\qquad (公式\ 5\text{-}17)$$

　　其中，S_j 是第 j 組的共變數矩陣，P_j 是第 j 組的事前機率，而

$D_j^2 = (D - \overline{D}_j) S_j^{-1} (D - \overline{D}_j)'$。

　　SAS 計算每一組事後機率的計算公式如下 (Khattree & Naik, 2000)：

$$P(G_j \mid X) = \frac{e^{-\frac{1}{2}D_j^2(X)}}{\sum_{j=1}^{k} e^{-\frac{1}{2}D_j^2(X)}}$$ （公式 5-18）

此處 $D_j^2 = (X - \overline{X}_j)' S^{-1}(X - \overline{X}_j)$。如果界定每一組的事前機率不同時，則

$D_j^2 = (X - \overline{X}_j)' S^{-1}(X - \overline{X}_j) - 2\ln(\Pi_j)$，$\Pi_j$ 為該組之事前機率。

5.1.12　分類的有效性

至於利用區別分析是否有助於對觀察體的正確分類率 (hit ratio)，其內在效度可以從統計的顯著性及實質的顯著性來分析。

5.1.12.1　統計顯著性

首先可以利用公式 5-19，計算 Press Q，因其為自由度 1 的 χ^2 分配，其值如果大 3.84 (α=.05) 或 6.64 (α=.01)，表示區別分析的結果和隨便猜測有顯著不同。

Press's Q = $\dfrac{[N-(o \times k)]^2}{N(k-1)} \sim \chi^2_{(1)}$

N：總人數；k：組數；o：正確分類的觀察體 （公式 5-19）

以下表為例，本例中共有 15 個觀察體，實際上三組觀察體數各為 6、5、4，正確分類者有 12 個 (5+4+3)，因此其 Q 值為 $\dfrac{[15-(12 \times 3)]^2}{15(3-1)} = 14.70$，

實際組別	預測組別		
	1	2	3
1	5	0	1
2	0	4	1
3	0	1	3

其次，Huberty (1994) 也提出以下的公式：

$$Z = \frac{o - e}{\sqrt{e(N-e)/N}}$$

p_i：第 i 組的事前機率，$e = \sum_{i=1}^{k} p_i n_i$，$n_i$：第 i 組的觀察體   (公式 5-20)

所以上表中 $e = (6 \times .33 + 5 \times .33 + 4 \times .33) = 5$，它代表隨意猜測而可以猜對的觀察體數，$Z = \frac{12 - 5}{\sqrt{5(15-5)/15}} = 3.83$。因為 Z 值成常態分配，所以如果大於 1.96 或 2.58，就已分別達到 .05 或 .01 顯著水準。

5.1.12.2   實質顯著性

首先，可用以下的公式推算 τ (tau) 值 (等於 Huberty I index)，以代表其減少的錯誤：

$$\tau = \frac{o - \sum_{i=1}^{k} p_i n_i}{N - \sum_{i=1}^{k} p_i n_i} = \frac{o - e}{N - e} = \frac{o/N - e/N}{1 - e/N}$$

n_i：第 i 組的觀察體數   (公式 5-21)

本例中共有 15 個觀察體，實際上三組觀察體數各為 6、5、4。事前機率的算法有兩種：一為假設不知每組人數有多少，則各組事前機率均為 1÷組數；一為假設知道各組人數，則各組事前機率為各組人數÷總人數。本例事前機率如均為 .33，12 個觀察體分類正確，其正確率為 $\frac{12}{15} \times 100\% = 80\%$。根據上面的公式，則 τ 值為：

$$\tau = \frac{12 - [6 \times .33) + (5 \times .33) + (4 \times .33)]}{15 - [6 \times .33) + (5 \times .33) + (4 \times .33)]} = \frac{12 - 5}{15 - 5} = 0.70$$

因此使用區別分析可以比隨機猜測減少 70%的錯誤。

此外，如果隨意分組，其機率決斷值 $Cpro = p_1^2 + p_2^2 + p_3^2 + \cdots + p_g^2 = \sum_{i=1}^{g} p_i^2$，

有學者主張正確分類率應大於 1.25 倍之 $Cpro$ 才有意義 (Hair, et al., 1995, p.204)。

假設已知效標變項有 4 組共 25 人，各組人數分別為 5、9、8、3，事前機率如

各為 $\frac{5}{25}$、$\frac{9}{25}$、$\frac{8}{25}$、$\frac{3}{25}$，則其機率決斷值 $Cpro = .20^2 + .36^2 + .32^2 + .12^2 = .2864$，因

此正確分類比例至少應為 .2864×1.25×100%=35.8%，才能說不是憑空臆測。

5.1.13 交叉驗證

外在效度方面，由於區別分析應用到不同的樣本時，可能會有縮水的現象，
區別分析須做**交叉驗證** (cross validation) 的分析。早期的方法則是將所有樣本分
成兩組，一組當成訓練 (training) 組，以進行區別分析；另一組當測試 (test) 組，
以檢驗區別分析的結果是否有效。不過這種方法的問題較多 (詳見 Huberty,
1994)。現在比較常用的交叉分析稱為 Jackknife 法，其步驟如下：

1. 先排除第一個觀察體，用其他的 n－1 個觀察體進行區別分析，得到第一次
的區別函數。

2. 用第一次的區別函數將第一個觀察體加以分類 (即預測組別)。

3. 接著，排除第二個觀察體，並重複步驟 1、2，一直到完成所有 n 個觀察體
為止。

4. 比較每個觀察體的實際組別與預測組別，並計算分類正確率。

5.1.14 基本假定

區別分析的基本假定有七 (Klecka, 1980, p.11; SPSS, 2000) ：

1. 分組變項有兩個或三個以上的水準 (組別)。

2. 每個組至少有兩個觀察體。

3. 預測變項數目應少於總觀察體數減 2。許多研究者建議：全部的觀察體最

好是預測變項數的 10~20 倍 (最少也要有 5 倍)。為了更精確分類,最小組的觀察體數最好是預測變項的 5 倍以上 (最好有 20 倍)。

4. 預測變項為等距或比率變項 (計量資料)。不過,與迴歸分析類似,次序變項 (如五點量表) 也常用在區別分析上。如果預測變項是名義變項,也應化為虛擬變項 (此部分請參閱第二章多元迴歸分析)。

5. 任何預測變項都不是其他預測變項的線性組合 (也就是線性相依),如果有太高的相關,會產生多元共線性問題。

6. 每一組的組內共變異數矩陣應大致相等,否則,區別函數就不能使各組的差異達到最大,會影響區別函數的估計及分類的結果。然而,如果樣本數不多,而各組內共變異數矩陣差異性也不大,則使用一般區別分析仍是恰當的。但是,如果各組內共變異數矩陣差異性太大,最好改用**二次區別分析** (quadratic discriminant analysis)。

7. 每一組都是從多變量常態分配的母體中抽選出來的。不過,隨著樣本數增加,這個假設經常會違反。如果資料嚴重違反多變量常態分配的假設,可以改用邏輯斯迴歸或是無母數的區別分析。

5.1.15 逐步區別分析

區別分析也與迴歸分析一樣,可以強迫將所有預測變項均投入分析,也可以採用逐步分析的方式,僅選擇較重要的變項。然而,研究 (Moore, Jr., 1996; Thompson, 1995b) 發現,逐步法 (stepwise method) 無論在區別分析及迴歸分析中,都不是選擇重要預測變項的好方法 (甚至是壞的方法),原因是:

1. 統計軟體在使用逐步法時,將自由度算錯,因此會導致錯誤的結論;

2. 當使用不同的樣本進行分析時,逐步法所選擇的變項常會不同,因此缺乏可複製性;

3. 使用逐步法所得到的變項,不等於最佳的預測變項組合。

如果要選擇較少的變項進行區別分析,使用所有可能組合法會是比較好的方式 (Whitaker, 1997b)。

5.1.16　區別分析與典型相關

　　區別分析與典型相關有許多相似之處。在第二章的迴歸分析中，提到非計量資料化為虛擬變項的方法，如果將區別分析之分組變項化為虛擬變項，然後以典型相關分析的方法求其係數，其結果與直接進行區別分析是一樣的，因此區別分析可視為典型相關分析的特例。而在顯著考驗方面，兩者的概念也是差不多的。在典型相關方面，典型相關的數目是自變項及依變項中數目較少者，因為虛擬變項比分組數少了一個，因此區別函數方程的數目是預測變項數 (p) 與分組數 (g) 減 1 中較少者，即 min (p, g–1)。典型相關部分可參閱本書第四章。

5.2　假設性資料

　　假設有 30 個觀察體在 4 個變項的數據，以 Y 為分組變項，X1~X3 為反應變項進行區別分析。

觀察體	Y	X1	X2	X3	觀察體	Y	X1	X2	X3
1	3	13.6	10.3	6.2	16	1	2.1	7.0	11.2
2	3	4.2	16.5	12.0	17	1	12.8	6.9	10.4
3	3	12.5	9.1	12.7	18	3	6.7	10.2	3.9
4	2	7.1	6.2	11.1	19	1	11.6	4.4	11.0
5	2	7.2	10.8	9.5	20	3	14.0	9.2	8.9
6	3	13.5	10.1	5.7	21	3	10.4	9.9	7.9
7	1	8.7	10.0	12.9	22	1	6.2	7.2	17.0
8	2	14.1	8.3	12.1	23	1	7.6	7.1	13.6
9	1	6.4	11.2	13.8	24	3	9.1	10.4	7.4
10	2	9.5	12.6	7.6	25	1	7.6	6.7	12.2
11	2	8.5	6.9	8.2	26	1	8.8	3.1	11.2
12	1	10.8	5.1	10.5	27	2	9.0	12.9	10.8
13	2	13.1	9.9	18.1	28	3	11.8	13.8	11.3
14	3	11.0	8.1	11.8	29	2	5.1	6.7	8.5
15	2	12.9	9.9	8.7	30	2	7.5	8.5	6.0

5.2.1 簡要語法

在 SPSS 中先進行 MANOVA，列出效果量；其次進行區別分析，列出 Fisher 分類函數係數、原始線性區別函數係數、重新分類表，及交叉驗證結果。

```
GLM X1 X2 X3 BY Y
        /PRINT=ETASQ.
DISCRIMINANT
        /GROUPS=Y(1 3)
        /VARIABLES=X1 X2 X3
        /ANALYSIS ALL
        /STATISTICS=COEFF RAW TABLE CROSSVALID.
```

在 SAS 中，第一個程序在進行以描述取向的區別分析，第二個程序則較傾向為預測取的區別分析。兩個分析都列出詳細的輸出結果。

```
PROC CANDISC ALL ;
        VAR X1 X2 X3 ;
        CLASS Y ;
PROC DISCRIM ALL LIST ;
        VAR X1 X2 X3 ;
        CLASS Y ;
RUN ;
```

5.2.2 簡要報表

在進行描述取向的區別分析 (DDA) 之前，先以 Y 為自變項，X1~X3 為依變項進行多變量變異數分析 (MANOVA)。整體考驗所得 Wilks $\Lambda = 0.414$，$p = .001$，表示三組中 X1~X3 的平均數有顯著差異，效果量為 $1 - \sqrt[3]{0.414} = 0.357$ (計算方法詳見第七章)。

Multivariate Tests						
Effect		Value	F	Hypothesis df	Error df	Sig.	Partial Eta Squared
Y	Pillai's Trace	.588	3.611	6.000	52.000	.005	.294
	Wilks' Lambda	.414	4.625[a]	6.000	50.000	.001	.357
	Hotelling's Trace	1.414	5.655	6.000	48.000	.000	.414
	Roy's Largest Root	1.411	12.226[b]	3.000	26.000	.000	.585

a. Exact statistic
b. The statistic is an upper bound on F that yields a lower bound on the significance level.

進行單變量變異數分析 (ANOVA)，如果使用 Bonferroni 校正程序，$p < .05/3 = .0167$，表示單一個依變項之平均數在三組間達 .05 顯著水準之差異，則三組間只有 X2 的平均數有差異，X3 的 p 值為 .029，接近 .0167。

Tests of Between-Subjects Effects						
Source	Dependent Variable	Type III Sum of Squares	df	Mean Square	F	Sig.
Y	X1	29.315	2	14.657	1.528	.235
	X2	77.041	2	38.520	6.538	.005
	X3	66.603	2	33.301	4.047	.029
Error	X1	259.040	27	9.594		
	X2	159.066	27	5.891		
	X3	222.176	27	8.229		
Corrected Total	X1	288.355	29			
	X2	236.107	29			
	X3	288.779	29			

接著，進行區別分析。因為有三個自變項，依變項為三個類別，因此可以求得的線性區別函數 (LDF) 是二。兩個特徵值分別為 1.411 及 0.003，其中第一個函數已佔了 99.8% 的變異量，第二函數僅佔 0.2%，微乎其微。

Eigenvalues				
Function	Eigenvalue	% of Variance	Cumulative %	Canonical Correlation
1	1.411	99.8	99.8	.765
2	.003	.2	100.0	.055

向度縮減顯著性考驗。第 1 個函數之 Λ 值為 0.414，轉換為 χ^2 值為 22.958，p

= .001，達顯著。第二個函數之 χ^2 值為 0.080，p = .961，不顯著。表示三組之第 1 個 LDF 有差異，而第 2 個 LDF 則無顯著差異。

Wilks' Lambda				
Test of Function(s)	Wilks' Lambda	Chi-square	df	Sig.
1 through 2	.414	22.958	6	.001
2	.997	.080	2	.961

Y 的 3 組，在函數上的形心 (平均數)。在第 1 個 LDF 上，第 1 組的平均數為 –1.464，第 2 組為 0.188，第 3 組為 1.276，看得出來 3 組間有差異。三組在第 2 個 LDF 的平均數各為 0.029、–0.074，及 0.044，差異非常小，也不顯著。

Functions at Group Centroids		
	Function	
Y	1	2
1	-1.464	.029
2	.188	-.074
3	1.276	.044
Unstandardized canonical discriminant functions evaluated at group means		

各組形心在 PDF1 及 LDF2 之坐標圖。由圖中形心可以看出，3 組在第 1 個函數上有明顯差別，在第 2 個函數則都集中在 0，沒有明顯差異。

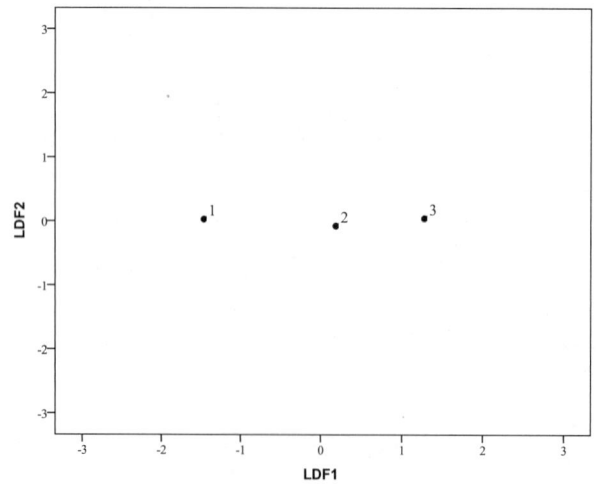

未標準化加權係數。

$$F_1 = 0.179X_1 + 0.364X_2 - 0.248X_3 - 2.365，$$

$$F_2 = 0.278X_1 - 0.037X_2 + 0.143X_3 - 3.789，$$

因為單位不相等，所以無法比較 X1~X3 相對的重要性。

Canonical Discriminant Function Coefficients		
	Function	
	1	2
X1	.179	.278
X2	.364	-.037
X3	-.248	.143
(Constant)	-2.365	-3.789
Unstandardized coefficients		

標準化加權係數。

$$F_1 = 0.553Z_{X_1} + 0.883Z_{X_2} - 0.712Z_{X_3}，$$

$$F_2 = 0.862Z_{X_1} - 0.089Z_{X_2} + 0.411Z_{X_3}，$$

由第 1 條 LDF 的係數來看，X2 的標準化加權係數為 0.883 最大，其次為 X3 之 −0.712，表示 3 組間 X2 的平均數有較大的差異。

Standardized Canonical Discriminant Function Coefficients		
	Function	
	1	2
X1	.553	.862
X2	.883	-.089
X3	-.712	.411

　聯合組內結構係數，代表變數與 LDF 間之相關係數。第 1 個 LDF 與 3 個反應變項的相關，其中與 X2 的相關最高為 .586，其次為與 X3 之 −.460，大小順序與標準化加權係數相同。

Pooled Within Structure Matrix		
	Function	
	1	2
X1	.280	.918
X2	.586	-.201
X3	-.460	.465

使用 SAS 分析所得全體結構係數如下。

Total Structure Matrix		
	Function	
	1	2
X1	.412	.872
X2	.747	-.165
X3	-.627	.408

上述為描述取向的區別分析。在預測取向的區別分析 (PDF) ，較重要者為下表之 Fisher 線性分類函數 (LCF) 係數。將 30 個觀察體 X1~X3 變項的原始數值乘上 3 個組的加權係數，得分最高的組別，就是重新分類的組。以第 1 個觀察體為例，他在 3 個 X 變項的數值分別為 13.6、10.3，及 6.2。

$$Y_{(1)} = 0.980 \times 13.6 + 1.141 \times 10.3 + 1.190 \times 6.2 - 16.433 = 16.025，$$

$$Y_{(2)} = 1.247 \times 13.6 + 1.746 \times 10.3 + 0.765 \times 6.2 - 18.898 = 20.788，$$

$$Y_{(3)} = 1.474 \times 13.6 + 2.137 \times 10.3 + 0.512 \times 6.2 - 22.715 = 22.517，$$

在第 3 組的得分 22.517 最高，因此第 1 個觀察體重新分類後為第 3 組。而其原始的 Y 也為 3，所以用 3 個 X 對第 1 個觀察體進行區別分析，分類結果是正確的。

Classification Function Coefficients			
	Y		
	1	2	3
X1	.980	1.247	1.474
X2	1.141	1.746	2.137
X3	1.190	.765	.512
(Constant)	-16.433	-18.898	-22.715
Fisher's linear discriminant functions			

　　重新分類結果。表格上半為原始分類結果，正確的觀察體共有 $7+4+8=19$，分類正確率為 $19/30*100\% = 63.3\%$。三組的分類正確率分別為 70%、40%，及80%，第二組的正確率較低。

　　表格下半部為交叉驗證結果，正確的觀察體共有 $7+3+7=17$，分類正確率為56.7%。

Classification Results		Y	1	2	3	Total
			Predicted Group Membership			
Original	Count	1	7	3	0	10
		2	3	4	3	10
		3	0	2	8	10
	%	1	70.0	30.0	.0	100.0
		2	30.0	40.0	30.0	100.0
		3	.0	20.0	80.0	100.0
Cross-validated	Count	1	7	3	0	10
		2	3	3	4	10
		3	0	3	7	10
	%	1	70.0	30.0	.0	100.0
		2	30.0	30.0	40.0	100.0
		3	.0	30.0	70.0	100.0

a. Cross validation is done only for those cases in the analysis. In cross validation, each case is classified by the functions derived from all cases other than that case.
b. 63.3% of original grouped cases correctly classified.
c. 56.7% of cross-validated grouped cases correctly classified.

5.3　應用部分

5.3.1　範例說明

　　以下將利用 2009 年臺灣地區 23 縣市 (city) 之老化指數 (old)、農林漁牧業人口率 (也就是一級產業人口率) (farmer)、高等教育人口率 (high)，及每人平均支配所得 (以萬為單位) (income) 為預測變項；而以數位化程度 (分為三組，見第八章之範例) 為效標變項。

　　報表部分先以 SAS 說明描述取向的分析，再以 SPSS 說明描述及預測取向的分析。

5.3.2 SPSS 分析步驟圖

1. 點選《分析》(Analyze) 中之《分類》(Classify)，進行《判別》(Discriminant) 分析。

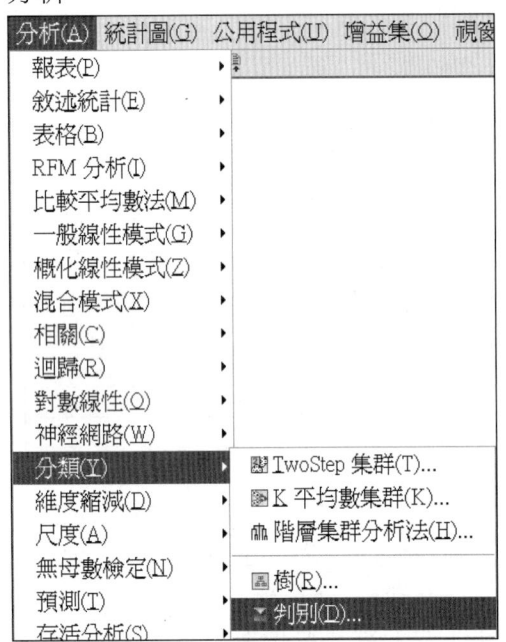

2. 分析時應點選要分析的變項。此時，要先界定《自變項》(Independents)及《分組變數》(分組變數還要定義範圍，此將在後面補充說明之)。緊接著將分別針對《統計量》(Statistics)、《方法》(Method)、《分類》(Classify)，及《儲存》(Save) 等 4 個按鈕加以說明。

3. 定義分組變項範圍，分別輸入最小值 (此例為 1) 及最大值 (此例為 3)，並按
　《繼續》(Continue) 鈕。

4. 其次，點選上圖中之《統計量》(Statistics) 按鈕，並選擇《描述性統計量》
　(Descriptives)、《矩陣》(Matrices)，及《判別函數係數》(Function Coefficients)
　中的所有選項。

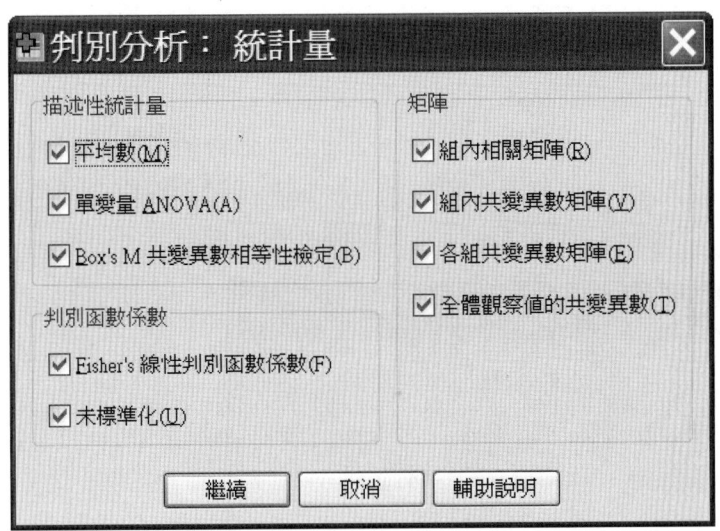

5. 在《分類》的對話盒中有《顯示》(Display) 及《圖形》(Plots) 的選項可供勾
　選。此外，《事前機率》(Prior Probabilities) 及《使用共變異數矩陣》(Use
　Covariance Matrix) 中都各有兩種選項可供選擇 (圓形代表只能從中選取一
　個)。事前機率內定為所有組別相等，如果研究者認為各組事前的機率並不相
　等，則應指定依據組別大小計算 (如果想要界定特定的事前機率，則要改用
　撰寫語法的方式)。分析時，如果沒有違反各組變異數同質的假設，可以使用
　〈聯合組內共變數矩陣〉；但是如果違反各組變異數同質的假設，則應使用
　〈個別組內共變數矩陣〉。

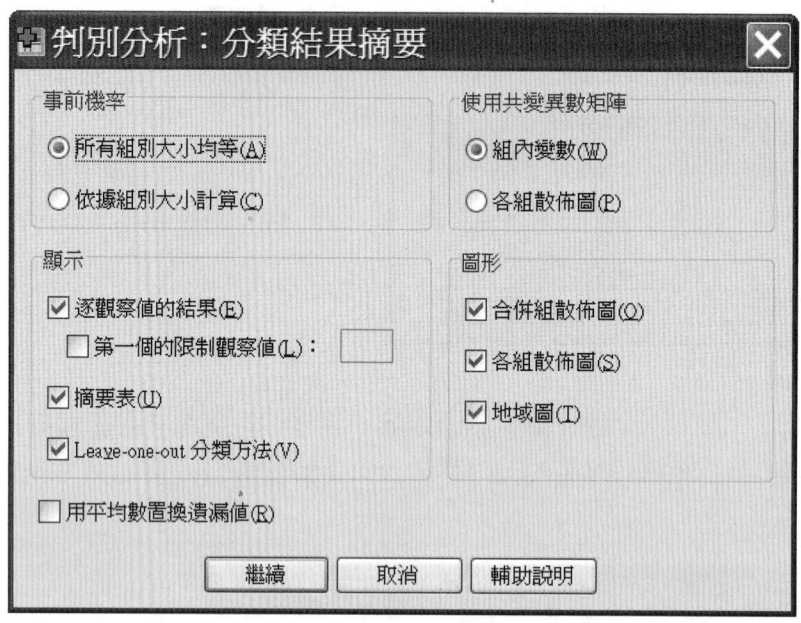

6.   在《**儲存**》的對話盒有三個選項，如果勾選的話，就會將分析所得到的各項
      數據存在現行的工作檔中。不過，此時仍要在資料編輯的視窗中執行儲存檔
      案的動作才可以，否則，退出系統後這些數據就會消失。

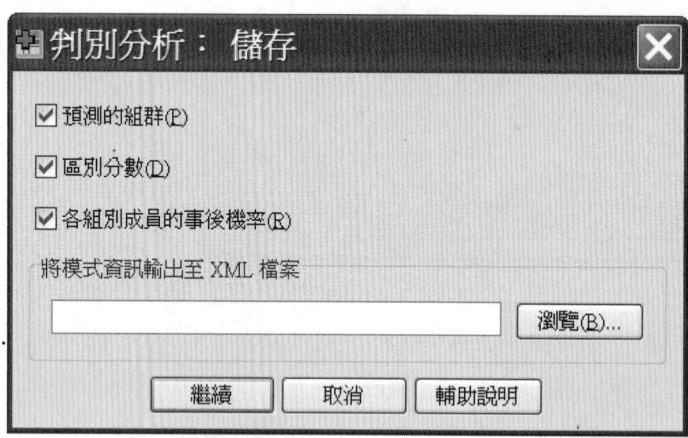

7. 類似迴歸分析，區別分析也可以使用逐步法 (stepwise method)。(此處僅說明統計概念，建議讀者謹慎使用此方法。)

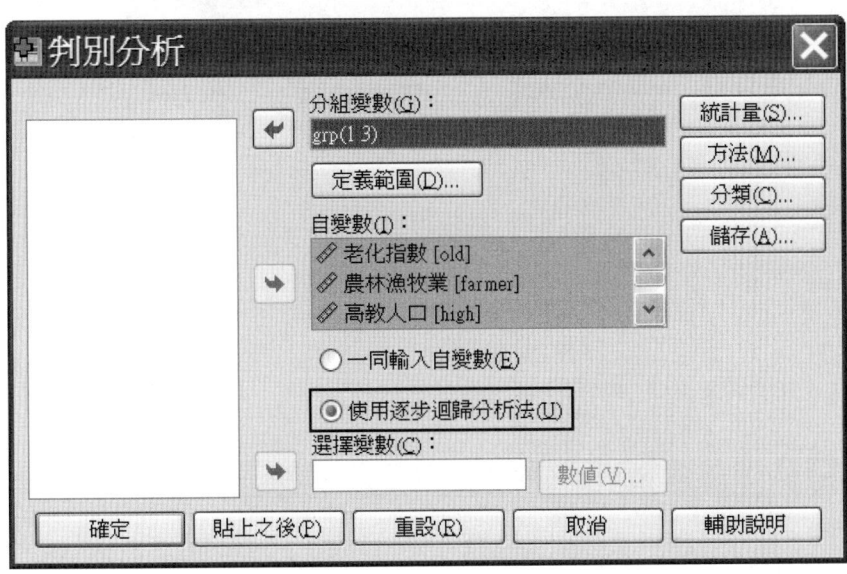

8. 內定的方法為 Wilks' λ 值法，如果變項的 F 值大於 3.84 就會進入分析，小於 2.71 就會退出分析。

9. 當上述的選項都設定後，即可點選《**確定**》(OK) 進行分析。如果點選《**貼上語法**》(Paste)，則可以自動產生程式。

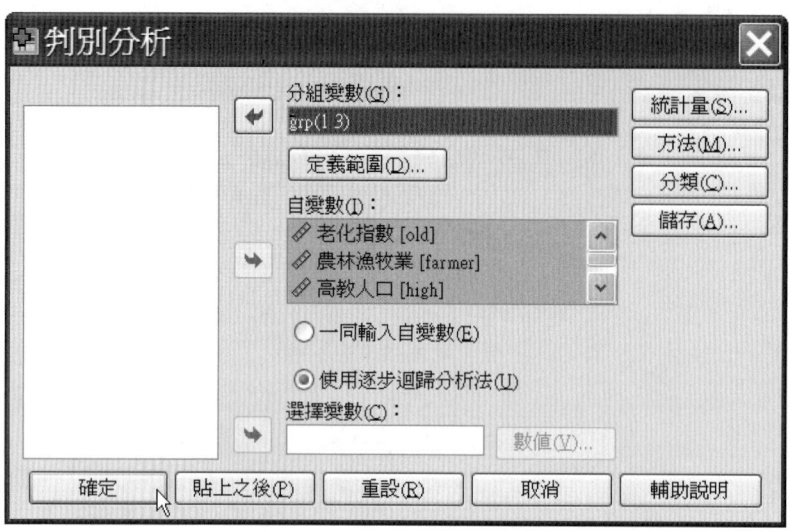

5.3.3 SPSS 程式

```
[1]   DISCRIMINANT
[2]                     /GROUPS=grp(1 3)
[3]                     /VARIABLES=old   farmer   high   income
[4]                     /ANALYSIS=ALL
[5]                     /METHOD=WILKS
[6]                     /PRIORS=EQUAL
[7]                     /STATISTICS= MEAN STDDEV UNIVF BOXM
                         COEFF RAW CORR COV GCOV TCOV TABLE
                         CROSSVALID
[8]                     /PLOT= COMBINED SEPARATE MAP CASES
[9]                     /CLASSIFY=NONMISSING POOLED .
```

5.3.4 SPSS 程式說明

[1]   進行區別分析。

[2]   以數位化程度為分組變項 (分為三組，1 最高，3 最低)。

[3]   以 old、farmer、high、income 四個變項為預測變項。

[4]   將 4 個變項都列入分析。

[5] 如果加上此列指令，則會以 Wilks 的方法進行逐步分析。如果要進行全部投入法，則此列指令可不加。

[6] 將各組事前機率定為相同。

[7] 列出相關之統計量數。

[8] 繪出所有的領域圖。

[9] 分類方式：將所有沒有缺失值的觀察體都列入分析，且使用聯合組內共變數矩陣進行分析。

5.3.5 SAS 程式

```
[1]  PROC   CANDISC    ALL ;
[2]                    VAR   old   farmer   high   income ;
[3]                    CLASS   grp ;
[4]  PROC   DISCRIM    ALL   POOL=TEST   LIST;
                       VAR   old   farmer   high   income ;
                       CLASS   grp ;
[5]  PROC   STEPDISC   ALL ;
                       VAR   old   farmer   high   income ;
                       CLASS   grp ;
[6]  RUN ;
```

5.3.6 SAS 程式說明

[1] 以 CANDISC 進行描述取向之區別分析程序，並列出所有統計量。

[2] 以 old、farmer、high，及 income 為預測變項。

[3] 以 grp 為分組變項。

[4] 以 DISCRIM 進行預測取向之區別分析程序，並列出所有統計量及個別觀察體的分類結果。分析過程中由系統自動判斷共變數矩陣是否同質，如果不同質則採二次區別分析。

[5] 以 STEPDISC 進行逐步區別分析程序，並列出所有統計量。

[6] 執行分析。

5.3.7 報表及解說 (前半部為 SAS，後半部以 SPSS 為主)

[1]

Observations	23	DF Total	22
Variables	4	DF Within Classes	20
Classes	3	DF Between Classes	2

分析之觀察體共有 23 縣市數，全體自由度為 22；組別數為 3，自由度為 2；組內自由度為 22－2=20。

[2]

Class Level Information				
GRP_DEN	Variable Name	Frequency	Weight	Proportion
1	_1	7	7.0000	0.304348
2	_2	9	9.0000	0.391304
3	_3	7	7.0000	0.304348

三組之縣市數分別為 7、9、7，各佔 30.4%、39.1%，及 30.4%。

[3]

Within-Class SSCP Matrices					
grp = 1					
Variable	Label	old	farmer	high	income
old	老化指數	1210.166343	-20.994443	502.005286	310.011812
farmer	農林漁牧業	-20.994443	2.947143	-28.542286	-9.996994
high	高教人口	502.005286	-28.542286	530.320971	199.197059
income	支配所得	310.011812	-9.996994	199.197059	122.592715

第一組 (高數位化程度) 縣市之組內 SSCP 矩陣，對角線上為 SS (sum of squares, 離均差平方和)，對角線外為 CP (cross product, 交乘積)。在此可以發現，農林漁牧業人口率與其他三個變數均為負向的共變關係。

[4]

Within-Class SSCP Matrices					
grp = 2					
Variable	Label	old	farmer	high	income
old	老化指數	1452.019600	424.409200	-485.063400	-82.470666
farmer	農林漁牧業	424.409200	323.678222	-225.610256	-50.591477
high	高教人口	-485.063400	-225.610256	468.204289	76.967152
income	支配所得	-82.470666	-50.591477	76.967152	31.081028

第二組 (中數位化程度) 縣市之組內 SSCP 矩陣。

[5]

Within-Class SSCP Matrices					
grp = 3					
Variable	Label	old	farmer	high	income
old	老化指數	983.0327429	100.1588429	-18.3060857	2.0874189
farmer	農林漁牧業	100.1588429	328.8775429	-151.9579857	-24.4278541
high	高教人口	-18.3060857	-151.9579857	80.1861714	7.0725293
income	支配所得	2.0874189	-24.4278541	7.0725293	8.4747792

第三組 (低數位化程度) 縣市之組內 SSCP 矩陣。

[6]

Pooled Within-Class SSCP Matrix					
Variable	Label	old	farmer	high	income
old	老化指數	3645.218686	503.573600	-1.364200	229.628565
farmer	農林漁牧業	503.573600	655.502908	-406.110527	-85.016325
high	高教人口	-1.364200	-406.110527	1078.711432	283.236741
income	支配所得	229.628565	-85.016325	283.236741	162.148522

　　聯合組內 SSCP 矩陣，這是前面三組組內 SSCP 矩陣的總和。以老化指數的 SS 為例，三組的 SS 分別為 1210.17、1452.02、983.03，因此總和為 3645.22；再以老化指數及農林漁牧業人口率的 CP 為例，三組的 CP 分別為 - 20.99、424.41、100.16，因此總和為 503.57。

[7]

Between-Class SSCP Matrix					
Variable	Label	old	farmer	high	income
old	老化指數	3675.982575	1681.141826	-2017.143239	-825.271564
farmer	農林漁牧業	1681.141826	778.758275	-908.803047	-357.658562
high	高教人口	-2017.143239	-908.803047	1125.799029	480.151631
income	支配所得	-825.271564	-357.658562	480.151631	224.654717

組間 SSCP 矩陣。

[8]

Total-Sample SSCP Matrix					
Variable	Label	old	farmer	high	income
old	老化指數	7321.201261	2184.715426	-2018.507439	-595.642999
farmer	農林漁牧業	2184.715426	1434.261183	-1314.913574	-442.674887
high	高教人口	-2018.507439	-1314.913574	2204.510461	763.388372
income	支配所得	-595.642999	-442.674887	763.388372	386.803240

全體之 SSCP 矩陣，等於聯合組內 SSCP 與組間 SSCP 的總和。如，老化指數及農林漁牧業人口率的全體 CP 為 2184.72，是聯合組內 CP 50.3.57 及組間 CP 1681.14 的和。

[9]

Within-Class Covariance Matrices					
grp = 1, DF = 6					
Variable	Label	old	farmer	high	income
old	老化指數	201.6943905	-3.4990738	83.6675476	51.6686353
farmer	農林漁牧業	-3.4990738	0.4911905	-4.7570476	-1.6661657
high	高教人口	83.6675476	-4.7570476	88.3868286	33.1995098
income	支配所得	51.6686353	-1.6661657	33.1995098	20.4321192

第一組縣市之組內變異數及共變數矩陣，對角線上為變異數，對角線外為共變數。在此可以發現，老化指數的變異數為 201.69，乘上自由度 6 之後，等於表[3] 之 1210.17。

[10]

Within-Class Covariance Matrices					
grp = 2, DF = 8					
Variable	Label	old	farmer	high	income
old	老化指數	181.5024500	53.0511500	-60.6329250	-10.3088332
farmer	農林漁牧業	53.0511500	40.4597778	-28.2012819	-6.3239346
high	高教人口	-60.6329250	-28.2012819	58.5255361	9.6208941
income	支配所得	-10.3088332	-6.3239346	9.6208941	3.8851285

　　第二組縣市之組內變異數及共變數矩陣，自由度為 8。

[11]

Within-Class Covariance Matrices					
grp = 3, DF = 6					
Variable	Label	old	farmer	high	income
old	老化指數	163.8387905	16.6931405	-3.0510143	0.3479031
farmer	農林漁牧業	16.6931405	54.8129238	-25.3263310	-4.0713090
high	高教人口	-3.0510143	-25.3263310	13.3643619	1.1787549
income	支配所得	0.3479031	-4.0713090	1.1787549	1.4124632

　　第三組縣市之組內變異數及共變數矩陣，自由度為 6。

[12]

Pooled Within-Class Covariance Matrix, DF = 20					
Variable	Label	old	farmer	high	income
old	老化指數	182.2609343	25.1786800	-0.0682100	11.4814282
farmer	農林漁牧業	25.1786800	32.7751454	-20.3055263	-4.2508162
high	高教人口	-0.0682100	-20.3055263	53.9355716	14.1618370
income	支配所得	11.4814282	-4.2508162	14.1618370	8.1074261

　　聯合組內變異數及共變數矩陣，自由度為 20。此處應留意，不可以直接將三組之組內變異數及共變數矩陣相加，而得到聯合組內變異數及共變數矩陣。

[13]

Between-Class Covariance Matrix, DF = 2					
Variable	Label	old	farmer	high	income
old	老化指數	239.7379940	109.6396843	-131.5528199	-53.8220585
farmer	農林漁牧業	109.6396843	50.7885831	-59.2697639	-23.3255584
high	高教人口	-131.5528199	-59.2697639	73.4216758	31.3142368
income	支配所得	-53.8220585	-23.3255584	31.3142368	14.6513946

組間之變異數及共變數矩陣，自由度為 2。

[14]

Total-Sample Covariance Matrix, DF = 22					
Variable	Label	old	farmer	high	income
old	老化指數	332.7818755	99.3052466	-91.7503381	-27.0746818
farmer	農林漁牧業	99.3052466	65.1936901	-59.7687988	-20.1215858
high	高教人口	-91.7503381	-59.7687988	100.2050209	34.6994714
income	支配所得	-27.0746818	-20.1215858	34.6994714	17.5819654

全體之變異數及共變數矩陣，自由度為 22。

[15]

Within-Class Correlation Coefficients / Pr > |r|				
grp = 1				
Variable	old	farmer	high	income
old 老化指數	1.00000	-0.35155 0.4394	0.62664 0.1321	0.80487 0.0290
farmer 農林漁牧業	-0.35155 0.4394	1.00000	-0.72197 0.0669	-0.52594 0.2253
high 高教人口	0.62664 0.1321	-0.72197 0.0669	1.00000	0.78123 0.0381
income 支配所得	0.80487 0.0290	-0.52594 0.2253	0.78123 0.0381	1.00000

第一組縣市之相關矩陣。在此可以發現，農林漁牧業人口率分別與其他三個

變數有負相關 (但因縣市數較少，因此多半未達 .05 顯著水準)。$r_{XY} = \dfrac{CP}{\sqrt{SS_X}\sqrt{SS_Y}}$，

其中，農林漁牧業人口率與支配所得的相關係數為 −0.52594，會等於表[3]中 $\dfrac{-9.9970}{\sqrt{2.9471} \times \sqrt{122.5927}}$。

[16]

Within-Class Correlation Coefficients / Pr > |r|			
grp = 2			
Variable	old	farmer	high	income
old 老化指數	1.00000	0.61907 0.0755	-0.58829 0.0957	-0.38821 0.3019
farmer 農林漁牧業	0.61907 0.0755	1.00000	-0.57954 0.1019	-0.50440 0.1661
high 高教人口	-0.58829 0.0957	-0.57954 0.1019	1.00000	0.63803 0.0645
income 支配所得	-0.38821 0.3019	-0.50440 0.1661	0.63803 0.0645	1.00000

第二組縣市之相關矩陣。

[17]

Within-Class Correlation Coefficients / Pr > |r|			
grp = 3			
Variable	old	farmer	high	income
Old 老化指數	1.00000	0.17615 0.7056	-0.06520 0.8895	0.02287 0.9612
farmer 農林漁牧業	0.17615 0.7056	1.00000	-0.93574 0.0019	-0.46270 0.2958
high 高教人口	-0.06520 0.8895	-0.93574 0.0019	1.00000	0.27131 0.5562
income 支配所得	0.02287 0.9612	-0.46270 0.2958	0.27131 0.5562	1.00000

第三組縣市之相關矩陣。

[18]

Pooled Within-Class Correlation Coefficients / Pr > |r|			
Variable	old	farmer	high	income
old 老化指數	1.00000	0.32577 0.1496	-0.00069 0.9976	0.29868 0.1884
farmer 農林漁牧業	0.32577 0.1496	1.00000	-0.48295 0.0266	-0.26077 0.2536
high 高教人口	-0.00069 0.9976	-0.48295 0.0266	1.00000	0.67724 0.0007
income 支配所得	0.29868 0.1884	-0.26077 0.2536	0.67724 0.0007	1.00000

聯合組內之相關矩陣。 $r_{XY} = \dfrac{CP}{\sqrt{SS_X}\sqrt{SS_Y}} = \dfrac{S_{XY}}{\sqrt{S_X^2}\sqrt{S_Y^2}}$ ，其中，老化指數與農林

漁牧業人口率的相關係數為 0.32577，會等於報表[6]中 $\dfrac{503.5736}{\sqrt{3645.2187}\times\sqrt{655.5029}}$ ，

也等於表報[12]中 $\dfrac{25.1787}{\sqrt{182.2609}\times\sqrt{32.7751}}$ 。

[19]

Between-Class Correlation Coefficients / Pr > |r|			
Variable	old	farmer	high	income
old 老化指數	1.00000	0.99361 0.0720	-0.99156 0.0828	-0.90814 0.2750
farmer 農林漁牧業	0.99361 0.0720	1.00000	-0.97059 0.1548	-0.85509 0.3470
high 高教人口	-0.99156 0.0828	-0.97059 0.1548	1.00000	0.95475 0.1922
income 支配所得	-0.90814 0.2750	-0.85509 0.3470	0.95475 0.1922	1.00000

由組間 SSCP 矩陣計算所得之組間相關矩陣，計算方法如[18]的說明。

[20]

Total-Sample Correlation Coefficients / Pr > |r|				
Variable	old	farmer	high	income
old 老化指數	1.00000	0.67420 0.0004	-0.50244 0.0146	-0.35396 0.0975
farmer 農林漁牧業	0.67420 0.0004	1.00000	-0.73948 <.0001	-0.59433 0.0028
high 高教人口	-0.50244 0.0146	-0.73948 <.0001	1.00000	0.82669 <.0001
income 支配所得	-0.35396 0.0975	-0.59433 0.0028	0.82669 <.0001	1.00000

　　由全體 SSCP 矩陣計算所得之全體相關矩陣，這等於是使用 23 個縣市所進行的零階 (簡單) 相關。由此可發現，老化指數與農林漁牧業人口率，高等教育人口率與每人支配所得，均有正相關。因此，農林漁牧業人口率高的縣市，老化指數也較高；高等教育人口率高的縣市，每人可支配的所得也較高。而老化指數及農林漁牧業人口率，分別與高等教育人口率及每人支配所得有負相關。因此，老化指數及農林漁牧業人口率較高的縣市，其高等教育人口率及每人可支配的所得也較低。

[21]

Simple Statistics						
Total-Sample						
Variable	Label	N	Sum	Mean	Variance	Standard Deviation
old	老化指數	23	1652	71.83870	332.78188	18.2423
farmer	農林漁牧業	23	178.73000	7.77087	65.19369	8.0743
high	高教人口	23	748.62000	32.54870	100.20502	10.0102
income	支配所得	23	573.77470	24.94673	17.58197	4.1931

　　全部縣市之 4 個預測變項的總和、平均數、變異數，及標準差。

[22]

Simple Statistics						
grp = 1						
Variable	Label	N	Sum	Mean	Variance	Standard Deviation
old	老化指數	7	390.30000	55.75714	201.69439	14.2019
farmer	農林漁牧業	7	6.67000	0.95286	0.49119	0.7008
high	高教人口	7	294.80000	42.11429	88.38683	9.4014
income	支配所得	7	207.38340	29.62620	20.43212	4.5202

第一組縣市之描述統計，含總和、平均數、變異數，及標準差。

[23]

Simple Statistics						
grp = 2						
Variable	Label	N	Sum	Mean	Variance	Standard Deviation
old	老化指數	7	644.85000	71.65000	181.50245	13.4723
farmer	農林漁牧業	7	61.79000	6.86556	40.45978	6.3608
high	高教人口	7	283.69000	31.52111	58.52554	7.6502
income	支配所得	7	210.21530	23.35726	3.88513	1.9711

第二組縣市之描述統計。

[24]

Simple Statistics						
grp = 3						
Variable	Label	N	Sum	Mean	Variance	Standard Deviation
old	老化指數	7	617.14000	88.16286	163.83879	12.8000
farmer	農林漁牧業	7	110.27000	15.75286	54.81292	7.4036
high	高教人口	7	170.13000	24.30429	13.36436	3.6557
income	支配所得	7	156.17600	22.31086	1.41246	1.1885

第三組縣市之描述統計。

[25]

Total-Sample Standardized Class Means				
Variable	Label	1	2	3
old	老化指數	-0.881552433	-0.010343846	0.894851664
farmer	農林漁牧業	-0.844413186	-0.112123452	0.988571909
high	高教人口	0.955579938	-0.102653278	-0.823597153
income	支配所得	1.115997751	-0.379069436	-0.628622762

　　將 4 個預測變項標準化為 z 分數 (平均數為 0，標準差為 1) 之後，3 組之平均數。整體而言，高數位化程度縣市 (代號 1) 之老化指數及農林漁牧業人口率較低，而高等教育人口率及每人可支配所得較高，低數位化程度縣市 (代號 3) 則相反。

[26]

Pooled Within-Class Standardized Class Means				
Variable	Label	1	2	3
old	老化指數	-1.191190400	-0.013977036	1.209160876
farmer	農林漁牧業	-1.190927914	-0.158134608	1.394243839
high	高教人口	1.302489174	-0.139920040	-1.122591980
income	支配所得	1.643446348	-0.558227183	-0.925725684

　　聯合組內 z 分數。它是以各組的平均數減去全體的平均數再除以聯合組內的標準差 (可以從報表[30]聯合組內變異數及共變數矩陣的對角線取平方根得到)。

[27]

Squared Distance to GRP_DEN			
From grp	1	2	3
1	0	9.00203	18.02982
2	9.00203	0	3.16251
3	18.02982	3.16251	0

　　三組形心之 Mahalanobis 距離平方，由此可知：第 2 組與第 3 組的距離最近，而第 1 組與第 3 組的距離最遠。

[28]

F Statistics, NDF=4, DDF=17 for Squared Distance to GRP_DEN			
From grp	1	2	3
1	0	7.53217	13.40968
2	7.53217	0	2.64614
3	13.40968	2.64614	0

三組形心 Mahalanobis 距離平方之 F 值。

[29]

Prob > Mahalanobis Distance for Squared Distance to GRP_DEN			
From grp	1	2	3
1	1.0000	0.0011	<.0001
2	0.0011	1.0000	0.0696
3	<.0001	0.0696	1.0000

三組形心 Mahalanobis 距離平方之機率值，由此可知：2 與 3 組間的距離未達 .05 顯著差異，而 1 與 2、1 與 3 之間有顯著差異。

[30]

Univariate Test Statistics								
F Statistics, Num DF=2, Den DF=20								
Variable	Label	Total Standard Deviation	Pooled Standard Deviation	Between Standard Deviation	R-Square	R-Square / (1-RSq)	F Value	Pr > F
old	老化指數	18.2423	13.5004	15.4835	0.5021	1.0084	10.08	0.0009
farmer	農林漁牧業	8.0743	5.7250	7.1266	0.5430	1.1880	11.88	0.0004
highs	高教人口	10.0102	7.3441	8.5686	0.5107	1.0437	10.44	0.0008
income	支配所得	4.1931	2.8474	3.8277	0.5808	1.3855	13.85	0.0002

三組各預測變項平均數差異之單變量考驗，由報表的 Pr 值可知：各組間之四個反應變項的平均數均有顯著不同（以 Bonferroni 校正，$p < .05/4 = .0125$）。R^2 值是以組間 SS 除以全體 SS 而得。

[31]

Average R-Square	
Unweighted	0.5341369
Weighted by Variance	0.5116162

　　將組別化為虛擬變項 (請見第二章之說明)，分別對四個反應變項進行迴歸分析，得到未加權平均 R^2 為 0.5341 (上一報表 R^2 分別為 0.5021、0.5430、0.5107、0.5808)。以變異數為加權之後，R^2 為 0.5116。表示以組別對四個反應變項的平均解釋力為 51.16%。

[32]

Multivariate Statistics and F Approximations					
S=2 M=0.5 N=7.5					
Statistic	Value	F Value	Num DF	Den DF	Pr > F
Wilks' Lambda	0.18053855	5.75	8	34	0.0001
Pillai's Trace	0.99140659	4.42	8	36	0.0008
Hotelling-Lawley Trace	3.58658215	7.39	8	22.087	<.0001
Roy's Greatest Root	3.29778157	14.84	4	18	<.0001
NOTE: F Statistic for Roy's Greatest Root is an upper bound.					
NOTE: F Statistic for Wilks' Lambda is exact.					

　　三組各反應變項平均數差異之多變量考驗 (即多變量變異數分析，MANOVA)。Wilks Λ 值為 0.1805，轉換成 F 值為 5.75，p = 0.0001，達到 .05 顯著水準之差異。因此，整體而言，組別不同，4 個反應變項也有不同。由 Wilks Λ 值計算之效果量為 $1 - \sqrt[2]{0.1805} = 0.5751$ (可以使用 SPSS 求得)。

[33]

	Canonical Correlation	Adjusted Canonical Correlation	Approximate Standard Error	Squared Canonical Correlation
1	0.875969	0.855295	0.049607	0.767322
2	0.473376	0.414370	0.165426	0.224085

Eigenvalues of Inv(E)*H = CanRsq/(1-CanRsq)			
Eigenvalue	Difference	Proportion	Cumulative
3.2978	3.0090	0.9195	0.9195
0.2888		0.0805	1.0000

Test of H0: The canonical correlations in the current row and all that follow are zero				
Likelihood Ratio	Approximate F Value	Num DF	Den DF	Pr > F
0.18053855	5.75	8	34	0.0001
0.77591523	1.73	3	18	0.1961

把分類變項化成一組虛擬變項,而把反應變項當成另一組變項而求得的相關,請參閱第四章之典型相關分析有較詳細之說明。

因為區別函數數目 $q = min(p, g-1)$,所以本例可以得到 2 個區別函數 (LDF)。第一個表中典型相關之平方為解 $(\mathbf{W}^{-1}\mathbf{B}-\lambda\mathbf{I})\mathbf{V} = 0$ 所得的特徵值。第二表為每一函數所解釋的百分比,如:[3.2978/(3.2978+0.2888)] =0.9195。由此可知第一函數解釋的變異量為 91.95%,第二函數的解釋量為 8.05%。

第三表為顯著性考驗。Wilks' Λ 值。第一個 Λ 值的求法是:

$$\left(\frac{1}{(1+\lambda_1)}\right)\left(\frac{1}{(1+\lambda_2)}\right) = \left(\frac{1}{1+3.2978}\right)\left(\frac{1}{1+0.2888}\right) = .1805 ; 第二個 \Lambda 值的求法是:$$

$$\left(\frac{1}{(1+\lambda_2)}\right) = \left(\frac{1}{1+0.2888}\right) = .7759 。(此處所指的 \lambda 值是指特徵值)。由此處可知只$$

有第一個區別函數達 .05 顯著水準 (p = .0001)。

[34]

Total Canonical Structure			
Variable	Label	Can1	Can2
old	老化指數	0.787363	0.343284
farmer	農林漁牧業	0.791775	0.525699
high	高教人口	-0.811614	-0.152794
income	支配所得	-0.852565	0.320770

以全體之相關矩陣計算所得之結構係數,一般而言,此係數會比聯合組內之結構係數大。第一區別函數和老化指數及農林漁業人口率有很高的正相關,而與高等教育人口率及每人支配所得為高度之負相關,所以可名之為**傳統社會**,如果參考報表[38]之標準化係數,也可以名之為**高齡社會**;而第二區別函數與農林漁業人口率的相關最高,因此可以名之為**傳統產業**。

[35]

Between Canonical Structure			
Variable	Label	Can1	Can2
old	老化指數	0.973348	0.229332
farmer	農林漁牧業	0.941247	0.337720
high	高教人口	-0.994865	-0.101213
income	支配所得	-0.979950	0.199245

　　以組間之相關矩陣計算所得之結構係數，一般情形很少使用此係數。

[36]

Pooled Within Canonical Structure			
Variable	Label	Can1	Can2
old	老化指數	0.538248	0.428539
farmer	農林漁牧業	0.564946	0.684970
high	高教人口	-0.559669	-0.192405
income	支配所得	-0.635176	0.436405

　　以聯合組內相關矩陣計算所得之結構係數。多數統計軟體僅提供聯合組內結構係數，不提供全體結構係數。

[37]

Total-Sample Standardized Canonical Coefficients			
Variable	Label	Can1	Can2
old	老化指數	1.035306936	-0.156078194
farmer	農林漁牧業	0.194733683	1.033641168
high	高教人口	0.171980733	-0.722313632
income	支配所得	-1.345194386	1.503416829

　　全體標準化區別函數係數，由此可以看出預測變項在組成區別函數時的相對貢獻。由本處可知，第一區別函數中老化指數及每人支配所得較重要，第二區別函數較重要者是每人支配所得及農林漁業人口率。標準化區別函數係數的計算是由未標準化區別函數係數乘以全體共變異矩陣主對線的平方根而得，例如[39]第一區別函數中老化指數的原始加權係數為 0.05675，[14]或[44]處全體共變異矩陣對角

線老化指數為 332.78188，因此前者乘以後者的平方根（$0.05675 \times \sqrt{332.78188}$）等於 1.03531。

　　要留意的是：標準化區別函數係數的絕對值有可能大於 1。

[38]

Pooled Within-Class Standardized Canonical Coefficients			
Variable	Label	Can1	Can2
old	老化指數	0.766189308	-0.115507237
farmer	農林漁牧業	0.138073588	0.732890901
high	高教人口	0.126174821	-0.529930252
income	支配所得	-0.913466941	1.020909385

　　聯合組內標準化區別函數係數，由此可以看出預測變項在組成區別函數時的相對貢獻，其結果與報表[37]相似。聯合組內標準化區別函數係數的計算是由未標準化區別函數係數乘以聯合組內共變異矩陣主對線的平方根而得，例如[39]第一區別函數中農林漁牧業人口率的原始加權係數為 0.02412，[12]或[43]處聯合組內共變異矩陣對角農林漁牧業人口率為 32.77515，因此前者乘以後者的平方根（$0.02412 \times \sqrt{32.77515}$）等於 0.13807。

[39]

Raw Canonical Coefficients			
Variable	Label	Can1	Can2
old	老化指數	0.0567530611	-.0085558350
farmer	農林漁牧業	0.0241178337	0.1280168145
high	高教人口	0.0171804705	-.0721574321
income	支配所得	-.3208125394	0.3585466725

　　未標準化的區別函數係數，這是由公式 5-6 計算而得的。預測變項的原始數值乘上此係數即可得到[55]處之區別分數。SAS 的區別函數係數有時會與 SPSS 的正負號相反，但這並不會影響分類的結果。

[40]

Class Means on Canonical Variables		
GRP_DEN	Can1	Can2
1	-2.414005608	0.252352265
2	0.459724423	-0.610032475
3	1.822931350	0.531975203

　　由公式 5-14 所計算而得的各組形心，它是由未標準化區別函數係數乘上各組平均數而得，代表[55]處區別分數的平均數。由本處可知，三組的第一區別函數平均數明顯不同 (−1.4140、0.4597、1.8229)，因此第一區別函數可以明顯區分三組；第二區別函數差異性不如第一區別函數 (平均數為 0.2524、－0.6100、0.5320)。

　　因為第一區別函數代表傳統社會 (或傳統產業)，而第三組縣市 (低數位化程度) 在第一區別函數的平均數 1.8229，因此屬於傳統型社會；反之，第一組的縣市 (高數位化程度)，則較不屬於傳統型社會。所以，我們可以說：數位化程度較低的縣市，也是較傾向於傳統型社會。

　　另外使用 SPSS 繪出的座標圖如下，可以看出 LDF1 可以明顯區別三組，在 LDF2 上則僅有些微差異。

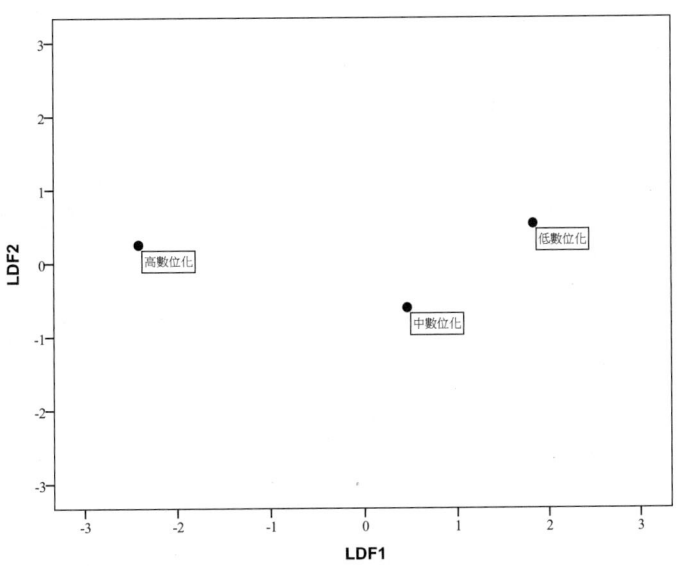

[41]

Group Statistics					
組別		Mean	Std. Deviation	Valid N (listwise)	
				Unweighted	Weighted
高數位化	老化指數	55.7571	14.20192	7	7.000
	農林漁牧業	.9529	.70085	7	7.000
	高教人口	42.1143	9.40143	7	7.000
	支配所得	29.6262	4.52019	7	7.000
中數位化	老化指數	71.6500	13.47228	9	9.000
	農林漁牧業	6.8656	6.36080	9	9.000
	高教人口	31.5211	7.65020	9	9.000
	支配所得	23.3573	1.97107	9	9.000
低數位化	老化指數	88.1629	12.79995	7	7.000
	農林漁牧業	15.7529	7.40358	7	7.000
	高教人口	24.3043	3.65573	7	7.000
	支配所得	22.3109	1.18847	7	7.000
Total	老化指數	71.8387	18.24231	23	23.000
	農林漁牧業	7.7709	8.07426	23	23.000
	高教人口	32.5487	10.01025	23	23.000
	支配所得	24.9467	4.19309	23	23.000

　　各組縣市數，及 4 個預測變項的平均數與標準差。整體而言，高數位化程度縣市之老化指數及農林漁牧業人口率較低，而高等教育人口率及每人可支配所得較高，低數位化程度縣市則相反。(從此部分開始，都是 SPSS 分析所得報表)

[42]

Tests of Equality of Group Means					
	Wilks' Lambda	F	df1	df2	Sig.
老化指數	.498	10.084	2	20	.001
農林漁牧業	.457	11.880	2	20	.000
高教人口	.489	10.437	2	20	.001
支配所得	.419	13.855	2	20	.000

　　三組各反應變項的平均數差異考驗，由報表的 Sig 值可知：三組間之四個反應變項均有顯著不同 $(p < .05/4 = .0125)$。

[43]

Pooled Within-Groups Matrices [a]		老化指數	農林漁牧業	高教人口	支配所得
Covariance	老化指數	182.261	25.179	-.068	11.481
	農林漁牧業	25.179	32.775	-20.306	-4.251
	高教人口	-.068	-20.306	53.936	14.162
	支配所得	11.481	-4.251	14.162	8.107
Correlation	老化指數	1.000	.326	-.001	.299
	農林漁牧業	.326	1.000	-.483	-.261
	高教人口	-.001	-.483	1.000	.677
	支配所得	.299	-.261	.677	1.000
[a] The covariance matrix has 20 degrees of freedom.					

上半部的聯合組內共變數是由 3 組的組內共變異數矩陣相加而成。SPSS 並沒有列出 SSCP 矩陣，不過，如果乘上自由度 20，就是 SSCP 矩陣了。

下半部的聯合組內相關矩陣，是由聯合組內共變數轉換而得。$r_{XY} = \dfrac{S_{XY}}{\sqrt{S_X^2}\sqrt{S_Y^2}}$，如老化指數與農林漁牧業人口率的相關為 $.326 = \dfrac{25.179}{\sqrt{182.261} \times \sqrt{32.775}}$。此與積差相關 (全體相關矩陣) 不同，積差相關雖也是類似的求法，不同的是它是由**全體共變數矩陣**求得。

[44]

Covariance Matrices [a]					
組別		老化指數	農林漁牧業	高教人口	支配所得
高數位化	老化指數	201.694	-3.499	83.668	51.669
	農林漁牧業	-3.499	.491	-4.757	-1.666
	高教人口	83.668	-4.757	88.387	33.200
	支配所得	51.669	-1.666	33.200	20.432
中數位化	老化指數	181.502	53.051	-60.633	-10.309
	農林漁牧業	53.051	40.460	-28.201	-6.324
	高教人口	-60.633	-28.201	58.526	9.621
	支配所得	-10.309	-6.324	9.621	3.885
低數位化	老化指數	163.839	16.693	-3.051	.348
	農林漁牧業	16.693	54.813	-25.326	-4.071
	高教人口	-3.051	-25.326	13.364	1.179
	支配所得	.348	-4.071	1.179	1.412

Total	老化指數	332.782	99.305	-91.750	-27.075
	農林漁牧業	99.305	65.194	-59.769	-20.122
	高教人口	-91.750	-59.769	100.205	34.699
	支配所得	-27.075	-20.122	34.699	17.582
[a] The total covariance matrix has 22 degrees of freedom.					

　　各組內及全體的共變異數矩陣。全體的共變異數矩陣如果乘以自由度 22，即是全體的 SSCP 矩陣，且由此亦可計算全體的相關矩陣。如老化指數與農林漁牧業人口率的積差相關會等於 $\dfrac{99.305}{\sqrt{332.782} \times \sqrt{65.194}} = .674$。

[45]

Log Determinants		
組別	Rank	Log Determinant
高數位化	4	9.334
中數位化	4	12.722
低數位化	4	9.174
Pooled within-groups	4	13.564
The ranks and natural logarithms of determinants printed are those of the group covariance matrices.		

　　各組內共變異矩陣之秩數及其行列值的自然對數。各組行列值之自然對數最大為 13.564，最小為 9.334，相差並不太大。

[46]

Test Results		
Box's M		58.451
F	Approx.	2.021
	df1	20
	df2	1265.581
	Sig.	.005
Tests null hypothesis of equal population covariance matrices.		

　　Box's M 檢定，主要在考驗各組內共變異數矩陣的均等性。本處是由各組內共變異矩陣求其行列值的自然對數而得。由此可看出 M 值及其機率，機率值小

於 .05，表示各組的組內共變異數矩陣不相等，已違反區別分析的假定，使用**聯合組內共變異矩陣**為分析的基礎應更加謹慎。

如果機率值小於 .05，表示各組的組內共變異數矩陣不相等，此時便要使用**個別組內共變異矩陣**進行分析，此稱為二次區別分析。幸好區別分析是相當強韌 (robust) 的統計方法，因此違反同質性假設仍可進行分析，不過在解釋時要謹慎些 (Sharma, 1996)。

SPSS (2000) 也建議：如果 N/p 的比率很大，很容易就會違反同質性假定，因此最好將 α 值定小一點 (如設為 .01)。

[47]

Eigenvalues				
Function	Eigenvalue	% of Variance	Cumulative %	Canonical Correlation
1	3.298[a]	91.9	91.9	.876
2	.289[a]	8.1	100.0	.473
a　First 2 canonical discriminant functions were used in the analysis.				

因為區別函數數目 q＝*min* (p, g–1)，所以本例可以得到 2 個區別函數。第二欄為解 $(\mathbf{W}^{-1}\mathbf{B}-\lambda\mathbf{I})\mathbf{V}=0$ 所得的特徵值。第三欄為每一函數所解釋的百分比，如：[3.298/(3.298+.289)]×100%=91.9%。第四欄為累積解釋百分比，由第三欄自上往下累加而成。第五欄的典型相關，是把分類變項化成一組虛擬變項，而把預測變項當成另一組變項而求得的相關，請參閱第四章之典型相關分析有較詳細之說明。

[48]

Wilks' Lambda				
Test of Function(s)	Wilks' Lambda	Chi-square	df	Sig.
1 through 2	.181	31.669	8	.000
2	.776	4.694	3	.196

向度縮減分析，1~2 表示沒有刪除函數，如果顯著，表示前兩個函數的聯合效果顯著，通常會視為最大的區別函數顯著；2 表示刪除第一區別函數後的顯著考

驗，如果顯著，表示第二區別函數也顯著。不過，此種考驗方法仍有爭議，因為
1~2 顯著是不是代表第一個函數就顯著？

　　第二欄為 Wilks' Λ 值，其中：

第一個 Λ 值的求法是：$\left(\frac{1}{(1+\lambda_1)}\right)\left(\frac{1}{(1+\lambda_2)}\right)=\left(\frac{1}{(1+3.298)}\right)\left(\frac{1}{(1+0.289)}\right)=.181$ ；

第二個 Λ 值的求法是：$\left(\frac{1}{(1+\lambda_2)}\right)=\left(\frac{1}{(1+0.289)}\right)=.776$。(此處所指的 λ 值是指報
表[47]的特徵值)

　　第三欄是由公式 5-12 所計算而得的 χ^2 值，其中：

第一個 χ^2 值為 $-\left(N-\frac{p+g}{2}-1\right)ln\Lambda_1=-\left(23-\frac{4+3}{2}-1\right)ln(.181)=31.669$ ；

第二個函數 χ^2 為 $-\left(N-\frac{p+g}{2}-1\right)ln\Lambda_2=-\left(23-\frac{4+3}{2}-1\right)ln(.776)=4.694$。

　　第四欄為自由度，其中：

第一區別函數的自由度為 p(g–1)=4(3–1)=8 ；

第二區別函數的自由度為 (p–1)(g–2)=(4–1)(3–2)=3 。

　　第五欄為 χ^2 值的機率值，由此處可知只有第一個區別函數達 .05 顯著水準。

[49]

Canonical Discriminant Function Coefficients		
	Function	
	1	2
老化指數	.057	-.009
農林漁牧業	.024	.128
高教人口	.017	-.072
支配所得	-.321	.359
(Constant)	3.180	-6.976
Unstandardized coefficients		

　　未標準化的區別函數係數，這是由公式 5-6 計算而得的。預測變項的原始數值
乘上此係數即可得到[55]處之區別分數。SPSS 的區別函數係數有時會與 SAS 的正

負號相反，但這並不會影響分類的結果。

SPSS 內定不列出未標準化的區別函數係數，因為實際應用時，這個係數並不實用，尤其是區別函數不只一組時 (SPSS, 2000)。

[50]

Standardized Canonical Discriminant Function Coefficients		
	Function	
	1	2
老化指數	.766	-.116
農林漁牧業	.138	.733
高教人口	.126	-.530
支配所得	-.913	1.021

標準化區別函數係數，由此可以看出預測變項在組成區別函數時的相對貢獻。由本處可知，第一區別函數中老化指數及支配所得較重要，第二區別函數較重要者是農林漁牧業人口率及支配所得。標準化區別函數係數的計算是由未標準化區別函數係數乘以聯合組內共變異矩陣主對線的平方根而得，例如[49]第一區別老化指數的原始加權係數為 0.057，[43] 處聯合組內共變異矩陣對角線老化指數為 106.122，因此前者乘以後者的平方根 $(0.057 \times \sqrt{182.261})$ 等於 0.766。

要留意的是：標準化區別函數係數的絕對值有可能大於 1，如第二區別函數中支配所得之係數即為 1.021。

[51]

Structure Matrix		
	Function	
	1	2
支配所得	-.635[*]	.436
高教人口	-.560[*]	-.192
老化指數	.538[*]	.429
農林漁牧業	.565	.685[*]
Pooled within-groups correlations between discriminating variables and standardized canonical discriminant functions Variables ordered by absolute size of correlation within function. * Largest absolute correlation between each variable and any discriminant function		

　　預測變項及典型區別函數的聯合組內相關係數 (稱為結構係數)。由公式 5-10 可知，本處之係數是由[43]之聯合組內相關係數矩陣乘上[50]之標準化區別函數係數矩陣而得。由「星號」所指的係數可以看出預測變項和區別函數的關係：第一區別函數和四個反應變項相關絕對值都大於 0.5，可名之為**傳統社會**；而第二區別函數與農林漁牧業人口率的相關最高，因此可以粗略名之為**傳統產業** (此區別函數與支配所得的相關係數為 .436，所以仍應留意是否能以傳統產業涵蓋之)。

　　結構係數的優點有二：一是可以避免共線性的問題，二是在小樣本的分析時會比較穩定 (SPSS, 2000)。

[52]

Functions at Group Centroids		
組別	Function	
	1	2
高數位化	-2.414	.252
中數位化	.460	-.610
低數位化	1.823	.532
Unstandardized canonical discriminant functions evaluated at group means		

　　由公式 5-14 所計算而得的各組形心，它是由未標準化區別函數係數乘上各組平均數而得，代表[55]處區別分數的平均數。由本處可知，三組的第一區別函數平均明顯不同 (–2.414、0.460、1.823)，因此第一區別函數可以明顯區分三組。而第二區別函數因為不顯著，組間差異也小。

　　因為第一區別函數代表傳統社會，而高數位化的縣市在第一區別函數的平均數–2.414，因此其傳統程度也較低；反之，數位化程度低的縣市，傳統性則較高。

[53]

Prior Probabilities for Groups			
組別	Prior	Cases Used in Analysis	
		Unweighted	Weighted
高數位化	.333	7	7.000
中數位化	.333	9	9.000
低數位化	.333	7	7.000
Total	1.000	23	23.000

　　事前機率，它等於各組觀察體數除以全體觀察體數。事前機率的指定會影響常數項及事後機率的計算，對於其他係數則無影響。

[54]

Classification Function Coefficients			
	數位化分組		
	高數位化	中數位化	低數位化
老化指數	-.029	.142	.209
農林漁牧業	.518	.477	.656
高教人口	-.121	-.010	-.069
支配所得	4.179	2.948	2.920
(Constant)	-59.885	-42.078	-47.221
Fisher's linear discriminant functions			

　　Fisher 的分類函數 (LCF) 係數，這是利用公式 5-15 求得。由原始的預測變項數值右乘此係數，可以得到三行 (因本例分為三組) 的資料，此代表各觀察體在三組的分類分數，用此分數可將觀察體重新分類至分數最高的那一組。而用這個分數也可以計算出[55]處的事後機率。

　　以宜蘭縣為例，它在四個變項的數值分別為 81.55、6.64、27.19，及 24，將它們代入三組的 LCD 中，分別是：

高：$81.55 \times (-.029) + 6.64 \times .518 + 27.19 \times (-.121) + 24 \times 4.179 - 59.885 = 38.188$，

中：$81.55 \times .142 + 6.64 \times .477 + 27.19 \times (-.010) + 24 \times 2.948 - 42.078 = 43.111$，

低：$81.55 \times .209 + 6.64 \times .656 + 27.19 \times (-.069) + 24 \times 2.920 - 47.221 = 42.396$，

　　因為在中數位化組的數值最大，所以使用四個社會指標預測宜蘭縣的數位化程度，最有可能是中數位化組，其次是低數位化組，最不可能是高數位化組。不過，宜蘭縣真正的數位化程度卻是低分組 (見報表[55])，因此重新分類的結果是錯誤的。

　　SAS 分析報表，係數部分與 SPSS 相同，但常數項則略有差異，不過這不影響重新分類的結果。

[55]

Casewise Statistics											
			Highest Group				Second Highest Group			Discriminant Scores	
Case Number	Actual Group	Predicted Group	P(D>d | G=g)		P(G=g | D=d)	Squared Mahalanobis Distance to Centroid	Group	P(G=g | D=d)	Squared Mahalanobis Distance to Centroid	Function 1	Function 2
			p	df							
Original 1	1	1	.661	2	.897	.828	2	.101	5.190	-1.811	-.429
2	3	2**	.878	2	.668	.260	3	.327	1.689	.737	-.182
3	1	1	.988	2	.987	.024	2	.013	8.642	-2.393	.099
4	1	1	.795	2	.929	.460	2	.069	5.651	-1.737	.297
5	2	2	.506	2	.678	1.363	3	.321	2.858	1.506	-1.128
6	2	2	.623	2	.880	.946	1	.086	5.608	-.420	-1.025
7	3	2**	.791	2	.644	.469	3	.355	1.660	1.143	-.562
8	2	3**	.722	2	.911	.650	2	.089	5.295	1.699	1.329
9	3	3	.627	2	.951	.935	2	.049	6.870	2.788	.594
10	3	3	.361	2	.983	2.038	2	.017	10.175	3.079	1.210
11	2	3**	.385	2	.593	1.910	2	.407	2.665	2.078	-.826
12	2	2	.898	2	.786	.214	3	.190	3.054	.238	-.204
13	3	3	.901	2	.782	.209	2	.217	2.774	1.421	.750
14	3	3	.153	2	.961	3.757	2	.039	10.164	1.424	2.429
15	2	2	.755	2	.600	.561	3	.399	1.379	1.194	-.460
16	3	3	.545	2	.702	1.215	2	.298	2.929	2.168	-.515
17	2	2	.536	2	.728	1.249	1	.228	3.568	-.633	-.378
18	1	1	.290	2	1.000	2.476	2	.000	20.481	-3.715	1.138
19	1	1	.255	2	.841	2.736	2	.158	6.078	-1.901	-1.320
20	2	2	.296	2	.954	2.437	1	.032	9.258	-.325	-1.960
21	2	1**	.263	2	.512	2.668	2	.480	2.801	-1.198	-.838
22	1	1	.130	2	1.000	4.074	2	.000	22.191	-3.487	1.962
23	1	1	.832	2	.935	.368	2	.064	5.748	-1.854	.020

重新分類結果，共有 5 大欄，以下分別說明之。

第二大欄為實際組別，如果此處和第三大欄之預測組別不同，會加印兩個星號，表示重新分類錯誤的觀察體。如 2 號縣市 (宜蘭縣) 實際組別為第 3 組，但是根據區別分析的最高可能組是第 2 組，因此是預測錯誤的觀察體，表示以 4 個預測變項無法預測它的數位化程度。

第三大欄為最高機率組別，也就是重新分類以後的組別。中間 P(D>d|G=g) 稱為**條件機率** (condition probability)，這是已知觀察體組別 (G) 時其 D 值 (某觀察體與某組形心的距離) 的機率，機率愈高，該觀察體離該組形心愈近，由此機率可以計算事後機率。通常，此欄可以加以忽略 (Johnson 1998, p.273)；右邊 P(G=g|D=d) 稱為**事後機率**，此可由條件機率利用 Bayes 的規則計算而得，亦可由[54]的分類係數計算而得。

第三大欄最右邊為觀察體至該組形心的 Mahalanobis 距離平方，這也是分類的方法之一，如果觀察體與某一組形心之 Mahalanobis 距離平方較小，則會將其劃歸為該組。

第四大欄為次高可能組別及其事後機率。本例分為 3 組，因此應有 3 組事後機率，不過在此部分並未印出。以第 6 個縣市 (臺中縣) 為例，其第 2 組事後機率為 .880，第 3 組事後機率為 .086，因此其第 1 組事後機率應為 1－(.880＋.086)，等於 .034。如果讀者有興趣可在程式中加入下面兩列斜體字指令印出。

```
DISCRIMINANT
            /GROUPS= grp(1 3)
            /VARIABLES= old   farmer   high   income
            /SAVE PROBS=prob .
LIST        prob1   TO   prob3.
```

在上面的指令中，probs 為系統的變項名，使用者將其「字首」改為 PROB，因為本例中有 3 組，因此會儲存 PROB1、PROB2、PROB3 等 3 變項，最後再用 list 指令加以印出。

第五大欄為區別分數。這是由[49]處的未標準化區別函數係數 (含截距) 計算而得。

[56]

Case Number		Actual Group	Highest Group					Second Highest Group			Discriminant Scores	
			Predicted Group	P(D>d | G=g)		P(G=g | D=d)	Squared Mahalanobis Distance to Centroid	Group	P(G=g | D=d)	Squared Mahalanobis Distance to Centroid	Function 1	Function 2
				p	df							
Cross-validated	1	1	1	.722	4	.851	2.074	2	.147	5.581		
	2	3	2**	.801	4	.831	1.642	3	.162	4.914		
	3	1	1	.439	4	.972	3.763	2	.028	10.892		
	4	1	1	.604	4	.877	2.731	2	.119	6.718		
	5	2	2	.480	4	.559	3.483	3	.441	3.957		
	6	2	2	.401	4	.794	4.039	1	.168	7.140		
	7	3	2**	.935	4	.749	.823	3	.249	3.022		
	8	2	3**	.607	4	.994	2.710	2	.005	13.109		
	9	3	3	.681	4	.938	2.300	2	.062	7.719		
	10	3	3	.474	4	.982	3.523	2	.018	11.467		
	11	2	3**	.659	4	.757	2.421	2	.243	4.689		
	12	2	2	.902	4	.751	1.050	3	.219	3.513		
	13	3	3	.934	4	.750	.834	2	.250	3.033		
	14	3	3	.015	4	.911	12.356	2	.085	17.110		
	15	2	2	.935	4	.573	.823	3	.426	1.418		
	16	3	2**	.103	4	.653	7.695	3	.347	8.959		
	17	2	1**	.204	4	.489	5.940	2	.469	6.026		
	18	1	1	.391	4	1.000	4.114	2	.000	23.046		
	19	1	2**	.023	4	.866	11.375	1	.131	15.145		
	20	2	2	.005	4	.730	14.763	1	.261	16.820		
	21	2	1**	.554	4	.691	3.022	2	.304	4.661		
	22	1	1	.000	4	1.000	51.308	2	.000	78.764		
	23	1	1	.936	4	.921	.820	2	.077	5.774		

For the original data, squared Mahalanobis distance is based on canonical functions. For the cross-validated data, squared Mahalanobis distance is based on observations.

** Misclassified case

[a] Cross validation is done only for those cases in the analysis. In cross validation, each case is classified by the functions derived from all cases other than that case.

使用 Jackknife 法進行交叉驗證分析之結果。以第 19 個縣市 (臺中市) 為例，

在報表[55]中它的原始分類結果是正確的，但是如果使用交叉驗證，則會分類錯誤。其他各欄數據之意義請見報表[55]。

[57]

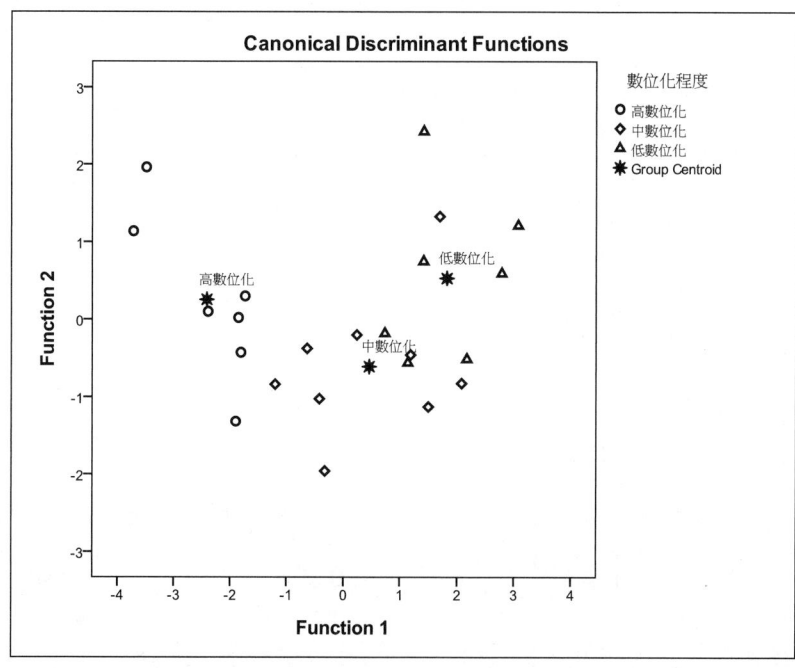

Canonical Discriminant Functions

根據[55]的區別分數所畫的座標圖，" ✳ " 部分為該組形心。由圖中可看出：在函數一中，三組的平均數有較大的差異；在函數二中，差異較小。

[58]

Classification Results [b, c]						
			Predicted Group Membership			
		數位化程度	高數位化	中數位化	低數位化	Total
Original	Count	高數位化	7	0	0	7
		中數位化	1	6	2	9
		低數位化	0	2	5	7
	%	高數位化	100.0	.0	.0	100.0
		中數位化	11.1	66.7	22.2	100.0
		低數位化	.0	28.6	71.4	100.0

Classification Results [b, c]						
			Predicted Group Membership			
		數位化程度	高數位化	中數位化	低數位化	Total
Cross-validated [a]	Count	高數位化	6	1	0	7
		中數位化	2	5	2	9
		低數位化	0	3	4	7
	%	高數位化	85.7	14.3	.0	100.0
		中數位化	22.2	55.6	22.2	100.0
		低數位化	.0	42.9	57.1	100.0

[a] Cross validation is done only for those cases in the analysis. In cross validation, each case is classified by the functions derived from all cases other than that case.
[b] 78.3% of original grouped cases correctly classified.
[c] 65.2% of cross-validated grouped cases correctly classified.

　　重新分類交叉表 (上半部為原始之分類結果，下半部為交叉分類結果)，縱軸為實際組別，橫軸為預測組別。此處僅以原始分類結果加以說明。

　　由表之上半部可知，對角線部分為分類正確者共 18 個縣市 (7+6+5)，正確率為 78.3%。此時 Press Q 為 $\dfrac{[23-(18\times 3)]^2}{23(3-1)}$ =20.89，大於 3.84，表示用 4 個社會指標來預測縣市的數位化程度，與隨機猜測的結果有顯著差異。

$$Z = \frac{18-7.67}{\sqrt{7.67(23-7.67)/23}} = 4.57，大於查表的決斷值 2.58，也達 .01 顯著水準。$$

　　τ 值則為 $\dfrac{18-[(7\times .33)+(9\times .33)+(7\times .33)]}{23-[(7\times .33)+(9\times .33)+(7\times .33)]} = \dfrac{18-7.67}{23-7.67}$ =0.674，表示用 4 個社會指標來預測縣市的數位化程度，比隨機猜測可以減少 67.4%的錯誤。此結果可以使用 NCSS 軟體求得。

　　而 $Cpro = .33^2 + .33^2 + .33^2$ =0.333，$0.783 \div .333$ =2.35，正確分類率 0.783 已比隨機猜測機率高 135%，大於 25%了。

　　交叉驗證的正確率降為 65.2%，表示應用到其他樣本時，正確分類率會較低。不過，因為此實例是以臺灣省 23 個縣市為對象，不再推論到其他不同的樣本，此部分可以不必太過在意。

[59]

Variables Entered/Removed [a,b,c,d]									
		Wilks' Lambda							
						Exact F			
Step	Entered	Statistic	df1	df2	df3	Statistic	df1	df2	Sig.
1	支配所得	.419	1	2	20.000	13.855	2	20.000	.000
2	老化指數	.217	2	2	20.000	10.878	4	38.000	.000

At each step, the variable that minimizes the overall Wilks' Lambda is entered.
[a] Maximum number of steps is 8.
[b] Minimum partial F to enter is 3.84.
[c] Maximum partial F to remove is 2.71.
[d] F level, tolerance, or VIN insufficient for further computation.

以下為 SPSS 逐步區別分析之簡要結果。

　　第一階段進入的變項為支配所得，其 Wilks' Λ 為 .419，轉換後的 F 值為 13.855 (會等於[42]的 F 值)。增加新的變項可以使 Wilks' Λ 值減少，第二階段老化指數進入後，Wilks' Λ 減為 .217，轉換後的 F 值為 10.878。

[60]

Variables in the Analysis				
Step		Tolerance	F to Remove	Wilks' Lambda
1	支配所得	1.000	13.855	
2	支配所得	.911	12.265	.498
	老化指數	.911	8.824	.419

　　第一階段進入者為支配所得，退出之 F 值為 13.855，大於 2.71 (由報表[59]得知)，因此不再剔除此變項。第二階進入的變項為老化指數，它單獨進入的 F 值為 10.084 (可以由[42]的 F 值得知)。當老化指數進入後，淨 F 值為 8.824 (也見報表[61]) 如果再剔除此變項，Wilks' Λ 會增加為 .419 (也就是只有支配所得投入時的 Λ 值)。容忍度 (Tolerance) 等於 $1 - R_i^2$，是共線性的指標 (請見本書第二章的說明)，如果小於 0.1 表示有嚴重的共線問題。(註：在第二階段，SAS 的容忍度為 .857 才等於 $1 - R_i^2$。)

[61]

Variables Not in the Analysis					
Step		Tolerance	Min. Tolerance	F to Enter	Wilks' Lambda
0	老化指數	1.000	1.000	10.084	.498
	農林漁牧業	1.000	1.000	11.880	.457
	高教人口	1.000	1.000	10.437	.489
	支配所得	1.000	1.000	13.855	.419
1	老化指數	.911	.911	8.824	.217
	農林漁牧業	.932	.932	4.925	.276
	高教人口	.541	.541	1.854	.351
2	農林漁牧業	.753	.736	1.481	.187
	高教人口	.496	.452	.871	.198

　　未進入區別分析的變項。第零階段四個變項均未進入，此時支配所得的進入 F 值 13.855 最大 (Wilks' Λ .419 為最小)，且大於系統設定的進入 F 值 3.84，所以會在第一階段進入區別分析 (見[60])；第一階段未進入者為老化指數、農林漁牧業，及高等教育人口率，此時老化指數的淨進入 F 值 8.824 最大 (Wilks' Λ .217 最小)，仍大於 3.84，因此會再進入；第二階段未進入者為農林漁牧業及高等教育人口率，淨 F 值均小於 3.84，所以就被排除在分析之外。

[62]

Pairwise Group Comparisons [a]			高數位化	中數位化	低數位化
Step	數位化程度				
1	高數位化	F		19.087	23.102
		Sig.		.000	.000
	中數位化	F	19.087		.532
		Sig.	.000		.474
	低數位化	F	23.102	.532	
		Sig.	.000	.474	
2	高數位化	F		15.979	29.290
		Sig.		.000	.000
	中數位化	F	15.979		3.901
		Sig.	.000		.038
	低數位化	F	29.290	3.901	
		Sig.	.000	.038	
a. 1, 20 degrees of freedom for step 1.					
b. 2, 19 degrees of freedom for step 1.					

三組之配對比較。第一階段中（進入變項為支配所得），高數位化程度組分別與中數位化程度組及低數位化程度組都有顯著差異，中數位化程度組與低數位化程度組則無顯著差異。第二階段老化指數進入後，三組之間都有顯著差異。

[63]

Classification Results						
		數位化程度	低數位化	中數位化	高數位化	Total
Original	Count	高數位化	7	0	0	7
		中數位化	1	4	4	9
		低數位化	0	2	5	7
	%	高數位化	100.0	.0	.0	100.0
		中數位化	11.1	44.4	44.4	100.0
		低數位化	.0	28.6	71.4	100.0
Cross-validated	Count	高數位化	7	0	0	7
		中數位化	1	4	4	9
		低數位化	0	2	5	7
	%	高數位化	100.0	.0	.0	100.0
		中數位化	11.1	44.4	44.4	100.0
		低數位化	.0	28.6	71.4	100.0

[a] Cross validation is done only for those cases in the analysis. In cross validation, each case is classified by the functions derived from all cases other than that case.
[b] 69.6% of original grouped cases correctly classified.
[c] 69.6% of cross-validated grouped cases correctly classified.

重新分類交叉表，正確分類之縣市為 $7+4+5=16$，原始正確性為 69.6%，交叉驗證正確性亦為 69.6%。τ 值為 $\frac{16-7.67}{23-7.67}=0.543$，可以減少 54.3%的錯誤。$0.696 \div .333 = 2.09$，正確分類率 0.696 已比隨機猜測機率高 109%，大於 25%了。

此處僅使用二個預測變項的交叉驗證正確性為 69.6%，比報表[58]四個預測變項的 65.2%還高，可見增加預測變項不必然就會提高分類正確率。

在研究中，每增加一個變項（或指標），就需要增加花費（含人力、時間，及經費等），因此如果僅使用一個預測變項就可以達到與四個變項差不多的預測效

果，應是相當經濟的做法。只是使用逐步區別分析也會與逐步迴歸分析有相同的問題，此應加以留意。

5.4 分析摘要表

經過前述的分析後，研究者可參考以下方式，將分析摘要表列入研究報告中。表 5-2 為區別函數係數摘要表，表 5-3 則為再分類的交叉表。

表 5-2 區別函數係數摘要表

變　　項	未標準化係數		標準化係數		結構係數	
	第一函數	第二函數	第一函數	第二函數	第一函數	第二函數
老 化 指 數	0.0568	-0.0086	0.7662	-0.1155	-0.6350	0.4364
農 林 漁 牧 業	0.0241	0.1280	0.1381	0.7329	-0.5600	-0.1924
高 教 人 口	0.0172	-0.0722	0.1262	-0.5299	0.5380	0.4285
支 配 所 得	-0.3208	0.3585	-0.9135	1.0209	0.5649	0.6850
截　　距	3.1795	-6.9761				

表 5-3 再分類之交叉表

實際組別	觀察體數	預測組別		
		1	2	3
1	7	7 100.0%	0 0.0%	0 0.0%
2	9	1 11.1%	6 66.7%	2 22.2%
3	7	0 0.0%	2 28.6%	5 71.4%
	總正確率	78.3%		

6   平均數之假設考驗

・陳正昌・

平均數假設考驗可以使用下列的形式表示其關係：

$$Y_1 + Y_2 + Y_3 + \cdots + Y_n = \quad X_1$$
（計量）   （非計量）

6.1   理論部分

在單變量統計中，要進行平均數考驗，不外使用 Student 的 t 考驗及變異數分析 (analysis of variance, ANOVA)。其中，t 考驗用來進行一個樣本或兩個樣本平均數的檢定；如果是三個以上樣本平均數的考驗，就會使用變異數分析；假使有兩個以上的自變項，t 考驗就不再適用，此時應改用二因子 (或多因子) 變異數分析。

有時，實驗的效果不只是表現在單一的向度，而是同時呈現在許多層面上；或是某個能力 (或現象) 不是由單一指標代表，而需要使用多個指標。此時，就需要使用多個依變項，而非以一個依變項來進行考驗。例如，使用不同教學法之後的效果，可能會呈現在認知、情意、技能等三方面。而認知能力則需要使用知識、理解、應用、分析、綜合，及評鑑等六個指標。

在多變量分析中，Hotelling T^2 考驗是單變量 t 考驗的擴充，用來分析一個樣本或兩個樣本之多變量平均數假設考驗。其主要概念與單變量 t 考驗相似，不同在於能夠同時處理兩個以上的依變項。因此，單變量 Student t 考驗是 Hotelling T^2 考驗的特例。同樣地，多變量變異數分析 (multivariate analysis of variance, MANOVA) 則是 ANOVA 的再擴展。兩者均是自變項為**質的變項**，而依變項為多個**量的變項**。

本章主要在說明 Hotelling T^2，第七章則將繼續介紹 MANOVA。不過，Hotelling T^2 仍可以視為 MANOVA 的特例，因此也可以使用下一章所介紹的方法進行分析。

6.1.1　使用多變量分析的理由

除了前述兩個使用多個依變項的時機外，使用多變量分析的理由尚有以下四點 (Stevens, 1996)：

一、如果研究者使用多個依變項，但是僅進行單變量分析，那麼在進行多次的單變量分析後，所犯的第一類型錯誤就會膨脹。例如，研究者以語文、數學、社會、及自然等四個學科代表學生的學業成就，如果進行四次的單變項分析，而每次的 α 都訂為 .05，則四次考驗之後，所犯的第一類型錯誤機率便是 $1-(1-.05)^4 = .186 \approx .05 \times 4$，已是無法接受的程度了。

二、單變量的分析只考慮到單一變項，而未考量到多個變項之間的關聯；多變量分析則將變項間的關聯納入考量。然而，如果變項間的相關非常低，則不需要特別進行多變量分析，僅使用單變量分析即可；另一方面，如果變項間的相關非常高，也不適合進行多變量分析。

三、有時，實驗之後或許在六個指標中「分別」都有小的差異，但是皆未達顯著。如果「同時」對六指標進行考驗，或許有可能達到顯著。也就是個別變數的細小差異，聯合之後可能會得到巨大的差異。

四、有些研究者在使用多指標的分析中，會以總分來進行單變量考驗，但是這可能導致錯誤的結論。例如，以國文及英文兩科的總分代表學生的語文能力，但是甲校可能國文較好而英文較差 (假設平均差了 10 分)，乙校則是英文比國文好 (也是差了 10 分)。如果只以總分來看，兩校毫無差異，但是如果使用兩個科目進行多變量分析，則會發現兩校之間存有極大的差異。

且應留意，在進行多變量分析時，最好有理論基礎，如果依變項間沒有理論支持可以放在一起分析，最好也不要貿然進行多變量分析。

6.1.2　一個樣本之平均數考驗

一個樣本之單變量平均數 t 考驗的公式如下：

$$t = \frac{\overline{Y} - \mu_0}{\dfrac{s}{\sqrt{n}}}$$ (公式 6-1)

其中分子部分是樣本平均數與要考驗值的差異，分母則是標準誤。此時，如果將公式 6-1 取平方，就可以得到公式 6-2：

$$t^2 = \frac{(\overline{Y} - \mu_0)^2}{\dfrac{s^2}{n}} = \frac{n(\overline{Y} - \mu_0)^2}{s^2} = n(\overline{Y} - \mu_0)(s^2)^{-1}(\overline{Y} - \mu_0)$$ (公式 6-2)

因此，一個樣本的多變量平均數考驗可用以下的公式進行分析：

$$T^2 = n(\overline{Y} - \mu_0)' S^{-1}(\overline{Y} - \mu_0)，$$ (公式 6-3)

$$\mathbf{S} = \frac{\mathbf{W}}{n-1}，\mathbf{W} \text{ 為 SSCP 矩陣，} \mathbf{S} \text{ 為共變數矩陣}$$

整體考驗之後，如果 T^2 大於查表的決斷值 (此部分請參見林清山，1988a, pp. 641-643)，則應拒絕虛無假設，並進行後續分析。如果沒有適當的 T^2 分配表，可以將其轉成 F 值，公式如下：

$$F = \frac{n-p}{(n-1)p} T^2, \ \ df = p, n-p, \ \ p \text{ 為依變項數}$$ (公式 6-4)

$$\text{亦即 } T^2 = \frac{(n-1)p}{n-p} F$$

整體考驗顯著，後續分析的方法有三種。第一種是計算 Roy-Bose 同時信賴區間 (simultaneous confidence interval)。不過，同時信賴區間的範圍會比較寬，結論會比較保守，因此統計考驗力會比較弱 (Stevens, 1996)。

同時信賴區間的公式如下：

$$a'\overline{y} - c_0 \sqrt{\frac{a'Sa}{n}} \le a'\mu_0 \le a'\overline{y} + c_0 \sqrt{\frac{a'Sa}{n}}$$ (公式 6-5)

$$c_0 = \sqrt{T^2_{\alpha,(p,n-1)}} = \sqrt{\frac{(n-1)p}{n-p} \times F_{\alpha,(p,n-p)}}，\ \ a' = [1,0] \ \ \text{或} \ \ a' = [0,1]$$

　　第二種是進行單變量的 t 考驗，此時應使用 Bonferroni 程序將 α 加以分割，即單變量 t 考驗的顯著水準是 α/p。因此，如果多變量 T^2 考驗的 α 值設定為 .05，而依變項有 3 個，則單變量的顯著水準應該訂為 .05/3 ≅ .01667。此時重複進行 3 次單變量 t 考驗，整體犯第一類型錯誤的機率為 $1-(1-.01667)^3 \cong .05$。如果要比較精確，可以使用 Šidàk 校正，其校正機率值為 $1-(1-.05)^{1/3} = .01695$，校正後整體犯第一類型錯誤的機率為 $1-(1-.01695)^3 = .05$

　　然而，有部分統計學家卻認為統計檢定並不恰當，因此建議使用信賴區間的方式。以 Bonferroni 程序計算信賴區間的公式為：

$$a'\overline{y} - t_{\alpha/2p,(n-1)}\sqrt{\frac{a'Sa}{n}} \leq a'\mu_0 \leq a'\overline{y} + t_{\alpha/2p,(n-1)}\sqrt{\frac{a'Sa}{n}} \qquad (公式\ 6\text{-}6)$$

如果樣本很大，則 $n(\overline{Y}-\mu_0)' S^{-1}(\overline{Y}-\mu_0)$ 會形成自由度為 p 的 χ^2 分配，如果計算所得之值大於 $\chi^2_{\alpha,p}$，表示整體考驗達到顯著，此時可以使用以下的公式計算信賴區間 (Johnson & Wichern, 2007)：

$$a'\overline{y} - \sqrt{\chi^2_{\alpha,p}}\sqrt{\frac{a'Sa}{n}} \leq a'\mu_0 \leq a'\overline{y} + \sqrt{\chi^2_{\alpha,p}}\sqrt{\frac{a'Sa}{n}} \qquad (公式\ 6\text{-}7)$$

　　以下表為例，研究者自某校學生隨機抽測十名學生三個學科，想要了解全校學生平均是否與 60 分有顯著差異。

科目	國文	英文	數學
學生 1	65	60	53
學生 2	68	53	65
學生 3	64	68	53
學生 4	66	60	51
學生 5	67	59	48
學生 6	63	61	54
學生 7	61	64	51
學生 8	62	63	53
學生 9	63	62	63
學生 10	60	64	54
平均	63.9	61.4	54.5

其虛無假設為：

$$\begin{bmatrix} \mu_1 \\ \mu_2 \\ \mu_3 \end{bmatrix} = \begin{bmatrix} 60 \\ 60 \\ 60 \end{bmatrix}$$

以上述三個變項所得之共變數矩陣為：

$$\mathbf{S} = \begin{bmatrix} 6.767 & -7.400 & 2.389 \\ -7.400 & 15.600 & -9.222 \\ 2.389 & -9.222 & 28.500 \end{bmatrix}, \ \mathbf{S}^{-1} = \begin{bmatrix} 0.324 & 0.170 & 0.028 \\ 0.170 & 0.169 & 0.040 \\ 0.028 & 0.040 & 0.046 \end{bmatrix}$$

以 SPSS 進行分析，其整體考驗的語法為 (其中 d1~d3 為 s1~s3 減去 60)：

```
COMPUTE    d1=s1-60.
COMPUTE    d2=s2-60.
COMPUTE    d3=s3-60.
GLM        d1 d2 d3.
```

所得報表為：

Multivariate Tests[b]						
Effect		Value	F	Hypothesis df	Error df	Sig.
Intercept	Pillai's Trace	.8814	17.334[a]	3.000	7.000	.0013
	Wilks' Lambda	.1186	17.334[a]	3.000	7.000	.0013
	Hotelling's Trace	7.4289	17.334[a]	3.000	7.000	.0013
	Roy's Largest Root	7.4289	17.334[a]	3.000	7.000	.0013
[a] Exact statistic						
[b] Design: Intercept						

　　在報表中，Hotelling 值為 7.4289，應乘以組內自由度 9，因此整體考驗所得之 T^2 值為 $7.4289 \times 9 = 66.8601$，轉換成 F 值為 $\frac{10-3}{(10-1)3} \times 66.8601 = 17.3341$。自由度為 3,7 的 F 分配中，要大於 17.334 的機率為.0013，因此整體考驗達到.05 的顯著水準，表示三個變數中至少有一個平均數與 60 分有顯著差異。

在 SPSS 中使用以下語法可以進行同時信賴區間估計：

```
MANOVA    d1 d2 d3
          /CINTERVAL = JOINT MULTIVARIATE(HOTELLING).
```

報表如下：

```
Estimates for d1
--- Joint multivariate .9500 HOTELLING confidence intervals

CONSTANT

Parameter       Coeff.      Std. Err.     t-Value      Sig. t     Lower -95%    CL- Upper
    1        3.9000000000     .82260      4.74108      .00106       .53173       7.26827
- - - - - - - - - - - - - - - - - - - - - - - - - - - - - - - - - - - - - - - - - - - -
Estimates for d2
--- Joint multivariate .9500 HOTELLING confidence intervals

CONSTANT

Parameter       Coeff.      Std. Err.     t-Value      Sig. t     Lower -95%    CL- Upper
    1        1.4000000000    1.24900      1.12090      .29135      -3.71425      6.51425
- - - - - - - - - - - - - - - - - - - - - - - - - - - - - - - - - - - - - - - - - - - -
Estimates for d3
--- Joint multivariate .9500 HOTELLING confidence intervals

CONSTANT

Parameter       Coeff.      Std. Err.     t-Value      Sig. t     Lower -95%    CL- Upper
    1       -5.5000000000    1.68819     -3.25792      .00987     -12.41260      1.41260
```

整理後之報表如下：

	平均數差異	差異之 95%同時信賴區間	
		下限	上限
國文	3.9	0.53173	7.26827
英文	1.4	-3.71425	6.51425
數學	-5.5	-12.41260	1.41260

以國文科為例，平均數為 63.9，(變異數為 6.767，因此標準誤為 $\sqrt{\dfrac{6.767}{10}}$)，減去 60 之後為 3.9。$\sqrt{T^2_{.05,(3,10-1)}}$ 並不方便查表 (由林清山(1988a)之附錄可查得 T^2 為 16.766)，可以使用 $\sqrt{\dfrac{(10-1)3}{10-3} \times F_{.05,(3,10-3)}}$ 加以求得 (計算後根號中為 16.7735)，其 95%的信賴區間為：

$$3.9 - \sqrt{\frac{(10-1)3}{10-3} \times 4.3468} \times \sqrt{\frac{6.767}{10}} \leq 3.9 \leq 3.9 + \sqrt{\frac{(10-1)3}{10-3} \times 4.3468} \times \sqrt{\frac{6.767}{10}}$$

得到 0.5317~7.2683。

由摘要表可看出，只有國文科平均數差異的 95%上下限之間是不包含 0，而英文科及數學科差異平均之 95%上下限則都包含 0，所以只有國文科的平均數與 60 分達 .05 顯著水準之差異，其他兩科則與 60 分無顯著差異。

在 SPSS 當中，可以使用一個平均數 t 考驗，並設定信賴區間為 98.33% (由 $(1-.05/3) \times 100\%$ 而得)，進行 Bonferroni 的 t 考驗及信賴區間估計：

```
T-TEST        /VARIABLES=s1 s2 s3
              /TESTVAL=60
              /CRITERIA=CI(.9833).
```

或是使用 MANOVA 語法進行分析：

```
MANOVA    d1 d2 d3
          /CINTERVAL = INDIVIDUAL MULTIVARIATE(BONFER).
```

報表如下：

```
Estimates for d1
--- Individual multivariate .9500 BONFERRONI confidence intervals
CONSTANT

 Parameter     Coeff.      Std. Err.     t-Value      Sig. t      Lower -95%    CL- Upper
    1       3.9000000000    .82260      4.74108       .00106        1.48705       6.31295
- - - - - - - - - - - - - - - - - - - - - - - - - - - - - - - - - - - - - - - - - - - - - - - -
Estimates for d2
--- Individual multivariate .9500 BONFERRONI confidence intervals
CONSTANT

 Parameter     Coeff.      Std. Err.     t-Value      Sig. t      Lower -95%    CL- Upper
    1       1.4000000000   1.24900      1.12090       .29135       -2.26372       5.06372
- - - - - - - - - - - - - - - - - - - - - - - - - - - - - - - - - - - - - - - - - - - - - - - -
Estimates for d3
--- Individual multivariate .9500 BONFERRONI confidence intervals
CONSTANT

 Parameter     Coeff.      Std. Err.     t-Value      Sig. t      Lower -95%    CL- Upper
    1      -5.5000000000   1.68819     -3.25792       .00987      -10.45202       -.54798
```

整理之後的報表為：

	t	p	差異之 95%信賴區間	
			下限	上限
國文	4.74108	.00106	1.48705	6.31295
英文	1.12090	.29135	-2.26372	5.06372
數學	-3.25792	.00987	-10.45202	-0.54798

上述三個變項分別進行一個樣本平均數 t 考驗，所得的 t 值分別為 4.741、1.121、-3.258，其機率值.001、.291、.010，只有英文科的機率值大於.0167 (由.05/3 而得)，所以國文科及數學科兩科的平均數均與 60 分的差異達到.05 顯著水準。不過，國文科是高於 60 分，而數學科則是低於 60 分。

在表中除英文科差異平均之 95%上下限中間包含 0 外，國文及數學兩科均不包含 0，因此這兩科的平均數與 60 分的差異達 95%顯著水準。

由三種後續分析可知，同時信賴區間最保守，因此只有國文科的平均與 60 有顯著差異；而使用 Bonferroni 程序分割的單變量 t 考驗或是信賴區間，結果都是相同，除了國文科外，數學科的平均也與 60 分有顯著差異，不過國文科的平均是高於 60，數學科卻是低於 60。

6.1.3 兩個相依樣本之平均數考驗

兩個相依樣本之單變量的平均數考驗，概念上與一個平均數的假設考驗相近，只要先計算兩個樣本間的差異 d，再使用一個樣本的 t 考驗即可，其公式如下：

$$t = \frac{\bar{d} - \mu_{d0}}{\frac{s_d}{\sqrt{n}}}$$
(公式 6-8)

此時，如果將公式 6-8 取平方，就可以得到公式 6-9：

$$t^2 = \frac{(\bar{d} - \mu_{d0})^2}{\frac{s_d^2}{n}} = \frac{n(\bar{d} - \mu_{d0})^2}{s_d^2} = n(\bar{d} - \mu_{d0})'(s_d^2)^{-1}(\bar{d} - \mu_{d0})$$
(公式 6-9)

因此，兩個相依樣本的多變量平均數考驗可用以下的公式進行分析：

$$T^2 = n(\overline{d} - \mu_{d0})' S_d^{-1} (\overline{d} - \mu_{d0})$$
（公式 6-10）

同時信賴區間的公式如下：

$$a'\overline{d} - c_0 \sqrt{\frac{a'Sa}{n}} \le a'\mu_{d0} \le a'\overline{d} + c_0 \sqrt{\frac{a'Sa}{n}}$$

$$c_0 = \sqrt{T^2_{\alpha,(p,n-1)}} = \sqrt{\frac{(n-1)p}{n-p} \times F_{\alpha,(p,n-p)}} \quad ,$$
（公式 6-11）

而 Bonferroni 信賴區間的公式為：

$$a'\overline{d} - t_{\alpha/_{2p},(n-1)} \sqrt{\frac{a'Sa}{n}} \le a'\mu_{d0} \le a'\overline{d} + t_{\alpha/_{2p},(n-1)} \sqrt{\frac{a'Sa}{n}}$$
（公式 6-12）

以下表為例，研究者自某校學生隨機抽測十名學生實施某種新式教學法，實驗前後分別測量了數學領域的三項成績，問：新式教學法對學生數學平均成績是否有改變。

	代數 前測	幾何 前測	統計 前測	代數 後測	幾何 後測	統計 後測	代數 差異	幾何 差異	統計 差異
學生 1	8	10	7	9	13	10	1	3	3
學生 2	9	11	13	12	14	13	3	3	0
學生 3	10	12	14	15	14	14	5	2	0
學生 4	10	13	14	16	16	15	6	3	1
學生 5	13	13	15	17	16	15	4	3	0
學生 6	14	14	16	18	17	17	4	3	1
學生 7	14	14	17	18	21	18	4	7	1
學生 8	15	14	18	18	21	19	3	7	1
學生 9	17	16	18	20	22	20	3	6	2
學生 10	20	17	21	20	22	22	0	5	1
平均	13.0	13.4	15.3	16.3	17.6	16.3	3.3	4.2	1.0

其虛無假設為：

$$\begin{bmatrix} \mu_{11} \\ \mu_{12} \\ \mu_{13} \end{bmatrix} = \begin{bmatrix} \mu_{21} \\ \mu_{22} \\ \mu_{23} \end{bmatrix}, \text{ 或是} \begin{bmatrix} \mu_{11} - \mu_{12} \\ \mu_{12} - \mu_{22} \\ \mu_{13} - \mu_{23} \end{bmatrix} = \begin{bmatrix} 0 \\ 0 \\ 0 \end{bmatrix} \text{、} \begin{bmatrix} \mu_{d1} \\ \mu_{d2} \\ \mu_{d3} \end{bmatrix} = \begin{bmatrix} 0 \\ 0 \\ 0 \end{bmatrix}$$

以上述三個變項所得之共變數矩陣為：

$$\mathbf{S} = \begin{bmatrix} 3.122 & -0.844 & -0.778 \\ -0.844 & 3.511 & 0.444 \\ -0.778 & 0.444 & 0.889 \end{bmatrix}, \ \mathbf{S}^{-1} = \begin{bmatrix} 0.421 & 0.058 & 0.339 \\ 0.058 & 0.312 & -0.105 \\ 0.339 & -0.105 & 1.147 \end{bmatrix}$$

計算所得 T^2 值為$16.1392 \times 9 = 145.2528$，轉換為 F 值等於 37.6581，$p<.001$，因此前後測的平均成績有顯著差異。

整體考驗的報表如下：

Multivariate Tests[b]						
Effect		Value	F	Hypothesis df	Error df	Sig.
Intercept	Pillai's Trace	.9417	37.6581[a]	3.000	7.000	.0001
	Wilks' Lambda	.0583	37.6581[a]	3.000	7.000	.0001
	Hotelling's Trace	16.1392	37.6581[a]	3.000	7.000	.0001
	Roy's Largest Root	16.1392	37.6581[a]	3.000	7.000	.0001
[a] Exact statistic						
[b] Design: Intercept						

同時信賴區間報表：

```
Estimates for D1
--- Joint multivariate .9500 HOTELLING confidence intervals
CONSTANT

Parameter     Coeff.      Std. Err.     t-Value     Sig. t     Lower -95%    CL- Upper
      1     3.3000000000    .55877      5.90584     .00023      1.01203      5.58797
--------------------------------------------------------------------------------------
```

```
Estimates for D2
--- Joint multivariate .9500 HOTELLING confidence intervals
CONSTANT

Parameter      Coeff.      Std. Err.     t-Value      Sig. t      Lower -95%    CL- Upper
   1       4.2000000000      .59255       7.08805      .00006       1.77372       6.62628
- - - - - - - - - - - - - - - - - - - - - - - - - - - - - - - - - - - - - - - - - - - - -
Estimates for D3
--- Joint multivariate .9500 HOTELLING confidence intervals
CONSTANT

Parameter      Coeff.      Std. Err.     t-Value      Sig. t      Lower -95%    CL- Upper
   1       1.0000000000      .29814       3.35410      .00847       -.22080       2.22080
```

Bonferroni t 考驗及信賴區間：

```
Estimates for D1
--- Individual multivariate .9500 BONFERRONI confidence intervals
CONSTANT

Parameter      Coeff.      Std. Err.     t-Value      Sig. t      Lower -95%    CL- Upper
   1       3.3000000000      .55877       5.90584      .00023       1.66095       4.93905
- - - - - - - - - - - - - - - - - - - - - - - - - - - - - - - - - - - - - - - - - - - - -
Estimates for D2
--- Individual multivariate .9500 BONFERRONI confidence intervals
CONSTANT

Parameter      Coeff.      Std. Err.     t-Value      Sig. t      Lower -95%    CL- Upper
   1       4.2000000000      .59255       7.08805      .00006       2.46187       5.93813
- - - - - - - - - - - - - - - - - - - - - - - - - - - - - - - - - - - - - - - - - - - - -
Estimates for D3
--- Individual multivariate .9500 BONFERRONI confidence intervals
CONSTANT

Parameter      Coeff.      Std. Err.     t-Value      Sig. t      Lower -95%    CL- Upper
   1       1.0000000000      .29814       3.35410      .00847       .12545       1.87455
```

整理之後的摘要表如下：

	t	p	95%同時信賴區間		Bonferroni 95%信賴區間	
			下限	上限	下限	上限
國文	5.90584	.00023	1.01203	5.58797	1.66095	4.93905
英文	7.08805	.00006	1.77372	6.62628	2.46187	5.93813
數學	3.35410	.00847	-0.22080	2.22080	0.12545	1.87455

由表中可看出：如果採用同時信賴區間，則數學科的前後測平均數並無顯著

差異；如採 Bonferroni 信賴區間，則三科的前後平均數測均有顯著差異，且後測均比前測高。

6.1.4　兩個獨立樣本之平均數考驗

兩個獨立樣本且**假設變異數相等**之單變量的平均數考驗，其公式如下：

$$t = \frac{\overline{Y}_1 - \overline{Y}_2 - (\mu_1 - \mu_2)}{\sqrt{s_p^2(\frac{1}{n_1} + \frac{1}{n_2})}} \qquad \text{(公式 6-13)}$$

絕大多數時候，研究者通常又假定兩個母群的平均數是相等的(亦即 $\mu_1 - \mu_2 = 0$)，因此公式又可以寫成以下的形式：

$$t = \frac{\overline{Y}_1 - \overline{Y}_2}{\sqrt{s_p^2(\frac{1}{n_1} + \frac{1}{n_2})}} \qquad \text{(公式 6-14)}$$

此時，如果將公式 6-14 取平方，就可以得到公式 6-15：

$$t^2 = \frac{(\overline{Y}_1 - \overline{Y}_2)^2}{s_p^2(\frac{1}{n_1} + \frac{1}{n_2})} = \frac{n_1 n_2}{n_1 + n_2} \times \frac{(\overline{Y}_1 - \overline{Y}_2)^2}{s_p^2} = \frac{n_1 n_2}{n_1 + n_2}(\overline{Y}_1 - \overline{Y}_2)(s_p^2)^{-1}(\overline{Y}_1 - \overline{Y}_2) \quad \text{(公式 6-15)}$$

因此，**共變數矩陣相等**時，兩個獨立樣本的多變量平均數考驗可用以下的公式進行分析：

$$T^2 = \frac{n_1 n_2}{n_1 + n_2}(\overline{Y}_1 - \overline{Y}_2)' S_p^{-1}(\overline{Y}_1 - \overline{Y}_2), \quad S_p \text{ 為聯合之組內共變數矩陣} \qquad \text{(公式 6-16)}$$

如果沒有適當的 T^2 分配表，則可以使用以下的公式轉換成 F 值：

$$F = \frac{n_1 + n_2 - p - 1}{p(n_1 + n_2 - 2)} T^2, \quad df = p, (n_1 + n_2 - p - 1) \qquad \text{(公式 6-17)}$$

同時信賴區間的公式如下：

$$d'(\bar{y}_1 - \bar{y}_2) - c_0\sqrt{d'Sa} \le d'(\mu_1 - \mu_2) \le d'(\bar{y}_1 - \bar{y}_2) + c_0\sqrt{d'Sa} \qquad \text{(公式 6-18)}$$

$$c_0 = \sqrt{\frac{n_1 + n_2}{n_1 n_2} T^2_{\alpha,(p, n_1+n_2-1)}} = \sqrt{\frac{n_1 + n_2}{n_1 n_2} \times \frac{p(n_1 + n_2 - 2)}{n_1 + n_2 - p - 1} F_{\alpha,(p, n_1+n_2-p-1)}},$$

如果有 3 個依變項，$d' = [1,0,0]$、$d' = [0,1,0]$，或 $d' = [0,0,1]$

Bonferroni 信賴區間的公式為：

$$d'(\bar{y}_1 - \bar{y}_2) - c_0\sqrt{d'Sa} \le d'(\mu_1 - \mu_2) \le d'(\bar{y}_1 - \bar{y}_2) + c_0\sqrt{d'Sa} \qquad \text{(公式 6-19)}$$

$$c_0 = t_{\frac{\alpha}{2p},(n_1+n_2-2)}\sqrt{\frac{n_1 + n_2}{n_1 n_2}}$$

兩個獨立樣本且**假設變異數不相等**之單變量的平均數考驗，其公式如下：

$$t = \frac{\bar{Y}_1 - \bar{Y}_2 - (\mu_1 - \mu_2)}{\sqrt{\frac{s_1^2}{n_1} + \frac{s_2^2}{n_2}}} \qquad \text{(公式 6-20)}$$

如果假定兩個母群的平均數是不相等的，公式又可以寫成以下的形式：

$$t = \frac{\bar{Y}_1 - \bar{Y}_2}{\sqrt{\frac{s_1^2}{n_1} + \frac{s_2^2}{n_2}}} \qquad \text{(公式 6-21)}$$

此時，如果將公式 6-21 取平方，就可以得到公式 6-22：

$$t^2 = \frac{(\bar{Y}_1 - \bar{Y}_2)^2}{\frac{s_1^2}{n_1} + \frac{s_2^2}{n_2}} = (\bar{Y}_1 - \bar{Y}_2)^2 \times \left(\frac{s_1^2}{n_1} + \frac{s_2^2}{n_2}\right) = (\bar{Y}_1 - \bar{Y}_2)\left(\frac{s_1^2}{n_1} + \frac{s_2^2}{n_2}\right)^{-1}(\bar{Y}_1 - \bar{Y}_2) \quad \text{(公式 6-22)}$$

因此，**共變數矩陣不等**時，兩個獨立樣本的多變量平均數考驗可用以下的公式進行分析：

$$T^2 = (\overline{Y}_1 - \overline{Y}_2)' \left(\frac{S_1}{n_1} + \frac{S_2}{n_2} \right)^{-1} (\overline{Y}_1 - \overline{Y}_2),$$

S_1、S_2 分別為兩組之共變數矩陣　　　　　　　　　　　　（公式 6-23）

以下表為例，研究者自某校學生隨機抽出二十名學生，並隨機分成二組進行教學，其第一組為傳統教學法，第二組為新式教學法，一學期之後兩組在數學三個領域的成績如下，試問兩種教學法的效果是否有顯著差異。

組別	代數	幾何	統計
1	8	9	4
1	9	11	13
1	12	11	19
1	13	12	22
1	15	12	22
1	19	15	23
1	25	18	23
1	30	21	29
1	31	21	29
1	39	37	43
2	26	18	26
2	27	19	28
2	28	20	27
2	36	22	30
2	38	23	32
2	38	30	35
2	39	32	39
2	43	38	47
2	44	44	50
2	47	49	51

其虛無假設為：

$$\begin{bmatrix} \mu_{11} \\ \mu_{12} \\ \mu_{13} \end{bmatrix} = \begin{bmatrix} \mu_{21} \\ \mu_{22} \\ \mu_{23} \end{bmatrix}, \text{ 或是 } \begin{bmatrix} \mu_{11} - \mu_{12} \\ \mu_{12} - \mu_{22} \\ \mu_{13} - \mu_{23} \end{bmatrix} = \begin{bmatrix} 0 \\ 0 \\ 0 \end{bmatrix}$$

兩組的共變數矩陣分別為：

$$\mathbf{S}_1 = \begin{bmatrix} 112.322 & 82.367 & 98.700 \\ 82.367 & 69.122 & 77.011 \\ 98.700 & 77.011 & 105.567 \end{bmatrix} , \ \mathbf{S}_2 = \begin{bmatrix} 54.711 & 74.556 & 66.000 \\ 74.556 & 122.278 & 105.722 \\ 66.000 & 105.722 & 94.056 \end{bmatrix}$$

而兩組之聯合組內共變數矩陣為：

$$\mathbf{S}_p = \begin{bmatrix} 83.517 & 78.461 & 82.350 \\ 78.461 & 95.700 & 91.367 \\ 82.350 & 91.367 & 99.811 \end{bmatrix}$$

計算後，

$$\mathbf{S}_p^{-1} = \begin{bmatrix} 0.068 & -0.017 & -0.040 \\ -0.017 & 0.087 & -0.066 \\ -0.040 & -0.066 & 0.103 \end{bmatrix} , \ \left(\frac{\mathbf{S}_1}{10} + \frac{\mathbf{S}_2}{10} \right)^{-1} = \begin{bmatrix} 0.338 & -0.086 & -0.200 \\ -0.086 & 0.437 & -0.328 \\ -0.200 & -0.328 & 0.516 \end{bmatrix}$$

因為兩組人數相等，因此無論共變數矩陣是否相等，$\mathbf{T}^2$ 均為 18.248，轉換為

$$F = \frac{10+10-3-1}{3(10+10-2)} \times 18.248 = 5.407 \ 。$$

在 SPSS 中可以使用以下語法進行整體考驗：

```
GLM        s1 s2 s3 BY G.
```

所得報表如下：

Multivariate Tests[b]						
Effect		Value	F	Hypothesis df	Error df	Sig.
Intercept	Pillai's Trace	.9289	69.6724[a]	3.000	16.000	.000
	Wilks' Lambda	.0711	69.6724[a]	3.000	16.000	.000
	Hotelling's Trace	13.0636	69.6724[a]	3.000	16.000	.000
	Roy's Largest Root	13.0636	69.6724[a]	3.000	16.000	.000

Multivariate Tests[b]						
Effect		Value	F	Hypothesis df	Error df	Sig.
G	Pillai's Trace	.5034	5.4068[a]	3.000	16.000	.0092
	Wilks' Lambda	.4966	5.4068[a]	3.000	16.000	.0092
	Hotelling's Trace	1.0138	5.4068[a]	3.000	16.000	.0092
	Roy's Largest Root	1.0138	5.4068[a]	3.000	16.000	.0092
[a] Exact statistic						
[b] Design: Intercept						

　　在報表中 Hotelling 值為 1.0138，應乘以組內自由度 18，即可得到 T^2 值 18.2484 (比較精確值為 18.1480)，轉成 F 值為 5.4068，p=.0092，因此應拒絕虛無假設，即兩組間三個數學領域的平均數有顯著差異。

　　同時信賴區間考驗的語法為：

```
MANOVA    s1 s2 s3 BY g(1,2)
          /CONTRAST(g) = REPEATED
          /CINTERVAL = JOINT MULTIVARIATE(ROY)
          /DESIGN = g.
```

　　所得報表如下。以第一個差異平均數–16.5 為例，其變異數為 83.517 (見 S_p 部分)，因此 95%信賴區間為：

$$-16.5 \pm \sqrt{S} \times \sqrt{\frac{n_1+n_2}{n_1 n_2} \times \frac{p(n_1+n_2-2)}{n_1+n_2-p-1} \times F_{\alpha,(p,n_1+n_2-p-1)}}$$

$$=-16.5 \pm \sqrt{83.517} \times \sqrt{\frac{10+10}{10 \times 10} \times \frac{3(10+10-2)}{10+10-3-1} \times 3.2389}$$

$$=-16.5 \pm 13.51249$$

　　下限為–30.01249，上限為–2.98751。

```
Estimates for S1
--- Joint multivariate .9500 ROY confidence intervals

G

Parameter      Coeff.      Std. Err.      t-Value      Sig. t      Lower -95%      CL- Upper
    2     -16.5000000000    4.08697      -4.03722      .00077      -30.01249      -2.98751
- - - - - - - - - - - - - - - - - - - - - - - - - - - - - - - - - - - - - - - - - - - -
```

```
Estimates for S2
--- Joint multivariate .9500 ROY confidence intervals
G

Parameter      Coeff.      Std. Err.      t-Value      Sig. t      Lower -95%      CL- Upper
    2     -12.8000000000      4.37493      -2.92576      .00903      -27.26454      1.66454
- - - - - - - - - - - - - - - - - - - - - - - - - - - - - - - - - - - - - - - - - - - - - -
Estimates for S3
--- Joint multivariate .9500 ROY confidence intervals
G

Parameter      Coeff.      Std. Err.      t-Value      Sig. t      Lower -95%      CL- Upper
    2     -13.8000000000      4.46791      -3.08869      .00633      -28.57196      .97196
```

　　整理所得的摘要表如下，其中幾何及統計之區間包含 0，因此兩種教學法僅在代數部分有不同的效果。

	差異平均數	95%同時信賴區間	
		下限	上限
代數	-16.5	-30.01249	-2.98751
幾何	-12.8	-27.26454	1.66454
統計	-13.8	-28.57196	0.97196

　　Bonferroni 信賴區間語法如下：

```
MANOVA     s1 s2 s3 BY g(1,2)
           /CONTRAST(g) = REPEATED
           /CINTERVAL=INDIVIDUAL MULTIVARIATE(BONFER)
           /DESIGN = g.
```

　　所得報表：

```
Estimates for S1
--- Individual multivariate .9500 BONFERRONI confidence intervals
G

Parameter      Coeff.      Std. Err.      t-Value      Sig. t      Lower -95%      CL- Upper
    2     -16.5000000000      4.08697      -4.03722      .00077      -27.28611      -5.71389
- - - - - - - - - - - - - - - - - - - - - - - - - - - - - - - - - - - - - - - - - - - - - -
```

```
Estimates for S2
--- Individual multivariate .9500 BONFERRONI confidence intervals
G

Parameter        Coeff.        Std. Err.        t-Value        Sig. t        Lower -95%        CL- Upper
    2      -12.8000000000      4.37493        -2.92576        .00903        -24.34607        -1.25393
- - - - - - - - - - - - - - - - - - - - - - - - - - - - - - - - - - - - - - - - - - - - -
Estimates for S3
--- Individual multivariate .9500 BONFERRONI confidence intervals
G

Parameter        Coeff.        Std. Err.        t-Value        Sig. t        Lower -95%        CL- Upper
    2      -13.8000000000      4.46791        -3.08869        .00633        -25.59146        -2.00854
```

摘要表中三個領域均不含 0，因此兩種教學法在三個數學領域的教學效果均有不同，且第二 (新式教學) 組均優於第一 (傳統教學) 組。

	差異平均數	t	p	差異之 95%信賴區間	
				下限	上限
代數	-16.5	-4.03722	.00077	-27.28611	-5.71389
幾何	-12.8	-2.92576	.00903	-24.34607	-1.25393
統計	-13.8	-3.08869	.00633	-25.59146	-2.00854

6.2 應用部分

在比較知名的統計軟體中，SAS 不太能處理單一樣本及相依樣本的 Hotelling T^2 考驗，所以一般會使用 IML 模組自行撰寫矩陣語法。至於獨立樣本 T^2 考驗，在 SAS 中可以利用 GLM 的程式進行分析，不過，所得到的 Hotelling Trace 值要乘上組內誤差的自由度才會等於 Hotelling T^2 值。

SPSS 可以使用 MANOVA 程序分析本章所介紹的三種平均數考驗及信賴區間估計。不過，所得到的 Hotelling Trace 值也都要乘上組內誤差的自由度才會等於 Hotelling T^2 值。在後續分析中，MANOVA 程序會採用單變量 ANOVA。由於在兩組的情形下，F 值的分子自由度為 1，且 $F=t^2$，所以只要將 F 值取平方根，就可以得到單變量的 t 值。或者也可以接著進行單變量 t 考驗，並將 α 除以依變項數，以

控制第一類型錯誤之機率。不過如此採取多變量變異數分析取向，則不一定要轉換 Hotelling T^2 值，而後續分析也可以用單變量變異數分析。

　　另一套軟體 STATA 有 Hotelling 的程序可以進行本章所介紹的三種分析，不過並沒有提供區間估計的訊息。其語法範例如下 (變項大小寫有差別)：

hotelling　D1　D2　D3	(一個樣本及兩個相依樣本)
hotelling　S1　S2　S3,　by(G)	(兩個獨立樣本)

　　在此先說明 SPSS 之操作過程及報表，並輔以 NCSS 軟體加以解釋。

6.2.1　範例一 (一個樣本平均數之考驗)

研究者想要了解某國中九年級學生在自然領域的學業成就，於是隨機抽取 15 名學生，以標準化成就測驗 (μ 均為 50)，測量物理、化學、生物及地球科學四個科目之成績如**表 6-1**。試以 α =.05 考驗該校學生自然領域成績之平均數是否與母群平均數 50 有差異。

表 6-1　一組受試者之四個領域成績

物理	化學	生物	地球科學
40	38	41	34
44	39	43	37
42	40	48	37
40	41	49	41
49	42	56	46
49	42	54	48
50	42	53	48
56	43	56	47
52	44	60	46
51	44	60	52
50	47	70	54
59	51	68	55
60	52	64	57
61	53	72	59
69	59	72	64

6.2.1.1 SPSS 分析步驟圖

1. 在進行分析之前,先將四個變項分別減去要檢定的值 50。首先在《轉換》 (Transform) 中選擇《計算變數》(Compute Variable)。

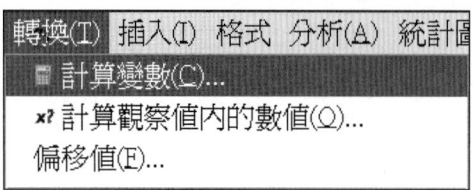

2. 在《目標變數》(Target Variable) 中輸入新的變項名稱 (在此為 d1),在《數值運算式》(Numeric Expression) 中輸入 (或用點選亦可) "s1–50",在《類型&標記》(Type & Label) 中將 d1 的標記設為「物理差異」,再點選《繼續》(Continue) 回上一畫面,最後再點選《確定》(OK) 即可。其他三個變項也依此程序處理。

3. 接著進行正式分析。在《分析》(Analyze) 中選擇《一般線性模式》(General
Linear Model) 之《多變量》(Multivariate)，進行多變量變異數分析。

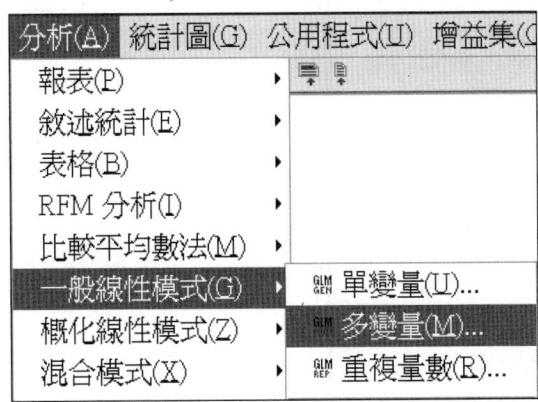

4. 將 d1 到 d4 點選至《依變數》(Dependent Variables)。

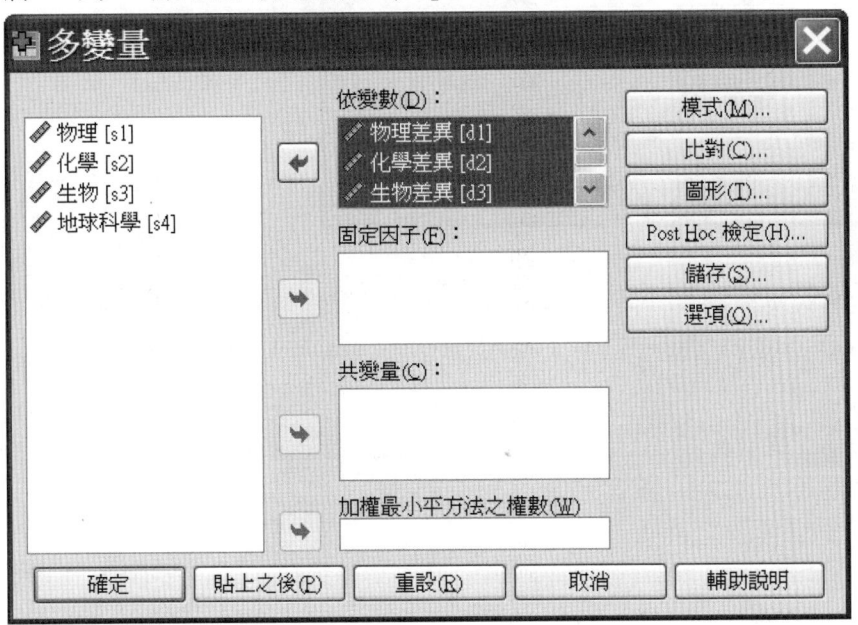

5. 在《選項》(Options) 選單下，先將(OVERALL)點選至《顯示平均數》(Display
Means for)中，《顯示》(Display) 中可視需要勾選以下項目，在〈顯著水準〉
(Significance level) 中輸入 .0125 以進行 Bonferroni 信賴區間 (因為有 4 個變
項，因此 .05/4=.0125)，此時計算的信賴區間顯示為 98.75%
($(1-.05/4)\times100\%$)，但仍視應為 95%之信賴區間。

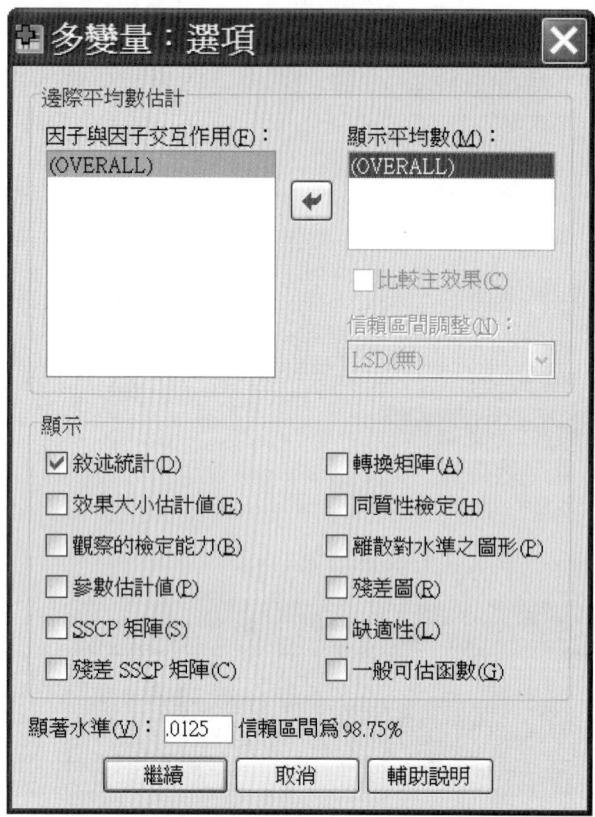

6.　如果整體考驗顯著，也可以在《分析》(Analyze) 中之《比較平均數法》(Compare
　　Means) 下選擇《單一樣本 T 檢定》(One-Sample T Test)，以進行平均數之區
　　間估計。

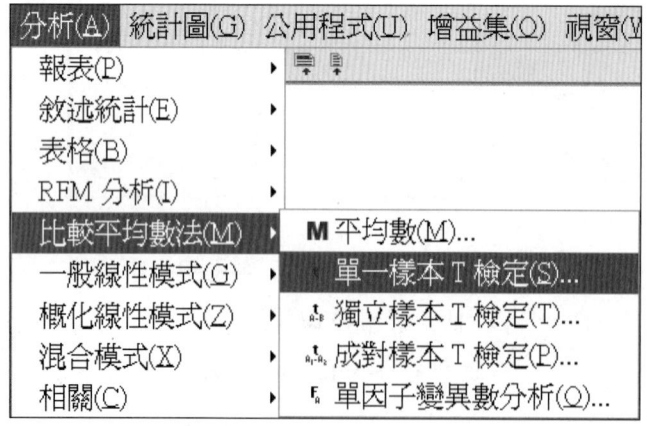

7.　將差異變項 d1 到 d4 點選至《**檢定變數**》(Test Variable(s)) 中，此時《**檢定值**》(Test Value) 設定為 0。

8.　也可以將原始變項 s1 到 s4 點選至《**檢定變數**》(Test Variable(s)) 中，此時《**檢定值**》(Test Value) 設定為 50。

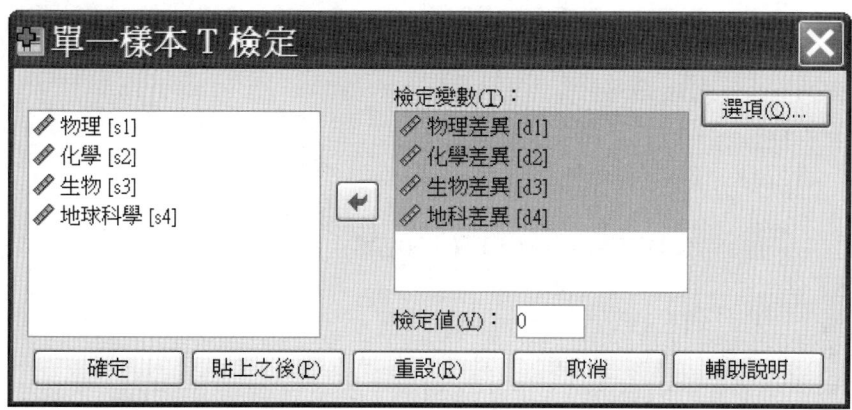

9.　在《**選項**》(Options) 下，設定所要計算的〈**信賴區間**〉(Confidence Interval) 為 98.75%，以進行 Bonferroni 信賴區間估計。

6.2.1.2　SPSS 程式

```
[1]    COMPUTE      d1=s1 - 50.
       COMPUTE      d2=s2 - 50.
       COMPUTE      d3=s3 - 50.
       COMPUTE      d4=s4 - 50.
[2]    GLM          d1 d2 d3 d4
                    /EMMEANS = TABLES(OVERALL)
                    /CRITERIA = ALPHA(.0125).
[3]    T-TEST
                    /TESTVAL = 0
                    /VARIABLES = d1 d2 d3 d4
                    /CRITERIA = CI(.9875) .
[4]    T-TEST
                    /TESTVAL = 50
                    /VARIABLES = s1 s2 s3 s4
                    /CRITERIA = CI(.9875) .
[5]    MANOVA       d1 d2 d3 d4
[6]                 /CINTERVAL = JOINT MULTIVARIATE(HOTELLING).
[7]    MANOVA       d1 d2 d3 d4
                    /CINTERVAL = INDIVIDUAL MULTIVARIATE(BONFER).
```

6.2.1.3　SPSS 程式說明

[1] 在分析前先分別將 s1、s2、s3、s4 減去 50，以得到差異分數 d1、d2、d3、d4。接著將以差異分數進行分析。如果研究者的興趣只是在考驗各變項的平均數與 0 是否有差異，則不必進行這一步驟的轉換。

[2] 使用 GLM 進行單一樣本多變量平均數分析，依變項是 d1、d2、d3、d4，不必界定自變項。在報表中，自變項會顯示為常數項 (Intercept)。次指令中設定 α=.0125 (由.05/4 而得)，信賴區間為 98.75% (由 $\left(1-\frac{.05}{4}\right)\times100\%$ 求得)。

[3] 使用單變量 T-TEST 進行四次 (非一次) 平均數考驗，變項分別為 d1、d2、d3、d4，要考驗的值都是 0，設定信賴區間為 98.75%。

[4] 也可以使用 s1、s2、s3、s4 進行 t 考驗，不過要考驗的值要改為 50，設定信賴區間一樣是 98.75%。

[5] 使用 MANOVA 進行單一樣本多變量平均數分析。

[6] 因為在單一樣本中如果指定 ROY 法進行同時信賴區間估計，並不會顯示區間值，因此改用 HOTELLING 法進行多變量 (MULTIVARIATE) 同時 (JOINT) 信賴區間考驗 (計算結果與 NCSS 報表完全相同)。同時信賴區間計算的方法有 ROY、PILLAI、BONFER、HOTELLING、WILKS 五種。其中 PILLAI、HOTELLING，及 WILKS 三種方法所計算的結果在此例子中都相同。

[7] 進行另一次分析，此次改用 BONFERRONI 法進行多變量個別 (INDIVIDUAL) 信賴區間考驗。

6.2.1.4 NCSS 分析步驟圖

1. 在《Analysis》中選擇《T-Tests》或《Multivariate Analysis》下之《Hotelling's T2: One-Sample》。

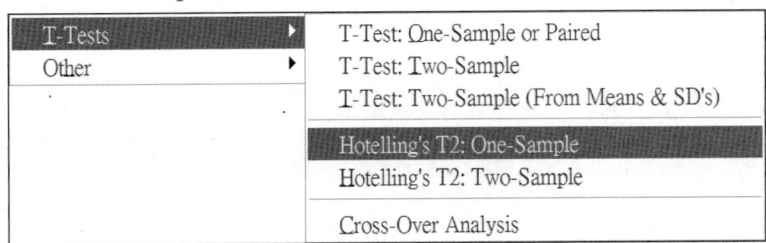

2. 在《Variables》中選擇〈Response Variables〉(反應變項)。

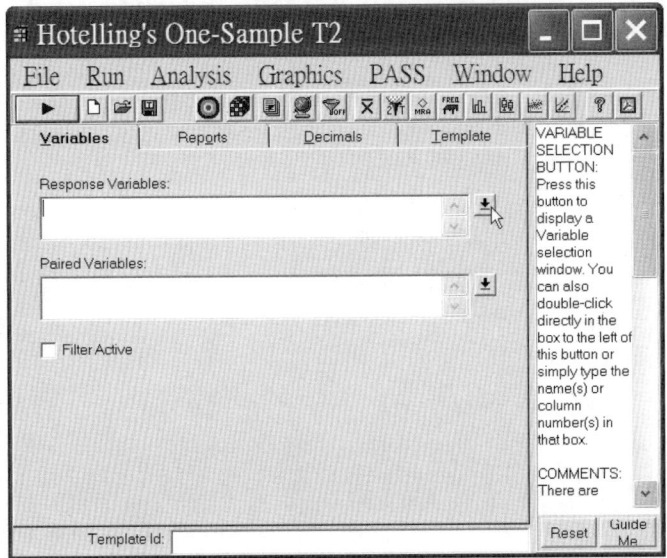

3. 點選所需的 d1~d4 等四變項。

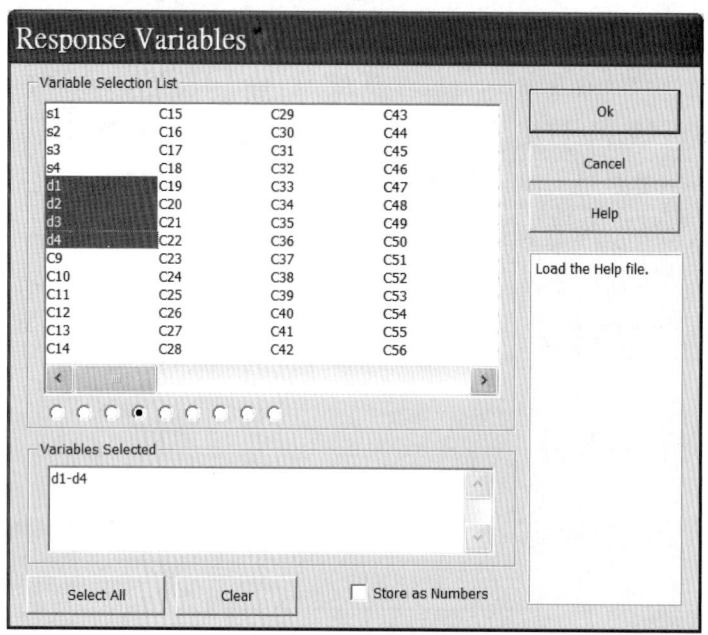

4. 在《Reports》中選擇所需的統計量,然後點選 ▶ 按鈕執行分析。

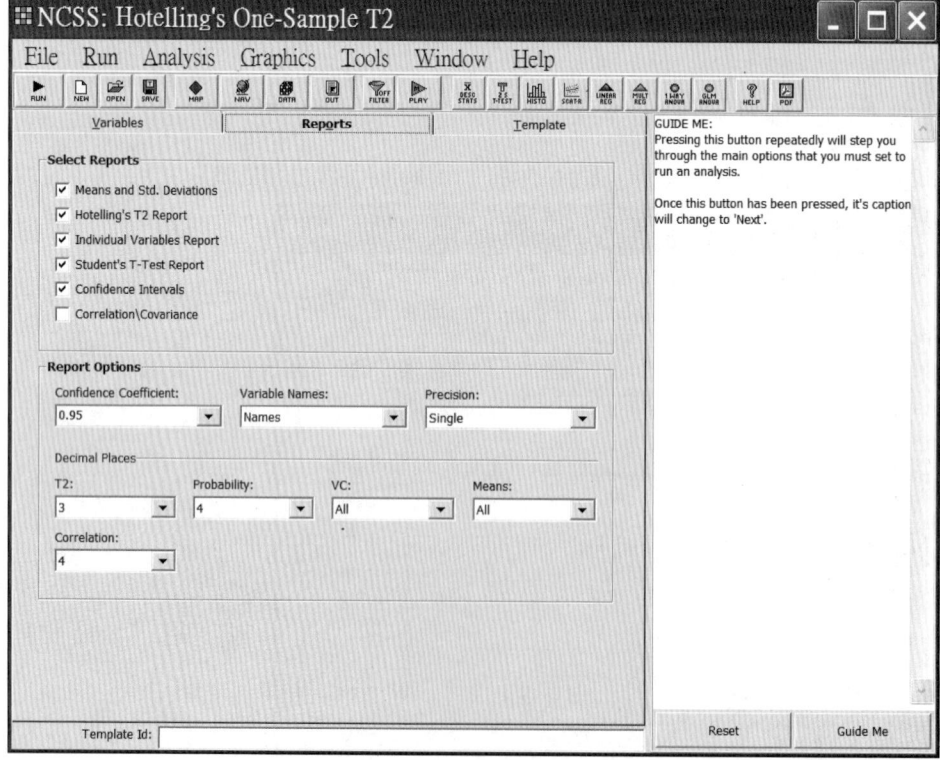

6.2.1.5 範例一報表及解說 (以 SPSS 為主)

[1]

Descriptive Statistics			
	N	Mean	Std. Deviation
物理	15	51.47	8.340
化學	15	45.13	6.022
生物	15	57.73	10.082
地球科學	15	48.33	8.674
Valid N (listwise)	15		

　　四個變項原始分數之描述統計，含平均數、標準差，還有人數。此部分報表是另外進行描述統計後獲得。

[2]

Descriptive Statistics			
	Mean	Std. Deviation	N
物理差異	1.47	8.340	15
化學差異	-4.87	6.022	15
生物差異	7.73	10.082	15
地科差異	-1.67	8.674	15

　　四個變項各減去 50 之後的平均數、標準差 (與上一報表相同。因為根據標準差的性質，每個樣本的原始數值都減去相同的數，標準差並不會改變)，及人數。

[3]

Multivariate Tests [b]						
Effect		Value	F	Hypothesis df	Error df	Sig.
Intercept	Pillai's Trace	.9582	63.061 [a]	4.000	11.000	.000
	Wilks' Lambda	.0418	63.061 [a]	4.000	11.000	.000
	Hotelling's Trace	22.9313	63.061 [a]	4.000	11.000	.000
	Roy's Largest Root	22.9313	63.061 [a]	4.000	11.000	.000
[a] Exact statistic						
[b] Design: Intercept						

Hotelling's Trace (跡) 為 22.9313，乘上 14 (因為總人數為 15 人，自由度 14) 之後，得到 Hotelling T^2 為 321.0382，$p<.001$，應拒絕 H_0，因此四個科目的平均與 50 分有顯著差異。

[4]

Tests of Between-Subjects Effects						
Source	Dependent Variable	Type III Sum of Squares	df	Mean Square	F	Sig.
Corrected Model	物理差異	.000 [a]	0	.	.	.
	化學差異	.000 [a]	0	.	.	.
	生物差異	.000 [a]	0	.	.	.
	地科差異	.000 [a]	0	.	.	.
Intercept	物理差異	32.267	1	32.267	.464	.507
	化學差異	355.267	1	355.267	9.796	.007
	生物差異	897.067	1	897.067	8.826	.010
	地科差異	41.667	1	41.667	.554	.469
Error	物理差異	973.733	14	69.552		
	化學差異	507.733	14	36.267		
	生物差異	1422.933	14	101.638		
	地科差異	1053.333	14	75.238		
Total	物理差異	1006.000	15			
	化學差異	863.000	15			
	生物差異	2320.000	15			
	地科差異	1095.000	15			
Corrected Total	物理差異	973.733	14			
	化學差異	507.733	14			
	生物差異	1422.933	14			
	地科差異	1053.333	14			
[a] R Squared = .000 (Adjusted R Squared = .000)						

各個科目之單變量考驗。使用 Bonferroni 程序將 α 加以分割，若設定整體之 α 為 .05，則個別科目之 p 值應小於 .05/4=.0125 才算顯著，此處可得知：化學及生物兩科的平均數分別與 50 達 .05 顯著差異，物理及地球科學之平均並未與 50 有顯著差異。而在分子的 df 為 1 時，F 會等於 t^2，因此此處的四個 F 值會等於報表[6]四個 t 值的平方，如 $0.464=0.681^2$。

[5]

Grand Mean				
			98.75Confidence Interval	
Dependent Variable	Mean	Std. Error	Lower Bound	Upper Bound
物理差異	1.467	2.153	-4.700	7.634
化學差異	-4.867	1.555	-9.320	-.413
生物差異	7.733	2.603	.278	15.188
地科差異	-1.667	2.240	-8.081	4.748

　　四個科目差異平均數之 98.75%信賴區間 (實際上為 Bonferroni 之 95%信賴區間)，由報表可看出：物理及地球科學差異平均數的上下限均包含 0 (一負一正，因此中間含 0)，所以這兩科的平均數與 50 無顯著差異。而化學 (上下限均為負數，因此中間不含 0) 及生物 (下限均為正數，中間也不含 0) 的區間均不含 0，表示減去 50 之後，與 0 有顯著差異，也表示原來之平均數與 50 有顯著差異。以上為 GLM 分析之報表。

[6]

	One-Sample Test					
	Test Value = 0					
					98.75% Confidence Interval of the Difference	
	t	df	Sig. (2-tailed)	Mean Difference	Lower	Upper
物理差異	.681	14	.507	1.467	-4.700	7.634
化學差異	-3.130	14	.007	-4.867	-9.320	-.413
生物差異	2.971	14	.010	7.733	0.278	15.188
地科差異	-.744	14	.469	-1.667	-8.081	4.748

　　以減去 50 之後的差異分數所做之單變量 t 考驗，此時檢定值為 0。由雙尾之機率值可知：化學及生物之 p 值均小於 .0125，因此這兩科的平均與 50 達 .05 顯著差異，此與報表[4]相同，98.75%信賴區間則與報表[5]相同。報表[6]及[7]為 t 考驗之結果。

[7]

One-Sample Test						
	Test Value = 50					
	t	df	Sig. (2-tailed)	Mean Difference	98.75% Confidence Interval of the Difference	
					Lower	Upper
物理	.681	14	.507	1.467	-4.700	7.634
化學	-3.130	14	.007	-4.867	-9.320	-.413
生物	2.971	14	.010	7.733	0.278	15.188
地球科學	-.744	14	.469	-1.667	-8.081	4.748

　　以原始分數所做之單變量 t 考驗，此時檢定值為 50。除變項名稱與上表不同外，其餘數值均相同。

[8]

Descriptive Statistics		
Variable	Mean	S.D.
s1	51.46667	8.339807
s2	45.13334	6.022181
s3	57.73333	10.08157
s4	48.33333	8.673989
Count	15	15

　　以下均為 NCSS 之報表，筆者自行以表格方式處理，因此與原報表略有差異。

　　四個變項原始分數之描述統計，含平均數、標準差，還有人數。此部分報表是另外以 s1、s2、s3、s4 四個變項進行分析所得，如果只使用 d1、d2、d3、d4 分析，並不會得到此結果。

[9]

Descriptive Statistics		
Variable	Mean	S.D.
d1	1.466667	8.339807
d2	-4.866667	6.022181
d3	7.733333	10.08157
d4	-1.666667	8.673989
Count	15	15

　　四個變項各自減去 50 之後的描述統計。依據標準差的特性，原變項減去某一常數之後，標準差並不會改變。

[10]

Hotelling's T^2 Test Section				
Hypothesis	T^2	DF1	DF2	Parametric Test Prob Level
Means All Zero	321.038	4	14.0	0.0000
Means All Equal	183.741	3	14.0	0.0000

　　Hotelling T^2 考驗結果 (四個變數之差異的平均數皆等於 0)，T^2=321.038，p<.0001，因此拒絕虛無假設，表示四個成績的平均數與 50 有顯著差異。

　　Hotelling T^2 也可以用來分析單變量的重複量數考驗，此時，就要看 "Means All Equal" 部分，其虛無假設是各次的平均數是相等的。此種分析方法稱為 "profile analysis" (剖繪分析)，有興趣的讀者可以參閱相關的著作 (如，林清山, 1988a; 張健邦, 1993)。

[11]

Individual Variables Section						
Variable Omitted	T^2 Others	Prob Level	T^2 Change	Prob Level	T^2 Alone	Prob Level
d1	201.279	0.0000	119.759	0.0329	0.464	0.5069
d2	161.621	0.0000	159.418	0.0102	9.796	0.0074
d3	106.841	0.0000	214.198	0.0013	8.826	0.0101
d4	242.758	0.0000	78.280	0.0970	0.554	0.4691

　　個別變項之 T^2 值，第二欄是該變項如果剔除之後，留下其他變項進行 Hotelling T^2 考驗的 T^2 值。例如，如果把 d1 這一變項剔除，只留 d2、d3 及 d4 進行考驗，則 T^2 值是 201.279，p<.0001。第四欄是用整體的 T^2 值 321.038 減去第二欄之 T^2 值的差。第六欄是該變項單獨進行 T^2 考驗所得的值，它會等於[6]中 t 值的平方，也會等於[4]中的 F 值。網底標示的部分與報表[4]相同。

[12]

Student's T-Test Section		
Variable	T^2 or |Student's T|	Parametric Test Prob Level
All (T^2)	321.038	0.0000
d1	0.681	0.5069
d2	3.130	0.0074
d3	2.971	0.0101
d4	0.744	0.4691
These individual t-test significance levels should only be used when the overall T^2 value is significant.		

單變量 t 考驗結果，此時應採 Bonferroni 分割，將 α 值設定為 .0125。四個變項的 t 考驗值均與報表[6]中的 t 之絕對值相同，p 值也相同。

[13]

		Confidence Intervals for the Means Section			
Variable	Mean	Lower 95.0% Bonferroni Conf. Limit	Upper 95.0% Bonferroni Conf. Limit	Lower 95.0% Simultaneous Conf. Limit	Upper 95.0% Simultaneous Conf. Limit
d1	1.466667	-4.700455	7.633788	-7.434843	10.36818
d2	-4.866667	-9.31995	-0.4133836	-11.29445	1.56112
d3	7.733333	0.2782116	15.18845	-3.027253	18.49392
d4	-1.666667	-8.080909	4.747576	-10.92487	7.591533

平均數差異之 95% Bonferroni 信賴區間及同時信賴區間，如果信賴區間包含 0，表示其**平均數差異**與 0 沒有不同。

生物原始的平均數為 57.733333，要考驗的母群平均數為 50，則兩者的差異為 7.733333。Bonferroni 的 95% 信賴區間的計算方法為：7.733333 $\pm 2.864\sqrt{\dfrac{(10.08157)^2}{15}}$，其中 2.864$=t_{.05/_{2\times4},(14-1)}$，$\sqrt{\dfrac{(10.08157)^2}{15}}$ 為標準誤，$(10.08157)^2$ 為生物差異的變異數，15 為樣本數。計算後之 Bonferroni 95% 信賴區間為 0.2782116~15.18845，中間不包含 0。

同時信賴區間的計算方法為：7.733333 $\pm\sqrt{17.089}\sqrt{\dfrac{(10.08157)^2}{15}}$。其中 $\sqrt{17.089}=$ $\sqrt{T^2_{.05,(4,15-1)}}$（$T^2$ 之臨界值可在林清山(1988a)之附錄查到，或使用 F 值加以轉換)。

計算後之 95% 信賴區間為–3.027253~18.49392，中間包含 0。由此可知，同時信賴區間比 Bonferroni 信賴區間大，因此較有可能包含 0。

6.2.2 範例二 (兩個相依樣本平均數之考驗)

研究者認為民主的課室管理方式會影響小學生的學習，於是隨機找了一班小學五年級學生 (有 15 名學生) 進行實驗，在學期初先進行物理、化學及生物領域的前測，經過一學期的教學之後，再進行後測 (應留意前後測須為平行測驗)，成績如 **表 6-2**。試以 α =.05 考驗以下受試者在這些領域成績的前後測平均成績是否有差異。

表 6-2　一組受試者三個領域之前後測成績

前測			後測		
物理	化學	生物	物理	化學	生物
42	44	41	45	42	42
44	46	45	46	44	46
46	46	46	47	45	46
47	46	46	48	48	47
47	47	46	49	49	47
48	47	47	50	50	49
49	48	47	50	52	51
49	48	48	53	53	51
50	49	51	53	53	52
51	50	51	53	54	52
56	51	52	53	55	53
56	53	52	55	56	53
57	53	56	60	58	54
57	58	57	61	58	56
64	58	57	61	66	59

6.2.2.1 SPSS 分析步驟圖

1. 在進行分析之前，須先將三個前測變項分別減去對應的後測變項，以得到差
    異分數。首先在《轉換》(Transform) 中選擇《計算變數》(Compute Variable)。

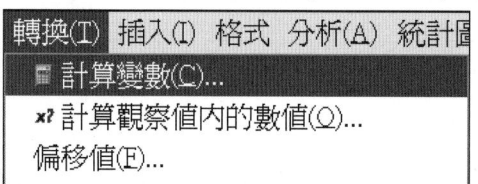

2. 在《目標變數》(Target Variable) 中輸入新的變項名稱 (在此為 d1)，在《數
    值運算式》(Numeric Expression) 中輸入(或用點選亦可) "post1–pre1"，在《類
    型&標記》(Type & Label) 中將 d1 的標記設為「物理差異」，再點選《繼續》
    (Continue) 回上一畫面，最後再點選《確定》(OK) 即可。其他兩個變項也依
    此程序處理。

3. 接著進行正式分析。在《分析》(Analyze) 中選擇《一般線性模式》(General Linear Model) 之《多變量》(Multivariate)，進行多變量變異數分析。

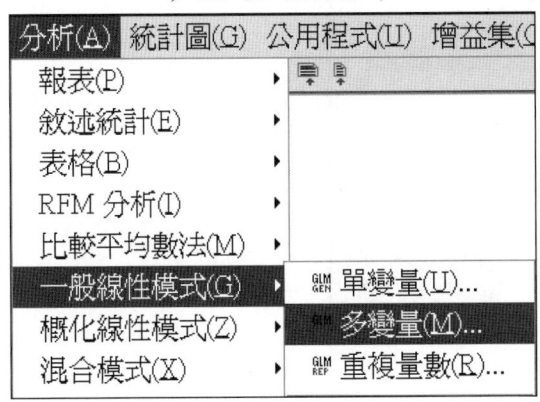

4. 將 d1 到 d3 點選至《依變數》(Dependent Variables)。

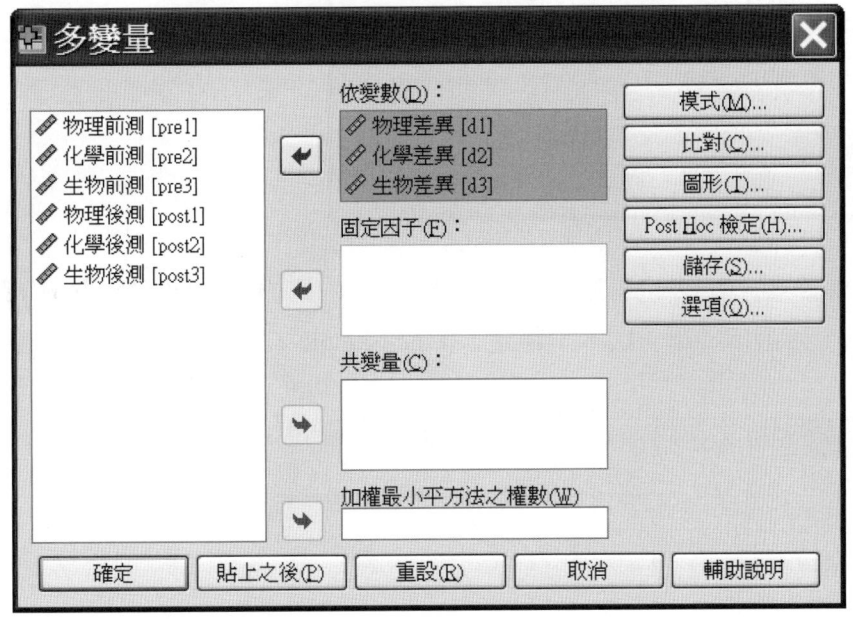

5. 在《選項》(Options) 選單下，先將(OVERALL)點選至《顯示平均數》(Display Means for) 中，《顯示》(Display) 中可視需要勾選以下項目，在〈顯著水準〉(Significance level) 中輸入 .016667 以進行 Bonferroni 信賴區間 (因為有 3 個變項，因此 .05/3=.016667)，此時計算的信賴區間顯示為 98.3333% ((1 − .05 / 3) × 100%)，但仍應視為 95% 之信賴區間。

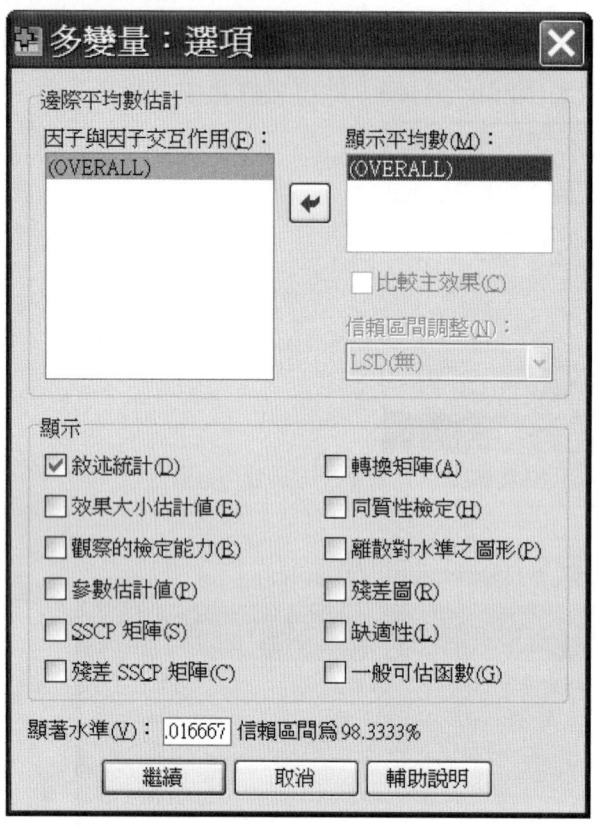

6. 如果整體考驗顯著，也可以在《分析》(Analyze) 中之《比較平均數法》(Compare Means) 下選擇《單一樣本 T 檢定》(One-Sample T Test)，以進行平均數之區間估計。

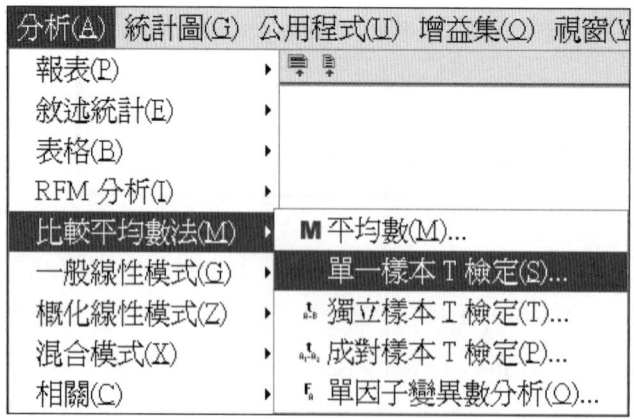

7. 將差異變項 d1 到 s3 點選至《檢定變數》(Test Variable(s)) 中，此時《檢定值》(Test Value) 設定為 0。

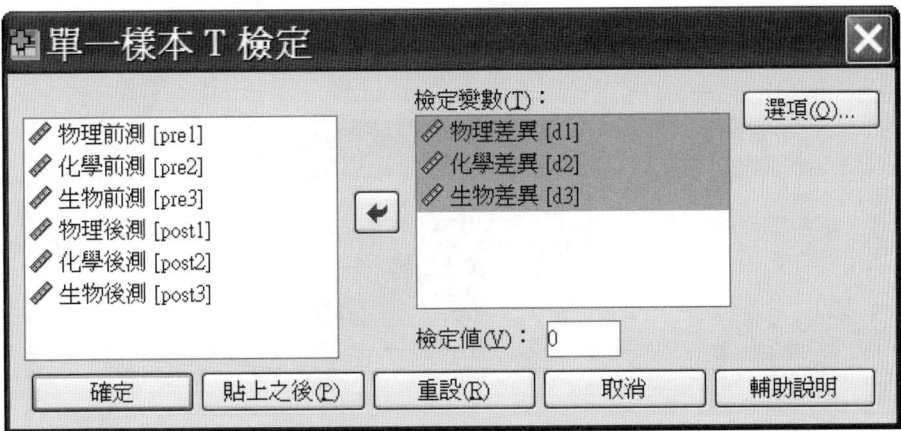

8. 在《選項》(Options) 下，設定所要計算的〈信賴區間〉(Confidence Interval) 為 98.3333%，以進行 Bonferroni 信賴區間估計。

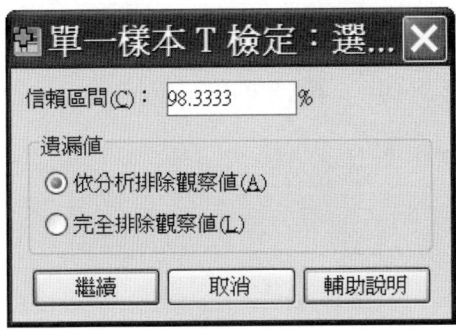

9. 同樣的考驗也可以在《分析》(Analyze) 中之《比較平均數法》(Compare Means) 下選擇《成對樣本 T 檢定》(Paired-Samples T Test)，以進行平均數之區間估計。

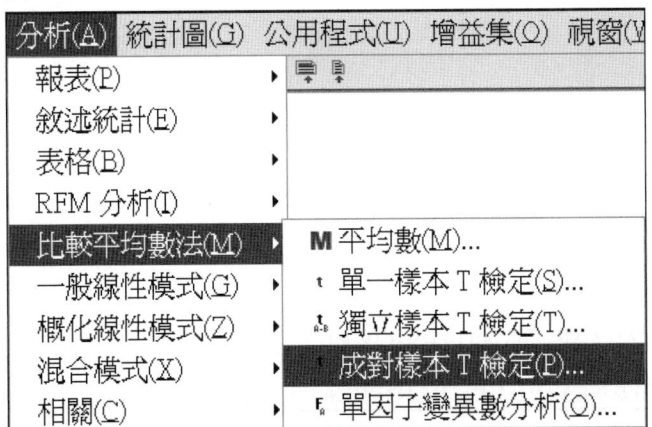

10. 分別將原始變項 pre1~pre3 與 post1~post3 配對點選至《配對變數》(Paired Variable(s)) 中。

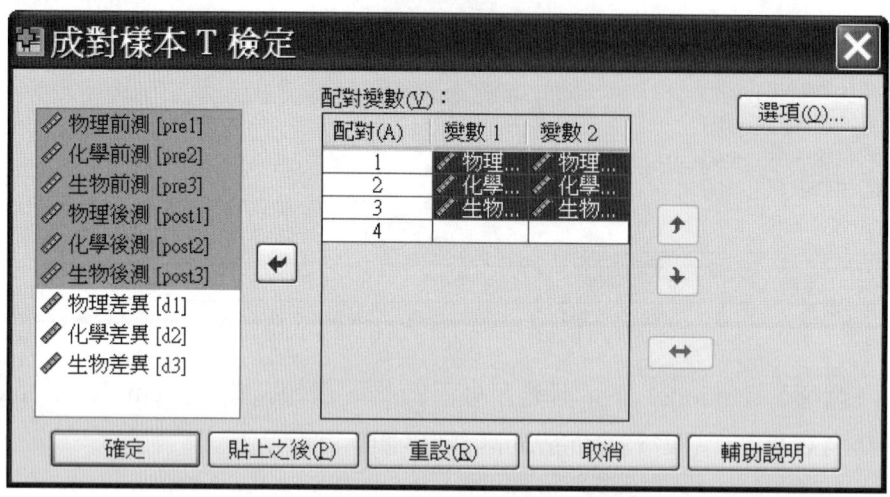

11. 在《選項》(Options) 下，同樣設定所要計算的〈信賴區間〉(Confidence Interval) 為 98.3333%，以進行 Bonferroni 信賴區間估計。

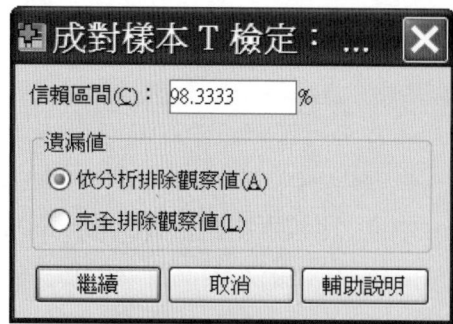

6.2.2.2　SPSS 程式

```
[1]    COMPUTE      d1=post1－pre1.
       COMPUTE      d2=post2－pre2.
       COMPUTE      d3=post3－pre3.
[2]    GLM          d1 d2 d3
                    /EMMEANS = TABLES(OVERALL)
                    /CRITERIA = ALPHA(.01667).
```

```
[3]   T-TEST
                    /TESTVAL = 0
                    /VARIABLES = d1 d2 d3
                    /CRITERIA = CI(.983333) .
[4]   T-TEST
                    PAIRS = post1 post2 post3 WITH pre1 pre2 pre3    (PAIRED)
                    /CRITERIA = CI(.983333).
[5]   MANOVA       d1 d2 d3
                    /CINTERVAL = JOINT MULTIVARIATE(HOTELLING).
[6]   MANOVA       d1 d2 d3
                    /CINTERVAL = INDIVIDUAL MULTIVARIATE(BONFER).
```

6.2.2.3　SPSS 程式說明

[1]　在分析前先分別將 post1~post3 減去 pre1~pre3，以得到 d1~d3 差異分數，接著將以差異分數進行分析。

[2]　使用 GLM 進行單一樣本多變量平均數分析，依變項是 d1、d2、d3，不必界定自變項，次指令中設定 α=.01667 (由.05/3 而得)，信賴區間為 98.3333% (由 $\left(1-\dfrac{.05}{3}\right)\times 100\%$ 求得)。

[3]　使用單變量 T-TEST 進行三次平均數考驗，變項分別為 d1、d2、d3，要考驗的值都是 0，設定信賴區間為 98.3333%。

[4]　也可以使用單變量 T-TEST 進行三次配對平均數考驗，配對變項分別為 post1~post3 及 pre1~pre3，信賴區間為 98.3333%。

[5]　使用 MANOVA 進行單一樣本多變量平均數分析，並使用 HOTELLING 法進行多變量同時信賴區間考驗。

[6]　進行另一次分析，此次改用 BONFERRONI 法進行多變量信賴區間考驗。

6.2.2.4　NCSS 分析步驟圖

1.　在《Analysis》中選擇《T-Tests》或《Multivariate Analysis》下之《Hotelling's T2: One-Sample》。

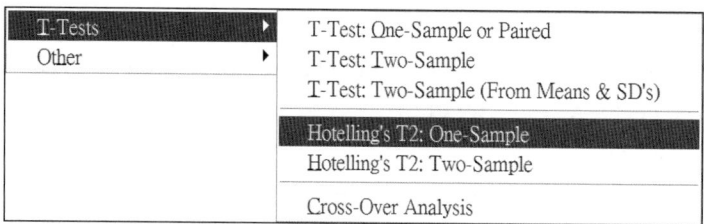

2.　首先，在《Variables》中選擇〈Response Variables〉(反應變項)。在此建議將後測成績當成反應變項。

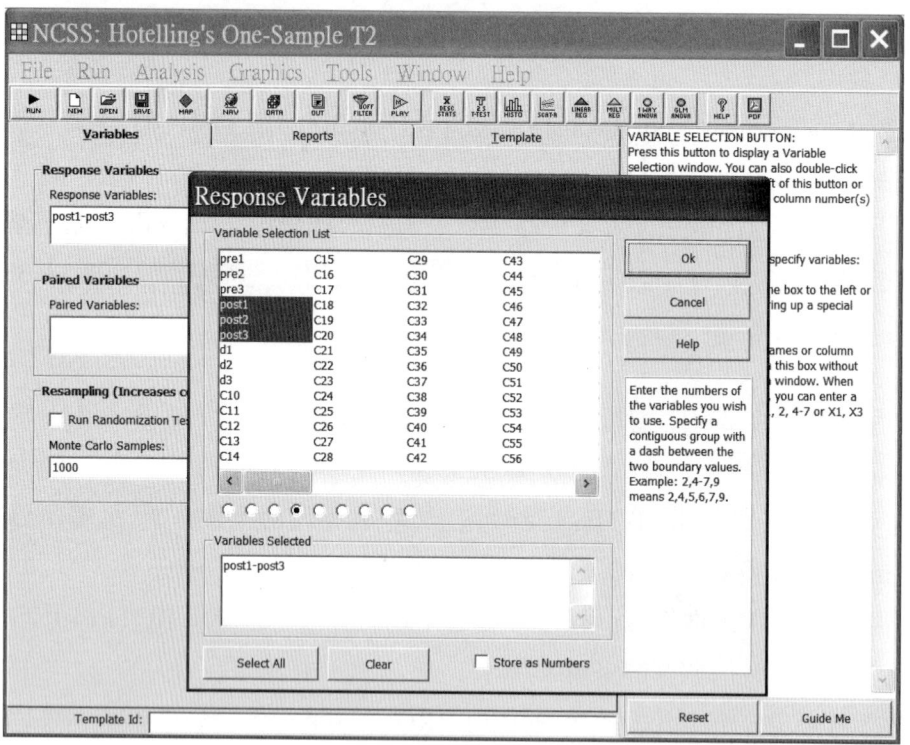

3.　接著，選擇〈Paired Variables〉(配對變項)。在此建議將前測成績當成配對變項，如此就會用後測成績減去前測成績。其實，哪一組變項當反應變項，或是哪一組變項當配對變項並不會影響 Hotelling T^2 值的計算，不過，平均數及區間估計則會有正負號相反的差異。

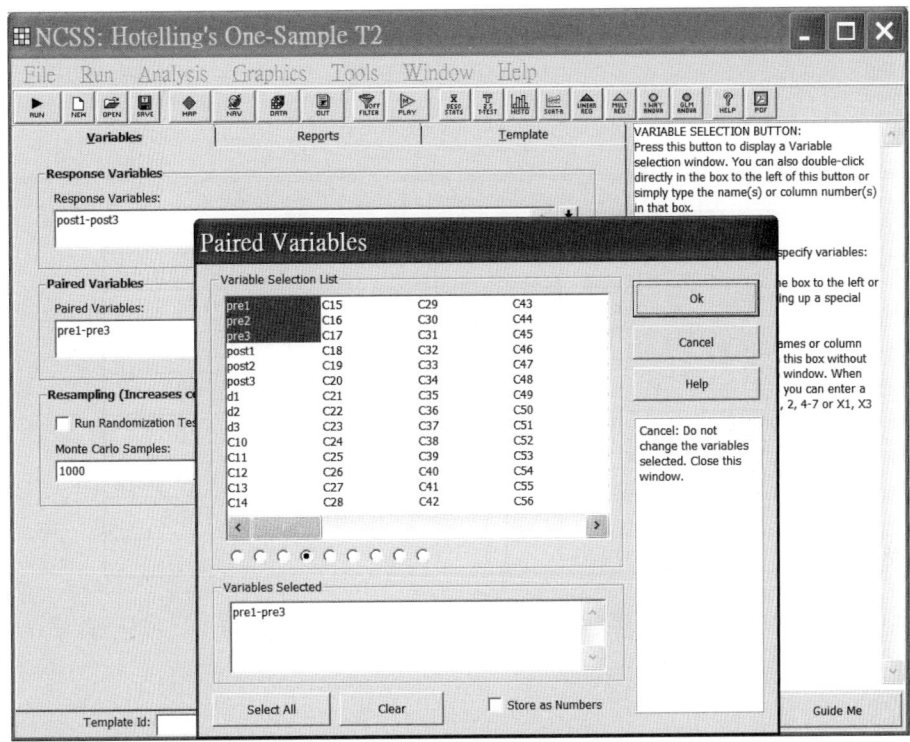

4.　在《Reports》中選擇所需的統計量，然後點選 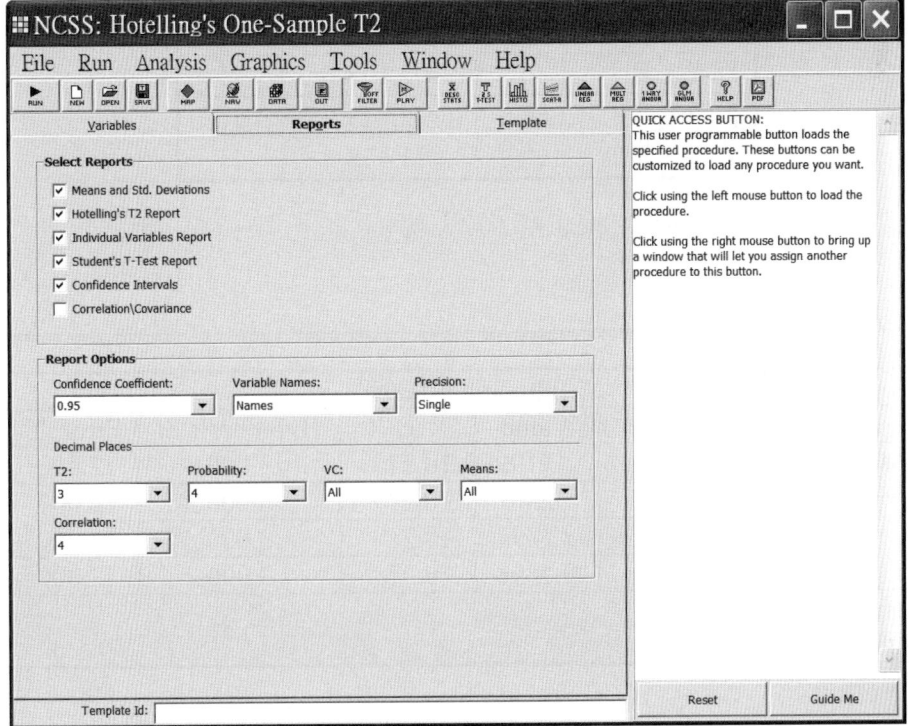 按鈕執行分析。

6.2.2.5 範例二報表及解說 (以 SPSS 為主)

[1]

Descriptive Statistics			
	N	Mean	Std. Deviation
物理前測	15	50.87	5.951
化學前測	15	49.60	4.273
生物前測	15	49.47	4.749
物理後測	15	52.27	5.216
化學後測	15	52.20	6.213
生物後測	15	50.53	4.406
Valid N (listwise)	15		

　　六個變項原始分數之描述統計，含平均數、標準差，還有人數。此部分報表是另外進行描述統計後獲得。

[2]

Descriptive Statistics			
	Mean	Std. Deviation	N
物理差異	1.40	2.197	15
化學差異	2.60	2.823	15
生物差異	1.07	1.438	15

　　三個差異變項的平均數、標準差，及人數。

[3]

Multivariate Tests [b]						
Effect		Value	F	Hypothesis df	Error df	Sig.
Intercept	Pillai's Trace	.7199	10.279[a]	3.000	12.000	.001
	Wilks' Lambda	.2801	10.279[a]	3.000	12.000	.001
	Hotelling's Trace	2.5698	10.279[a]	3.000	12.000	.001
	Roy's Largest Root	2.5698	10.279[a]	3.000	12.000	.001

[a] Exact statistic
[b] Design: Intercept

Hotelling 跡為 2.5698，乘上 14 (因為總人數為 15 人，自由度 14) 之後，得到 Hotelling T^2 為 35.9772，$p<.001$，應拒絕 H_0，因此整體而言，三個科目之前後測的平均數有顯著差異。

[4]

Tests of Between-Subjects Effects						
Source	Dependent Variable	Type III Sum of Squares	df	Mean Square	F	Sig.
Corrected Model	物理差異	.000 [a]	0	.	.	.
	化學差異	.000 [a]	0	.	.	.
	生物差異	.000 [a]	0	.	.	.
Intercept	物理差異	29.400	1	29.400	6.089	.027
	化學差異	101.400	1	101.400	12.720	.003
	生物差異	17.067	1	17.067	8.258	.012
Error	物理差異	67.600	14	4.829		
	化學差異	111.600	14	7.971		
	生物差異	28.933	14	2.067		
Total	物理差異	97.000	15			
	化學差異	213.000	15			
	生物差異	46.000	15			
Corrected Total	物理差異	67.600	14			
	化學差異	111.600	14			
	生物差異	28.933	14			
[a] R Squared = .000 (Adjusted R Squared = .000)						

各個科目之單變量考驗。因為有三個依變項，使用 Bonferroni 程序將 α 加以分割，若設定整體之α為 .05，則個別科目之 p 值應小於 .05/3 = .01667 才算顯著，所以化學及生物的前後測有顯著差異，物理則無。

[5]

Grand Mean				
Dependent Variable	Mean	Std. Error	98.3333% Confidence Interval	
			Lower Bound	Upper Bound
物理差異	1.400	.567	-.142	2.942
化學差異	2.600	.729	.619	4.581
生物差異	1.067	.371	.058	2.075

三個科目差異平均數之 95%信賴區間 (報表顯示為 98.3333%)，由報表可看出，化學及生物差異平均數的上下限均不包含 0，因此這兩科的前後測有顯著差異。且差異平均數分別為 2.600 及 1.067，均為正數，表示後測成績比前測成績來得高。物理差異的平均數為 1.400，雖然比生物差異的平均數來得大，但是因為標準誤也大，因此信賴區間包含 0。

[6]

			One-Sample Test			
			Test Value = 0			
					98.3333% Confidence Interval of the Difference	
	t	df	Sig. (2-tailed)	Mean Difference	Lower	Upper
物理差異	2.468	14	.027	1.400	-.142	2.942
化學差異	3.567	14	.003	2.600	.619	4.581
生物差異	2.874	14	.012	1.067	.058	2.075

使用單一樣本 t 檢定所得到之結果，說明見前兩個報表。

[7]

		Paired Samples Test						
		Paired Differences						
					98.3333% Confidence Interval of the Difference			
		Mean	Std. Deviation	Std. Error Mean	Upper	Lower	t	df	Sig. (2-tailed)
Pair 1	物理後測 - 物理前測	1.400	2.197	.567	-.142	2.942	2.468	14	.027
Pair 2	化學後測 - 化學前測	2.600	2.823	.729	.619	4.581	3.567	14	.003
Pair 3	生物後測 - 生物前測	1.067	1.438	.371	.058	2.075	2.874	14	.012

使用相依樣本 t 檢定所得到之結果，說明見前面之報表。

[8]

Descriptive Statistics		
Variable	Mean Diff.	S.D. of Diff.
post1-pre1	1.4	2.197401
post2-pre2	2.6	2.823372
post3-pre3	1.066667	1.437591
Count	15	15

　　三個變項差異分數 (後測減前測) 之描述統計，含平均數、標準差，還有人數。以下均為 NCSS 報表。

[9]

Hotelling's T^2 Test Section				
Hypothesis	T^2	DF1	DF2	Parametric Test Prob Level
Means All Zero	35.978	3	14	0.0012
Means All Equal	5.042	2	14	0.1354

　　Hotelling T^2 考驗結果 (三個變數之差異皆等於 0)，T^2=35.978，p=.0012，小於 .05，因此拒絕虛無假設。表示三個成績的平均數差異有顯著差異，也就是後測的三個領域的平均成績與前測不同。

[10]

Individual Variables Section						
Variable Omitted	T^2 Others	Prob Level	T^2 Change	Prob Level	T^2 Alone	Prob Level
post1-pre1	16.431	0.0064	19.547	0.0180	6.089	0.0271
post2-pre2	18.183	0.0045	17.795	0.0258	12.720	0.0031
post3-pre3	30.126	0.0006	5.851	0.2332	8.258	0.0123

　　個別變項之 T^2 值，因為依變項有三個，因此應該採用 Bonferroni 程序將 α 加以分割，即單變量考驗的顯著水準是 α/p (p 是依變項數目)，所以此處的 p 值應該小於 .01667 才算顯著。以此標準，則兩組間的差異主要存在於化學及生物 (由第七欄得知)，物理並沒有顯著差異。單獨之 T^2 會等於報表[4]之 F 值。

[11]

Student's T-Test Section		
Variable	T^2 or |Student's T|	Parametric Test Prob Level
All (T^2)	35.978	0.0012
post1-pre1	2.468	0.0271
post2-pre2	3.567	0.0031
post3-pre3	2.874	0.0123
These individual t-test significance levels should only be used when the overall T^2 value is significant.		

　　單變量 t 考驗結果。機率值與上一報表相同。此處 t 值的平方，會等於上一報表第六欄的單獨 T^2 值。

[12]

Confidence Intervals for the Mean Differences Section					
Variable	Difference	Lower 95.0% Bonferroni Conf. Limit	Upper 95.0% Bonferroni Conf. Limit	Lower 95.0% Simultaneous Conf. Limit	Upper 95.0% Simultaneous Conf. Limit
post1-pre1	1.4	-0.1419633	2.941963	-0.5830277	3.383028
post2-pre2	2.6	0.6187797	4.581220	0.0520698	5.147930
post3-pre3	1.066667	0.0578786	2.075455	-0.2306759	2.364009

　　平均數差異之 95% 信賴區間。如果採用 Bonferroni 切割 α 的方式，則生物領域的信賴區間不含 0，但是如果採用同時信賴區間則含 0。

　　生物前測及後測的平均數分別為 49.47 及 50.53，兩者的差異為 1.06 (報表中精確值為 1.066667)，其 Bonferroni 的 95% 信賴區間的計算方法為：$1.067 \pm 2.7178\sqrt{\dfrac{(1.43759)^2}{15}}$，其中 $2.7178 = t_{.05/_{2\times3},(15-1)}$，$\sqrt{\dfrac{(1.43759)^2}{15}}$ 為生物前後測差異的標準誤 (等於表[5]之 0.371)。計算後之 95% 信賴區間為 0.0578786~2.075455，中間不含 0，表示生物領域前後測差異的平均數達 .05 顯著水準。

　　同時信賴區間的計算方法為：$1.067 \pm \sqrt{12.216}\sqrt{\dfrac{(1.43759)^2}{15}}$。其中 $\sqrt{12.216} = \sqrt{T^2_{.05,(3,15-1)}}$，計算後之 95% 信賴區間為 -0.2306759~2.364009。

6.2.3 範例三 (兩個獨立樣本平均數之考驗)

研究者認為教學的方法會影響小學生的學習，於是將 20 名小學五年級學生隨機分派到兩種不同的教法中接受實驗，一學期後測量受試者的三個學習領域成績如**表 6-3**。試以 $\alpha = .05$ 考驗以下兩組受試者在這些領域成績的平均數是否有差異。

表 6-3　兩組受試者三個領域成績分數

教法一			教法二		
學科一	學科二	學科三	學科一	學科二	學科三
36	39	30	39	48	40
38	41	43	46	48	44
39	43	45	51	49	46
40	45	46	54	53	47
47	46	48	58	54	47
49	47	50	59	56	49
50	47	52	60	66	51
52	48	54	60	67	51
56	53	56	63	71	64
63	55	62	64	75	67

6.2.3.1　SPSS 分析步驟圖

1. 在《分析》(Analyze) 中選擇《一般線性模式》(General Linear Model) 之《多變量》(Multivariate)，進行多變量變異數分析。

分析(A)	統計圖(G)	公用程式(U)	增益集(O
報表(P)	▶		
敘述統計(E)	▶		
表格(B)	▶		
RFM 分析(I)	▶		
比較平均數法(M)	▶		
一般線性模式(G)	▶	單變量(U)...	
概化線性模式(Z)	▶	多變量(M)...	
混合模式(X)	▶	重複量數(R)...	

2.　將 s1~s3(學科一至學科三)點選至《依變數》(Dependent Variables)，g(教法)
　　點選至《固定因子》(Fixed Factor)，接著點選《比對》(Contrasts)。。

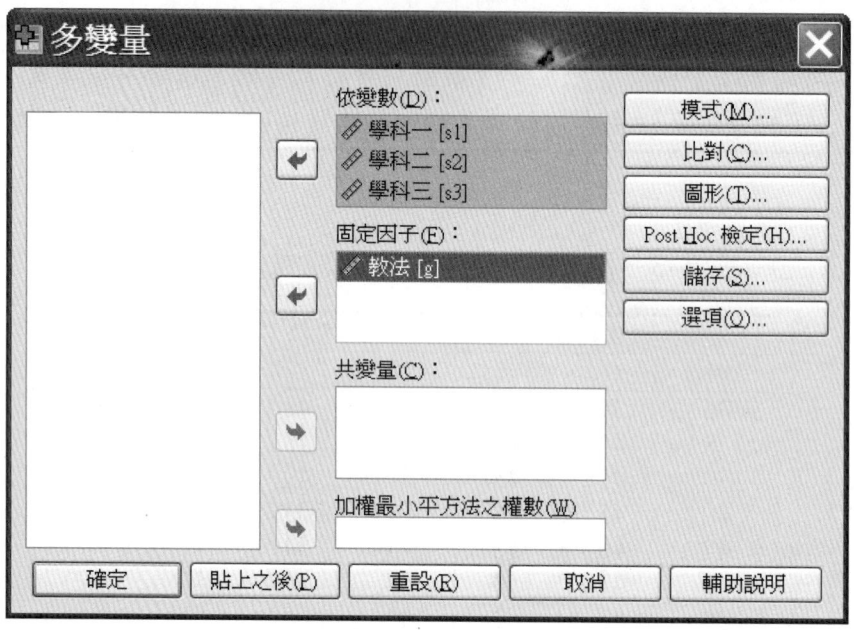

3　　在《比對》選單下，首先使用《簡單》(Simple) 法進行對比，指定最後一組
　　當參照組，並點選《變更》(Change)。

4.　在《選項》(Options) 選單下，可視需要勾選以下項目，在〈顯著水準〉
　　(Significance level) 中輸入 .01667 以進行 Bonferroni 信賴區間 (因為有 3 個
　　依變項，因此 .05/3=.01667)，此時計算的信賴區間顯示為 98.333%

$((1-.05/3)\times100\%)$，但仍視應為 95% 之信賴區間。

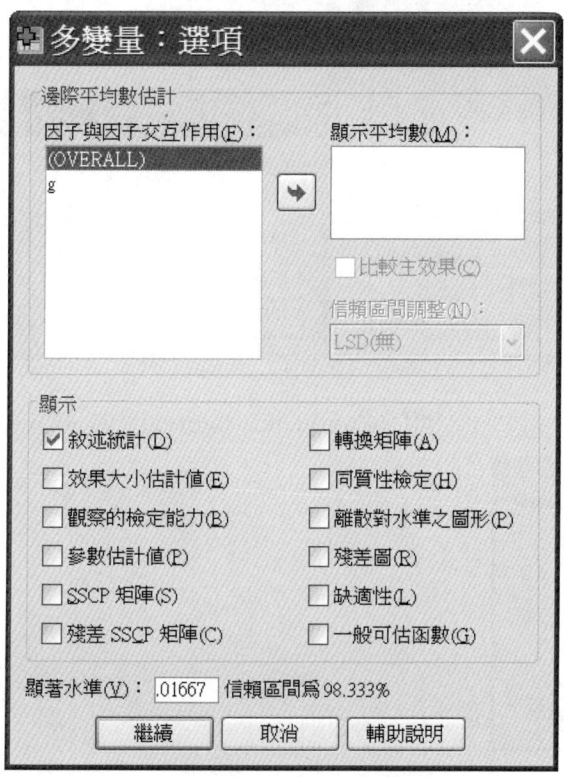

5.　如果整體考驗顯著，可在《分析》(Analyze) 中《比較平均數法》(Compare Means) 選擇《獨立樣本 T 檢定》(Independent-Samples T Test)，以進行 Bonferroni 切割之 t 考驗及信賴區間估計。

6.　選擇《檢定變數》(依變數) 及《分組變數》(自變數)，分組變數尚須指定數值代碼 (在此為 1 及 2，何者在第一組沒有順序關係)。

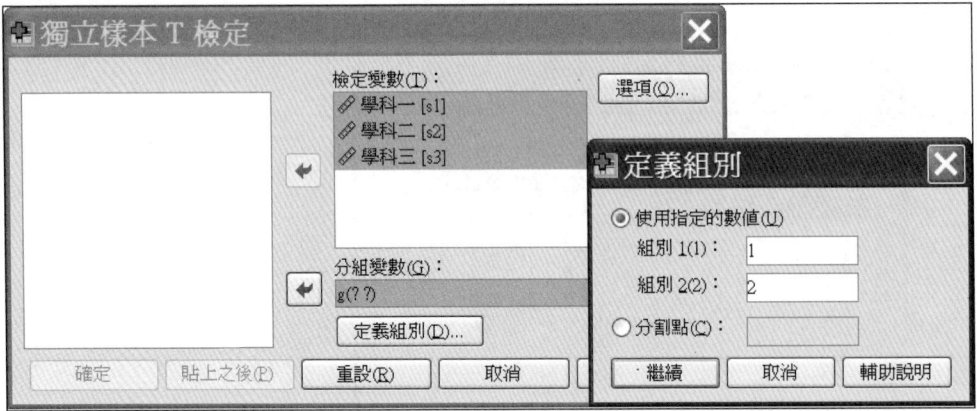

7. 在《選項》(Options) 下設定〈信賴區間〉(Confidence Interval) 為 98.3333%。

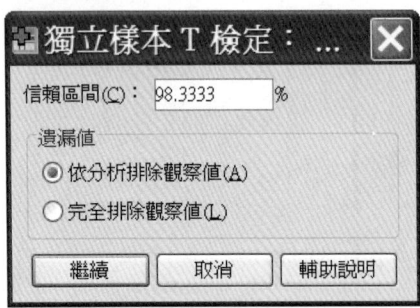

6.2.3.2 SPSS 程式

```
[1]   GLM           s1 s2 s3 BY g
[2]                 /CONTRAST(g)= Simple
[3]                 /PRINT=DESCRIPTIVE
[4]                 /CRITERIA=ALPHA(.01667)
[5]                 /DESIGN= g.
[6]   T-TEST        GROUPS=g(1 2)
                    /VARIABLES=s1 s2 s3
                    /CRITERIA=CI(.983333).
[7]   MANOVA        s1 s2 s3 BY g (1,2)
[8]                 /ERROR = WITHIN
[9]                 /CONTRAST(g) = Simple
[10]                /CINTERVAL = JOINT MULTIVARIATE(ROY)
[11]                /DESIGN = g.
[12]  MANOVA        s1 s2 s3 BY g (1,2)
                    /ERROR = WITHIN
                    /CONTRAST(g) = Simple
                    /CINTERVAL=INDIVIDUAL MULTIVARIATE(BONFER)
                    /DESIGN = g.
```

6.2.3.3　SPSS 程式說明

[1]　進行 GLM 分析，依變項是 s1、s2、s3，自變項是 g。

[2]　採用 Simple 方式進行對比，也就是第 1 組與第 2 組之比較。

[3]　列印出描述統計量。

[4]　Alpha 值設定為.01667。

[5]　界定模型，因為只有一個自變項，所以 DESIGN=g。

[6]　進行獨立樣本 t 考驗，依變項為 s1~s3，自變項為 g，信賴區間為 98.3333%。

[7]　進行 MANOVA，依變項是 s1~s3，自變項是 g，自變項之後要界定 2 個水準 (最小是 1，最大是 2)，否則不能進行分析。

[8]　早期 DOS 版的誤差項為 WITHIN CELL，後來視窗版內定誤差項改為 WITHIN+ RESIDUAL，所以加上此指令。如果各組樣本數相等，則不界定此指令也無妨。

[9]　採用 Simple 方式進行對比，也就是第 1 組與第 2 組之比較。

[10]　利用 ROY 法進行多變量同時信賴區間估計。

[11]　界定模型，因為只有一個自變項，所以 DESIGN=g。

[12]　進行另一次分析，此次改用 BONFERRONI 法進行多變量個別 (INDIVIDUAL) 信賴區間考驗。

6.2.3.4　NCSS 分析步驟圖

1.　在《Analysis》中選擇《T-Tests》或《Multivariate Analysis》下之《Hotelling's T2: Two-Sample》。

2. 首先，在《Variables》中先選擇〈Group Variable〉(組別變項，也就是自變項)。

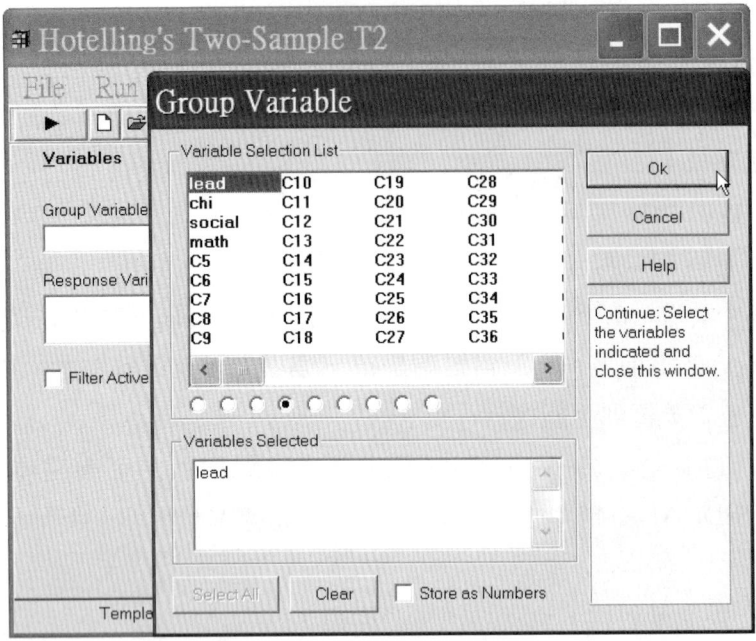

3. 接著，再選擇〈Response Variables〉 (反應變項，也就是依變項)。

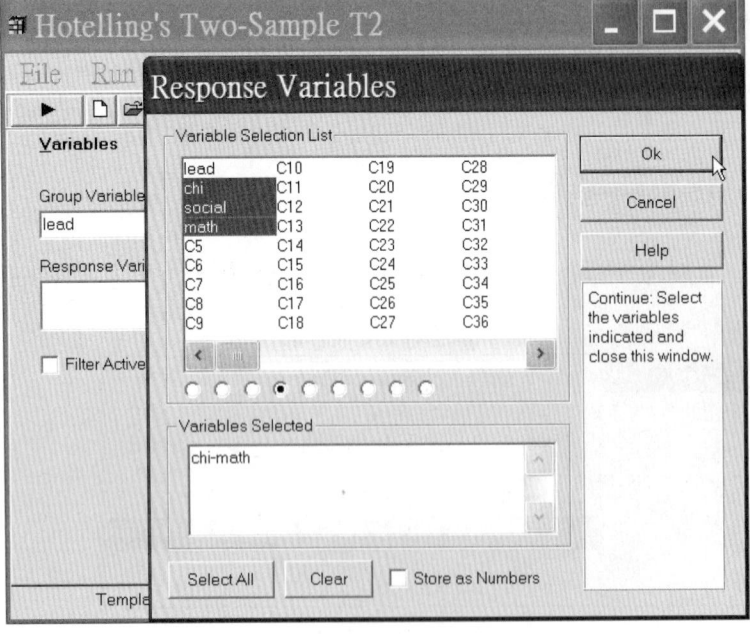

4. 在《Reports》中選擇所需的統計量，然後點選 ▶ 按鈕執行分析。

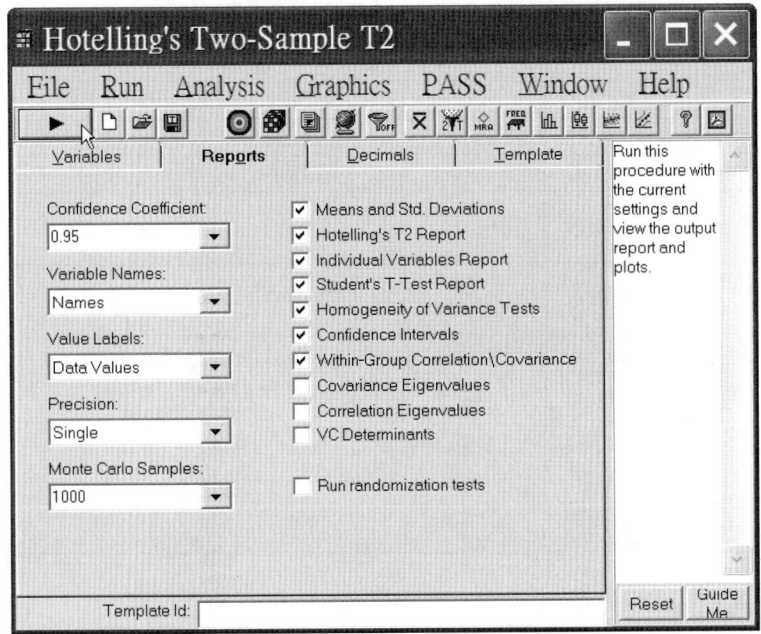

6.2.3.5 範例三報表及解說 (以 SPSS 為主)

[1]

Descriptive Statistics				
	教法	Mean	Std. Deviation	N
學科一	教法一	47.00	8.756	10
	教法二	55.40	7.975	10
	Total	51.20	9.220	20
學科二	教法一	46.40	4.926	10
	教法二	58.70	10.133	10
	Total	52.55	9.997	20
學科三	教法一	48.60	8.656	10
	教法二	50.60	8.527	10
	Total	49.60	8.426	20

兩組之三學科的描述統計，含平均數、標準差及人數。

[2]

Multivariate Tests[b]						
Effect		Value	F	Hypothesis df	Error df	Sig.
Intercept	Pillai's Trace	.981	269.161[a]	3.000	16.000	.000
	Wilks' Lambda	.019	269.161[a]	3.000	16.000	.000
	Hotelling's Trace	50.468	269.161[a]	3.000	16.000	.000
	Roy's Largest Root	50.468	269.161[a]	3.000	16.000	.000
g	Pillai's Trace	.6899	11.864[a]	3.000	16.000	.000
	Wilks' Lambda	.3101	11.864[a]	3.000	16.000	.000
	Hotelling's Trace	2.2244	11.864[a]	3.000	16.000	.000
	Roy's Largest Root	2.2244	11.864[a]	3.000	16.000	.000
a Exact statistic						
b Design: Intercept+g						

Multivariate Test Results					
	Value	F	Hypothesis df	Error df	Sig.
Pillai's trace	.6899	11.864[a]	3.000	16.000	.000
Wilks' lambda	.3101	11.864[a]	3.000	16.000	.000
Hotelling's trace	2.2244	11.864[a]	3.000	16.000	.000
Roy's largest root	2.2244	11.864[a]	3.000	16.000	.000
a Exact statistic					

　　SPSS 之 MANOVA 考驗結果，Hotelling trace 值等於 2.2244，如果乘上組內自由度 18，會等於 40.0392 (較精確值為 40.03978)。而 $F = \dfrac{10+10-3-1}{3(10+10-2)}40.03978 =$ 11.864，p=.000，小於 .05。Wilks Λ 值等於 0.3101。

[3]

Tests of Between-Subjects Effects						
Source	Dependent Variable	Type III Sum of Squares	df	Mean Square	F	Sig.
Corrected Model	學科一	352.800[a]	1	352.800	5.030	.038
	學科二	756.450[b]	1	756.450	11.918	.003
	學科三	20.000[c]	1	20.000	.271	.609
Intercept	學科一	52428.800	1	52428.800	747.559	.000
	學科二	55230.050	1	55230.050	870.145	.000
	學科三	49203.200	1	49203.200	666.509	.000
g	學科一	352.800	1	352.800	5.030	.038
	學科二	756.450	1	756.450	11.918	.003
	學科三	20.000	1	20.000	.271	.609
Error	學科一	1262.400	18	70.133		
	學科二	1142.500	18	63.472		
	學科三	1328.800	18	73.822		
Total	學科一	54044.000	20			
	學科二	57129.000	20			
	學科三	50552.000	20			
Corrected Total	學科一	1615.200	19			
	學科二	1898.950	19			
	學科三	1348.800	19			

a R Squared = .218 (Adjusted R Squared = .175)
b R Squared = .398 (Adjusted R Squared = .365)
c R Squared = .015 (Adjusted R Squared = -.040)

Univariate Test Results						
Source	Dependent Variable	Sum of Squares	df	Mean Square	F	Sig.
Contrast	學科一	352.800	1	352.800	5.030	.038
	學科二	756.450	1	756.450	11.918	.003
	學科三	20.000	1	20.000	.271	.609
Error	學科一	1262.400	18	70.133		
	學科二	1142.500	18	63.472		
	學科三	1328.800	18	73.822		

單變量考驗結果，由於依變項有三科，因此 p 值應小於.01667 才算達到.05 顯著水準。此處顯示兩組之平均數有差異者為學科二，學科一及學科三並無顯著差異。

[4]

Contrast Results (K Matrix)					
教法 Simple Contrast[a]			Dependent Variable		
			學科一	學科二	學科三
Level 1 vs. Level 2	Contrast Estimate		-8.400	-12.300	-2.000
	Hypothesized Value		0	0	0
	Difference (Estimate - Hypothesized)		-8.400	-12.300	-2.000
	Std. Error		3.745	3.563	3.842
	Sig.		.038	.003	.609
	98.333% Confidence Interval for Difference	Lower Bound	-18.284	-21.703	-12.140
		Upper Bound	1.484	-2.897	8.140
a Reference category = 2					

使用比對（或稱對比）之結果，p 值與報表[3]相同，平均數信賴區間只有學科二不包含 0，因此兩組間在學科二之平均有顯著差異，且教法二優於教法一。

[5]

Independent Samples Test										
		Levene's Test for Equality of Variances		t-test for Equality of Means						
									98.3333% Confidence Interval of the Difference	
		F	Sig.	t	df	Sig. (2-tailed)	Mean Difference	Std. Error Difference	Upper	Lower
學科一	Equal variances assumed	.112	.742	-2.243	18	.038	-8.400	3.745	-18.284	1.484
	Equal variances not assumed			-2.243	17.845	.038	-8.400	3.745	-18.293	1.493
學科二	Equal variances assumed	10.677	.004	-3.452	18	.003	-12.300	3.563	-21.703	-2.897
	Equal variances not assumed			-3.452	13.029	.004	-12.300	3.563	-22.080	-2.520
學科三	Equal variances assumed	.001	.975	-.521	18	.609	-2.000	3.842	-12.141	8.141
	Equal variances not assumed			-.521	17.996	.609	-2.000	3.842	-12.141	8.141

使用獨立樣本 t 考驗之結果，如果看變異數同質這一列，則 p 值分別為 .038、.003，及 .069，與前面的報表均相同。

[6]

Descriptive Statistics				
	Means		Standard Deviations	
Variable	1	2	1	2
s1	47.0	55.4	8.75595	7.974961
s2	46.4	58.7	4.926121	10.133
s3	48.6	50.6	8.656404	8.527081
Count	10	10	10	10

　　兩個組之三個變項原始分數的描述統計，含平均數、標準差，還有人數。以下均為 NCSS 之報表。

[7]

Bartlett-Box Homogeneity of Variance Tests							
Variable(s) Tested	Test Value	DF1	DF2	F Approx	F Prob	Chi^2 Approx	Chi^2 Prob
Box's M Test							
ALL	23.941	6	2347	3.259	0.0034	19.618	0.0032
Bartlett Individual Variable Tests							
s1	0.078	1	972	0.074	0.7853	0.074	0.7855
s2	4.325	1	972	4.111	0.0429	4.084	0.0433
s3	0.002	1	972	0.002	0.9650	0.002	0.9650

　　變異數同質性考驗，Box's M=23.941，p=.0034，小於 .05，表示兩組間三變項之變異－共變數矩陣不同質。不過，由於兩組人數相等，因此違反假設並不算嚴重。

[8]

Hotelling's T^2 Test Section				
Covariance Assumption	T^2	DF1	DF2	Parametric Test Prob Level
Equal	40.040	3	18.0	0.0002
Unequal	40.040	3	17.2	0.0003

　　Hotelling T^2 考驗結果，無論是否符合共變數矩陣同質性假設，所得的 T^2 值均等於 40.040，p=.0002，小於 .05，因此拒絕虛無假設，表示兩組間三個成績的平均數有顯著差異。

[9]

Individual Variables Section						
Variable Omitted	T^2 Others	Prob Level	T^2 Change	Prob Level	T^2 Alone	Prob Level
s1	36.566	0.0001	3.474	0.3279	5.030	0.0377
s2	12.749	0.0105	27.291	0.0017	11.918	0.0028
s3	12.979	0.0099	27.061	0.0018	0.271	0.6091

個別變項的 T^2 及 p 值，與報表[3]之 F 值及 p 值相同。

[10]

Student's T-Test Section		
Variable	T^2 or |Student's T|	Parametric Test Prob Level
All (T^2)	40.040	0.0002
s1	2.243	0.0377
s2	3.452	0.0028
s3	0.521	0.6091
These individual t-test significance levels should only be used when the overall T^2 value is significant.		

單變量 t 考驗結果，機率值與上一報表相同，此處 t 值的平方，會等於上一報表第六欄的單獨 T^2 值。

[11]

Confidence Intervals for the Mean Differences Section					
Variable	Difference	Lower 95.0% Bonferroni Conf. Limit	Upper 95.0% Bonferroni Conf. Limit	Lower 95.0% Simultaneous Conf. Limit	Upper 95.0% Simultaneous Conf. Limit
s1	-8.4	-18.28418	1.484176	-20.78258	3.982576
s2	-12.3	-21.70308	-2.896921	-24.07987	-0.5201273
s3	-2.0	-12.14079	8.14079	-14.70405	10.70405

平均數差異之 95%信賴區間。無論採用 Bonferroni 切割 α 的方式，或同時信賴區間，只有學科二不含 0，也就是兩組間的差異主要存在於學科二。

6.3 統計摘要表

經過分析之後，可以整理成表 6-4、表 6-5，及表 6-6，其中平均數 95%信賴區間是採 Bonferroni 切割方式。

表 6-4 範例一的 Hotelling T^2 分析事後比較摘要表

依變項	平均數	比較平均數	平均數差異	標準誤	平均數95%信賴區間	
					下限	上限
物理	51.47	50	1.47	2.153	-4.700	7.634
化學	45.13	50	-4.87	1.555	-9.320	-.413
生物	57.73	50	7.73	2.603	0.278	15.188
地球科學	48.33	50	-1.67	2.240	-8.081	4.748
Hotelling's T^2=321.038, $p<.0001$						

表 6-5 範例二的 Hotelling T^2 分析事後比較摘要表

依變項	前測平均數	後測平均數	平均數差異	標準誤	平均數95%信賴區間	
					下限	上限
物理	50.87	52.27	1.40	0.567	-0.142	2.942
化學	49.60	52.20	2.60	0.729	0.619	4.581
生物	49.47	50.53	1.07	0.371	0.058	2.075
Hotelling's T^2=177.664, $p=.0328$						

表 6-6 範例三的 Hotelling T^2 分析事後比較摘要表

依變項	第一組平均數	第二組平均數	平均數差異	標準誤	平均數95%信賴區間	
					下限	上限
物理	47.00	55.40	-8.40	3.745	-18.284	1.484
化學	46.40	58.70	-12.30	3.563	-21.703	-2.897
生物	48.60	50.60	-2.00	3.842	-12.140	8.140
Hotelling's T^2=40.040, $p=.0002$						

7 多變量變異數分析

多變量變異數分析可以使用下列的形式表示其關係：

$$Y_1 + Y_2 + Y_3 + \cdots + Y_n = X_1 + X_2 + X_3 + \cdots + X_n$$

（計量） （非計量）

7.1 理論部分

7.1.1 MANOVA 的使用時機

多變量變異數分析 (multivariate analysis of variance, MANOVA) 在概念上是單變量變異數分析 (univariate analysis of variance, UNIANOVA) 的擴展，但是在ANOVA 中，研究者考驗單一的依變項上各組平均數的差異，虛無假設是 k 組平均數都相等，並以 F 考驗進行統計考驗。而在 MANOVA 中，研究者同時考驗 k 組間在兩個以上依變項上的形心 (centroid) 是否有差異，其考驗方法不只有一種，而有很多種。在平均數差異的研究中，通常在下列情況下使用 MANOVA (Bray & Maxwell, 1985)：

一、研究者對於考驗數個依變項的平均數差異有興趣，而不只是對於單一個依變項有興趣。即使研究者只對個別依變項的平均數差異有興趣，MANOVA 仍然是理想的方法。因為在此種情形下，MANOVA 可以用來控制整體的 α 水準。

二、研究者想在控制依變項間交互相關的情形下，了解組平均數同時在所有依變項上的差異。此時，研究者可能有下列四項考慮：第一，研究者想要比較 k 組在 p 個依變項上的關係；第二，研究者想要縮減 p 個依變項成比較少的理論向度；第三，研究者想要選擇區別 k 組最有力的依變項；第四，研究者對於一組測量背後的建構 (constructs) 有興趣。

317

　　須留意，依變項間如果都無關固然不需要進行 MANOVA，相關太高也不宜使用此分析。

7.1.2　MANOVA 的基本假定

MANOVA 的基本假定有下列幾項 (Bray & Maxwell, 1985)：

一、觀察體是從母群體中隨機抽樣而來。

二、觀察體彼此獨立。

三、依變項成多變量常態分配 (multivariate normal distribution) 。

四、k 組有一個共同的組內母群共變數矩陣，即共變數矩陣具有同質性。此一假定有兩層意義：第一，對每一個依變項而言，ANOVA 的變異數同質性假定必須符合；第二，任何兩個依變項的相關在 k 組之間應該都相同。

　　如同 ANOVA 一樣，MANOVA 也是相對較強健的統計方法，因此即使違反一些統計假設，仍不會使得結論無效。

7.1.3　MANOVA 的分析步驟

　　MANOVA 的分析步驟類似於 ANOVA ，可以分為兩個步驟。第一步先進行**整體效果考驗** (overall 或 omnibus test)，考驗 k 組間平均數向量沒有差異的虛無假設。整體效果考驗若達顯著水準，則拒絕虛無假設，接著進行**追蹤考驗** (follow-up test)，以解釋組間的差異情形 (Bray & Maxwell, 1985)，其流程圖如下：

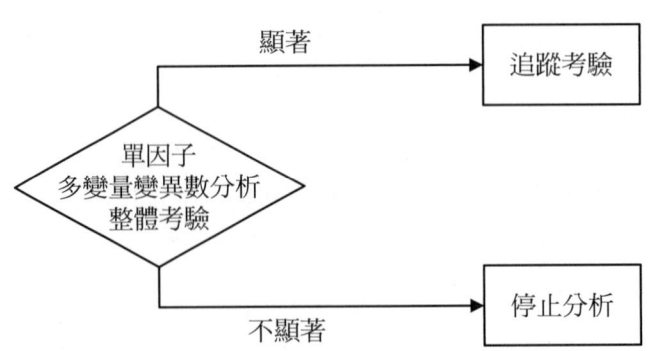

7.1.3.1　整體效果考驗

7.1.3.1.1　獨立樣本單因子 MANOVA

獨立樣本單因子 MANOVA 的虛無假設如下，它在同時比較 k 組間 p 個平均數是否達顯著差異。

$$H_0 : \begin{bmatrix} \mu_{11} \\ \mu_{21} \\ \mu_{31} \\ \vdots \\ \mu_{p1} \end{bmatrix} = \begin{bmatrix} \mu_{12} \\ \mu_{22} \\ \mu_{32} \\ \vdots \\ \mu_{p2} \end{bmatrix} = \cdots = \begin{bmatrix} \mu_{1k} \\ \mu_{2k} \\ \mu_{3k} \\ \vdots \\ \mu_{pk} \end{bmatrix}$$

常用的 MANOVA 整體效果考驗有四種，分別是 Wilks Λ 統計量、Pillai-Bartlett trace 統計量 (v)、Roy 最大根 (GCR) 統計量以及 Hotelling-Lawley trace (T) 統計量等。各項統計量的求法如下列公式所示：

$$\text{Wilks } \Lambda = \frac{|\mathbf{E}|}{|\mathbf{H}+\mathbf{E}|} \qquad\qquad\qquad \text{（公式 7-1）}$$

$$\Lambda = \prod_{i=1}^{s} \frac{1}{1+\lambda_i} \qquad\qquad\qquad \text{（公式 7-2）}$$

$$V = \sum_{i=1}^{s} \frac{\lambda_i}{1+\lambda_i} \qquad\qquad\qquad \text{（公式 7-3）}$$

GCR 為 $|\mathbf{H}-\lambda\mathbf{E}|=0$ 之最大特徵值 λ_1，也有軟體使用 $\dfrac{\lambda_1}{1+\lambda_1}$　（公式 7-4）

$$T = \sum_{i=1}^{s} \lambda_i \qquad\qquad\qquad \text{（公式 7-5）}$$

公式 7-1 及 7-2 都是計算 Wilks Λ 統計量的公式，公式 7-1 是先求出組間的 SSCP 矩陣 ($\mathbf{H}$) 及組內的 SSCP 矩陣 ($\mathbf{E}$)，然後再算出 Wilks Λ 統計量。公式 7-2 到公式 7-5 必須先以 $|\mathbf{H}-\lambda\mathbf{E}|=0$ 或是 $|\mathbf{E}^{-1}\mathbf{H}-\lambda|=0$ 解出特徵值後再依不同公式求出 Λ、v、GCR、及 T 統計量等。公式 7-2 中的 Π 是連乘之意，λ_i 表示特徵值；公式 7-4 中的 λ_1 指第一個特徵值 (即最大的特徵值)。四種統計量中，以 Wilks Λ 統

計量歷史較久，而且韌性也較強 (Olson, 1976)，所以較常被採用。在 SPSS 的 MANOVA、GLM，及 SAS 的 GLM 程式中，都可以獲得有關各種 **H** 矩陣及特徵值的訊息。

整體效果考驗結束後，做成摘要表如**表 7-1**：

表 7-1　獨立樣本單因子 MANOVA 摘要表

變 異 來 源	df	SSCP	Λ
組　　間	$k-1$	**H**	$\dfrac{|\mathbf{E}|}{|\mathbf{H}+\mathbf{E}|}$
組　　內	$N-k$	**E**	
總　　和	$N-1$	$\mathbf{T}=\mathbf{H}+\mathbf{E}$	

k：組數　　　N：人數

7.1.3.1.2　獨立樣本二因子 MANOVA

獨立樣本二因子 MANOVA 具有三個優點。一是可以減少受試者。以下表為例，如果進行兩次單因子實驗設計，而每次所需受試者各為 60 人，則總共就需要 120 位受試者。

A 因子	
第 1 組	第 2 組
30 人	30 人
60 人	

B 因子		
第 1 組	第 2 組	第 3 組
20 人	20 人	20 人
60 人		

如果採用以下的二因子實驗設計，則 A、B 因子同時都有 60 位受試者，但是總受試者也僅有 60 人，不是 120 人。

		B 因子			共計
		第 1 組	第 2 組	第 3 組	
A 因子	第 1 組	10 人	10 人	10 人	30 人
	第 2 組	10 人	10 人	10 人	30 人
共計		20 人	20 人	20 人	60 人

其次，在單因子實驗設計中，有時其他無關變項也會影響依變項，但是又無法使用有效的方法加以控制，此時就可以將它納入實驗中，當成另一自變項，然後使用統計分析將其效果排除。

　　第三，二因子實驗設計除了可以分析兩個因子單獨的**主要效果** (main effect) 外，也可以同時分析兩個因子間的**交互作用** (interaction)。

　　二因子 MANOVA 整體效果考驗與單因子的情況類似，但是二因子包含兩個自變項的主要效果及其交互作用效果，所以 **H** 矩陣有 $\mathbf{H_a}$、$\mathbf{H_b}$、$\mathbf{H_{ab}}$ 及 $\mathbf{H_e}$，特徵值的解法也依不同的效果有所不同，詳見**表 7-2**：

表 7-2　獨立樣本二因子 MANOVA 的 Λ 統計量及特徵值解法

效　果　名　稱	Wilks Λ	特徵值解法
A	$\dfrac{\|\mathbf{H_E}\|}{\|\mathbf{H_A}+\mathbf{H_E}\|}$	$\|\mathbf{H_A}-\lambda\mathbf{H_E}\|=0$
B	$\dfrac{\|\mathbf{H_E}\|}{\|\mathbf{H_B}+\mathbf{H_E}\|}$	$\|\mathbf{H_B}-\lambda\mathbf{H_E}\|=0$
AB	$\dfrac{\|\mathbf{H_E}\|}{\|\mathbf{H_{AB}}+\mathbf{H_E}\|}$	$\|\mathbf{H_{AB}}-\lambda\mathbf{H_E}\|=0$

　　獨立樣本二因子 MANOVA 整體效果考驗結束後，做成摘要表如**表 7-3**：

表 7-3　獨立樣本二因子 MANOVA 摘要表

變異來源	df	SSCP	Λ
A	a–1	$\mathbf{H_A}$	$\dfrac{\|\mathbf{H_E}\|}{\|\mathbf{H_A}+\mathbf{H_E}\|}$
B	b–1	$\mathbf{H_B}$	$\dfrac{\|\mathbf{H_E}\|}{\|\mathbf{H_B}+\mathbf{H_E}\|}$
AB	(a–1)(b–1)	$\mathbf{H_{AB}}$	$\dfrac{\|\mathbf{H_E}\|}{\|\mathbf{H_{AB}}+\mathbf{H_E}\|}$
誤差	ab(n–1)	$\mathbf{H_E}$	
總和	N−1	$\mathbf{T}=\mathbf{H_A}+\mathbf{H_B}+\mathbf{H_{AB}}+\mathbf{H_E}$	

註：a 是 A 因子的水準數，b 是 B 因子的水準數，n 為細格人數。

　　如果 AB 的交互作用效果達顯著水準，則必須進一步考驗**多變項單純主要效果** (multivariate test of simple main effect) (Bray & Maxwell, 1985)。假定 A、B 各有兩個水準，單純主要效果的考驗是指考驗 A at B_1、A at B_2、B at A_1、及 B at A_2。SPSS 的 MANOVA 及 GLM 都可以進行多變量的單純效果考驗。二因子 MANOVA 的分

析流程如下：

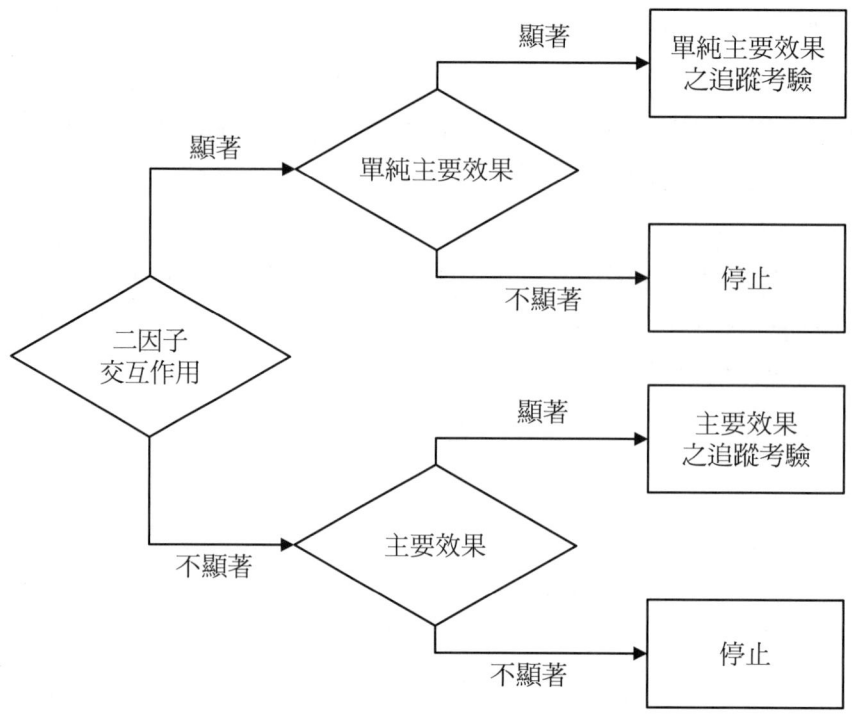

在考驗單純主要效果時，除誤差項 $\mathbf{H_E}$ 矩陣維持不變以外，必須計算 $\mathbf{H_{A\,at\,B_1}}$、$\mathbf{H_{A\,at\,B_2}}$、$\mathbf{H_{B\,at\,A_1}}$、$\mathbf{H_{B\,at\,A_2}}$ 等矩陣，而且特徵值的解法也依不同的效果而有所不同，詳見表 7-4：

表 7-4　獨立樣本二因子 MANOVA 單純主要效果考驗的 Λ 及特徵值解法

效果名稱	Wilks Λ	特徵值解法
A at B₁	$\dfrac{|\mathbf{H_E}|}{|\mathbf{H_{A\,at\,B_1}}+\mathbf{H_E}|}$	$|\mathbf{H_{A\,at\,B_1}}-\lambda\mathbf{H_E}|=0$
A at B₂	$\dfrac{|\mathbf{H_E}|}{|\mathbf{H_{A\,at\,B_2}}+\mathbf{H_E}|}$	$|\mathbf{H_{A\,at\,B_2}}-\lambda\mathbf{H_E}|=0$
B at A₁	$\dfrac{|\mathbf{H_E}|}{|\mathbf{H_{B\,at\,A_1}}+\mathbf{H_E}|}$	$|\mathbf{H_{B\,at\,A_1}}-\lambda\mathbf{H_E}|=0$
B at A₂	$\dfrac{|\mathbf{H_E}|}{|\mathbf{H_{B\,at\,A_2}}+\mathbf{H_E}|}$	$|\mathbf{H_{B\,at\,A_2}}-\lambda\mathbf{H_E}|=0$

此時的多變量單純主要效果摘要表如**表 7-5**：

表 7-5　獨立樣本二因子 MANOVA 之單純主要效果摘要表

變異來源	df	SSCP	Λ
A at			
B_1	$a-1$	$\mathbf{H}_{\mathbf{A\ at\ B_1}}$	$\dfrac{|\mathbf{H_E}|}{|\mathbf{H_{A\ at\ B_1}}+\mathbf{H_E}|}$
B_2	$a-1$	$\mathbf{H}_{\mathbf{A\ at\ B_2}}$	$\dfrac{|\mathbf{H_E}|}{|\mathbf{H_{A\ at\ B_2}}+\mathbf{H_E}|}$
B at			
A_1	$b-1$	$\mathbf{H}_{\mathbf{B\ at\ A_1}}$	$\dfrac{|\mathbf{H_E}|}{|\mathbf{H_{B\ at\ A_1}}+\mathbf{H_E}|}$
A_2	$b-1$	$\mathbf{H}_{\mathbf{B\ at\ A_2}}$	$\dfrac{|\mathbf{H_E}|}{|\mathbf{H_{B\ at\ A_2}}+\mathbf{H_E}|}$
誤差	$ab(n-1)$	$\mathbf{H_E}$	

註：a 是 A 因子的水準數，b 是 B 因子的水準數，n 為細格人數。

7.1.3.2　追蹤考驗

一旦 MANOVA 的整體效果考驗達顯著水準，有好幾種進一步考驗的方法。但是，值得注意的是並沒有所謂「對」的方法，分析的方法必須視研究問題及資料的型態而定 (Bray & Maxwell, 1985)。以下簡介 Bray 及 Maxwell 推荐的六種方法，前三種方法是針對依變項的分析，後三種方法則是針對自變項的分析。

7.1.3.2.1　單變量 F 考驗

當 MANOVA 的整體考驗達顯著水準之後，接著進行單變量的 F 考驗，其考驗程序與 ANOVA 程序一樣。有學者 (如 Bird, 1975: Harris, 1975) 建議，此種分析方法必須採 Bonferroni 程序將 α 加以分割，即單變量 F 考驗的顯著水準是 α/p (p 是依變項數目)。在 SPSS 的 MANOVA 及 GLM 程式、SAS 的 GLM 程式中，都可以在多變量 MANOVA 整體效果考驗達顯著之後，接著進行單變量 F 考驗。此處有三點必須注意：第一，採用此方法會忽略 p 個依變項之間的關係，可能失去許多有用的訊息；第二，採用此方法時，與原先決定使用 MANOVA 的理由相衝突；

第三，採用此方法所用的誤差項並非由 MANOVA 分析時所導出的誤差項。基於這三項理由，有學者 (如 Thompson, 1998) 並不贊成在 MANOVA 的整體效果達顯著之後，接著進行單變量 F 考驗。但是 Bray 與 Maxwell 認為，如果研究者的目的是要控制 p 個單變量 ANOVA 第一類型錯誤機率，此方法仍是適當的。然而控制了第一類型錯誤機率，反而會提高第二類型錯誤機率及降低統計考驗力。Borgen 與 Seling (1978) 則主張，採用此方法時必須配合其他方法 (如區別分析) 才不會導致某些有用訊息的流失。因此，讀者在使用此方法時必須小心謹慎。

7.1.3.2.2　區別分析

多變量變異數分析的自變項是名義變項或次序變項，依變項是等距變項或比率變項。描述取向的區別分析也是相同，它的預測變項是名義變項或次序變項，效標變項是等距變項或比率變項。因此，在多變量變異數分析之後，可以接著進行描述取向的區別分析，找出最能區辨各組的計量變項。

描述取向的區別分析 (有關區別分析的統計概念請讀者參閱第五章) 乃是找出計量變項的線性組合，使得組間變異相對於組內變異的比值為最大。在 SPSS 的 MANOVA 程式及 SAS 的 GLM 程式中，都可以在多變量 MANOVA 整體效果考驗達顯著之後，接著進行區別分析。

7.1.3.2.3　降步式分析

降步式分析 (step-down analysis) 相當於共變數分析的一種形式，依變項以特定的次序進行考驗以測試其相對貢獻。依變項若有理論上的次序，則此種分析是理想的方法。降步式分析第一個步驟是對理論上的第一個依變項進行 F 考驗，此時所得的 F 值與進行 ANOVA 時所得的 F 值相同；第二步是將第一個依變項的效果排除掉後，考驗第二個依變項的效果；第三個步驟是將前兩個依變項的效果排除掉之後求第三個依變項的效果，以下類推。此種分析方式也相當類似於逐步迴歸或逐步區別分析，但是進行逐步迴歸或逐步區別分析時，變項順序是依照某種統計量數的標準而定，而降步式分析的變項順序是依照理論而來。在 SPSS 的 MANOVA 程式中，可以透過「/PRINT=SIGNIF(STEPDOWN)」的界定來獲得降步式分析的訊息，而在 SAS 的 GLM 程式中無法直接界定，必須以連續的 ANCOVA

方式來界定。

7.1.3.2.4　多變量對比

　　多變量對比 (multivariate contrast) 的使用時機是研究者對於某兩個組別在 p 個依變項上的平均數向量之差異或是任何單一自由度的對比有興趣時，最常用的方式是 Hotelling T^2 統計 (請見第六章之說明)。有學者 (Bray & Maxwell, 1985; Rodger, 1973) 建議，多變量對比若是使用於事後比較，必須將 α 加以分割，每一個對比的顯著水準應該定為 α/g (g 是對比次數)。在 SPSS 的 MANOVA 及 GLM 程式、SAS 的 GLM 程式中，都可以在多變量 MANOVA 整體效果考驗達顯著之後，接著進行多變量對比。

7.1.3.2.5　單變量對比

　　若研究者只對 p 個依變項中，個別依變項的平均數差異有興趣，則使用單變量對比 (univariate contrast)。單變量對比的第一個步驟是完成單變量 F 考驗，以找出哪些依變項有顯著的組間差異；其次是找出這些依變項上特定的組間差異情形。Bird (1975) 建議，若單變量對比使用在事後比較，則 α 必須加以分割，每個對比的顯著水準定為 α/gp (g 是對比次數、p 是依變項數)。在 SPSS 的 MANOVA 及 GLM 程式、SAS 的 GLM 程式中，都可以在多變量 MANOVA 整體效果考驗達顯著之後，接著進行單變量對比。

7.1.3.2.6　同時信賴區間

　　最常用的同時信賴區間法是 Roy-Bose 的同時信賴區間 (Roy-Bose simultaneous confidence intervals, SCI)。如果是使用 SAS 的 GLM 之讀者，必須用手算。而在 SPSS 的 MANOVA 程序中，如果研究者採用 Wilks Λ 做為整體考驗的標準時，可以加入 "/CINTERVAL=JOINT MULTIVARIATE(WILKS)" 的次指令，以計算多變量同時信賴區間。除了 WILKS 之外，尚有 ROY、PILLAI、BONFER，及 HOTELLING 等方法可供選擇。若計算所得的信賴區間內包含 0 在內，則表示兩個平均數並無顯著差異。以 Wilks Λ為例，同時信賴區間的通式是：

(某兩組平均數差量)$\pm c_0 \times$(標準誤)

$$標準誤 = \sqrt{S^2\left(\frac{1}{n_1} + \frac{1}{n_2}\right)} \qquad\qquad (公式\ 7\text{-}6)$$

$$c_0 = \sqrt{v_e\left(\frac{1 - U_{\alpha,(p,k-1,N-k)}}{U_{\alpha,(p,k-1,N-k)}}\right)} \qquad\qquad (公式\ 7\text{-}7)$$

公式 7-6 中，S^2 是所要比較的依變項的變異數，可以從組內的變異數共變數矩陣的對角線獲得，n_1 及 n_2 是所要比較的兩個組別的人數。公式 7-7 中，v_e 是誤差項之自由度，p 是依變項數目，k 是自變項組數，N 是全體受試人數。

Wilks 同時信賴區間較保守，區間會較大，因此就比較不容易顯著，建議可以使用 Bonferroni 校正之聯合多變量信賴區間。

7.1.3.3 事前比較

有時，研究者在實驗前就決定要比較某些組別的差異，此時，無論整體考驗是否顯著，都要進行事前比較。要進行事前比較，是採用 t 分配之考驗，公式為：

(某兩組平均數差量)$\pm c_0 \times$(標準誤)

$$c_0 = t_{\alpha,(N-k)} \qquad\qquad (公式\ 7\text{-}8)$$

在公式中，標準誤如公式 7-6 所示，c_0 則使用 t 分配之臨界值。如組數為 3 組，總人數為 30 人，則 $t_{.05,(30-3)} = 2.05183$。

事前比較是理論取向，為有計畫性的特定比較，無論整體考驗是否顯著，均應進行事前比較，其 α 不因比較的次數而膨脹，故不須進行校正。事後比較是資料取向，為無計畫性的廣泛比較，只有在整體考驗顯著之後才進行，其 α 會因比較次數的增加而膨脹，所以要進行校正。美國心理學會 (APA, 2001) 建議，應多採事前比較，而不要濫用事後比較，研究者應加以留意。

7.1.3.4　效果量

　　除了統計顯著之外，研究者亦應留意效果量的大小，美國心理學會 (APA, 2001) 目前也已要求投稿其所屬期刊之論文應附效果量。

　　由於 Wilks $\Lambda = \dfrac{|\mathbf{Q}_e|}{|\mathbf{Q}_e + \mathbf{Q}_h|}$，代表組內變異量在所有變異量中所佔的比例，所以用 $1 - \Lambda$ 即可表示效果量。不過，由於 Λ 也等於 $\prod\limits_{i=1}^{s} \dfrac{1}{1 + \lambda_i}$，因此可以求 Λ 的幾何平均數 $\Lambda^{1/s}$，再以 $1 - \Lambda^{1/s}$ 代表效果量。

　　由 MANOVA 整體考驗的四種統計量計算效果量 η^2 的公式如下所示：

$$\eta^2_{(\text{Wilks})} = \tau^2 = 1 - \Lambda^{1/s}，\text{s 為非 0 之特徵值個數} \tag{公式 7-9}$$

$$\eta^2_{(\text{Hotelling})} = \frac{T/s}{T/s+1} \tag{公式 7-10}$$

$$\eta^2_{(\text{Pillai})} = V/s \tag{公式 7-11}$$

$$\eta^2_{(\text{Roy})} = \lambda_1 / (1 + \lambda_1) \tag{公式 7-12}$$

7.2 應用部分

7.2.1 範例說明

以下將以範例一及範例二進行分析:

> **範例一** 某研究者認為教學的方法會影響小學生的學習,於是將 40 名小學五年級學生隨機分派到四種不同的教學方法中接受實驗,一學期後測量受試者的兩個學科如**表 7-6**。試以 $\alpha = .05$ 考驗以下三個假設:(1)四組受試者在這些領域之成績上有差異;(2)接受「教法一」與「教法二」之受試者在這兩個領域之成績上有差異;(3)接受「教法三」與「教法四」之受試者在這兩個領域之成績上有差異。

表 7-6 四組受試者三個領域成績分數

教法一		教法二		教法三		教法四	
學科一	學科二	學科一	學科二	學科一	學科二	學科一	學科二
41	44	40	45	37	38	44	44
43	45	45	47	40	41	50	47
47	46	46	48	40	43	51	54
48	46	48	51	43	43	53	54
49	47	50	51	44	44	53	55
51	47	54	53	46	46	55	57
53	48	54	57	49	48	59	58
54	53	54	59	52	48	59	59
54	53	63	59	55	49	62	59
55	55	63	60	58	55	63	66

> **範例二** 研究者選擇不同性向的學生各 12 人,分別接受三種不同的教學法後,測量他們在兩個學科的表現,**表 7-7** 是實驗所得的觀察資料,試以 $\alpha = .05$ 進行多變量變異數分析。

表 7-7　六組受試者兩項動機分數

		教法一		教法二		教法三	
		領域一	領域二	領域一	領域二	領域一	領域二
性向一		13	12	10	9	10	9
		14	14	10	10	9	9
		12	13	12	9	9	10
		13	12	14	11	11	9
性向二		10	12	11	10	14	13
		10	12	10	13	13	12
		9	11	9	11	12	12
		9	10	10	13	14	13

7.2.2　獨立樣本單因子多變量變異數分析 (範例一)

7.2.2.1　SPSS 分析步驟圖

1.　在《分析》(Analyze) 中選擇《一般線性模式》(General Linear Model) 之《多變量》(Multivariate)，進行多變量變異數分析。

2.　將 s1 (學科一) 及 s2 (學科二) 點選至《依變數》(Dependent Variables)，g (教法) 點選至《固定因子》(Fixed Factor(s))，接著點選《圖形》(Plots)。

3. 將 g 點選至《水平軸》(Horizontal Axis)，接著點選《新增》(Add)。

4. 在《選項》(Options) 選單下，可視需要勾選以下項目，在〈顯著水準〉
    (Significance level) 中輸入 .008333 以進行聯合 Bonferroni 多變量信賴區間
    (以 .05 除以[(組數-1)×依變項數]，在此為 (4-1)×2 = 6，.05/6=.00833。如果
    以 .05 除以組數-1，稱為個別 Bonferroni 多變量信賴區間；而除以依變項數，
    則稱為聯合 Bonferroni 單變量信賴區間)。

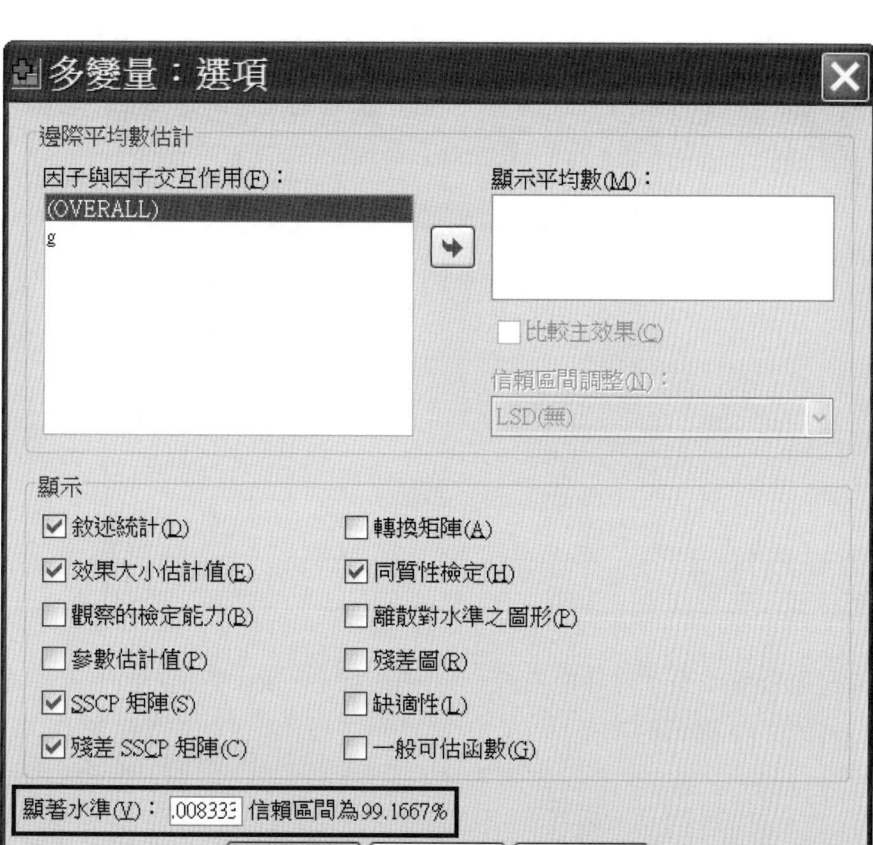

5. 由後面分析發現四組之間只有學科二有顯著差異,為了簡化輸出的報表,可以在《分析》(Analyze) 中選擇《一般線性模式》(General Linear Model) 之《單變量》(univariate),進行單變量變異數分析。

分析(A)	統計圖(G)	公用程式(U)	視窗(W)	
報表(P)	▶			
敘述統計(E)	▶			
表格(B)	▶			
RFM 分析(I)	▶			
比較平均數法(M)	▶			
一般線性模式(G)	▶	GLM	單變量(U)...	
概化線性模式(Z)	▶	GLM MULT	多變量(M)...	

6. 此時將 s2 (學科二) 點選至《依變數》(Dependent Variables),g (教法) 點選至《固定因子》(Fixed Factor(s))。

5   不論是單變量或是多變量變異數分析，在《Post Hoc 檢定》之下，將《因子》
     (Factor)中的 g 變項點選至 (Post Hoc Tests for) 欄中，再勾選 LSD 方法。留
     意，在上述的《選項》中，應將顯著水準設定為 .008333 (此為 Bonferroni 校
     正)。如果要比較精確，可以使用 Šidàk 校正，其校正機率值為
     $1-(1-.05)^{1/6}=.008512$，校正後整體犯第一類型錯誤的機率為
     $1-(1-.008512)^6=.05$。

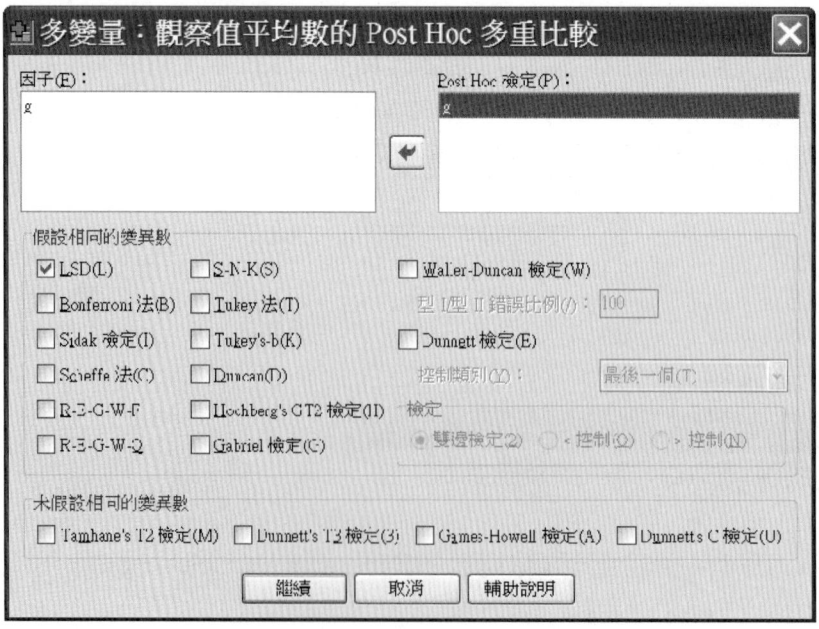

7.2.2.2 SPSS 程式

```
[1]  GLM              s1 s2 BY g
[2]                   /PLOT=PROFILE(g)
[3]                   /PRINT=DESCRIPTIVE ETASQ TEST(SSCP) RSSCP
                       HOMOGENEITY
[4]                   /POSTHOC=g(LSD)
[5]                   /CRITERIA=ALPHA(.008333)
[6]                   /DESIGN= g.
[7]  UNIANOVA         s2 BY g
                     /POSTHOC=g(LSD)
                     /CRITERIA=ALPHA(.008333)
                     /DESIGN=g.
[8]  MANOVA           s1 s2 BY g(1,4)
                     /CONTRAST(g) = REPEATED
                     /CINTERVAL = JOINT MULTIVARIATE(BONFER)
                     /DESIGN = g.
[9]  MANOVA           s1 s2 BY g(1,4)
                     /CONTRAST(g) = REPEATED
                     /CINTERVAL = JOINT MULTIVARIATE(WILKS)
                     /DESIGN = g.
[10] GLM              s1 s2 BY g
                     /LMATRIX = 'g1 vs g2'   g   1   -1   0   0
                     /LMATRIX = 'g3 vs g4'   g   0   0   1   -1
                     /DESIGN= g.
```

7.2.2.3 SPSS 程式說明

[1] 要求進行 GLM 分析，依變項是 S1 及 S2，自變項是 G。

[2] 繪出剖繪圖 (profile plot)。

[3] 列印出描述統計、η^2、SSCP 矩陣，及同質性檢定。

[4] 針對 G 變項進行 LSD (Least Significant Difference) 事後比較，配合指令[5]
     中 α 值的設定，可以計算不同的信賴區間。

[5] 在此可以有三種設定方式：

     1. 除以[(組數-1)×依變項數]，稱為聯合 Bonferroni 多變量信賴區間。在此為
        (4-1)×2 = 6 ，.05/6=.00833。

     2. 除以組數-1，稱為個別 Bonferroni 多變量信賴區間。

     3. 除以依變項數，稱為聯合 Bonferroni 單變量信賴區間。

[6] 界定模型。由於本例為單因子,只有 G 因子的主要效果,故 DESIGN 次指令後之效果名稱可有可無。若在二因子以上的分析中,未界定 DESIGN 次指令則表示全因子模型。

[7] 進行 UNIANOVA,因為只有 S2 顯著,所以依變項保留 S2,其他語法與 GLM 相似。

[8] 要求進行 MANOVA,依變項是 S1、S2,自變項是 G,自變項之後要界定 4 個水準 (最小是 1,最大是 4),否則不能進行分析。此部分是要進行追蹤分析之 BONFER 信賴區間考驗,第一次採用的對比方法是 REPEATED 法 (進行 1:2、2:3、3:4 三組對比)。類似的語法應另採 Simple (進行 1:4、2:4、3:4 三組對比) 及 Simple(1) (進行 2:1、3:1、4:1 三組對比) 再各分析一次,如此才能完成 6 個多重比較。

[9] 與[9]相同,只是此次進行的是同時信賴區間考驗,其區間會比 Bonferroni 法來得大。

[10] 進行二個事前比較,第一個 LMATRIX 界定教法一與教法二之比較,第二個 LMATRIX 界定教法三與教法四之比較。因為是事前比較,所以此時的 α 值內定為 .05 即可。使用 LMATRIX 也可以設定 Bonferroni 切割之事後比較,其語法如下,其 α 應設為 .05/6

```
GLM s1 s2 BY g
    /LMATRIX = 'g1 vs g2'   g   1   -1   0   0
    /LMATRIX = 'g1 vs g3'   g   1   0   -1   0
    /LMATRIX = 'g1 vs g4'   g   1   0   0   -1
    /LMATRIX = 'g2 vs g3'   g   0   1   -1   0
    /LMATRIX = 'g2 vs g4'   g   0   1   0   -1
    /LMATRIX = 'g3 vs g4'   g   0   0   1   -1
    /CRITERIA = ALPHA(.008333)
    /DESIGN= g.
```

7.2.2.4 SAS 程式說明

```
[1]    PROC GLM;
[2]                    CLASS g;
[3]                    MODEL s1 s2 = g;
[4]                    MANOVA H = g/PRINTH   PRINTE   SUMMARY;
```

```
[5]                    LSMEANS    g/ CL ADJUST=BON ALPHA=.05;
[6]                    CONTRAST  'g1 vs g2'  g  1  -1   0   0;
                       CONTRAST  'g1 vs g3'  g  1   0  -1   0;
                       CONTRAST  'g1 vs g4'  g  1   0   0  -1;
                       CONTRAST  'g2 vs g3'  g  0   1  -1   0;
                       CONTRAST  'g2 vs g4'  g  0   1   0  -1;
                       CONTRAST  'g3 vs g4'  g  0   0   1  -1;
[7]                    ESTIMATE  'g1 vs g2'  g  1  -1   0   0;
                       ESTIMATE  'g1 vs g3'  g  1   0  -1   0;
                       ESTIMATE  'g1 vs g4'  g  1   0   0  -1;
                       ESTIMATE  'g2 vs g3'  g  0   1  -1   0;
                       ESTIMATE  'g2 vs g4'  g  0   1   0  -1;
                       ESTIMATE  'g3 vs g4'  g  0   0   1  -1;
[8]                    MEANS   g;
[9]    RUN;
```

7.2.2.5　SAS 程式說明

[1]　PROC GLM 要求進行 GLM 程序。

[2]　CLASS 界定自變項為 G，此指令要寫在 MODEL 之前。

[3]　MODEL　界定分析模型，依變項是 Y1 及 Y2，效果名稱為 G。

[4]　MANOVA 要求進行 MANOVA 程序，效果只有 G 的主要效果 (單因子)，／
號後界定分子矩陣 (即 **E** 矩陣)、分母矩陣 (即 **H** 矩陣) 及其淨相關係數的輸
出，並要求印出每一個依變項的變異數分析摘要表。

[5]　LSMEANS　界定以最小誤差平方法估計 G 因子四個水準的平均數，並要求印
出平均數及其兩兩差異的信賴區間。如果是事前比較，α 設為 .05 即可；如
果是事後比較，應再加上 ADJUST=BON，進行 Bonferroni 校正。

[6]　CONTRAST 界定六個對比模型，第一個對比名稱是 G1 對 G2，對比係數是 G
1 -1 0 0 0 0，後面依此類推。

[7]　ESTIMATE 也是界定對比模型，其作用同 CONTRAST，但是可以印出 t 值及
標準誤，界定方式同 CONTRAST。

[8]　MEANS 要求印出 G 的觀察平均數。

[9]　執行程式。

7.2.2.6 報表及解說 (以 SPSS 為主)

[1]

Descriptive Statistics				
	教法	Mean	Std. Deviation	N
學科一	教法一	49.50	4.813	10
	教法二	51.70	7.469	10
	教法三	46.40	6.947	10
	教法四	54.90	5.915	10
	Total	50.63	6.879	40
學科二	教法一	48.40	3.836	10
	教法二	53.00	5.477	10
	教法三	45.50	4.790	10
	教法四	55.30	6.255	10
	Total	50.55	6.300	40

分別列印四種教學法中兩個依變項的細格的平均數、標準差與人數。

[2]

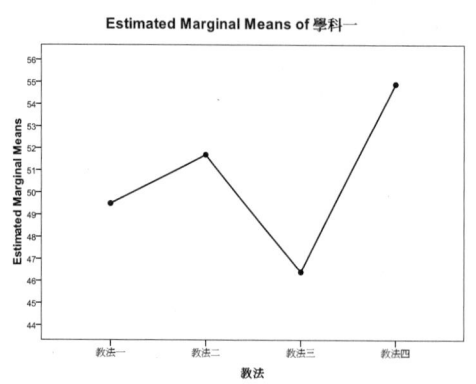 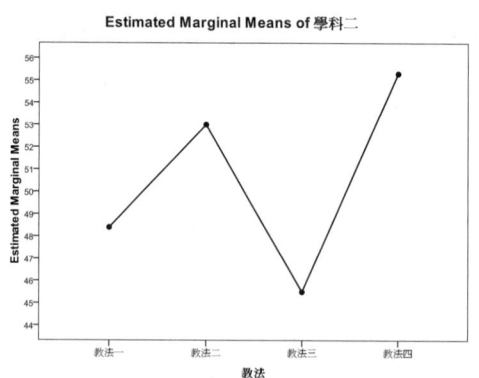

使用上表之平均數所繪製之剖繪圖。整體而言，兩個學科中，第四種教法的平均數最高，其次為第二種教法，第三種教法的平均數最低。至於是否顯著，則要進行考驗。

[3]

Box's Test of Equality of Covariance Matrices [a]	
Box's M	10.586
F	1.057
df1	9
df2	14851.910
Sig.	.391
Tests the null hypothesis that the observed covariance matrices of the dependent variables are equal across groups.	
a Design: Intercept+A	

　　多變項的變異數同質性檢定。從此處可知，Box's M 值為 10.586，p=.391，檢定未達 .05 顯著水準，表示未違反變異數－共變數同質的假設。

[4]

Bartlett's Test of Sphericity [a]	
Likelihood Ratio	.000
Approx. Chi-Square	65.903
df	2
Sig.	.000
Tests the null hypothesis that the residual covariance matrix is proportional to an identity matrix.	
a Design: Intercept+g	

　　Bartlett 球面性考驗，χ^2 = 65.903，p<.001，表示依變項間有顯著相關，因此適合進行多變量分析。

[5]

Levene's Test of Equality of Error Variances [a]				
	F	df1	df2	Sig.
學科一	.739	3	36	.536
學科二	.544	3	36	.656
Tests the null hypothesis that the error variance of the dependent variable is equal across groups.				
[a] Design: Intercept+A				

　　Levene 單變項的變異數同質性檢定。從此處可知，兩個依變項變異數同質性檢定的 p 值分別為 .536 及 .656，都未達顯著水準，顯示合乎變異數同質的假定。

[6]

Multivariate Tests[c]							
Effect		Value	F	Hypothesis df	Error df	Sig.	Partial Eta Squared
Intercept	Pillai's Trace	.991	1989.428[a]	2.000	35.000	.000	.991
	Wilks' Lambda	.009	1989.428[a]	2.000	35.000	.000	.991
	Hotelling's Trace	113.682	1989.428[a]	2.000	35.000	.000	.991
	Roy's Largest Root	113.682	1989.428[a]	2.000	35.000	.000	.991
g	Pillai's Trace	.516	4.175	6.000	72.000	.001	.258
	Wilks' Lambda	.502	4.796[a]	6.000	70.000	.000	.291
	Hotelling's Trace	.954	5.409	6.000	68.000	.000	.323
	Roy's Largest Root	.914	10.971[b]	3.000	36.000	.000	.478
a　Exact statistic							
b　The statistic is an upper bound on F that yields a lower bound on the significance level.							
c　Design: Intercept+g							

　　多變量顯著性考驗（上半部截距部分可不看），此處列出 Λ、v、T 及 GCR 四項統計量等，且將Λ、v、T 三項統計量轉換成 F 近似值。將 Λ 統計量轉換成 F 近似值的計算式如下：

　　不管依變項數 p，當自變項組數 k=2 時，

$$\left(\frac{1-\Lambda}{\Lambda}\right)\left(\frac{N-p-1}{p}\right)=F_{(p,\,n-p-1)} \qquad \text{（公式 7-13）}$$

不管依變項數 p，當自變項組數 k=3 時，

$$\left(\frac{1-\sqrt{\Lambda}}{\sqrt{\Lambda}}\right)\left(\frac{N-p-2}{p}\right)=F_{(2p,n-p-2)} \qquad (公式 7\text{-}14)$$

不管自變項組數 k，當依變項數 p=1 時，

$$\left(\frac{1-\Lambda}{\Lambda}\right)\left(\frac{N-k}{k-1}\right)=F_{(k-1,n-k)} \qquad (公式 7\text{-}15)$$

不管自變項組數 k，當依變項數 p=2 時，

$$\left(\frac{1-\sqrt{\Lambda}}{\sqrt{\Lambda}}\right)\left(\frac{N-k-1}{k-1}\right)=F_{(2(k-1),2(N-k-1))} \qquad (公式 7\text{-}16)$$

由於範例一依變項數為 2，所以採公式 7-16 轉換：

$$\left(\frac{1-\sqrt{.502}}{\sqrt{.502}}\right)\left(\frac{40-4-1}{4-1}\right)=4.796$$

分子自由度是：$2\times(k-1)=2\times(4-1)=6=2\times(4-1)=6$

分母自由度是：$2\times(N-k-1)=2\times(40-4-1)=70$

v 統計量轉換成 F 近似值的計算式是：

$$\frac{(N-k-p+s)v}{b(s-v)}=F_{(sb,s(n-k-p+s))} \qquad (公式 7\text{-}17)$$

公式 7-17 中，$b=max(k-1, p)$，$s=min(k-1, p)$，讀者可以自行計算看看。

T 統計量轉成 F 近似值的計算公式：

$$T\times\frac{v_e-p}{2p}=F_{(2p,2v_e-2p)}，\ v_e：誤差項之 df \qquad (公式 7\text{-}18)$$

從此處的考驗可知，多變量的考驗已達 .05 的顯著水準 (Wilks $\Lambda=.502$; $F(6,70)=4.796, p<.001$)，假設 1 獲得支持。

整體效果量的計算方法如下：

$$\eta^2_{(Pillai)} = V / s = .516 / 2 = .258 \ ;$$

$$\eta^2_{(Wilks)} = \tau^2 = 1 - \Lambda^{1/s} = 1 - .502^{1/2} = .291 \ ;$$

$$\eta^2_{(Hotelling)} = \frac{T / s}{T / s + 1} = \frac{.954 / 2}{.954 / 2 + 1} = .323 \ ;$$

$$\eta^2_{(Roy)} = \lambda_1 / (1 + \lambda_1) = .914 / (1 + .914) = .478 \ 。$$

[7]

		Tests of Between-Subjects Effects					
Source	Dependent Variable	Type III Sum of Squares	df	Mean Square	F	Sig.	Partial Eta Squared
Corrected Model	學科一	385.475[a]	3	128.492	3.169	.036	.209
	學科二	586.900[b]	3	195.633	7.329	.001	.379
Intercept	學科一	102515.625	1	102515.625	2527.956	.000	.986
	學科二	102212.100	1	102212.100	3828.965	.000	.991
g	學科一	385.475	3	128.492	3.169	.036	.209
	學科二	586.900	3	195.633	7.329	.001	.379
Error	學科一	1459.900	36	40.553			
	學科二	961.000	36	26.694			
Total	學科一	104361.000	40				
	學科二	103760.000	40				
Corrected Total	學科一	1845.375	39				
	學科二	1547.900	39				
a	R Squared = .209 (Adjusted R Squared = .143)						
b	R Squared = .379 (Adjusted R Squared = .327)						

單變量的 F 檢定，此處兩個依變項的組間 SS 正好等於報表[6] **H** 矩陣的對角線；組內 SS 正好等於 **E** 矩陣的對角線。從此處可知，四組受試者在兩個依變項上的單變量變異數分析，只有學科二達 .05 的顯著水準 (因為有兩個依變項，因此應小於 $\frac{.05}{2} = .025$ 才算達到 .05 顯著)，所以追蹤分析只要針對學科二進行即可。摘要表下方的 R^2 表示依變項中分別有 14.3%及 32.7%的變異量可以由模式所解釋 (也就是效果量)。

[8]

Between-Subjects SSCP Matrix			學科一	學科二
Hypothesis	Intercept	學科一	102515.625	102363.750
		學科二	102363.750	102212.100
	g	學科一	385.475	466.950
		學科二	466.950	586.900
Error		學科一	1459.900	1086.300
		學科二	1086.300	961.000
Based on Type III Sum of Squares				

　　SSCP 矩陣。第一大列為截距之 SSCP 矩陣，通常不看。第二大列 (G) 為調整後的假設 SSCP 矩陣，即 **H** 矩陣。第三大列 (error) 為細格內的 SSCP 矩陣，即 **E** 矩陣。

[9]

Multiple Comparisons LSD			Mean Difference			99.1667% Confidence Interval	
Dependent Variable	(I) 教法	(J) 教法	(I-J)	Std. Error	Sig.	Lower Bound	Upper Bound
學科一	教法一	教法二	-2.20	2.848	.445	-10.151	5.751
		教法三	3.10	2.848	.284	-4.851	11.051
		教法四	-5.40	2.848	.066	-13.351	2.551
	教法二	教法一	2.20	2.848	.445	-5.751	10.151
		教法三	5.30	2.848	.071	-2.651	13.251
		教法四	-3.20	2.848	.269	-11.151	4.751
	教法三	教法一	-3.10	2.848	.284	-11.051	4.851
		教法二	-5.30	2.848	.071	-13.251	2.651
		教法四	-8.50*	2.848	.005	-16.451	-.549
	教法四	教法一	5.40	2.848	.066	-2.551	13.351
		教法二	3.20	2.848	.269	-4.751	11.151
		教法三	8.50*	2.848	.005	.549	16.451

Multiple Comparisons							
LSD							
Dependent Variable	(I) 教法	(J) 教法	Mean Difference (I-J)	Std. Error	Sig.	99.1667% Confidence Interval	
						Lower Bound	Upper Bound
學科二	教法一	教法二	-4.60	2.311	.054	-11.051	1.851
		教法三	2.90	2.311	.218	-3.551	9.351
		教法四	-6.90*	2.311	.005	-13.351	-.449
	教法二	教法一	4.60	2.311	.054	-1.851	11.051
		教法三	7.50*	2.311	.003	1.049	13.951
		教法四	-2.30	2.311	.326	-8.751	4.151
	教法三	教法一	-2.90	2.311	.218	-9.351	3.551
		教法二	-7.50*	2.311	.003	-13.951	-1.049
		教法四	-9.80*	2.311	.000	-16.251	-3.349
	教法四	教法一	6.90*	2.311	.005	.449	13.351
		教法二	2.30	2.311	.326	-4.151	8.751
		教法三	9.80*	2.311	.000	3.349	16.251
Based on observed means.							
* The mean difference is significant at the .008333 level.							

　　兩個依變項全部 Post Hoc 各六個多重比較（$C_2^4 = 6$，灰色網底為需要留意的部分，白色為重複的部分），在 99.1667% 的信賴區間中，實際代表的是經過 Bonferroni 校正的 95% 信賴區間，若信賴區間不包含 0 在內，表示該比較有顯著差異，若信賴區間包含 0 在內，則表示該比較沒有顯著差異。

　　在平均數差異 (Mean Difference) 一欄，代表用前一組的平均數減後一組平均數之差異，如果有註明 * 號，表示信賴區間不含 0，也代表兩組的平均數比較達 .05 顯著水準之差異 (註解中說明 * 為 .008333 是經過 Bonferroni 校正)。

　　例如，在學科二當中，教法一及教法四的平均數各是 48.40 及 55.30 (參見報表 [1])，48.40 – 55.30 = –6.90，其 95% 信賴區間為 –13.351~2.551，中間不含 0，因此 –6.90 與 0 有顯著差異 (報表中打上 * 號)，也就表示教法一與教法四這兩組的平均數有顯著差異。

　　因為學科一的整體考驗不顯著，所以此處忽略不看。在學科二中，有差異的

是 1：4、2：3、3：4 等三對比較，

[10]

Estimates for S1
--- Joint multivariate .9500 BONFERRONI confidence intervals
G

Parameter	Coeff.	Std. Err.	t-Value	Sig. t	Lower -95% CL- Upper	
2	-2.2000000	2.84790	-.77250	.44486	-10.15127	5.75127
3	5.30000000	2.84790	1.86102	.07092	-2.65127	13.25127
4	-8.5000000	2.84790	-2.98465	.00508	-16.45127	-.54873

Estimates for S2
--- Joint multivariate .9500 BONFERRONI confidence intervals
G

Parameter	Coeff.	Std. Err.	t-Value	Sig. t	Lower -95%CL- Upper	
2	-4.6000000	2.31060	-1.99082	.05413	-11.05114	1.85114
3	7.50000000	2.31060	3.24591	.00253	1.04886	13.95114
4	-9.8000000	2.31060	-4.24132	.00015	-16.25114	-3.34886

　　以下三個報表是經由 MANOVA 程序之 CONTRAST 及 CINTERVAL 次指令所界定 Bonferroni 法的**事後信賴區間比較**。此部分使用 REPEATED 法，也就是 1：2、2：3、3：4 等三個比較。表中的 Parameter 2、3、4 表示三個比較 (分別為教法一對教法二、教法二對教法三，及教法三對教法四)；Coeff. 是兩個比較組平均數的差量；Std. Err. 是標準誤；最右兩欄則是 95%信賴區間的下限與上限。

　　此三部分之結果均與前述使用 GLM 的多重比較相同。

[11]

Estimates for S1
--- Joint multivariate .9500 BONFERRONI confidence intervals
G

Parameter	Coeff.	Std. Err.	t-Value	Sig. t	Lower -95% CL- Upper	
2	-5.4000000	2.84790	-1.89613	.06599	-13.35127	2.55127
3	-3.2000000	2.84790	-1.12363	.26861	-11.15127	4.75127
4	-8.5000000	2.84790	-2.98465	.00508	-16.45127	-.54873

Estimates for S2
--- Joint multivariate .9500 BONFERRONI confidence intervals
G

Parameter	Coeff.	Std. Err.	t-Value	Sig. t	Lower -95%CL- Upper	
2	-6.9000000	2.31060	-2.98623	.00506	-13.35114	-.44886
3	-2.3000000	2.31060	-.99541	.32618	-8.75114	4.15114
4	-9.8000000	2.31060	-4.24132	.00015	-16.25114	-3.34886

　　此部分使用 SIMPLE 法，且以第 4 組為參照組，因此依序是 1：4、2：4、3：4 之對比。因為前一部分已進行過教法三對教法四兩組的比較了，所以 Parameter 4 的部分可以不用再看，且學科一的整體考驗不顯著，因此 S1 的對比也就可以省略。

[12]

Estimates for S1
--- Joint multivariate .9500 BONFERRONI confidence intervals
G

Parameter	Coeff.	Std. Err.	t-Value	Sig. t	Lower -95% CL- Upper	
2	2.20000000	2.84790	.77250	.44486	-5.75127	10.15127
3	-3.1000000	2.84790	-1.08852	.28360	-11.05127	4.85127
4	5.40000000	2.84790	1.89613	.06599	-2.55127	13.35127

Estimates for S2
--- Joint multivariate .9500 BONFERRONI confidence intervals
G

Parameter	Coeff.	Std. Err.	t-Value	Sig. t	Lower -95%CL- Upper	
2	4.60000000	2.31060	1.99082	.05413	-1.85114	11.05114
3	-2.9000000	2.31060	-1.25508	.21754	-9.35114	3.55114
4	6.90000000	2.31060	2.98623	.00506	.44886	13.35114

　　此部分使用 SIMPLE 法，且以第 1 組為參照組，因此依序是 2：1、3：1、4：1 之對比。因為前一部分已進行過教法一對教法二及教法一對教法四兩個比較了，所以 Parameter 2 及 4 的部分可以不用再看。同樣地，S1 的對比也可以省略。

[13]

Estimates for S1
--- Joint multivariate .9500 WILKS confidence intervals
G

Parameter	Coeff.	Std. Err.	t-Value	Sig. t	Lower -95% CL- Upper	
2	-2.2000000	2.84790	-.77250	.44486	-13.26158	8.86158
3	5.30000000	2.84790	1.86102	.07092	-5.76158	16.36158
4	-8.5000000	2.84790	-2.98465	.00508	-19.56158	2.56158

Estimates for S2
--- Joint multivariate .9500 WILKS confidence intervals
G

Parameter	Coeff.	Std. Err.	t-Value	Sig. t	Lower -95%CL- Upper	
2	-4.6000000	2.31060	-1.99082	.05413	-13.57465	4.37465
3	7.50000000	2.31060	3.24591	.00253	-1.47465	16.47465
4	-9.8000000	2.31060	-4.24132	.00015	-18.77465	-.82535

Estimates for S1
--- Joint multivariate .9500 WILKS confidence intervals
G

Parameter	Coeff.	Std. Err.	t-Value	Sig. t	Lower -95% CL- Upper	
2	-5.4000000	2.84790	-1.89613	.06599	-16.46158	5.66158
3	-3.2000000	2.84790	-1.12363	.26861	-14.26158	7.86158
4	-8.5000000	2.84790	-2.98465	.00508	-19.56158	2.56158

Estimates for S2
--- Joint multivariate .9500 WILKS confidence intervals
G

Parameter	Coeff.	Std. Err.	t-Value	Sig. t	Lower -95%CL- Upper	
2	-6.9000000	2.31060	-2.98623	.00506	-15.87465	2.07465
3	-2.3000000	2.31060	-.99541	.32618	-11.27465	6.67465
4	-9.8000000	2.31060	-4.24132	.00015	-18.77465	-.82535

Estimates for S1						
--- Joint multivariate .9500 WILKS confidence intervals						
G						
Parameter	Coeff.	Std. Err.	t-Value	Sig. t	Lower -95% CL- Upper	
2	2.20000000	2.84790	.77250	.44486	-8.86158	13.26158
3	-3.1000000	2.84790	-1.08852	.28360	-14.16158	7.96158
4	5.40000000	2.84790	1.89613	.06599	-5.66158	16.46158

Estimates for S2						
--- Joint multivariate .9500 WILKS confidence intervals						
G						
Parameter	Coeff.	Std. Err.	t-Value	Sig. t	Lower -95%CL- Upper	
2	4.60000000	2.31060	1.99082	.05413	-4.37465	13.57465
3	-2.9000000	2.31060	-1.25508	.21754	-11.87465	6.07465
4	6.90000000	2.31060	2.98623	.00506	-2.07465	15.87465

　　此部分是使用同時信賴區間，可以發現只有使用教法三與教法四教導第二種學科的平均數信賴區間不含 0，其他的區間均含 0。

　　整體而言，在學科二的六個比較中，如果使用聯合之 Bonferroni 切割法進行對比，則 1：4、2：3、3：4 等三個比較是達顯著差異；但是如果使用同時信賴區間，則 1：4 與 2：3 的比較中並未達顯著差異，僅有 3：4 達顯著，可見同時信賴區間較具保守性。學科一因為整體考驗不顯著，因此不進行事後比較。

[14]

Multivariate Test Results					
	Value	F	Hypothesis df	Error df	Sig.
Pillai's trace	.233	5.321 [a]	2.000	35.000	.010
Wilks' lambda	.767	5.321 [a]	2.000	35.000	.010
Hotelling's trace	.304	5.321 [a]	2.000	35.000	.010
Roy's largest root	.304	5.321 [a]	2.000	35.000	.010
a　　Exact statistic					

　　以下開始為事前比較結果，第一部分在於進行教法一與教法二之對比。由表中可得到 Wilks' Λ = .304, $F(2,35)$=5.321, p=.010，達 .05 顯著水準，所以接受教法

一與教法二之受試在兩個學科的平均成績有差異，假設 2 獲得支持。

[15]

Contrast Results (K Matrix) [a]			
		Dependent Variable	
Contrast		學科一	學科二
L1	Contrast Estimate	-2.200	-4.600
	Hypothesized Value	0	0
	Difference (Estimate - Hypothesized)	-2.200	-4.600
	Std. Error	2.848	2.311
	Sig.	.445	.054
95% Confidence	Lower Bound	-7.976	-9.286
Interval for Difference	Upper Bound	3.576	.086
a　Based on the user-specified contrast coefficients (L') matrix: g1 vs g2			

　　兩個學科差異之 95%信賴區間，因為都包含 0，表示在個別的學科上，均無差異。

[16]

Multivariate Test Results					
	Value	F	Hypothesis df	Error df	Sig.
Pillai's trace	.391	11.251 [a]	2.000	35.000	.000
Wilks' lambda	.609	11.251 [a]	2.000	35.000	.000
Hotelling's trace	.643	11.251 [a]	2.000	35.000	.000
Roy's largest root	.643	11.251 [a]	2.000	35.000	.000
a　Exact statistic					

　　教法三與教法四之對比，Wilks' Λ = .609, $F(2,35)$=5.321, $p<.001$，達 .05 顯著水準，所以接受教法三與教法四之受試在兩個學科的平均成績有差異，假設 3 獲得支持。

[17]

Contrast Results (K Matrix) [a]		Dependent Variable	
		學科一	學科二
Contrast			
L1	Contrast Estimate	-8.500	-9.800
	Hypothesized Value	0	0
	Difference (Estimate - Hypothesized)	-8.500	-9.800
	Std. Error	2.848	2.311
	Sig.	.005	.000
	95% Confidence Lower Bound	-14.276	-14.486
	Interval for Difference Upper Bound	-2.724	-5.114
a Based on the user-specified contrast coefficients (L') matrix: g3 vs g4			

兩個學科差異之 95%信賴區間,因為都不包含 0,表示在個別的學科上均有差異。

7.2.3　獨立樣本二因子多變量變異數分析 (範例二)

7.2.3.1　SPSS 分析步驟圖

1. 在《分析》(Analyze) 中選擇《一般線性模式》(General Linear Model) 之《多變量》(Multivariate),進行多變量變異數分析。

2.　將 y1 (領域一)及 y2 (領域二) 點選至《依變數》(Dependent Variables)，a (性向)、t (教學法) 點選至《固定因子》(Fixed Factor(s))，接著點選《圖形》(Plots)。

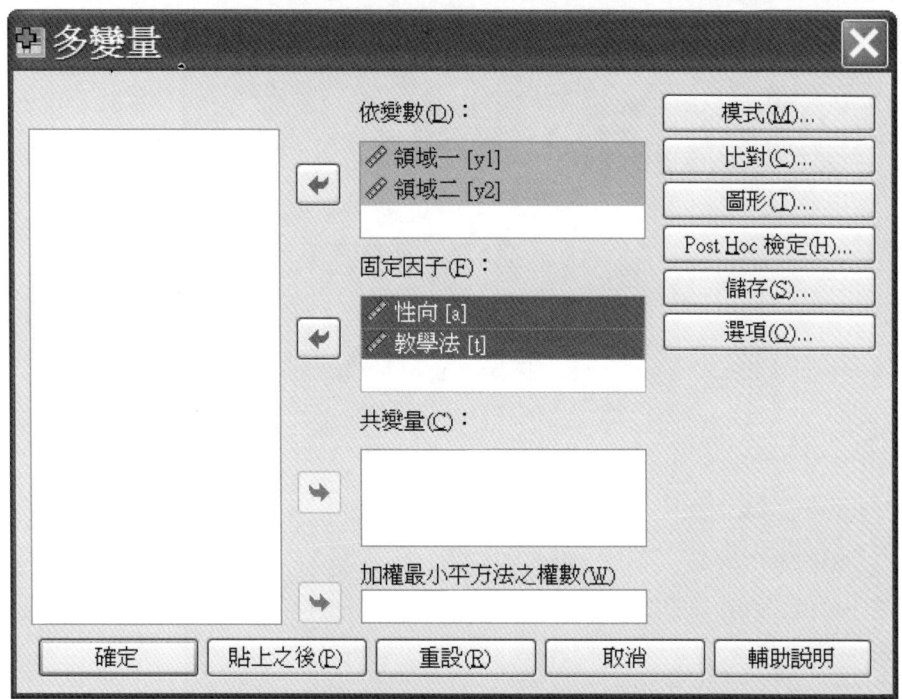

3.　將 a 點選至《水平軸》(Horizontal Axis)，t 點選至《個別線》(Separate Lines)，接著點選《新增》(Add)；其次將 t 點選至《水平軸》，a 點選至《個別線》，同樣點選《新增》。接著點選《繼續》(Continue) 回到上一操作畫面。

4. 在《選項》(Options) 選單下，可視需要勾選以下項目。接著點選《繼續》，
    回到上一畫面，再點選《確定》(OK)。

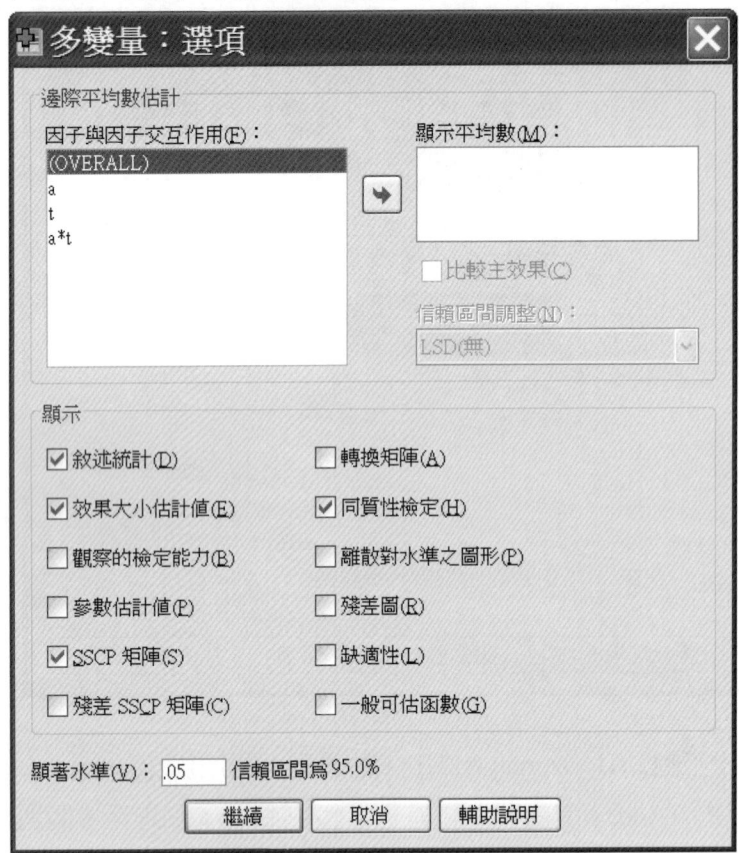

7.2.3.2　SPSS 程式

```
[1]  GLM              y1 y2 BY a t
[2]                   /METHOD=SSTYPE(3)
[3]                   /PRINT=DESCRIPTIVE TEST(SSCP) HOMOGENEITY
[4]                   /DESIGN=a, b, a * t.
[5]  MANOVA           y1 y2 BY a(1,2) t(1,3)
[6]                   /ERROR=WITHIN
[7]                   /PRINT=CELLINFO    HOMOGENEITY(ALL)
                        ERROR(SSCP COV)    SIGNIF(HYPOTH)
                        PARAMETER
[8]                   /OMEANS VARIABLES(y1 y2) TABLES (a,t)
[9]                   /METHOD=UNIQUE
[10]                  /DESIGN=a, b, a BY t.
```

7.2.3.3　SPSS 程式說明

[1]　進行 GLM 分析，依變項是 y1、y2，自變項是 a、t。

[2]　計算第 III 類型 SS。

[3]　列印出描述統計、SSCP 矩陣，及同質性檢定。

[4]　界定模型。本例為二因子，如 DESIGN 次指令之後未再界定，表示全因子模型，即 a、b、a×b 三項效果。

[5]　也可以使用 MANOVA 進行分析，依變項是 y1、y2，自變項是 a (2 個水準)、t (3 個水準)。

[6]　指定誤差項。

[7]　界定輸出項目。CELLINFO 關鍵字界定輸出細格之平均數及標準差；HOMOGENEITY 關鍵字界定輸出所有變異數同質性檢定的輸出；ERROR 關鍵字界定輸出誤差項的 SSCP 矩陣 ($\mathbf{H}_e$ 矩陣) 及誤差項的變異數共變數矩陣；SIGNIF 關鍵字界定輸出調整後的假設 SSCP 矩陣，含 $\mathbf{H}_a$、$\mathbf{H}_b$ 及 $\mathbf{H}_{at}$ 矩陣。

[8]　OMEANS 次指令界定輸出觀察的平均數，VARIABLES 關鍵字之後的 y1、y2 及 TABLES 之後的 a、t 表示輸出 a 及 t 在兩個依變項上的邊緣平均數。

[9]　使用迴歸方式解不等組之 MANOVA。

[10]　界定模型。本例為二因子，如 DESIGN 次指令之後未再界定，表示全因子模型，即 a、b、a×t 三項效果。

7.2.3.4　SAS 程式

```
[1]   PROC GLM;
[2]                   CLASS a t;
[3]                   MODEL y1 y2=a|t;
[4]                   MANOVA H=_ALL_ /PRINTH PRINTE SUMMARY;
[5]                   MEANS a|t;
[6]   RUN;
```

7.2.3.5 SAS 程式說明

[1] PROC GLM 要求進行 GLM 程序。

[2] CLASS 界定自變項為 A 及 T，此指令要寫在 MODEL 之前。

[3] MODEL 界定分析的模型，依變項是 Y1 及 Y2，「A|T」 表示全因子模型，即要求 A、T 因子的主要效果及 A×T 的交互作用效果。

[4] MANOVA 界定進行多變項變異數分析，效果是 MODEL 中所界定的所有效果，／號後界定 $\mathbf{H}_e$、$\mathbf{H}_a$、$\mathbf{H}_t$、$\mathbf{H}_{at}$ 矩陣的輸出，並要求印出每一個依變項的變異數分析摘要表。

[5] MEANS 界定印出 A、T 因子觀察的邊緣平均數及 A×T 的細格平均數。

[6] 執行程式。

7.2.3.6 報表及解說 (以 SPSS 為主)

[1]

Descriptive Statistics					
性向	教學法		Mean	Std. Deviation	N
領域一	性向一	教法一	13.00	.816	4
		教法二	11.50	1.915	4
		教法三	9.75	.957	4
		Total	11.42	1.832	12
	性向二	教法一	9.50	.577	4
		教法二	10.00	.816	4
		教法三	13.25	.957	4
		Total	10.92	1.881	12
	Total	教法一	11.25	1.982	8
		教法二	10.75	1.581	8
		教法三	11.50	2.070	8
		Total	11.17	1.834	24

領域二	性向一	教法一	12.75	.957	4
		教法二	9.75	.957	4
		教法三	9.25	.500	4
		Total	10.58	1.782	12
	性向二	教法一	11.25	.957	4
		教法二	11.75	1.500	4
		教法三	12.50	.577	4
		Total	11.83	1.115	12
	Total	教法一	12.00	1.195	8
		教法二	10.75	1.581	8
		教法三	10.88	1.808	8
		Total	11.21	1.587	24

分別列印 A×T 六個細格內兩個依變項的細格平均數、標準差與人數。

[2]

Box's Test of Equality of Covariance Matrices [a]	
Box's M	21.901
F	1.038
df1	15
df2	1772.187
Sig.	.412
Tests the null hypothesis that the observed covariance matrices of the dependent variables are equal across groups. a Design: Intercept+A+T+A * T	

多變項的變異數同質性檢定。從此處可知 Box M = 21.901，p = .412，Box M 檢定未達 .05 顯著水準，表示未違反變異數－共變數矩陣同質性的假設。

[3]

Levene's Test of Equality of Error Variances [a]				
	F	df1	df2	Sig.
領域一	2.160	5	18	.105
領域二	2.966	5	18	.040
Tests the null hypothesis that the error variance of the dependent variable is equal across groups. a Design: Intercept+A+T+A * T				

　　單變項的變異數同質性檢定。從此處可知 p 值分別為 .105 及 .040，第二個依變項的變異數同質性檢定達 .05 顯著水準，顯示不符合變異數同質的假定。不過，因為是平衡設計 (各組人數相等)，且報表[3]之 p 值大於.05，所以不必過度留意。

[4]

Multivariate Tests[c]							
Effect		Value	F	Hypothesis df	Error df	Sig.	Partial Eta Squared
Intercept	Pillai's Trace	.996	2089.677[a]	2.000	17.000	.000	.996
	Wilks' Lambda	.004	2089.677[a]	2.000	17.000	.000	.996
	Hotelling's Trace	245.844	2089.677[a]	2.000	17.000	.000	.996
	Roy's Largest Root	245.844	2089.677[a]	2.000	17.000	.000	.996
A	Pillai's Trace	.452	7.012[a]	2.000	17.000	.006	.452
	Wilks' Lambda	.548	7.012[a]	2.000	17.000	.006	.452
	Hotelling's Trace	.825	7.012[a]	2.000	17.000	.006	.452
	Roy's Largest Root	.825	7.012[a]	2.000	17.000	.006	.452
T	Pillai's Trace	.416	2.364	4.000	36.000	.071	.208
	Wilks' Lambda	.615	2.342[a]	4.000	34.000	.075	.216
	Hotelling's Trace	.577	2.308	4.000	32.000	.079	.224
	Roy's Largest Root	.471	4.238[b]	2.000	18.000	.031	.320
A * T	Pillai's Trace	.984	8.712	4.000	36.000	.000	.492
	Wilks' Lambda	.197	10.666[a]	4.000	34.000	.000	.557
	Hotelling's Trace	3.167	12.669	4.000	32.000	.000	.613
	Roy's Largest Root	2.845	25.603[b]	2.000	18.000	.000	.740

a　Exact statistic
b　The statistic is an upper bound on F that yields a lower bound on the significance level.
c　Design: Intercept+A+T+A * T

　　多變量顯著性考驗。此處發現 A 因子的主要效果達顯著水準 (Wilks Λ=.548, F(2,17)=7.012, p=.006)，顯示不同性向學生在兩個領域的平均分數上有差異 (有主要效果)。T 因子的主要效果未達顯著水準 (Wilks Λ=.615, F(4,34)=2.342, p=.075)。A*T 交互作用已經達顯著水準 (Wilks Λ=.197, F(4,34)=10.666, p<.001)，顯示性向與教學法在兩個領域分數上有交互作用。換言之，不同性向的學生，應使用不同的教學法；而不同的教學法，適合於不同性向的學生。

[5]

		Tests of Between-Subjects Effects					
Source	Dependent Variable	Type III Sum of Squares	df	Mean Square	F	Sig.	Partial Eta Squared
Corrected Model	領域一	55.833[a]	5	11.167	9.349	.000	.722
	領域二	41.208[b]	5	8.242	8.857	.000	.711
Intercept	領域一	2992.667	1	2992.667	2505.488	.000	.993
	領域二	3015.042	1	3015.042	3240.045	.000	.994
A	領域一	1.500	1	1.500	1.256	.277	.065
	領域二	9.375	1	9.375	10.075	.005	.359
T	領域一	2.333	2	1.167	.977	.396	.098
	領域二	7.583	2	3.792	4.075	.035	.312
A * T	領域一	52.000	2	26.000	21.767	.000	.707
	領域二	24.250	2	12.125	13.030	.000	.591
Error	領域一	21.500	18	1.194			
	領域二	16.750	18	.931			
Total	領域一	3070.000	24				
	領域二	3073.000	24				
Corrected Total	領域一	77.333	23				
	領域二	57.958	23				
a R Squared = .722 (Adjusted R Squared = .645)							
b R Squared = .711 (Adjusted R Squared = .631)							

　　單變量顯著性考驗。A 因子主要效果的單變量 F 檢定，此處兩個依變項的組間 SS 等於[6]中 $\mathbf{H}_a$ 矩陣的對角線；組內 SS 等於[6]中 $\mathbf{H}_e$ 矩陣的對角線。A*T 的交互作用效果在 Y1 及 Y2 上達均顯著 (F(2,18)分別為 21.767 及 13.030，p 均小於.025)。

[6]

		Between-Subjects SSCP Matrix		
			領域一	領域二
Hypothesis	Intercept	領域一	2992.667	3003.833
		領域二	3003.833	3015.042
	A	領域一	1.500	-3.750
		領域二	-3.750	9.375
	T	領域一	2.333	1.167
		領域二	1.167	7.583

	A * T	領域一	52.000	31.000
		領域二	31.000	24.250
Error		領域一	21.500	5.750
		領域二	5.750	16.750
Based on Type III Sum of Squares				

第 III 類型之 SSCP 矩陣，即 $\mathbf{H}_{at}$、$\mathbf{H}_a$、$\mathbf{H}_t$，及 $\mathbf{H}_e$ 矩陣，其中截距部分可不看。

7.2.4　單純主要效果考驗 (範例二)

由於範例二中，A BY T 的交互作用效果已經達顯著水準，所以進一步考驗多變量單純主要效果 (multivariate simple main effect)。

7.2.4.1　SPSS 程式

```
[1]     GLM             y1  y2  BY  a  t
[2]                     /EMMEANS=TABLES(t*a) COMPARE(a) ADJ(BON)
[3]                     /EMMEANS=TABLES(a*t) COMPARE(t) ADJ(BON)
[4]                     /CRITERIA = ALPHA(.025)
[5]                     /DESIGN = a   t   a*t .
[6]     MANOVA          y1  y2  BY   a(1,2)   t(1,3)
[7]                     /ERROR=WITHIN
[8]                     /PRINT=ERROR(SSCP COV) SIGNIF(HYPOTH)
[9]                     /METHOD=UNIQUE
[10]                    /DESIGN=a WITHIN t(1), a WITHIN t(2), a WITHIN t(3)
                        /DESIGN=t WITHIN a(1), t WITHIN a(2).
```

7.2.4.2　SPSS 程式說明

[1] 因為此分析較複雜無法用選單點選，所以採用撰寫程式進行 GLM 分析，並界定自變項與依變項。

[2] 第一個 EMMEANS 次指令之後的 "TABLES(t*a) COMPARE(a) ADJ(BON)" 表示要進行 "A within T" 的單純主要效果考驗，並使用 Bonferroni 切割。TABLES 的括號中寫成 t*a，主要是在呈現細格平均數時將 t 因子放在前面的欄位，如此會比較容易閱讀。

[3]　第二個 EMMEANS 次指令之後的 "TABLES(a*t)　COMPARE(t)　ADJ(BON)" 表示要進行 "T within A" 的單純主要效果考驗。此時，將 t 因子放在前面的欄位。

[4]　因為有 2 個依變項，所以使用 Bonferroni 校正，將 $\alpha/2 = .025$。

[5]　界定模型。本例為二因子，如果 DESIGN 次指令之後未再界定，表示全因子模型，即 A、T、A×T 三項效果。

[6]　使用 MANOVA 進行分析，並界定自變項與依變項。

[7]　界定誤差項來源。

[8]　PRINT 次指令界定輸出項目。ERROR 關鍵字界定輸出誤差項的 SSCP 矩陣 ($\mathbf{H}_e$ 矩陣) 及誤差項的變異數共變數矩陣；SIGNIF 關鍵字界定輸出調整後的假設 SSCP 矩陣，含 $\mathbf{H}_{a\,at\,t1}$、$\mathbf{H}_{a\,at\,t2}$、$\mathbf{H}_{a\,at\,t3}$、$\mathbf{H}_{t\,at\,a1}$、及 $\mathbf{H}_{t\,at\,a2}$。

[9]　使用迴歸方式解不等組之 MANOVA。

[10]　第一個 DESIGN 次指令之後的「a WITHIN t(1)」表示要進行 A at t_1 的單純主要效果考驗；「A WITHIN t(2)」表示要進行 A at t_2 的單純主要效果考驗；「A WITHIN t(3)」則是 A at t_3 的單純主要效果考驗。第二個 DESIGN 次指令界定要進行 T at a_1 及 T at a_2 的單純主要效果考驗。

7.2.4.3　SAS 程式

```
[1]  PROC GLM;
[2]              CLASS a t;
[3]              MODEL y1 y2=t  a(t);
[4]              CONTRAST 'a AT t1'   a(t)  1  -1   0   0   0   0;
                 CONTRAST 'a AT t2'   a(t)  0   0   1  -1   0   0;
                 CONTRAST 'a AT t3'   a(t)  0   0   0   0   1  -1;
[5]  PROC GLM;
[6]              CLASS a t;
[7]              MODEL y1 y2=a  t(a);
[8]              CONTRAST 't AT a1'   t(a)  1  -1   0   0   0   0,
                                      t(a)  0   1  -1   0   0   0;
                 CONTRAST 't AT a2'   t(a)  0   0   0   1  -1   0,
                                      t(a)  0   0   0   0   1  -1;
[9]  PROC GLM;
                 CLASS a t;
                 MODEL y1 y2=a  t  a*t;
                 LSMEANS a*t / SLICE = t;
                 LSMEANS a*t / SLICE = a;
[10] RUN;
```

7.2.4.4 SAS 程式說明

[1] 進行 GLM 程序。

[2] CLASS 界定自變項為 A、T。

[3] MODEL 界定分析模型，依變項仍是 Y1 及 Y2，效果名稱是 T、A(T)，表示 T 及 A 巢於 T 的效果 (如此才會等於所有組間的 SS)。界定此項效果的目的 是要進行 A at t_1、A at t_2、及 A at t_3 的單純主要效果考驗。

[4] 利用 CONTRAST 指令來進行單純主要效果考驗。進行該項考驗時，必須了 解 GLM 中參數化的細節。範例二中 A 因子有 2 個水準、T 因子 3 個水準， 所以其細格數為 2×3=6，因為是 A(T) 的效果，所以 A 因子的水準數先改變， T 因子的水準數後改變，6 個細格的順序為 a1t1、a2t1、a1t2、a2t2、a1t3、a2t3， 圖示如下：

		T		
		t1	t2	t3
A	a1	1	3	5
	a2	2	4	6

由於考驗 A at t_j 的單純主要效果時，A 的水準數為 2，每一個考驗的自由度都 是 1，所以每一個對比只須一列對比係數。第一個對比執行 A at t_1 (1:2)、第 二個對比執行 A at t_2 (3:4)、第三個對比執行 A at t_3 (5:6) 的單純主要效果考 驗。

[5] 要求進行第二個 GLM 程序。

[6] 界定自變項，同[2]。

[7] 界定分析模型，依變項仍是 Y1 及 Y2，但效果名稱變成 A、T(A)，即 A 及 T 巢於 A 的效果。界定此項效果的目的是要進行 T at a_i 的單純主要效果分析。

[8] 利用 CONTRAST 指令進行 T at a_i 的單純主要效果考驗。因為是 T(A) 的效 果，所以 T 因子的水準數先改變，A 因子的水準數後改變，因此 6 個細格的 順序為 t1a1、t2a1、t3a1、t2a1、t2a2、t2a3，圖示如下：

		T		
		t1	t2	t3
A	a1	1	2	3
	a2	4	5	6

由於考驗 T at a_i 的單純主要效果時，T 的水準數為 3，每一個考驗的自由度都是 2，所以每一個對比須有二列對比係數。考驗 T at a_1 的單純主要效果時，兩列對比係數分別比較 1:2 及 2:3。同樣地，考驗 T at a_2 的單純主要效果時，兩列對比係數在比較 4:5 及 5:6。第一個對比執行 T at a_1 第二個對比執行 T at a_2 的單純主要效果考驗。

[9]　其實，SAS 中也可以透過 LSMEANS 的次指令及 SLICE 的關鍵字進行單純主要效果分析。第一個 LSMEANS 次指令在分析 A 在 T 中的效果，即進行 A at t_1、A at t_2、A at t_3 的單純主要效果考驗。第二個 LSMEANS 次指令在分析 T 在 A 中的效果，即進行 T at a_1 及 T at a_2 的單純主要效果考驗。

[10]　執行第三個 GLM 程序。

7.2.5　報表及解說 (以 SPSS 為主)

[1]

Estimates					97.5% Confidence Interval	
Dependent Variable	教學法	性向	Mean	Std. Error	Lower Bound	Upper Bound
領域一	教法一	性向一	13.000	.546	11.664	14.336
		性向二	9.500	.546	8.164	10.836
	教法二	性向一	11.500	.546	10.164	12.836
		性向二	10.000	.546	8.664	11.336
	教法三	性向一	9.750	.546	8.414	11.086
		性向二	13.250	.546	11.914	14.586
領域二	教法一	性向一	12.750	.482	11.571	13.929
		性向二	11.250	.482	10.071	12.429
	教法二	性向一	9.750	.482	8.571	10.929
		性向二	11.750	.482	10.571	12.929
	教法三	性向一	9.250	.482	8.071	10.429
		性向二	12.500	.482	11.321	13.679

A at T 各細格之描述統計，含平均數、標準誤，及 95%信賴區間。

[2]

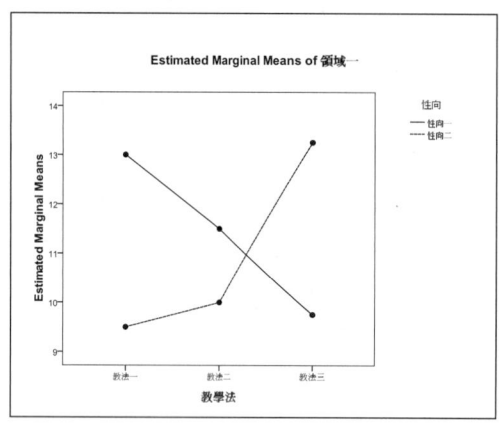 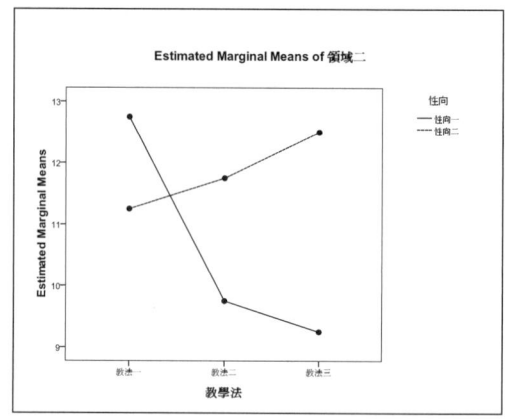

使用上表之平均數所繪製之剖繪圖。由左圖之領域一來看,第一、二種教法較適合第一種性向的學生,不過在教法一時兩者的差異較大,教法二的差異較小;第三種教法較適合第二種性向的學生。再由右圖之領域二來看,第一種教法較適合第一種性向的學生,第二、三種教法則較適合第二種性向的學生。至於差異是否達顯著,應看以下之考驗。

[3]

Multivariate Tests						
教學法		Value	F	Hypothesis df	Error df	Sig.
教法一	Pillai's trace	.542	10.041[a]	2.000	17.000	.001
	Wilks' lambda	.458	10.041[a]	2.000	17.000	.001
	Hotelling's trace	1.181	10.041[a]	2.000	17.000	.001
	Roy's largest root	1.181	10.041[a]	2.000	17.000	.001
教法二	Pillai's trace	.492	8.222[a]	2.000	17.000	.003
	Wilks' lambda	.508	8.222[a]	2.000	17.000	.003
	Hotelling's trace	.967	8.222[a]	2.000	17.000	.003
	Roy's largest root	.967	8.222[a]	2.000	17.000	.003
教法三	Pillai's trace	.648	15.670[a]	2.000	17.000	.000
	Wilks' lambda	.352	15.670[a]	2.000	17.000	.000
	Hotelling's trace	1.843	15.670[a]	2.000	17.000	.000
	Roy's largest root	1.843	15.670[a]	2.000	17.000	.000
Each F tests the multivariate simple effects of 性向 within each level combination of the other effects shown. These tests are based on the linearly independent pairwise comparisons among the estimated marginal means.						
a Exact statistic						

　　A at T (性向在教法中) 的多變量單純主要效果考驗。A at T_1 (性向在教法一中，換言之，使用第一種教法時，不同性向的學生在兩個領域的平均分數是否有差異) 的 Wilks Λ 值為.458，p=.001，有顯著的單純主要效果考驗；而 A at T_2 (性向在教法二中) 及 A at T_3 (性向在教法三中) 的 Wilks Λ 值分別為 .508 及.352，p 值分別為.003 及<.001，也都有顯著的單純主要效果。

　　綜言之，使用任一種教學法時，兩種不同性向的學生，在兩種領域上的平均數會有差異。至於是哪一個領域有差異？或是何種性向的學生表現較佳，則須進行後續分析。

[4]

Univariate Tests							
Dependent Variable	教學法		Sum of Squares	df	Mean Square	F	Sig.
領域一	教法一	Contrast	24.500	1	24.500	20.512	.000
		Error	21.500	18	1.194		
	教法二	Contrast	4.500	1	4.500	3.767	.068
		Error	21.500	18	1.194		
	教法三	Contrast	24.500	1	24.500	20.512	.000
		Error	21.500	18	1.194		
領域二	教法一	Contrast	4.500	1	4.500	4.836	.041
		Error	16.750	18	.931		
	教法二	Contrast	8.000	1	8.000	8.597	.009
		Error	16.750	18	.931		
	教法三	Contrast	21.125	1	21.125	22.701	.000
		Error	16.750	18	.931		
Each F tests the simple effects of 性向 within each level combination of the other effects shown. These tests are based on the linearly independent pairwise comparisons among the estimated marginal means.							

　　A at T 單純主要效果的單變量 F 考驗，此時因為有兩個依變項，所以 p 值應小於.025 (亦即 .05/2)，才算達到 .05 顯著水準。由此處的 F 考驗發現，A at T_1 中，領域一的平均有顯著差異，(F(1,18) = 20.512，p < .001)，領域二的平均則無顯著差異，(F(1,18) = 4.500，p = .041)。A at T_2 中，領域一的平均沒有顯著差異，領域二的平均有顯著差異。A at T_3 中，兩個領域的平均都有顯著差異。

[5]

Pairwise Comparisons								
Dependent Variable	教學法	(I) 性向	(J) 性向	Mean Difference (I-J)	Std. Error	Sig.[a]	97.5% Confidence Interval for Difference[a]	
							Upper Bound	Lower Bound
領域一	教法一	性向一	性向二	3.500*	.773	.000	1.610	5.390
		性向二	性向一	-3.500*	.773	.000	-5.390	-1.610
	教法二	性向一	性向二	1.500	.773	.068	-.390	3.390
		性向二	性向一	-1.500	.773	.068	-3.390	.390
	教法三	性向一	性向二	-3.500*	.773	.000	-5.390	-1.610
		性向二	性向一	3.500*	.773	.000	1.610	5.390
領域二	教法一	性向一	性向二	1.500	.682	.041	-.168	3.168
		性向二	性向一	-1.500	.682	.041	-3.168	.168
	教法二	性向一	性向二	-2.000*	.682	.009	-3.668	-.332
		性向二	性向一	2.000*	.682	.009	.332	3.668
	教法三	性向一	性向二	-3.250*	.682	.000	-4.918	-1.582
		性向二	性向一	3.250*	.682	.000	1.582	4.918

Based on estimated marginal means

* 　The mean difference is significant at the .025 level.

a 　Adjustment for multiple comparisons: Bonferroni.

　　平均數差異之事後比較及 95%信賴區間 (雖然顯示為 97.5%信賴區間,實際上是使用 Bonferroni 程序將 α 加以分割,所以仍為 95%信賴區間)。以 A at T_1 中之領域一為例,在上一報表中可看出,性向一學生的平均數為 13.000,性向二學生之平均數為 9.500,因此前者減後者為 3.500,此差異的 95%信賴區間為 1.610~5.390,區間中不含 0,因此兩組平均數的差異 3.500,與 0 有顯著差異 (3.500 上加上*號,表示兩者有顯著差異)。如果以 9.500 減 13.000,則差異為－3.500,除正負號相反外,其餘均與前一比較相同。

　　由此處可得知:1.使用第一種教法時,在領域一上,具第一種性向學生的平均表現會比第二種性向學生來得好;而在領域二則兩者無差異。2.使用第二種教法時,在領域一上,兩種性向學生的表現沒有差異;而在領域二則第二種性向的學生表現較優。3.使用第三種教法時,在兩個領域上,性向一的學生均有較佳的成績。

[6]

			Estimates			
					97.5% Confidence Interval	
Dependent Variable	性向	教學法	Mean	Std. Error	Lower Bound	Upper Bound
領域一	性向一	教法一	13.000	.546	11.664	14.336
		教法二	11.500	.546	10.164	12.836
		教法三	9.750	.546	8.414	11.086
	性向二	教法一	9.500	.546	8.164	10.836
		教法二	10.000	.546	8.664	11.336
		教法三	13.250	.546	11.914	14.586
領域二	性向一	教法一	12.750	.482	11.571	13.929
		教法二	9.750	.482	8.571	10.929
		教法三	9.250	.482	8.071	10.429
	性向二	教法一	11.250	.482	10.071	12.429
		教法二	11.750	.482	10.571	12.929
		教法三	12.500	.482	11.321	13.679

T at A 各細格之描述統計，含平均數、標準誤，及 95%信賴區間。

[7]

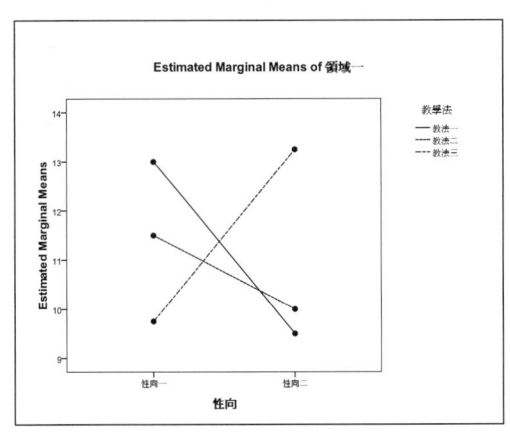
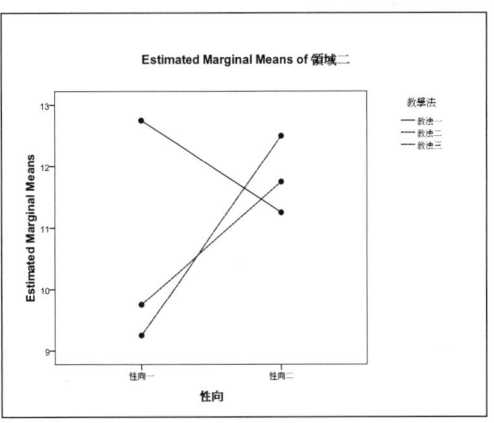

平均數剖繪圖。由左圖之領域一來看，第一種性向之學生較適合第一種教學法，第二種性向的學生則較適合第三種教學法。再由右圖之領域二來看，其趨勢與領域一相同，不過對於第二種性向的學生，三種教學法的效果差異較小。

[8]

Multivariate Tests						
性向		Value	F	Hypothesis df	Error df	Sig.
性向一	Pillai's trace	.809	6.118	4.000	36.000	.001
	Wilks' lambda	.285	7.432[a]	4.000	34.000	.000
	Hotelling's trace	2.183	8.733	4.000	32.000	.000
	Roy's largest root	2.020	18.177[b]	2.000	18.000	.000
性向二	Pillai's trace	.623	4.074	4.000	36.000	.008
	Wilks' lambda	.387	5.170[a]	4.000	34.000	.002
	Hotelling's trace	1.561	6.244	4.000	32.000	.001
	Roy's largest root	1.544	13.900[b]	2.000	18.000	.000

Each F tests the multivariate simple effects of 教學法 within each level combination of the other effects shown. These tests are based on the linearly independent pairwise comparisons among the estimated marginal means.
a   Exact statistic
b   The statistic is an upper bound on F that yields a lower bound on the significance level.

　　T at A (教法在性向中) 的多變量單純主要效果考驗。T at A_1 (教法在性向一中，換言之，對於性向一的學生，使用不同的教法時，在兩個領域的平均分數是否有差異) 的 Wilks Λ 值為 .285，p=.001，有顯著的單純主要效果考驗；而 T at A_2 (教法在性向二中) 的 Wilks Λ 值為 .387，p = .002，也有顯著的單純主要效果。

[9]

Univariate Tests							
Dependent Variable	性向		Sum of Squares	df	Mean Square	F	Sig.
領域一	性向一	Contrast	21.167	2	10.583	8.860	.002
		Error	21.500	18	1.194		
	性向二	Contrast	33.167	2	16.583	13.884	.000
		Error	21.500	18	1.194		
領域二	性向一	Contrast	28.667	2	14.333	15.403	.000
		Error	16.750	18	.931		
	性向二	Contrast	3.167	2	1.583	1.701	.210
		Error	16.750	18	.931		

Each F tests the simple effects of 教學法 within each level combination of the other effects shown. These tests are based on the linearly independent pairwise comparisons among the estimated marginal means.

　　T at A 單純主要效果的單變量 F 考驗。由此處的 F 考驗發現，T at A_1 中，兩個領域的平均都有顯著差異，(F(2,18)分別為 8.860 及 15.403)。T at A_2 中，領域一

的平均有顯著差異 (F(2,18) ＝ 13.880，$p <$ .001)，領域二的平均沒有顯著差異 (F(2,18) ＝ 1.701，$p =$ .210)。

[10]

Pairwise Comparisons							97.5% Confidence Interval for Difference[a]	
Dependent Variable	性向	(I) 教學法	(J) 教學法	Mean Difference (I-J)	Std. Error	Sig.[a]	Upper Bound	Lower Bound
領域一	性向一	教法一	教法二	1.500	.773	.204	-.790	3.790
			教法三	3.250[*]	.773	.002	.960	5.540
		教法二	教法一	-1.500	.773	.204	-3.790	.790
			教法三	1.750	.773	.108	-.540	4.040
		教法三	教法一	-3.250[*]	.773	.002	-5.540	-.960
			教法二	-1.750	.773	.108	-4.040	.540
	性向二	教法一	教法二	-.500	.773	1.000	-2.790	1.790
			教法三	-3.750[*]	.773	.000	-6.040	-1.460
		教法二	教法一	.500	.773	1.000	-1.790	2.790
			教法三	-3.250[*]	.773	.002	-5.540	-.960
		教法三	教法一	3.750[*]	.773	.000	1.460	6.040
			教法二	3.250[*]	.773	.002	.960	5.540
領域二	性向一	教法一	教法二	3.000[*]	.682	.001	.979	5.021
			教法三	3.500[*]	.682	.000	1.479	5.521
		教法二	教法一	-3.000[*]	.682	.001	-5.021	-.979
			教法三	.500	.682	1.000	-1.521	2.521
		教法三	教法一	-3.500[*]	.682	.000	-5.521	-1.479
			教法二	-.500	.682	1.000	-2.521	1.521
	性向二	教法一	教法二	-.500	.682	1.000	-2.521	1.521
			教法三	-1.250	.682	.250	-3.271	.771
		教法二	教法一	.500	.682	1.000	-1.521	2.521
			教法三	-.750	.682	.858	-2.771	1.271
		教法三	教法一	1.250	.682	.250	-.771	3.271
			教法二	.750	.682	.858	-1.271	2.771
Based on estimated marginal means								
* The mean difference is significant at the .025 level.								
a Adjustment for multiple comparisons: Bonferroni.								

　　平均數差異之事後比較及 95%信賴區間。由此處可得知：1.對性向一的學生，在領域一上，使用第一種教法會比第三種教法好；而在領域二則是第一種教法會比第二種及第三種方法好。2.對性向二的學生，在領域一上，使用第三種教法會比第一種及第二種教法好；而在領域二則三種教法間均無差異。

7.3 統計摘要表

　　表 7-8 是範例一的多變量變異數分析摘要表，**表 7-9** 是範例一的多變量變異數分析**事前**比較摘要表，**表 7-10** 是範例一的多變量變異數分析**事後**比較摘要表。

　　表 7-11 是範例二的多變量變異數分析摘要表，**表 7-12** 是範例二的多變量變異數分析的單純主要效果摘要表，表中各項數值主要摘錄自 SPSS 報表，由於 SAS 的 GLM 程式無法進行多變量單純主要效果考驗，所以讀者只能從 SPSS 找出相對應的數值。

表 7-8　範例一的多變量變異數分析摘要表

來源	df	SSCP		Λ
組間	3	$\begin{bmatrix} 385.475 & 466.950 \\ 466.950 & 586.900 \end{bmatrix}$		.502[*]
組內	36	$\begin{bmatrix} 1459.900 & 1086.300 \\ 1086.300 & 961.000 \end{bmatrix}$		
總和	39	$\begin{bmatrix} 1845.375 & 1553.250 \\ 1553.250 & 1547.900 \end{bmatrix}$		

[***] $p < .001$

表 7-9　範例一的多變量變異數分析事前比較摘要表

依變項	比較組別	平均數差量	標準誤	95%下限	95%上限
學科一	教法一對教法二	-2.20	2.848	-7.976	3.576
	教法三對教法四	2.75	2.848	-14.276	-2.724
學科二	教法一對教法二	-4.60	2.311	-9.286	0.086
	教法三對教法四	6.25	2.311	-14.486	-5.114

表 7-10　範例一的多變量變異數分析事後比較摘要表

依變項	比較組別	平均數差量	標準誤	95%下限	95%上限
學科一	教法一對教法二	-2.20	2.848	-10.151	5.751
	教法一對教法三	3.10	2.848	-4.851	11.051
	教法一對教法四	-5.40	2.848	-13.351	2.551
	教法二對教法三	5.30	2.848	-2.651	13.251
	教法二對教法四	-3.20	2.848	-11.151	4.751
	教法三對教法四	-8.50	2.848	-16.451	-0.549
學科二	教法一對教法二	-4.60	2.311	-11.051	1.851
	教法一對教法三	2.90	2.311	-3.551	9.351
	教法一對教法四	-6.90	2.311	-13.351	-0.449
	教法二對教法三	7.50	2.311	1.049	13.951
	教法二對教法四	-2.30	2.311	-8.751	4.151
	教法三對教法四	-9.80	2.311	-16.251	-3.349

表 7-11　範例二的多變量變異數分析摘要表

來源	df	SSCP		Λ
性向(A)	1	$\mathbf{H}_a=$	$\begin{bmatrix} 1.500 & -3.750 \\ -3.750 & 9.375 \end{bmatrix}$	.548*
教法(T)	2	$\mathbf{H}_t=$	$\begin{bmatrix} 2.333 & 1.167 \\ 1.167 & 7.583 \end{bmatrix}$	.615
交互作用(AT)	2	$\mathbf{H}_{at}=$	$\begin{bmatrix} 52.000 & 31.000 \\ 31.000 & 24.250 \end{bmatrix}$	.197***
誤差(e)	18	$\mathbf{H}_e=$	$\begin{bmatrix} 21.500 & 5.750 \\ 5.750 & 16.750 \end{bmatrix}$	
總和	23	$\mathbf{H}_{tot}=$	$\begin{bmatrix} 77.333 & 28.417 \\ 28.417 & 57.958 \end{bmatrix}$	

*$p<.05$　***$p<.001$

表 7-12 範例二的多變量變異數分析的單純主要效果摘要表

來源	df	SSCP	Λ
性向(A)			
在教法一(t₁)	1	$\mathbf{H}_{a \, at \, t1}=\begin{bmatrix} 24.500 & 10.500 \\ 10.500 & 4.500 \end{bmatrix}$	$.458^{***}$
在教法二(t₂)	1	$\mathbf{H}_{a \, at \, t2}=\begin{bmatrix} 4.500 & -6.000 \\ -6.000 & 8.000 \end{bmatrix}$	$.508^{**}$
在教法三(t₃)	1	$\mathbf{H}_{a \, at \, t3}=\begin{bmatrix} 24.500 & 22.750 \\ 22.750 & 21.125 \end{bmatrix}$	$.352^{***}$
教法(B)			
在性向一(a₁)	1	$\mathbf{H}_{t \, at \, a1}=\begin{bmatrix} 21.167 & 22.333 \\ 22.333 & 28.667 \end{bmatrix}$	$.285^{***}$
在性向二(a₂)	1	$\mathbf{H}_{t \, at \, a2}=\begin{bmatrix} 33.167 & 9.883 \\ 9.883 & 3.167 \end{bmatrix}$	$.387^{**}$
誤差	18	$\mathbf{H}_{e}=\begin{bmatrix} 21.500 & 5.750 \\ 5.750 & 16.750 \end{bmatrix}$	

$^{**}\,p<.01 \qquad ^{***}\,p<.01$

8 主成份分析

・ 陳正昌 ・

8.1 理論部分

8.1.1 主成份分析的功能

主成份分析是由英國統計學家 K. Pearson 創用，而 H. Hotelling 再加以發展的一種統計方法 (林清山, 1988a; Dunteman, 1994; Jolliffe, 2002)，它是一種將多變量資料轉化為單變量資料的技術，其主要目的在於資料的**精簡**及**線性轉換**。

在社會及行為科學研究中，經常會處理許多變項，如果有 5 個自變項，單要分析兩兩之間的關係就有 10 種 (5×4÷2)；10 個自變項，就有 45 種 (10×9÷2) 關係；而 p 個變項間兩兩之間的關係就有 $p×(p–1)÷2$ 種。更何況還要分析自變項與依變項的關係。所以如何使用 k 個 $(k < p)$ 線性組合後的主成份 (變量) 來代替這 p 個變項，使其能以最精簡的主成份數，得到最大的變異量，是主成份分析的第一個功能。

其次，在第二章迴歸分析部分曾提到預測變項間不可以有線性相依的問題，如果預測變項間有很高的相關，可以透過重新給予這些變項不同的加權，轉換得到新的變項 (主成份)，且使新的變項之間兩兩的相關均為 0，然後再將這些主成份投入迴歸分析，此稱為**主成份迴歸**。因為兩兩的主成份之間完全無關，所以每個主成份與效標變項之簡單相關的平方，就是進行多元迴歸時，個別變項 (主成份) 對效標變項單獨的預測力。因此，如何將 p 個彼此有高相關的變項，經過線性組合後得到 p 個彼此無關的主成份，然後進行後續分析，是主成份分析的第二個功能。

　　另外，主成份分析也可以用來對觀察體進行分類。**圖 8-1** 是 23 個縣市的 7 項社會指標，經化簡為 2 個主成份分數 (解釋量為 77.29%)，然後繪出所有觀察體在座標上的散布圖。由圖中可大略看出：臺北市、新竹市、臺中市、嘉義市、臺南市、臺北縣，及桃園縣等 8 個縣市屬於第一個集群；基隆市、新竹縣、臺中縣、高雄縣，及花蓮縣等 5 個縣市屬於第二個集群；其餘 10 個縣屬於第三個集群。

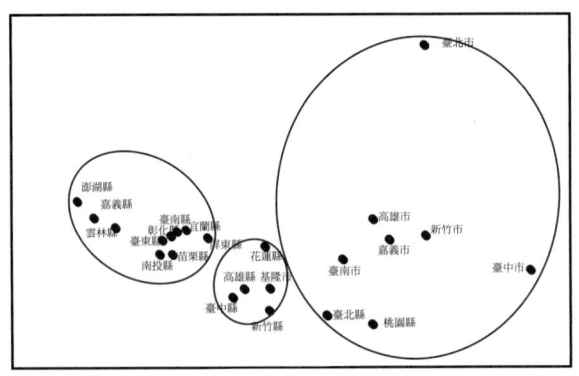

圖 8-1　廿三縣市之主成份散布圖-1

　　不過，即使同一個散布圖，也可能有不同的分群結果。由**圖 8-2** 觀之，臺北市與其他 22 縣市距離甚遠，屬於第一個集群；新竹市、臺中市、嘉義市、臺南市、臺北縣，及桃園縣等 7 個縣市屬於第二個集群；基隆市等 15 個縣市屬於第三個集群。

　　主成份分析也具有篩檢離異值 (outlier) 的功能。由**圖 8-2** 可以發現：臺北市明顯的是離異值，在分析時應更留心。

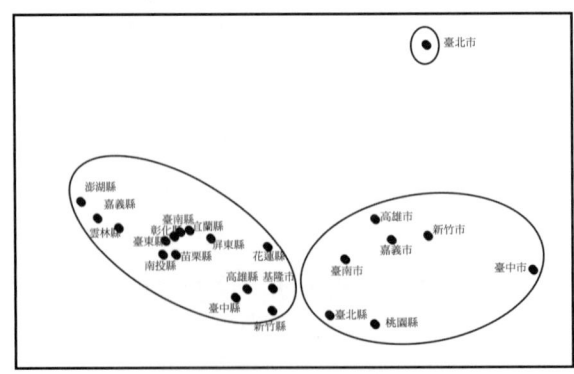

圖 8-2　廿三縣市之主成份散布圖-2

8.1.2 主成份分析基本概念

主成份分析與因素分析 (請見本書第九章) 有許多相似之處，但也有不同的地方，其目的可以用**圖 8-3** 表示。圖左為主成份分析，是由變項加權 (**主成份加權係數**) 後求主成份，此稱為**形成性指標** (formative indicators)；圖右為因素分析，主要是由因素加權 (**因素組型負荷量**) 後求變項 (指標)，此為**反映性指標** (reflective indicators)。主成份分析著重在解釋資料的變異數，而因素分析則著重在解釋指標間的關係 (Sharma, 1996, p.128)。所以主成份是**變異數**導向的統計方法，而因素分析是**共變數**導向的統計方法 (林清山，1988a，p.348)。

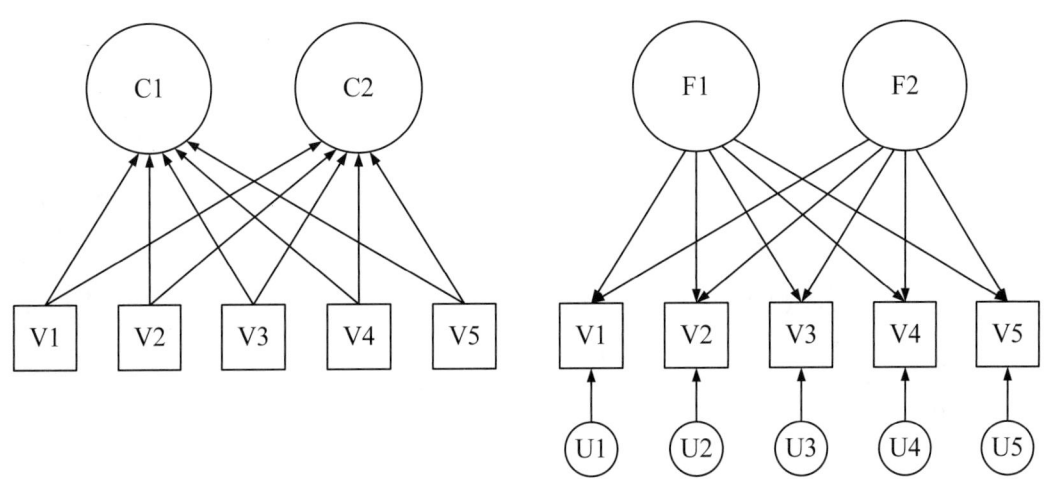

圖 8-3　主成份分析及因素分析示意圖

主成份分析的最主要目標就是將 p 個 X 變項給予不同的加權 (w) 以組合成 q 個 ($q \leq p$) 新的變項 (稱為主成份) C。

$$C_1 = w_{11}X_1 + w_{12}X_2 + w_{13}X_3 + \cdots\cdots + w_{1p}X_p$$
$$C_2 = w_{21}X_1 + w_{22}X_2 + w_{23}X_3 + \cdots\cdots + w_{2p}X_p$$
$$\vdots$$
$$C_q = w_{q1}X_1 + w_{q2}X_2 + w_{q3}X_3 + \cdots\cdots + w_{qp}X_p$$

(公式 8-1)

公式 8-1 中，C_i 是第 i 個主成份，w_{ij} 是第 j 個 X 變項 (X_j) 對第 i 個主成份 C_i 的加權係數。X 變項可以是**離差分數**或是**標準分數**，選擇不同，結果也會有所不同。

不過，概念則是大同小異。

8.1.2.1 主成份分析的基本要求

主成份分析要達到以下的要求：

1. 所有的主成份之間都沒有相關。

2. 第 1 個主成份的變異量最大，第 2 個次之，第 3 個又次之……。

3. $w_{i1}^2 + w_{i2}^2 + w_{i3}^2 + \cdots\cdots + w_{ip}^2 = 1$, $i=1\cdots\cdots q$ (公式 8-2)

4. $w_{i1}w_{j1} + w_{i2}w_{j2} + w_{i3}w_{j3} + \cdots\cdots + w_{ip}w_{jp} = 0$, $i \neq j$ (公式 8-3)

8.1.2.2 以共變數矩陣進行分析

如果使用離差分數，則利用**共變數矩陣**進行分析，其要點如下：

1. 以共變數矩陣 (**S**) 進行分析時，在 $w'w=1$ 的條件下，求 $w'Sw$ 的極大值。

2. 由 **S** 矩陣解出**特徵值** λ 及**特徵向量** w，此時特徵向量 w 即為 **X** 變項之**加權係數**，特徵值 λ 即是主成份的**變異數**。

3. 此時主成份分數 $C=Xw$，而第 i 個主成份的變異數等於第 i 個特徵值，即：

$$\text{var}(C_i) = \lambda_i$$ (公式 8-4)

4. 所以各個主成份的解釋變異量比例為：

$$\frac{\lambda_i}{tr\mathbf{S}}$$ (公式 8-5)

其中 $tr\mathbf{S}$ 是 **S** 矩陣的**跡** (trace)，即矩陣對角線的和，也就是所有 **X** 變項的變異數總和。

5. 第 i 個主成份 (C_i) 與第 j 個變項 (X_j) 的相關為：

$$r_{C_i X_j} = \frac{w_{ij}\sqrt{\lambda_i}}{s_j}$$ (公式 8-6)

其中 s_j 是 X_j 的標準差。

8.1.2.3　以相關矩陣進行分析

　　雖然使用共變數矩陣比較容易解釋，統計顯著性考驗也比較簡單 (林清山, 1988a)，但是因為變項測量單位不同，會影響計算結果，所以許多學者建議將資料轉換為標準分數，也就是使用**相關矩陣**進行分析 (張健邦, 1993)，這是比較正確的方法 (林清山, 1988a, p.290)。如果沒有特別指定，統計軟體都以相關矩陣進行分析。計算要點如下：

1. 以相關矩陣 (**R**) 進行分析時，在 $\omega'\omega=1$ 的條件下，求 $\omega'\boldsymbol{R}\omega$ 的極大值。

2. 由 **R** 矩陣解出**特徵值** δ 及**特徵向量** ω，此時特徵向量 ω 即為 $\boldsymbol{X}_z$ 變項之**加權係數**，特徵值 δ 即是主成份的**變異數**。

3. 此時主成份分數 $C_z=\boldsymbol{X}_z\omega$，而第 i 個主成份的變異數等於第 i 個特徵值，即：

$$\mathrm{var}(C_{z_i})=\delta_i \tag{公式 8-7}$$

4. 各個主成份的解釋變異量比例為：

$$\frac{\delta_i}{tr\boldsymbol{R}}=\frac{\delta_i}{p} \qquad (p \text{ 為變項數}) \tag{公式 8-8}$$

5. 但是統計軟體通常可將主成份標準化為 1，此時加權係數如公式 8-9，而每一個主成份的變異數都為 1。

$$\beta=\omega\times\frac{1}{\sqrt{\delta}} \tag{公式 8-9}$$

6. 第 i 個主成份 (C_{z_i}) 與第 j 個變項 ($\boldsymbol{X}_{z_j}$) 的相關 (在因素分析中稱為**因素負荷量** (factor loading)) 為：

$$r_{C_{z_i}X_{z_j}}=a_{ij}=\omega_{ij}\times\sqrt{\delta_i} \tag{公式 8-10}$$

8.1.2.4　主成份數目的決定

　　要保留多少個主成份，需視目的而定。如果目的只在於將原變項轉換成沒有相關的主成份，以進行後續的分析，則主成份數目就等於原變項數。假如目的在於變項的精簡，則主成份數目就小於原變項數。此時有兩種常用的方法可以選擇：第一種是使用相關矩陣進行分析，通常保留特徵值大於 1 者；第二種是畫出陡坡圖來決定，其方法請見本書第九章。此外還可以使用統計考驗的方式，其方法比較複雜，讀者可參考林清山 (1988a, p.320-325)、Dillon 和 Goldstein (1984, pp.44-47)、Sharma (1996, pp.77-79) 等人的著作。

8.2　假設性資料

　　假設有 20 個觀察體，各有 3 個變項，以標準化數據進行主成份分析。

觀察體	X1	X2	X3	觀察體	X1	X2	X3
1	3	4	3	11	2	2	2
2	3	2	4	12	2	2	2
3	4	5	5	13	4	5	5
4	5	5	5	14	3	2	3
5	2	2	2	15	3	4	3
6	4	4	4	16	1	2	2
7	2	3	3	17	5	3	3
8	4	4	4	18	3	2	3
9	4	4	3	19	4	3	4
10	4	3	4	20	5	5	5

8.2.1　簡要語法

　　在 SPSS 中使用 FACTOR 程序，使用 PC 法萃取三個主成份，並列出相關矩陣

及因素分數係數。

```
FACTOR
        /VARIABLES X1 X2 X3
        /PRINT INITIAL CORRELATION EXTRACTION FSCORE
        /CRITERIA FACTORS(3)
        /EXTRACTION PC
        /ROTATION NOROTATE.
```

在 SAS，簡要語法如下。

```
PROC PRINCOMP;
        VAR X1 X2 X3 ;
RUN ;
```

8.2.2　簡要報表

以上述的資料進行計算，可得到相關矩陣如下：

Crrelation Matrix			
	X1	X2	X3
X1	1.0000	.7058	.7871
X2	.7058	1.0000	.7811
X3	.7871	.7811	1.0000

此相關矩陣的三特徵值為 2.5166、0.2946、0.1891，總和為 3，是三個標準化變項變異數（都是 1）的總和。第一個主成份的變異量百分比為 $\frac{2.5166}{3} = 0.8389 = 83.89\%$，其他兩個主成份的解釋量分別為 9.81% 及 6.30%。

Total Variance Explained			
	Initial Eigenvalues		
Component	Total	% of Variance	Cumulative %
1	2.517	83.886	83.886
2	.294	9.811	93.696
3	.189	6.304	100.000

特徵向量如下：

Eigenvectors			
	Component		
	Prin1	Prin2	Prin3
X1	.5716	-.6925	.4401
X2	.5700	.7210	.3941
X3	.5802	-.0256	-.8068

　　它們就是計算主成份時的原始加權係數。利用上述 20 個觀察體之 3 個變項的標準化分數，乘上此加權係數，就可以得到 3 個主成份分數，此時，主成份的變異數分別為 2.5166、0.2946、0.1891 (即上述之特徵值)。

　　將三行特徵向量，各自乘上三個特徵值的平方根，就可以得到負荷量。如特特徵向量的第一行，乘上第一個特徵值的平方根，即為：

$$\begin{bmatrix} 0.5716 \\ 0.5700 \\ 0.5802 \end{bmatrix} \times \sqrt{2.5166} = \begin{bmatrix} 0.9068 \\ 0.9042 \\ 0.9363 \end{bmatrix}$$

全部的負荷量 (結構) 矩陣為：

Structure Matrix			
	Component		
	Prin1	Prin2	Prin3
X1	.9068	-.3757	.1914
X2	.9042	.3911	.1714
X3	.9363	-.0139	-.3509

　　由第一行的係數可看出，三個變項與第一個主成份的相關均達 .90 以上，所以第一主成份可以充份代表三個變項。

　　將三行特徵向量，各自除以三個特徵值的平方根 (也就是乘上特徵值平方根的倒數)，就可以得到主成份分數係數 (又稱主成份得點係數)。以第一行為例：

$$\begin{bmatrix} 0.5716 \\ 0.5700 \\ 0.5802 \end{bmatrix} \times \begin{bmatrix} \sqrt{2.5166} \end{bmatrix}^{-1} = \begin{bmatrix} 0.3603 \\ 0.3593 \\ 0.3721 \end{bmatrix}$$

以標準化的分數 (Z_{X_1}、Z_{X_2}、Z_{X_3}) 乘上主成份分數係數，即可得到標準化的主成份分數，此時三個主成份的變異數均為 1。全部的成份係數矩陣為：

Component Score Coefficient Matrix		
Component		
Prin1	Prin2	Prin3
X1 .3603	-1.2766	1.0120
X2 .3593	1.3289	.9064
X3 .3721	-.0471	-1.8553

8.3　應用部分

8.3.1　範例說明

主計處以電腦使用率、網路，及行動電話三項普及率，衡量各縣市數位化程度。以下將以 2009 年臺灣地區 23 縣市在此三項指標 (前二項為行政院研考會數位落差調查報告，後一項為行政院主計處資料)，進行主成份分析。

8.3.2　SPSS 分析步驟圖

註：雖然因素分析與主成份分析概念上有所不同，但是 SPSS 都是使用因素分析來進行 (只是報表較不完整)。以下只介紹與主成份分析有關之分析，其他較詳細部分請見第九章之因素分析。

1. 在《分析》(Analyze) 下選擇《維度縮減》(Dimension Reduction) 之《因子》(Factor)，以進行主成份分析。

2. 將所要分析的變項點選到右邊的《變數》(Variables) 中。

3.　在《描述性統計量》(Descriptives) 中勾選《單變量描述性統計量》(Univariate descriptives)、《未轉軸之統計量》(Initial solution) 及《相關矩陣》(Correlation Matrix) 之《係數》(Coefficients)。

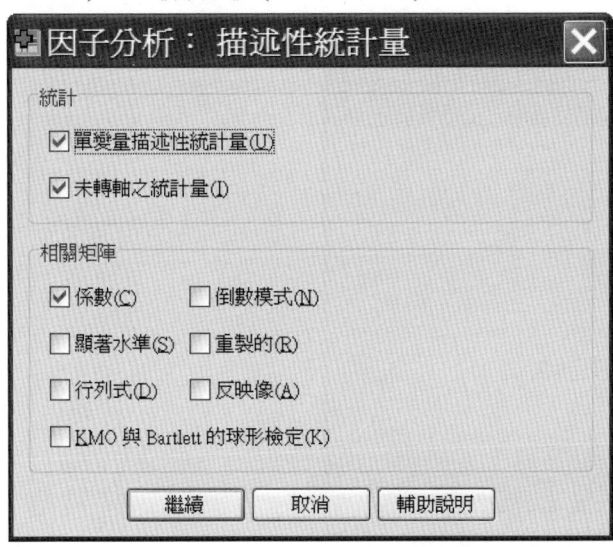

4.　在《萃取》(Extraction) 的選單中，內定使用《相關矩陣》(correlation matrix) 進行《主成份》(Principal components) 的萃取，而萃取的標準是採《特徵值》(Eigenvalue) 大於 1 者。如果想要將所有的主成份都保留，除了改選因子個數為變項數 (本例為 3) 外，也可以採用保留特徵值大於 0 者。

5.　如果要使用主成份繼續進行後續的分析，則應在《**分數**》(scores) 的選單上，選擇將《**因素儲存成變數**》(Save as variables)，內定的方法是《**迴歸方法**》(regression)。而《**顯示因素分數係數矩陣**》(Display factor score coefficient matrix)，則是要顯示變數對主成份的加權係數。

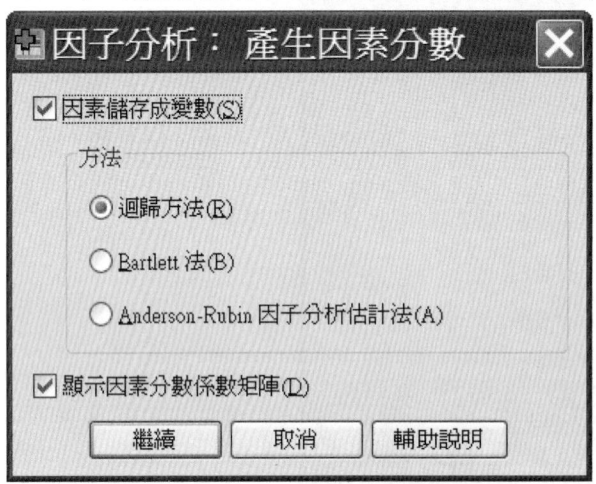

6.　當上述的選項都設定後，即可點選《**確定**》(OK) 進行分析。如果點選《**貼上之後(語法)**》(Paste)，則可以自動產生程式。

8.3.3　SPSS 程式

```
[1]   FACTOR              VARIABLES=computer   web   cell
[2]                       /PRINT=UNIVARIATE   INITIAL   CORRELATION
                                EXTRACTION   FSCORE
[3]                       /CRITERIA=FACTORS(3)
[4]                       /METHOD=CORRELATION
[5]                       /EXTRACTION=PC
[6]                       /ROTATION=NOROTATE
[7]                       /SAVE=REGRESSION(ALL   prin) .
[8]   LIST                VARIABLES =prin1   TO   prin3.
[9]   DESCRIPTIVES        VARIABLES =prin1   TO   prin3
[10]                      /STATISTICS=MEAN   VARIANCE.
```

8.3.4　SPSS 程式說明

[1]　以 computer、web、cell 等 3 個變項進行主成份分析 (與因素分析同一程式)。

[2]　印出所有的統計量。

[3]　取 3 個主成份。

[4]　使用相關矩陣進行分析。

[5]　用主成份法抽取資料矩陣。

[6]　不進行轉軸。

[7]　用迴歸法來求得主成份分數，括號內表示要保留所有主成份，變項的字首為 PRIN (這也是系統內定的名稱)，所以會有 PRIN1、PRIN2、PRIN3 等 3 個新變項存在現行工作檔中，可以進行後續分析。如果用這 3 個主成份來進行迴歸分析，就是主成份迴歸。

[8]　列出所有觀察體的 3 個主成份分數。

[9]　以此 3 個主成份進行描述統計分析。

[10]　列出平均數及變異數。

8.3.5　SAS 程式

```
[1]   DATA   prin;         SET 'd:\multi6\sas\princomp.sas7bdat' ;
[2]   PROC   PRINCOMP  DATA=prin  COV  OUT=prin1;
                          VAR   computer   web   cell;
```

```
[3]   PROC  CORR     DATA=prin1   NOSIMPLE;
                     VAR PRIN1 - PRIN3;
                     WITH  computer  web  cell ;
      PROC  CORR     DATA=prin1   NOSIMPLE;
                     VAR  PRIN1 - PRIN3;
[4]   PROC  PRINT    DATA=prin1;
                     VAR  PRIN1 - PRIN3;
[5]   PROC  MEANS    DATA=prin1  MEAN  VAR;
                     VAR  PRIN1 - PRIN3;
[6]   PROC  PRINCOMP DATA=prin   OUT=prin2;
                     VAR  computer  web  cell;
[7]   PROC  CORR     DATA=prin2   NOSIMPLE;
                     VAR  PRIN1 - PRIN3;
                     WITH  computer  web  cell;
      PROC  CORR     DATA=prin2   NOSIMPLE;
                     VAR  PRIN1 - PRIN3;
[8]   PROC  PRINT    DATA=prin2;
                     VAR  PRIN1 - PRIN3;
[9]   PROC  MEANS    DATA=prin2  MEAN  VAR;
                     VAR  PRIN1 - PRIN3;
[10]  PROC  PRINCOMP DATA=prin   STANDARD   OUT=prin3;
                     VAR  computer  web  cell;
[11]  PROC  CORR     DATA=prin3   NOSIMPLE;
                     VAR  PRIN1 - PRIN3;
                     WITH  computer  web  cell;
      PROC  CORR     DATA=prin3   NOSIMPLE;
                     VAR  PRIN1 - PRIN3;
[12]  PROC  PRINT    DATA=prin3;
                     VAR  PRIN1 - PRIN3;
[13]  PROC  MEANS    DATA=prin3 MEAN VAR;
                     VAR  PRIN1 - PRIN3;
[14]  RUN;
```

8.3.6 SAS 程式說明

[1] 讀入 SAS 之系統檔，檔名為 princomp.sas7bdat，儲存於 D 磁碟之 MULTI6
的 SAS 資料夾中。讀入後之資料集名為 PRIN (名稱可以自行命名)。

[2] 使用 PRIN 資料集中之 computer、web、cell 等 3 個變項進行主成份分析，分
析過程使用**共變數矩陣** (cov)，且將分析結果存在新的資料集，名稱為
PRIN1。此資料集可以進行如迴歸分析等之後續分析工作。

[3] 使用 PRIN1 資料集的 3 個主成份進行相關分析，不印出簡單描述統計。此處的 5 列程式可以精簡為：

```
PROC   CORR        DATA=prin1 NOSIMPLE;
                   VAR   computer   web   cell   prin1 - prin3;
```

[4] 印出 PRIN1 資料集中所有觀察體的 3 個主成份分數。

[5] 列出 PRIN1 資料集中 3 個主成份分數的平均數及變異數。

[6] 使用 PRIN 資料集中之 computer、web、cell 等 3 個變項進行主成份分析，分析過程使用**相關矩陣**，且將分析結果存在新的資料集，名稱為 PRIN2。

[7] 使用 PRIN2 資料集的 3 個主成份進行相關分析，不印出簡單描述統計。

[8] 印出 PRIN2 資料集中所有觀察體的 3 個主成份分數。

[9] 列出 PRIN2 資料集中 3 個主成份分數的平均數及變異數。

[10] 使用 PRIN 資料集中之 computer、web、cell 等 3 個變項進行主成份分析，分析過程使用相關矩陣，並把主成份分數**標準化** (standardize) 為 1，且將分析結果存在新的資料集，名稱為 PRIN3。

[11] 使用 PRIN3 資料集的 3 個主成份進行相關分析，不印出簡單描述統計。

[12] 印出 PRIN3 資料集中所有觀察體的 3 個主成份分數。

[13] 列出 PRIN3 資料集中 3 個主成份分數的平均數及變異數。

[14] 執行程式。

8.3.7　報表及解說 (以 SAS 為主)

[1]

Simple Statistics			
	computer	web	cell
Mean	70.57826087	65.45652174	88.09260870
StD	6.08836122	6.62281361	5.50925685
Observations	23		

　　二十三個縣市之三個變項的簡單描述統計，含平均數及標準差。因各縣市戶數不一，因此應計算加權之平均數較恰當。

[2]

Covariance Matrix		computer	web	cell
computer	電腦使用率	37.06814229	40.06628458	27.38274111
web	網路使用率	40.06628458	43.86166008	29.62193676
cell	行動電話普及率	27.38274111	29.62193676	30.35191107
Total Variance		111.28171344		

　　三個變項間的共變數矩陣，此時是使用**離差分數** (原始分數減去平均數) 進行分析。三個變項的變異數總和為 111.28171344。

[3]

Eigenvalues of the Covariance Matrix			
	Eigenvalue	Difference	Proportion	Cumulative
1	103.056689	95.085041	0.9261	0.9261
2	7.971648	7.718272	0.0716	0.9977
3	0.253376		0.0023	1.0000

　　以[2]之共變數矩陣進行主成份分析後，共得到 3 個主成份。因為 3 個變數的總變異為 111.28171344 (見報表[2])，而第 1 個特徵值為 103.056689，所以其解釋量為 103.056689/111.28171344 = 0.9261，第二個主成份的解釋量為 0.0716，後 2 個主成份的解釋量分別為 7.16%及 0.23%，均不大。

[4]

Eigenvectors		Prin1	Prin2	Prin3
computer	電腦使用率	0.592043	-.318037	0.740498
web	網路使用率	0.643507	-.366592	-.671944
cell	行動電話普及率	0.485163	0.874336	-.012379

　　由[2]之共變數矩陣解得之特徵向量，這是主成份**加權係數**，也就是 3 個變數組合成 3 個主成份時所用的加權係數。由於此處是使用變異數及共變數矩陣進行分析，各變項的單位不相等，係數大小無法比較；而變項數目多寡也會影響係數大小，因此以加權係數對主成份進行命名並不恰當，應以下表之主成份負荷量為命名依據。

[5]

Pearson Correlation Coefficients, N = 23 Prob > |r| under H0: Rho=0			
	Prin1	Prin2	Prin3
computer 電腦使用訊	0.98717 <.0001	-0.14749 0.8675	0.06122 0.7014
web 網路使用率	0.98639 <.0001	-0.15628 0.8159	-0.05107 0.7055
cell 行動電話普及率	0.89399 <.0001	0.44808 0.0306	-0.00113 0.9587

　　主成份負荷量矩陣，這是三個變項與三個主成份間的**相關矩陣**。第一個主成份與三個變項間的相關均大於 .89 以上，因此可名之為**數位化程度**。第二個主成份與行動電話普及率的相關較高，因此可以直接名之為**行動電話普及率**。第三個主成份則與三個變項的相關都非常低，因此較難命名，幸好第三個主成份的解釋量僅有 0.23%，所以可以考慮不列入後續分析。

　　依據公式 8-6 得知，電腦使用率這一變項與第一主成份的相關係數為.98717 等於 $\frac{0.562043 \times \sqrt{103.056689}}{6.08836122}$。其中，6.08836122 是電腦使用率的標準差；0.562043 是電腦使用率對第一主成份的加權係數；103.056689 是第一個特徵值，也是第一個主成份的變異數。

[6]

Pearson Correlation Coefficients, N = 23 Prob > |r| under H0: Rho=0			
	Prin1	Prin2	Prin3
Prin1	1.00000	0.00000 1.0000	0.00000 1.0000
Prin2	0.00000 1.0000	1.00000	0.00000 1.0000
Prin3	0.00000 1.0000	0.00000 1.0000	1.00000

　　三個主成份間的相關係數矩陣，兩兩之間相關均為 0，這正是主成份分析的目的。

[7]

Variable	Mean	Variance
Prin1	3.089316E-16	103.0566890
Prin2	-8.6887E-16	7.9716480
Prin3	3.108624E-15	0.2533764

　　三個主成份的平均數及變異數，此時平均數都為 0 (以科學記號表示，E-16 表示小數點要往左移 16 位數，也就是乘上 10^{-16})，變異數等於 [3] 之特徵值，也就是**主成份的變異量等於相對應的特徵值**。

[8]

Correlation Matrix		computer	web	cell
computer	電腦使用率	1.0000	0.9937	0.8164
web	網路使用率	0.9937	1.0000	0.8119
cell	行動電話普及率	0.8164	0.8119	1.0000

　　三個變項間的相關矩陣。其中，電腦使用率與網路使用率的相關非常高 (r=.9937)。

　　此時是使用**標準分數**進行另一次主成份分析。

[9]

Eigenvalues of the Correlation Matrix				
	Eigenvalue	Difference	Proportion	Cumulative
1	2.75077651	2.50786574	0.9169	0.9169
2	0.24291077	0.23659805	0.0810	0.9979
3	0.00631272		0.0021	1.0000

　　進行主成份分析後，共得到 3 個主成份。因為原有 3 個變項，且使用相關矩陣進行分析，每個變項都已經標準化了 (變異數為 1)，所以總和就是 3，而 3 個特徵值的總和也是 3。第 1 個特徵值是 2.75077651，已經可以解釋 3 個變項變異量的 91.69%，可算是相當高了，第 2 個特徵值後均小於 1。如果主成份分析的目的在於**精簡資料**，且採用特徵值大於 1 的標準，則只要保留 1 個主成份即可。

[10]

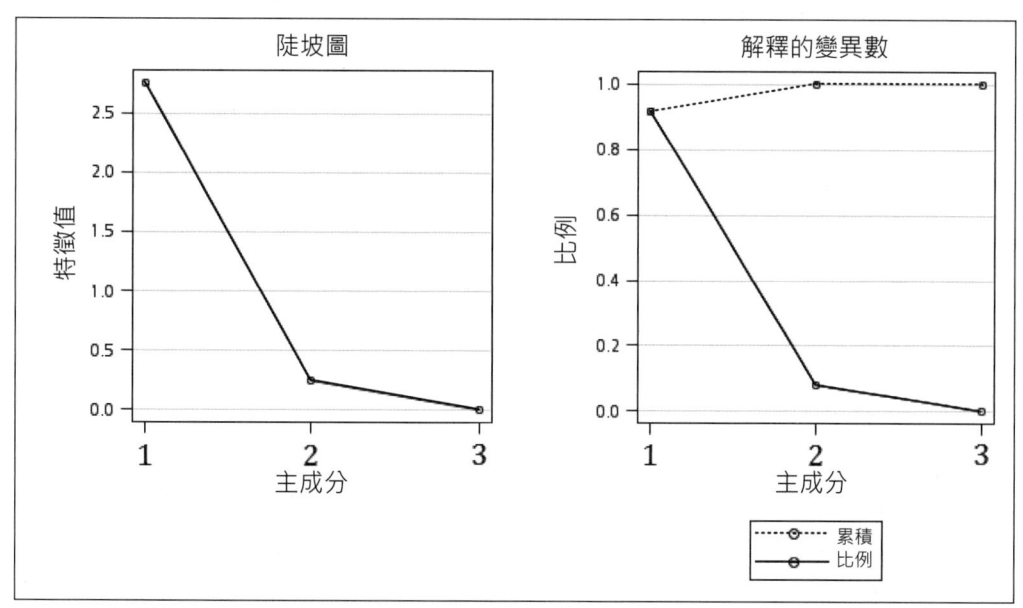

　　根據上一報表的數據，由 SAS 所繪製的陡坡圖，左圖為三個主成份的特徵值，右圖則顯示主成份的個別解釋變異量 (實線) 及累積解釋比例 (虛線)。從左圖可看出第一個主成份的特徵值最大 (為 2.7508)，右圖就則顯示其解釋比例為 0.9169。陡坡圖比較詳盡的說明，請參見第九章。

[11]

Eigenvectors		Prin1	Prin2	Prin3
computer	電腦使用率	0.591258	-.380536	-.711060
web	網路使用率	0.590355	-.396462	0.703064
cell	行動電話普及率	0.549450	0.835470	0.009760

　　由[8]之相關矩陣解得之特徵向量，這是主成份加權係數，也就是 3 個變數標準化之後組合成 3 個主成份時所用的加權係數 (亦即標準化加權係數)。因為此處的矩陣乘以 $\sqrt{特徵值}$，即為下表之主成份負荷量矩陣，所以相對的大小會與下表的負荷量係數相同。不過，此時主成份並未標準化，也就是其各自的變異數會等於[9]的特徵值。

[12]

Pearson Correlation Coefficients, N = 23		
Prob > |r| under H0: Rho=0		
	Prin1	Prin2	Prin3
computer	0.98063	-0.18755	-0.05650
電腦使用率	<.0001	0.4728	0.7002
web	0.97913	-0.19540	0.05586
網路使用率	<.0001	0.4414	0.7060
cell	0.91129	0.41177	0.00078
行動電話普及率	<.0001	0.1110	0.9930

　　主成份負荷量矩陣，這是變項與主成份間的**相關矩陣**，由公式 8-10 求得。由此處可看出 3 個變項與第 1 個主成份的相關均大於 .90 以上，且係數均為正值，因此第一個主成份可名之為**數位化程度**，第二個主成份為**行動電話普及率**，第三個主成份則難以命名。在實務上，通常第一個主成份較具意義，第二個主成份之後常較難命名，也不具保留價值 (周文賢，2002)。

　　此矩陣是由[11]乘上 $\sqrt{特徵值}$ ，如：電腦使用率與第一個主成份的相關為 0.98386，等於 $0.591258 \times \sqrt{2.75077651}$ 。或是[15]乘上特徵值，如：行動電話普及率與第二個主成份的相關為 0.41177，等於 $1.69515 \times 0.24291077$ 。

　　因為都是乘上 $\sqrt{特徵值}$ ，因此係數間的比率不變。上一報表之 0.591258 除以 0.549450 等於 1.0761，其值等於此處之 0.98063 除以 0.91129。

[13]

Pearson Correlation Coefficients, N = 23		
Prob > |r| under H0: Rho=0		
	Prin1	Prin2	Prin3
Prin1	1.00000	0.00000	0.00000
		1.0000	1.0000
Prin2	0.00000	1.00000	0.00000
	1.0000		1.0000
Prin3	0.00000	0.00000	1.00000
	1.0000	1.0000	

三個主成份間的相關係數矩陣，兩兩之間相關均為 0。

[14]

Variable	Mean	Variance
Prin1	1.158494E-16	2.7507765
Prin2	-1.65327E-16	0.2429108
Prin3	-4.91455E-16	0.0063127

　　三個主成份的平均數及變異數，此時平均數都為 0，變異數等於[9]之特徵值，同樣說明主成份的變異量等於相對應的特徵值。

[15]

Component Score Coefficient Matrix			
	Component		
	1	2	3
電腦使用率	0.35649	-.77210	-8.94948
網路使用率	0.35595	-.80441	8.84884
行動電話普及率	0.33128	1.69515	0.12284
Extraction Method: Principal Component Analysis.			

　　使用 SPSS 所得之主成份加權係數矩陣，這是由變項求主成份的標準化加權係數矩陣，此時變項與主成份都是標準分數 (平均數為 0，變異數為 1)。

　　此矩陣是由[11]除以 $\sqrt{特徵值}$ 而得。如：電腦使用率對第一主成份的加權係數 0.35649，等於 0.591258 除以 $\sqrt{2.75077651}$。

[16]

Variable	Mean	Variance
Prin1	5.792468E-17	1.0000000
Prin2	-3.33067E-16	1.0000000
Prin3	-6.16898E-15	1.0000000

　　第三次主成份分析。如果將主成份也標準化，則此時平均數都為 0，變異數都為 1。

[17]

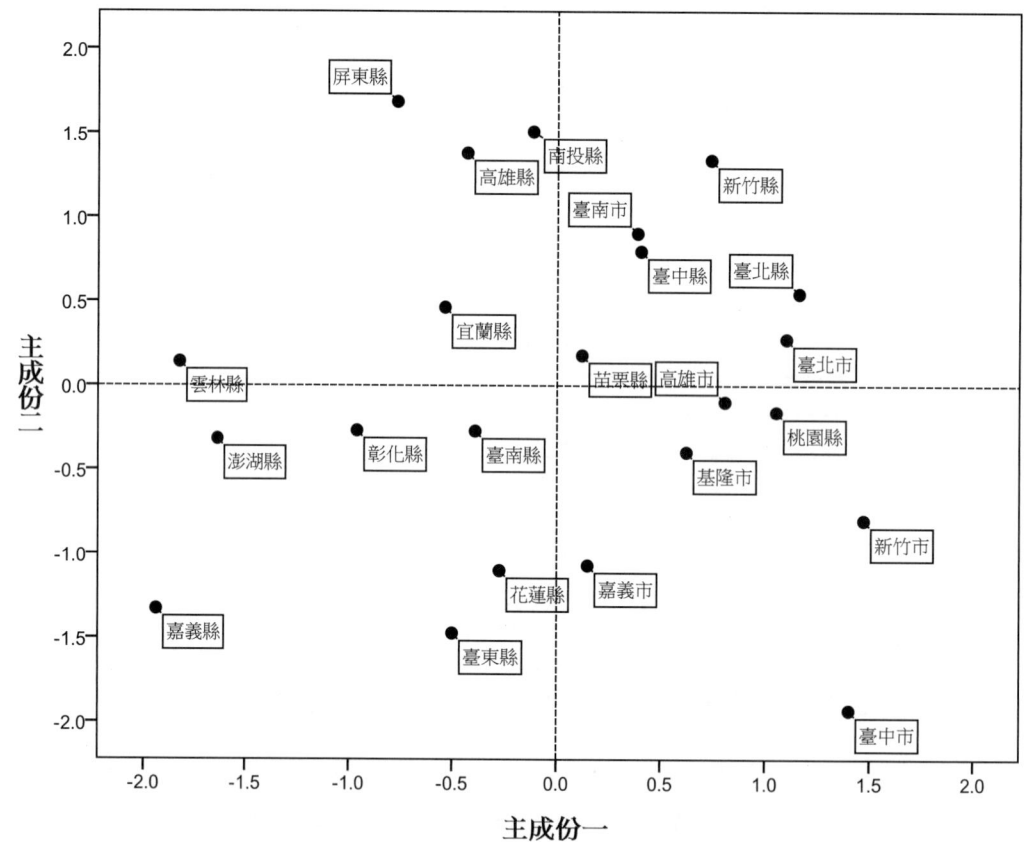

　　以前二個主成份（累積解釋變量為 99.79%）所繪之散布圖。由圖可以看出新竹市及臺中市在第一主成份的分數（得點）較高，是數位化程度較高的縣市，而嘉義縣在兩個主成份的分數都較低，是數位化程度相對較低的縣市。

8.4　分析摘要表

　　表 8-1 至表 8-3 是本章範例之主成份加權係數、特徵值，及解釋量。表 8-3 因為已經標準化為 1，所以不列特徵值，其餘請讀者自行參閱。

表 8-1　以共變數矩陣進行主成份分析之結果

	主成份		
	1	2	3
電腦使用率	0.592043	-.318037	0.740498
網路使用率	0.643507	-.366592	-.671944
行動電話普及率	0.485163	0.874336	-.012379
特徵值	103.056689	7.971648	0.253376
解釋百分比	92.61	7.16	0.23
累積百分比	92.61	99.77	100.00

表 8-2　以相關矩陣進行主成份分析之結果(標準化為特徵值)

	主成份		
	1	2	3
電腦使用率	0.591258	-.380536	-.711060
網路使用率	0.590355	-.396462	0.703064
行動電話普及率	0.549450	0.835470	0.009760
特徵值	2.75077651	0.24291077	0.00631272
解釋百分比	91.69	8.10	0.21
累積百分比	91.69	99.79	100.00

表 8-3　以相關矩陣進行主成份分析之結果(標準化為 1)

	主成份		
	1	2	3
電腦使用率	0.35649	-.77210	-8.94948
網路使用率	0.35595	-.80441	8.84884
行動電話普及率	0.33128	1.69515	0.12284

9 因素分析

· 程炳林 陳正昌 ·

9.1 理論部分

9.1.1 前言

因素分析 (factor analysis，或譯為因子分析) 是近年來廣泛應用的多變量分析方法之一。依使用目的而言，因素分析可區分為**探索性因素分析** (exploratory factor analysis, EFA) 與**驗證性因素分析** (confirmatory factor analysis, CFA) 兩類。探索性因素分析主要用在模式之建立，如果研究者在編製量表時並**無**明確之理論依據或是預設立場，則此方法會較恰當；而驗證性因素分析主要用在模式之驗證，如果研究者在編製量表時已有明確之理論依據或是預設立場，則此方法會較適用。本章僅介紹探索性因素分析，有關驗證性因素分析部分請參閱本書結構方程模式一章。

探索性因素分析在於以簡潔、精確的方法來描述眾多變項之間的交互關係，以協助研究者對這些變項的概念化 (Gorsuch, 1983)。一般而言，使用探索性因素分析的目的有四 (Hair Jr. et al., 1998)：一是辨認資料或變項的結構；二是資料的減縮，以少數的因素來代表眾多的變項；三是以因素分析的結果進行其他的統計分析技術；四是透過因素分析選擇重要的變項。

9.1.2 因素分析的基本理論

9.1.2.1 因素分析模式

因素分析的概念，可以使用圖 9-1 表示，圖左共同因素之間設定無相關 (直交)，圖右則是有相關 (斜交)。

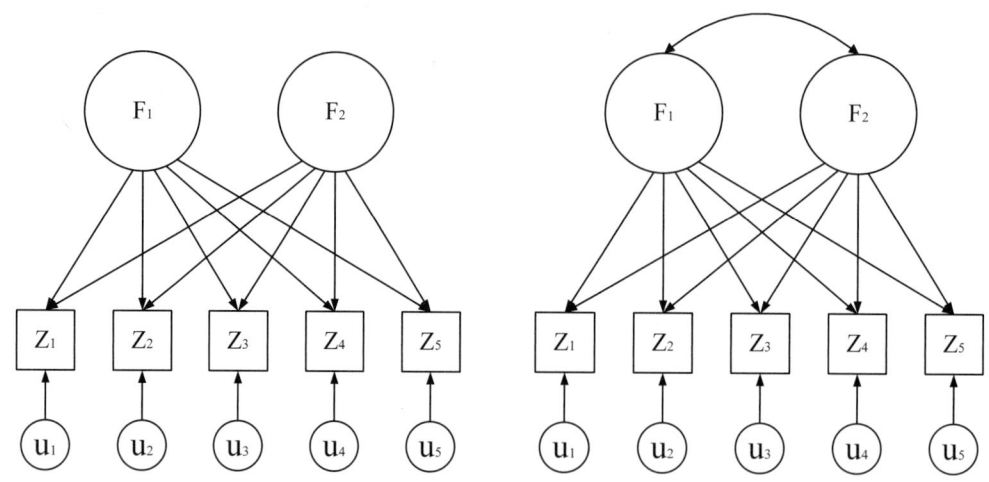

圖 9-1　因素分析概念圖 (左為直交，右為斜交)

　　因素分析理論大都假定觀察體在某一變項上的分數或反應 (圖中的 $Z_1 \sim Z_5$) 是由兩個部分所構成，其一是共同因素 (common factor) (圖中的 F_1 及 F_2)；另一是唯一性因素 (unique factor) (圖中的 $u_1 \sim u_5$)。唯一性因素與共同因素沒有相關，與其他變項的唯一性因素也沒有相關。共同因素可能只有一、二個，但是每一個變項都有一個唯一性因素。所以 n 個變項會有 n 個唯一性因素，但是共同因素 m 則通常比變項的數目要小 (m≦n)。因素分析最常用的模式是 (Gorsuch, 1983)：

$$Z_{ji} = a_{j1}F_{1i} + a_{j2}F_{2i} + a_{j3}F_{3i} + \cdots\cdots + a_{jm}F_{mi} + d_j u_{ji} \qquad \text{(公式 9-1)}$$

　　公式 9-1 中，Z_{ji} 是第 i 個觀察體在第 j 個變項上的分數，F_{mi} 是第 i 個觀察體在第 m 個共同因素上之分數，u_{ji} 是該觀察體在第 j 個變項上之唯一性因素分數，a_{jm} 是因素加權或組型負荷量 (pattern loading)、因素組型，表示第 m 個共同因素對第 j 個變項變異量之貢獻，d_j 是第 i 個觀察體在第 j 個變項上唯一性因素的加權。此處的 Z、F、u 分別是平均數為 0、標準差為 1 的標準分數。由此可知，觀察體在某一個變項上的分數是其在 m 個共同因素上的分數與該變項唯一性因素乘以各自的加權後的和。

　　另外有一種常用的模式是將公式 9-1 中的 $d_j u_{ji}$ 項去掉，此時研究者對於變項分數中的唯一性因數不感興趣，此一模式即為主成份分析 (principal component analysis)。主成份分析與因素分析有許多相異之處，讀者可以參閱本書第八章。

9.1.2.2　因素分析的基本假定

根據 Long (1983a) 的說法，探索性因素分析通常依循下述假定：

1. 所有的共同因素之間都有相關或都無相關。

2. 所有的共同因素都直接解釋所有的觀察變項。

3. 所有的唯一性因素之間互不相關。

4. 每一個觀察變項只被一個唯一性因素所解釋。

5. 所有的共同因素與所有的唯一性因素之間都沒有相關。

9.1.2.3　共同性與唯一性

假定觀察體有 N 個，則這些觀察體在第 j 個變項上 z 分數的變異量為 (林邦傑，1979)：

$$\sigma_{Zj}^2 = 1 = \frac{\Sigma(Z_{ji} - \overline{Z}_j)^2}{N} \tag{公式 9-2}$$

在公式 9-2 中，由於 $\overline{Z}_j$ 為 0，故公式 9-2 變成：

$$\sigma_{Zj}^2 = 1 = \frac{\Sigma Z_{ji}^2}{N} \tag{公式 9-3}$$

將公式 9-1 代入公式 9-3 加以擴展之後，得：

$$\sigma_{Zj}^2 = 1 = \{a_{j1}^2 + a_{j2}^2 + a_{j3}^2 + \cdots\cdots + a_{jm}^2 +$$
$$2[a_{j1}a_{j2}r_{f1f2} + a_{j1}a_{j3}r_{f1f3} + \cdots\cdots + a_{j(m-1)}a_{jm}r_{f(m-1)fm}]\} + d_j^2 \tag{公式 9-4}$$

公式 9-4 的 { } 內是**共同因素**所造成的變異量，這些變異量的和又稱為變項 j 的**共同性** (communality)，以 h_j^2 表示。h_j^2 代表所有共同因素對 j 變項變異量所能解釋的部分，如同以所有共同因素為預測變項、j 變項為效標變項，進行多元迴歸分析所得之 R^2。d_j^2 是由變項的**唯一性因素**所造成的變異量，稱為**唯一性** (uniqueness)，也是所有共同因素對 j 變項變異量無法解釋的部分。所以變項 j 的變

異量是由該變項之共同性及唯一性所構成：

$$\sigma_{Zj}^2 = 1 = h_j^2 + d_j^2 \qquad\qquad (公式\ 9\text{-}5)$$

如果各共同因素之間沒有相關，則公式 9-4 之 [ ] 為 0，此時共同性 h_j^2 為：

$$h_j^2 = a_{j1}^2 + a_{j2}^2 + a_{j3}^2 + \cdots\cdots + a_{jm}^2 \qquad\qquad (公式\ 9\text{-}6)$$

所以當各因素之間沒有相關時，共同性即為各組型負荷量的平方和。

9.1.2.4 組型負荷量與結構負荷量

因素分析除可以獲得組型負荷量以外，也可以求得因素與變項之間的相關，此一相關係數稱為**結構負荷量** (structure loading)，或稱**因素結構、結構係數**。由於變項與因素皆以標準分數表示，由積差相關的定義公式 ($r_{xy} = \Sigma Z_X Z_Y / N$) 可知，任一變項 Z_j 與任一因素 F_p 之相關為 (林邦傑, 1979)：

$$r_{Z_j F_p} = \dfrac{\Sigma Z_{ji} F_{pi}}{N} \qquad\qquad (公式\ 9\text{-}7)$$

將公式 9-1 代入公式 9-7 之後展開，得：

$$r_{Z_j F_p} = a_{j1} r_{f1\,fp} + a_{j2} r_{f2\,fp} + a_{j3} r_{f3\,fp} + \cdots + a_{jp} + \cdots + a_{jm} r_{fm\,fp} \qquad (公式\ 9\text{-}8)$$

假定各因素之間的相關為 0，則公式 9-8 變成：

$$r_{Z_j F_p} = a_{jp} \qquad\qquad (公式\ 9\text{-}9)$$

所以當各因素之間的相關為 0，變項與共同因素之間的相關等於該變項在因素上的組型負荷量。組型負荷量與結構負荷量都稱為**因素負荷量** (Harman, 1976)，若因素間相關為 0，組型負荷量與結構負荷量相同；但是一旦因素之間有相關存在時，組型負荷量與結構負荷量就不相同了。

9.1.2.5 再製相關係數

因素分析除了可以獲得前述各項數值外，也可以經由共同因素來解釋變項與

變項之間的相關。假定 r_{jk} 為變項 Z_j 與 Z_k 之相關係數，則 (林邦傑, 1979)：

$$r_{jk} = \frac{\Sigma Z_{ji} Z_{ki}}{N}$$ 　　　　　　　　(公式 9-10)

假定各因素之間的相關為 0，則將公式 9-1 代入公式 9-10 之後展開，得：

$$r_{jk} = \sum a_{ji} a_{ki}$$ 　　　　　　　　(公式 9-11)

由此公式可知，當各因素間的相關為 0 時，任兩個變項的相關為這兩個變項在每一個因素上組型負荷量乘積之累加和。由共同因素所求得的變項與變項間的相關係數是為**再製相關係數** (reproduced correlation coefficients)。通常再製相關係數與原來變項間的相關係數會有所不同，兩者的差量是為**殘差相關係數** (residual correlation coefficients)。在因素分析之中，殘差相關係數愈小 (即再製相關係數愈接近原先的相關係數)，表示因素分析愈成功。

9.1.2.6　因素的解釋力

在因素分析中，也可以用因素變異量來表示因素的解釋力。當因素之間的相關為 0 時，某一個因素的變異量等於該因素上各負荷量的平方和 (林邦傑, 1979)：

$$S_{F1}^2 = a_{11}^2 + a_{21}^2 + a_{31}^2 + \cdots\cdots + a_{n1}^2$$ 　　　　(公式 9-12)

若將各因素的因素變異量分別除以變項數後再乘 100，所得的數值是為各因素所能解釋的變異百分比。

以下用 30 名觀察體在四個變項上所得的相關係數矩陣所進行的因素分析結果來實際演示前述幾項數值的運算：

30 名觀察體在四個變項上的相關係數矩陣為：

$$\mathbf{R} = \begin{bmatrix} 1 & .58 & .10 & .11 \\ .58 & 1 & .09 & .12 \\ .10 & .09 & 1 & .64 \\ .11 & .12 & .64 & 1 \end{bmatrix}$$

將此一相關係數矩陣進行因素分析後，得兩個因素，假定因素之間沒有相關，

則其因素矩陣如下：

表 9-1　因素矩陣

變項	因素一	因素二	h_j^2	d_j^2
1	.50991	.56378	.57786	.42214
2	.51109	.56568	.58120	.41880
3	.66878	-.43634	.63766	.36234
4	.68509	-.41567	.64214	.35786

根據公式 9-6，各變項的共同性 h_j^2 為：

$$h_1^2 = a_{11}^2 + a_{12}^2 = (.50991)^2 + (.56378)^2 = .57786$$
$$h_2^2 = a_{21}^2 + a_{22}^2 = (.51109)^2 + (.56568)^2 = .58120$$
$$h_3^2 = a_{31}^2 + a_{32}^2 = (.66878)^2 + (-.43634)^2 = .63766$$
$$h_4^2 = a_{41}^2 + a_{42}^2 = (.685091)^2 + (-.41567)^2 = .64214$$

至於各變項的唯一性是由 1 減去該變項的共同性。又根據公式 9-11，變項間的再製相關係數為：

$$r_{12} = a_{11}a_{21} + a_{12}a_{22} = (.50991)(.51109) + (.56378)(.56568) = .57953$$
$$r_{13} = a_{11}a_{31} + a_{12}a_{32} = (.50991)(.66878) + (.56378)(-.43634) = .09502$$
$$r_{14} = a_{11}a_{41} + a_{12}a_{42} = (.50991)(.68509) + (.56378)(-.41567) = .11499$$
$$r_{23} = a_{21}a_{31} + a_{22}a_{32} = (.51109)(.66878) + (.56568)(-.43634) = .09498$$
$$r_{24} = a_{21}a_{41} + a_{22}a_{42} = (.51109)(.68509) + (.56568)(-.41567) = .11501$$
$$r_{34} = a_{31}a_{41} + a_{32}a_{42} = (.66878)(.68509) + (-.43634)(-.41567) = .63933$$

若以再製相關係數與原先的相關係數相較，原先變項一與變項二的相關係數為 .58，再製的相關係數是 .57953，將 .58 減去 .57953 得 .00498，是為殘差相關係數。其餘的殘差相關係數依此類推。

又根據公式 9-12，兩個因素的因素變異量分別為：

$$S_{f1}^2 = a_{11}^2 + a_{21}^2 + a_{31}^2 + a_{41}^2 = 1.43785$$
$$S_{f2}^2 = a_{12}^2 + a_{22}^2 + a_{32}^2 + a_{42}^2 = 1.00102$$

從因素變異量可知，因素一的變異量大於因素二的變異量，所以因素一的解

釋效力大於因素二。若將兩個因素變異量各除以變項數 4 再乘以 100，得到 35.9 及 25.0。這表示因素一能夠解釋原先四個變項總變異的 35.9%，因素二是 25.0%，兩個百分比相加是 60.9%。此一百分比顯示，只要用兩個因素就能解釋原先四個變項總變異的 61%左右。

綜言之，利用**表** 9-1 的因素矩陣中，可以求得三種統計量數：1.每一個橫列負荷量的平方和，代表該變項的共同性。2.每一直行的平方和，代表該因素的變異數。3.任何兩橫列負荷量的交乘積和，代表兩變項間的再製相關係數。

9.1.2.7　因素分析的顯著性考驗

探索性因素分析的顯著性考驗分兩類，一是考驗觀察變項的相關矩陣 (或共變數矩陣) 是否有共同因素存在；二是考驗觀察變項的相關矩陣 (或共變數矩陣) 可以抽取多少個共同因素。在考驗觀察變項的相關矩陣是否有共同因素存在時，是採 Bartlett (1950) 的 χ^2 考驗，又稱 Bartlett 的球形考驗 (Bartlett's test of sphericity)，其計算方式如下：

$$\chi^2 = -\{N - 1 - [(2v + 5)/6]\} ln|R_{vv}| \tag{公式 9-13}$$

$$df = v[(v - 1)/2] \tag{公式 9-14}$$

此處 N 是樣本數，v 是變項數，$|R_{vv}|$是所有特徵值的連乘積或相關矩陣的行列式。此一方法在考驗由各變項所構成的相關係數矩陣是否可以抽出共同因素，如果計算所得之 χ^2 值達顯著水準，則拒絕「相關矩陣無共同因素存在」的虛無假設，表示相關矩陣可以抽出共同因素。反之，若計算所得之 χ^2 值未達顯著水準，則接受「相關矩陣無共同因素存在」的虛無假設，表示相關矩陣無法抽取共同因素。

在考驗觀察變項的相關矩陣 (或共變數矩陣) 究竟可以抽取多少個共同因素時，有兩種考驗方法。第一種考驗方法是同樣是由 Bartlett (1951) 所發展出來，其計算公式如下：

$$\chi^2 = -\{N - 1 - [(2v + 5)/6 - (2f/3)]\} ln\mathbf{r}_f \tag{公式 9-15}$$

$$df = [(v - f - 1)(v - f + 2)]/2 \tag{公式 9-16}$$

$$\mathbf{r}_f = \left. |\mathbf{R}_{vv}| \middle/ \left[C_1 C_2 \cdots\cdots C_f \left(\frac{v - C_1 - C_2 - \cdots - C_f}{v - f} \right)^{v-f} \right] \right.$$ (公式 9-17)

此處 f 是抽取的共同因素數目，c 是特徵值。此一方法是先提出共同因素正好有 f 個的假設，之後進行 χ^2 值及自由度的計算。假如計算的 χ^2 值達顯著水準，便要拒絕「共同因素等於 f 個」的虛無假設；反之，若計算的 χ^2 值未達顯著水準，則接受「共同因素等於 f 個」的虛無假設，表示相關矩陣正好可以抽取 f 個共同因素。當拒絕「共同因素等於 f 個」的虛無假設之後，可以用相同資料再多抽取或少抽取一個因素，並再進行顯著性考驗，如此反覆進行直到 χ^2 值不顯著、確定共同因素的數目為止。

第二種考驗觀察變項的相關矩陣 (或共變數矩陣) 究竟可以抽取多少個共同因素的方法稱為適配度考驗法 (goodness-of-fit test)，用於以最大概似法 (maximum likelihood) 及一般化最小平方法 (generalized least squares) 抽取共同因素時 (Kim & Mueller, 1978)。其計算公式如下：

$$\chi^2 = N[\ln|C| - \ln|R| + \text{tr}(RC^{-1}) - v]$$ (公式 9-18)
$$df = \tfrac{1}{2}[(v - f)^2 - (v + f)]$$ (公式 9-19)

上二式中，v 是變項數，f 是抽取的共同因素數目，N 為樣本數，R 為共變數矩陣；$C = LL' + d^2$，而 L 是因素負荷量、d^2 是唯一性變異。

進行考驗時，假如計算的 χ^2 值達顯著水準，表示因素模式不適配，共同因素不等於 f 個；反之，若計算的 χ^2 值未達顯著水準，則表示因素模式與觀察資料適配，共同因素等於 f 個。如同 Bartlett(1951) 的 χ^2 考驗法一般，當拒絕虛無假設後，可以用相同資料再多抽取或少抽取一個因素，並再進行顯著性考驗，如此反覆進行直到確定共同因素的數目為止。

值得注意的是，有時候這兩種共同因素數目考驗法所抽出的共同因素在理論及實用上並無意義。另一方面，前述三種考驗法極易受到樣本數的影響。當樣本數很大時，χ^2 值很容易顯著，幾乎每次考驗都必須拒絕虛無假設 (Hair Jr. et al., 1998；Marcoulides & Hershberger, 1997)。因此，在使用前述三種統計考驗時，必須謹慎解釋其結果。Tabachnick 及 Fidell (2007) 建議，最好在樣本數及變項數比率

小於 5 時才使用 Bartlett 的考驗。

　　在 SPSS 中，不管採用何種方法抽取共同因素，如果使用者有要求，其輸出都會提供 Bartlett 球形考驗結果。如果使用者是以最大概似法或一般化最小平方法抽取共同因素，SPSS 的輸出會自動提供適配度考驗結果，但兩種方法所得之 χ^2 值不同，這是因為兩種方法所計算出來的因素負荷量不相同之故。至於 Bartlett (1951) 的 χ^2 考驗法，SAS 及 SPSS 中都無此項輸出，研究者可以使用 SYSTAT 軟體進行此項分析。

9.1.3　因素分析的步驟

　　進行探索性因素分析的重要步驟包括抽取共同因素、因素的轉軸、因素的命名與解釋等，以下簡要說明。

9.1.3.1　共同因素的抽取

　　在探索性因素分析中，較常見的共同因素抽取法如主成份抽取法 (principal components)、主軸法 (principal axis factoring)、ALPHA 因素抽取法(alpha factoring)、影像因素抽取法 (image factoring)、未加權最小平方法 (unweighted least squares)、一般化最小平方法 (generalized least squares)，及最大概似法 (maximum likelihood) 等。這些因素抽取法各有不同的計算過程，讀者可參閱因素分析專書 (如 Gorsuch, 1983；Harman, 1976；Kim & Mueller, 1978) 中有關的章節。這些因素抽取法中，以主成份抽取法及主軸法較常被使用，所得結果也相當一致。有學者 (Johnson, 1998) 建議，如果是生手最好使用主成份抽取法，比較便於解釋；專家則最好使用主軸法，以符合統計原理。

　　在抽取共同因素之前必須先估計各變項共同性的初始值，稱為**初始共同性** (initial communalities)，將之代入變項相關矩陣的對角線中，之後再進行疊代 (iteration)，以抽出共同因素。在 SPSS 中，如果以主成份做為抽取因素的方法，各變項共同性的初始值都是 1；若是採其他方法抽取共同因素，則各變項共同性的初始值都是以**複相關係數平方法** (squared multiple correlation coefficient, SMC) 所計算，即用第 j 個變項與其他變項的多元相關係數平方做為該變項共同性的初始值。

在抽取共同因素的過程中，研究者最重要的決策就是必須決定要抽取或保留多少個共同因素。共同因素數目的決定通常可以依循下列原則：

第一、**事前標準法** (a priori criterion)。應用此標準時，研究者在進行因素分析之前就已經設定所欲抽取的共同因素數目。此種方法適合兩種情境：一是用來測試某一理論所主張的因素 (或建構) 數目之假設。例如研究者依據某一理論新編一份測驗或量表，該理論有明確的因素 (或建構) 數目之主張，此時可以採用此原則決定因素數目；二是複製其他研究者的研究結果。例如研究者使用他人所編製的測驗或量表蒐集資料，而希望以自己所蒐集的觀察資料複製或驗證該量表的因素結構 (Hair Jr. et al., 1998)，此時亦適合使用事前標準法決定因素數目。事實上，此種情境更適合使用驗證性因素分析 (參見本書第十二章)。

第二、**變異百分比法** (percentage of variance criterion)。當所抽取的共同因素之累積解釋量已達某一標準之後，其後的因素就不予保留。累積解釋量的百分比並無絕對的標準。在自然科學的研究中，至少要有 95% 的變異量已經能由所抽取的因素所解釋，或是再抽取的因素之解釋量低於 5% 時，就可不再抽取共同因素。但在社會科學的研究中，由於測量不如自然科學精確，其標準較低，所保留的共同因素至少要能解釋觀察變項總變異量的 60% 以上 (Hair Jr. et al., 2006)，而 50% 以上則是最低的要求。

第三、**潛在根法** (latent root criterion)，又稱 Kaiser 弱下限法 (weakest lower bound)，即保留特徵值大於 1 的因素，理由是變項標準化之後，變異數為 1，如果共同因素的變異量小於 1，就小於單一個變數了，因此予以刪除。但是此種方法僅適用於變項數在 20～50 之間，若變項數少於 20 時，可能會低估因素數目；而當變項數大於 50 時，有可能抽出過多的共同因素 (Hair Jr. et al., 1998)。另外，有研究 (Hakstian, Rogers, & Cattell, 1982；引自 Stevens, 1996) 顯示，當樣本數 >250、變項的平均共同性 ≧.60，而且共同因素數目／變項數 <.30 時，使用潛在根法及陡坡考驗法都能產生精確的結果。

第四、**陡坡考驗法** (scree test criterion)。此種方法是根據因素變異量遞減的比率來決定。繪製陡坡圖時，以因素數目為橫軸、以因素變異量 (特徵值) 為縱軸。以下圖為例，有 3 個因素的變異量在陡坡圖上由大到小下降的速度很快，幾乎成陡直狀態，而第 4 個因素以後的下降趨緩，成近乎平坦狀態，則以抽取前面 3 個

因素為宜。但是陡坡圖有時會有兩個轉折點或是各因素變異量下降成一致的現象，此時往往不易根據陡坡圖來決定共同因素的數目。如同潛在根法，當樣本數＞250、變項的平均共同性≧.60、而且共同因素數目／變項數＜.30 時，使用陡坡考驗法才能產生精確的結果。

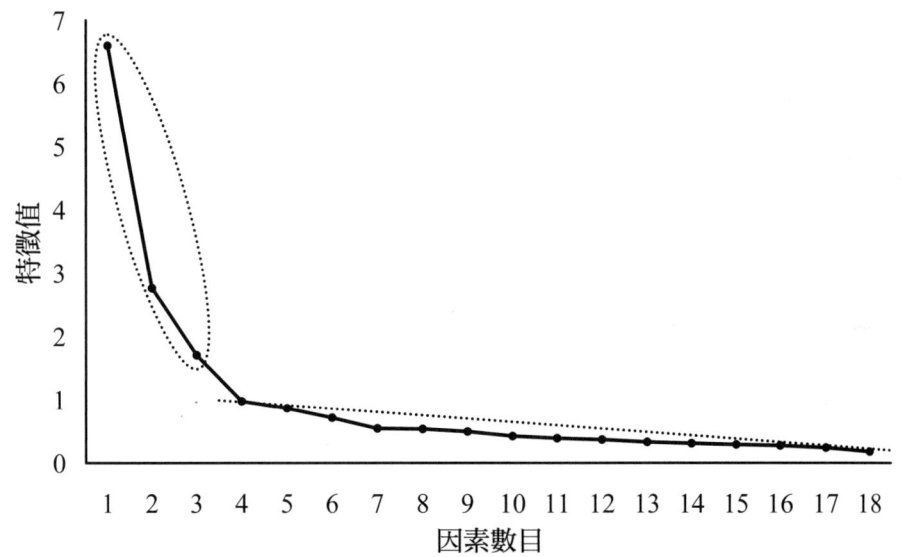

第五、平行分析 (parallel analysis)。此方法由 Horn 於 1965 年提出，它是利用蒙地卡羅 (Monte Carlo) 的方法，使用與真實資料相同的變項數及觀察體值之模擬資料，反覆 (最少 50 次，最好為 500 至 1,000 次) 算出隨機的特徵值，並求其平均數，代表在完全隨機的情形下，各個因素的解釋量。接著，與研究者蒐集的資料加以比較，如果實際資料計算所得的特徵值大於模擬所得特徵值，表示該因素有實質的意義，應予以保留。反之，如果實際資料計算所得的特徵值小於模擬所得特徵值，就表示該因素並不具實質意義，應予以刪除。根據研究，如果採用模擬之平均特徵值，可能會保留稍多的因素，此時可以取百分等級為 95 之特徵值 (Hayton, Allen, & Scarpello, 2004)。

SAS 及 SPSS 軟體並無內定的程序進行平行分析，不過許多學者 (Hayton, Allen, & Scarpello, 2004; O'Connor, 2000) 也提供了兩種軟體的語法，可以進行模擬分析。Stata 軟體可以使用 "findit fapara" 找到平行分析的 ado 檔加以安裝，並使用 "fapara, pca reps(100)" 或 "fapara, reps(100)" 語法進行 100 次 (由研究者自訂次數) 之模擬分析。

以下圖為例，粗線部分為利用範例資料 (見後面之說明) 所得之陡坡圖，兩條
細線部分分別為使用 O'Connor (2000) 所寫之 SPSS 語法反覆進行 1000 次模擬資
料之特徵值平均數及百分等級為 95 的陡坡圖。粗線部分的前 3 個因素之特徵值大
於模擬資料之特徵值，因此應保留 3 個因素。第 4 個之後的因素，因為解釋量小
於隨機資料，所以應予以刪除。

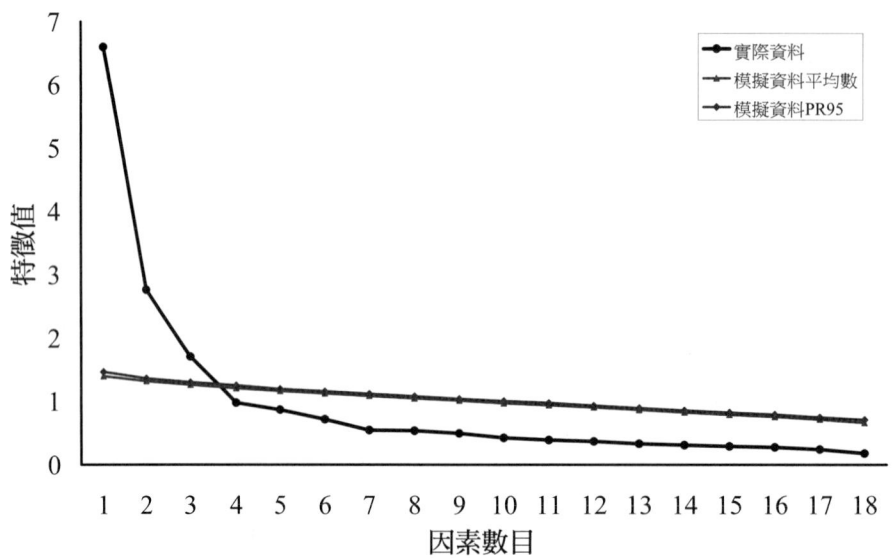

第六、**最小平均淨相關法** (minimum average partial correlation, MAP)。此方法
是由 Velicer 於 1976 年提出，主要步驟為：1.求出所有因素分數；2.求出所有變項
間兩兩之相關係數，再將相關係數加以平方 (Velicer 於 2000 年修正為取四次方)，
並計算其平均數；3.排除第一個因素後，求所有變項間之淨相關，取平方後再求平
均數；4.排除前二個因素後，再求平均淨相關平方；5.其後依序加入第三個以後之
因素，同時計算各自之平均淨相關平方，直到倒數第二個因素 (只留最後一個因素
時，平均淨相關平方為 1)；6.當平均淨相關平方為最小時，代表應保留的共同因素
數目。

以範例資料，配合 O'Connor (2000) 所寫之 SPSS 語法可得到下表。由表中可
看出，當排除前三個因素時，18 個變項間之平均淨相關為最小 (分別為 0.0205 及
0.0015)，因此應保留 3 個共同因素。

排除前 n 個因素	平均淨相關 平方	平均淨相關 四次方
0	0.1308	0.0352
1	0.0554	0.0054
2	0.0380	0.0027
3	0.0205	0.0015
4	0.0288	0.0034
5	0.0331	0.0043
6	0.0383	0.0077
7	0.0509	0.0131
8	0.0635	0.0223
9	0.0771	0.0270
10	0.0988	0.0432
11	0.1276	0.0541
12	0.1577	0.0882
13	0.2271	0.1159
14	0.2514	0.1267
15	0.3506	0.2135
16	0.5192	0.3875
17	1.0000	1.0000

　　下圖為根據上面數據所畫之折線圖，可看出在控制因素數為 3 時，兩條線均為最低點，因此應取 3 個因素。

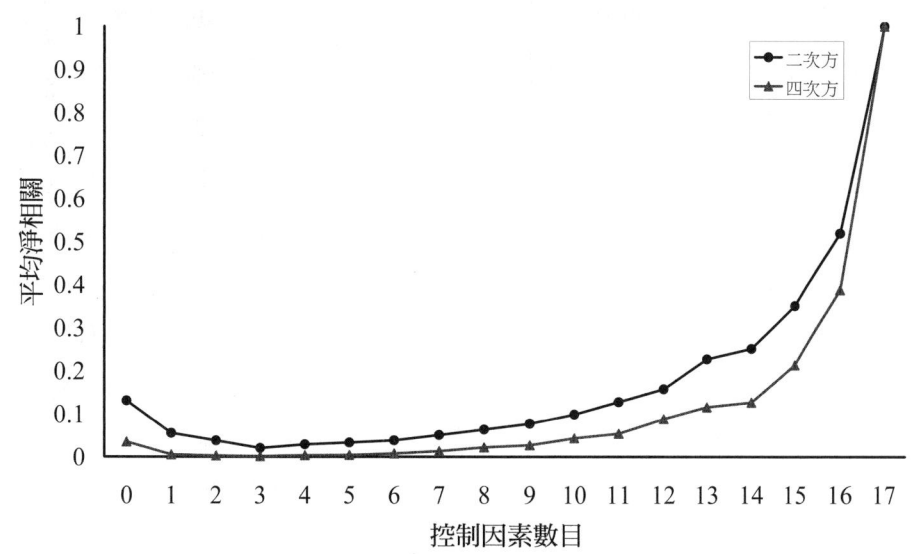

第七、 χ^2 **考驗法** (χ^2 test criterion)。此種方法是以 χ^2 考驗來決定因素數目，其計算公式參見 9.1.2.7。前已述及，統計考驗法雖有其優越處，但 χ^2 值對樣本數極為敏感。一旦樣本數很大時， χ^2 值很容易顯著，幾乎每次考驗都必須拒絕虛無假設。其次，以統計考驗法決定共同因素數目時，通常只能提供共同因素數目的上限，而且依此方法抽取的共同因素有時在理論及實用上並無意義。因此，讀者宜參酌各種分法來決定共同因素數目。

Zwick 及 Velicer (1986) 以模擬研究比較了前述三至七等五種決定共同因素的方法，發現平行分析及最小平均淨相關法最適合所有的情境。

確定所要抽取的共同因素數目後，電腦乃以所保留的共同因素重新計算各變項的共同性，稱為**抽取的共同性** (extraction communalities)。

9.1.3.2　因素的轉軸

因素抽取完成後的結果通常都不容易解釋，經常會出現一個變項在數個因素上有高的負荷量之情形。因此，因素抽取完成後就要進行因素轉軸 (factors rotation)，以讓因素分析的結果易於解釋。轉軸的目的在達到 Thurstone (1947) 所主張的簡單結構 (simple structure)，以讓研究者可以有意義的解釋因素分析結果。Thurstone 的簡單結構有數項標準 (讀者可參閱 Harman, 1976, p.98)，但綜合而言，所謂的簡單結構就是每一個變項究竟應歸屬於哪個因素要非常清楚。假若變項 j 屬於第一個因素，那麼此一變項在因素一上的因素負荷量要很高，但在其他因素上的因素負荷量要很低，最好是 0。當每個變項都能清楚歸屬某一因素時，研究者就很容易解釋因素分析的結果了。

以下圖為例，左圖雖然顯示 A1~A4 四個變項屬於同一個集群，在因素一的負荷量均高於 0.5，而 B1~B4 屬於另一個集群，在因素一的負荷量均低於－0.5，但是兩群變項在因素二的負荷量都在 0.5 左右，因此很難確定何者屬於因素一，何者又屬於因素二。右圖是經過轉軸後的結果，A1~A4 在因素一的負荷量均高於 0.5，在因素二的負荷量則都接近 0；B1~B4 則反之，在因素二的負荷量均高於 0.5，在因素一的負荷量則都接近 0。因此也就可以確定 A1~A4 屬於因素一，B1~B2 則屬於因素二。

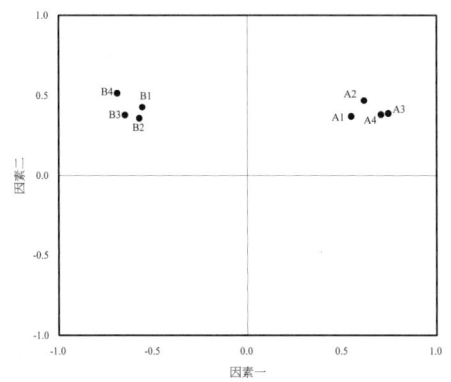
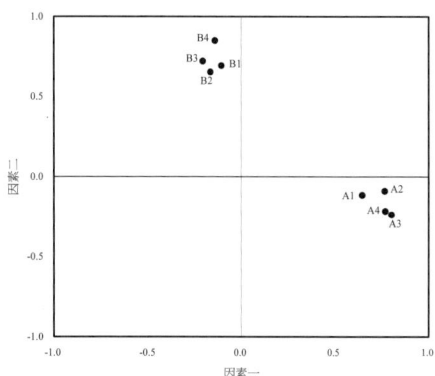

　　因素的轉軸有兩類，一類是**正交轉軸** (orthogonal rotations，也稱**直交轉軸**)，另一類是**斜交轉軸** (oblique rotations)。在正交轉軸中，假定各因素之間都沒有相關，轉軸時各因素軸間的夾角都維持 90°，轉軸後因素組型與因素結構相同。在斜交轉軸中，假定各因素之間都有相關，轉軸時各因素軸間的夾角不再是 90°。如果因素間是負相關，則因素之夾角會大於 90°；如果因素間是正相關，則因素之夾角會小於 90°。轉軸後因素組型與因素結構將不相同。結構負荷量是變項與因素間的相關，代表各變項點在因素軸上的垂直投影；組型負荷量可視為以因素為預測變項、以觀察變項為效標變項進行迴歸分析所得之加權係數，是各變項點與因素軸的平行座標 (如**圖 9-2**)。

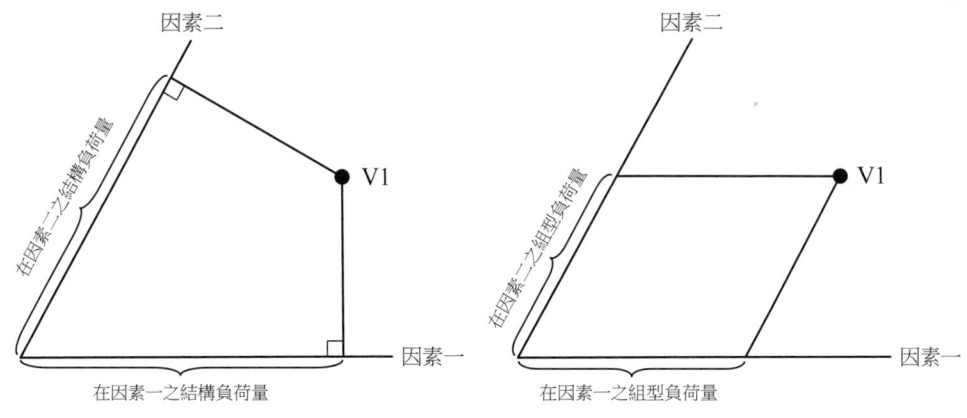

圖 9-2　結構負荷量及組型負荷量示意圖

　　以兩個因素為例，當正交轉軸時，兩個因素的夾角維持 90°，轉軸後變項點 (V1 及 V2) 在兩個因素軸上的垂直投影與平行座標是相同的 (參見**圖 9-3**)。若採斜交轉軸，兩個因素的夾角不再是 90°，轉軸後變項點在兩個因素軸上的垂直投影與平

行座標變成不相同 (參見圖 9-4)。此外,前面所述之變項點 (V1 及 V2),其到因素軸原點距離的平方是為該變項的共同性。由此亦可知,不管採用何種轉軸法,變項的共同性是不變的。

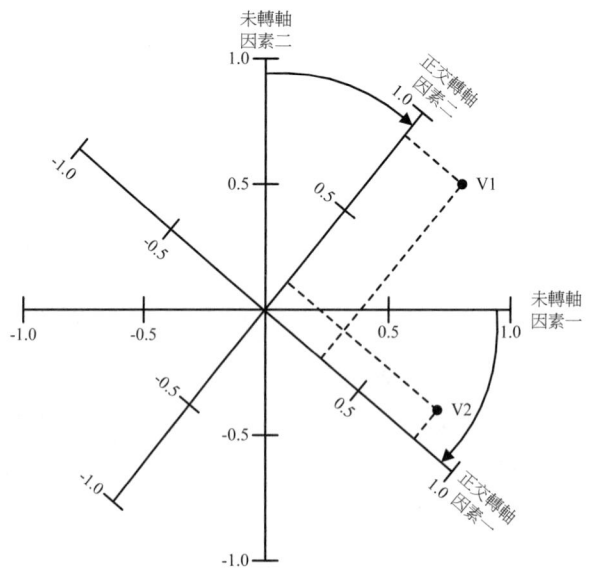

圖 9-3　直交轉軸示意圖

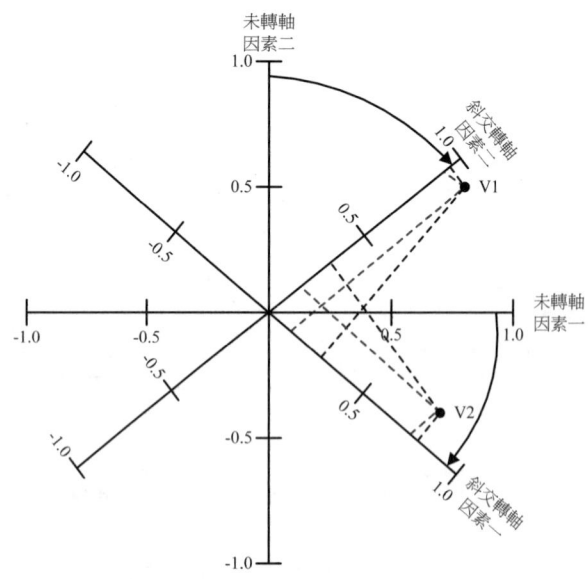

圖 9-4　斜交轉軸示意圖

　　在正交轉軸中，**最大變異法** (varimax)、**四方最大法** (quartimax) 及**均等最大法** (equamax) 是較常見的方法。綜合多位學者 (Gorsuch, 1983; Kim & Mueller, 1978; Sharma, 1996; Tabachnick & Fidell, 2007) 之說明可知，最大變異法是藉由最大化每一個因素的負荷量變異來最小化因素之複雜度 (單純化負荷量矩陣的欄)。此一程序將使轉軸前高的負荷量在轉軸後更高，而轉軸前低的負荷量在轉軸後更低。如此可讓結果的解釋變得更容易，因為每一個變項究竟歸屬於哪一個因素會變得很清楚。同時，此種轉軸法會重新均等分配各因素的變異量，讓各因素的解釋量變得接近，研究者可獲得數個幾近相等重要的因素。因此，最大變異法極為適合用在量表建構效度的考驗上，因研究者依據理論編製一個包含數個因素的量表，當然希望因素分析的結果能夠獲得原先預定的因素數目，而且這些因素具有同等重要性。

　　另一方面，四方最大法是藉由最大化每一個變項的負荷量變異來最小化變項之複雜度 (單純化負荷量矩陣的列)。此一程序會使轉軸後第一個因素變得非常重要，而其他因素的解釋量都很小。因此這種轉軸法適合用在研究者假定有 G 因素存在時 (例如智力測驗)。而均等最大法則是最大變異法和四方最大法的折衷，同時單純化變項和因素 (欄和列)，但是此種轉軸法較不穩定。

　　在斜交轉軸中，直接最小斜交法 (direct oblimin) 和最優斜交法 (promax) 是最常見的方法。直接最小斜交法藉由最小化負荷量的交乘積來單純化因素，它允許因素間有較大範圍的交互相關。因此，假如研究者認為因素間交互相關的範圍較大 (有些相關值很低、有些則很高)，可採此種方法。另一種斜交轉軸法是最優斜交法，此種方法會將正交因素轉軸到斜交的位置，是一種快速又經濟的斜交轉軸法。Gorsuch(1983) 認為最優斜交法會轉出和最大變異法相同之因素，故他推薦先採最大變異法、之後採最優斜交法的轉軸程序。

　　在下圖中間，實線軸部分為直交轉軸結果，虛線軸部分則為斜交轉軸結果，斜交轉軸會比直交轉軸更符合簡單結構原則。

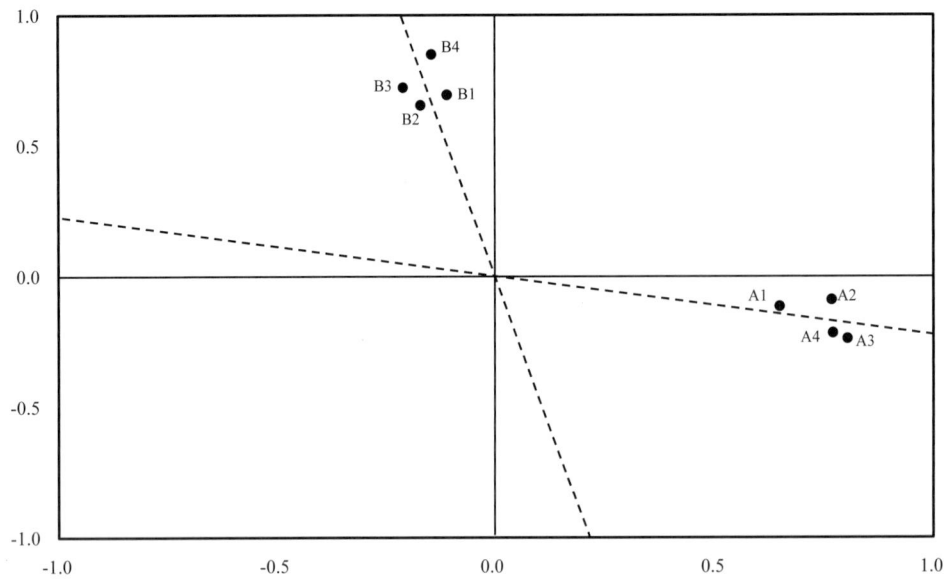

　　究竟應採正交轉軸或斜交轉軸，通常是研究者甚難下的決策。就兩類轉軸法的基本假定而言，正交轉軸假定所有共同因素之間沒有相關，而斜交轉軸假定所有共同因素之間有相關。但由於正交轉軸後各個因素是獨立的，其結果較容易解釋，所以多數研究者喜歡採用正交轉軸法。然而，一份測驗所測量的數種特質（或建構）之間甚少是沒有相關的。依此而論，似乎採用斜交轉軸法是較適當的。事實上，轉軸法的選擇一直都受到廣泛的討論。

　　例如 Tabachnick 與 Fidell (2007) 建議因素之間相關的絕對值若 ≥.30 就採斜交轉軸，因素之間相關的絕對值若 <.30 就採正交轉軸。Hair Jr. 等人 (2006) 主張：若因素分析的目的只在減少原來的變項，不關心因素之意義，或是因素分析之目的在將大數目的變項精簡成較少數目無相關的變項，以便進行其後的迴歸分析或其他預測技術，則採正交轉軸法。假若研究者進行因素分析的目的是在獲得數個理論上有意義的因素建構，則斜交轉軸較為適當，因為很少有因素是無相關的。

　　除前述外，Pedharzur 與 Schmelikn (1991) 建議研究者在進行因素分析時，應同時進行正交轉軸及斜交轉軸。之後，再根據斜交轉軸所提供的因素相關係數矩陣判斷應採正交轉軸或斜交轉軸。如果因素之間的相關低到可以忽略，則取正交轉軸之結果；反之，則取斜交轉軸之結果。在轉軸法的選擇上，Gorsush (1983) 主張同時進行最大變異法 (varimax) 正交轉軸及最優斜交法 (promax) 斜交轉軸。如

果斜交轉軸後因素之間的相關低到可以忽略 (如絕對值＜.30)，則取最大變異法正交轉軸之結果；反之，則取最優斜交法斜交轉軸之結果。筆者認為 Pedharzur 與 Schmelikn 及 Gorsush 之建議應是可供參考的方式。當然，轉軸的目的既然是在簡單結構，所以最能達成此一目的的轉軸法應該就是最適當的方法了。因此除了以理論上是否有相關、因素間相關值的大小等做為判斷依據外，觀察正交轉軸後的因素負荷量矩陣及斜交轉軸後的因素負荷量矩陣 (組型負荷量) 何者較符合簡單結構，或許也是不可忽略的程序。

9.1.3.3 因素的命名與解釋

因素分析的最後一個步驟就是解釋因素分析的結果。在這個步驟中，研究者必須做幾件事。首先，研究者必須做的決策是決定因素負荷量多少以上才算是重要的變項。一般而言，變項在因素上的負荷量若在 ±.30 以上，則該變項可被視為是此一因素的重要變項。這是因為因素負荷量通常是指變項與因素之間的相關 (正交轉軸時)，.30 的平方大約是.10 (比較精確為 $.32^2=.10$)。假若變項 j 在因素一上的負荷量是.30，表示因素一可以解釋變項 j 總變異量的 10%左右。因此，多數研究者以 ±.30 為截切標準。然而，因素負荷量值的大小容易受到變項的變異 (例如量表的點數，四點量表、五點量表或六點量表)、抽取因素的方法、轉軸方法等的影響，±.30 並非是不可變的標準。例如 Hair Jr. 等人 (1998) 就認為因素負荷量在±.30 以上是最低標準；±.40 以上是較重要的變項；±.50 以上則可以視為非常重要的變項。Comrey 及 Lee (1992) 則認為負荷量的絕對值小於 .32 時為不佳，.45 為尚可，.55 為良好，.65 為優異，.71 以上則是非常傑出。

其次，在因素結構的解釋上，研究者應以轉軸後的因素負荷量矩陣來解釋因素結構、描述因素與變項之間的關係，並說明各因素對變項的解釋量、全體解釋量等。在正交轉軸中，因素結構和因素組型是相同的，故研究者只須解釋轉軸後的因素負荷量矩陣 (可視為因素與變項的相關) 即可。同時，研究者也必須說明各個因素對全體變項的解釋量及共同因素的總解釋量。此處應注意的是，轉軸前及轉軸後各因素的解釋量並不相同。如果研究者已經進行轉軸，就應呈現轉軸後各因素的解釋量而不是轉軸前。因為一旦轉軸後，在總解釋量不變的前提下，各因素的解釋量會重新分配。

假如研究者是採斜交轉軸，轉軸後因素結構和因素組型並不相同。這時應以

因素組型 (或稱組型負荷量) 來描述因素結構、說明因素與變項之關係 (Sharma, 1996)。因為組型負荷量可視為由因素來預測變項的**標準化迴歸係數**，代表因素與變項間的淨相關，而結構負荷量只是因素與變項之**簡單相關**。另一個使用組型負荷量的原因是基於實用的理由，因為組型負荷量的大小差異，會比結構負荷量來得大，因此也較明顯 (Tabachnick & Fidell, 2007)。

同時，斜交轉軸後各因素之間有相關，每個因素對變項的單獨解釋量甚難估算，此時不須如同正交轉軸一般說明各個因素對變項的單獨解釋量，只須呈現全體共同因素對變項的總解釋量即可。

最後，根據轉軸後的因素負荷量矩陣，研究者可清楚知道每個變項應歸屬哪一個因素。同時，依照變項在因素上負荷量的高低給予因素適當之名稱。

9.1.4　共同因素分數的計算

在實際應用時，研究者會利用變項來計算共同因素分數 (估計之共同因素分數)。第一種方式是不使用加權係數，直接計算屬於該因素之變項的平均數或總和 (不屬於該因素的變數則不列入計算)，代表潛在的因素分析。假設 V1 及 V2 屬於因素一，而 V3 及 V4 屬於因素二，欲得到某個觀察體在因素一的得分，只要將其在 V1 及 V2 的得分相加 (或再除以 2) 即可。此方法的優點是便於計算，且不受不同樣本的影響。缺點則是即使真正的因素分數是無關的，估計的因素分數間仍會有相關；且估計之因素分數與真實之因素分數間的相關，會低於以下的三種方法。

第二種方式是將變項乘上不同的加權係數 (因素分數係數)，得到線性組合分數。在 SPSS 統計軟體中，提供了三種方法：一是 Thurstone 的迴歸取向方法，所求的因素分數平均數為 0，變異數為估計的因素分數及真正的因素值相關之平方。它的好處是容易了解，不過此方法所求得的因素分數是有偏誤的，而且即使在真正的因素為直交時，估計的因素分數間也可能有關；二是 Bartlett 法，其目的在使唯一性的平方和達到最小，它的因素分數是無偏誤的，且平均數為 0，它比較適合因素為直交的情形；三是 Anderson-Rubin 方法，此方法所求得的因素分數平均數為 0，標準差為 1，而且估計的因素分數間完全無關，不過也是有所偏誤的。如果想要求得沒有關聯的因素分數，Anderson-Rubin 是較佳的選擇，否則一般情形，使用迴歸方法較易於解釋 (Tabachnick & Fidell, 2007)。

9.1.5　因素分析的樣本數

一般而言，因素分析要求大樣本，這是因為由小樣本估計所得的相關係數較不可信 (Tabachnick & Fidell, 2007)，而因素分析正好是使用相關係數矩陣來抽取共同因素。試想，如果有 20 個題目，就會有 190 個相關係數 (20×19/2)，在 .05 顯著水準時，就有可能有將近 10 個係數是湊巧顯著的，因此在進行因素分析時，應將樣本數增加。至於究竟應有多少的樣本數，一直無定論。學者們建議的樣本數從變項數的 2 倍到 20 倍都有。然而，樣本數最好超過 100，且至少是變項 (題目) 數的 5 倍以上，是大多數學者共同推薦的規則。

9.2　假設性資料

假設有 20 個觀察體，填寫 6 個題目之量表 (預設為 2 個分量表，其中 X 分量表為 X1~X3，Y 量表為 Y1~Y3)，以此資料進行因素分析。

觀察體	X1	X2	X3	Y1	Y2	Y3
1	4	4	4	4	5	3
2	2	2	2	4	5	5
3	4	4	4	5	5	4
4	1	3	2	5	5	4
5	3	4	4	3	3	4
6	4	4	4	4	3	3
7	3	3	3	5	5	4
8	3	3	3	3	3	3
9	2	3	3	2	1	2
10	4	4	4	4	4	3
11	5	3	5	5	5	4
12	1	1	1	3	3	4
13	3	5	4	5	4	5
14	4	3	4	5	5	5
15	3	2	4	4	5	4
16	3	2	3	4	3	4
17	5	5	4	4	4	4
18	5	5	5	5	5	5
19	2	2	3	2	3	2
20	5	4	5	3	2	3

9.2.1 簡要語法

在 SPSS 中使用 FACTOR 程序，使用 PC 法萃取特徵值大於 1 的因素，採用最大變法進行轉軸，並列出相關矩陣及轉軸後的負荷量矩陣。

```
FACTOR
          /VARIABLES X1 X2 X3 Y1 Y2 Y3
          /PRINT INITIAL CORRELATION EXTRACTION ROTATION
          /CRITERIA MINEIGEN(1)
          /EXTRACTION PC
          /ROTATION VARIMAX.
```

在 SAS，進行與 SPSS 同樣的分析，其簡要語法如下。

```
PROC FACTOR M=PRINCIPAL R=VARIMAX MIN=1;
          VAR X1 X2 X3 Y1 Y2 Y3 ;
run;
```

9.2.2 簡要報表

以上述的數據進行計算，可得到相關矩陣如下：

Correlation Matrix						
	X1	X2	X3	Y1	Y2	Y3
X1	1.0000	.6732	.9025	.3470	.1933	.1146
X2	.6732	1.0000	.6973	.3409	.1002	.1281
X3	.9025	.6973	1.0000	.2785	.1285	.0413
Y1	.3470	.3409	.2785	1.0000	.8234	.7380
Y2	.1933	.1002	.1285	.8234	1.0000	.6452
Y3	.1146	.1281	.0413	.7380	.6452	1.0000

如果使用主成份法進行因素分析，此相關矩陣的六特徵值為 3.0776、1.9545、0.4307、0.3214、0.1233、0.0925，總和為 6。保留 2 個因素，則累積解釋的百分比為 83.8682%，已經相當高了。

Total Variance Explained						
	Initial Eigenvalues			Extraction Sums of Squared Loadings		
Factor	Total	% of Variance	Cumulative %	Total	% of Variance	Cumulative %
1	3.0776	51.2937	51.2937	3.0776	51.2937	51.2937
2	1.9545	32.5745	83.8682	1.9545	32.5745	83.8682
3	.4307	7.1786	91.0468			
4	.3214	5.3569	96.4037			
5	.1233	2.0551	98.4587			
6	.0925	1.5413	100.0000			

Eigenvectors						
	Factors					
	1	2	3	4	5	6
X1	.4418	-.3824	-.3088	.2940	-.1139	-.6810
X2	.3986	-.3508	.6736	-.4643	.2041	-.0844
X3	.4179	-.4341	-.2687	.2157	.1095	.7115
Y1	.4643	.3546	.0048	-.2242	-.7688	.1317
Y2	.3754	.4476	-.4435	-.4098	.5374	-.0734
Y3	.3388	.4650	.4266	.6582	.2316	.0106

　　將上表特徵向量的六行，各自乘上六個特徵值的平方根，就可以得到未轉軸的因素負荷量。由前二行來看，前 5 個變項在第 1 個因素的負荷量較大，但是在第 2 個因素的負荷量絕對值也都在 0.4900 以上；Y3 雖然屬於第 2 個因素，但是在第 1 個因素的負荷量也達 0.5943。整體並不符合簡單結構原則，不過由因素負荷圖大致可以看出 X1~X3 屬於一個因素，而 Y1~Y3 則屬於另一個因素。

Factor Loadings Matrix						
	Factor					
	1	2	3	4	5	6
X1	.7751	-.5347	-.2026	.1667	-.0395	-.2072
X2	.6993	-.4904	.4420	-.2633	.0717	-.0255
X3	.7331	-.6068	-.1764	.1223	.0380	.2164
Y1	.8146	.4958	.0031	-.1270	-.2700	.0396
Y2	.6586	.6257	-.2911	-.2323	.1887	-.0220
Y3	.5943	.6500	.2800	.3731	.0814	.0034

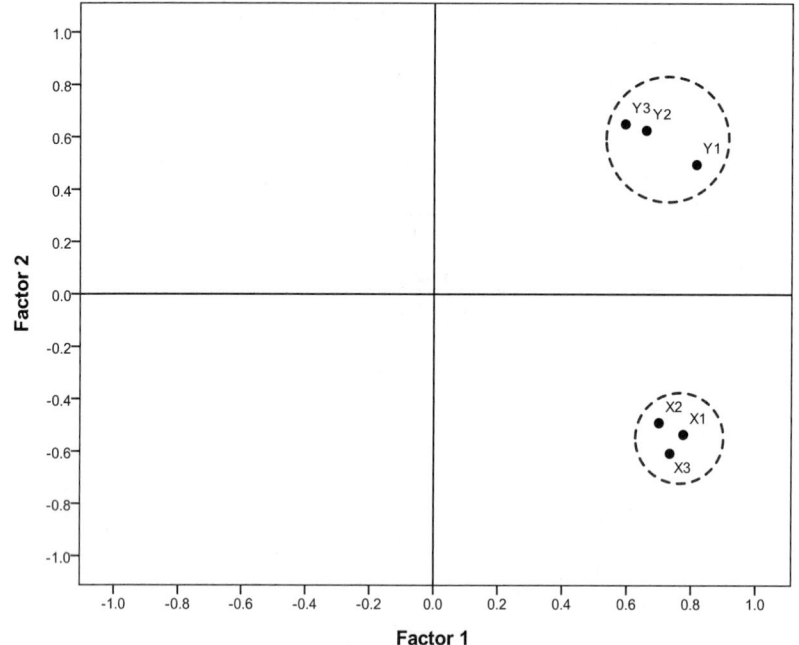

將上述未轉軸的因素負荷量矩陣，乘以下表的轉換矩陣 (使用 Varimax 法)，就可以得到轉軸後的因素負荷量矩陣。

Factor Transformation Matrix		
Factor	1	2
1	.7376	.6752
2	-.6752	.7376

轉換矩陣的元素分別代表以下的三角函數，其中 θ 為逆時針轉動的角度。

$$\mathbf{R}\begin{bmatrix} \cos\theta & -\sin\theta \\ \sin\theta & \cos\theta \end{bmatrix}$$

經使用 Excel 函數 "=DEGREES(ACOS(.7376))" 計算，得到 θ 為 42.47°，表示將舊軸反時針轉動 42.47°即可得到新的因素負荷量圖

以下為四種直交轉軸的結果。當只有 2 個因素時，Varimax 法和 Equamax 法的

結果相同，其他兩種方法所得的結果也都相近。由表可以看出，X1~X3 屬於一個因素，而 Y1~Y3 屬於另一個因素。Y1 雖然在因素 2 的負荷量高達 0.93 以上，但是在因素 1 的負荷量也有 0.26，仍是稍高。

Rotated Factor Loadings Matrix								
	Varimax		Equamax		Quartimax		Parsimax	
Factor	Factor1	Factor2	Factor1	Factor2	Factor1	Factor2	Factor1	Factor2
X1	.9328	.1290	.9328	.1290	.9330	.1272	.9318	.1357
X2	.8469	.1104	.8469	.1104	.8471	.1088	.8461	.1165
X3	.9505	.0474	.9505	.0474	.9506	.0456	.9501	.0542
Y1	.2660	.9157	.2660	.9157	.2678	.9152	.2595	.9176
Y2	.0633	.9062	.0633	.9062	.0650	.9061	.0568	.9066
Y3	-.0006	.8808	-.0006	.8808	.0011	.8807	-.0069	.8807

　　下圖是使用 Varimax 轉軸之後所得之因素負荷圖，由圖中可以明顯看出 X1~X3 屬於第一個因素，Y1~Y3 屬於第二個因素。

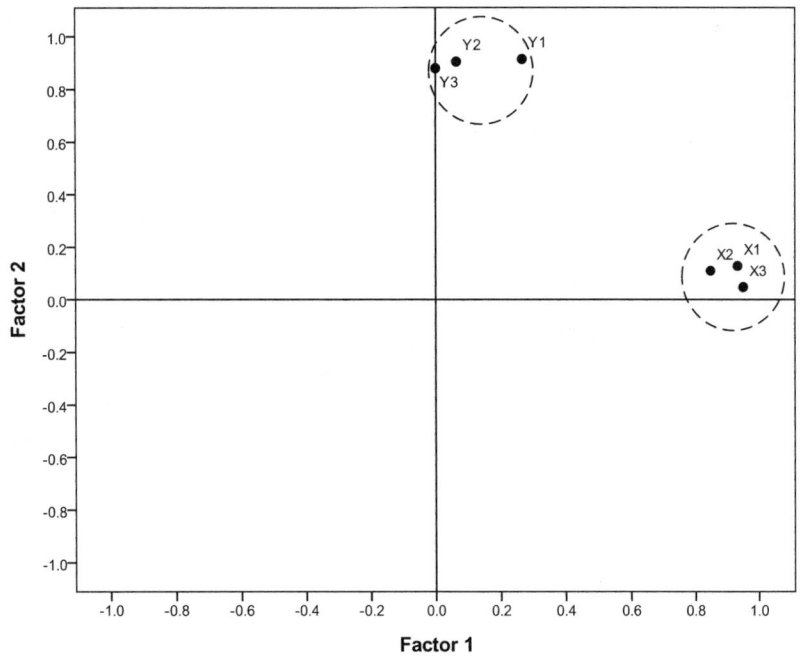

　　由轉軸後的因素負荷量可以計算轉軸後解釋量。以 Varimax 法為例，第一直行因素負荷量的平方和為 2.5655，除以 6 (6 個變數) 之後，為 42.7587%；第二直行的負荷量平方和為 2.4666，解釋量為 41.1095%。兩者合計解釋量為 83.8682%，與未轉軸的累積解釋量相同。

	Total Variance Explained								
	Initial Eigenvalues			Extraction Sums of Squared Loadings			Rotation Sums of Squared Loadings		
Factor	Total	% of Variance	Cumulative %	Total	% of Variance	Cumulative %	Total	% of Variance	Cumulative %
1	3.0776	51.2937	51.2937	3.0776	51.2937	51.2937	2.5655	42.7587	42.7587
2	1.9545	32.5745	83.8682	1.9545	32.5745	83.8682	2.4666	41.1095	83.8682
3	.4307	7.1786	91.0468						
4	.3214	5.3569	96.4037						
5	.1233	2.0551	98.4587						
6	.0925	1.5413	100.0000						

　　如果使用斜交轉軸，則會有樣式矩陣及結構矩陣，此時一般建議以樣式矩陣為準。

	Pattern Matrix			
	Promax		Oblimin	
	Factor1	Factor2	Factor1	Factor2
X1	.9357	.0249	.9343	.0331
X2	.8504	.0157	.8490	.0232
X3	.9636	-.0604	.9609	-.0517
Y1	.1603	.9042	.1743	.9026
Y2	-.0454	.9177	-.0307	.9142
Y3	-.1074	.8990	-.0929	.8950

　　樣式矩陣右乘因素間相關矩陣就可以得到結構矩陣：

$$\begin{bmatrix} .9357 & .0249 \\ .8504 & .0157 \\ .9636 & -.0604 \\ .1603 & .9042 \\ -.0454 & .9177 \\ -.1074 & .8990 \end{bmatrix} \times \begin{bmatrix} 1.0000 & .2280 \\ .2280 & 1.0000 \end{bmatrix} = \begin{bmatrix} .9413 & .2382 \\ .8540 & .2096 \\ .9498 & .1593 \\ .3665 & .9408 \\ .1639 & .9073 \\ .0976 & .8745 \end{bmatrix}$$

因此，當因素間的相關係數均為 0 時（直交），樣式矩陣就等於結構矩陣。

	Structure Matrix			
	Promax		Oblimin	
	Factor1	Factor2	Factor1	Factor2
X1	.9413	.2382	.9411	.2241
X2	.8540	.2096	.8538	.1968
X3	.9498	.1593	.9503	.1447
Y1	.3665	.9407	.3588	.9382
Y2	.1639	.9073	.1561	.9079
Y3	.0976	.8745	.0900	.8760

　　下圖右邊實線所示是斜交轉軸後結構負荷量示意圖（依據 SPSS 直交轉軸結果繪製），此時兩因素間不是呈垂直相交，彼此有低度正相關。左邊為轉軸後的樣式負荷量圖，此時已較符合簡單結構原則。

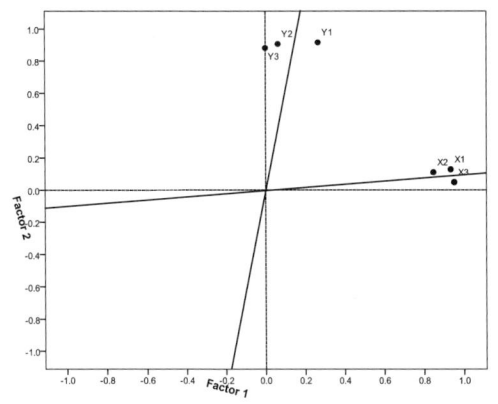
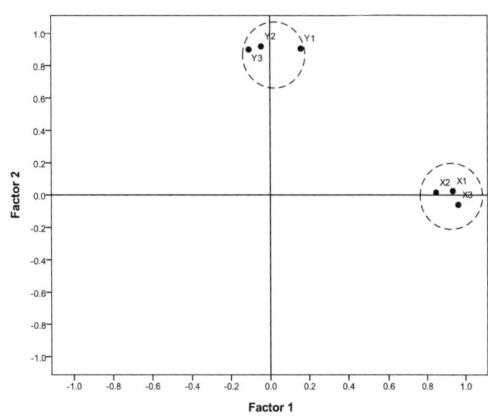

兩個因素間的相關為 .23，低於 .30，變項分類結果也與直交轉軸相同，因此本例建議採用直交轉軸即可。

Factor Correlation Matrix		
Factor	1	2
1	1.0000	.2280
2	.2280	1.0000

以下使用四種萃取方法，配合 Varimax 轉軸，得到的結果相差不大。

Rotated Factor Loadings Matrix of Orthogonal Rotation								
	PCF		PAF		ULS		ML	
Factor	1	2	1	2	1	2	1	2
X1	.9328	.1290	.9211	.1285	.9203	.1286	.9224	.1176
X2	.8469	.1104	.7169	.1251	.7167	.1251	.7120	.1652
X3	.9505	.0474	.9691	.0419	.9700	.0417	.9735	.0333
Y1	.2660	.9157	.2586	.9598	.2585	.9611	.2531	.9656
Y2	.0633	.9062	.0725	.8365	.0726	.8357	.0973	.8273
Y3	-.0006	.8808	.0200	.7671	.0200	.7668	.0183	.7597

9.3　應用部分

9.3.1　範例說明

以下將使用「求助行為量表」之分析及修正過程，說明如何運用因素分析以了解研究工具之建構效度。

求助行為量表為六點量表。在編製時，即依照求助行為的相關理論與實徵研究結果設計三個分量表，分別是「**工具性求助**」(題目為 A1~A6)：指學習者在學習過程中遇到困難時，向他人尋求提示線索或更多的解釋、說明以助於個體後來獨自解決問題、促進精熟學習的求助，是一種深度參與學習歷程的適應性求助行為。「**執行性求助**」(題目為 B1~B6)：指學習者為了盡快解決問題、減少完成工作所付出的代價與努力，而直接向他人尋求正確答案的一種依賴性求助，是種不求甚解、期望以最少的努力獲取最大利益的求助行為。「**逃避求助**」(題目為 C1~C6)：指學習者在遭遇到學習難題時，因個人的知識不足、能力缺乏而需要協助，但基於某些理由卻拒絕向他人尋求協助。

9.3.2 SPSS 分析步驟圖

1. 在《分析》(Analyze) 中選擇《維度縮減》(Dimension Reduction) (16 版之前
   稱為《資料縮減》, Data Reduction) 之《因子》(Factor)，進行因素分析。

2. 選擇要分析題目 (或變項) 到右邊的《變數》(Variables) 中。

3. 在《描述性統計量》(Descriptives) 中勾選所有的選項。

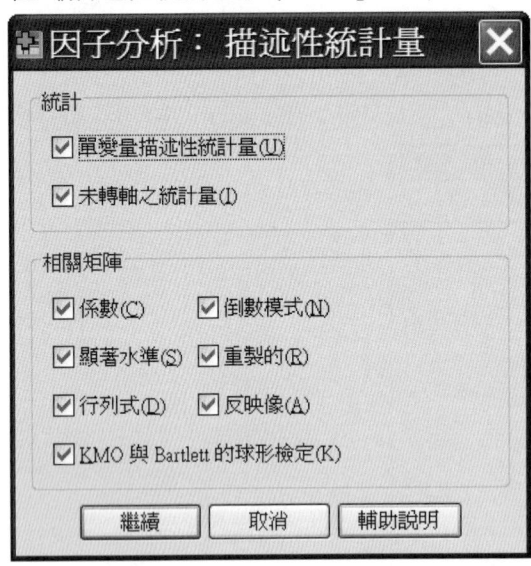

4. 在《萃取》(Extraction) 的選單中，內定使用《相關矩陣》(correlation matrix) 進行分析。此處使用《主軸因子》(Principal axis factoring) 抽取因素，而抽取的標準是保留特徵值 (eigenvalue) 大於 1 的因素。當然，由於量表編製時已設定三個因素，此處亦可採事前標準法，由研究者先行設定抽取三個因素。此時，只要勾選「因子個數」並填入 3 即可。

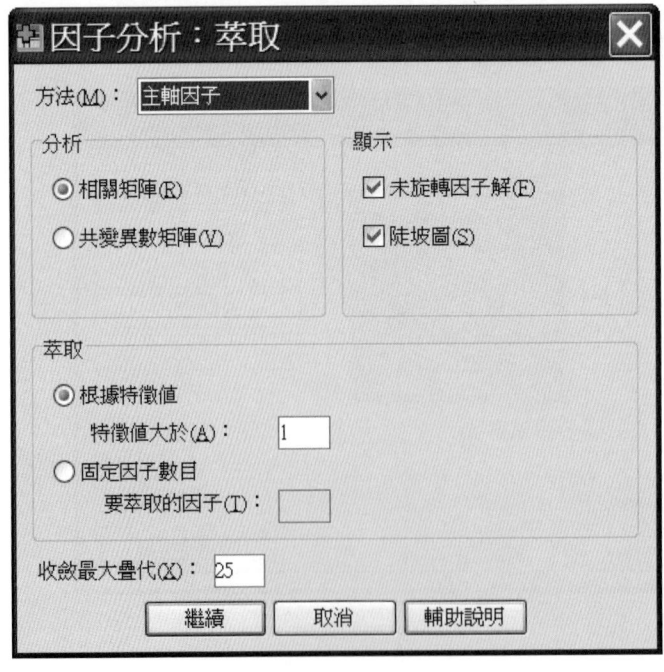

5. 在《轉軸》(Rotation) 的選單中，選擇轉軸方法。其中，**最大變異法 (Varimax)**、**四次方最大值法 (Quartimax)** 及**均等最大法 (Equamax)** 是正交轉軸法；**直接斜交法 (Direct Oblimin)** 及**最優斜交法 (Promax)** 為斜交轉軸法。由於一次分析只能從選單中勾選一種轉軸法，因此若要依照 Gorsuch (1983) 建議的最大變異法－最優斜交法之程序，必須再進行另一次因素分析，其程序與此次相同，只是在轉軸法上改為勾選最優斜交法。

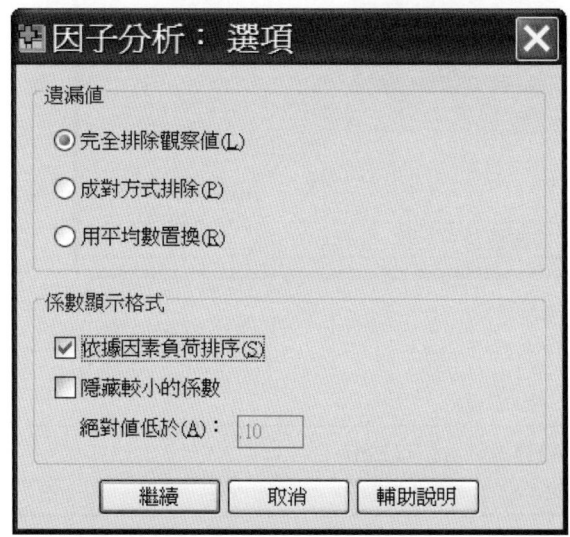

6. 為了讓因素負荷量較清楚，可以在《選項》(Option) 的選單中，選擇《**依據因素負荷排序**》(Sorted bye size)。如果同時點選《**隱藏較小的係數**》(Suppress small coefficient) (內定為.10)，則因素負荷量小於設定值者，就會以空白取代。

7.　如果要使用因素分數繼續進行後續的分析，則應在《分數》(scores) 的選單
上，選擇將《因素儲存成變數》(Save as variables)，內定的方法是《迴歸方法》
(regression)。而《顯示因素分數係數矩陣》(Display factor score coefficient
matrix)，則是要顯示變數對因素的加權係數。

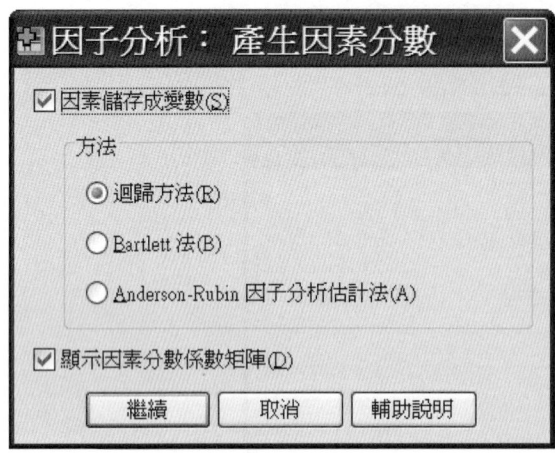

8.　當上述的選項都設定後，即可點選《確定》(OK) 進行分析。如果點選《貼
上語法》(Paste)，則可以自動產生程式。

9.3.3　SPSS 程式

```
[1]    FACTOR              VARIABLES=a1 TO c6
[2]                        /PRINT=ALL
```

[3]	/FORMAT=SORT
[4]	/PLOT=EIGEN ROTATION
[5]	/CRITERIA=MINEIGEN(1)
[6]	/EXTRACTION=PAF
[7]	/ROTATION=VARIMAX.

9.3.4　SPSS 程式說明

[1]　以 A1 至 C6 等 18 個題目進行因素分析。

[2]　要求因素分析結果的所有統計量數都要輸出。

[3]　要求將因素負荷量由大而小排列。

[4]　繪出陡坡考驗圖及轉軸後因素負荷量圖。

[5]　界定共同因素的抽取 (保留) 標準，保留特徵值大於 1 的因素。

[6]　界定因素抽取的方法是主軸法。

[7]　界定因素轉軸的方法是最大變異法。此部分可視需要改為 QUARTIMAX、EQUAMAX、OBLIMIN 或 PROMAX 等轉軸法。

9.3.5　SAS 程式

[1]	DATA factor;	SET 'd:\multi6\sas\factor.sas7bdat' ;
[2]	PROC FACTOR	PRIORS=SMC M=PRINIT R=VARIMAX MIN=1 N=3 RE SCREE PLOT ALL;
[3]		VAR a1 -- c6 ;
[5]	PROC FACTOR	PRIORS=SMC M=PRINIT R=PROMAX MIN=1 N=3 RE;
		VAR a1 -- c6;
[5]	RUN;	

9.3.6　SAS 程式說明

[1]　讀入 SAS 之系統檔，檔名為 factor.sas7bdat，儲存於 D 磁碟 MULTI6 之 SAS 資料夾中，讀入後之資料集名為 PRIN (名稱可以自行命名)。

[2] PROC FACTOR 要求進行因素分析,以 SMC 法預估共同性,因素抽取法為 M=PRINIT (主軸法),以 VARIMAX 法進行轉軸 (R=VMAX)。MIN=1 表示取特徵值大於 1 的因素,N=3 則最多取 3 個因素。RE 表示將因素係數矩陣由大而小排列,SCREE 是要畫出陡坡圖,PLOT 是要求繪出因素負荷量座標圖。ALL 表示輸出全部的統計量數。

[3] VAR a1 -- c6 指出所要進行因素分析的變項是 a1 到 c6 共 18 個題目。

[4] 再用 18 個題目進行一次因素分析,不過轉軸法改用 PROMAX。

[5] RUN 表示程式結束,進行分析。

9.3.7 報表及解說 (以 SPSS 為主)

[1]

Descriptive Statistics			
	Mean	Std. Deviation	Analysis N
A1 先請同學給我提示,然後再自己做做看	4.28	1.325	382
A2 請同學舉例讓我了解它的用法	4.42	1.337	382
A3 先翻閱筆記,如果還不會,再請同學提供解題線索	4.30	1.377	382
A4 請別人告訴我解題的技巧	4.59	1.261	382
A5 先思考一下,真的不清楚,才請老師或同學講解	4.54	1.297	382
A6 多做例題以求理解,如果還是不懂,再向他人請教	4.24	1.406	382
B1 直接借同學的答案來看	3.44	1.429	382
B2 即使不理解說明也沒關係,只要得到答案就好	2.60	1.349	382
B3 有不懂的地方,為節省時間,常立刻要求同學教我	3.49	1.452	382
B4 馬上請同學幫我解題,以便趕快完成作業	3.18	1.442	382
B5 經常借同學的作業來抄	2.99	1.471	382
B6 立刻請同學告訴我答案	2.88	1.434	382
C1 花很多時間仍解不出問題時,也不想請別人幫忙	2.53	1.541	382
C2 如果不會寫作業,寧願隨便寫也不想問老師或同學	2.41	1.449	382
C3 遇到不會做的題目時,就跳過它做下一題	4.18	1.502	382
C4 即使聽不懂老師的講解,也不想問老師	2.97	1.557	382
C5 遇到不會做的作業時,我不想問老師或同學	2.46	1.484	382
C6 看不懂數學公式時,寧願不會也不想問別人	2.23	1.403	382

　　十八個題目的簡單描述統計,含平均數及標準差。其中平均數最低者為第三個分量表之第六題「看不懂數學公式時,寧願不會也不想問別人」;平均數最高者

為第一個分量表之第四題「請別人告訴我解題的技巧」，本題的標準差最小。

　　受試者共有 382 人，沒有缺失值。進行因素分析時，若遇到缺失值，SPSS 的內定格式是 listwise，即受試者只要有一個題目缺失就不列入分析。

[2]

Correlation Matrix [a]		A1	A2	A3	A4	A5	A6	B1	B2	B3	B4	B5	B6
Correlation	A1	1.000	.637	.540	.469	.486	.435	-.147	-.160	.242	.072	-.162	-.117
	A2	.637	1.000	.560	.532	.551	.499	-.195	-.196	.200	.094	-.191	-.167
	A3	.540	.560	1.000	.497	.604	.504	-.241	-.190	.203	.058	-.271	-.221
	A4	.469	.532	.497	1.000	.616	.607	-.100	-.194	.198	-.012	-.245	-.199
	A5	.486	.551	.604	.616	1.000	.692	-.242	-.282	.153	-.053	-.325	-.335
	A6	.435	.499	.504	.607	.692	1.000	-.240	-.264	.119	-.093	-.335	-.271
	B1	-.147	-.195	-.241	-.100	-.242	-.240	1.000	.522	.191	.352	.523	.563
	B2	-.160	-.196	-.190	-.194	-.282	-.264	.522	1.000	.123	.352	.455	.582
	B3	.242	.200	.203	.198	.153	.119	.191	.123	1.000	.499	.109	.174
	B4	.072	.094	.058	-.012	-.053	-.093	.352	.352	.499	1.000	.398	.496
	B5	-.162	-.191	-.271	-.245	-.325	-.335	.523	.455	.109	.398	1.000	.682
	B6	-.117	-.167	-.221	-.199	-.335	-.271	.563	.582	.174	.496	.682	1.000
Sig. (1-tailed)	A1		.000	.000	.000	.000	.000	.002	.001	.000	.081	.001	.011
	A2	.000		.000	.000	.000	.000	.000	.000	.000	.033	.000	.001
	A3	.000	.000		.000	.000	.000	.000	.000	.000	.130	.000	.000
	A4	.000	.000	.000		.000	.000	.025	.000	.000	.409	.000	.000
	A5	.000	.000	.000	.000		.000	.000	.000	.001	.149	.000	.000
	A6	.000	.000	.000	.000	.000		.000	.000	.010	.034	.000	.000
	B1	.002	.000	.000	.025	.000	.000		.000	.000	.000	.000	.000
	B2	.001	.000	.000	.000	.000	.000	.000		.008	.000	.000	.000
	B3	.000	.000	.000	.000	.001	.010	.000	.008		.000	.017	.000
	B4	.081	.033	.130	.409	.149	.034	.000	.000	.000		.000	.000
	B5	.001	.000	.000	.000	.000	.000	.000	.000	.017	.000		.000
	B6	.011	.001	.000	.000	.000	.000	.000	.000	.000	.000	.000	
a　Determinant = 5.725E-05													

　　所有題目的相關矩陣及顯著水準 (因篇幅所限，僅列出 12 題)，最下方是相關矩陣的行列式值 5.725×10^{-5}，此一數值可以用來計算 Bartlett 的球形考驗。

　　上半部是題目間的相關矩陣。其中，受試者對 A5 及 A6 兩題的反應最一致。

　　下半部是相關係數的顯著水準，呈現的數值是 p 值。若大於 .05，表示未達顯著水準。當某一變項與其他變項的相關係數有太多未達顯著水準時，表示此一變項不適合進行因素分析，可以考慮刪除。此處所得之結果與 MSA 類似。由此部分報表可知，除 B4 外 (還有未列出之 C3)，每一個題目與其他題目的相關係數都達 .05 顯著水準，表示這 18 個題目大致適合進行因素分析。

　　然而，如果所有題目 (或變項) 間都有很高的相關，不見得是研究者所期望
的，因為此時可能只能抽取出一個因素而已。因此，如果題目間存在有多個因素，
應該會呈現某些題目間有高的相關，而某些題目間則只有低相關，甚至無關。

[3]

	A1	A2	A3	A4	A5	A6	B1	B2	B3	B4	B5	B6
A1	1.965	-.839	-.402	-.159	-.171	-.066	.034	.100	-.241	.067	.011	-.093
A2	-.839	2.176	-.323	-.341	-.191	-.168	.158	.019	.072	-.221	-.079	.003
A3	-.402	-.323	2.031	-.186	-.574	-.060	.150	-.101	-.041	-.207	.158	-.019
A4	-.159	-.341	-.186	2.043	-.456	-.561	-.233	.050	-.151	.138	.101	-.010
A5	-.171	-.191	-.574	-.456	2.782	-.948	-.054	-.052	.002	-.011	-.098	.299
A6	-.066	-.168	-.060	-.561	-.948	2.276	.066	.039	-.013	.126	.252	-.241
B1	.034	.158	.150	-.233	-.054	.066	1.838	-.451	-.196	-.013	-.382	-.363
B2	.100	.019	-.101	.050	-.052	.039	-.451	1.801	-.027	-.172	-.006	-.517
B3	-.241	.072	-.041	-.151	.002	-.013	-.196	-.027	1.516	-.729	.068	.038
B4	.067	-.221	-.207	.138	-.011	.126	-.013	-.172	-.729	1.887	-.214	-.580
B5	.011	-.079	.158	.101	-.098	.252	-.382	-.006	.068	-.214	2.122	-1.034
B6	-.093	.003	-.019	-.010	.299	-.241	-.363	-.517	.038	-.580	-1.034	2.749

Inverse of Correlation Matrix

　　相關矩陣的反矩陣 (同樣，僅列出 12 題)。

[4]

KMO and Bartlett's Test		
Kaiser-Meyer-Olkin Measure of Sampling Adequacy.		.899
Bartlett's Test of Sphericity	Approx. Chi-Square	3654.902
	Df	153
	Sig.	.000

　　Kaiser-Meyer-Olkin 的取樣適當性量數 (即 KMO)。其計算方式是利用多變項
相關係數之平方和與各淨相關係數平方和之比率決定是否適合進行因素分析。計
算公式如下：

$$KMO = \sum_{i \neq j} r_{ij}^2 / (\sum_{i \neq j} r_{ij}^2 + \sum_{i \neq j} a_{ij}^2) \qquad (公式 9\text{-}20)$$

r_{ij}：相關係數　　　　a_{ij}：淨相關係數

　　此處的淨相關係數即是[5]的反影像相關矩陣對角線以下部分的負數 (即反影
像矩陣與淨相關矩陣的正負相反)。由於在計算相關係數及淨相關係數的平方和時

i≠j，所以 KMO 計算公式的分子正好是相關矩陣對角線以下係數的平方和，分母是相關矩陣對角線以下係數之平方和加上反影像相關矩陣對角線以下係數之平方和。在因素分析中，各變項的淨相關係數愈大表示共同因素愈少，故此一公式正好反映出各變項共同因素的多寡。根據公式 9-20，KMO 值會介於 0~1 之間，當 KMO 值愈大時，表示變項間的共同因素愈多，愈適合進行因素分析。Kaiser 與 Rice (1974) 指出，當 KMO＜0.50 時，即不宜進行因素分析；0.50≦KMO＜0.60 為不理想；0.60≦KMO＜0.70 為普通；0.70≦KMO＜0.80 屬尚可；0.80≦KMO＜0.90 為佳；KMO≧0.90 為極佳 (引自 Sharma, 1996)。由此處可知，KMO 值為 0.899，屬「佳」的標準，表示適合進行因素分析。

Bartlett 的球形考驗，也是在考驗變項間是否有共同因素存在。其計算方式見 9.1.2.7 中，公式 9-13 及公式 9-14。根據這兩個公式，此處之球形考驗的 χ^2 值及 df 如下：

$$\chi^2 = -\{382-1-[(36+5)/6]\}ln(5.725\times10^{-5})=3654.902$$

$$df=18[(18-1)/2]=153$$

計算結果與報表所得之數值一致，且達顯著水準，表示母群體的相關矩陣有共同因素存在，適合進行因素分析。

[5]

Anti-image Matrices												
		A1	A2	A3	A4	A5	A6	B1	B2	B3	B4	B5	B6
Anti-image Covariance	A1	.509	-.196	-.101	-.040	-.031	-.015	.010	.028	-.081	.018	.003	-.017
	A2	-.196	.459	-.073	-.077	-.032	-.034	.039	.005	.022	-.054	-.017	.001
	A3	-.101	-.073	.492	-.045	-.102	-.013	.040	-.028	-.013	-.054	.037	-.003
	A4	-.040	-.077	-.045	.489	-.080	-.121	-.062	.013	-.049	.036	.023	-.002
	A5	-.031	-.032	-.102	-.080	.359	-.150	-.011	-.010	.000	-.002	-.017	.039
	A6	-.015	-.034	-.013	-.121	-.150	.439	.016	.009	-.004	.029	.052	-.039
	B1	.010	.039	.040	-.062	-.011	.016	.544	-.136	-.070	-.004	-.098	-.072
	B2	.028	.005	-.028	.013	-.010	.009	-.136	.555	-.010	-.051	-.002	-.104
	B3	-.081	.022	-.013	-.049	.000	-.004	-.070	-.010	.660	-.255	.021	.009
	B4	.018	-.054	-.054	.036	-.002	.029	-.004	-.051	-.255	.530	-.054	-.112
	B5	.003	-.017	.037	.023	-.017	.052	-.098	-.002	.021	-.054	.471	-.177
	B6	-.017	.001	-.003	-.002	.039	-.039	-.072	-.104	.009	-.112	-.177	.364

Anti-image Correlation	A1	.868 [a]	-.406	-.201	-.079	-.073	-.031	.018	.053	-.140	.035	.005	-.040
	A2	-.406	.897 [a]	-.154	-.162	-.078	-.076	.079	.010	.040	-.109	-.037	.001
	A3	-.201	-.154	.922 [a]	-.091	-.242	-.028	.077	-.053	-.024	-.106	.076	-.008
	A4	-.079	-.162	-.091	.916 [a]	-.191	-.260	-.120	.026	-.086	.070	.048	-.004
	A5	-.073	-.078	-.242	-.191	.916 [a]	-.377	-.024	-.023	.001	-.005	-.040	.108
	A6	-.031	-.076	-.028	-.260	-.377	.909 [a]	.032	.019	-.007	.061	.114	-.097
	B1	.018	.079	.077	-.120	-.024	.032	.901 [a]	-.248	-.118	-.007	-.193	-.161
	B2	.053	.010	-.053	.026	-.023	.019	-.248	.933 [a]	-.016	-.093	-.003	-.232
	B3	-.140	.040	-.024	-.086	.001	-.007	-.118	-.016	.707 [a]	-.431	.038	.018
	B4	.035	-.109	-.106	.070	-.005	.061	-.007	-.093	-.431	.762 [a]	-.107	-.255
	B5	.005	-.037	.076	.048	-.040	.114	-.193	-.003	.038	-.107	.886 [a]	-.428
	B6	-.040	.001	-.008	-.004	.108	-.097	-.161	-.232	.018	-.255	-.428	.880 [a]
a Measures of Sampling Adequacy(MSA)													

　　上半部為反影像共變數矩陣。若以第 i 個變項為效標變項，其餘各變項為預測變項，進行多元迴歸分析，效標變項能被預測到的部分稱為 Z_i，不能被預測到的部分稱為 U_i，Z_i 即是該變項的影像，U_i 即為該變項的反影像。根據這些變項的 U_i 可以求得各變項的反影像共變數矩陣及反影像相關矩陣。

　　下半部是反影像相關係數矩陣，在性質上類似於淨相關係數矩陣（但正負相反）。其數值愈大，表示共同因素愈少，不適合進行因素分析；反之，則共同因素愈多，適合進行因素分析。

　　反影像相關矩陣之對角線是每一個變項的取樣適當性量數 (MSA)，MSA 類似於 KMO，計算公式也相似：

$$MSA = \sum_{i \neq j} r_{ij}^2 / (\sum_{i \neq j} r_{ij}^2 + \sum_{i \neq j} a_{ij}^2) \qquad \text{（公式 9-21）}$$

r_{ij}：相關係數　　　　　a_{ij}：淨相關係數

　　在 MSA 中，相關係數的平方和及淨相關係數的平方和只是計算與第 i 個題目有關的數據，並非計算整個矩陣。如本分析中 A1 的 MSA 是：

$$\frac{r_{a1a2}^2 + r_{a1a3}^2 + r_{a1a4}^2 + \cdots + r_{a1c6}^2}{(r_{a1a2}^2 + r_{a1a3}^2 + r_{a1a4}^2 + \cdots + r_{a1c6}^2) + (a_{a1a2}^2 + a_{a1a3}^2 + a_{a1a4}^2 + \cdots + a_{a1c6}^2)} = .868$$

　　如果某一題目的 MSA 小於 0.50，表示該題不適合進行因素分析，可以考慮將該題刪除。由此處可知，本分析中 18 個題目的 MSA 都在 0.70 以上，並沒有小於 0.50 者，因此所有題目都適合進行因素分析。

　　SAS 軟體並無反影像矩陣，而是提供淨相關矩陣。

[6]

Communalities		
	Initial	Extraction
A1 先請同學給我提示，然後再自己做做看	.491	.503
A2 請同學舉例讓我了解它的用法	.541	.573
A3 先翻閱筆記，如果還不會，再請同學提供解題線索	.508	.539
A4 請別人告訴我解題的技巧	.511	.527
A5 先思考一下，真的不清楚，才請老師或同學講解	.641	.665
A6 多做例題以求理解，如果還是不懂，再向他人請教	.561	.551
B1 直接借同學的答案來看	.456	.465
B2 即使不理解說明也沒關係，只要得到答案就好	.445	.450
B3 有不懂的地方，為節省時間，常立刻要求同學教我	.340	.303
B4 馬上請同學幫我解題，以便趕快完成作業	.470	.520
B5 經常借同學的作業來抄	.529	.521
B6 立刻請同學告訴我答案	.636	.693
C1 花很多時間仍解不出問題時，也不想請別人幫忙	.513	.545
C2 如果不會寫作業，寧願隨便寫也不想問老師或同學	.659	.716
C3 遇到不會做的題目時，就跳過它做下一題	.134	.083
C4 即使聽不懂老師的講解，也不想問老師	.590	.572
C5 遇到不會做的作業時，我不想問老師或同學	.731	.767
C6 看不懂數學公式時，寧願不會也不想問別人	.729	.788
Extraction Method: Principal Axis Factoring.		

初始及萃取後的共同性。由於主軸法的共同性估計是採內定格式的 SMC 法，故某一變項的最初共同性乃是其他變項對該變項進行多元迴歸分析時的 R^2。例如，A1 的最初共同性是以 A1 為效標變項，A2~C6 為預測變項進行多元迴歸分析時所得的 R^2 值，其餘類推。

萃取後的共同性是以所保留的因素重新計算而來，可根據[9]處之因素負荷量矩陣重新計算，其計算方式是橫列的平方和。例如，C3 的共同性是其在每個因素上的負荷量平方和：

$$h^2 = (.202)^2 + (.205)^2 + (-.014)^2 = .083$$

由表中可看出：萃取後 C3 的共同性只有 .083，應考慮刪除該題。研究者在呈現變項的共同性時應取萃取後的共同性而非初始共同性。

表下方註明以主軸法 (PAF) 進行因素的抽取。

[7]

Total Variance Explained								
	Initial Eigenvalues			Extraction Sums of Squared Loadings			Rotation Sums of Squared Loadings		
Factor	Total	% of Variance	Cumulative %	Total	% of Variance	Cumulative %	Total	% of Variance	Cumulative %
1	6.598	36.654	36.654	6.212	34.510	34.510	3.576	19.868	19.868
2	2.763	15.348	52.002	2.271	12.614	47.124	3.430	19.055	38.923
3	1.704	9.469	61.471	1.299	7.218	54.343	2.776	15.420	54.343
4	.976	5.420	66.891						
5	.866	4.810	71.701						
6	.716	3.978	75.679						
7	.545	3.026	78.706						
8	.535	2.971	81.676						
9	.495	2.750	84.426						
10	.424	2.356	86.782						
11	.388	2.157	88.939						
12	.367	2.041	90.980						
13	.331	1.841	92.821						
14	.308	1.712	94.534						
15	.290	1.610	96.144						
16	.276	1.532	97.676						
17	.240	1.335	99.011						
18	.178	.989	100.000						
Extraction Method: Principal Axis Factoring.								

　　特徵值及所解釋的變異百分比。本表共分初始、萃取及轉軸後三大欄。初始特徵值所能解釋的變異百分比是將該特徵值除以變項數而得。例如,第一個因素的特徵值是 6.598,將之除以變項數 18,可得 .36654,是 36.654%。累積百分比,是將每個因素所能解釋的變異百分比累加而得,當抽取的因素數目等於變項數時,累加的變異百分比將是 100%。

　　第二大欄是萃取的因素負荷量平方和,是所有變項在某一因素上未轉軸的負荷量平方和 (由[9]處報表得知)。例如,第一個因素萃取的因素負荷量平方和是:

$$F(1) = (-.471)^2 + (-.568)^2 + \cdots + (.808)^2 = 6.212$$

　　而解釋的變異百分比是將萃取的因素負荷量平方和除以變項數而得。由此處可知,三個因素分別能解釋 34.51%、12.61%、7.22%的變異,合計三個因素能解釋 18 個題目總變異的 54.34%。

　　第三大欄是轉軸後因素負荷量的平方和及其解釋量,計算方法與第二大欄相

似，但是必須使用[11]處轉軸後因素負荷量來計算。以第一個因素為例：

$$F(1) = (.742)^2 + (.736)^2 + \cdots + (-.001)^2 = 3.576$$

　　未轉軸前第一個因素的解釋量為 34.51%，轉軸後減為 19.87% (由 3.576／18 而得，其餘因素的解釋量依此類推)；未轉軸前第二個因素的解釋量為 12.61%，轉軸後增為 19.06%；第三個因素則分別為 7.22%及 15.42%。三個因素的總解釋量仍為 54.34%。由此可知最大變異法可將因素的解釋量重新分配成相近之狀態，以讓所抽取的因素具有同等的重要性。假若研究者是採正交轉軸，在呈現各因素的解釋量時應採轉軸後因素負荷量平方和之解釋量，而不是轉軸前萃取的因素負荷量平方和之解釋量。

[8]

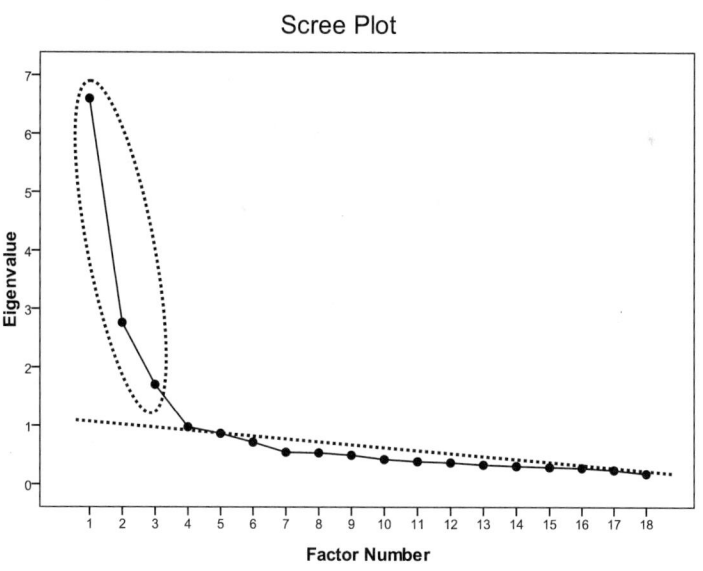

Scree Plot

　　Cattell 的陡坡考驗圖，圖中橫座標是因素數目、縱座標是特徵值。陡坡考驗圖可以幫助研究者決定因素數目，判斷的依據之一是，取陡坡上的因素不取平滑處的因素；判斷的依據之二是，取曲線某一轉折點左邊的因素。由此圖可知，有三個因素位於陡坡上；從曲線的轉折情形可以發現，此一曲線只有一個轉折點，而轉折點左邊有三個因素。對照[7]處的特徵值可知，本分析以抽取陡坡上的三個因

素 (即第一個轉折點左邊之因素) 較為適宜。

下圖是另行使用 O'Connor (2000) 所寫之 SPSS 語法反覆進行 1000 次所得之陡坡圖,由此平行分析可知,前三個實際資料的特徵值大於模擬資料之特徵值,因此應保留三個因素。

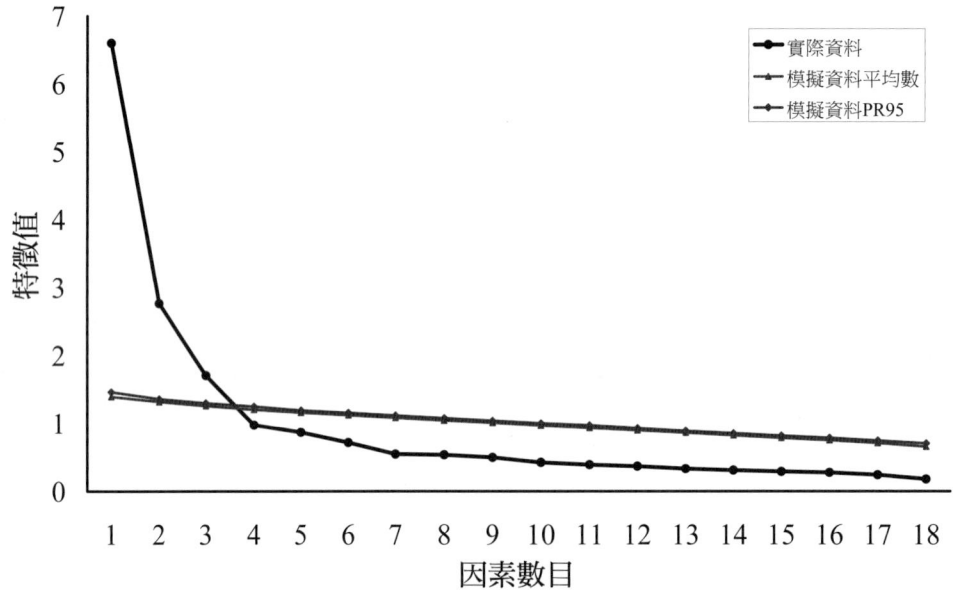

再以 O'Connor (2000) 之語法進行 MAP 分析,亦得到應保留 3 個因素的結論。

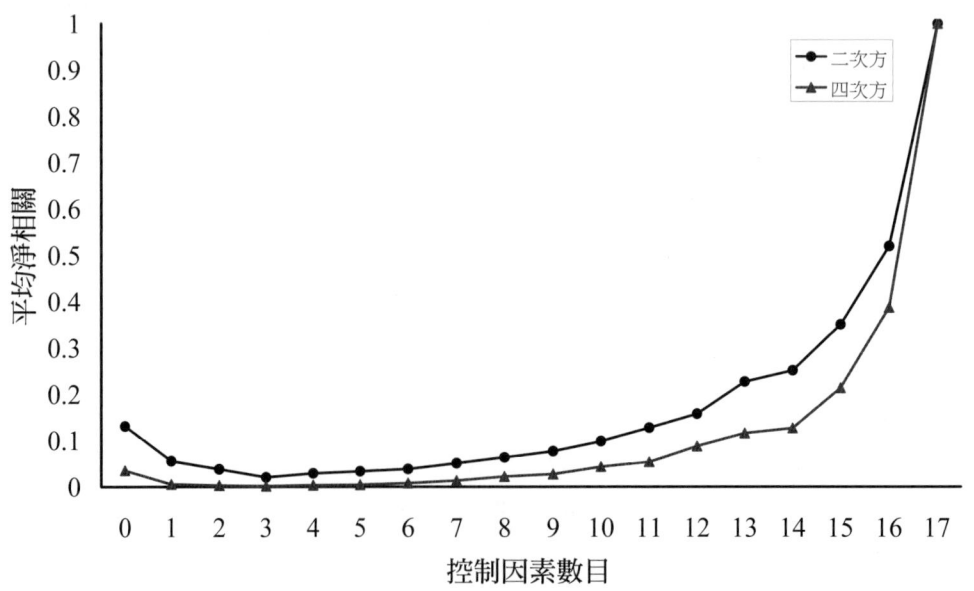

[9]

Factor Matrix [a]			
	Factor		
	1	2	3
A1 先請同學給我提示，然後再自己做做看	-.471	.458	.267
A2 請同學舉例讓我了解它的用法	-.568	.458	.201
A3 先翻閱筆記，如果還不會，再請同學提供解題線索	-.591	.381	.212
A4 請別人告訴我解題的技巧	-.562	.406	.217
A5 先思考一下，真的不清楚，才請老師或同學講解	-.723	.329	.185
A6 多做例題以求理解，如果還是不懂，再向他人請教	-.643	.284	.236
B1 直接借同學的答案來看	.507	.393	-.231
B2 即使不理解說明也沒關係，只要得到答案就好	.563	.352	-.097
B3 有不懂的地方，為節省時間，常立刻要求同學教我	-.084	.499	-.217
B4 馬上請同學幫我解題，以便趕快完成作業	.231	.602	-.323
B5 經常借同學的作業來抄	.571	.351	-.267
B6 立刻請同學告訴我答案	.630	.500	-.213
C1 花很多時間仍解不出問題時，也不想請別人幫忙	.568	-.020	.471
C2 如果不會寫作業，寧願隨便寫也不想問老師或同學	.769	.082	.343
C3 遇到不會做的題目時，就跳過它做下一題	.202	.205	-.014
C4 即使聽不懂老師的講解，也不想問老師	.700	.161	.238
C5 遇到不會做的作業時，我不想問老師或同學	.781	.096	.384
C6 看不懂數學公式時，寧願不會也不想問別人	.808	.073	.361
Extraction Method: Principal Axis Factoring.			
a　3 factors extracted. 5 iterations required.			

　　此是 18 個題目在三個因素上未轉軸的因素矩陣 (即因素負荷量矩陣)。由此一矩陣可以重新計算每一變項的共同性、特徵值、因素解釋的百分比，及再製相關矩陣。共同性的計算，請參見[7]之解說。再製相關矩陣，則在[10]之報表加以說明。由此處亦可知，從未轉軸的因素矩陣甚難看出因素結構，因為多數變項在兩個以上因素之上有高的負荷量。這就是因素分析之所以還要進行轉軸的最主要原因。

[10]

Reproduced Correlations		A1	A2	A3	A4	A5	A6	B1	B2	B3	B4	B5	B6
Reproduced Correlation	A1	.503[b]	.531	.509	.508	.541	.496	-.121	-.129	.210	.081	-.179	-.124
	A2	.531	.573[b]	.553	.549	.599	.543	-.155	-.178	.233	.079	-.217	-.172
	A3	.509	.553	.539[b]	.532	.592	.538	-.199	-.219	.193	.024	-.260	-.227
	A4	.508	.549	.532	.527[b]	.580	.528	-.176	-.194	.202	.044	-.236	-.197
	A5	.541	.599	.592	.580	.665[b]	.603	-.281	-.309	.185	-.029	-.347	-.331
	A6	.496	.543	.538	.528	.603	.551[b]	-.269	-.285	.145	-.054	-.331	-.314
	B1	-.121	-.155	-.199	-.176	-.281	-.269	.465[b]	.447	.204	.429	.490	.565
	B2	-.129	-.178	-.219	-.194	-.309	-.285	.447	.450[b]	.150	.374	.471	.552
	B3	.210	.233	.193	.202	.185	.145	.204	.150	.303[b]	.351	.185	.243
	B4	.081	.079	.024	.044	-.029	-.054	.429	.374	.351	.520[b]	.430	.515
	B5	-.179	-.217	-.260	-.236	-.347	-.331	.490	.471	.185	.430	.521[b]	.592
	B6	-.124	-.172	-.227	-.197	-.331	-.314	.565	.552	.243	.515	.592	.693[b]
Residual[a]	A1		.106	.031	-.040	-.054	-.061	-.027	-.031	.032	-.009	.017	.007
	A2	.106		.007	-.016	-.048	-.044	-.040	-.018	-.032	.015	.027	.005
	A3	.031	.007		-.036	.012	-.034	-.042	.029	.009	.034	-.011	.006
	A4	-.040	-.016	-.036		.036	.079	.076	.000	-.005	-.056	-.008	-.002
	A5	-.054	-.048	.012	.036		.089	.038	.027	-.032	-.024	.022	-.005
	A6	-.061	-.044	-.034	.079	.089		.029	.021	-.025	-.040	-.004	.043
	B1	-.027	-.040	-.042	.076	.038	.029		.075	-.013	-.077	.034	-.002
	B2	-.031	-.018	.029	.000	.027	.021	.075		-.026	-.021	-.016	.031
	B3	.032	-.032	.009	-.005	-.032	-.025	-.013	-.026		.148	-.077	-.069
	B4	-.009	.015	.034	-.056	-.024	-.040	-.077	-.021	.148		-.032	-.020
	B5	.017	.027	-.011	-.008	.022	-.004	.034	-.016	-.077	-.032		.090
	B6	.007	.005	.006	-.002	-.005	.043	-.002	.031	-.069	-.020	.090	

Extraction Method: Principal Axis Factoring.
a　Residuals are computed between observed and reproduced correlations. There are 20 (13.0%) nonredundant residuals with absolute values greater than 0.05.
b　Reproduced communalities

　　再製相關係數矩陣，由[9]之因素負荷量矩陣再製而成。由三個因素所再製的相關係數與原來變項間的相關係數愈接近，表示因素分析愈成功。在三個共同因素沒有相關的情形下，任意兩個變項的再製相關是將這兩個變項在因素一上的負荷量的積，加上這兩個變項在因素二上的負荷量的積，再加上這兩個變項在因素三上的負荷量的積。例如 A1 與 A2 在因素一上的負荷量分別是 −.471、−.568；在因素二上的負荷量分別是 .458、.458；在因素三上的負荷量分別是 .267、.201，故 A1 與 A2 的再製相關係數是：

$$(-.471 \times -.568) + (.458 \times .458) + (.267 \times .201) = .531$$

　　在此報表的上半部中，對角線是各變項的共同性，對角線之外是再製相關矩陣；下半部是由原來的相關係數減去再製相關係數所得的殘差。例如，A1 與 A2 原來的相關係數是 .637（見[2]處），再製而得的相關係數是 .531，故殘差為 .637 − .531 = .106。

　　報表最下方指出：由原來相關係數減去再製相關係數所得的殘差中，有 13%

大於 0.05。此一百分比愈小表示因素分析愈成功，愈大表示因素分析愈不成功。本分析只有 13%，表示因素分析還算成功。

[11]

Rotated Factor Matrix[a]			
	Factor		
	1	2	3
A5 先思考一下，真的不清楚，才請老師或同學講解	.742	-.303	-.150
A2 請同學舉例讓我了解它的用法	.736	-.177	.007
A1 先請同學給我提示，然後再自己做做看	.706	-.063	.018
A4 請別人告訴我解題的技巧	.706	-.166	-.037
A3 先翻閱筆記，如果還不會，再請同學提供解題線索	.706	-.191	-.067
A6 多做例題以求理解，如果還是不懂，再向他人請教	.688	-.217	-.174
C5 遇到不會做的作業時，我不想問老師或同學	-.246	.810	.224
C6 看不懂數學公式時，寧願不會也不想問別人	-.288	.808	.229
C2 如果不會寫作業，寧願隨便寫也不想問老師或同學	-.267	.770	.228
C1 花很多時間仍解不出問題時，也不想請別人幫忙	-.149	.723	.002
C4 即使聽不懂老師的講解，也不想問老師	-.221	.654	.309
B6 立刻請同學告訴我答案	-.167	.306	.755
B4 馬上請同學幫我解題，以便趕快完成作業	.094	-.028	.714
B5 經常借同學的作業來抄	-.251	.211	.643
B1 直接借同學的答案來看	-.169	.201	.630
B2 即使不理解說明也沒關係，只要得到答案就好	-.167	.333	.558
B3 有不懂的地方，為節省時間，常立刻要求同學教我	.271	-.167	.449
C3 遇到不會做的題目時，就跳過它做下一題	-.001	.143	.250
Extraction Method: Principal Axis Factoring.　Rotation Method: Varimax with Kaiser Normalization.			
a　Rotation converged in 5 iterations.			

採用最大變異法 (Varimax) 進行正交轉軸之後的因素負荷量矩陣，轉軸時採用內定的 Kaiser 常態化方式處理，轉軸共需 5 次疊代。由於是正交轉軸，故表中係數可視為變項與因素之相關係數矩陣 (即因素結構矩陣)，也可以視為因素的加權矩陣 (即因素組型矩陣)。轉軸後的因素矩陣是由未轉軸的因素矩陣 ([9]處) 乘以因素轉換矩陣 ([12]處) 而得。

經轉軸後發現，本例 18 個題目中，A5 至 A6 這六個題目與因素一的相關最高，符合原來的預期。C5 至 C4 這五個題目與因素二的相關最高。B6 至 B3 及 C3 這七個題目與因素三的相關最高，其中 B6 至 B3 符合原來預期，但是 C3 則不符原先的設計 (應歸屬因素二)。由於 C3 在三個因素的負荷量都相當低，而且從[6]處也發現 C3 萃取的共同性只有 .083，所以可考慮將 C3 刪除。在後續的說明中，C3 將不列入分析。

　　從此處亦可判斷採用最大變異法進行轉軸之適切性。由於轉軸的目的在於簡單結構，故愈能符合簡單結構者應是最理想之轉軸法。若以因素負荷量 ±.30 為判斷標準，則表中顯示：A5 雖歸屬於因素一，但它在因素二上的負荷量仍高達－.303；C4 雖屬因素二，但它在因素三上的負荷量仍有 .309；B6 雖歸於因素三，但它在因素二上的負荷量仍達 .306；B2 雖屬因素三，但它在因素二上的負荷量也高達 .333。這些結果都顯示以最大變異法進行正交轉軸似乎不太能符合簡單結構之要求。

[12]

Factor Transformation Matrix			
Factor	1	2	3
1	-.619	.657	.431
2	.639	.102	.762
3	.457	.747	-.483
Extraction Method: Principal Axis Factoring. Rotation Method: Varimax with Kaiser Normalization.			

　　因素轉換矩陣。將[9]處的未轉軸因素矩陣乘以此處之因素轉換矩陣可以得[11]處之轉軸後的因素矩陣。

[13]

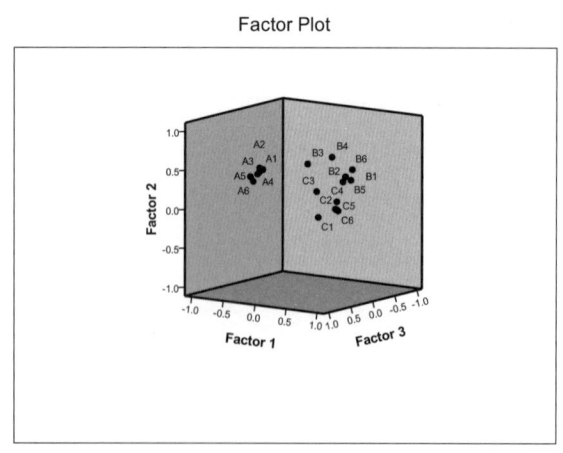

Factor Plot

　　根據[9]所繪的轉軸前 18 個題目在 3 個因素上的負荷量座標圖。

[14]

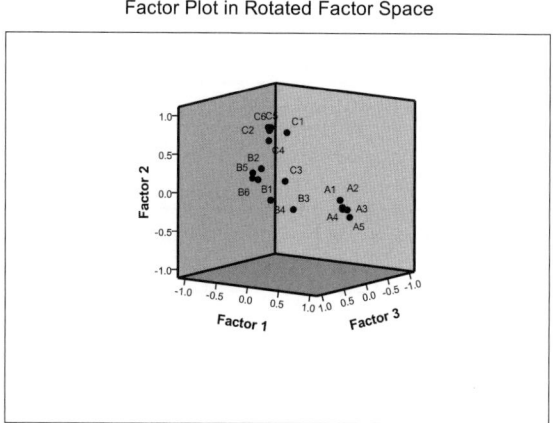

Factor Plot in Rotated Factor Space

根據[11]所繪的轉軸後 18 個題目在 3 個因素上的負荷量座標圖。

以下[15]~[17]是刪除 C3 後，同樣以主軸法抽取因素、以最大變異法轉軸所得之因素分析部分重要結果。

[15]

Communalities		
	Initial	Extraction
A1 先請同學給我提示，然後再自己做做看	.491	.504
A2 請同學舉例讓我了解它的用法	.540	.573
A3 先翻閱筆記，如果還不會，再請同學提供解題線索	.506	.541
A4 請別人告訴我解題的技巧	.507	.524
A5 先思考一下，真的不清楚，才請老師或同學講解	.640	.665
A6 多做例題以求理解，如果還是不懂，再向他人請教	.560	.550
B1 直接借同學的答案來看	.450	.457
B2 即使不理解說明也沒關係，只要得到答案就好	.441	.460
B3 有不懂的地方，為節省時間，常立刻要求同學教我	.340	.304
B4 馬上請同學幫我解題，以便趕快完成作業	.460	.510
B5 經常借同學的作業來抄	.529	.525
B6 立刻請同學告訴我答案	.636	.701
C1 花很多時間仍解不出問題時，也不想請別人幫忙	.511	.547
C2 如果不會寫作業，寧願隨便寫也不想問老師或同學	.658	.714
C4 即使聽不懂老師的講解，也不想問老師	.584	.565
C5 遇到不會做的作業時，我不想問老師或同學	.731	.770
C6 看不懂數學公式時，寧願不會也不想問別人	.727	.786
Extraction Method: Principal Axis Factoring.		

　　刪除 C3 後重新進行因素分析所得的初始及萃取後的共同性。其義同[6]之說明。

[16]

<table>
<tr><td colspan="10" align="center">Total Variance Explained</td></tr>
<tr><td rowspan="3"></td><td colspan="3" align="center">Initial Eigenvalues</td><td colspan="3" align="center">Extraction Sums of Squared Loadings</td><td colspan="3" align="center">Rotation Sums of Squared Loadings</td></tr>
<tr><td></td><td>% of</td><td>Cumulative</td><td></td><td>% of</td><td>Cumulative</td><td></td><td>% of</td><td>Cumulative</td></tr>
<tr><td>Factor</td><td>Total</td><td>Variance</td><td>%</td><td>Total</td><td>Variance</td><td>%</td><td>Total</td><td>Variance</td><td>%</td></tr>
<tr><td>1</td><td>6.554</td><td>38.551</td><td>38.551</td><td>6.172</td><td>36.304</td><td>36.304</td><td>3.538</td><td>20.809</td><td>20.809</td></tr>
<tr><td>2</td><td>2.710</td><td>15.943</td><td>54.493</td><td>2.228</td><td>13.107</td><td>49.411</td><td>3.534</td><td>20.785</td><td>41.595</td></tr>
<tr><td>3</td><td>1.704</td><td>10.026</td><td>64.520</td><td>1.299</td><td>7.640</td><td>57.051</td><td>2.628</td><td>15.456</td><td>57.051</td></tr>
<tr><td>4</td><td>.870</td><td>5.115</td><td>69.635</td><td></td><td></td><td></td><td></td><td></td><td></td></tr>
<tr><td>5</td><td>.726</td><td>4.269</td><td>73.904</td><td></td><td></td><td></td><td></td><td></td><td></td></tr>
<tr><td>6</td><td>.573</td><td>3.373</td><td>77.277</td><td></td><td></td><td></td><td></td><td></td><td></td></tr>
<tr><td>7</td><td>.535</td><td>3.147</td><td>80.424</td><td></td><td></td><td></td><td></td><td></td><td></td></tr>
<tr><td>8</td><td>.505</td><td>2.969</td><td>83.393</td><td></td><td></td><td></td><td></td><td></td><td></td></tr>
<tr><td>9</td><td>.425</td><td>2.449</td><td>85.892</td><td></td><td></td><td></td><td></td><td></td><td></td></tr>
<tr><td>10</td><td>.398</td><td>2.344</td><td>88.236</td><td></td><td></td><td></td><td></td><td></td><td></td></tr>
<tr><td>11</td><td>.372</td><td>2.187</td><td>90.423</td><td></td><td></td><td></td><td></td><td></td><td></td></tr>
<tr><td>12</td><td>.332</td><td>1.954</td><td>92.377</td><td></td><td></td><td></td><td></td><td></td><td></td></tr>
<tr><td>13</td><td>.311</td><td>1.827</td><td>94.204</td><td></td><td></td><td></td><td></td><td></td><td></td></tr>
<tr><td>14</td><td>.290</td><td>1.706</td><td>95.910</td><td></td><td></td><td></td><td></td><td></td><td></td></tr>
<tr><td>15</td><td>.276</td><td>1.623</td><td>97.533</td><td></td><td></td><td></td><td></td><td></td><td></td></tr>
<tr><td>16</td><td>.241</td><td>1.417</td><td>98.949</td><td></td><td></td><td></td><td></td><td></td><td></td></tr>
<tr><td>17</td><td>.179</td><td>1.051</td><td>100.000</td><td></td><td></td><td></td><td></td><td></td><td></td></tr>
<tr><td colspan="10">Extraction Method: Principal Axis Factoring.</td></tr>
</table>

　　刪除 C3 後重新進行因素分析所得的特徵值及所解釋的變異百分比,解釋同[7]處。由表中可知,刪除 C3 後,三個因素共可解釋全量表 17 個題目總變異的 57.051%,比原來的 54.343%還高。轉軸後三個因素的解釋量分別是 20.809%、20.785%、15.456%,要比轉軸前的 36.304%、13.107%、7.640%來得平均一些。如同[7]處之說明,假如研究者採正交轉軸,在呈現各因素的解釋量時應採轉軸後因素負荷量平方和之解釋量,而不是轉軸前萃取的因素負荷量平方和之解釋量。

[17]

Rotated Factor Matrix [a]	Factor		
	1	2	3
C5 遇到不會做的作業時，我不想問老師或同學	.821	-.237	.200
C6 看不懂數學公式時，寧願不會也不想問別人	.817	-.281	.201
C2 如果不會寫作業，寧願隨便寫也不想問老師或同學	.779	-.260	.201
C1 花很多時間仍解不出問題時，也不想請別人幫忙	.726	-.141	-.017
C4 即使聽不懂老師的講解，也不想問老師	.663	-.217	.281
A5 先思考一下，真的不清楚，才請老師或同學講解	-.315	.738	-.147
A2 請同學舉例讓我了解它的用法	-.183	.735	.008
A1 先請同學給我提示，然後再自己做做看	-.068	.707	.016
A3 先翻閱筆記，如果還不會，再請同學提供解題線索	-.197	.706	-.060
A4 請別人告訴我解題的技巧	-.175	.701	-.043
A6 多做例題以求理解，如果還是不懂，再向他人請教	-.229	.685	-.171
B6 立刻請同學告訴我答案	.334	-.158	.751
B4 馬上請同學幫我解題，以便趕快完成作業	-.004	.098	.708
B5 經常借同學的作業來抄	.235	-.243	.641
B1 直接借同學的答案來看	.222	-.164	.617
B2 即使不理解說明也沒關係，只要得到答案就好	.355	-.158	.555
B3 有不懂的地方，為節省時間，常立刻要求同學教我	-.153	.274	.454

Extraction Method: Principal Axis Factoring.　Rotation Method: Varimax with Kaiser Normalization.
　a. Rotation converged in 5 iterations.

　　刪除 C3 後重新進行因素分析，採最大變異法 (Varimax) 進行正交轉軸之後的因素負荷量矩陣，義同[11]處。由表中可知，本例 17 個題目中，C5 至 C6 這五個題目與因素一的相關最高；A5 至 A6 這六個題目與因素二的相關最高；B6 至 B3 這六個題目與因素三的相關最高。這些結果與量表編製者原先的預期符合。

　　其次，如同[11]處一般，從此表亦可判斷採用最大變異法進行轉軸之適切性。同樣以因素負荷量±.30 為判斷標準，表中顯示：A5 雖歸屬於因素二，但它在因素一上的負荷量高達－.315；B6 雖歸於因素三，但它在因素一上的負荷量是.334；B2 雖屬因素三，但它在因素一上的負荷量也高達.355。這些結果都顯示以最大變異法進行正交轉軸似乎不太能符合簡單結構之要求。

以下[18]～[23]是刪除 C3 後，同樣以主軸法抽取因素，但改以最優斜交法進行斜交轉軸所得之因素分析部分重要結果。

[18]

Total Variance Explained							
	Initial Eigenvalues			Extraction Sums of Squared Loadings			Rotation Sums of Squared Loadings [a]
Factor	Total	% of Variance	Cumulative %	Total	% of Variance	Cumulative %	Total
1	6.554	38.551	38.551	6.172	36.304	36.304	5.037
2	2.710	15.943	54.493	2.228	13.107	49.411	3.000
3	1.704	10.026	64.520	1.299	7.640	57.051	4.617
4	.870	5.115	69.635				
5	.726	4.269	73.904				
6	.573	3.373	77.277				
7	.535	3.147	80.424				
8	.505	2.969	83.393				
9	.425	2.499	85.892				
10	.398	2.344	88.236				
11	.372	2.187	90.423				
12	.332	1.954	92.377				
13	.311	1.827	94.204				
14	.290	1.706	95.910				
15	.276	1.623	97.533				
16	.241	1.417	98.949				
17	.179	1.051	100.000				

Extraction Method: Principal Axis Factoring.
a When factors are correlated, sums of squared loadings cannot be added to obtain a total variance.

刪除 C3 後重新進行因素分析，且採斜交轉軸所得的解釋量。第三大欄是斜交轉軸後的因素負荷量平方和，因為兩個因素間有相關，所以就不能計算個別因素的解釋量。若研究者採斜交轉軸，就不須呈現個別因素的解釋量，只須說明三個因素共可解釋全量表 17 個題目總變異量的 57.051%即可。

[19]

Pattern Matrix [a]			
	Factor		
	1	2	3
C5 遇到不會做的作業時，我不想問老師或同學	.891	.035	.013
C6 看不懂數學公式時，寧願不會也不想問別人	.870	-.017	.013
C1 花很多時間仍解不出問題時，也不想請別人幫忙	.866	.103	-.200
C2 如果不會寫作業，寧願隨便寫也不想問老師或同學	.830	-.007	.024
C4 即使聽不懂老師的講解，也不想問老師	.677	.003	.142
A1 先請同學給我提示，然後再自己做做看	.150	.795	.063
A2 請同學舉例讓我了解它的用法	.018	.784	.082
A4 請別人告訴我解題的技巧	.031	.747	.023
A3 先翻閱筆記，如果還不會，再請同學提供解題線索	.009	.744	.009
A5 先思考一下，真的不清楚，才請老師或同學講解	-.103	.733	-.057
A6 多做例題以求理解，如果還是不懂，再向他人請教	-.006	.703	-.107
B4 馬上請同學幫我解題，以便趕快完成作業	-.172	.139	.784
B6 立刻請同學告訴我答案	.152	-.031	.744
B5 經常借同學的作業來抄	.031	-.171	.642
B1 直接借同學的答案來看	.048	-.085	.622
B3 有不懂的地方，為節省時間，常立刻要求同學教我	-.227	.279	.550
B2 即使不理解說明也沒關係，只要得到答案就好	.234	-.031	.522
Extraction Method: Principal Axis Factoring. Rotation Method: Promax with Kaiser Normalization.			
a Rotation converged in 5 iterations.			

　　刪除 C3 後重新進行因素分析，採最優斜交法轉軸所得的因素組型矩陣 (即組型負荷量矩陣)。斜交轉軸後因素矩陣有兩個，一是因素組型矩陣，一是因素結構矩陣，這兩者都是因素負荷量。根據 Sharma (1996) 的建議，若研究者採用斜交轉軸，應以組型負荷量來解釋因素分析的結果較為恰當。由於斜交轉軸後，兩個因素的夾角不再是 90°，因素組型有可能大於 1。因素組型在性質上類似於迴歸係數，反映每個因素對各個變項的貢獻。

　　由報表可看出，刪除 C3 這一題後，其餘 17 題均依研究者預期歸類，因素一可命名為**逃避求助**，因素二命名為**工具性求助**，因素三則是**執行性求助**。

[20]

Structure Matrix			
	Factor		
	1	2	3
C6 看不懂數學公式時，寧願不會也不想問別人	.886	-.517	.426
C5 遇到不會做的作業時，我不想問老師或同學	.877	-.476	.421
C2 如果不會寫作業，寧願隨便寫也不想問老師或同學	.845	-.486	.415
C4 即使聽不懂老師的講解，也不想問老師	.741	-.420	.458
C1 花很多時間仍解不出問題時，也不想請別人幫忙	.713	-.337	.178
A5 先思考一下，真的不清楚，才請老師或同學講解	-.547	.807	-.301
A2 請同學舉例讓我了解它的用法	-.390	.752	-.119
A3 先翻閱筆記，如果還不會，再請同學提供解題線索	-.410	.736	-.185
A6 多做例題以求理解，如果還是不懂，再向他人請教	-.456	.734	-.297
A4 請別人告訴我解題的技巧	-.383	.723	-.162
A1 先請同學給我提示，然後再自己做做看	-.273	.692	-.079
B6 立刻請同學告訴我答案	.519	-.316	.823
B5 經常借同學的作業來抄	.429	-.360	.702
B4 馬上請同學幫我解題，以便趕快完成作業	.118	.027	.669
B1 直接借同學的答案來看	.388	-.278	.667
B2 即使不理解說明也沒關係，只要得到答案就好	.497	-.304	.640
B3 有不懂的地方，為節省時間，常立刻要求同學教我	-.128	.261	.369
Extraction Method: Principal Axis Factoring.　Rotation Method: Promax with Kaiser Normalization.			

是斜交轉軸後的因素結構，即變項與因素之相關，也是變項在因素軸上的垂直投影。

[21]

Factor Correlation Matrix			
Factor	1	2	3
1	1.000	-.570	.469
2	-.570	1.000	-.267
3	.469	-.267	1.000
Extraction Method: Principal Axis Factoring. Rotation Method: Promax with Kaiser Normalization.			

是因素的相關矩陣。斜交轉軸後因素與因素的相關不再是 0，從此處可知三個因素的交互相關為 -.570、.469、-.267，幾乎都高於 ±.30，這似乎顯示本例應採斜交轉軸較為恰當。

[22]

Factor Score Coefficient Matrix			
	Factor		
	1	2	3
A1 先請同學給我提示，然後再自己做做看	-.003	.171	.018
A2 請同學舉例讓我了解它的用法	-.009	.201	.020
A3 先翻閱筆記，如果還不會，再請同學提供解題線索	-.011	.167	.001
A4 請別人告訴我解題的技巧	.000	.161	.012
A5 先思考一下，真的不清楚，才請老師或同學講解	-.027	.237	-.017
A6 多做例題以求理解，如果還是不懂，再向他人請教	-.010	.153	-.047
B1 直接借同學的答案來看	.016	-.017	.167
B2 即使不理解說明也沒關係，只要得到答案就好	.038	-.014	.132
B3 有不懂的地方，為節省時間，常立刻要求同學教我	-.028	.046	.117
B4 馬上請同學幫我解題，以便趕快完成作業	-.032	.041	.237
B5 經常借同學的作業來抄	.011	-.046	.161
B6 立刻請同學告訴我答案	.055	-.017	.355
C1 花很多時間仍解不出問題時，也不想請別人幫忙	.121	.009	-.061
C2 如果不會寫作業，寧願隨便寫也不想問老師或同學	.230	-.023	.023
C4 即使聽不懂老師的講解，也不想問老師	.085	-.014	.052
C5 遇到不會做的作業時，我不想問老師或同學	.282	-.004	.025
C6 看不懂數學公式時，寧願不會也不想問別人	.284	-.041	.023
Extraction Method: Principal Axis Factoring.　　Rotation Method: Promax with Kaiser Normalization.			

因素分數係數矩陣，表示若要求取某一觀察體的因素分數時，每一個變項之標準分數應乘的比重。例如，如要求得甲受訪者因素一的因素分數，則只要將甲受試者在 17 個題目上得分的 z 分數乘以因素一的因素分數加權係數即可：

$$F_{1甲} = (-.003)z_{A1甲} + (-.009)z_{A2甲} + \cdots + (.284)z_{C6甲}$$

由網底部分可看出，即使其他變項上的加權係數不為 0，但是屬於同一個因素的變項，其加權係數相比之下仍然比較大。

[23]

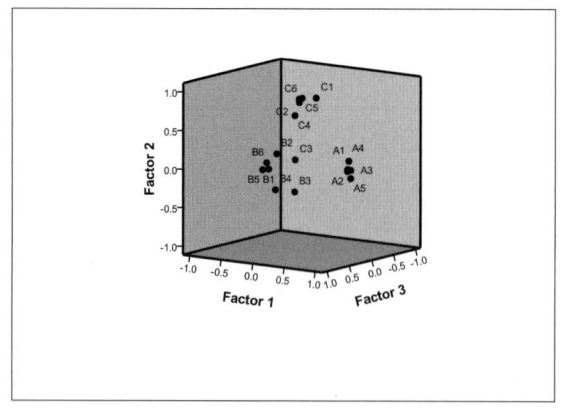

Factor Plot in Rotated Factor Space

　　斜交轉軸後 17 個題目在 3 個因素上的組型負荷量座標圖。雖然圖中因素間兩兩為直交，但是實際上卻應是斜交的。

9.4　分析摘要表

　　表 9-2 是本章範例之正交轉軸 (最大變異法) 後的因素負荷量及共同性 (已刪除 C3)，取自[15]、[16]及[17]。表中的平方和是轉軸後因素負荷量平方的累加和，不是特徵值。將平方和除以變項數後得到的解釋量百分比代表轉軸後三個因素分別可以解釋 17 個題目總變異量的比率，分別是 20.809%、20.785%及 15.456%，三個百分比相加得 57.051%，表示三個因素總計可以解釋 17 個題目總變異的57.051%。由於共同性是觀察變項在三個共同因素上負荷量之平方和，所以將 17 個題目之共同性相加正好是三個因素平方和的和。在因素名稱上，因素一是逃避求助、因素二是工具性求助、因素三是執行性求助。

　　表 9-3 是本章範例之斜交轉軸 (最優斜交法) 後的因素負荷量及共同性 (同樣已刪除 C3)，取自[15]及[19]。三個因素分別是：因素一逃避求助、因素二工具性求助、因素三執行性求助。由於是採斜交轉軸，三個因素間已有相關，只須呈現組型負荷量及共同性，並於文中說明三個因素對 17 個題目總變異量的解釋百分比

即可。整體而言，從簡單結構及因素間相關值的大小上來看，本章範例似乎較適合採斜交轉軸。

表 9-2　求助行為量表之因素分析結果（正交轉軸）

量　表　題　目	最大變異法正交轉軸後之因素負荷量			共同性
	因素一	因素二	因素三	
C5 遇到不會做的作業時，我不想問老師或同學	0.821	-0.237	0.200	0.770
C6 看不懂數學公式時，寧願不會也不想問別人	0.817	-0.281	0.201	0.786
C2 如果不會寫作業，寧願隨便寫也不想問老師或同學	0.779	-0.260	0.201	0.714
C1 花很多時間仍解不出問題時，也不想請別人幫忙	0.726	-0.141	-0.017	0.547
C4 即使聽不懂老師的講解，也不想問老師	0.663	-0.217	0.281	0.565
A5 先思考一下，真的不清楚，才請老師或同學講解	-0.315	0.738	-0.147	0.665
A2 請同學舉例讓我了解它的用法	-0.183	0.735	0.008	0.573
A1 先請同學給我提示，然後再自己做做看	-0.068	0.707	0.016	0.504
A3 先翻閱筆記，如果還不會，再請同學提供解題線索	-0.197	0.706	-0.060	0.541
A4 請別人告訴我解題的技巧	-0.175	0.701	-0.043	0.524
A6 多做例題以求理解，如果還是不懂，再向他人請教	-0.229	0.685	-0.171	0.550
B6 立刻請同學告訴我答案	0.334	-0.158	0.751	0.701
B4 馬上請同學幫我解題，以便趕快完成作業	-0.004	0.098	0.708	0.510
B5 經常借同學的作業來抄	0.235	-0.243	0.641	0.525
B1 直接借同學的答案來看	0.222	-0.164	0.617	0.457
B2 即使不理解說明也沒關係，只要得到答案就好	0.355	-0.158	0.555	0.460
B3 有不懂的地方，為節省時間，常立刻要求同學教我	-0.153	0.274	0.454	0.304
平　方　和	3.538	3.534	2.628	9.700
解　釋　%	20.809	20.785	15.456	57.051

表 9-3　求助行為量表之因素分析結果（斜交轉軸）

量　表　題　目	最優斜交法斜交轉軸後之組型負荷量			共同性
	因素一	因素二	因素三	
C5 遇到不會做的作業時，我不想問老師或同學	0.891	0.035	0.013	0.770
C6 看不懂數學公式時，寧願不會也不想問別人	0.870	-0.017	0.013	0.786
C1 花很多時間仍解不出問題時，也不想請別人幫忙	0.866	0.103	-0.200	0.547
C2 如果不會寫作業，寧願隨便寫也不想問老師或同學	0.830	-0.007	0.024	0.714
C4 即使聽不懂老師的講解，也不想問老師	0.677	0.003	0.142	0.565
A1 先請同學給我提示，然後再自己做做看	0.150	0.795	0.063	0.504
A2 請同學舉例讓我了解它的用法	0.018	0.784	0.082	0.573
A4 請別人告訴我解題的技巧	0.031	0.747	0.023	0.524
A3 先翻閱筆記，如果還不會，再請同學提供解題線索	0.009	0.744	0.009	0.541
A5 先思考一下，真的不清楚，才請老師或同學講解	-0.103	0.733	-0.057	0.665
A6 多做例題以求理解，如果還是不懂，再向他人請教	-0.006	0.703	-0.107	0.550
B4 馬上請同學幫我解題，以便趕快完成作業	-0.172	0.139	0.784	0.510
B6 立刻請同學告訴我答案	0.152	-0.031	0.744	0.701
B5 經常借同學的作業來抄	0.031	-0.171	0.642	0.525
B1 直接借同學的答案來看	0.048	-0.085	0.622	0.457
B3 有不懂的地方，為節省時間，常立刻要求同學教我	-0.227	0.279	0.550	0.304
B2 即使不理解說明也沒關係，只要得到答案就好	0.234	-0.031	0.522	0.460

10 集群分析

· 陳正昌 ·

10.1 理論部分

　　對於宇宙中萬事萬物的分類，是人類普遍的興趣。天文學家將星球分成恆星、行星及衛星；動物學家將肉食動物分成貓科、犬科、鼬鼠科、熊科……等；經濟學家將國家分成已開發、開發中及未開發國家；「星象家」將人分成雙魚座、巨蟹座、水瓶座……；服務業者則可能將人分成忠實顧客、游離顧客及潛在顧客。可見人無時無刻不在進行分類的工作。

　　即使對於同一對象，不同的人也有不同的分類。如果以大象、鴕鳥、老虎、鱷魚、金魚、海獺這六種動物為例 (此處不列出精確之名稱)，讓學生進行分類。可能會有人將牠們分為陸上動物或水中動物、大型動物或小型動物、溫血動物或冷血動物、胎生動物或卵生動物、溫和的動物或凶猛的動物……。這些分類的結果都可以接受，差別的只是分類的依據而已。

　　又如：要將貓熊 (或稱熊貓)、無尾熊、竹子、油加利樹分成兩類。有些人可能會將貓熊及無尾熊分成一類，而將竹子及油加利樹分為另一類，因為前一類都是動物，後一類都是植物。但是，有些人可能會將貓熊及竹子分成一類，而將無尾熊及油加利樹分為另一類，因為貓熊吃竹子，而無尾熊吃油加利葉。可見分類的標準不同，分類的結果也會有所差異。

　　所以，如何選定一些分類的標準，然後將不同的觀察體 (可能是星球、國家、動物等等) 加以分類，使得同一類 (集群) 之內觀察體彼此的相似度愈高愈好，而不同一類之間觀察體彼此的相異度愈高愈好，是集群分析最主要的任務。

10.1.1　如何將觀察體分類

在說明集群分析之前，筆者先介紹幾種常用來對觀察體加以描繪的圖形。所用資料為 2006 年臺灣地區 23 縣市的 7 個變項。為了避免測量單位的不同，此處所用變項均已標準化。

第一種是臉形圖 (Chernoff face)，它是用臉形的特徵來代表不同的變項及其大小。以圖 10-1 為例：臉的**寬度**代表**每人可支配所得** (元)、耳朵的位置代表**離婚率** (千分率)，臉的**長度**代表**醫護人員數** (萬分率)，臉上半部的**怪異度**代表**大學人口** (百分率)，臉下半部的**怪異度**代表**犯罪率** (每十萬人刑事案件數)，鼻子的**長度**代表**社會增加率** (百分率)，嘴巴的中心位置代表**老化指數** (六十五歲以上人口與十四歲以下人口的比)。

由圖大略可以看出：臺北縣、桃園縣及新竹縣的外形極為相似；雲林縣、嘉義縣及澎湖縣的相似度也頗高；彰化縣與南投縣除了耳朵及嘴巴的位置不同外，其他部分都極為相似。

以臉形圖表示的優點是相當生動有趣，如果代表變項的特徵選用恰當，可以表現各觀察體的特色；但是如果觀察體太多，就不能一眼看出何者較相似，這是它的缺點。

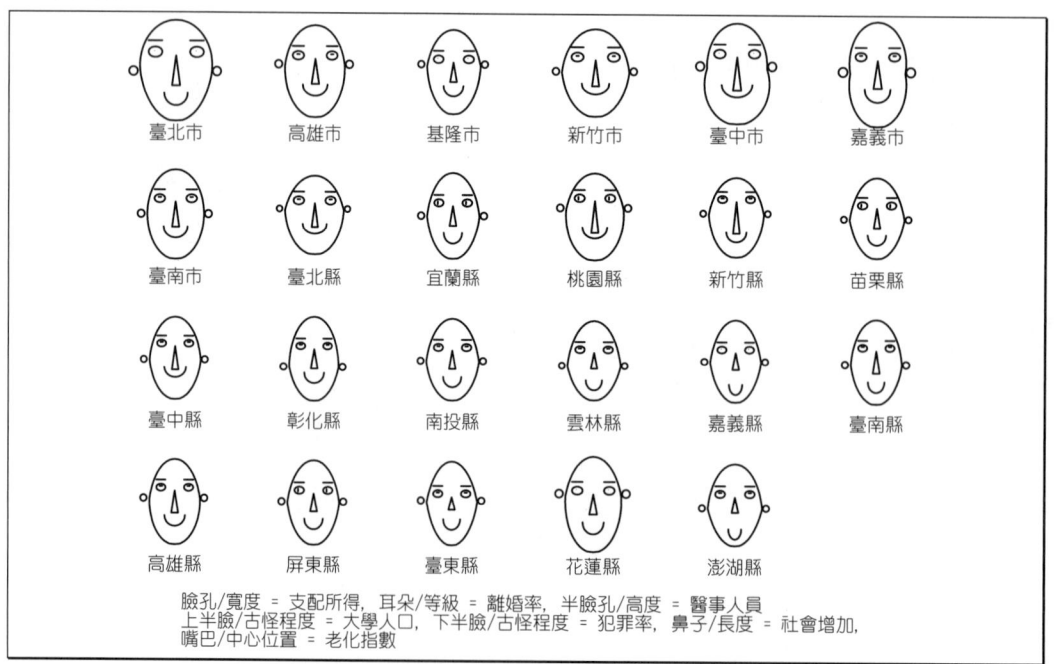

圖 10-1　二十三縣市之臉形圖

第二種是星形圖 (star plot)，它是以線段長度代表不同的變數。圖中順時針方向分別代表可支配所得、離婚率、醫護人員數、大學人口率、犯罪率、社會增加率，及老化指數。

由圖可以看出：高雄市、新竹市及臺南市相似度較高 (各變項的數值都比較大)；彰化縣、南投縣、雲林縣及嘉義縣也很相似 (各變項的數值都很小)。

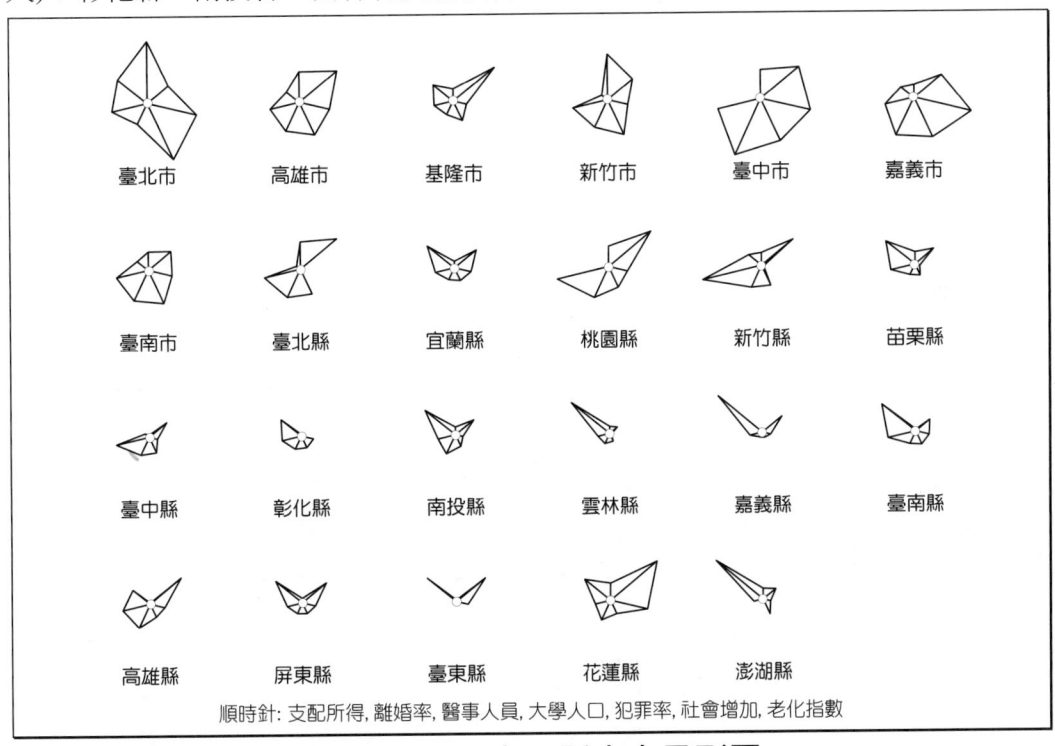

順時針: 支配所得, 離婚率, 醫事人員, 大學人口, 犯罪率, 社會增加, 老化指數

圖 10-2　二十三縣市之星形圖

第三種是剖繪圖 (profile plot)，它是以線的高度 (與橫軸的距離) 代表不同變數的數值。圖中線段由左至右分別代表可支配所得、離婚率、醫護人員數、大學人口率、犯罪率、社會增加率，及老化指數。

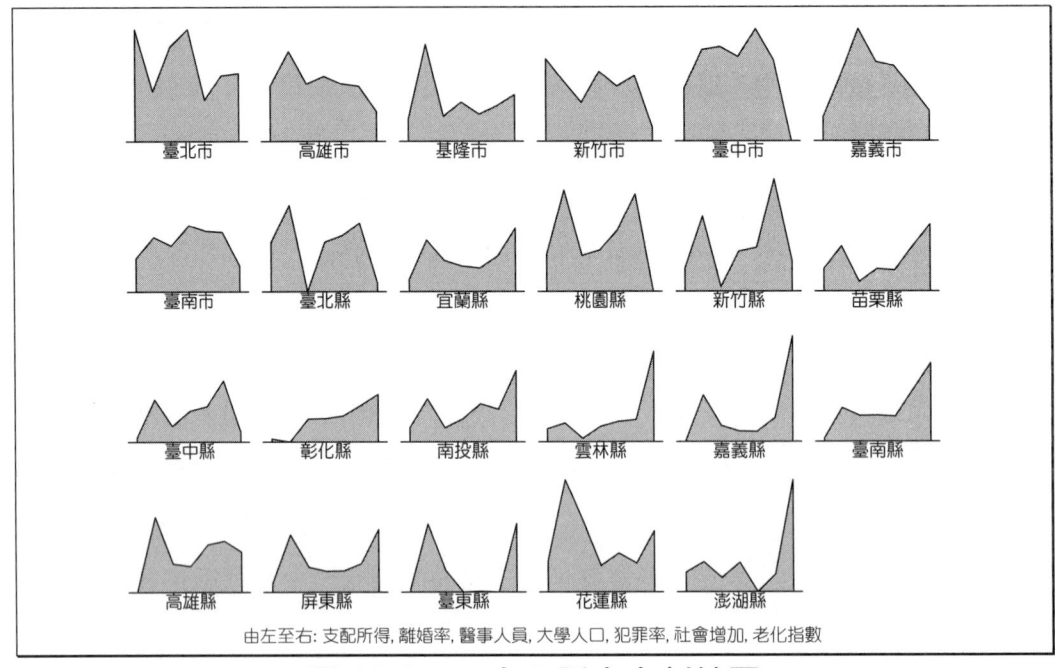

由左至右: 支配所得, 離婚率, 醫事人員, 大學人口, 犯罪率, 社會增加, 老化指數

圖 10-3　二十三縣市之剖繪圖

　　雖然圖 10-3 已經可以大略看出各縣市的差異性及相似性，但是因為各剖繪圖分開排列，要互相比較並不容易，因此可以將所有的圖合併成圖 10-4 (圖中較粗之線條分別代表臺北市及高雄市)。

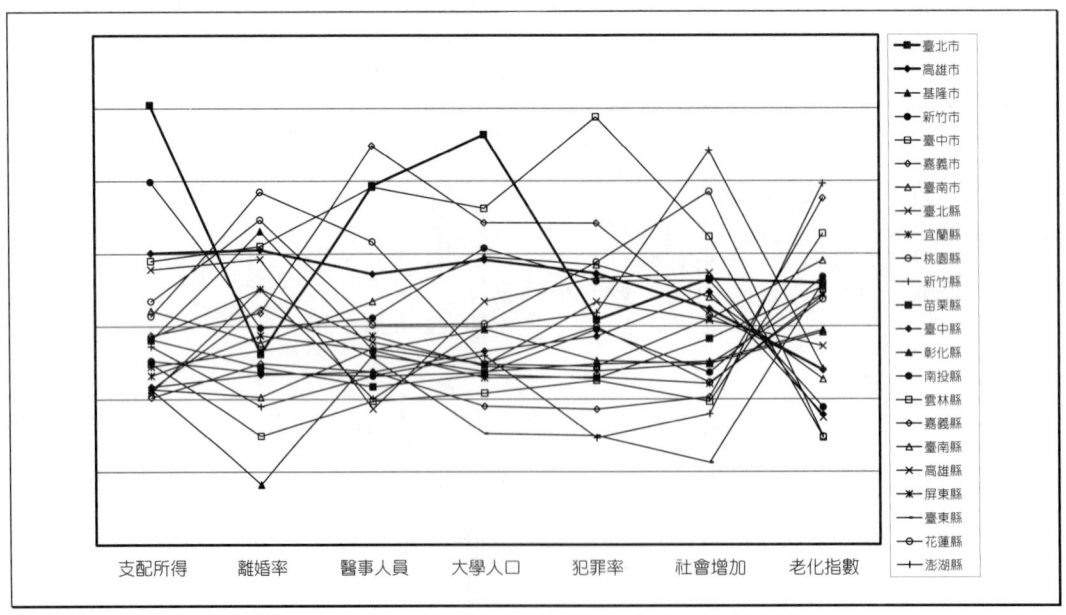

圖 10-4　二十三縣市之合併剖繪圖

第四種是配合主成份分析，以座標圖呈現。主成份分析的目的之一在於資料的精簡，研究者可以將前述七個變項精簡成兩個無關 (也就是成 90 度) 的主成份 (由圖可看出兩個主成份的總解釋量是 76.4%)，然後將 23 個縣市在兩個主成份上的得分在座標上標出如下圖 (以 S-PLUS 進行模糊集群分析所得)，然後概略劃分成三個不同的集群 (事前決定)。

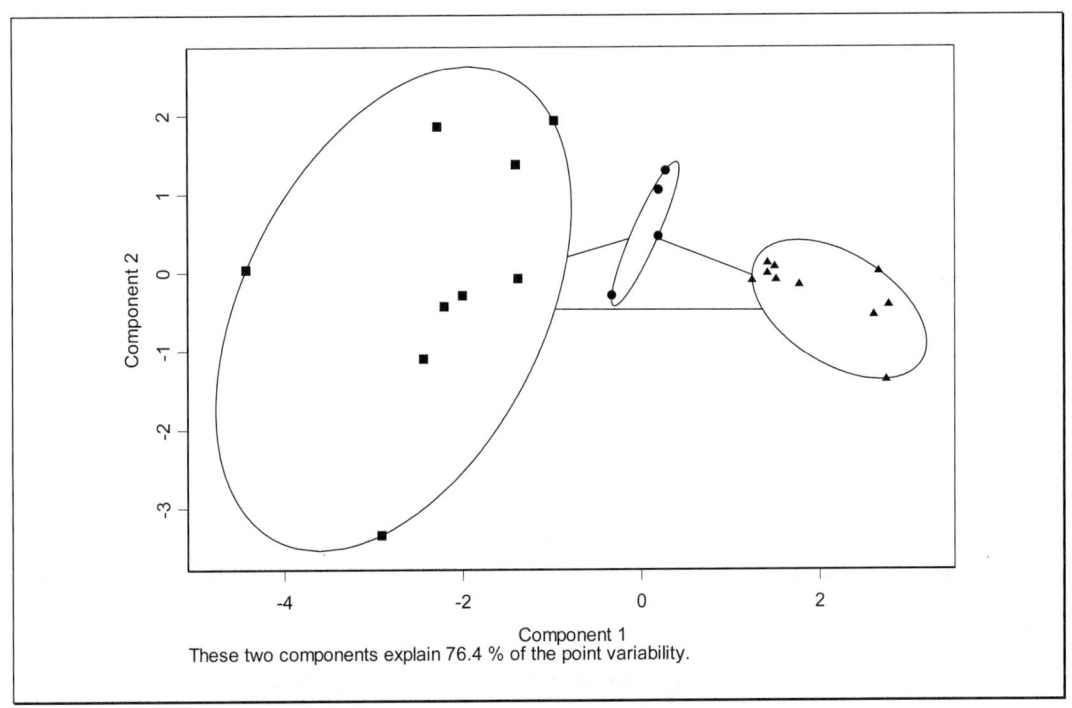

圖 10-5　二十三縣市之模糊集群分析圖

10.1.2　集群分析的意義及目的

在因素分析的描述中 (參見第九章) 我們可知，其目的是在於將**變項**加以分類。但是有時候研究者可能會有興趣將**觀察體**加以分類，此時就需要使用集群分析 (cluster analysis)。

集群分析以往大都使用在醫學上以將各種疾病加以分類，及行銷學上將各種客戶加以分群。其主要的方法是使用一組的**計量資料**，加以計算各觀察體的相似性 (similarity) 或相異性 (dissimilarity)，然後使用各種分析的方法，將這些觀察體加以分類，進而能更有效地掌握各集群的性質。集群分析與區別分析都是在進行

分類，但是區別分析是分類前就已經知道分類的組別了，而集群分析在分類前通常是不確定可以分成多少組別的。

集群分析所關心的重點有三 (林邦傑, 1981, p.31)：

1. 如何以數量來表示觀察體與觀察體間的相似性 (或相異性)？

2. 如何根據這些相似性將類似的觀察體分為一個集群？

3. 所有觀察體分類完畢後，對每一集群的性質應如何描述？

10.1.3　相似性及相異性的計算

在進行集群分析之前，我們會根據一些變項加以計算觀察體間的**相異性** (一般用**距離量數**表示) 或**相似性**。以下將依據變項的性質，說明統計軟體 (特別是指 SPSS) 使用的量數。

10.1.3.1　計量性資料

假設有 2 個觀察體 (A、B)，在 3 個量的變項 (X1、X2、X3) 上的數值如**表 10-1**：

表 10-1　兩個觀察體之三個變項

	X1	X2	X3
A	2	4	6
B	4	1	5

要表示他們的**相異性**，一般常用的方法有七種，如果距離值愈大，則表示兩個觀察體距離愈遠，因此相異性也愈大。

1. **街道距離**或**曼哈頓距離** (city-block or Manhattan distance)

$$d(x_a, x_b) = \sum_{i=1}^{p} |x_{ai} - x_{bi}| = |2-4| + |4-1| + |6-5| = 2+3+1 = 6$$

2. **柴比雪夫距離** (Chebychev distance)

$$d(x_a, x_b) = \max|x_{ai} - x_{bi}| = \max(|2-4|,\ |4-1|,\ |6-5|) = \max(2,\ 3,\ 1) = 3$$

3. **歐基里德距離** (Euclidean distance)

$$d(x_a, x_b) = \sqrt{\sum_{i=1}^{p}(x_{ai} - x_{bi})^2} = \sqrt{(2-4)^2 + (4-1)^2 + (3-5)^2} = \sqrt{4+9+1} = \sqrt{14} =$$

3.742

4. **歐基里德距離平方** (squared Euclidean distance)

$$d(x_a, x_b) = \sum_{i=1}^{p}(x_{ai} - x_{bi})^2 = (2-4)^2 + (4-1)^2 + (3-5)^2 = 4+9+1 = 14$$

5. **敏可斯基距離** (Minkowski distance)，它是距離測量的通式，如果 m=2，則它就等於歐基里德距離。

如果 m=3，則 $d(x_a, x_b) = \sqrt[m]{\sum_{i=1}^{p}|x_{ai} - x_{bi}|^m} = \sqrt[3]{|2-4|^3 + |4-1|^3 + |3-5|^3} = \sqrt[3]{36}$

=3.302

6. **冪距離** (power or customized distance)

$$d(x_a, x_b) = \sqrt[n]{\sum_{i=1}^{p}|x_{ai} - x_{bi}|^m}$$

7. **馬哈蘭諾距離** (Mahalanobis distance)：$d(x_a, x_b) = \sqrt{(x_a - x_b)' S^{-1}(x_a - x_b)}$，它是歐氏距離再乘以變異－共變異矩陣之反矩陣，目的在避免因測量單位不同而造成的差異。

而常用的相似性係數有二：

1. **餘弦係數** (cosine)

$$s(x_a, x_b) = \frac{\sum_{i=1}^{p}(x_{ai}x_{bi})}{\sqrt{(\sum_{i=1}^{p}x_{ai}^2)(\sum_{i=1}^{p}x_{bi}^2)}} = \frac{2\times4 + 4\times1 + 6\times5}{\sqrt{(2^2+4^2+6^2)(4^2+1^2+5^2)}} = \frac{42}{\sqrt{2352}} = 0.866$$

2. **皮爾遜積差相關係數** (Pearson correlation)，其計算方法與變項間的皮爾遜積差相關係數相同，以觀察體所求的相關係數矩陣，一般稱為 Q 型相關矩陣。

$$s(x_a, x_b) = \frac{\sum_{i=1}^{p}Zx_{ai}Zx_{bi}}{p-1}$$

10.1.3.2 次序性資料

以下仍以**表 10-1** 中的數值為例，說明次序性資料距離的計算方法。**表 10-2** 中括號內為期望值及其算法。

表 10-2 表 10-1 之期望值

	X1	X2	X3	Σ
A	2 $(\frac{12\times6}{22}=3.27)$	4 $(\frac{12\times5}{22}=2.73)$	6 $(\frac{12\times11}{22}=6.00)$	12
B	4 $(\frac{10\times6}{22}=2.73)$	1 $(\frac{10\times5}{22}=2.27)$	5 $(\frac{10\times11}{22}=5.00)$	10
Σ	6	5	11	22

計算次序性資料的**相異性**，常用的方法有二：

1. χ^2 距離 (chi-square distance)

$$d(x_a, x_b) = \sqrt{\sum \frac{(x_{ai} - e_{ai})^2}{e_{ai}} + \sum \frac{(x_{bi} - e_{bi})^2}{e_{bi}}}$$ 其中 e_{ai}、e_{bi} 是細格的期望值，其計

算方法如表格中所示。以**表 10-1** 數值計算所得之 χ^2 距離 $d(x_a, x_b) =$

$$\sqrt{\frac{(2-3.27)^2}{3.27} + \frac{(4-2.73)^2}{2.73} + \frac{(6-6.00)^2}{6.00} + \frac{(4-2.73)^2}{2.73} + \frac{(1-2.27)^2}{2.27} + \frac{(5-5.00)^2}{5.00}} = 1.548$$。

2. Φ^2 距離 (phi-square distance)，與 χ^2 距離相似，但是以總次數的平方根加以標準化，因此就可以避免受總次數的影響。

$$\Phi^2 = \frac{\chi^2}{\sqrt{\sum_i^p (x_{ai} + x_{bi})}} = \frac{1.547}{\sqrt{22}} = 0.330$$

10.1.3.3 二元性資料

表 10-3 是 2 個觀察體 (A、B)，在 6 個二分變數 (X1 至 X6) 上的數值 (1 代表有該項特質，0 代表**沒有**該項特質)，計算相異性及相似性時，應先彙整成**表 10-4**

的摘要表 (數字下為計算時之代號)，其中 a 是**互相配對**且同時都有該特質的次數，
b 與 d 是**未配對**的次數，d 是**互相配對**且同時都**沒有**該特質的次數。以下都將使用
表 10-4 的數值說明各種相異性及相似性的計算方法。

表 10-3　兩個觀察體之七個變項

	X1	X2	X3	X4	X5	X6	X7
A	1	1	0	0	1	1	0
B	1	0	0	1	1	0	0

表 10-4　表 10-3 之摘要表

		A		
		1	0	Σ
B	1	2 / a	1 / b	3 / a+b
	0	2 / c	2 / d	4 / c+d
	Σ	4 / a+c	3 / b+d	7 / a+b+c+d

一般常用的**距離量數**有 (SPSS, 1999)：

1. **歐基里德距離** (Euclidean distance)，最小值為 0，最大值沒有上限。

$$d(x_a, x_b) = \sqrt{b+c} = \sqrt{1+2} = 1.732$$

2. **歐基里德距離平方** (squared Euclidean distance)

$$d(x_a, x_b) = (b+c) = (1+2) = 3$$

3. **規模差距離** (size difference distance)，最小值為 0，最大值沒有上限。

$$d(x_a, x_b) = \frac{(b-c)^2}{(a+b+c+d)^2} = \frac{1^2}{7^2} = 0.020$$

4. **模式差距離** (pattern difference distance)，介於 0 與 1 之間。

$$d(x_a, x_b) = \frac{bc}{(a+b+c+d)^2} = \frac{2}{7^2} = 0.041$$

5. 變異數距離 (variance distance)，最小值為 0。

$$d(x_a, x_b) = \frac{(b+c)}{4(a+b+c+d)} = \frac{3}{4 \times 7} = 0.107$$

6. 形狀距離 (shape distance)，沒有上下限。

$$d(x_a, x_b) = \frac{(a+b+c+d)(b+c)-(b-c)^2}{(a+b+c+d)^2} = \frac{7 \times 3 - 1}{7^2} = 0.408$$

7. Lance 和 Williams 距離 (Lance and Williams distance)，介於 0 與 1 之間。

$$d(x_a, x_b) = \frac{b+c}{2a+b+c} = \frac{3}{2 \times 2 + 1 + 2} = 0.429$$

　　SPSS 常用的相似性指標有可分成四類：配對係數 (matching coefficient)、條件機率 (conditional probability)、可預測量數 (predictability measure)及其他類量數 (SPSS, 1999)：

配對係數： 此類量數的分子部分都是互相配對的次數 (同時有該項特質，或是同時都沒有該項特質)。

1. Russell 和 Rao 係數

$$s(x_a, x_b) = \frac{a}{a+b+c+d} = \frac{2}{2+1+2+2} = 0.286$$

2. 簡單配對係數 (simple matching coefficient)

$$s(x_a, x_b) = \frac{a+d}{a+b+c+d} = \frac{2+2}{2+1+2+2} = 0.571$$

3. Jaccard 係數

$$s(x_a, x_b) = \frac{a}{a+b+c} = \frac{2}{2+1+2} = 0.400$$

4. Dice 或 Czekanowski 或 Sorenson 係數

$$s(x_a, x_b) = \frac{2a}{2a+b+c} = \frac{2 \times 2}{2 \times 2 + 1 + 2} = 0.571$$

5. Rogers 和 Tanimoto 係數

$$s(x_a, x_b) = \frac{a+d}{a+d+2(b+c)} = \frac{2+2}{2+2+2(1+2)} = 0.400$$

6. Sokal 和 Sneath 係數 1 式

$$s(x_a, x_b) = \frac{2(a+d)}{2(a+d)+b+c} = \frac{2(2+2)}{2(2+2)+1+2} = 0.727$$

7. Sokal 和 Sneath 係數 2 式

$$s(x_a, x_b) = \frac{a}{a+2(b+c)} = \frac{2}{2+2(1+2)} = 0.250$$

8. Sokal 和 Sneath 係數 3 式，最小值為 0，最大值沒有上限，但分母部分有可能是 0 (亦即沒有不配對的次數)，此時 SPSS 將此係數的上限設定為 10000。

$$s(x_a, x_b) = \frac{a+d}{b+c} = \frac{2+2}{1+2} = 1.333$$

9. Kulczynski 係數 1 式，最小值為 0，最大值沒有上限，但分母部分有可能是 0，此時 SPSS 將此係數的上限設定為 10000。

$$s(x_a, x_b) = \frac{a}{b+c} = \frac{2}{1+2} = 0.667$$

條件機率

1. Kulczynski 係數 2 式，介於 0 與 1 之間。

$$s(x_a, x_b) = \frac{\frac{a}{a+b} + \frac{a}{a+c}}{2} = \frac{\frac{2}{2+1} + \frac{2}{2+2}}{2} = 0.583$$

2. Sokal 和 Sneath 係數 4 式，介於 0 與 1 之間。

$$s(x_a, x_b) = \frac{\frac{a}{a+b} + \frac{a}{a+c} + \frac{d}{b+d} + \frac{d}{c+d}}{4} = \frac{\frac{2}{2+1} + \frac{2}{2+2} + \frac{2}{1+2} + \frac{2}{2+2}}{4} = 0.583$$

3. Hamann 係數，介於 -1 與 +1 之間。

$$s(x_a, x_b) = \frac{(a+d)-(b+c)}{a+b+c+d} = \frac{(2+2)-(1+2)}{2+1+2+2} = 0.143$$

可預測量數

1. Goodman 和 Kruskal 的 Lambda 係數，介於 0 與 1 之間。

$$s(x_a, x_b) = \frac{t_1 - t_2}{(a+b+c+d)-t_2} = \frac{(2+2+2+2)-(4+4)}{(2+1+2+2)-(4+4)} = 0$$

其中

$$t_1 = \max(a,b) + \max(c,d) + \max(a,c) + \max(b,d)$$

$$t_2 = \max(a+c, b+d) + \max(a+d, c+d)$$

2. Anderberg D 係數，介於 0 與 1 之間。

$$s(x_a, x_b) = \frac{t_1 - t_2}{2(a+b+c+d)} = \frac{(2+2+2+2)-(4+4)}{2(2+1+2+2)} = 0$$

3. Yule Y 係數，介於 -1 與 +1 之間。

$$s(x_a, x_b) = \frac{\sqrt{ad} - \sqrt{bc}}{\sqrt{ad} + \sqrt{bc}} = \frac{\sqrt{2 \times 2} - \sqrt{1 \times 2}}{\sqrt{2 \times 2} + \sqrt{1 \times 2}} = 0.172$$

4. Yule Q 係數，介於 -1 與 +1 之間。

$$s(x_a, x_b) = \frac{ad - bc}{ad + bc} = \frac{2 \times 2 - 1 \times 2}{2 \times 2 + 1 \times 2} = 0.333$$

其他類量數

1. Ochiai 係數，它是二元資料的餘弦係數，介於 0 與 1 之間。

$$s(x_a, x_b) = \sqrt{\frac{a}{a+b} \cdot \frac{a}{a+c}} = \sqrt{\frac{2}{2+1} \cdot \frac{2}{2+2}} = 0.577$$

2. Sokal 和 Sneath 係數 5 式，介於 0 與 1 之間。

$$s(x_a, x_b) = \frac{ad}{\sqrt{(a+b)(a+c)(b+d)(c+d)}} = \frac{2 \times 2}{\sqrt{(2+1)(2+2)(1+2)(2+2)}} = 0.333$$

3. Fourfold ϕ 係數,它是二元資料的 Pearson 積差相關係數。

$$s(x_a, x_b) = \frac{ad-bc}{\sqrt{(a+b)(a+c)(b+d)(c+d)}} = \frac{2 \times 2 - 1 \times 2}{\sqrt{(2+1)(2+2)(1+2)(2+2)}} = 0.167$$

4. **分散係數** (dispersion coefficient),介於 – 1 與 1 之間。

$$s(x_a, x_b) = \frac{ad-bc}{(a+b+c+d)^2} = \frac{2 \times 2 - 1 \times 2}{(2+1+2+2)^2} = 0.041$$

10.1.3.4 相似性及相異性的轉換

當我們利用前述的公式計算出相似性量數或相異性量數,可以利用以下兩個公式相互轉換 (張健邦, 1993, p.210):

$$s(x_a, x_b) = \frac{1}{1 + d(x_a, x_b)}$$

$$d(x_a, x_b) = 1 - s(x_a, x_b)$$

不過,一般統計軟體大多是以距離量數 (相異性) 來進行集群分析。

10.1.3.5 相似性及相異性的選擇

雖然一般統計軟體大多提供距離量數進行集群分析,不過研究者在選擇測量的方式時,還是應加以考慮。以下圖四個觀察體的四個變項之剖繪圖為例,如果採用歐氏距離,則觀察體 A 與觀察體 B 的距離是比較接近的 (也就是比較相似),同理,觀察體 C 與觀察體 D 的距離也是同樣接近。但是如果採用皮爾遜積差相關係數 (Q 型相關),則 A 與 C 比較接近 (相關係數為 1),而 B 與 D 也是較接近的,此時 A 與 B 反而比較不相似 (相關係數為 0)。

如果此四個觀察體是國家,或許 A 與 B 可以歸為已開發國家,C 與 D 可能是

開發中國家。但是 C 國在發展時，應該學習的對象是 A 國，因為這兩個國家四個變項的相對大小是比較雷同的 (變項 1、3 都比較高，而變項 2、4 較低)；同理，D 國則應師法 B 國。

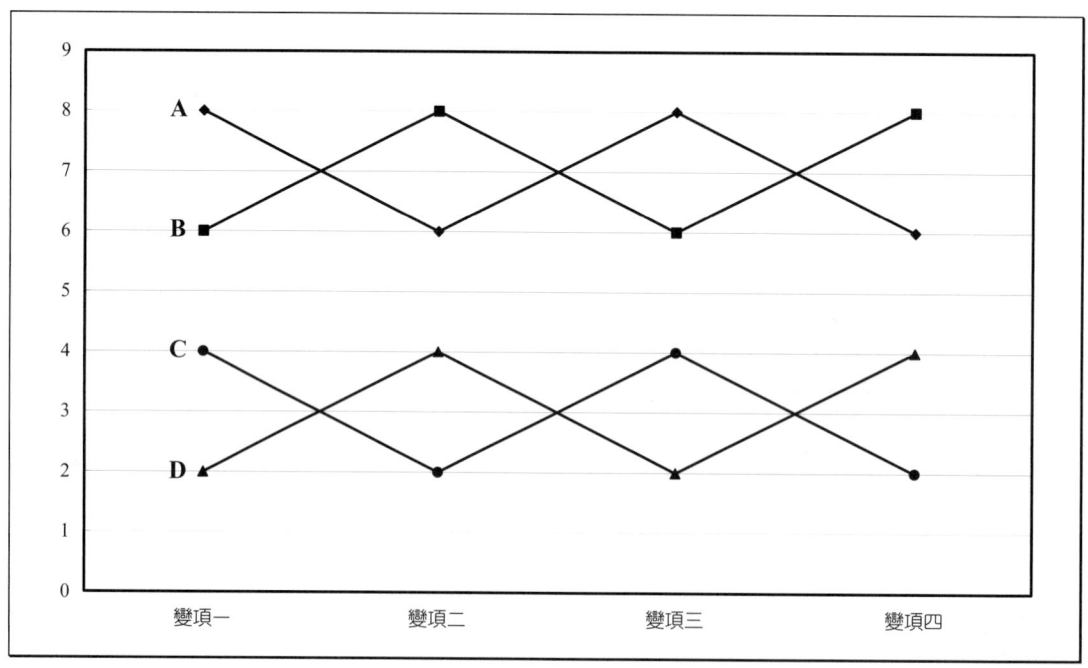

圖 10-6　四個觀察體之四個變項剖繪圖

10.1.4　階層式的分析方法

在分析的方法方面，一般可分成**階層式** (hierarchical method) 及**非階層式** (nonhierarchical method) 兩大類。而階層式的又分成**集結法** (agglomerative method) 及**分裂法** (divisive method) 兩種。

集結的方式，係先計算出各觀察體間的距離或組內誤差矩陣，然後將最接近的兩個觀察體加以合併成一集群，接著再算出合併後的觀察體間距離或組內誤差，並重複以上的程序，直到所有觀察體合併成同一集群。其方法較常使用者有**單一連結法** (single linkage method)、**完全連結法** (complete linkage method)、**平均連結法** (average linkage method)、**形心法** (centroid method)、**中位數法** (median method)、**華德法** (Ward's method)。

以下使用**表 10-5** 的五個觀察體在二個變項上的假設性資料為例，說明各種連結的方法。表中右側是五個觀察體間的距離 (此處以歐氏距離平方為例)，此時觀察體 A 與觀察體 B 的距離最小 (為 2)。

表 10-5　原始資料及計算所得之歐氏距離平方

	X	Y
A	6	5
B	7	6
C	2	4
D	4	2
E	2	1

	A	B	C	D	E
A					
B	2				
C	17	29			
D	13	25	8		
E	32	50	9	5	

單一連結法，又稱**近鄰法** (nearest neighbor method)，其連結的步驟為：

1. 找出距離最相近的兩個集群 (或觀察體)，例：C_A 及 C_B。將集群 C_A 及 C_B 合併為 C_{AB}。

2. 計算新集群 C_{AB} 與其他集群的距離：$d(C_{AB}, C_D) = \min\{d(C_A, C_D), d(C_B, C_D)\}$，意即取 C_A 與 C_D，及 C_B 與 C_D 兩者當中距離**最近者** (所以稱為**近鄰法**)，代表 C_{AB} 和 C_D 的新距離。

3. 如果要計算 C_{AB} 與 C_{DE} 的距離，則 $d(C_{AB}, C_{DE}) = \min\{d(C_A, C_D), d(C_B, C_D), d(C_A, C_E), d(C_B, C_E)\}$。

4. 重複上述步驟，直到所有觀察體合併成一個集群為止。

以**表 10-5** 的資料，使用單一連結法，其步驟可以整理成下表：

	AB	C	D	E
AB				
C	17			
D	13	8		
E	32	9	5	

→

	AB	C	DE
AB			
C	17		
DE	13	8	

→

	AB	CDE
AB		
CDE	13	

由**表 10-5** 右側可以看出，觀察體 A 與觀察體 B 的距離為 2，是所有觀察體間最小者，所以兩者先合併成一個集群，合併後重新計算集群 AB 與其他三個觀察體的距離 (取 A 或 B 與其他觀察體最近者)，此時 D、E 的距離最小 (為 5)。

將 DE 合併後，再重新計算集群 DE 與其他兩個集群 (或觀察體) 的距離，此時觀察體 C 與集群 DE 的距離最小 (為 8)。

將 CDE 合併後，再重新計算集群 CDE 與集群 AB 的距離 (為 13)。

由上述的過程可以得到各階段連結的距離分別為 2、5、8、13，而連結的順序分別是 A 與 B、D 與 E、C 與 DE、AB 與 CDE，據此可以畫成下面的樹狀圖。

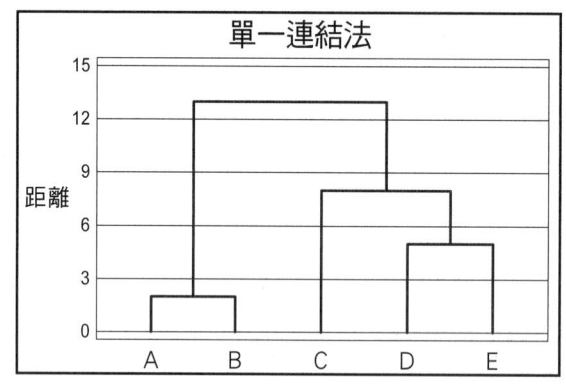

完全連結法，又稱遠鄰法 (farthest neighbor method)，其連結的步驟為：

1. 找出距離最相近的兩個集群 (或觀察體)，例：C_A 及 C_B。將集群 C_A 及 C_B 合併為 C_{AB}。

2. 計算新集群 C_{AB} 與其他集群的距離：$d(C_{AB}, C_D) = \max\{d(C_A, C_D), d(C_B, C_D)\}$，意即取 C_A 與 C_D，及 C_B 與 C_D 兩者當中距離**最遠者** (所以稱為**遠鄰法**)，代表 C_{AB} 和 C_D 的新距離。

3. 如果要計算 C_{AB} 與 C_{DE} 的距離，則 $d(C_{AB}, C_{DE}) = \max\{d(C_A, C_D), d(C_B, C_D), d(C_A, C_E), d(C_B, C_E)\}$。

4. 重複上述步驟，直到所有觀察體合併成一個集群為止。

以**表 10-5** 的資料，使用完全連結法，其步驟可以整理成下表：

	AB	C	D	E
AB				
C	29			
D	25	8		
E	50	9	5	

➜

	AB	C	DE
AB			
C	29		
DE	50	9	

➜

	AB	CDE
AB		
CDE	50	

由**表 10-5** 右側可以看出，觀察體 A 與觀察體 B 的距離為 2，是所有觀察體間最小者，所以兩者先合併成一個集群，合併後重新計算集群 AB 與其他三個觀察體的距離 (取 A 或 B 與其他觀察體最遠者)，此時 D、E 的距離最小 (為 5)。

將 DE 合併後，再重新計算集群 DE 與其他兩個集群 (或觀察體) 的距離，此時觀察體 C 與集群 DE 的距離最小 (為 9)。

將 CDE 合併後，再重新計算集群 CDE 與集群 AB 的距離 (為 50)。

由上述的過程可以得到各階段連結的距離分別為 2、5、9、50，而連結的順序分別是 A 與 B、D 與 E、C 與 DE、AB 與 CDE，據此可以畫成下面的樹狀圖。

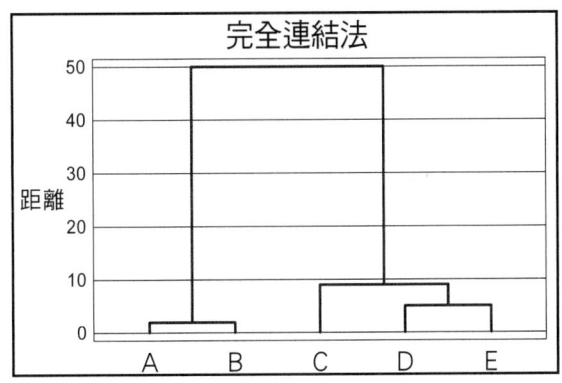

平均連結法，其連結的步驟為：

1. 找出距離最相近的兩個集群 (或觀察體)，例：C_A 及 C_B。將集群 C_A 及 C_B 合併為 C_{AB}。

2. 計算新集群 C_{AB} 與其他集群的距離：$d(C_{AB}, C_D) = \dfrac{\sum\sum d_{ij}}{n_{(AB)}n_D}$，意即取 C_A 與 C_D，及 C_B 與 C_D 的平均距離，代表 C_{AB} 和 C_D 的新距離。

3. 如果要計算 C_{AB} 與 C_{DE} 的距離，則 $d(C_{AB}, C_{DE}) = \dfrac{d(C_A, C_D) + d(C_B, C_D) + d(C_A, C_E) + d(C_B, C_E)}{2 \times 2}$

4. 重複上述步驟，直到所有觀察體合併成一個集群為止。

以表 10-5 的資料，使用平均連結法，其步驟可以整理成下表：

	AB	C	D	E
AB				
C	23			
D	19	8		
E	41	9	5	

→

	AB	C	DE
AB			
C	29		
DE	30	8.5	

→

	AB	CDE
AB		
CDE	27.67	

由表 10-5 右側可以看出，觀察體 A 與觀察體 B 的距離為 2，是所有觀察體間最小者，所以兩者先合併成一個集群，合併後重新計算集群 AB 與其他三個觀察體的距離 (取 A、B 與其他觀察體的平均距離)，此時 D、E 的距離最小 (為 5)。

將 DE 合併後，再重新計算集群 DE 與其他兩個集群 (或觀察體) 的距離，此時觀察體 C 與集群 DE 的距離最小 (為 8.5)。

將 CDE 合併後，再重新計算集群 CDE 與集群 AB 的距離 (為 27.67)。

由上述的過程可以得到各階段連結的距離分別為 2、5、8.5、27.67，而連結的順序分別是 A 與 B、D 與 E、C 與 DE、AB 與 CDE，據此可以畫成下面的樹狀圖。

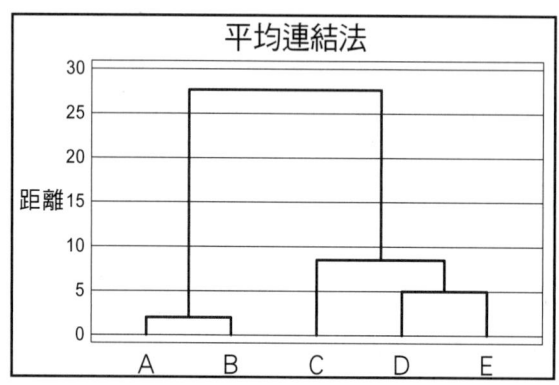

形心法，其連結的步驟為：

1. 找出距離最相近的兩個集群 (或觀察體)，例：C_A 及 C_B。將集群 C_A 及 C_B 合併為 C_{AB}。

2 將 A、B 兩群之原始數值求平均數，以此平均數代表兩個觀察體的原始數值，然後再計算新集群 C_{AB} 與其他集群的距離。

3. 重複上述步驟，直到所有觀察體合併成一個集群止。

由表 10-5 右側可以看出，觀察體 A 與觀察體 B 的距離為 2，是所有觀察體間最小者，所以兩者先合併成一個集群，合併後重新計算集群 AB 的原始數值 (以 A 與 B 的原始數值求平均)，得到下表左側的數據。接著再以此數值計算四個集群 (或觀察體) 的距離，得到下表右側的數值，此時 D、E 的距離最小 (為 5)。

	X	Y
AB	6.5	5.5
C	2	4
D	4	2
E	2	1

	AB	C	D	E
AB				
C	22.5			
D	18.5	8		
E	40.5	9	5	

　　將 DE 合併後，先計算集群 DE 的原始數值 (下表左側)，然後重新計算三個集群 (或觀察體) 的距離，此時觀察體 C 與集群 DE 的距離最小 (為 7.25)。

	X	Y
AB	6.5	5.5
C	2	4
DE	3	1.5

	AB	C	DE
AB			
C	22.5		
DE	28.25	7.25	

　　將 CDE 合併後，先計算集群 CDE 的原始數值 (下表左側)，然後重新計算最後兩個集群的距離 (為 24.72)。

	X	Y
AB	6.5	5.5
CDE	2.67	2.33

	AB	CDE
AB		
CDE	24.72	

　　由上述的過程可以得到各階段連結的距離分別為 2、5、7.25、24.72，而連結的順序分別是 A 與 B、D 與 E、C 與 DE、AB 與 CDE，據此可以畫成下面的樹狀圖。

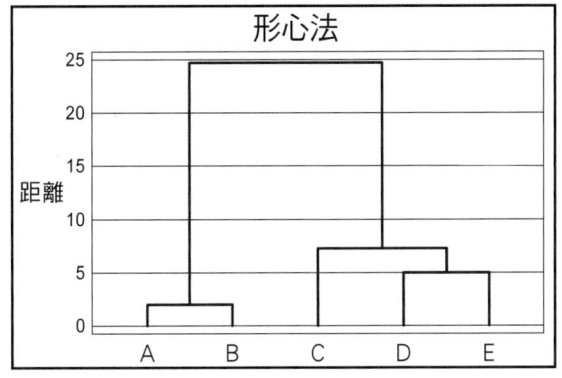

　　總結上面所述四種連結方法，可用下圖來表示之。簡言之，單一連結法在計算集群間的距離是取兩集群間任意兩個觀察體之間的最近距離；完全連結法是取最遠的距離；平均連結法是取兩集群間任意兩個觀察體距離的平均數；形心法則是取兩集群間形心的距離。

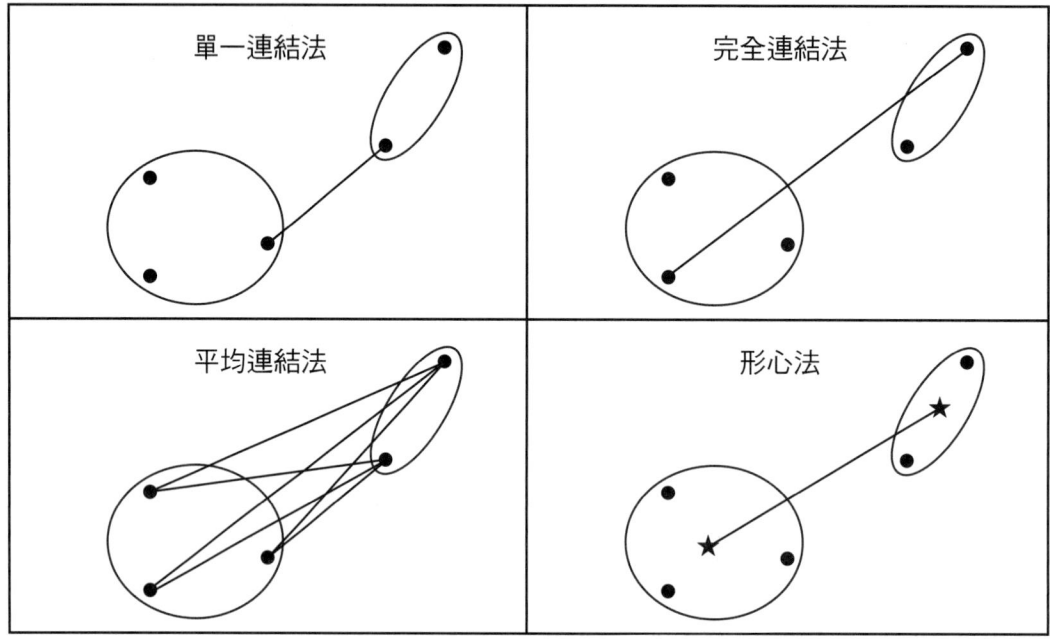

華德最小變異法 (Ward's minimum variance method)：其目的是希望合併後集群內的聯合組內變異量 (用離均差平方和代表，$SS = \sum_{i=1}^{p}\sum_{j=1}^{m}(x_{ij} - \bar{x}_i)^2$，其中 i 代表變項，j 代表觀察體) 達到最小，集結的步驟為：

1. 將每個觀察體視為單獨一個集群，計算其組內變異量，此時為 0。

2. 分別計算 N 個觀察體與其他某一個觀察體合併時的組內變異量，取其變異量最小者的兩個觀察體合併為一集群，並視為一個觀察體，此時觀察體數為 N–1。

3. 分別計算 N–1 個觀察體與其他某一個觀察體合併時的組內變異量，取其變異量最小者的兩個觀察體合併為一集群，並視為一個觀察體，此時觀察體數為 N–2。

4. 重複上述的步驟，直到所有觀察體合併成一個集群。

以前述的資料為例，一開始如果將 AB 合併成一集群，則此時 SS= $(6 - \frac{6+7}{2})^2 + (7 - \frac{6+7}{2})^2 + (5 - \frac{5+6}{2})^2 + (6 - \frac{5+6}{2})^2 = 1$，如果將 CD 合併成一集群，則 SS=$(2 - \frac{2+4}{2})^2 + (4 - \frac{2+4}{2})^2 + (4 - \frac{4+2}{2})^2 + (2 - \frac{4+2}{2})^2 = 4$。

當合併成三個集群時，如果是 AB、CD，及 D 的組合，則聯合組內 SS 就等於 1+4+0=5。

下表是各集結階段及其可能組合的聯合組內 SS。

	集群				聯合組內 SS
	1	2	3	4	
4 個集群之可能組合					
1	AB	C	D	E	1.00
2	AC	B	D	E	8.50
3	AD	B	C	E	6.50
4	AE	B	C	D	16.00
5	BC	A	D	E	14.50
6	BD	A	C	E	12.50
7	BE	A	C	D	25.00
8	CD	A	B	E	4.00
9	CE	A	B	D	4.50
10	DE	A	B	C	2.50
3 個集群之可能組合					
1	ABC	D	E		16.00
2	ABD	C	E		13.33
3	ABE	C	D		28.00
4	AB	CD	E		5.00
5	AB	CE	D		5.50
6	AB	DE	C		3.50
2 個集群之可能組合					
1	ABC	DE			18.50
2	AB	CDE			8.33
3	ABDE	C			23.50
1 個集群之可能組合					
1	ABCDE				38.00

當 5 個觀察體要集結成 4 個集群時，有 10 種組合。此時 AB 合併成一集群的 SS 最小 (1.00)，因此第一階段這兩個觀察體會先集結。

第二階段要合併成 3 個集群，因為 AB 已經成為一個集群，因此剩下的可能組合有 6 種。此時如果 DE 另外再合併成一集群 (組內 SS 為 2.50)，再加上 C 為單獨一集群 (組內 SS 為 0)，則聯合組內 SS 為 3.50，是所有組合中最小的。

第三階段要合併成 2 個集群，因為 AB、DE 都已經分別合併為一個集群，因此剩下的可能組合只有 3 種。此時如果 CDE 另外再合併成一集群，則聯合組內 SS 為 8.33。

第四階段是 5 個觀察體合併成一個集群，此時 SS 為 38.00。

由上述的過程可以得到各階段連結的距離 (聯合組內 SS) 分別為 1.00、3.50、8.33、38.00，而連結的順序分別是 A 與 B、D 與 E、C 與 DE、AB 與 CDE，據此可以畫成下面的樹狀圖。

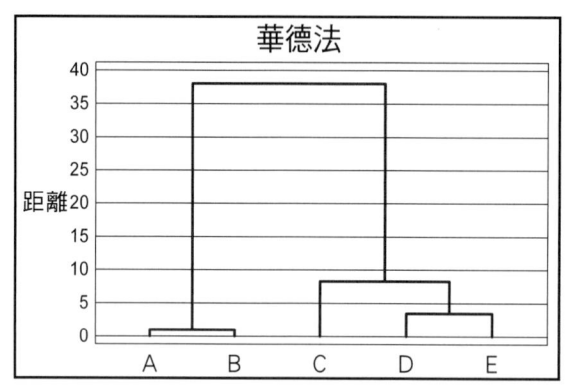

分裂法：分裂法的概念與集結法相反，它是依序將相異性最大的觀察體分裂成另一集群，步驟如下：

1. 首先將所有觀察體當成一個集群。

2. 接著計算哪一個觀察體與集群的相異性最大或相似性最小 (通常取這個觀察體與集群內其他觀察體的平均距離)，然後將其分裂成另一集群。

3. 分別計算大集群中每個觀察體與集群內及集群外的平均距離，如果比較接近另一個集群，則將此觀察體分到另一集群，否則，就留在集群內。此過程一直到兩個集群內的觀察體都不能再分裂時為止。

4. 重複第二、三兩個步驟，將所有觀察體一直分裂到單獨一個集群為止。

根據**表 10-5** 的資料，計算每個觀察體與其他觀察體的平均距離，由下表可知：B 與其他四個觀察體 (暫時稱為第一集群) 的平均距離最遠，因此應該先分裂成另一集群 (暫時稱為第二集群)。計算第一集群中每一個觀察體與集群內 (其他三個觀察體) 集群外 (觀察體 C，第二集群) 的平均距離及兩者的差異，如果差異為正數，則將此觀察體 (此處為 A) 分裂到另一集群。

接著，再計算第一集群中每一個觀察體與集群內 (其他二個觀察體) 集群外 (觀察體 A、C) 的平均距離及兩者的差異。由於此處的差異都是負數，因此第一階段的分裂是將五個觀察體分成 A、B 一集群，及 C、D、E 一集群。如果兩集群間

間距離的計算方法是採近鄰法，則此時的分裂距離是 13；採遠鄰法是 50；採平均法則是 26.67。總計，五個觀察體要分裂成兩個集群的可能組合有 15 種（$2^{5-1}-1$）。

再接下來分別針對 AB 集群及 CDE 集群加以分裂。AB 集群只有一種分法，就是分成 A 集群及 B 集群，其距離為 2。CDE 集群要再分成兩集群有三種分法（$2^{3-1}-1$），分別是{C、DE}，{D、CE}，及{E、CD}，其分裂方法同上所述。

觀察體	與集群內平均距離	與集群外平均距離	差異
由一集群分裂為二集群			
A	12.8		
B	21.2		
C	12.6		
D	10.2		
E	19.2		
計算第一集群觀察體與第二集群距離－1			
A	20.67	2.00	18.67
C	11.33	29.00	－ 16.67
D	8.67	25.00	－ 16.35
E	15.33	50.00	－ 34.67
計算第一集群觀察體與第二集群距離－2			
C	8.50	23.00	－ 14.50
D	6.50	19.00	－ 12.50
E	7.00	41.00	－ 34.00

10.1.5　非階層式的分析方法

非階層式的集群分析最常用的是 k 平均法（k-mean method），其步驟如下：

1. 依預先假定的集群個數 k，設定 k 個種子點（seed）。

2. 計算每個觀察體到各種子點的距離，並將其分派到最近的一群。

3. 分群後，重新計算每集群的形心。

4. 計算每個觀察體到各集群形心的距離總和（the errors sum of squares of partition, ESS）。

5. 重新分派每個觀察體到與集群形心距離最近的集群，並計算 ESS 值。

6. 比較兩次的 ESS 值，如果差異達到事前訂定的標準，則停止；如果未達標準，則重複 4、5 兩個步驟，直到達到標準為止（Lattin, Carroll, & Green, 2003; Sharma, 1996）。

　　種子點的選取關係著分類的結果。如果種子點選擇不當，分類的結果就可能不甚理想。常用的方法有以下六種 (Sharma, 1996, p.202)：

　　1. 選擇前 k 個沒有缺失值的觀察體。

　　2. 先選擇第 1 個觀察體當第 1 集群的種子；其次選擇與第 1 個種子的距離超過既定標準的下一個觀察體當第 2 個集群的種子；接著選擇與第 1、2 個種子的距離超過既定標準的下一個觀察體當第 3 個集群的種子。依此類推，直到選出 k 個集群的種子為止。

　　3. 隨機選出 k 個觀察體當種子。

　　4. 先選擇 k 個種子，然後依照某種既定的標準 (如彼此距離是否夠遠)，加以置換種子。

　　5. 依照某種既定的標準 (如彼此距離是否夠遠) 選取 k 個種子。

　　6. 由研究者自訂 k 個種子。

　　各集群初始的種子點選取後，接下就要將 n－k 個觀察體分派到距離最近的種子點。常用的分派方法有三種 (Sharma, 1996, p.203)：

　　1. 計算每個集群的形心，將每一個觀察體分派到距離最近的集群中。在分派每一個觀察體的過程中，形心並不更新，而是直到所有觀察體都分派後，才重新計算集群的形心。如果後一次與前一次形心距離的改變超過某種聚斂的標準，就重新計算每個觀察體與各集群形心的距離，然後再分派到距離最近的集群，一直到形心的改變沒有超過既定的標準為止。

　　2. 計算每個集群的形心，將每一個觀察體分派到距離最近的集群中。在分派每一個觀察體的過程中，都會計算觀察體要加入及退出之集群的形心，直到達到某種聚斂標準為止。

　　3. 重新分派觀察體，直到使某種統計量達到最小為止，這種方法稱為**爬山法** (hill-climbing method)，一般常用的統計規準有：

　　(1) 組內 SSCP 矩陣的跡 (trace) 為最小。

　　(2) 組內 SSCP 矩陣的行列式值 (determinant) 為最小。

　　(3) $W^{-1}B$ 矩陣的跡為最小。其中 W 及 B 分別代表組內及組間 SSCP 矩陣。

　　(4) $W^{-1}B$ 矩陣的特徵值為最大。

10.1.6　集群數的判斷

如果使用階層式集群分析法，在集結完成後，接下來就要判斷應該分成幾個集群才算恰當。

如果使用 SPSS 軟體，一般可以用連結距離的陡坡圖來判斷。以前述的例子，使用華德法進行集群分析，所得之各階段連結係數分別為 1.00、3.50、8.33、38.00，利用 Excel 軟體可以繪得下面的陡坡圖。

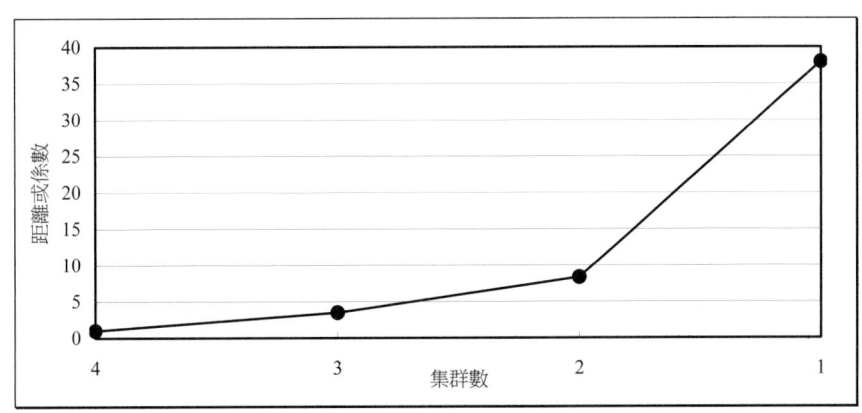

圖 10-7　陡坡圖

此處的陡坡圖與因素分析的特徵值陡坡圖類似。橫軸是集群數，縱軸則是連結距離或係數。

由此圖可以看出：當集群數從 4 減少至 2 時，連結的距離為緩慢增加的趨勢；但是當合併成 1 個集群時，連結的距離則大幅增加。因此 5 個觀察體合併為 2 個集群比較恰當。

如果使用 SAS 軟體，有三種各種集結方法都適用的判斷依據。

第一種是 R^2，它代表**集群間的異質性** (Sharma, 1996)。由變異數分析可知：SS 可分為組間 (SS_B)、組內 (SS_W) 及全體 (SS_T)，$SS_B+SS_W=SS_T$，而 $R^2 = \dfrac{SS_B}{SS_T}$。

隨著觀察體的合併，集群數目愈來愈少，集群內的異質性愈來愈高，因此變異量 (SS_W) 就會愈來愈大。當 SS_T 固定，SS_W 愈大，則愈小 SS_B。此時，集群間的變異量就會減少 (也就是同質性增加)。由於集群分析的主要目的在使集群內的變

異較小 (異質性較小、同質性較大)，而集群間的變異較大 (異質性較大、同質性較小)，因此 R^2 **要大一些**。如果由於觀察體的合併，使得 R^2 突然減小，表示應停止合併。

上一部分我們用華德計算出集結的聯合組內 SS 分別是 1.00、3.50、8.33、38.00，而總 SS 是所有觀察體合併時的 38.00。因此組間 R^2 應是 $\frac{38.00-1.00}{38.00}=.97$、$\frac{38.00-3.50}{38.00}=.91$、$\frac{38.00-8.33}{38.00}=.78$，及 $\frac{38.00-38.00}{38.00}=.00$。

第二種是半淨 R^2 (semi-partial R-squared)，它代表由於加入新的觀察體到集群中而比上一個階段**增加的異質性** (也就是**減少的同質性**)。

如果兩個觀察體在分群的變項上完全相同，則合併在一起之後並不會增加異質性。不過，一般的情形是觀察體不會完全相同，因此在合併的過程中，同一集群內的異質性就會愈來愈高。每個集結階段比上一階段增加的組內 SS 與全體 SS 的比，就稱為半淨 R^2。由於集群分析的目的在於將不同的觀察體合併而又不使集群內的異質性太大，因此**半淨 R^2 要小一些**，如果半淨 R^2 突然增加，就表示集結過程應該停止。

在本例中，半淨 R^2 分別是 $\frac{1.00-0}{38.00}=.03$、$\frac{3.50-1.00}{38.00}=.07$、$\frac{8.33-3.50}{38.00}=.13$，及 $\frac{38.00-8.33}{38.00}=.78$。

第三種是均方根標準差 (root-mean-square standard deviation, RMSSTD)，它是集群中所有觀察體的聯合標準差，代表新集群的異質性，其公式為：

$$RMSSTD = \sqrt{\frac{集群內所有變項的聯合SS}{集群內所有變項的聯合自由度}}$$

在本例中，第 1 階段為 A 及 B 合併為一集群，此時 $RMSSTD = \sqrt{\frac{(6-6.5)^2+(7-6.5)^2+(5-5.5)^2+(6-5.5)^2}{(2-1)+(2-1)}}=0.71$，第 4 階段時 CDE 合併成一集群，

$RMSSTD = \sqrt{\frac{(2-2.67)^2+(4-2.67)^2+(2-2.67)^2+(4-2.33)^2+(2-2.33)^2+(1-2.33)^2}{(3-1)+(3-1)}}$

$=1.35$。計算後，四個階段的 RMSSTD 分別為 0.71、1.12、1.35，及 2.18。

　　由下面兩個圖形可以看出：當集群數由 2 減為 1 時，R^2 及 RMSSTD 都大幅增加，而半淨 R^2 則為突然減少的趨勢，因此適當的集群數為 2。

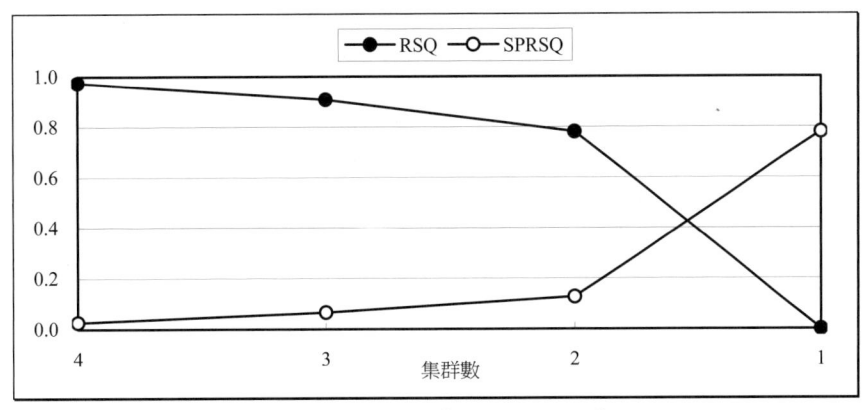

圖 10-8　R^2 及半淨 R^2

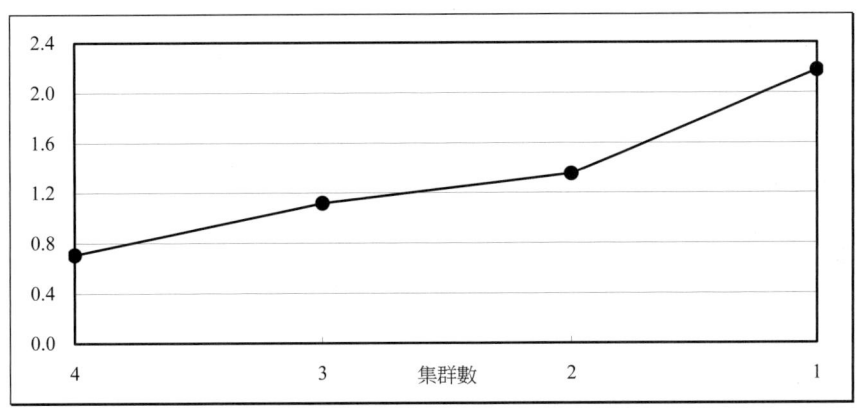

圖 10-9　RMSSTD

　　此外，SAS 還提供了許多判斷集群數的準則，此將在稍後報表部分再加說明。

10.1.7　如何描述各集群的特性

　　分類後，接著應將集群的性質加以描述。統計軟體通常會輸出每個集群的算術平均數及標準差，此時如果能配合平均數的剖繪圖 (參見本章分析摘要表部分)，會更加清晰。如果可能，則應對集群加以命名，例如，以國家所做的集群分析，可能會將其命名為已開發國家、開發中國家，及未開發國家。

10.1.8 其他注意事項

10.1.8.1 變項的選擇

前已述及，採用不同的分類標準，就會產生不同的分類結果，因此在進行集群分析之前，應先考慮該使用什麼變項當分類的依據。

假設以體重、身高、體脂肪比例等變項對學生進行分類，結果可能會分成男生與女生兩類。但是如果用成就動機、學習策略、學業成就及成就歸因來對學生加以分類，就會得到不同的結果。因此，如何慎選分類的標準 (也就是使用的變項)，是進行集群分析時應特別留意之處。

集群分析與迴歸分析及區別分析一樣，也會受多元共線性的影響，因此應避免變項間有太高相關，而產生分類偏誤。

10.1.8.2 變項的標準化

因為集群分析是根據變項來計算觀察體間的相似或相異性，如果變項間的單位不一致，則可能造成偏差的結果，因此在分析過程中，可以先將變項分別加以標準化，使其具有共同的單位，以避免不相等的加權。

不過，標準化的方法仍應留意。一般統計軟體標準化的方法是將所有觀察體視為一組，然後轉換為標準分數。不過，多數統計學者的建議卻是以分類之後的組別為單位以進行標準化。由於集群分析之初，觀察體所屬的組別並不確定，因此，事實上一開始並不能以組為單位加以標準化。因此，也有學者建議先以原始資料分類，確定各組別後，再以組別為單位加以標準化 (林邦傑, 1981)。此外，也有部分統計程式提供 Mahalanobis 距離 (SAS 及 SPSS 並不提供)，以將變項間的單位差異加以消除。Mahalanobis 距離所用共變數矩陣也有不同的選擇，一般常用的是**聯合組內共變數矩陣**，然而，其所面臨的困境也是和標準化的過程相同。

然而，也有學者反對將變項標準化，因為標準化會使得所有變項的變異量變成一樣，反而可能使本來非常重要的變項喪失其重要性 (林邦傑, 1981)。因此，要不要標準化，仍須視實際分析狀況而定。

10.1.8.3 方法的選擇

不同的分析方法，會導致分類的結果有所差異。集群分析的方法這麼多，究竟哪一種最適合呢？學者 (Milligan) 指出，在大部分的研究中，以使用平均連結法及華德法較佳，而以單一連結法較差 (常會形成某一個觀察體單獨一集群)，不過在很多模擬研究中，其結果並不一致 (引自 SAS, 1990, p.85)。所以在使用集群分析時，最好多用幾種分析方法，再選擇一種比較理想的結果 (林邦傑，1981)。

此外，也有學者建議：可以先用階層法決定集群數，再用非階層法進行分群 (Hair, Jr. et al., 1995)，此稱為**兩階段式的集群分析** (two-stage cluster analysis)。

10.1.8.4 交叉驗證

集群分析的目的通常著重在樣本的分類，比較少做統計上的推論。不過如果為了確定分析的效度，一般可以採用交叉證驗的方法，將觀察體隨機分成兩部分，取其中一部分先進行集群分析，確定集群的數目，然後再取另一半檢驗集群分析結果是否一致，如此才比較有把握可以說集群分析的結果是可信的。

10.1.9 小結

由於集群分析的方法不一，每種方法分析的結果便有所不同，加上集群數目的決定也常是仁智互見，因此它比較是屬於試探性的分析方法。學者 (Hair, Jr. et al., 1995) 認為，集群分析與因素分析一樣，比較是屬於一種藝術而不是科學。

不過，在合併的過程中，組內的距離或誤差會愈來愈大，如果某個步驟增加的幅度突然變大，研究者就可以據以判斷該分成幾個集群。且根據每一步驟的距離或誤差，統計軟體也可以畫出樹狀圖或冰柱圖，以幫助研究者決定集群的數目。而 SAS 軟體也提供許多判斷的標準 (如：CCC、PSF、PST2)，以協助研究者找到適當的集群數。因此，適度使用這些判斷的準則，可以使得分析的結果較具可信度。

10.2　應用部分

10.2.1　範例說明

　　以下將利用 2006 年臺灣地區 23 縣市 (city) 之支配所得 (income)、離婚千分率 (divorce)、醫護人員萬分率 (medical)、大學人口百分率 (university)、犯罪十萬分率 (crime)、社會增加百分率 (social)、老化指數 (old) 等 7 種社會、犯罪及教育資料，對 23 個縣市進行分類工作，以了解各縣市之異同。過程中先使用階層式集群分析，再使用非階層式集群分析，並比較兩者的異同。

　　為了避免因為測量單位相差懸殊，而產生某個變項權重較大的影響，因此所有變項均先標準化為 z 分數。

10.2.2　SPSS 分析步驟圖

1.　如果要同時進行非階層式的集群分析，可以先用《**描述性統計量**》 (Descriptives) 將變項轉變為標準分數。

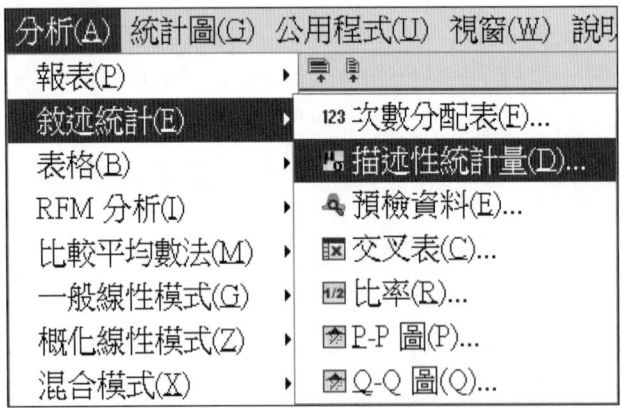

2. 將所要轉換的變項點選至對話盒的右側，並勾選《**將標準化的數值存成變數**》(Save standardized values as variables)，此時系統自動設定新變數為原變數前加 z。如：v1 變數轉換為 z 分數後，就稱為 zv1。

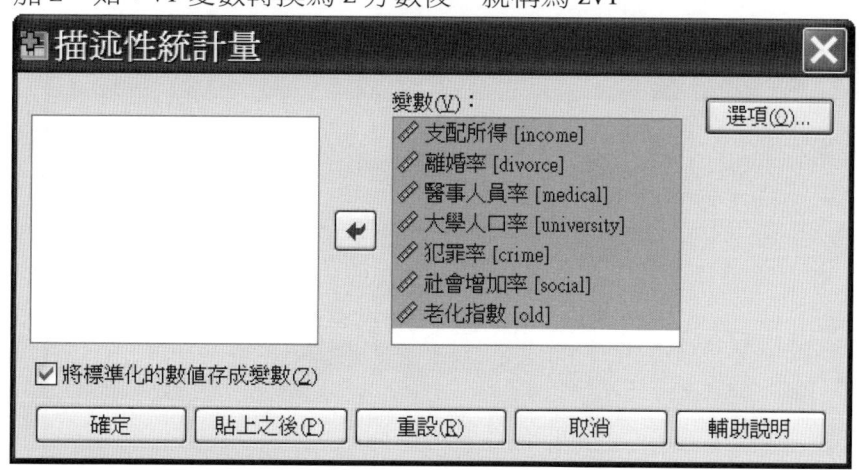

3. 接著，進行《**階層集群分析法**》(Hierarchical Cluster)。

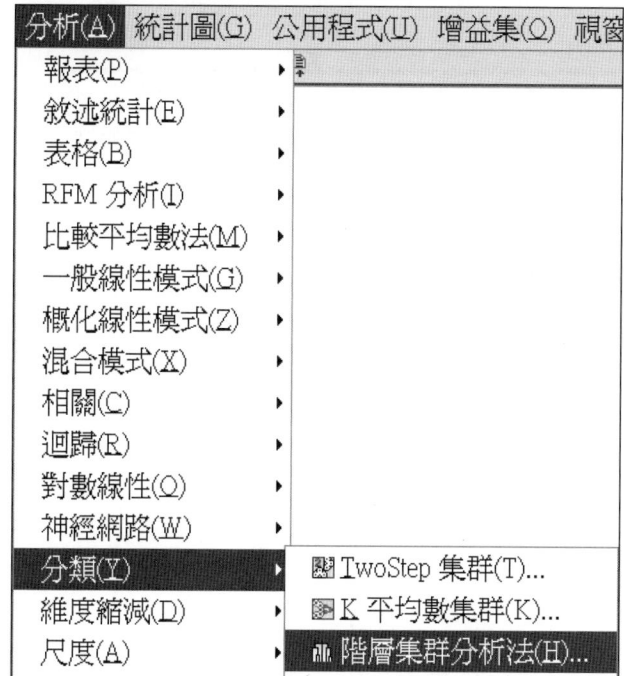

4. 首先，分析時應點選要分析的變項。此時，如果能夠以一個可以辨識觀察體的變項當註解 (label)，會有利於報表的閱讀。緊接著將分別點選《**統計量**》(Statistics)、《**圖形**》(Plots)、《**方法**》(Method)，及《**儲存**》(Save) 等 4 個按鈕。

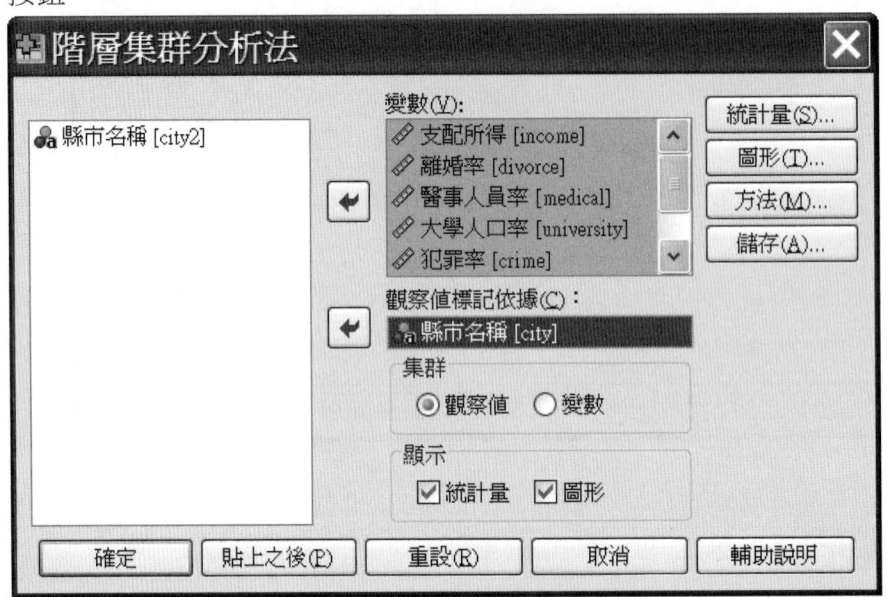

5. 其次，點選上圖《**統計量**》(Statistics) 按鈕，並在其對話盒中選擇《**群數凝聚過程**》(Agglomeration schedule) 及《**近似性矩陣**》(Proximity matrix)。

6.　在圖形的對話盒中有《樹狀圖》(Dendrogram) 及《冰柱圖》(Icicle plot) 兩種
圖形可供選擇。其中冰柱圖內定為《垂直》(Vertical) 方向的所有集群，如果
觀察體較多，最好改為《水平》(Horizontal) 方向。

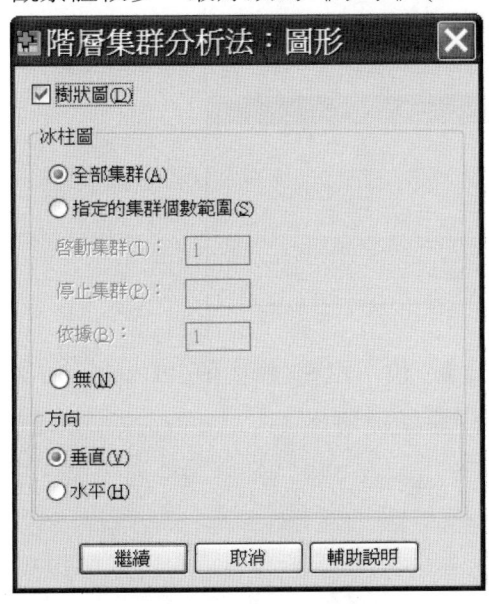

7.　在方法的對話盒中，有三個項目要加以選擇。首先是《集群方法》(Cluster
Method)，SPSS 共提供七種連結方法，系統內定為〈群間連結〉(Between-groups
linkage)，此即平均連結法。一般而言，使用平均連結法及華德法適用的情境
比較廣。

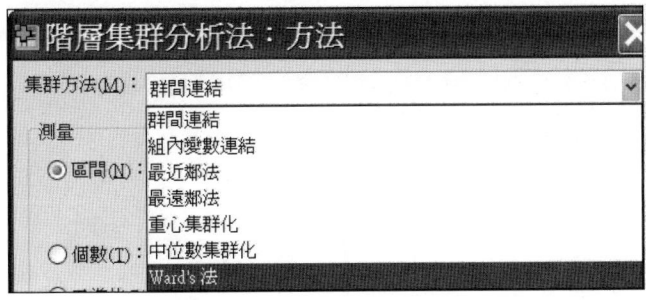

8.　再來，則是指定測量相異性的方法 (如果要使用相似性，則應使用
PROXIMITIES 指令)，此時應視變項性質選擇適當的方法。一般而言，研究
者大多使用〈區間〉(Interval，或譯為次序) 變項，而 SPSS 的內定方法是〈歐
基里德直線距離平方〉。

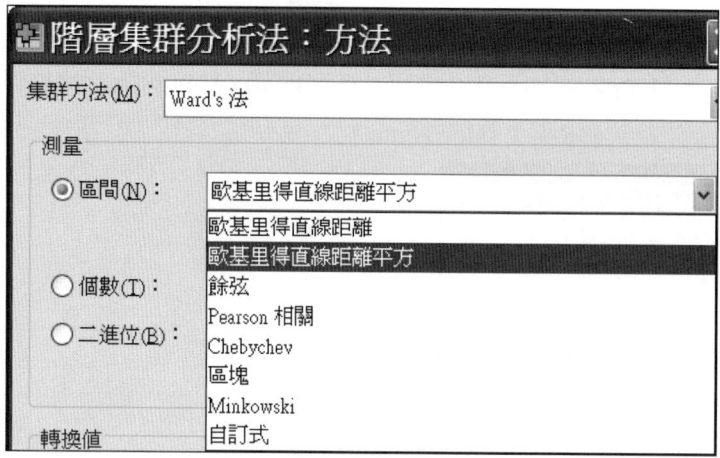

9. 如果不使用第 1、2 個步驟轉換為 z 分數，也可以在《轉換值》(Transform Values) 中選擇各種標準化方法 (內定為使用原始數值)。

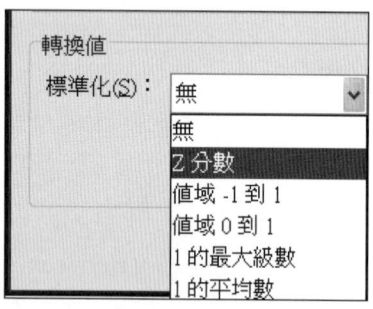

10. 如果想要將分類之集群成員加以儲存，可以點選《儲存》按鈕，在其對話盒中選擇《單一集群》(Single solution)，並設定《集群數目》(Number of clusters)。因為在此處界定為 3 個集群，所以第 1 次分析產生的集群變項為 clu3_1。

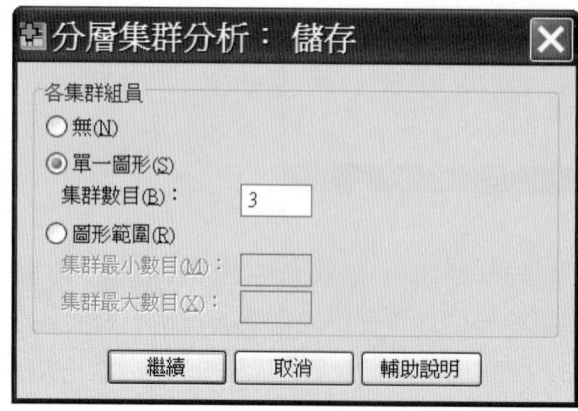

11.　當上述的選項都設定後，即可點選《**確定**》(OK) 進行分析。如果點選《**貼上語法**》(Paste)，則可以自動產生程式。

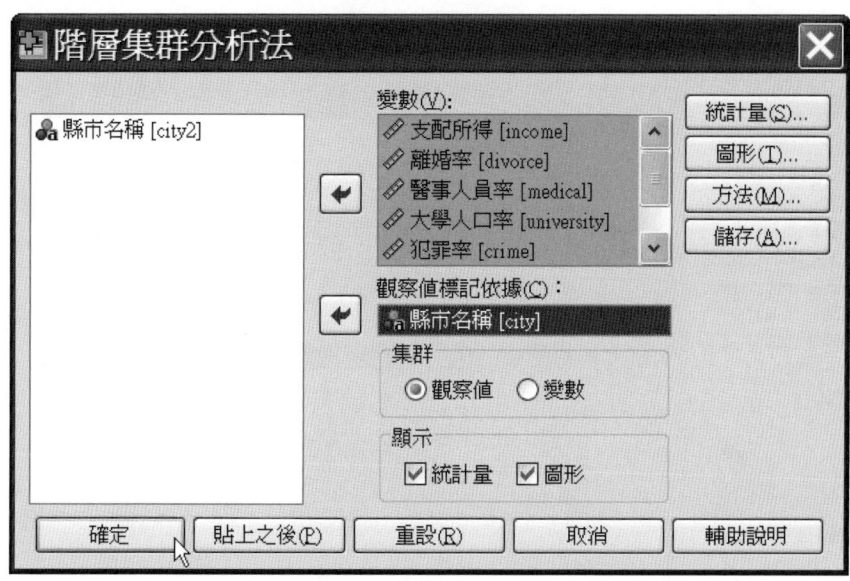

12.　要進行非階層式分析，SPSS 提供《**K 平均數集群**》(K-Means Cluster)。

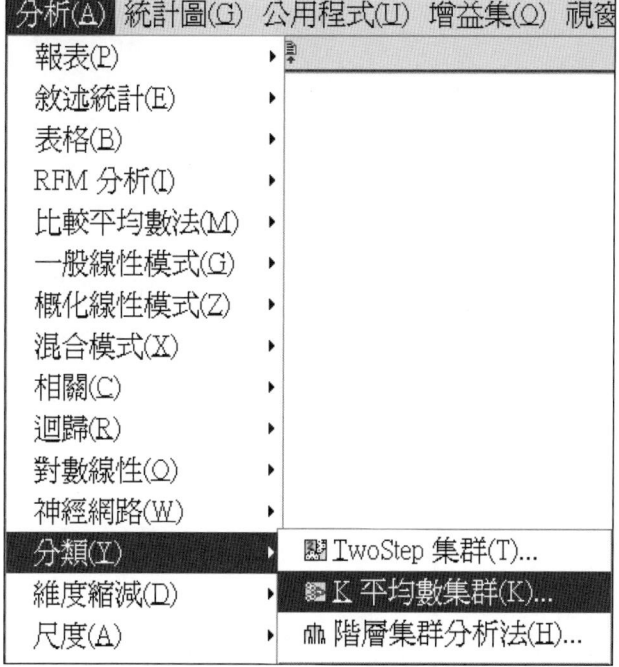

13. 分析時仍應先指定分析的變項，而且最好界定一個註解變項。同時，在此處應先界定《集群個數》(Number of Cluster)。接著將針對《疊代》(Iterate)、《儲存》(Save)，及《選項》(Options) 等按鈕加以說明。

14. 在《疊代》的對話盒中，系統自定的《最大疊代》次數為 10，《收斂條件》為 0，如果想要在每一個觀察體分群後就重新計算集群形心，就應勾選《使用可動平均數》(Use running means)；如不勾選，系統內定在所有觀察體分類後才計算集群形心。

15. 在《儲存》的對話盒中，可以選擇儲存《各集群組員》(Cluster membership) 及《與集群中心點間的距離》(Distance from cluster center)。第 1 次分析產生的新變項名稱分別為 qc1_1 及 qc1_2。

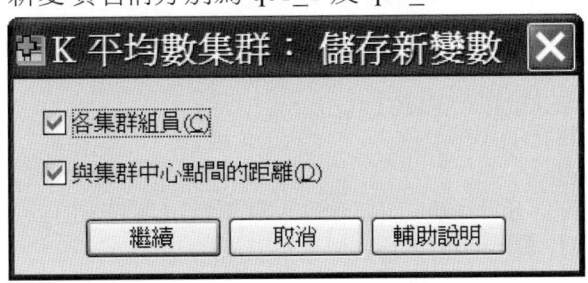

16. 在《選項》的對話盒中，可供勾選的《統計量》(Statistics)有三種，如果有《遺漏值》(missing value，或譯為缺失值)，最好採用系統內定的《完全排除觀察值》(Exclude cases listwise，只要有一個變項有遺漏值即不列入分析)。當上述的選項都設定後，即可點選《確定》(OK) 進行分析。如果點選《貼上語法》(Paste)，則可以自動產生程式。

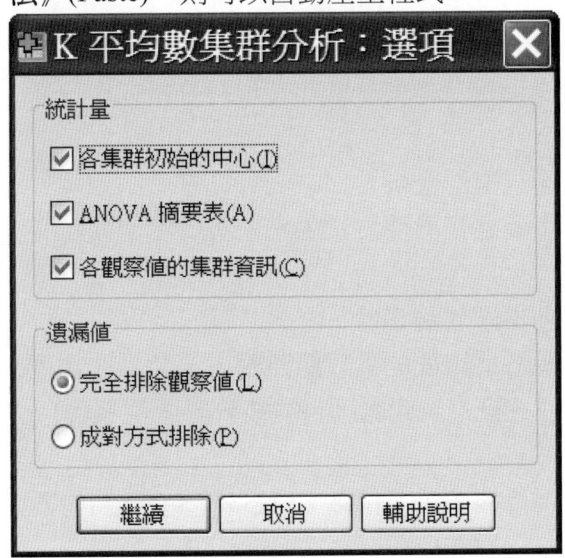

10.2.3 SPSS 程式

[1]	DESCRIPTIVES	VARIABLES=income divorce medical university crime social old
		/SAVE .
[2]	CLUSTER	zincome zdivorce zmedical zuniversity zcrime zsocial zold
[3]		/MEASURE= SEUCLID
[4]		/METHOD WARD
[5]		/ID=city
[6]		/PRINT=SCHEDULE DISTANCE CLUSTER(3)
[7]		/PLOT=DENDROGRAM VICICLE
[8]		/SAVE=CLUSTER(3) .
[9]	QUICK CLUSTER	zincome zdivorce zmedical zuniversity zcrime zsocial zold
[10]		/METHOD=KMEANS(UPDATE)
[11]		/CRITERIA=CLUSTER(3)
[12]		/PRINT=CLUSTERS ANOVA ID(city)
[13]		/SAVE=CLUSTER DISTANCE .

10.2.4 SPSS 程式說明

[1] 執行描述統計分析，將原始變項化為標準分數存在現行分析檔中，新名稱為原變項名稱前加 Z (系統自定)。

[2] 以標準化之 7 種資料進行階層式集群分析。

[3] 以歐氏距離的平方表示觀察體間之相異性。

[4] 以華德法進行集結分析。

[5] 用縣市名當辨識變項，以辨別不同的觀察體。

[6] 列印出集群合併的每一步驟及各縣市間的歐氏距離平方。此外，也列印出每個觀察體所屬的集群 (平常可不設定，此處經嘗試後分為 3 個集群)。

[7] 印出樹狀圖及垂直冰柱圖。

[8] 將分為 3 集群後的代號存在現行檔中，名稱為 CLUS3_? (系統自行設定，問號會因為分析的次數而由 1 自行增加)。

[9] 以標準化之 7 種資料進行非階層式集群分析。

[10] 指定 k-mean 法，分析過程中會置換集群的中心。

[11] 設定為 3 個集群。

[12] 列出各集群所含縣市、集群間變異數分析，並以縣市名為辨識變項。

[13] 將分為 3 集群後的代號及與集群中心之距離存在現行檔中，系統自定名稱為 qc?_1 及 qc?_2 (問號會因為分析的次數而由 1 自行增加)。

10.2.5　SAS 程式

```
[1]   DATA clus;            SET 'd:\multi6\sas\cluster.sas7bdat' ;
[2]   PROC CLUSTER          DATA=clus OUTTREE=tree M=WAR STANDARD
                            RMSSTD CCC PSEUDO NOEIGEN ;
[3]                         VAR income -- old ;
[4]                         ID city ;
[5]   PROC TREE             DATA=tree HEIGHT=ncl GRAPHICS ;
[6]   PROC STANDARD         DATA=clus OUT=std M=0 STD=1 ;
                            VAR income -- old ;
[7]   PROC FASTCLUS         DATA=std OUT=km CLUSTER=clus LIST DISTANCE
                            MAXCLUSTERS=3 RADIUS=0 REPLACE=FULL ;
                            VAR income -- old ;
[8]   PROC ANOVA            DATA=km ;
[9]                         CLASS clus ;
[10]                        MODEL income -- old = clus ;
[11]  RUN ;
```

10.2.6　SAS 程式說明

[1]　讀入 SAS 之系統檔，檔名為 cluster.sas7bdat，儲存於 D 磁碟 MULTI6 之 SAS 資料夾中，讀入後之資料集名為 CLUS (名稱可以自行命名)。

[2]　進行階層式集群分析程序，讀入資料集為 CLUS，輸出資料集為 TREE，使用華德法，不列出特徵值，各變項先標準化。此外，並列出各種判斷集群數的指標。

[3]　以 income 到 old 等 7 種變項 (以 "--" 代表從某一變項到另一變項) 進行分析。

[4]　以縣市名為辨識變項。

[5]　以 TREE 資料集的資料畫樹狀圖。GRAPHICS 關鍵字表示要繪出高解析度之樹狀圖 (要有 GRAPH 模組)，HEIGHT 用來指定繪圖的方式，其關鍵字有 LENGTH (簡寫為 L)、HEIGHT (H)、MODE (M)、NCL (N)、RSQ (R)。

[6]　執行標準化程序，將 7 個變項化為平均為 0，標準差為 1 的標準分數，並存在 STD 的資料集中。

[7]　以 STD 資料集之中的 7 個變項執行非階層式集群分析，結果存在 KM 資料集中，集群數最多為 3，集群變項名稱為 CLUS，列出各縣市的集群代號，及與集群中心的距離。RADUIS=0 在設定某一觀察體要與其他觀察體的距離超過某個規準才有可能成為潛在的種子，如果此數設得太大，則可當種子的觀察體就會太少，此處設定為 0，表示所有觀察體都有可能成為集群的種子。REPLACE=FULL 設定分析過程中隨時取代種子點。

[8] 以 KM 的資料進行變異數分析，主要在了解 3 集群的 7 個變項間是否有顯著
差異。

[9] 自變項為 CLUS (非階層式集群代號)。

[10] 直線模式，等號前為依變項，等號後為自變項。

[11] 執行分析。

10.2.7　報表及解說 (以 SPSS 為主)

[1]

						Squared Euclidean Distance						
Case	1: 臺北市	2: 高雄市	3: 基隆市	4: 新竹市	5: 臺中市	6: 嘉義市	7: 臺南市	8: 臺北縣	9: 宜蘭縣	10: 桃園縣	11: 新竹縣	12: 苗栗縣
1:臺北市	.000	12.640	27.732	10.187	20.488	15.571	15.778	25.254	29.218	27.666	31.169	30.263
2:高雄市	12.640	.000	5.804	2.929	8.427	5.898	2.481	4.523	10.687	5.354	10.526	12.484
3:基隆市	27.732	5.804	.000	11.523	25.440	15.627	6.960	6.148	3.413	9.936	10.350	4.704
4:新竹市	10.187	2.929	11.523	.000	11.630	11.358	3.502	4.474	14.492	7.730	10.976	14.060
5:臺中市	20.488	8.427	25.440	11.630	.000	6.441	10.658	16.192	32.227	10.921	22.201	35.898
6:嘉義市	15.571	5.898	15.627	11.358	6.441	.000	5.495	16.974	16.831	13.868	20.919	21.849
7:臺南市	15.778	2.481	6.960	3.502	10.658	5.495	.000	4.638	7.411	6.573	7.956	8.625
8:臺北縣	25.254	4.523	6.148	4.474	16.192	16.974	4.638	.000	11.264	3.264	4.711	10.216
9:宜蘭縣	29.218	10.687	3.413	14.492	32.227	16.831	7.411	11.264	.000	16.065	12.175	.834
10:桃園縣	27.666	5.354	9.936	7.730	10.921	13.868	6.573	3.264	16.065	.000	3.873	16.469
11:新竹縣	31.169	10.526	10.350	10.976	22.201	20.919	7.956	4.711	12.175	3.873	.000	10.362
12:苗栗縣	30.263	12.484	4.704	14.060	35.898	21.849	8.625	10.216	.834	16.469	10.362	.000
13:臺中縣	33.865	10.917	6.849	11.507	26.243	16.915	5.111	6.574	4.424	9.510	6.382	4.411
14:彰化縣	36.635	19.943	12.954	19.588	40.943	23.029	11.083	18.178	3.837	24.884	17.664	3.770
15:南投縣	31.703	12.463	5.137	15.270	33.731	19.477	8.071	11.342	.807	17.911	12.871	.801
16:雲林縣	39.304	22.617	11.494	24.068	50.088	30.412	16.132	20.759	3.310	30.351	21.246	2.399
17:嘉義縣	42.181	22.799	9.179	28.214	51.839	30.592	18.643	22.791	2.978	30.136	21.724	3.176
18:臺南縣	31.419	14.670	7.249	17.491	35.943	19.559	9.015	14.330	1.134	18.807	11.567	1.171
19:高雄縣	32.164	7.207	2.435	12.407	22.156	13.100	4.872	6.118	2.617	7.808	6.990	3.914
20:屏東縣	32.948	12.110	3.115	16.582	35.168	19.265	9.119	11.988	.205	17.454	13.637	1.088
21:臺東縣	47.138	22.097	7.004	28.751	52.390	31.589	20.364	21.951	4.066	29.464	25.659	5.493
22:花蓮縣	26.018	6.136	3.321	15.104	22.256	12.180	10.451	12.661	7.328	13.036	17.871	10.788
23:澎湖縣	35.545	23.769	11.844	26.565	54.710	32.115	19.343	24.981	4.621	34.924	25.387	4.146

Squared Euclidean Distance											
Case	13:臺中縣	14:彰化縣	15:南投縣	16:雲林縣	17:嘉義縣	18:臺南縣	19:高雄縣	20:屏東縣	21:臺東縣	22:花蓮縣	23:澎湖縣
1:臺北市	33.865	36.635	31.703	39.304	42.181	31.419	32.164	32.948	47.138	26.018	35.545
2:高雄市	10.917	19.943	12.463	22.617	22.799	14.670	7.207	12.110	22.097	6.136	23.769
3:基隆市	6.849	12.954	5.137	11.494	9.179	7.249	2.435	3.115	7.004	3.321	11.844
4:新竹市	11.507	19.588	15.270	24.068	28.214	17.491	12.407	16.582	28.751	15.104	26.565
5:臺中市	26.243	40.943	33.731	50.088	51.839	35.943	22.156	35.168	52.390	22.256	54.710
6:嘉義市	16.915	23.029	19.477	30.412	30.592	19.559	13.100	19.265	31.589	12.180	32.115
7:臺南市	5.111	11.083	8.071	16.132	18.643	9.015	4.872	9.119	20.364	10.451	19.343
8:臺北縣	6.574	18.178	11.342	20.759	22.791	14.330	6.118	11.988	21.951	12.661	24.981
9:宜蘭縣	4.424	3.837	.807	3.310	2.978	1.134	2.617	.205	4.066	7.328	4.621
10:桃園縣	9.510	24.884	17.911	30.351	30.136	18.807	7.808	17.454	29.464	13.036	34.924
11:新竹縣	6.382	17.664	12.871	21.246	21.724	11.567	6.990	13.637	25.659	17.871	25.387
12:苗栗縣	4.411	3.770	.801	2.399	3.176	1.171	3.914	1.088	5.493	10.788	4.146
13:臺中縣	.000	4.827	5.042	10.143	12.547	5.043	2.859	5.096	12.829	14.549	15.347
14:彰化縣	4.827	.000	3.389	3.180	6.977	2.731	8.380	4.597	9.992	20.157	7.251
15:南投縣	5.042	3.389	.000	1.959	2.964	1.270	3.313	.952	5.394	10.098	4.499
16:雲林縣	10.143	3.180	1.959	.000	1.806	2.552	9.873	3.271	5.662	18.083	1.737
17:嘉義縣	12.547	6.977	2.964	1.806	.000	2.880	8.970	2.506	3.083	13.592	1.577
18:臺南縣	5.043	2.731	1.270	2.552	2.880	.000	4.396	1.830	7.341	12.441	4.297
19:高雄縣	2.859	8.380	3.313	9.873	8.970	4.396	.000	2.810	8.994	6.037	13.378
20:屏東縣	5.096	4.597	.952	3.271	2.506	1.830	2.810	.000	2.651	7.306	4.581
21:臺東縣	12.829	9.992	5.394	5.662	3.083	7.341	8.994	2.651	.000	10.512	5.715
22:花蓮縣	14.549	20.157	10.098	18.083	13.592	12.441	6.037	7.306	10.512	.000	17.308
23:澎湖縣	15.347	7.251	4.499	1.737	1.577	4.297	13.378	4.581	5.715	17.308	.000

23 個縣市由 7 個教育、社會及犯罪資料所計算出的歐氏距離平方 (SPSS 報表)，數字愈大，距離愈遠，相異性也愈大。由此處可知，宜蘭縣與屏東縣的距離為 0.205，是所有縣市間距離最短的，也最相似，因此這兩個縣市將最先合併。距離最遠的是臺中市與澎湖縣，為 54.710，也是差異度最大的兩個縣市。

[2]

	Agglomeration Schedule					
	Cluster Combined		Coefficients	Stage Cluster First Appears		Next Stage
Stage	Cluster 1	Cluster 2		Cluster 1	Cluster 2	
1	9	20	.103	0	0	3
2	12	15	.503	0	0	3
3	9	12	1.172	1	2	5
4	17	23	1.960	0	0	6
5	9	18	2.807	3	0	16
6	16	17	3.725	0	4	14
7	3	19	4.943	0	0	13
8	2	7	6.183	0	0	10
9	8	10	7.815	0	0	11
10	2	4	9.545	8	0	17
11	8	11	11.863	9	0	17
12	13	14	14.276	0	0	16
13	3	22	16.990	7	0	20
14	16	21	20.178	6	0	18
15	5	6	23.399	0	0	19
16	9	13	27.147	5	12	18
17	2	8	34.145	10	11	20
18	9	16	41.996	16	14	22
19	1	5	52.942	0	15	21
20	2	3	64.725	17	13	21
21	1	2	86.184	19	20	22
22	1	9	154.000	21	18	0

SPSS 之華德法集結程序表。

第一大欄指明分析的步驟，因為有 23 縣市，所以有 22 個集結步驟。

第二大欄表示合併的縣市代號，第 1 步驟為代號 9 (宜蘭縣)與 20 (屏東縣) 兩縣市合併。代號少的在前，多的在後。合併後以代號較小的為集群的新代號，如步驟 4 的縣市 17 (嘉義縣) 與縣市 23 (澎湖縣) 合併後，稱為集群 17。

　　第三大欄為合併後組內的差異係數。由於縣市在 7 個變項上不完全相同，因此合併的過程中其組內差異係數將逐漸增加，如果在某一步驟時係數突然快速增加，則應在下步驟停止，這是因為此時兩個集群間的差異已經大到無法容忍的程度，而不宜將之合併為一個集群。由本處可知，步驟 21 至 22 間係數增加許多，因此由步驟 22 處可知，23 縣市分為 2 個集群會比較恰當。

　　第四大欄指出：兩個縣市前一次出現的步驟，以步驟 3 為例，第二欄標示為縣市 9 (宜蘭縣) 與 12 (苗栗縣) 合併，而由第四欄可知，縣市 9 前一次在步驟 1 出現，縣市 12 前一次則在步驟 2 出現。

　　第五大欄指出：合併後集群下次出現的步驟，以步驟 6 為例，縣市 16 (雲林縣) 與 17 (嘉義縣) 合併後為集群 16，下次將在步驟 14 處出現。

[3]

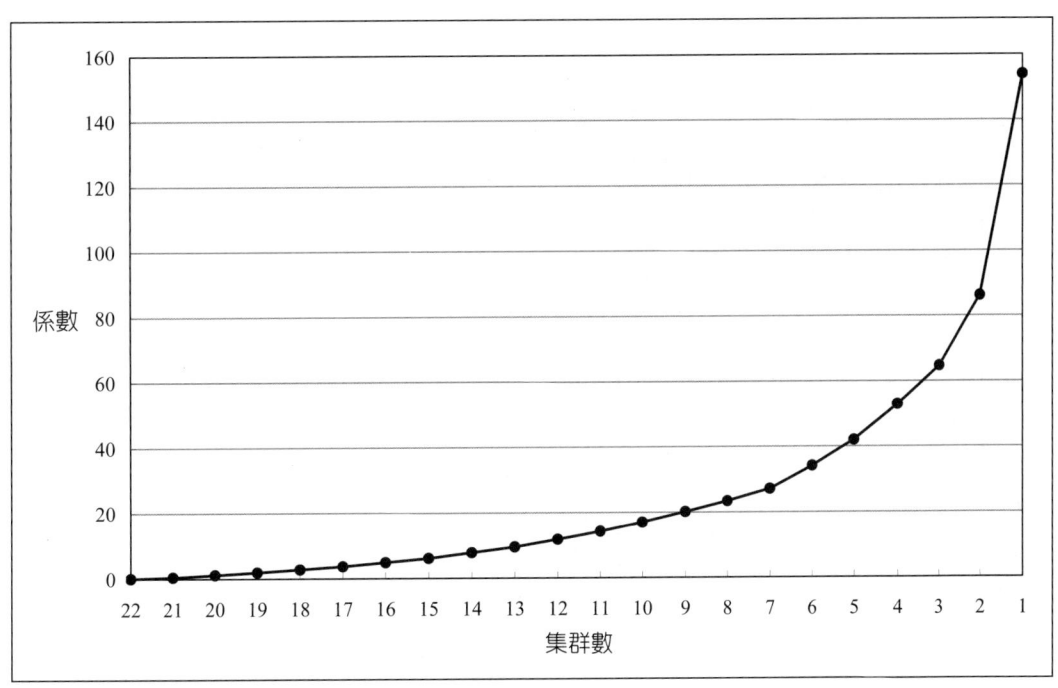

　　根據 SPSS 連結距離所繪製之陡坡圖 (以 Excel 繪製)。由圖中可以看出：當集群數由 22 至 2 時，連結距離都是緩慢增加；但是合併成 1 集群時，連結距離則較大幅上升。因此 23 個縣市分為 2 個集群比較恰當。

[4]

		Ward's Minimum Variance Cluster Analysis								
		The data have been standardized to mean 0 and variance 1								
		Root-Mean-Square Total-Sample Standard Deviation = 1								
		Root-Mean-Square Distance Between Observations = 3.741657								
		Cluster History								
NCL	Clusters Joined		FREQ	RMS STD	SPRSQ	RSQ	ERSQ	CCC	PSF	PST2	Tie
22	ELS	PTS	2	0.1211	0.0007	.999	.	.	71.4	.	
21	MLS	NTS	2	0.2392	0.0026	.997	.	.	30.5	.	
20	CL22	CL21	4	0.2362	0.0043	.992	.	.	20.6	2.7	
19	GYS	PHS	2	0.3356	0.0051	.987	.	.	17.2	.	
18	CL20	TNS	5	0.2685	0.0055	.982	.	.	15.8	2.2	
17	YLS	CL19	3	0.3491	0.0060	.976	.	.	15.1	1.2	
16	KLC	KSS	2	0.4171	0.0079	.968	.	.	14.1	.	
15	KSC	TNC	2	0.4210	0.0081	.960	.	.	13.7	.	
14	TPS	TYS	2	0.4828	0.0106	.949	.	.	12.9	.	
13	CL15	SCC	3	0.4607	0.0112	.938	.	.	12.6	1.4	
12	CL14	SCS	3	0.5311	0.0150	.923	.	.	12.0	1.4	
11	TCS	CHS	2	0.5872	0.0157	.907	.	.	11.7	.	
10	CL16	HLS	3	0.5299	0.0176	.890	.	.	11.6	2.2	
9	CL17	TTS	4	0.4828	0.0207	.869	.	.	11.6	3.7	
8	TCC	GYC	2	0.6783	0.0209	.848	.	.	12.0	.	
7	CL18	CL11	7	0.4413	0.0243	.824	.	.	12.5	4.2	
6	CL13	CL12	6	0.6306	0.0454	.778	.	.	11.9	4.0	
5	CL7	CL9	11	0.5468	0.0510	.727	.	.	12.0	5.4	
4	TPC	CL8	3	1.0059	0.0711	.656	.444	7.45	12.1	3.4	
3	CL6	CL10	9	0.7274	0.0765	.580	.332	8.33	13.8	4.6	
2	CL4	CL3	12	0.9206	0.1393	.440	.196	8.62	16.5	4.9	
1	CL2	CL5	23	1.0000	0.4404	.000	.000	0.00	.	16.5	

SAS 的集結過程摘要表。

第一欄是集群的數目，因為觀察體有 23 個，因此集群數從 22 到 1。

第二大欄是合併的觀察體，第 22 集群時，為宜蘭縣及屏東縣合併，合併後稱為 CL22；第 18 集群時，為 CL20 與臺南縣合併。其餘依此類推。

第三欄為合併後集群中的觀察體數目。第 22 集群時，只有宜蘭縣及屏東縣合併，因此有 2 個觀察體；第 6 集群時為 CL13 及 CL12 合併，而第 13 集群含有 CL15 (含高雄市及臺南市) 及新竹市；第 12 集群時為 CL14 (含臺北縣及桃園縣) 及新竹縣，因此集群 6 有 6 個觀察體，餘依此類推。

第五欄為半淨 R^2 (semipartial R-square, SPRSQ)，它是結合兩集群而產生遞增的變異數與總變異的比例 (張健邦, 1993; Sharma, 1996)。如 1 個集群時的 SPRSQ 為 0.4404，等於 SPSS 報表中係數 (154 – 86.184)/154。也等於第六欄處的 R^2 由上往下兩兩相減所得之差 (等於集群 2 之.440 減集群 1 的.000)。如果在某一步驟其 SPRSQ 增加值相對較大，則此時應停止集群的合併，由此處可看出，分成 2 個集群較恰當。

第六欄之 R^2 (RSQ)，是集群間的變異與總變異數的比例 (張健邦, 1993; Sharma, 1996)。如集群數 10 的 RSQ 為 0.890，為總變異 154 減去 SPSS 中第 13 步驟時的 16.990，再除以 154 ，亦即 0.890=(154 – 16.990)/154。又如，集群數為 5 時的 0.727 等於 154 減 SPSS 第 18 步驟 (體察體數 23 減集群數 5 等於步驟 18) 的 41.996，再除以 154，亦即 (154 – 41.996)/154=0.727。因此如果某一 RSQ 遞減值相對較大時，表示**集群間**異質性突然減少 (也就是**集群內**異質性突然增加)，合併應停止。本欄與第六欄的 SPRSQ 是相反的意義。

第七欄為在齊一虛無假設下之 R^2 近似期望值 (ERSQ)。

第八欄為立方分群指標 (Cubic clustering criterion, CCC) 的判斷標準是，凡是有「區域最高點」的地方，也就是如果某處有「先升後降」的情形，則最高處所指的集群數就是較佳的分群數。SAS 的 CCC 只列出最後 20% 部分，由於資訊太少，因此並不能判斷應該分為幾個集群。

第九欄的偽 F 值 (pseudo F, PSF)，它是集群間變異均方與集群內變異均方的比例 (張健邦, 1993)。如集群數 10 時的 PSF 為 11.6，等於 154 減 SPSS 步驟 13 時

的 16.990 (計算後等於 137.010)，除以自由度 (10−1)，再除以 (16.990/13) (也就是

$11.6 = \dfrac{(154-16.990)/(10-1)}{16.990/13}$)；又如集群數 5 時的 PSF 為 12.0，SPSS 中步驟 18 的

變異係數為 41.996，因此 $\dfrac{(154-41.996)/(5-1)}{41.996/18} = 12.0$。PSF 的判斷標準也是區域最

高點。

第十欄偽 t^2 值 (pseudo t^2, PST2) 的判斷標準是「突然上升」，由本處可知，在集群 2 時 PST2 值由 4.9 驟升至 16.5，因此適當集群數為 2 (因為此時二群間的差異最大)。

[5]

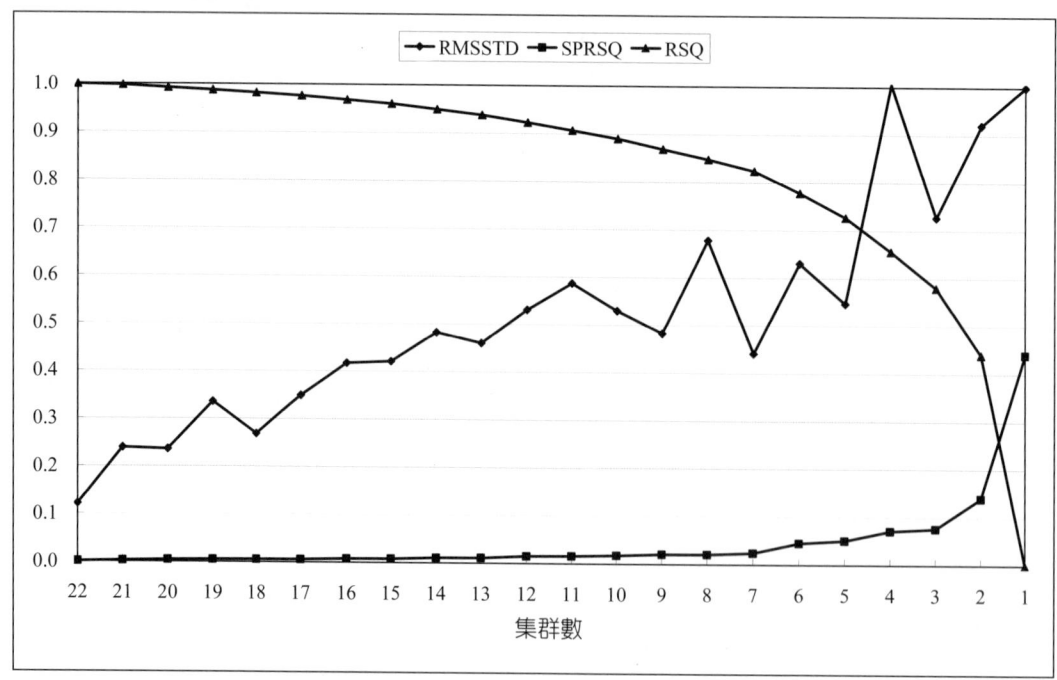

根據 SAS 連結距離所繪製之陡坡圖 (以 Excel 繪製)。由圖中可以看出：當集群數由 22 至 2 時，連結距離都是緩慢增加；但是合併成 1 集群時，連結距離則大幅上升。因此 23 個縣市分為 2 個集群比較恰當。

[6]

縣市名稱

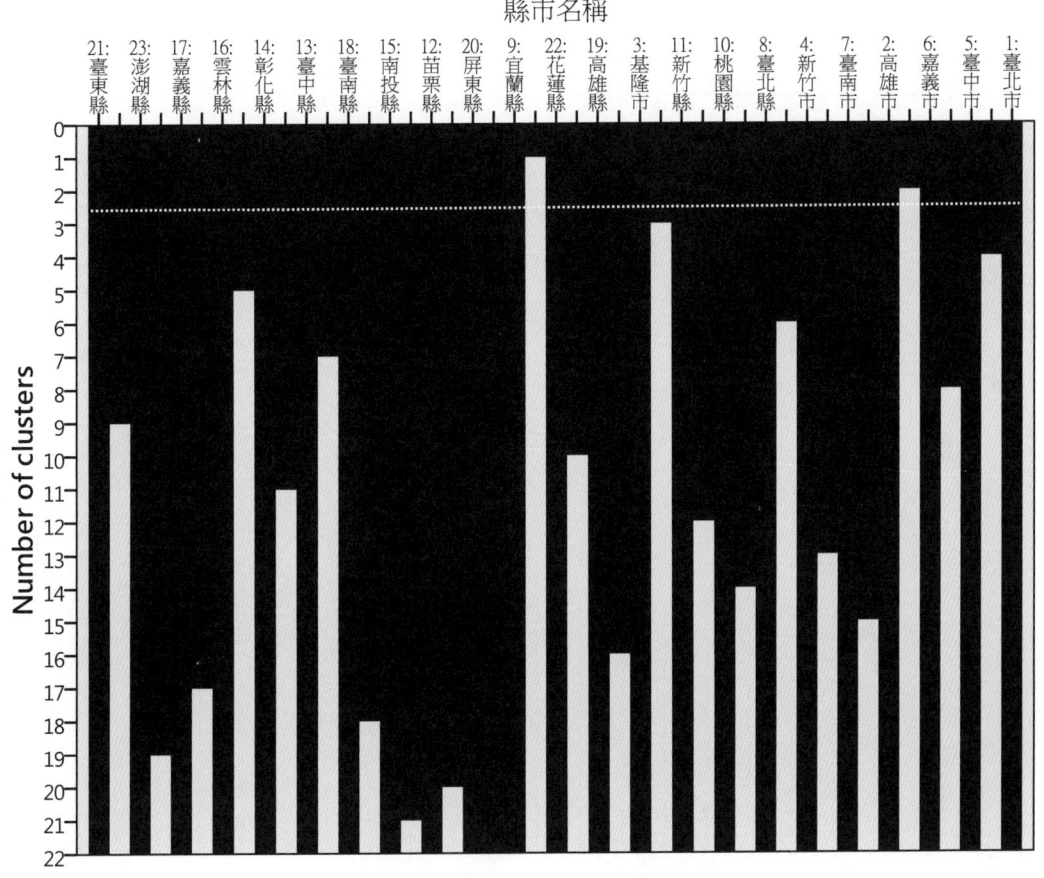

此為 SPSS 之垂直冰柱圖。如果要分為 3 個集群，可以由縱軸之 3 處上方往右看 (筆者自行加上白色虛線)，凡是有 ■ 符號相連者表示為同一集群，至到中斷處才分為另一集群。由本處可知，縣市代號 21 (臺東縣) 至縣市 9 (宜蘭縣) 為第 3 集群，縣市 22 (花蓮縣) 至縣市 2 (高雄市) 為第 2 集群，縣市 6 (嘉義市) 至縣市 1 (臺北市) 為第 1 集群。

此圖從下往上看，也可以發現觀察體合併的過程。在集群數為 22 時，縣市 20 (屏東縣) 和縣市 9 (宜蘭縣) 有 ■ 符號聯結在一起，表示兩個觀察體最先合併；集群數 21 時縣市 15 (南投縣) 與縣市 12 (苗栗縣) 合併；集群數 20 時，縣市 12 (苗栗縣) 再與縣市 20 (屏東縣) 合併。因此，在第三次合併時，南投縣、苗栗縣、屏東縣，及宜蘭縣等四個縣已合併為一集群。

[7]

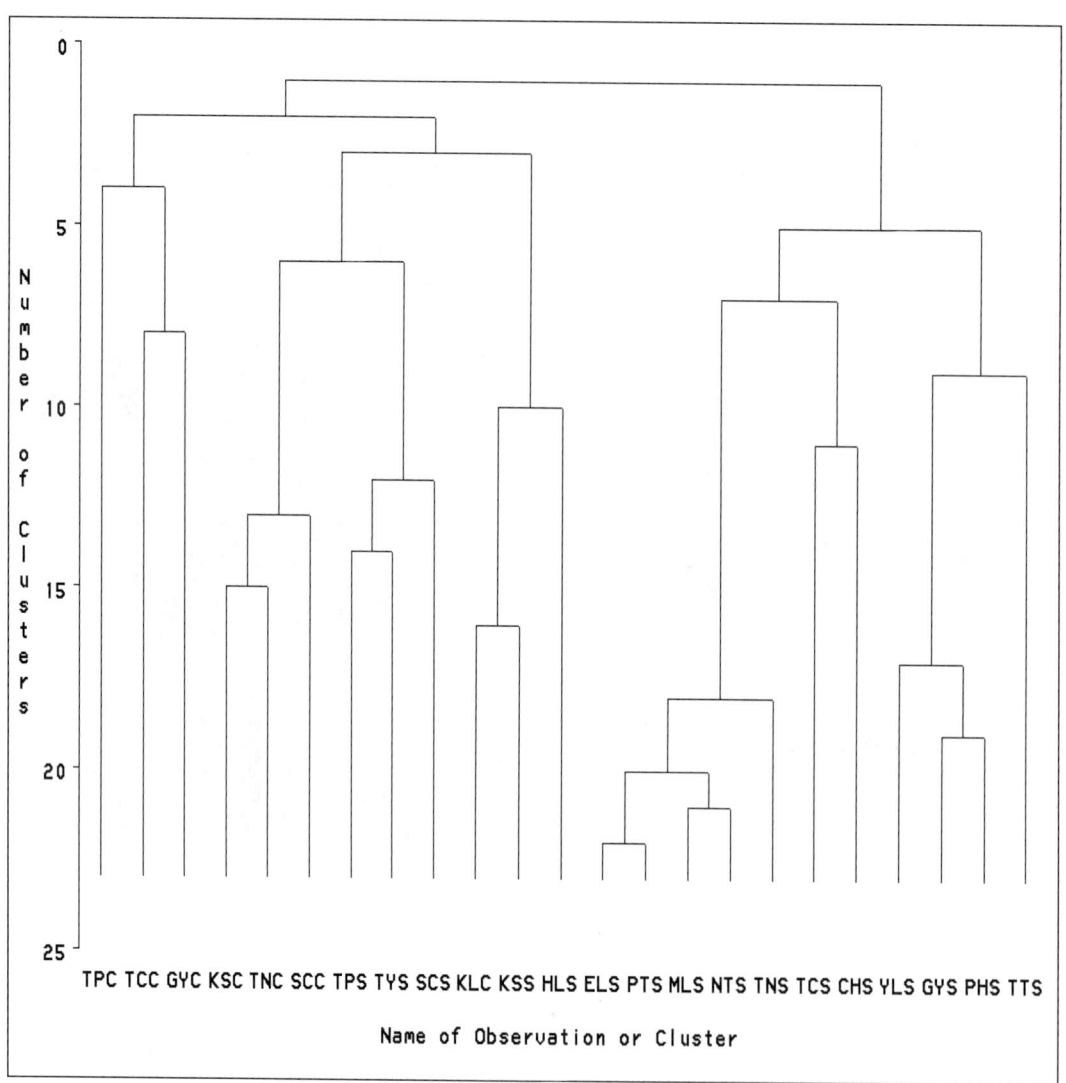

　　根據 SPSS 及 SAS 的連結步驟所繪的樹狀圖 (以 SAS 繪製)，圖的高度是集群數 (NCL)。由圖可以看出：當集群數為 22 時，是 ELS (宜蘭縣) 及 PTS (屏東縣) 先合併；集群數為 21 時，是 MLS (苗栗縣) 及 NTS (南投縣) 合併；集群數為 15 時，是 KSC (高雄市) 及 TNC (臺南市) 合併。

　　研究者可以在 PROC TREE 中指定 HEIGHT=height 或 HEIGHT=rsq，改用半淨 r^2 或 r^2 當連結的高度。

[8]

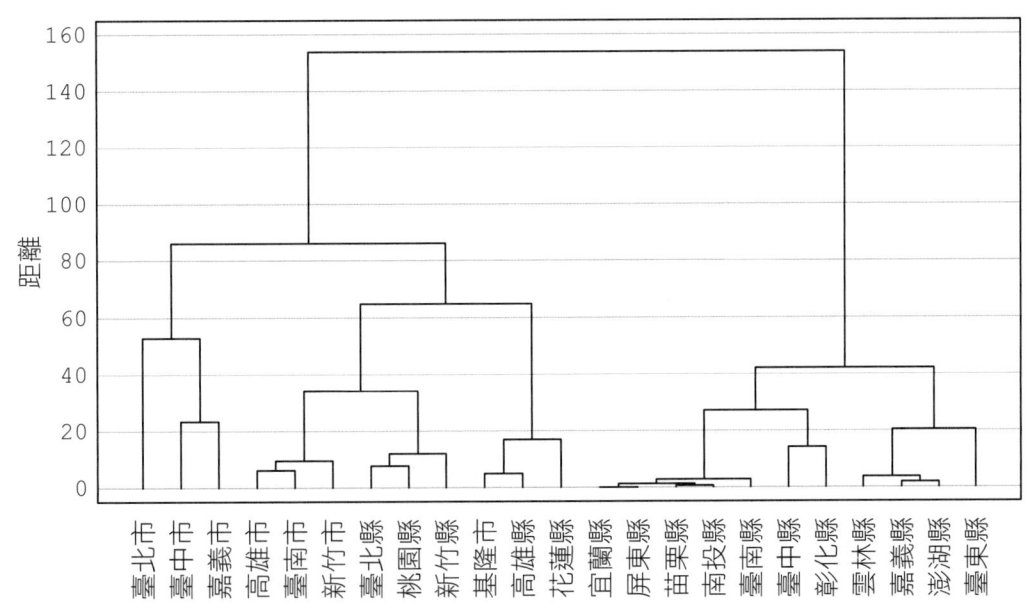

　　配合 SPSS 之係數所繪之樹狀圖 (因為 SPSS 的連結距離已經轉換過了,所以使用 Statgraphics 繪製)。此圖與上二個圖形相同的是每一個縣市連結的步驟及所屬的集群,不同的是本圖形還包含各縣市連結時的係數。

[9]

Initial Cluster Centers			
	Cluster		
	1	2	3
Z 分數:支配所得	3.04683	.90257	-.86347
Z 分數:離婚率	-.37998	1.10651	.26075
Z 分數:醫護人員率	1.93256	1.91560	-.43211
Z 分數:大學人口率	2.63916	1.62310	-1.47626
Z 分數:犯罪率	.08991	2.88297	-1.50315
Z 分數:社會增加率	.65006	1.23408	-1.87393
Z 分數:老化指數	.59155	-1.53098	.59980

　　非階層式集群分析初始的分割種子點。經檢查原始資料,發現 3 個種子點分別為臺北市、臺中市,及臺東縣 (此部分未在報表顯示)。

[10]

Cluster Membership			
Case Number	縣市名稱	Cluster	Distance
1	臺北市	1	.000
2	高雄市	2	1.094
3	基隆市	3	1.897
4	新竹市	2	1.660
5	臺中市	2	2.644
6	嘉義市	2	2.510
7	臺南市	2	1.159
8	臺北縣	2	1.740
9	宜蘭縣	3	.298
10	桃園縣	2	1.621
11	新竹縣	2	2.515
12	苗栗縣	3	.773
13	臺中縣	3	2.165
14	彰化縣	3	1.959
15	南投縣	3	.722
16	雲林縣	3	1.629
17	嘉義縣	3	1.556
18	臺南縣	3	1.069
19	高雄縣	3	1.683
20	屏東縣	3	.346
21	臺東縣	3	1.898
22	花蓮縣	3	2.843
23	澎湖縣	3	2.035

　　各縣市最後所屬集群代號，及其與該集群中心的距離。臺北市為第一集群，第二集群則有高雄市、新竹市、臺中市、嘉義市、臺南市、臺北縣、桃園縣，及新竹縣等 8 個縣市，其餘 14 縣市為第三集群。

[11]

Final Cluster Centers			
	Cluster		
	1	2	3
Z 分數:支配所得	3.04683	.62100	-.57249
Z 分數:離婚率	-.37998	.62596	-.33055
Z 分數:醫護人員率	1.93256	.43493	-.38657
Z 分數:大學人口率	2.63916	.79500	-.64280
Z 分數:犯罪率	.08991	1.03037	-.59520
Z 分數:社會增加率	.65006	.95734	-.59348
Z 分數:老化指數	.59155	-.99106	.52407

　　3 個集群的中心點 (形心) 性質，第一集群的離婚率為負數，其餘 6 個變項都是正數，所以第一集群的臺北市是支配所得、醫護人員、大學人口、社會增加率，及老化指數較高的縣市，其離婚率則比較低；第二集群的 8 個縣市，除老化指數外，其餘 6 個變項都是正數；第三集群的 14 個縣則與第二集群恰巧相反，除老化指數外，其餘 6 個變項都是負數。

[12]

Distances between Final Cluster Centers			
Cluster	1	2	3
1		4.003	5.592
2	4.003		3.525
3	5.592	3.525	

　　各集群間之距離。2、3 集群比較相近。

[13]

ANOVA						
	Cluster		Error		F	Sig.
	Mean Square	df	Mean Square	df		
Z 分數:支配所得	8.478	2	.252	20	33.622	.000
Z 分數:離婚率	2.404	2	.860	20	2.797	.085
Z 分數:醫護人員率	3.670	2	.733	20	5.007	.017
Z 分數:大學人口率	8.903	2	.210	20	42.456	.000
Z 分數:犯罪率	6.731	2	.427	20	15.764	.000
Z 分數:社會增加率	6.343	2	.466	20	13.619	.000
Z 分數:老化指數	6.026	2	.497	20	12.116	.000
The F tests should be used only for descriptive purposes because the clusters have been chosen to maximize the differences among cases in different clusters. The observed significance levels are not corrected for this and thus cannot be interpreted as tests of the hypothesis that the cluster means are equal.						

　　以集群別為自變項，7 個指標的 z 分數為依變項，進行變異數分析，結果 3 個集群間除了離婚率之外，均有顯著差異。這顯示集群分析的結果還算恰當。不過，報表中的附註特別強調：F 檢定僅能用於描述性的目的，因為集群已經被選來將不同集群中各觀察值之間的差異最大化。基於這個原因，觀察值的顯著水準尚未校正，因此不能用來解釋集群平均數為相同的假設檢定。

[14]

			Initial Seeds				
Cluster	INCOME	DIVORCE	MEDICAL	UNIVERSI	CRIME	SOCIAL	OLD
1	3.0468303	-0.379978	1.9325563	2.6391603	0.089912	0.650058	0.59154
2	0.9025681	1.1065059	1.9156019	1.6230963	2.882966	1.234083	-1.53098
3	-0.863469	0.2607476	-0.432108	-1.4762644	-1.503147	-1.873930	0.59980

以下均為 SAS 報表。

非階層式集群分析初始的分割種子點。經檢查原始資料，發現 3 個種子點分別為臺北市、臺中市，及臺東縣 (此部分未在報表顯示)。

[15]

	Cluster Listing	
Obs	Cluster	Distance from Seed
1	1	1.5958
2	2	1.1829
3	3	1.8968
4	1	1.5958
5	2	2.6029
6	2	2.4548
7	2	1.2182
8	2	1.8083
9	3	0.2983
10	2	1.5325
11	2	2.4719
12	3	0.7731
13	3	2.1653
14	3	1.9587
15	3	0.7219
16	3	1.6288
17	3	1.5562
18	3	1.0693
19	3	1.6828
20	3	0.3463
21	3	1.8975
22	3	2.8434
23	3	2.0349

　　各縣市最後所屬集群代號及該縣市種子點的距離。其中第一集群有臺北市及新竹市；第二集群有高雄市、臺中市、嘉義市、臺南市、臺北縣、桃園縣，及新竹縣等 7 個縣市；其餘 14 個縣為第三集群。除了新竹市為第一集群外，分類結果與 SPSS 相似。

[16]

			Cluster Summary			
Cluster	Frequency	RMS Std Deviation	Maximum Distance from Seed to Observation	Radius Exceeded	Nearest Cluster	Distance Between Cluster Centroids
1	2	0.8530	1.5958		2	2.8118
2	7	0.8079	2.6029		1	2.8118
3	14	0.6490	2.8434		2	3.5259

　　集群分析的摘要，含集群內縣市數、標準差 (各觀察體到形心總距離的平方根)，種子點到觀察體的最大距離、與該集群最近的集群及其形心間的距離。

[17]

Statistics for Variables			
Variable	Total STD	Within STD	R-Square	RSQ/(1-RSQ)
INCOME	1.00000	0.41687	0.842018	5.329854
DIVORCE	1.00000	0.91589	0.237406	0.311314
MEDICAL	1.00000	0.89985	0.263877	0.358469
UNIVERSI	1.00000	0.51569	0.758236	3.136263
CRIME	1.00000	0.65163	0.613983	1.590561
SOCIAL	1.00000	0.67789	0.582239	1.393711
OLD	1.00000	0.75448	0.482504	0.932384
OVER-ALL	1.00000	0.71131	0.540038	1.174091

　　全體標準差、聯合集群內標準差、R^2 (用化為虛擬變項之集群代號預測該變項所得的決定係數，愈高表示集群間差異愈大)、可預測部分與不能預測部分的比率。

[18]

Cluster Means							
Cluster	INCOME	DIVORCE	MEDICAL	UNIVERSI	CRIME	SOCIAL	OLD
1	2.516530	-0.200575	1.0237341	1.8590988	0.356807	0.639098	-0.26134
2	0.425968	0.7184090	0.4806435	0.7544220	1.088462	1.004365	-0.97346
3	-0.572488	-0.330550	-0.3865694	-0.6427965	-0.595203	-0.593482	0.524067

　　3 個集群的中心點 (形心) 性質，第一集群的離婚率及宅化指數為負數，其餘 5 個變項都是正數，所以第一集群的臺北市及新竹市是支配所得、醫護人員，及大學人口較高的縣市，其離婚率及老化指數則比較低 (臺北市的老化指數較高，新竹市較低)。第二集群的 8 個縣市，除老化指數外，其餘 6 個變項都是正數。第三集群的 14 個縣則與第二集群相反，除老化指數外，其餘 6 個變項都是負數。

[19]

Cluster Standard Deviations							
Cluster	INCOME	DIVORCE	MEDICAL	UNIVERSI	CRIME	SOCIAL	OLD
1	0.749957	0.2537145	1.2852687	1.1031735	0.3774458	0.0155001	1.206164
2	0.481633	0.5893617	1.3624556	0.6527110	0.8710040	0.8668950	0.443963
3	0.342090	1.0607910	0.5117900	0.3448108	0.5405137	0.6000941	0.820292

　　各集群內之標準差。

[20]

Distance Between Cluster Centroids			
Nearest Cluster	1	2	3
1	.	2.811778267	4.566160432
2	2.811778267	.	3.525899997
3	4.566160432	3.525899997	.

　　各集群中心間的距離，1、2 集群比較相近。

10.3 分析摘要表

　　集群分析後除非再進行其他分析，否則可以直接把樹狀圖 (如報表 [8]) 或冰柱圖 (如報表 [6]) 附於研究報告中，然後再說明研究者決定之集群數及其所含觀察體即可。同時亦可使用描述統計及變異數分析說明各集群的性質。表 10-6 列出三套軟體共六種分群的結果，為了比較方便，我們將第一集群定義為工業發達、教育普及、都市化程度高、離婚率高，但犯罪率也高的縣市；第二集群次之，第三群又次之。

表 10-6　使用集群分析方法對廿三縣市之分群結果

	單一連結法	完全連結法	平均連結法	形心法	中數法	華德法	階層分割法	模糊分割法	K 平均法 (SPSS)	K 平均法 (SAS)
臺北市	1	1	1	1	1	1	1	1	1	1
高雄市	3	2	2	3	3	2	2	1	2	2
基隆市	3	2	3	3	3	2	3	2	3	3
新竹市	3	2	2	3	3	2	2	1	1	1
臺中市	2	1	2	2	2	1	2	1	2	2
嘉義市	3	1	2	2	2	1	2	1	2	2
臺南市	3	2	2	3	3	2	2	1	2	2
臺北縣	3	2	2	3	3	2	2	1	2	2
宜蘭縣	3	3	3	3	3	3	3	3	3	3
桃園縣	3	2	2	3	3	2	2	1	2	2
新竹縣	3	2	2	3	3	2	2	1	2	2
苗栗縣	3	3	3	3	3	3	3	3	3	3
臺中縣	3	3	3	3	3	3	3	2	3	3
彰化縣	3	3	3	3	3	3	3	3	3	3
南投縣	3	3	3	3	3	3	3	3	3	3
雲林縣	3	3	3	3	3	3	3	3	3	3
嘉義縣	3	3	3	3	3	3	3	3	3	3
臺南縣	3	3	3	3	3	3	3	3	3	3
高雄縣	3	2	3	3	3	2	3	2	3	3
屏東縣	3	3	3	3	3	3	3	3	3	3
臺東縣	3	3	3	3	3	3	3	3	3	3
花蓮縣	3	2	3	3	3	2	3	2	3	3
澎湖縣	3	3	3	3	3	3	3	3	3	3

　　從上表可知，如果以 S-PLUS 之模糊分割法所得之結果，則 2 個直轄市及新竹、台中、嘉義、台南 4 個省轄市，再加上臺北縣、桃園縣，及新竹縣等 9 個縣市歸為第一集群；而基隆市、臺中縣、高雄縣及花蓮縣等 4 個縣市是第二集群；其餘10 個縣屬於第三集群。

　　其餘各種分析方法所得之結果則很不一致，大致而言，臺北市、台中市，及嘉義市屬於一個集群，新竹市、台南市、高雄市，加上臺北縣、桃園縣，及新竹縣屬於另一集群，其餘 14 個縣則為同一集群。

　　如果以模糊分割法所得之結果加以描繪，則可以得到如**圖 10-10** 之集群算術平均數剖繪圖。由圖可以看出：大略而言，第一集群除離婚率及犯罪率較第二集群低外，其餘五個變項的數值都比較大；第三集群除老化指數高於其他兩集群外，其餘六個變項的數值都是最低；第二集群則介於兩集群之間。

　　整體觀之，第一集群是發展程度較高、社會較穩度、人口較年輕的縣市，第二集群是發展中的縣市，第三集群則屬於發展較落後，人口老化較嚴重的縣市。

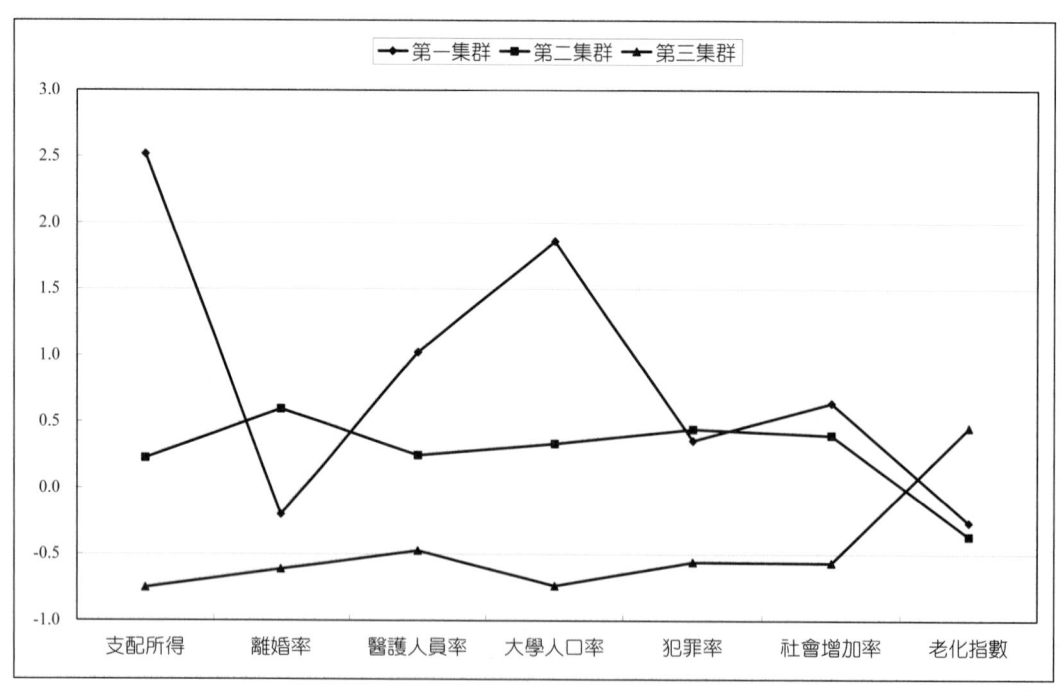

圖 10-10　華德集群分析法所得三集群之平均數剖繪圖

11 多元尺度法

· 陳新豐 ·

11.1 理論部分

11.1.1 多元尺度法的功能

多元尺度法 (multidimensional scaling, MDS) 是一種簡單而有用的多變量分析方法，又被稱為**多向度量尺法、多元尺度分析、多次元尺度法**，它是一種縮減資料的分析方法，可以將一個 P 向度的資料表示在 R (R≦P) 的向度空間中；另外，它也可以被使用來處理 N 個刺激體 (stimulus objects) 之間的接近性資料 (proximity data / resemblance data)，以便來建造這 N 個刺激體在歐幾里得空間 (Euclidean space) 中的「結構圖形」，這種圖形又被稱之為「**構形**」(configuration)。簡言之，MDS 的分析方法是解析幾何原理的相反。例如：假設在一個平面上有兩點 A 與 B。A 的座標是 (6,3)，B 座標是 (2,0)，因此兩點之間的歐幾里得距離是 $\sqrt{(2-6)^2+(0-3)^2}=5.0$。反過來說，若我們只知道 A 與 B 之間的距離是 5.0，如何能確定 A 與 B 點的位置，亦即它們的座標值呢？這個問題的解答就可利用 MDS 來解答。總之，MDS 是一種可以幫助研究者找出隱藏在觀察資料深層結構的統計方法，其目的即是在發掘一組資料背後之隱藏結構，希望在主要元素所構成的構面圖來表達出資料所隱藏的內涵，尤其是在觀察資料體很多時，利用多元尺度法更能適切地找出資料的代表方式。多元尺度法藉由蒐集 P 個觀察點的相似性，形成近似矩陣。並且根據所形成之近似矩陣，決定最佳尺度空間來描述這些觀察體，而這 P 個觀察點有其座標，藉由座標位置可以知道，更因為多元尺度法是以圖形來表示資料的特徵，因此更能使原始資料讓人一目了然，並且對於資料變項與資料變項之間的關係更為清楚明瞭。所以，在社會科學的研究領域中，常常會利用

多元尺度法來做為資料的探索式分析。

例如：

一、人類的信仰、語言與日常生活用具等資料，以 MDS 的分析策略，來研究各種人類的文化差異。

二、利用地理環境、政治、經濟以及財物等因素，以 MDS 的分析方法，規劃出整個城市、小鎮以及附屬週邊的構面圖。

三、將產品的特性，利用 MDS 的分析方法，探討消費者對於各種品牌的喜好程度。

四、將學生的作答表現，利用 MDS 的分析策略，畫出以圖形所表示的學生知識結構。

五、利用 MDS 的分析方法，可以在選舉時，以圖形的表示方法，呈現出選民根據什麼觀點來評鑑候選人。

以上所述，即是多元尺度法在社會各種情境下實際運用情形。所以多元尺度法意圖建構一個具有最少向度的刺激空間，而且企圖適切地表達出，各觀察到的刺激體之間原有的關係。

11.1.2 多元尺度法的基本理論

多元尺度法的發展源於 1950 年代，目前其方法已橫跨心理、工程、生物等學術領域 (Cox & Cox, 1994)。

多元尺度法的發展在實用上是分析各種型態的資料，並且利用圖形的描述來呈現各變項的關係。因為圖形的描述可算是一種直覺的方法，對於未曾接受過訓練的人來說，圖形比數字或符號性質的原始資料更容易被接受。

近年來，有許多專家學者投入多元尺度法的研究，即是因為多元尺度法是一種利用幾何結構表示的圖示分析方法，而且多元尺度法更適用的理由，是因為許多統計縮減資料的研究方法需要線性假設的要求，例如主成份分析及因素分析法，而多元尺度法則不需要線性假設的要求。

多元尺度法主要的目的即是在求得隱藏於資料背後的適當構形，使得構形中

各點的距離 d_{ij} 與原始資料的接近性量數 δ_{ij} 相適配。因此，若利用分布圖 (Shepard diagram) 來表示 (縱座標距離，橫座標為接近性)，若接近性資料為相似性資料 (similarity data)，亦即小的 δ_{ij} 與大的 d_{ij} 相對應，而大的 δ_{ij} 與小的 d_{ij} 相對應，亦即如下圖所示，各點是由左上而右下呈現下降的趨勢。

$$\delta_{23} > \delta_{12} > \delta_{34} > \delta_{13} > \delta_{24} > \delta_{14}$$

$$\hat{d}_{23} < \hat{d}_{12} < \hat{d}_{34} < \hat{d}_{13} < \hat{d}_{24} < \hat{d}_{14}$$

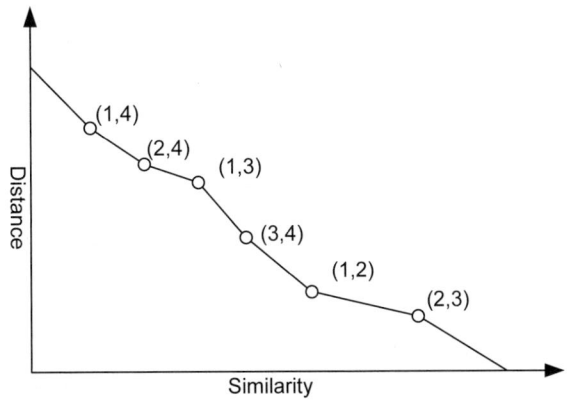

反之，若接近性資料為相異性資料 (dissimilarity data)，則大的 δ_{ij} 與大的 d_{ij} 相對應，而小的 δ_{ij} 與小的 d_{ij} 相對應，亦即如下圖所示，各點是由左下而右上呈現上升的趨勢。

$$\delta_{23} > \delta_{12} > \delta_{34} > \delta_{13} > \delta_{24} > \delta_{14}$$

$$\hat{d}_{23} > \hat{d}_{12} > \hat{d}_{34} > \hat{d}_{13} > \hat{d}_{24} > \hat{d}_{14}$$

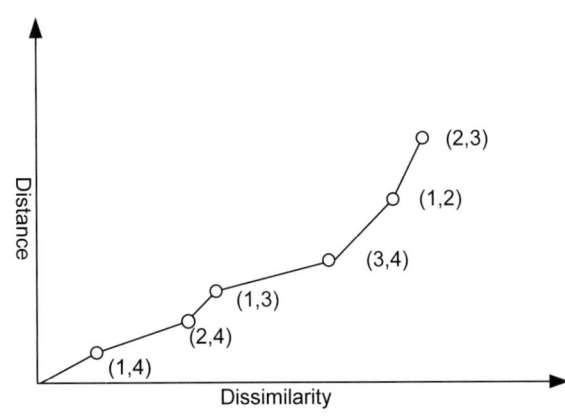

多元尺度法的類型由於資料的差異，大致可分為**計量型的多元尺度法** (metric MDS)以及**非計量型的多元尺度法** (nonmetric MDS)。若接近性資料為比率或等距變項，則屬於計量型的多元尺度法，也就是說，如果使用具有數值或計量性質的接近性資料來表示 $d = f(\delta)$ 的關係，此即屬於計量型的多元尺度法；反之，若接近性資料為名義或次序變項 (間斷變項)，則是屬於非計量型的多元尺度法，也就是說如果我們使用的接近性資料 δ 只是具有間斷性的相似性，在分布圖中，通常不需要具備 d 與 δ 有線性關係，只需具備「單調迴歸」的關係，亦即 δ 向右移動，d 便呈現上升的趨勢，此即為非計量型的多元尺度法。

除此之外，1970、1980 年代，為了解決各種資料類型的分析，許多專家學者更進一步研究發展出許多其他類型的多元尺度法，例如：個別差異計量法、最大概似計量法等。尤其是 Carroll 與 Chang (1970) 所提出的個別差異法，以及 Takane、Young 和 Deleuw (1977) 所提出相對應的最小平方尺度法 (Alternating Least Square, ALSCAL)，目前被廣泛地應用在心理、科學、政治及以商業等方面。

以下就多元尺度法各種主要的類型詳細說明之：

11.1.2.1　完全計量多元尺度法 (Fully Metric Multidimensional Scaling)

完全計量多元尺度法首先是由 Richardson (1938) 所創。實際上這個計算方法是根據 Young 及 Householder (1938) 的理論而來，也就是所謂的古典策略 (classical solution)。

完全計量多元尺度法的輸入通常是比率變項的距離矩陣，經由內積 (scalar product) 的運算，轉換成內積矩陣，再利用「Young 及 Householder」的理論，建構成具若干向度的構形，使得構形中點與點之間的幾何距離與原輸入資料之間的相異性程度達到最吻合的程度。此種方法所需要輸入的資料與輸出的結果都是計量型的資料，而其限制即在於輸入矩陣資料必須是比率的連續變項，如果我們所得到的接近性資料是相異性資料，而且具有比率變項的性質時，則可以使用這類的多元尺度法來分析。

早期資料的輸入大多是以相似或相異性資料，此泛指多元尺度法，1970 年又發展出可以處理喜好程度資料的技術，稱為**多元展開法** (Multidimensional

Unfolding, MDU)。

11.1.2.2 完全非計量多元尺度法 (Fully NonMetric Multidimensional Scaling)

完全非計量多元尺度法是假設「心理距離」可以利用順序等第來表示，其目的在尋找一個最少向度的構形，並使得空間中各點與點之間距離的順序關係能夠滿足其輸入資料的次序關係，故只要輸入次序變項資料即可。完全非計量多元尺度法的主要特點是：輸入次序性資料，結果亦為非計量性資料。

11.1.2.3 非計量多元尺度法 (NonMetric Multidimensional Scaling)

非計量多元尺度法是 R. N. Shepard 在 1962 年所提出，此種方法的輸入資料是非計量型的資料，但卻能夠產生計量的結果。其方法主要是從「心理距離」的次序資料中找尋一個最少向度的構形，使其中點與點之間的幾何距離的次序，和原始輸入資料的順序是一致的。

表 11-1　多元尺度法分析種類一覽表

MDS Approach	Input	Output
fully metric	metric	metric
fully nonmetric	nonmetric	nonmetric
nonmetric	nonmetric	metric

非計量多元尺度法通常是輸入次序量尺的資料。如果輸入相似性資料，可以得到「知覺圖」或「相似圖」，若再輸入偏好性資料，則可以獲得「偏好圖」。在知覺圖中，每一個點代表一個實在的刺激體，點與點之間的距離則表示各刺激體之間彼此相似的程度，距離愈小，則表示愈相似，距離愈大，則表示愈不相似。如果是偏好圖，圖中的點有的代表實在的事物，有的代表人們心中假想的理想事物，前者就是一般的刺激物，而後者則稱為理想點 (ideal point)。刺激物與理想點之間的距離就是代表各刺激物被喜好的程度，距離愈近則表示該刺激物被喜好的程度愈高，反之則愈低。知覺圖中，只顯示出實在的刺激物，而不顯示出理想點，故又稱之為「**簡單空間**」 (simple space configuration)，而偏好圖則被稱為「**聯合**

空間」 (joint space configuration)。

　　非計量多元尺度法的優點在於它能夠從非計量的次序資料中，導出計量的分析結果。計量的分析結果之所以能夠從次序中獲得，是因為後者含有次序限制的緣故，當次序關係的個數 $\frac{n(n-1)}{2}$ 比固定在一個構形所需計量限制的個數 $(n \times r)$ 還要多時，次序關係即能限制在此構形中各點的位置移動。如果能有足夠的次序關係，便能導出「唯一解」 (unique solution) 的構形來，而最後得到各點與點之間的距離，其次序關係滿足原先輸入的順序資料。此時，各點之間若加以移動，則會破壞接近性資料中的部分次序關係和限制。例如：10 個事物，需要 45 個次序關係才能夠顯示這 10 個事物之間的所有距離關係，但是只要 20 個限制就可以將這 10 個事物固定在一個有二個構面 (r = 2) 的構形或空間中。

　　在非計量多元尺度法中，所輸入的資料通常是次序變項的資料，非計量多元尺度法根據這些資料，建造出 n 個刺激物在 r 個向度的構形，使得在這 r 度空間中刺激物之間的距離順序與原來輸入的資料一致，亦即實際觀察到次序資料必須與構形所計算的距離有「單調」 (monotonic) 的關係。

　　Shepard (1962) 提出非計量的多元尺度法之後，仍未能建立一個評估所得到構形與輸入資料之間配合度 (goodness of fit) 的判斷標準。J. B. Kruskal (1964) 提出「壓力係數」 (Stress) 的觀念與指標後，至此非計量多元尺度法在運用的解釋上才算完備。

　　非計量多元尺度法嘗試找 q 度空間 (a<n-1) 上畫構面圖，使點距離排列與原點愈一致愈好，而配合度指標即是「壓力係數」，壓力係數愈小，表示所畫出的構面圖與原始資料的距離資料配合度愈好，亦即構面圖愈能代表此組資料。實務上，統計學者 Kruskal (1964) 認為壓力係數與配合度之間的關係如下表所示：

表 11-2　Kruskal 壓力係數與配合度之關係一覽表

壓力係數	配合度
20% (0.200)	不好
10% (0.100)	還好
5% (0.050)	好
2.5% (0.025)	非常好
0% (0.000)	完全適配

11.1.3 多元尺度法的分析步驟

多元尺度法如同因素分析一樣，是一種縮減構面的多變量分析方法。主要是從 n 個資料的距離矩陣間，此矩陣是具有 i 行 j 列的距離 d_{ij}。其分析步驟主要是由以下的步驟組合而成：

一、將輸入資料轉換成距離的量度資料。

二、決定這 n 個資料在 r 次維度內的位置，亦即，對於各資料，假設其在 r 次維度中的座標。

三、計算 r 次維度構形 X$(n \times r)$ 中，點與點之間的距離 d_{ij}。

四、利用最小平方單調迴歸 (the least squares montone regression) 方法，使得 X 的壓力係數 (Stress) 為最小。

五、計算 r 次維度之壓力係數。

六、調整 n 個資料的座標，使得壓力係數縮小。

七、重複步驟三至六，直到壓力係數達到預設的水準為止，此時決定最佳的維度並且畫出散布圖。

八、由構面圖作個體的群集或現象之解釋。

11.2 應用部分

以下依計量 MDS 及非計量 MDS 之資料分析，依序說明如下：

11.2.1 範例一 (計量 MDS 之資料分析)

以下所分析的資料為臺灣本島十個城市間的直線距離。這十個城市分別是：基隆市 (Keelung)、臺北市 (Taipei)、新竹市 (Hsinchu)、臺中市 (Taichung)、嘉義

市 (Chiayi)、臺南市 (Tainan)、高雄市 (Kaoshiung)、臺東市 (Taitung)、花蓮市 (Hualien)，及宜蘭市 (Yilan)。

11.2.2 SPSS 分析步驟圖

1. 多元尺度法是量尺分析中的一種，因此要進行多元尺度法分析時，點選 SPSS 中《尺度》(Scale) 中的《多元尺度方法》(Multidimensional scaling(ALSCAL)) 進行分析。

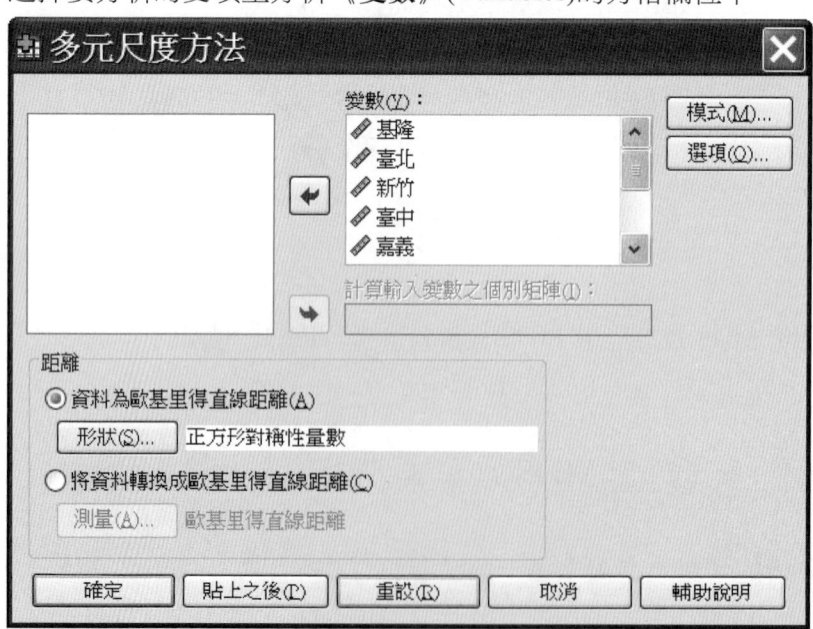

2. 選擇要分析的變項至分析《變數》(Variables)的方格欄位中。

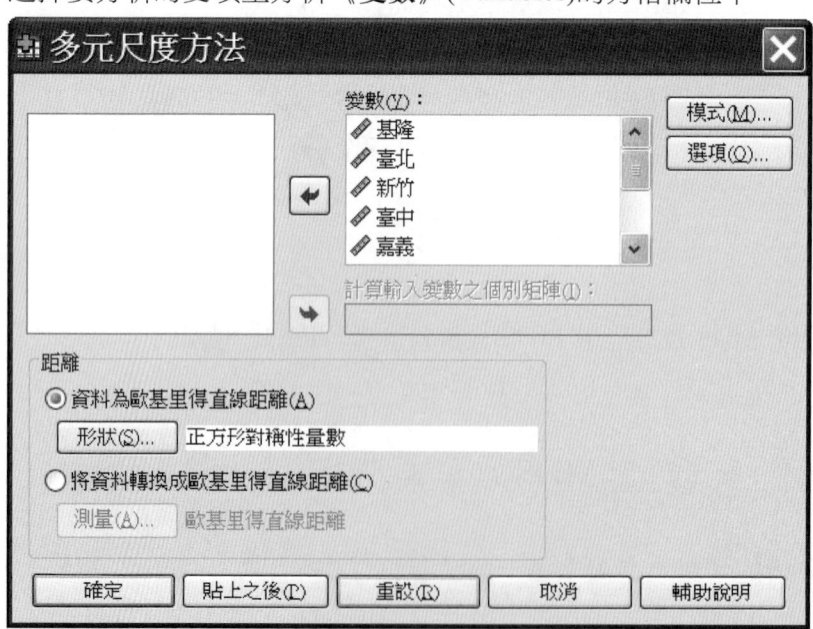

3. 依照資料的格式，選擇資料的類型，分別為《正方形對稱性量數》(Square symmetric)，《正方形非對稱性量數》(Square asymmetric) 以及《矩形》(Rectangular) 資料等三種格式。

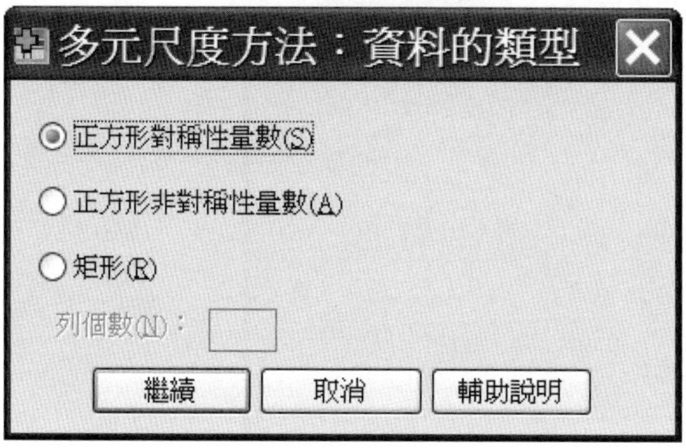

多元尺度方法：資料的類型

- ⦿ 正方形對稱性量數(S)
- ○ 正方形非對稱性量數(A)
- ○ 矩形(R)

列個數(N)：☐

[繼續] [取消] [輔助說明]

4. 在《模式》(Model) 中點選分析變項的《測量水準》(Level of Measurement)，《次序》(Ordinal)、《等距》(Interval) 或者是《比率》(Ratio) 量數，分析模式的《條件性》(Conditionality)，分析的《維度》(Dimensions) 以及《量尺模式》(Scaling Model)。

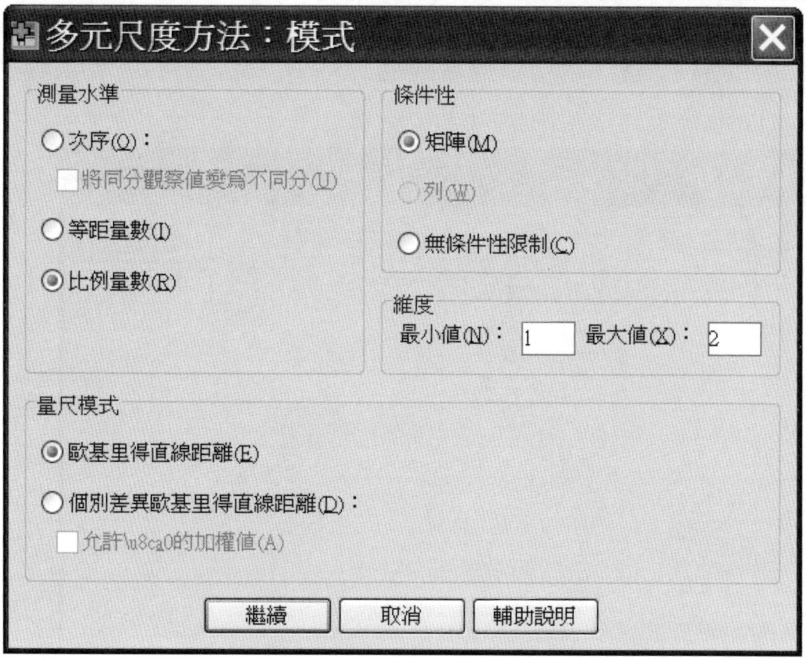

多元尺度方法：模式

測量水準
- ○ 次序(O)：
  - ☐ 將同分觀察值變為不同分(U)
- ○ 等距量數(I)
- ⦿ 比例量數(R)

條件性
- ⦿ 矩陣(M)
- ○ 列(W)
- ○ 無條件性限制(C)

維度
最小值(N)：1 最大值(X)：2

量尺模式
- ⦿ 歐基里得直線距離(E)
- ○ 個別差異歐基里得直線距離(D)：
  - ☐ 允許\u8cq0的加權值(A)

[繼續] [取消] [輔助說明]

5. 點選《**選項**》(Options) 可進入顯示的圖表種類，以及壓力係數收斂標準，最小壓力係數值以及疊代次數的最大值等。

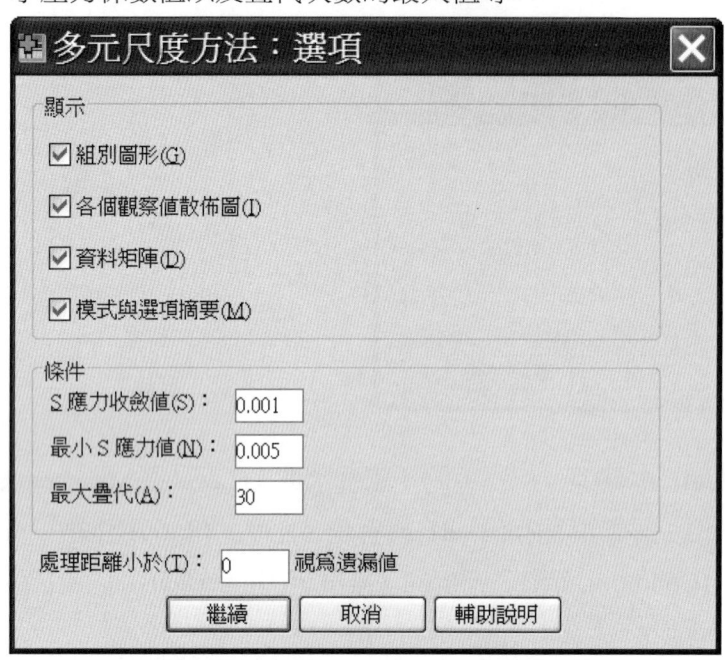

6. 當上述的選項都設定後，即可點選《**確定**》(OK) 進行分析。如果點選《**貼上語法**》 (Paste)，則可以自動產生程式。

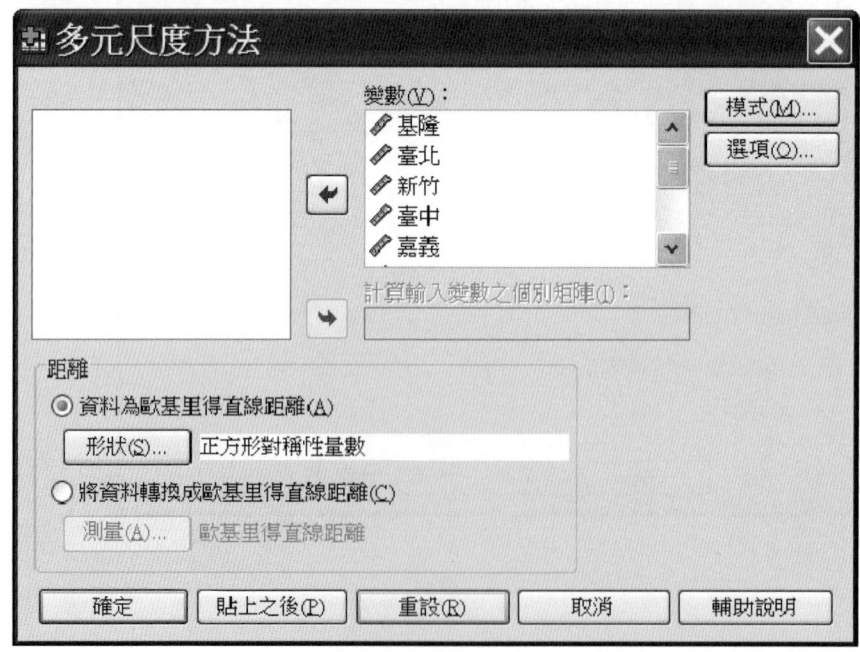

11.2.3　SPSS 程式

```
[1]    ALSCAL
[2]                    VARIABLES=基隆 臺北 新竹 臺中 嘉義 臺南 高雄
                       臺東 花蓮 宜蘭
[3]                    /SHAPE=SYMMETRIC
[4]                    /LEVEL=RATIO
[5]                    /CONDITION=MATRIX
[6]                    /MODEL=EUCLID
[7]                    /CRITERIA=CONVERGE(.001) STRESSMIN(.005)
                       ITER(30) CUTOFF(0) DIMENS(1,2)
[8]                    /PLOT=DEFAULT ALL
[9]                    /PRINT=DATA HEADER .
```

11.2.4　SPSS 程式說明

[1]　採用 ALSCAL 歐幾里得模式來分析。

[2]　分析的資料分別為十個都市名稱 (筆者仍建議最好使用英文名稱)。

[3]　資料的類型為正方形對稱性量數。

[4]　測量水準為比率量尺。

[5]　分析模式條件性為矩陣型式。

[6]　量尺模式為歐幾里得模式。

[7]　壓力係數收斂終止值為 0.001，壓力係數最小值為 0.005，最大疊代次數為三十次，歐幾里得直線距離小於 0 視為遺漏值，分析維度從一維度至二維度。

[8]　顯示所有的圖形。

[9]　列印資料的標題。

11.2.5　SAS 程式

```
[1]    DATA   MDS ;
[2]    INPUT   (Keelung Taipei Hsinchu Taichung Chiayi Tainan Kaoshiung Taitung
                       Hualien Yilan) (5.0) @52 city $ 15.;
```

```
[3]    CARDS;
[4]       0      21     85    143    231    277    305    263    126     40  Keelung
         21       0     63    131    202    258    288    249    116     36  Taipei
         85      63      0     78    154    211    246    223    110     79  Hsinchu
        143     131     78      0     75    133    168    158     95    127  Taichung
        231     202    154     75      0     57     92    105    128    191  Chiayi
        277     258    211    133     57      0     41     98    175    246  Tainan
        305     288    246    168     92     41      0     87    196    273  Kaoshiung
        263     249    223    158    105     98     87      0    140    226  Taitung
        126     116    110     95    128    175    196    140      0     86  Hualien
         40      36     79    127    191    246    273    226     86      0  Yilan
       ;
[5]    PROC PRINT;
[6]    PROC MDS          CUTEOFF=0 SHAPE=TRIANGLE
                         CONDITION=MATRIX LEVEL=RATIO
                         DIMENSION=1 TO 2 MAXITER=30 PDATA PFINAL
                         PFIT PINIT PITER PCONFIG PCOEF OUT=OUT
                         OUTRES=mds2;
[7]                      VAR Keelung Taipei Hsinchu Taichung Chiayi Tainan
                         Kaoshiung Taitung Hualien Yilan;
[8]                      ID city;
[9]    PROC PRINT        DATA=mds2;
[10]   PROC PLOT         DATA=OUT VTOH=1.7    ;
[11]                     PLOT DIM1 * DIM2 $ city /HAXIS= BY 1 VAXIS= BY
                         1 BOX;
[12]                     WHERE _TYPE_='CONFIG';
[13]   RUN;
```

11.2.6 SAS 程式說明

[1] 設定資料名稱為 MDS。

[2] 讀取資料內容,依數字型態讀取 Keelung,Taipei,Hsinchu,Taichung,Chiayi,Tainan,Kaoshiung,Taitung,Hualien,Yilan 等十個地名的變項,(5.0) 表示有 5 位數無小數位,然後將游標移至 52 的位置讀取 city 這個字串,長度為 15。

[3] 資料檔開始。

[4] 資料檔內容。

[5] 印出所讀取的內容,可供做資料檢查之用。

[6] 執行多元尺度法分析程式,設定資料中有效數據的下限 (CUTOFF),凡小於

此下限的值則自動視為遺漏值。界定資料是對稱的正方矩陣形式 (SHAPE)，資料矩陣的條件性 (CONDITION)設定為 MATRIX，資料內容量尺屬性為比率變項 (LEVEL)，界定 MDS 分析結果從一度至二度空間的解 (DIMENSION)，一般而言，四度以上的分析向度不僅內容繁複，而且失去其空間視覺的效益，疊代次數最多為三十次 (MAXITER)，要求報表上列印出每一個資料矩陣 (PDATA)、參數估計的終值 (PFINAL)、不適合度值以及 R 值 (PFIT)、參數的初值(PINIT)、每一次疊代估計過程所導出的參數估計值 (PITER)、圖形的座標值 (PCONFIG)，及各向度的加權值 (PCOEF)，OUT= 輸出資料檔，設定分析輸出資料檔名為 OUT，其中的 mds2 的檔案，包括原始資料以及根據 MDS 導出的估計值及這二者之間的誤差等資料。

[7]　標明資料中的觀察變項名稱。

[8]　標明資料中的觀察資料為 CITY 這個變項名稱。

[9]　印出分析的內容資料。

[10]　繪圖，資料內容為分析出的輸出資料。

[11]　定義橫座標，縱座標以及資料的標籤。

[12]　選取輸出資料中的型態是 "CONFIG" 的資料內容來繪圖。

[13]　執行程式。

11.2.7　報表及解說 (以 SPSS 為主)

[1]

```
Alscal Procedure Options
Data Options-
Number of Rows (Observations/Matrix).    10
Number of Columns (Variables) . . .      10
Number of Matrices  . . . . . .          1
Measurement Level . . . . . . .          Interval
Data Matrix Shape . . . . . . .          Symmetric
Type  . . . . . . . . . . . . .          Dissimilarity
Approach to Ties  . . . . . . .          Leave Tied
Conditionality. . . . . . . . .          Matrix
Data Cutoff at. . . . . . . . .          .000000
```

　　此範例總共有十個變項，因此變項數目為 10，並且此變項是連續變項的比率變項，而且資料矩陣的型態是對稱的正方形矩陣資料，資料形式為相異性資料，歐幾里得直線距離小於 0 視為遺漏值。

[2]

```
Model Options-
Model . . . . . . . . . . .      Euclid
Maximum Dimensionality . . . . .      2
Minimum Dimensionality . . . . .      1
Negative Weights . . . . . .      Not Permitted


Output Options-
Job Option Header . . . . . .      Printed
Data Matrices . . . . . . . .      Printed
Configurations and Transformations .    Plotted
Output Dataset . . . . . . .      Not Created
Initial Stimulus Coordinates . . .    Computed
```

　　在多元尺度法分析的模式選項中，此範例是利用 ALSCAL 歐幾里得模式來加以分析，並且選擇從 1 個維度到 2 個維度來分析；在輸出的選項方面，會列出資料矩陣、繪製出構形的圖形以及初始的矩陣資料。

[3]

```
Algorithmic Options-
Maximum Iterations  . . . . .          30
Convergence Criterion  . . . . .       .00100
Minimum S-stress  . . . . . .          .00500
Missing Data Estimated by  . . . .     Ulbounds
```

　　在計算多元尺度法的演算規則上，選擇最多三十次疊代次數，而且達到收斂的判斷值定為 0.001，最小的壓力係數定為 0.005。

[4]

```
        Raw (unscaled) Data for Subject 1
           1         2         3         4         5
    1      .000
    2    21.000      .000
    3    85.000    63.000      .000
    4   143.000   131.000    78.000      .000
    5   231.000   202.000   154.000    75.000      .000
    6   277.000   258.000   211.000   133.000    57.000
    7   305.000   288.000   246.000   168.000    92.000
    8   263.000   249.000   223.000   158.000   105.000
    9   126.000   116.000   110.000    95.000   128.000
   10    40.000    36.000    79.000   127.000   191.000

           6         7         8         9        10
    6      .000
    7    41.000      .000
    8    98.000    87.000      .000
    9   175.000   196.000   140.000      .000
   10   246.000   273.000   226.000    86.000      .000
```

以上資料為原始讀入的資料，可以當做資料核對之用。

[5]

```
Iteration history for the 2 dimensional solution (in squared distances)
        Young's S-stress formula 1 is used.
      Iteration     S-stress        Improvement
          1          .01734
          2          .01709           .00025
             Iterations stopped because
       S-stress improvement is less than   .001000
        Stress and squared correlation (RSQ) in distances
RSQ values are the proportion of variance of the scaled data (disparities)
       in the partition (row, matrix, or entire data) which
       is accounted for by their corresponding distances.
        Stress values are Kruskal's stress formula 1.
        For  matrix
   Stress  =   .01199     RSQ =  .99931
```

　　以二個維度 (K=2) 來分析時，得到的壓力係數 (stress) 為 0.01199，而 RSQ (R square) 為 0.99931 是量尺資料之變異數能被其相對應的距離解釋的比率，也就是一般迴歸分析中迴歸變異量所佔的比率。而壓力係數愈小或 RSQ 愈大，代表所得

到的構形上各點之距離與實際輸入之距離愈適合。

[6]

```
          Configuration derived in 2 dimensions
                  Stimulus Coordinates
                      Dimension
Stimulus   Stimulus      1         2
 Number      Name
    1       基隆       1.7783    -.1144
    2       臺北       1.5513     .0601
    3       新竹        .9738     .5724
    4       臺中        .0266     .4894
    5       嘉義       -.9519     .3850
    6       臺南      -1.6231     .3507
    7       高雄      -2.0098     .0376
    8       臺東      -1.3979    -.8398
    9       花蓮        .3109    -.6238
   10       宜蘭       1.3418    -.3172
```

以上資料是說明當以二個維度分析時，每個觀察資料在二元座標上的座標值。

[7]

```
Optimally scaled data (disparities) for subject    1
                1         2         3         4         5
     1        .000
     2        .260      .000
     3       1.051      .779      .000
     4       1.769     1.620      .965      .000
     5       2.857     2.498     1.905      .928      .000
     6       3.426     3.191     2.610     1.645      .705
     7       3.772     3.562     3.043     2.078     1.138
     8       3.253     3.080     2.758     1.954     1.299
     9       1.558     1.435     1.360     1.175     1.583
    10        .495      .445      .977     1.571     2.362
                6         7         8         9        10
     6        .000
     7        .507      .000
     8       1.212     1.076      .000
     9       2.164     2.424     1.732      .000
    10       3.043     3.376     2.795     1.064      .000
```

以上的資料是說明原始資料在二個維度的分析下，經過線性轉換之後的資料矩陣。

[8]

```
Iteration history for the 1 dimensional solution (in squared distances)
              Young's S-stress formula 1 is used.
            Iteration     S-stress        Improvement
                1           .10963
                2           .10151           .00812
                3           .10148           .00003
               Iterations stopped because
          S-stress improvement is less than   .001000
         Stress and squared correlation (RSQ) in distances
RSQ values are the proportion of variance of the scaled data (disparities)
          in the partition (row, matrix, or entire data) which
          is accounted for by their corresponding distances.
          Stress values are Kruskal's stress formula 1.
            For  matrix
      Stress  =   .15018      RSQ =   .94697
```

　　以一個維度 (K=1) 來分析時，得到的壓力係數 (stress) 為 0.15018，而 RSQ (R square) 為 0.94697，明顯地比二個維度不適合原始資料的解釋，亦即以二個維度來解釋資料會比一個維度來解釋資料更為適合。

[9]

```
Configuration derived in 1 dimensions
                  Stimulus Coordinates
                  Dimension
Stimulus    Stimulus      1
 Number       Name
    1        基隆      -1.3052
    2        臺北      -1.1398
    3        新竹       -.7660
    4        臺中       -.0331
    5        嘉義        .7111
    6        臺南       1.2003
    7        高雄       1.4670
    8        臺東       1.1189
    9        花蓮       -.2569
   10        宜蘭       -.9964
```

　　以上資料是說明當以一個維度分析時，每個觀察資料的座標值。

[10]

```
      Optimally scaled data (disparities) for subject   1
             1             2             3             4             5
   1       .000
   2       .188         .000
   3       .763         .565         .000
   4      1.283        1.176         .700         .000
   5      2.073        1.813        1.382         .673         .000
   6      2.486        2.315        1.893        1.193         .511
   7      2.737        2.584        2.207        1.508         .826
   8      2.360        2.234        2.001        1.418         .942
   9      1.131        1.041         .987         .852        1.149
  10       .359         .323         .709        1.140        1.714

             6             7             8             9            10
   6       .000
   7       .368         .000
   8       .879         .781         .000
   9      1.570        1.759        1.256         .000
  10      2.207        2.450        2.028         .772         .000
```

　　以上的資料是說明原始資料在一個維度的分析下，經過線性轉換之後的資料矩陣。

[11]

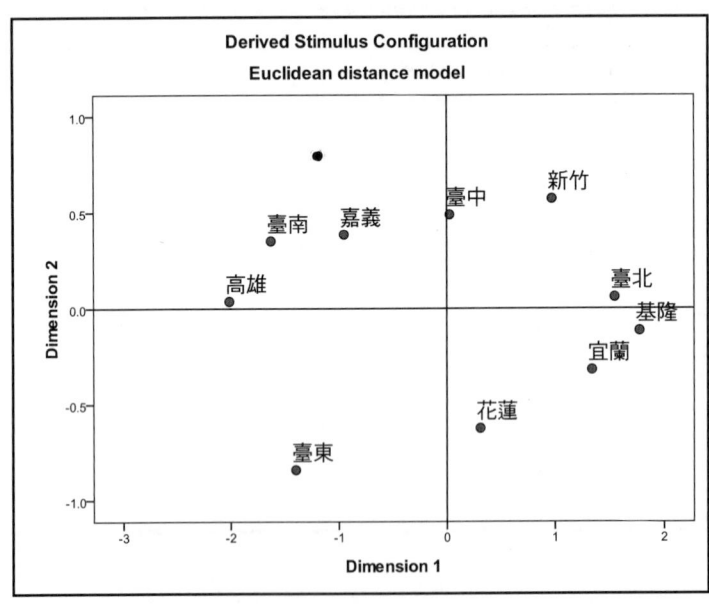

　　上圖是在二個維度的分析下，所有觀察資料的構形。比照下圖實際臺灣十個

城市的地圖 (順時針轉約 70 度)，其相對位置大同小異，可以適當地利用圖形來代表其觀察資料之間的相對位置。由此可知，維度一大約與「緯度」(因為已經順時針轉換了，所以變成緯度) 相一致，而維度二則與「經度」大略一致。

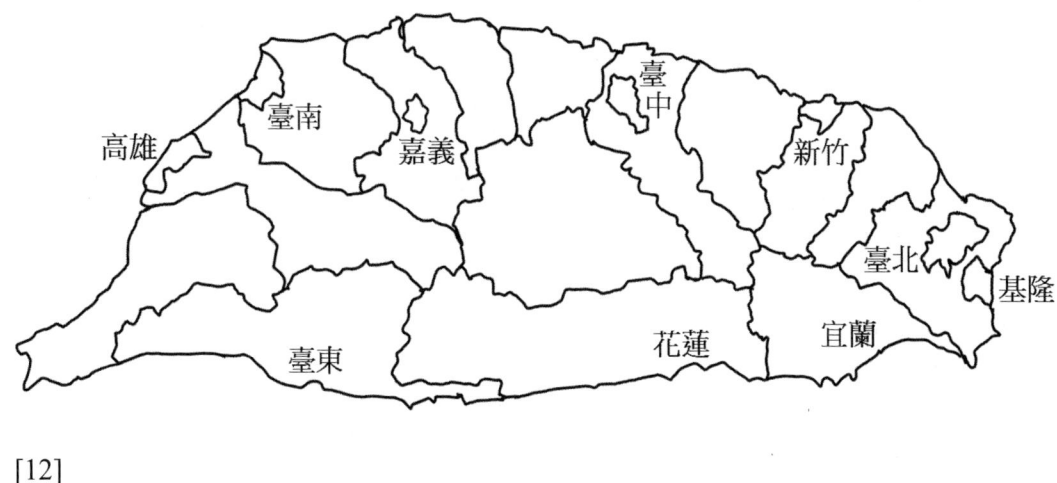

[12]

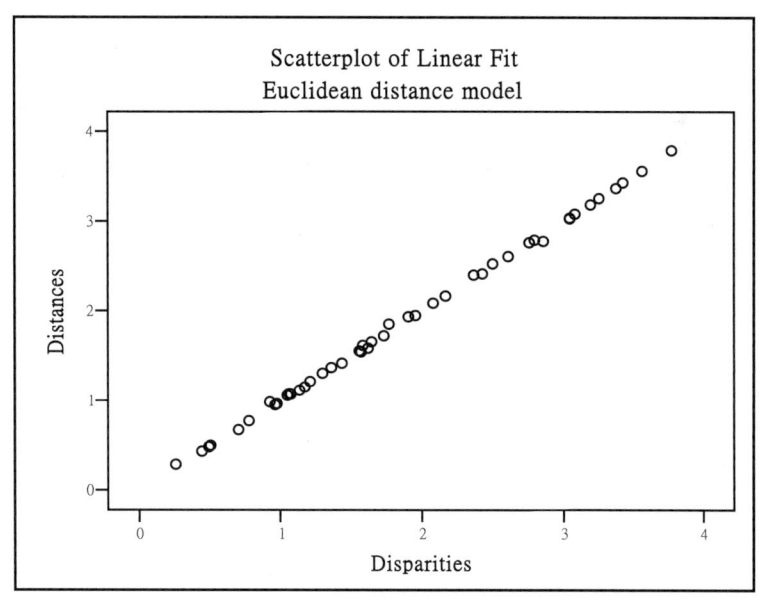

上圖所呈現的是在二個維度的分析情形下，線性適合度的散布圖，由上圖可以顯示出，所有刺激體的分布是由左下右上的對角線分布，整體看起來，適合度的情形算是非常地理想。

[13]

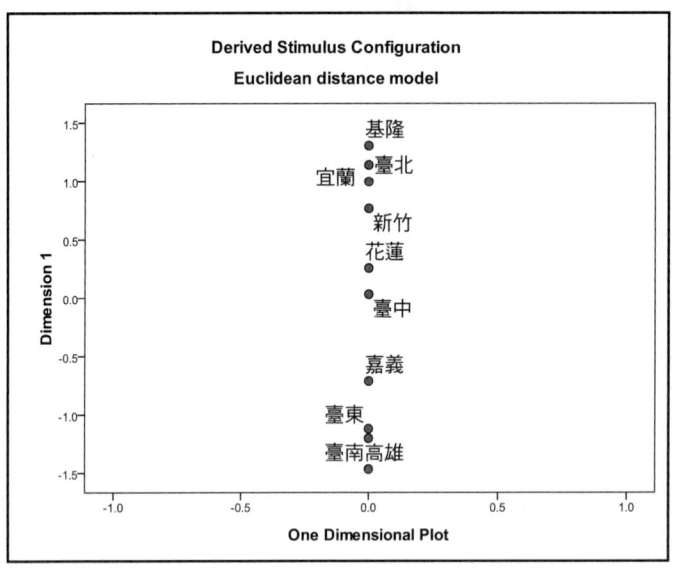

　　上圖是在一個維度 (大約等於緯度) 的分析下,所有觀察資料的構形,與 10
個縣市相對的緯度非常相似。

[14]

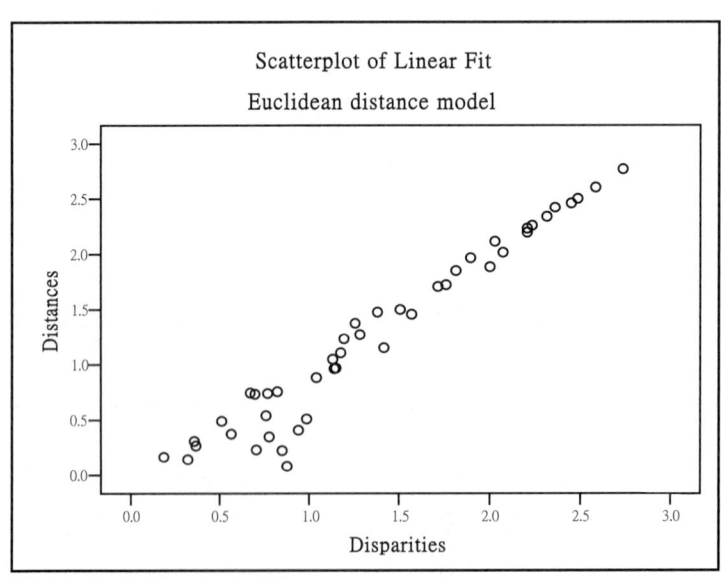

　　上圖所呈現的是在一個維度的分析情形下,線性適合度的散布圖。

[15]

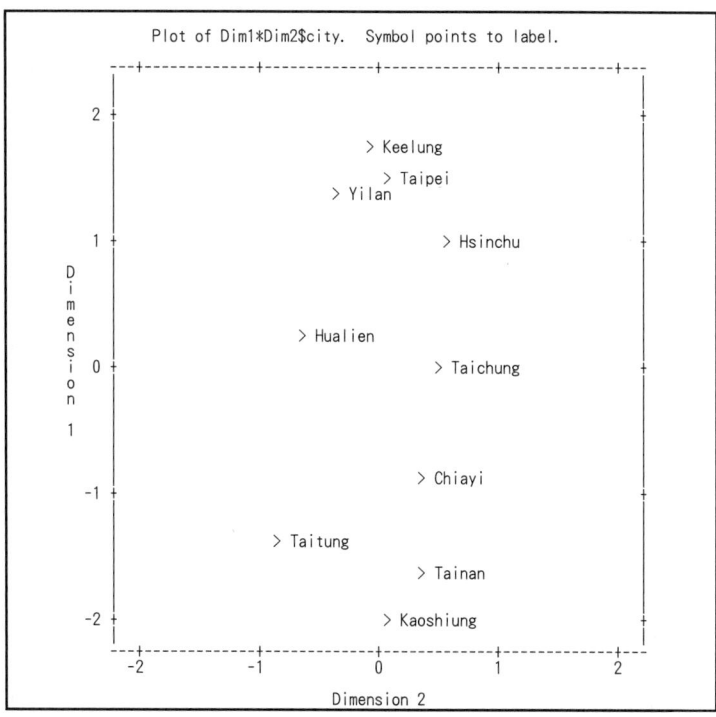

　　上圖是 SAS 程式 MDS 程序資料分析所繪製而成的散布圖，由上圖可以發現
維度一與臺灣地圖的「緯度」是大致相同的，在維度二 (大致代表「經度」) 則呈
現左右相反的情形，但可以發現城市與城市之間的距離是正確的，這是因為 MDS
程序所分析的資料只是兩兩城市之間的距離，而非東西南北的方向資料，因此若
需要調整左右的位置可藉由 SAS 程式在繪製圖形時 X 與 Y 軸的調整達到一致的目
的，例如：將 SAS 程式第 11 列：

PLOT DIM1 * DIM2 $ city /HAXIS= BY 1 VAXIS= BY 1 BOX;

調整為：

PLOT DIM1 * DIM2 $ city /HAXIS= **2 TO -2 BY -1** VAXIS= BY 1 BOX;

此時的散布圖會呈現如下圖的結果：

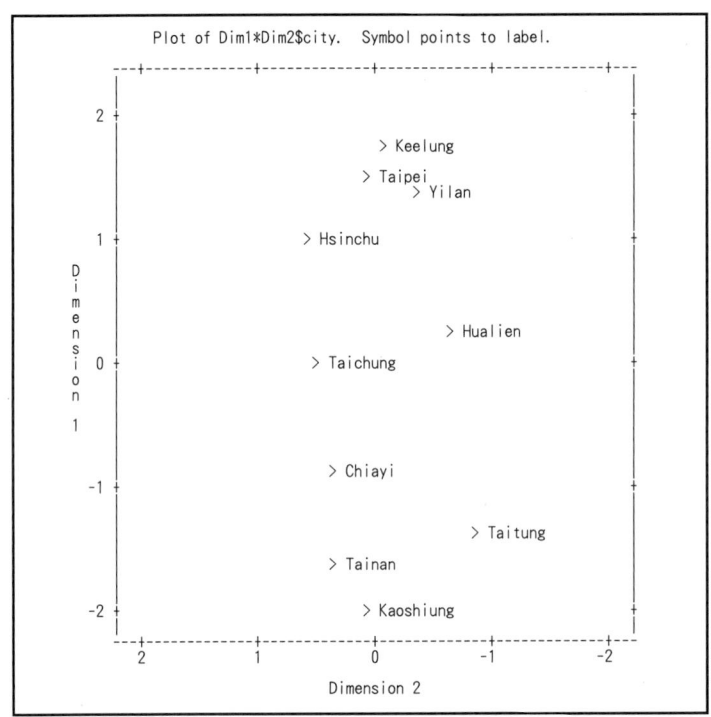

11.2.8 範例二 (非計量 MDS 之資料分析)

　　非計量 MDS 輸入的資料是以次序資料 (間斷資料) 為主，但是只要是觀察資料夠多 (數十個以上的資料)，仍然可以得到接近等距的多向度構形。以下所分析的資料為上例臺灣十個城市間的直線距離，筆者將之改為距離的順序，因為總共有十個城市，所以兩兩之間互相比較共有四十五種情形 (10×9÷2=45)。例如：基隆市和高雄市最遠，所以其相對之間的等級順序為 45；基隆市和臺北市最近，所以等級順序為 1。

　　分析時，大致和計量 MDS 之資料分析相同，僅在計量 MDS 之分析步驟圖 4 的模式 (Model) 中點選分析變項的測量水準，選擇次序的 (ordinal)，至於下面將同分觀察值變為不同分 (Untie tied observations)的選項，因為本例已依序將 45 個比較的資料分別排序，所以有無勾選對本非計量的分析資料並無影響。

分析步驟圖如下所示：

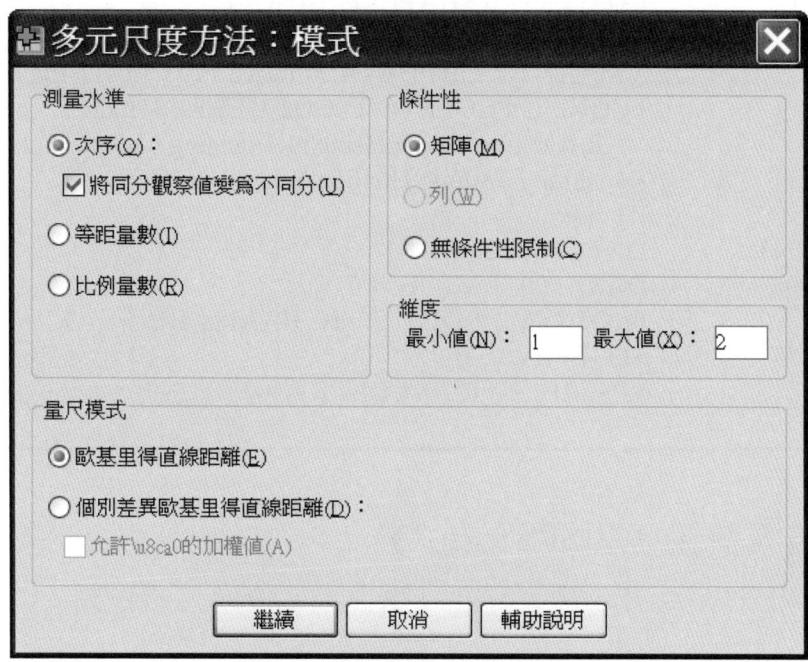

　　至 於 在 SPSS 的 程 式 語 法 上 ， 除 了 第 4 列 的 LEVEL=RATIO 改 為 LEVEL=ORDINAL(UNTIE)之外，其餘均相同。

/LEVEL=ORDINAL(UNTIE)

　　在 SAS 的程式語法上，除了在第 6 列 LEVEL=RATIO 改為 ORDINAL 之外，其餘亦相同。以下將非計量 MDS 資料分析之 SAS 程式完整呈現如下：

```
[1]   DATA    MDS ;
[2]   INPUT   (Keelung Taipei Hsinchu Taichung Chiayi Tainan Kaoshiung Taitung
                 Hualien Yilan) (5.0) @52 city $ 15.;
[3]   CARDS;
[4]     0     1    10    25    36    43    45    41    19     3    Keelung
        1     0     6    22    32    40    44    39    18     2    Taipei
       10     6     0     8    26    33    37    34    17     9    Hsinchu
       25    22     8     0     7    23    28    27    14    20    Taichung
       36    32    26     7     0     5    13    16    21    30    Chiayi
       43    40    33    23     5     0     4    15    29    37    Tainan
       45    44    37    28    13     4     0    12    31    42    Kaoshiung
       41    39    34    27    16    15    12     0    24    35    Taitung
       19    18    17    14    21    29    31    24     0    11    Hualien
        3     2     9    20    30    37    42    35    11     0    Yilan
      ;
```

```
[5]   PROC PRINT;
[6]   PROC MDS          CUTEOFF=0 SHAPE=TRIANGLE
                        CONDITION=MATRIX LEVEL=A DIMENSION=1 TO
                        2 MAXITER=30 PDATA PFINAL PFIT PINIT PITER
                        PCONFIG PCOEF OUT=OUT OUTRES=mds2;
[7]                     VAR Keelung Taipei Hsinchu Taichung Chiayi Tainan
                        Kaoshiung Taitung Hualien Yilan;
[8]                     ID city;
[9]   PROC PRINT        DATA=mds2;
[10]  PROC PLOT         DATA=OUT VTOH=1.7   ;
[11]                    PLOT DIM2 * DIM1 $ city /HAXIS= BY 5 VAXIS= 15
                        TO -15 BY -5 BOX;
[12]                    WHERE _TYPE_='CONFIG';
[13]  RUN;
```

11.2.9　報表及解說（以 SPSS 為主）

[1]

```
Alscal Procedure Options
Data Options-
Number of Rows (Observations/Matrix).    10
Number of Columns (Variables) . . .      10
Number of Matrices  . . . . . .           1
Measurement Level . . . . . . .          Ordinal
Data Matrix Shape . . . . . . .          Symmetric
Type  . . . . . . . . . . .               Dissimilarity
Approach to Ties  . . . . . .            Untie
Conditionality. . . . . . . .            Matrix
Data Cutoff at. . . . . . . .               .000000
```

　　此範例總共有十個變項，因此變項數目為 10，並且此變項是間斷變項的次序
變項，而且資料矩陣的型態是對稱的正方形矩陣資料，資料型式為相異性資料，
同分觀察值變為不同分，其實在本例中，因為是將計量資料距離轉為次序性資料，
所以已先避免同分的問題，亦即不可能有同分的狀況，不過，通常避免疏忽還是
請系統將同分的資料轉為不同分來計算，條件性的資料是為預設值矩陣形式，歐
幾里得直線距離小於 0 視為遺漏值。

[2]

```
Model Options-
Model . . . . . . . . . .    Euclid
Maximum Dimensionality . . . . .  2
Minimum Dimensionality . . . . .  1
Negative Weights . . . . . .    Not Permitted

Output Options-
Job Option Header . . . . . .    Printed
Data Matrices . . . . . . .    Printed
Configurations and Transformations .  Plotted
Output Dataset . . . . . .    Not Created
Initial Stimulus Coordinates . . .  Computed
```

與計量 MDS 分析資料的輸出結果相同，不予以贅述。

[3]

```
Algorithmic Options-
Maximum Iterations . . . . . .      30
Convergence Criterion . . . . .    .00100
Minimum S-stress . . . . . .    .00500
Missing Data Estimated by . . . .  Ulbounds
Tiestore . . . . . . . . .     45
```

與計量MDS分析資料所設定的條件相同，只是多了一項共45筆資料的描述。

[4]

```
Raw (unscaled) Data for Subject 1
                    1          2          3          4          5
    1         .000
    2        1.000       .000
    3       10.000      6.000       .000
    4       25.000     22.000      8.000       .000
    5       36.000     32.000     26.000      7.000       .000
    6       43.000     40.000     33.000     23.000      5.000
    7       45.000     44.000     37.000     28.000     13.000
    8       41.000     39.000     34.000     27.000     16.000
    9       19.000     18.000     17.000     14.000     21.000
   10        3.000      2.000      9.000     20.000     30.000

                    6          7          8          9         10
    6         .000
    7        4.000       .000
    8       15.000     12.000       .000
    9       29.000     31.000     24.000       .000
   10       37.000     42.000     35.000     11.000       .000
```

以上資料為原始讀入的資料，可以當做資料核對之用。此時會出現一個警告

訊息，主要是因為觀察值在非計量MDS的計算中，觀察資料個數要求至少要20以上，比較的資料個數至少要45以上，而本例只有10個觀察資料，45個比較資料個數，所以會出現結果可能比較不可信的警語。

[5]

```
Iteration history for the 2 dimensional solution (in squared distances)
            Young's S-stress formula 1 is used.
        Iteration      S-stress        Improvement
            1           .04846
            2           .02891          .01955
            3           .02268          .00623
            4           .01841          .00427
            5           .01512          .00329
            6           .01250          .00262
            7           .01040          .00210
            8           .00881          .00159
            9           .00766          .00114
           10           .00679          .00087
                  Iterations stopped because
        S-stress improvement is less than    .001000
        Stress and squared correlation (RSQ) in distances
RSQ values are the proportion of variance of the scaled data (disparities)
        in the partition (row, matrix, or entire data) which
        is accounted for by their corresponding distances.
        Stress values are Kruskal's stress formula 1.
            For matrix
    Stress  =   .00832     RSQ =  .99966
```

以二個維度 (K=2) 來分析時，得到的壓力係數 (stress) 為 0.00832，而 RSQ (R square) 為 0.99966，此例的結果應該符合 Kruskal(1964) 壓力係數值小於 0.025，所以是屬於適合度非常好的結果。

[6]

```
Configuration derived in 2 dimensions
                Stimulus Coordinates
                    Dimension
Stimulus   Stimulus      1         2
 Number      Name
    1        基隆       1.7233    -.1056
    2        臺北       1.5404     .0760
    3        新竹        .9720     .6100
    4        臺中       -.0211     .6925
    5        嘉義      -1.0226     .3165
    6        臺南      -1.6466     .3056
    7        高雄      -1.9506    -.1544
    8        臺東      -1.3601    -.9392
    9        花蓮        .4276    -.5404
   10        宜蘭       1.3376    -.2610
```

以上資料是說明當以二個維度分析時，每個觀察資料在二元座標上的座標值。

[7]

```
      Optimally scaled data (disparities) for subject    1
              1           2         3          4          5
  1        .000
  2        .258       .000
  3        .998       .780      .000
  4       1.918      1.678      .998       .000
  5       2.787      2.574     2.016       .998       .000
  6       3.395      3.195     2.636      1.678       .624
  7       3.674      3.499     3.021      2.109      1.041
  8       3.195      3.073     2.787      2.109      1.287
  9       1.367      1.287     1.287      1.287      1.678
 10        .416       .393      .998      1.660      2.420
              6           7         8          9         10
  6        .000
  7        .551       .000
  8       1.287       .998      .000
  9       2.240      2.420     1.832       .000
 10       3.037      3.290     2.787       .998       .000
```

以上的資料是說明原始資料在二個維度的分析下，經過線性轉換之後的資料
矩陣。

[8]

```
Iteration history for the 1 dimensional solution (in squared distances)
       Young's S-stress formula 1 is used.
    Iteration       S-stress       Improvement
        1            .06456
        2            .05027        .01429
        3            .04680        .00346
        4            .04484        .00196
        5            .04383        .00101
        6            .04334        .00049
             Iterations stopped because
     S-stress improvement is less than    .001000
       Stress and squared correlation (RSQ) in distances
RSQ values are the proportion of variance of the scaled data (disparities)
     in the partition (row, matrix, or entire data) which
     is accounted for by their corresponding distances.
      Stress values are Kruskal's stress formula 1.
        For  matrix
  Stress =   .07759      RSQ =   .97945
```

以一個維度 (K=1) 來分析時，得到的壓力係數 (stress) 為 0.07759，而 RSQ (R
square) 為 0.97945 比二個維度不適合原始資料的解釋，亦即以二個維度來解釋資
料會比一個維度來解釋資料更為適合。

[9]

```
        Configuration derived in 1 dimensions
                Stimulus Coordinates
                Dimension
Stimulus   Stimulus      1
 Number      Name
    1        基隆       -1.3298
    2        臺北       -1.1642
    3        新竹        -.6827
    4        臺中        -.0473
    5        嘉義         .7150
    6        臺南        1.2145
    7        高雄        1.4450
    8        臺東        1.1288
    9        花蓮        -.2922
   10        宜蘭        -.9870
```

以上資料是說明當以一個維度分析時，每個觀察資料的座標值。

[10]

```
     Optimally scaled data (disparities) for subject    1
          1        2        3        4        5
  1     .000
  2     .166     .000
  3     .522     .491     .000
  4    1.323    1.117     .522     .000
  5    2.081    1.863    1.323     .522     .000
  6    2.544    2.379    1.863    1.262     .491
  7    2.775    2.609    2.128    1.492     .522
  8    2.445    2.293    1.863    1.323     .522
  9     .990     .872     .522     .522    1.007
 10     .292     .177     .522     .990    1.702

          6        7        8        9       10
  6     .000
  7     .292     .000
  8     .522     .522     .000
  9    1.507    1.737    1.323     .000
 10    2.202    2.445    2.081     .522     .000
```

以上的資料是說明原始資料在一個維度的分析下，經過線性轉換之後的資料
矩陣。

[11]

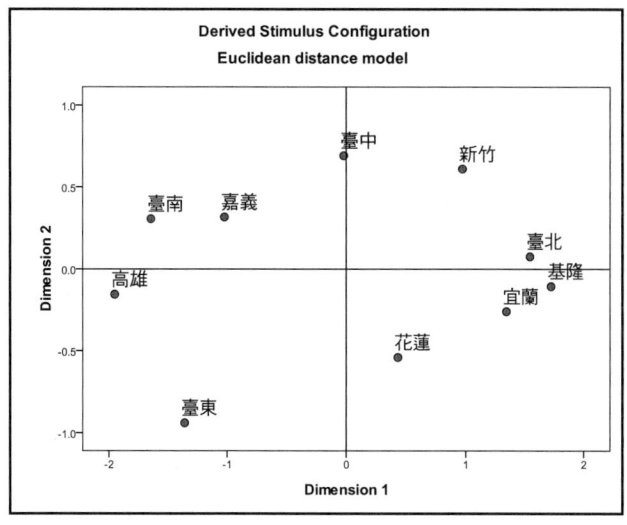

　　上圖是在二個維度的分析下，所有觀察資料的構形。比照計量 MDS 的分析結果，其相對位置大同小異，亦即說明若資料量達到數十個以上，計量資料的順序資料會和原始資料呈現一致的結果。

　　另外，利用 SAS 程式分析時所呈現的散布圖會有上下相反的情形，請利用調整 X 與 Y 軸，將散布圖調整為一致性的呈現。

[12]

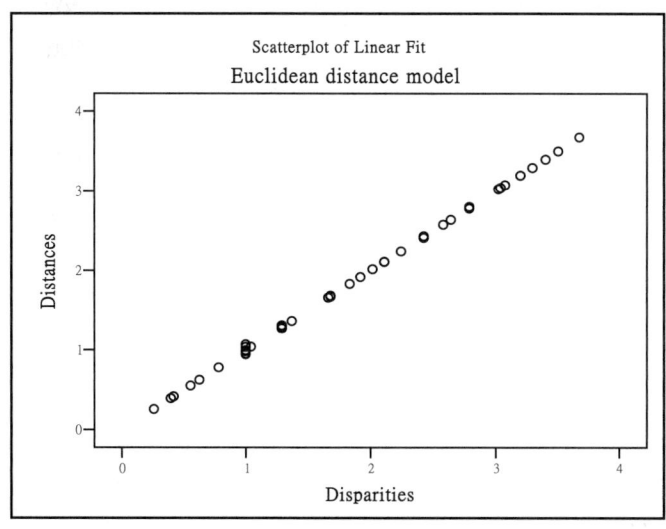

上圖所呈現的是在二個維度的分析情形下，線性適合度的散布圖，由上圖可以顯示出，所有刺激體的分布是由左下右上的對角線分布，整體看起來，適合度的情形算是非常地理想。

[13]

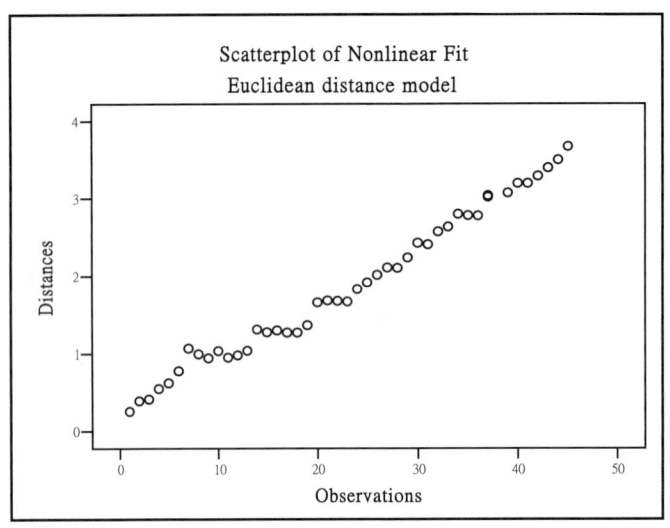

上圖所呈現的是在二個維度的分析情形下，非線性適合度的散布圖，和線性適合度的情形大致相同。

[14]

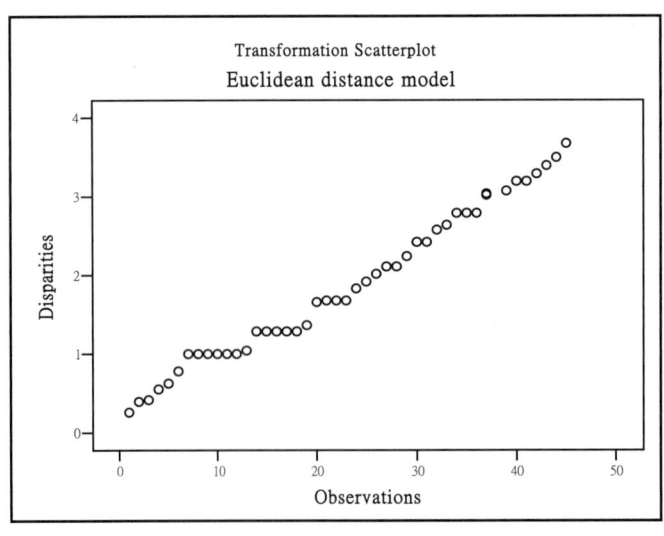

　　上圖所呈現的是在二個維度的分析情形下，原始資料經過線性轉換之後的散布圖。

[15]

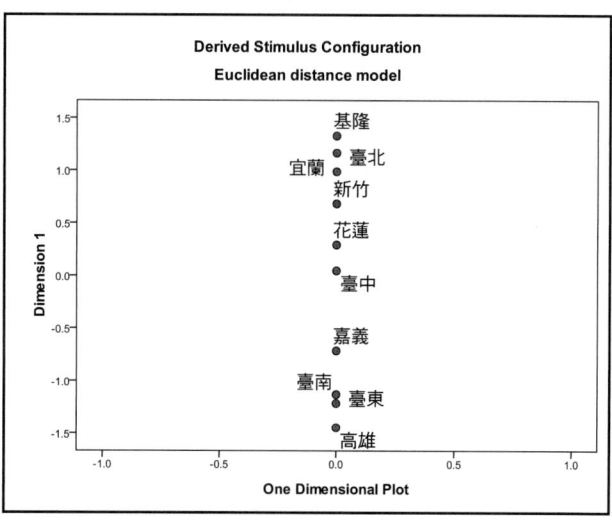

　　上圖是在一個維度的分析下，所有觀察資料的構形。

[16]

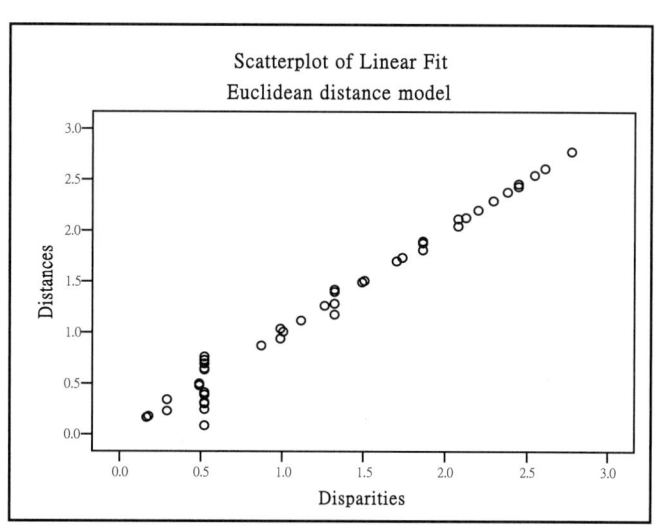

　　上圖所呈現的是在一個維度的分析情形下，線性適合度的散布圖。

[17]

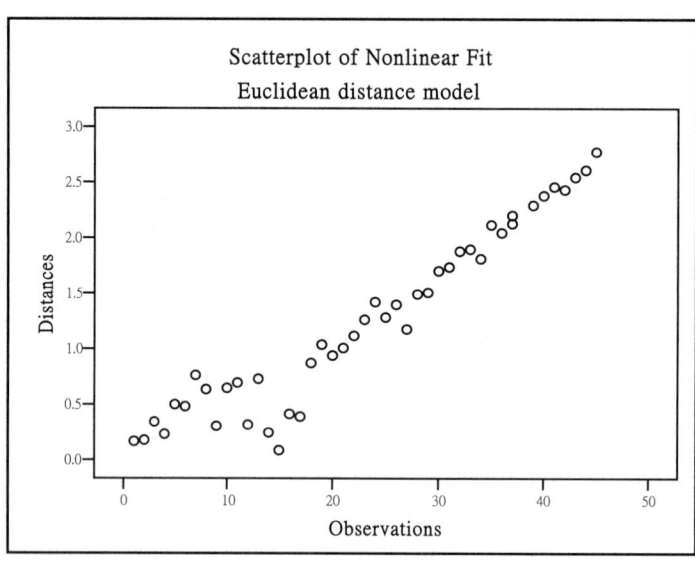

　　上圖所呈現的是在一個維度的分析情形下，非線性適合度的散布圖。

[18]

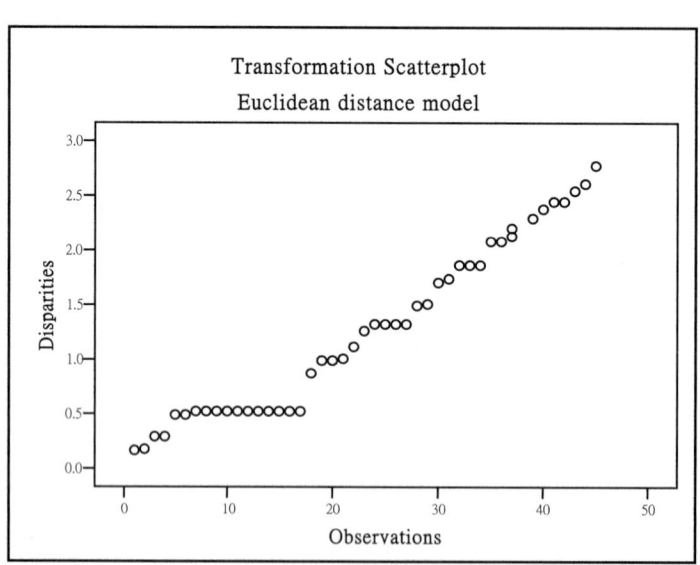

　　上圖所呈現的是在一個維度的分析情形下，原始資料經過線性轉換之後的散布圖。

11.3　分析摘要表

表 11-3 是本章範例之各刺激體之座標一覽表，以計量 MDS 分析資料為例。

表 11-3　各刺激體之座標一覽表

Stimulus Number	Stimulus Name	K=1	K=2	
			D1	D2
1	基隆	-1.3213	1.7750	-0.1054
2	臺北	-1.1434	1.5489	0.0672
3	新竹	-0.7481	0.9720	0.5809
4	臺中	-0.0325	0.0246	0.4999
5	嘉義	0.6831	-0.9547	0.3855
6	臺南	1.1991	-1.6235	0.3431
7	高雄	1.4856	-2.0067	0.0273
8	臺東	1.1103	-1.3918	-0.8513
9	花蓮	-0.2409	0.3138	-0.6320
10	宜蘭	-0.9919	1.3423	-0.3151
		Stress=0.15018 RSQ=0.94697	Stress=0.01199 RSQ=0.99931	

由以上二個維度的資料繪製成如下圖 11-1：

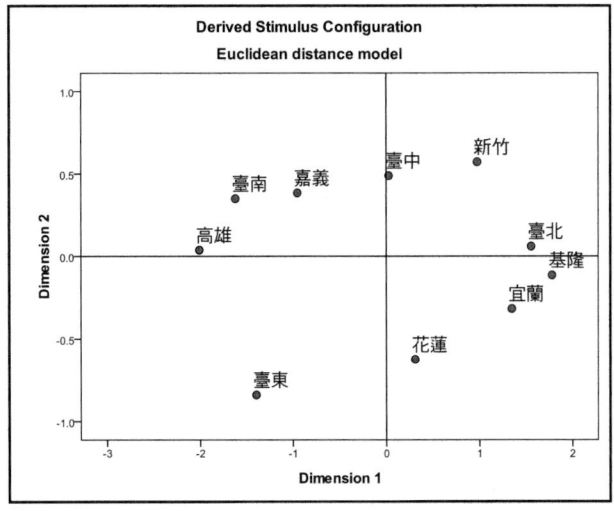

圖 11-1　分析結果圖(二維度)

如果在較新版 SAS 軟體的第一列語法加入 "ODS GRAPHICS ON;" ，可以得到圖 11-2，其結果與 SPSS 相似。

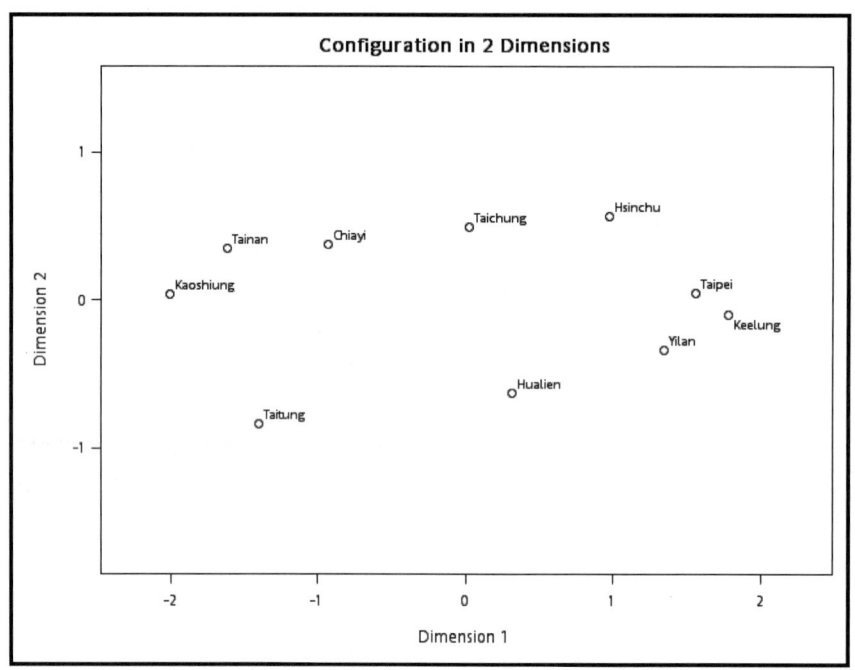

圖 11-2　SAS 分析結果圖(二維度)

12 結構方程模式

· 程炳林 陳正昌 陳新豐 ·

結構方程模式可以使用下列的形式表示其關係：

$$
\begin{aligned}
Y_1 &= X_{11} + X_{12} + X_{13} + \cdots + X_{1n} \\
Y_2 &= X_{21} + X_{22} + X_{23} + \cdots + X_{2n} \\
\cdots &\qquad\qquad \cdots \\
Y_m &= X_{m1} + X_{m2} + X_{m3} + \cdots + X_{mn}
\end{aligned}
$$

(計量)　　　　(計量, 非計量)

12.1　理論部分

結構方程模式 (或結構方程建模, structural equation modeling, SEM) 是一種利用簡單的方式來描述資料的結構，讓分析者易於了解和解釋資料的內涵及其相關，進而用來處理因果關係模式的統計方法。它的名稱類似於共變數結構分析 (covariance structure analysis)、共變數結構模式 (covariance structure modeling)、因果模式 (causal modeling) 或線性結構相關模式 (Linear Structural Relationships, LISREL) 等。結構方程模式分析中主要涉及到模式的假設與考驗，並且嘗試去解釋模式中變項之間的關係，模式中包括了多個潛在變項 (因素或構念) 和多個自變項。

過去所使用的多變項分析方法大都只能一次處理一組自變項及一組依變項之間的關係，無法同時處理一系列依變項之間的關係，因此有其侷限性。其次，由於 SEM 能同時處理多組變項之間的關係，它也提供研究者由探索分析 (exploratory analysis) 轉成驗證分析 (confirmatory analysis) 的可能途徑 (Hair et al., 1992)。第

三，過去當研究者有意要探討多個變項之間的因果關係時，大都採用徑路分析的方式進行。但是以徑路分析來進行驗證性研究或因果關係的探討時，研究者往往受制於徑路分析的一些基本假定而無法順利進行。不過，徑路分析的限制目前在 SEM 中已經能逐一克服。由於 SEM 具有這些優點，使得在社會及行為科學領域的研究中，應用此方法進行分析的研究愈來愈多，即使在自然科學領域，它也同樣適用 (Grace, 2007; Pugesek, Tomer, & von Eye, 2003)。

12.1.1 SEM 分析軟體

目前可以用來分析 SEM 的軟體中，主要有 LISREL、EQS、CALIS/TCALIS (SAS Procedure)、AMOS、SEPATH (STATISTICA)、Mplus、RAMONA (SYSTAT)、Mx、R 等 (Kline, 2011)。發展最早且使用最廣的應屬 LISREL，而 AMOS 使用方便性相當高，逐漸受到使用者喜愛，此外，大型軟體 SAS、Statisitca、SYSTAT 也都有分析的功能。

EQS 由 UCLA 學者 Bentler (1992) 所設計，是使用相當方便的一套軟體，以往由 BMDP 發行，現在改由 Multivariate Soft 公司發行，目前最新版是 6.1 版。EQS 可以從 3 種方法來執行分析的程序，第 1 種方式為利用指令批次執行，第 2 種方式則為利用 EQS 提供的精靈功能來自動產生 EQS 的程序語法，第 3 種方式則是利用 EQS 的圖形編輯器來執行相關的分析工作。後 2 種方式並不需要撰寫 EQS 的程序語法，只要利用程式中所提供的工具即可以完成分析的工作。

SPSS 公司以往主要支援 LISREL 軟體，Windows 版後改與 AMOS 配合，AMOS 是由 Arbuckle 設計，IBM 的 SPSS 公司發行，優點是可以畫出徑路圖直接求出參數，而不需撰寫程式 (也可以使用寫程式的方式執行)，極適合初學者使用。AMOS 最新版為第 19.0 版，它主要包含 2 個模組，AMOS Graphics 與 AMOS Basic。AMOS Graphics 提供使用者可以利用圖形的介面來加以設計所要驗證的模式，估計參數以及相關的適配性指標，並且在成長模型中提供相關的精靈功能，讓使用者可以快速地繪製成長模式的相關圖形並加以估計參數。AMOS Basic 則是以批次的模式加以執行。

SAS 軟體中有 CALIS 及 TCALIS (9.2 版後加入，目前為 9.3 版) 程序可以分析

SEM，TCALIS 可以使用像 LISREL 的矩陣為基礎的語法，也可以使用 EQS 方程式為基礎的語法，其符號系統 (指令) 是以因果模式為基礎。TCALIS 可以利用 8 種不同的方法來選擇參數估計的初始值，也可以選擇利用程序去控制最佳化參數的估計，使用者若了解其中語法的詳細用法，可以有較彈性的估計結果。

Mplus (目前為 6.1 版)，是由 Muthén 夫婦所設計發行，除了可以進行 SEM 分析外，Mplus 最特別之處是可以分析的結果變項為綜合連續、間斷、次序和計數的變數資料，也可以分析有缺失值的資料。Mplus 在程式的撰寫有 2 種方式，第 1 種是利用 Mplus 的編輯器來撰寫分析的程式，而另外 1 種則是部分運用 Mplus 所提供的精靈來逐步填入程式分析所需的資料，例如，分析資料來源、資料變項、分析變項以及樣本人數等等。不過利用精靈的指令完成的程式碼並沒有分析 (analysis) 的詳細指令，需要再將分析的指令填入才能正確執行分析的程序。

當然，比較知名的分析軟體是 LISREL (LInear Structural RELation)，目前是 8.8 版，它是由瑞典統計學家 Jöreskog 及 Sörbom (1993a) 所設計，主要包括 2 個主要的程式，一為 LISREL 另一則為 PRELIS，PRELIS 中包括了許多資料檢視及摘要的功能，也含有處理缺失資料的方法、bootstrapped 估計、計算多分相關 (polychoric correlation) 或多序列相關 　(polyserial correlation) 的功能。LISREL 的優點是提供非常豐富的輸出，而缺點則是所使用的矩陣多達 9 種 (常用的有 8 種)，初學者在撰寫程式會較有困難，所以在第 8 版後已經可以使用較易了解的 SIMPLIS (Simple LISREL) 語法 (Jöreskog & Sörbom, 1993c)。

本書以目前國際上使用者較多的 LISREL 為主，同時兼重國內較普遍的 Amos，再輔以 SAS/TCALIS (在 STAT 模組中) 及 Mplus。語法的部分，讀者只要熟悉 LISREL，對於其他軟體應可快速遷移，不會有使用上的困難。

12.1.2　結構方程模式簡介

結構方程模式分析技術主要包括了徑路分析模式 (path analytic model，並不包括潛在變項)、驗證因素分析模式 (confirmatory factor analysis model, CFA)、完整潛在變項模式 (full latent variable model)，完整潛在變項模式亦被稱為結構迴歸模式

(Structural Regression model, SR)、多重樣本分析的結構方程模式 (multiple-sample SEM)、具有平均結構的結構方程模式 (SEM with mean structures) 以及潛在成長模式 (latent growth model) 等。關於多層次結構模型 (HLM, MLM) 的資料分析，結構方程模式亦可以加以處理，而類似的研究議題也是目前發展的趨勢。

結構方程模式中有兩種不同的變異性，一種是共同 (common) 的變異，而另一種則為獨特 (unique) 的變異。共同的變異中，變項的變異是由其他的變項來加以解釋；獨特的變異中，變項的變異是未和其他變項分享的。獨特的變異可以再細分兩種，一種是誤差變異 (error variance)，而另一種則為系統變異 (systematic variance)。誤差變異即是測量上的誤差 (measurement error)，發生系統變異的原因可能是因為在不同的方法下所產生的變異情形。如圖 12-1 中 X_1~X_3 由 ξ_1 (ξ 讀為 xi 或 ksi) 共同解釋，因此它們享有共同變異，而 δ_1 (δ 讀為 delta) 是 X_1 的誤差變異，δ_2 及 δ_3 分別是 X_2 及 X_3 的誤差變異。

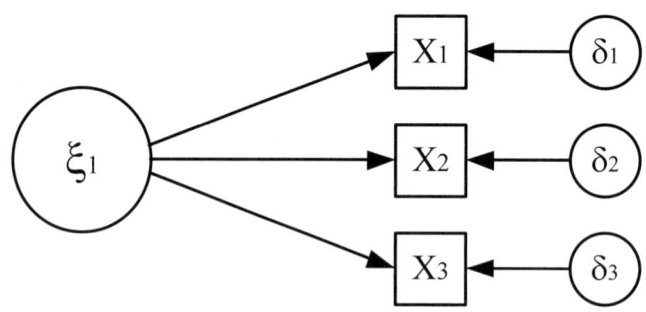

圖 12-1　共同變異及獨特變異

完整的結構方程模式包含**測量模式** (measurement model) 及**結構模式** (structural model) 兩部分。測量模式用來表示潛在變項 (因素) 與觀測變項的關係，結構模式則用來表示潛在變項與潛在變項的關係。

圖 12-2 是測量模式，分別代表觀察變項 (指標) X 及 Y 與潛在變項的線性關係，其中 X_1~X_3 是由潛在變項 ξ_1 及**測量誤差** (也是潛在變項) δ_1~δ_3 所構成的線性關係，Y_1~Y_3 是由 η_1 (η 讀為 eta) 及 ε_1~ε_3 (ε 讀為 epsilon) 所構成的線性關係。X 及 Y 這兩者的測量模式在 LISREL 軟體中有所區別，在 Amos 或 EQS 中則沒有分別。簡言之，測量模式代表的是潛在變項及測量誤差對觀察變項的線性關性。

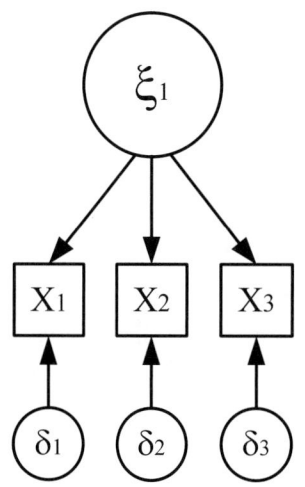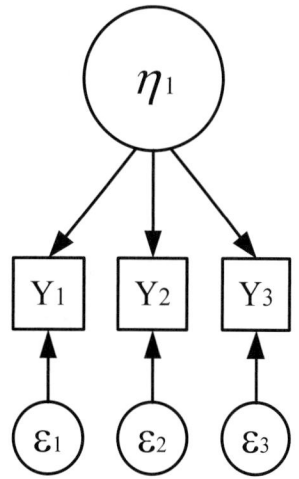

圖 12-2　兩種測量模式

結構方程模式中的潛在變項可以區分為兩種。

一為潛在自變項，是其他變項的因，又稱為**外因變項** (exogenous, 影響它的因在模式之外)，潛在自變項並不會有單箭頭指向它，只能與其他潛在自變項有雙箭頭關係。

二為潛在依變項，是其他變項的果，又稱為**內因變項** (endogenous, 影響它的因在模式之內)，潛在依變項會有單箭頭指向它，也可以有單箭頭指向其他潛在依變項。潛在依變項存有殘差，而這個殘差所代表的是潛在依變項中未被測量出造成的變異。

圖 12-3 是結構模式，用來表示潛在自變項及殘差對潛在依變項關係。圖中 ξ_1 及 ξ_2 是潛在自變項，η_1 及 η_2 是潛在依變項。其中 η_1 是 ξ_1、ξ_2、η_2，及殘差 ζ_1 (ζ 讀為 Zeta) 所構成的線性關係；η_2 則是 ξ_1、ξ_2、η_1，及殘差 ζ_2 所構成的線性關係。在結構模式中，潛在依變項間 (η_1 及 η_2) 可以有互為因果的關係，而潛在自變項只能有相關。

結合了測量模式及結構模式，就組成了圖 12-4 完整的結構方程模式。圖 12-5 中實線框的部分是結構模式，短虛線框是代表 X 變項的測量模式，而長虛線框是代表 Y 變項的測量模式。

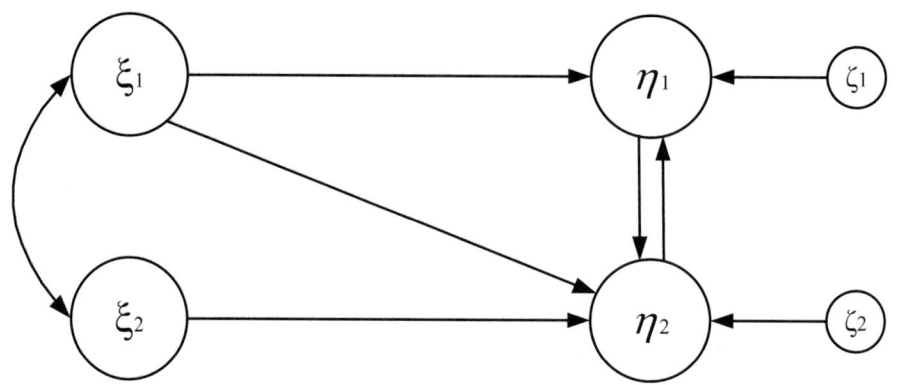

圖 12-3　結構模式

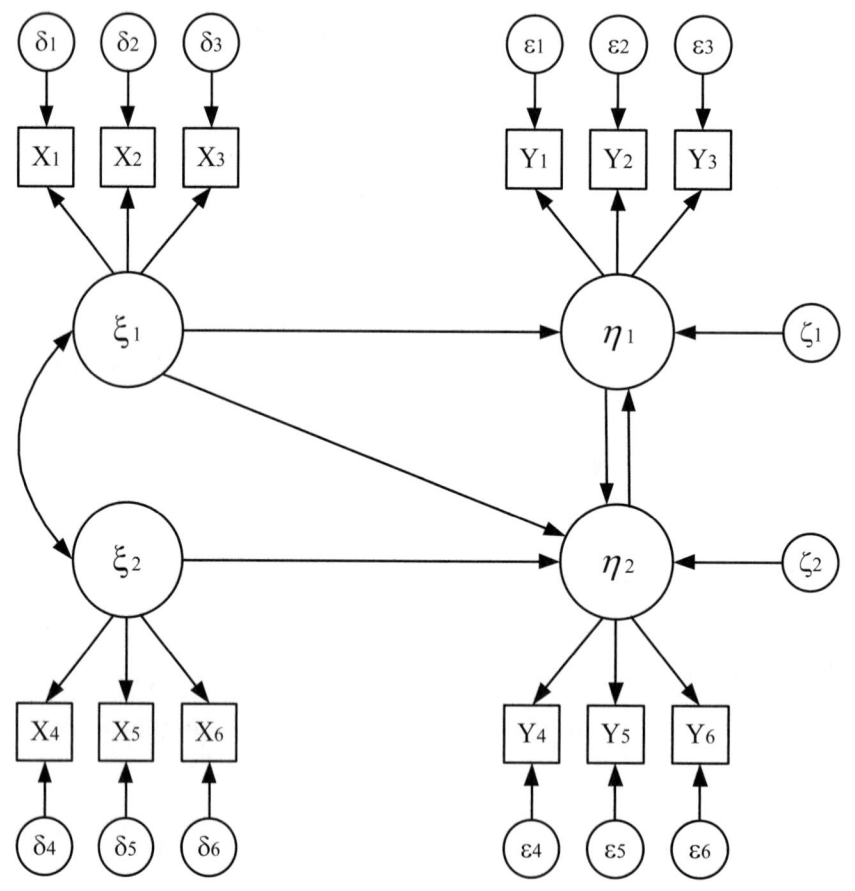

圖 12-4　完整之結構方程模式-1

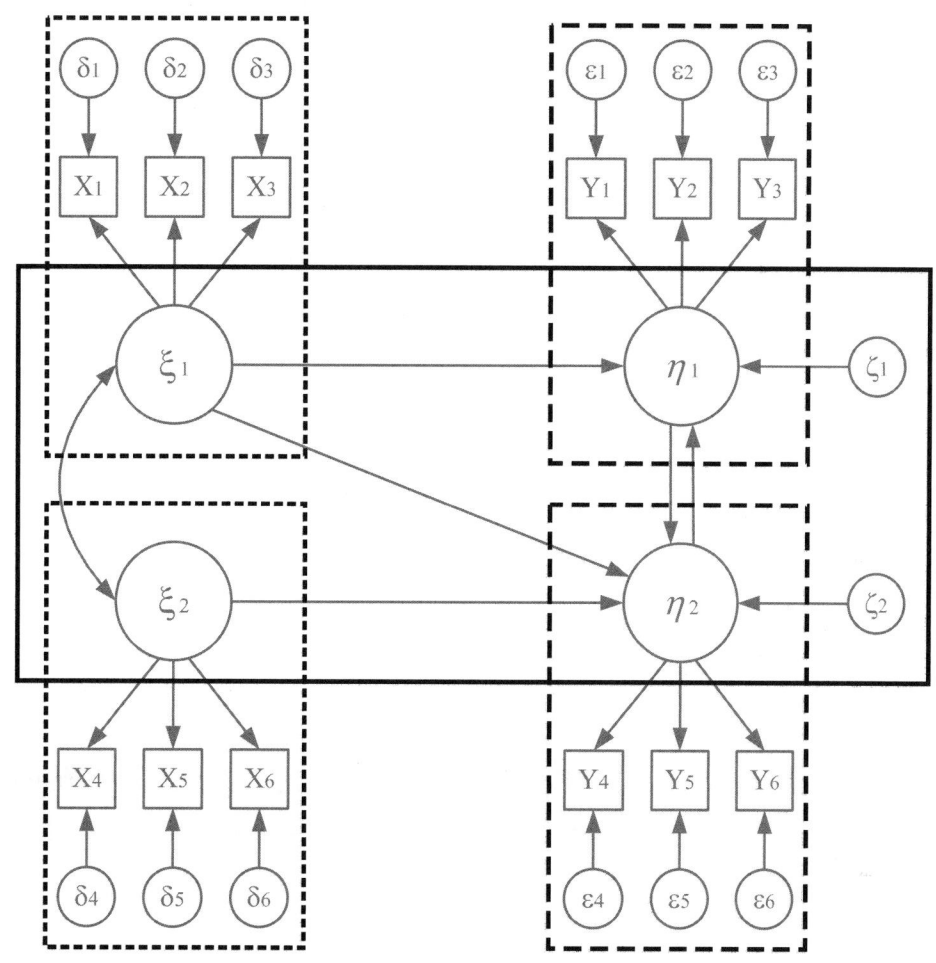

圖 12-5　完整之結構方程模式-2

12.1.3　LISREL 取向的結構方程模式架構與統計原理

　　Jöreskog 及 Sörbom 於 1970 年代發展的**線性結構相關模式** (Linear Structural Relationships, LISREL) 是早期對結構關係模式的普遍稱謂，雖然後來也有 Bentler-Weeks，McDonald 的 COSAN，McArdle-McDonald 的 RAM 等表徵方式，但是 Jöreskog、Keesling 及 Wiley 的 JWK 模式 (Kline, 2011) 其使用的統計符號是許多教科書所慣用的，也是研究者熟悉的表徵系統，為了讓讀者有比較清楚的概念，本章仍先說明 LISREL 模式。

在 LISREL 模式中有 4 種變項，2 種潛在變項、2 種觀察變項。潛在變項之中，被假定為「因」者稱為**潛在自變項**或是**外因變項**，以 ξ 表示。被假定為「果」的潛在變項稱做**潛在依變項**或**內因變項**，以 η 表示。在觀察變項中，屬於潛在自變項 ξ 的**觀察指標**者稱為 X 變項，屬於潛在依變項 η 的觀察指標者稱為 Y 變項。這四種變項中，潛在自變項 ξ 與 Y 變項沒有直接關係，潛在依變項η 與 X 變項沒有直接關係，X 變項與 Y 變項也沒有直接關係。因此，ξ、η、X、Y 這 4 種變項就構成下列 5 種關係：

1. 潛在自變項 ξ 與潛在自變項 ξ 的關係，以 Φ 表示。
2. 潛在自變項 ξ 與潛在依變項 η 的關係，以 Γ 表示。
3. 潛在依變項 η 與潛在依變項 η 的關係，以 B 表示。
4. 潛在自變項 ξ 與 X 變項的關係，以 Λ$_x$ 表示。
5. 潛在依變項 η 與 Y 變項的關係，以 Λ$_y$ 表示。

除前述五種關係之外，LISREL 模式中還包含 3 種誤差，一是 **X 變項的測量誤差**，以Θ$_δ$(或δ) 表示；二是 **Y 變項的測量誤差**，以Θ$_ε$(或 ε) 表示；三是**潛在依變項**η 所無法被解釋的殘差，或稱**結構方程的殘餘誤差**，以 ζ (或Ψ) 表示。由於 LISREL 分析中，這 4 種變項都不只一個，所以前述的 Φ (讀為 phi)、Γ (gamma)、B (beta)、Λ$_x$ (lambda X)、Λ$_y$ (lambda Y)、Θ$_δ$ (theta delta)、Θ$_ε$ (theta epsilon)、ζ (zeta) 都是矩陣，這就是 LISREL 的 8 個主要參數矩陣。另外，LISREL 第 8 版後增加了 Θ$_{δε}$ 矩陣，用以表示 X 變項的測量誤差 δ 與 Y 變項的測量誤差 ε 之間的關係，讀者可自行參閱 LISREL 手冊，本章只介紹前述 8 種矩陣。這 8 個參數矩陣的詳細定義如下：

Λ$_y$：描述觀察變項 Y 對潛在依變項 η 的 p×m 階係數矩陣，相當於迴歸係數或因素負荷量，矩陣內元素符號為λ$_{pm}^y$。

Λ$_x$：描述觀察變項 X 對潛在自變項 ξ 的 q×n 階係數矩陣，相當於迴歸係數或因素負荷量，矩陣內元素符號為λ$_{qn}^x$。

Γ：　描述潛在自變項 ξ 對潛在依變項 η 之直接影響效果的 m×n 階係數矩

陣，矩陣內元素符號是 γ_{mn}。

B：　描述潛在依變項 η 對潛在依變項 η 之直接影響效果的 $m \times m$ 階係數矩陣，矩陣內元素符號是 β_{mm}。B 矩陣的對角線為 0，而且 $(I-B)$ 必須是非特異 (non-singular) 矩陣。

Θ_ε：描述觀察變項 Y 的測量誤差 ε 之 $p \times p$ 階變異數共變數矩陣，矩陣內元素符號為 ε_{pp}。

Θ_δ：描述觀察變項 X 的測量誤差 δ 之 $q \times q$ 階變異數共變數矩陣，矩陣內元素符號為 δ_{qq}。

Φ：　描述潛在自變項 ξ 間關係的 $n \times n$ 階變異數共變數矩陣，矩陣內元素符號為 ϕ_{nn}。

Ψ：　描述結構方程的殘餘誤差 ζ 之 $m \times m$ 階變異數共變數矩陣，矩陣內元素符號為 ζ_{mm} 或 ϕ_{mm}。

此處 m 是潛在依變項 η 的數目，n 是潛在自變項 ξ 的數目，p 是觀察變項 Y 的數目，q 則是觀察變項 X 的數目。事實上，前面所述的四種變項的關係可以簡單分成兩個部分，一是**潛在變項之間的關係**，一是**潛在變項與觀察變項之間的關係**。前者可以**結構模式** (structural model) 表示，後者以**測量模式** (measurement model) 來表示。

以**圖 12-6** 為例，該模式圖是某位研究者根據理論所提出的一個 LISREL 因果模式。由研究者提出的模式通常稱為**理論模式** (theoretical model)、**標的模式** (target model) 或**主張模式** (maintained model)。圖中圓形表示潛在變項，方形表示觀察變項，箭號表示因果關係 (箭頭所指處為**果**，箭頭來源處為**因**)，雙箭頭表示有相關而無因果關係。各項係數註標的寫法是：凡是單箭頭 (因果關係) 就先寫箭頭所指者再寫箭頭來源者，如 γ_{12} 表示潛在自變項 ξ_2 對潛在依變項 η_1 的影響；凡是雙箭頭者只要標出雙箭頭所指的變項即可，可以不必分次序。在**圖 12-6** 中，研究者根據理論而推定該模式有三個潛在自變項 ξ_1、ξ_2、ξ_3，兩個潛在依變項 η_1、η_2，此時根據**圖 12-6**，兩個潛在依變項 η_1、η_2 可用方程式表示如下：

$$\eta_1 = \gamma_{11}\xi_1 + \gamma_{12}\xi_2 + \beta_{12}\eta_2 + \zeta_1$$
$$\eta_2 = \gamma_{22}\xi_2 + \gamma_{23}\xi_3 + \beta_{21}\eta_1 + \zeta_2$$

將前面兩個方程式合併以矩陣表示，則變成：

$$
\begin{bmatrix} \eta_1 \\ \eta_2 \end{bmatrix} = \begin{bmatrix} \gamma_{11} & \gamma_{12} & 0 \\ 0 & \gamma_{22} & \gamma_{23} \end{bmatrix} \times \begin{bmatrix} \xi_1 \\ \xi_2 \\ \xi_3 \end{bmatrix} + \begin{bmatrix} 0 & \beta_{12} \\ \beta_{21} & 0 \end{bmatrix} \times \begin{bmatrix} \eta_1 \\ \eta_2 \end{bmatrix} + \begin{bmatrix} \zeta_1 \\ \zeta_2 \end{bmatrix}
$$

所以結構模式如下：

$$\eta = \Gamma\xi + B\eta + \zeta \qquad\qquad\qquad (公式\ 12\text{-}1)$$

又根據圖 12-6，觀察變項 X 可以用方程式表示如下：

$$X_1 = \lambda_{11}^{x}\xi_1 + \delta_1$$
$$X_2 = \lambda_{21}^{x}\xi_1 + \delta_2$$
$$X_3 = \lambda_{32}^{x}\xi_2 + \delta_3$$
$$X_4 = \lambda_{42}^{x}\xi_2 + \delta_4$$
$$X_5 = \lambda_{53}^{x}\xi_3 + \delta_5$$
$$X_6 = \lambda_{63}^{x}\xi_3 + \delta_6$$

若以矩陣表示，則前述六個 X 的方程式成為：

$$
\begin{bmatrix} X_1 \\ X_2 \\ X_3 \\ X_4 \\ X_5 \\ X_6 \end{bmatrix} = \begin{bmatrix} \lambda_{11}^{x} & 0 & 0 \\ \lambda_{21}^{x} & 0 & 0 \\ 0 & \lambda_{32}^{x} & 0 \\ 0 & \lambda_{42}^{x} & 0 \\ 0 & 0 & \lambda_{53}^{x} \\ 0 & 0 & \lambda_{63}^{x} \end{bmatrix} \times \begin{bmatrix} \xi_1 \\ \xi_2 \\ \xi_3 \end{bmatrix} + \begin{bmatrix} \delta_1 \\ \delta_2 \\ \delta_3 \\ \delta_4 \\ \delta_5 \\ \delta_6 \end{bmatrix}
$$

同理，觀察變項 Y 的方程式及矩陣表示如下：

$$Y_1 = \lambda_{11}^{y}\eta_1 + \varepsilon_1$$

$$Y_2 = \lambda_{21}^{y} \eta_1 + \varepsilon_2$$

$$Y_3 = \lambda_{32}^{y} \eta_2 + \varepsilon_3$$

$$Y_4 = \lambda_{42}^{y} \eta_2 + \varepsilon_4$$

$$\begin{bmatrix} Y_1 \\ Y_2 \\ Y_3 \\ Y_4 \end{bmatrix} = \begin{bmatrix} \lambda_{11}^{y} & 0 \\ \lambda_{21}^{y} & 0 \\ 0 & \lambda_{32}^{y} \\ 0 & \lambda_{42}^{y} \end{bmatrix} \times \begin{bmatrix} \eta_1 \\ \eta_2 \end{bmatrix} + \begin{bmatrix} \varepsilon_1 \\ \varepsilon_2 \\ \varepsilon_3 \\ \varepsilon_4 \end{bmatrix}$$

所以觀察變項 X、Y 的測量模式如下：

X=Λ$_x$ξ+δ   (公式 12-2)

Y=Λ$_y$η+ε   (公式 12-3)

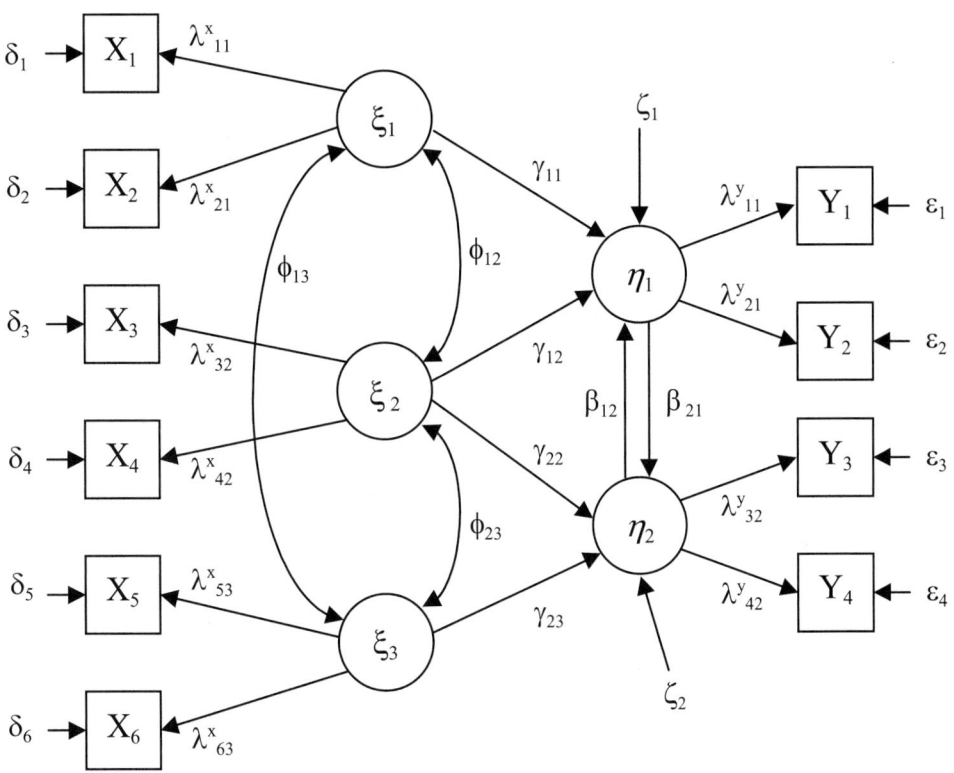

圖 12-6　LISREL 模式 (取自 Long, 1983b, p.18)

公式 12-1 到公式 12-3 中每一個元素都是矩陣，而且這三個公式也包含了前述 LISREL 模式的八個參數矩陣。在進行 LISREL 分析時，研究者必須先根據理論畫出因果模式徑路圖 (如圖 12-1)，並將所要估計的參數 (parameters) 代入結構及測量模式之中，然後估計公式 12-4 共變數公式所需的 Λ_x、Λ_y、Γ、B、Θ_ε、Θ_δ、Φ、Ψ 八個參數矩陣，這八個參數矩陣也就是 LISREL 模式的八個參數矩陣：

$$\sum_{(p+q)\times(p+q)} = \begin{bmatrix} \Lambda_y A(\Gamma\Phi\Gamma' + \Psi)A'\Lambda_y' + \Theta_\varepsilon & \Lambda_y A\Gamma\Phi\Lambda_x' \\ \Lambda_x\Phi\Gamma'A'\Lambda_y' & \Lambda_x\Phi\Lambda_x' + \Theta_\delta \end{bmatrix} \qquad \text{(公式 12-4)}$$

公式 12-4 中的 A 是 $(I-B)^{-1}$。八個參數矩陣的估計必須由電腦以疊代 (iteration) 方式進行。每疊代一次，電腦程式自動將估計所得的八個參數矩陣代入 Σ 矩陣中 (稱為 $\hat{\Sigma}$)，並計算公式 12-5 的適配函數 (fitting function) 值：

$$F = \log|\Sigma| + tr(S\Sigma^{-1}) - \log|S| - (p+q) \qquad \text{(公式 12-5)}$$

公式 12-5 中，S 是根據實際觀察資料所得的 X 與 Y 變項之 p×q 階變異數共變數矩陣。隨著疊代次數的增加，適配函數大致上越來越小。當前後兩次的適配函數值差量小於聚斂標準時，電腦就停止估計工作，此時所得的適配函數是為最小適配函數值。電腦並根據最小適配函數值進行 χ^2 考驗：

$$\chi^2 = (N-1)\times F \qquad \text{(公式 12-6)}$$

$$df = \frac{1}{2}(p+q)(p+q+1) - t \qquad \text{(公式 12-7)}$$

公式 12-6 中 N 是觀察體數，公式 12-7 中 t 是八個參數矩陣中所要估計的參數數目總和，而 $\frac{1}{2}(p+q)(p+q+1)$ 則是研究者提供矩陣的訊息數。如果檢定結果發現 χ^2 值不顯著，則接受虛無假設，表示研究者所提的理論模式與觀察所得資料可以適配 (即 $S = \hat{\Sigma}$)；反之，則表示研究者所提出的理論模式與觀察所得資料無法適配 (即 $S \neq \hat{\Sigma}$) (以上有關 LISREL 概念的說明請參閱 Jöreskog & Sörbom, 1989，第一章)。

事實上，這八個參數矩陣不只可以用 LISREL 電腦套裝程式來估計，也可以使用 SPSS 中的 AMOS，SAS 中的 TCALIS，或 Mplus 指令來進行估計。本章先介

紹由 Jöreskog 及 Sörbom 發展出來的 LISREL 8.8 版程式。在該版程式中，估計參數矩陣的方法有七種 (Jöreskog & Sörbom, 1989, pp.16-23)，而 ML (maximum likelihood method，ML) 法是該程式的內定方法。

12.1.4　LISREL 模式的次模式

前已述及，LISREL 模式有 8 個常用的參數矩陣。但是並非每一個 LISREL 模式都會包含全部的 8 個參數矩陣。在 LISREL 模式中，有 4 種次模式 (submodel) 都只涉及部分的參數矩陣。第一種次模式只包含 X 變項及潛在變項 ξ，這種次模式通常用來解**驗證性因素分析** (confirmatory factor analysis, CFA) 問題。第二種次模式只包含觀察變項 X 及 Y 而沒有潛在變項，這種次模式即為**單指標徑路分析**模式。第三種次模式包含潛在變項 ξ、η 及 Y 變項，但是沒有 X 變項，這種次模式可以解二**階驗證性因素分析** (second-order CFA) 的問題。第四種次模式只包含 Y 變項及潛在變項η，這種次模式常見於**時間序列**的分析。

由於實際資料的難以取得，在本章的實例演示部分將只介紹完整的 LISREL 模式 (包含 8 個參數矩陣) 及前三種次模式，第四種次模式將不予介紹，有興趣的讀者可自行參閱 Jöreskog 及 Sörbom (1989) 的第六章。

12.1.5　LISREL 的分析步驟

依 Kline (2011) 的見解，結構方程模式主要的分析流程可以分為六個步驟 (圖示如**圖 12-7**)：

1. 模式的列述 (細列)。
2. 評估模式是否能辨識，如果不能辨識則回到步驟 1。
3. 收集及檢視資料，並選擇好的測量指標 (對構念下操作型定義)。
4. 模式的估計：
   (1)評鑑模式的適配度 (如果不佳，跳到步驟 5)。
   (2)解釋參數估計。
   (3)考慮等值或近似等值的模式 (跳到步驟 6)。

5. 模式的再確認 (回到步驟 4)

6. 報告分析結果。

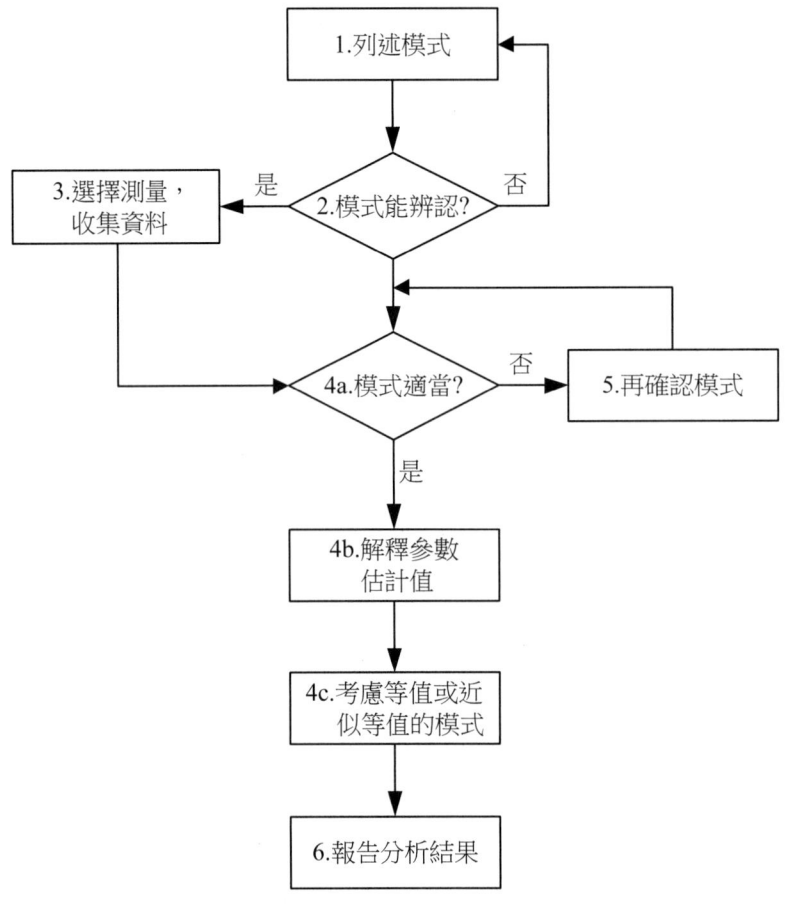

圖 12-7　SEM 分析步驟

(引自　Kline, 2011, p.92)

　　由上面的步驟再綜合 Hair 等人 (1992) 及 Long (1983a) 之看法，SEM 的分析程序大致有五個主要步驟。分別是發展理論模式、建立因果關係徑路圖並細列所要估計的參數、評估參數唯一解的辨認 (identification)、進行參數估計 (estimation)、模式適配度的評鑑 (assessment of fit) 等。

步驟一：發展理論模式

　　進行 SEM 分析的第一個步驟是發展理論模式。在發展理論模式時，首先必須

注意的是，以 SEM 來考驗因果關係時，基本上是屬於驗證的方法，這種驗證的方法通常是由理論來引導研究，而非以資料來引導研究。雖然 LISREL 第 8 版及 Mplus 等軟體也提供試探性研究的可能性，但本書仍以驗證性取向為主。其次，關於變項與變項之間的因果關係必須有理論上的支持，時間上的先後次序不一定是因果關係的充要條件。第三，儘量不要忽略重要的變項。部分重要的變項一旦被忽略，容易導致**細列誤差** (specification error) 或解釋量的降低 (Hair et al., 1992)。

前已述及，Jöreskog 和 Sörbom (1993c) 在 LISREL 8.0 以後已經區別三種使用 SEM 的情境，分別是**嚴格地驗證** (strictly confirmatory, SC) 取向、**可選擇模式或競爭模式** (alternative models or competing models, AM) 取向、**模式生產** (model generating, MG) 取向。

在 SC 的情境中，研究者建構一個唯一的理論模式，並蒐集一組觀察資料來考驗該理論模式被拒絕或接受。這種研究取向就是過去 LISREL 強調的「由理論引導研究」之驗證取向的研究。

在 AM 的情境中，研究者建構數個可選擇的模式或是競爭模式，之後蒐集一組觀察資料來比較哪一個模式與觀察資料最適配。事實上，此種方式是一般研究者最常使用的方式。

在 MG 情境中，研究者建構一個暫時性的初始模式 (tentative initial model)，如果該模式與觀察資料無法適配，研究者就使用同一組觀察資料進行模式的修正。事實上，研究者可能同時以此種方式測試數個模式。這種研究取向的目的不只是希望能從統計的觀點上找出適配的模式，同時也希望模式中各個估計參數都能做有意義的解釋。所以在研究過程中，每一個模式的修正或稱再細列 (re-specification)，可能是理論導向，也可能僅是資料導向。因此，Jöreskog 和 Sörbom (1993c) 稱這種研究方式只是模式的生產，而非模式的考驗。

下列是使用 6 個觀察指標 (V_1~V_6) 設定有 2 個潛在變項 (F_1 及 F_2) 所提出的三個不同的理論模式，分析所得的標準化參數及各種適配指標都相同，因此稱為等值模式 (equivalent models)。但是究竟是 F_1 與 F_2 有相關，或 F_2 影響 F_1，或 F_1 影響 F_2，則為不同的假定。因此研究者應有清楚的理論為基礎，而不應過度依賴資料來嘗試不同的模式。

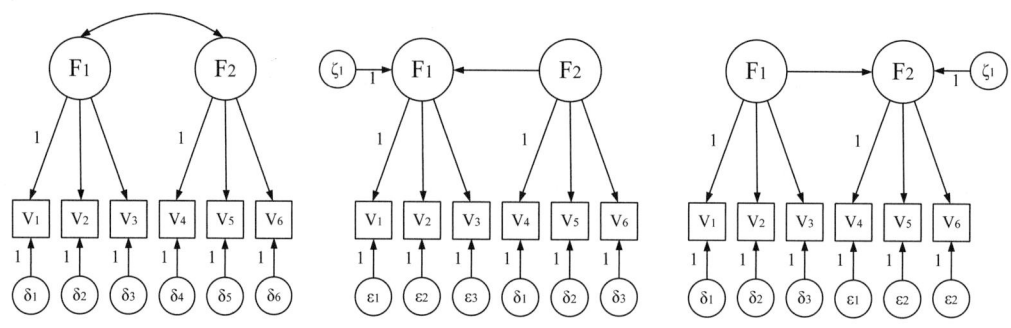

圖 12-8　三個等值模式

步驟二：建立因果關係徑路圖及細列估計參數

一、建立因果關係的徑路圖

　　在建立因果關係的徑路圖時，以箭號來表示理論構念 (潛在變項) 之間的關係。直線箭號表示因果關係，箭頭所指者為結果，箭頭來源為原因；曲線雙箭頭表示兩個理論構念有相關，但是因果關係不明，其因果關係也不是研究者所要探究的。例如，假定研究者根據理論的基礎，認為某些自變項與依變項間的關係如圖 12-9 之左半部，則其因果徑路圖就如圖 12-9 之右半部：

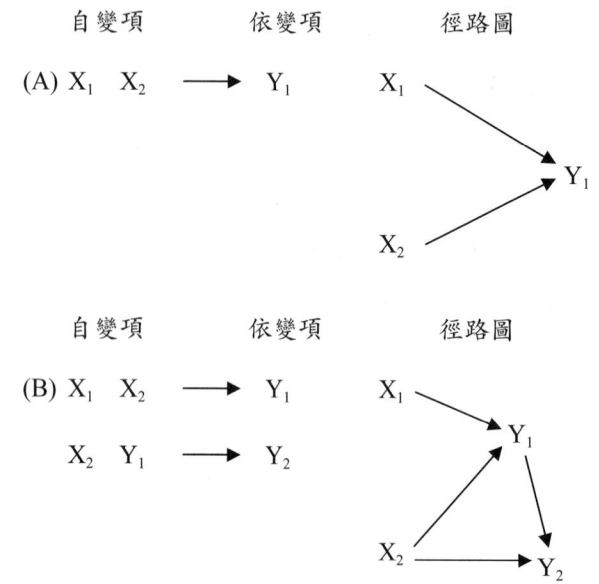

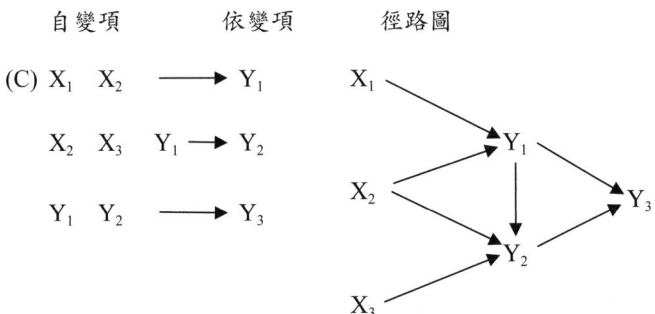

圖 12-9　以徑路圖描述因果關係 (取自 Hair et al.,1992, p.438)

上述的步驟在撰寫統計軟體語法要呈現關係模式時，是極有幫助的。以圖 12-9(C)為例，關係式可以表示為：

Y1 = X1 + X2　　　　　(或　Y1 = X1　X2)
Y2 = X2 + X3 +Y1　　　(或　Y2 = X2　X3　Y1)
Y3 = Y1 + Y2　　　　　(或　Y3 = Y1　Y2)

將因果關係以徑路圖描述之後，可以進一步將徑路圖以 LISREL 符號表示，以利將來電腦程式的撰寫。若以 LISREL 符號表示，則圖 12-9 之徑路圖就變成圖 12-10：

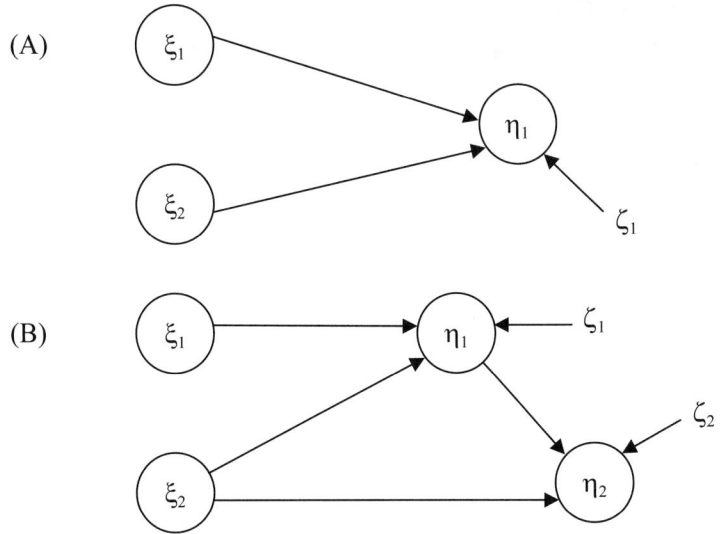

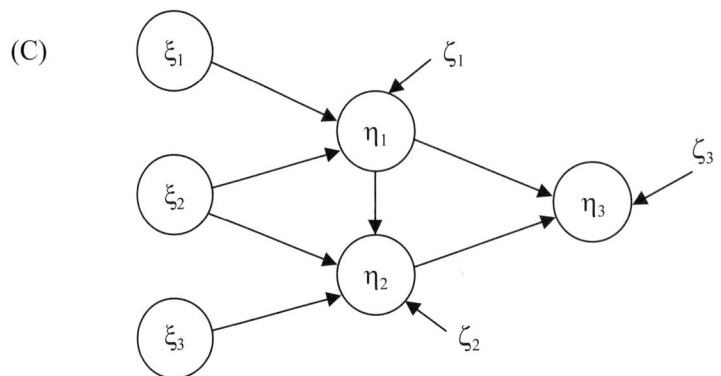

(C)

圖 12-10　以 LISREL 符號描述因果徑路圖

　　建立因果關係徑路圖的另一項重要工作就是測量指標的選擇。在社會與行為科學研究中，通常假定受試者一些可觀察的行為是由某些不可觀察的潛在變項所造成的 (例如，學生在幾何學的成績是由數學智力所影響)，所以**潛在變項**是可觀察行為的**因**。然而，潛在變項無法直接被觀測，必須由可觀察行為來間接推論，此時可觀察行為就是潛在變項的**觀察指標** (indicators)。例如，某生智力成績的高低是由其智力所造成，此時智力成績是可觀察行為，智力則是潛在變項，但是智力無法直接被觀測，所以我們只能以智力成績來推論其智力的高低 (林清山，1984)。

　　事實上，測量指標的選擇並非一定要在此步驟進行，有時候研究者在建立理論模式時就已經選定。選擇測量指標時，最重要的是單向度 (unidimension) 的考慮 (Anderson & Gerbing, 1988)。此處的單向度意指研究者為某一個潛在變項所選擇的數個指標必須是測量相同的潛在變項。假定研究者為學業成就 (潛在變項) 選擇受試者的國語、數學、社會、自然科成績為測量指標，則這四科成績必須都是在測量學業成就此一潛在變項。有關單向度的檢測方法，讀者可以參閱 Anderson 及 Gerbing (1988) 的著作。其次，每一個潛在變項至少要有兩個以上的測量指標，若只有一個測量指標，就必須假定該指標是沒有誤差的完美測量，而單一指標的因果模式就是過去探討因果關係最常用的徑路分析模式。不過，測量指標也不宜過多，以免模式過於複雜導致適配度不佳，如果測量指標過多，最好先予以加總或求平均，整合成較少的指標，再進行分析。

　　第三，研究者必須了解所挑選的測量指標究竟是**反映指標** (reflective indicators；或稱**效果指標**，effect indicators) 還是**形成指標** (formative indicators；或稱**原因指標**，causal indicators)，因為這涉及潛在變項與測量指標之間的因果關係。反映指標是指測量指標會受到其所屬的潛在變項影響，例如以教育、職業，及收入做為個人社會經濟地位 (socioeconomic status, SES) 的測量指標時，研究者認為教育、職業，及收入是反映指標，因為個人的社會經濟地位 (潛在變項) 是表現在教育、職業，及收入 (外顯變項)，此時描述因果關係的箭頭符號是由社會經濟地位 (因) 指向教育、職業，及收入 (果)。在形成指標中，研究者則認為教育、職業，及收入的改變，都會造成社會經濟地位的改變，因此潛在變項不會影響測量指標，而是測量指標影響潛在變項，此時描述因果關係的箭頭符號則是由教育、職業，及收入 (因) 指向社會經濟地位 (果)。這兩種說法都言之成理，不過在 SEM 中，只能處理反映指標。

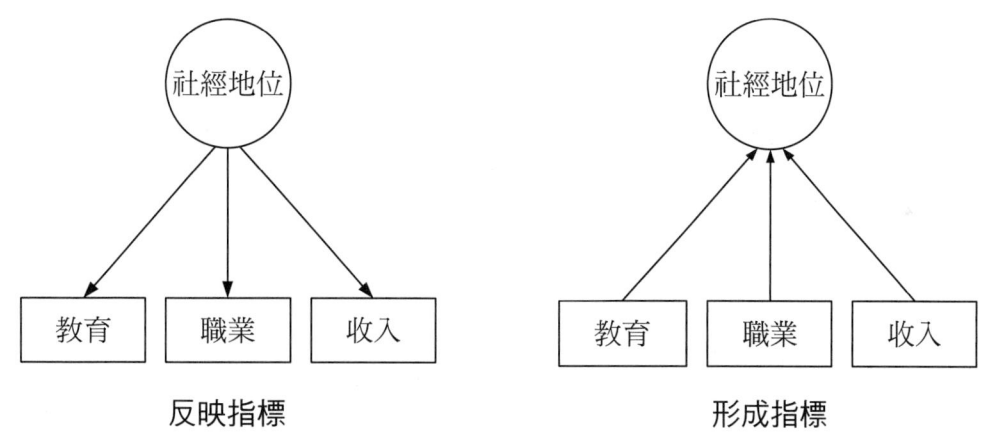

反映指標　　　　　　　　　　　　　　形成指標

　　如果要使用形成指標進行因果徑路之分析，目前多使用**淨最小平方徑路模式** (partial least squares path modeling, PLS-PM)，PLS 所須符合的統計假定較少，適用於較少的樣本，且同時可進行反映指標因果徑路分析，實用性較高，因此常被用來當成 SEM 的替代分析方法。PLS 比較像主成分析，而 SEM 比較像共同因素分析。用來進行 PLS 分析的軟體，較知名者有 LVPLS、SmartPLS，及 VisualPLS。以下是以 SmartPLS 進行形成性指標之結構方程模式分析結果。

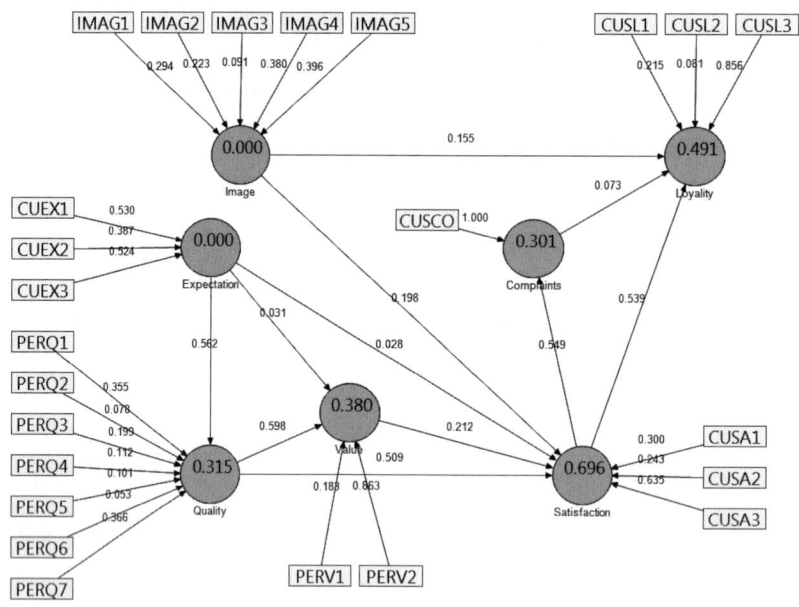

如果以反映性指標進行結構方程模式，其結果如下圖。

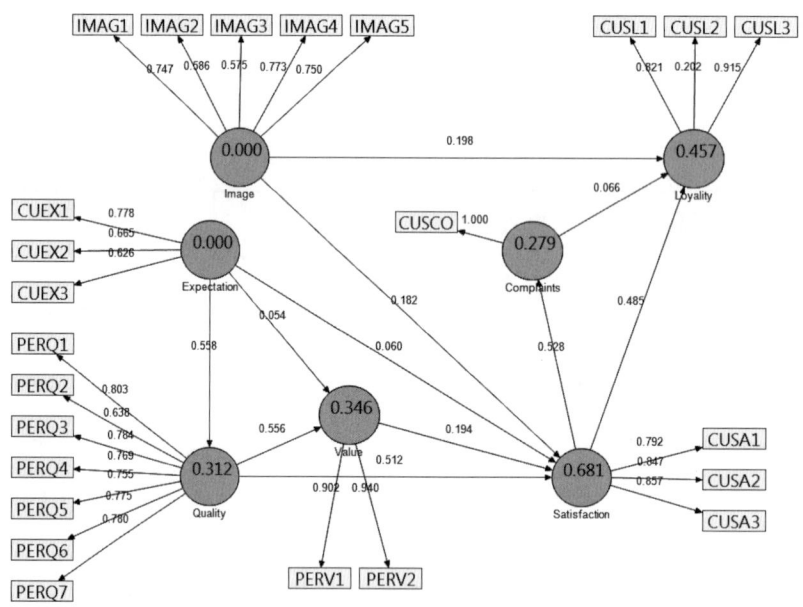

以**圖 12-10(C)**為例，假定該圖中的幾個潛在變項分別是自我概念 (ξ_1)、先前成就 (ξ_2)、智力 (ξ_3)、學習動機 (η_1)、學習策略 (η_2) 及學業成就 (η_3)。研究者所選定的測量指標如下：

自我概念：自尊 (X_1) 及自我勝任感 (X_2)

先前成就：受試者上學期的國語科 (X_3) 及數學科 (X_4) 成就測驗成績

智　　力：受試者的魏氏智力測驗成績 (X_5) 及比西智力測驗 (X_6) 成績

學習動機：受試者的價值動機 (Y_1) 及期望動機 (Y_2) 分數

學習策略：受試者的認知策略 (Y_3) 及後設認知策略 (Y_4) 分數

學業成就：受試者本學期的國語科 (Y_5) 及數學科 (Y_6) 成就測驗成績

則圖 12-10 (C) 的徑路圖在加入測量指標及各項係數之後就變成圖 12-11 的因果模式圖。

此處必須注意兩件事：一是各類參數註標的寫法，先寫箭頭所指處，再寫箭頭來源處。例如，γ_{12} 表示 ξ_2 影響 η_1；β_{32} 表示 η_2 影響 η_3，其餘類推。至於表示相關的雙箭頭，則只要註上箭頭所指的兩個潛在變項的號碼即可，例如 ϕ_{12} 表示 ξ_1 與 ξ_2 有相關，寫成 ϕ_{21} 也可以。二是在 SEM 分析中，通常以圓形 (或橢圓形) 表示潛在變項，以方形 (或長方形) 表示觀察變項 (測量指標)。

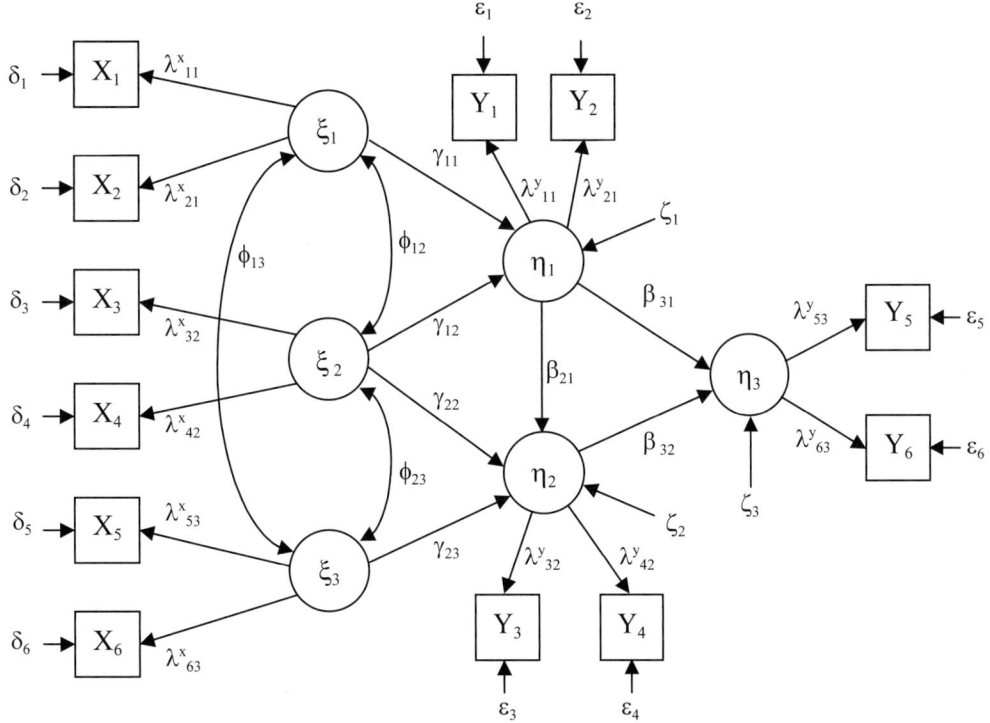

圖 12-11　圖 12-10 (C) 加入觀察指標及各項係數後的因果模式圖

二、細列估計參數

此一步驟的主要工作是將徑路圖轉換成結構方程式及測量模式，同時細列出所要估計的參數，以利將來電腦程式的撰寫。以圖 12-11 為例，轉換成結構方程式如下：

潛在依變項	=	潛在自變項			+	潛在依變項			+	殘差
η_m		ξ_1	ξ_2	ξ_3		η_1	η_2	η_3		ζ_m
η_1	=	$\gamma_{11}\xi_1$	$+\gamma_{12}\xi_2$		+				+	ζ_1
η_2	=		$\gamma_{22}\xi_2$	$+\gamma_{23}\xi_3$	+	$\beta_{21}\eta_1$			+	ζ_2
η_3	=				+	$\beta_{31}\eta_1$	$+\beta_{32}\eta_2$		+	ζ_3

圖 12-12　圖 12-11 的結構方程式

而**圖 12-11** 中，X、Y 的測量模式分別如下：

$$X = \Lambda_x\ \xi + \delta \qquad Y = \Lambda_y\ \eta + \varepsilon$$

$$X_1 = \lambda_{11}^x\ \xi_1 + \delta_1 \qquad Y_1 = \lambda_{11}^y\ \eta_1 + \varepsilon_1$$

$$X_2 = \lambda_{21}^x\ \xi_1 + \delta_2 \qquad Y_2 = \lambda_{21}^y\ \eta_1 + \varepsilon_1$$

$$X_3 = \lambda_{32}^x\ \xi_2 + \delta_3 \qquad Y_3 = \lambda_{32}^y\ \eta_2 + \varepsilon_3$$

$$X_4 = \lambda_{42}^x\ \xi_2 + \delta_4 \qquad Y_4 = \lambda_{42}^y\ \eta_2 + \varepsilon_4$$

$$X_5 = \lambda_{53}^x\ \xi_3 + \delta_5 \qquad Y_5 = \lambda_{53}^y\ \eta_3 + \varepsilon_5$$

$$X_6 = \lambda_{63}^x\ \xi_3 + \delta_6 \qquad Y_6 = \lambda_{63}^y\ \eta_3 + \varepsilon_6$$

根據結構方程式及測量模式，細列出八個參數矩陣如下：

$$\Lambda_x = \begin{bmatrix} 1 & 0 & 0 \\ \lambda_{21}^x & 0 & 0 \\ 0 & 1 & 0 \\ 0 & \lambda_{42}^x & 0 \\ 0 & 0 & 1 \\ 0 & 0 & \lambda_{63}^x \end{bmatrix} \qquad \Lambda_y = \begin{bmatrix} 1 & 0 & 0 \\ \lambda_{21}^y & 0 & 0 \\ 0 & 1 & 0 \\ 0 & \lambda_{42}^y & 0 \\ 0 & 0 & 1 \\ 0 & 0 & \lambda_{63}^y \end{bmatrix}$$

$$q \times n = 6 \times 3 \qquad\qquad p \times m = 6 \times 3$$

$$\Gamma = \begin{bmatrix} \gamma_{11} & \gamma_{12} & 0 \\ 0 & \gamma_{22} & \gamma_{23} \\ 0 & 0 & 0 \end{bmatrix} \qquad B = \begin{bmatrix} 0 & 0 & 0 \\ \beta_{21} & 0 & 0 \\ \beta_{31} & \beta_{32} & 0 \end{bmatrix}$$

$$m \times n = 3 \times 3 \qquad\qquad m \times m = 3 \times 3$$

$$\Phi = \begin{bmatrix} \phi_{11} & 對 & 稱 \\ \phi_{21} & \phi_{22} & \\ \phi_{31} & \phi_{32} & \phi_{33} \end{bmatrix} \qquad \Psi = \begin{bmatrix} \psi_{11} & 對 & 稱 \\ 0 & \psi_{22} & \\ 0 & 0 & \psi_{33} \end{bmatrix}$$

$$n \times n = 3 \times 3 \qquad\qquad m \times m = 3 \times 3$$

$$\Theta_\delta = \begin{bmatrix} \delta_{11} & & & 對 & & 稱 \\ 0 & \delta_{22} & & & & \\ 0 & 0 & \delta_{33} & & & \\ 0 & 0 & 0 & \delta_{44} & & \\ 0 & 0 & 0 & 0 & \delta_{55} & \\ 0 & 0 & 0 & 0 & 0 & \delta_{66} \end{bmatrix} \qquad \Theta_\varepsilon = \begin{bmatrix} \varepsilon_{11} & & & 對 & & 稱 \\ 0 & \varepsilon_{22} & & & & \\ 0 & 0 & \varepsilon_{33} & & & \\ 0 & 0 & 0 & \varepsilon_{44} & & \\ 0 & 0 & 0 & 0 & \varepsilon_{55} & \\ 0 & 0 & 0 & 0 & 0 & \varepsilon_{66} \end{bmatrix}$$

$$q \times q = 6 \times 6 \qquad\qquad p \times p = 6 \times 6$$

在 Λ_x 及 Λ_y 矩陣中，每一個直行都有一個參數被固定為 1，其目的乃是要以該指標作為其所屬潛在變項的單位，被固定為 1 的指標稱為**參照指標** (reference indicator) (Jöreskog & Sörbom, 1989)。

在 SEM 中，所有的潛在變項 (包括殘差項)，都必須賦予一個量尺單位，此必備條件稱為**量尺相依原則** (scale dependence rule)。潛在變項中一定會有一個路徑參數被指定為 1，它就是這個潛在變項的單位，因為潛在變項是由許多觀察變項而來，而這些潛在變項的量尺單位並非會完全一致，所以潛在變項需要指定一個單位。潛在變項量尺相依的原則會有兩種處理方式 (ULI、UVI)，ULI (unit loading identification) 是將潛在變項與某一個觀察變項 (SEM 分析的軟體通常會指定第 1 個觀察變項，使用者也可以自己指定) 的因素負荷量指定為 1，UVI (unit variance identification) 則是將潛在變項的變異數固定為 1 (這一部分將在驗證性因素分析時再介紹)，不過 UVI 在許多 SEM 的應用中是不適合的。

在細列出估計參數之後，研究者必須進一步決定要用來分析的資料矩陣型態。此處必須區分輸入矩陣與分析矩陣，**輸入矩陣**是指由電腦程式所讀入的資料矩陣，**分析矩陣**是指進行 LISREL 分析時，電腦用來複製 $\hat{\Sigma}$ 的矩陣，也就是第一節所提及的 S 矩陣。LISREL 軟體內定以變異數共變數矩陣做為分析矩陣，但是也可以用其他類型的矩陣做為分析矩陣，除變異數共變數矩陣外，最常用的分析矩陣是相關矩陣。然而，若以相關矩陣做為分析矩陣，可能導致不正確的 χ^2 值或標準誤，特別是當模式中有限制估計參數的時候 (Jöreskog & Sörbom, 1989)。因此，研究者應儘量以變異數共變數矩陣當分析矩陣。若輸入矩陣是相關矩陣，則附上各觀察變項的標準差，以利 SEM 軟體將相關矩陣轉成變異數共變數矩陣。目前多數以 SEM 進行分析的論文，都會附上相關矩陣或共變數矩陣，以利後續的研究者進行分析。一般建議，提供的數據最好到小數第三位，以獲得比較精確的估計結果。

除前述要點外，此處仍有兩點必須注意：第一，矩陣的排列方式必須先 Y 變項後 X 變項，其格式如**圖 12-13**：

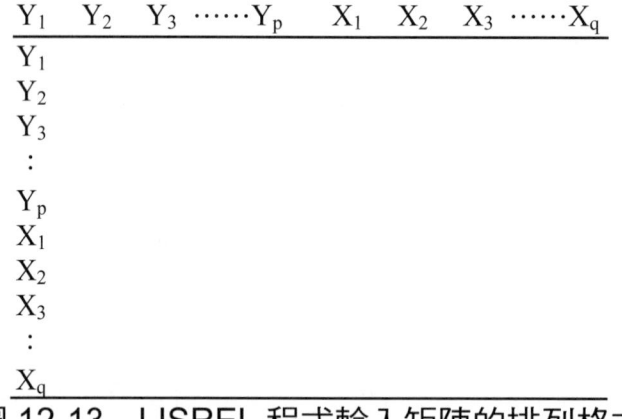

圖 12-13 LISREL 程式輸入矩陣的排列格式

若矩陣的排列方式不對，可以用 SE 指令進行調整。第二，矩陣中每一個元素的人數必須相同。意指研究者在獲得相關矩陣或變異數共變數矩陣以做為分析矩陣的過程中，必須採取 listwise 方式來處理缺失資料 (也就是任一變數有缺失資料，該觀察體就不列入分析)。否則可能造成模式產生非正定 (not positive definite) 的問題 (Bagozzi & Yi, 1988)。

總結以上所言，在界定 SEM 時應確認以下事項：

1. 每個潛在變項最好有二個以上的觀察指標，如果 CFA 模型中只有一個潛在變項，則至少要有三個以上觀察變項。

2. 每個觀察指標應有一個測量誤差。

3. 每個潛在變項應設定一個參照指標，或是將潛在自變項的變異數設為 1。

4. 潛在外因變項間僅能有相關，不可以有因果關係。如果有因果關係，則視為果的潛在變項就成了內因變項。

5. 潛在內因變項間僅能有因果關係 (可以是互為因果的非遞迴關係)，不可以有相關。

6. 每個內因變項須有一個結構殘差。

7. 測量誤差間可設定有相關。

8. 結構殘差間可設定有相關。

步驟三：評估模式的辨認

所謂的辨認，是指辨認參數是否有唯一解。如果遇到無解或是並非唯一解時，電腦將無法複製 $\hat{\Sigma}$ 矩陣，估計就會自動終止。

參數估計的自由度必須大於等於 0 (df ≥ 0)，模式才可辨認，此一原則也被稱為 t rules。自由度的計算為訊息數 ((p+q)*(p+q+1)/2) 和估計參數數目的差。假如自由度 0 為模式**恰好辨認** (just identified)，有唯一解；若自由度大於 0 稱為**過度辨認** (over identified)，代表模式可被估計，參數估計有解；假如自由度小於 0 稱為模式**無法辨認** (under identified)，代表模式參數沒有可被估計的空間，亦即無法求解。

有關判定模式是否可以辨認的規則學者們的討論相當多，Bollen (1989) 書中之第四、第七及第八章分別整理了針對 LISREL 不同次模式的辨認規則，這些規則大多數是模式辨認的充份條件或必要條件而已，甚少是模式辨認的充份必要條件，讀者或可自行參閱。除此之外，Bollen (1989) 另外建議四種檢查模式是否能辨認的方法：

第一，將模式的辨認問題交由 LISREL 電腦程式來處理。在估計參數的過程中，LISREL 電腦程式會主動檢查模式是否能辨認。一旦模式無法辨認，電腦會自動終止估計，並出現警示語句。

第二，採用 Jöreskog 及 Sörbom (1986) 所推薦的方法，首先依正常程序輸入 S 矩陣，LISREL 電腦程式會輸出 $\hat{\Sigma}$ 矩陣及各參數估計值。其次，將前一步驟所得之 $\hat{\Sigma}$ 矩陣當成 S 矩陣輸入，LISREL 電腦程式也會輸出另一個 $\hat{\Sigma}$ 矩陣 (假定是 $\hat{\Sigma}_1$ 矩陣) 及各參數估計值。假如模式是可以辨認的，則這兩次所得的參數估計值應該會一致，而且 $\hat{\Sigma}_1$ 矩陣也應等於 S 矩陣。若不一致，則表示模式的辨認有問題。

第三，相同的程式多跑幾次，每次都設定不同的起點估計值。假如這幾次估計所得的參數估計值相當接近，則表示模式可以辨認；反之，則表示模式的辨認有問題。

第四，將樣本隨機分成幾個次樣本 (subsamples)，看看每次所得的參數估計值是否相近。假如這幾次所得的參數估計值相近，則表示模式沒有辨認問題；反之，則表示模式可能有辨認問題。

除這四種方法外，Hair 等人 (1992) 建議，若估計結果中有下列四種情況就表示研究者所提出的模式可能違反辨認規則：(1)有部分估計參數有很大的標準誤；(2)電腦程式無法將訊息矩陣轉換；(3)有不合理或不可能的估計值，如負的誤差變異；(4)估計參數間的相關過高 (超過±.90)。

解決辨認問題的一個方法是刪減模式中部分的估計參數，Hayduk (1987) 提出四個解決辨認問題的步驟，或許可供參考：(1)以最少的參數建立理論模式；(2) 如果可能，將潛在變項的誤差固定；(3)將部分已知的結構參數固定；(4)將有問題的變項剔除。

儘管不少學者提出解決辨認問題的方法，但是筆者認為，一旦遇到無法辨認的問題時，研究者最好重新細列所要估計的參數，即根據理論基礎重新細列因果路徑。

另外在 CFA 中，模式的辨識需要符合下列的條件：(1)假如 CFA 模型中只有一個潛在變項，至少要有三個以上觀察變項，此時的模式才可以被辨識，而此辨識原則稱為三個指標原則 (3-indicator rule)。(2)假如 CFA 模型中有二個或更多個潛在變項，而此時每個潛在變項至少需要二個以上的觀察變項，此時的模式才可被辨識，此辨識原則稱為二個指標原則 (2-indicator rule)。

步驟四：進行參數估計

此部分即需要利用前述的 SEM 電腦軟體來進行參數估計，本章將使用 LISREL、AMOS、SAS、Mplus 四種軟體進行估計。

步驟五：評鑑模式的適配度

模式適配度評鑑的目的，乃是要從各方面來評鑑理論模式是否能解釋實際觀察所得的資料，或者說理論模式與實際觀察所得資料的差距有多大 (Anderson & Gerbing, 1988)。儘管 LISREL 分析是採用 χ^2 檢定的方式來評估模式的適配度 (見本章第一節)，但是 χ^2 值會隨樣本數而波動的缺點已經在許多文獻中獲得證實 (Bentler & Bonett, 1980; Marsh et al., 1988; Marsh & Hocevar, 1985)。基於公式 12-6，當樣本數太小時，χ^2 值容易不顯著，使研究者輕易接受 $S = \hat{\Sigma}$ 的虛無假設，即理論模式與觀察所得資料適配。一旦樣本數太大，χ^2 值則容易達顯著水準，使研究者輕易拒絕 $S = \hat{\Sigma}$ 的虛無假設，即理論模式與觀察所得資料無法適配。因此，評鑑模式的適配度宜從不同角度，並參照多種指標來做合理的判斷。

有關模式適配度的評鑑有許多不同的主張，例如 Bagozzi 和 Yi (1988) 認為必須從**基本的適配標準** (preliminary fit criteria)、**整體模式適配度** (overall model fit) 及**模式內在結構適配度** (fit of internal structure of model) 三方面來評量；Jöreskog 和 Sörbom (1993c) 認為可以從 SC、AM 及 MG 三種不同的研究取向挑選不同的評鑑指標。近年來，不少學者(如 HairJr. et al., 1998；Kelloway, 1998；Maruyama, 1998) 主張理論模式的評鑑可從結構模式 (structural model) 及測量模式 (measurement model)兩方面來進行。前者近似 Bagozzi 和 Yi (1988)的整體模式適配度，可再區分成**絕對適配指標** (absolute fit indices)、**相對適配指標** (relative fit indices)，及**精簡適配指標** (parsimonious fit indices) 三方面；後者近似 Bagozzi 和 Yi 的模式內在結構適配度，但只強調測量模式的信度及效度。

前述學者所提的評鑑分類都是很好的參照架構，而筆者認為 Bagozzi 和 Yi 的主張應是一個不錯的參照架構，因為此一架構不但包含其他學者之分類架構，同時也主張其他學者甚少提及的基本適配標準。在此一評鑑架構中，整體模式適配度 (如 χ^2、AGFI、RMR/SRMR 等) 在評量整個模式與觀察資料的適配程度，可以說是模式的外在品質；而模式內在結構適配度在評量模式內估計參數的顯著

性、測量指標的信度、潛在變項的信度及效度等,可以說是模式的內在品質。過去對於模式適配度的評量常從整體模式適配度的標準去評量,較少涉及模式內的品質評量。然而,除考慮模式的外在品質外,模式的內在品質也是不容忽略的 (Bagozzi & Yi, 1988)。以下介紹 Bagozzi 和 Yi (1988)的適配標準,而 Hair Jr. 等人 (1998)、Jöreskog 和 Sörbom (1993c)的適配指標分類請參閱本章 12.2.1.5 報表第[17]項之說明。

一、模式的基本適配標準

Bagozzi 和 Yi (1988) 認為較重要的模式基本適配標準有以下幾項:

1. 不能有負的誤差變異。
2. 誤差變異必須達顯著水準。
3. 估計參數之間相關的絕對值不能太接近 1。
4. 因素負荷量不能太低或太高,最好介於 .50~.95 之間。
5. 不能有很大的標準誤。

此外,標準迴歸係數應小於 1。

當違反這幾項標準時,表示模式可能有細列誤差、辨認問題或輸入有誤。此時研究者最好重新檢查模式參數的細列是否有意義,同時檢查電腦程式是否與參數的細列一致 (Bagozzi & Yi, 1988)。如果模式的估計結果能符合這五項標準,則可以進一步看整體模式適配標準及模式內在結構適配度。此處最容易誤解者是估計參數之相關,有許多讀者將之當成是觀察變項的相關。如果要獲得估計參數之間相關係數之資訊,可在 LISREL 的 OU 指令中,加上 PC 此一關鍵字(parameters correlation 之意)。

二、整體模式適配標準——模式的外在品質

過去評量模式的整體適配標準都以 χ^2 值的顯著與否為標準。然而,χ^2 值常會隨著樣本人數而波動,一旦樣本人數很大,幾乎所有的模式都可能被拒絕 (Bentler & Bonett, 1980; Marsh et al., 1988; Marsh & Hocevar, 1985)。因此,除了以χ^2檢定外,統計學者們發展了一系列評量模式適配度的指標。這些評量模式整體適配度的指標有部分是 LISREL7.16 電腦報表中有提供的,例如:決定係數 (the coefficient of determination, TCD)、χ^2值、適配度指數 (goodness-of-fit index, GFI)、調整後適配度指數 (adjusted goodness-of-fit index, AGFI)、殘差均方根 (root mean square residual, RMR) 等。有一些指標是 LISREL 第 8 版以後增加的，例如：Bentler 及 Bonett (1980) 建議的增值適配度指數 (normed incremental fit index, NFI)、Bollen (1986) 建議的另一個增值適配度指數 (incremental fit index, IFI)、Hoelter (1983) 提出的臨界 N 指數 (critical N index, CN)、Cudeck 及 Browne (1983) 修改 Akaike (1974) 的 CAK 指數、Schwartz (1978) 提出的 CSK 指數、Tucker 和 Lewis (1973) 建議的 NNFI 指數 (nonnormed fit index) 等。目前 LISREL 8.8 版也提供標準化 RMR (SRMR)。

對於各種評鑑指數是否會隨樣本數而波動，學者仍有不一致的看法 (Anderson & Gerbing, 1988)。本章從中挑選十個較常被用來評量模式整體適配度的指數，並列出它們的數值範圍及理想的數值如**表 12-1**。這十項指數中，除了 TCD (LISREL 7.16 版有提供) 及 χ^2 比率外，LISREL 8.8 版電腦報表都有提供。由於 LISREL 第 8 版之後不再提供 TCD 指標，故後面章節將不再加以介紹。

表 12-1　十個整體模式適配度指標的數值範圍及理想的數值

指標	數值範圍	理想的數值
1. χ^2值	0 以上	不顯著
2. χ^2值比率	0 以上	小於 3
3. GFI	0~1 之間，但可能出現負值	至少 0.9 以上
4. AGFI	0~1 之間，但可能出現負值	至少 0.9 以上
5. RMR	若分析矩陣是相關矩陣，在 0~1 之間；若分析矩陣是變異數共變數矩陣，則 0 以上。	若分析矩陣是相關矩陣，必須低於 0.05，最好低於 0.025；若分析矩陣是共變數矩陣，SRMR 值應小於 0.05。
6. TCD	0~1 之間	至少 0.9 以上
7. Q-plot.		標準化殘差分佈線大於 45°，且成直線。
8. NFI	0~1 之間	至少 0.9 以上
9. IFI	0 以上，但大多在 0~1 間	至少 0.9 以上
10. NNFI	0 以上，但大多在 0~1 間	至少 0.9 以上

$$GFI = 1 - \{[tr(E^{-1}S - I)^2]/[tr(E^{-1}S)^2]\}$$
$$= (p+q)/[(p+q) + 2 \times F]$$

(公式 12-8)

p：X 變項數　　q：Y 變項數　　F：最小適配函數

$$AGFI = 1 - [(p+q) \times (p+q+1)/2df] \times (1 - GFI)$$

(公式 12-9)

GFI 與 AGFI 指數表示由理論模式 (或假設模式) 所能解釋的變異與共變的量，AGFI 只是將 GFI 依自由度的數目加以調整而已。這兩個指數的最大值都是 1，但有可能出現負值，以 0.9 以上做為模式適配的標準或許有點保守 (Bagozzi & Yi, 1988)。

$$RMR = \sqrt{\frac{2\Sigma\Sigma(s_{ij} - \hat{\sigma}_{ij})^2}{(p+q)(p+q+1)}} \qquad \text{(公式 12-10)}$$

s_{ij}：觀察資料的變異數／共變數
$\hat{\sigma}_{ij}$：估計所得的變異數／共變數

RMR 是適配殘差變異數／共變數的平均值的平方根，反映的是殘差的大小，故其值愈小表示模式的適配愈佳。分析矩陣若是相關矩陣，則 RMR 必須低於 0.05，最好是低於 0.025。若是以變異數共變數矩陣做為分析矩陣時，則 RMR 值的意義較難以判定 (Bollen, 1989)，此時可看標準化 RMR (SRMR)，其值應小於 0.05 (Tabachnick & Fidell, 1996, p.752)。

$$\chi^2 \text{值比率} = \frac{\chi^2}{df} \qquad \text{(公式 12-11)}$$

$$\text{Normed Fit Index (NFI)} = \frac{\chi_i^2 - \chi_m^2}{\chi_i^2} \qquad \text{(公式 12-12)}$$

χ_i^2：基準線模式之χ^2值
χ_m^2：理論模式之χ^2值

$$\text{Incremental Fit Index (IFI)} = \frac{\chi_i^2 - \chi_m^2}{\chi_i^2 - df_m} \qquad \text{(公式 12-13)}$$

df_m：理論模式之自由度

$$\text{Nonnormed Fit Index (NNFI)} = \frac{(\chi_i^2/df_i - \chi_m^2/df_m)}{(\chi_i^2/df_i - 1)} \qquad \text{(公式 12-14)}$$

df_i：基準線模式之自由度

χ^2值比率是很常被使用的一個指數，由於 χ^2 的期望值正好是其自由度，故 χ^2 值比率所代表的乃是與期望值的差距有多大 (Bollen, 1989)。此一比率是多少才表示模式有整體適配度仍未有共識，有主張小於 3 或小於 2 者 (見 Carmines & McIver, 1981)，本書以小於 3 做為模式適配的理想值，但是此一標準或許過於寬鬆。

　　NFI、INI 及 NNFI 三項指數都是以理論模式的 χ^2 值或自由度和基準線模式 (見應用部分) 的 χ^2 值或自由度相比較而來，由於基準線模式的適配度將是最差的模式，所以這三個指數反映的都是理論模式的**增值適配度** (incremental fit)。NFI 的值介於 0~1 之間，Bentler 和 Bonett (1980) 認為該指數若大於 0.9 以上則表示模式的適配度極佳。INI 及 NNFI 指數的最小值是 0，但最大值會超過 1。Bollen (1989) 認為 INI 指數必須接近 1 或大於 1、Tucker 和 Lewis (1973) 也認為 NNFI 指數以接近 1 或大於 1 為佳。故這三項指數都以 0.9 以上做為模式適配的理想值。

三、模式內在結構適配度——模式的內在品質

　　模式內在結構適配度可以說是一個模式的內在品質，Bagozzi 和 Yi (1988) 所建議的標準中，常用的六項標準如下：

1. 個別項目的信度 (individual item reliability) 在 0.5 以上。

2. 潛在變項的成份信度 (composite reliability) 在 0.6 以上。

個別項目的信度即為 X 變項或 Y 變項的 R^2 值，其計算方式是：

$$R^2(X_i) = 1 - (\Theta_{ii} / \sigma_{ii}) \tag{公式 12-15}$$

$\quad\quad\Theta_{ii}$：某一個觀察指標估計的誤差變異

$\quad\quad\sigma_{ii}$：該指標觀察的變異

潛在變項成份信度 (又稱構念信度，construct reliability) 的計算是以個別潛在變項為單位，當以 ML 法估計參數時，其數值相當於該潛在變項所屬觀察指標的 Cronbach α 係數。其計算方式如下：

$$\rho_{\xi i} = \frac{(標準化因素負荷量總和)^2}{(標準化因素負荷量總和)^2 + (測量誤差變異量總和)}$$
$$= \frac{(\Sigma\lambda_{ij})^2}{(\Sigma\lambda_{ij})^2 + \Sigma\Theta} \tag{公式 12-16}$$

$\quad\quad\rho_{\xi i}$：某一個潛在變項的成份信度

$\quad\quad\lambda_{ij}$：標準化負荷量

$\quad\quad\Theta$：觀察變項的測量誤差

3. 潛在變項的平均變異抽取 (average variance extracted) 在 0.5 以上。

　　潛在變項的平均變異抽取也是以個別的潛在變項為單位計算的，數值表示透過觀察指標，到底能測到多少百分比的潛在變項 (Fornell & Larcker,1981) 。其計算方式如下：

$$\rho_{vc(\xi i)} = \frac{(標準化因素負荷量平方之總和)}{(標準化因素負荷量平方之總和) + (測量誤差變異量總和)}$$

$$= \frac{標準化因素負荷量平方之總和}{測量指標數目}$$

$$= \frac{\Sigma \lambda_{ij}^2}{(\Sigma \lambda_{ij}^2 + \Sigma \Theta)}$$

$$= 各觀察指標 R^2 的總和／觀察指標數 \qquad (公式 12-17)$$

$\rho_{vc(\xi i)}$：某一潛在變項之平均變異抽取

λ_{ij}：標準化負荷量

Θ：觀察變項的測量誤差

4. 所有估計的參數都達顯著水準。

5. 標準化殘差 (standardized residuals) 的絕對值必須小於 1.96。

6. 修正指標 (modification indices) 小於 3.84。

　　所估計的參數是否都達顯著水準可以從電腦報表中的 t 值表得知。假如所有估計的參數都達顯著水準，表示模式的內在品質甚佳；反之，則表示模式的內在品質不理想。

　　標準化殘差是適配殘差除以其漸近標準誤 (asymptotic SE) 而來，而 1.96 是 α=.05 時 z 的臨界值。Jöreskog 和 Sörbom (1988) 認為標準化殘差的絕對值只要小於 2.58 (α=.01 時 z 的臨界值) 就可以了，故 1.96 可能是比較保守的標準。

　　修正指標是針對限制的參數而來，其數值表示若將某一限制參數改成自由參數 (即估計該參數) 時，模式的 χ^2 值將減少多少。由於將一個限制參數改成自由參數時，模式的自由度將減少一個，而 $\chi_{.95(1)}^2$ 的臨界值是 3.84，所以當修正指標大於 3.84 時，即表示將此一限制參數改成自由參數後將顯著改善模式的適配度，也表示模式可能有細列誤差 (Bagozzi & Yi, 1988; Jöreskog & Sörbom, 1989)。

　　此處的標準化殘差、修正指標及整體適配度考驗的 Q-plot 三項評鑑指標是極

其嚴苛的評鑑指標。Jöreskog 和 Sörbom (1993c)將這三項指標歸為詳細的適配評鑑(detailed assessment of fit)指標。其適用時機是在**模式生產取向**(MG)情境中，如果整體適配度評鑑指標指出模式與觀察資料之間的適配度不理想，則研究者可以進一步查看這三項指標，以找出不適配的可能來源。

綜合前面所述，可以將評鑑模式適配度三個向度的各項標準整理成**表 12-2**。

表 12-2　模式適配度的評鑑項目及理想的評鑑結果

	評　　　　鑑　　　　項　　　　目	理想的評鑑結果
基本適配指標	是否沒有負的誤差變異？	是
	誤差變異是否都達顯著水準？	是
	參數間相關的絕對值是否未太接近 1？	是
	因素負荷量是否介於 0.5~0.95 之間？	是
	是否沒有很大的標準誤？	是
整體模式適配標準（外在品質）	χ^2 值是否未達顯著？	是
	χ^2 值比率是否小於 3？	是
	GFI 指數是否大於 0.9？	是
	AGFI 指數是否大於 0.9？	是
	RMSEA 指數是否低於 0.05？	是
	RMR/SRMR 指數是否低於 0.05？	是
	Q-plot 的殘差分佈線的斜度是否大於 45°？	是
	NFI 指數是否大於 0.9？	是
	IFI 指數是否大於 0.9？	是
	NNFI 指數是否大於 0.9？	是
模式內在品質	個別項目的信度是否在 0.5 以上？	是
	潛在變項的成份信度是否在 0.6 以上？	是
	潛在變項的平均變異抽取是否在 0.5 以上？	是
	所估計的參數是否都達顯著水準？	是
	標準化殘差的絕對值是否都小於 1.96？	是
	修正指標是否都小於 3.84？	是

12.1.6 LISREL 的 SIMPLS 語法簡介

LISREL 自第 8 版之後新增了 SIMPLIS 語法，由於較以前的矩陣語法簡單，非常適合初學者，本節在此簡要加以說明，並以讀入其他統計軟體之系統檔為例。

要進行分析，首先要有資料檔。資料檔的形式可以是 ASCII 文字檔，也可以是各種統計軟體的系統檔。由於目前多數的使用者均使用特定的統計軟體輸入資料，本處僅說明讀入系統檔的方式。

進入 LISREL 之後，在 File 的選單中選擇 Import Data，檔案類型包含常見的 Minitab、SAS、SPSS、Stata、Statistica，及 Systat 等統計軟體。

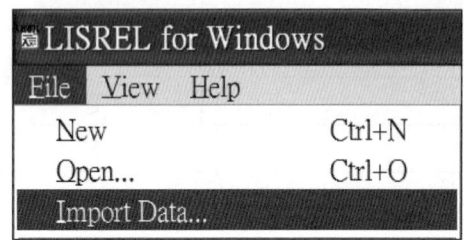 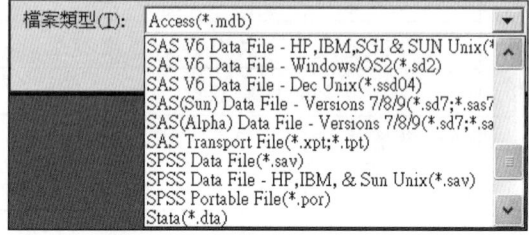

假設檔案類型為 SPSS 之*.sav 之系統檔，選擇檔案 (在此為 sem_cfa.sav) 並點選開啟之後，隨即會出現另存新檔的視窗，此時存檔的類型為 PRELIS 的原始資料檔 (在此命名為 sem_cfa.psf)。儲存完檔案之後，即可使用 SIMPLIS 語法讀入。

 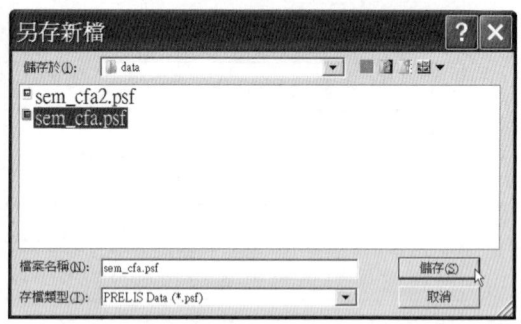

如果資料是次序性，直接計算 Pearson 相關係數會低估關聯程度，最好使用 PRELIS 計算多分相關 (polychoric correlation，次序變項與次序變項之相關) 或多序列相關 (polyserial correlation，次序變項與連續變項之相關)，此時可在 Data 的選單中選擇 Define Variables。

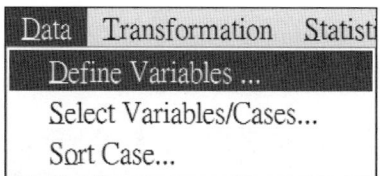

接著在視窗中選擇適當的變項,並在 Variable Type 下選擇 Ordinal,再按 OK。

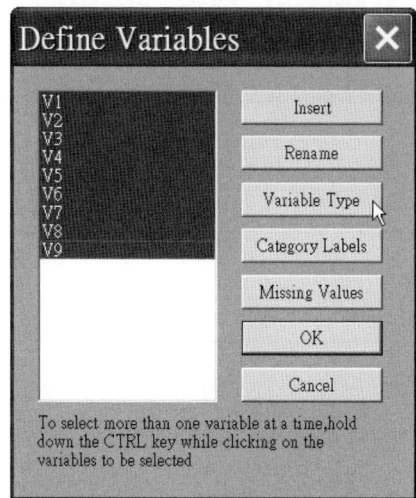

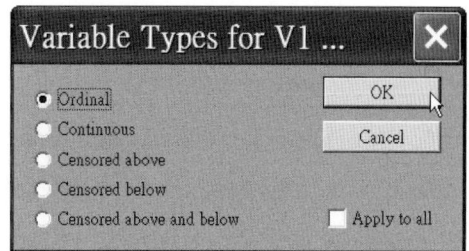

　　緊接著,在 Statistics 的選單下選擇 Output Options,在 Moment Matrix 下選擇 Correlations,並勾選 LISREL system data,點選 OK 後,會另外產生 sem_cfa.dsf 的 LISREL 系統檔。

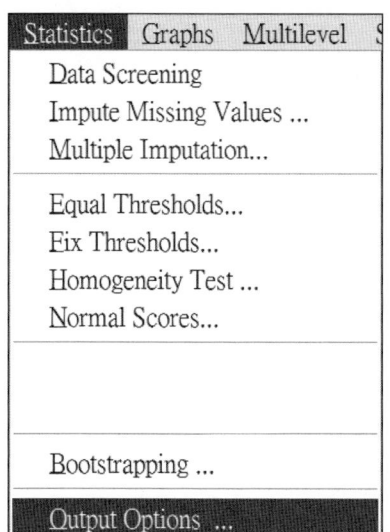

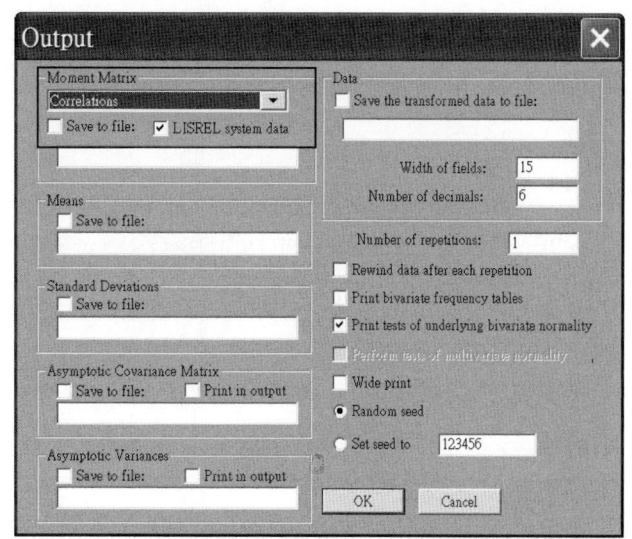

　　資料轉換及整理後,即可進行分析。如果原先沒有現成的語法,須先在 File

當中選取 New 的選項，並選擇 Syntax Only 再按確定即可開啟新的語法視窗。如果已有現成的語法檔，則在 File 當中選取 Open 的選項，並選擇所需的語法檔即可。

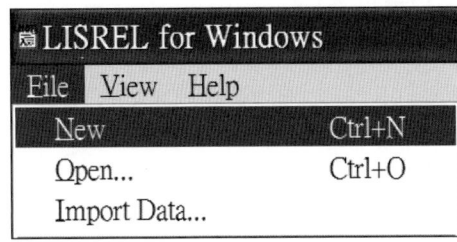 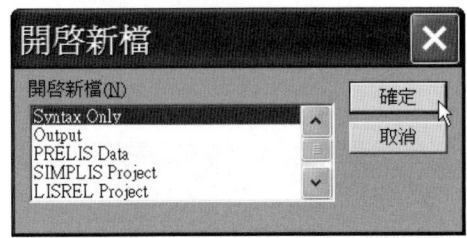

要讀入 *.psf 的原始資料檔，語法為 (大小寫並無差異)：

```
Raw Data from File 'd:\multi6\lisrel\sem_cfa.psf '
```

如果要改讀入 *.dsf 的系統資料檔，語法為：

```
System File from File 'd:\multi6\lisrel\sem_cfa.dsf '
```

讀取資料後，就要將變項加以命名。變項可分為觀察變項及潛在變項，其中觀察變項為讀入之原始資料，潛在變項則由研究者依理論加以命名。在下列指令中，讀入之觀察變項為 V1 至 V15 等 15 個變項 (變項名稱不一定要與 SPSS 系統檔中的名稱相同)，潛在變項為 F1 至 F3。

```
Observed Variables: V1-V15
Latent Variables: F1-F3
```

接著，就要界定各變項的徑路關係。如果是驗證性因素分析，可以寫成：

```
Paths:
F1->V1-V5
F2->V6-V10
F3->V11-V15
```

在關係中，V1 至 V5 為 F1 的觀察指標，因此箭頭由 F1 分別指向 V1 至 V5；而 V6 至 V10 及 V11 至 V15 則分別為 F2 及 F3 的指標。此關係也可以寫成：

```
Relationships:
V1-V5 = F1
V6-V10 = F2
V11-V15 = F3
```

在此關係形式中，等號前為依變項，等號之後為自變項。如果要界定參照指標，則上述語法可改為：

```
Relationships:
V1 = 1*F1
V2-V5 = F1
V6 = 1*F2
V7-V10 = F2
V11 = 1*F3
V12-V15 = F3
```

在此語法中，V1、V6，及 V11 分別是 F1、F2，及 F3 之參照指標，起始值設為 1。起始值的設定會影響未標準化的估計值，但是不會影響 t 值及完全標準化結果。

要描述潛在變項的因果關係也是相同，將依變項寫在等號之後，而等號之前為自變項。如：

```
Relationships:
F4 = F1 F2 F3
F3 = F1 F2
F2 = F1
```

在此關係中，F4 分別為 F1、F2，及 F3 之依變項 (果)，F3 分別為 F1 及 F2 之依變項，而 F2 又為 F1 之依變項，下圖為其概略之關係徑路圖 (圖中沒有繪出結構模式之殘差)。

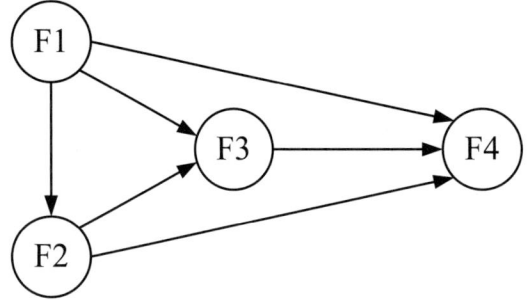

如果要使用 LISREL 繪出徑路圖，可以加上以下語法。

```
Path Diagram
```

由於 SIMPLIS 的輸出報表較精簡，建議可以加上以下指令，以獲得較詳細之結果。

```
LISREL Output RS SE SC MI TV PC EF AD=OFF ND=3
```

上述指令是要求列印殘差、標準化殘差、Q-plot、適配的共變數矩陣 (RS)，標準誤 (SE)，完全標準化的解值 (SC)，模式的修正指標 (MI)，t 值 (TV)，參數

估計值的相關 (PC)，間接及全體效果 (EF) 等。同時要求關閉估計可行性的檢查 (AD=OFF)，並設定為 3 位小數 (ND=3)。LISREL 的輸出結果雖然較詳細，但是要了解報表，仍需要具有基礎的矩陣概念，因此建議讀者對於傳統之 LISREL 語法及結果也要加以研究。

最後，結束整個分析。

```
End of problem
```

以圖 12-11 為例，其 SIMPLIS 語法如下：

```
Observed Variables
Y1   Y2   Y3   Y4   Y5   Y6   X1   X2   X3   X4   X5   X6
Latent Variables: MOT   STR   ACH   SEC   PACH   IQ
Correlation Matrix
1.00
0.56   1.00
0.41   0.42   1.00
0.43   0.38   0.55   1.00
0.44   0.47   0.41   0.38   1.00
0.48   0.45   0.45   0.41   0.52   1.00
0.41   0.40   0.22   0.26   0.28   0.21   1.00
0.43   0.39   0.23   0.25   0.25   0.24   0.55   1.00
0.39   0.38   0.41   0.36   0.29   0.27   0.39   0.40   1.00
0.36   0.39   0.36   0.44   0.33   0.27   0.35   0.37   0.51   1.00
0.30   0.42   0.45   0.31   0.29   0.32   0.34   0.31   0.27   0.39   1.00
0.31   0.41   0.44   0.36   0.22   0.24   0.39   0.23   0.28   0.37   0.58   1.00
Standard Deviations
3.55   3.21   4.70   3.94   7.45   7.91   2.64   2.43   7.44   7.63   13.42   14.51
Sample Size: 200
Relationships
Y1 = 1*MOT
Y2 = MOT
Y3 =1*STR
Y4 = STR
Y5 = 1*ACH
Y6= ACH
X1 = 1*SEC
X2 = SEC
X3 = 1*PACH
```

```
X4 = PACH
X5 = 1*IQ
X6 = IQ
ACH = MOT STR
STR = MOT PACH IQ
MOT = SEC PACH
Path Diagram
LISREL Output RS SE SC EF TV MI PC ND=3 AD=OFF IT=300
End of Problem
```

在語法中，先界定觀察變項與潛在變項名稱。其次輸入相關矩陣 (如果要使用 LISREL 之矩陣式語言，最好將 Y 變項放在相關矩陣之前半部)，並說明樣本數。在關係模式中，先分別界定測量模式部分 (此處未指定每一個潛在變項的參照指標，系統會自動設定為第一個觀察變項)，再指定結構模式。最後指定繪出徑路圖及 LISREL 結果，並結束分析。

分析之後所得係數徑路圖如下：

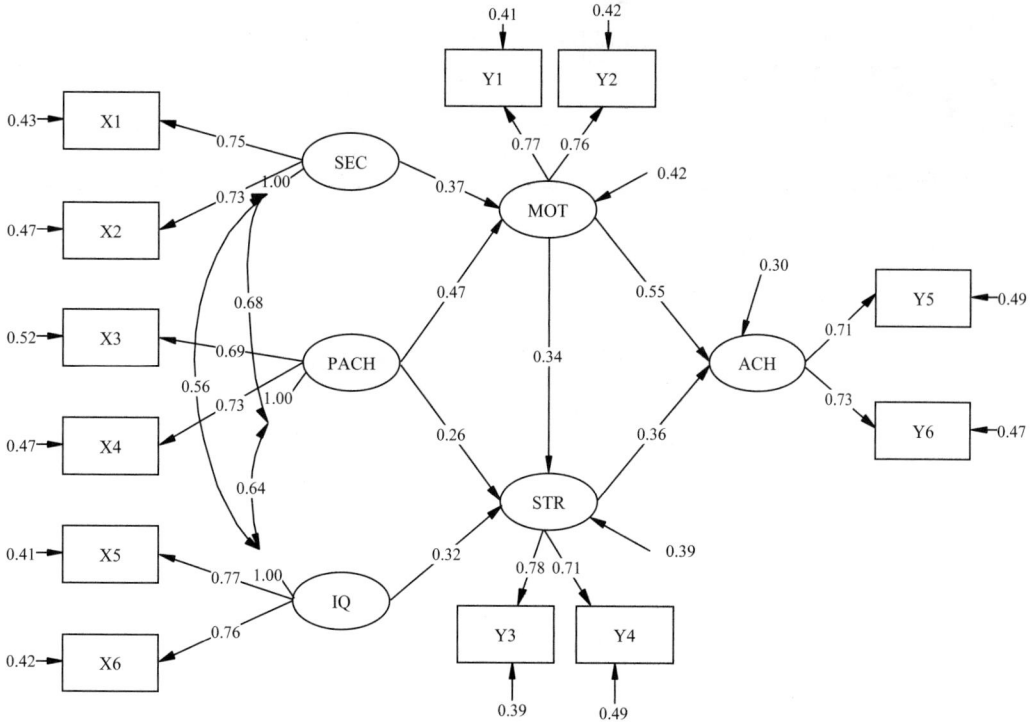

12.1.7　Amos Graphics 界面簡介

　　一般使用者最常使用 Amos Graphics 的方式分析模式 (也可以使用語法)，在畫面上方為各項選單，左方是較常使用的快速按鈕，右方則是繪製模式的區域。

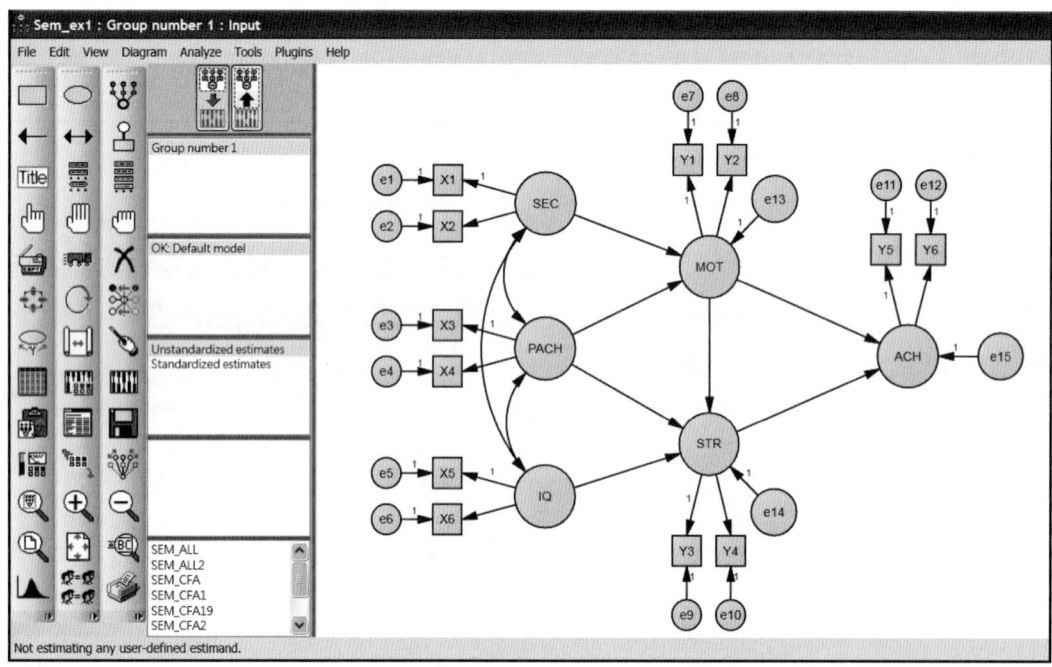

　　Amos 可以讀入多種形式的資料檔，讀入時在 "File" 中選擇 "Data File"，並指定檔案。完成選擇後，會在視窗上方顯示樣本數。

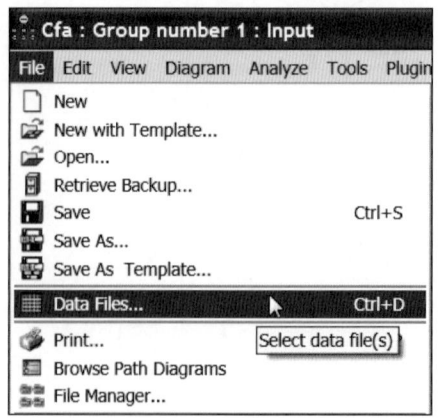

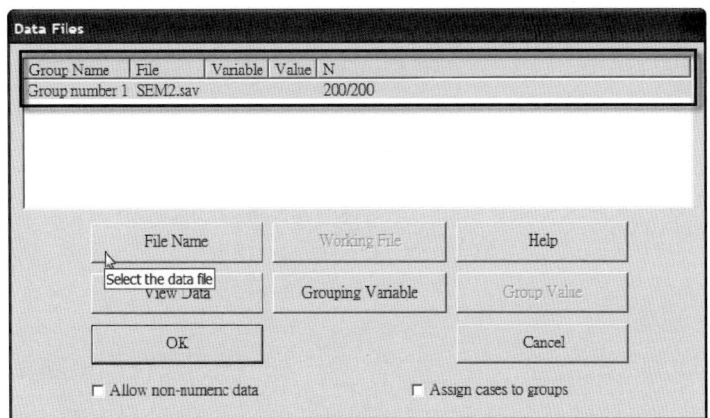

　　SPSS 的資料檔可以是原始數據、相關矩陣，或是共變數矩陣檔。Amos 可針對缺失值進行處理及插補，不過，為了便於分析，建議在 SPSS 中先做好各項處理，並刪除有缺失值的觀察體 (如果不是太多)，然後再使用 Amos 進行分析。

	rowtype_	varname_	Y1	Y2	Y3	Y4	Y5	Y6	X1	X2	X3	X4	X5	X6
1	n		200.00	100.00	200.00	200.00	200.00	200.00	200.00	200.00	200.00	200.00	200.00	200.00
2	corr	Y1	1.00											
3	corr	Y2	.56	1.00										
4	corr	Y3	.41	.42	1.00									
5	corr	Y4	.43	.38	.55	1.00								
6	corr	Y5	.44	.47	.41	.38	1.00							
7	corr	Y6	48	45	45	41	52	1 00						
8	corr	X1	.41	.40	.22	.26	.28	.21	1.00					
9	corr	X2	.43	.39	.23	.25	.25	.24	.55	1.00				
10	corr	X3	.39	.38	.41	.36	.29	.27	.39	.40	1.00			
11	corr	X4	.36	.39	.36	.44	.33	.27	.35	.37	.51	1.00		
12	corr	X5	.30	.42	.45	.31	.29	.32	.34	.31	.27	.39	1.00	
13	corr	X6	.31	.41	.44	.36	.22	.24	.39	.23	.28	.37	.58	1.00
14	stddev		3.55	3.21	4.70	3.94	7.45	7.91	2.64	2.43	7.44	7.63	13.42	14.51

　　讀入資料檔後，選擇 按鈕進行模式繪製。首先，按住滑鼠左鍵繪製適當大小的潛在變項 (圓形或橢圓形)，接著敲擊滑鼠左鍵增加觀察變項 (方形或矩形)，此時在觀察變項之上會出現測量誤差項 (以圓形表示)。Amos 會自動設定一個觀察變項當參照指標 (參數為 1)，且將測量誤差的參數設定為 1。

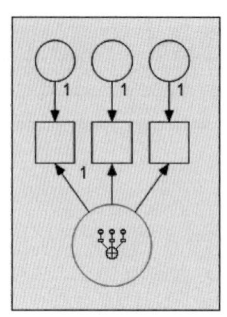

如果要改變圖形的方向，可以選擇 ⟳ 後，再到潛在變項處點選滑鼠左鍵，此時就可以每次順時針旋轉 90 度。點選 ▦ 可以改變參照指標。

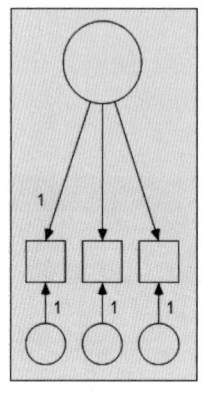

繪製好第一個潛在變項及觀察指標後，可以在 🖐🤚👆 中選擇第二個按鈕 (三者分別代表選擇個別物件、選擇全部物件，及不選擇全部物件)，並使用 📋 按鈕加以複製物件。

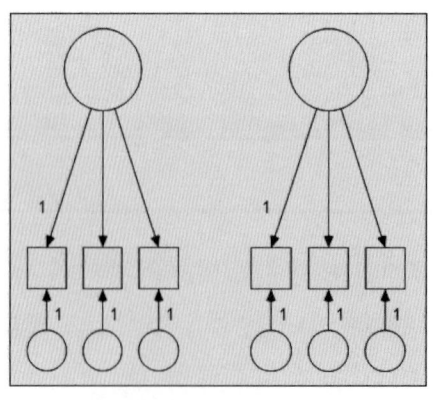

　　Amos 強制設定因素間須有雙向箭頭連結 (假如設定因素間無關，再另外設定參數值為 0)，可以先選擇所有的因素，然後在 "Plugins"中選擇 "Draw Covariances"，即可快速畫完所有的相關線。

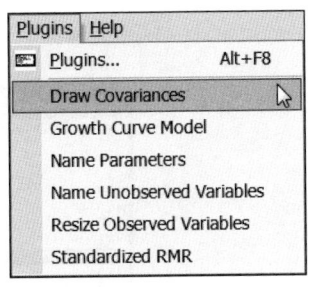

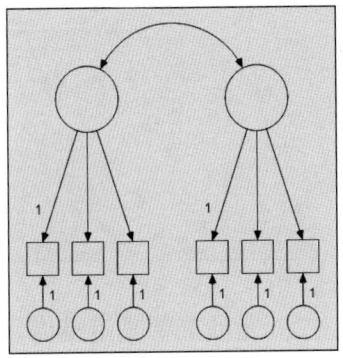

　　要繪製單向因果關係，先點選 ← 按鈕後，再由因畫向果即可。

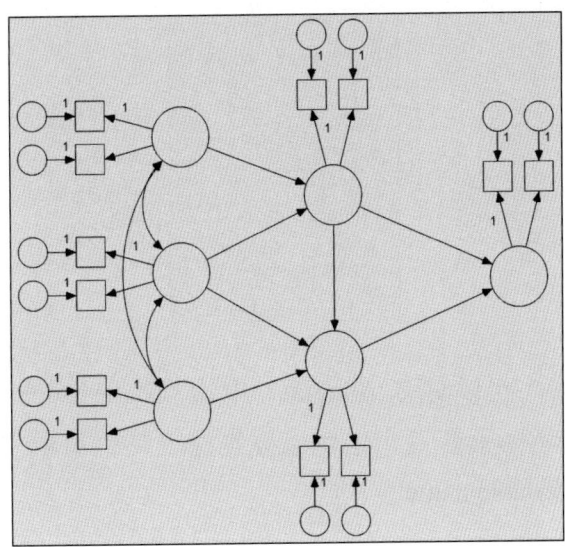

　　完成整個模式的繪製之後，點選 可以顯示所有變項名稱。此時可以將它們逐一抓取到方形 (或矩形) 的觀察變項中，即可完成命名。

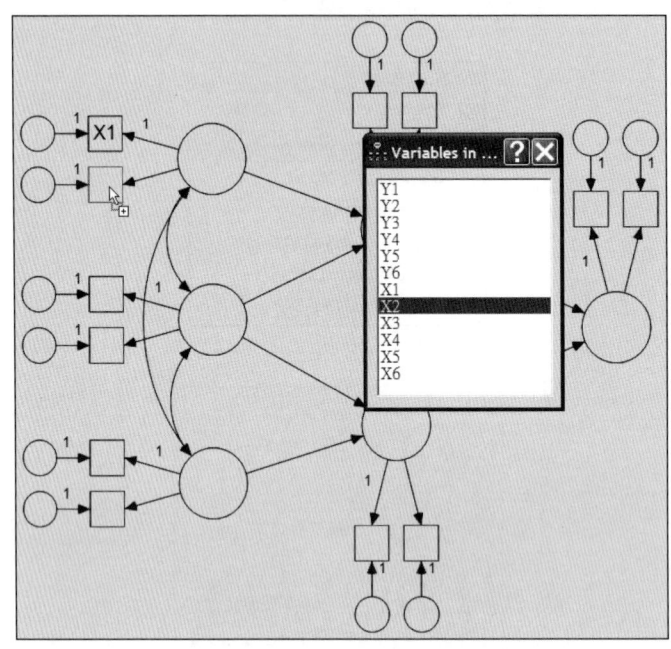

　　在 SEM 中，所有的潛在內因變項都要設定結構殘差項，此時，先點選 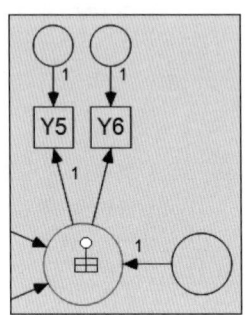，然後在圓形的因素上點一下滑鼠左鍵，就會出現誤差項。出現誤差項後，如果再點選一次滑鼠左鍵，誤差項就會順時針旋轉 45 度。

　　潛在變項的命名，可以使用 "Plugins" 中的 "Name Unobserved Variables" 快速完成。如果認為名稱不合適，也可以在物件上點選滑鼠右鍵，選擇 "Object Properties" 更改 "Variable name"。

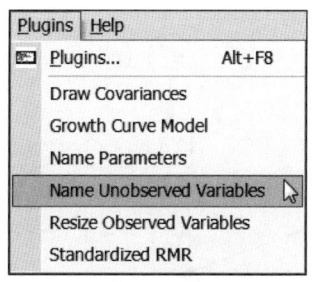

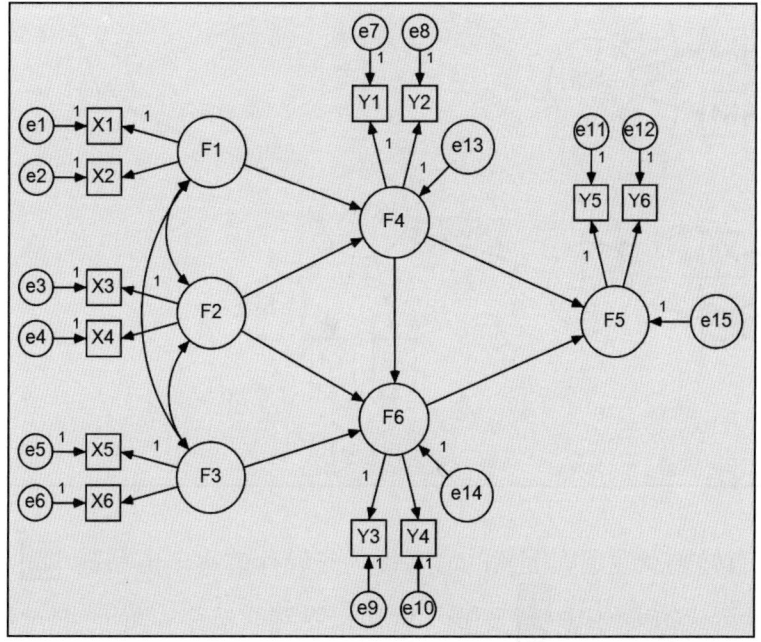

　　在物件上，變項的名稱及顯示的標記可以不同，例如，潛在變項 F1，可以標記為 SEC，此時在圖上會顯示標記的名稱。不過，真正變項名稱仍為 F1。

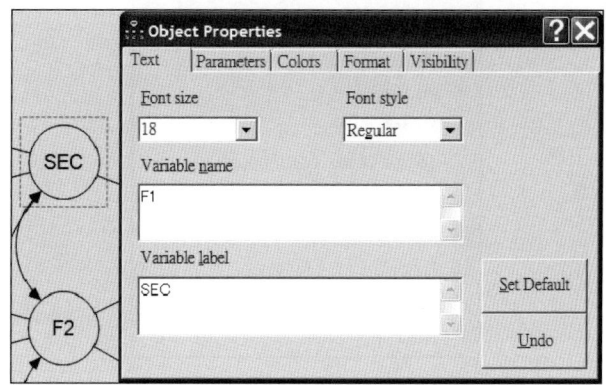

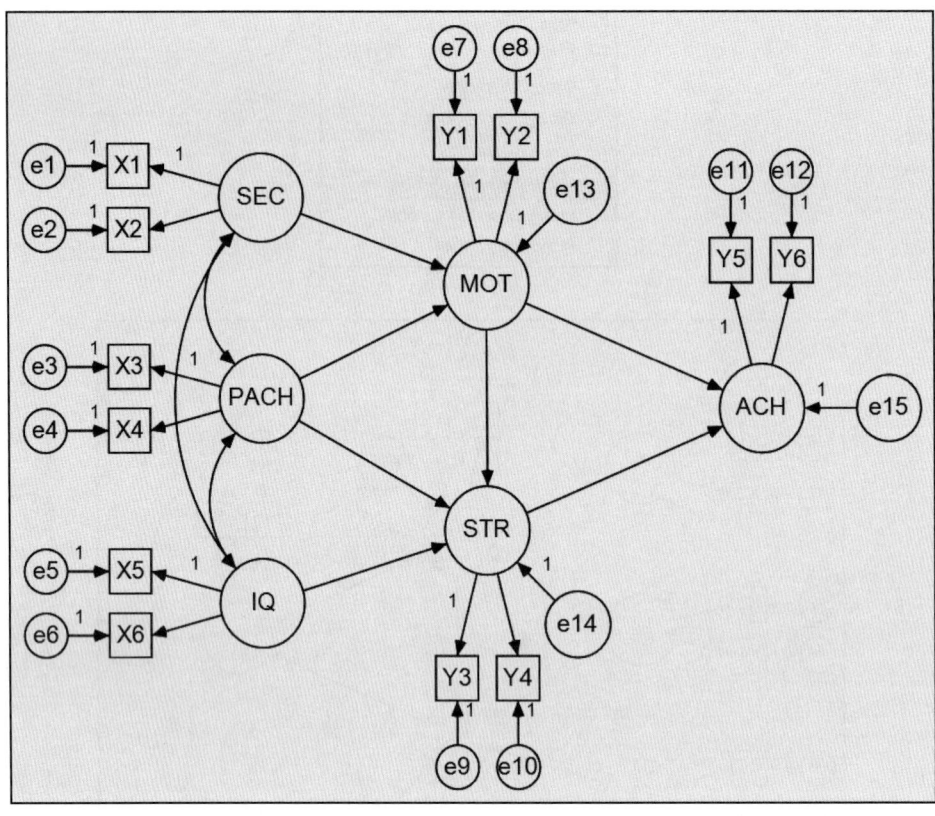

完成所有繪製及變項與因素的命名後，先儲存檔案，再點選 ▦ 按鈕，即可進行參數 估計，如果出現 📊 圖形，就可以點選該按鈕，顯示估計算之未標化參數。

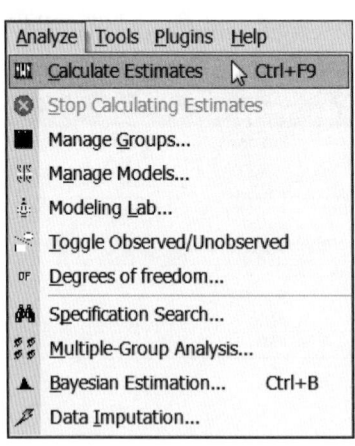

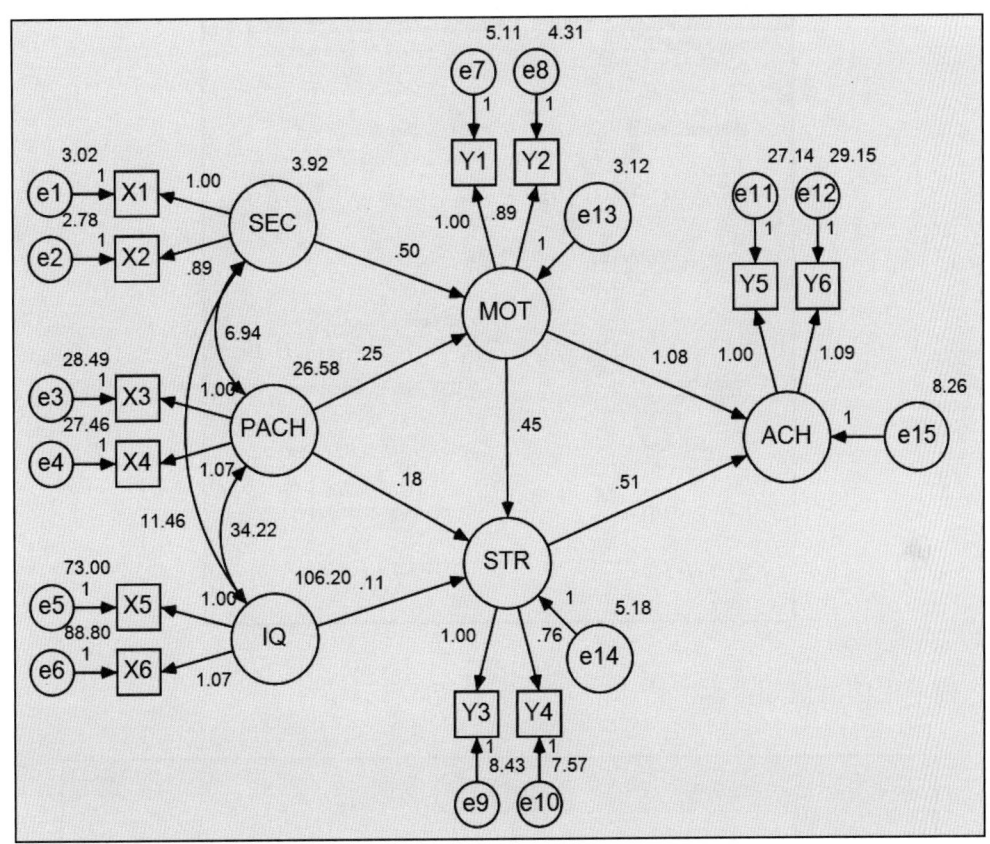

　　如果要顯示標準化參數，可以在 "View" 中選擇 "Analysis Properties"，然後於 "Output"中選擇 "Standized estimates"。

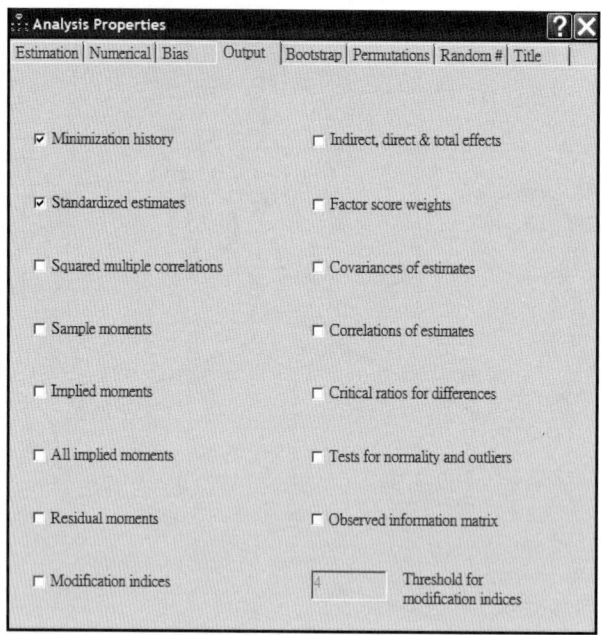

標準化估計值如下圖。

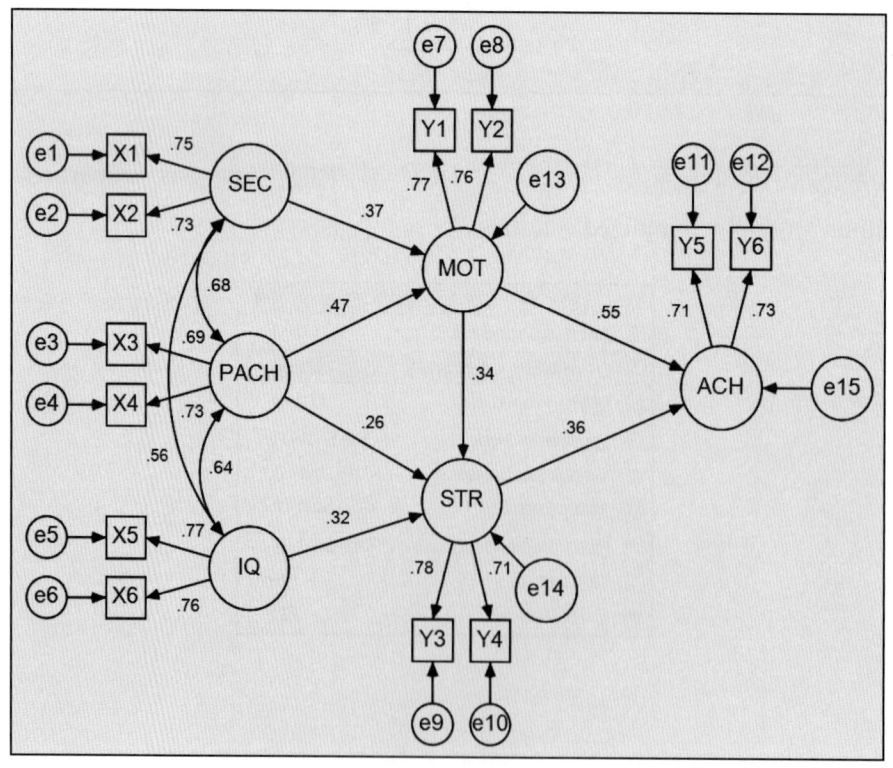

　　點選 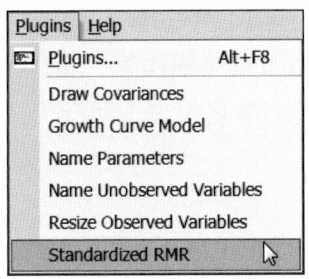 按鈕可以檢視詳細的輸出結果。Amos 的結果中並未包含標準化
RMR，如果要計算 SRMR，可以在計算參數前，先選擇 "Plugins" 之 "Standardized
RMR"，再點選 按鈕進行分析 (分析時，不要關閉 Standardized RMR 視窗)，
即可得到標準化 RMR 值。

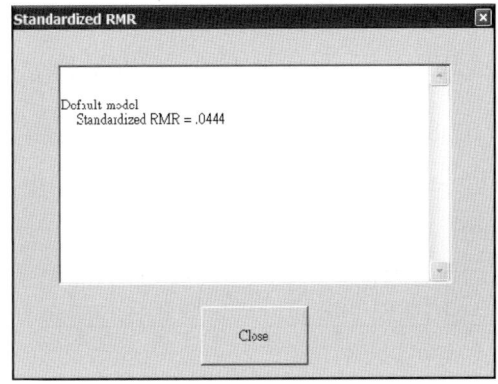

註：目前 SEM 分析軟體均未提供成份信度數據，本書特別在光碟中提供成份信度
計算軟體，執行後只要先選取觀察指標數，依序輸入標準化係數，再點選「計算」
即可以得到平均抽取變異量及構念信度 (成份信度) (請參閱 p.686 之畫面)。有需要
之讀者亦可在陳正昌之教學網站下載：http://cclearn.npue.edu.tw/tuition/ccchen-web/

12.2 應用部分

　　本節將舉多指標因果模式 (含八個參數矩陣)、多因素驗證性因素分析、二階驗證性因素分析及單指標因果模式四種 SEM 模式，來說明如何以各種 SEM 電腦程式解這四種模式的問題。為節省篇幅起見，本節並未依照第二節所示的分析步驟進行，而是偏重在電腦程式、電腦報表說明及模式的適配度評鑑三方面。

12.2.1 多指標因果模式

　　此處將圖 12-14 以林俊瑩與黃毅志 (2008) 的研究為例，介紹多指標因果模式。該種模式通常包含 LISREL 八個參數矩陣，有關的概念請參閱本章理論部分。

　　林俊瑩與黃毅志 (2008) 提出以下之理論模式，並使用臺灣教育長期追蹤資料庫 (Taiwan Education Panel Survey, TEPS) 中 9273 名學生資料 (相關矩陣及描述統計見表 12-3) 進行分析。

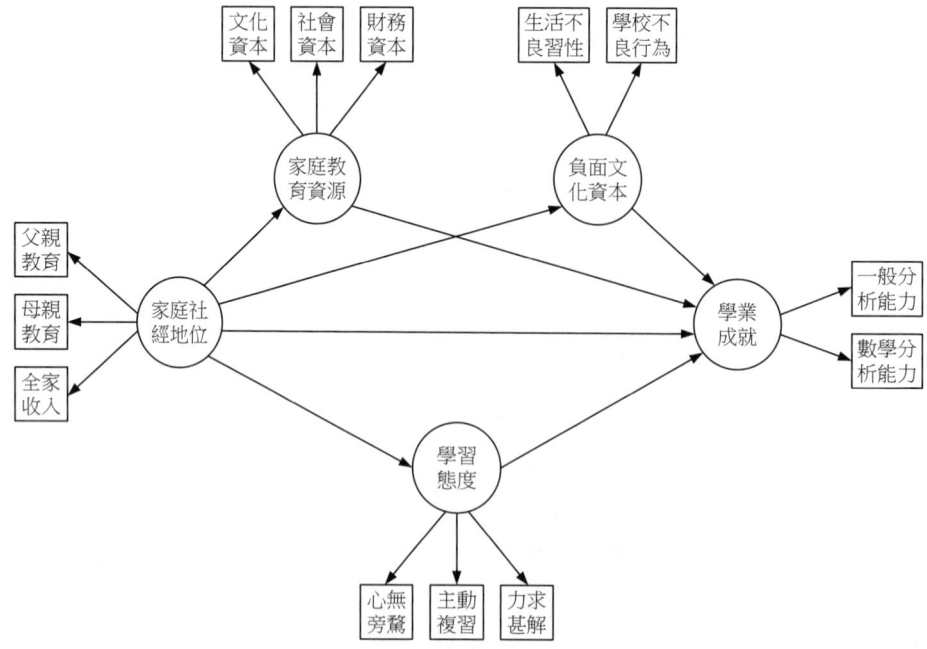

圖 12-14　林俊瑩與黃毅志之研究架構

表 12-3　林俊瑩與黃毅志研究之相關矩陣

	父親教育	母親教育	全家收入	文化資本	社會資本	財務資本	生活不良習性	學校不良行為	心無旁騖	主動複習	力求甚解	一般分析能力	數學分析能力
父親教育	1.000	0.758	0.520	0.510	0.551	0.553	-0.051	-0.055	0.022	0.071	0.070	0.328	0.330
母親教育	0.758	1.000	0.530	0.527	0.550	0.559	-0.029	-0.032	0.022	0.056	0.057	0.328	0.335
全家收入	0.520	0.530	1.000	0.431	0.472	0.506	-0.058	-0.057	0.032	0.063	0.062	0.282	0.279
文化資本	0.510	0.527	0.431	1.000	0.865	0.893	-0.071	-0.077	0.158	0.208	0.206	0.320	0.315
社會資本	0.551	0.550	0.472	0.865	1.000	0.922	-0.087	-0.095	0.186	0.231	0.243	0.389	0.392
財務資本	0.553	0.559	0.506	0.893	0.922	1.000	-0.081	-0.087	0.149	0.200	0.203	0.358	0.353
生活不良習性	-0.051	-0.029	-0.058	-0.071	-0.087	-0.081	1.000	0.899	-0.087	-0.081	-0.079	-0.103	-0.110
學校不良行為	-0.055	-0.032	-0.057	-0.077	-0.095	-0.087	0.899	1.000	-0.091	-0.083	-0.081	-0.111	-0.114
心無旁騖	0.022	0.022	0.032	0.158	0.186	0.149	-0.087	-0.091	1.000	0.755	0.645	0.191	0.231
主動複習	0.071	0.056	0.063	0.208	0.231	0.200	-0.081	-0.083	0.755	1.000	0.716	0.218	0.263
力求甚解	0.070	0.057	0.062	0.206	0.243	0.203	-0.079	-0.081	0.645	0.716	1.000	0.282	0.335
一般分析能力	0.328	0.328	0.282	0.320	0.389	0.358	-0.103	-0.111	0.191	0.218	0.282	1.000	0.665
數學分析能力	0.330	0.335	0.279	0.315	0.392	0.353	-0.110	-0.114	0.231	0.263	0.335	0.665	1.000
平均數	0.000	0.000	0.000	0.000	0.000	0.000	0.000	0.000	0.000	0.000	0.000	0.097	0.112
標準差	1.000	1.000	1.000	1.000	1.000	1.000	1.000	1.000	1.000	1.000	1.000	0.804	0.857

上述因果徑路圖如果以 LISREL 符號表示，則形成下圖。

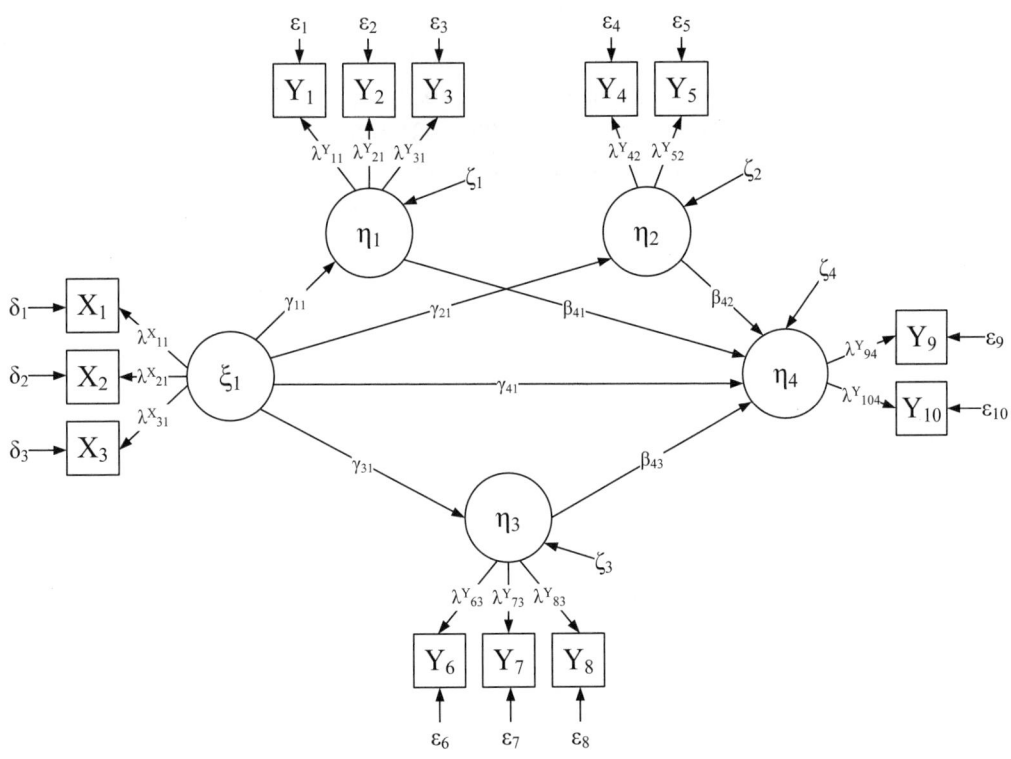

圖 12-15　林俊瑩與黃毅志之研究模式圖

12.2.1.1 LISREL/SIMPLIS 語法

```
[1]    Observed Variables:
       父親教育 母親教育 全家收入
       文化資本 社會資本 財務資本
       生活不良 學校不良
       心無旁騖 主動複習 力求甚解
       一般分析 數學分析
[2]    Latent Variables:
       家庭社經 家庭資源 負面文化 學習態度 學業成就
[3]    Correlation Matrix
       1.000
       0.758  1.000
       0.520  0.530  1.000
       0.510  0.527  0.431  1.000
       0.551  0.550  0.472  0.865  1.000
       0.553  0.559  0.506  0.893  0.922  1.000
       -.051  -.029  -.058  -.071  -.087  -.081  1.000
       -.055  -.032  -.057  -.077  -.095  -.087  0.899  1.000
       0.022  0.022  0.032  0.158  0.186  0.149  -.087  -.091  1.000
       0.071  0.056  0.063  0.208  0.231  0.200  -.081  -.083  0.755  1.000
       0.070  0.057  0.062  0.206  0.243  0.203  -.079  -.081  0.645  0.716  1.000
       0.328  0.328  0.282  0.320  0.389  0.358  -.103  -.111  0.191  0.218  0.282  1.000
       0.330  0.335  0.279  0.315  0.392  0.353  -.110  -.114  0.231  0.263  0.335  0.665  1.000
[4]    Standard Deviations
       1.000 1.000 1.000 1.000 1.000 1.000 1.000 1.000 1.000 1.000 1.000 0.804 0.857
[5]    Sample Size: 9273
[6]    Relationships:
       父親教育 ＝1*家庭社經
       母親教育 全家收入 ＝ 家庭社經
       文化資本 ＝1*家庭資源
       社會資本 財務資本 ＝ 家庭資源
       生活不良 ＝1*負面文化
       學校不良 ＝ 負面文化
       心無旁騖 ＝1*學習態度
       主動複習 力求甚解 ＝ 學習態度
       一般分析 ＝1*學業成就
       數學分析 ＝ 學業成就
```

```
    家庭資源 ＝ 家庭社經
    負面文化 ＝ 家庭社經
    學習態度 ＝ 家庭社經
    學業成就 ＝ 家庭社經　家庭資源　負面文化　學習態度
[7]  Path Diagram
[8]  LISREL Output RS SE SC EF TV MI PC ND=3 AD=OFF IT=300
[9]  End of Problem
```

12.2.1.2　LISREL/SIMPLIS 語法說明

[1]　觀察變項名稱，每個變項最多可以使用 8 個英文字母或是 4 個中文字。此處雖然可以使用中文名稱，不過，因為 LISREL 仍無法完全支持中文系統，因此在輸入時可能有些許的不便，筆者建議最好以英文為首要選擇。

[2]　潛在變項名稱。

[3]　相關矩陣，只要輸入左下角矩陣即可。

[4]　各觀察變項之標準差。

[5]　樣本數為 9273。

[6]　關係模式。等號之前為結果變項 (含觀察變項及潛在變項，可以一次寫多個結果變項)，等號之後為解釋變項，如果要設定參照指標則在等號之後加上*號，*號之前設定起始值 (一般多設定為 1)。使用 SIMPLIS 語法可以不必指定參照指標，系統會自動以第一個變項代表，不過起始值並不是 1，語法可改為：

```
    父親教育 母親教育 全家收入 ＝ 家庭社經
    文化資本 社會資本 財務資本 ＝ 家庭資源
    生活不良 學校不良 ＝ 負面文化
    心無旁騖 主動複習 力求甚解 ＝ 學習態度
    一般分析 數學分析 ＝ 學業成就
    家庭資源 ＝ 家庭社經
    負面文化 ＝ 家庭社經
    學習態度 ＝ 家庭社經
    學業成就 ＝ 家庭社經　家庭資源　負面文化　學習態度
```

[7]　畫出徑路圖。

[8]　因為 SIMPLIS 的報表比較簡單，因此可以用 LISREL 的輸出指令，如此會得

到比較詳細的結果。此列如果不寫，就會列出 SIMPLIS 的報表。

[9]　語法結束。

12.2.1.3　LISREL 程式

```
[1]   TI  林俊瑩及黃毅志(2008)研究資料
[2]   DA   NI=13 NO=9273
[3]   LA
[4]   *
[5]   父親教育 母親教育 全家收入
      文化資本 社會資本 財務資本
      生活不良 學校不良
      心無旁鶩 主動複習 力求甚解
      一般分析 數學分析
[6]   KM
[7]   1.000
      0.758 1.000
      0.520 0.530 1.000
      0.510 0.527 0.431 1.000
      0.551 0.550 0.472 0.865 1.000
      0.553 0.559 0.506 0.893 0.922 1.000
      -.051 -.029 -.058 -.071 -.087 -.081 1.000
      -.055 -.032 -.057 -.077 -.095 -.087 0.899 1.000
      0.022 0.022 0.032 0.158 0.186 0.149 -.087 -.091 1.000
      0.071 0.056 0.063 0.208 0.231 0.200 -.081 -.083 0.755 1.000
      0.070 0.057 0.062 0.206 0.243 0.203 -.079 -.081 0.645 0.716 1.000
      0.328 0.328 0.282 0.320 0.389 0.358 -.103 -.111 0.191 0.218 0.282 1.000
      0.330 0.335 0.279 0.315 0.392 0.353 -.110 -.114 0.231 0.263 0.335 0.665 1.000
[8]   SD
[9]   *
[10]  1.000 1.000 1.000 1.000 1.000 1.000 1.000 1.000 1.000 1.000 1.000 0.804 0.857
[11]  SE
[12]  4 5 6 7 8 9 10 11 12 13 1 2 3
[13]  MO NY=10 NE=4 NX=3 NK=1 LY=FU,FI LX=FU,FI GA=FU,FI BE=FU,FI
         PH=SY,FR PS=DI,FR TE=DI,FR TD=DI,FR
[14]  VA 1 LY(1,1) LY(4,2) LY(6,3) LY(9,4) LX(1,1)
[15]  FR LY(2,1) LY(3,1) LY(5,2) LY(7,3) LY(8,3) LY(10,4) LX(2,1) LX(3,1) c
```

```
       BE(4,1) BE(4,2) BE(4,3) GA(1,1) GA(2,1) GA(3,1) GA(4,1)
[16]  LE
       *
       家庭資源 負面文化 學習態度 學業成就
       LK
       *
       家庭社經
[17]  PD
[18]  OU   RS SE SC EF TV MI PC ND=3 AD=OFF IT=300
```

12.2.1.4 LISREL 程式說明

[1] 標題列 (title)，長度以不超過 80 欄為原則。通常此列可以不寫。

[2] 資料列 (data)，目的在指明資料的型式。NI 界定觀察變項總數是 13 (X 變項與 Y 變項的總和)，NO 界定觀察體總數是 9273 人。此處未界定 MA，表示分析矩陣是內定的共變數矩陣 (也就是 MA=CM)。

[3] LA 界定 13 個觀察變項的名稱，此處是配合後面相關矩陣的順序。

[4] * 號表示下一行資料是以自由格式輸入。要讓電腦自由讀取的資料必須以空格、逗號或上引號將每筆資料區分開。

[5] 要電腦自由讀取的變項名稱，如果要輸入中文，每個變項不要超過 4 個中文字。

[6] KM 界定輸入相關矩陣，如果是共變數矩陣，則寫成 CM。

[7] 從此處開始輸入 (左下角) 相關矩陣。若相關矩陣很大，也可以採用自由格式的輸入方式，只要在 KM 的下一行打上* 號即可。如：

```
KM
*
1.00
0.98 1.00
0.75 0.65 1.00
```

也等於：

```
KM
*
1.00 0.98 1.00 0.75 0.65 1.00
```

[8] 表示輸入觀察變項的標準差。輸入標準差可以讓電腦程式將輸入的相關矩陣

轉換成共變數矩陣，以之做為分析矩陣。

[9] 自由格式。

[10] 輸入標準差。

[11] 選擇分析時所需要的變項及順序。

[12] LISREL 傳統語法須將 Y 變項放在前面，而由於原輸入的相關矩陣係將 X 變項放在前半部，因此要重新調整順序。

[註] 近年來，有愈來愈多的研究者喜歡使用 SPSS 格式的資料檔 (即*.sav) 進行統計分析。事實上，LISREL 軟體可以直接讀取 SPSS 格式的資料檔。以多指標因果模式的 LISREL 程式為例，如果研究者已經把研究變項的資料以 SPSS 格式儲存在 C 碟的 data 資料夾中，檔名為 sem1.sav。此時，在撰寫 LISREL 程式時，可採下列方式將該資料檔直接讀進 LISREL 中：

```
SP=C:\data\sem1.sav
SE
Y1 Y2 Y3 Y4 Y5 Y6 X1 X2 X3 X4 X5 X6
```

上述程式中，第一列界定資料檔是 SPss 格式的檔案，存放在 C 碟的 data 資料夾中，檔名是 sem1.sav。第二列的 SE 是 SElect 之意，用來挑選研究變項及重排變項順序之用。此處是從 sem1.sav 檔中，挑選 Y1、Y2、Y3、Y4、Y5、Y6、X1、X2、X3、X4、X5、X6 這 12 個變項 (第三列) 來進行模式考驗 (記住要先列 Y 變項再列 X 變項)。這裡必須特別注意的是，假如 sem1.sav 檔中，除了存放前述 12 個變項以外，仍存放有其他變項資料，例如受試者的基本資料或某些不包含在理論模式中的變項時，第三列必須在最後加上 " / " 符號，即「Y1 Y2 Y3 Y4 Y5 Y6 X1 X2 X3 X4 X5 X6/」這樣就可以了。如果研究者是採用這種方式讀取資料，則上述 LISREL 程式的[1]~[12]都不需再界定，只要從 MO 指令開始界定即可。除多指標因果模式外，LISREL 的任何模式考驗也都可以用上述比較簡便方式讀取 SPSS 的資料檔。

[13] MO 界定分析模式 (model)。根據圖 12-15，MO 列先界定 NY=10 (10 個 Y 變項) NE=4 (4 個 η 變項) NX=3 (3 個 X 變項) NK=1 (1 個 ξ 變項)，其後界定 LY、LX、GA、BE 四個矩陣為完全矩陣 (即 FU)，且矩陣內的元素全部加以固定不估計參數 (即 FI)；PH 為對稱矩陣，矩陣內的元素全部為自由參數 (因

為此例只有 1 個 ξ 變項，因此僅估計 ξ₁ 之變異數)；PS、TE、TD 為對角線矩陣 (即 DI)，對角線上的每一個元素都是自由參數。由於 LY 及 LX 的內定格式皆為 FU,FI，TE、TD 及 PS 的內定格式皆為 DI,FR，PH 的內定格式為 SY,FR (見**表 12-4**)，所以事實上 MO 列可以改成：

> MO　NY=10　NE=4　NX=3　NK=1　GA=FU,FI　BE=FU,FI

根據程式的 MO 指令的界定，本例的八個參數矩陣如下：

$$
\Lambda_x = \begin{bmatrix} 0 \\ 0 \\ 0 \end{bmatrix}
\qquad
\Lambda_y = \begin{bmatrix} 0 & 0 & 0 & 0 \\ 0 & 0 & 0 & 0 \\ 0 & 0 & 0 & 0 \\ 0 & 0 & 0 & 0 \\ 0 & 0 & 0 & 0 \\ 0 & 0 & 0 & 0 \\ 0 & 0 & 0 & 0 \\ 0 & 0 & 0 & 0 \\ 0 & 0 & 0 & 0 \\ 0 & 0 & 0 & 0 \end{bmatrix}
\qquad
\Gamma = \begin{bmatrix} 0 \\ 0 \\ 0 \\ 0 \end{bmatrix}
$$

$$
B = \begin{bmatrix} 0 & 0 & 0 & 0 \\ 0 & 0 & 0 & 0 \\ 0 & 0 & 0 & 0 \\ 0 & 0 & 0 & 0 \end{bmatrix}
\qquad
\Phi = \begin{bmatrix} \phi_{11} \end{bmatrix}
\qquad
\Psi = \begin{bmatrix} \psi_{11} & & \text{對} & \text{稱} \\ 0 & \psi_{22} & & \\ 0 & 0 & \psi_{33} & \\ 0 & 0 & 0 & \psi_{44} \end{bmatrix}
$$

$$
\Theta_\delta = diag \begin{bmatrix} \delta_{11} & \delta_{22} & \delta_{33} \end{bmatrix}
$$

$$
\Theta\varepsilon = diag \begin{bmatrix} \varepsilon_{11} & \varepsilon_{22} & \varepsilon_{33} & \varepsilon_{44} & \varepsilon_{55} & \varepsilon_{66} & \varepsilon_{77} & \varepsilon_{88} & \varepsilon_{99} & \varepsilon_{1010} \end{bmatrix}
$$

由這八個參數矩陣可知，LY、LX、BE、GA 四個參數矩陣與**圖 12-16** 所提出的理論模式並不相符，這是因為模式的描述尚未完成之故。事實上，模式的描述通常需要三個指令來完成，即 MO、VA、FR (或 FI)。

表 12-4 LISREL 程式中各參數矩陣的可能型式及內定格式

參數名稱	數學符號	LISREL 名稱	矩陣階數	可能的矩陣型式	內定型式
LAMBDA-Y	Λ_Y	LY	NY×NE	ID, IZ, ZI, DI, FU	FU, FI
LAMBDA-X	Λ_X	LX	NX×NK	ID, IZ, ZI, DI, FU	FU, FI
BETA	B	BE	NE×NE	ZE, SD, FU	ZE, FI
GAMMA	Γ	GA	NE×NK	ID, IZ, ZI, DI, FU	FU, FR
PHI	Φ	PH	NK×NK	ID, DI, SY, ST	SY, FR
PSI	ϕ	PS	NE×NE	ZE, DI, SY	DI, FR
THETA-EPSILON	Θ_ε	TE	NY×NY	ZE, DI, SY	DI, FR
THETA-DELTA	Θ_δ	TD	NX×NX	ZE, DI, SY	DI, FR

(取自 Jöreskog & Sörbom, 1993a)

[14] VA 是 value 之意,指出被列為參照指標的變項名稱,並給予參照值為 1。被指定為參照指標者分別是 LY(1,1)、LY(4,2)、LY(6,3)、LY(9,4),及 LX(1,1)。

[15] 此行指出 MO 列中,被固定的參數矩陣有哪些元素是自由參數 (即要估計的參數名稱)。根據本例,LY 矩陣中的 LY(2,1)、LY(3,1)、LY(5,2)、LY(7,3) LY(8,3),及 LY(10,4)為自由參數,LX 矩陣中的 LX(2,1)及 LX(3,1)為自由參數,BE 矩陣的 BE(4,1)、BE(4,2)、BE(4,3) 為自由參數,而 GA 矩陣中的 GA(2,1)、GA(3,1)、GA(4,1)為自由參數,此處以 FR (FRee 之意) 指令指出要估計的參數。至於 PH、PS、TE、TD 四個參數矩陣,由於在 MO 列中已經界定了矩陣中的自由參數,所以此處不必再界定。根據 FR 指令,LY、LX、BE、GA 四個參數矩陣如下:

$$\Lambda_x = \begin{bmatrix} 1 \\ \lambda_{21}^x \\ \lambda_{31}^x \end{bmatrix} \qquad \Lambda_y = \begin{bmatrix} 1 & 0 & 0 & 0 \\ \lambda_{21}^y & 0 & 0 & 0 \\ \lambda_{31}^y & 0 & 0 & 0 \\ 0 & 1 & 0 & 0 \\ 0 & \lambda_{52}^y & 0 & 0 \\ 0 & 0 & 1 & 0 \\ 0 & 0 & \lambda_{73}^y & 0 \\ 0 & 0 & \lambda_{83}^y & 0 \\ 0 & 0 & 0 & 1 \\ 0 & 0 & 0 & \lambda_{104}^y \end{bmatrix}$$

$$B = \begin{bmatrix} 0 & 0 & 0 & 0 \\ 0 & 0 & 0 & 0 \\ 0 & 0 & 0 & 0 \\ \beta_{41} & \beta_{42} & \beta_{43} & 0 \end{bmatrix} \qquad \Gamma = \begin{bmatrix} \gamma_{11} \\ \gamma_{21} \\ \gamma_{31} \\ \gamma_{41} \end{bmatrix}$$

到此為止，模式的描述工作已經完成。

筆者建議，在 MO 列中最好先將 LY、LX、BE、GA 等 4 個矩陣全部加以固定，然後在 FR 中再逐一將要估計的參數設為自由參數。此方法有時並不經濟，不過至少比較穩當，不至於出錯。

[16] LE 界定潛在依變項 η 之名稱，LK 界定潛在自變項 ξ 之名稱，並非必要之指令。

[17] 繪製徑路圖。

[18] OU 列 (output) 要求列印殘差、標準化殘差、Q-plot、適配的共變數矩陣 (RS)，標準誤 (SE)，完全標準化的解值 (SC)，全體與間接效果 (EF)，t 值 (TV)，模式的修正指標 (MI)，參數估計值的相關 (PC) 等。同時要求關閉估計可行性的檢查 (AD=OFF)，並設定最大疊代次數為 300 次，有 3 位小數 (ND=3)。若未設定最大疊代次數，則 LISREL 內定是估計參數的 3 倍。

12.2.1.5　LISREL 報表與解說

[1]

```
Observed Variables:
父親教育 母親教育 全家收入
文化資本 社會資本 財務資本
生活不良 學校不良
心無旁鶩 主動複習 力求甚解
一般分析 數學分析
Latent Variables:
家庭社經 家庭資源 負面文化 學習態度 學業成就
Correlation Matrix
1.000
0.758 1.000
0.520 0.530 1.000
  ：
  ：
  ：
```

在電腦報表的最前面會將程式再列印一次。

[2]

```
          Number of Input Variables 13
          Number of Y - Variables    10
          Number of X - Variables     3
          Number of ETA - Variables   4
          Number of KSI - Variables   1
          Number of Observations   9273
```

　　　　估計程序中所使用的變項數及觀察體總數，觀察變項有 13 個 (其中 Y 變項有
10 個，X 變項有 3 個)，因此提供的訊息量為 $13 \times (13+1)/2 = 91$。如果使用 SIMPLIS
語法，在報表中不會出現此部分。

[3]

```
        Covariance Matrix

                文化資本   社會資本   財務資本   生活不良   學校不良   心無旁騖
                --------   --------   --------   --------   --------   --------
文化資本          1.000
社會資本          0.865      1.000
財務資本          0.893      0.922      1.000
生活不良         -0.071     -0.087     -0.081      1.000
學校不良         -0.077     -0.095     -0.087      0.899      1.000
心無旁騖          0.158      0.186      0.149     -0.087     -0.091      1.000
主動複習          0.208      0.231      0.200     -0.081     -0.083      0.755
力求甚解          0.206      0.243      0.203     -0.079     -0.081      0.645
一般分析          0.257      0.313      0.288     -0.083     -0.089      0.154
數學分析          0.270      0.336      0.303     -0.094     -0.098      0.198
父親教育          0.510      0.551      0.553     -0.051     -0.055      0.022
母親教育          0.527      0.550      0.559     -0.029     -0.032      0.022
全家收入          0.431      0.472      0.506     -0.058     -0.057      0.032

        Covariance Matrix

                主動複習   力求甚解   一般分析   數學分析   父親教育   母親教育
                --------   --------   --------   --------   --------   --------
主動複習          1.000
力求甚解          0.716      1.000
一般分析          0.175      0.227      0.646
數學分析          0.225      0.287      0.458      0.734
父親教育          0.071      0.070      0.264      0.283      1.000
母親教育          0.056      0.057      0.264      0.287      0.758      1.000
全家收入          0.063      0.062      0.227      0.239      0.520      0.530

        Covariance Matrix

                全家收入
                --------
全家收入          1.000
```

　　電腦根據輸入的相關矩陣及標準差所計算出來的共變數矩陣，做為分析矩陣。除了一般分析能力及數學分析能力外，其餘變項的變異數都是 1 (因為標準差都為 1)。

[4]

```
Parameter Specifications

        LAMBDA-Y

            家庭資源    負面文化    學習態度    學業成就
            --------    --------    --------    --------
文化資本         0           0           0           0
社會資本         1           0           0           0
財務資本         2           0           0           0
生活不良         0           0           0           0
學校不良         0           3           0           0
心無旁鶩         0           0           0           0
主動複習         0           0           4           0
力求甚解         0           0           5           0
一般分析         0           0           0           0
數學分析         0           0           0           6

        LAMBDA-X

            家庭社經
            --------
父親教育         0
母親教育         7
全家收入         8

        BETA

            家庭資源    負面文化    學習態度    學業成就
            --------    --------    --------    --------
家庭資源         0           0           0           0
負面文化         0           0           0           0
學習態度         0           0           0           0
學業成就         9          10          11           0

        GAMMA

            家庭社經
            --------
家庭資源        12
負面文化        13
學習態度        14
學業成就        15
```

```
        PHI

            家庭社經
            --------
                16

        PSI

            家庭資源    負面文化    學習態度    學業成就
            --------  --------  --------  --------
                17        18        19        20

        THETA-EPS

            文化資本    社會資本    財務資本    生活不良    學校不良    心無旁騖
            --------  --------  --------  --------  --------  --------
                21        22        23        24        25        26

        THETA-EPS

            主動複習    力求甚解    一般分析    數學分析
            --------  --------  --------  --------
                27        28        29        30

        THETA-DELTA

            父親教育    母親教育    全家收入
            --------  --------  --------
                31        32        33
```

　　參數的細列，即根據程式中 MO、VA、FR 三個指令的界定，將所要估計的參數依序列出來。如 LY(2,1) 是第 1 個要估計的參數 (家庭教育資源對社會資本之徑路係數)，LY(3,1) 是第 2 個要估計的參數，……，TD(3,3) 是第 33 個要估計的參數。所以圖 12-15 模式共有 33 個要估計的參數。而研究者提供的訊息量為 91，因此自由度將會是 $91 - 33 = 58$。

[5]

```
Number of Iterations =  8

 LISREL Estimates (Maximum Likelihood)

        LAMBDA-Y

            家庭資源    負面文化    學習態度    學業成就
            --------  --------  --------  --------
文化資本       1.000      - -       - -       - -
社會資本       1.035      - -       - -       - -
            (0.006)
            168.451
```

財務資本	1.065 (0.006) 184.301	- -	- -	- -
生活不良	- -	1.000	- -	- -
學校不良	- -	1.058 (0.050) 21.135	- -	- -
心無旁鶩	- -	- -	1.000	- -
主動複習	- -	- -	1.101 (0.012) 93.495	- -
力求甚解	- -	- -	0.957 (0.011) 84.779	- -
一般分析	- -	- -	- -	1.000
數學分析	- -	- -	- -	1.125 (0.021) 52.817

　　從此處開始是 LISREL ESTIMATES，即以 ML 法所估計的最後結果，解釋時應採此處的結果解釋。這裡的八個參數矩陣 (包括 LY、LX、BETA、GAMMA、ξ (KSI) 和 η 的共變數矩陣、PS、TE、TD 八個參數矩陣) 估計值都是未經標準化的原始估計值。此處的 LAMBDA Y 即 Λ_y 矩陣，以家庭教育資源為例，其觀察指標有三個，即文化資本 (Y_1)、社會資本(Y_2)，與財務資本 (Y_3)。其中文化資本是參照指標。此處顯示，若文化資本為 1 時，則社會資本為 1.035，財務資本為 1.065，其餘依此類推。括號內是估計參數的標準誤，可以用來檢定估計參數是否達顯著水準。必須注意的是，在 Λ_x 及 Λ_y 中，被指定為參照指標者無法估算其標準誤，故也無法檢定其是否已達顯著水準。估計參數之標準誤的另一項功用是可以用來查探理論模式是否有違反辨認規則。如果有很大的標準誤，就顯示理論模式可能已違反辨認規則 (Hair et al., 1992)。此處並未發現過大的標準誤。括號下是檢定估計參數是否達顯著水準的 t 值，由原始 ML 估計值除以估計參數標準誤而得。此處的 t 值事實上是 z 值，若 t 值的絕對值大於 1.96，表示該估計參數已達 .05 的顯著水準，若 t 值的絕對值大於 2.58，則表示該估計參數已達 .01 的顯著水準。如 LY(2,1) 的原始 ML 估計值為 0.894，標準誤為 0.096，故 LY(2,1) 的 t 值為 0.894／0.096＝9.311，已經大於.01 顯著水準的臨界值 2.58，所以 LY(2,1) 已達.01 的顯著水準。從[5]~[15]可知，在 33 個估計參數中，有 32 個達顯著水準，TE(5,5) 的 t 值只有 1.083，未達.05 的顯著水準。模式內每個估計參數是否都達顯著水準也是檢測模式內在品質的一項重要指標，由於此處有一個估計參數未達顯著水準，故本模式的內在品質似乎不理想。

[6]

```
          LAMBDA-X

              家庭社經
              --------
父親教育        1.000
母親教育        1.011
              (0.011)
              91.765
全家收入        0.728
              (0.012)
              63.249
```

LAMBDA X 的原始 ML 估計值，二個參數均達 .05 顯著水準，其解釋同[5]。

[7]

```
       BETA

            家庭資源    負面文化    學習態度    學業成就
            --------   --------   --------   --------
家庭資源       - -        - -        - -        - -
負面文化       - -        - -        - -        - -
學習態度       - -        - -        - -        - -
學業成就      0.108     -0.055      0.213       - -
            (0.010)    (0.007)    (0.009)
            10.256     -7.729     24.476
```

BETA 矩陣的原始 ML 估計值 (即 B 矩陣)，表示潛在依變項之間的因果路徑係數。對照圖 12-15 可知，BE(4,1) 是家庭教育資源對學業成就的影響，其係數值是 0.108，標準誤為 0.010，t 值為 10.256，所以達到 .05 顯著水準；BE(4,2) 是負面文化對學業成就的影響，其係數值是－0.055；BE(4,3) 是學習態度對學業成就的影響，其係數值是 0.213。三個參數均達 .05 顯著水準。

[8]

```
         GAMMA

              家庭社經
              --------
家庭資源        0.724
              (0.011)
              65.878
負面文化       -0.070
              (0.012)
              -5.677
```

學習態度	0.101	
	(0.011)	
	8.993	
學業成就	0.256	
	(0.012)	
	21.082	

GAMMA 係數的原始 ML 估計值 (即 Γ 矩陣)，表示潛在自變項對潛在依變項的因果路徑係數。對照報表可知，GA(1,1) 是潛在自變項家庭社經地位對潛在依變項家庭教育資源的影響，其係數值是 0.724；GA(2,1) 是潛在自變項家庭社經地位對潛在依變項負面文化資本的影響，其係數值是 −0.070；GA(3,1) 是潛在自變項家庭社經地位對潛在依變項學習態度的影響，其係數值是 0.101；GA(4,1) 是潛在自變項家庭社經地位對潛在依變項學業成就的影響，其係數值是 0.256。四個參數均達.05 顯著水準。

[9]

Covariance Matrix of ETA and KSI					
	家庭資源	負面文化	學習態度	學業成就	家庭社經
家庭資源	0.837				
負面文化	-0.038	0.849			
學習態度	0.054	-0.005	0.682		
學業成就	0.241	-0.065	0.170	0.401	
家庭社經	0.535	-0.052	0.075	0.266	0.738

潛在自變項及潛在依變項的共變數矩陣。其中，對角線為各潛在變項的估計變異數，對角線以下是各潛在變項的估計共變數。在分析中，研究者所要估計的潛在自變項之變異數共變數矩陣 (即 PH 矩陣) 可以自此處得到。在此例中因為只有一個潛在自變項家庭教育資源，所以只能得到其變異數為 0.837 (對角線上)；如果有其他潛在自變項，可以自對角線以外的數值得到共變數。

[10]

PHI	
家庭社經	
0.738	
(0.015)	
48.454	

PH 矩陣 (Φ) 的顯著性考驗，表中顯示潛在自變項的變異數達 .05 顯著水準。

[11]

```
PSI
Note: This matrix is diagonal.

      家庭資源      負面文化      學習態度      學業成就
     --------     --------     --------     --------
       0.450        0.846        0.674        0.267
      (0.009)      (0.042)      (0.015)      (0.008)
      51.189       20.012       46.098       34.805
```

　　四個潛在依變項的估計誤差變異 (即 ζ 矩陣)。由表中可知,四個潛在依變項家庭教育資源、負面文化資本、學習態度,及學業成就的估計誤差變異分別為 0.450、0.846、0.674,及 0.267,全部達 .05 顯著水準。報表中註明此為對角線矩陣。

[12]

```
        Squared Multiple Correlations for Structural Equations

      家庭資源      負面文化      學習態度      學業成就
     --------     --------     --------     --------
       0.463        0.004        0.011        0.334
```

　　是結構方程式的 R^2,其數值表示潛在依變項可以被解釋的變異。由此處可知,四個潛在依變項可以被解釋的變異百分比各是 46.3%、0.4%、1.1%,及 33.4%。以 1 分別減去這三個數,即可計算四個 ζ 值,它們各是 0.537、0.996、0.989,及 0.666,此可從報表[30]得到驗證。

[13]

```
        Squared Multiple Correlations for Reduced Form

      家庭資源      負面文化      學習態度      學業成就
     --------     --------     --------     --------
       0.463        0.004        0.011        0.238
```

　　結構方程模式可以處理非遞迴模式 (互為因累,如 $ξ_1$ 影響 $ξ_2$,而 $ξ_2$ 也影響 $ξ_1$ 的因),此時計算結構方程式的 R^2 會有迴路的效果。即使是遞迴模式,ξ 也會單向影響 ξ。Lisrel 中的簡縮形式 R^2,是只計算 η 對 ξ 的效果,不列入 ξ 對 ξ 的效果。在本例中,家庭教育資源、負面文化資本,及學習態度對學業成就均有影響,如

果不計算此三個潛在依變項間的效果，則學業成就受到潛在自變項家庭社經地位總解釋量為 0.238，此也等於報表[33]中 0.488 的平方。如果再加上三個潛在依變項的總效果 0.106 (是[33]中 0.156、–0.080，及 0.277 的平方和)，就等於上表的 0.334。

[14]

	Reduced Form
	家庭社經

家庭資源	0.724
	(0.011)
	65.878
負面文化	-0.070
	(0.012)
	-5.677
學習態度	0.101
	(0.011)
	8.993
學業成就	0.360
	(0.010)
	37.614

　　潛在自變項家庭社經地位對四個潛在依變項的整體影響 (含間接影響)，原始係數分別為 0.724、–0.070、0.101，及 0.360。

[15]

THETA-EPS					
文化資本	社會資本	財務資本	生活不良	學校不良	心無旁騖
--------	--------	--------	--------	--------	--------
0.163	0.104	0.050	0.151	0.049	0.318
(0.003)	(0.002)	(0.002)	(0.040)	(0.045)	(0.007)
55.901	44.985	25.428	3.761	1.083	46.877

THETA-EPS			
主動複習	力求甚解	一般分析	數學分析
--------	--------	--------	--------
0.174	0.376	0.239	0.219
(0.006)	(0.007)	(0.008)	(0.009)
26.931	52.618	31.804	24.330

　　是 Y 變項的測量誤差 (即 Θ_ε 矩陣)，此處所示者為估計的誤差變異，除學校不良行為外，其餘 9 個均達 .05 顯著水準。

[16]

Squared Multiple Correlations for Y - Variables					
文化資本	社會資本	財務資本	生活不良	學校不良	心無旁鶩
--------	--------	--------	--------	--------	--------
0.837	0.896	0.950	0.849	0.951	0.682

Squared Multiple Correlations for Y - Variables			
主動複習	力求甚解	一般分析	數學分析
--------	--------	--------	--------
0.826	0.624	0.626	0.698

　　是 Y 變項的 R^2，也是潛在依變項各觀察指標的信度。由表中可知，Y 變項的信度介於 0.624~0.951 之間，全部都在 0.5 以上，符合模式內在結構適配度的標準。以 1 分別減去這 10 個數，即可以得到[29]之 ε 值。

[17]

THETA-DELTA		
父親教育	母親教育	全家收入
--------	--------	--------
0.262	0.245	0.608
(0.007)	(0.007)	(0.010)
38.532	36.405	62.079

　　是 X 變項的測量誤差 (即 Θ_δ 矩陣)，此處所示者為估計的誤差變異，全部達 .05 顯著水準。

[18]

Squared Multiple Correlations for X - Variables		
父親教育	母親教育	全家收入
--------	--------	--------
0.738	0.755	0.392

　　是 X 變項的 R^2，其數值分別為 0.738、0.755，及 0.392，其中全家收入這一變項的信度稍低，以之做為家庭社經地位潛在變項的觀察指標可以再商榷。以 1 分別減去這 3 個數，即可以得到[29]之 δ 值 0.262、0.245、0.608。

[19]

```
                    Goodness of Fit Statistics

                    Degrees of Freedom = 58
        Minimum Fit Function Chi-Square = 1784.577 (P = 0.0)
Normal Theory Weighted Least Squares Chi-Square = 1796.646 (P = 0.0)
         Estimated Non-centrality Parameter (NCP) = 1738.646
     90 Percent Confidence Interval for NCP = (1603.971 ; 1880.687)

                Minimum Fit Function Value = 0.192
         Population Discrepancy Function Value (F0) = 0.188
       90 Percent Confidence Interval for F0 = (0.173 ; 0.203)
      Root Mean Square Error of Approximation (RMSEA) = 0.0569
    90 Percent Confidence Interval for RMSEA = (0.0546 ; 0.0591)
        P-Value for Test of Close Fit (RMSEA < 0.05) = 0.000

            Expected Cross-Validation Index (ECVI) = 0.201
       90 Percent Confidence Interval for ECVI = (0.186 ; 0.216)
                 ECVI for Saturated Model = 0.0196
                ECVI for Independence Model = 10.985

Chi-Square for Independence Model with 78 Degrees of Freedom = 101825.262
               Independence AIC = 101851.262
                   Model AIC = 1862.646
                 Saturated AIC = 182.000
              Independence CAIC = 101957.015
                  Model CAIC = 2131.097
                Saturated CAIC = 922.272

                 Normed Fit Index (NFI) = 0.982
               Non-Normed Fit Index (NNFI) = 0.977
          Parsimony Normed Fit Index (PNFI) = 0.731
             Comparative Fit Index (CFI) = 0.983
             Incremental Fit Index (IFI) = 0.983
               Relative Fit Index (RFI) = 0.976

                    Critical N (CN) = 447.570

           Root Mean Square Residual (RMR) = 0.0564
                 Standardized RMR = 0.0576
              Goodness of Fit Index (GFI) = 0.971
          Adjusted Goodness of Fit Index (AGFI) = 0.955
         Parsimony Goodness of Fit Index (PGFI) = 0.619
```

各項評鑑整體模式適配度的指標，這些適配指標的計算式如下所示：

$$NCP = max[(\chi_m^2 - df_m), 0]$$

$$F0 = max\left[\left(F_m - \frac{df_m}{N-1}\right), 0\right]$$

$$RMSEA = \sqrt{\frac{F0}{df_m}}$$

$$ECVI = \frac{\chi_m^2}{N-1} + 2\frac{t}{N-1}$$

$$AIC = \chi_m^2 + 2t$$

$$CAIC = \chi_m^2 + (1 + ln N)t$$

$$PGFI = \frac{2df_m}{K(K+1)}GFI$$

$$NFI = \frac{\chi_i^2 - \chi_m^2}{\chi_i^2}$$

$$NNFI = \frac{(\chi_i^2/df_i - \chi_m^2/df_m)}{(\chi_i^2/df_i - 1)}$$

$$PNFI = \frac{df_m}{df_i}NFI$$

$$CFI = 1 - \frac{max(\chi_m^2 - df_m, 0)}{max(\chi_i^2 - df_i, 0)}$$

$$= \frac{\chi_i^2 - \chi_m^2}{\chi_i^2 - df_m}$$

$$RFI = \frac{(\chi_i^2/df_i) - (\chi_m^2/df_m)}{\chi_i^2 / df_i}$$

$$CN = \frac{\chi_{1-\alpha}^2}{F_m} + 1$$

此處 χ_m^2 表示理論模式之 χ^2 值，χ_i^2 表示基準模式之 χ^2 值。df_m 為理論模式之自由度，df_i 為基準模式之自由度。F_m 為理論模式的最小適配函數，F_i 為基準模式的

最小適配函數。N 為觀察樣本數，t 是所要估計的參數數目，K 為觀察變項總數，$\chi_{1-\alpha}^2$ 為某一 α 水準下 χ^2 的臨界值。

本處提供兩個理論模式的 χ^2 值，一是最小適配函數 χ^2 值，一是常態理論 WLS χ^2 值。本例是以 ML 法估計參數，所以應採最小適配函數 χ^2 值。另外，在前述的適配指標中，NCP、ECVI、AIC，及 CAIC 是以常態理論 WLS χ^2 值所計算，而增值適配度指數 (又稱相對適配度指數)，如 NFI、NNFI、CFI、IFI，及 RFI 等都採最小適配函數 χ^2 值計算而得。

前已述及，因為提供的訊息數為 91，要求的參數有 33 個，所以模式的自由度為 58。而模式整體適配度檢定的 χ^2 值，其數值為 $\chi^2=1784.577$，$p<.001$，若以 $\alpha=.05$ 為顯著水準，則此一結果必須拒絕 H_0 假設，顯示觀察所得之變異數共變數矩陣 S 與理論上的變異數共變數矩陣 $\hat{\Sigma}$ 相等的假設必須予以拒絕，即理論模式與觀察資料並不適配。但是由於 χ^2 值容易隨樣本數而波動 (Jöreskog & Sörbom, 1989, p.26)，因此判斷模式的適配度仍需參考其他的指標。

在新版的 LISREL 軟體中，另外提供常態理論加權最小平方 χ^2 值，此處為 1796.647，$p<.001$，仍達 .05 顯著水準。

NCP 指數是評量估計參數偏離程度的指標，數值愈接近 0 表示理論模式與觀察資料的適配度愈好。此處所得之 NCP 值為 1738.647，其 90% 信賴區間介於 1603.972~1880.688 之間 (區間未包含 0 在內)，顯示 NCP 指數達 .10 的顯著水準，即此處的 NCP 指數顯著大於 0，理論模式與觀察資料的整體適配度不理想。

最小適配函數 0.192，可由公式 12-5 計算而得。

F0 指數是母群矛盾函數值，數值愈接近 0 表示理論模式與觀察資料的適配度愈好。此處 F0 是 0.188，90% 信賴區間顯示 F0 顯著大於 0。

RMSEA 指數是 F0 與模式自由度比值的平方根(即 $\sqrt{\dfrac{0.188}{58}}=0.0569$)，數值愈小 (最好小於 .05，但 .08 以內是可以接受的範圍) 表示理論模式與觀察資料的適配度愈好。此處 RMSEA 是 0.0569，考驗 RMSEA 值小於.05 的 p 值達顯著水準，表示 RMSEA 未小於.05。

ECVI 指數反映由觀察資料所複製的 Σ 與某一組隨機樣本所複製的 Σ 之間的差

異程度，此一指數愈小表示適配度愈好。在判斷上，理論模式的 ECVI 值應比飽和模式 (saturated model) 及獨立模式 (independence model) 的 ECVI 值小才可。此處所得之 ECVI 值是 0.201，其 90% 信賴區間顯示它顯著大於 0，比飽和模式的 0.0196 大，但比獨立模式的 10.985 小。

獨立模式 (也就是各變項間完全無關)，或稱之為基準線模式 (baseline model) 的 χ^2 值與自由度。所謂的基準線模式，根據 Bollen (1989, p.270) 的說法，是 q=n，X=ξ，Θ_δ=0，Λ=I，Φ 是對角線的自由矩陣。此一模式假定模式中各變項之間都沒有相關。從基準線模式的定義可知，**圖 12-15** 模式的基準線模式如下所示。

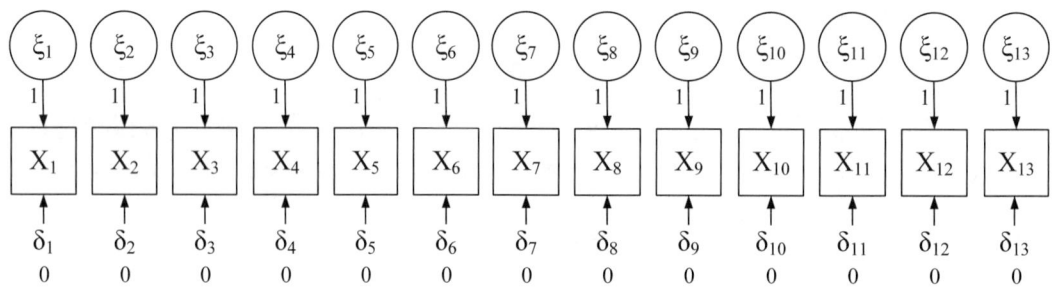

由於整個基準線模式中只有 Φ 矩陣的對角線為自由參數，故自由參數的數目是 13，自由度就變成：

$$df=\frac{1}{2}(13)\times(13+1)-13=78$$

獨立模式的卡方值與自由度可以用來計算[17]處的各項適配指標。

AIC 與 CAIC 值都是判斷理論模式所要估計的參數數目是否精簡的指標。理論模式的 AIC、CAIC 值應比飽和模式及獨立模式的 AIC、CAIC 值小。此處顯示理論模式的 AIC 值是 1862.647，比飽和模式的 182.000 大，但比獨立模式的 101851.262 小；而理論模式的 CAIC 值是 2131.098，也是比飽和模式的 922.272 大，而比獨立模式的 101957.015 小。

殘差均方根 (RMR)，RMR 的最小值為 0，但沒有最大值的界限。此一數值反應的是適配殘差之變異數共變數平均值的平方根，其數值愈接近 0 表示模式的整體適配度愈佳。但是由於本例的分析矩陣是共變數矩陣，故此處所得之 RMR 值的意義較難判定，標準化 RMR (SRMR) 為 0.0576，略大於 0.05。RMR/SRMR 值通

常可以用來比較相同資料的兩個不同模式,而適配度指數 (GFI、AGFI) 除可以用來比較相同資料的不同模式外,也可以用來比較不同資料的不同模式 (Jöreskog & Sörbom, 1989, p.27)。

此處除列出 GFI、AGFI 指數外 (其意義請參閱前文),也列出 PGFI、NFI、NNFI、PNFI、CFI、IFI、RFI 等七項與獨立模式有關的適配度指數。這七項指數中,PGFI 與 PNFI 是理論模式是否精簡的指標,其餘五項可視為「增值適配度」,即理論模式與獨立模式比較起來,適配得有多好。這五項適配度指數大都介於 0~1 之間,數值大於 0.90 以上表示理論模式的適配度理想。此處顯示 GFI、AGFI、RFI、NFI、NNFI、CFI、IFI、RFI 等各項指數都在 0.90 以上。

Hoelter (1983) 所建議的 CN 指數,意義是在某一特定的 α 水準之下,獲得正好達顯著水準的χ^2 值所需的樣本數,此一數值必須大於 200。此處的 CN 值是447.570,已經大於 200。

就 Bagozzi 和 Yi (1988)而言,報表[17]所輸出的評鑑指標幾乎都是整體模式適配度 (有些指標是 1988 之後才提出)。就 Hair Jr. 等人(1998)而言,報表[17]所輸出的評鑑指標屬於結構模式的適配度評鑑指標。其中,χ^2、NCP、GFI、RMR、SRMR、RMSEA、ECVI 等是**絕對適配指標**;AGFI、TLI(NNFI)、NFI、CFI、IFI、RFI 等是**相對適配指標**;而 PNFI、PGFI、AIC、CAIC 等則是**精簡適配指標**。

根據 Jöreskog 和 Sörbom (1993c) 的分類,報表[17]所輸出的評鑑指標可依使用情境分成三類。χ^2 及 NCP 使用在**嚴格驗證取向 (SC)** 之情境;AIC、CAIC、ECVI 及前述之χ^2、NCP 可使用在**競爭模式取向 (AM)** 情境;而在**模式生產取向 (MG)** 情境中,除前述兩種情境的指標仍可使用外,GFI、AGFI、F0、RMSEA、NFI、NNFI、CFI、IFI、RFI、PNFI、PGFI、CN 等都是該情境的評鑑指標。此外,在**模式生產取向**情境中,如果透過前述指標的評鑑後發現模式與觀察資料之間的適配度並不理想,可以進一步查看標準化殘差、Q-plot、修正指標等三項詳細的適配評鑑(detailed assessment of fit)指標,以找出缺乏適配的可能來源。

[20]

```
        Fitted Covariance Matrix

              文化資本      社會資本      財務資本      生活不良      學校不良      心無旁騖
            _____    _____    _____    _____    _____    _____
文化資本        1.000
社會資本        0.866       1.000
財務資本        0.892       0.923       1.000
生活不良       -0.038      -0.039      -0.040       1.000
學校不良       -0.040      -0.041      -0.042       0.899       1.000
心無旁騖        0.054       0.056       0.058      -0.005      -0.006       1.000
主動複習        0.059       0.062       0.063      -0.006      -0.006       0.750
力求甚解        0.052       0.053       0.055      -0.005      -0.005       0.652
一般分析        0.241       0.249       0.256      -0.065      -0.069       0.170
數學分析        0.271       0.280       0.288      -0.073      -0.078       0.191
父親教育        0.535       0.553       0.570      -0.052      -0.055       0.075
母親教育        0.541       0.559       0.576      -0.052      -0.055       0.075
全家收入        0.390       0.403       0.415      -0.038      -0.040       0.054

        Fitted Covariance Matrix

              主動複習      力求甚解      一般分析      數學分析      父親教育      母親教育
            _____    _____    _____    _____    _____    _____
主動複習        1.000
力求甚解        0.718       1.000
一般分析        0.187       0.163       0.640
數學分析        0.211       0.183       0.451       0.726
父親教育        0.082       0.071       0.266       0.299       1.000
母親教育        0.083       0.072       0.268       0.302       0.746       1.000
全家收入        0.060       0.052       0.193       0.218       0.538       0.544

        Fitted Covariance Matrix

              全家收入
            _____
全家收入        1.000
```

　　適配的共變數矩陣，即理論上的共變數矩陣 $\hat{\Sigma}$。將[3]觀察資料所得的共變數矩陣 S 減去理論上的共變數矩陣 $\hat{\Sigma}$，可以得[19]之適配殘差矩陣。例如，[3]中文化資本與社會資本觀察的共變數為 0.865，[18]中文化資本與社會資本理論上的共變數為 0.866，兩者相減得[19]中的適配殘差 –0.001。在概念上，殘差愈小愈好，因為殘差小顯示觀察所得的共變數矩陣 S 與理論上的共變數矩陣 $\hat{\Sigma}$ 愈接近。但是必須注意的是，殘差的大小會隨著觀察變項的量尺而改變。當改變某一個變項的測量單位後，會導致變異數與共變數的改變，也因此導致殘差的改變，所以在解釋這些殘差時必須小心 (Jöreskog & Sörbom, 1989, p.107)，最好取[22]處的標準化殘差來解釋。

[21]

```
      Fitted Residuals

              文化資本    社會資本    財務資本    生活不良    學校不良    心無旁騖
            --------   --------   --------   --------   --------   --------
文化資本       0.000
社會資本      -0.001      0.000
財務資本       0.001     -0.001      0.000
生活不良      -0.033     -0.048     -0.041      0.000
學校不良      -0.037     -0.054     -0.045      0.000      0.000
心無旁騖       0.104      0.130      0.091     -0.082     -0.085      0.000
主動複習       0.149      0.169      0.137     -0.075     -0.077      0.005
力求甚解       0.154      0.190      0.148     -0.074     -0.076     -0.007
一般分析       0.017      0.064      0.031     -0.018     -0.020     -0.017
數學分析      -0.001      0.056      0.014     -0.021     -0.020      0.007
父親教育      -0.025     -0.002     -0.017      0.001      0.000     -0.053
母親教育      -0.014     -0.009     -0.017      0.023      0.023     -0.053
全家收入       0.041      0.069      0.091     -0.020     -0.017     -0.022

      Fitted Residuals

              主動複習    力求甚解    一般分析    數學分析    父親教育    母親教育
            --------   --------   --------   --------   --------   --------
主動複習       0.000
力求甚解      -0.002      0.000
一般分析      -0.012      0.064      0.007
數學分析       0.015      0.104      0.008      0.009
父親教育      -0.011     -0.001     -0.002     -0.016      0.000
母親教育      -0.027     -0.015     -0.005     -0.015      0.012      0.000
全家收入       0.003      0.010      0.033      0.022     -0.018     -0.014

      Fitted Residuals

              全家收入
            --------
全家收入       0.000
```

適配殘差矩陣，由 $S - \hat{\Sigma}$ 而來。

[22]

```
Summary Statistics for Fitted Residuals

  Smallest Fitted Residual =    -0.085
    Median Fitted Residual =     0.000
   Largest Fitted Residual =     0.190
```

適配殘差的簡單摘要，從此處可以發現最小的適配殘差是 - 0.085，最大的適配殘差是 0.190，適配殘差的中數為 0.000。

[23]

```
Stemleaf Plot
 - 0|9888875555
 - 0|4443322222222222222222111111100000000000000000000000000000
   0|111111112222334
   0|666799
   1|0034
   1|55579
```

　　適配殘差的莖葉圖 (stem-and-leaf plot)，由此可以看出適配殘差大概的分配情形。

　　莖葉圖是由 Tukey 所發展而來，此例中莖的部分代表十分位數，葉的部分為百分位數。由此圖可以看出，殘差值有 3 個接近 0.15，各有 1 個接近 0.17 及 0.19。其餘依此類推。

[24]

Standardized Residuals	文化資本	社會資本	財務資本	生活不良	學校不良	心無旁鶩
文化資本	- -					
社會資本	-1.987	- -				
財務資本	6.693	-5.325	- -			
生活不良	-4.189	-6.180	-5.390	- -		
學校不良	-4.793	-7.129	-6.073	- -	- -	
心無旁鶩	12.331	15.715	11.239	-7.917	-8.279	- -
主動複習	18.647	21.814	18.017	-7.293	-7.459	16.805
力求甚解	17.917	22.362	17.722	-7.161	-7.330	-8.694
一般分析	4.198	18.091	10.190	-4.140	-4.789	-3.425
數學分析	-0.196	16.681	5.049	-5.566	-5.384	1.392
父親教育	-6.755	-0.737	-6.874	0.167	-0.036	-8.479
母親教育	-3.798	-3.133	-7.364	4.937	5.864	-8.781
全家收入	6.915	12.151	16.901	-2.545	-2.202	-2.659

Standardized Residuals	主動複習	力求甚解	一般分析	數學分析	父親教育	母親教育
主動複習	- -					
力求甚解	-5.577	- -				
一般分析	-3.104	12.354	23.464			
數學分析	4.169	20.074	23.464	23.464		
父親教育	-2.270	-0.206	-0.522	-4.689	- -	
母親教育	-5.732	-2.312	-1.403	-4.590	18.867	- -
全家收入	0.400	1.166	5.760	3.588	-7.069	-5.829

```
        Standardized Residuals

            全家收入
            ────────
全家收入         - -
```

　　標準化殘差，由適配殘差除以其漸近標準誤而得。標準化殘差是檢視模式內在品質的一個重要指標 (Bagozzi & Yi, 1988)。標準化殘差在解釋上較適配殘差容易，其絕對值不能大於 1.96，若大於 1.96 表示該適配殘差已經顯著的不等於 0。由此處可以發現，有相當多的標準化殘差之絕對值大於 1.96，顯示這些殘差已經顯著地不等於 0。此種結果顯示模式的內在品質不理想，也許有細列誤差。

[25]

```
Summary Statistics for Standardized Residuals

 Smallest Standardized Residual =    -8.781
   Median Standardized Residual =     0.000
  Largest Standardized Residual =    23.464
```

　　標準化殘差的簡單摘要，最大值為 23.464，已經遠大於 1.96。

[26]

```
Stemleaf Plot

 - 0|99888777777777766666665555555
 - 0|44433333222211100000000000000000
   0|11444
   0|556677
   1|01222
   1|6777888899
   2|022333
Largest Negative Standardized Residuals
Residual for 財務資本 and 社會資本  -5.325
Residual for 生活不良 and 文化資本  -4.189
   ⋮
Residual for 全家收入 and 父親教育  -7.069
 Residual for 全家收入 and 母親教育  -5.829
 Largest Positive Standardized Residuals
Residual for 財務資本 and 文化資本   6.693
Residual for 心無旁鶩 and 文化資本  12.331
   ⋮
 Residual for 全家收入 and 一般分析   5.760
 Residual for 全家收入 and 數學分析   3.588
```

標準化殘差的莖葉圖，此處僅列出部分報表。

[27]

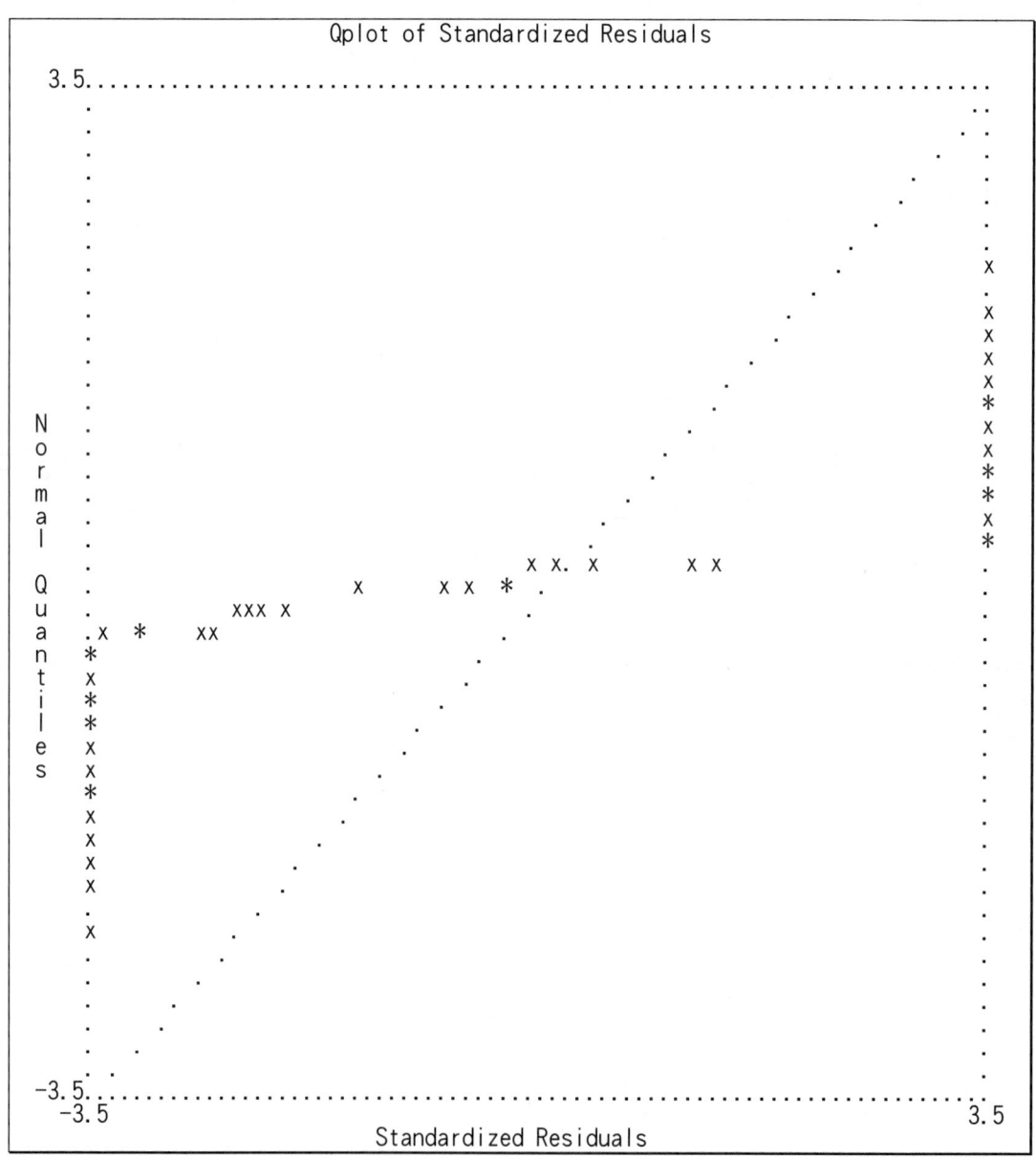

標準化殘差的 Q-plot，也是評估模式是否有細列誤差、是否違反常態假設及是否與觀察資料適配的重要參考指標。圖中×號表示單一的標準化殘差值，＊號表示多個標準化殘差值。評估 Q-plot 可以從兩方面著手：第一，如果顯示標準化殘

差值的×號 (或*號) 分佈線之斜率大於 1 (斜度大於 45°線)，則表示模式的適配
度在中等以上。斜率愈大表示適配度愈佳，斜率愈小表示適配度愈差。第二，如
果標準化殘差值所構成的線條並非成直線，表示模式可能有細列誤差或違反常態
假設 (Jöreskog & Sörbom, 1989, p.111)。由此處可知，標準化殘差值分佈線的斜率
小於 1，其斜度小於 45°，故模式與觀察資料的適配度似乎不佳。

[28]

```
Modification Indices and Expected Change

     Modification Indices for LAMBDA-Y

             家庭資源    負面文化    學習態度    學業成就
             --------    --------    --------    --------
文化資本        - -        1.317      11.235      47.214
社會資本        - -       14.052     174.374     277.701
財務資本        - -        0.116      21.591      40.173
生活不良       0.009       - -         1.961       2.065
學校不良       4.546       - -         5.848      10.103
心無旁騖      10.155      11.697       - -        33.927
主動複習      31.896       0.706       - -        38.418
力求甚解      69.712       4.042       - -       286.160
一般分析      16.239       0.064      24.705       - -
數學分析      16.239       0.064      24.706       - -

     Expected Change for LAMBDA-Y

             家庭資源    負面文化    學習態度    學業成就
             --------    --------    --------    --------
文化資本        - -        0.006       0.020      -0.062
社會資本        - -       -0.016       0.066       0.130
財務資本        - -       -0.001      -0.021      -0.045
生活不良      -0.001       - -        -0.008      -0.037
學校不良      -0.012       - -        -0.014      -0.081
心無旁騖      -0.024      -0.025       - -        -0.075
主動複習       0.040      -0.006       - -        -0.078
力求甚解       0.066      -0.016       - -         0.228
一般分析       0.045      -0.002      -0.051       - -
數學分析      -0.050       0.002       0.058       - -

     Standardized Expected Change for LAMBDA-Y

             家庭資源    負面文化    學習態度    學業成就
             --------    --------    --------    --------
文化資本        - -        0.005       0.016      -0.039
社會資本        - -       -0.015       0.054       0.082
財務資本        - -       -0.001      -0.017      -0.029
生活不良       0.000       - -        -0.007      -0.023
學校不良      -0.011       - -        -0.012      -0.051
心無旁騖      -0.022      -0.023       - -        -0.048
主動複習       0.036      -0.005       - -        -0.049
力求甚解       0.060      -0.014       - -         0.144
一般分析       0.041      -0.002      -0.042       - -
數學分析      -0.046       0.002       0.048       - -
```

```
        Completely Standardized Expected Change for LAMBDA-Y

               家庭資源      負面文化      學習態度      學業成就
               --------     --------     --------     --------
文化資本          - -          0.005        0.016       -0.039
社會資本          - -         -0.015        0.054        0.082
財務資本          - -         -0.001       -0.017       -0.029
生活不良         0.000         - -         -0.007       -0.023
學校不良        -0.011         - -         -0.012       -0.051
心無旁鶩        -0.022       -0.023         - -         -0.048
主動複習         0.036       -0.005         - -         -0.049
力求甚解         0.060       -0.014         - -          0.144
一般分析         0.051       -0.002       -0.053         - -
數學分析        -0.054        0.002        0.056         - -
```

No Non-Zero Modification Indices for LAMBDA-X

```
        Modification Indices for BETA

               家庭資源      負面文化      學習態度      學業成就
               --------     --------     --------     --------
家庭資源          - -         42.155      469.425      511.906
負面文化        42.155         - -         72.338      107.286
學習態度       469.422       72.338         - -        507.243
學業成就          - -          - -          - -          - -
```

```
        Expected Change for BETA

               家庭資源      負面文化      學習態度      學業成就
               --------     --------     --------     --------
家庭資源          - -         -0.055        0.212        0.998
負面文化        -0.103         - -         -0.107       -0.570
學習態度         0.318       -0.085         - -          2.466
學業成就          - -          - -          - -          - -
```

```
        Standardized Expected Change for BETA

               家庭資源      負面文化      學習態度      學業成就
               --------     --------     --------     --------
家庭資源          - -         -0.065        0.281        1.723
負面文化        -0.122         - -         -0.140       -0.978
學習態度         0.421       -0.112         - -          4.719
學業成就          - -          - -          - -          - -
```

No Non-Zero Modification Indices for GAMMA

No Non-Zero Modification Indices for PHI

```
        Modification Indices for PSI

               家庭資源      負面文化      學習態度      學業成就
               --------     --------     --------     --------
家庭資源          - -
負面文化        42.155         - -
學習態度       469.425       72.338         - -
學業成就          - -          - -          - -          - -
```

```
Expected Change for PSI

              家庭資源    負面文化    學習態度    學業成就
              --------   --------   --------   --------
家庭資源         - -
負面文化       -0.046       - -
學習態度        0.143     -0.072       - -
學業成就         - -        - -        - -        - -

Standardized Expected Change for PSI

              家庭資源    負面文化    學習態度    學業成就
              --------   --------   --------   --------
家庭資源         - -
負面文化       -0.055       - -
學習態度        0.189     -0.095       - -
學業成就         - -        - -        - -        - -

Modification Indices for THETA-EPS

           文化資本    社會資本    財務資本    生活不良    學校不良    心無旁鶩
           --------   --------   --------   --------   --------   --------
文化資本      - -
社會資本     3.947       - -
財務資本    44.795     28.355       - -
生活不良     0.021      0.392      0.568       - -
學校不良     0.000      2.932      0.128       - -
心無旁鶩     0.356      8.925      5.006      0.005      3.075       - -
主動複習    12.932      2.229      3.224      0.309      0.017    282.400
力求甚解     0.314     38.534      5.814      0.099      0.016     75.591
一般分析     7.390     13.474      0.198      1.023      1.026      3.018
數學分析    20.046     57.006     17.176      1.180      1.179      2.594

Modification Indices for THETA-EPS

           主動複習    力求甚解    一般分析    數學分析
           --------   --------   --------   --------
主動複習      - -
力求甚解    31.104       - -
一般分析    20.636     20.665       - -
數學分析    18.186    106.133       - -        - -

Expected Change for THETA-EPS

           文化資本    社會資本    財務資本    生活不良    學校不良    心無旁鶩
           --------   --------   --------   --------   --------   --------
文化資本      - -
社會資本    -0.008       - -
財務資本     0.031     -0.030       - -
生活不良     0.000      0.001     -0.001       - -
學校不良     0.000     -0.003      0.001       - -        - -
心無旁鶩     0.002      0.007     -0.005      0.000     -0.005       - -
主動複習     0.010     -0.003      0.004     -0.001      0.000      0.373
力求甚解    -0.002      0.016     -0.006     -0.001      0.000     -0.136
一般分析    -0.007      0.008     -0.001      0.003     -0.003     -0.007
數學分析    -0.013      0.018     -0.009     -0.003      0.003     -0.007
```

Expected Change for THETA-EPS

	主動複習	力求甚解	一般分析	數學分析
主動複習	- -			
力求甚解	-0.109	- -		
一般分析	-0.017	0.019	- -	
數學分析	-0.017	0.045	- -	- -

Completely Standardized Expected Change for THETA-EPS

	文化資本	社會資本	財務資本	生活不良	學校不良	心無旁騖
文化資本	- -					
社會資本	-0.008	- -				
財務資本	0.031	-0.030	- -			
生活不良	0.000	0.001	-0.001	- -		
學校不良	0.000	-0.003	0.001	- -	- -	
心無旁騖	0.002	0.007	-0.005	0.000	-0.005	- -
主動複習	0.010	-0.003	0.004	-0.001	0.000	0.373
力求甚解	-0.002	0.016	-0.006	-0.001	0.000	-0.136
一般分析	-0.009	0.010	-0.001	0.004	-0.004	-0.009
數學分析	-0.015	0.021	-0.011	-0.004	0.004	-0.008

Completely Standardized Expected Change for THETA-EPS

	主動複習	力求甚解	一般分析	數學分析
主動複習	- -			
力求甚解	-0.109	- -		
一般分析	-0.021	0.024	- -	
數學分析	-0.019	0.053	- -	- -

Modification Indices for THETA-DELTA-EPS

	文化資本	社會資本	財務資本	生活不良	學校不良	心無旁騖
父親教育	5.297	13.490	12.887	0.051	0.067	17.792
母親教育	25.324	5.030	15.324	0.999	2.623	0.003
全家收入	59.407	13.608	219.406	2.323	0.292	0.303

Modification Indices for THETA-DELTA-EPS

	主動複習	力求甚解	一般分析	數學分析
父親教育	4.348	3.562	0.006	1.757
母親教育	4.393	16.225	1.105	0.248
全家收入	0.066	0.577	6.978	0.632

Expected Change for THETA-DELTA-EPS

	文化資本	社會資本	財務資本	生活不良	學校不良	心無旁騖
父親教育	-0.007	0.009	-0.008	0.001	-0.001	-0.018
母親教育	0.014	-0.005	-0.009	0.003	0.005	0.000
全家收入	-0.028	-0.012	0.042	-0.006	0.002	-0.003

```
     Expected Change for THETA-DELTA-EPS

              主動複習    力求甚解    一般分析    數學分析
             --------   --------   --------   --------
父親教育       0.008     -0.008      0.000     -0.006
母親教育      -0.008     -0.017     -0.004      0.002
全家收入       0.001     -0.004      0.013      0.004

   Completely Standardized Expected Change for THETA-DELTA-EPS

              文化資本    社會資本    財務資本    生活不良    學校不良    心無旁騖
             --------   --------   --------   --------   --------   --------
父親教育      -0.007      0.009     -0.008      0.001     -0.001     -0.018
母親教育       0.014     -0.005     -0.009      0.003      0.005      0.000
全家收入      -0.028     -0.012      0.042     -0.006      0.002     -0.003

   Completely Standardized Expected Change for THETA-DELTA-EPS

              主動複習    力求甚解    一般分析    數學分析
             --------   --------   --------   --------
父親教育       0.008     -0.008      0.000     -0.007
母親教育      -0.008     -0.017     -0.005      0.002
全家收入       0.001     -0.004      0.016      0.005

     Modification Indices for THETA-DELTA

              父親教育    母親教育    全家收入
             --------   --------   --------
父親教育        - -
母親教育      355.978      - -
全家收入       49.968     33.978      - -

     Expected Change for THETA-DELTA

              父親教育    母親教育    全家收入
             --------   --------   --------
父親教育        - -
母親教育       0.214       - -
全家收入      -0.048     -0.040      - -

   Completely Standardized Expected Change for THETA-DELTA

              父親教育    母親教育    全家收入
             --------   --------   --------
父親教育        - -
母親教育       0.214       - -
全家收入      -0.048     -0.040      - -

Maximum Modification Index is   511.91 for Element ( 1, 4) of BETA
```

　　模式的修正指標，主要在探測限制參數及固定參數。對於每一個限制或固定的參數而言，若將之改成自由參數 (即加以估計) ，則模式 χ^2 值將減少的量即為修正指標。以家庭資源對力求甚解之 LY(8,1) 為例，LY(8,1) 原為固定參數，若將

它改成自由參數 (即加以估計)，則模式的 χ^2 值將減少 69.712。但是將一個固定參數改成自由參數，模式的自由度也將失去一個。本模式原來的考驗結果是 χ^2=1784.577, p<.001，若將 LY(8,1) 改成自由參數，則 χ^2 大約會變成 1714.865 (實際分析後為 1711.421)，而 LY(8,1) 改成自由參數後可能的未標準化值大約是 0.066 (見[26]下面相對位置處。實際分析後為 0.068)，標準化及完全標準化值為 0.060 (實際分析後為 0.063)。修正指標是探測模式是否有細列誤差的重要線索，修正指標必須要多大才有修正之必要，仍無一致定論。Bagozzi 及 Yi (1988) 認為修正指標大於 3.84 時就有修正之必要，因為修正一個參數會減少一個自由，而 $\chi^2_{.95(1)}$ 的臨界值為 3.84。所以如果所有的修正指標都沒有大於 3.84 者，就表示模示大概沒有細列誤差。從報表中可以發現有不少修正指標大於 3.84，顯示本模式似乎有細列誤差。儘管修正指標是探測模式是否有細列誤差的重要指標，而且 LISREL 程式中也有自動修正的指令，但在使用時有兩點必須注意：第一，不要輕易使用自動修正的指令，因為有些時候將一個固定參數改成自由參數 (即修改理論模式) 在理論上無法解釋。第二，若發現真有必要進行模式的修正，而且理論上也可以解釋，則修正時必須以不同的觀察資料來檢驗，同時一次只能修正一個指標 (Long, 1983a)。

報表底下指出最大的修正指標是 BE(1,4)，如果將 BE(1,4) 改為自由參數，則模式的 χ^2 值大約將減少 511.91。此時，自由度減 1 後為 57，而 χ^2 值將由原來的 1784.577 降為 1282.474 (另外進行分析所得)。自由度為 57、χ^2=1282.474 時，p 仍小於 .001，顯示觀察所得之共變數矩陣 S 與理論上的共變數矩陣 $\hat{\Sigma}$ 相等之假設必須拒絕，即理論模式與觀察資料仍無法適配。然而，對照圖 12-15 可知，BE(1,4) 是學業成就對家庭資源的影響。理論上，學業成就與家庭資源是否具有互為因果的關係仍有疑問。若真具有互為因果的關係，也必須以不同的觀察資料來驗證此一修正後的模式。

如果要修正本例，筆者建議可優先從 ψ、δ 及 ϵ 著手。經將 φ_{21}、φ_{31}、δ_{12}、ϵ_{13}、ϵ_{67} 設定為自由參數，$\chi^2(53)$=667.955，雖然仍小於.001，但 GFI=0.989、AGFI=0.981、RMSEA=0.0354、SRMR=0.0247，顯示多項適配性指標均符合評鑑之標準 (重新分析之結果未列出)。

[29]

```
                Covariance Matrix of Parameter Estimates

              LY 2_1      LY 3_1      LY 5_2      LY 7_3      LY 8_3      LY 10_4
            --------    --------    --------    --------    --------    --------
   LY 2_1      0.000
   LY 3_1      0.000       0.000
   LY 5_2      0.000       0.000       0.002
   LY 7_3      0.000       0.000       0.000       0.000
   LY 8_3      0.000       0.000       0.000       0.000       0.000
   LY 10_4     0.000       0.000       0.000       0.000       0.000       0.000
     .
     .
     .
   TE 4_4      0.000       0.000       0.993       0.000       0.000       0.000
   TE 5_5      0.000       0.000      -0.994       0.000       0.000       0.000
     .
     .
     .
```

　　估計參數之間的相關，其功用是探察模式是否違反辨認規則。該項報表很長，此處只呈現部分結果。如果估計參數間相關係數的絕對值大於 0.9 以上，則表示理論模式可能已經違反辨認規則 (Hair et al., 1992)。由此處可知，估計參數之間相關係數的絕對值有部分大於 0.9 以上，因此應更加留意。(為免佔太多篇幅，因此省略部分報表)。

[30]

```
Standardized Solution

      LAMBDA-Y

                家庭資源      負面文化      學習態度      學業成就
                --------    --------    --------    --------
   文化資本        0.915        - -         - -         - -
   社會資本        0.946        - -         - -         - -
   財務資本        0.975        - -         - -         - -
   生活不良         - -        0.922        - -         - -
   學校不良         - -        0.975        - -         - -
   心無旁驚         - -         - -        0.826        - -
   主動複習         - -         - -        0.909        - -
   力求甚解         - -         - -        0.790        - -
   一般分析         - -         - -         - -        0.633
   數學分析         - -         - -         - -        0.712

      LAMBDA-X

                家庭社經
                --------
   父親教育        0.859
   母親教育        0.869
   全家收入        0.626
```

```
        BETA

            家庭資源    負面文化    學習態度    學業成就
            --------   --------   --------   --------
家庭資源       - -        - -        - -        - -
負面文化       - -        - -        - -        - -
學習態度       - -        - -        - -        - -
學業成就      0.156     -0.080      0.277       - -

        GAMMA

            家庭社經
            --------
家庭資源      0.680
負面文化     -0.065
學習態度      0.105
學業成就      0.348

      Correlation Matrix of ETA and KSI

            家庭資源    負面文化    學習態度    學業成就    家庭社經
            --------   --------   --------   --------   --------
家庭資源      1.000
負面文化     -0.045      1.000
學習態度      0.072     -0.007      1.000
學業成就      0.416     -0.112      0.326      1.000
家庭社經      0.680     -0.065      0.105      0.488      1.000

        PSI
        Note: This matrix is diagonal.

            家庭資源    負面文化    學習態度    學業成就
            --------   --------   --------   --------
             0.537      0.996      0.989      0.666

      Regression Matrix ETA on KSI (Standardized)

            家庭社經
            --------
家庭資源      0.680
負面文化     -0.065
學習態度      0.105
學業成就      0.488
```

　　標準化解值。在 LISREL 中，有兩種標準化解值。一是 SS (standardized solution)，一種是 SC (completely standardized solution)。在 SS 中，只有潛在變項被標準化，觀察變項沒有標準化。但在 SC 中，潛在變項及觀察變項都標準化 (Jöreskog & Sörbom, 1989, p.29)。

[31]

```
Completely Standardized Solution

      LAMBDA-Y

              家庭資源      負面文化      學習態度      學業成就
            --------    --------    --------    --------
文化資本        0.915        - -          - -          - -
社會資本        0.946        - -          - -          - -
財務資本        0.975        - -          - -          - -
生活不良        - -          0.922        - -          - -
學校不良        - -          0.975        - -          - -
心無旁騖        - -          - -          0.826        - -
主動複習        - -          - -          0.909        - -
力求甚解        - -          - -          0.790        - -
一般分析        - -          - -          - -          0.791
數學分析        - -          - -          - -          0.836

      LAMBDA-X

              家庭社經
            --------
父親教育        0.859
母親教育        0.869
全家收入        0.626

      BETA

              家庭資源      負面文化      學習態度      學業成就
            --------    --------    --------    --------
家庭資源        - -          - -          - -          - -
負面文化        - -          - -          - -          - -
學習態度        - -          - -          - -          - -
學業成就        0.156       -0.080        0.277        - -

      GAMMA

              家庭社經
            --------
家庭資源        0.680
負面文化       -0.065
學習態度        0.105
學業成就        0.348

      Correlation Matrix of ETA and KSI

              家庭資源      負面文化      學習態度      學業成就      家庭社經
            --------    --------    --------    --------    --------
家庭資源        1.000
負面文化       -0.045        1.000
學習態度        0.072       -0.007        1.000
學業成就        0.416       -0.112        0.326        1.000
家庭社經        0.680       -0.065        0.105        0.488        1.000
```

```
PSI
Note: This matrix is diagonal.

      家庭資源      負面文化      學習態度      學業成就
      --------      --------      --------      --------
       0.537         0.996         0.989         0.666

THETA-EPS

      文化資本      社會資本      財務資本      生活不良      學校不良      心無旁騖
      --------      --------      --------      --------      --------      --------
       0.163         0.104         0.050         0.151         0.049         0.318

THETA-EPS

      主動複習      力求甚解      一般分析      數學分析
      --------      --------      --------      --------
       0.174         0.376         0.374         0.302

THETA-DELTA

      父親教育      母親教育      全家收入
      --------      --------      --------
       0.262         0.245         0.608

Regression Matrix ETA on KSI  (Standardized)

      家庭社經
      --------
家庭資源     0.680
負面文化    -0.065
學習態度     0.105
學業成就     0.488
```

　　完全標準化解值。根據此處之結果可以計算出五個潛在變項之成份信度及平均變異抽取。六個潛在變項的成份信度分別是：

$$\rho_{\xi 1} = \left(\lambda_{11}^x + \lambda_{21}^x + \lambda_{31}^x\right)^2 \Big/ \left(\lambda_{11}^x + \lambda_{21}^x + \lambda_{31}^x\right)^2 + (\delta_{11} + \delta_{22} + \delta_{33})$$

$$= (.859 + .869 + .626)^2 \Big/ (.859 + .869 + .626)^2 + (.262 + .245 + .608) = .832$$

$$\rho_{\eta 1} = \left(\lambda_{11}^y + \lambda_{21}^y + \lambda_{31}^y\right)^2 \Big/ \left(\lambda_{11}^y + \lambda_{21}^y + \lambda_{31}^y\right)^2 + (\varepsilon_{11} + \varepsilon_{22} + \varepsilon_{33})$$

$$= (.915 + .946 + .975)^2 \Big/ (.915 + .946 + .975)^2 + (.163 + .104 + .050) = .962$$

$$\rho_{\eta 2} = \left(\lambda_{42}^y + \lambda_{52}^y\right)^2 \Big/ \left(\lambda_{42}^y + \lambda_{52}^y\right)^2 + (\varepsilon_{44} + \varepsilon_{55})$$

$$= (.922 + .975)^2 \Big/ (.922 + .975)^2 + (.151 + .049) = .947$$

$$\rho_{\eta3} = \left.(\lambda_{63}^y + \lambda_{73}^y + \lambda_{83}^y)^2\middle/(\lambda_{63}^y + \lambda_{73}^y + \lambda_{83}^y)^2 + (\varepsilon_{66} + \varepsilon_{77} + \varepsilon_{88})\right.$$

$$= \left.(.826 + .909 + .790)^2\middle/(.826 + .909 + .790)^2 + (.318 + .174 + .376)\right. = .880$$

$$\rho_{\eta4} = \left.(\lambda_{92}^y + \lambda_{104}^y)^2\middle/(\lambda_{92}^y + \lambda_{104}^y)^2 + (\varepsilon_{99} + \varepsilon_{1010})\right.$$

$$= \left.(.791 + .836)^2\middle/(.791 + .836)^2 + (.374 + .302)\right. = .797$$

由於各觀察變項的 R^2 等於其標準化 λ 值的平方，故根據公式 12-17，六個潛在變項的平均變異抽取分別是：

$$\rho_{vc(\xi1)} = (R_{x1}^2 + R_{x2}^2 + R_{x3}^2)/3 = (.738 + .755 + .392)/3 = .628$$

$$\rho_{vc(\eta1)} = (R_{y1}^2 + R_{y2}^2 + R_{y3}^2)/3 = (.837 + .896 + .950)/3 = .894$$

$$\rho_{vc(\eta2)} = (R_{y4}^2 + R_{y5}^2)/2 = (.849 + .951)/2 = .900$$

$$\rho_{vc(\eta3)} = (R_{y6}^2 + R_{y7}^2 + R_{y8}^2)/3 = (.682 + .826 + .624)/3 = .711$$

$$\rho_{vc(\eta4)} = (R_{y9}^2 + R_{y10}^2)/2 = (.626 + .698)/2 = .662$$

由前面的計算結果可知五個潛在變項的成份信度介於 0.797~0.962 之間，都大於 0.6 之標準；五個潛在變項的平均變異抽取介於 0.628~0.900 之間，都大於 0.5 之標準。

此外，潛在變項的成份信度及平均變異抽取量即是 Hair Jr 等人(1998)所稱的測量模式適配度評鑑指標。

[32]

```
Total and Indirect Effects

      Total Effects of KSI on ETA

            家庭社經
            _____
家庭資源      0.724
            (0.011)
            65.878
負面文化     -0.070
            (0.012)
            -5.677
學習態度      0.101
            (0.011)
            8.993
```

學業成就	0.360
	(0.010)
	37.614

Indirect Effects of KSI on ETA

	家庭社經
家庭資源	- -
負面文化	- -
學習態度	- -
學業成就	0.103
	(0.008)
	12.738

Total Effects of ETA on ETA

	家庭資源	負面文化	學習態度	學業成就
家庭資源	- -	- -	- -	- -
負面文化	- -	- -	- -	- -
學習態度	- -	- -	- -	- -
學業成就	0.108	-0.055	0.213	- -
	(0.010)	(0.007)	(0.009)	
	10.256	-7.729	24.476	

Largest Eigenvalue of B*B′ (Stability Index) is   0.060

Total Effects of ETA on Y

	家庭資源	負面文化	學習態度	學業成就
文化資本	1.000	- -	- -	- -
社會資本	1.035	- -	- -	- -
	(0.006)			
	168.451			
財務資本	1.065	- -	- -	- -
	(0.006)			
	184.301			
生活不良	- -	1.000	- -	- -
學校不良	- -	1.058	- -	- -
		(0.050)		
		21.135		
心無旁鶩	- -	- -	1.000	- -
主動複習	- -	- -	1.101	- -
			(0.012)	
			93.495	
力求甚解	- -	- -	0.957	- -
			(0.011)	
			84.779	
一般分析	0.108	-0.055	0.213	1.000
	(0.010)	(0.007)	(0.009)	
	10.256	-7.729	24.476	
數學分析	0.121	-0.062	0.239	1.125
	(0.012)	(0.008)	(0.010)	(0.021)
	10.287	-7.742	24.908	52.817

```
      Indirect Effects of ETA on Y

            家庭資源      負面文化      學習態度      學業成就
           --------     --------     --------     --------
文化資本      - -          - -          - -          - -
社會資本      - -          - -          - -          - -
財務資本      - -          - -          - -          - -
生活不良      - -          - -          - -          - -
學校不良      - -          - -          - -          - -
心無旁騖      - -          - -          - -          - -
主動複習      - -          - -          - -          - -
力求甚解      - -          - -          - -          - -
一般分析     0.108        -0.055        0.213         - -
           (0.010)      (0.007)      (0.009)
            10.256       -7.729       24.476
數學分析     0.121        -0.062        0.239         - -
           (0.012)      (0.008)      (0.010)
            10.287       -7.742       24.908

      Total Effects of KSI on Y

            家庭社經
           --------
文化資本     0.724
           (0.011)
            65.878
社會資本     0.749
           (0.011)
            67.123
財務資本     0.772
           (0.011)
            68.315
生活不良     -0.070
           (0.012)
            -5.677
學校不良     -0.074
           (0.013)
            -5.794
心無旁騖     0.101
           (0.011)
            8.993
主動複習     0.111
           (0.012)
            9.006
力求甚解     0.097
           (0.011)
            8.987
一般分析     0.360
           (0.010)
            37.614
數學分析     0.404
           (0.010)
            39.239
```

潛在變項之間、潛在變項與測量指標之間的效果值、標準誤、t 值。模式的效

果值包含全體效果、直接效果、間接效果三種。直接效果是理論模式所細列的徑
路係數 (如：BE、GA、Λ_y、Λ_x，見[5]處)，全體效果是由直接效果加間接效果而
得。在 η 對 η 的全體效果之下，有一個穩定指數 (stability index)，可以用來檢測
交互因果模式 (交互因果模式是指潛在依變項有互為因果的情形，有時又稱為**非遞
迴模式** (nonrecursive model)) 的系統穩定度。在有交互因果模式中，若此一指數小
於 1，則表示沒有問題 (Jöreskog & Sörbom, 1989)。由於本例並非交互因果模式，
故此處的穩定係數並無特殊意義。

[33]

```
Standardized Total and Indirect Effects

        Standardized Total Effects of KSI on ETA

            家庭社經
            --------
家庭資源      0.680
負面文化     -0.065
學習態度      0.105
學業成就      0.488

        Standardized Indirect Effects of KSI on ETA

            家庭社經
            --------
家庭資源       - -
負面文化       - -
學習態度       - -
學業成就      0.140

        Standardized Total Effects of ETA on ETA

            家庭資源    負面文化    學習態度    學業成就
            --------   --------   --------   --------
家庭資源       - -        - -        - -        - -
負面文化       - -        - -        - -        - -
學習態度       - -        - -        - -        - -
學業成就      0.156     -0.080     0.277       - -

        Standardized Total Effects of ETA on Y

            家庭資源    負面文化    學習態度    學業成就
            --------   --------   --------   --------
文化資本      0.915       - -        - -        - -
社會資本      0.946       - -        - -        - -
財務資本      0.975       - -        - -        - -
生活不良       - -       0.922       - -        - -
學校不良       - -       0.975       - -        - -
心無旁騖       - -        - -       0.826       - -
主動複習       - -        - -       0.909       - -
```

力求甚解	– –	– –	0.790	– –
一般分析	0.098	−0.051	0.175	0.633
數學分析	0.111	−0.057	0.197	0.712

Completely Standardized Total Effects of ETA on Y

	家庭資源	負面文化	學習態度	學業成就
文化資本	0.915	– –	– –	– –
社會資本	0.946	– –	– –	– –
財務資本	0.975	– –	– –	– –
生活不良	– –	0.922	– –	– –
學校不良	– –	0.975	– –	– –
心無旁騖	– –	– –	0.826	– –
主動複習	– –	– –	0.909	– –
力求甚解	– –	– –	0.790	– –
一般分析	0.123	−0.064	0.219	0.791
數學分析	0.130	−0.067	0.232	0.836

Standardized Indirect Effects of ETA on Y

	家庭資源	負面文化	學習態度	學業成就
文化資本	– –	– –	– –	– –
社會資本	– –	– –	– –	– –
財務資本	– –	– –	– –	– –
生活不良	– –	– –	– –	– –
學校不良	– –	– –	– –	– –
心無旁騖	– –	– –	– –	– –
主動複習	– –	– –	– –	– –
力求甚解	– –	– –	– –	– –
一般分析	0.098	−0.051	0.175	– –
數學分析	0.111	−0.057	0.197	– –

Completely Standardized Indirect Effects of ETA on Y

	家庭資源	負面文化	學習態度	學業成就
文化資本	– –	– –	– –	– –
社會資本	– –	– –	– –	– –
財務資本	– –	– –	– –	– –
生活不良	– –	– –	– –	– –
學校不良	– –	– –	– –	– –
心無旁騖	– –	– –	– –	– –
主動複習	– –	– –	– –	– –
力求甚解	– –	– –	– –	– –
一般分析	0.123	−0.064	0.219	– –
數學分析	0.130	−0.067	0.232	– –

```
                Standardized Total Effects of KSI on Y

                家庭社經
                ─────────
文化資本          0.622
社會資本          0.644
財務資本          0.663
生活不良         -0.060
學校不良         -0.064
心無旁騖          0.087
主動複習          0.096
力求甚解          0.083
一般分析          0.309
數學分析          0.348

        Completely Standardized Total Effects of KSI on Y

                家庭社經
                ─────────
文化資本          0.622
社會資本          0.644
財務資本          0.663
生活不良         -0.060
學校不良         -0.064
心無旁騖          0.087
主動複習          0.096
力求甚解          0.083
一般分析          0.386
數學分析          0.408
```

標準化及完全標準化的效果值，可用來比較各效果值的大小。

以家庭社經地位對學業成就的效果而言，家庭社經地位對學業成就有直接的效果，也有三個間接效果 (分別透過家庭教育資源、負面文化資本，及學習態度)。

首先，家庭社經地位對學業成就的直接效果為 0.348(見報表[28])。

其次，家庭社經地位對家庭教育資源、負面文化資本，及學習態度的直接效果分別為 0.680、−0.065，及 0.105；而家庭教育資源、負面文化資本，及學習態度對學業成就的直接效果分別為 0.156、－0.080，及 0.277，因此家庭社經地位對學業成就的三個間接效果分別為：$0.680 \times 0.156 = 0.106$，$-0.065 \times -0.080 = 0.005$，及 $0.105 \times 0.277 = 0.029$，三個間接效果的總和是 0.140，再加上直接效果 0.348，全體效果就等於 0.488。

[34]

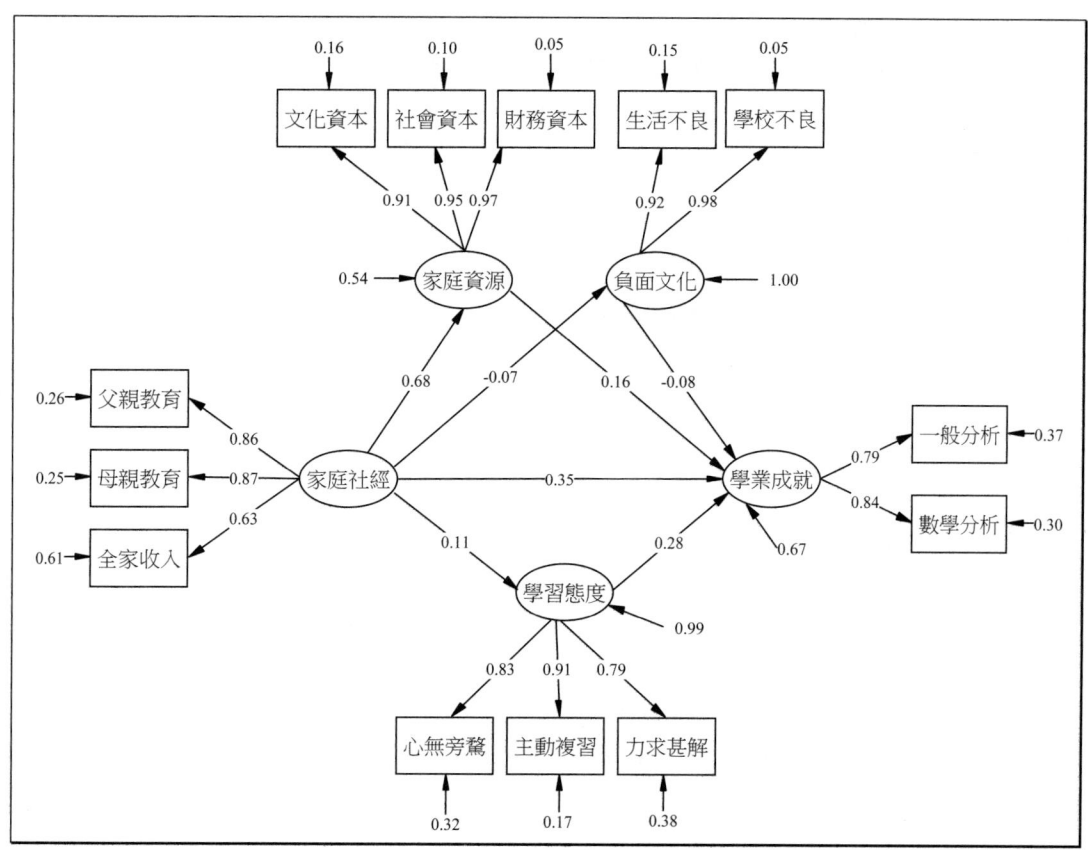

由 LISREL 繪製之標準化係數徑路圖。

12.2.1.6 SAS/CALIS 程式

```
[1]    DATA    sem (TYPE=corr);
[2]    INPUT   _TYPE_ $ _NAME_ $  V1 V2 V3 V4 V5 V6 V7 V8 V9 V10 V11 V12 V13;
[3]    CARDS;
       N . 9273 9273 9273 9273 9273 9273 9273 9273 9273 9273 9273 9273 9273
       STD . 1.000 1.000 1.000 1.000 1.000 1.000 1.000 1.000 1.000 1.000 1.000 0.804 0.857
       corr  V1    1.000   .      .      .      .      .      .      .      .      .      .      .     .
       corr  V2    0.758 1.000    .      .      .      .      .      .      .      .      .      .     .
       corr  V3    0.520 0.530 1.000    .      .      .      .      .      .      .      .      .     .
       corr  V4    0.510 0.527 0.431 1.000    .      .      .      .      .      .      .      .     .
       corr  V5    0.551 0.550 0.472 0.865 1.000    .      .      .      .      .      .      .     .
       corr  V6    0.553 0.559 0.506 0.893 0.922 1.000    .      .      .      .      .      .     .
       corr  V7   -.051 -.029 -.058 -.071 -.087 -.081 1.000    .      .      .      .      .     .
       corr  V8   -.055 -.032 -.057 -.077 -.095 -.087 0.899 1.000    .      .      .      .     .
       corr  V9    0.022 0.022 0.032 0.158 0.186 0.149 -.087 -.091 1.000    .      .      .     .
       corr  V10   0.071 0.056 0.063 0.208 0.231 0.200 -.081 -.083 0.755 1.000    .      .     .
       corr  V11   0.070 0.057 0.062 0.206 0.243 0.203 -.079 -.081 0.645 0.716 1.000    .     .
       corr  V12   0.328 0.328 0.282 0.320 0.389 0.358 -.103 -.111 0.191 0.218 0.282 1.000   .
       corr  V13   0.330 0.335 0.279 0.315 0.392 0.353 -.110 -.114 0.231 0.263 0.335 0.665 1.000
       ;
[4]    PROC TCALIS    COV   METHOD=ML   ALL;
[5]       LINEQS
             V1 =          F1 + E1,
             V2 =     L21  F1 + E2,
             V3 =     L31  F1 + E3,
             V4 =          F2 + E4,
             V5 =     L52  F2 + E5,
             V6 =     L62  F2 + E6,
             V7 =          F3 + E7,
             V8 =     L73  F3 + E8,
             V9 =          F4 + E9,
             V10 =    L104 F4 + E10,
             V11 =    L114 F4 + E11,
             V12 =         F5 + E12,
             V13 =    L135 F5 + E13,
             F2 =     C21  F1 + D2,
             F3 =     C31  F1 + D3,
             F4 =     C41  F1 + D4,
             F5 =     C51 F1 + C52 F2 + C53 F3 + C54 F4 + D5;
[6]       STD
             E1 - E13 = VE1 - VE13 ,
             D2 - D5   = VD2 - VD5 ,
             F1 = VF1 ;
[7]    PROC TCALIS      ALL;
          PATH
             V1    <- F1 1.0,
             V2    <- F1 L21,
             V3    <- F1 L31,
             V4    <- F2 1.0,
             V5    <- F2 L52,
             V6    <- F2 L62,
```

```
            V7  <-  F3 1.0,
            V8  <-  F3 L83,
            V9  <-  F4 1.0,
            V10 <-  F4 L104,
            V11 <-  F4 L114,
            V12 <-  F5 1.0,
            V13 <-  F5 L135,
            F1  ->  F2  B21,
            F1  ->  F3  B31,
            F1  ->  F4  B41,
            F1  ->  F5  B51,
            F2  ->  F5  B52,
            F3  ->  F5  B53,
            F4  ->  F5  B54;
[8]    RUN;
```

12.2.1.7　SAS/CALIS 程式說明

[1]　界定資料集為 SEM，讀入資料形式為相關矩陣。

[2]　讀入變項名稱，_TYPE_ 及 _NAME_ 分別代表資料型式及變項名稱，$ 表示資料為文字形式。

[3]　資料內容，第 2 列為人數，第 3 列為標準差，第 4 列後為資料形式、變項名稱，及相關係數。

[4]　以 SEM 資料集進行 CALIS 程序，使用共變數矩陣，利用 ML 法進行參數估計。

[5]　界定所有因果關係的線性方程（也就是模式中單向箭頭的關係）。Bentler-Weeks 模式只有 4 種變項名稱：V 為 Variables，同時代表 LISREL 的 X 及 Y 兩種觀察變項；F 為 Factors，同時代表 LISREL 的 ξ 及 η 兩種潛在變項；E 為 Errors，同時代表 LISREL 的 δ 及 ε 兩種測量誤差；D 為 Disturbances，代表 LISREL 的 ζ 結構方程誤差。如果為自由參數，則自行加以命名，如：L21 為 F1 至 V2 的係數，C41 為 F1 至 F4 的係數。LINEQS 次指令應描述所有自變項對依變項的影響，指令未結束前均加 " , " 號，不可加 " ; " 號。

[6]　STD 要描述所有自變項（也就是所有單向箭頭出發點的變項）的標準差（變異量），係數應加以命名。如果潛在自變項間有相關，則使用 COV 描述所有雙向箭頭的相關，係數同樣也應加以命名，如：

```
COV
    F1 F2 = PH12 ,
    F1 F3 = PH13 ,
    F2 F3 = PH23 ;
```

[7] TCALIS 中可以 PATH 方法來表示變項的徑路關係，箭頭可設定向左或是向右，所指方向為依變項，如果是參照指標則變項之後加 1，如果是自由參數，則要命名。

[8] 執行程式。

12.2.1.8 SAS/CALIS 報表與解說

[1]

Fit Function	0.1925
Goodness of Fit Index (GFI)	0.9711
GFI Adjusted for Degrees of Freedom (AGFI)	0.9546
Root Mean Square Residual (RMR)	0.0564
Parsimonious GFI (Mulaik, 1989)	0.7221
Chi-Square	1784.5773
Chi-Square DF	58
Pr > Chi-Square	<.0001
Independence Model Chi-Square	89222
Independence Model Chi-Square DF	78
RMSEA Estimate	0.0567
RMSEA 90% Lower Confidence Limit	0.0544
RMSEA 90% Upper Confidence Limit	0.0589
ECVI Estimate	0.1996
ECVI 90% Lower Confidence Limit	0.1851
ECVI 90% Upper Confidence Limit	0.2149
Probability of Close Fit	0.0000
Bentler's Comparative Fit Index	0.9806
Normal Theory Reweighted LS Chi-Square	1796.6478
Akaike's Information Criterion	1668.5773
Bozdogan's (1987) CAIC	1196.7553
Schwarz's Bayesian Criterion	1254.7553
McDonald's (1989) Centrality	0.9111
Bentler & Bonett's (1980) Non-normed Index	0.9740
Bentler & Bonett's (1980) NFI	0.9800
James, Mulaik, & Brett (1982) Parsimonious NFI	0.7287
Z-Test of Wilson & Hilferty (1931)	34.5304
Bollen (1986) Normed Index Rho1	0.9731
Bollen (1988) Non-normed Index Delta2	0.9806
Hoelter's (1983) Critical N	400

　　9.2 版前 CALIS 程序之各項適配指標，詳見 LISREL 說明。不過，SAS 的結果與 LISREL 有些許差異。

[2]

```
Fit Summary

    Modeling Info      N Observations                          9273
                       N Variables                              13
                       N Moments                                91
                       N Parameters                             33
                       N Active Constraints                      0
                       Independence Model Chi-Square     89222.2281
                       Independence Model Chi-Square DF         78
    Absolute Index     Fit Function                         0.1925
                       Chi-Square                        1784.5773
                       Chi-Square DF                           58
                       Pr > Chi-Square                      0.0000
                       Z-Test of Wilson & Hilferty         34.5304
                       Hoelter Critical N                     400
                       Root Mean Square Residual (RMSR)     0.0564
                       Standardized RMSR (SRMSR)            0.0576
                       Goodness of Fit Index (GFI)          0.9711
    Parsimony Index    Adjusted GFI (AGFI)                  0.9546
                       Parsimonious GFI                     0.7221
                       RMSEA Estimate                       0.0567
                       RMSEA Lower 90% Confidence Limit     0.0544
                       RMSEA Upper 90% Confidence Limit     0.0589
                       Probability of Close Fit             0.0000
                       ECVI Estimate                        0.1996
                       ECVI Lower 90% Confidence Limit      0.1851
                       ECVI Upper 90% Confidence Limit      0.2149
                       Akaike Information Criterion       1668.5773
                       Bozdogan CAIC                      1196.7553
                       Schwarz Bayesian Criterion        1254.7553
                       McDonald Centrality                  0.9111
    Incremental Index  Bentler Comparative Fit Index        0.9806
                       Bentler-Bonett NFI                   0.9800
                       Bentler-Bonett Non-normed Index      0.9740
                       Bollen Normed Index Rho1             0.9731
                       Bollen Non-normed Index Delta2       0.9806
                       James et al. Parsimonious NFI        0.7287
```

　　SAS 9.2 版 TCALIS 及 9.22 版 CALIS 之各項適配指標，已依絕對適配指標、精簡適配指標，及增值適配指標歸類。

[3]

```
                    V1   =   0.8593 F1   +   0.5114 E1
                    V2   =   0.8686*F1   +   0.4954 E2
                              L21
                    V3   =   0.6260*F1   +   0.7798 E3
                              L31
                    V4   =   0.9149 F2   +   0.4038 E4
                    V5   =   0.9465*F2   +   0.3228 E5
                              L52
                    V6   =   0.9747*F2   +   0.2235 E6
                              L62
                    V7   =   0.9216 F3   +   0.3881 E7
                    V8   =   0.9754*F3   +   0.2203 E8
                              L73
                    V9   =   0.8256 F4   +   0.5642 E9
                    V10  =   0.9090*F4   +   0.4168 E10
                              L104
                    V11  =   0.7899*F4   +   0.6132 E11
                              L114
                    V12  =   0.7914 F5   +   0.6114 E12
                    V13  =   0.8356*F5   +   0.5494 E13
                              L135
```

Latent Variable Equations with Standardized Estimates

```
F2   =   0.6802*F1   +   0.7330 D2
            C21
F3   =  -0.0654*F1   +   0.9979 D3
            C31
F4   =   0.1051*F1   +   0.9945 D4
            C41
F5   =   0.1555*F2   +  -0.0803*F3   +   0.2773*F4   +   0.3480*F1   +   0.8162 D5
            C52              C53             C54             C51
```

Squared Multiple Correlations

	Variable	Error Variance	Total Variance	R-Square
1	V1	0.26155	1.00000	0.7384
2	V2	0.24545	1.00000	0.7546
3	V3	0.60813	1.00000	0.3919
4	V4	0.16303	1.00000	0.8370
5	V5	0.10417	1.00000	0.8958
6	V6	0.04996	1.00000	0.9500
7	V7	0.15058	1.00000	0.8494
8	V8	0.04852	1.00000	0.9515
9	V9	0.31833	1.00000	0.6817
10	V10	0.17376	1.00000	0.8262
11	V11	0.37604	1.00000	0.6240
12	V12	0.23906	0.63961	0.6262
13	V13	0.21905	0.72584	0.6982
14	F2	0.44969	0.83697	0.4627
15	F3	0.84578	0.84942	0.0043
16	F4	0.67414	0.68167	0.0111
17	F5	0.26685	0.40055	0.3338

CALIS 之標準化係數，測量誤差及結構方程誤差為係數，非 LISREL 之變異數，所以誤差部分之係數等於 LISREL 部分之平方根 (變異數的平方根為標準差)。

12.2.1.9　Mplus 程式

```
[1]  DATA:          FILE IS d:\multi6\mplus\sem_all.dat;
[2]                 TYPE IS MEANS STD CORR;
[3]                 NOBSERVATIONS = 9273;
[4]  VARIABLE:      NAMES ARE V1-V13;
[5]  MODEL:         F1 BY V1-V3;
                    F2 BY V4-V6;
                    F3 BY V7-V8;
                    F4 BY V9-V11;
                    F5 BY V12-V13;
                    F5 ON F1-F4;
                    F2 ON F1;
                    F3 ON F1;
                    F4 ON F1;
[6]  OUTPUT:        STDYX;
```

12.2.1.10　Mplus 程式說明

[1]　以自由格式自 D 碟中 MULTI6 之 Mplus 資料夾中讀取 sem_all.dat 之資料檔。

[2]　檔案的內容含平均數、標準差，及下三角相關矩陣。

[3]　樣本數為 9273 人。

[4]　觀察變項名稱為 V1 至 V13。

[5]　界定模式。前半部先界定測量模式，格式為「因素 BY 指標;」，所以「F1 BY V1-V3;」表示 V1 至 V3 是 F1 的觀察指標。後半部為結構模式，格式為「依變項 ON 自變項」，所以「F5 ON F1-F4;」表示 F5 是 F1 至 F4 的結果變項。

[6]　輸出報表之界定，此處要求列出完全標準化之參數。

12.2.1.11　Mplus 報表與解說

[1]

```
SUMMARY OF ANALYSIS

Number of groups                             1
Number of observations                    9273

Number of dependent variables              13
Number of independent variables             0
Number of continuous latent variables       5
```

```
Observed dependent variables

  Continuous
  V1              V2              V3              V4              V5              V6
  V7              V8              V9              V10             V11             V12
  V13

Continuous latent variables
  F1              F2              F3              F4              F5
```

各項適配指標，詳見 LISREL 說明。

[2]

```
TESTS OF MODEL FIT

Chi-Square Test of Model Fit

              Value                           1784.770
              Degrees of Freedom                    58
              P-Value                           0.0000

Chi-Square Test of Model Fit for the Baseline Model

              Value                          89231.851
              Degrees of Freedom                    78
              P-Value                           0.0000

CFI/TLI

              CFI                               0.981
              TLI                               0.974

Loglikelihood

              H0 Value                     -123867.635
              H1 Value                     -122975.250

Information Criteria

              Number of Free Parameters             46
              Akaike (AIC)                    247827.270
              Bayesian (BIC)                  248155.473
              Sample-Size Adjusted BIC        248009.293
                (n* = (n + 2) / 24)

RMSEA (Root Mean Square Error Of Approximation)

              Estimate                          0.057
              90 Percent C.I.                   0.054   0.059
              Probability RMSEA <= .05          0.000

SRMR (Standardized Root Mean Square Residual)

              Value                             0.054
```

各項適配指標，詳見 LISREL 說明。

[3]

```
MODEL RESULTS

                                              Two-Tailed
                   Estimate    S.E.   Est./S.E.   P-Value

F1        BY
   V1              1.000      0.000    999.000    999.000
   V2              1.011      0.011     91.771      0.000
   V3              0.728      0.012     63.250      0.000

F2        BY
   V4              1.000      0.000    999.000    999.000
   V5              1.035      0.006    168.459      0.000
   V6              1.065      0.006    184.310      0.000

F3        BY
   V7              1.000      0.000    999.000    999.000
   V8              1.058      0.050     21.142      0.000

F4        BY
   V9              1.000      0.000    999.000    999.000
   V10             1.101      0.012     93.501      0.000
   V11             0.957      0.011     84.784      0.000

F5        BY
   V12             1.000      0.000    999.000    999.000
   V13             1.125      0.021     52.822      0.000

F5        ON
   F1              0.256      0.012     21.085      0.000
   F2              0.108      0.010     10.260      0.000
   F3             -0.055      0.007     -7.729      0.000
   F4              0.213      0.009     24.477      0.000

F2        ON
   F1              0.724      0.011     65.879      0.000

F3        ON
   F1             -0.070      0.012     -5.677      0.000

F4        ON
   F1              0.101      0.011      8.992      0.000
```

原始係數，系統會自動設定第 1 個觀察變項為參照指標。其中 Est./S.E.即 t 值。

[4]

```
STANDARDIZED MODEL RESULTS


STDYX Standardization


                                                      Two-Tailed
                         Estimate     S.E.   Est./S.E.  P-Value

F1       BY
    V1                    0.859      0.004    202.669    0.000
    V2                    0.869      0.004    209.146    0.000
    V3                    0.626      0.007     88.339    0.000

F2       BY
    V4                    0.915      0.002    475.980    0.000
    V5                    0.946      0.001    667.013    0.000
    V6                    0.975      0.001    911.556    0.000

F3       BY
    V7                    0.922      0.022     42.399    0.000
    V8                    0.975      0.023     42.498    0.000

F4       BY
    V9                    0.826      0.004    185.446    0.000
    V10                   0.909      0.004    243.997    0.000
    V11                   0.790      0.005    162.980    0.000

F5       BY
    V12                   0.791      0.008    103.784    0.000
    V13                   0.836      0.008    109.847    0.000

F5       ON
    F1                    0.348      0.016     22.444    0.000
    F2                    0.156      0.015     10.379    0.000
    F3                   -0.080      0.010     -7.761    0.000
    F4                    0.277      0.010     26.521    0.000

F2       ON
    F1                    0.680      0.007    103.301    0.000

F3       ON
    F1                   -0.065      0.011     -5.804    0.000

F4       ON
    F1                    0.105      0.012      9.076    0.000
```

完全標準化係數，與 LISREL 結果相同。

[5]

```
Residual Variances
     V1       0.262    0.007    35.889    0.000
     V2       0.245    0.007    34.013    0.000
     V3       0.608    0.009    68.552    0.000
     V4       0.163    0.004    46.358    0.000
     V5       0.104    0.003    38.783    0.000
     V6       0.050    0.002    23.969    0.000
     V7       0.150    0.040     3.743    0.000
     V8       0.049    0.045     1.097    0.273
     V9       0.318    0.007    43.299    0.000
    V10       0.174    0.007    25.653    0.000
    V11       0.376    0.008    49.112    0.000
    V12       0.374    0.012    30.962    0.000
    V13       0.302    0.013    23.746    0.000
     F2       0.537    0.009    59.986    0.000
     F3       0.996    0.001   674.986    0.000
     F4       0.989    0.002   406.049    0.000
     F5       0.666    0.010    65.618    0.000
```

殘差之變異數，即 $1-R^2$。

[6]

R-SQUARE				
Observed Variable	Estimate	S.E.	Est./S.E.	Two-Tailed P-Value
V1	0.738	0.007	101.335	0.000
V2	0.755	0.007	104.573	0.000
V3	0.392	0.009	44.169	0.000
V4	0.837	0.004	237.990	0.000
V5	0.896	0.003	333.507	0.000
V6	0.950	0.002	455.778	0.000
V7	0.850	0.040	21.200	0.000
V8	0.951	0.045	21.249	0.000
V9	0.682	0.007	92.723	0.000
V10	0.826	0.007	121.999	0.000
V11	0.624	0.008	81.490	0.000
V12	0.626	0.012	51.892	0.000
V13	0.698	0.013	54.923	0.000
Latent Variable	Estimate	S.E.	Est./S.E.	Two-Tailed P-Value
F2	0.463	0.009	51.650	0.000
F3	0.004	0.001	2.902	0.004
F4	0.011	0.002	4.538	0.000
F5	0.334	0.010	32.881	0.000

R^2，前半部為個別項目之信度，後半部為結構模式的 R^2。

12.2.1.12　AMOS 理論模式圖形

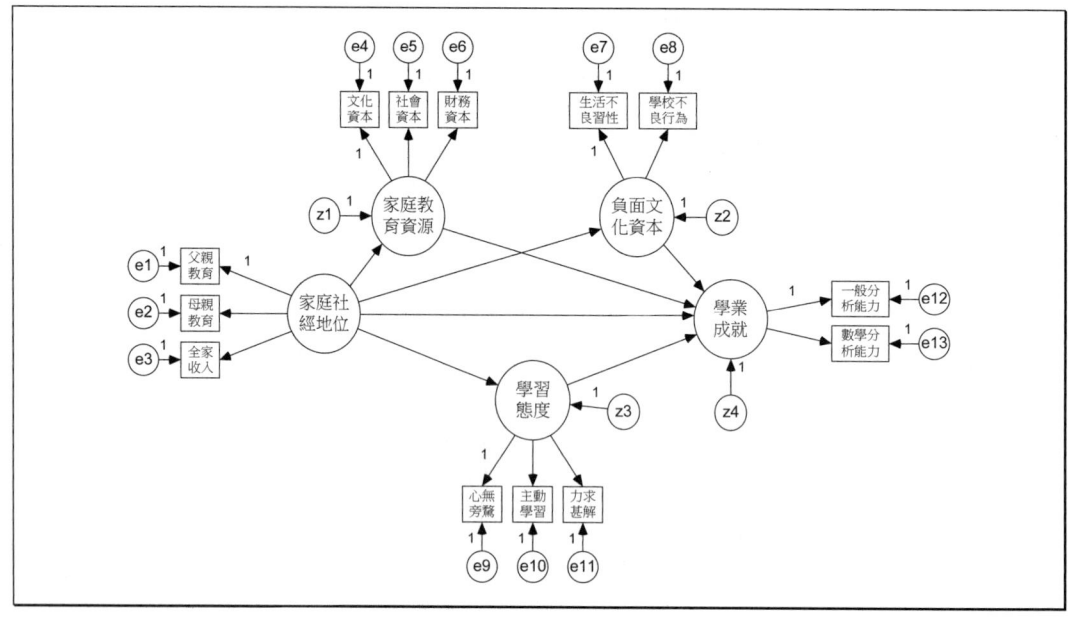

　　Amos 之理論模式。在此模式中，所有的測量誤差及結構方程誤差均設定起始值為 1，此外，每個潛在變項也須有一個指標之參數設定為 1。

12.2.1.13　AMOS 估計結果

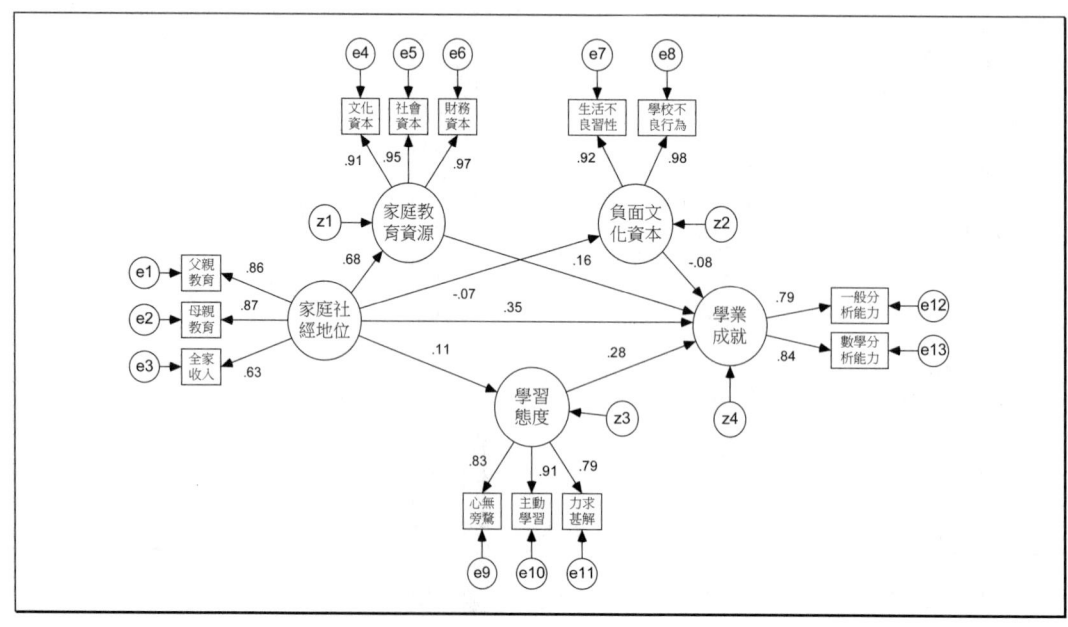

12.2.1.14　本節總結

　　從表 12-5 可知，圖 12-15 之因果模式並未嚴重違反模式的基本適配標準。在整體模式適配度上，儘管 χ^2 值已經達到 .05 的顯著水準，但是其他各項標準都顯示模式有不錯的整體適配度。在模式的內在品質方面，除了潛在變項的成份信度及潛在變項的平均變異抽取較理想外，其他標準都顯示模式的內在品質不理想。尤其是標準化殘差及修正指標，都指出模式可能有細列誤差，這是值得進一步探討的問題。綜合而言，圖 12-15 模式的外在品質優於其內在品質。不過，由模式中的解釋力來看，負面文化資本及學習態度只受家庭社經地位的影響，R^2 分別為 0.4% 及 1.1%，解釋力微乎其微，因此在應用此模式時應相當謹慎。

表 12-5　圖 12-15 因果模式適配度評鑑結果摘要表

	評　鑑　項　目	評　鑑　結　果
基本適配指標	是否沒有負的誤差變異？	是
	誤差變異是否都達顯著水準？	是
	參數間相關的絕對值是否未太接近 1？	否，有部分的相關係數大於.90
	因素負荷量是否介於 0.5~0.95 之間？	是
	是否沒有很大的標準誤？	是
整體模式適配標準（外在品質）	χ^2 值是否未達顯著？	否，達顯著
	χ^2 值比率是否小於 3？	否，比率為 30.769
	GFI 指數是否大於 0.9？	是，指數為 0.971
	AGFI 指數是否大於 0.9？	是，指數為 0.955
	RMSEA 指數是否低於 0.05？	否，指數為 0.0569
	RMR/SRMR 指數是否低於 0.05？	否，指數為 0.0576
	Q-plot 的殘差分佈線的斜度是否大於 45°？	否，低於 45°
	NFI 指數是否大於 0.9？	是，指數為 0.982
	IFI 指數是否大於 0.9？	是，指數為 0.983
	NNFI 指數是否大於 0.9？	是，指數為 0.977
模式內在品質	個別項目的信度是否在 0.5 以上？	否，X_3 為 0.483
	潛在變項的成份信度是否在 0.6 以上？	是，在 0.797~0.962 之間
	潛在變項的平均變異抽取是否在 0.5 以上？	是，在 0.628~0.900 之間
	所估計的參數是否都達顯著水準？	否，TE(5,5) 未達 .05 顯著水準
	標準化殘差的絕對值是否都小於 1.96？	否，大部分都大於 2
	修正指標是否都小於 3.84？	否，有許多修正指標大於 3.84，最大者 BE(1,4)為 511.91，

12.2.2　多因素驗證性因素分析

12.2.2.1　概念簡介

　　驗證性因素分析 (CFA) 是相對於探索性因素分析 (exploratory factor analysis, EFA) 的一種因素分析方法 (見第九章)，通常適用於研究進入較成熟階段時，用來驗證或確定因素分析各參數的性質或因素的數目 (林清山, 1988b)。異於探索性因素分析，驗證性因素分析之中，研究者可以根據理論做成下述四項決定 (Long, 1983a) ：

1. 決定只有哪些共同因素之間有相關。

2. 決定只有哪些觀察變項受哪些共同因素所影響。

3. 決定哪一個觀察變項有唯一性因素的影響。

4. 決定哪幾對唯一性因素之間有相關存在。

以下以圖 12-16 做說明。

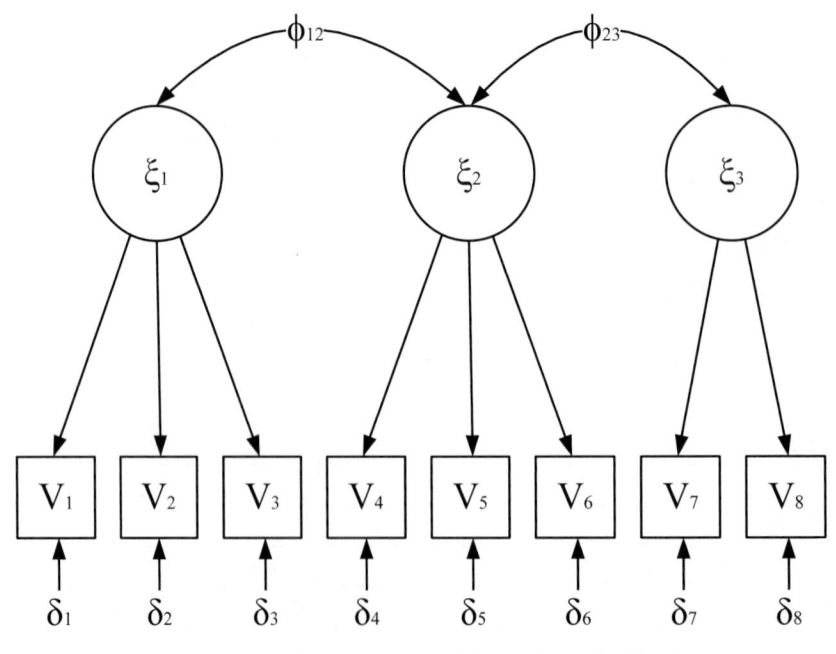

圖 12-16　多因素驗證性因素分析模式圖

　　在圖 12-16 中，研究者根據理論及文獻的探討，認為第一個共同因素 ξ_1 只影響第一、第二及第三個觀察變項 (X_1、X_2、X_3)，第二個共同因素 ξ_2 只影響第四、第五及第六個觀察變項 (X_4、X_5、X_6)，第三個共同因素 ξ_3 只影響第七及第八個觀察變項 (X_7、X_8)。在八個唯一性因素 ($\delta_1\sim\delta_8$) 之間並無相關存在，而共同因素 ξ_1 與 ξ_2、ξ_2 與 ξ_3 之間有相關存在。圖 12-16 是驗證性因素分析常見的型式，有時稱為驗證性因素分析的多因素模式 (multi-factor model)。在圖 12-16 中，並沒有潛在變項間的因果關係，只有潛在變項 (ξ) 與觀察變項 (X) 間的因果關係，所以 LISREL 模式的結構方程模式及 Y 的測量模式已經不見，只剩下 X 的測量模式：

$$\underset{(q\times1)}{X} = \underset{(q\times n)}{\Lambda_x}\ \underset{(n\times1)}{\xi} + \underset{(q\times1)}{\delta}$$

而公式 12-4 的共變數公式也只剩下右下角部分，即：

$$\underset{(q\times q)}{\Sigma} = \underset{(q\times n)}{\Lambda_x}\ \underset{(n\times n)}{\Phi}\ \underset{(n\times q)}{\Lambda'_x} + \underset{(q\times q)}{\Theta_\delta} \qquad\text{(公式 12-18)}$$

　　由公式 12-18 可以發現，驗證性因素分析的多因素模式事實上只涉及三個參數矩陣：

Λ_x：描述觀察變項 X 與共同因素 ξ 之間關係的 q×n 階因素組型係數，標準分數化後即為因素負荷量矩陣。

Φ：　描述共同因素 ξ 之間關係的 n×n 階變異數共變數矩陣，標準分數化後對角線為 1、對角線以外為共同因素間之相關係數。

Θ_δ：　描述唯一性因素 δ 之間關係的 q×q 階變異數共變數矩陣，標準分數化後對角線為 1、對角線以外為唯一性因素間之相關係數。

(以上說明的詳細資料，請參閱 Jöreskog & Sörbom, 1989, pp.126-137)

　　驗證性因素分析是進行結構方程模式的重要步驟，許多時候結構方程模式的適配度不佳，都是由於驗證性因素分析有問題所導致。學者 (Brown, 2006) 也強調，測量模式的適配，應先於結構模式，因此在進行結構方程模式之前，應先對驗證性因素分析加以掌握。

驗證性因素分析也常用來進行構念效度 (construct validity) 分析，其中聚斂效度 (convergent validity) 是指相似構念的指標間有高度的相關，區辨效度 (discriminant validity) 則是不同構念的指標間不應有高度的相關 (Brown, 2006)。在驗證性因素分析中，一般透過多特質多方法 (multitrait-multimethod) 的分析來進行。

12.2.2.2 實例說明

以下就以實際的例子來演示如何以統計程式解多因素驗證性因素分析的問題。

某研究者根據理論，認為教師之專業信念可分為三個共同因素 (原為五個因素，為簡化說明，僅列出三個因素)，而每個因素各有三個指標，且各因素間有相關存在。根據前述理論，將驗證性因素分析的多因素模式圖繪成**圖 12-17**，並細列出所要估計的參數。圖中ξ_1 為專業投入因素，ξ_2 為專業承諾因素，ξ_3 為專業倫理因素，V_1 至 V_9 為各個指標，δ_q 分別為影響 V_1~V_9 的唯一性因素。

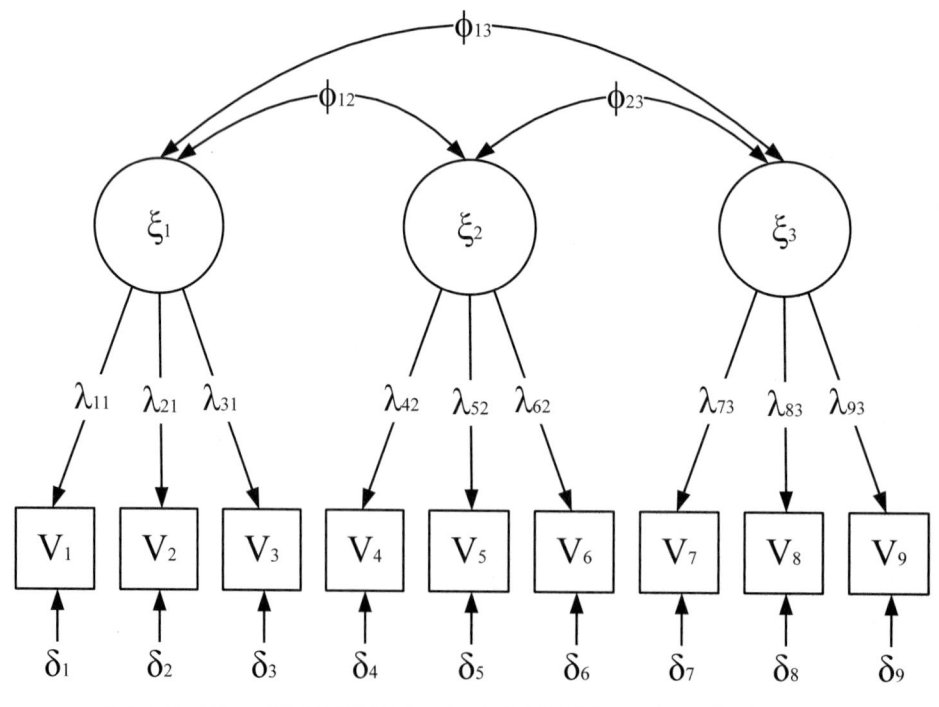

圖 12-17　教師專業信念之驗證性因素分析模式圖

$$\Lambda_x \atop (9 \times 3) = \begin{bmatrix} \lambda_{11} & 0 & 0 \\ \lambda_{21} & 0 & 0 \\ \lambda_{31} & 0 & 0 \\ 0 & \lambda_{42} & 0 \\ 0 & \lambda_{52} & 0 \\ 0 & \lambda_{62} & 0 \\ 0 & 0 & \lambda_{73} \\ 0 & 0 & \lambda_{83} \\ 0 & 0 & \lambda_{93} \end{bmatrix} \qquad \Phi \atop (3 \times 3) = \begin{bmatrix} 1 & 對 & 稱 \\ \phi_{12} & 1 & \\ \phi_{13} & \phi_{23} & 1 \end{bmatrix}$$

$$\Theta_\delta \atop (9 \times 9) = diag\begin{bmatrix} \delta_{11} & \delta_{22} & \delta_{33} & \delta_{44} & \delta_{55} & \delta_{66} & \delta_{77} & \delta_{88} & \delta_{99} \end{bmatrix}$$

　　研究者根據前述的理論模式，抽選 381 名高高屏地區國小教師進行施測，所得之相關矩陣及各變項的平均數及標準差如下：

	V1	V2	V3	V4	V5	V6	V7	V8	V9
V1	1.000	0.593	0.593	0.459	0.433	0.413	0.403	0.348	0.350
V2	0.593	1.000	0.666	0.564	0.436	0.357	0.375	0.360	0.344
V3	0.593	0.666	1.000	0.623	0.560	0.500	0.480	0.453	0.472
V4	0.459	0.564	0.623	1.000	0.601	0.539	0.502	0.432	0.467
V5	0.433	0.436	0.560	0.601	1.000	0.539	0.476	0.410	0.422
V6	0.413	0.357	0.500	0.539	0.539	1.000	0.581	0.492	0.436
V7	0.403	0.375	0.480	0.502	0.476	0.581	1.000	0.742	0.665
V8	0.348	0.360	0.453	0.432	0.410	0.492	0.742	1.000	0.782
V9	0.350	0.344	0.472	0.467	0.422	0.436	0.665	0.782	1.000
平均數	3.444	3.304	3.325	3.352	3.504	3.391	3.354	3.318	3.325
標準差	0.580	0.608	0.527	0.500	0.521	0.505	0.541	0.591	0.556

12.2.2.3　LISREL/SIMPLIS 語法

```
[1]    Raw Data from File 'd:\multi6\lisrel\sem_cfa.psf '
[2]    Observed Variables: V1-V9
[3]    Latent Variables: 專業投入 專業承諾 專業倫理
[4]    Relationships:
       V1 V2 V3 =專業投入
       V4 V5 V6 =專業承諾
       V7 V8 V9 =專業倫理
[5]    Path Diagram
[6]    Lisrel Output RS SE SC PC MI TV TO AD=OFF ND=3
[7]    End of Problem
```

12.2.2.4　LISREL/SIMPLIS 語法說明

[1]　從 D 磁碟 MULTI6 之 LISREL 資料夾中讀入 sem_cfa.psf 原始檔。如果要讀入系統檔(該檔案將 9 個變項處理為次序變項)，語法為：

```
System File from File 'd:\multi6\lisrel\sem_cfa.dsf '
```

[2]　觀察變項名稱為 V1 至 V9。

[3]　潛在變項名稱為 F1 至 F3。

[4]　關係模式。等號之前為觀察變項，等號之後為外因變項。此關係模式並未設定參照指標，而將潛在變項的變異設為 1。如果要設定參照指標，則語法可改為：

```
Relationships:
V1 = 1*F1
V2 V3 = F1
V4 = 1*F2
V5 V6 = F2
V7 = 1*F3
V8 V9 = F3
```

[5]　畫出徑路圖。

[6]　列出 LISREL 詳細的報表。

[7]　語法結束。

12.2.2.5　LISREL 程式

```
[1]   SP=c:\data\sem_cfa.sav
[2]   MO   NX=9   NK=3   PH=ST
[3]   FR LX(1,1)   LX(2,1)   LX(3,1)   c
         LX(4,2)   LX(5,2)   LX(6,2)   c
         LX(7,3)   LX(8,3)   LX(9,3)
[4]   LK
      *
      專業投入  專業承諾  專業倫理
[5]   PD
[6]   OU   RS   SE   SC   MI   TV   TO   AD=OFF   ND=3
```

12.2.2.6　LISREL 程式說明

[1]　直接讀入 SPSS 的原始資料檔。

[2]　MO 列，指出 X 變項有 9 個、ξ 變項 (共同因素) 有 3 個，宣告 PH 矩陣為 ST 矩陣。由於 Λ_x 矩陣的內定格式是 LX=FU,FI、TD 矩陣的內定格式為 TD=DI,FR，故此處可以省略不必界定。

[3]　FR 指令，界定 Λ_x 矩陣所要估計的參數是 λ_{11}、λ_{21}、λ_{31}、…、λ_{83}、λ_{93} 共 9 個 (PH、TD 矩陣是內定格式，故不必界定)。

[4]　LK 指令，即 ξ 變項的標籤列。此處界定兩個共同因素的名稱分別是 F1、F2，及 F3。

[5]　畫出徑路圖。

[6]　OU 列，要求輸出 RS (殘差、標準化殘差、Q-plot、適配的共變數矩陣)、SE (標準誤)、SC (完全標準化解值)、MI (修正指標)、TV (t 值)；要求列印八十個欄位 (TO) 並將估計可行性的檢查關閉 (AD=OFF)。讀者或許已經發現，在前述指令中並未界定參照指標 (在 Λ_x 矩陣中每一直行設定一個λ_{ij}之值為 1)。這是因為已經將 PH 矩陣設定為對角線為 1 的標準化分數矩陣 (PH=ST)，每一個 λ 已有參照標準。如果研究者並未設定 PH=ST，則必須設定參照指標。這兩種界定方式所得的自由度相同，估計結果也相近。Jöreskog 及 Sörbom (1989) 認為如果有理想的參照指標，設定參照指標的方式可能比較好；但是 Anderson 及 Gerbing (1988) 則認為設定 PH=ST 較佳，因為如此可以檢定每一個因素負荷量是否達顯著水準。兩種方法讀者可以自行選擇。不過，如果要估計潛在變項的平均數，則要使用設定參照指標的方式。

12.2.2.7　LISREL 報表與解說

　　以下是電腦根據前面程式所估計之結果，為節省篇幅起見，並未列出全部報表，僅呈現重要的部分。

[1]

```
LISREL Estimates (Maximum Likelihood)

        LAMBDA-X

                專業投入      專業承諾      專業倫理
                --------    --------    --------
        V1        0.368        - -         - -
                (0.025)
                 15.023
        V2        0.408        - -         - -
                (0.023)
                 17.580
        V3        0.402        - -         - -
                (0.026)
                 15.416
        V4        - -        0.409         - -
                            (0.027)
                             14.985
        V5        - -        0.472         - -
                            (0.028)
                             17.092
        V6        - -        0.458         - -
                            (0.023)
                             20.093
        V7        - -         - -         0.406
                                        (0.023)
                                         18.005
        V8        - -         - -         0.387
                                        (0.024)
                                         15.913
        V9        - -         - -         0.346
                                        (0.024)
                                         14.351

        PHI

                專業投入      專業承諾      專業倫理
                --------    --------    --------
    專業投入      1.000
    專業承諾      0.836        1.000
                (0.029)
                 28.565
    專業倫理      0.870        0.844        1.000
                (0.029)     (0.029)
                 29.876       29.590

        THETA-DELTA

                  V1          V2          V3          V4          V5          V6
                --------    --------    --------    --------    --------    --------
                  0.132       0.093       0.145       0.170       0.148       0.069
                (0.012)     (0.010)     (0.013)     (0.014)     (0.014)     (0.009)
                 11.447       9.600      11.241      11.913      10.856       7.830
```

```
THETA-DELTA

         V7             V8             V9
    ----------      ----------      ----------
      0.085           0.122           0.135
     (0.009)         (0.011)         (0.011)
      9.353          11.075          11.840
```

　　原始 ML 估計值、標準誤及 t 值。此處發現，所估計的 21 個參數都達 .05 顯著水準，顯示模式的內在品質理想。

[2]

```
     Squared Multiple Correlations for X - Variables

       V1          V2          V3          V4          V5          V6
    --------    --------    --------    --------    --------    --------
     0.507       0.640       0.527       0.496       0.601       0.753

     Squared Multiple Correlations for X - Variables

       V7          V8          V9
    --------    --------    --------
     0.660       0.550       0.471
```

　　X 變項的 R^2，也是觀察變項 X 的個別項目信度，此處顯示有兩題的信度不到 0.5，但均相差不多，結果還算理想。

[3]

```
                  Goodness of Fit Statistics

                    Degrees of Freedom = 24
         Minimum Fit Function Chi-Square = 86.784 (P = 0.00)
Normal Theory Weighted Least Squares Chi-Square = 82.191 (P = 0.000)
         Estimated Non-centrality Parameter (NCP) = 58.191
      90 Percent Confidence Interval for NCP = (34.339 ; 89.640)

                 Minimum Fit Function Value = 0.228
         Population Discrepancy Function Value (F0) = 0.153
        90 Percent Confidence Interval for F0 = (0.0904 ; 0.236)
     Root Mean Square Error of Approximation (RMSEA) = 0.0799
     90 Percent Confidence Interval for RMSEA = (0.0614 ; 0.0991)
        P-Value for Test of Close Fit (RMSEA < 0.05) = 0.00490

           Expected Cross-Validation Index (ECVI) = 0.327
        90 Percent Confidence Interval for ECVI = (0.264 ; 0.410)
                 ECVI for Saturated Model = 0.237
                ECVI for Independence Model = 9.552
```

```
Chi-Square for Independence Model with 36 Degrees of Freedom = 3611.894
                Independence AIC = 3629.894
                     Model AIC = 124.191
                   Saturated AIC = 90.000
               Independence CAIC = 3674.380
                    Model CAIC = 227.990
                 Saturated CAIC = 312.426

            Normed Fit Index (NFI) = 0.976
        Non-Normed Fit Index (NNFI) = 0.974
   Parsimony Normed Fit Index (PNFI) = 0.651
        Comparative Fit Index (CFI) = 0.982
        Incremental Fit Index (IFI) = 0.983
          Relative Fit Index (RFI) = 0.964

                 Critical N (CN) = 189.195

       Root Mean Square Residual (RMR) = 0.0100
                Standardized RMR = 0.0350
           Goodness of Fit Index (GFI) = 0.954
    Adjusted Goodness of Fit Index (AGFI) = 0.914
    Parsimony Goodness of Fit Index (PGFI) = 0.509
```

　　適配度指標。此處顯示 χ^2=86.748，df=24，p<.001，表示觀察資料與理論模式不能適配，但仍須參考其他指標以判斷模式的品質。以下各項指標請參閱 12.2.1 多指標模式之報表說明。

[4]

```
Standardized Residuals

             V1          V2          V3          V4          V5          V6
          --------    --------    --------    --------    --------    --------
V1          - -
V2        -1.632        - -
V3         0.208       1.430        - -
V4        -1.223       1.048      -0.981        - -
V5        -1.704       1.722      -1.240       2.710        - -
V6        -1.463       3.679      -1.825      -1.742      -0.830        - -
V7         1.484      -2.361       0.618      -1.039       1.717       2.027
V8         1.800      -4.002       1.393      -0.281      -2.157       0.966
V9         3.924       0.880      -1.829       0.160      -3.659      -0.154

Standardized Residuals

             V7          V8          V9
          --------    --------    --------
V7          - -
V8        -0.136        - -
V9        -1.353       1.579        - -
  :
  :
```

標準化殘差，此處發現有部分絕對值大於 1.96 的標準化殘差，顯示模式可能有細列誤差存在。

[5]

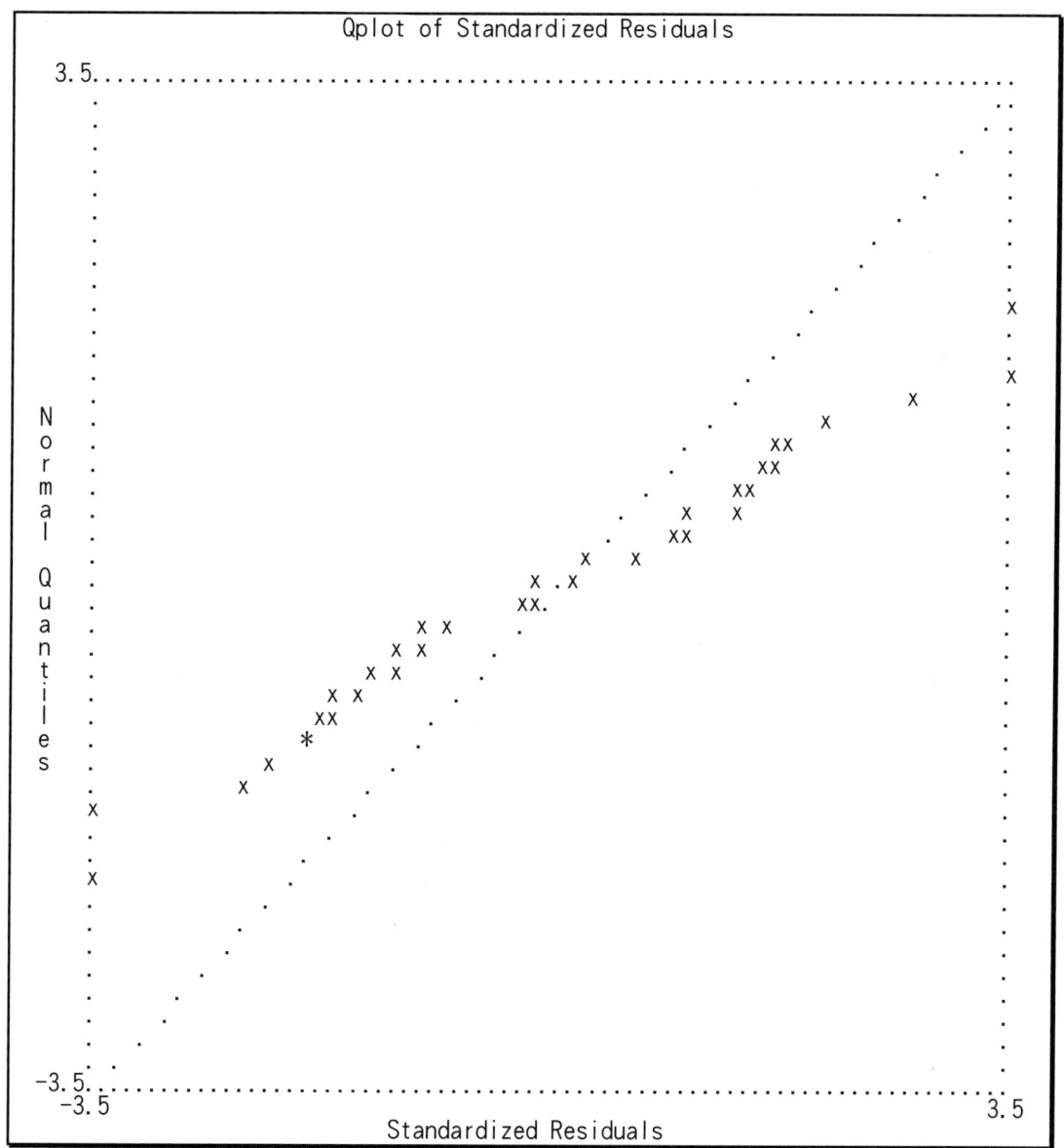

標準化殘差的 Q-plot。此處發現由標準化殘差所構成的分布線之斜度未大於 45°，顯示模式的整體適配度不佳。

[6]

```
Modification Indices and Expected Change

        Modification Indices for LAMBDA-X

             專業投入      專業承諾      專業倫理
             --------    --------    --------
     V1         - -        3.257       12.244
     V2         - -       16.395        9.740
     V3         - -        5.674        0.117
     V4       0.379        - -          0.721
     V5       0.955        - -          3.917
     V6       2.458        - -          7.980
     V7       0.001        4.918        - -
     V8       1.510        0.515        - -
     V9       1.536        2.625        - -

        Expected Change for LAMBDA-X

             專業投入      專業承諾      專業倫理
             --------    --------    --------
     V1         - -       -0.121        0.305
     V2         - -        0.289       -0.298
     V3         - -       -0.172       -0.032
     V4      -0.043        - -         -0.062
     V5      -0.075        - -         -0.159
     V6       0.118        - -          0.223
     V7       0.003        0.161        - -
     V8      -0.109       -0.051        - -
     V9       0.102       -0.107        - -

     Standardized Expected Change for LAMBDA-X

             專業投入      專業承諾      專業倫理
             --------    --------    --------
     V1         - -       -0.121        0.305
     V2         - -        0.289       -0.298
     V3         - -       -0.172       -0.032
     V4      -0.043        - -         -0.062
     V5      -0.075        - -         -0.159
     V6       0.118        - -          0.223
     V7       0.003        0.161        - -
     V8      -0.109       -0.051        - -
     V9       0.102       -0.107        - -

  Completely Standardized Expected Change for LAMBDA-X

             專業投入      專業承諾      專業倫理
             --------    --------    --------
     V1         - -       -0.234        0.590
     V2         - -        0.566       -0.584
     V3         - -       -0.311       -0.058
     V4      -0.075        - -         -0.107
     V5      -0.124        - -         -0.261
     V6       0.224        - -          0.422
     V7       0.006        0.322        - -
     V8      -0.210       -0.097        - -
     V9       0.203       -0.213        - -
```

```
No Non-Zero Modification Indices for PHI

     Modification Indices for THETA-DELTA

              V1        V2        V3        V4        V5        V6
           --------  --------  --------  --------  --------  --------
    V1        - -
    V2       2.665      - -
    V3       0.043     2.046      - -
    V4       0.547     0.396     0.071      - -
    V5       1.336     1.848     0.107     7.344      - -
    V6       1.918     6.584     2.506     3.033     0.689      - -
    V7       0.286     4.301     0.845     2.434     6.283     0.500
    V8       2.210    15.354     4.474     0.032     3.434     1.278
    V9      12.349     1.582     6.097     0.972    11.891     0.062

     Modification Indices for THETA-DELTA

              V7        V8        V9
           --------  --------  --------
    V7        - -
    V8       0.019      - -
    V9       1.830     2.494      - -

     Expected Change for THETA-DELTA

              V1        V2        V3        V4        V5        V6
           --------  --------  --------  --------  --------  --------
    V1        - -
    V2      -0.015      - -
    V3       0.002     0.014      - -
    V4      -0.007     0.005    -0.003      - -
    V5      -0.010     0.011    -0.003     0.029      - -
    V6      -0.010     0.016    -0.012    -0.017    -0.010      - -
    V7       0.004    -0.014     0.007    -0.012     0.019     0.004
    V8       0.012    -0.028     0.018     0.002    -0.016     0.008
    V9       0.028     0.009    -0.021     0.009    -0.030     0.002

     Expected Change for THETA-DELTA

              V7        V8        V9
           --------  --------  --------
    V7        - -
    V8      -0.001      - -
    V9      -0.012     0.014      - -

     Completely Standardized Expected Change for THETA-DELTA

              V1        V2        V3        V4        V5        V6
           --------  --------  --------  --------  --------  --------
    V1        - -
    V2      -0.057      - -
    V3       0.007     0.051      - -
    V4      -0.022     0.017    -0.008      - -
    V5      -0.032     0.035    -0.009     0.083      - -
    V6      -0.035     0.061    -0.040    -0.056    -0.030      - -
    V7       0.015    -0.054     0.025    -0.042     0.063     0.017
    V8       0.044    -0.107     0.061     0.005    -0.050     0.028
    V9       0.108     0.036    -0.075     0.030    -0.097     0.006
```

```
┌──────────────────────────────────────────────────────────────────────┐
│         Completely Standardized Expected Change for THETA-DELTA         │
│                                                                        │
│                     V7            V8            V9                      │
│                  ────────      ────────      ────────                   │
│         V7          - -                                                 │
│         V8        -0.005         - -                                    │
│         V9        -0.046        0.052          - -                      │
│  Maximum Modification Index is   16.39 for Element ( 2, 2) of LAMBDA-X  │
└──────────────────────────────────────────────────────────────────────┘
```

　　修正指標。此處發現有許多大於 3.84 的修正指標，顯示模式有細列誤差。最

大的修正指標為 λ^x_{22}，表示可以將第二題也當成第二因素的指標，不過此不符合原

先的理論。至於測量誤差之間的相關，除非有理論基礎，否則最好也不要再加以

修正。

[7]

```
┌──────────────────────────────────────────────────────────────────────┐
│  Completely Standardized Solution                                      │
│                                                                        │
│         LAMBDA-X                                                        │
│                                                                        │
│                   專業投入      專業承諾      專業倫理                    │
│                  ────────      ────────      ────────                   │
│         V1         0.712          - -            - -                    │
│         V2         0.800          - -            - -                    │
│         V3         0.726          - -            - -                    │
│         V4          - -          0.704           - -                    │
│         V5          - -          0.775           - -                    │
│         V6          - -          0.868           - -                    │
│         V7          - -           - -           0.812                   │
│         V8          - -           - -           0.742                   │
│         V9          - -           - -           0.687                   │
│                                                                        │
│         PHI                                                             │
│                                                                        │
│                   專業投入      專業承諾      專業倫理                    │
│                  ────────      ────────      ────────                   │
│  專業投入          1.000                                                 │
│  專業承諾          0.836         1.000                                   │
│  專業倫理          0.870         0.844         1.000                     │
│                                                                        │
│         THETA-DELTA                                                     │
│                                                                        │
│               V1        V2        V3        V4        V5        V6      │
│            ────────  ────────  ────────  ────────  ────────  ──────── │
│              0.493     0.360     0.473     0.504     0.399     0.247    │
│                                                                        │
│         THETA-DELTA                                                     │
│                                                                        │
│               V7        V8        V9                                   │
│            ────────  ────────  ────────                                │
│              0.340     0.450     0.529                                  │
└──────────────────────────────────────────────────────────────────────┘
```

　　完全標準化解值。此處的 λ 是因素負荷量，數值介於 0.687~0.868 之間，都

大於 0.50 且小於 0.95，是理想的結果。PH 矩陣是共同因素的相關矩陣，此處可知三個共同因素間的相關分別是 0.836、0.870，及 0.877。TD 是影響觀察變項的唯一性因素，數值介於 0.247~0.529 之間。

[8]

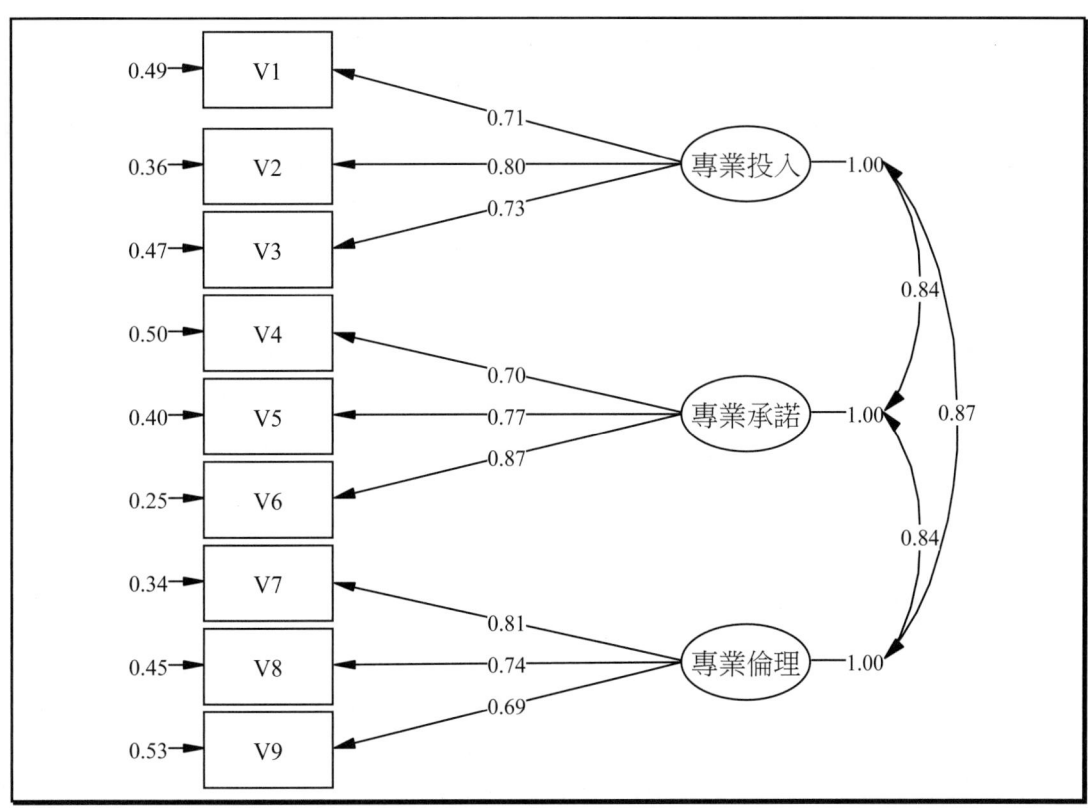

由報表[7]所繪之完全標準化徑路圖。

12.2.2.8 SAS/CALIS 程式

為節省篇幅，只列出程式，報表部分則與 LISREL 大同小異，不另外說明。

```
DATA   cfa;           SET 'd:\multi6\sas\sem_cfa.sas7bdat' ;
PROC CALIS          COV METHOD=ML ALL;
          LINEQS
               V1 = L11    F1 + E1,
               V2 = L21    F1 + E2,
```

```
                                V3 = L31    F1 + E3,
                                V4 = L42    F2 + E4,
                                V5 = L52    F2 + E5,
                                V6 = L62    F2 + E6,
                                V7 = L73    F3 + E7,
                                V8 = L83    F3 + E8,
                                V9 = L93    F3 + E9;
                STD
                                F1    F2    F3 = 1,
                                E1 - E9 = VE1 - VE9;
                COV
                                F1    F2    F3 =PH12    PH13    PH23;

        RUN;
```

在語法中，設定從 D 碟的 MULTI6 下 SAS 資料夾讀入 sem_cfa.sas7bdat，在 LINEQS 中設定 V1-V3 屬於第一個因素，V4-V6 屬於第二個因素，V7-V9 屬於第三個因素，都不設定參照指標，而在 STD 中將 F1-F3 的變異設為 1，並在 COV 中設定 F1-F3 都有相關。在 9.2 版之後，如果將 CALIS 改為 TCALIS 即可使用新的 TCALIS 程序進行分析。

12.2.2.9　Mplus 程式

Mplus 的語法如下：

```
    DATA:                FILE IS d:\multi6\mplus\sem_cfa.dat;
    VARIABLE:            NAMES ARE V1-V9;
                         CATEGORICAL ARE V1-V9;
    MODEL:               F1 BY V1-V3;
                         F2 BY V4-V6;
                         F3 BY V7-V9;
    OUTPUT:              STDYX;
```

在語法裡，DATA 中讀入 D 磁碟 MULTI6 之 MPLUS 資料夾中的 sem_cfa.dat 之自由格式檔。VARIABLE 中加以命名為 V1 至 V9，如果是次序變項，則另行指定 CATEGORICAL 之變項。MODEL 中界定觀察變項及潛在變項，BY 之前為潛在變項，BY 之後為觀察變項。OUTPUT 中另外要求列出完全標準化係數。

12.2.2.10　Mplus 報表與解說

[1]

```
MODEL RESULTS

                                              Two-Tailed
                    Estimate    S.E.   Est./S.E.   P-Value

 F1      BY
    V1            1.000     0.000    999.000    999.000
    V2            1.131     0.043     26.400      0.000
    V3            0.978     0.042     23.116      0.000

 F2      BY
    V4            1.000     0.000    999.000    999.000
    V5            1.043     0.029     36.330      0.000
    V6            1.178     0.030     38.718      0.000

 F3      BY
    V7            1.000     0.000    999.000    999.000
    V8            0.937     0.020     46.914      0.000
    V9            0.858     0.027     31.883      0.000

 F2      WITH
    F1            0.556     0.028     19.704      0.000

 F3      WITH
    F1            0.672     0.026     26.258      0.000
    F2            0.624     0.027     23.382      0.000
```

將 V1 至 V9 視為次序變項所得之原始係數，t 值均大於 1.96。

[2]

```
STDYX Standardization

                                              Two-Tailed
                    Estimate    S.E.   Est./S.E.   P-Value

 F1      BY
    V1            0.783     0.025     31.420      0.000
    V2            0.886     0.018     50.136      0.000
    V3            0.766     0.024     32.382      0.000

 F2      BY
    V4            0.821     0.020     40.968      0.000
    V5            0.856     0.018     48.225      0.000
    V6            0.967     0.012     82.806      0.000

 F3      BY
    V7            0.911     0.015     60.533      0.000
    V8            0.854     0.018     47.011      0.000
    V9            0.782     0.022     36.035      0.000
```

F2	WITH				
	F1	0.865	0.022	39.835	0.000
F3	WITH				
	F1	0.942	0.015	63.594	0.000
	F2	0.834	0.024	34.555	0.000

　　將 V1 至 V9 視為次序變項所得之完全標準化係數，所得結果與 LISREL 有些微差異。

12.2.2.11　AMOS 理論模式圖形

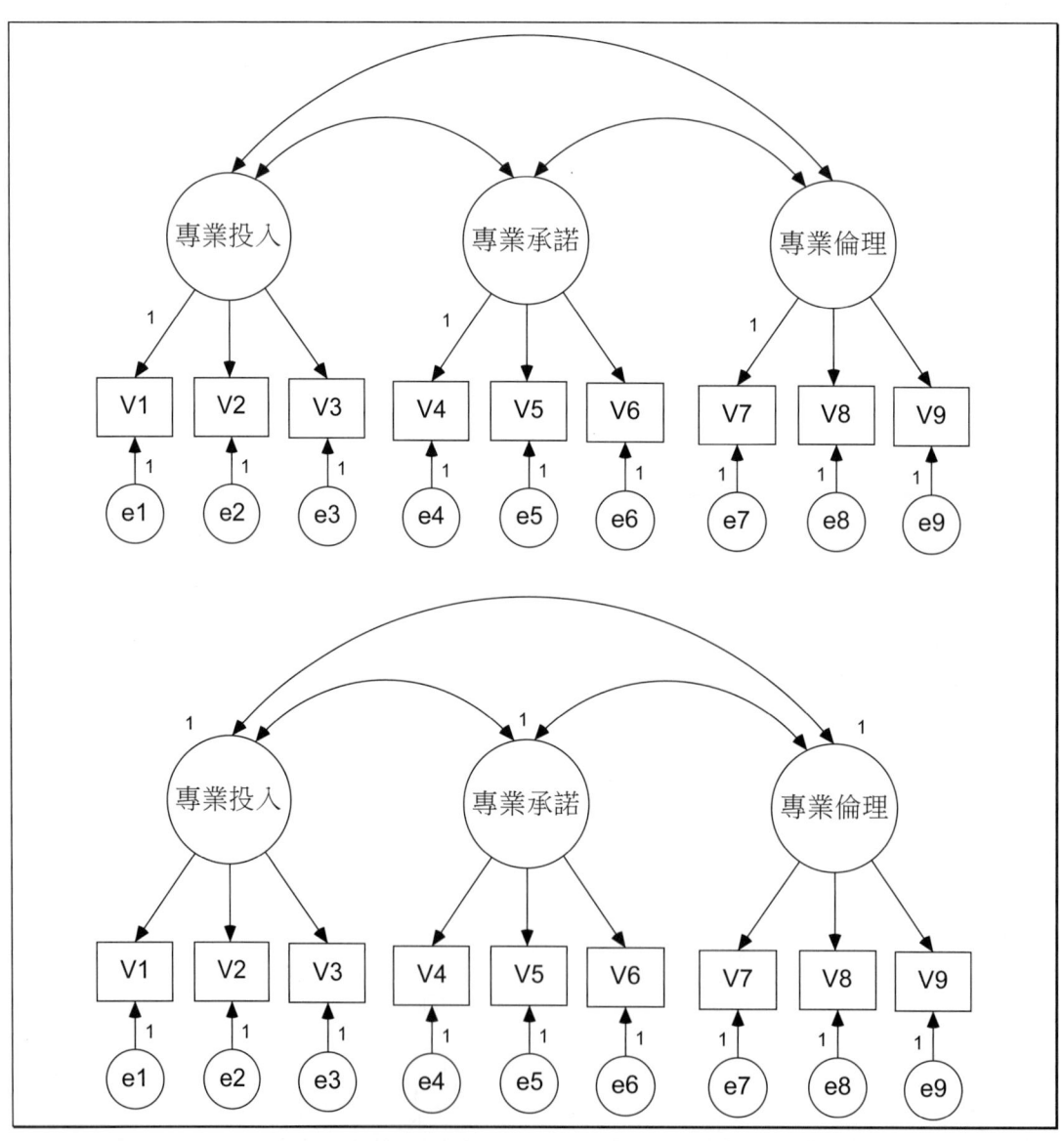

　　Amos 理論模式，在圖形中所有測量誤差之參數均須設定起始值為 1，上面圖形設定某一指標為 1，下面圖形不設定參照指標，而將三個潛在變項的變異數設定為 1。兩種模式的優點如前面 LISREL 部分所述，不過估計所得的結果則是一致的。

12.2.2.12　AMOS 估計結果

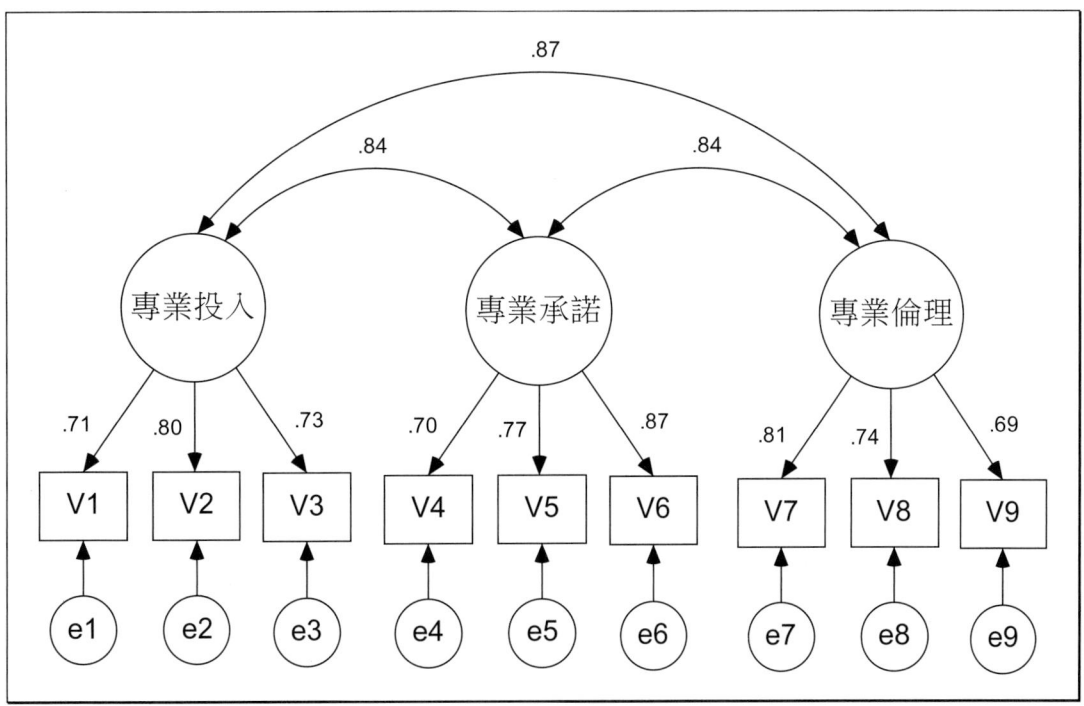

12.2.2.13　本節總結

　　根據前面的估計結果，模式適配度的評鑑仍從三方面著手：在模式的基本適配度標準方面，從估計結果[1]的 THETA DELTA 中，可以發現並沒有負的誤差變異，每一個誤差變異都達 .05 的顯著水準，也沒有很大的標準誤。從[7]的完全標準化解值中可以知道因素負荷量介於 0.687~0.868 之間，未低於 0.5 也未高於 0.95。這些結果顯示，估計結果並未違反模式的基本適配度標準。

　　在整體模式的適配度方面，報表[3]顯示 χ^2=86.748，df=24，p<.001，表示理論上的共變數矩陣 $\hat{\Sigma}$ 與觀察所得之共變數矩陣 S 相等的 H_0 假設必須拒絕，即理論

模式與觀察資料無法適配；不過 GFI 是 0.954，AGFI 為 0.914，都已經大於 0.9；NFI、IFI、NNFI 三項增值指數分別是 0.976、0.983、0.974，都在 0.9 以上。報表 [5] Q-plot 中標準化殘差的分佈線斜度小於 45°；χ^2 值之比率為 3.425，略大於 3。這些結果顯示模式的整體適配標準雖不完全理想，但已有中等以上的可接受度。

在模式的內在品質方面，報表[2]顯示 15 個觀察指標中，有 8 個指標的 R^2 值並未大於 0.5；3 個潛在變項的成份信度都大於 0.6，其計算如下：

$$\rho_{\xi 1} = \frac{(.712 + .800 + .726)^2}{(.712 + .800 + .726)^2 + (.493 + .360 + .473)} = .791$$

$$\rho_{\xi 2} = \frac{(.704 + .775 + .868)^2}{(.704 + .775 + .868)^2 + (.504 + .399 + .247)} = .827$$

$$\rho_{\xi 3} = \frac{(.812 + .742 + .687)^2}{(.812 + .742 + .687)^2 + (.340 + .490 + .529)} = .792$$

三個潛在變項的平均變異抽取是.558、.617，及.561，均大於.5，其計算如下：

$$\rho_{vc(\xi 1)} = \frac{(.507 + .640 + .527)}{3} = .558$$

$$\rho_{vc(\xi 2)} = \frac{(.496 + .601 + .753)}{3} = .617$$

$$\rho_{vc(\xi 3)} = \frac{(.660 + .550 + .471)}{3} = .561$$

由報表[1]處可以發現所有的估計參數都達.05 顯著水準；報表[4]處顯示所有的標準化殘差並未都小於 1.96；從報表[6]處可知，最大的修正指標是 16.39，大於 3.84。從模式的基本適配標準、整體模式適配度及模式的內在品質三方面的評鑑結果來看 (見表 12-6)，圖 12-17 模式的內在品質良好，而外在品質雖未盡理想，但仍有中等以上的可接受度。

表 12-6　圖 12-17 之驗證性因素分析模式適配度評鑑結果摘要表

	評　鑑　項　目	評　鑑　結　果
基本適配指標	是否沒有負的誤差變異？	是
	誤差變異是否都達顯著水準？	是
	參數間相關的絕對值是否未太接近 1？	是
	因素負荷量是否介於 0.5~0.95 之間？	是
	是否沒有很大的標準誤？	是
整體模式適配標準（外在品質）	χ^2 值是否未達顯著？	否，達顯著
	χ^2 值比率是否小於 3？	否，比率為 3.615
	GFI 指數是否大於 0.9？	是，指數為 0.954
	AGFI 指數是否大於 0.9？	是，指數為 0.914
	RMSEA 指數是否低於 0.05？	否，指數為 0.0799
	RMR/SRMR 指數是否低於 0.05？	是，指數為 0.035
	Q-plot 的殘差分佈線的斜度是否大於 45°？	否
	NFI 指數是否大於 0.9？	是，指數為 0.976
	IFI 指數是否大於 0.9？	是，指數為 0.983
	NNFI 指數是否大於 0.9？	是，指數為 0.974
模式內在品質	個別項目的信度是否在 0.5 以上？	否，有二個小於 0.5
	潛在變項的成份信度是否在 0.6 以上？	是，為 0.791、0.827，及 0.792
	潛在變項的平均變異抽取是否在 0.5 以上？	是，為 0.558、0.617，及 0.561
	所估計的參數是否都達顯著水準？	是
	標準化殘差的絕對值是否都小於 1.96？	否
	修正指標是否都小於 3.84？	否

12.2.3 二階驗證性因素分析

12.2.3.1 概念簡介

二階驗證性因素分析 (second-order CFA) 模式也是 LISREL 模式的次模式之一，它可以解決多因素驗證性因素分析模式所無法解決的問題。例如，在智力測驗之中，許多研究者往往發現分屬於不同智力向度的測量誤差之間有相關存在，假如能以二階 (即假定智力因素之上存有 G 因素—普通心理能力) 因素分析來解此一問題，則可以大大減低測量誤差之間的相關 (Bollen, 1989, p.314)。事實上，許多智力理論本來就假定有 G 因素存在，如斯比量表、魏氏兒童智力量表等的理論架構 (參見蔡崇建, 1991)。除了測量誤差的問題以外，有時研究者也發現，在多因素驗證性因素分析之中各共同因素之間的相關很高，解決共同因素之間高相關的一個方法就是抽取更高階的共同因素 (Anderson & Gerbing, 1988)。在這些情形下，就必須使用到二階的驗證性因素分析了。以下將以斯比量表的智力模式來說明二階驗證性因素分析模式。

根據斯比量表第四版修訂手冊 (Thorndike, Hagen & Sattler, 1986)，斯比量表的理論架構是屬於階層的智力理論。該理論結合 Thorndike & Hagen (1985) 的「認知能力測驗」及 Cattell 和 Horn (1967) 的流體與結晶智力階層模式，提出一個階層智力模式。該模式的頂端乃是一個普通心理能力 (general mental ability)，即 G 因素。G 因素之下包含晶體能力 (crystallized abilities)、流體分析能力 (fluid analytic abilities) 及短期記憶 (short memory) 三個較寬廣因素。其中，晶體能力可以分成語文推理 (verbal reasoning) 與數量推理 (quantitative reasoning) 兩個因素，而流體分析能力即為抽象／視覺推理能力 (abstract/visual reasoning abilities)。因此，在斯比量表第四版修訂手冊的因素分析部分中，都以二階因素分析來處理。第一階四個共同因素分別是語文推理、短期記憶、數量推理及抽象／視覺推理，第二階的共同因素為 G 因素，而 15 個分測驗分別屬於第一階四個共同因素的觀察指標 (前述說明請參閱斯比量表第四版修訂手冊 pp.52-57)：

語文推理因素：字彙 (vocabulary)、理解 (comprehension)、謬誤 (absurdities) 、語文關係 (verbal relations) 。

短期記憶因素：珠子記憶 (bead memory)、語句記憶 (memory for sentences)、
　　　　　　　　數目記憶 (memory digits)、物體記憶 (memory for objects)。

數量推理因素：數量 (quantitative)、 數序 (number series)、方程式建立
　　　　　　　　(equation building)。

抽象／視覺因素：組型分析 (pattern analysis)、仿繪 (copying)、矩陣 (matri-
　　　　　　　　ces)、摺剪紙 (paper folding and cutting) 。

其模式圖可以圖 12-18 表示：

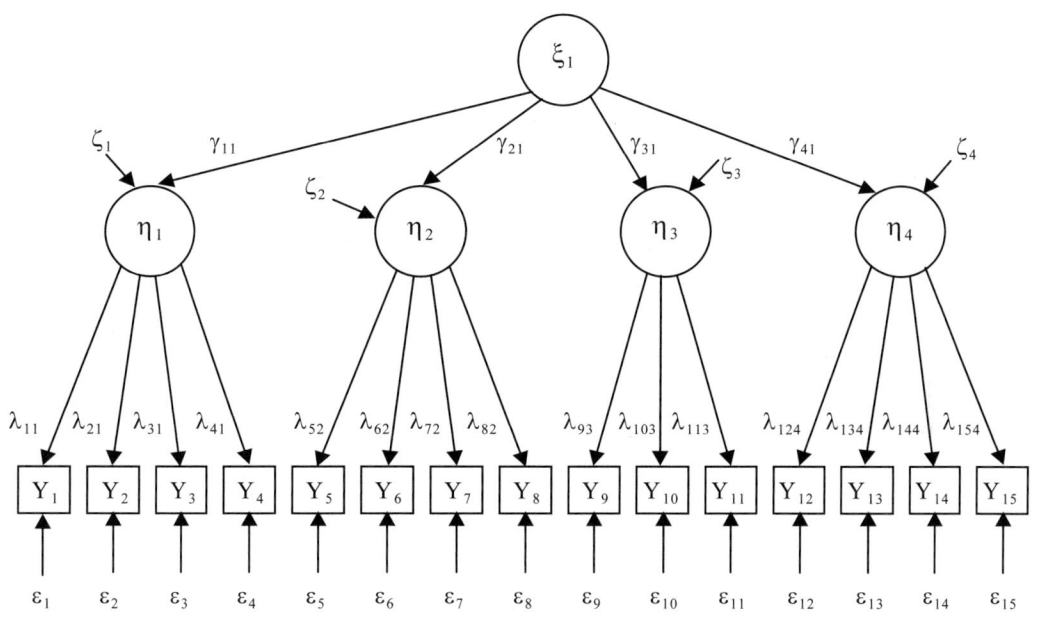

圖 12-18　斯比量表二階驗證性因素分析模式圖

在圖 12-18 中，ξ_1 代表最高層 (第二階) 的智力 G 因素；$\eta_1 \sim \eta_4$ 分別是語文、
抽象/視覺、數量及記憶四個共同因素 (第一階共同因素)，$\zeta_1 \sim \zeta_4$ 分別是影響這四個
共同因素的唯一性因素；$Y_1 \sim Y_{15}$ 分別是前述的十五個分測驗，$\varepsilon_1 \sim \varepsilon_{15}$ 分別是影響這
十五個分測驗的唯一性因素；λ_{pm} 是第一層的因素負荷量，γ_{mn} 則是第二層的因素
負荷量。

斯比量表的智力因素結構正是二階驗證性因素分析的實例。在二階的驗證性因素分析模式中，第二層的共同因素 (ξ) 對觀察變項並無直接效果，而第一層各共同因素 (η) 之間也沒有直接關係，η 之間的相關必須透過第二層共同因素來解釋。因此，在二階驗證性因素分析中 (見圖 12-18)，X 的測量模式已經不見，只剩下 Y 的測量模式及 η 的結構方程模式：

$$\underset{(p\times 1)}{Y} = \underset{(p\times m)}{\Lambda_y} \underset{(m\times 1)}{\eta} + \underset{(p\times 1)}{\varepsilon}$$

$$\underset{(m\times 1)}{\eta} = \underset{(m\times n)}{\Gamma} \underset{(n\times 1)}{\xi} + \underset{(m\times 1)}{\zeta} \qquad \text{(公式 12-19)}$$

由於二階驗證性因素分析中，B 矩陣為 0 (因 η 間沒有直接關係)，所以 η 的結構方程中，B$_\eta$ 項也消失 (請對照公式 12-1)。而此時公式 12-4 的共變數公式只剩左上角的一部分：

$$\underset{(p\times p)}{\Sigma} = \underset{(p\times m)}{\Lambda_y} (\underset{(m\times n)}{\Gamma} \underset{(n\times n)}{\Phi} \underset{(n\times m)}{\Gamma'} + \underset{(m\times m)}{\Psi}) \underset{(m\times p)}{\Lambda'_y} + \underset{(p\times p)}{\Theta_\varepsilon} \qquad \text{(公式 12-20)}$$

由公式 12-20 可以發現，二階的驗證性因素分析模式事實上只涉及五個參數矩陣：

Λ$_y$ ： 描述觀察變項 Y 與第一階共同因素 η 之間關係的 p×m 階因素組型係數矩陣，標準分數化後即為第一階因素負荷量矩陣。

Γ ： 描述第一階共同因素 η 與第二階共同因素 ξ 之間關係的 m×n 階因素組型係數矩陣，標準分數化後即為第二階因素負荷量矩陣。

Φ ： 是第二階共同因素 ξ 之 n×n 階變異數共變數矩陣，標準分數化時，對角線元素為 1、對角線以外是第二階共同因素間之相關係數。

Ψ ： 描述第二階唯一性因素 ζ 之間關係的 m×m 階變異數共變數矩陣，標準分數化後對角線為 1、對角線以外為第二階唯一性因素間之相關係數。

Θ_ε：　描述第一階唯一性因素 ε 之間關係的 p×p 階變異數共變數矩陣，標準
　　　分數化後對角線為 1、對角線以外為唯一性因素間之相關係數。

(以上說明請參閱 Jöreskog & Sörbom, 1989, p.9; p.189)

根據**圖 12-19**，這五個參數矩陣如下：

$$\Lambda_y \atop (15\times 4) = \begin{bmatrix} 1 & 0 & 0 & 0 \\ \lambda_{21} & 0 & 0 & 0 \\ \lambda_{31} & 0 & 0 & 0 \\ \lambda_{41} & 0 & 0 & 0 \\ 0 & 1 & 0 & 0 \\ 0 & \lambda_{62} & 0 & 0 \\ 0 & \lambda_{72} & 0 & 0 \\ 0 & \lambda_{82} & 0 & 0 \\ 0 & 0 & 1 & 0 \\ 0 & 0 & \lambda_{103} & 0 \\ 0 & 0 & \lambda_{113} & 0 \\ 0 & 0 & 0 & 1 \\ 0 & 0 & 0 & \lambda_{134} \\ 0 & 0 & 0 & \lambda_{144} \\ 0 & 0 & 0 & \lambda_{154} \end{bmatrix} \qquad \Gamma \atop (4\times 1) = \begin{bmatrix} \gamma_{11} \\ \gamma_{21} \\ \gamma_{31} \\ \gamma_{41} \end{bmatrix} \qquad \Phi \atop (1\times 1) = [1]$$

$$\Psi \atop (4\times 4) = diag[\xi_{11} \quad \xi_{22} \quad \xi_{33} \quad \xi_{44}]$$

$$\Theta_\varepsilon \atop (15\times 15) = diag[\varepsilon_{11} \quad \varepsilon_{22} \quad \cdots\cdots \quad \varepsilon_{1515}]$$

為驗證斯比量表之二階驗證性因素分析模式，某位研究者以 100 名八歲半兒
童為觀察對象，得到 15 個觀察變項之相關矩陣為：

1:字　　　彙 ⎡1
2:理　　　解 ⎢.68　1
3:謬　　　誤 ⎢.58　.55　1
4:語文關係 ⎢.56　.55　.51　1
5:組型分析 ⎢.35　.33　.45　.37　1
6:仿　　　繪 ⎢.37　.31　.27　.27　.37　1
7:矩　　　陣 ⎢.39　.33　.37　.35　.44　.30　1
8:摺，剪紙 ⎢.30　.29　.32　.32　.46　.20　.41　1
9:數　　　量 ⎢.55　.51　.48　.53　.44　.27　.52　.50　1
10:數　　　序 ⎢.44　.37　.36　.35　.43　.27　.50　.47　.54　1
11:方程建立 ⎢.37　.39　.34　.49　.34　.16　.43　.43　.51　.51　1
12:珠子記憶 ⎢.42　.32　.40　.29　.39　.25　.30　.25　.39　.38　.26　1
13:語句記憶 ⎢.53　.46　.43　.36　.34　.29　.34　.34　.44　.41　.28　.36　1
14:數目記憶 ⎢.41　.34　.36　.29　.32　.27　.33　.30　.43　.39　.37　.36　.62　1
15:物體記憶 ⎣.37　.33　.38　.32　.32　.21　.33　.26　.34　.36　.29　.35　.31　.42　1⎦

其 SIMPLIS 語法如下：

```
Observed Variables:
VOC  COM  ABS  VER  PAA  COP  MAT  PFC  QUA  NUS  EQB
BEM  MES  MED  MEO
Latent Variables: VERBAL   ABST   QUENT   MEMORY   GENERAL
Correlation Matrix
1
.68   1
.58   .55   1
.56   .55   .51   1
.35   .33   .45   .37   1
.37   .31   .27   .27   .37   1
.39   .33   .37   .35   .44   .30   1
.30   .29   .32   .32   .46   .20   .41   1
.55   .51   .48   .53   .44   .27   .52   .50   1
.44   .37   .36   .35   .43   .27   .50   .47   .54   1
.37   .39   .34   .49   .34   .16   .43   .43   .51   .51   1
.42   .32   .40   .29   .39   .25   .30   .25   .39   .38   .26   1
.53   .46   .43   .36   .34   .29   .34   .34   .44   .41   .28   .36   1
.41   .34   .36   .29   .32   .27   .33   .30   .43   .39   .37   .36   .62   1
.37   .33   .38   .32   .32   .21   .33   .26   .34   .36   .29   .35   .31   .42   1
Sample Size: 100
```

```
Relationships:
VOC COM ABS VER =VERBAL
PAA COP MAT PFC = ABST
QUA NUS EQB = QUENT
BEM MES MED MEO = MEMORY
VERBAL ABST QUENT MEMORY = GENERAL
Path Diagram
LISREL Output RS SE SC MI TV PC TO AD=OFF IT=250 ND=3
End of Problem
```

　　在語法中，先界定觀察變項與潛在變項名稱。其次輸入相關矩陣，並說明樣本數。在關係模式中，先分別界定各一階因素及其觀察指標，再將四個一階因素設為二階因素的結果變項。最後指定繪出徑路圖及 LISREL 結果，並結束分析。

　　分析之後所得徑路圖如下：

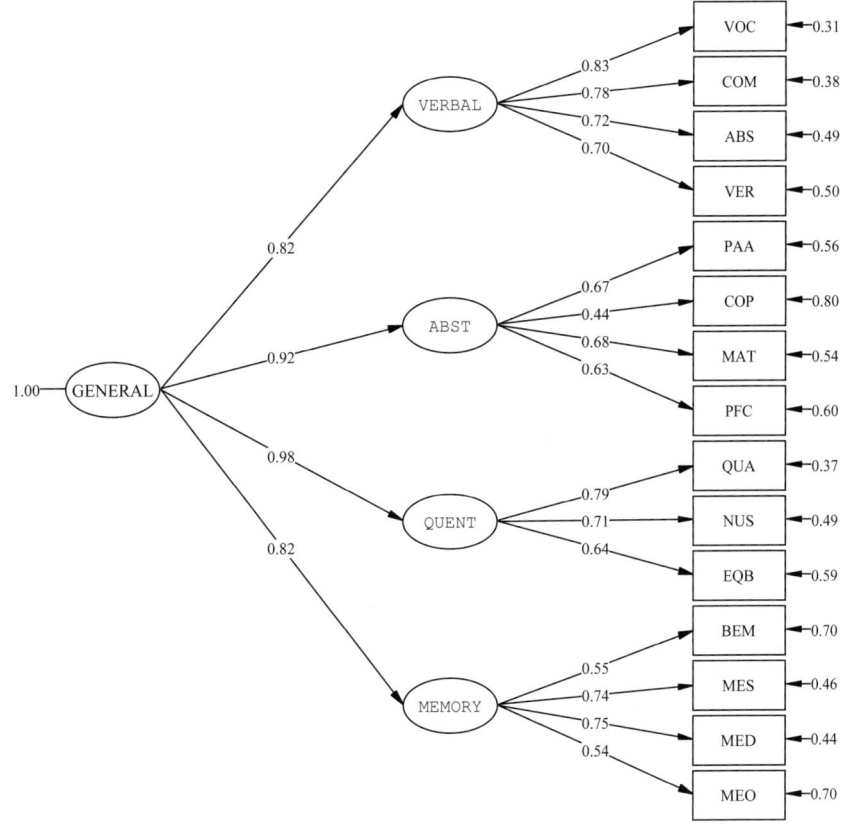

12.2.3.2 實例說明

配合 12.2.2.2 節之實例，研究者將原來之驗證性因素分析模式修正為圖 12-19 之二階驗證性因素分析模式。因為模式已加以修正，所以變項之代號會與驗證性因素分析模式不同，圖中 η_1 為專業投入因素，η_2 為專業承諾因素，η_3 為專業倫理因素，ξ_1 為專業信念因素。各個指標仍為 V_1 至 V_9 為，ε_q 分別為影響 $V_1 \sim V_9$ 的唯一性因素。

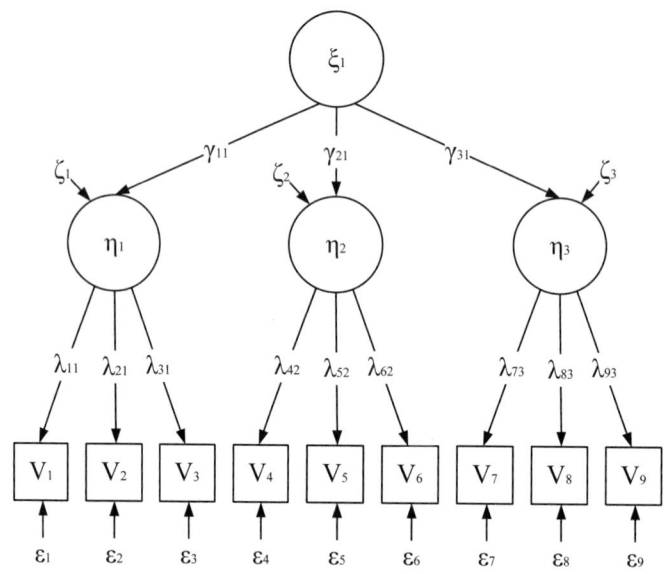

圖 12-19 教師專業信念之二階驗證性因素分析模式圖

12.2.3.3 LISREL/SIMPLIS 語法

```
        Raw Data from File 'd:\multi6\lisrel\sem_cfa.psf'
        Observed Variables: V1-V9
[1]     Latent Variables: 專業投入 專業承諾 專業倫理 專業信念
        Relationships:
        V1 V2 V3 =專業投入
        V4 V5 V6 =專業承諾
        V7 V8 V9 =專業倫理
[2]     專業投入 專業承諾 專業倫理 = 專業信念
        Path Diagram
        Lisrel Output RS SE SC PC MI TV TO AD=OFF ND=3
        End of Problem
```

12.2.3.4　LISREL/SIMPLIS 語法說明

[1]　本部分的語法與前一部分驗證性因素分析類似，因此僅說明不同之處。在此處，增加了一個潛在變項 (專業信念)，作為二階因素名稱。

[2]　將專業投入、專業承諾，及專業倫理等一階因素歸屬於專業信念之二階因素下。此時，系統會自動將 V1、V4，及 V7 設為三個因素的參照指標。

12.2.3.5　LISREL 程式

```
[1]    SP=d:\data\sem_cfa.sav
[2]    MO NY=9 NE=3 NK=1 PH=ST GA=FR TE=SY,FI PS=SY,FI
[3]    FR LY(2,1) LY(3,1) LY(5,2) LY(6,2) LY(8,3) LY(9,3) C
          TE(1,1) TE(2,2) TE(3,3) TE(4,4) TE(5,5) TE(6,6) TE(7,7) TE(8,8) TE(9,9) c
          PS(1,1) PS(2,2) PS(3,3)
[4]    VA 1 LY(1,1) LY(4,2) LY(7,3)
[5]    LE
       *
       專業投入 專業承諾 專業倫理
[6]    LK
       *
       專業信念
[7]    ST 1 ALL
[8]    PD
[9]    OU RS SE SC MI TV PC TO AD=OFF IT=250 NS ND=3
```

12.2.2.6　LISREL 程式說明

[1]　從 D 碟之 data 資料夾中讀入 SPSS 檔，檔名為 sem_cfa.sav。

[2]　MO 列，指出 9 個 Y 變項、3 個 η 變項、1 個 ξ 變項，LY 採內定格式不必界定，界定 PH=ST。界定 GA=FR 即表示 Γ 矩陣中所有元素都要估計，界定 TE=SY,FI、PS=SY,FI 表示 Θ_ε 及 ψ 矩陣是對稱矩陣，矩陣內元素全部固定為 0。此處必須說明的是，Θ_ε 及 ψ 矩陣只有對角線元素要估計，事實上只要寫成 TE=DI、PS=DI 就可以了。但是寫成 " SY,FI " 時，在修正指標處可以獲得 TE 及 PS 兩個矩陣對角線以外元素的修正訊息，而寫成 " DI " 則無法獲得此一訊息。

[3] 列出所要估計的參數名稱，包含 5 個 λ、9 個 ε、3 個 ζ。

[4] 列出參照指標，分別是 LY(1,1)、LY(4,2)，及 LY(7,3)。

[5] 界定第一階共同因素 η 的名稱。

[6] 界定第二階共同因素 ξ 的名稱。

[7] ST 設定所有估計參數的起點估計值為 1。由於在二階之驗證性因素分析中，ξ 變項並無觀察指標 (X 變項)，LISREL 程式無法以 TSLS 或 IV 法來估計各參數的起點估計值，所以研究者必須提供起點估計值 (Jöreskog & Sörbom, 1989, p.190)。研究者所提供的起點估計值不一定要是 1，也可以是 1 以外的任何數值。

[8] 繪出徑路圖。

[9] OU 列，界定所要求列印的各項結果。此處的 NS 乃是要求 LISREL 程式不必以 TSLS 或 IV 法去估計各參數的起點估計值，該值已由研究者提供。

12.2.3.7　LISREL 報表與解說

[1]

```
LISREL Estimates (Maximum Likelihood)

     LAMBDA-Y

          專業投入    專業承諾    專業倫理
          --------    --------    --------
     V1     1.000       - -         - -
     V2     1.107       - -         - -
          (0.079)
           13.931
     V3     1.092       - -         - -
          (0.085)
           12.818
     V4      - -       1.000        - -
     V5      - -       1.154        - -
                     (0.084)
                      13.743
     V6      - -       1.119        - -
                     (0.075)
                      14.981
     V7      - -        - -        1.000
     V8      - -        - -        0.953
                                 (0.064)
                                  14.862
     V9      - -        - -        0.854
                                 (0.063)
                                  13.588
```

```
        GAMMA

           專業信念
          --------
專業投入    0.342
           (0.025)
           13.777
專業承諾    0.368
           (0.028)
           13.384
專業倫理    0.380
           (0.023)
           16.367

      Covariance Matrix of ETA and KSI

         專業投入    專業承諾    專業倫理    專業信念
         --------   --------   --------   --------
專業投入   0.136
專業承諾   0.126      0.167
專業倫理   0.130      0.140      0.165
專業信念   0.342      0.368      0.380      1.000

       PHI

          專業信念
         --------
           1.000

      PSI
      Note: This matrix is diagonal.

         專業投入    專業承諾    專業倫理
         --------   --------   --------
          0.019      0.031      0.020
         (0.007)    (0.008)    (0.008)
          2.868      4.007      2.608
```

　　未標準化的 ML 估計值、標準誤及 t 值。由報表[1]~[3]可發現所有估計參數均達 .05 顯著水準。

[2]

```
    Squared Multiple Correlations for Structural Equations
      專業投入    專業承諾    專業倫理
     --------   --------   --------
      0.862      0.812      0.877
```

　　三個第一階因素能被第二階共同因素 (專業信念) 所解釋的百分比，數值分別為 0.862、0.812，及 0.877 之間。

[3]

```
         THETA-EPS

              V1          V2          V3          V4          V5          V6
         --------    --------    --------    --------    --------    --------
            0.132       0.093       0.145       0.170       0.148       0.069
          (0.012)     (0.010)     (0.013)     (0.014)     (0.014)     (0.009)
           11.447       9.600      11.241      11.913      10.856       7.830

         THETA-EPS

              V7          V8          V9
         --------    --------    --------
            0.085       0.122       0.135
          (0.009)     (0.011)     (0.011)
            9.353      11.075      11.840

         Squared Multiple Correlations for Y - Variables

              V1          V2          V3          V4          V5          V6
         --------    --------    --------    --------    --------    --------
            0.507       0.640       0.527       0.496       0.601       0.753

         Squared Multiple Correlations for Y - Variables

              V7          V8          V9
         --------    --------    --------
            0.660       0.550       0.471
```

觀察指標的 R^2，此處發現僅有 V4 及 V9 的個別項目信度略低於 0.5。

[4]

```
                      Goodness of Fit Statistics

                      Degrees of Freedom = 24
              Minimum Fit Function Chi-Square = 86.784 (P = 0.00)
      Normal Theory Weighted Least Squares Chi-Square = 82.191 (P = 0.000)
              Estimated Non-centrality Parameter (NCP) = 58.191
              90 Percent Confidence Interval for NCP = (34.339 ; 89.640)

                      Minimum Fit Function Value = 0.228
              Population Discrepancy Function Value (F0) = 0.153
              90 Percent Confidence Interval for F0 = (0.0904 ; 0.236)
              Root Mean Square Error of Approximation (RMSEA) = 0.0799
              90 Percent Confidence Interval for RMSEA = (0.0614 ; 0.0991)
              P-Value for Test of Close Fit (RMSEA < 0.05) = 0.00490

              Expected Cross-Validation Index (ECVI) = 0.327
              90 Percent Confidence Interval for ECVI = (0.264 ; 0.410)
              ECVI for Saturated Model = 0.237
              ECVI for Independence Model = 9.552
```

```
Chi-Square for Independence Model with 36 Degrees of Freedom = 3611.894
                     Independence AIC = 3629.894
                          Model AIC = 124.191
                      Saturated AIC = 90.000
                     Independence CAIC = 3674.380
                         Model CAIC = 227.990
                     Saturated CAIC = 312.426


                     Normed Fit Index (NFI) = 0.976
                 Non-Normed Fit Index (NNFI) = 0.974
          Parsimony Normed Fit Index (PNFI) = 0.651
              Comparative Fit Index (CFI) = 0.982
              Incremental Fit Index (IFI) = 0.983
                 Relative Fit Index (RFI) = 0.964


                        Critical N (CN) = 189.195


          Root Mean Square Residual (RMR) = 0.0100
                      Standardized RMR = 0.0350
               Goodness of Fit Index (GFI) = 0.954
       Adjusted Goodness of Fit Index (AGFI) = 0.914
       Parsimony Goodness of Fit Index (PGFI) = 0.509
```

　　整體模式適配度的考驗，得 χ^2=86.748，df=24，p<.001，顯示觀察資料與理論模式無法適配；適配指數 GFI=0.954、調整後適配指數 AGFI=.914 均大於 0.9；而標準化殘差均方根 SRMR=0.035 尚可。NFI、IFI、NNFI 三項指數分別是 0.976、0.983，及 0.974，也都大於 0.9。其他各項指標請參閱多指標因果模式報表說明。

[5]

```
      Standardized Residuals

               V1         V2         V3         V4         V5         V6
             --------   --------   --------   --------   --------   --------
      V1        - -
      V2      -1.632       - -
      V3       0.208      1.430       - -
      V4      -1.223      1.048     -0.981       - -
      V5      -1.704      1.722     -1.240      2.710       - -
      V6      -1.463      3.679     -1.825     -1.742     -0.830       - -
      V7       1.484     -2.361      0.618     -1.039      1.717      2.027
      V8       1.800     -4.002      1.393     -0.281     -2.157      0.966
      V9       3.924      0.880     -1.829      0.160     -3.659     -0.154

      Standardized Residuals

               V7         V8         V9
             --------   --------   --------
      V7        - -
      V8      -0.136       - -
      V9      -1.353      1.579       - -
```

標準化殘差，此處發現有八個標準化殘差大於 1.96，它們分別是 V1 與 V9、V2 與 V6、V2 與 V7、V2 與 V8、V4 與 V5、V5 與 V8、V5 與 V9，及 V6 與 V7。

[6]

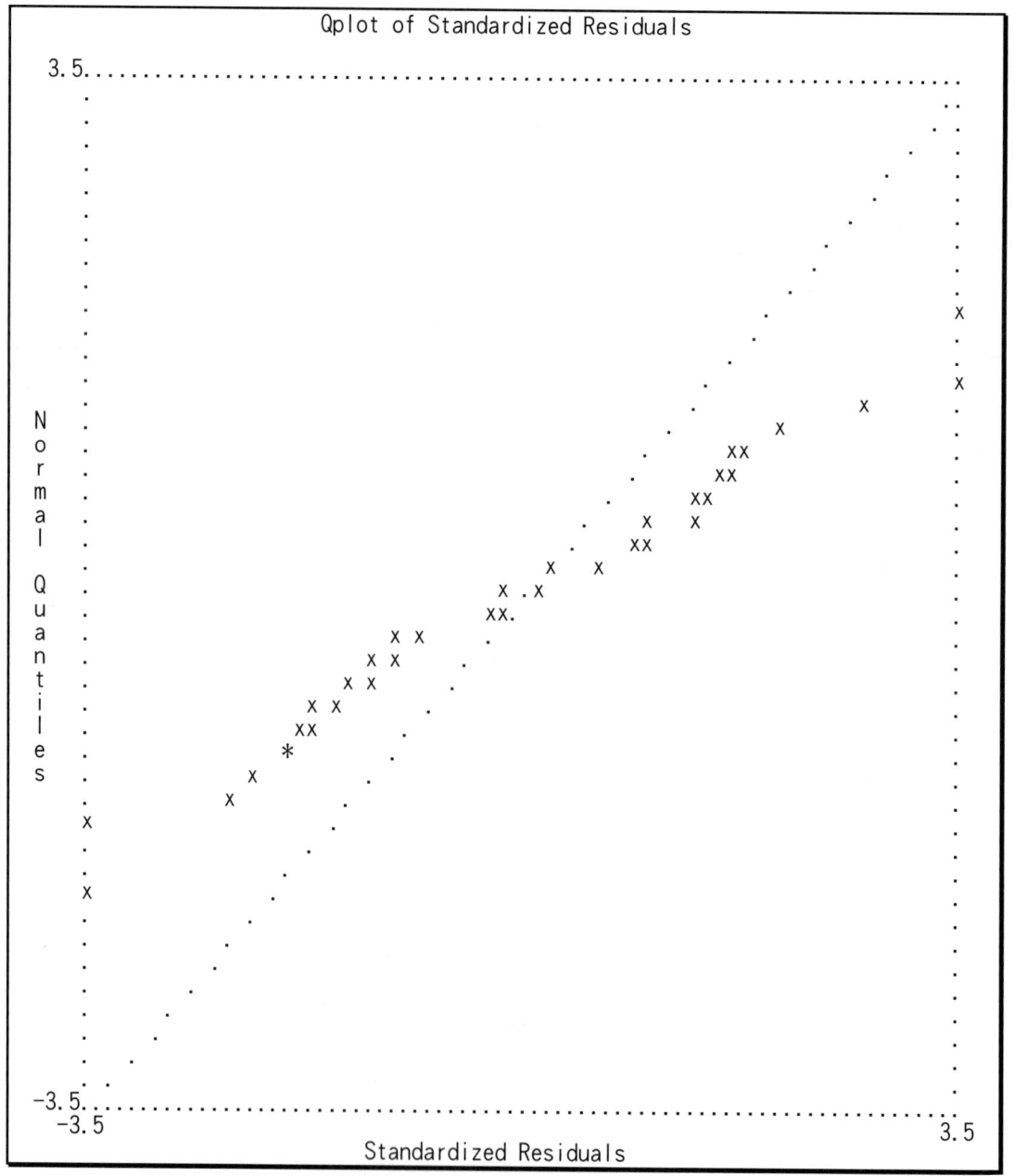

標準化殘差的 Q-plot 小於 45°，顯示整體適配度不佳。

[7]

```
Modification Indices and Expected Change

    Modification Indices for LAMBDA-Y

           專業投入      專業承諾      專業倫理
         --------      --------      --------
   V1      - -          3.257        12.244
   V2      - -         16.395         9.740
   V3      - -          5.674         0.117
   V4     0.379         - -           0.721
   V5     0.955         - -           3.917
   V6     2.458         - -           7.980
   V7     0.001        4.918          - -
   V8     1.510        0.515          - -
   V9     1.536        2.625          - -
     ⋮

No Non-Zero Modification Indices for BETA

No Non-Zero Modification Indices for GAMMA

No Non-Zero Modification Indices for PHI

No Non-Zero Modification Indices for PSI

    Modification Indices for THETA-EPS

           V1          V2          V3          V4          V5          V6
         --------    --------    --------    --------    --------    --------
   V1      - -
   V2     2.665       - -
   V3     0.043      2.046        - -
   V4     0.547      0.396       0.071        - -
   V5     1.336      1.848       0.107       7.344        - -
   V6     1.918      6.584       2.506       3.033       0.689        - -
   V7     0.286      4.301       0.845       2.434       6.283       0.500
   V8     2.210     15.354       4.474       0.032       3.434       1.278
   V9    12.349      1.582       6.097       0.972      11.891       0.062

    Modification Indices for THETA-EPS

           V7          V8          V9
         --------    --------    --------
   V7      - -
   V8     0.019       - -
   V9     1.830      2.494        - -
     ⋮

Maximum Modification Index is   16.39 for Element ( 2, 2) of LAMBDA-Y
```

模式修正指標，最大值為 λ_{22} 之 16.395，其次為 ε_{28} 之 15.354，如果要修正模式，建議先將 ε_{28} 設為自由參數。(只列出部分報表)

[8]

```
            Correlation Matrix of Parameter Estimates

              LY 2_1      LY 3_1      LY 5_2      LY 6_2      LY 8_3      LY 9_3
             --------    --------    --------    --------    --------    --------
   LY 2_1      1.000
   LY 3_1      0.563       1.000
   LY 5_2      0.000       0.000       1.000
              :
              :
              :
```

參數間相關，並未有大於 0.9 以上者。(只列出部分報表)

[9]

```
Completely Standardized Solution

        LAMBDA-Y

              專業投入     專業承諾     專業倫理
             --------    --------    --------
   V1          0.712       - -         - -
   V2          0.800       - -         - -
   V3          0.726       - -         - -
   V4          - -         0.704       - -
   V5          - -         0.775       - -
   V6          - -         0.868       - -
   V7          - -         - -         0.812
   V8          - -         - -         0.742
   V9          - -         - -         0.687

        GAMMA

              專業信念
             --------
   專業投入     0.928
   專業承諾     0.901
   專業倫理     0.937

    Correlation Matrix of ETA and KSI

              專業投入     專業承諾     專業倫理     專業信念
             --------    --------    --------    --------
   專業投入     1.000
   專業承諾     0.836       1.000
   專業倫理     0.870       0.844       1.000
   專業信念     0.928       0.901       0.937       1.000

        PSI
        Note: This matrix is diagonal.

              專業投入     專業承諾     專業倫理
             --------    --------    --------
              0.138       0.188       0.123
```

THETA-EPS					
V1	V2	V3	V4	V5	V6
--------	--------	--------	--------	--------	--------
0.493	0.360	0.473	0.504	0.399	0.247

THETA-EPS		
V7	V8	V9
--------	--------	--------
0.340	0.450	0.529

　　完全標準化解值。此處的 LAMBDA Y 是第一層的因素負荷量，數值介於 0.687~0.868 之間；GAMMA 是第二層的因素負荷量，數值分別為 0.928、0.901，及 0.937；PSI 是影響第一層因素的唯一性因素，數值分別為 0.138、0.188，及 0.123；而 THETA-EPS 是影響 9 個觀察指標的唯一性因素，數值介於 0.247~0.529 之間。從 ETA 與 KSI 的相關矩陣可以發現，3 個第一階共同因素的交互相關都不低，數值均大於 0.8。

[10]

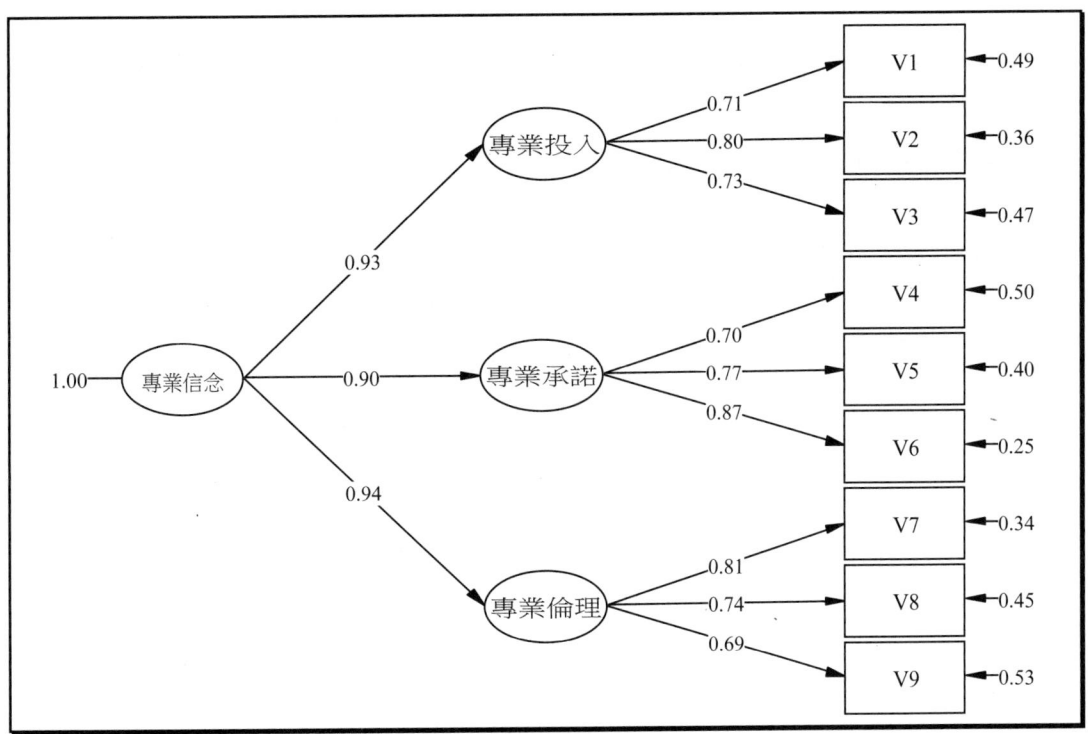

由報表[9]所繪製之徑路圖。

12.2.3.8　SAS/CALIS 程式

```
DATA    cfa2;        SET 'd:\data\sem_cfa.sas7bdat' ;
PROC CALIS           COV METHOD=ML ALL;
        LINEQS
                V1 =        F1 + E1,
                V2 = L21    F1 + E2,
                V3 = L31    F1 + E3,
                V4 =        F2 + E4,
                V5 = L52    F2 + E5,
                V6 = L62    F2 + E6,
                V7 =        F3 + E7,
                V8 = L83    F3 + E8,
                V9 = L93    F3 + E9,
                F1 = C14    F4 + D1,
                F2 = C24    F4 + D2,
                F3 = C34    F4 + D3;
        STD
                F4 = 1,
                E1 - E9 = VE1 - VE9,
                D1 - D3 = VD1 - VD3;
    RUN;
```

12.2.3.9　Mplus 程式

Mplus 的語法如下：

```
DATA:        FILE IS d:\multi6\mplus\sem_cfa.dat;
VARIABLE:    NAMES ARE V1-V9;
             CATEGORICAL ARE V1-V9;
MODEL:       F1 BY V1-V3;
             F2 BY V4-V6;
             F3 BY V7-V9;
             F4 BY F1 F2 F3;
OUTPUT:      STDYX;
```

在語法中，再加入 F4 BY F1 F2 F3 即可。

12.2.3.10　AMOS 理論模式圖形

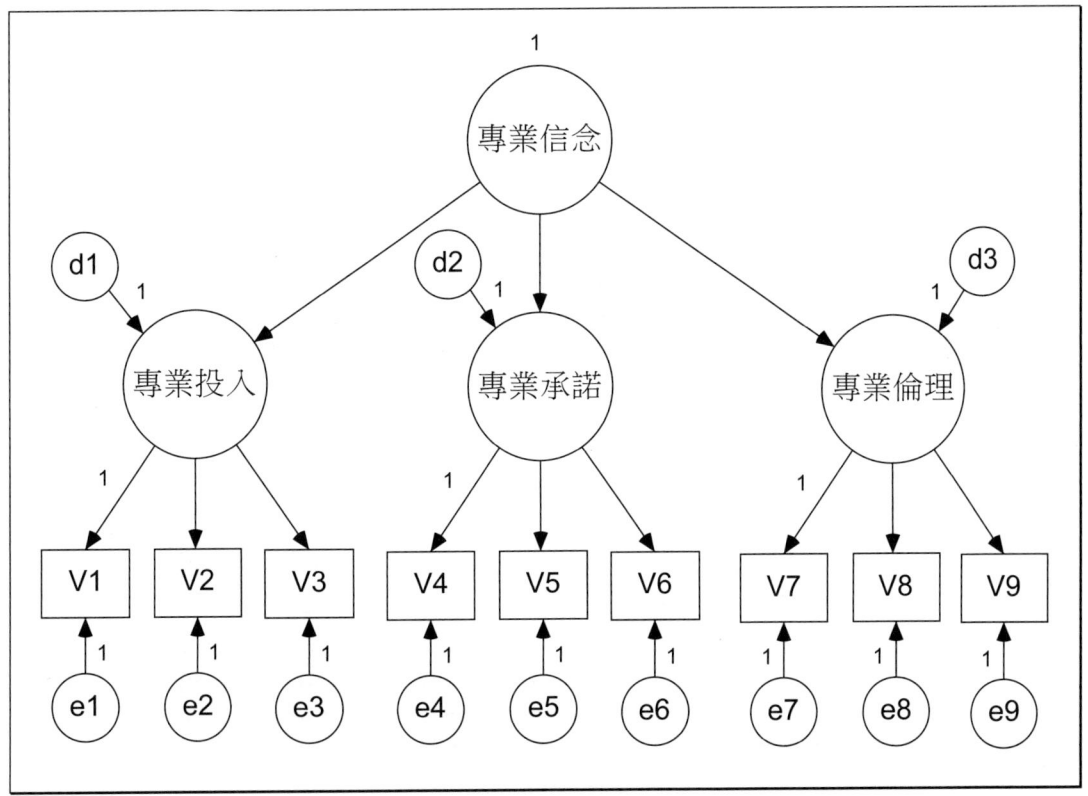

　　Amos 理論模式圖形，在模式中所有的測量誤差及結構方程誤差都設定起始值為 1。二階因素因為沒有觀察指標，因此也必須提供起始估計值。不過。此起始值只要不為 0 即可，給予的數值雖會影響估計的時間，但是對於最後的結果影響並不大。

12.2.3.11 AMOS 估計結果

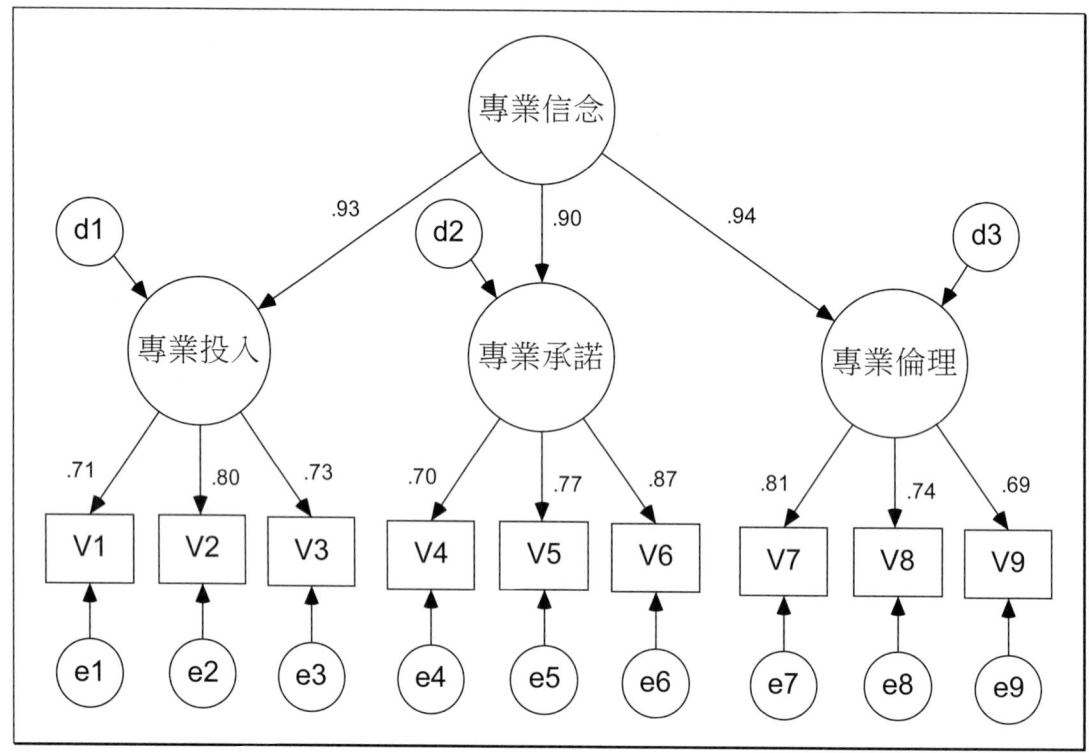

12.2.3.12 本節總結

　　當分析的是三因素二階驗證因素分析時，它與一階驗證因素分析屬等值模式，其各項適配度指標都相同，因此只做大略解釋，其他部分，請參見一階驗證因素分析。

　　根據前面的估計結果，模式適配度的評鑑仍從三方面著手：在模式的基本適配度標準方面，從估計結果[1]的 THETA DELTA 中，可以發現並沒有負的誤差變異，且均達.05 顯著水準；從報表[8]中可以看出估計參數間相關的絕對值並未接近 1；從報表[9]處可發現在第一層的因素負荷量中，所有的因素負荷量均達 0.5 之標準。而在第二層的因素負荷量中，均未超過 0.95 的標準。這些結果顯示已經符合模式的基本適配標準。

　　在整體模式的適配度方面，報表[4]顯示 $\chi^2 (24)=86.748$，$p<.001$，表示理論上

的共變數矩陣 $\hat{\Sigma}$ 與觀察所得之共變數矩陣 S 相等的 H_0 假設必須拒絕，即理論模式與觀察資料無法適配。而適配度指數 GFI 是 0.954，調整後適配度指數 AGFI 為 0.914，均大於 0.9。標準殘差均方根 (SRMR) 為 0.035，小於 0.05。從[6]的 Q-plot 中可知，標準化殘差的分佈線斜度小於 45°，顯示模式適配度不佳。χ^2 值之比率為 3.616，略大於 3。**圖 12-19** 模式之基準線模式的卡方考驗為 χ^2=3611.894，由之而計算出來的 NFI、IFI、NNFI 三項指數分別是 0.976、0.983、0.974，都大於 0.9。這些結果顯示模式的整體適配度尚佳。

在模式的內在品質方面，報表[3]顯示 9 個觀察指標中，有 2 個指標的 R^2 值並未大於 0.5，不過也相差不遠。根據公式 12-16、12-17 計算而得的潛在變項成份信度及平均變異抽取是：

表 12-7　四個潛在變項之成份信度及平均變異抽取

潛　在　變　項	專業投入因素	專業承諾因素	專業倫理因素	專業信念因素
成份信度	0.791	0.827	0.792	0.945
平均變異抽取	0.558	0.617	0.561	0.850

從**表 12-7** 可知，四個潛在變項的成份信度介於 0.791~0.945 之間，已經超過 0.6 的標準；平均變異抽取介於 0.558~0.850 之間，也都達 0.5 的標準。這些結果都顯示模式的內在品質相當理想。不過，由報表[5]處也發現有五個標準化殘差的絕對值大於 1.96；而從報表[7]處也發現有修正指標最大為 16.395，表示模式仍有細列誤差。前述的模式適配度評鑑可以做成**表 12-8** 之摘要表。

綜合而言，**圖 12-19** 之二階驗證性因素分析模式的χ^2值雖然達 .05 顯著水準，χ^2 值之比率也大於 3，但是其他的適配指標均符合標準，因此適配度評鑑結果可說相當理想。

註：目前 SEM 分析軟體均未提供成份信度數據，本書特別在光碟中提供成份信度計算軟體，執行後只要先選取觀察指標數，依序輸入標準化係數，再點選「計算」即可以得到平均抽取變異量及構念信度 (成份信度)。有需要之讀者亦可在陳正昌之教學網站下載：http://cclearn.npue.edu.tw/tuition/ccchen-web/

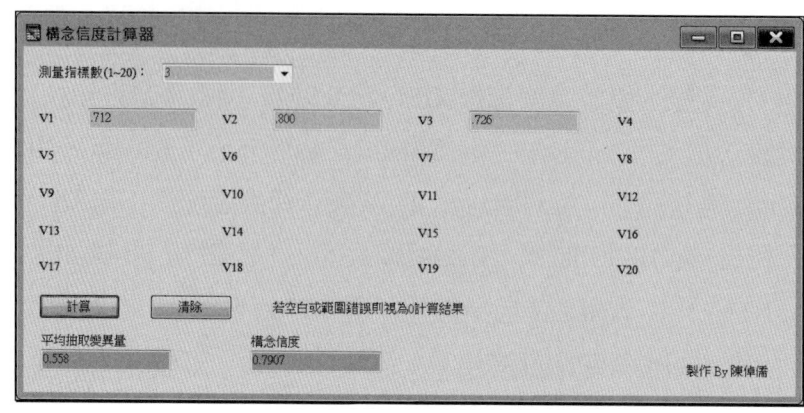

表 12-8　圖 12-19 之二階驗證性因素分析模式適配度評鑑結果摘要表

	評　　鑑　　項　　目	評　　鑑　　結　　果
基本適配指標	是否沒有負的誤差變異？	是
	誤差變異是否都達顯著水準？	是
	參數間相關的絕對值是否未太接近 1？	是，絕對值最大者是 0.663
	因素負荷量是否介於 0.5~0.95 之間？	是
	是否沒有很大的標準誤？	是
整體模式適配標準（外在品質）	χ^2 值是否未達顯著？	否，達顯著
	χ^2 值比率是否小於 3？	否，比率為 3.616
	GFI 指數是否大於 0.9？	是，指數為 0.954
	AGFI 指數是否大於 0.9？	否，指數為 0.914
	RMSEA 指數是否低於 0.05？	否，指數為 0.0799
	RMR/SRMR 指數是否低於 0.05？	是，指數為 0.035
	Q-plot 的殘差分佈線的斜度是否大於 45°？	否，小於 45°
	NFI 指數是否大於 0.9？	是，指數為 0.976
	IFI 指數是否大於 0.9？	是，指數為 0.983
	NNFI 指數是否大於 0.9？	是，指數為 0.974
模式內在品質	個別項目的信度是否在 0.5 以上？	否，有 2 個指標略低於 0.5
	潛在變項的成份信度是否在 0.6 以上？	是，介於 0.791~0.945 之間
	潛在變項的平均變異抽取是否在 0.5 以上？	是，介於 0.558~0.850 之間
	所估計的參數是否都達顯著水準？	是
	標準化殘差的絕對值是否都小於 1.96？	否，有 5 個大於 1.96
	修正指標是否都小於 3.84？	否

12.2.4　單指標徑路分析模式

12.2.4.1　概念簡介

　　前已述及，徑路分析有許多限制。但是有時候研究者無法為潛在變項找到多個觀察指標，也只好以單一指標的徑路分析模式來驗證因果假設。徑路分析也是 LISREL 的次模式之一，以下就 LISREL 使用手冊第四章 (Jöreskog & Sörbom, 1989, pp.139-156) 中的實例來演示如何以 LISREL 解徑路分析的問題。

　　某研究者根據理論提出一個徑路分析模式，該模式的自變項(X 變項)有四個：智力(X_1)、兄弟姊妹數(X_2)、父親的教育程度(X_3)、父親的職業(X_4)；依變項(Y 變項)有三個：學業成績(Y_1)、教育期望(Y_2)、職業抱負(Y_3)。其徑路圖如下：

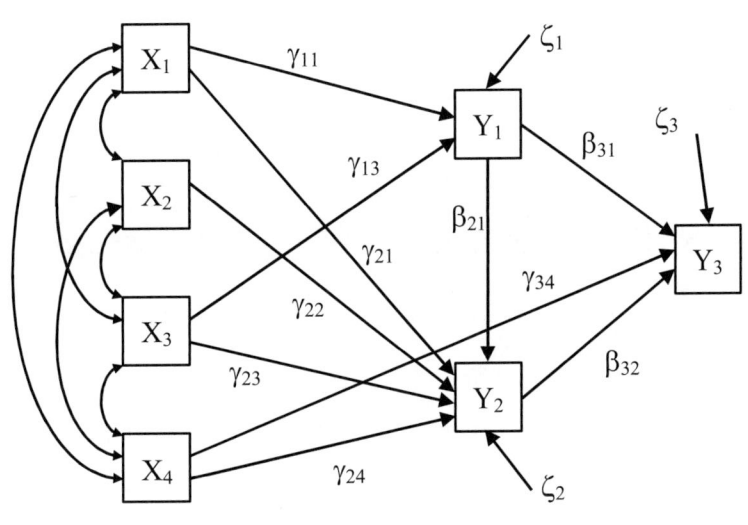

圖 12-20　徑路分析模式圖

　　圖 12-20 中，研究者假定學業成績受到智力及父親教育程度的影響，四個自變項都直接影響教育期望，父親的職業直接影響受試者的職業抱負，學業成績直接影響教育期望及職業抱負，而教育期望也直接影響職業抱負。

　　從圖 12-20 中讀者可以發現 7 個變項都是觀察變項，並無潛在變項。對照圖中的徑路係數 (γ_{mn}、β_{mm})，讀者也許發現此處的參數代號與第一節中八個參數矩陣的描述不符合 (γ_{mn} 是潛在自變項 ξ 對潛在依變項 η 的直接影響效果係數，β_{mm}

是潛在依變項η 對潛在依變項η 的直接影響效果係數)，這是由於圖 12-20 乃是圖 12-21 的簡化之故：

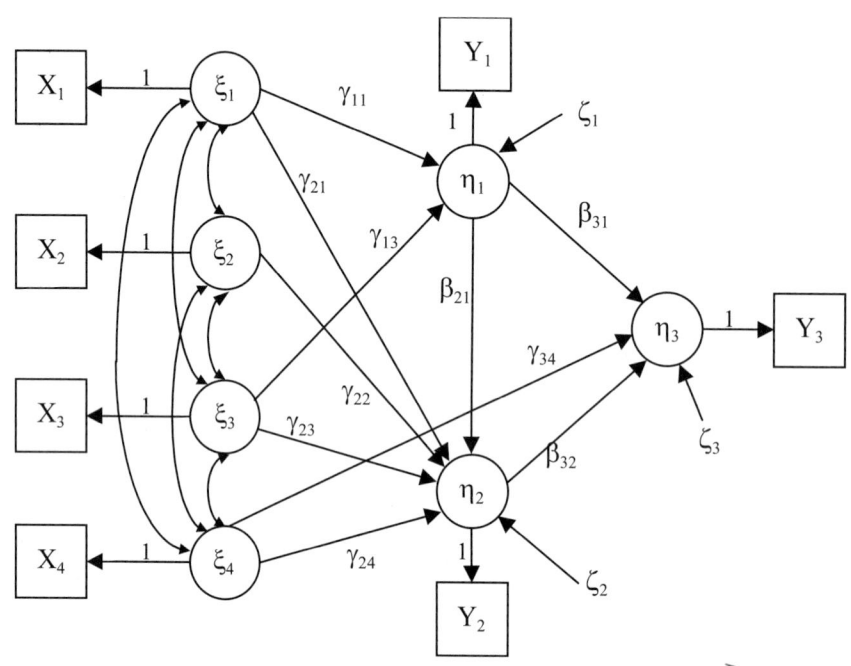

圖 12-21　包含潛在變項的徑路分析模式圖

從圖 12-21 可以發現，在徑路分析模式中由於所有的觀察指標 (X、Y) 都百分之百代表其所屬的潛在變項 (所有的 λ 值都是 1)，所以測量誤差都是 0。所有的觀察指標都完美無缺是徑路分析模式的基本假定之一，也是其一大限制。事實上，有學者提出克服此一限制的方法：第一，Sörbom 及 Jöreskog (1982) 提出以 0.1 $\times S_{xi}^2$ (S_{xi}^2 是觀察變項 X_i 觀察的變異數) 代替 X_i 的測量誤差 δ，並以 .95$\times S_{xi}$ 替代其 λ 值 (Y 變項依此類推)。第二，根據先前的研究計算出測量誤差 (δ、ε) 的值。其計算方式是先找到觀察指標的信度，然後以 1 減去觀察指標的信度即為測量誤差的值 (Anderson & Gerbing, 1988)。這兩種方法各有利弊，讀者可以自行斟酌使用。根據圖 12-20，此時 Y 變項的方程式變成：

$$\underset{(p\times1)}{Y} = \underset{(p\times1)}{\alpha} + \underset{(p\times p)}{B}\underset{(p\times1)}{Y} + \underset{(p\times q)}{\Gamma}\underset{(q\times1)}{X} + \underset{(p\times1)}{\zeta} \qquad (公式 12\text{-}21)$$

此處 α 是方程式的截距 (intercept)，如果分析矩陣是相關矩陣或共變數矩陣，則 α 將被省略。此種 LISREL 次模式必須基於以下三項假設：

1. (I－B) 為非特異矩陣。

2. E (ζ) ＝ 0，即 ζ 的期望值為 0。

3. ζ 變項與 X 變項之間沒有相關。

此時，公式 12-4 的共變數公式變成：

$$\underset{(p \times q)}{\Sigma} = \begin{bmatrix} A\Gamma\Phi\Gamma'A' + A\Psi A' & 對稱 \\ \Phi\Gamma'A' & \Phi \end{bmatrix} \qquad (公式\ 12\text{-}22)$$

此處 A＝ (I－B)$^{-1}$。而此種模式所涉及的參數矩陣事實上只有四個：

B： 是描述 Y 變項間關係的 p×p 階係數矩陣，而且 |I－B|≠ 0。

Γ： 描述 X 與 Y 變項間關係的 p×q 階係數矩陣。

Ψ： 是 Y 變項的 p×p 階殘差共變數矩陣，標準分數化後對角線為 1、對角線以外是殘差之間的相關。

Φ： 即為 X 變項的共變數矩陣，是描述 X 變項間關係的 q×q 階共變數矩陣，標準分數化後對角線為 1、對角線以外是 X 變項之間的相關。在此種模式中假定是完全自由的矩陣，矩陣中所有元素都是自由參數。

此種模式不只可以解徑路分析問題，也可以解迴歸分析、變異數及共變數分析等問題。有興趣的讀者可以自行參閱 LISREL 使用手冊中的說明。

從前述說明可知，此圖 12-21 模式所要估計的參數矩陣是：

$$\underset{(3 \times 4)}{\Gamma} = \begin{bmatrix} \gamma_{11} & 0 & \gamma_{13} & 0 \\ \gamma_{21} & \gamma_{22} & \gamma_{23} & \gamma_{24} \\ 0 & 0 & 0 & \gamma_{34} \end{bmatrix} \qquad \underset{(3 \times 3)}{\Psi} = diag\begin{bmatrix} \zeta_{11} & \zeta_{22} & \zeta_{33} \end{bmatrix}$$

$$\underset{(3\times4)}{B} = \begin{bmatrix} 0 & 0 & 0 \\ \beta_{21} & 0 & 0 \\ \beta_{31} & \beta_{32} & 0 \end{bmatrix} \qquad \underset{(4\times4)}{\Phi} = \begin{bmatrix} \phi_{11} & & & \\ \phi_{21} & \phi_{22} & & \\ \phi_{31} & \phi_{32} & \phi_{33} & \\ \phi_{41} & \phi_{42} & \phi_{43} & \phi_{44} \end{bmatrix}$$

研究者為驗證**圖 12-21** 模式，以 767 位受試者施測所得之相關矩陣如下：

$$
\begin{array}{l}
1:智\quad 力 \\
2:兄弟姊妹數 \\
3:父親教育 \\
4:父親職業 \\
5:學業成績 \\
6:教育期望 \\
7:職業抱負
\end{array}
\begin{bmatrix}
1 \\
-.100 & 1 \\
.277 & -.152 & 1 \\
.250 & -.108 & .611 & 1 \\
.572 & -.105 & .294 & .248 & 1 \\
.489 & -.213 & .446 & .410 & .597 & 1 \\
.335 & -.153 & .303 & .331 & .478 & .651 & 1
\end{bmatrix}
$$

SIMPLIS 語法可撰寫如下：

```
Observed variables:
INTELLNC  SIBLINGS  FATHEDUC  FATHOCCU  GRADES  EDUCEXP
OCCUASP
Correlation matrix
1.000
-.100   1.000
0.277   -.152   1.000
0.250   -.108   0.611   1.000
0.572   -.105   0.294   0.248   1.000
0.489   -.213   0.446   0.410   0.597   1.000
0.335   -.153   0.303   0.331   0.478   0.651   1.000
Sample size: 767
Relationships:
GRADES = INTELLNC FATHEDUC
EDUCEXP = INTELLNC SIBLINGS FATHEDUC FATHOCCU GRADES
OCCUASP = FATHOCCU GRADES EDUCEXP
Path diagram
LISREL output RS SE SC TV MI PC TO ND=3
End of problem
```

在語法中，先指定觀察變項的名稱，其次列出相關矩陣，並說明樣本數為 767 人，再界定所有之關係模式，最後要求繪出徑路圖及 LISREL 輸出。

如果使用傳統之 LISREL 語法，可撰寫如下：

```
TI    AMBITION AND ATTAINMENT
DA    NI=7 NO=767
LA
      *
      INTELLNC   SIBLINGS   FATHEDUC   FATHOCCU   GRADES
      EDUCEXP    OCCUASP
KM
      1.000
      -.100    1.000
      0.277    -.152    1.000
      0.250    -.108    0.611    1.000
      0.572    -.105    0.294    0.248    1.000
      0.489    -.213    0.446    0.410    0.597    1.000
      0.335    -.153    0.303    0.331    0.478    0.651    1.000
SE
      5 6 7 1 2 3 4
MO    NY=3 NX=4 BE=SD PS=DI
FI    GA(1,2)   GA(1,4)   GA(3,1) GA(3,2) GA(3,3)
PD
OU    RS   SE   SC   TV   MI   PC   TO
```

語法中 TI 列為標題，不一定要設定。DA 列，指出變項總數是 7，樣本數是 767。LA 列界定各變項名稱。KM 列界定相關矩陣。由於 LISREL 程式要求使用者在輸入資料矩陣時必須 Y 變項在前，X 變項在後，但此處輸入的相關矩陣卻是 X 變項在前、Y 變項在後，所以必須重新排列變項的順序。SE 下一行的 5 6 7 1 2 3 4 表示輸入的第五個變項調成第一個變項、輸入的第六個變項調成第二個變項、……其餘類推。經此一順序調整後，輸入的資料矩陣就變成 Y 變項在前而 X 變項在後的標準格式。

MO 列，註明 X 及 Y 的數目。當在 MO 列中只界定 "NX=n NY=n" 而沒有界定 "NK= n NE= n" 時，程式就會自動設定 "LX=ID LY=ID TD=ZE TE=ZE" (即 LX 及 LY 都是單元矩陣，TD 及 TE 都是 0 矩陣)，所以不必再界定 LX、LY、TD 及 TE。此處也界定 BETA 矩陣是 SD 矩陣、PS 矩陣是對角線矩陣。GAMMA 矩陣採內定格式 (即 FU,FR)，而 PH 矩陣的內定格式為 "PH=SY,FR"，所以此處不必界定。

在 MO 列中 GAMMA 矩陣採全部估計的內定格式，然而這與研究假設並不相

符，所以此處必須以 FI 指令將 GAMMA 矩陣中之 GA(1,2)、GA(1,4)、GA(3,1)、GA(3,2)及 GA(3,3) 等五個元素固定為 0，此時 GAMMA 矩陣就與前述所列的參數估計矩陣完全一致。

PD 表示要繪製徑路圖。OU 列，要求列出所要的重要估計結果。

估計後之標準化參數如下圖。

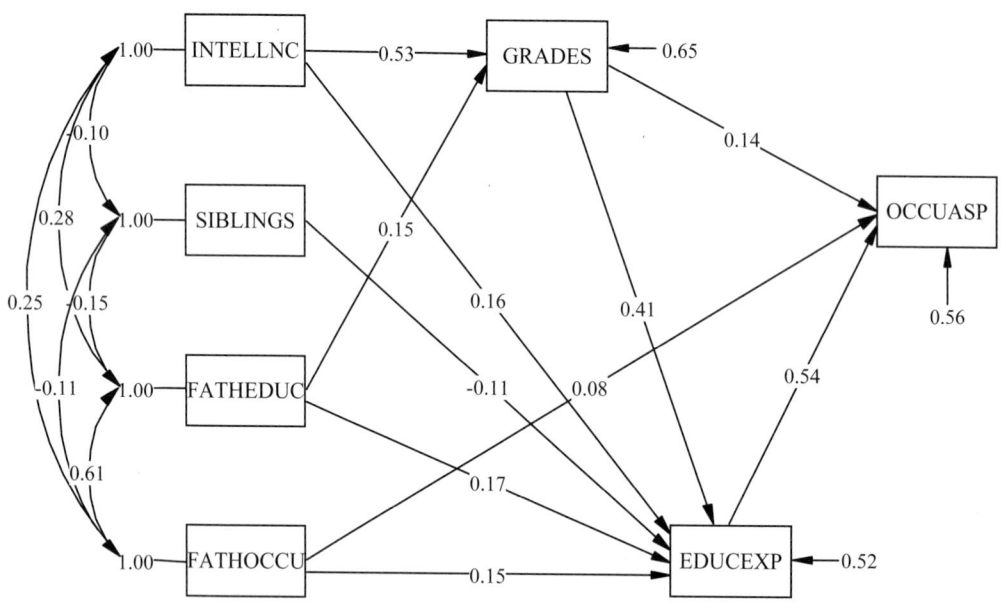

12.2.4.2 實例說明

Proctor、Carlo、August，及 Snow (2005) 提出**圖 12-22** 之理論模型，蒐集 135 名接受西班牙語－英語雙語教育的國小三年級學生，在閱讀理解、字母知識、流暢性、字彙知識，及聆聽理解等五個變項之得分，得到以下之相關矩陣，試以各種軟體進行徑路分析。

在此要先說明的是：1.該論文雖設定字彙知識、字母知識，及流暢性之間有關，但在結果中並未強調。2.由於僅使用該論文之相關矩陣，未取得原始數據，因此分析結果會與原論文有些微差異。

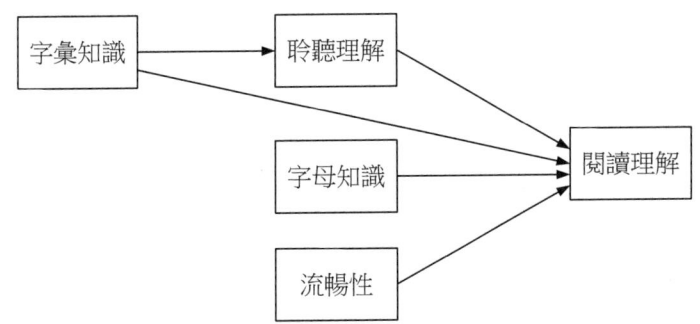

圖 12-22　Proctor 等人的徑路分析模式圖

	閱讀理解	字母知識	流暢性	字彙知識	聆聽理解
閱讀理解	1.00	0.48	-0.22	0.73	0.76
字母知識	0.48	1.00	-0.43	0.33	0.35
流暢性	-0.22	-0.43	1.00	-0.01	-0.06
字彙知識	0.73	0.33	-0.01	1.00	0.85
聆聽理解	0.76	0.35	-0.06	0.85	1.00
平均數	1.4	73.9	25.4	17.7	18.0
標準差	0.6	19.0	5.4	6.2	4.5

12.2.4.3　LISREL/SIMPLIS 語法

```
[1]   Observed Variables:
      閱讀理解 字母知識 流暢性 字彙知識 聆聽理解
[2]   Correlation Matrix
      1.00
      0.48  1.00
      -.22   -.43   1.00
      0.73  0.33   -.01  1.00
      0.76  0.35   -.06  0.85  1.00
[3]   Standard Deviations:
      0.6  19.0  5.4  6.2  4.5
[4]   Sample Size: 135
[5]   Relationships:
      閱讀理解 = 字母知識 流暢性 字彙知識 聆聽理解
      聆聽理解 = 字彙知識
[6]   Path Diagram
[7]   LISREL Output RS SE SC TV EF MI PC TO ND=3
[8]   End of Problem
```

12.2.4.4 LISREL/SIMPLIS 語法說明

[1] 觀察變項名稱。
[2] 相關矩陣。
[3] 各變項之標準差。
[4] 樣本數為 135。
[5] 關係模式。等號之前為內因變項，等號之後為外因變項。
[6] 畫出徑路圖。
[7] 輸出 LISREL 詳細之報表。
[8] 語法結束。

12.2.4.5 LISREL 程式

```
[1]   Path Analysis
[2]   DA       NI=5 NO=135
[3]   LA
      *
      閱讀理解 字母知識 流暢性 字彙知識 聆聽理解
[4]   KM
      1.00
      0.48  1.00
      -.22  -.43  1.00
      0.73  0.33  -.01  1.00
      0.76  0.35  -.06  0.85  1.00
[5]   SD
      0.6  19.0  5.4  6.2  4.5
[6]   SE
      5 1 4 2 3
[7]   MO       NY=2 NX=3 PS=DI BE=FU,FI GA=FU,FI
[8]   FR       BE(2,1) GA(2,1) GA(2,2) GA(2,3) GA(1,1)
[9]   PD
[10]  OU       RS SE SC TV EF MI PC TO ND=3
```

12.2.4.6 LISREL 程式說明

[1] 標題列。
[2] DA 列，界定觀察變項共有 5 個，樣本數是 135。
[3] 五個觀察變項之名稱。

[4]　相關矩陣。

[5]　五個變項之標準差。

[6]　SE 重排變項的次序。

[7]　MO 列，註明 X 及 Y 的數目。此處也界定 BETA 及 GAMMA 矩陣都是 FU,FI 矩陣、PS 矩陣是對角線矩陣。

[8]　將所要求的徑路係數設定為自由參數。

[9]　繪出徑路圖。

[10]　OU 列，列出所要的估計結果。

12.2.4.7　LISREL 報表與解說

為節省篇幅起見，只列出報表中重要部分。

[1]

```
LISREL Estimates (Maximum Likelihood)
        BETA
             閱讀理解    聆聽理解
             _____    _____
  閱讀理解      - -         0.058
                          (0.013)
                           4.521
  聆聽理解      - -         - -

        GAMMA
             字母知識     流暢性     字彙知識
             _____    _____   _____
  閱讀理解      0.006      -0.013      0.029
             (0.002)     (0.006)    (0.010)
              2.978       -1.989      3.027
  聆聽理解      - -         - -        0.617
                                     (0.033)
                                      18.468

     Covariance Matrix of Y and X
             閱讀理解    聆聽理解   字母知識    流暢性    字彙知識
             _____   _____  _____  _____  _____
  閱讀理解      0.354
  聆聽理解      2.002      20.250
  字母知識      5.126      23.983   361.000
    流暢性     -0.640      -0.207   -44.118    29.160
  字彙知識      2.716      23.715    38.874    -0.335    38.440
```

```
        PHI

            字母知識      流暢性      字彙知識
            ————————    ————————    ————————
字母知識     361.000
            (44.605)
              8.093
流暢性       -44.118      29.160
            (9.758)      (3.603)
             -4.521       8.093
字彙知識      38.874      -0.335       38.440
            (10.838)     (2.925)     (4.750)
              3.587      -0.114       8.093

        PSI
        Note: This matrix is diagonal.

            閱讀理解      聆聽理解
            ————————    ————————
              0.122        5.619
            (0.015)      (0.694)
              8.093        8.093
```

　　原始 ML 估計值、標準誤及 t 值。此處發現，除了字彙知識與流暢性的共變數外，其餘估計的參數都達顯著水準。不過，在原論文中，並不關心字母知識、字彙知識，與流暢性之間的共變數，且流暢性對閱讀理解的因果徑路並未達 .05 顯著水準 (但達.01 顯著水準)。

[2]

```
    Squared Multiple Correlations for Structural Equations
        閱讀理解      聆聽理解
        ————————    ————————
          0.655        0.722
```

　　結構方程式的 R^2，即兩個依變項所能被解釋的百分比，數值分別是 0.655 及 0.722，因此不能被解釋的百分比 0.345 及 0.278。

[3]

```
                  Goodness of Fit Statistics

                     Degrees of Freedom = 2
        Minimum Fit Function Chi-Square = 2.849 (P = 0.241)
Normal Theory Weighted Least Squares Chi-Square = 2.819 (P = 0.244)
          Estimated Non-centrality Parameter (NCP) = 0.819
        90 Percent Confidence Interval for NCP = (0.0 ; 9.608)

              Minimum Fit Function Value = 0.0213
        Population Discrepancy Function Value (F0) = 0.00625
        90 Percent Confidence Interval for F0 = (0.0 ; 0.0733)
```

```
Root Mean Square Error of Approximation (RMSEA) = 0.0559
90 Percent Confidence Interval for RMSEA = (0.0 ; 0.192)
P-Value for Test of Close Fit (RMSEA < 0.05) = 0.351

Expected Cross-Validation Index (ECVI) = 0.220
90 Percent Confidence Interval for ECVI = (0.214 ; 0.287)
ECVI for Saturated Model = 0.229
ECVI for Independence Model = 2.666

Chi-Square for Independence Model with 10 Degrees of Freedom = 339.261
Independence AIC = 349.261
Model AIC = 28.819
Saturated AIC = 30.000
Independence CAIC = 368.788
Model CAIC = 79.588
Saturated CAIC = 88.579

Normed Fit Index (NFI) = 0.992
Non-Normed Fit Index (NNFI) = 0.987
Parsimony Normed Fit Index (PNFI) = 0.198
Comparative Fit Index (CFI) = 0.997
Incremental Fit Index (IFI) = 0.997
Relative Fit Index (RFI) = 0.958

Critical N (CN) = 434.229


Root Mean Square Residual (RMR) = 1.571
Standardized RMR = 0.0252
Goodness of Fit Index (GFI) = 0.992
Adjusted Goodness of Fit Index (AGFI) = 0.937
Parsimony Goodness of Fit Index (PGFI) = 0.132
```

模式適配度考驗，得 $\chi^2(2)=2.849$, $p=.241$，顯示理論模式與觀察資料可以適配。GFI=0.992、AGFI=0.937、SRMR=.0252，都顯示模式的整體適配度很理想。NFI、IFI 及 NNFI 指數分別是 0.992、0.997、0.987，也都大於 0.9。

[4]

```
       Standardized Residuals

              閱讀理解   聆聽理解   字母知識   流暢性   字彙知識
             --------  --------  --------  --------  --------
閱讀理解        1.639
聆聽理解        1.639     - -
字母知識        1.600     1.600     - -
 流暢性       -1.119    -1.119     - -       - -
字彙知識        - -       - -       - -       - -       - -

Summary Statistics for Standardized Residuals

Smallest Standardized Residual =     -1.119
  Median Standardized Residual =      0.000
 Largest Standardized Residual =      1.639
```

標準化殘差，此處並未發現大於 1.96 的標準化殘差。

[5]

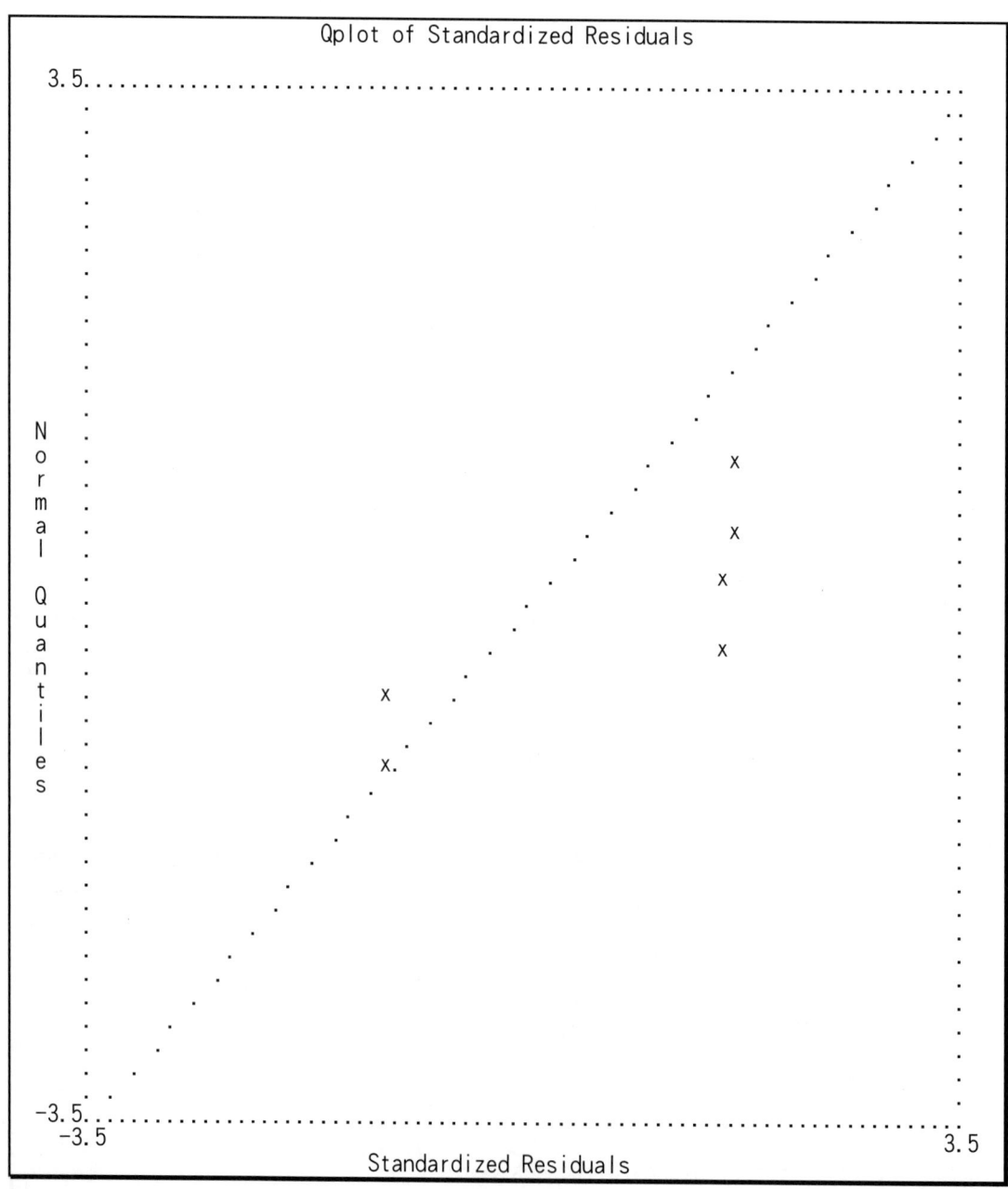

標準化殘差的 Q-plot。此處發現標準化殘差的分布線並未成直線，是否有細列誤差或違反常態假設，值得進一步研究。

[6]

```
Modification Indices and Expected Change

        Modification Indices for BETA

            閱讀理解      聆聽理解
            --------    --------

閱讀理解         - -          - -
聆聽理解        2.749         - -
  ⋮

        Modification Indices for GAMMA

            字母知識      流暢性       字彙知識
            --------    --------    --------

閱讀理解         - -          - -          - -
聆聽理解        2.617        1.281         - -
  ⋮

No Non-Zero Modification Indices for PHI

No Non-Zero Modification Indices for PSI

        Modification Indices for THETA-DELTA-EPS

            閱讀理解      聆聽理解
            --------    --------

字母知識         - -         1.538
流暢性          - -         0.201
字彙知識         - -         1.610
  ⋮

Maximum Modification Index is    2.75 for Element ( 2, 1) of BETA
```

修正指標，此處並未發現大於 3.84 的修正指標。(只列出部分報表)

[7]

```
       Correlation Matrix of Parameter Estimates

           BE 1_2    GA 1_1    GA 1_2    GA 1_3    GA 2_3    PH 1_1
           --------  --------  --------  --------  --------  --------

BE 1_2      1.000
GA 1_1      0.000     1.000
  ⋮
```

估計參數間相關未發現絕對值大於 0.9 以上者。(只列出部分報表)

[8]

```
Standardized Solution

        BETA

              閱讀理解      聆聽理解
              ————————    ————————
閱讀理解       - -         0.440
聆聽理解       - -         - -

        GAMMA

              字母知識      流暢性       字彙知識
              ————————    ————————    ————————
閱讀理解       0.181       -0.114      0.301
聆聽理解       - -         - -         0.850

     Correlation Matrix of Y and X

              閱讀理解      聆聽理解      字母知識      流暢性       字彙知識
              ————————    ————————    ————————    ————————    ————————
閱讀理解       1.000
聆聽理解       0.748       1.000
字母知識       0.453       0.281       1.000
 流暢性        -0.199      -0.009      -0.430      1.000
字彙知識       0.736       0.850       0.330       -0.010      1.000

     PSI
     Note: This matrix is diagonal.

              閱讀理解      聆聽理解
              ————————    ————————
              0.345       0.278

     Regression Matrix Y on X (Standardized)

              字母知識      流暢性       字彙知識
              ————————    ————————    ————————
閱讀理解       0.181       -0.114      0.675
聆聽理解       - -         - -         0.850
```

　　完全標準化解值。此處的 BETA 及 GAMMA 是標準化徑路係數，前者是 Y 變項對 Y 變項的徑路係數，後者是 X 變項對 Y 變項的徑路係數。在 5 個標準化徑路係數中，β_{12} 為 -.114，顯示流暢性負面影響閱讀理解，其餘係數皆為正值。

[9]

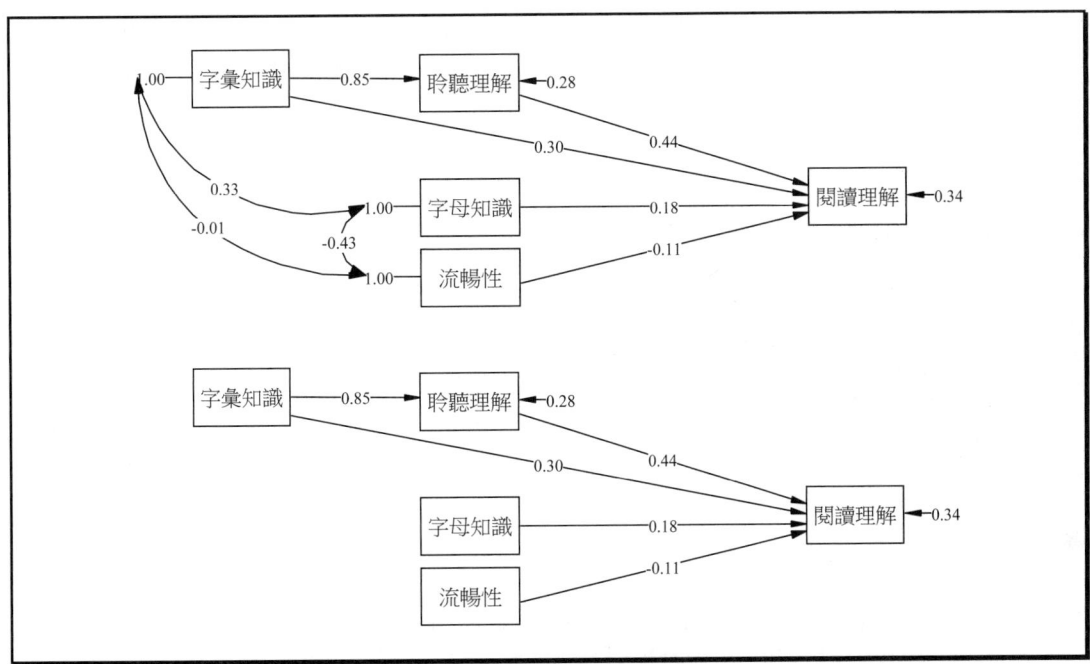

　　由上一個報表所繪製之標準化徑路係數，上圖顯示自變項間的相關係數，下圖則設定不顯示，為原論文之徑路圖。

[10]

```
Standardized Total and Indirect Effects

      Standardized Total Effects of X on Y

              字母知識      流暢性      字彙知識
              --------    --------    --------
閱讀理解       0.181       -0.114       0.675
聆聽理解        - -         - -         0.850

      Standardized Indirect Effects of X on Y

              字母知識      流暢性      字彙知識
              --------    --------    --------
閱讀理解        - -         - -         0.374
聆聽理解        - -         - -          - -

      Standardized Total Effects of Y on Y

              閱讀理解      聆聽理解
              --------    --------
閱讀理解        - -         0.440
聆聽理解        - -          - -
```

標準化之全部及間接效果。在上圖中可看出，僅有字彙知識對閱讀理解分別有直接效果及間接效果，在報表[8]中可知其直接效果為 0.301，而透過聆聽理解對閱讀理解的效果分別為 0.850 及 0.440，因此間接效果為 $0.850 \times 0.440 = 0.374$，總效果即為 $0.301 + 0.374 = 0.675$。

12.2.4.8 SAS/CALIS 程式

```
DATA      path (TYPE=corr);
INPUT     _TYPE_ $ _NAME_ $ V1 V2 V3 V4 V5;
CARDS;
n . 135 135 135 135 135
corr    V1    1.00   .     .     .     .
corr    V2    0.48  1.00   .     .     .
corr    V3    -.22  -.43  1.00   .     .
corr    V4    0.73  0.33  -.01  1.00   .
corr    V5    0.76  0.35  -.06  0.85  1.00
;
PROC REG;              也可以使用迴歸分析的方式
        MODEL v1 = v2 - v5 / STB;
        MODEL v5 = v4 / STB;
PROC CALIS   CORR METHOD=ML;
    LINEQS
        V1 = B12 V2 + B13 V3 + B14 V4 + B15 V5 + D1,
        V5 = B54 V4 + D5;
    STD
        V2 - V4 = VV2 - VV4,
        D1 D5 = VD1 VD5;
    COV
    V2 - V4 = PH23 PH24 PH34;
RUN;
```

12.2.4.9 Mplus 程式

```
DATA:              FILE IS d:\multi6\mplus\sem_path.dat;
                   TYPE IS CORR;
                   NOBSERVATIONS = 135;
VARIABLE:          NAMES ARE V1-V5;
MODEL:             V1 ON V2-V5;
                   V5 ON V4;
                   V2 WITH V3 V4;
                   V3 WITH V4;
OUTPUT:            STDYX;
```

12.2.4.10 AMOS 理論模式圖形

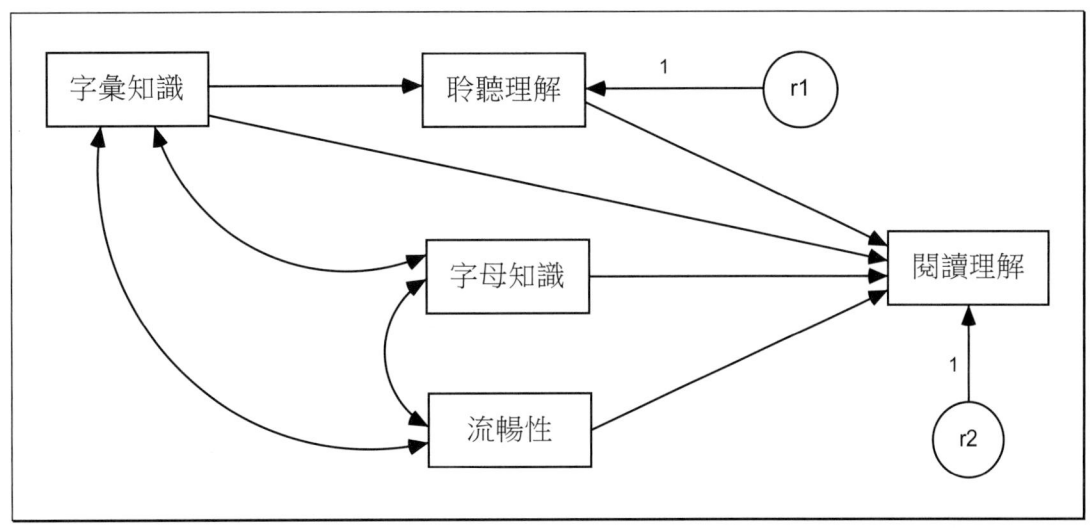

　　因為在徑路分析中都是單一指標，因此所有變項都用方格表示，而被單向箭頭所指到的變項 (內因變項) 均須另外設定結構方程誤差 (為外因變項，用圓形表示)。誤差變項係數之起始值設定為 1。

12.2.4.11 AMOS 估計結果

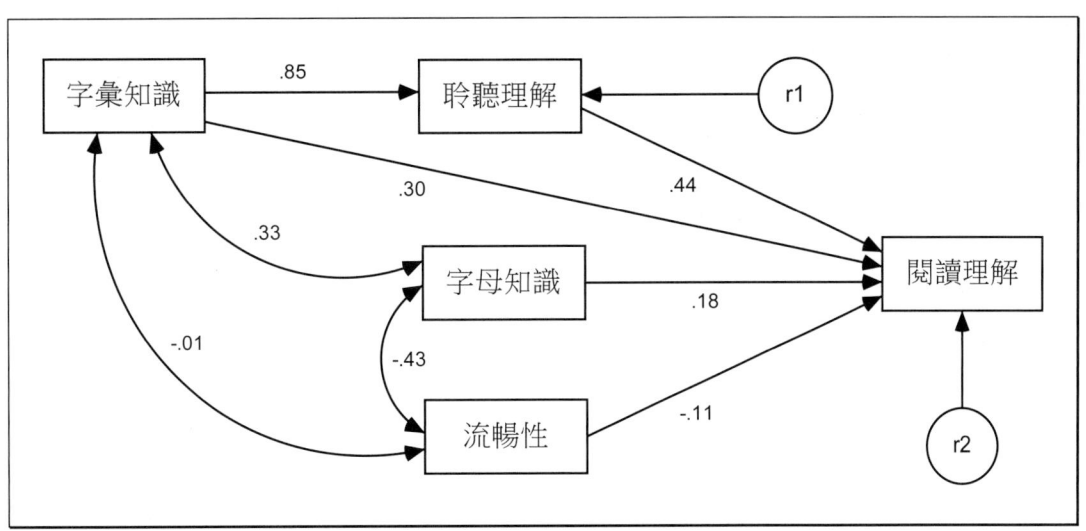

12.2.4.12　本節總結

此處的模式適配度評鑑仍是從三方面著手。在模式的基本適配標準方面，估計所得並未違反基本適配標準。在整體模式適配度方面，$\chi^2(2)=2.849$、$p=.241$、GFI=0.992、AGFI=0.937，SRMR=0.0252，χ^2 比率是 1.425，NFI、IFI 及 NNFI 指數分別是 0.992、0.997、0.987。這些結果顯示整體模式適配度甚佳。在模式的內在品質方面，由於徑路分析模式中都是觀察變項，所以模式內在品質的評鑑就只剩三項。從估計結果可知，所有估計的參數都達 .01 之顯著水準，所有標準化殘差的絕對值都未大於 1.96，修正指標也都未大於 3.84。這些結果顯示模式的內在品質甚為理想。綜合評鑑結果可以做成**表 12-9** 之摘要表：

表 12-9　圖 12-22 徑路分析模式適配度評鑑結果摘要表

	評　　鑑　　項　　目	評　　鑑　　結　　果
基本適配指標	是否沒有負的誤差變異？	是
	誤差變異是否都達顯著水準？	是
	參數間相關的絕對值是否未太接近 1？	是
	是否沒有很大的標準誤？	是
整體模式適配標準（外在品質）	χ^2 值是否未達顯著？	是，未達顯著
	χ^2 值比率是否小於 3？	是
	GFI 指數是否大於 0.9？	是，指數為 0.992
	AGFI 指數是否大於 0.9？	是，指數為 0.937
	RMSEA 指數是否低於 0.05？	否，指數為 0.0559
	RMR/SRMR 指數是否低於 0.05？	是，指數為 0.0252
	Q-plot 的殘差分佈線的斜度是否大於 45°？	否
	NFI 指數是否大於 0.9？	是，指數為 0.992
	IFI 指數是否大於 0.9？	是，指數為 0.997
	NNFI 指數是否大於 0.9？	是，指數為 0.987
內在品質	所估計的參數是否都達顯著水準？	是
	標準化殘差的絕對值是否都小於 1.96？	是
	修正指標是否都小於 3.84？	是

13 多層次模式

· 陳新豐　陳正昌　劉子鍵 ·

本章所述之多層次模式可以使用下列的形式表示其關係：

$$\begin{array}{ll} Y_1 & = X_1 + X_2 + X_3 + \cdots + X_n \\ (計量, 非計量) & (計量, 非計量) \end{array}$$

13.1　理論部分

多層次模式 (multilevel modeling 或 multilevel models, MLM) 在不同研究領域中有著不同的名稱，在社會學中被稱為**多層次線性模式** (multilevel linear models)，在生物學中被稱為**混合效果模式** (mixed-effects models) 或**隨機效果模式** (random-effects models)，在計量經濟相關領域中被稱為**隨機係數迴歸模式** (random-coefficient regression models)，在統計學領域則稱為共變數成份模式 (covariance components models) (Raudenbush & Bryk, 2002)，而 Raudenbush 及 Bryk (2002) 則稱之為**階層線性模式** (hierarchical linear models, HLM)。不過因為 HLM 亦為統計軟體名稱，而且此類方法也不僅限於線性模式，且目前多數論文使用多層次模式，本章亦將以多層次模式統稱之。

理論上，多層次模式可以擴充到許多層次，不過，實務上 2~3 層次是最常見的模式。本章僅說明 2 個層次的 MLM，有了這個基礎，相信讀者很快就可以遷移到 3 個層次以上的分析。

另外，在此先提醒讀者，本章中「模式」與「模型」都是指 "model" 或 "modeling"。部分書籍會將 "modeling" 譯為「建模」，本章並未將 "model" 與 "modeling" 嚴格區分。而「層次」(level)、「階層」(hierarchy)、「層級」(class) 在

本章中也交互使用。

13.1.1　多層次模式簡介

　　教育領域相關的研究常有機會運用到多層次模式 (Heck & Thomas, 2009; Twisk, 2006)。例如，研究者可能對「教師教學」對「學生學習成效」的影響有興趣。這個例子中的資料屬於二層資料結構 (見**圖 13-1**)。其中，「教師教學」屬於「班級階層」而「學生學習成效」屬於「個人階層」。此時，由於一個班級中包含多名學生，若用傳統的迴歸分析法，就會引起兩難的局面。研究者究竟應該遷就「個人階層」變項或是應該遷就較高階層的「班級階層」變項？事實上，上述兩種選擇中無論是哪一種選擇都可能會導致一些統計上的問題。

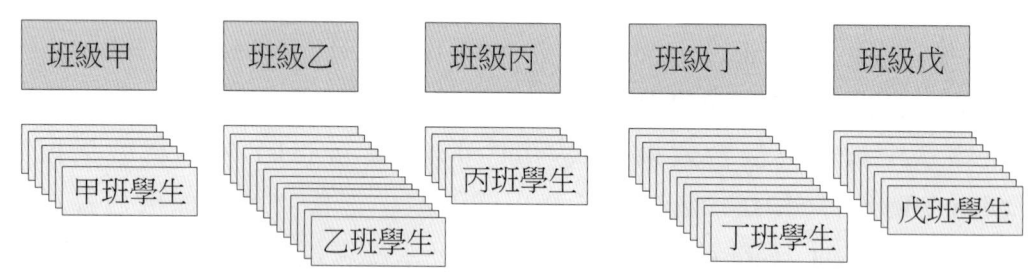

圖 13-1　二層資料結構圖

　　推而廣之，如果研究者希望在上述的例子中增加「校長領導」變項，以了解「校長領導」與「教師教學」對「學生學習成效」的影響。此時，所欲分析之資料的結構就成為三層資料結構 (見**圖 13-2**)。除了前述二層資料結構例子中的「個人階層」變項與「班級階層」變項之外，在這個例子中增加了「學校層級」變項 (校長領導)。而在這個例子中，「究竟應該遷就哪一個層級的變項」這個問題對傳統迴歸分析法而言將變得更複雜難解。「學生的成績表現會受到班教師教學的影響」且「教師教學會受到校長領導的影響」之可能性，也使傳統多元迴歸分析法捉襟見肘，此時，就應採用多層次分析方法。

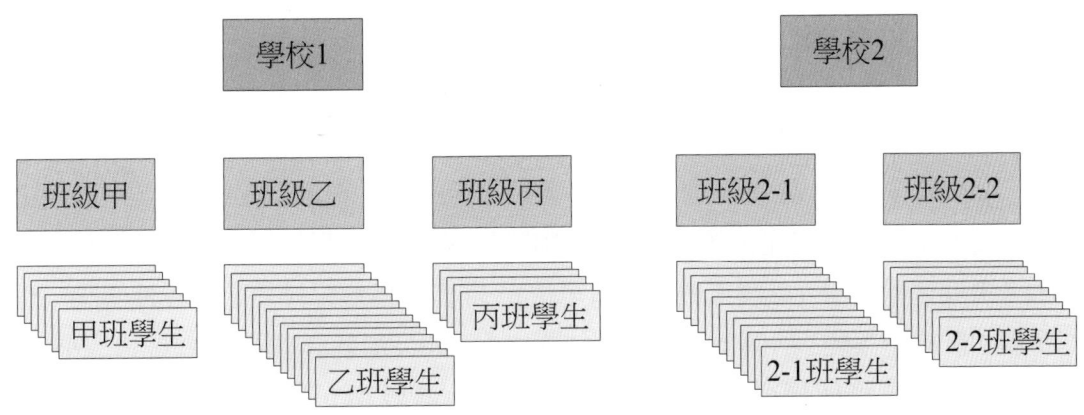

圖 13-2　三層資料結構圖

　　目前，多層次模式可以解決上述傳統迴歸分析法在分析多層結構資料時可能遭遇的問題，因此，許多研究已經開始用多層次模式來分析多層結構資料。加上近年來許多有關 MLM 的統計軟體逐漸被開發，並具有相當完整功能，使用相當便利。而國內介紹 MLM 的文章或專書也日益增多，邱皓政 (2006) 曾就國外專書譯成中文，溫福星 (2007) 著有專書，溫福星及邱皓政 (2011) 則針對多層次模式的方法論進行深入探討。大陸學者郭志剛等人 (2008) 翻譯 Raudenbush 及 Bryk (2002) "Hierarchical linear models: Application and data analysis methods" 第二版專書，張雷、雷靂、郭伯良 (2005)，王濟川、謝海寧、姜寶法 (2008) 也有專書出版。上述的進展與努力將會促使更多的研究者使用此統計方法。

　　基本上，多層次模式是奠基在多元迴歸分析的基礎上，進一步探討屬於群體階層之自變項 (例如前述例子中的教師教學或校長領導) 對屬於個體階層之依變項 (例如：前述例子中的學生學習表現) 的影響。當然，在某些模式中研究者也可以同時分析較高之群體階層變項 (例如：校長領導) 對次級群體變項 (例如：教師教學) 的影響。

　　因此，建議讀者在研讀本章以下有關多層次模式之理論基礎之前，先閱讀迴歸分析相關的章節。若計畫用多層次模式分析的依變項是連續變項時，應先閱讀線性迴歸分析 (請參見本書第二章)；若讀者計畫用多層次模式分析的依變項是間斷變項時，則應先閱讀邏輯線性迴歸分析 (請參見本書第三章)。

13.1.2　多層次模式的需要

在研究中利用多層次模式來分析資料的原因，可以歸納成下列五點。

1.讓推論正確。之前提及，用傳統迴歸分析法分析多層結構資料時，可能產生兩難局面：研究者究竟應該遷就「個體階層」變項或是應該遷就「群體階層」變項？遷就個體階層 (以個人做為分析單位)，非但有違迴歸殘差之同質性假設，也會讓估計標準誤變小，而使第一類型錯誤變大。如果遷就群組階層 (以組織做為分析單位)，並將個體階層變數的平均數做為依變項，將忽略群體階層內在 (within-group) 的訊息，並易造成分析結果解釋上的偏誤。

2.當研究者的主要研究目的是在組別效應時。許多研究主要研究的關鍵問題是探討分組的變項在個別變項結果中的影響，特別在「群體階層」組別上的辨識問題。例如在評估學校的效能上，關心的重點都是在有效能的學校中學生的程度為何，而這種考慮到學校層次的殘差在多層次的模型中，將會調整學校效能的影響結果。

3.估計組別的效能時同時也慮到群體層次的預測變項。傳統的方法在多元迴歸模型中 (使用 OLS 法)，會應用虛擬變項 (dummy variables) 來分析此類型的資料，並回答相關的研究問題，此類方法稱為變異數分析方法或者是固定效果模式。但在許多研究中，有一些預測變項被屬於群體階層，例如學校的類型 (男女混校或單一性別的學校)。但在固定效果的模式中，群體階層的效果與組別的虛擬變項之間會產生衝突，也就是說，來自於觀察與未觀察的組別特徵中，影響的效果不可能被分離出來的。而在多層次的模式 (隨機效果) 中，這二種變項類型的效果 (固定及隨機) 將同時被估計。

4.母群組別影響的正確推論。在多層次的模式中，組別變項在樣本中是被視為隨機從母群的群組中隨機抽取而來，如果只利用傳統固定效果的分析模組，其推論即無法超越樣本群組，因而利用多層次的分析方法可了解母群組別的正確推論。

5.適合觀察體不獨立的分析。在教育研究現場分析學生的表現，研究者往往假設即使在相同班級的學生之間的表現是獨立無關的，因為在傳統的測驗理論基本假設中，所有的觀察變項之間是獨立沒有關聯的；但在真正所收集的資料中，觀察之間是否真的是獨立無關的假設往往未獲得證實。MLM 的分析中，假設觀察變

項之間是彼此有關的，換句話說，不同階層間的變項會互相影響，即表示學生的
表現可能會因為班級任課之教師教學表現之不同而有所差異。若將二層的資料結
構再擴展至三層可能的情況即為，不僅學生的表現會受到班級相關因素影響 (例
如：教師教學技巧、班級經營、教室氣氛……)，而班級的相關變項也會因為學校
相關變項 (例如：學校區域、校長領導風格……) 之不同而有所差異。

13.1.3　多層次模式的基礎概念

此部分將以不同的例子說明多層次模式的主要概念。首先說明單一截距及斜
率之一般迴歸模式，其次說明隨機截距迴歸模式，最後則介紹隨機斜率迴歸模式。

13.1.3.1　一般迴歸模式到多層次迴歸模式

在單一層次的迴歸模式中，若研究者主要目的是想用樣本來推論母群特徵，
可以利用截距與斜率這 2 個固定的值來加以推論。

$$Y = \beta_0 + \beta_1 X + r \qquad\qquad\qquad (公式 13-1)$$

其中，β_0 為截距項，β_1 為斜率項

下面的資料是取樣自 5 所學校之學生樣本的學生數學成就與社經地位的數
據。若研究者不考慮 5 所學校間的差異，則「學生數學成就」與「社經地位」的
關係可以用圖 13-3 表示。在此樣本資料中，截距 (55.49) 代表學生數學成就的平
均分數，而斜率 (5.94) 則代表在平均數為 0 標準差為 1 的常態分配中，母群學生
的社經地位對於數學成就之影響的權重。亦即，當學生的社經地位往上提升 1 個
標準差，數學成就便會提高 5.94 個單位。

然而，若研究者不只關心學生層級，也對學校層級對「學生數學成就」與「社
經地位」的影響時，圖 13-3 的分析方式可能不合用。多層次分析強調研究者在組
織集合中的截距以及斜率的變異程度，在多層次分析中，「數學成就的截距」和「社
經地位與數學成就的斜率」，可以說是在學校集合中的一種可能性分配。圖 13-4
呈現的是，5 個不同學校之間社經地位與數學成就的關係圖。在不同學校的情況
下，學生社經地位與數學成就間的截距與斜率是有所不同的，而研究者感興趣的

是，不同學校的截距與斜率與整體的偏離情形如何？

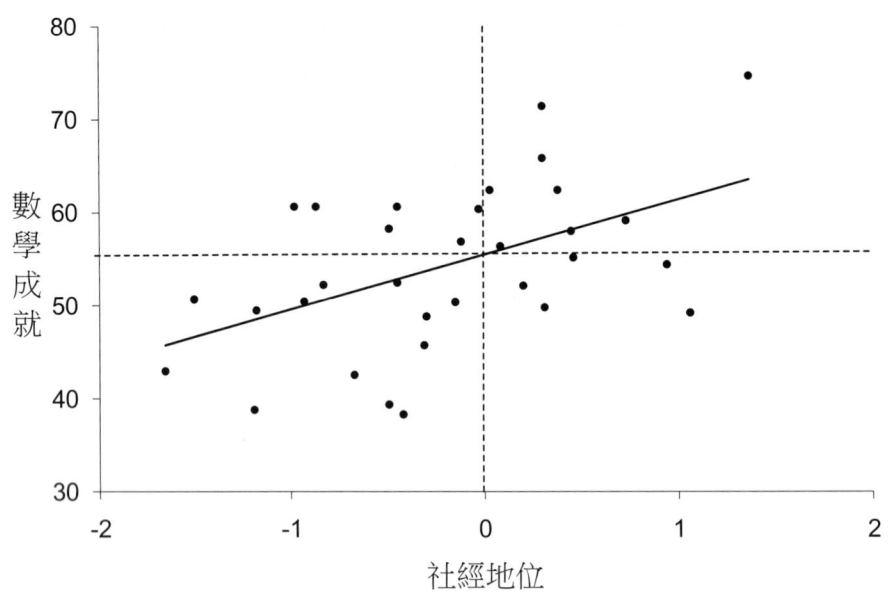

圖 13-3　學生數學成就與社經地位關係圖

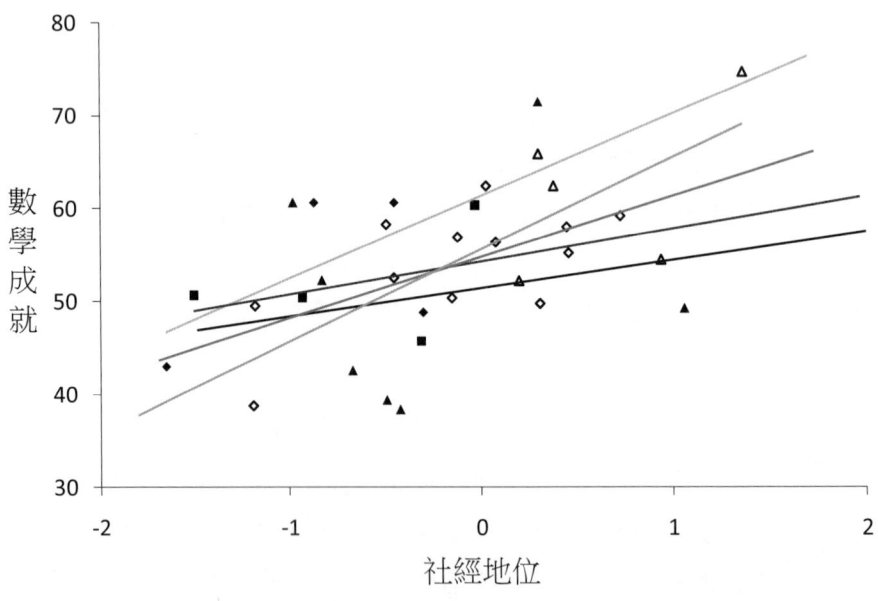

圖 13-4　學生數學成就與社經地位關係圖(學校之間)

上圖中不同學校之間隨機變異的參數 (斜率) 通常被稱為隨機效果 (random effects) 或者隨機係數 (random coefficients)，例如從**圖 13-4** 中可以發現各個學校之間的斜率並不相同，亦即斜率在學校間的變異不等於 0。

13.1.3.2　隨機截距的迴歸

由上述例子可知，多層次模式乃奠基在迴歸分析。下面的例子中，我們將進一步列出迴歸方程式，讓讀者可以進一步了解多層次結構資料之間的特性。假設有一個研究是在探討膽固醇與年齡之間的關係，其關係可用下列簡單迴歸方程式表示之。

$$Y = \beta_0 + \beta_1 Age + r$$
(公式 13-2)

Y = 膽固醇 (依變項)

Age = 年齡 (自變項)

β_0 = 截距項

β_1 = 針對年齡的迴歸係數 (斜率)

r = 誤差 (殘差)

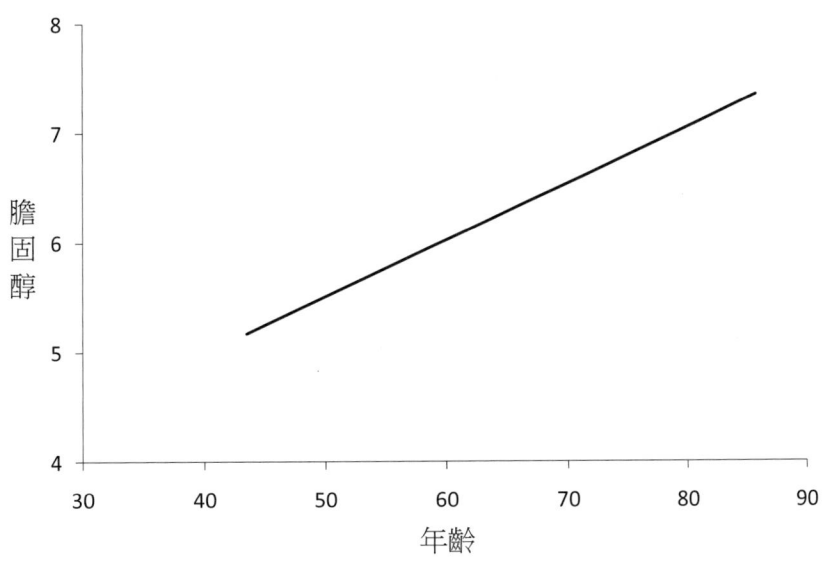

圖 13-5　年齡與膽固醇關係圖

上述簡單迴歸方程式中的截距項（β_0）是自變項（年齡）為 0 時，依變項（膽固醇）的值；而年齡的迴歸係數（β_1）則是當受試者的年齡差 1 歲時，依變項（膽固醇）的差異值。

不過，在許多迴歸分析中，自變項為 0 不見得有意義。如，以體重對血壓進行預測，體重為 0 是不可能出現的數值，此時截距項就不具意義。因此，一般研究者常關注斜率，而比較不關心截距（王濟川、謝海寧、姜寶法，2008）。在 MLM 中，可以透過對預測變項不同方式的平減（centering，見後面之說明），使截距項變得有意義。

假設目前將簡單迴歸方程式中的自變項除了年齡之外，再加上一個自變項性別，假定膽固醇的量在性別上是有所不同的，亦即男女有所差異，根據以上的假設，修改迴歸方程式如公式 13-3。

$$Y = \beta_0 + \beta_1 Age + \beta_2 Gender + r \qquad \text{（公式 13-3）}$$

其中 Gender = 性別（自變項）

β_2 為性別的迴歸係數

假設在性別變項的編碼上，男性編碼 0 而女性編碼為 1，分別代入公式 13-3，可得到：

男性組：$Y = \beta_0 + \beta_1 Age + \beta_2 \times 0 + r = \beta_0 + \beta_1 Age + r$

女性組：$Y = \beta_0 + \beta_1 Age + \beta_2 \times 1 + r = (\beta_0 + \beta_2) + \beta_1 Age + r$

此時 β_0 就表示男性的截距項，而女性的截距項則為 $\beta_0 + \beta_2$。所以加上性別這個變項到迴歸方程式中的真正意義則為假設男性與女性的迴歸方程式中（迴歸線）的截距項有所不同，由於此時並未考量性別與年齡的交互作用，因此在本例子當中是假設不同性別所產生之迴歸方程式的斜率是相同的，如圖 13-6。

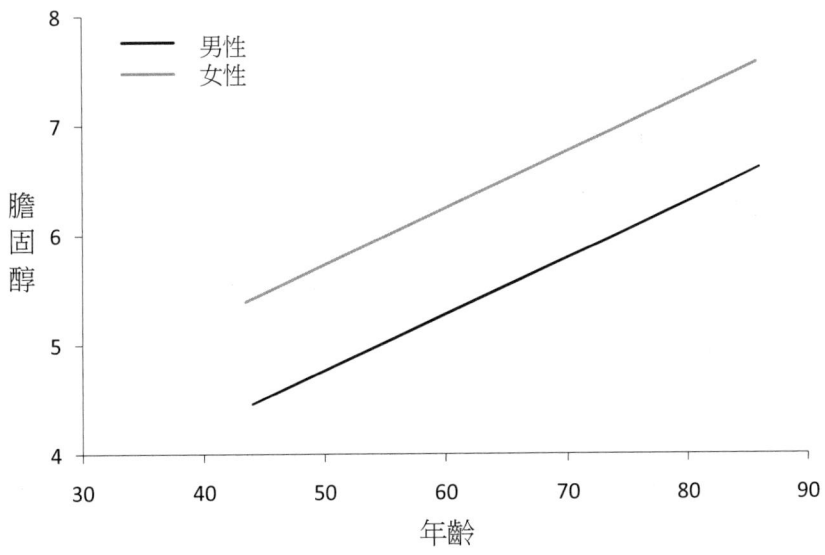

圖 13-6　不同性別之年齡與膽固醇關係圖

　　繼續進行分析探討，在醫學的研究資料中，會有些病患是屬於同一位醫生，而有些病患會屬於另外一位醫師，所以合理的假設是不同醫師的個人特質下病患的表現會有所差異，當然這樣的差異會影響到醫師的表現。因此將不同的醫師特質加入迴歸方程式來分析病患的膽固醇的值，亦即估計不同的醫師，依變項的截距如何 (如**圖 13-7**)。(如果考量到某些患病會找不同的醫生就診，此屬於交互巢套的資料結構，這又是多層次模式的另一個議題。)

　　然而，醫師這個變項並非是連續變項，而是類別變項，所以若要將醫師這個變項加入以上的迴歸方程式，可利用虛擬編碼 (dummy coding) 的方法來分析，將估計所有虛擬變項不同的代表值，如公式 13-4。

$$Y = \beta_0 + \beta_1 Age + \beta_2 dummyMD_1 + \beta_3 dummyMD_2 + \ldots + \beta_m dummyMD_{m-1} + r$$

(公式 13-4)

其中　$\beta_2 \ldots \beta_m$ 的值表示代表不同醫師虛擬變項的迴歸係數，

m 則為醫師的數目。

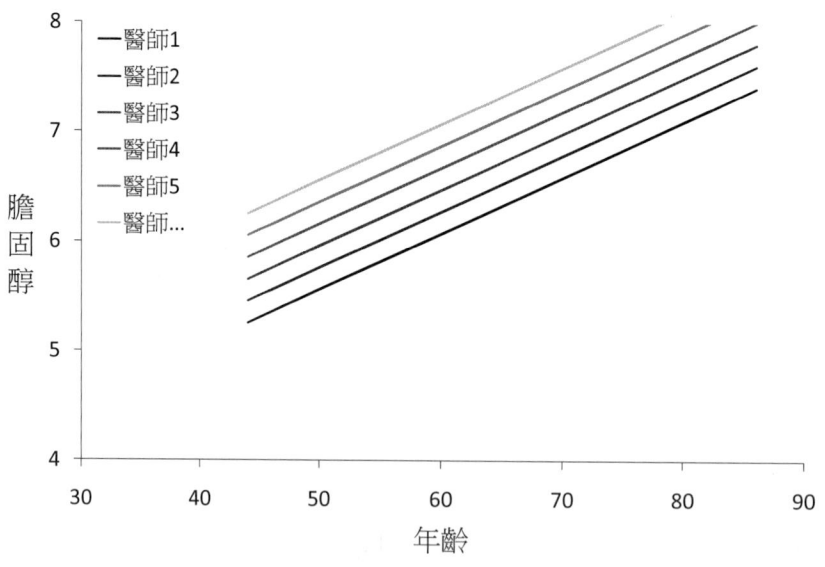

圖 13-7　不同醫師下年齡與膽固醇關係圖

　　如果在這個例子中有 12 位醫師，那麼多元迴歸方程式將會需要估計 11 個 (等於 12–1 個) 迴歸係數。此外，若研究者真正的興趣並非分別探討個別醫師之病患其年齡與膽固醇的關係，而是希望在同時考量不同醫師可能造成之影響下分析整體病患其年齡與膽固醇的關係，那麼上述的方法不但不經濟且不合宜。此時，真正有效率與合宜的方法應該是採用 MLM 的分析方法。在 MLM 分析中，並不用分開估計所有的截距項，而只是估計所有截距項的變異情形，所以並不是一一估計這 11 個截距項的值，只是整體估計這個參數 (截距項) 的變異數而已。此時截距變異數的估計也被稱為「假設或者許可『截距項是為隨機』」，亦即隨機的截距項。這時的 MLM 也同時被稱為隨機係數分析 (random coefficient analysis)。

　　在 MLM 的分析方法中，可以稱這些病患「是聚集在這位醫師中」(clustered within medical doctors)，或者「巢套在醫師之下」。巢套在一位醫師下的病患，會因為受到相同醫師的治療，其在特定變項上的表現可能會出現類似的型態，所以病患間互有關聯，也因此在醫師下的觀察變項是有相關的。如此的聚集 (巢套) 關係，也可以說這是二層的資料結構，病患是第一層 (個體變項)，而醫師的影響是第二層 (群體變項) (圖 13-8)。事實上，因為資料中有存在這種層次的關係結構，MLM 或者多層次的分析也被稱為階層模式 (hierarchical modeling)。

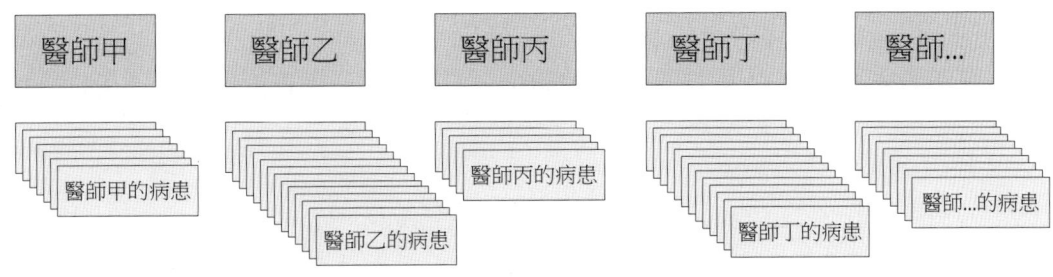

圖 13-8 不同醫師下病患的二層結構示意圖

在多層次模式的分析中，**內在組別相關係數** (intraclass correlation coefficient, ICC) 是個重要的資訊。它代表截距項的變項和殘差的誤差變異數之間的關係，是關於某些病患屬於 (巢套、相依) 在某位醫師下關係的指標。ICC 定義為醫師間 (between) 的變異除以總變異，而總變異則為醫師間的變異與醫師內 (within) 變異的總和。

13.1.3.3 隨機斜率的迴歸

前面提及之公式 13-3 只有假設男女不同群組之迴歸方程式的截距項有所不同，如果研究者不僅假設男女不同組群在迴歸方程式的截距項有所不同，更進一步假設方程式的斜率也有所不同，此時應修改上述的公式 13-3，加入性別與年齡的交互作用項到迴歸方程式中 (見公式 13-5)，加入交互作用項之後，迴歸方程式就可估計男女不同組群在迴歸方程式中的斜率。

$$Y = \beta_0 + \beta_1 Age + \beta_2 Gender + \beta_3 (Age * Gender) + r \qquad \text{(公式 13-5)}$$

$\beta_3 = $ 年齡與性別交互作用的迴歸係數

假設在性別變項的編碼上，男性編碼 0 而女性編碼為 1，分別代入公式 13-5，可得到：

男性組：$Y = \beta_0 + \beta_1 Age + \beta_2 \times 0 + \beta_3 (Age \times 0) + r = \beta_0 + \beta_1 Age + r$

女性組：$Y = \beta_0 + \beta_1 Age + \beta_2 \times 1 + \beta_3 (Age \times 1) + r = (\beta_0 + \beta_2) + (\beta_1 + \beta_3) Age + r$

此時女性組的截距項為 $\beta_0 + \beta_2$，斜率為 $\beta_1 + \beta_3$。由此可知，性別的主要效果（β_2）會影響截距（β_0），而性別與年齡的交互作用（β_3）則會影響斜率（β_1）。

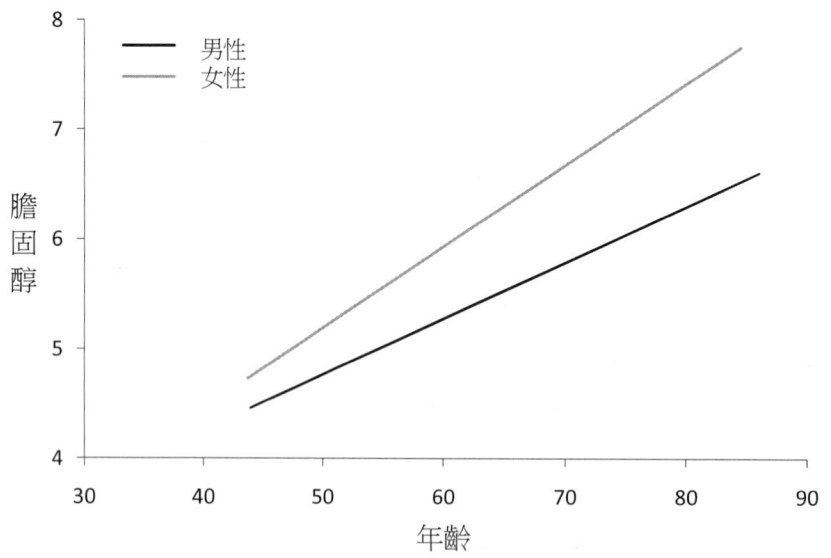

圖 13-9　不同性別下年齡與膽固醇之間的關係(不同性別斜率不同)

當可能產生影響的是二分變項時（例如：性別），在迴歸方程式中只有增加一個交互作用項，當感興趣的交互作用項不是性別，而是醫師時，相同的問題也會同時存在。所以，當這觀察變項巢套（聚集, cluster）於醫師這個變項時，可以合理的假設在不同醫師下，年齡與膽固醇是有所不同的，換句話說，就需要估計在不同的醫師下的斜率，如**圖 13-10**。

在標準的迴歸方程式中，增加年齡與表示不同醫師的虛擬變項間的交互作用項，可得到公式 13-6。

$$Y = \beta_0 + \beta_1 Age + \beta_2 dummyMD_1 + ... + \beta_m dummyMD_{m-1} + \\ + \beta_{m+1}(dummyMD_1 * Age) + ... + \beta_{2m-1}(dummyMD_{m-1} * Age) + r$$

(公式 13-6)

其中的 β_{m+1} 到 β_{2m+1} 表示代表不同醫師的虛擬變項與性別交互作用項的迴歸係數，m 代表是醫師的數目。

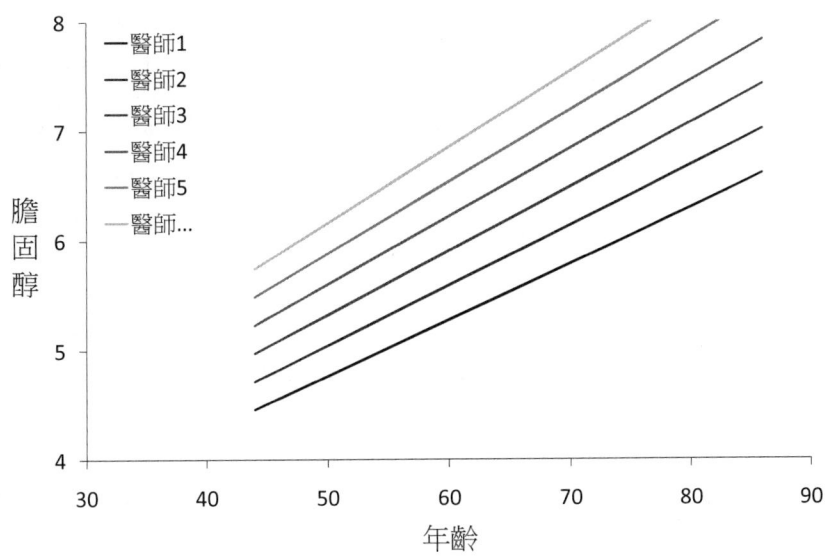

圖 13-10 不同醫師下年齡與膽固醇關係圖(不同的醫師斜率不同)

如果收集的資料中,共有 12 位醫師,表示需要有 11 個交互作用項要增加到迴歸方程式中,然而估計這 11 個交互作用項的迴歸係數並非研究者感到興趣的,而且這個估計方法並非是有效率的。其實研究者感到興趣的還是整體的年齡與膽固醇之間的關係,分析這種類型的資料,仍然是以多層次的分析方法最為有效率。至於在不同的截距項下,當迴歸線有不同的斜率時,只要估計 1 個變異數,而這個變異數即可以表示整體的膽固醇與年齡之間的關係。所以,加入隨機的截距與隨機的的斜率亦可以估計,而這種多層次分析的模式稱為隨機斜率的模式。

以上的例子中,只假設不同病患聚集於不同醫師,此時的資料是屬於二層資料結構;若是同時假設醫師來自不同的醫院,而第一層為病患,第二層為醫師,第三層為醫院,如此的資料即為三層式的資料結構。若將它描述成第一層為學生,第二層為班級,而第三層為學校,亦即學生巢套於班級,而班級巢套於學校,如圖 13-2。

因為多層次分析是標準線性迴歸模式的擴展,所以線性迴歸模式的基本假設,多層次分析也必須符合,例如連續性的依變項,需要符合常態分配的假設,亦即殘差要符合常態分配。

多層次模式相關軟體常用二個 ML 參數估計方法，分別是 FML (Full Maximum Likelihood) 以及 RML/REML (Restricted Maximum Likelihood)。FML 在估計變異數共變時假設固定效果是為已知，而 RML 並非如此，RML 對於變異數成份的估計對固定效果的不確定性進行調整，而 FML 則沒有，在二層的多層次分析中，REML 和 FML 對於全體的變異數估計的結果非常地相近，但對於層次二的殘差變異數 (τ) 的估計卻可能存在明顯的差異。當層次二單位的數量 J 很大的時候，這兩種方法會有非常相近的結果，反之，當 J 較小時，則 FML 對於層次二殘差變異數 (τ) 則比 REML 小。SPSS 及 SAS 統計軟體內定的參數估計方法為 RML (REML)。

13.1.4 多層次迴歸模式的擴展

本小節旨在說明二個階層迴歸模式的擴展，其中第一層的資料是以學生相關變項為主，而第二層資料是以學校的相關變項為主。

13.1.4.1 零模型 (不含預測變項)

以隨機效果單因子變異數分析 (零模型) 為例，模式可表示如下：

層次一 ➔ $Y_{ij} = \beta_{0j} + r_{ij}$

層次二 ➔ $\beta_{0j} = \gamma_{00} + u_{0j}$

將層次二代入層次一，得到混合模型 ➔ $Y_{ij} = \gamma_{00} + u_{0j} + r_{ij}$

其中 i、j 分別表示不同的學生與學校，

Y_{ij} 表示在第 j 個學校中，第 i 個學生的數學成績，

γ_{00} 表示數學成績之總平均，

u_{0j} 表示層次二 (學校) 的誤差項，

r_{ij} 表示層次一 (學生) 的誤差項，

$r_{ij} \sim N(0, \sigma_r^2)$，$u_{0j} \sim N(0, \sigma_u^2)$。

由公式得知，個別學生 i 的成績是由「全體學生的總平均」，加上「j 學校之平均與總平均的差異」，再加「i 與所讀學校 j 之平均數的差異」所組成。

以上模式亦可以利用矩陣的方式來表示如下：

$$\mathbf{Y}_j = \mathbf{X}_j\boldsymbol{\gamma} + \mathbf{Z}_j\mathbf{u}_j + \mathbf{r}_j$$

其中

$\mathbf{Y}_j$ 為層次二(j)中 $n_j X1$ 的向量，

$\mathbf{X}_j$ 是 $n_j Xp$ 表示固定效果的矩陣，

$\boldsymbol{\gamma}$ 為 $pX1$ 的未知固定效果的參數，

$\mathbf{Z}_j$ 是 $n_j Xr$ 表示隨機效果的矩陣，

$\mathbf{u}_j$ 是 $rX1$ 的未知隨機效果的參數，

$\mathbf{r}_j$ 是 $n_j X1$ 的殘差矩陣，

因此可以利用矩陣展開表示如下。

$$\begin{bmatrix} Y_{1j} \\ Y_{2j} \\ \vdots \\ Y_{n_j j} \end{bmatrix} = \begin{bmatrix} 1 \\ 1 \\ \vdots \\ 1 \end{bmatrix} \begin{bmatrix} \gamma_{00} \end{bmatrix} + \begin{bmatrix} u_{0j} \end{bmatrix} + \begin{bmatrix} r_{1j} \\ r_{2j} \\ \vdots \\ r_{n_j j} \end{bmatrix}$$

13.1.4.2　加入層次一預測變項

若加入一個層次一的預測變項（例如：數學學習動機）來預測學生的數學成績，並且假定此層次一的預測變項並沒有誤差（只有固定效果），則可以表示如下。

$$\begin{bmatrix} Y_{1j} \\ Y_{2j} \\ \vdots \\ Y_{n_j j} \end{bmatrix} = \begin{bmatrix} 1 & math_{1j} \\ 1 & math_{2j} \\ \vdots & \vdots \\ 1 & math_{n_j j} \end{bmatrix} \begin{bmatrix} \gamma_{00} \\ \gamma_{10} \end{bmatrix} + \begin{bmatrix} u_{0j} \end{bmatrix} + \begin{bmatrix} r_{1j} \\ r_{2j} \\ \vdots \\ r_{n_j j} \end{bmatrix}$$

如果預測變項加入誤差（也就是有隨機效果）的估計時，則矩陣可以表示如下。

$$\begin{bmatrix} Y_{1j} \\ Y_{2j} \\ \vdots \\ Y_{n_ij} \end{bmatrix} = \begin{bmatrix} 1 & math_{1j} \\ 1 & math_{2j} \\ \vdots & \vdots \\ 1 & math_{n_ij} \end{bmatrix} \begin{bmatrix} \gamma_{00} \\ \gamma_{10} \end{bmatrix} + \begin{bmatrix} u_{0j} & u_{1j} \end{bmatrix} + \begin{bmatrix} r_{1j} \\ r_{2j} \\ \vdots \\ r_{n_ij} \end{bmatrix}$$

而此時誤差的分配為

$$\begin{bmatrix} u_{0j} \\ u_{1j} \end{bmatrix} \sim N\left(\begin{bmatrix} 0 \\ 0 \end{bmatrix}, \begin{bmatrix} \sigma^2_{u_0} & \sigma_{u_0 u_1} \\ \sigma_{u_0 u_1} & \sigma^2_{u_1} \end{bmatrix} \right)$$

13.1.4.3 再加入層次二預測變項

接著，若加入層次二的預測變項 (例如：學校規模)，此時的矩陣模型可表示如下。

$$\begin{bmatrix} Y_{1j} \\ Y_{2j} \\ \vdots \\ Y_{n_ij} \end{bmatrix} = \begin{bmatrix} 1 & math_{1j} & schsize_j \\ 1 & math_{2j} & schsize_j \\ \vdots & \vdots & \vdots \\ 1 & math_{n_ij} & schsize_j \end{bmatrix} \begin{bmatrix} \gamma_{00} \\ \gamma_{10} \\ \gamma_{01} \end{bmatrix} + \begin{bmatrix} u_{0j} & u_{1j} \end{bmatrix} + \begin{bmatrix} r_{1j} \\ r_{2j} \\ \vdots \\ r_{n_ij} \end{bmatrix}$$

13.1.4.4 再加入跨層級交互作用

最後，若增加以上兩個預測變項 (一個為層次一，一個為層次二) 的跨層級的交互作用效果，則矩陣模型則可表示如下。

$$\begin{bmatrix} Y_{1j} \\ Y_{2j} \\ \vdots \\ Y_{n_ij} \end{bmatrix} = \begin{bmatrix} 1 & math_{1j} & schsize_j & schsize_j * math_{1j} \\ 1 & math_{2j} & schsize_j & schsize_j * math_{2j} \\ \vdots & \vdots & \vdots & \vdots \\ 1 & math_{n_ij} & schsize_j & schsize_j * math_{n_ij} \end{bmatrix} \begin{bmatrix} \gamma_{00} \\ \gamma_{10} \\ \gamma_{10} \\ \gamma_{11} \end{bmatrix} + \begin{bmatrix} u_{0j} & u_{1j} \end{bmatrix} + \begin{bmatrix} r_{1j} \\ r_{2j} \\ \vdots \\ r_{n_ij} \end{bmatrix}$$

以上亦可以簡化成混合模型表示如下：

$$Y_{ij} = \gamma_{00} + \gamma_{10} math_{ij} + \gamma_{01} schsize_j + \gamma_{11} math_{ij} schsize_j + u_{1j} math_{ij} + u_{0j} + r_{ij}$$

若以二層次的方式來表示則為：

層次一➔ $Y_{ij} = \beta_{0j} + \beta_{1j}math_{ij} + r_{ij}$

層次二➔ $\beta_{0j} = \gamma_{00} + \gamma_{01}schsize_j + u_{0j}$

$\beta_{1j} = \gamma_{10} + \gamma_{11}schsize_j + u_{1j}$

$$\begin{bmatrix} u_{0j} \\ u_{1j} \end{bmatrix} \sim N\left(\begin{bmatrix} 0 \\ 0 \end{bmatrix}, \begin{bmatrix} \sigma^2_{u_0} & \sigma_{u_0 u_1} \\ \sigma_{u_0 u_1} & \sigma^2_{u_1} \end{bmatrix} \right) \text{，或表示為：} \begin{bmatrix} u_{0j} \\ u_{1j} \end{bmatrix} \sim N\left(\begin{bmatrix} 0 \\ 0 \end{bmatrix}, \begin{bmatrix} \tau_{00} & \tau_{01} \\ \tau_{10} & \tau_{11} \end{bmatrix} \right)$$

13.1.5　多層次模型的估計與考驗

多層次模型的參數估計在二層次的模式中，主要包括三個部分，分別是：

1.固定效果（gammas, γ）；

2.層次一隨機效果的係數（betas, β），以及

3.變異數共變數成份（taus, τ➔Var(u)）等三個部分。

13.1.5.1　固定效果的估計

以下先說明固定效果的估計，以隨機效果單因子變異數分析的固定效果 (Fixed effects - Random effects ANOVA) 為例，其層次一的模式可表示如下。

層次一➔ $Y_{ij} = \beta_{0j} + r_{ij}, \ r_{ij} \sim N(0, \sigma^2)$

其中，r_{ij} 皆符合平均數為 0，標準差為 σ^2 的常態分配。而針對層次二(j)單位內以一個樣本平均數為結果變項的層次一模型可以表示如下。

$\bar{Y}_{.j} = \beta_{0j} + \bar{r}_{.j}$

其中的 $\bar{r}_{.j}$ 可以表示如下。

$$\bar{r}_{.j} \to \bar{r}_j = \frac{\sum_{i=1}^{n_j} r_{ij}}{n_j}$$

這個方程式表示，$\overline{Y}_{.j}$ 是代表真正分數平均數的 β_{0j} 的估計值。而 $\overline{Y}_{.j}$ 的變異數可以表示如下。

$$Var(\overline{Y}_{.j}) = Var(\overline{r}_{.j}) = \frac{\sigma^2}{n_j} = V_j$$

V_j 代表誤差的變異數，而此誤差的變異數即為 β_{0j} 估計值 $\overline{Y}_{.j}$ 的變異數。

層次二的模式可以表示如下。

層次二➔ $\beta_{0j} = \gamma_{00} + u_{0j}$

其中 u_{0j} 亦符合平均數為 0，變異數為 τ_{00} 的常態分配。其中的 τ_{00} 為 u_{0j} 的變異數，可表示如下。

$$Var(u_{0j}) = \tau_{00}$$

Tau00(τ_{00}) 代表的是參數的變異數 (parameter variance)，因此其混合模型可以表示如下。

$$\overline{Y}_{.j} = \gamma_{00} + u_{0j} + \overline{r}_{ij}$$

綜上所述，變異數可以分成兩個部分，一為參數的變異數 ($Var(u_{0j}) = \tau_{00}$)，另一個則為誤差的變異數 ($Var(\overline{Y}_{.j}) = Var(\overline{r}_{.j}) = \frac{\sigma^2}{n_j} = V_j$)，觀察平均數的變異數方程式可以表示如下。

$$\begin{aligned} Var(Y_{.j}) &= Var(u_{0j}) + Var(\overline{r}_{.j}) \\ &= \tau_{00} + V_j \\ &= \Delta_j \end{aligned}$$

觀察分數的變異數 ($Var(Y_{.j})$) 可分解成真分數的變異 (參數的變異，$Var(u_{0j})$，τ_{00}) 以及誤差的變異 ($Var(\overline{r}_{.j})$，$V_j = \frac{\sigma^2}{n_j}$) 二個部分。在隨機效果單因

子變異數分析中的參數變異數 (parameter variance) 在層次二中是一個常數 (constant)，亦即只有一個參數的變異數，但是 V_j 會隨著 j 的樣本數不同而有所不同。若以層次一為學生資料，而層次二為學校資料為例，假如層次二的每所學校都有相同人數的受試者 (學生)，此時 γ_{00} 的估計即是 Y_j 的平均數 (期望值)，亦是 grand mean。假如每所學校的學生人數並不相同，此時必須將所有 Y_j 加上權重 (學生數)。亦即

$$precision(\overline{Y}_{.j}) = \frac{1}{\Delta_j} = \Delta^{-1}$$

所以 $\hat{\gamma}_{00}$ (γ_{00} 的加權最小平方估計) 可表示如下，其中 γ_{00} 的加權最小平方估計是一個最大概似估計。

$$\hat{\gamma}_{00} = \frac{\sum \Delta_j^{-1} \overline{Y}_{.j}}{\sum \Delta_j^{-1}}$$

13.1.5.2　隨機效果的估計

接下來說明隨機效果的估計，以隨機效果單因子變異數分析的隨機效果 (Random effects - Random effects ANOVA) 為例。首先估計層次一係數的隨機效果，如上所述，以層次二(j)單位內以一個樣本平均數為結果變項的層次一模型可以表示如下。

$$\overline{Y}_{.j} = \beta_{0j} + \overline{r}_{.j}$$

其中對任意的 $V_j = \dfrac{\sigma^2}{n_j}$ ，而 $\overline{r}_{.j} \sim N(0, V_j)$

層次二模型則可以表示如下

$$\beta_{0j} = \gamma_{00} + u_{0j}$$

$$u_{0j} \sim N(0, \tau_{00})$$

以上的方程式對於 β_{0j} 的估計有 2 個不同的部分，第 1 個部分，針對層次二所

有的 j 的觀察平均數 $(\overline{Y}_{.j})$，它是一個不偏的估計值，在 OLS (Ordinary Least Squares) 中，樣本平均數即為母群平均數 (μ) 的最佳估計值。第 2 個部分 γ_{00} 也可以被視為 β_{0j} 的估計值，假如層次二的 j 抽樣都是來自於相同的母群，γ_{00} 就可以視為每個 β_{0j} 的估計值。因此，在多層次的分析中，計算每個 β_{0j} 的最佳化加權值可以由下列的組合獲得。

$$\beta_{0j}^{*} = \lambda_{j}Y_{.j} + (1-\lambda_{j})\hat{\gamma}_{00}$$

其中 λ_{j} 即是代表信度 $\lambda_{j} = \dfrac{\tau_{00}}{\tau_{00}+V_{j}} = reliability$，亦即表示信度 = 參數的變異數/(參數的變異數+誤差的變異數) = $\dfrac{Var(\beta_{0j})}{Var(\overline{Y}_{.j})}$。其中當組平均數在層次二各個 j 之間有極大的差異時或者各組 n_{j} 的樣本數都很大時，信度會趨近於 1。其上的信度亦即在古典測驗理論中所稱的信度之數學定義，信度為觀察分數變異中，真分數變異所佔的比值。信度高即是希望組間的效益變大 (τ_{00})，並且希望組內的變異 (σ^{2}) 愈小愈好，樣本愈大愈好，愈大時 V_{j} 就會變小 $(V_{j} = \dfrac{\sigma^{2}}{n_{j}})$。當樣本平均數都有很大的可信度 (信度) 時，以上的方程式在樣本平均數即獲得較大的權重，否則，γ_{00} 的加權估計值即可獲得較多的加權。

13.1.5.3　多層次模型的考驗

HLM 的假設考驗 (hypothesis testing) 有二種形式：

1.固定效果部分，是針對係數進行考驗，HLM、SPSS，及 SAS 都採 t 檢定；

2.隨機效果部分，是針對變異數共變數參數 (variance covariance parameters) 進行考驗，HLM 軟體採 χ^{2} 考驗，SPSS 及 SAS 軟體採 Z 考驗。

首先談到第一部分，固定效果的假設考驗。

在固定效果的假設考驗中，典型單參數的虛無假設可以表示如下。

$$H_{0} : \gamma = 0$$

此時可以利用 t 檢定來加以考驗

$$t = \frac{\gamma}{\sqrt{V_\gamma}}$$

$$V_\gamma \rightarrow Var(\gamma)$$

此時的自由度 (df) 為 J-S-1，而 J 為層次二單位的個數，S 為層次二預測變項的個數。

多參數的考驗則可以利用綜合考驗 (omnibus tests) 以及事後比較 (post-hoc contrasts) 來進行。一般說來有兩個取向，第 1 個為模式比較 (model comparison approach)，可以比較二個模式之間的差異 (利用概似估計值 - 2LL)，但這只能在 full maximum likelihood 估計方法下進行比較，另外第 2 個取向則是進行卡方考驗。這兩種方式會獲得類似的結果，所以一般來說較喜歡採用 χ^2 檢定的方法，因為它可以使用在不同的估計方法下 (FML 或 REML)。

接下來談到的是隨機效果的變異數共變數的假設考驗，研究人員想要了解的是層次一係數是否應該設定為固定的或是隨機的，而可以藉由以下的虛無假設來確定隨機變動是否存在。

$$H_0 : \tau_{qq} = 0$$

其中的 $\tau_{qq} = var(\beta_{qi})$，如果推翻虛無假設，研究人員即可確定 β_q 是隨機變動，有兩個主要的方法來考驗 τ 是否顯著，HLM 這個分析的軟體中是採用 χ^2 考驗，而 SPSS 及 SAS 則是採用 Z 考驗。

13.1.6　多層次模式的基本模型

討論多層次模式的基本模型主要包括一個最基本的模型以及六個次模型，基本模型為隨機效果單因子變異數分析 (one-way ANOVA model with random effects)，六個次模型則分別為：1.隨機效果單因子共變數分析 (one-way ANCOVA model with random effects)，2.隨機係數迴歸模型 (random coefficients regression model)，3.截距模型 (regression model with means as outcomes)，4.脈絡模型

(contextual model)，5.完整模型 (截距及斜率模型 regression model with intercepts and slopes as outcomes)，6.非隨機變化斜率模型 (model with nonrandomly varying slopes) 等，以下逐一說明。

13.6.1 模型 0：隨機效果單因子變異數分析 (one-way ANOVA model with random effects/ unconditional model with random intercept (也被稱為 intercept-only model, or one way ANOVA with random intercept))

隨機效果單因子變異數分析模型有群體層次 (層次二) 及個體層次 (層次一) 之區別，只有依變項 (結果變項) 而並沒有任何預測 (解釋) 變項，大部份的研究都會將隨機效果單因子變異數分析模型視為起始模式，所以它也被稱為虛無模型 (null model)、零模型 (empty model)，或基準線模型 (baseline model)，其理論模式如下。

層次一➔ $Y_{ij} = \beta_{0j} + r_{ij}$

層次二➔ $\beta_{0j} = \gamma_{00} + u_{0j}$

混合模型➔ $Y_{ij} = \gamma_{00} + u_{0j} + r_{ij}$

Y_{ij} 的變異數 $Var(Y_{ij}) = Var(\gamma_{00} + u_{0j} + r_{ij}) = \tau_{00} + \sigma^2$。其中 $Var(u_{0j}) = \tau_{00}$，是層次二的誤差變異；$Var(r_{ij}) = \sigma^2$，是層次一的誤差變異。而內在組別相關係數 ICC $\rho = \tau_{00}/(\tau_{00} + \sigma^2)$，表示組間變異 ($\tau_{00}$) 佔整體變異 ($\tau_{00} + \sigma^2$) 的百分比 (也就是 $\frac{\sigma_b^2}{\sigma_b^2 + \sigma_w^2}$)，如果 ICC 太低，表示層次二的變異太小，則使用一般迴歸分析即可，不需要使用多層次分析。

13.6.2 模型 1：隨機效果單因子共變數分析 (one-way ANCOVA with random effects/ conditional model with random intercept /one way ANCOVA with random intercept)

隨機效果單因子共變數分析模型除了與模型 0 一樣有個體及群體的階層之

外，在層次一加入預測變項，並且將斜率設定為固定效果沒有誤差項，亦即單因子共變數分析在層次二並未考驗所加入預測變項的誤差，斜率只是設定為固定效果，所以隨機效果不用再加入任何的估計參數。

其理論模式如下。

層次一➜ $Y_{ij} = \beta_{0j} + \beta_{1j}X_{ij} + r_{ij}$

層次二➜ $\beta_{0j} = \gamma_{00} + u_{0j}$

$\qquad \beta_{1j} = \gamma_{10}$

混合模型➜ $Y_{ij} = \gamma_{00} + \gamma_{10}X_{ij} + u_{0j} + r_{ij}$

13.6.3　模型 2：隨機係數迴歸模型 (random coefficients regression model/ model with random intercept and random slopes / one way ANCOVA with random intercept and slopes))

隨機係數迴歸模型除了與模型 1 的單因子共變數分析相同地在層次一加入預測變項外，並且將其斜率設定為隨機效果，與單因子共變數分析之不同的地方，只在斜率設定為隨機效果，因此依照單因子共變數模型分析後再將斜率設定為隨機效果即可，其理論模式如下。

層次一➜ $Y_{ij} = \beta_{0j} + \beta_{1j}X_{ij} + r_{ij}$

層次二➜ $\beta_{0j} = \gamma_{00} + u_{0j}$

$\qquad \beta_{1j} = \gamma_{10} + u_{1j}$

混合模型➜ $Y_{ij} = \gamma_{00} + \gamma_{10}X_{ij} + u_{0j} + u_{1j}X_{ij} + r_{ij}$

層次二中，γ_{00} 代表平均截距，γ_{10} 代表平均斜率。因此，本模式的第一個目的是就 j 組迴歸方程式估計出平均截距與平均斜率。另外，將由層次二的方程式也可求得：

$\text{var}(u_{0j}) = \tau_{00} = \text{var}(\beta_{0j} - \gamma_{00}) = \text{var}(\beta_{0j})$

$\text{var}(u_{1j}) = \tau_{11} = \text{var}(\beta_{1j} - \gamma_{10}) = \text{var}(\beta_{1j})$

因此本模式的另一目的是藉由考驗 τ_{00} 和 τ_{11} 來了解各組迴歸方程式間的截距及斜率有無差異。

經由計算 (模型 0 之 r_{ij} 減次模型 2 之 r_{ij})/模型 0 之 r_{ij}，可以求得層次一自變項的效果。

13.6.4　模型 3：截距模型 (intercept-as-outcomes regression / means-as-outcomes model / intercepts as outcomes))

截距 (平均數) 模型主要是將模型 0 之隨機效果單因子變異數分析中的層次二加入預測變項，並且設定層次二之預測變項僅對層次一的截距有影響效果，其理論模式如下。

層次一➔ $Y_{ij} = \beta_{0j} + r_{ij}$

層次二➔ $\beta_{0j} = \gamma_{00} + \gamma_{01}W_j + u_{0j}$

混合模型➔ $Y_{ij} = \gamma_{00} + \gamma_{01}W_j + u_{0j} + r_{ij}$

從層次二可看出此模式的特色是將層次一方程式中代表各組平均數的 β_{0j} 做為層次二方程式的結果變項，而以各組的特性 (W_j) 做為層次二方程式的預測變項。因此本模式的使用目的是了解層次二的特性是否能解釋層次二平均數；若能解釋，解釋量應是多少。

經由比較模型 3 與模式 0 之殘差變異數差異，可以計算層次二預測變項的效果。

13.6.5　模型 4：脈絡模型 (contextual model/ means as outcomes model with level 1 covariate)

脈絡模型與模型 0 相較，在層次一加入預測變項，而層次二加入層次一預測變項之平均數，層次一之截距為層次二之結果變項，並將層次一的斜率設定為固定效果，並沒有誤差項，其理論模式如下。

層次一➜ $Y_{ij} = \beta_{0j} + \beta_{1j}X_{ij} + r_{ij}$

層次二➜ $\beta_{0j} = \gamma_{00} + \gamma_{01}\overline{X}_j + u_{0j}$

$\beta_{1j} = \gamma_{10}$

混合模型➜ $Y_{ij} = \gamma_{00} + \gamma_{01}\overline{X}_j + \gamma_{10}X_{ij} + u_{0j} + r_{ij}$

13.6.6　模型 5：完整模型 (intercepts and slopes as outcomes / cross-level interactions model)

完整模型為層次一及層次二均加入預測變項，而且層次一之截距及斜率均為層次二之結果變項，並且將層次一的斜率設定為隨機效果，其理論模式如下。

層次一➜ $Y_{ij} = \beta_{0j} + \beta_{1j}X_{ij} + r_{ij}$

層次二➜ $\beta_{0j} = \gamma_{00} + \gamma_{01}W_j + u_{0j}$

$\beta_{1j} = \gamma_{10} + \gamma_{11}W_j + u_{1j}$

混合模型➜ $Y_{ij} = \gamma_{00} + \gamma_{01}W_j + \gamma_{10}X_{ij} + \gamma_{11}W_jX_{ij} + u_{0j} + u_{1j}X_{ij} + r_{ij}$

13.6.7　模型 6：非隨機變化斜率模型 (a model with nonrandomly varying slopes/ Model with Nonrandomly Varying Slopes).

非隨機變化斜率模型，主要是在層次一及層次二均加入預測變項，層次一之截距及斜率均為層次二之結果變項，但層次一之斜率設定為固定效果。這是因為 Bryk 及 Raudenbush (1992) 指出利用 HLM 整體模式所估計的結果，$\hat{u}_{1j}$ 常常很接近 0，為了顧及統計上的效率及計算上的穩定性，建議以帶有非隨機變化之斜率的模式來取代，其理論模式如下所示。

層次一➜ $Y_{ij} = \beta_{0j} + \beta_{1j}X_{ij} + r_{ij}$

層次二➜ $\beta_{0j} = \gamma_{10} + \gamma_{01}W_j + u_{0j}$

$\beta_{1j} = \gamma_{10} + \gamma_{11}W_j$

混合模型➜ $Y_{ij} = \gamma_{00} + \gamma_{01}W_j + \gamma_{10}X_{ij} + \gamma_{11}W_jX_{ij} + u_{0j} + r_{ij}$

13.1.7 多層次模式摘要

綜合前面所述，可以將五個常用的次模式整理如**表 13-1**。

表 13-1 多層次主模式及次模式摘要一覽表

	層次一		層次二	
	無自變項	有自變項	截距為結果變項	斜率為結果變項
0:單因子變異數分析	$Y_{ij} = \beta_{0j} + r_{ij}$		$\beta_{0j} = \gamma_{00} + u_{0j}$	
1:單因子共變數分析		$Y_{ij} = \beta_{0j} + \beta_{1j}X_{ij} + r_{ij}$	$\beta_{0j} = \gamma_{00} + u_{0j}$	$\beta_{1j} = \gamma_{10}$
2:隨機迴歸係數模型		$Y_{ij} = \beta_{0j} + \beta_{1j}X_{ij} + r_{ij}$	$\beta_{0j} = \gamma_{00} + u_{0j}$	$\beta_{1j} = \gamma_{10} + u_{1j}$
3:截距模型	$Y_{ij} = \beta_{0j} + r_{ij}$		$\beta_{0j} = \gamma_{00} + \gamma_{01}W_j + u_{0j}$	
4:脈絡模型		$Y_{ij} = \beta_{0j} + \beta_{1j}X_{ij} + r_{ij}$	$\beta_{0j} = \gamma_{00} + \gamma_{01}\bar{X}_j + u_{0j}$	$\beta_{1j} = \gamma_{10}$
5:完整模型		$Y_{ij} = \beta_{0j} + \beta_{1j}X_{ij} + r_{ij}$	$\beta_{0j} = \gamma_{00} + \gamma_{01}W_j + u_{0j}$	$\beta_{1j} = \gamma_{10} + \gamma_{11}W_j + u_{1j}$
6:非隨機變化斜率模型		$Y_{ij} = \beta_{0j} + \beta_{1j}X_{ij} + r_{ij}$	$\beta_{0j} = \gamma_{10} + \gamma_{01}W_j + u_{0j}$	$\beta_{1j} = \gamma_{10} + \gamma_{11}W_j$

13.1.8 預測變項之中心化

有關層次一與層次二方程式中 X_{ij} 及 W_j 兩預測變項的中心化 (centering, 或稱平減) (亦即座標的平移)，有數種做法。其中，X_{ij} 的平移有三種做法：1.**座標不平移**，亦即以原始變數呈現 (X_{ij})；2.**以總平均數為中心** (centering around the grand mean) 而平移 ($X_{ij} - \bar{X}..$)；3.**以組別平均數為中心** (centering around the group mean) 而平移 ($X_{ij} - \bar{X}._j$)。W_j 的平移則有下列兩種做法：1.**座標不平移**，亦即以原始變數呈現 (W_j)；2.**以總平均數為中心而平移** ($W_j - \bar{W}.$)。至於平移與否，主要考量是當 X_{ij} 及 W_j 等於 0 時是否有意義。假設，X_{ij} 及 W_j 分別代表個人階層的家庭社經地位及學校階層的學校規模 (以該校學生數代表)，當其為 0 時是無意義且不可理解的，此時就應將這兩個變項平移，以使截距更有意義。X_{ij} 的平移會對模式之斜率及截距產生影響，而 W_j 之平移僅對截距有所影響。一般而言，除了特定之 MLM 次模式 (例：隨機效果單因子共變數分析) 之外，X_{ij} 常以組別平均數為中心 (centering around the group mean) 而平移 (即 $X_j - \bar{X}._j$)。

13.1.9　樣本數的決定

　　相較於一般迴歸模式，多層次模式需要更大的樣本數，而增加每個層次的樣本數，所得的估計值及其標準誤也會比較精確。但是，要計算樣本數是複雜的工作，一般最常見的建議是 20/30 經驗法則，也就是至少要有 20 個群組，每組至少 30 個個體 (Bickel, 2007)，不過，Kreft 更建議使用 30/30 法則 (引自 Hox, 2010)。Mass 及 Hox (2004) 發現，如果研究的興趣只在固定參數，則 10 個群組已是足夠。然而，較多的群組對於跨層級交互作用及階層二參數的估計會比較理想。所以，如果有特定的研究興趣，則應修正 30/30 法則。假使對跨層級的交互作用比較有興趣，則群組的數量要多些，此時可採 50/20 法則。假使對隨機效果部分的變異數－共變數及其標準誤有興趣，則應採 100/10 法則 (Hox, 2010)。

　　如果考量的收集資料的成本，以上的法則可以再做調整。如果增加群組數，則每一組的個體數可以減少。Snijders (2005) 認為，考量精確性及統計考驗力，大量的群組數比每組要有大的樣本數來得重要，Mass 及 Hox (2004) 的發現支持了這個說法。換言之，對高層次樣本量的要求要比低層次樣本來得高 (張雷、雷靂、郭伯良, 2005)。不過，收集較多群組數所花費的成本，會比每組收集較多樣本來得高，這就有賴研究者的取捨了。

13.1.10　分析的步驟

　　不同的學者 (溫福星, 2007; Hox, 2010; Singer, 1998; Tabachnick & Fidell, 2007) 都曾提出多層次分析的策略，也都有各自的理論或實務依據。依 Ployhart (2005) 的建議，進行多層次分析時可以依以下的順行：

　　1.不投入預測變項 (零模型)，計算 ICC 值。

　　2.增加層次一的預測變項，設定截距及斜率都為固定效果 (也就是一般迴歸)，以進行統計顯著性檢定。

　　3.設定截距為隨機效果，並與前一模式比較 –2LL、AIC、BIC 值。

　　4.逐一將相關的層次一預測變項之斜率設定為隨機效果，並比較模式間的 –2LL、AIC、BIC 值。

　　5.加入層次二之預測變項及跨層級交互作用，並解釋隨機效果。

13.1.11 軟體簡介及使用之準備

本部分所討論關於多層次模式的分析軟體，只以 SPSS、SAS、STATA、MLwinN、R，以及 HLM 為主，但仍有其他相關的軟體可以進行 MLM 的資料分析，例如 MIXOR、MIXREG、SYSTAT、EGRET、Mplus 等等。若想要知道更詳細的軟體分析，可以參考 Goldstein 與 Zhou 所寫的相關文章 (Goldstein, 2004; Zhou, Perkins, & Hui, 1999)。

13.1.11.1 SPSS

自從 SPSS 第 11.5 版開始提供線性多層次分析的功能 (例如：結果變項為連續性資料的多層次分析)。多層次的分析在 SPSS 的軟體中是利用 Mixed Models 的指令來加以執行，不論是利用它的語法功能或者是視窗點選的功能都可以順利分析多層次的資料。在模式的適合度檢定部分，除了提供 -2LL (-2 Log LikeLihood)值之外，尚有 AIC (Akaike's Information Criterion)、AICC (Hurvich and Tsai's Criterion)、CAIC (Bozdogan's Criterion)，以及 BIC (Schwarz's Bayesian Criterion) 等。

13.1.11.2 SAS

SAS 自 6.0 版開始增加多層次分析功能，它是利用 MIXED 的處理程序 (Proc Mixed) 來進行效標變項是連續變項的分析 (王濟川、謝海寧、姜寶法, 2008)，在模式的適合度指標部分提供 –2LL、AIC、AIIC，以及 BIC 等四個指標。而 GLIMMIX 及 NLMIXED 可以用於類別變項的分析。

13.1.11.3 STATA

STATA 是利用 xtmixed 或 gllamm (General Linear Latent and Mixed Models) 的程序來分析多層次的資料。gllamm 程序 (模組) 非常具有彈性並且可以處理多類型資料的分析程序，但它的運算比較費時，而且需要許多經驗才能處理。

13.1.11.4　MLwiN

MLwiN 前身為 MLn，由英國 Bristol 大學 Goldstein 領導的多層次模式中心 (The Centre for Multilevel Modelling) 設計，採直接寫成一個方程式的方式進行分析，也可以使用巨集指令執行。MLwiN 可以讀入 SPSS、SAS、STATA，及 Minitab 格式的資料檔進行分析，如能配合 Goldstein (2011) 的專書，與 Rasbash、Steele、Browne，及 Goldstein (2009) 所寫的手冊，對 MLwiN 的使用方法會有全面的了解。

13.1.11.5　R

R 是處理統計資料與圖形資料的軟體，也是物件導向的設計軟體，它是一個開放性的免費軟體，而且在近幾年它變得愈來愈受到歡迎，主要的原因應該是它是一個免費軟體，而且自由地在網路上下載又可以在多種的作業平台下使用。R 與 S-Plus 有高度的相容性，並且具有相同的程序上的環境，不同的地方是 R 僅能使用語法來加以執行 (有些額外的模組提供視窗的環境)，而 S-Plus 則是可以執行視窗指令以及語法並行的方式，利用多種程序來分析。多層次的資料分析在 R 中可以利用 glmmPQL、nlme、lme 等分析模組加以分析。

13.1.11.6　HLM

HLM 是由 Bryk、Raudenbush，及 Congdon 等所發展的階層模型 (Hierarchical Linear and Nonlinear Modeling) 軟體，主要可以處理多層次的資料，軟體可以讀取大部份統計軟體的資料檔 (例如 SPSS, SAS, SYSTAT 及 STATA 等等)，分析的界面相當容易了解，不需要撰寫語法。HLM 提供的分析模型包括 2-level models、3-level models、Hierarchical Generalized Linear Models (HGLM)、Hierarchical Multivariate Linear Models (HMLM)等，在處理的資料類型方面，HLM 軟體可以處理連續性資料、計次、順序以及名義類型的資料。

13.1.11.7　資料及語法檔

要利用統計軟體進行 MLM 分析，首先要有資料檔。資料檔可以有三種形式：
1.不同層級的資料都放在同一個檔案，軟體再依據變項的變異性質判斷是屬於哪一

個層級。2.不同層級的資放在各自的檔案。3.先建立不同層級的資料檔,再整合成一個檔。MLwiN、SPSS 及 SAS 是使用第一種形式的檔案,而 HLM 則是使用第三種形式。不過,不管使用何種形式的資料檔,都需要設定不同層級的辨識變項,才能順利進行分析。在 SPSS 及 SAS 中,如果要將變項平減,須先透過資料運算,將原始資料減去組平均或是總平均,MLwiN 及 HLM 可以在分析時直接指定平減的方式。

程式部分,多層次模型至少可以使用三種不同的形式表示:1.不同層次中各分別寫一個方程式。2.先在不同層次各寫一個方程式,再整合為一個方程式。3.直接以一個方程式表示不同的變異來源 (Singer, 1998)。其中 HLM 採用第一個方式,不過,也可以使用 Mixed 整合成一個方程式。MLwiN、SPSS、SAS 則都是第三種方式。

13.2　應用部分

13.2.1　範例說明

為進一步詳細說明二階層 MLM 之應用,以下將以中央研究院社會學研究所進行之 2005~2008 年共四期五次「臺灣社會變遷調查資料庫」為實例進行統計分析及結果解釋。其中,第一階層為受訪者階層,是利用該資料中調查時滿 25 歲之 7928 名受訪者的受教年數做為結果變項,而以其父母之受教年數總和做為預測變項,以了解父母之教育程度對受訪者教育程度的解釋力。

第二階層是縣市階層。該資料庫中詢問受訪者 15 歲前居住最久的地方,本書僅使用居住在臺灣地區 23 個縣市之受訪者,並配合行政院主計處 1998~2006 年都市指標中各縣市中 15 歲以上人口從事農林漁牧業 (一級產業) 比率之調和平均數 (本變項可視為縣市之傳統及發展的程度) 當做層次二方程式中的預測變項,藉以了解其對層次一方程式中係數的影響。

主要應用的軟體是 HLM 7.0 版。HLM 軟體的優點是簡單易學,使用手冊撰寫相當詳細 (Bryk & Raudenbush, Congdon, 1994),但對統計概念的說明則較少,因

此最好配合 Raudenbush 與 Bryk (2002) 的另一本專書閱讀，如此會有比較清楚的概念。

以下 HLM 軟體的分析，將就「**隨機效果單因子變異數分析模型**」、「**隨機係數迴歸模型**」、「**截距模型**」、「**截距及斜率模型**」(完整模型) 等四種模型進行估計及結果討論。

在 HLM 之外，近年來 SPSS 及 SAS 也都有 MIXED 分析程序，由於多數大學校院都有這兩套統計軟體，研究者較容易接觸使用，因此也配合 SPSS 及 SAS 做簡要說明。而且兩者的二階層 MIXED 語法相當類似，讀者應可快速遷移。為避免冗長且不必要的贅述，兩者僅以完整模式的報表為例。為利於不同軟體估計結果間的比較，估計方法仍採用 REML 估計法 (與 HLM 一致)，且兩個階層的預測變項均以總平均數進行平減。

13.2.2　HLM 分析步驟

13.2.2.1　資料之準備及讀取

在使用二階層的 HLM 時，要準備兩種資料檔：第一種是個人階層的資料，第二種是縣市階層的資料，兩種資料的第一個變項都應是身分辨識碼 (identification number)，此可用縣市的代號來代表，且最好事先排序。一般而言，HLM 極少使用原始資料檔進行分析，而是使用經過轉換的 SSM 或 MDM 檔，此在 HLM 的手冊上有詳細的說明。

要順利建立這兩個階層的資料，可以選擇能建立標準 ASCII 檔的應用程式 (如 Windows 中的記事本軟體)，或是 SAS、SPSS、SYSTAT 等統計軟體輸入原始資料，然後再用 HLM 讀取。

在此，以 SPSS 為例，分別建立兩個階層的系統檔，並用 HLM 軟體讀取。

1. 以 SPSS 軟體建立層次一 (個人層級) 之資料。資料中包含 CITY、ED、PED 等三個變項，其中 CITY 這一變項是受訪者 15 歲前居住最久的縣市，也做為辨識用的變項。在 CITY 中，1 代表第一個縣市 (臺北市) 之受訪者 (同一個縣市的受訪者使用相同的 ID)，15 代表第 15 縣市 (雲林縣) 之受訪者，其餘

依此類推。ED 為受訪者受教育年數，PED 為父母受教育年數。

	city	ed	ped
1	1	12	12
2	1	16	32
3	1	12	12
4	1	14	20
5	1	18	26
6	1	16	28
7	1	16	22
8	1	14	28
9	1	9	24
10	1	16	12

2.　層次二的資料，則是根據層次一的資料加以彙整 (aggregate)。彙整時選擇《Data》 選單中之《Aggregate》，然後將所要彙整之變項點選到《Summaries of Variable(s)》中，《Break Variable(s)》則指定 ID 變項。圖下則指定《Write a new data file》，並將檔案命名為 "HLM_2.SAV"。

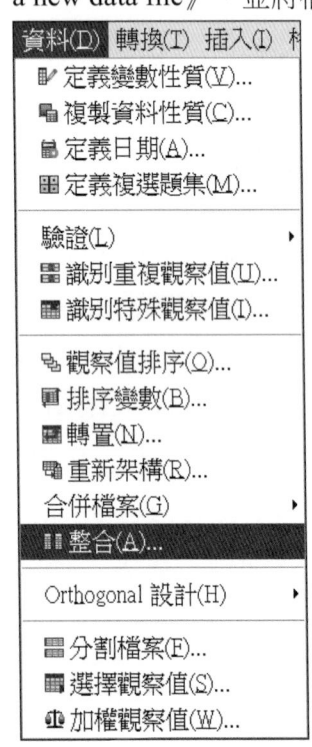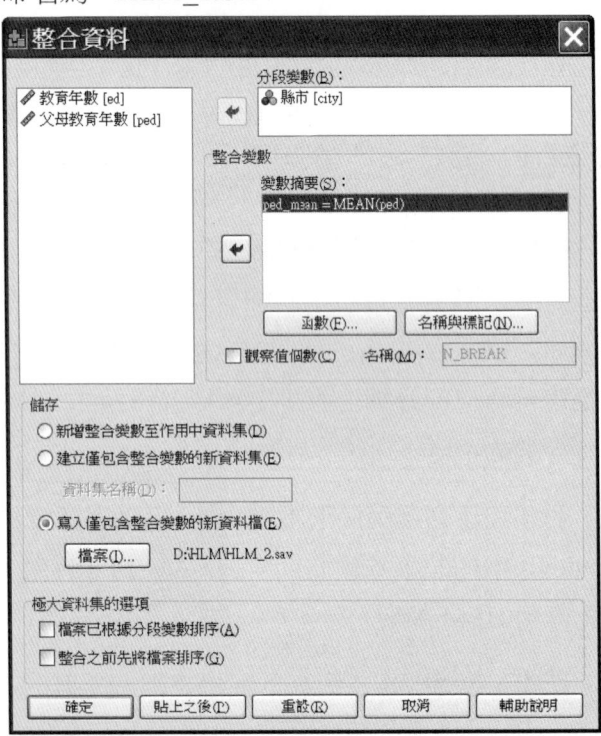

3.　在新的資料檔中，會有 ID、PED_MEAN 等二個變項，PED_MEAN 代表該縣市父母之平均受教育年數 (此可做為脈絡模型分析之用)，為了後續分析，本

處再另外使用 SPSS 加入各縣市一級產業人口率變項 (由行政院主計處網站
取得)，成為層次二之資料檔。

	city	ped_mean	agro
1	1	15.8369	.3037
2	2	11.2204	.7909
3	3	13.8954	.9720
4	4	8.6691	8.7711
5	5	13.6406	1.5541
6	6	9.8108	4.9835
7	7	11.7398	2.5809
8	8	8.4377	9.6187
9	9	13.9594	.9877
10	10	10.5708	6.7032
11	11	7.0517	13.5459
12	12	9.4065	20.8891
13	13	11.9141	2.7169
14	14	7.3488	28.3163
15	15	8.8202	25.2710
16	16	13.3522	2.0348
17	17	7.5749	14.4490
18	18	13.5231	1.2159
19	19	11.5956	9.4826
20	20	8.8889	7.5658
21	21	10.8376	21.0350
22	22	12.3333	26.4711
23	23	10.5117	12.1334

4.　資料建立完成後，再使用 HLM 軟體讀入。首先在《File》的選單中選擇《Make
new MDM file》中之《Stat package input》，並選擇 MDM 之形式為 HLM2 (二
階層) 以讀入其他統計軟體的資料檔 (可選擇 SAS、SPSS、SYSTAT，及
STATA)。

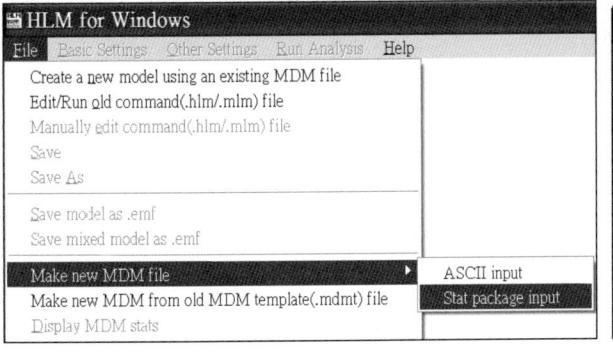
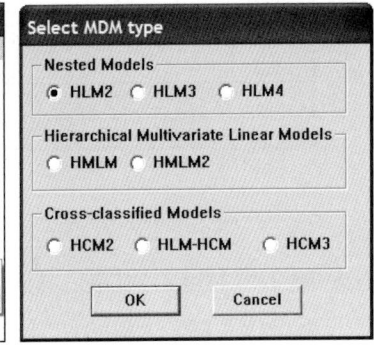

5. 指定完讀入資料檔形式為 SPSS 之系統檔後，先點選《Browse》選擇 HLM_1.SAV 為層次一之資料，並在《Choose Variables》按鈕中選擇辨識變項 (在此為 CITY 變項) 及讀入 MDM 之變項 (在此選擇 ED 及 PED)。

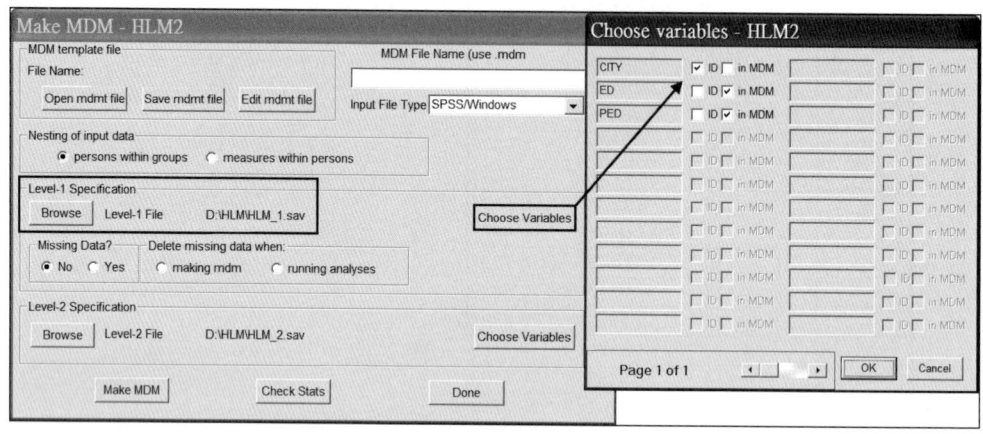

6. 接著再點選層次二中之《Browse》，選擇 HLM_2.SAV 為層次二之資料，並在《Choose Variable》按鈕中選擇辨識變項 (在此亦為 CITY 變項) 及讀入 MDM 之變項。

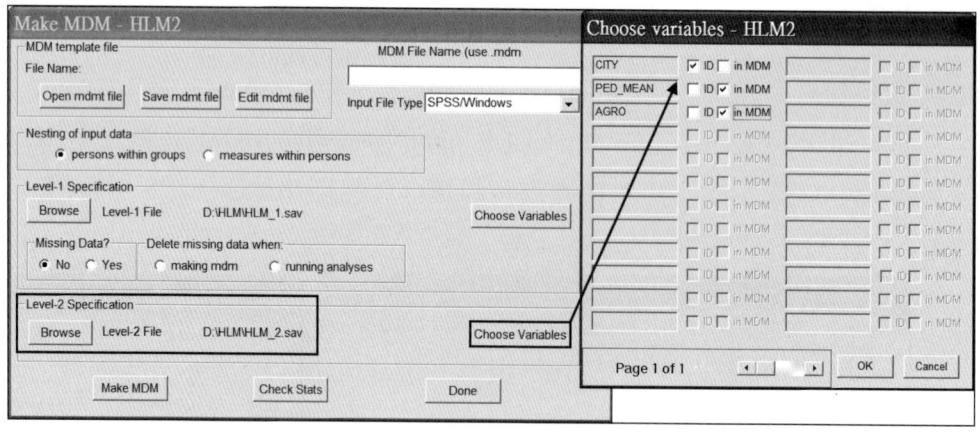

7. 指定《Save mdmt file》之名稱，並將 MDM 檔之名稱命名為 "hlm.mdm" 後點選《Make MDM》按鈕即可產生 MDM 檔。如果點選《Check Stats》可以檢視兩階層之彙總統計量 (含個數、平均數、標準差、最小值，及最大值)。完成後，點選《Done》即可開始進行分析。

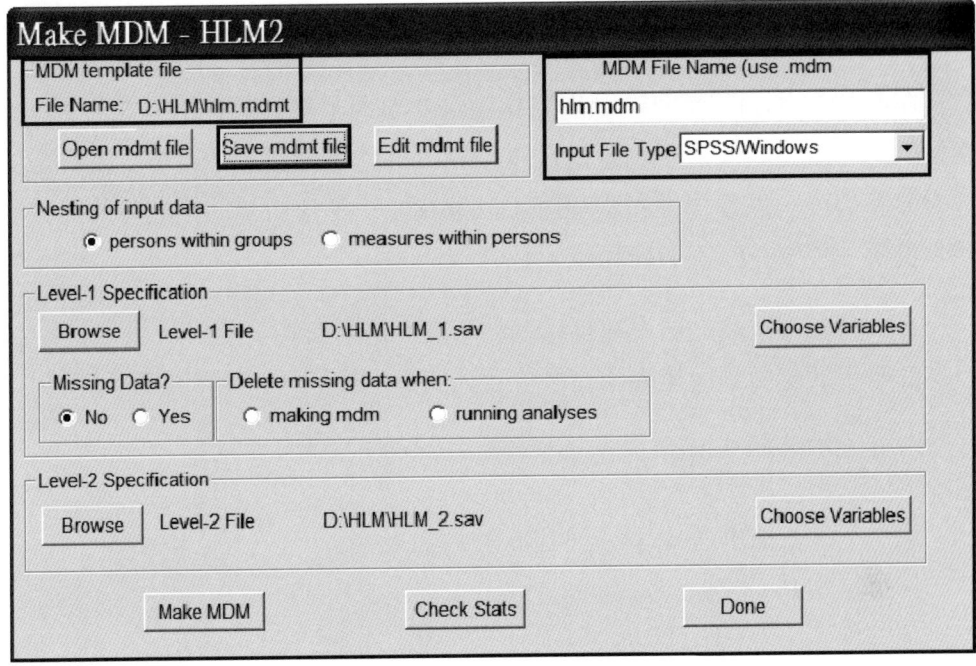

8.　如果已有 MDM 檔，只要在《File》中選取《Create a new model using an existing MDM file》即可以進行模式界定。

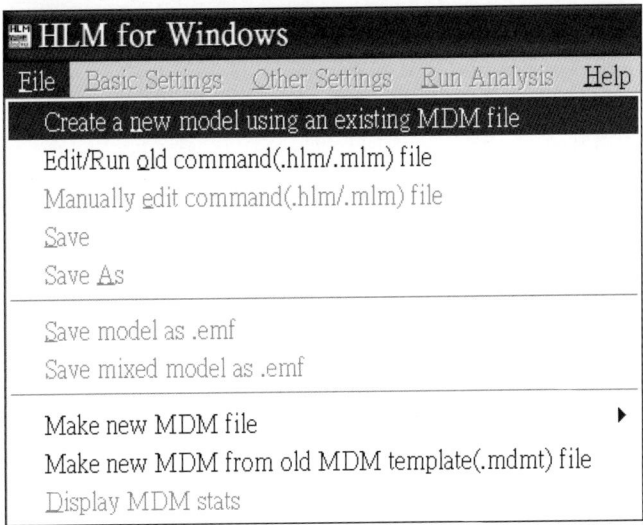

13.2.2.2　隨機效果單因子變異數分析模型 (零模式)

在 MLM 的分析過程中,具有隨機效果的單因子變異數分析模式的估計具有以下目的:考驗各組間之平均數是否有差異、估計總變異量中有多少變異是由組間的變異所造成、以及提供初步訊息,以做為進一步分析其他模式時的比較基礎。在本例中,主要在回答下列問題:

1.　各縣市成長之居民在平均受教年數上是否有顯著差異?
2.　受教年數的總變異中有多少百分比是由於居住縣市間的變異所造成的?

其基本模式如下:

層次一:$Y_{ij} = \beta_{0j} + r_{ij}$,$r_{ij} \sim N(0, \sigma^2)$
層次二:$\beta_{0j} = \gamma_{00} + u_{0j}$
混合模式:$Y_{ij} = [\gamma_{00}] + \{u_{0j} + r_{ij}\}$
其中中括弧內為固定效果,大括弧內為隨機效果

本例中,Y_{ij} 代表第 j 縣市中第 i 位受訪者的受教年數,β_{0j} 為第 j 個縣市的平均受教年數,γ_{00} 是指 23 個縣市平均受教年數之平均數,σ^2 是指個人階層的變異數 (組內變異),τ_{00} 是指縣市階層 (u_{0j}) 的變異數 (組間變異)。

分析步驟及輸出結果說明如下。

1.　首先在《Level-1》中點選 ED,將其當成《Outcome variable》(結果變項)。

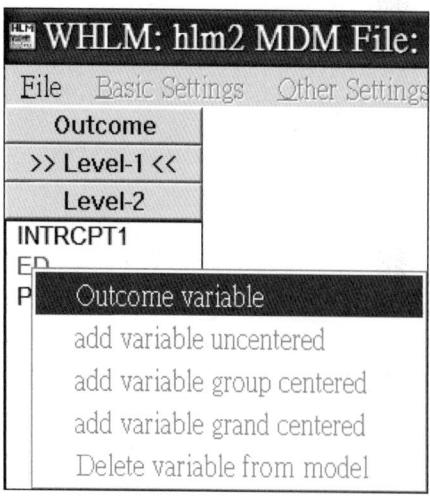

2. 點選後，即會出現模式之公式。如果點選視窗上的《Mixed》按鈕，會同時顯示混合模式。

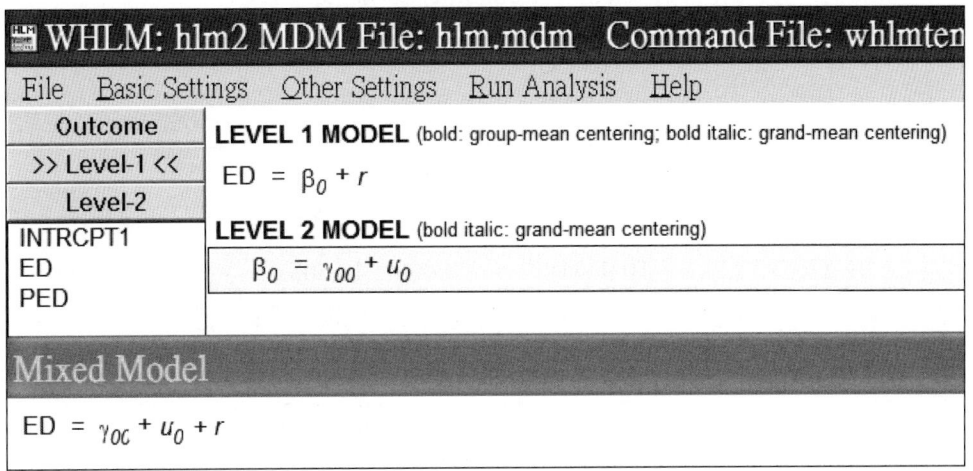

3. 點選《Run the model shown》即可進行分析。

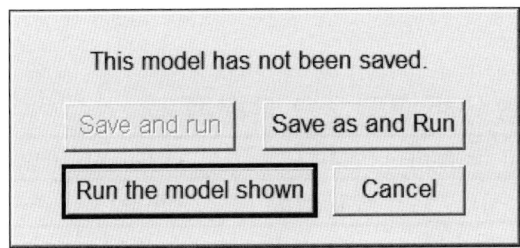

4. 如果將 β_0 設定為固定效果（也就是層次二不設 u_0），此時就是單一樣本的 t 檢定，其 H_0 為 $\mu = 0$，公式為 $t = \dfrac{\overline{X}}{\dfrac{s}{\sqrt{n}}}$。由報表中可看出 7928 個受試者的平均受教年數為 11.001 年，標準誤為 0.0519，t 值為 211.768，$p < .0001$，表示平均數顯著不為 0。

Least-squares estimates of fixed effects

Fixed Effect	Coefficient	Standard error	t-ratio	Approx. d.f.	p-value
For INTRCPT1, β_0					
INTRCPT2, γ_{00}	11.001009	0.051948	211.768	7927	<0.001

5. 零模型的估計結果如下，可以整理成**表 13-2**。

Random level-1 coefficient	Reliability estimate
INTRCPT1,β_0	0.937

Final estimation of fixed effects:

Fixed Effect	Coefficient	Standard error	t-ratio	Approx. d.f.	p-value
For INTRCPT1, β_0					
INTRCPT2, γ_{00}	10.963183	0.270009	40.603	22	<0.001

Final estimation of variance components

Random Effect	Standard Deviation	Variance Component	d.f.	χ^2	p-value
INTRCPT1, u_0	1.25323	1.57059	22	732.60362	<0.001
level-1, r	4.43132	19.63656			

表 13-2　隨機效果單因子變異數分析模型之結果摘要表

固定效果	係數	估計標準誤	t 值	p 值
縣市平均受教年數之平均數，γ_{00}	10.963	0.270	40.603	<.001
隨機效果	**變異數**	**自由度**	χ^2	**p 值**
縣市平均受教年數，u_{0j}	1.571	22	732.604	<.001
層次一之效果，r_{ij}	19.637			

　　從**表 13-2** 中可看出最大概似估計的結果中，各縣市居民受教年數之平均數估計值是 10.963 (與步驟 4 報表之 11.001 相當接近)，估計標準誤是 0.270，則 95%的信賴區間是

$$[\,10.963-1.96(0.270),\quad 10.963+1.96(0.270)\,] = (10.434,\quad 11.492)$$

　　此外，從**表 13-2** 可看出縣市間之變異 τ_{00} 達 .001 顯著水準，代表各縣市居民之平均受教年數有顯著的變異。藉由縣市間變異 (τ_{00}) 及縣市內變異 (σ^2) 可算出內在組別相關係數 $\hat{\rho}$：

$$\hat{\rho} = \hat{\tau}_{00} / (\hat{\tau}_{00} + \hat{\sigma}^2)$$

$$= 1.571 / (1.571 + 19.637)$$

$$= .0740$$

代表受教年數的總變異量中有 7.40%是由縣市差異所造成的。依 Cohen 的標準，ICC 小於 0.059 為低度組內相關，0.059~0.138 為中度組內相關，大於 0.138 為高度組內相關 (引自溫福星, 邱皓政, 2009)，本例為中度組內相關。

另外，各個縣市之樣本平均數之信度的計算公式為：

$$\hat{\lambda}_j = reliability(\bar{Y}_{\cdot j}) = \hat{\tau}_{00} / [\hat{\tau}_{00} + (\hat{\sigma}^2 / n_j)]$$

整體信度指標，為各個縣市樣本平均數之信度估計值的平均數：

$$\hat{\lambda} = \Sigma \hat{\lambda}_j / J$$

$$= .937$$

表示以各個縣市的樣本平均數估計值做為真實縣市平均數的指標時，可信度相當的高。

13.2.2.3　隨機係數迴歸模型

本例利用隨機係數的迴歸模型主要在回答下列問題：

1. 二十三個縣市所形成的 23 條迴歸方程式 (以受訪者受教年數為效標變項，父母受教年數為預測變項) 的平均截距 (各縣市平均受教年數之平均值) 以及平均斜率 (父母受教年數對受訪者受教年數影響的平均值) 為多少？
2. 上述 23 條迴歸方程式中，彼此的截距項 (各縣市平均受教年數) 及斜率 (父母受教年數對受訪者受教年數的影響) 是否有差異？

根據上述待答問題，本例的模式如下。

層次一：$Y_{ij} = \beta_{0j} + \beta_{1j}(X_{ij} - \bar{X}..) + r_{ij}$

層次二：$\beta_{0j} = \gamma_{00} + u_{0j}$

$\qquad \beta_{1j} = \gamma_{10} + u_{1j}$

混合模式：$Y_{ij} = [\gamma_{00} + \gamma_{10}(X_{ij} - \bar{X}..)] + \{u_{0j} + u_{1j}(X_{ij} - \bar{X}..) + r_{ij}\}$

層次一方程式中，Y_{ij} 代表受訪者受教年數，X_{ij} 代表父母受教年數。值得注意的是，當 $(X_{ij} - \bar{X}..)$ 等於 0 時，β_{0j} 所代表的是 23 個縣市之受訪者的平均受教年數。β_{1j} 則代表第 j 個縣市的受訪者之父母的受教年數對受訪者受教年數的影響。σ^2 =Var $(Y_{ij}|$父母受教年數)。

而層次二模式中，γ_{00} 代表各縣市平均受教年數的平均值，γ_{10} 代表各縣市在 β_{1j} 上的平均數。u_{0j} 代表第 j 個縣市之受教年數與 23 個縣市整體平均受教年數之差異，變異數為 τ_{00}。u_{1j} 代表第 j 個縣市之受訪者的「父母受教年數對受訪者受教年數的影響」與所有 23 個縣市之父母受教年數對受訪者受教年數的影響」的平均數間的差異，其變異數為 τ_{11}。

分析步驟及輸出結果說明如下。

1. 點選 PED，將其《add variable grand centered》(增加變項－平移至總平均)，當成層次一的自變項。

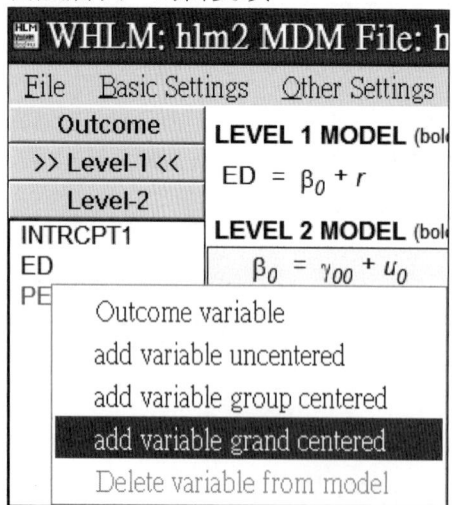

2. 點選後，即會出現模式之公式，其中 ***PED*** 以粗斜體字表示，代表向全體平均數平移。β_0 及 β_1 均有隨機項 (分別為 u_0 及 u_1)，表示假設 23 縣市迴歸模式的截距及斜率都不同 (註：如果截距及斜率項均設為固定效果，則等於一般迴歸)。

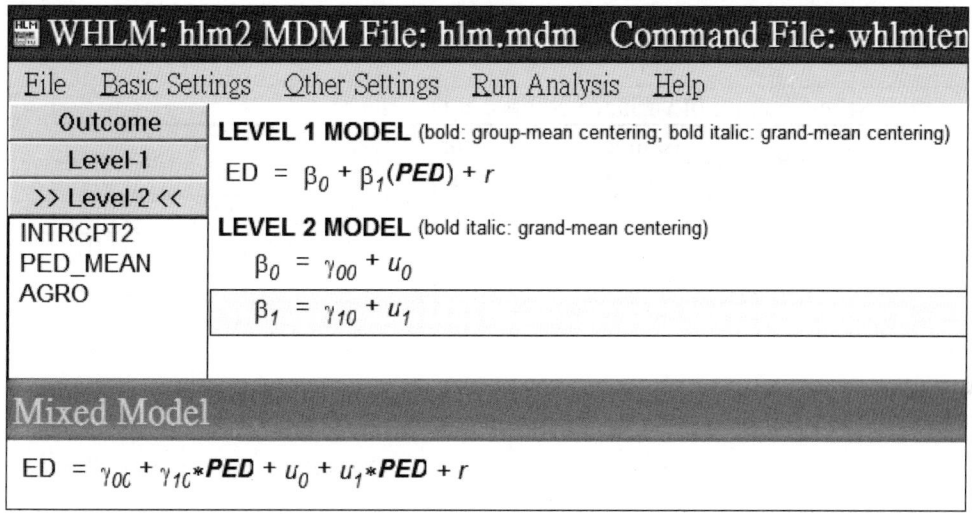

3. 一般迴歸估計結果 (使用 OLS 法) 如下表，$Y = 6.976 + 0.367 * PED + r$，父母教育每增加 1 年，受訪者受教年數就增加 0.367 年，父母未接受教育，受訪者的平均受教年數為 6.976 年。

Least-squares estimates of fixed effects

Fixed Effect	Coefficient	Standard error	t-ratio	Approx. d.f.	p-value
For INTRCPT1, β_0					
INTRCPT2, γ_{00}	6.976344	0.064715	107.801	7926	<0.001
For PED slope, β_1					
INTRCPT2, γ_{10}	0.367083	0.004705	78.015	7926	<0.001

4. 如果預測變項 PED 不平減，所得估計結果如下表。截距為 7.144，斜率為 0.360，均與上表之一般迴歸分析結果近似。

Final estimation of fixed effects:

Fixed Effect	Coefficient	Standard error	t-ratio	Approx. $d.f.$	p-value
For INTRCPT1, β_0					
INTRCPT2, γ_{00}	7.144214	0.213622	33.443	22	<0.001
For PED slope, β_1					
INTRCPT2, γ_{10}	0.360018	0.011431	31.494	22	<0.001

Final estimation of variance components

Random Effect	Standard Deviation	Variance Component	$d.f.$	χ^2	p-value
INTRCPT1, u_0	0.94169	0.88678	22	234.58856	<0.001
PED slope, u_1	0.04813	0.00232	22	125.31150	<0.001
level-1, r	3.43288	11.78469			

5.　如果將預測變項 PED 以 23 縣市各自之組平均平減，所得估計結果如下表。斜率為 0.359，與前面的分析結果近似；截距為 10.960，與 23 縣市平均教育年數之未加權平均數 (10.947，另行分析所得) 或是零模型中的 10.963 相近。

Final estimation of fixed effects:

Fixed Effect	Coefficient	Standard error	t-ratio	Approx. $d.f.$	p-value
For INTRCPT1, β_0					
INTRCPT2, γ_{00}	10.959999	0.271571	40.358	22	<0.001
For PED slope, β_1					
INTRCPT2, γ_{10}	0.359158	0.011452	31.363	22	<0.001

Final estimation of variance components

Random Effect	Standard Deviation	Variance Component	$d.f.$	χ^2	p-value
INTRCPT1, u_0	1.27799	1.63326	22	1222.32872	<0.001
PED slope, u_1	0.04916	0.00242	22	124.97246	<0.001
level-1, r	3.43086	11.77082			

6. 將 PED 平移至全體的平均數，所得估計結果如下表。斜率仍為 0.360，截距 11.092，與 23 縣市受教育年數之加權平均數 (11.001，也就是 7928 人之平均受教年數) 相近。根據此報表整理成**表 13-3**。

Final estimation of fixed effects:

Fixed Effect	Coefficient	Standard error	t-ratio	Approx. d.f.	p-value
For INTRCPT1, β_0					
INTRCPT2, γ_{00}	11.091790	0.098036	113.140	22	<0.001
For PED slope, β_1					
INTRCPT2, γ_{10}	0.360054	0.011434	31.491	22	<0.001

Final estimation of variance components

Random Effect	Standard Deviation	Variance Component	d.f.	χ^2	p-value
INTRCPT1, u_0	0.41601	0.17306	22	123.46831	<0.001
PED slope, u_1	0.04817	0.00232	22	125.32737	<0.001
level-1, r	3.43296	11.78524			

表 13-3　隨機係數迴歸模型之結果摘要表

固定效果	係數	估計標準誤	t 值	p 值
受訪者受教年數之整體平均數，γ_{00}	11.902	0.096	115.005	<.001
父母受教年數對受訪者受教年數影響之平均數，γ_{10}	0.360	0.011	32.306	<.001
隨機效果	**變異數**	**自由度**	χ^2	**p 值**
縣市之平均，u_{0j}	0.173	22	123.468	<.001
父母受教年數對受訪者受教年數之效果，u_{1j}	0.002	22	125.327	<.001
層次一之效果，r_{ij}	11.785			

　　從**表 13-3** 可看出各縣市平均受教年數的總平均值為 11.902 (估計標準誤為 0.096)，與**表 13-2** 中的 10.963 相當接近。而所有縣市之父母受教年數對受訪者受教年數的平均影響之係數為 0.360 (標準誤為 0.011)，t 值為 32.306，達 .001 顯著水準。此一結果意謂著，對各縣市而言，父母受教年數是有效預測受訪者受教年

數的變項，且父母受教年數每增加 1 年，則受訪者受教年數就增加 0.360 年。至於，父母受教年數能解釋受訪者受教年數變異的百分比＝（ $\hat{\sigma}^2_{(隨機效果ANOVA)} - \hat{\sigma}^2_{(父母受教年數)}$ ）／ $\hat{\sigma}^2_{(隨機效果ANOVA)} = (19.637 - 11.785)/19.637 = 39.98\%$ 。

此外，在隨機效果中，截距項之變異數 $\tau_{00} = 0.173$ ， $df = 23 - 1 = 22$ ， $\chi^2 = 123.468$ ，達 .001 顯著水準，表示 23 個縣市在平均受教年數上有顯著的差異，此與隨機效果單因子變異數分析模式的結論一致。斜率項變異數 $\tau_{11} = 0.002$ ， $df = 22$ ， $\chi^2 = 125.327$ ，達 .001 顯著水準，表示各縣市間「父母受教年數對受訪者受教年數的影響」（即斜率）有顯著的不同。此將繼續在「以層次一方程式的截距及斜率做為層次二方程式之結果變項的模式」中討論。

以 HLM 軟體所繪之 23 縣市迴歸線如下圖，由圖中大略可看出：截距項高低不齊，而斜率項則不平行。而由上述的報表得知：各縣市間「父母受教年數對受訪者受教年數的影響」之截距項及斜率項均有顯著差異。

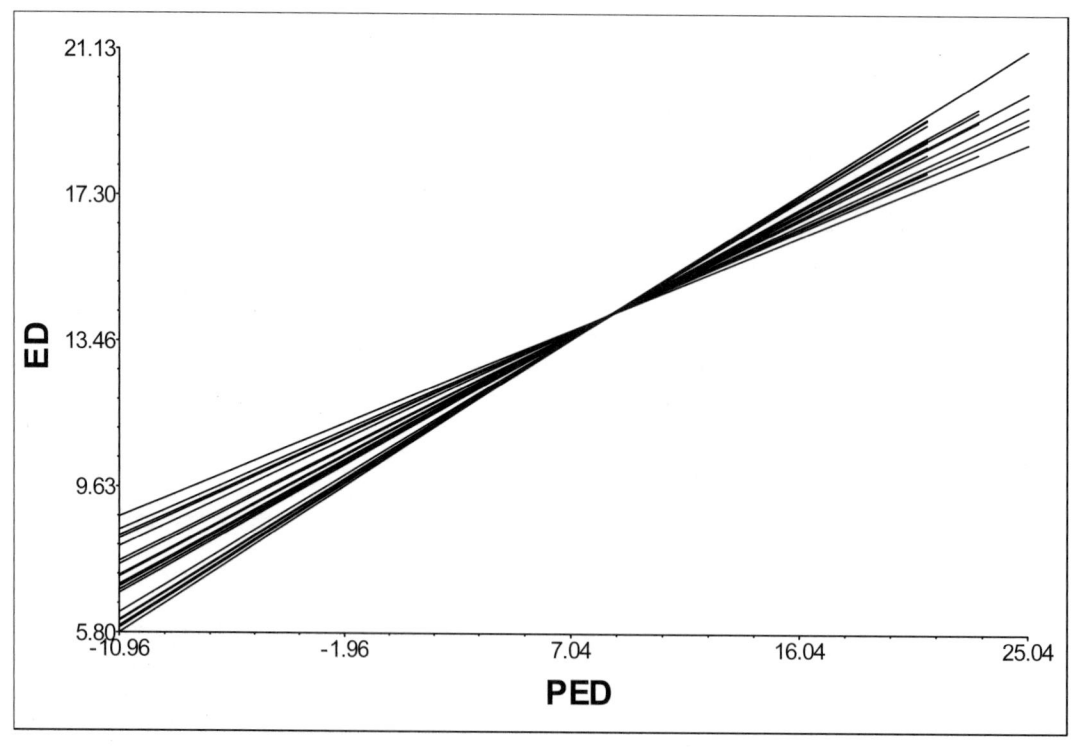

13.2.2.4　截距模型

透過本模式主要是希望解答下面的問題：

1. 縣市一級產業人口率是否會影響在該縣市成長居民之平均受教年數？
2. 除去縣市一級產業人口率所能解釋的變異量之後，各縣市居民之受教年數是否仍然會有顯著的差異？

根據上述待解問題，本例的模式為：

層次一：$Y_{ij} = \beta_{0j} + r_{ij}$
層次二：$\beta_{0j} = \gamma_{00} + \gamma_{01}(W_j - \bar{W}.) + u_{0j}$
混合模式：$Y_{ij} = [\gamma_{00} + \gamma_{01}(W_j - \bar{W}.)] + \{u_{0j} + r_{ij}\}$

其中，$W_j - \bar{W}.$ 代表平移至總平均的縣市一級產業人口率，γ_{01} 則表示縣市一級產業人口率對各縣市平均受教年數的影響。u_{0j} 的變異數是 τ_{00}。值得注意的是，此處 τ_{00} 的意義是 $\mathrm{Var}(\beta_{0j} | W_j - \bar{W}.)$。

分析步驟及輸出結果說明如下。

1. 先點選層次一的 PED，將其《Delete variable from model》(從模式中剔除)。

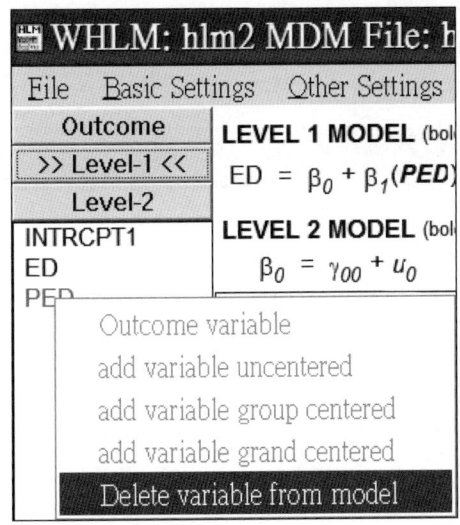

2. 再點選《Level-2》按鈕，選擇 AGRO，將其《add variable grand centered》(增加變項－平移至總平均)，當成層次二的自變項。

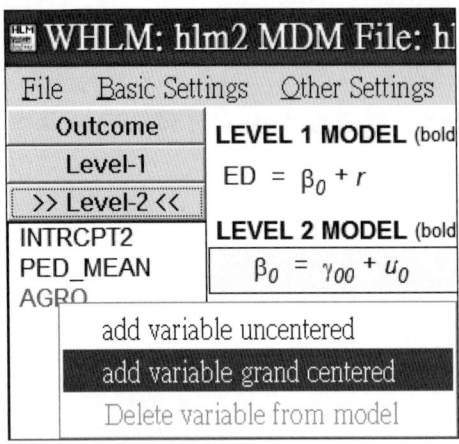

3. 點選後，即會出現模式之公式，其中 AGRO 以粗斜體字表示，代表向總平均數平移。截距項設定為隨機效果 (有 u_0)。

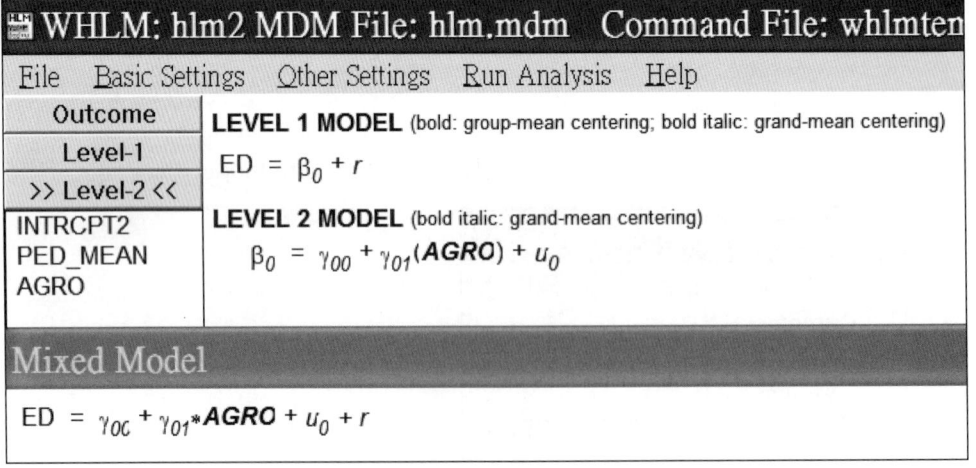

4. 估計的結果如下表，可以整理成表 13-4。

Final estimation of fixed effects:

Fixed Effect	Coefficient	Standard error	t-ratio	Approx. d.f.	p-value
For INTRCPT1, β_0					
INTRCPT2, γ_{00}	10.962336	0.201726	54.343	21	<0.001
AGRO, γ_{01}	-0.093329	0.022757	-4.101	21	<0.001

Final estimation of variance components

Random Effect	Standard Deviation	Variance Component	d.f.	χ^2	p-value
INTRCPT1, u_0	0.91476	0.83679	21	325.54891	<0.001
level-1, r	4.43169	19.63992			

表 13-4　截距模型之結果摘要表

固定效果	係數	估計標準誤	t 值	p 值
縣市平均受教年數				
截距，γ_{00}	10.962	0.212	54.343	<.001
一級產業人口率之影響，γ_{01}	−0.093	0.023	−4.101	<.001

隨機效果	變異數	自由度	χ^2	p 值
縣市之平均，u_{0j}	0.837	21	325.549	<.001
層次一之效果，r_{ij}	19.640			

從**表 13-4** 可看出：縣市一級產業人口率對縣市平均受教年數有顯著的影響（t = −4.101, $p < .001$），係數為負數，因此縣市的一級產業人口率愈多，在該縣市成長之居民的平均受教年數愈少。而縣市一級產業人口率所能解釋縣市間受教年數變異的百分比 =（ $\hat{u}_{00(隨機效果單因子ANOVA)} - \hat{u}_{00(縣市一級產業人口率)}$ ）／ $\hat{u}_{00(隨機效果單因子ANOVA)}$ = (1.571 − 0.837) / 1.571 = 0.4672。然而，當除去各縣市一級產業人口率所能解釋的變異量 46.72%之後，各縣市居民之平均受教年數仍然有顯著的差異（$\tau_{00} = 0.837$，$df = 21$，$\chi^2 = 325.549$，$p < .001$）。此表示各縣市居民平均受教年數上的差異，尚待其他變項來解釋。此時，$\rho = \tau_{00} / (\tau_{00} + \sigma^2)$ = 0.837 / (0.837 + 19.640) = 4.09%，屬於低度相關，組內相關已比零模型之 7.40%來得低。

由下圖可看出：除了 2 個縣市之外，一級產業人口率較少的 11 個縣市（顏色較淺的部分），其居民平均受教年數都較高；而一級產業人口率較多的 12 個縣市（顏色較深的部分），其居民平均受教年數則較低。

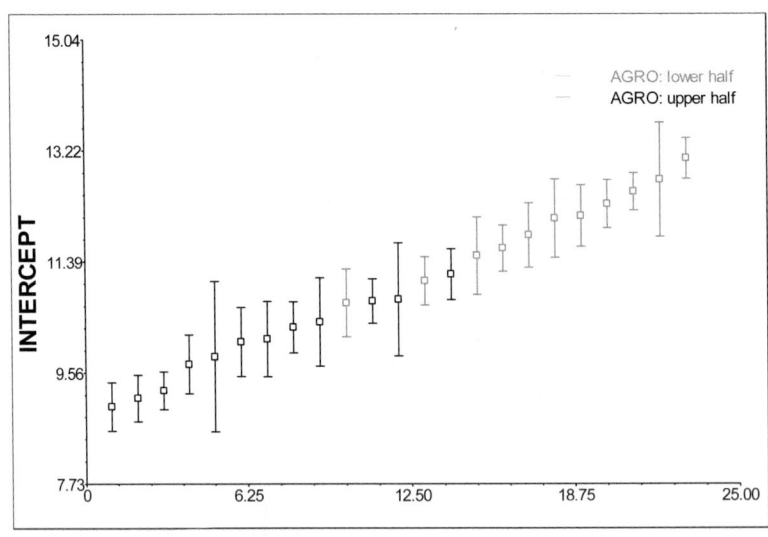

13.2.2.5 完整模型 (截距及斜率模型)

透過本模型除了可以回答模型三的兩個問題外，主要還可解答下面的問題：

1. 父母受教年數對受訪者受教年數的效果是否會因縣市一級產業人口率的不同而有所差異？
2. 前一問題的答案如果是肯定的，則其解釋量有多少？

根據上述待解問題，本例的方程式為：

層次一：$Y_{ij} = \beta_{0j} + \beta_{1j}(X_{ij} - \bar{X}..) + r_{ij}$

層次二：$\beta_{0j} = \gamma_{00} + \gamma_{01}(W_j - \bar{W}.) + u_{0j}$

$\qquad \beta_{1j} = \gamma_{10} + \gamma_{11}(W_j - \bar{W}.) + u_{1j}$

混合模式：$Y_{ij} = [\gamma_{00} + \gamma_{01}(W_j - \bar{W}.) + (\gamma_{10}(X_{ij} - \bar{X}..) + \gamma_{11}(X_{ij} - \bar{X}..)(W_j - \bar{W}.)]$

$\qquad\qquad + \{u_{0j} + u_{1j}(X_{ij} - \bar{X}..) + r_{ij}\}$

其中，$W_j - \bar{W}.$ 代表代表平移至總平均的縣市一級產業人口率，γ_{01} 則表示「縣市一級產業人口率」對「各縣市居民平均受教年數」的影響。γ_{11} 則表示「縣市一級產業人口率」對「父母受教年數對受訪者受教年數迴歸效果」的影響，如果係數為正數，表示一級產業人口率較高的縣市，父母受教年數對受訪者受教年數的預測力較大。反之，如果係數為負數，則表示一級產業人口率較高的縣市，父母

受教年數對受訪者受教年數的預測力較小，或是一級產業人口率較低的縣市，父母受教年數對受訪者受教年數的預測力較大。此處 τ_{11} 的意義是 $\mathrm{Var}(\beta_{1j}|W_j - \bar{W}.)$。

分析步驟及輸出結果說明如下。

1. 首先點選 ED，將其當成《Outcome Variable》(結果變項)。

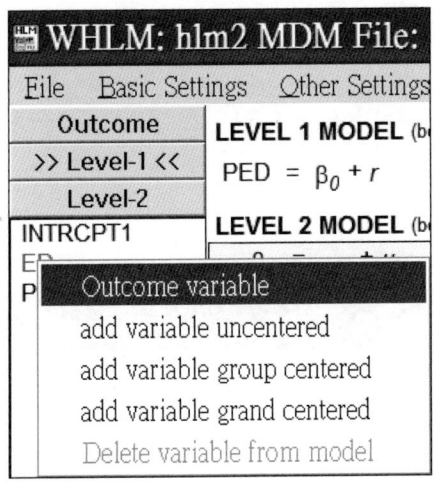

2. 其次點選 PED，將其《add variable grand centered》(增加變項－平移至總平均)，當成層次一的自變項。

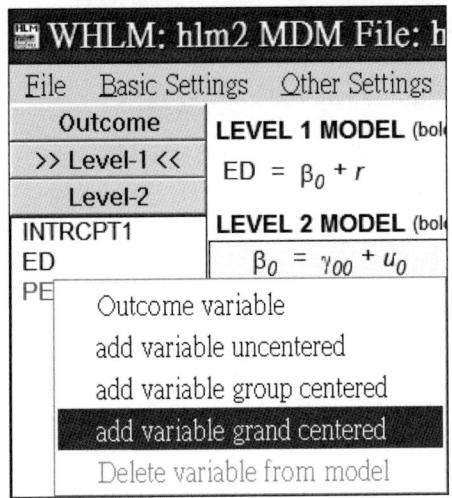

3. 接著點選《Level-2》按鈕，選擇 AGRO，將其《add variable grand centered》(增加變項－平移至總平均)，當成層次二的自變項，結果變項為層次一之常數項 β_0。

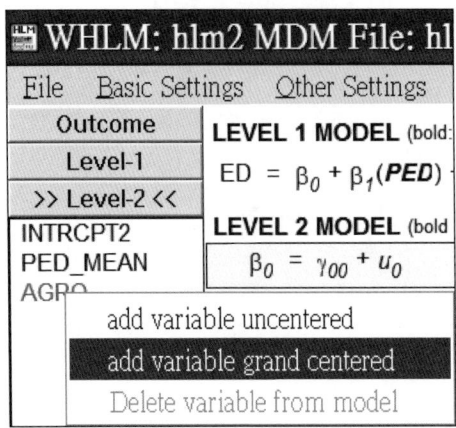

4. 再以層次一之截距 β_1 為結果變項，指定線性模式。

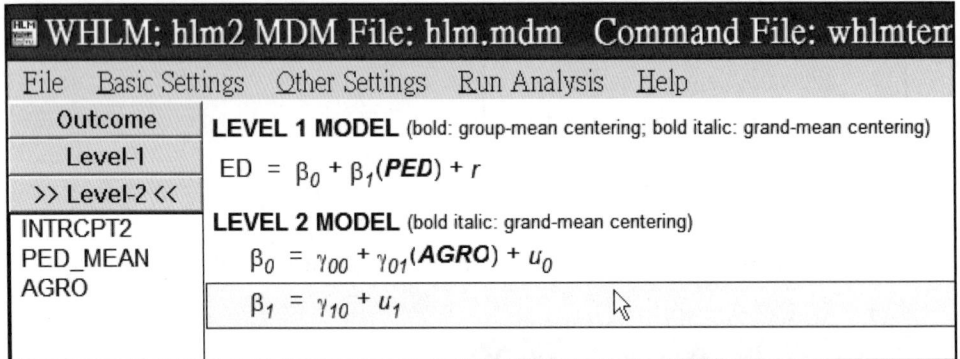

5. 重新選擇 AGRO，將其《add variable grand centered》(增加變項－平移至總平均)，當成層次二的自變項。

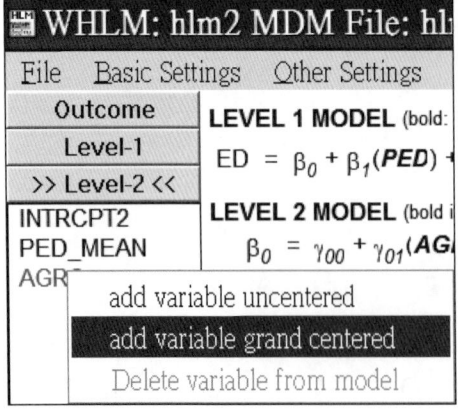

6.　此時並未設定 u_1，須再點選一次，以增加殘差項。

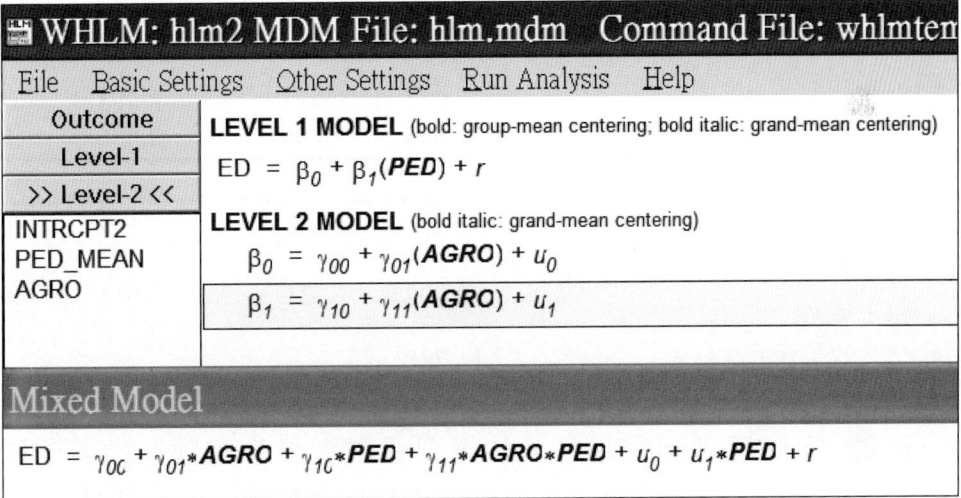

7.　設定好完整之模式後，即可進行分析。

8.　估計的結果下表，可以整理成**表 13-5**。

Final estimation of fixed effects:

Fixed Effect	Coefficient	Standard error	t-ratio	Approx. $d.f.$	p-value
For INTRCPT1, β_0					
INTRCPT2, γ_{00}	11.091083	0.069305	160.033	21	<0.001
AGRO, γ_{01}	-0.034283	0.007950	-4.312	21	<0.001
For PED slope, β_1					
INTRCPT2, γ_{10}	0.359412	0.009817	36.610	21	<0.001
AGRO, γ_{11}	0.002882	0.001114	2.586	21	0.017

Final estimation of variance components

Random Effect	Standard Deviation	Variance Component	d.f.	χ^2	p-value
INTRCPT1, u_0	0.25661	0.06585	21	56.14047	<0.001
PED slope, u_1	0.03880	0.00151	21	75.91639	<0.001
level-1, r	3.43340	11.78825			

表 13-5 完整模型之結果摘要表

固定效果	係數	估計標準誤	t 值	p 值
縣市平均受教年數				
截距，γ_{00}	11.091	0.069	160.033	<.001
一級產業人口率之影響，γ_{01}	−0.034	0.008	−4.312	<.001
父母受教年數對受訪者受教年數效果				
截距，γ_{10}	0.359	0.010	36.61	<.001
一級產業人口率之影響，γ_{11}	0.003	0.001	2.586	<.001
隨機效果	變異數	自由度	χ^2	p 值
縣市之平均，u_{0j}	0.066	21	56.140	<.001
父母受教年數對受訪者受教年數之效果，u_{1j}	0.002	21	95.916	<.001
層次一之效果，r_{ij}	11.788			

從表 13-5 可看出父母受教年數對受訪者受教年數有顯著的影響。$\gamma_{00} = 11.091$，表示全部受訪者平均受教年數為 11.091 年。$\gamma_{01} = -0.034$，表示 15 歲居住之縣市的一級產業人口較多，則受訪者的平均受教年數較低。$\gamma_{10} = 0.359$，表示父母受教育年數每增加 1 年，受訪者受教年數可增加 0.359 年。$\gamma_{11} = 0.003$，表示一級產業人口會正向增強「父母教育對受訪者教育正向影響」的效果，換言之，在一級產業人口較多的縣市，父母教育對受訪者教育正向影響會較大，而在一級產業人口較少的縣市，父母教育對受訪者教育正向影響會較小。

由下圖也可以看出：一級產業人口率較高的縣市 (深色部分)，其截距較小，(也就是平均受教年數較少)，斜率較大 (也就是較陡峭，因此父母受教年數對受訪者受教年數之影響較大)；一級產業人口率較低的縣市 (淺色部分)，其截距較大 (居民平均受教年數較高)，斜率較小 (也就是較平緩，因此父母受教年數對受訪者受

教年數之影響較小)。

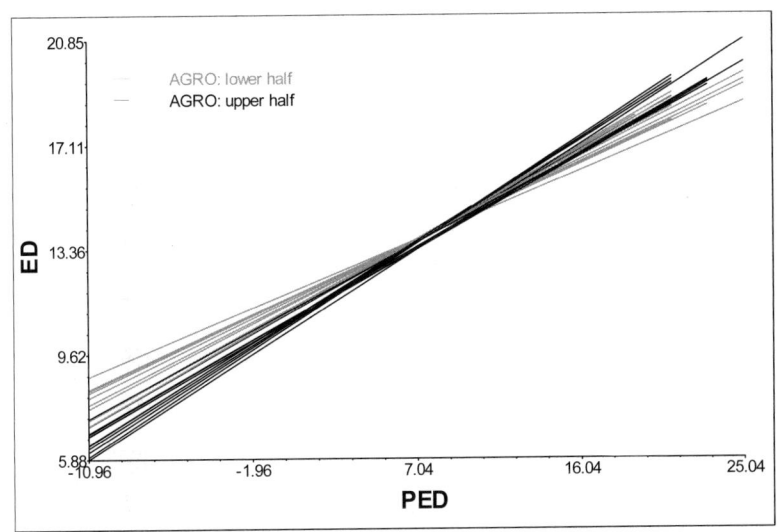

如果針對一級產業人口取 Q3 (深色部分) 及 Q1 (淺色部分)，則如下圖。可看出一級產業人口較高的這條迴歸線斜率較大，也就是一級產業人口正向增強了父母教育對受訪者教育的影響。

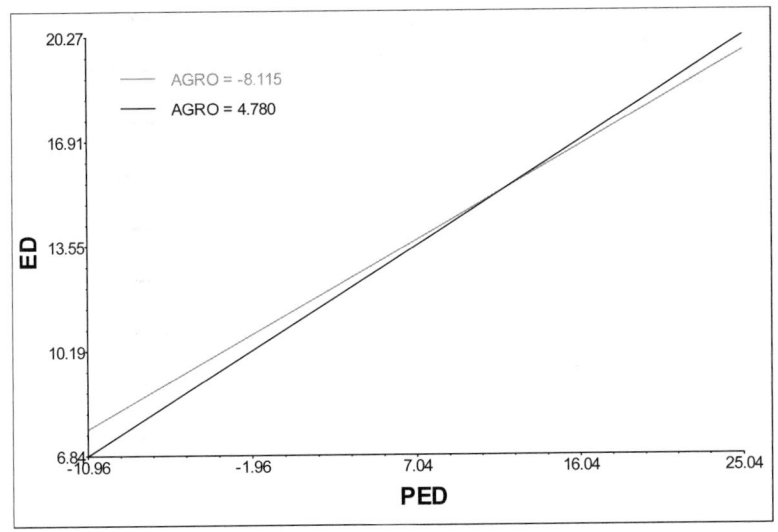

下圖是依大小排列的截距，由圖中可看出：除了 1 個縣市之外，一級產業人口率較高 (深色部分) 的其他 11 個縣市，其居民平均受教年數都較其他 11 個縣市

(淺色部分，一級產業人口率低) 來得低。

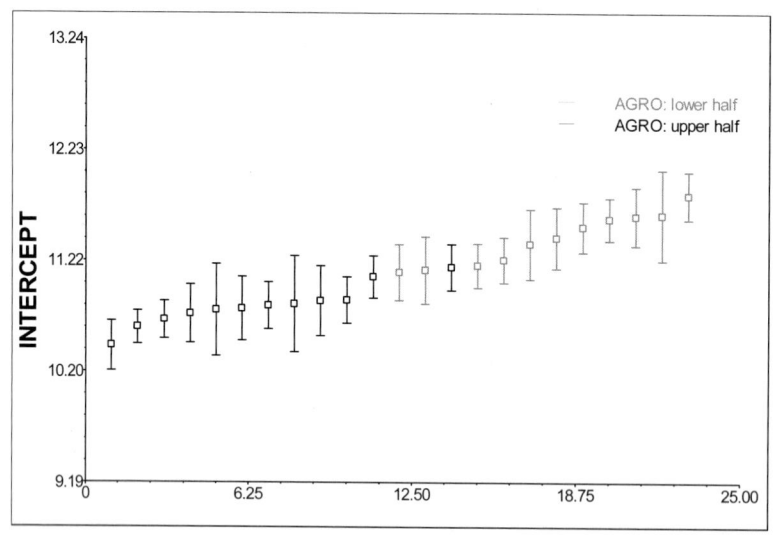

　　下圖是依大小排列的斜率，由圖中可看出：多數一級產業人口率較高的縣市 (深色部分)，其斜率都較大，亦即，其居民受教年數受父母受教年數的影響較大。反之，一級產業人口率較低的縣市，居民受教年數受父母受教年數的影響相對較小。

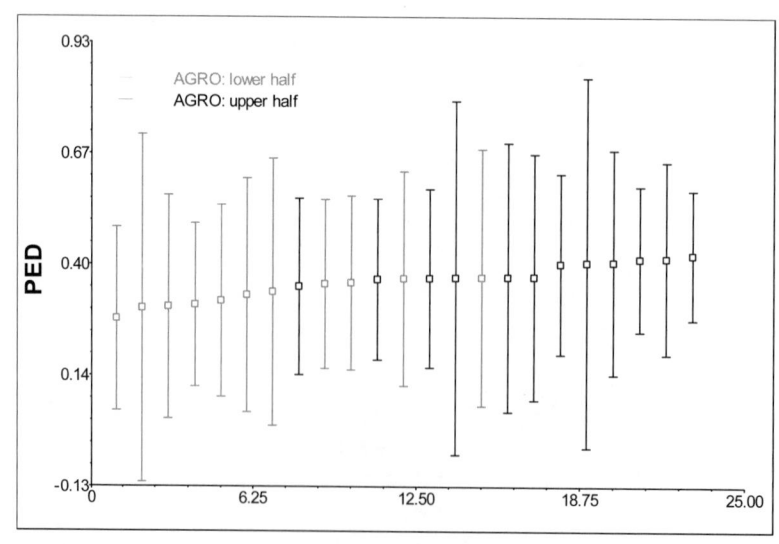

比較表 13-2 及表 13-5 的 u_{0j}，可以計算在層級二中縣市一級產業人口率對居

民平均受教年數的解釋量，$(19.637 - 11.788)/19.637 = 0.3997$。表中$u_0$的 χ^2 仍然顯著，表示在加入一級產業人口率後，在縣市階層還有其他因素影響居民的受教年數。

13.2.3　SPSS 分析步驟圖

1.　在《分析》(Analyze) 下選擇《混合模式》(Mixed Models) 之《線性》(Linear)，以進行多層次分析。

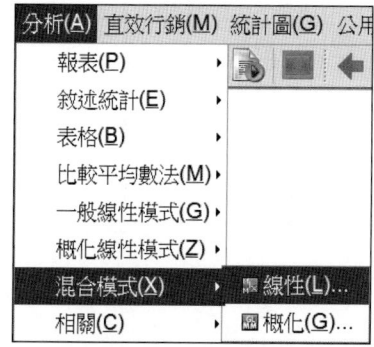

2.　先將辨識變項點選到右邊的《受試者》(Subjects) 中，接著點選《繼續》(Continue)。

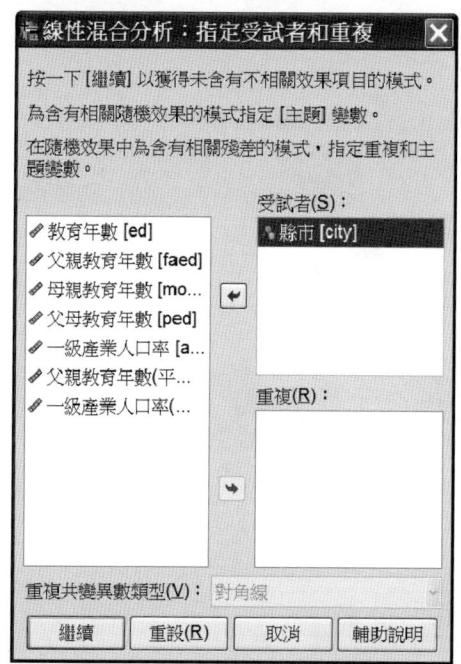

3. 再將教育年數(ed)點選到右邊的《**依變數**》(Dependent Variable) 中，及平移後之父母教育年數(cped)及一級產業人口率(cagro)點選到《**共變量**》(Covariate(s))中。

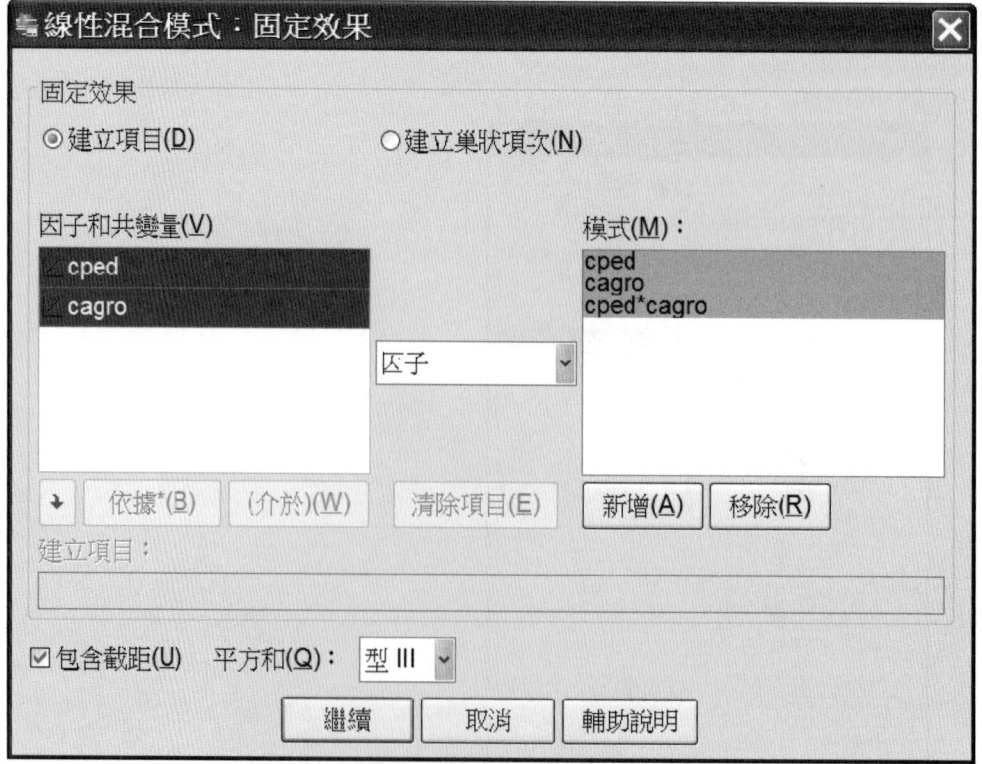

4. 在《**固定**》(Fixed) 效果中，將 cped、cagro 及 cped*cagro 點選到《**模式**》(Model)中 (同時選擇 cped 及 cagro 再選《**新增**》(Add)即可)。

5.　在《隨機》(Random) 效果中，將 cped 點選到《模式》(Model)中，city 點選
　　到《組合》(Combination)中，並勾選《包含截距》(Include intercept)。

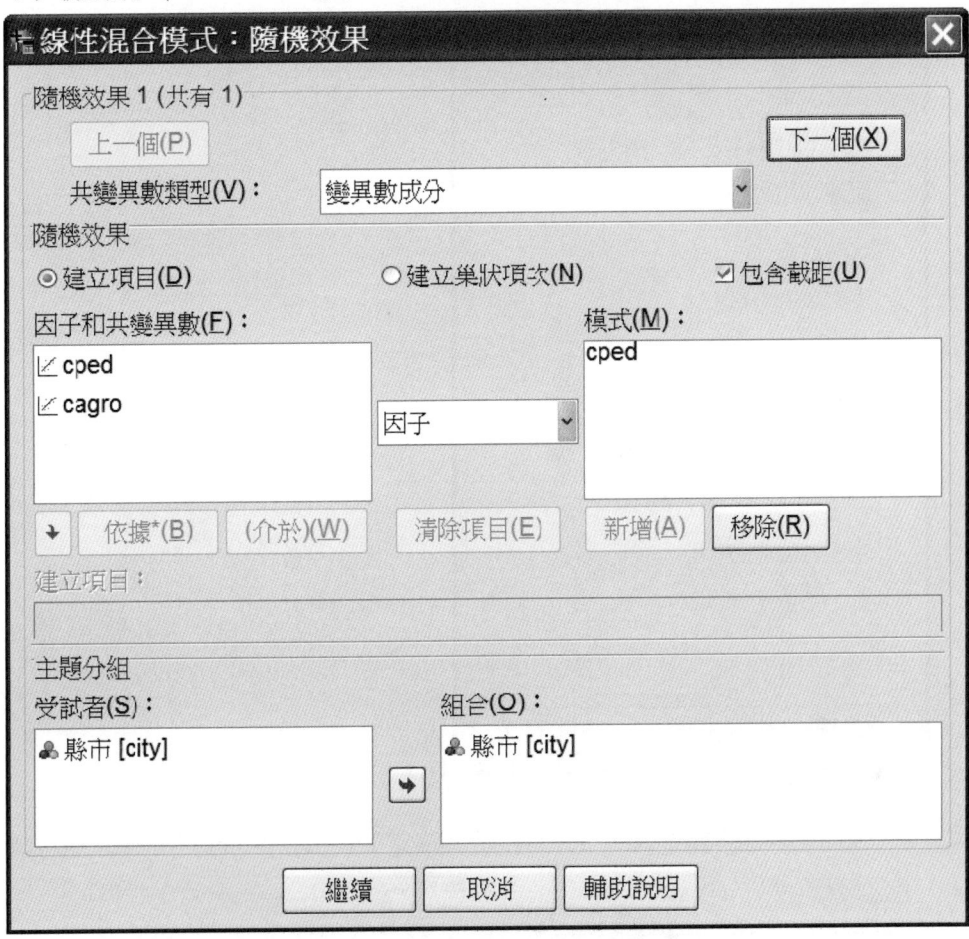

6. 在《統計量》(Statistics) 中，勾選《**參數估計值**》(Parameter estimates) 及《**共變異數參數的檢定**》(Test for covariance parameter)。

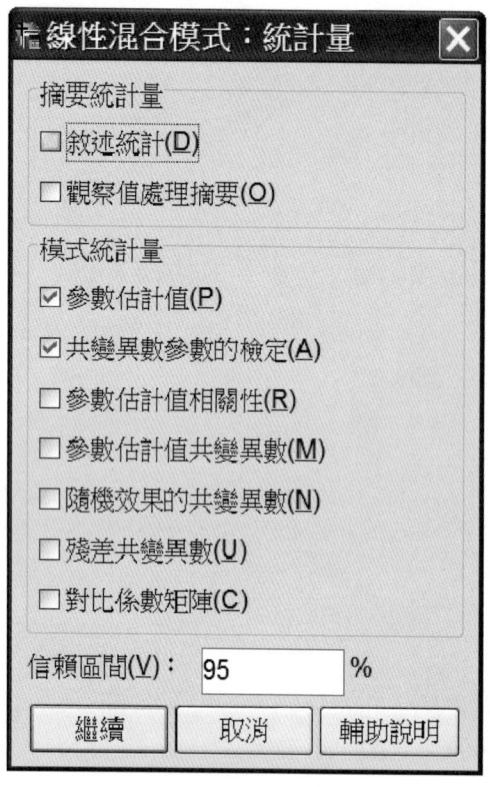

7. 當上述的選項都設定後，即可點選《**確定**》(OK) 進行分析。如果點選《**貼上之後(語法)**》(Paste)，則可以自動產生程式。

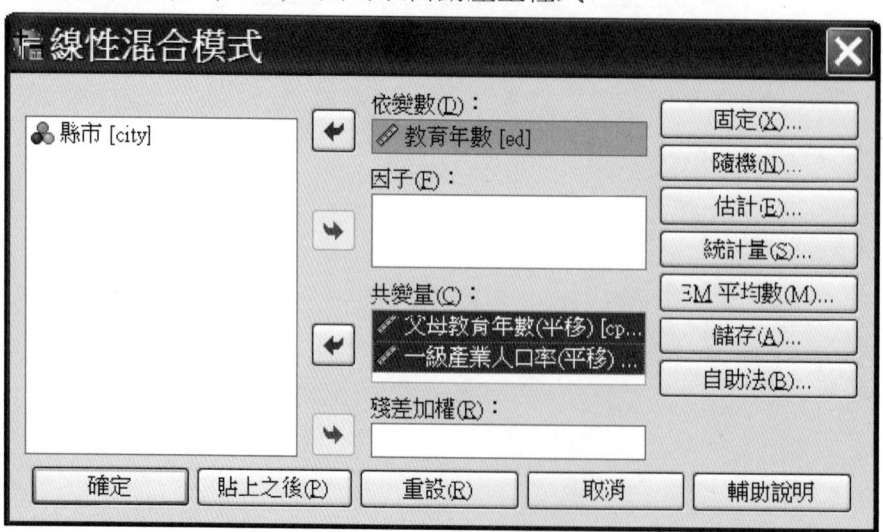

13.2.4　SPSS 程式

[1]	MIXED	ed WITH cped cagro
[2]		/FIXED=cped cagro cped*cagro
[3]		/RANDOM intercept cped | SUBJECT(city)
[4]		/PRINT=SOLUTION TESTCOV.

13.2.5　SPSS 程式說明

[1] 以 MIXED 指令界定並進行線性混合模型分析。WITH 的左方是用來界定效標變項，在本範例為受試者受教育年數(ed)，WITH 的右方則是用來界定預測變項 (在選單中稱為共變量)，分別為層次一的父母受教育年數 (cped, 代表以平移至總平均的 ped) 與層次二的縣市一級產業人口率 (cagro)。

[2] FIXED 是用來界定模式中的固定效果，分別是 cped (平移後之父母受教育年數)、cagro (平移後之縣市一級產業人口率) 及 cped*cargo (父母受教育年數與縣市一級產業人口率的交互作用項)。

[3] RANDOM 是用來界定模式中的隨機效果。在 RANDOM 右方加入 intercept 時，表示層次一的截距為隨機截距；在 RANDOM 次指令後加入 cped，代表該預測變項具有隨機斜率。在二階層的分析中，層次二的預測變項都是固定效果。" | " 符號後設定用來當辨識的變項 (在此為 city)。

[4] 使用 PRINT=SOLUTION 次指令時，提供更多固定效果參數的資訊。COVTEST 則對隨機效果參數進行考驗。

[5] 以下依序舉例說明零模型、加入層次一預測變項、加入層次二預測變項、完整模型的 SPPS 語法以供參考。

MIXED	ed
	/RANDOM intercept | SUBJECT(city)
	/PRINT=SOLUTION TESTCOV.
MIXED	ed WITH cped
	/FIXED=cped
	/RANDOM intercept cped | SUBJECT(city)
	/PRINT=SOLUTION TESTCOV.
MIXED	ed WITH cagro
	/FIXED=cagro

| MIXED | /RANDOM intercept \| SUBJECT(city)
/PRINT=SOLUTION TESTCOV.
ed WITH cped cagro
/FIXED=cped cagro cped*cagro
/RANDOM intercept cped \| SUBJECT(city)
/PRINT=SOLUTION TESTCOV. |
| RUN; | |

13.2.6 報表及解說

[1]

Information Criteria[a]	
-2 Restricted Log Likelihood	42135.527
Akaike's Information Criterion (AIC)	42141.527
Hurvich and Tsai's Criterion (AICC)	42141.530
Bozdogan's Criterion (CAIC)	42165.460
Schwarz's Bayesian Criterion (BIC)	42162.460
The information criteria are displayed in smaller-is-better forms.	
a. Dependent Variable: 教育年數.	

　　SPSS 提供了五種適配度指標的估計結果，除了 SAS 所能提供的－2LL、AIC、AICC、BIC 外，亦提供 CAIC 適配度指標。其中－2LL 其實與 HLM 的離異數 (Deviance) 是相同的統計量。值得注意的是，以上的適配統計量僅適用於不同競爭模型間之比較，無法說明單一模式的適配優劣程度。

　　經由 –2LL 可以得到其他適配統計量 (如果使用 REML 法，d 是估計的共變數參數，此處為 3 個；n 是樣本數減固定效果參數，此處為 7928 – 4；如果使用 ML 法，d 是共變數參數加固定效果參數，n 是樣本總數)：

$$AIC = -2LL + 2d = 42135.527 + 2 \times 3 = 42141.527$$

$$AICC = -2LL + 2d \times n/(n-d-1) = 42135.527 + 2 \times 3 \times 7924/(7924-3-1)$$
$$= 42141.530$$

$$CAIC = -2LL + d \times (\ln(n)+1) = 42135.527 + 3 \times (\ln(7928)+1) = 42165.460$$

$$BIC = -2LL + d \times \ln(n) = 42135.527 + 3 \times \ln(7928) = 42162.460$$

[2]

Type III Tests of Fixed Effects[a]				
Source	Numerator df	Denominator df	F	Sig.
Intercept	1	14.364	24603.060	.000
cped	1	20.142	1488.335	.000
cagro	1	15.751	18.887	.001
cped * cagro	1	21.718	8.231	.009
a. Dependent Variable: 教育年數.				

　　這裡的輸出報表是在說明固定效果的顯著性考驗結果，F 值會等於報表[3]的 t^2。此處考驗結果與 SAS 報表大體上是相近的。

[3]

Estimates of Fixed Effects[a]						95% Confidence Interval	
Parameter	Estimate	Std. Error	df	t	Sig.	Lower Bound	Upper Bound
Intercept	11.100634	.070771	14.364	156.854	.000	10.949206	11.252062
cped	.357602	.009269	20.142	38.579	.000	.338275	.376929
cagro	-.035467	.008161	15.751	-4.346	.001	-.052790	-.018144
cped * cagro	.003027	.001055	21.718	2.869	.009	.000837	.005217
a. Dependent Variable: 教育年數.							

　　這裡的輸出報表是在說明固定效果的估計值、估計標準誤、自由度、檢定統計量及 p 值結果。就固定效果的估計結果可知：

　　1.父母受教育年數對於受訪者受教年數有顯著的影響（$\gamma_{10} = 0.357602$，$p < .001$），顯示父母受教年數可以有效解釋不同個體在受教年數上的變異。

　　2.就縣市層次的主要效果而論，縣市一級產業人口率（agro）對於縣市的平均受教年數具有顯著的負向預測效果（$\gamma_{01} = -0.035467$，$p < .001$），亦即一級產業人口率愈高的縣市，則該縣市的平均受訪者受教年數愈小。

　　3.最後，就跨層次交互作用的效果而論，結果顯示縣市一級產業人口率與父母受教年數的交互作用項達顯著水準（$\gamma_{11} = 0.003027$，$p = .009$），可知一級產業人口率較高的縣市，其父母受教育年數對於受訪者受教年數的影響會較大，反之，則較小。

[4]

Estimates of Covariance Parameters[a]						95% Confidence Interval	
Parameter		Estimate	Std. Error	Wald Z	Sig.	Lower Bound	Upper Bound
Residual		11.792793	.187858	62.775	.000	11.430287	12.166796
Intercept [subject = city]	Variance	.066830	.039286	1.701	.089	.021115	.211520
cped [subject = city]	Variance	.001231	.000573	2.147	.032	.000494	.003067
a. Dependent Variable: 教育年數.							

此一輸出報表是在說明共變數參數的估計結果，分別說明層次一殘差項的變異數、層次一的隨機截距變異數，以及父母受教育年數的隨機係數變異數。其參數估計結果與 SAS 報表大體上是一致的。

共變數參數估計的報表中。呈現了層次一的隨機截距變異數、解釋變項 cped (父母受教育年數) 變異數及殘差變異數之估計值、標準誤、Z 值、p 值，和估計值之 95%信賴區間。分析結果顯示：

1.不同縣市在平均受教年數上沒有顯著差異（$\hat{\tau}_{00} = 0.066831, p = .089$），此部分與 HLM 及 SAS 不同；

2.由於父母受教育年數對受訪者受教育年數之斜率變異數估計值達顯著水準（$\hat{\tau}_{11} = 0.001231, p = .032$），顯示父母受教育年數對受訪者受教育年數的影響，會隨著其所在縣市的不同而有所變化；

3.從殘差變異數（$\sigma^2 = 11.792793, p < .001$）達顯著水準可知，在納入一個層次一的預測變項後，組內差異仍然非常大，可知未來在分析時應納入其他更具預測效果的預測變項。

13.2.7 SAS 程式

```
[1]   PROC MIXED          NOCLPRINT NOITPRINT COVTEST;
[2]                       CLASS city;
[3]                       MODEL ed=cped cagro cped*cagro /S NOTEST
                          DDFM=BW;
[4]                       RANDOM int cped /SUB= city;
[5]   RUN;
```

13.2.8　SAS 程式說明

[1]　MIXED 程序主要指令，NOCLPRINT 表示不列出 CLASS 中類別變項的訊息，NOITPRINT 是不列出疊代過程，COVTEST 是對變異數及共變數等隨機效果進行假設考驗。

[2]　CLASS 用來指定類別變項，在此例中 city (縣市別) 為辨識變項，亦即將 city 界定為類別變項，因此其數字只是代號，不具有量的變項的性質。

[3]　MODEL 用來設定多層次模型的固定效果。在 "=" 左邊為效標變項，右邊為預測變項，如果等號後未寫變項，則表示只有截距的效果。在此例中，效標變項為 ed (受試者受教育年數)，預測變項有層次一的 cped (父母受教育年數)，層次二為 cagro (縣市一級產業人口率)，再加上 cped*cargo (父母受教育年數與縣市一級產業人口率的交互作用項)。SAS 的模式內定含截距，如果不想包含截距項，只要在 "/" 之後加上 NOINT。斜線後之 S (SOLUTION 簡寫) 表示列出固定效果的估計值。如果不進行固定效果的型 III F 考驗，則加上 NOTEST。DDFM=BW 代表使用 "between/within" 方式計算分母自由度，其他尚有 CON、KR、RES、SAT 等方法。王濟川等人 (2008) 建議，最好使用 KR 法或 SAT 法，不要使用 RES 法。不過由於 KR 法非常耗時，在一般分析時可以採用 BW 法，而在正式發表研究時，則應改採 KR 法。

[4]　RANDOM 用來指定隨機效果，如果缺少此項，就是一般迴歸模型。在混合模式中，隨機效果至少要含一個變項 (就是層次一的殘差項 γ_{ij})，不過此項目是 SAS 的內定項目，不必寫出。此外，在 RANDOM 右方加入 int (INTERCEPT 簡寫) 時，表示層次一的截距為隨機截距。在二層次的分析中，只有層次一的變項會是隨機效果 (也可以是固定效果)，層次二的變項都是固定效果。在本範例中，我們假設父母受教育年數對受試者受教育年數的斜率是因縣市而異的，因此在 RANDOM 指令中加入 cped (父母受教育年數)，代表該預測變項具有隨機斜率。斜線後 SUB (SUBJECT 簡寫) 用來指定辨識變項 (在此為 city)，其目的是在界定多層次結構，據以說明層次一的分析單位如何分割或分派到層次二的單位之中。

[5]　執行分析。

[6]   以下同樣依序舉例說明零模型、加入層次一預測變項、加入層次二預測變項、
完整模型的 SAS 語法。

```
PROC MIXED        NOCLPRINT NOITPRINT COVTEST;
                  CLASS city;
                  MODEL ed= /S NOTEST DDFM=BW;
                  RANDOM int /SUB= city;
PROC MIXED        NOCLPRINT NOITPRINT COVTEST;
                  CLASS city;
                  MODEL ed=cped /S NOTEST DDFM=BW;
                  RANDOM int cped /SUB= city;
PROC MIXED        NOCLPRINT NOITPRINT COVTEST;
                  CLASS city;
                  MODEL ed=cagro /S NOTEST DDFM=BW;
                  RANDOM int /SUB= city;
PROC MIXED        NOCLPRINT NOITPRINT COVTEST;
                  CLASS city;
                  MODEL ed=cped cagro cped*cagro /S NOTEST
                  DDFM=BW;
                  RANDOM int cped /SUB= city;
RUN;
```

13.2.9 SAS 報表與解說

[1]

Covariance Parameter Estimates					
Cov Parm	Subject	Estimate	Standard Error	Z Value	Pr > Z
Intercept	city	0.06681	0.03927	1.70	0.0444
cped	city	0.001228	0.000571	2.15	0.0158
Residual		11.7928	0.1879	62.78	<.0001

　　共變數參數估計的報表中。呈現了層次一的隨機截距變異數、解釋變項 cped
(父母受教育年數) 變異數及殘差變異數之估計值、標準誤、Z 值和 p 值。分析結
果與 SPSS 近似，但不同縣市在平均受教年數上有顯著差異 ($\hat{\tau}_{00} = 0.06681$, p
$= .0444$)。

[2]

Fit Statistics	
-2 Res Log Likelihood	42135.5
AIC (smaller is better)	42141.5
AICC (smaller is better)	42141.5
BIC (smaller is better)	42144.9

　　在適配統計量部分，SAS 提供了四種適配度指標的估計結果，分別是 -2LL、AIC、AICC、BIC，數值愈小表示模式愈佳。此結果與 SPSS 近似。

[3]

Solution for Fixed Effects					
Effect	Estimate	Standard Error	DF	t Value	Pr > |t|
Intercept	11.1006	0.07076	21	156.87	<.0001
cped	0.3576	0.009262	7903	38.61	<.0001
cagro	-0.03547	0.008160	21	-4.35	0.0003
cped*cagro	0.003028	0.001054	7903	2.87	0.0041

　　固定效果的估計值、標準誤、自由度、t 值及 |t| 之機率值，結果與 SPSS 相近。

13.3　分析摘要

綜合上述四種模式分析，茲將重要結果歸納如下：

一、在不同縣市成長之居民，其平均受教年數有顯著的差異，其變異有 7.40% 是由縣市差異所造成的。

二、以個人階層而言，父母受教年數可以顯著預測受訪者受教年數，迴歸係數為 0.367，父母每增加一年受教育時間，受訪者可增加 0.367 年受教時間，解釋變異量為 39.98%。

三、以縣市階層而言，一級產業人口率可以顯著預測受訪者平均受教年數，

迴歸係數為 –0.093，縣市一級產業人口率每增加 1%，該縣市受訪者平均
受教年數減少 0.093 年，解釋變異量為 46.72%。

四、各縣市在「父母受教年數對受訪者受教年數的影響」有顯著的不同，且
斜率及截距均不同，此一效果受縣市一級產業人口率影響。一級產業人
口率較多的縣市，居民平均受教年數較少；而一級產業人口率會增強父
母受教年數對受訪者受教年數的影響，一級產業人口率愈高的縣市，父
母受教年數對受訪者受教年數的影響較大。

14 對數線性模式[*]

· 陳正昌 ·

14.1 理論部分

14.1.1 對數線性模式適用時機

在進行兩個都是質的變項之列聯表 (contingency table) 分析時，一般會使用χ^2考驗。但是，如果要處理三個以上質的變項的分析，χ^2考驗就不適用，而應改用一般對數線性模式 (general log-linear model)。一般對數線性模式主要可以包含兩部分：一是對數線性模式 (log-linear model)，不區分自變項及依變項，而把所有變項都當成反應變項 (response variable)；一是邏輯對數線性模式 (logit log-linear model)，有自變項及依變項的分別，比較類似迴歸分析。本章先說明對數線性模式，接著再針對邏輯對數線性模式加以介紹。

14.1.2 二維列聯表的計算——對數線性模式

在說明線性對數模式的概念之前，我們使用與第二章相同的二維列聯表 (或稱交叉表, cross table) 來進行分析。

在此，研究者的興趣是在了解離差智商與學業成績是否有關。如果兩個變項是獨立的 (也就是無關)，則其虛無假設是，

---

[*] 本章中許多計算的觀念，參考白林邦傑教授所著「對數線性模式及其應用」(1985)及「洛基對數線性模式及其應用」(1986)。

$$p_{ij} = p_{i.} \times p_{.j} \qquad\qquad (公式\ 14\text{-}1)$$

其中，p_{ij} 是理論上 (也就是期望中) 出現在第 i 橫列 (row) 第 j 直行 (column) 細格 (cell) 中的機率，$p_{i.}$ 是第 i 列的總和，而 $p_{.j}$ 是第 j 行的總和。

由於 $p_{ij} = \dfrac{Fe_{ij}}{n_{..}}$ (Fe_{ij} 等於細格的期望次數，$n_{..}$ 等於總人數)，因此公式 14-1 可以化為：

$$\because \frac{Fe_{ij}}{n_{..}} = \frac{n_{i.}}{n_{..}} \times \frac{n_{.j}}{n_{..}} \quad \therefore Fe_{ij} = \frac{n_{i.} \times n_{.j}}{n_{..}} \qquad\qquad (公式\ 14\text{-}2)$$

公式 14-2 的意思是：某 ij 細格的期望次數 Fe_{ij}，等於該列總次數 $n_{i.}$ 乘上該行總次數 $n_{.j}$ 再除以全部總次數 $n_{..}$。以(1,1)這一細格來看，它的期望次數是 $\dfrac{654 \times 825}{1376} = 392.1$，而細格(2,2)的期望次數是 $\dfrac{722 \times 551}{1376}$。

如果對公式 14-2 取自然對數，則可以得到，

$$\ln(\frac{Fe_{ij}}{n_{..}}) = \ln(\frac{n_{i.}}{n_{..}} \times \frac{n_{.j}}{n_{..}}) = \ln(\frac{n_{i.}}{n_{..}}) + \ln(\frac{n_{.j}}{n_{..}}) \qquad\qquad (公式\ 14\text{-}3)$$

將公式 14-3 展開後，可得到，

$$\ln Fe_{ij} - \ln n_{..} = \ln n_{i.} - \ln n_{..} + \ln n_{.j} - \ln n_{..} \qquad\qquad (公式\ 14\text{-}4)$$

化簡後，

$$\ln Fe_{ij} = \ln n_{i.} + \ln n_{.j} - \ln n_{..} \qquad\qquad (公式\ 14\text{-}5)$$

公式 14-5 所代表的意思是：如果兩個變項之間獨立，則某個**細格**期望次數 (expected frequency, Fe) 的自然對數，等於該**列**總次數的自然對數，加上該**行**總次數的自然對數，減去**全部**次數的自然對數。

以細格(1,1)為例，

$$\ln 392.1 = \ln \frac{654 \times 825}{1376}$$
$$= \ln 654 + \ln 825 - \ln 1376$$
$$= 6.483 + 6.715 - 7.227$$
$$= 5.972$$

如果把各橫列 (總列數為 r) 相加，則公式 14-5 變成，

$$\sum_{i=1}^{r} \ln Fe_{ij} = \sum_{i=1}^{r} \ln n_{i.} + r \ln n_{.j} - r \ln n_{..}$$

(公式 14-6)

$$移項後 \Rightarrow \ln n_{.j} = \frac{\sum_{i=1}^{r} \ln Fe_{ij}}{r} - \frac{\sum_{i=1}^{r} \ln n_{i.}}{r} + \ln n_{..}$$

把各直行 (總行數為 c) 相加，則公式 14-5 變成，

$$\sum_{j=1}^{c} \ln Fe_{ij} = c \ln n_{i.} + \sum_{j=1}^{c} \ln n_{.j} - c \ln n_{..}$$

(公式 14-7)

$$移項後 \Rightarrow \ln n_{i.} = \frac{\sum_{j=1}^{c} \ln Fe_{ij}}{c} - \frac{\sum_{j=1}^{c} \ln n_{.j}}{c} + \ln n_{..}$$

再把各細格相加 (也就是橫列與直行都相加)，則公式 14-5 變成，

$$\sum_{i=1}^{r}\sum_{j=1}^{c} \ln Fe_{ij} = c \sum_{i=1}^{r} \ln n_{i.} + r \sum_{j=1}^{c} \ln n_{.j} - rc \ln n_{..}$$

(公式 14-8)

$$移項後 \Rightarrow \ln n_{..} = \frac{\sum_{i=1}^{r} \ln n_{i.}}{r} + \frac{\sum_{j=1}^{c} \ln n_{.j}}{c} - \frac{\sum_{i=1}^{r}\sum_{j=1}^{c} \ln Fe_{ij}}{rc}$$

最後，把公式 14-6、14-7、14-8 中 $\ln n_{.j}$、$\ln n_{i.}$、$\ln n_{..}$ 等號右側的公式代入公式 14-5，則可以得到：

$$\ln Fe_{ij} = \frac{\sum_{j=1}^{c} \ln Fe_{ij}}{c} + \frac{\sum_{i=1}^{r} \ln Fe_{ij}}{r} - \frac{\sum_{i=1}^{r}\sum_{j=1}^{c} \ln Fe_{ij}}{rc}$$

(公式 14-9)

　　由此公式可以得知：某 ij 細格期望次數的自然對數，等於該細格所在橫列中各細格期望次數的自然對數之平均數 (稱為**列平均**)，加上該細格所在直行中各細格期望次數的自然對數之平均數 (稱為**行平均**)，減去所有細格期望次數的自然對數之平均數 (稱為**總平均**)。

　　以細格(1,1)為例，

$$\ln 392.1 = \frac{\ln 392.1 + \ln 261.9}{2}$$
$$+ \frac{\ln 392.1 + \ln 432.9}{2}$$
$$- \frac{\ln 392.1 + \ln 261.9 + \ln 432.9 + \ln 289.1}{2 \times 2}$$

在公式 14-9 等號右側各加減 $\dfrac{\sum\limits_{i=1}^{r}\sum\limits_{j=1}^{c}\ln Fe_{ij}}{rc}$ ，並加以移項，則

$$\ln Fe_{ij} = \frac{\sum\limits_{i=1}^{r}\sum\limits_{j=1}^{c}\ln Fe_{ij}}{rc} + \left(\frac{\sum\limits_{j=1}^{c}\ln Fe_{ij}}{c} - \frac{\sum\limits_{i=1}^{r}\sum\limits_{j=1}^{c}\ln Fe_{ij}}{rc}\right) + \left(\frac{\sum\limits_{i=1}^{r}\ln Fe_{ij}}{r} - \frac{\sum\limits_{i=1}^{r}\sum\limits_{j=1}^{c}\ln Fe_{ij}}{rc}\right)$$

如果以 x_{ij} 代表 $\ln Fe_{ij}$，μ 代表總平均，λ_i^A 代表列平均與總平均的差異，λ_j^B 代表行平均與總平均的差異，則，

$$\ln Fe_{ij} = \frac{\sum\limits_{i=1}^{r}\sum\limits_{j=1}^{c}x_{ij}}{rc} + \left(\frac{\sum\limits_{j=1}^{c}x_{.j}}{c} - \frac{\sum\limits_{i=1}^{r}\sum\limits_{j=1}^{c}x_{ij}}{rc}\right) + \left(\frac{\sum\limits_{i=1}^{r}x_{i.}}{r} - \frac{\sum\limits_{i=1}^{r}\sum\limits_{j=1}^{c}x_{ij}}{rc}\right)$$
$$= \mu + (\overline{x}_{.j} - \overline{x}_{..}) + (\overline{x}_{i.} - \overline{x}_{..}) = \mu + (\overline{x}_{i.} - \overline{x}_{..}) + (\overline{x}_{.j} - \overline{x}_{..})$$
$$\ln Fe_{ij} = \mu + \lambda_i^A + \lambda_j^B \tag{公式 14-10}$$

　　上述公式就是對數線性模式。總之，交叉表中某 ij 細格的期望次數的自然對數，等於總平均的效果 μ (有些書會以 λ 代表之)，加上第 i 列的主要效果 (main effect) λ_i^A 及第 j 行的主要效果 λ_j^B (以上計算請見林邦傑, 1985, pp.1-3)。

　　接著，以下表進行計算之說明。如果假設兩個變項是**獨立**的，則期望次數等於 $\dfrac{n_{i.} \times n_{.j}}{n_{..}}$ (括號中為次數之自然對數)。

表 14-1　離差智商與學業成績列聯表（獨立性檢定）

			學業成績		總計
			及格 (代碼為 1)	不及格 (代碼為 2)	
離差智商	低 (代碼為 1)	實際人數 （自然對數） 期望次數 （自然對數）	211 (5.352) 392.1 (5.972)	443 (6.094) 261.9 (5.568)	654 (6.483) 654.0 (6.483)
	高 (代碼為 2)	實際人數 （自然對數） 期望次數 （自然對數）	614 (6.420) 432.9 (6.070)	108 (4.682) 289.1 (5.667)	722 (6.582) 722.0 (6.582)
總計		實際人數 （自然對數） 期望次數 （自然對數）	825 (6.715) 825.0 (6.715)	551 (6.312) 551.0 (6.312)	1376 (7.227) 1376.0 (7.227)

各參數計算過程如下（部分數字有些微差異，是因為四捨五入誤差的關係）：

$$\bar{x}_{1.} = \frac{5.972 + 5.568}{2} = 5.770 \qquad \bar{x}_{2.} = \frac{6.070 + 5.667}{2} = 5.869$$

$$\bar{x}_{.1} = \frac{5.972 + 6.070}{2} = 6.021 \qquad \bar{x}_{.2} = \frac{5.568 + 5.667}{2} = 5.617$$

$$\bar{x}_{..} = \frac{5.5972 + 5.568 + 6.070 + 5.667}{4} = 5.819$$

$$\lambda_1^A = 5.770 - 5.819 = -0.049 \qquad \lambda_2^A = 5.896 - 5.819 = 0.049$$

$$\lambda_1^B = 6.021 - 5.819 = 0.202 \qquad \lambda_2^B = 5.617 - 5.819 = -0.202$$

由計算中可以發現：

$\lambda_1^A + \lambda_2^A = -0.049 + 0.049 = 0$，亦即，$\Sigma \lambda_i^A = 0$。

$\lambda_1^B + \lambda_2^B = -0.202 + 0.202 = 0$，亦即，$\Sigma \lambda_j^B = 0$。

如果使用 SPSS 之 LOGLINEAR 程序進行分析，語法如下：

```
LOGLINEAR IQ(1 2) Ach(1 2)
    /PRINT=FREQ RESID ESTIM
    /DESIGN=IQ Ach.
```

分析所得報表如下。本例是 2×2 的列聯表，因為只含主要效果，所以要估計的參數只需要 $(2-1)+(2-1)=2$ 個，其中參數 1 代表 λ_1^A（-0.049），而參數 2 代表 λ_1^B（0.202）。

```
Estimates for Parameters

IQ
 Parameter      Coeff.      Std. Err.     Z-Value    Lower 95 CI    Upper 95 CI
     1       -.0494588937     .02699      -1.83241     -.10236         .00344

Ach
 Parameter      Coeff.      Std. Err.     Z-Value    Lower 95 CI    Upper 95 CI
     2        .2018242886     .02751       7.33664      .14791         .25574
```

在表 14-1 中，細格(2,2)期望值之自然對數（$\ln Fe_{22}$）為 5.667，此可稱為常數項。以 $\ln Fe_{12} - \ln Fe_{22}$ 可算得離差智商 = 1 之參數，$5.568 - 5.667 = -0.099$；而以 $\ln Fe_{21} - \ln Fe_{22}$ 可算得學業成績 = 1 之參數，$6.070 - 5.667 = -0.404$。這就是使用 SPSS 之 GENLOG 及 SAS 之 GENMOD 廣義線性模式 (generalized linear models, GLM) 所求得的參數值。SPSS 之 GENLOG 語法如下：

```
GENLOG IQ Ach
    /PRINT=FREQ RESID ESTIM
    /DESIGN=IQ Ach.
```

表 14-2 所得報表中，上標字 a 說明參數因為重複，所以設定為 0。也由於 [IQ=2] 及 [Ach=2] 的參數值都是 0，所以細格(2,2)就是常數項（$\ln Fe_{22} = 5.667$，$e^{5.667} = 289.1$），由參數值可以計算表 14-1 中各細格之期望次數，

參數 [IQ=1] 代表細格(1,2)與(2,2)之比較，$\ln Fe_{12} = -0.099 + 5.667 = 5.568$，$e^{5.568} = 261.9$；參數 [Ach=1] 是細格(2,1)與(2,2)之差異，$\ln Fe_{21} = 0.404 + 5.667 = 6.070$，$e^{6.070} = 432.9$。

$\ln Fe_{11} = -0.099 + 0.404 + 5.667 = 5.972$，$e^{5.972} = 392.1$ 是細格(1,1)之期望次數。

表 14-2　只含主要效果之 GENLOG 參數估計

Parameter Estimates[b,c]					95% Confidence Interval	
Parameter	Estimate	Std. Error	Z	Sig.	Lower Bound	Upper Bound
Constant	5.667	.050	113.965	.000	5.569	5.764
[IQ = 1]	-.099	.054	-1.833	.067	-.205	.007
[IQ = 2]	0[a]	.	.	.	.	.
[Ach = 1]	.404	.055	7.338	.000	.296	.511
[Ach = 2]	0[a]	.	.	.	.	.
a. This parameter is set to zero because it is redundant.						
b. Model: Poisson						
c. Design: Constant + IQ + Ach						

如果我們使用以下的 χ^2 考驗公式，可得到：

$$\chi^2 = \sum_{i=1}^{r}\sum_{j=1}^{c}\frac{(Fo_{ij} - Fe_{ij})^2}{Fe_{ij}} \qquad \text{(公式 14-11)}$$

$$= \frac{(211-392.1)^2}{392.1} + \frac{(443-261.9)^2}{261.9} + \frac{(614-432.9)^2}{432.9} + \frac{(108-289.1)^2}{289.1}$$

$$= 398.146$$

其中 Fo_{ij} 代表每個細格的**觀察次數** (observed frequency，也就是實際上的人數)，Fe_{ij} 代表每個細格的**期望次數**。

接著，可以用以下列公式計算 L^2 (或稱 G^2)：

$$L^2 = 2\sum_{i=1}^{r}\sum_{j=1}^{c}Fo_{ij}ln(\frac{Fo_{ij}}{Fe_{ij}}) \qquad \text{(公式 14-12)}$$

$$= 2 \times (211 \times \ln\frac{211}{392.1} + 443 \times \ln\frac{443}{261.9} + 614 \times \ln\frac{614}{432.9} + 108 \times \ln\frac{108}{289.1})$$

$$= 2 \times 210.373 = 420.746$$

表 14-3 計算所得的 χ^2 值及 L^2 值分別為 398.146 及 420.746，在自由度為 1 之 χ^2 分配中，p 值均小於 .001，因此表示研究者提出「兩個變項間只有主要效果」的模式 (也就是互相獨立)，與實際上的觀察次數有顯著的差異，所以模式有修正的必要。

表 14-3　適配度考驗結果

Goodness-of-Fit Tests [a,b]			
	Value	df	Sig.
Likelihood Ratio	420.746	1	.000
Pearson Chi-Square	398.146	1	.000
a　Model: Multinomial			
b　Design: Constant + ach + iq			

在變異數分析中，研究者會關心兩個變項間的**交互作用** (interaction)。對數線性模式如果加入交互作用 λ_{ij}^{AB} 後，模式就成為：

$$\ln Fe_{ij} = \mu + \lambda_i^A + \lambda_j^B + \lambda_{ij}^{AB}$$ (公式 14-13)

此模式因為已經包含了所有的效果了，因此稱為**飽和模式** (saturated model)。其中，

$$\lambda_{ij}^{AB} = \overline{x}_{ij} - \overline{x}_{i.} - \overline{x}_{.j} + \overline{x}_{..}$$ (公式 14-14)

在飽和模式中，期望次數會等於觀察次數，各參數計算過程如下：

$$\overline{x}_{1.} = \frac{5.352 + 6.094}{2} = 5.723 \qquad \overline{x}_{2.} = \frac{6.420 + 4.682}{2} = 5.551$$

$$\overline{x}_{.1} = \frac{5.352 + 6.420}{2} = 5.886 \qquad \overline{x}_{.2} = \frac{6.094 + 4.682}{2} = 5.388$$

$$\overline{x}_{..} = \frac{5.352 + 6.094 + 6.420 + 4.682}{4} = 5.637$$

$$\lambda_1^A = 5.723 - 5.637 = 0.086 \qquad \lambda_2^A = 5.551 - 5.637 = -0.086$$

$$\lambda_1^B = 5.886 - 5.637 = 0.249 \qquad \lambda_2^B = 5.388 - 5.637 = -0.249$$

$$\lambda_{11}^{AB} = 5.352 - 5.723 - 5.886 + 5.637 = -0.620$$

$$\lambda_{12}^{AB} = 6.094 - 5.723 - 5.388 + 5.637 = 0.620$$

$$\lambda_{21}^{AB} = 6.420 - 5.551 - 5.886 + 5.637 = 0.620$$

$$\lambda_{22}^{AB} = 4.682 - 5.551 - 5.388 + 5.637 = -0.620$$

由計算中可以發現，同一效果參數的總和為 0。

$$\lambda_1^A + \lambda_2^A = 0.086 + (-0.086) = 0$$

$$\lambda_1^B + \lambda_2^B = 0.249 + (-0.249) = 0$$

$$\lambda_{11}^{AB} + \lambda_{12}^{AB} + \lambda_{21}^{AB} + \lambda_{22}^{AB} = -0.620 + 0.620 + 0.620 + (-0.620) = 0$$

因為在飽和模式中，期望次數會等於觀察次數，所以無論是 χ^2 值或是 L^2 值都會等於 0，顯著性的 p 值會等於 1，表示研究者提出的模式 (兩變項間除了有主要效果外，仍有交互作用) 可以適配觀察到的次數。

再由 λ_{ij}^{AB} 的值可以得知，λ_{12}^{AB} 及 λ_{21}^{AB} 均為 0.620，其中細格(1,2)是智力與學業成績均較低者，細格(2,1)則是兩者都較高者，因此我們可以得到結論：智力與學業成績有關，智力較高者，學業成績也高。

使用 SPSS 之 LOGLINEAR 程序進行分析，須再加入 IQ 及 Ach 的交互作用項，並設定細格人數不加 0.5，語法如下：

```
LOGLINEAR IQ(1 2) Ach(1 2)
    /PRINT=FREQ RESID ESTIM
    /CRITERIA=DELTA(0)
    /DESIGN=IQ, Ach, *IQ BY Ach*.
```

分析所得報表如下，參數 1 代表 λ_1^A 為 0.086，參數 2 代表 λ_1^B 為 0.249，參數 3 是 λ_{11}^{AB} 為 −0.620，均與手算相同。不過，在 SPSS 中內定 DELTA 值為 0.5，因此如果不指定 DELTA(0)，則報表會與手算有些微差異。

```
Estimates for Parameters
```

IQ					
Parameter	Coeff.	Std. Err.	Z-Value	Lower 95 CI	Upper 95 CI
1	.0858254371	.03343	2.56706	.02030	.15135

Ach					
Parameter	Coeff.	Std. Err.	Z-Value	Lower 95 CI	Upper 95 CI
2	.2490380161	.03343	7.44880	.18351	.31457

IQ * Ach					
Parameter	Coeff.	Std. Err.	Z-Value	Lower 95 CI	Upper 95 CI
3	-.6198938344	.03343	-18.54120	-.68542	-.55436

飽和模式的 GENLOG 語法也與 LOGLINEAR 相同,在 DESIGN 中再加入 IQ 及 Ach 的交互作用項即可。

在報表中,常數項 4.682 是細格(2,2)期望次數 (飽和模式時也等於觀察次數) 的自然對數 ($\ln(180) = 4.682$,亦即 $e^{4.682} = 180$),

$\ln Fe_{12} = 1.411 + 4.682 = 6.094$, $e^{6.094} = 443$,

$\ln Fe_{21} = 1.738 + 4.682 = 6.420$, $e^{6.420} = 614$,

$\ln Fe_{11} = -2.480 + 1.411 + 1.738 + 4.682 = 5.352$, $e^{5.352} = 211$。

交互作用為 -2.480,表示兩者的代碼有反向關聯。不過因為學業成績的登錄代碼不及格者為 2,與離差智商高者為 2 相反,反向之反向是為正向,所以離差智商與學業成績有正向關係。

影響細格(1,1)的效果除了常數項之外還有 3 項,一是 IQ 的主要效果,二是 Ach 的主要效果,三是 IQ 及 Ach 的交互作用,相對重要性依序是 IQ*Ach、Ach、IQ。

表 14-4　含交互作用之 GENLOG 參數估計

Parameter Estimates[b,c]						
Parameter	Estimate	Std. Error	Z	Sig.	% Confidence Interval	
					Lower Bound	Upper Bound
Constant	4.682	.096	48.658	.000	4.494	4.871
[IQ = 1]	1.411	.107	13.152	.000	1.201	1.622
[IQ = 2]	0[a]	.	.	.	.	.
[Ach = 1]	1.738	.104	16.655	.000	1.533	1.942
[Ach = 2]	0[a]	.	.	.	.	.
[IQ = 1] * [Ach = 1]	-2.480	.134	-18.541	.000	-2.742	-2.217
[IQ = 1] * [Ach = 2]	0[a]	.	.	.	.	.
[IQ = 2] * [Ach = 1]	0[a]	.	.	.	.	.
[IQ = 2] * [Ach = 2]	0[a]	.	.	.	.	.
a. This parameter is set to zero because it is redundant.						
b. Model: Poisson						
c. Design: Constant + IQ + Ach + IQ * Ach						

14.1.3　三維列聯表飽和模式的計算——對數線性模式

在此部分，我們將說明三維列聯表的計算方法。

三維列聯表的飽和對數線性模式為：

$$\ln Fe_{ijk} = \mu + \lambda_i^A + \lambda_j^B + \lambda_k^C + \lambda_{ij}^{AB} + \lambda_{ik}^{AC} + \lambda_{jk}^{BC} + \lambda_{ijk}^{ABC}$$ (公式 14-15)

在公式中，包含三個單一變項的主要效果（λ_i^A、λ_j^B、λ_k^C），三個雙變項間的一級交互作用（λ_{ij}^{AB}、λ_{ik}^{AC}、λ_{jk}^{BC}），及一個三變項間的二級交互作用（λ_{ijk}^{ABC}）。

表 14-5 是研究者（陳正昌, 1994）蒐集國小六年級學生之家庭社經地位（稱為 A 因子，共有 3 類，足標以 i 代表）、離差智商（稱為 B 因子，共有 2 類，足標以 j 代表）、學業成績（稱為 C 因子，共有 2 類，足標以 k 代表）。細格中為實際觀察次數，如果使用飽和模式，則期望次數會等於觀察次數（括號中為期望次數之自然對數）。

表 14-5　社經地位、離差智商與學業成績列聯表

社經地位 (A 因子)	離差智商 (B 因子)	學業成績(C 因子)	
		低(C1)	高(C2)
低(A1)	低(B1)	336 (5.817)	126 (4.836)
	高(B2)	71 (4.263)	255 (5.541)
中(A2)	低(B1)	80 (4.382)	49 (3.892)
	高(B2)	16 (2.773)	165 (5.106)
高(A3)	低(B1)	27 (3.296)	36 (3.584)
	高(B2)	21 (3.045)	194 (5.268)

各參數計算過程如下：

$$\overline{x}_{1..} = \frac{5.817 + 4.836 + 4.263 + 5.541}{2 \times 2} = 5.114$$

$$\overline{x}_{2..} = \frac{4.382 + 3.892 + 2.773 + 5.106}{2 \times 2} = 4.038$$

$$\overline{x}_{3..} = \frac{3.296 + 3.584 + 3.045 + 5.268}{2 \times 2} = 3.798$$

$$\overline{x}_{.1.} = \frac{5.817 + 4.836 + 4.382 + 3.892 + 3.296 + 3.584}{3 \times 2} = 4.301$$

$$\overline{x}_{.2.} = \frac{4.263 + 5.541 + 2.773 + 5.106 + 3.045 + 5.268}{3 \times 2} = 4.332$$

$$\overline{x}_{..1} = \frac{5.817 + 4.263 + 4.382 + 2.773 + 3.296 + 3.045}{3 \times 2} = 3.929$$

$$\overline{x}_{..2} = \frac{4.836 + 5.541 + 3.892 + 5.106 + 3.584 + 5.268}{3 \times 2} = 4.704$$

$$\overline{x}_{11.} = \frac{5.817 + 4.836}{2} = 5.327 \qquad \overline{x}_{12.} = \frac{4.263 + 5.541}{2} = 4.902$$

$$\overline{x}_{21.} = \frac{4.382 + 3.892}{2} = 4.137 \qquad \overline{x}_{22.} = \frac{2.773 + 5.106}{2} = 3.939$$

$$\overline{x}_{31.} = \frac{3.296 + 3.584}{2} = 3.440 \qquad \overline{x}_{32.} = \frac{3.045 + 5.268}{2} = 4.156$$

$$\overline{x}_{1.1} = \frac{5.817 + 4.263}{2} = 5.040 \qquad \overline{x}_{1.2} = \frac{4.836 + 5.541}{2} = 5.189$$

$$\overline{x}_{2.1} = \frac{4.382 + 2.773}{2} = 3.577 \qquad \overline{x}_{2.2} = \frac{3.892 + 5.106}{2} = 4.499$$

$$\overline{x}_{3.1} = \frac{3.296 + 3.045}{2} = 3.170 \qquad \overline{x}_{3.2} = \frac{3.584 + 5.268}{2} = 4.426$$

$$\overline{x}_{.11} = \frac{5.817 + 4.382 + 3.296}{3} = 4.498 \qquad \overline{x}_{.12} = \frac{4.836 + 3.892 + 3.584}{3} = 4.104$$

$$\overline{x}_{.21} = \frac{4.263 + 2.773 + 3.045}{3} = 3.360 \qquad \overline{x}_{.22} = \frac{5.541 + 5.106 + 5.268}{3} = 5.305$$

$$\overline{x}_{...} = \frac{5.817 + 4.836 + 4.263 + 5.541 + \cdots + 3.584 + 3.045 + 5.268}{3 \times 2 \times 2} = 4.317$$

$$\lambda_1^A = \overline{x}_{1..} - \overline{x}_{...} = 5.114 - 4.317 = 0.798$$

$$\lambda_2^A = \overline{x}_{2..} - \overline{x}_{...} = 4.038 - 4.317 = -0.279$$

$$\lambda_3^A = \overline{x}_{3..} - \overline{x}_{...} = 3.978 - 4.317 = -0.519$$

$$\lambda_1^B = \overline{x}_{.1.} - \overline{x}_{...} = 4.301 - 4.317 = -0.016$$

$$\lambda_2^B = \overline{x}_{.2.} - \overline{x}_{...} = 4.332 - 4.317 = 0.016$$

$$\lambda_1^C = \overline{x}_{..1} - \overline{x}_{...} = 3.929 - 4.317 = -0.388$$

$$\lambda_2^C = \overline{x}_{..2} - \overline{x}_{...} = 4.704 - 4.317 = 0.388$$

$$\lambda_{11}^{AB} = \overline{x}_{11.} - \overline{x}_{1..} - \overline{x}_{.1.} + \overline{x}_{...} = 5.327 - 5.114 - 4.301 + 4.317 = 0.228$$

$$\lambda_{12}^{AB} = \overline{x}_{12.} - \overline{x}_{1..} - \overline{x}_{.2.} + \overline{x}_{...} = 4.902 - 5.114 - 4.332 + 4.317 = -0.228$$

$$\lambda_{21}^{AB} = \overline{x}_{21.} - \overline{x}_{2..} - \overline{x}_{.1.} + \overline{x}_{...} = 4.137 - 4.038 - 4.301 + 4.317 = 0.115$$

$$\lambda_{22}^{AB} = \overline{x}_{22.} - \overline{x}_{2..} - \overline{x}_{.2.} + \overline{x}_{...} = 3.939 - 4.038 - 4.332 + 4.317 = -0.115$$

$$\lambda_{31}^{AB} = \overline{x}_{31.} - \overline{x}_{3..} - \overline{x}_{.1.} + \overline{x}_{...} = 3.440 - 3.798 - 4.301 + 4.317 = -0.343$$

$$\lambda_{32}^{AB} = \overline{x}_{32.} - \overline{x}_{3..} - \overline{x}_{.2.} + \overline{x}_{...} = 4.156 - 3.798 - 4.332 + 4.317 = 0.343$$

$$\lambda_{11}^{AC} = \overline{x}_{1.1} - \overline{x}_{1..} - \overline{x}_{..1} + \overline{x}_{...} = 5.040 - 5.114 - 3.929 + 4.317 = 0.313$$

$$\lambda_{12}^{AC} = \overline{x}_{1.2} - \overline{x}_{1..} - \overline{x}_{..2} + \overline{x}_{...} = 5.189 - 5.114 - 4.704 + 4.317 = -0.313$$

$$\lambda_{21}^{AC} = \overline{x}_{2.1} - \overline{x}_{2..} - \overline{x}_{..1} + \overline{x}_{...} = 3.577 - 4.038 - 3.929 + 4.317 = -0.073$$

$$\lambda_{22}^{AC} = \overline{x}_{2.2} - \overline{x}_{2..} - \overline{x}_{..2} + \overline{x}_{...} = 4.499 - 4.038 - 4.704 + 4.317 = 0.073$$

$$\lambda_{31}^{AC} = \overline{x}_{3.1} - \overline{x}_{3..} - \overline{x}_{..1} + \overline{x}_{...} = 3.170 - 3.798 - 3.929 + 4.317 = -0.240$$

$$\lambda_{32}^{AC} = \overline{x}_{3.2} - \overline{x}_{3..} - \overline{x}_{..2} + \overline{x}_{...} = 4.426 - 3.798 - 4.704 + 4.317 = 0.240$$

$$\lambda_{11}^{BC} = \overline{x}_{.11} - \overline{x}_{.1.} - \overline{x}_{..1} + \overline{x}_{...} = 4.498 - 4.301 - 3.929 + 4.317 = 0.585$$

$$\lambda_{12}^{BC} = \overline{x}_{.12} - \overline{x}_{.1.} - \overline{x}_{..2} + \overline{x}_{...} = 4.104 - 4.301 - 4.704 + 4.317 = -0.585$$

$$\lambda_{21}^{BC} = \overline{x}_{.21} - \overline{x}_{.2.} - \overline{x}_{..1} + \overline{x}_{...} = 3.360 - 4.332 - 3.929 + 4.317 = -0.585$$

$$\lambda_{22}^{BC} = \overline{x}_{.22} - \overline{x}_{.2.} - \overline{x}_{..2} + \overline{x}_{...} = 5.305 - 4.332 - 4.704 + 4.317 = 0.585$$

$$\lambda_{111}^{ABC} = x_{111} - \overline{x}_{11.} - \overline{x}_{1.1} - \overline{x}_{.11} + \overline{x}_{1..} + \overline{x}_{.1.} + \overline{x}_{..1} - \overline{x}_{...}$$
$$= 5.817 - 5.327 - 5.040 - 4.498 + 5.114 + 4.301 + 3.929 - 4.317 = -0.020$$

$$\lambda_{112}^{ABC} = x_{112} - \overline{x}_{11.} - \overline{x}_{1.2} - \overline{x}_{.12} + \overline{x}_{1..} + \overline{x}_{.1.} + \overline{x}_{..2} - \overline{x}_{...}$$
$$= 4.836 - 5.327 - 5.189 - 4.104 + 5.114 + 4.301 + 4.704 - 4.317 = 0.020$$

$$\lambda_{121}^{ABC} = x_{121} - \overline{x}_{12.} - \overline{x}_{1.1} - \overline{x}_{.21} + \overline{x}_{1..} + \overline{x}_{.2.} + \overline{x}_{..1} - \overline{x}_{...}$$
$$= 4.263 - 4.902 - 5.040 - 3.360 + 5.114 + 4.332 + 3.929 - 4.317 = 0.020$$

$$\lambda_{122}^{ABC} = x_{122} - \overline{x}_{12.} - \overline{x}_{1.2} - \overline{x}_{.22} + \overline{x}_{1..} + \overline{x}_{.2.} + \overline{x}_{..2} - \overline{x}_{...}$$
$$= 5.541 - 4.902 - 5.189 - 5.305 + 5.114 + 4.332 + 4.704 - 4.317 = -0.020$$

$$\lambda_{211}^{ABC} = x_{211} - \overline{x}_{21.} - \overline{x}_{2.1} - \overline{x}_{.11} + \overline{x}_{2..} + \overline{x}_{.1.} + \overline{x}_{..1} - \overline{x}_{...}$$
$$= 4.382 - 4.137 - 3.577 - 4.498 + 4.038 + 4.301 + 3.929 - 4.317 = 0.121$$

$$\lambda_{212}^{ABC} = x_{212} - \overline{x}_{21.} - \overline{x}_{2.2} - \overline{x}_{.12} + \overline{x}_{2..} + \overline{x}_{.1.} + \overline{x}_{..2} - \overline{x}_{...} = -0.121$$

$$\lambda_{221}^{ABC} = x_{221} - \overline{x}_{22.} - \overline{x}_{2.1} - \overline{x}_{.22} + \overline{x}_{2..} + \overline{x}_{.2.} + \overline{x}_{..1} - \overline{x}_{...} = -0.121$$

$$\lambda_{222}^{ABC} = x_{222} - \overline{x}_{22.} - \overline{x}_{2.2} - \overline{x}_{.22} + \overline{x}_{2..} + \overline{x}_{.2.} + \overline{x}_{..2} - \overline{x}_{...} = 0.121$$

$$\lambda_{311}^{ABC} = x_{311} - \overline{x}_{31.} - \overline{x}_{3.1} - \overline{x}_{.11} + \overline{x}_{3..} + \overline{x}_{.1.} + \overline{x}_{..1} - \overline{x}_{...} = -0.101$$

$$\lambda_{312}^{ABC} = x_{312} - \overline{x}_{31.} - \overline{x}_{3.2} - \overline{x}_{.12} + \overline{x}_{3..} + \overline{x}_{.1.} + \overline{x}_{..2} - \overline{x}_{...} = 0.101$$

$$\lambda_{321}^{ABC} = x_{321} - \overline{x}_{32.} - \overline{x}_{3.1} - \overline{x}_{.21} + \overline{x}_{3..} + \overline{x}_{.2.} + \overline{x}_{..1} - \overline{x}_{...} = 0.101$$

$$\lambda_{322}^{ABC} = x_{322} - \overline{x}_{32.} - \overline{x}_{3.2} - \overline{x}_{.22} + \overline{x}_{3..} + \overline{x}_{.2.} + \overline{x}_{..2} - \overline{x}_{...} = -0.101$$

使用 SPSS 之 HILOGLINEAR 程序可以對飽和進行參數估計，語法如下，DESIGN 之後不設定變項，表示採用飽和模式。

```
HILOGLINEAR A(1 3) B(1 2) C(1 2)
    /PRINT=FREQ RESID ESTIM
    /CRITERIA=DELTA(0)
    /DESIGN.
```

分析所得如表 14-6，SPSS 只提供非重複的參數，其他部分則需自行計算。以 A*B*C 的效果為例，它是 3*2*2=12 的列聯表，自由度為 $(3-1)*(2-1)*(2-1)=2$，報表上兩個參數分別是 $\lambda_{111}^{ABC} = -0.020$ 及 $\lambda_{211}^{ABC} = 0.121$，其他的部分只要把握同一效果的總和為 0，即可自行算出，例如，$\lambda_{311}^{ABC} = 0 - (-0.020 + 0.121) = -0.101$。

如果使用 GLM 估計參數，SPSS 的語法如下：

```
GENLOG A B C
    /MODEL = MULTINOMIAL
    /PRINT = FREQ RESID ESTIM
    /CRITERIA = DELTA(0)
    /DESIGN .
```

表 14-6　表 14-5 之 HILOGLINEAR 估計參數值

作用	參數	估計	標準誤差	Z	顯著性	95% 信賴區間 下界	上界
A*B*C	1	-.020	.048	-.415	.678	-.115	.074
	2	.121	.062	1.954	.051	.000	.242
A*B	1	.228	.048	4.730	.000	.134	.323
	2	.115	.062	1.849	.064	-.007	.236
A*C	1	.313	.048	6.497	.000	.219	.408
	2	-.073	.062	-1.181	.238	-.195	.048
B*C	1	.585	.041	14.094	.000	.504	.666
A	1	.798	.048	16.542	.000	.703	.892
	2	-.279	.062	-4.500	.000	-.400	-.157
B	1	-.016	.041	-.378	.705	-.097	.066
C	1	-.388	.041	-9.342	.000	-.469	-.306

(參數估計值)

　　使用 GENLOG 程序分析所得的參數如**表 14-7**，因為是 $3*2*2=12$ 列聯表的飽和模式，所以可以得到 12 個參數，由各參數加總，就可以計算各細格的期望次數。常數項代表細格(3,2,2)期望次數的自然對數（$\ln Fe_{322}=5.268$），取指數後 $e^{5.268}=194$，其他部分舉例如下：

　　參數 [A=1] 表示 A 的類別為 1，B 與 C 則不變，與常數相加，就是代表細格(1,2,2)，$\ln Fe_{122}=0.273+5.268=5.541$，$e^{5.541}=255$。

　　參數 [A=2] 表示 A 的類別 2 與常數相比較，因此代表細格(2,2,2)，$\ln Fe_{222}=-0.162+5.268=5.106$，$e^{5.106}=165$。

　　常數加上參數 [B=1] 表示細格(3,1,2)，$\ln Fe_{222}=-1.684+5.268=3.584$，$e^{3.584}=36$。

　　細格(2,1,2)須包含常數、[A=2]、[B=1]，及 [A=2]*[B=1] 等效果，4 者加總等於 3.892，因此 $\ln Fe_{212}=3.892$，$e^{3.892}=49$。

　　而 $\ln Fe_{211}$ 則要包含 [A=2]、[B=1]、[C=1] 的所有效果，再加上常數項，由報表中筆者所加網底的 8 個部分相加得到 4.382，因此 $\ln Fe_{211}=4.382$，$e^{4.382}=80$。其中 Z 的絕對值較大者為 [C=1] 及 [B=1]，表示細格(2,1,1)主要受到 C 及 B 的主要效果影響。

表 14-7　表 14-5 之 GENLOG 估計參數值

Parameter	Estimate	Std. Error	Z	Sig.	% Confidence Interval	
					Lower Bound	Upper Bound
Constant	5.268[a]					
[A = 1]	.273	.095	2.870	.004	.087	.460
[A = 2]	-.162	.106	-1.529	.126	-.369	.046
[A = 3]	0[b]	.	.	.	.	.
[B = 1]	-1.684	.181	-9.281	.000	-2.040	-1.329
[B = 2]	0[b]	.	.	.	.	.
[C = 1]	-2.223	.230	-9.678	.000	-2.674	-1.773
[C = 2]	0[b]	.	.	.	.	.
[A = 1] * [B = 1]	.979	.212	4.628	.000	.565	1.394
[A = 1] * [B = 2]	0[b]	.	.	.	.	.
[A = 2] * [B = 1]	.470	.244	1.929	.054	-.007	.948
[A = 2] * [B = 2]	0[b]	.	.	.	.	.
[A = 3] * [B = 1]	0[b]	.	.	.	.	.
[A = 3] * [B = 2]	0[b]	.	.	.	.	.
[A = 1] * [C = 1]	.945	.266	3.551	.000	.423	1.466
[A = 1] * [C = 2]	0[b]	.	.	.	.	.
[A = 2] * [C = 1]	-.110	.348	-.316	.752	-.793	.573
[A = 2] * [C = 2]	0[b]	.	.	.	.	.
[A = 3] * [C = 1]	0[b]	.	.	.	.	.
[A = 3] * [C = 2]	0[b]	.	.	.	.	.
[B = 1] * [C = 1]	1.936	.343	5.645	.000	1.264	2.608
[B = 1] * [C = 2]	0[b]	.	.	.	.	.
[B = 2] * [C = 1]	0[b]	.	.	.	.	.
[B = 2] * [C = 2]	0[b]	.	.	.	.	.
[A = 1] * [B = 1] * [C = 1]	.324	.383	.846	.398	-.426	1.074
[A = 1] * [B = 1] * [C = 2]	0[b]	.	.	.	.	.
[A = 1] * [B = 2] * [C = 1]	0[b]	.	.	.	.	.
[A = 1] * [B = 2] * [C = 2]	0[b]	.	.	.	.	.
[A = 2] * [B = 1] * [C = 1]	.888	.468	1.897	.058	-.029	1.805
[A = 2] * [B = 1] * [C = 2]	0[b]	.	.	.	.	.
[A = 2] * [B = 2] * [C = 1]	0[b]	.	.	.	.	.
[A = 2] * [B = 2] * [C = 2]	0[b]	.	.	.	.	.
[A = 3] * [B = 1] * [C = 1]	0[b]	.	.	.	.	.
[A = 3] * [B = 1] * [C = 2]	0[b]	.	.	.	.	.
[A = 3] * [B = 2] * [C = 1]	0[a]	.	.	.	.	.
[A = 3] * [B = 2] * [C = 2]	0[b]	.	.	.	.	.

Parameter Estimates[c,d]

a. Constants are not parameters under the multinomial assumption. Therefore, their standard errors are not calculated.

b. This parameter is set to zero because it is redundant.

c. Model: Multinomial

d. Design: Constant + A + B + C + A * B + A * C + B * C + A * B * C

14.1.4　模式的選擇

　　使用對數線性模式有兩個主要的目的，一是提出研究模式，以再製出期望次數，而且須使期望次數與實際的觀察次數之間沒有顯著的差異；二是希望以最精簡的模式達到第一點的目標。

　　經由飽和模式雖然可以完全複製出觀察到的次數 (所以是最適配的模式)，但是這樣的模式卻不夠精簡，因此須使用一些策略來選擇精簡的模式。

　　多數學者使用對數線性模式時，都會採用**階層模式** (hierarchical model)。在階層模式中，如果高一層的交互作用出現在模式中，則低一層的主要效果及交互作用就要出現在同一個模式中。

　　以**表 14-5** 之三個變項的飽和模式為例，

$$\ln Fe_{ijk} = \mu + \lambda_i^A + \lambda_j^B + \lambda_k^C + \lambda_{ij}^{AB} + \lambda_{ik}^{AC} + \lambda_{jk}^{BC} + \lambda_{ijk}^{ABC}$$

　　在模式中，三個變項的二級交互作用 λ_{ijk}^{ABC} 出現在模式中，則低一層的三個一級交互作用(λ_{ij}^{AB}、λ_{ik}^{AC}、λ_{jk}^{BC}) 及三個主要效果 λ_i^A、λ_j^B、λ_k^C 都要出現。

　　又如，

$$\ln Fe_{ijk} = \mu + \lambda_i^A + \lambda_j^B + \lambda_k^C + \lambda_{ij}^{AB} + \lambda_{ik}^{AC}$$

　　在模式中一級交互作用 (λ_{ij}^{AB}、λ_{ik}^{AC}) 出現在模式中，低一層的主要效果 (λ_i^A、λ_j^B、λ_k^C) 也都出現，因此這也是階層模式。

　　但是，如果像：

$$\ln Fe_{ijk} = \mu + \lambda_i^A + \lambda_j^B + \lambda_k^C + \lambda_{ik}^{AC} + \lambda_{ijk}^{ABC}$$

　　在模式中，三個變項的二級交互作用 λ_{ijk}^{ABC} 出現在模式中，但是低一層的交互作用只出現 λ_{ik}^{AC}，少了 λ_{ij}^{AB} 及 λ_{jk}^{BC}，因此這個模式便不算階層模式。

　　使用階層模式的優點是可以將 L^2 加以分割，以計算個別作用的效果。例如，經由比較以下兩個模式的 L^2 差異，就可以算出減少三個變項的二級交互作用 λ_{ijk}^{ABC} 後，模式是否有顯著的改變 (精簡模式的目的，是期望沒有顯著的改變)。

$$\ln Fe_{ijk} = \mu + \lambda_i^A + \lambda_j^B + \lambda_k^C + \lambda_{ij}^{AB} + \lambda_{ik}^{AC} + \lambda_{jk}^{BC} + \lambda_{ijk}^{ABC}$$

$$\ln Fe_{ijk} = \mu + \lambda_i^A + \lambda_j^B + \lambda_k^C + \lambda_{ij}^{AB} + \lambda_{ik}^{AC} + \lambda_{jk}^{BC}$$

14.1.4.1　所有可能組合法

所有可能組合法是將所有可能的階層模式都列出，然後一一進行考驗 (一般軟體都同時使用χ² 及 L² 考驗)。以**表 14-5** 為例，同時包含三個變項之主要效果的所有可能組合有九種 (如**表 14-8**)。

在**表 14-8** 中，第一欄為模式的表示法。以 {ABC} 為例，它表示三個變項的二級交互作用包含在模式中，根據階層模式的原則，則三個一級的交互作用及三個主要效果均應出現在模式中。又如，{AB}{C} 模式，表示 A 與 B 這兩個變項的一級交互作用 λ_{ij}^{AB} 出現在模式中，因此其各自的主要效果 λ_i^A 及 λ_j^B 也都要出現在模式中，最後再加上 C 變項的主要效果 λ_k^C。

表 14-8　三變項列聯表之可能模式及其表示法

表示法	模式
{A}{B}{C}	$\ln Fe_{ijk} = \mu + \lambda_i^A + \lambda_j^B + \lambda_k^C$
{AB}{C}	$\ln Fe_{ijk} = \mu + \lambda_i^A + \lambda_j^B + \lambda_k^C + \lambda_{ij}^{AB}$
{AC}{B}	$\ln Fe_{ijk} = \mu + \lambda_i^A + \lambda_j^B + \lambda_k^C + \lambda_{ik}^{AC}$
{BC}{A}	$\ln Fe_{ijk} = \mu + \lambda_i^A + \lambda_j^B + \lambda_k^C + \lambda_{jk}^{BC}$
{AB}{AC}	$\ln Fe_{ijk} = \mu + \lambda_i^A + \lambda_j^B + \lambda_k^C + \lambda_{ij}^{AB} + \lambda_{ik}^{AC}$
{AB}{BC}	$\ln Fe_{ijk} = \mu + \lambda_i^A + \lambda_j^B + \lambda_k^C + \lambda_{ij}^{AB} + \lambda_{jk}^{BC}$
{AC}{BC}	$\ln Fe_{ijk} = \mu + \lambda_i^A + \lambda_j^B + \lambda_k^C + \lambda_{ik}^{AC} + \lambda_{jk}^{BC}$
{AB}{AC}{BC}	$\ln Fe_{ijk} = \mu + \lambda_i^A + \lambda_j^B + \lambda_k^C + \lambda_{ij}^{AB} + \lambda_{ik}^{AC} + \lambda_{jk}^{BC}$
{ABC}	$\ln Fe_{ijk} = \ln Fe_{ijk} = \mu + \lambda_i^A + \lambda_j^B + \lambda_k^C + \lambda_{ij}^{AB} + \lambda_{ik}^{AC} + \lambda_{jk}^{BC} + \lambda_{ijk}^{ABC}$

使用 SPSS 軟體分析後，發現除了飽和模式之外，只有 {AB}{AC}{BC} 是未達 .05 顯著水準，表示採用此模式所估計出的期望次數，與觀察次數沒有顯著差異，因此模式可以適配。

表 14-9　三變項列聯表之可能模式及其適配度

模式	L^2值	χ^2值	自由度	L^2之p值
{A}{B}{C}	583.213	626.976	7	.000
{AB}{C}	466.379	432.493	5	.000
{AC}{B}	461.629	428.741	5	.000
{BC}{A}	162.467	150.951	6	.000
{AB}{AC}	344.795	335.637	3	.000
{AB}{BC}	45.633	48.849	4	.000
{AC}{BC}	40.884	43.439	4	.000
{AB}{AC}{BC}	4.026	3.916	2	.134
{ABC}	0.000	0.000	0	

14.1.4.2　L^2的分割

以表 14-10 四個變項的交叉表為例，如果要將所有的可能組合都列出一一嘗試將花費許多時間，此時就要藉助 L^2 的分割方法。

表 14-10　四變項列聯表

父親教育 (A 因子)	母親教育 (B 因子)	離差智商(C 因子)			
		低		高	
		學業成績(D 因子)		學業成績(D 因子)	
		不及格	及格	不及格	及格
小學	小學	149	36	23	66
	中學	40	13	10	37
	大專	1	0	0	0
中學	小學	69	38	21	78
	中學	148	84	38	204
	大專	4	4	1	16
大專	小學	4	3	0	2
	中學	17	16	5	91
	大專	11	17	10	120

L^2 值具有可分割性，且在大樣本時，L^2 值與 χ^2 值會相當接近。另一方面，當效果項增加時，L^2 值會減少，當所有效果項都加入後 (也就是飽和模式)，L^2 值就會等於 0。因此在對數線性模式中，我們可以透過**巢式階層性** (nested hierarchy) 計

算增加某些效果項之後所減少的 L^2 值，以了解新加入效果項的貢獻。同時，也可以透過此種方式選擇較佳的模式。

在**表 14-10** 的例子中，研究者提出以下的巢式階層模式：

1. $\ln Fe_{ijkl} = \mu$

2. $\ln Fe_{ijkl} = \mu + \lambda_i^A + \lambda_j^B + \lambda_k^C + \lambda_l^D$

3. $\ln Fe_{ijkl} = \mu + \lambda_i^A + \lambda_j^B + \lambda_k^C + \lambda_l^D + \lambda_{ij}^{AB} + \lambda_{ik}^{AC} + \lambda_{il}^{AD} + \lambda_{jk}^{BC} + \lambda_{jl}^{BD} + \lambda_{kl}^{CD}$

4. $\ln Fe_{ijkl} = \mu + \lambda_i^A + \lambda_j^B + \lambda_k^C + \lambda_l^D + \lambda_{ij}^{AB} + \lambda_{ik}^{AC} + \lambda_{il}^{AD} + \lambda_{jk}^{BC} + \lambda_{jl}^{BD} + \lambda_{kl}^{CD}$

        $+ \lambda_{ijk}^{ABC} + \lambda_{ijl}^{ABD} + \lambda_{ikl}^{ACD} + \lambda_{jkl}^{BCD}$

在第四個模式中，不包含三級交互作用（$\lambda_{ijkl}^{ABCD} = 0$），模式三是將二級以上的交互作用設定為 0，模式二是將一級交互作用設為 0，模式一則是將所有主要效果及交互作用都設定為 0。利用 SPSS 可以得到**表 14-11**。

表 14-11 上半部是 K 級及 K 級以上效果都設定為 0 的考驗，表中的 K 是指與交互作用有關的變項數。如 K 為 4，則交互作用就是 λ_{ijkl}^{ABCD} (三級交互作用)，表示模式中不加入 λ_{ijkl}^{ABCD} （屬於巢式階層的模式 4），此時 L^2 值為 1.784，p 值大於 .05，模式 4 可以適配觀察次數。K 為 3 時，是設定不加入 λ_{ijk}^{ABC}、λ_{ijl}^{ABD}、λ_{ikl}^{ACD}、λ_{jkl}^{BCD} 等與 3 個變項有關的交互作用 (也就是二級交互作用，屬於巢式階層的模式 3)，L^2 值為 18.063，p 值大於 .05，因此模式 3 可以適配觀察次數。但是當把與 2 個變項有關的交互作用 λ_{ij}^{AB}、λ_{ik}^{AC}、λ_{il}^{AD}、λ_{jk}^{BC}、λ_{jl}^{BD}、λ_{kl}^{CD} (一級交互作用) 也都設為 0 時，L^2 值驟增為 1349.526，p 值小於 .05，表示模式 2 完全不含一級以上的交互作用並不能適配觀察次數。

表 14-11 下半部是在考驗單一層級效果是否為 0。以 K=3 為例，在上半部中，K=4 時 L^2 為 1.784，K=3 時 L^2 為 18.063，用 $18.063 - 1.784 = 16.279$，df $= 16 - 4 = 12$。此時 p 值為 .176，大於 .05，表示與 3 個變項有關的交互作用之效果項為 0，因此可以不必加入模式之中。由表中可看出，與 2 個變項有關的一級交互作用之效果項不為 0，所以應該加入模式之中。綜言之，在上下兩部分的報表中，找出 p 值大於 .05 的 K 值 (在此為 3)，以 $3 - 1 = 2$，也就表示只要保留 2 個變項間兩兩的一級交互作用即可。

表 14-11 K 級及 K 級以上效果考驗

	K	自由度	概似比		Pearson	
			L^2	p	χ^2	p
K 次及較高階作用	1	35	1930.526	.000	2298.564	.000
	2	29	1349.526	.000	2121.100	.000
	3	16	18.063	.320	17.902	.330
	4	4	1.784	.775	1.548	.818
K 次作用	1	6	581.000	.000	177.464	.000
	2	13	1331.463	.000	2103.198	.000
	3	12	16.279	.179	16.354	.176
	4	4	1.784	.775	1.548	.818

由上述的分析可知：模式 3 是比較適配的模式。然而，是不是所有一級交互作用效果都需要納入模式中呢？此可以使用淨χ^2值來考驗 $C_2^4 = 6$ 個一級交互作用。

考驗時先以下列的模式 3 為基礎 (此時 L^2 值為 18.061, df 為 16)，

$$\ln Fe_{ijkl} = \mu + \lambda_i^A + \lambda_j^B + \lambda_k^C + \lambda_l^D + \lambda_{ij}^{AB} + \lambda_{ik}^{AC} + \lambda_{il}^{AD} + \lambda_{jk}^{BC} + \lambda_{jl}^{BD} + \lambda_{kl}^{CD}$$

接著，將 λ_{ij}^{AB} 刪除成以下模式 (計算所得 L^2 值為 626.549, df 為 20)，

$$\ln Fe_{ijkl} = \mu + \lambda_i^A + \lambda_j^B + \lambda_k^C + \lambda_l^D + \lambda_{ik}^{AC} + \lambda_{il}^{AD} + \lambda_{jk}^{BC} + \lambda_{jl}^{BD} + \lambda_{kl}^{CD}$$

兩個模式的 L^2 值相差 608.488，此稱為淨χ^2 (partial chi-square)。在自由度是 4 的 χ^2 分配中，已經達到 .05 顯著水準，表示 λ_{ij}^{AB} 的交互作用不為 0，因此 λ_{ij}^{AB} 的效果項不應從模式 3 中剔除。由**表 14-12** 之步驟 0 可以看出，效果項 λ_{ik}^{AC}、λ_{il}^{AD}、λ_{jk}^{BC}、λ_{kl}^{CD} 也該保留在模式中，唯一可以不納入模式中的是 λ_{jl}^{BD}。如果同時有 2 個以上的一級交互作用效果不顯著，應先刪除 p 值較大的效果，且一次只刪除一個效果。

在步驟 1 刪除了 λ_{jl}^{BD} 之後，再進行相同的計算，此時 λ_{ik}^{AC} 的χ^2 值為 5.746，p=.057，仍然可以刪除。步驟 2 顯示其他 4 個一級交互作用如果刪除，則有顯著影響，因此應保留在模式中。步驟 3 顯示最後保留在模式的一級交互作用為 λ_{ij}^{AB}、λ_{il}^{AD}、λ_{jk}^{BC}，及 λ_{kl}^{CD}。

綜合以上的分析，最後的精簡模式應為，

$$\ln Fe_{ijkl} = \mu + \lambda_i^A + \lambda_j^B + \lambda_k^C + \lambda_l^D + \lambda_{ij}^{AB} + \lambda_{il}^{AD} + \lambda_{jk}^{BC} + \lambda_{kl}^{CD}$$

表 14-12　逐次刪除摘要

步驟				效應項	χ^2	自由度	p
0	生成組			A*B, A*C, A*D, B*C, B*D, C*D	18.062	16	.320
	刪除的作用	1		A*B	608.489	4	.000
		2		A*C	7.651	2	.022
		3		A*D	23.467	2	.000
		4		B*C	6.465	2	.039
		5		B*D	2.884	2	.236
		6		C*D	327.782	1	.000
1	生成組			A*B, A*C, A*D, B*C, C*D	20.945	18	.282
	刪除的作用	1		A*B	639.096	4	.000
		2		A*C	5.746	2	.057
		3		A*D	54.074	2	.000
		4		B*C	14.442	2	.001
		5		C*D	335.759	1	.000
2	生成組			A*B, A*D, B*C, C*D	26.691	20	.144
	刪除的作用	1		A*B	665.117	4	.000
		2		A*D	81.611	2	.000
		3		B*C	40.462	2	.000
		4		C*D	363.296	1	.000
3	生成組			A*B, A*D, B*C, C*D	26.691	20	.144

　　由模式可知，除了「母親教育與學業成績」及「父親教育與離差智商」之間沒有交互作用 (也可以說是彼此獨立無關) 外，其餘變項兩兩間均有交互作用 (也就是有關聯)。接著就可以使用此模式進行期望值及參數估計。

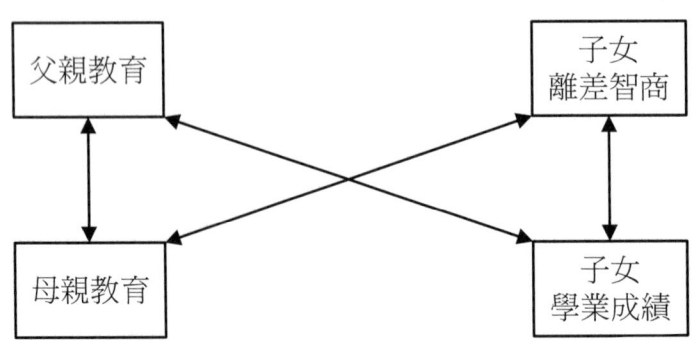

圖 14-1　四個變項之交互作用

14.1.4.3　殘差的分析

　　利用模式進行估計後，可以得到各細格的期望次數，而經由觀察次數及期望次數差異 (稱為**殘差**, residual) 的分析，可以評估研究者提出的模式是否與實際的資料適配。標準化殘差的計算方法為：

$$\frac{F_o - F_e}{\sqrt{F_e}}$$　　　　　　　　　　　　　　　　　　　　（公式 14-16）

　　而校正殘差的公式則為：

$$\frac{F_o - F_e}{\sqrt{F_e\left(1 - \frac{F_{i.}}{N}\right)\left(1 - \frac{F_{.j}}{N}\right)}}$$　　　　　　　　　　（公式 14-17）

　　由於標準化殘差及校正殘差呈常態分配，所以其絕對值如果大於 1.96 或是 2.58，就分別達 .05 及 .01 顯著水準，表示研究者所提的模式，與實際資料適配度不佳，此時就應修正模式。

14.1.5　期望次數的估計及參數計算

　　對數線性模式之期望次數的估計，一般採用最大概似法 (method of maximum likelihood)，計算過程可以參見林邦傑 (1985) 之專著。

　　在求得期望次數後，即可利用 14.1.2、14.1.3 所述的方法計算各效果項的參數。參數的顯著性考驗是利用參數除以其標準誤得到 Z 值，Z 的絕對值大於 1.96 或是 2.58，就分別達 .05 及 .01 顯著水準。如果模式適當，則所有參數均應顯著。

14.1.6　邏輯對數線性模式適用時機

　　假設研究者的興趣是在了解幾個質的變項彼此的關聯，會使用對數線性模式進行分析；但是，如果想了解幾個質的自變項，對一個質的依變項的效果，就需要使用邏輯對數線性模式。

　　邏輯對數線性模式的目的與多元迴歸類似，最大的不同在於多元迴歸分析所使用的變項都是量的變項，而邏輯對數線性模式則適用在質的變項。而使用多元迴歸分析的方法，可以進行徑路分析 (請見陳正昌，2004)。如果要探討質的變項背後的潛在結構 (為類別變項)，一般會使用**潛在類別分析** (Latent Class Analysis) (邱皓政，2008; McCutcheon, 1987)。

　　接下來，將結合對數線性模式及第二章邏輯斯迴歸的概念，說明邏輯對數線性模式與兩者相通之處。

14.1.7　二維列聯表的計算──邏輯對數線性模式

　　此部分，我們使用曾經出現在第二章及第 14.1.2 節的二維列聯表來說明如何計算參數及勝算 (代碼與第二章不同，但是相對應之細格中次數完全相同)。在此處，離差智商為自變項，學業成績為依變項。

表 14-13　離差智商與學業成績列聯表 (飽和模式)

			學業成績		總計
			及格 (代碼為 1)	不及格 (代碼為 2)	
離差智商	低 (代碼為 1)	人數 (自然對數)	211 (5.352)	443 (6.094)	654 (6.483)
	高 (代碼為 2)	人數 (自然對數)	614 (6.420)	108 (4.682)	722 (6.582)
總計		人數 (自然對數)	825 (6.715)	551 (6.312)	1376 (7.227)

　　在 14.1.2 節中我們發現：如果假設離差智商與學業成績兩者沒有交互作用 (獨立)，只有主要效果，並不能適配觀察到的資料，除非加入一級交互作用 (也就成為飽和模式)。其模式為：

$$\ln Fe_{ij} = \mu + \lambda_i^A + \lambda_j^B + \lambda_{ij}^{AB}$$

　　首先，計算各λ參數 (過程請見 14.1.2 一節)，得到 $\lambda_1^A = 0.086$、$\lambda_2^A = -0.086$、$\lambda_1^B = 0.249$、$\lambda_2^B = -0.249$、$\lambda_{11}^{AB} = -0.620$、$\lambda_{12}^{AB} = 0.620$、$\lambda_{21}^{AB} = 0.620$、$\lambda_{22}^{AB} = -0.620$。

其次，在第二章中，我們提到對勝算取自然對數的概念，在第 i 類的自變項中，依變項第一類與第二類的勝算自然對數 (稱為 logit，在此音譯為**邏輯**) 為：

$$\Phi_i = \ln\left(\frac{Fe_{i1}}{Fe_{i2}}\right) = \ln Fe_{i1} - \ln Fe_{i2} \qquad \text{(公式 14-18)}$$

由於**表 14-13** 的模式以{AB}為最恰當，因此，

$$\ln Fe_{i1} = \mu + \lambda_i^A + \lambda_1^B + \lambda_{i1}^{AB} ， \ln Fe_{i2} = \mu + \lambda_i^A + \lambda_2^B + \lambda_{i2}^{AB}$$

代入公式 14-18 之後，可得：

$$\ln\left(\frac{Fe_{i1}}{Fe_{i2}}\right) = [\mu + \lambda_i^A + \lambda_1^B + \lambda_{i1}^{AB}] - [\mu + \lambda_i^A + \lambda_2^B + \lambda_{i2}^{AB}]$$

$$= [\lambda_1^B - \lambda_2^B] + [\lambda_{i1}^{AB} - \lambda_{i2}^{AB}]$$

其中 $\lambda_2^B = -\lambda_1^B$ ，$\lambda_{i2}^{AB} = -\lambda_{i1}^{AB}$ (因為依變項只有兩類)，因此上式可以改成：

$$\ln\left(\frac{Fe_{i1}}{Fe_{i2}}\right) = 2\lambda_1^B + 2\lambda_{i1}^{AB} = \beta_0 + \beta_i^A \qquad \text{(公式 14-19)}$$

公式 14-19 中 β_0 為常數項 (有些書會用 α 或 $\beta^{\bar{B}}$ 表示)，β_i^A (有些書會以 $\beta_{i.}^{A\bar{B}}$ 表示) 代表自變項 A 第 i 類對細格中 logit 的貢獻。代入前面的參數後，$\beta_0 = 2 \times 0.249 = 0.498$ ，$\beta_1^A = 2\lambda_{11}^{AB} = 2 \times (-0.620) = -1.240$ ，$\beta_2^A = 2\lambda_{12}^{AB} = 2 \times 0.620 = 1.240$ 。

根據公式 14-19，在自變項為第 1 類中的 logit 為：

$$\Phi_1 = \ln\left(\frac{Fe_{11}}{Fe_{12}}\right) = 2\lambda_1^B + 2\lambda_{11}^{AB} = \beta_0 + \beta_1^A = 0.498 + (-1.240) = -0.742$$

在自變項為第 2 類中的 logit 為：

$$\Phi_2 = \ln\left(\frac{Fe_{21}}{Fe_{22}}\right) = 2\lambda_1^B + 2\lambda_{21}^{AB} = \beta_0 + \beta_2^A = 0.498 + 1.240 = 1.738$$

計算之後可得：$\beta_0 = 0.498$ ，$\beta_1^A = -1.240$ ，$\beta_2^A = 1.240$ 。

根據**表** 14-13，在第 1 列 (較低智商組) 中，及格與不及格的 logit 為：

$$\Phi_1 = \ln\left(\frac{Fe_{11}}{Fe_{12}}\right) = \ln\left(\frac{211}{443}\right) = -0.742$$

在第 2 列 (較高智商組) 中，及格與不及格的 logit 為：

$$\Phi_2 = \ln\left(\frac{Fe_{21}}{Fe_{22}}\right) = \ln\left(\frac{614}{108}\right) = 1.738$$

上述兩者計算方法所得的 logit 值是相同的。

再回顧第二章使用相同資料所得的迴歸方程為：$\ln\left(\dfrac{學業成績及格比例}{學業成績不及格比例}\right)$ =2.480×離差智商−0.742。當離差智商是低分組 (該章所用代碼為 0) 時，logit 為 $2.480 \times 0 - 0.742 = -0.742$；當離差智商是高分組 (所用代碼為 1) 時，logit 為 $2.480 \times 1 - 0.742 = 1.738$。可見使用邏輯對數線性模式與邏輯斯迴歸所得的結果是一致的。

如果整體來看，$\beta_1^A = -1.240$，$\beta_2^A = 1.240$，因此，自變項第一類 (智商較低組) 與第二類 (智商較高組) 的勝算比 (及格對不及格之勝算的比) 應為 $-1.240 - 1.240 = -2.480$ (在 2×2 的列聯表中，勝算比等於 $4 \times \lambda_{11}^{AB}$)，表示低智商組的勝算較低，是高智商組勝算的 0.084 倍 (因為 $e^{-2.480}$=0.084)。換言之，高智商組的勝算較高，是低智商組勝算的 11.936 倍 (因為 $\dfrac{1}{0.084} = 11.936$，將 11.936 取自然對數，會等於 2.480，也就是與 −2.480 之正負相反)。

總之，離差智商對學業成績的參數為 −2.480 (與第二章正負相反，是因為代碼與該章不同的關係)，低智商組學業成績及格與不及格之勝算，為高智商組的 0.084 倍 (或是比高智商組低 91.6%)。

14.1.8 三維列聯表模式的計算——邏輯對數線性模式

接著，我們以 14.1.3 節的三維列聯表加以說明 (細格括號中為期望次數)。在此分析中，社經地位及離差智商為自變項，學業成績為依變項。

在前一節中，是使用飽和模式加以說明各參數的計算方法，在此，我們選擇

{AB}{AC}{BC}的精簡模式加以分析 (請見 14.1.4.1 節所有可能組合法之說明)，其模式為，

$$\ln Fe_{ijk} = \mu + \lambda_i^A + \lambda_j^B + \lambda_k^C + \lambda_{ij}^{AB} + \lambda_{ik}^{AC} + \lambda_{jk}^{BC}$$

表 14-14　社經地位、離差智商與學業成績列聯表

社經地位 (A 因子)	離差智商 (B 因子)	學業成績(C 因子)	
		低(C1)	高(C2)
低(A1)	低(B1)	336 (338.20)	126 (123.80)
	高(B2)	71 (68.80)	255 (257.20)
中(A2)	低(B1)	80 (74.58)	49 (54.42)
	高(B2)	16 (21.42)	165 (159.58)
高(A3)	低(B1)	27 (30.21)	36 (32.79)
	高(B2)	21 (17.79)	194 (197.21)

使用 SPSS 計算所得的參數如下：

$\lambda_1^A = 0.778$　　　　$\lambda_2^A = -0.216$　　　　$\lambda_3^A = -0.562$

$\lambda_1^B = -0.019$　　　　$\lambda_2^B = 0.019$

$\lambda_1^C = -0.375$　　　　$\lambda_2^C = 0.375$

$\lambda_{11}^{AB} = 0.235$　　　　$\lambda_{12}^{AB} = -0.235$

$\lambda_{21}^{AB} = 0.062$　　　　$\lambda_{22}^{AB} = -0.062$

$\lambda_{31}^{AB} = -0.297$　　　　$\lambda_{32}^{AB} = 0.297$

$\lambda_{11}^{AC} = 0.296$　　　　$\lambda_{12}^{AC} = -0.296$

$\lambda_{21}^{AC} = -0.049$　　　　$\lambda_{22}^{AC} = 0.049$

$\lambda_{31}^{AC} = -0.247$　　　　$\lambda_{32}^{AC} = 0.247$

$\lambda_{11}^{BC} = 0.581$　　　　$\lambda_{12}^{BC} = -0.581$

$\lambda_{21}^{BC} = -0.581$　　　　$\lambda_{22}^{BC} = 0.581$

在計算 $\ln\left(\dfrac{Fe_{ij1}}{Fe_{ij2}}\right)$ 時，

$$
\begin{aligned}
\Phi_{ij} &= \ln\left(\frac{Fe_{ij1}}{Fe_{ij2}}\right) = \mu + \lambda_i^A + \lambda_j^B + \lambda_1^C + \lambda_{ij}^{AB} + \lambda_{i1}^{AC} + \lambda_{j1}^{BC} \\
&\quad -(\mu + \lambda_i^A + \lambda_j^B + \lambda_2^C + \lambda_{ij}^{AB} + \lambda_{i2}^{AC} + \lambda_{j2}^{BC}) \\
&= [\lambda_1^C - \lambda_2^C] + [\lambda_{i1}^{AC} - \lambda_{i2}^{AC}] + [\lambda_{j1}^{BC} - \lambda_{j2}^{BC}] \\
&= \beta_0 + \beta_i^A + \beta_j^B
\end{aligned}
$$

當細格為(1,1,1)與(1,1,2)比較時，

$$
\begin{aligned}
\Phi_{11} &= \ln\left(\frac{Fe_{111}}{Fe_{112}}\right) = \ln\left(\frac{338.20}{123.80}\right) = [\lambda_1^C - \lambda_2^C] + [\lambda_{11}^{AC} - \lambda_{12}^{AC}] + [\lambda_{11}^{BC} - \lambda_{12}^{BC}] \\
&= [-0.375 - 0.375] + [0.296 - (-0.296)] + [0.581 - (-0.581)] \\
&= [-0.750] + [0.592] + [1.162] = \beta_0 + \beta_1^A + \beta_1^B \\
&= 1.004
\end{aligned}
$$

當細格為(1,2,1)與(1,2,2)比較時，

$$
\begin{aligned}
\Phi_{12} &= \ln\left(\frac{Fe_{121}}{Fe_{122}}\right) = \ln\left(\frac{68.80}{257.20}\right) = [\lambda_1^C - \lambda_2^C] + [\lambda_{11}^{AC} - \lambda_{12}^{AC}] + [\lambda_{21}^{BC} - \lambda_{22}^{BC}] \\
&= [-0.375 - 0.375] + [0.296 - (-0.296)] + [-0.581 - 0.581] \\
&= [-0.750] + [0.592] + [-1.162] = \beta_0 + \beta_1^A + \beta_2^B \\
&= -1.320
\end{aligned}
$$

當細格為(2,1,1)與(2,1,2)比較時，

$$
\begin{aligned}
\Phi_{21} &= \ln\left(\frac{Fe_{211}}{Fe_{212}}\right) = \ln\left(\frac{74.58}{54.42}\right) = [\lambda_1^C - \lambda_2^C] + [\lambda_{21}^{AC} - \lambda_{22}^{AC}] + [\lambda_{11}^{BC} - \lambda_{12}^{BC}] \\
&= [-0.375 - 0.375] + [-0.049 - 0.049)] + [0.581 - (-0.581)] \\
&= [-0.750] + [-0.098] + [1.162] = \beta_0 + \beta_2^A + \beta_1^B \\
&= 0.314
\end{aligned}
$$

當細格為(2,2,1)與(2,2,2)比較時，

$$\Phi_{22} = \ln\left(\frac{Fe_{221}}{Fe_{222}}\right) = \ln\left(\frac{21.42}{159.58}\right) = [\lambda_1^C - \lambda_2^C] + [\lambda_{21}^{AC} - \lambda_{22}^{AC}] + [\lambda_{21}^{BC} - \lambda_{22}^{BC}]$$

$$= [-0.375 - 0.375] + [-0.049 - 0.049)] + [-0.581 - 0.581]$$

$$= [-0.750] + [-0.098] + [-1.162] == \beta_0 + \beta_2^A + \beta_2^B$$

$$= -2.010$$

當細格為(3,1,1)與(3,1,2)比較時，

$$\Phi_{31} = \ln\left(\frac{Fe_{311}}{Fe_{312}}\right) = \ln\left(\frac{30.21}{32.79}\right) = [\lambda_1^C - \lambda_2^C] + [\lambda_{31}^{AC} - \lambda_{32}^{AC}] + [\lambda_{11}^{BC} - \lambda_{12}^{BC}]$$

$$= [-0.375 - 0.375] + [-0.247 - 0.247] + [0.581 - (-0.581)]$$

$$= [-0.750] + [-0.494] + [1.162] = \beta_0 + \beta_3^A + \beta_1^B$$

$$= -0.082$$

當細格為(3,2,1)與(3,2,2)比較時，

$$\Phi_{32} = \ln\left(\frac{Fe_{321}}{Fe_{322}}\right) = \ln\left(\frac{17.79}{197.21}\right) = [\lambda_1^C - \lambda_2^C] + [\lambda_{31}^{AC} - \lambda_{32}^{AC}] + [\lambda_{21}^{BC} - \lambda_{22}^{BC}]$$

$$= [-0.375 - 0.375] + [-0.247 - 0.247] + [-0.581 - 0.581]$$

$$= [-0.750] + [-0.494] + [-1.162] = \beta_0 + \beta_3^A + \beta_2^B$$

$$= -2.406$$

綜合上述的分析，可以得到下表的參數β。

表 14-15　三變項列聯表之參數

		低分對高分 (loglinear 參數)	低分對高分 (genlog 參數)
	常數 β_0	- 0.750	- 2.406
社經地位	低社經 β_1^A	0.592	1.087
	中社經 β_2^A	- 0.098	0.397
	高社經 β_3^A	- 0.494	0
離差智商	低智商 β_1^B	1.162	2.324
	高智商 β_2^B	- 1.162	0

首先，常數項為 −0.750，表示低分組比高分組少。

其次，低社經的參數為 0.592，表示當學生的智商相等時，在低社經組中，學業成績較低者比學業成績較高者多。換言之，家庭社經地位低的學生，學業成績也較低。如果以低社經組與高社經組相比較，其勝算比為 $0.592 - (-0.494)$ $=1.087$，$e^{1.807} = 2.965$，表示低社經組學業成績低分與高分的比，是高社經組的 2.965 倍。

第三，高社經的參數為 −0.494，表示當學生的智商相等時，在高社經組中，學業成績較低者比學業成績較高者少 (換言之，高社經組的學業成績較高)。如果以高社經組與中社經組相比較，其勝算比為 $-0.494 - (-0.098) = -0.397$，$e^{-0.397} = 0.672$，表示高社經組學業成績低分與高分的比，是中社經組的 0.672 倍。

最後，低智商組的參數是 1.162，表示在低智商組中，學業成績較低者比學業成績較高者多 (亦即，高智商組且學業成績較高者比例較高)。當學生的家庭社經地位相等時，低智商組與高智商組相比較時，其勝算比為 $1.162 - (-1.162) = 2.324$，$e^{2.324} = 10.216$，因此，低智商組學業成績低分與高分的比，是高分組的 10.216 倍。

此外，應留意，計算時每個自變項所有參數的總和應為 0，因此社經地位的三個參數總和為 0，離差智商的二個參數和亦為 0。

14.1.9　四維列聯表模式的計算──邏輯對數線性模式

本節，將以四維列聯表說明因果模式之建立及考驗。

表 14-16　四變項列聯表

父親教育 (A 變項)	父親職業 (B 變項)	子女智商 (C 變項)	子女成績 (D 變項)	
			高	低
高	高	高	150	13
		低	24	18
	低	高	63	2
		低	12	14
低	高	高	74	13
		低	18	33
	低	高	327	80
		低	157	378

　　首先，研究者提出以下的因果徑路圖。在分析時，應分成三個階段：第一階段以父親職業為依變項，父親教育為自變項；第二階段以子女智商為依變項，父親教育與父親職業為自變項；第三階段以子女成績為依變項，父親教育、父親職業與子女智商為自變項。

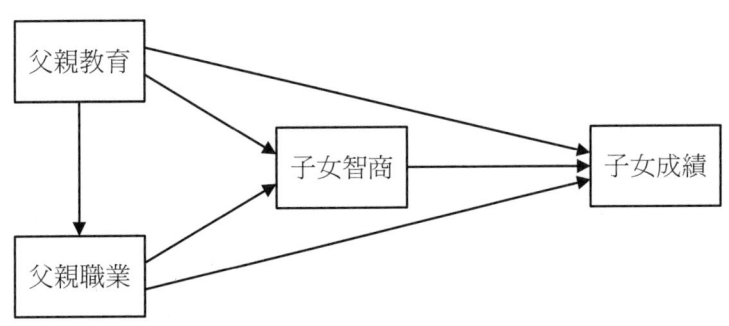

圖 14-2　四變項因果徑路圖

　　各階段可能模式之 L^2 值如表 14-17。

表 14-17　四變項之三階段可能模式

模式	L^2值	χ^2值	自由度	L^2之p值
{A}{B}	354.640	396.016	1	.000
{AB}	0.000	0.000	0	
{AB}{C}	117.136	111.831	3	.000
{AB}{AC}	21.366	21.423	2	.000
{AB}{BC}	38.211	37.956	2	.000
{AB}{AC}{BC}	1.143	1.137	1	.285
{ABC}{D}	460.213	424.030	7	.000
{ABC}{AD}	359.081	351.382	6	.000
{ABC}{BD}	397.956	378.371	6	.000
{ABC}{CD}	39.466	37.012	6	.000
{ABC}{AD}{BD}	348.671	340.324	5	.000
{ABC}{AD}{CD}	5.042	4.613	5	.411
{ABC}{BD}{CD}	25.033	21.483	5	.000
{ABC}{AD}{BD}{CD}	3.886	3.226	4	.422
{ABC}{ABD}{CD}	3.252	2.868	3	.354
{ABC}{ACD}{BD}	3.565	3.134	3	.312
{ABC}{BCD}{AD}	3.796	3.167	3	.284
{ABC}{ABD}{BCD}	3.170	2.799	2	.205
{ABC}{ACD}{BCD}	3.170	2.817	2	.205

在第一階段中，如果選擇{A}{B}模式，p 值小於.05，表示模式不適當，因此應選擇{AB}模式，計算所得參數如下：

$$\lambda_1^B = -0.485 \ , \ \lambda_2^B = 0.485 \ , \ \lambda_{11}^{AB} = 0.683 \ , \ \lambda_{12}^{AB} = -0.683$$

$$\ln\left(\frac{Fe_{i1}}{Fe_{i2}}\right) = \mu + \lambda_i^A + \lambda_1^B + \lambda_{i1}^{AB} - (\mu + \lambda_i^A + \lambda_2^B + \lambda_{i2}^{AB})$$

$$= [\lambda_1^B - \lambda_2^B] + [\lambda_{i1}^{AB} - \lambda_{i2}^{AB}]$$

$$= 2\lambda_1^B + 2\lambda_{i1}^{AB} = \beta_0 + \beta_i^A$$

當父親教育為第 1 類（教育程度較高）時，代入 λ 值後，$\beta_0 = -0.970$，$\beta_1^A = 1.366$；當父親教育為第 2 類（教育程度較低）時，$\beta_0 = -0.970$，$\beta_2^A = -1.366$。因此，父親教育對父親職業徑路的參數為 $1.366 - (-1.366) = 2.732$。

第二階段中，所有的自變項的交互作用都應納入模式中，否則邊際的期望次數會不等於實際觀察次數 (林邦傑, 1986)。此時可以選擇的模式有 4 個，經嘗試後，以{AB}{AC}{BC}為最適當，計算所得參數如下：

$$\lambda_1^C = 0.298 \ , \ \lambda_2^C = -0.298 \ , \ \lambda_{11}^{AC} = 0.253 \ , \ \lambda_{12}^{AC} = -0.253 \ , \ \lambda_{11}^{BC} = 0.175 \ , \ \lambda_{12}^{BC} = -0.175$$

$$\ln\left(\frac{Fe_{ij1}}{Fe_{ij2}}\right) = \mu + \lambda_i^A + \lambda_j^B + \lambda_1^C + \lambda_{ij}^{AB} + \lambda_{i1}^{AC} + \lambda_{j1}^{BC}$$

$$-(\mu + \lambda_i^A + \lambda_j^B + \lambda_2^C + \lambda_{ij}^{AB} + \lambda_{i2}^{AC} + \lambda_{j2}^{BC})$$

$$= [\lambda_1^C - \lambda_2^C] + [\lambda_{i1}^{AC} - \lambda_{i2}^{AC}] + [\lambda_{j1}^{BC} - \lambda_{j2}^{BC}]$$

$$= 2\lambda_1^C + 2\lambda_{i1}^{AC} + \lambda_{j1}^{BC}$$

$$= \beta_0 + \beta_i^A + \beta_j^B$$

代入 λ 值後，$\beta_0 = 0.596$，$\beta_1^A = 0.506$，$\beta_2^A = -0.506$，$\beta_1^B = 0.350$，$\beta_2^B = -0.350$。父親教育對子女智商徑路的參數為 $0.506 - (-0.506) = 1.012$，父親職業對子女智商徑路的參數為 $0.350 - (-0.350) = 0.700$。

第三階段中，同樣地，所有的自變項的交互作用都應納入模式中，此外，所有模式中均應含有依變項的效果。此時可以選擇的模式有 13 種，適配的模式有 7

種，如果選擇最精簡的模式，則為{ABC}{AD}{CD}，計算所得參數如下：

$$\lambda_1^D = 0.422 \quad , \quad \lambda_2^D = -0.422 \quad , \quad \lambda_{11}^{AD} = 0.268 \quad , \quad \lambda_{12}^{AD} = -0.268 \quad , \quad \lambda_{11}^{CD} = 0.587 \quad ,$$

$$\lambda_{12}^{CD} = -0.587 \,。$$

$$\ln\left(\frac{Fe_{ijk1}}{Fe_{ijk2}}\right) = \mu + \lambda_i^A + \lambda_j^B + \lambda_k^C + \lambda_1^D + \lambda_{i1}^{AD} + \lambda_{k1}^{CD}$$

$$-(\mu + \lambda_i^A + \lambda_j^B + \lambda_k^C + \lambda_2^D + \lambda_{i2}^{AD} + \lambda_{k2}^{CD})$$

$$= [\lambda_1^D - \lambda_2^D] + [\lambda_{i1}^{AD} - \lambda_{i2}^{AD}] + [\lambda_{k1}^{CD} - \lambda_{k2}^{CD}]$$

$$= 2\lambda_1^D + 2\lambda_{i1}^{AD} + 2\lambda_{k1}^{CD}$$

$$= \beta_0 + \beta_i^A + \beta_k^C$$

代入λ值後，$\beta_0 = 0.844$，$\beta_1^A = 0.536$，$\beta_2^A = -0.536$，$\beta_1^C = 1.174$，$\beta_2^C = -1.174$。父親教育對子女成績徑路的參數為 $0.536 - (-0.536) = 1.072$，子女智商對子女成績徑路的參數為 $1.174 - (-1.174) = 2.348$。

綜合以上的參數估計，可以得到以下的因果徑路圖及參數值。

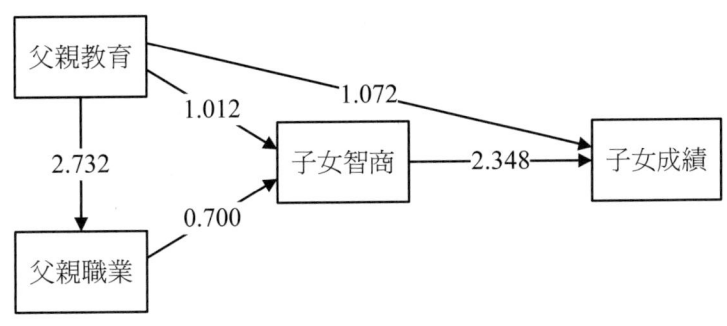

圖 14-3　修正後因果徑路圖

在模式中，父親教育對父親職業有直接的效果，父親教育對其職業的參數為 2.732，$e^{2.732} = 15.364$，教育程度較高者，其職業等級高與低的勝算，是教育程度較低者的 15.364 倍。

父親教育及父親職業對子女智商都有直接效果。父親教育程度較高者，其子

女智商高與低的勝算，是教育程度較低者的 2.751 倍 ($e^{1.012} = 2.751$)；父親職業等級較高者，其子女智商高與低的勝算，是教育程度較低者的 2.014 倍 ($e^{0.700} = 2.014$)。父親教育對子女智商的效果比父親職業大。

父親教育及子女智商對子女成績有直接效果，但是父親職業對子女成績則只有間接效果 (透過子女智商)。父親教育程度較高者，其子女學業成績高與低的勝算，是教育程度較低者的 2.921 倍 ($e^{1.072} = 2.921$)；智商較高者，其學業成績高與低的勝算，是智商較低者的 10.465 倍 ($e^{2.348} = 10.465$)。子女成績受本身智商的解釋力比父親教育來得大。

三個階段的 L^2 值分別為 0、1.143，及 5.042，總計為 6.185；自由度分別為 0、1、5，總計為 6，此時查表之 p 值為 .403 (同時使用 Excel 及 SPSS 計算而得)，未達 .05 顯著水準，表示整體的模式適配度相當好。

14.2　應用部分

14.2.1　範例一 (對數線性模式)

本章所用資料是取自清華大學高等教育研究中心，「臺灣高等教育資料庫」中之一部分。該研究者旨在建立有關全國高教院校特質與狀況、各科系在校學生素質、各學門畢業生、課程、教職員、經費以及校園環境設備等資料的全國性資料庫。在範例中包含家長教育 (取父母教育中比較高者)、家長職業 (取父母職業中等級比較高者)、家庭年收入 (原資料庫數據)、大學類型 (不含原資料庫中專科學校部分)。四個變項的交叉表如**表 14-18**。

表 14-18　四變項之列聯表

| 家長教育 | 家長職業 | 家庭年收入 | 大學類型 | | | |
			公立大學	公立技職	私立大學	私立技職
專科以下	半專業	少於 50 萬	870	900	1588	3021
		50~114 萬	1437	1009	2506	3401
		115~150 萬	366	212	735	885
		151 萬以上	169	85	326	438
	專業	少於 50 萬	127	92	286	379
		50~114 萬	601	299	969	945
		115~150 萬	271	97	507	421
		151 萬以上	125	41	279	222
大學以上	半專業	少於 50 萬	77	18	95	86
		50~114 萬	163	35	231	128
		115~150 萬	68	15	113	52
		151 萬以上	63	5	60	25
	專業	少於 50 萬	99	10	117	64
		50~114 萬	452	63	556	225
		115~150 萬	473	51	485	136
		151 萬以上	442	30	458	113

14.2.1.1　SPSS 分析步驟圖

1.　只使用選單並不能完成所有的對數線性模式分析，而應配合程式的撰寫，所以在此僅說明部分的分析方法。首先，進行模式選擇，選項順序分別為《分析》(Analyze)、《對數線性》(Loglinear)、《模式選擇》(Model Selection)。

2. 將想要分析的變項點選到右邊的《因子》(Factor) 中，並要《定義範圍》(Define Range)。其中 e 及 v 的範圍為 1~2，可以一併設定，i 及 u 的範圍為 1~4，須另外設定。

3. 點選《定義範圍》後，輸入《最小值》(Minimum) 及《最大值》(Maximum)。

4.　如果想要由系統自動選擇模式，可以點選《使用往後消去法》(Use backward elimination)，否則點選《以單一步驟進入》(Enter in single step) 即可。

5.　在《選項》(Options) 下勾選《關連表格》(Association table)。

6.　其次，進行模式分析以求得參數。選項順序分別為《分析》(Analyze)、《對
　　數線性》(Loglinear)、《一般化》(General)。

7.　將想要分析的變項點選到右邊的《因子》(Factor) 中，並選擇《多項式》
　　(Multinomial)。

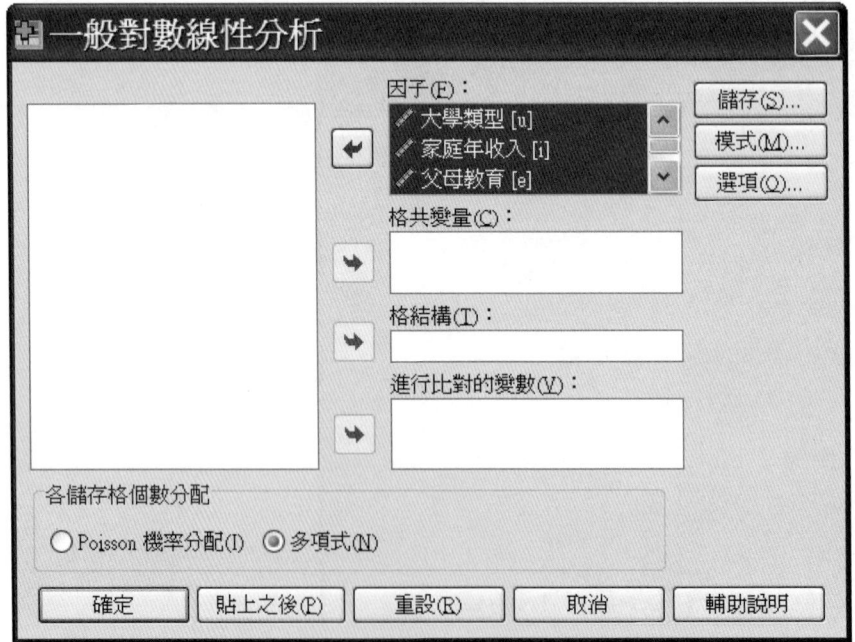

8. 在《模式》(Model) 的選項下點選《自訂模式》(Custom)，並將所要分析的模式選擇到《模式中的項目》(Terms in Models)。

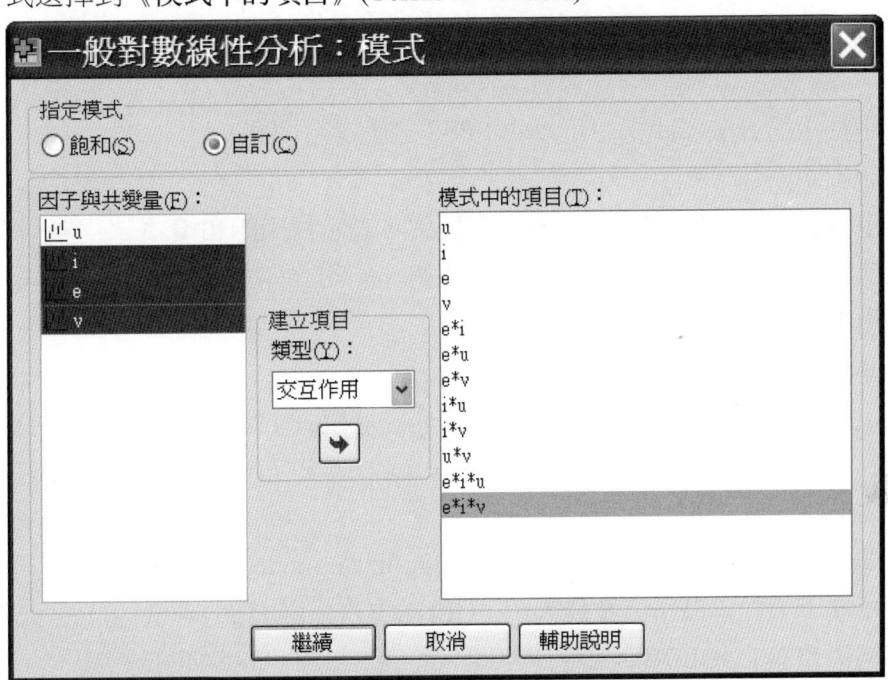

14.2.1.2　SPSS 程式

[1]	HILOGLINEAR	e(1 2) v(1 2) i(1 4) u(1 4)
[2]		/METHOD=BACKWARD
[3]		/PRINT=ASSOCIATION
[4]		/DESIGN .
[5]	LOGLINEAR	e(1 2) v(1 2) i(1 4) u(1 4)
[6]		/PRINT=FREQ RESID ESTIM
[7]		/DESIGN= e v i u e*i e*u e*v i*u i*v u*v e*v*i e*i*u .
[8]	GENLOG	e v i u
[9]		/MODEL = MULTINOMIAL
[10]		/PRINT = FREQ RESID ADJRESID ZRESID ESTIM
[11]		/DESIGN= e v i u e*i e*u e*v i*u i*v u*v e*v*i e*i*u .

14.2.1.3　SPSS 程式說明

[1]　首先，進行階層對數線性模式，以找出適合的模式。變項為 E (家長教育)、V (家長職業)、I (家庭收入)，U (大學類型)，在變項後應界定最小值及最大值。

[2]　使用往後消去法，此指令可以由 SPSS 自動選定模式。

[3]　列印出淨 χ^2 值。

[4]　設定模式，在 DESIGN 之後不界定模式，表示採用飽和模式。

[5]　其次，因為 HILOGLINEAR 程序不能對非飽和之模式進行參數估計，因此須使用 LOGLINEAR 加以分析。

[6]　列印出期望次數、殘差及參數估計值。

[7]　設定模式，因為 LOGLINEAR 程序是非階層模式，因此須把所有效果項都寫出。在此模式中，有 4 個主要效果、6 個一級交互作用，及 2 個二級交互作用。

[8]　另外使用一般對數線性模式 (general log-linear model) 進行參數估計。此處，變項後不須界定最小值及最大值。GENLOG 使用不同的參數估計法，因此計算結果會與 LOGLINEAR 程序不同，而與 SAS 的 GENMOD 相同。

[9]　使用多項式模式。

[10]　列印出期望次數、各種殘差及參數估計值。

[11]　設定模式，說明同 [7]。

14.2.1.4　SAS 程式

```
[1]  DATA   logit;       SET 'd:\multi6\sas\logit_1.sas7bdat' ;
[2]  PROC CATMOD ;
[3]                      MODEL e*v*i*u=_RESPONSE_/FREQ PRED=FREQ ;
[4]                      LOGLIN e v i u e*i e*u e*v i*u i*v u*v e*v*i e*i*u ;
[5]  DATA   logit;       SET 'd:\multi6\sas\logit_1_1.sas7bdat' ;
[6]  PROC GENMOD;
[7]                      CLASS e v i u;
[8]                      MODEL f= e v i u e*i e*u e*v i*u i*v u*v e*v*i e*i*u
                         / DIST=POISSON   LINK=LOG;
[9]  RUN ;
```

14.2.1.5　SAS 程式說明

[1]　讀入 SAS 系統檔，此時為原始資料。

[2]　使用 CATMOD 程序進行分析。

[3]　設定變項為 E*V*I*U，並列出期望次數及預測值。

[4]　指定各效果項，方法與 SPSS 相同。

[5]　讀入 SAS 系統檔，此時為彙整後之資料，其中 F 為細格次數。

[6]　以 GENMOD (generalized linear model) 進行分析，分析結果會與 SPSS 的 GENLOG 相同。

[7]　指定類別的變項。

[8]　界定模式等號之前為反應變項，等號之後為解釋變項 (或自變項)。模式後界定為 POISSON 分配，且連結對數線性模式 (LOG)。(註：此部分是使用彙整後資料進行分析，f 為各細格之次數。)

[9]　執行分析。

14.2.1.6　報表及解說 (以 SPSS 報表為主)

[1]

K-Way and Higher-Order Effects							
			Likelihood Ratio		Pearson		Number of Iterations
	K	df	Chi-Square	Sig.	Chi-Square	Sig.	
K-way and Higher Order Effects[a]	1	63	40737.735	.000	62671.370	.000	0
	2	55	10758.717	.000	18658.771	.000	2
	3	33	88.637	.000	86.619	.000	6
	4	9	5.317	.806	5.278	.809	3
K-way Effects[b]	1	8	29979.018	.000	44012.599	.000	0
	2	22	10670.080	.000	18572.152	.000	0
	3	24	83.319	.000	81.340	.000	0
	4	9	5.317	.806	5.278	.809	0
a. Tests that k-way and higher order effects are zero.							
b. Tests that k-way effects are zero.							

上半部為 K 級及 K 級以上效果為 0 之考驗。由此發現，與 4 個變項有關的三

級交互作用可以不列入模式中 (L^{2}為 5.317，p = .806，不顯著)。而應保留與 3 個變項有關的二級交互作用 (L^{2}為 88.636，p < .0001，顯著)。

下半 K 級效果項的個別作用，K = 3 級的單獨效果 L^{2}為 83.319，p < .0001，因此應納入模式中。

綜言之，上下兩部分 K = 4 時的 p 值大於 .05，因此應保留 4 − 1 = 3，也是就 3 個變項間的二級交互作用。$C_3^4 = 4$，接著就從這 4 個效果中再考慮何者可以刪除。

[2]

Partial Associations				
Effect	df	Partial Chi-Square	Sig.	Number of Iterations
e*v*i	3	9.842	.020	5
e*v*u	3	5.094	.165	4
e*i*u	9	38.508	.000	3
v*i*u	9	16.105	.065	4
e*v	1	2901.906	.000	4
e*i	3	625.097	.000	5
v*i	3	1348.364	.000	5
e*u	3	979.440	.000	5
v*u	3	174.281	.000	5
i*u	9	260.157	.000	5
e	1	13130.589	.000	2
v	1	3387.212	.000	2
i	3	8037.378	.000	2
u	3	5423.839	.000	2

淨 χ^2 值。e*v*i 及 e*i*u 的 p 值均小 .05，因此這兩個二級交互作用應納入模式中。

[3]

Step Summary						
Step[a]		Effects	Chi-Square[c]	df	Sig.	Number of Iterations
0	Generating Class[b]	e*v*i*u	.000	0	.	
	Deleted Effect 1	e*v*i*u	5.317	9	.806	3

Step Summary						
Step[a]			Effects	Chi-Square[c]	df	Sig.	Number of Iterations
1	Generating Class[b]		e*v*i, e*v*u, e*i*u, v*i*u	5.317	9	.806	
	Deleted Effect	1	e*v*i	9.842	3	.020	5
		2	e*v*u	5.094	3	.165	4
		3	e*i*u	38.508	9	.000	3
		4	v*i*u	16.105	9	.065	4
2	Generating Class[b]		e*v*i, e*i*u, v*i*u	10.411	12	.580	
	Deleted Effect	1	e*v*i	10.282	3	.016	5
		2	e*i*u	41.370	9	.000	5
		3	v*i*u	15.769	9	.072	4
3	Generating Class[b]		e*v*i, e*i*u, v*u	26.180	21	.200	
	Deleted Effect	1	e*v*i	11.456	3	.009	5
		2	e*i*u	48.606	9	.000	5
		3	v*u	173.114	3	.000	2
4	Generating Class[b]		e*v*i, e*i*u, v*u	26.180	21	.200	

a. At each step, the effect with the largest significance level for the Likelihood Ratio Change is deleted, provided the significance level is larger than .050.
b. Statistics are displayed for the best model at each step after step 0.
c. For 'Deleted Effect', this is the change in the Chi-Square after the effect is deleted from the model.

　　自動建模步驟。第 0 步包含 4 個變項的三級交互作用，淨χ^2 值為 5.317，p=.086，因此 e*v*i*u 可以從模式中刪除。第 1 步包含 3 個變項的二級交互作用（$C_3^4 = 4$），因為 e*v*u 的淨χ^2 值為 5.094，p=.165，所以將其刪除。第 2 步再刪除 v*i*u（淨χ^2 值為 15.769，p=.072），第 3 步則不再刪除，最後選擇的模式為：4 個主要效果、6 個一級交互作用，及 2 個二級交互作用。如果使用模式表示法，則為 {EVI} {EIU} {VU}。

[4]

Goodness-of-Fit Tests			
	Chi-Square	df	Sig.
Likelihood Ratio	26.180	21	.200
Pearson	25.719	21	.217

　　自動建模結果，$L^2 = 26.180$，$\chi^2 = 25.719$，p 值均大於 .05，表示模式適配良好。

[5]

```
Observed, Expected Frequencies and Residuals

        Factor          Code            OBS. count & PCT.    EXP. count & PCT.
```

Factor	Code	OBS. count & PCT.	EXP. count & PCT.
e v in u u u u i u u u u i u u u u i u u u u	專科以下 半專業 少於 50 萬		
	公立大學	870.00 (3.04)	846.51 (2.96)
	公立技職	900.00 (3.14)	888.27 (3.10)
	私立大學	1588.00 (5.55)	1602.60 (5.60)
	私立技職	3021.00 (10.56)	3041.63 (10.63)
	50~114 萬		
	公立大學	1437.00 (5.02)	1437.42 (5.02)
	公立技職	1009.00 (3.53)	1026.33 (3.59)
	私立大學	2506.00 (8.76)	2485.69 (8.69)
	私立技職	3401.00 (11.88)	3403.56 (11.89)
	115~150 萬		
	公立大學	366.00 (1.28)	369.78 (1.29)
	公立技職	212.00 (.74)	209.54 (.73)
	私立大學	735.00 (2.57)	735.61 (2.57)
	私立技職	885.00 (3.09)	883.07 (3.09)
	151 萬以上		
	公立大學	169.00 (.59)	162.86 (.57)
	公立技職	85.00 (.30)	82.41 (.29)
	私立大學	326.00 (1.14)	342.38 (1.20)
	私立技職	438.00 (1.53)	430.35 (1.50)
v i u u u u i u u u u i u u u u i u u u u	專業 少於 50 萬		
	公立大學	127.00 (.44)	150.49 (.53)
	公立技職	92.00 (.32)	103.73 (.36)
	私立大學	286.00 (1.00)	271.40 (.95)
	私立技職	379.00 (1.32)	358.37 (1.25)
	50~114 萬		
	公立大學	601.00 (2.10)	600.58 (2.10)
	公立技職	299.00 (1.04)	281.67 (.98)
	私立大學	969.00 (3.39)	989.31 (3.46)
	私立技職	945.00 (3.30)	942.44 (3.29)
	115~150 萬		
	公立大學	271.00 (.95)	267.22 (.93)
	公立技職	97.00 (.34)	99.46 (.35)
	私立大學	507.00 (1.77)	506.39 (1.77)
	私立技職	421.00 (1.47)	422.93 (1.48)
	151 萬以上		
	公立大學	125.00 (.44)	131.14 (.46)
	公立技職	41.00 (.14)	43.59 (.15)
	私立大學	279.00 (.97)	262.62 (.92)
	私立技職	222.00 (.78)	229.65 (.80)
e v i u u u u	大學以上 半專業 少於 50 萬		
	公立大學	77.00 (.27)	79.34 (.28)
	公立技職	18.00 (.06)	15.55 (.05)
	私立大學	95.00 (.33)	98.12 (.34)
u	私立技職	86.00 (.30)	82.99 (.29)

i	50~114 萬		
u	公立大學	163.00 (　.57)	168.93 (　.59)
u	公立技職	35.00 (　.12)	35.84 (　.13)
u	私立大學	231.00 (　.81)	223.87 (　.78)
i	私立技職	128.00 (　.45)	128.36 (　.45)
u	115~150 萬		
u	公立大學	68.00 (　.24)	88.37 (　.31)
u	公立技職	15.00 (　.05)	15.12 (　.05)
i	私立大學	113.00 (　.39)	101.72 (　.36)
u	私立技職	52.00 (　.18)	42.78 (　.15)
u	151 萬以上		
u	公立大學	63.00 (　.22)	59.79 (　.21)
	公立技職	5.00 (　.02)	5.94 (　.02)
	私立大學	60.00 (　.21)	64.01 (　.22)
	私立技職	25.00 (　.09)	23.25 (　.08)
v	專業		
i	少於 50 萬		
u	公立大學	99.00 (　.35)	96.66 (　.34)
u	公立技職	10.00 (　.03)	12.45 (　.04)
u	私立大學	117.00 (　.41)	113.88 (　.40)
u	私立技職	64.00 (　.22)	67.01 (　.23)
i	50~114 萬		
u	公立大學	452.00 (1.58)	446.07 (1.56)
u	公立技職	63.00 (　.22)	62.16 (　.22)
u	私立大學	556.00 (1.94)	563.13 (1.97)
i	私立技職	225.00 (　.79)	224.64 (　.78)
u	115~150 萬		
u	公立大學	473.00 (1.65)	452.63 (1.58)
u	公立技職	51.00 (　.18)	50.88 (　.18)
i	私立大學	485.00 (1.69)	496.28 (1.73)
u	私立技職	136.00 (　.48)	145.22 (　.51)
u	151 萬以上		
u	公立大學	442.00 (1.54)	445.21 (1.56)
	公立技職	30.00 (　.10)	29.06 (　.10)
	私立大學	458.00 (1.60)	453.99 (1.59)
u	私立技職	113.00 (　.39)	114.75 (　.40)

各細格之觀察次數及期望次數。

[6]

Factor	Code	Residual	Std. Resid.	Adj. Resid.
e v	專科以下			
v	半專業			
i	少於 50 萬			
u	公立大學	23.4943	.8075	2.4405
u	公立技職	11.7309	.3936	1.4501
u	私立大學	-14.5959	-.3646	-1.2405
i	私立技職	-20.6293	-.3741	-1.6583
u	50~114 萬			
u	公立大學	-.4230	-.0112	-.0300
u	公立技職	-17.3280	-.5409	-1.7100
u	私立大學	20.3113	.4074	1.2313
i	私立技職	-2.5603	-.0439	-.1569
	115~150 萬			

u		公立大學	-3.7777	-.1965	-.3665
u	u	公立技職	2.4637	.1702	.3399
u	u	私立大學	-.6124	-.0226	-.0489
u	u	私立技職	1.9264	.0648	.1557
i		151 萬以上			
u		公立大學	6.1392	.4811	.8269
u	u	公立技職	2.5888	.2852	.5202
u	u	私立大學	-16.3805	-.8853	-1.7716
u	u	私立技職	7.6525	.3689	.8278
v		專業			
i		少於 50 萬			
u		公立大學	-23.4943	-1.9152	-2.4405
u	u	公立技職	-11.7309	-1.1518	-1.4501
u	u	私立大學	14.5959	.8860	1.2405
u	u	私立技職	20.6293	1.0897	1.6583
i		50~114 萬			
u		公立大學	.4230	.0173	.0300
u	u	公立技職	17.3280	1.0325	1.7100
u	u	私立大學	-20.3113	-.6458	-1.2313
u	u	私立技職	2.5603	.0834	.1569
i		115~150 萬			
u		公立大學	3.7777	.2311	.3665
u	u	公立技職	-2.4637	-.2470	-.3399
u	u	私立大學	.6124	.0272	.0489
u	u	私立技職	-1.9264	-.0937	-.1557
i		151 萬以上			
u		公立大學	-6.1392	-.5361	-.8269
u	u	公立技職	-2.5888	-.3921	-.5202
u	u	私立大學	16.3805	1.0108	1.7716
u	u	私立技職	-7.6525	-.5050	-.8278
e		大學以上			
v		半專業			
i		少於 50 萬			
u		公立大學	-2.3371	-.2624	-.4345
u	u	公立技職	2.4471	.6205	.9623
u	u	私立大學	-3.1205	-.3150	-.5525
u	u	私立技職	3.0105	.3305	.5841
i		50~114 萬			
u		公立大學	-5.9273	-.4560	-.6841
u	u	公立技職	-.8381	-.1400	-.1861
u	u	私立大學	7.1283	.4764	.7707
u	u	私立技職	-.3629	-.0320	-.0466
i		115~150 萬			
u		公立大學	-20.3739	-2.1673	-3.0630
u	u	公立技職	-.1229	-.0316	-.0376
u	u	私立大學	11.2794	1.1184	1.6474
u	u	私立技職	9.2174	1.4092	1.7759
i		151 萬以上			
u		公立大學	3.2055	.4145	.5800
u	u	公立技職	-.9416	-.3863	-.4346
u	u	私立大學	-4.0097	-.5012	-.7163
u	u	私立技職	1.7458	.3620	.4329

```
v                    專業
i                    少於 50 萬
u u                  公立大學          2.3371       .2377      .4345
u u                  公立技職         -2.4471      -.6936     -.9623
u                    私立大學          3.1205       .2924      .5525
u                    私立技職         -3.0105      -.3678     -.5841

i                    50~114 萬
u                    公立大學          5.9273       .2806      .6841
u                    公立技職          .8381        .1063      .1861
u                    私立大學         -7.1283      -.3004     -.7707
u                    私立技職          .3629        .0242      .0466
i                    115~150 萬
u                    公立大學         20.3739       .9576     3.0630
u                    公立技職          .1229        .0172      .0376
u                    私立大學        -11.2794      -.5063    -1.6474
u                    私立技職         -9.2174      -.7649    -1.7759
i                    151 萬以上
u                    公立大學         -3.2055      -.1519     -.5800
u                    公立技職          .9416        .1747      .4346
u                    私立大學          4.0097       .1882      .7163
u                    私立技職         -1.7458      -.1630     -.4329
```

　　各細格之殘差、標準化殘差，及調整後標準化殘差。如果以標準化殘差觀之，細格(2,1,3,1)的值為 −2.1673，絕對值大於 1.96，所以有再進一步分析模式是否恰當的必要。

[7]

```
Goodness-of-Fit test statistics

    Likelihood Ratio Chi Square =      26.17701    DF = 21  P =  .200
              Pearson Chi Square =      25.71360    DF = 21  P =  .218
```

　　整體模式之適配度考驗，L^2 為 26.17701，p=.200，表示模式的適配度良好。

[8]

```
Estimates for Parameters
e
 Parameter      Coeff.      Std. Err.     Z-Value Lower 95 CI Upper 95 CI
       1  .7930730352      .01359       58.34067      .76643       .81972
v
 Parameter      Coeff.      Std. Err.     Z-Value Lower 95 CI Upper 95 CI
       2  .0057638285      .01131        .50961     -.01640       .02793
```

```
 i

 Parameter      Coeff.     Std. Err.      Z-Value Lower 95 CI Upper 95 CI

       3    -.135837418      .02531      -5.36669      -.18545      -.08623
       4    .7807617346      .01827      42.73298       .74495       .81657
       5    -.030594359      .02186      -1.39929      -.07345       .01226
 u

 Parameter      Coeff.     Std. Err.      Z-Value Lower 95 CI Upper 95 CI

       6    .2159291228      .01712      12.60963       .18237       .24949
       7   -1.09322685       .03096     -35.31302     -1.15390     -1.03255
       8    .6065963980      .01599      37.93027       .57525       .63794
```

　　各主要效果之參數值。E 變項因為有 2 類，自由度為 1，因此只列出一個參數 0.79307，標準誤為 0.01359，$\frac{0.79307}{0.01359} = 58.34067$，絕對值大於 1.96，因此達到 .05 顯著水準。因為兩參數的和為 0，所以另一參數為 -0.793。

　　變項 U 有 4 類，自由度為 3，前 3 個參數分別為 0.21593、-1.09322 及 0.60660，最後一個參數為 $0 - (0.21593 + (-1.09323)) + 0.60660 = 0.27070$。

[9]

```
Estimates for Parameters

 e * i

 Parameter      Coeff.     Std. Err.      Z-Value Lower 95 CI Upper 95 CI

       9    .3266301824      .02531      12.90651       .27703       .37623
      10    .1435966463      .01827       7.86131       .10779       .17940
      11    -.149430043      .02186      -6.83500      -.19228      -.10658
 e * u

 Parameter      Coeff.     Std. Err.      Z-Value Lower 95 CI Upper 95 CI

      12    -.422279351      .01802     -23.43787      -.45759      -.38697
      13    .2922633583      .03189       9.16385       .22975       .35477
      14    -.183039237      .01673     -10.93986      -.21583      -.15025
 e * v

 Parameter      Coeff.     Std. Err.      Z-Value Lower 95 CI Upper 95 CI

      15    .4969383926      .01055      47.10530       .47626       .51762
```

```
i * u

Parameter      Coeff.      Std. Err.    Z-Value Lower 95 CI Upper 95 CI

        16    -.180084261      .03426    -5.25598      -.24724      -.11293
        17    .1282796674      .06111     2.09902       .00850       .24806
        18    -.169664474      .03223    -5.26386      -.23284      -.10649
        19    -.047065776      .02376    -1.98072      -.09364      -.00049
        20    .1082880549      .04222     2.56495       .02554       .19104
        21    -.047371432      .02218    -2.13564      -.09085      -.00390
        22    .0640848222      .02740     2.33916       .01039       .11778
        23    -.003588035      .04852     -.07395      -.09869       .09152
        24    .0633545903      .02554     2.48026       .01329       .11342

i * v

Parameter      Coeff.      Std. Err.    Z-Value Lower 95 CI Upper 95 CI

        25    .4866845285      .01929    25.22669       .44887       .52450
        26    .0796932775      .01428     5.58256       .05171       .10767
        27    -.222899315      .01734   -12.85203      -.25689      -.18891

u * v

Parameter      Coeff.      Std. Err.    Z-Value Lower 95 CI Upper 95 CI

        28    -.110031505      .01371    -8.02294      -.13691      -.08315
        29    .1001100793      .01854     5.39919       .06377       .13645
        30    -.085741642      .01182    -7.25283      -.10891      -.06257
```

　　一級交互作用之參數。以 U*V 為例，因為 U 有 4 類，V 有 2 類，因此自由度為 $(4-1) \times (2-1) = 3$。3 個參數分別為 -0.11003、0.10011，及 -0.08574，第 4 個參數會等於 $0 - (-0.11003 + 0.10011 + (-0.08574)) = 0.09566$。另外後 4 個參數則會與前 4 個參數正負相反。

[10]

```
Estimates for Parameters

e * v * i

Parameter      Coeff.      Std. Err.    Z-Value Lower 95 CI Upper 95 CI

        31    -.015759475      .01927     -.81775      -.05353       .02201
        32    -.036005861      .01428    -2.52140      -.06399      -.00802
        33    -.007360801      .01734     -.42450      -.04135       .02663
```

```
e * i * u

Parameter      Coeff.      Std. Err.    Z-Value Lower 95 CI Upper 95 CI

    34      .0051028282     .03388       .15061    -.06131      .07151
    35      .1293684103     .06075      2.12952     .01030      .24844
    36     -.021251074      .03194      -.66540    -.08385      .04135
    37      .0952466389     .02375      4.01062     .04870      .14179
    38     -.012500024      .04220      -.29620    -.09521      .07021
    39     -.010947099      .02217      -.49378    -.05440      .03251
    40      .0047212214     .02729       .17302    -.04876      .05820
    41     -.111139256      .04841     -2.29556    -.20603     -.01625
    42      .0390554855     .02546      1.53416    -.01084      .08895
```

　　二級交互作用之參數。以 E*I*U 為例，因為 E 有 2 類，I 及 U 各有 4 類，因此應計算的參數有 $2 \times 4 \times 4 = 32$，但是其自由度為 $(2-1) \times (4-1) \times (4-1) = 9$。前 3 個參數分別為 0.00510、0.12937，及 –0.02125，第 4 個參數是用 0 減去前 3 個參數的總和，等於 –0.11322，利用同樣的方法可以計算前三列最後一行的參數。第四列的參數，是用 0 減去每一直行的總和，如下表第四列第一行的 $-0.105 = 0 - (0.005 + 0.095 + 0.005)$ (表中網底部分為自行計算而得)。

0.005	0.129	-0.021	-0.113
0.095	-0.013	-0.011	-0.072
0.005	-0.111	0.039	0.067
-0.105	-0.006	-0.007	0.118

　　在求得 16 個參數之後，後 16 個參數會與前 16 個參數正負相反 (如下表)。

-0.005	-0.129	0.021	0.113
-0.095	0.013	0.011	0.072
-0.005	0.111	-0.039	-0.067
0.105	0.006	0.007	-0.118

[11]

Parameter Estimates[c,d]						
					95% Confidence Interval	
Parameter	Estimate	Std. Error	Z	Sig.	Lower Bound	Upper Bound
Constant	4.743[a]					
[e = 1]	.694	.101	6.902	.000	.497	.891
[v = 1]	-1.596	.091	-17.601	.000	-1.774	-1.418

Parameter Estimates[c,d]						
					95% Confidence Interval	
Parameter	Estimate	Std. Error	Z	Sig.	Lower Bound	Upper Bound
[i = 1]	-.538	.128	-4.203	.000	-.789	-.287
[i = 2]	.672	.103	6.508	.000	.469	.874
[i = 3]	.236	.114	2.063	.039	.012	.459
[u = 1]	1.356	.096	14.074	.000	1.167	1.545
[u = 2]	-1.373	.189	-7.249	.000	-1.745	-1.002
[u = 3]	1.375	.096	14.323	.000	1.187	1.564
[e = 1] * [i = 1]	.983	.142	6.907	.000	.704	1.262
[e = 1] * [i = 2]	.740	.117	6.314	.000	.510	.970
[e = 1] * [i = 3]	.375	.130	2.882	.004	.120	.630
[e = 1] * [u = 1]	-1.916	.120	-15.915	.000	-2.152	-1.680
[e = 1] * [u = 2]	-.288	.214	-1.346	.178	-.708	.132
[e = 1] * [u = 3]	-1.241	.112	-11.046	.000	-1.461	-1.021
[e = 1] * [v = 1]	2.224	.100	22.134	.000	2.027	2.421
[i = 1] * [u = 1]	-.989	.148	-6.691	.000	-1.279	-.700
[i = 1] * [u = 2]	-.310	.280	-1.106	.269	-.859	.240
[i = 1] * [u = 3]	-.845	.144	-5.861	.000	-1.128	-.562
[i = 2] * [u = 1]	-.670	.117	-5.708	.000	-.900	-.440
[i = 2] * [u = 2]	.089	.221	.401	.689	-.345	.522
[i = 2] * [u = 3]	-.456	.116	-3.949	.000	-.683	-.230
[i = 3] * [u = 1]	-.219	.128	-1.708	.088	-.470	.032
[i = 3] * [u = 2]	.325	.237	1.368	.171	-.140	.790
[i = 3] * [u = 3]	-.146	.127	-1.151	.250	-.396	.103
[v = 1] * [i = 1]	1.810	.121	14.949	.000	1.573	2.047
[v = 1] * [i = 2]	1.037	.101	10.311	.000	.840	1.234
[v = 1] * [i = 3]	.374	.112	3.354	.001	.156	.593
[v = 1] * [u = 1]	-.411	.040	-10.346	.000	-.489	-.333
[v = 1] * [u = 2]	.009	.053	.168	.866	-.095	.113
[v = 1] * [u = 3]	-.363	.035	-10.505	.000	-.431	-.295
[e = 1] * [v = 1] * [i = 1]	-.300	.136	-2.205	.027	-.566	-.033
[e = 1] * [v = 1] * [i = 2]	-.381	.114	-3.325	.001	-.605	-.156
[e = 1] * [v = 1] * [i = 3]	-.266	.127	-2.091	.037	-.515	-.017
[e = 1] * [i = 1] * [u = 1]	.682	.167	4.082	.000	.355	1.010
[e = 1] * [i = 1] * [u = 2]	.732	.298	2.453	.014	.147	1.317
[e = 1] * [i = 1] * [u = 3]	.433	.157	2.757	.006	.125	.741
[e = 1] * [i = 2] * [u = 1]	.780	.139	5.598	.000	.507	1.052
[e = 1] * [i = 2] * [u = 2]	.365	.244	1.500	.134	-.112	.843
[e = 1] * [i = 2] * [u = 3]	.371	.130	2.842	.004	.115	.626
[e = 1] * [i = 3] * [u = 1]	.320	.154	2.079	.038	.018	.622
[e = 1] * [i = 3] * [u = 2]	-.110	.264	-.417	.676	-.628	.407
[e = 1] * [i = 3] * [u = 3]	.192	.145	1.329	.184	-.091	.476

a. Constants are not parameters under the multinomial assumption. Therefore, their standard errors are not calculated.
b. This parameter is set to zero because it is redundant.
c. Model: Multinomial
d. Design: Constant + e + v + i + u + e * i + e * u + e * v + i * u + v * i + v * u + e * v * i + e * i * u

使用 GENLOG 程序所估計之參數,為節省篇幅,已將結果為 0 之參數刪除。

其中常數項 4.743 代表最後一個細格(2,2,4,4)期望次數的自然對數,

$e^{4.743}=114.75$，可以由報表[5]最後端找到。再以細格(1,1,1,1)期望次數 846.51 為例，對它有作用的參數是包含所有 e,v,i,u 數值為 1 的部分 (筆者已加上網底)，將這些估計值相加 (13 部分，含常數)，得到 6.741，取指數 $e^{6.741}=846.51$。除了常數之外的 12 個參數都達 .05 顯著水準，其中 Z 絕對值最大者為 [e=1]*[v=1] 的 22.134，表示細格(1,1,1,1)最大的效果來自於父母的教育及職業的交互作用。

14.2.2 範例二 (邏輯對數線性模式)

此部分與範例一是相同的資料。不過，在前面家庭年收入分為 4 個等級，此處則把前 3 類合為一類，以便於參數的說明。四個變項的列聯表如表 14-19。

表 14-19　四變項之列聯表

父母教育	父母職業	家庭年收入	公立大學	公立技職	私立大學	私立技職
專科以下	非專業	150 萬以下	2673	2121	4829	7307
		151 萬以上	169	85	326	438
	專　業	150 萬以下	999	488	1762	1745
		151 萬以上	125	41	279	222
大學以上	非專業	150 萬以下	308	68	439	266
		151 萬以上	63	5	60	25
	專　業	150 萬以下	1024	124	1158	425
		151 萬以上	442	30	458	113

研究者提出以下的理論模式。在模式中，家長教育及家長職業對家庭收入有直接效果，而三者又對子女就讀的大學類型有直接效果。

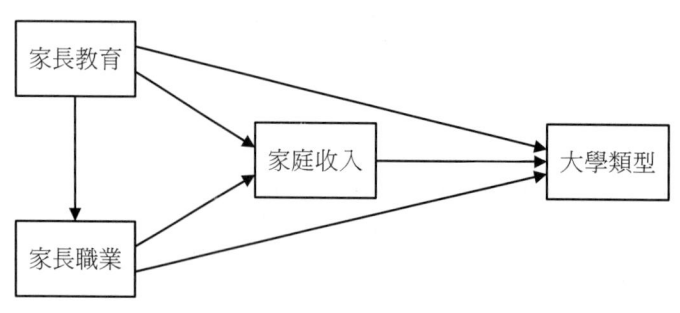

圖 14-4　範例二之因果徑路圖

　　為了節省篇幅，在報表中不針對每個可能模式進行考驗，而直接列出各模式的 L^2 及 χ^2 值，並選擇最精簡模式加以說明。

表 14-20　範例四變項之三階段可能模式

模式	L^2值	χ^2值	自由度	L^2之p值
{E}{V}	4682.931	4935.601	1	.000
{EV}	0.000	0.000	0	
{EV}{I}	1391.331	1965.445	3	.000
{EV}{EI}	349.902	361.222	2	.000
{EV}{VI}	448.956	474.700	2	.000
{EV}{EI}{VI}	3.352	3.289	1	.067
{EVI}{U}	2278.487	2209.856	21	.000
{EVI}{EU}	369.712	368.954	18	.000
{EVI}{VU}	1207.051	1176.445	18	.000
{EVI}{IU}	1998.495	1948.357	18	.000
{EVI}{EU}{VU}	83.096	79.091	15	.000
{EVI}{EU}{IU}	291.315	293.947	15	.000
{EVI}{VU}{IU}	1080.234	1054.136	15	.000
{EVI}{EU}{VU}{IU}	30.080	29.463	12	.003
{EVI}{EVU}{IU}	20.491	20.352	9	.015
{EVI}{EIU}{VU}	10.721	10.639	9	.295
{EVI}{VIU}{EU}	27.898	27.376	9	.001
{EVI}{EVU}{VIU}	18.724	18.579	6	.005
{EVI}{EIU}{VIU}	8.009	7.944	6	.237
{EVI}{EIU}{EVU}	4.223	4.256	6	.646

14.2.2.1　SPSS 分析步驟圖

1.　只使用選單並不能完成所有的邏輯對數線性模式分析，而應配合程式的撰寫，所以在此僅說明部分的分析方法。進行模式分析時，選項順序分別為《分析》(Analyze)、《對數線性》(Loglinear)、《Logit 分析》(Logit)。

2. 將想要分析的依變項點選到《**依變數**》(Dependent) 中，自變項則點選到《**因子**》(Factor) 中。

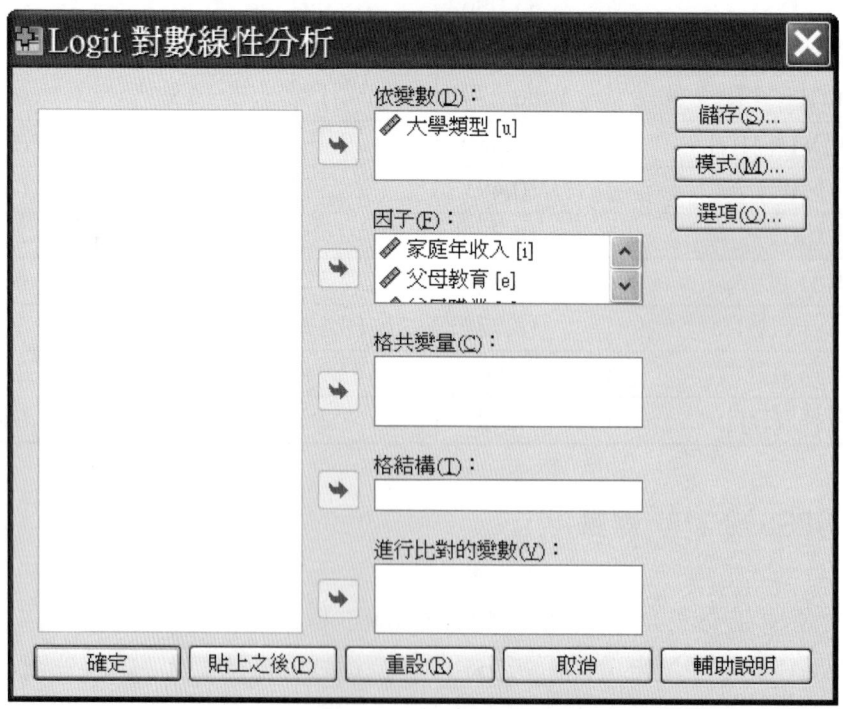

3.　在《模式》(Model) 的選項下點選《自訂模式》(Custom)，並將所要分析的模式選擇到《模式中的項目》(Terms in Models)。

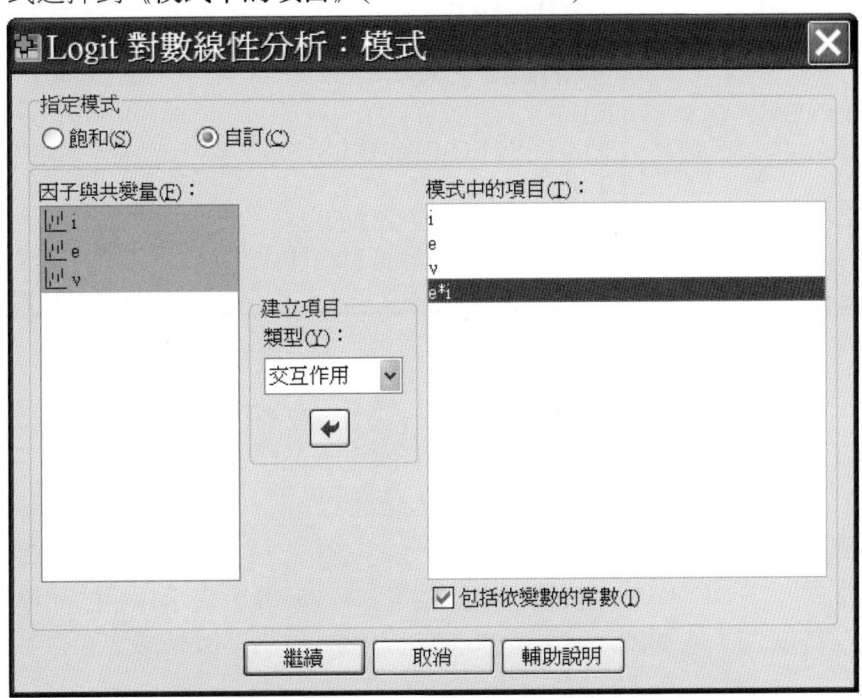

4.　在《選項》(Options) 下勾選《估計值》(Estimates)。

14.2.2.2 SPSS 程式

```
[1]   LOGLINEAR          v(1 2) BY e(1 2)
[2]                      /PRINT=FREQ RESID ESTIM
[3]                      /DESIGN= e v e*v .
[4]   LOGLINEAR          i(1 2) BY e(1 2) v(1 2)
                         /PRINT=FREQ RESID ESTIM
                         /DESIGN= e v i e*v e*i v*i .
[5]   LOGLINEAR          u(1 4) BY e(1 2) v(1 2) i(1 2)
                         /PRINT=FREQ RESID ESTIM
                         /DESIGN= e v i u e*i e*u e*v i*u i*v v*u e*v*i e*i*u .
```

14.2.2.3 SPSS 程式說明

[1]   首先進行第一階段邏輯對數線性模式，依變項為 V (父母職業)，自變項為 E (父母教育)，在變項後應界定最小值及最大值。

[2]   列印出次數、殘差，及參數值。

[3]   設定模式，在 DESIGN 之後界定模式為 E、V、E*V，表示採用飽和模式。

[4]   其次進行第二階段模式分析，依變項為 I (家庭收入)，自變項為 E 及 V。

[5]   最後進行第三階段模式分析，依變項為 U (大學類型)，自變項為 E、V，及 I。

14.2.2.4 SAS 程式

```
[1]   DATA   logit;      SET 'd:\multi6\sas\logit_2.sas7bdat' ;
[2]   PROC CATMOD ;
[3]                      MODEL v=e/FREQ PRED=FREQ ;
[4]   PROC CATMOD ;
                         MODEL i=e v/FREQ PRED=FREQ ;
[5]   PROC CATMOD ;
                         MODEL u=e v i e*i /FREQ PRED=FREQ;
[6]   RUN ;
```

14.2.2.5 SAS 程式說明

[1]   讀入 SAS 之資料檔。

[2]   使用 CATMOD 程序進行第一階段分析。

[3]   設定依變項為 V，自變項為 E，並列出期望次數及預測值。

[4]   第二階段分析，依變項為 I，自變項分別為 E、V，沒有三個變項的交互作用。

[5]　第三階段分析，依變項為 U，自變項除了 E、V、I 之外，還多了 E*I 的交互作用。

[6]　執行分析。

14.2.2.6　報表及解說

[1]

```
Estimates for Parameters
 E
  Parameter    Coeff.    Std. Err.    Z-Value Lower 95 CI Upper 95 CI
        1   .0000000000       .           .          .           .
 V
  Parameter    Coeff.    Std. Err.    Z-Value Lower 95 CI Upper 95 CI
        2   .0090009074    .00904     .99561     -.00872      .02672
 E * V
  Parameter    Coeff.    Std. Err.    Z-Value Lower 95 CI Upper 95 CI
        3   .5679381587    .00904    62.82113     .55022      .58566
```

SPSS 第一階段的參數。此時模式為 $\ln Fe_{ijk} = \mu + \lambda_i^E + \lambda_j^V + \lambda_{ij}^{EV}$，效果項未包含依變項 V 者，參數均設定為 0。

$\lambda_1^V = 0.009$ 、 $\lambda_2^V = -0.009$ 、 $\lambda_{11}^{EV} = 0.568$ 、 $\lambda_{12}^{EV} = -0.568$ 、 $\lambda_{21}^{EV} = -0.568$ 、 $\lambda_{22}^{EV} = 0.568$ 。

在此階段中，

$$\ln\left(\frac{Fe_{i1}}{Fe_{i2}}\right) = \mu + \lambda_i^E + \lambda_1^V + \lambda_{i1}^{EV} - (\mu + \lambda_i^E + \lambda_2^V + \lambda_{i2}^{EV}) = [\lambda_1^V - \lambda_2^V] + [\lambda_{i1}^{EV} - \lambda_{i2}^{EV}]$$

$$= \beta_0 + \beta_i^V$$

代入 λ 值後， $\beta_0 = 0.018$ ， $\beta_1^V = 1.136$ ， $\beta_2^V = -1.136$ 。

　　整理成下表之後可以看出：家長教育程度在專科以下，則職業為非專業的比例較高；反之，家長教育程度在大學以上，則職業為專業的比例較高。

		非專業對專業
	常數	0.018
家長教育	專科以下	1.136
	大學以上	- 1.136

[2]

```
              Analysis of Maximum Likelihood Estimates

                                  Standard      Chi-
        Parameter      Estimate     Error      Square     Pr > ChiSq
        ----------------------------------------------------------------
        Intercept       0.0180      0.0181       0.99       0.3194
        E          1    1.1359      0.0181    3946.50       <.0001
```

　　第一個階段 SAS 分析所得之報表，參數值與使用 SPSS 自行計算的結果相同。

[3]

```
Estimates for Parameters
 E

 Parameter     Coeff.     Std. Err.     Z-Value Lower 95 CI Upper 95 CI
       1    .0000000000        .             .            .           .
 V

 Parameter     Coeff.     Std. Err.     Z-Value Lower 95 CI Upper 95 CI
       2    .0000000000        .             .            .           .
 I

 Parameter     Coeff.     Std. Err.     Z-Value Lower 95 CI Upper 95 CI
       3    .9538122763     .01081      88.26254      .93263      .97499
 E * V

 Parameter     Coeff.     Std. Err.     Z-Value Lower 95 CI Upper 95 CI
       4    .0000000000
```

```
E * I

Parameter      Coeff.      Std. Err.      Z-Value Lower 95 CI Upper 95 CI

      5   .2495567089      .01165       21.41739     .22672        .27239

V * I

Parameter      Coeff.      Std. Err.      Z-Value Lower 95 CI Upper 95 CI

      6   .2113868580      .01129       18.72301     .18926        .23352
```

SPSS 第二階段的參數。此時模式為 $\ln Fe_{ijk} = \mu + \lambda_i^E + \lambda_j^V + \lambda_k^I + \lambda_{ik}^{EI} + \lambda_{jk}^{VI}$。

$\lambda_1^I = 0.954$ ， $\lambda_2^I = -0.954$ ， $\lambda_{11}^{EI} = 0.250$ ， $\lambda_{12}^{EI} = -0.250$ ， $\lambda_{21}^{EI} = -0.250$ ， $\lambda_{22}^{EI} = 0.250$ ， $\lambda_{11}^{VI} = 0.211$ ， $\lambda_{12}^{VI} = -0.211$ ， $\lambda_{21}^{VI} = -0.211$ ， $\lambda_{22}^{VI} = 0.211$

$$\ln\left(\frac{Fe_{ij1}}{Fe_{ij2}}\right) = \mu + \lambda_i^E + \lambda_j^V + \lambda_1^I + \lambda_{i1}^{EI} + \lambda_{j1}^{VI} - (\mu + \lambda_i^E + \lambda_j^V + \lambda_2^I + \lambda_{i2}^{EI} + \lambda_{j2}^{VI})$$
$$= [\lambda_1^I - \lambda_2^I] + [\lambda_{i1}^{EI} - \lambda_{i2}^{EI}] + [\lambda_{j1}^{VI} - \lambda_{j2}^{VI}]$$
$$= 2\lambda_1^I + 2\lambda_{i1}^{EI} + \lambda_{j1}^{VI}$$
$$= \beta_0 + \beta_i^E + \beta_j^V$$

代入 λ 值後，$\beta_0=1.908$，$\beta_1^E = 0.500$，$\beta_2^E = -0.500$，$\beta_1^V = 0.422$，$\beta_2^V = -0.422$。

整理成下表之後可以看出：家長教育程度在專科以下，則家庭收入較低的比例較高；反之，家長教育程度在大學以上，則家庭收入較高的比例較高。家長職業是非專業者，則家庭收入較低的比例較高。

		低所得對高所得
	常數	1.908
家長教育	專科以下	0.500
	大學以上	- 0.500
家長職業	非專業	0.422
	專業	- 0.422

[4]

```
                 Analysis of Maximum Likelihood Estimates

                                     Standard        Chi-
        Parameter        Estimate      Error        Square      Pr > ChiSq
        ----------------------------------------------------------------------
        Intercept         1.9076       0.0216       7790.28       <.0001
        E          1      0.4991       0.0233        458.70       <.0001
        V          1      0.4228       0.0226        350.55       <.0001
```

　　第二個階段 SAS 分析所得之報表，參數值也與使用 SPSS 自行計算的結果相
近。

[5]

```
Estimates for Parameters

 U

  Parameter      Coeff.       Std. Err.      Z-Value  Lower 95 CI  Upper 95 CI

        4     .2708761777       .02126       12.74053     .22920       .31255
        5    -1.15633599        .03955      -29.24039   -1.23385     -1.07883
        6     .6536020181       .01965       33.25861     .61508       .69212

 E * U

  Parameter      Coeff.       Std. Err.      Z-Value  Lower 95 CI  Upper 95 CI

        9    -.451096848        .02200      -20.50854    -.49421      -.40799
       10     .2863049970       .04043        7.08148     .20706       .36555
       11    -.187641121        .02029       -9.24727    -.22741      -.14787

 V * U

  Parameter      Coeff.       Std. Err.      Z-Value  Lower 95 CI  Upper 95 CI

       13    -.130850333        .01344       -9.73752    -.15719      -.10451
       14     .1226521837       .01815        6.75775     .08708       .15823
       15    -.105317274        .01159       -9.08925    -.12803      -.08261

 I * U

  Parameter      Coeff.       Std. Err.      Z-Value  Lower 95 CI  Upper 95 CI

       16    -.103314799        .02128       -4.85428    -.14503      -.06160
       17     .1650683853       .03965        4.16271     .08735       .24279
       18    -.102527034        .01968       -5.20874    -.14111      -.06395
```

```
E * I * U
Parameter    Coeff.      Std. Err.    Z-Value  Lower 95 CI  Upper 95 CI
    20    .0669815889    .02118      3.16318    .02548      .10849
    21    .0099978560    .03954       .25283   -.06751      .08750
    22   -.006649837     .01960      -.33933   -.04506      .03176
```

SPSS 第三階段的參數。此時模式為，

$$\ln Fe_{ijkl} = \mu + \lambda_i^E + \lambda_j^V + \lambda_k^I + \lambda_l^U + \lambda_{ij}^{EV} + \lambda_{ik}^{EI} + \lambda_{il}^{EU} + \lambda_{jk}^{VI} + \lambda_{jl}^{VU} + \lambda_{kl}^{IU} + \lambda_{ijk}^{EVI} + \lambda_{ikl}^{EIU}$$

$\lambda_1^U = 0.271$，$\lambda_2^U = -1.156$，$\lambda_3^U = 0.654$，$\lambda_4^U = 0.232$，$\lambda_{11}^{EU} = -0.451$，$\lambda_{12}^{EU} = 0.286$，$\lambda_{13}^{EU} = -0.188$，$\lambda_{14}^{EU} = 0.352$，$\lambda_{21}^{EU} = 0.451$，$\lambda_{22}^{EU} = -0.286$，$\lambda_{23}^{EU} = 0.188$，$\lambda_{24}^{EU} = -0.352$，$\lambda_{11}^{VU} = -0.131$，$\lambda_{12}^{VU} = 0.123$，$\lambda_{13}^{VU} = -0.105$，$\lambda_{14}^{VU} = 0.114$，$\lambda_{21}^{VU} = 0.131$，$\lambda_{22}^{VU} = -0.123$，$\lambda_{23}^{VU} = 0.105$，$\lambda_{24}^{VU} = -0.114$，$\lambda_{11}^{IU} = -0.103$，$\lambda_{12}^{IU} = 0.165$，$\lambda_{13}^{IU} = -0.103$，$\lambda_{14}^{IU} = 0.041$，$\lambda_{21}^{IU} = 0.103$，$\lambda_{22}^{IU} = -0.165$，$\lambda_{23}^{IU} = 0.103$，$\lambda_{24}^{IU} = -0.041$，$\lambda_{111}^{EIU} = 0.067$，$\lambda_{112}^{EIU} = 0.010$，$\lambda_{113}^{EIU} = -0.007$，$\lambda_{114}^{EIU} = -0.070$，$\lambda_{121}^{EIU} = -0.067$，$\lambda_{122}^{EIU} = -0.010$，$\lambda_{123}^{EIU} = 0.007$，$\lambda_{124}^{EIU} = 0.070$，$\lambda_{211}^{EIU} = -0.067$，$\lambda_{212}^{EIU} = -0.010$，$\lambda_{213}^{EIU} = 0.007$，$\lambda_{214}^{EIU} = 0.070$，$\lambda_{221}^{EIU} = 0.067$，$\lambda_{222}^{EIU} = 0.010$，$\lambda_{223}^{EIU} = -0.007$，$\lambda_{224}^{EIU} = -0.070$。

因為大學的類型共有 4 種，所以無法以一次比較求得係數，而需要進行 6 次的比較(也就是 $C_2^4 = \frac{4 \times 3}{1 \times 2} = 6$)，分別為公立大學對公立技職，公立大學對私立大學，公立大學對私立技職，公立技職對私立大學，公立技職對私立技職，私立大學對私立技職。

當第 1 類 (公立大學) 與第 2 類 (公立技職) 比較時，

$$\ln\left(\frac{Fe_{ijk1}}{Fe_{ijk2}}\right) = \mu + \lambda_i^E + \lambda_j^V + \lambda_k^I + \lambda_1^U + \lambda_{ij}^{EV} + \lambda_{ik}^{EI} + \lambda_{i1}^{EU} + \lambda_{jk}^{VI} + \lambda_{j1}^{VU} + \lambda_{k1}^{IU} + \lambda_{ijk}^{EVI} + \lambda_{ik1}^{EIU}$$

$$-(\mu + \lambda_i^E + \lambda_j^V + \lambda_k^I + \lambda_2^U + \lambda_{ij}^{EV} + \lambda_{ik}^{EI} + \lambda_{i2}^{EU} + \lambda_{jk}^{VI} + \lambda_{j2}^{VU} + \lambda_{k2}^{IU} + \lambda_{ijk}^{EVI} + \lambda_{ik2}^{EIU})$$

$$= [\lambda_1^U - \lambda_2^U] + [\lambda_{i1}^{EU} - \lambda_{i2}^{EU}] + [\lambda_{j1}^{VU} - \lambda_{j2}^{VU}] + [\lambda_{k1}^{IU} + \lambda_{k2}^{IU}] + [\lambda_{ik1}^{EIU} - \lambda_{ik2}^{EIU}]$$

$$= \beta_0 + \beta_i^E + \beta_j^V + \beta_k^I + \beta_{jk}^{EI}$$

代入λ值後，$\beta_0 = 1.427$，$\beta_1^E = -0.737$，$\beta_1^V = -0.254$，$\beta_1^I = -0.268$，$\beta_{11}^{EI} = 0.057$。

當第 1 類與第 3 類比較時，

$$\ln\left(\frac{Fe_{ijk1}}{Fe_{ijk3}}\right) = [\lambda_1^U - \lambda_3^U] + [\lambda_{i1}^{EU} - \lambda_{i3}^{EU}] + [\lambda_{j1}^{VU} - \lambda_{j3}^{VU}] + [\lambda_{k1}^{IU} + \lambda_{k3}^{IU}] + [\lambda_{ik1}^{EIU} - \lambda_{ik3}^{EIU}]$$

$$= \beta_0 + \beta_i^E + \beta_j^V + \beta_k^I + \beta_{jk}^{EI}$$

代入 λ 值後， $\beta_0 = -0.383$ ， $\beta_1^E = -0.263$ ， $\beta_1^V = -0.026$ ， $\beta_1^I = -0.001$ ， $\beta_{11}^{EI} = 0.074$ 。

當第 1 類與第 4 類比較時，

$$\ln\left(\frac{Fe_{ijk1}}{Fe_{ijk4}}\right) = [\lambda_1^U - \lambda_4^U] + [\lambda_{i1}^{EU} - \lambda_{i4}^{EU}] + [\lambda_{j1}^{VU} - \lambda_{j4}^{VU}] + [\lambda_{k1}^{IU} + \lambda_{k4}^{IU}] + [\lambda_{ik1}^{EIU} - \lambda_{ik4}^{EIU}]$$

$$= \beta_0 + \beta_i^E + \beta_j^V + \beta_k^I + \beta_{jk}^{EI}$$

代入λ值後， $\beta_0 = 0.039$ ， $\beta_1^E = -0.803$ ， $\beta_1^V = -0.245$ ， $\beta_1^I = -0.144$ ， $\beta_{11}^{EI} = 0.137$ 。

當第 2 類與第 3 類比較時，

$$\ln\left(\frac{Fe_{ijk2}}{Fe_{ijk3}}\right) = [\lambda_2^U - \lambda_3^U] + [\lambda_{i2}^{EU} - \lambda_{i3}^{EU}] + [\lambda_{j2}^{VU} - \lambda_{j3}^{VU}] + [\lambda_{k2}^{IU} + \lambda_{k3}^{IU}] + [\lambda_{ik2}^{EIU} - \lambda_{ik3}^{EIU}]$$

$$= \beta_0 + \beta_i^E + \beta_j^V + \beta_k^I + \beta_{jk}^{EI}$$

代入λ值後， $\beta_0 = -1.810$ ， $\beta_1^E = 0.474$ ， $\beta_1^V = 0.228$ ， $\beta_1^I = 0.268$ ， $\beta_{11}^{EI} = 0.017$ 。

當第 2 類與第 4 類比較時，

$$\ln\left(\frac{Fe_{ijk2}}{Fe_{ijk4}}\right) = [\lambda_2^U - \lambda_4^U] + [\lambda_{i2}^{EU} - \lambda_{i4}^{EU}] + [\lambda_{j2}^{VU} - \lambda_{j4}^{VU}] + [\lambda_{k2}^{IU} + \lambda_{k4}^{IU}] + [\lambda_{ik2}^{EIU} - \lambda_{ik4}^{EIU}]$$

$$= \beta_0 + \beta_i^E + \beta_j^V + \beta_k^I + \beta_{jk}^{EI}$$

代入λ值後， $\beta_0 = -1.388$ ， $\beta_1^E = -0.066$ ， $\beta_1^V = 0.009$ ， $\beta_1^I = 0.124$ ， $\beta_{11}^{EI} = 0.080$ 。

當第 3 類與第 4 類比較時，

$$\ln\left(\frac{Fe_{ijk3}}{Fe_{ijk4}}\right) = [\lambda_3^U - \lambda_4^U] + [\lambda_{i3}^{EU} - \lambda_{i4}^{EU}] + [\lambda_{j3}^{VU} - \lambda_{j4}^{VU}] + [\lambda_{k3}^{IU} + \lambda_{k4}^{IU}] + [\lambda_{ik3}^{EIU} - \lambda_{ik4}^{EIU}]$$

$$= \beta_0 + \beta_i^E + \beta_j^V + \beta_k^I + \beta_{jk}^{EI}$$

代入λ值後， $\beta_0 = 0.422$ ， $\beta_1^E = -0.540$ ， $\beta_1^V = -0.219$ ， $\beta_1^I = -0.143$ ， $\beta_{11}^{EI} = 0.064$ 。

　　整理成下表之後，以 1 對 2 這一欄來看，家長教育程度在專科以下，則子女就讀公立大學的比例比公立技職來得低。換言之，家長教育程度在大學以上，則子女就讀公立大學的比例比公立技職來得高。同樣地，家長職業為非專業、家庭收入較低者，子女就讀公立大學的比例會比公立技職來得低。

　　相同地，不論是在 1 對 3 或 1 對 4 這兩欄，家長教育較低、職業為非專業、家庭收入較低，則子女就讀公立大學的比例都較低。而 2 對 4 這欄則顯示：家長教育為專科以下，子女就讀公立技職的比例比私立技職來得低；但是家長職業為非專業，家庭收入較低者，子女就讀公立技職的比例比私立技職來得高。

		1 對 2	1 對 3	1 對 4	2 對 3	2 對 4	3 對 4
	常數	1.427	- 0.383	0.039	- 1.810	- 1.388	0.422
家長教育	專科以下	- 0.737	- 0.263	- 0.803	0.474	- 0.066	- 0.540
	大學以上	0.737	0.263	0.803	- 0.474	0.066	0.540
家長職業	非專業	- 0.254	- 0.026	- 0.245	0.228	0.009	- 0.219
	專業	0.254	0.026	0.245	- 0.228	- 0.009	0.219
家庭收入	114 萬以下	- 0.268	- 0.001	- 0.144	0.268	0.124	- 0.143
	115 萬以上	0.268	0.001	0.144	- 0.268	- 0.124	0.143
家長教育*家庭收入	專科以下*114 萬以下	0.057	0.074	0.137	0.017	0.080	0.064
	專科以下*115 萬以上	- 0.057	- 0.074	- 0.137	- 0.017	- 0.080	- 0.064
	大學以上*114 萬以下	- 0.057	- 0.074	- 0.137	- 0.017	- 0.080	- 0.064
	大學以上*115 萬以上	0.057	0.074	0.137	0.017	0.080	0.064

[6]

```
              Analysis of Maximum Likelihood Estimates

              Function              Standard      Chi-
Parameter     Number    Estimate    Error        Square    Pr > ChiSq
Intercept     1         0.0390      0.0325        1.44      0.2297
              2        -1.3882      0.0572      588.73     <.0001
              3         0.4217      0.0304      192.58     <.0001
```

E	1	1	-0.8035	0.0335	574.47	<.0001
	1	2	-0.0661	0.0585	1.28	0.2582
	1	3	-0.5401	0.0313	297.70	<.0001
V	1	1	-0.2444	0.0195	157.23	<.0001
	1	2	0.00914	0.0259	0.12	0.7244
	1	3	-0.2188	0.0169	166.87	<.0001
I	1	1	-0.1441	0.0326	19.58	<.0001
	1	2	0.1243	0.0574	4.69	0.0303
	1	3	-0.1433	0.0305	22.10	<.0001
E*I	1 1	1	0.1373	0.0324	17.95	<.0001
	1 1	2	0.0803	0.0572	1.97	0.1603
	1 1	3	0.0637	0.0304	4.40	0.0359

第三個階段 SAS 分析所得之報表，因為依變項此時有 4 類，SAS 計算所得的參數是以第 4 類當參照組，所以此處的參數分別是 1 對 4、2 對 4、3 對 4 之比較。所得參數值均與使用 SPSS 自行計算的結果相近。

總言之，以模式的建立的方便性而言，SPSS 是比較好的選擇；如果要計算 logit 線性對數模式的參數，則 SAS 會比較快速直接。

14.3 分析摘要表

14.3.1 對數線性模式部分

經過前述的分析後，可以得到以下的分析摘要表。

首先，家長教育、家長職業，及家庭收入三變項之間有交互作用。如果是大學以上學歷且職業為專門技術者，家庭年收入在 151 萬以上者的比例，較非專門技術者多。大學以上且為專門技術職業者，家庭年收入在 50~114 萬者的比例，較非專門技術者少。大致而言，學歷高、有專門技術之職業者，家庭年所得也較高。

家長教育	家長職業	家庭收入			
		少於 50 萬	50~114 萬	115~150 萬	151 萬以上
專科以下	非專業	-0.016	-0.036[*]	-0.007	0.059
	專 業	0.016	0.036[*]	0.007	-0.059
大學以上	非專業	0.016	0.036[*]	0.007	-0.059
	專 業	-0.016	-0.036[*]	-0.007	0.059

　　其次，家長職業、家庭收入，及子女就讀大學類型三者也有交互作用。大致而言，家長學歷較高、家庭收入較多，子女比較傾向就讀普通大學。

家長教育	家庭收入	學校類型			
		公立大學	公立技職	私立大學	私立技職
專科以下	少於 50 萬	0.005	0.129*	-0.021	-0.113
	50~114 萬	0.095*	-0.013	-0.011	-0.072
	115~150 萬	0.005	-0.111*	0.039	0.067
	151 萬以上	-0.105	-0.006	-0.007	0.118
大學以上	少於 50 萬	-0.005	-0.129*	0.021	0.113
	50~114 萬	-0.095*	0.013	0.011	0.072
	115~150 萬	-0.005	0.111*	-0.039	-0.067
	151 萬以上	0.105	0.006	0.007	-0.118

　　最後，家長職業與子女就讀學校類型有交互作用，家長職業為專門技術者，其子女較傾向就讀普通大學，非專門技職者之子女，則傾向就讀技職校院。

家長職業	學校類型			
	公立大學	公立技職	私立大學	私立技職
非專業	-0.110*	0.100*	-0.086*	0.096
專　業	0.110*	-0.100*	0.086*	-0.096

　　總言之，經過上述的分析，可以用以下的架構圖來表示四個變項間的關係。在圖中，家長職業及大學類型有交互作用；家長教育、家長職業，與家庭收入三者有交互作用；而家長教育、家庭收入，與大學類型三者也有交互作用。

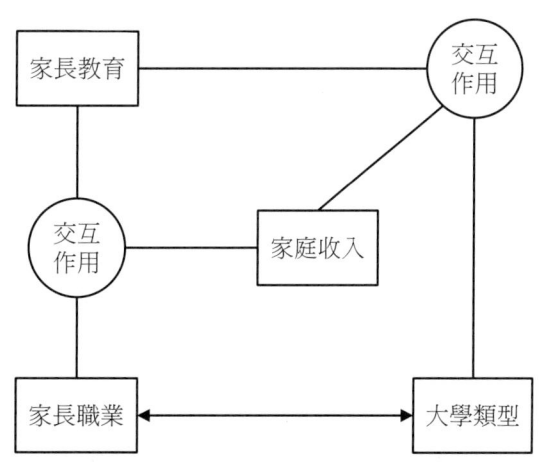

圖 14-5　四變項之關係圖

14.3.2 邏輯對數線性模式部分

　　經過前述的分析後，可得到以下的修正模式 (因為依變項有四種大學類型，所以僅繪出徑路圖，不列出參數)。在模式中，須再增加家長教育及家庭收入的交互作用。三階段的 L^2 值分別為 0、3.352、10.721，總和為 14.073；自由度分別為 0、1、9，總和為 10。在自由度為 10 的 χ^2 分配中，p 值為 .170 (同時使用 Excel 及 SPSS 求得)，因此整體的模式可以適配觀察到的資料。

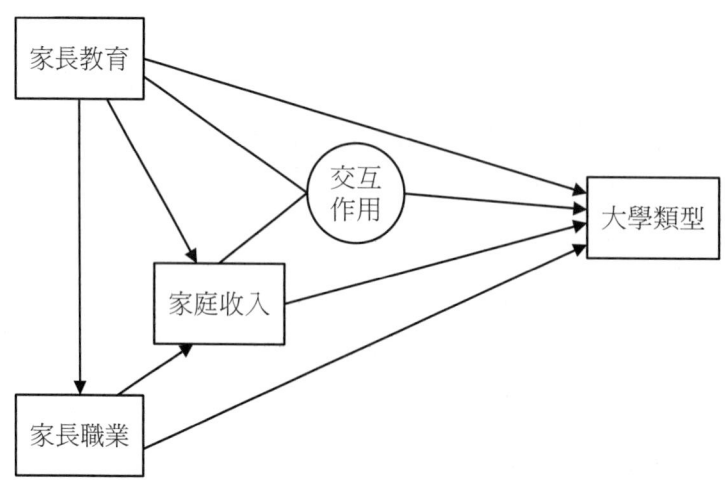

圖 14-6　範例二之修正後因果徑路圖

參考書目

中文書目

王保進 (1996)。統計套裝程式 SPSS 與行為科學研究。臺北：松崗。

王保進 (1999)。視窗版 SPSS 與行為科學研究。臺北：心理。

王保進 (2004)。多變量分析——套裝程式與資料分析。臺北：高等教育。

王濟川、郭志剛 (2003)。**Logistic** 迴歸模型——方法與應用。臺北：五南。

林邦傑 (1979)。因素分析及其應用。輯於陳定國、黃俊英編，**企業研究應用技術大全** (第二冊，19-1~19-37)。臺北：大世紀。

林邦傑 (1981)。集群分析及其應用。**教育與心理研究**，4，31-57。

林邦傑 (1985)。對數線性模式及其應用。**教育與心理研究**，8，1-42。

林邦傑 (1986)。品質變項的因果分析——洛基對數線性模式及其應用。**測驗年刊**，33，125-141。

林俊瑩、黃毅志 (2008)。影響臺灣地區學生學業成就的可能機制：結構方程模式的探究。**臺灣教育社會學研究**，8(1)，45-88。

林清山 (1984)。「線性結構關係」 (LISREL) 電腦程式的理論與應用。**測驗年刊**，31，149-164。

林清山 (1988a) 。多變項分析統計法。臺北：東華。

林清山 (1988b)。驗證性因素分析的理論及應用：修訂魏氏兒童智力量表之驗證性因素分析。**測驗年刊**，35，117-136。

林清山 (1998)。多元邏吉式迴歸係數的最大可能性估計、顯著性考驗以及多元邏吉式分析模式。**測驗年刊**，45(1)，181-200。

邱皓政 (2008)。**潛在類別模式：原理與技術**。臺北：五南。

邱皓政 (譯)(2007)。**多層次模型分析導論**。臺北：五南。

馬信行 (1988)。簡介迴歸分析。**教育研究**，1，61-69。

馬信行 (1998)。臺灣鄉鎮市區社會地位指標之建立。**教育與心理研究**，21，37-84。

高新建、吳幼吾 (1997)。階層線性模式在內屬結構教育資料上的應用。**教育研究資訊**，5(2)，31-50。

張健邦 (1993)。**應用多變量分析**。臺北：文富出版社。

張雷、雷靂、郭伯良 (2005)。**多層線性模式應用**。北京：教育科學出版社。

郭志剛等(譯)(2008)。**階層線性模式**。臺北：五南。

陳正昌 (1994)。**從教育機會均等觀點探討家庭、學校與國小學生學業成就之關係**。未出版之博士論文。臺北：政治大學教育研究所。

陳正昌 (1995)。北部三縣市家庭教育資源與國小學生學業成就之關係。**教育研究**，39，37-43。

陳正昌 (2004)。**行為及社會科學統計學──統計軟體應用(三版)**。臺北市：巨流。

傅粹馨 (1988a)。典型相關分析：與其他統計方法之關係。**高雄師大學報**，9，173-186。

傅粹馨 (1988b)。典型相關分析簡介。**教育研究**，6，25-40。

傅粹馨 (1996)。多元迴歸分析中之結構係數與逐步迴歸。**教育資料與研究**，11，25-35。

傅粹馨 (2002)。典型相關分析與結構方程模式關係之探究。**屏東師院學報**，16，231-262。

彭昭英 (譯著) (1998)。SAS 與統計分析。臺北：格致。

黃紀、王德育 (2012)。**質變數與受限依變數的迴歸分析**。臺北：五南。

黃俊英 (1991)。**多變量分析** (四版)。臺北：中國經濟企業研究所。

黃俊英 (1995)。**多變量分析** (五版)。臺北：中國經濟企業研究所。

溫福星 (2006)。**階層線性模式：原理、方法與應用**。臺北：雙葉書廊。

溫福星、邱皓政 (2009)。多層次模型方法論：階層線性模式的關鍵議題與試解。**台大管理論叢**，19(2)，263-294。

溫福星、邱皓政 (2011)。**多層次模式方法論：階層線性模式的關鍵議題與試解**。臺北：新亞測驗評量暨技術發展中心。

蔡崇建 (1991)。**智力的評量與分析**。臺北：心理出版社。

英文書目

Afifi, A. A., & Clark, V. (1990). *Computer-aided multivariate analysis* (2nd ed.). New York: Van Nostrand Reinhold Company.

Agresti, A (2007). *An introduction to categorical data analysis* (2nd ed.). Hoboken, NJ: John Wiley & Sons.

Allison, P. D. (1999). *Logistic regression using the SAS system: Theory and application*. Cary, NC: SAS Institute Inc.

American Psychological Association. (2001). *Publication manual of the American Psychological Association* (5th ed.). Washington, DC: Author.

Anderson, J. C., & Gerbing, D. W. (1984). The effect of sampling error on convergence, improper solutions, and goodness-of-fit indices for maximum likelihood confirmatory factor analysis. *Psychometrika, 49*, 155-173.

Anderson, J. C., & Gerbing, D. W. (1985). The effect of sampling error and model characteristics on parameter estimation for maximum likelihood confirmatory factor analysis. *Multivariate Behavioral Research, 20*, 255-271.

Anderson, J. C., & Gerbing, D. W. (1988). Structural equation modeling in practice: A review and recommends two-step approach. *Psychological Bulletin, 103*(3), 411-423.

Asparouhov, T., & Muthén, B. (2009). Exploratory structural equation modeling. *A Multidisciplinary Journal, 16*(3) , 397 - 438.

Bagozzi, R. P., & Yi, Y. (1988). On the evaluation of structural equation models. *Academic of Marketing Science, 16*, 76-94.

Bary, J. H., & Maxwell, S. E. (1985). *Multivariate analysis of variance*. Newbury Park, CA: Sage Publications, Inc.

Bentler, P. M. (1992). *EQS: Structural equations program manual*. Los Angles, CA: BMDP Statistical Software, Inc.

Bentler, P. M. (2006). *EQS 6 structural equations program manual*. Encino, CA: Multivariate Software, Inc.

Bentler, P. M., & Bonett, D. G. (1980). Significance tests and goodness of fit in the analysis of covariance structures. *Psychological Bulletin, 88*(3), 588-606.

Betz, N. E. (1987). *Use of discriminant analysis in counseling psychology research. Journal of Counseling Psychology, 34*(4), 393-403.

Bickel, R. (2007). *Multilevel analysis for applied research: It's Just Regression!* New York, NY: Guilford Press.

Bird, K. D. (1975). Simultaneous contrast testing procedures for multivariate experiments. *Multivariate Behavioral Research, 10*, 343-351.

Bollen, K. A. (1986). Sample size and Bentler and Bonett's nonnormed fit index. *Psychometrika, 51*, 375-377.

Bollen, K. A. (1989). *Structural equations with latent variables*. New York: John Wiley.

Boomsma, A. (2000). Reporting analyses of covariance structures. *Structural Equation Modeling, 7*(3) , 461-483.

Borgen, F., & Seling, M. (1978). Uses of discriminant analysis following MANOVA: Multivariate statistics for multivariate purposes. *Journal of Applied Psychology, 63*, 689-697.

Brown, T. A. (2006). *Confirmatory factor analysis for applied research*. New York: The Guilford Press.

Bryk, A. S., & Raudenbush, S. W. (1992). *Hierarchical linear models: Application and data analysis methods*. Newbury Park, CA: Sage.

Bryk, A. S., Raudenbush, S. W., & Congdon, R. J. Jr. (1994). *Hierarchical linear modeling with the HLM/2L and HLM/3L program*. Chicago, IL: Scientific Software International.

Buras, A. (1996). *Descriptive versus predictive discriminant analysis: A comparison and contrast of the two techniques*. Retrieved from ERIC database. (ED395981)

Byrne, B. M. (1994). *Structural equation modeling with EQS and EQS/Windows: Basic concepts, applications, and programming.* Thousand Oaks, CA: Sage Publication.

Byrne, B. M. (2010). *Structural equation modeling with Amos: Basic concepts, applications, and programming* (2nd ed.). New York: Routledge.

Carmines, E. G., & McIver, J. P. (1981). Analyzing models with unobserved variables: Analysis of covariance structure. In G. W. Bohrnstedt & E. F. Borgatta (Eds.), S*ocial measurement: Current issues* (pp. 65-115). Beverly Hills, CA: Sage.

Chang, J. J., & Carroll, J. D. (1970). *How to use INDSCAL, a computer program for canonical decomposition of N-way tables and individual differences in multidimensional scaling.* Bell Laboratories.

Cohen, J. (1988). *Statistical power analysis for the behavioral science* (2nd ed.). Hillsdale, NJ: Lawrence Erlbaum Associate.

Comrey, A. L., & Lee, H. B. (1992). *A first course in factor analysis* (2nd ed.). Hillsdale, NJ: Lawrence Erlbaum Associates.

Courville, T., & Thompson, B. (2001). Use of structure coefficients in published multiple regression articles: β is not enough. *Educational and Psychological Measurement, 61*(2), 229-248.

Cudeck, R., & Browne, M. W. (1983). Cross-validation of covariance structures. *Multivariate Behavioral Research, 18*, 147-167.

Dempster, A. P., Rubin, D. B., & Tsutakawa, R. K. (1981). Estimation in covariance components models. *Journal of the American Statistical Association, 76*, 341-353.

Dempster, A. P., Rubin, D. B., & Tsutakawa, R. K. (1981). Estimation in covariance components models. *Journal of the American Statistical Association*, *76*, 341-353.

Dempster, Laird, & Rubin (1977). Maximum likelihood from incomplete data via the EM algorithm. *Journal of the Royal Statistical Society, Series B, 39*, 1-8.

Dillon, W. R., & Goldstein, M. (1984). *Multivariate analysis: Methods and applications.* New York: John Wiley.

Dolenz, B. (1993). *Descriptive discriminant analysis: An application.* Retrieved from ERIC database. (ED355274)

Draper, D. (1995). Inference and hierarchical modeling in the social sciences. *Journal of Educational and Behavioral Statistics, 20*, 115-147.

Dunteman, G. H. (1994). Principal components analysis. In M. S. Lewis-Beck (ed.), *Factor analysis and related techniques* (pp. 157-245). Beverly Hills, CA: Sage.

Edirisooriya, G. (1995). *Stepwise regression is a problem, not a solution.* Paper presented at the Annual Meeting of the Mid-South Educational Research Association (Biloxi, MS, November 8-10, 1995).

Fornell, C., & Larcker, D. F. (1981). Evaluating structural equation models with unobservable variables and measurement error. *Journal of Marketing Research, 18*, 39-50.

Fox, J. (2006). Structural equation modeling with the SEM package in R. *Structural Equation Modeling, 13*(3) , 465-486.

Goldstein, H. (2004). A review of multilevel software packages. *Multilevel Modeling Newsletter, 16*, 18-19.

Goldstein, H. (2011). *Multilevel statistical models* (4th ed.). West Sussex, United Kingdom: Wiley.

Goldstein, H. I. (1987). *Multilevel models in educational and social research.* London: Oxford University Press.

Goldstein, H. I. (1995). *Multilevel statistical models* (2nd ed.). London: Arnold.

Gorsuch, R. L. (1983). *Factor analysis*(2nd ed.). Hillsdale, NJ: Lawrence Erlbaum.

Grace, J. B. (2006). *Structural equation modeling and natural systems.* Cambridge, England: Cambridge University Press.

Grizzle, R. C., & Grizzle J. E. (1962). Estimation of Time-Response Curves and Their Confidence Bands. *Biometrics, 18*(2), 148-159.

Hair, J. F. Jr., Anderson, R. E., Tatham, R. L., & Black, W. C. (1992). *Multivariate data analysis with reading*(3rd ed.). New York, NY: Macmillan Publishing Company.

Hair, J. F. Jr., Anderson, R. E., Tatham, R. L., & Black, W. C. (1995). *Multivariate data analysis with reading*(4th ed.). Englewood Cliffs, NJ: Prentice Hall.

Hair, J. F. Jr., Black, W. C., Babin, B. J., & Anderson, R. E. (2010). *Multivariate data analysis* (7th ed.). Boston, MA: Pearson. (Pearson international edition).

Hair, J. F. Jr., Black, W. C., Babin, B. J., Anderson, R. E., & Tatham, R. L. (2006). *Multivariate data analysis* (6th ed.). Boston, MA: Pearson. (Pearson international edition).

Harman, H. H. (1976). *Modern factor analysis* (3rd ed.). Chicago: The University of Chicago Press.

Harris, R. J. (1975). *A primer multivariate statistics*. NY: Academic.

Hayduk, L. A. (1987). *Structural Equation Modeling with LISREL*, Baltimore, MD: Johns Hopkins University Press.

Hayton, J. C., Allen, D. G., & Scarpello, V. (2004). Factor retention decisions in exploratory factor analysis: A tutorial on parallel analysis. *Organizational research methods*, *7*(2), 191 - 205.

Heck, R. H., & Thomas, S. L. (2009). *An introduction to multilevel modeling techniques*. New York: Routledge.

Henard, D. H. (1998). *Suppressor variable effects: Toward understanding an elusive data dynamic*. Retrieved from ERIC database. (ED416215).

Henington, C. (1994). *A primer on the use of predictive discriminant analysis*. Retrieved from ERIC database. (ED367705)

Hoelter, J. W. (1983). The analysis of covariance structure: Goodness-of-fit indices. *Sociological Methods & Research, 11*, 325-344.

Hox, J. J. (2010). *Applied multilevel analysis* (2nd Ed.). Hove, East Sussex, England: Routledge.

Hoyle, R. H. (1995). The structural equation modeling approach: Basic concepts and fundamental issues, In R. H. Hoyle (Ed.), *Structural equation modeling: Concepts, issues, and applications* (pp.1-15). Thousand Oaks, CA: Sage.

Hu, Li-tze, & Bentler, P. M. (1995). Evaluating model fit, In R. H. Hoyle (Ed.),

Structural equation modeling: Concepts, issues, and applications (pp.76-99). Thousand Oaks, CA: Sage.

Huberty, C. J. (1994). *Applied discriminant analysis.* New York: John Willy.

Huberty, C. J., & Olejnik, S. (2006). *Applied MANOVA and discriminant analysis* (2nd ed.). Hoboken, NJ: John Wiley.

John O. Rawlings, J. O., S. G., & Dickey D. A. (1998). *Applied regression analysis: A research tool* (2rd ed.). New York: Springer.

Johnson, D. E. (1998). *Applied multivariate methods for data analysts.* Pacific Grove, CA: Duxbury Press.

Johnson, R. D., & Wichern, D. W. (2007). *Applied multivariate statistical analysis* (6th ed.). Upper Saddle River, NJ: Pearson Prentice Hall.

Jolliffe, I. L. (2002). *Principal component analysis* (2nd ed.). New York: Springer.

Jöreskog, K. G. (1979). A general approach to confirmatory maximum likelihood factor analysis. In Jay, Magidson (Ed.), *Advances in factor analysis and structural equation models.* Cambridge, MA: Abt Associates, Inc.

Jöreskog, K. G. (1979). Analyzing psychological data by structural analysis of covariance matrices. In Jay, Magidson (Ed.), *Advances in factor analysis and structural equation models.* Cambridge, MA: Abt Associates, Inc.

Jöreskog, K. G., & Sörbom, D. (1986). *LISREL VI : Analysis of linear structural relationships by maximum likelihood and least square method.* Mooresville, IN: Scientific Software, Inc.

Jöreskog, K. G., & Sörbom, D. (1988). *LISREL 7: A guide to the program and application.* Chicago, IL: SPSS Inc.

Jöreskog, K. G., & Sörbom, D. (1989). *LISREL 7 user's reference guide.* Mooresville, IN: Scientific Software, Inc.

Jöreskog, K. G., & Sörbom, D. (1993a). *LISREL 8 user's reference guide.* Mooresville, IN: Scientific Software, Inc.

Jöreskog, K. G., & Sörbom, D. (1993b). *Prelis 2 user's reference guide.* Mooresville,

IN: Scientific Software, Inc.

Jöreskog, K. G., & Sörbom, D. (1993c). *LISREL 8: Structural equation modeling with the SIMPLIS command language.* Mooresville, IN: Scientific Software, Inc.

Kelloway, E. K. (1998). *Using LISREL for structural equation modeling.* Thousand Oaks, CA: Sage.

Khattree, B., & Naik, D. N. (2000). *Multivariate data reduction and discrimination with SAS software.* Cary, NC: SAS.

Kim, J. O. & Mueller, C. W. (1978). Factor analysis statistical methods and practical issues. Beverly Hills, Cal: Sage.

Klecka, W. R. (1980) *Discriminant analysis.* CA: Sage Publications, Inc.

Klemmer, C. D. (2000). *Stepwise descriptive or predictive discriminant analysis: Don't even think about using it!* Retrieved from ERIC database. (ED438321)

Kline, R. B. (2011). *Principles and practice of structural equation modeling* (3rd ed.). New York: The Guilford Press.

Kreft, I. G., & de Leeuw, J. (1998). *Introducing multilevel modeling.* Newbury Park, CA: Sage.

Kreft, I. G., de Leeuw, J., & Kim, K. (1990). *Comparing four different statistical packages for hierarchical linear regression: Genmod, HLM, ML2, and VARCL* (Statistics Series No. 50). Los Angeles: University of California at Los Angles.

Kroff, M. W. (2002). *Commonality analysis: A method of analyzing unique and common variance proportions.* Retrieved from ERIC database. (ED463309).

Kruskal, J. B. (1964). Multidimensional scaling by optimizing goodness of fit to a nonmetric hypothesis. *Psychometrika, 29,* 1-27.

Kruskal, J. B. (1976). Multidimensional scaling and other methods for discovering structure. In Enslein, Ralston, & Wilf (Eds.). *Statistical methods for digital computers.* New York: John Wiley.

Laird, N. M., & Ware, H. (1982). Random-effects models for longitudinal data. *Biometrics, 38,* 963-974.

Laird, N. M., & Ware, J. H. (1982). Random-effects models for longitudinal data. *Biometrics, 38*(4), 963-974.

Lattin, J., Carroll, J. D., & Green, P. E. (2003). *Analyzing mutivariate data.* Toronto, Canada: Thomson

Lindley, D. V., & Smith, A. F. M. (1972). *Bays estimation for the linear model. Journal of the Royal Statistical Society, Series B, 34,* 1-41.

Long, J. C. (1983a). *Confirmatory factor analysis.* CA: SAGE.

Long, J. C. (1983b). *Covariance structure models: An introduction to LISREL.* CA: SAGE.

Longford, N. T. (1987). A fast fcoring algorithm for maximum likelihood estimation in unbalanced mixed models with nested random effects. *Biometrika, 74*(4), 817-827.

Longford, N. T. (1987). A fast scoring algorithm for maximum likelihood estimation in unbalanced mixed models with nested random effects. *Biometrika, 74*(4), 817-827.

Longford, N. T. (1993). *Random coefficient models.* Oxford: Oxford University Press.

Lutz, J. G., & Eckert, T. L. (1994). The relationship between canonical correlation analysis and multivariate multiple regression. *Educational and Psychological Measurement, 54*(3), 666-675.

Marcou, G. A. & Hershberger, S. T. (1997). *Multivariate statistical methods: A first Course.* Mahwan, NJ: Lawrence Erlbaum Associate.

Marsh, H. W., & Hocevar, D. (1985). The application of confirmatory factor analysis to the study of self-concept: First and higher order factor structures and their invariance across age groups. *Psychological Bulletin, 97*(3), 562-582.

Marsh, H. W., Balla, J. R., & McDonald, R. P. (1988). Goodness-of-fit indexes in confirmatory factor analysis: The effect of sample size. *Psychological Bulletin, 103*(3), 391-410.

Maruyama, G. M. (1998). *Basics of structural equation modeling.* Thousand Oaks, CA:

Sage.

Maas, C. J. M., & Hox, J. J. (2004). Robustness issues in multilevel regression analysis. *Statistica Neerlandica*, *58*(2), 127-137.

Mason, W. M., Wong, G. M., & Entwistle, B. (1983). Contextual analysis through the multilevel linear model. In S. Leinhardt (Ed.). *Sociological methodology* (pp. 72-103). San Francisco: Jossey-Bass.

Mason, W. M., Wong, G. M., & Entwistle, B. (1983). Contextual analysis through the multilevel linear model. In S. Leinhardt (Ed.), *Sociological methodology* (pp. 72-103). San Francisco, CA: Jossey Bass.

McArdle, J. J., & McDonald, R. P. (1984). Some algebraic properties of the reticular action model for moment structures. *The British journal of mathematical and statistical psychology*, *37*(2), 234-251.

McCutcheon, A. L. (1987). *Latent class analysis*. Newbury Park, CA: Sage Publications, Inc.

McDonald, R. P., & Ho, M.-H. R. (2002). Principles and practice in reporting structural equation analyses. *Psychological Methods*, *7*(1), 64-82.

Meshbane, A., & Morris, J. D. (1996). *Predictive discriminant analysis versus logistic regression in two-group classification problems*. Retrieved from ERIC database. (ED400280).

Moore, J. D., Jr. (1996). *Stepwise methods are as bad in discriminant analysis as they are anywhere else*. Retrieved from ERIC database. (ED395041)

Muthén, L. K., & Muthén, B. O. (2010). *Mplus user's guide*. Los Angeles, CA: Muthén & Muthén.

Neter, J., Wasserman, W., & Kutner, M. H. (1989). *Applied linear regression Model*(2nd ed.). Homewood, IL: Richard D. Irwin, Inc.

O'Connor, B. P. (2000). SPSS and SAS programs for determining the number of components using parallel analysis and Velicer's MAP test. *Behavior Research Methods, Instrumentation, and Computers*, *32*, 396-402.

Olson, C. L. (1976). On choosing a test statistic in multivariate analyses of variance. *Psychological Bulletin, 83*, 579-586.

Pampel, F. C. (2000). *Logistic regression: A Primer*. Thousand Oaks, CA: Sage.

Pedhazur, E. J. & Schmelkin, L. (1991). *Measurement, design, and analysis*. Hillsdale, NJ: Lawrence Erlbaum Associate.

Pedhazur, E. J. (1997). *Multiple regression in behavioral reseach: Explanation and prediction* (3rd ed.). Orlando, FL: Harcourt Brace College Publishers.

Ployhart, R. E. (2005). Hierarchical models. In B. S. Everitt & D.C. Howell (Eds.), *The encyclopedia of statistics in behavioral science* (pp. 810-816). Chichester, England: Wiley.

Proctor, C. P., Carlo, M., August, D., & Snow, C. (2005). Native Spanish-speaking children reading in English: Toward a model of comprehension. *Journal of Educational Psychology, 97*(2), 246-256

Pugesek, B. H. Tomer, A., & von Eye, A. (Eds.) (2003). Structural equation modeling: Applications in ecological and evolutionary biology. Cambridge, England: Cambridge University Press.

Rasbash, J., Steele, F., Browne,W., & Goldstein, H. (2009). *A User's Guide to MLwiN Version 2.10*. Bristol, YK: University of Bristol, Bristol.

Raudenbush, S. W., & Bryk, A. S. (2002). *Hierarchical linear models: Application and data analysis methods* (2nd ed.). Newbury Park, CA: Sage.

Richardson, M. W. (1938). Multidimensional psychophysics. *Psychological Bulletin, 35*, 659-660.

Rodger, R. S. (1973). Confidence intervals for multiple comparisons and the misuse of the Bonferroni inequality. *British Mathematical and Statistics Psychology, 26*, 58-60.

Rosenberg, B. (1973). Linear regression with randomly dispersed parameters. *Biometrika, 60*, 61-75.

SAS Inc. (1990). *SAS/STAT user's guide* (4th ed.). Cary, NC: Editor.

Schreiber, J. B., Stage, F. K., King, J., Nora, A., & Barlow, E. A. (2006). Reporting structural equation modeling and confirmatory factor analysis results: A review. *The Journal of Educational Research, 99*(4) , 323-337.

Schwartz, G. (1978). Estimating the dimension of a model. *Annals of Statistics, 6,* 461-464.

Sharma, S. (1996). *Applied multivariate techniques.* New York: John Wiley.

Shepard, R. N. (1962). The analysis of proximities: multidimensional scaling with an unknown distance function. *Psychometrika, 27,* 125-140.

Singer, J. D. (1998). Using SAS PROC MIXED to fit multilevel models, hierarchical models, and individual growth models. *Journal of Educational and Behavioral Statistics, 23*(4), 323-355.

Smith, A. F. M. (1973). A general Bayesian linear model. *Journal of the Royal Statistical Society, Series B, 35,* 61-75.

Snijders, T. A. B. (2005). Power and Sample Size in Multilevel Linear Models. In B. S. Everitt & D.C. Howell (Eds.), *The encyclopedia of statistics in behavioral science* (pp. 1570-1573). Chichester, England: Wiley.

Sörbom, D., & Jöreskog, K. G. (1982). The use of structural equation models in evaluation research. In C. Fornell(Ed.), *A second generation of multivariate analysis*(Vol.2, pp.381-418). New York: Praeger.

SPSS (1999). *SPSS 10 syntax reference guide.* Chicago: Editor.

SPSS (2000). *Advanced statistical analysis using SPSS.* Chicago: Editor.

Stevens, J. (1996). *Applied multivariate statistics for the social science* (3rd ed.). Mahwah, NJ: Lawrence Erlbaum.

Strenio, J. L. F., Weisberg, H. I., & Bryk, A. S. (1983). Empirical Bays estimation of individual growth curve parameters and their relationship to covariates. *Biometrics, 39,* 71-86.

Tabachnick, B. G., & Fidell, L. S. (1989). *Using multivariate statistics* (2nd ed.). New York: Harper & Row, Publishers, Inc.

Tabachnick, B. G., & Fidell, L. S. (2007). *Using multivariate statistics* (5th ed.). Boston, MA: Pearson. (Pearson international edition).

Takane, Y., Young, F., & Deleeuw, J. (1976). Nonmetric individual differences multidimensional scaling: an alternating least squares method with optimal scaling features. *Psychometrika, 42,* 7-67.

Tatsuoka, M. M., & Lohnes, P. R. (1998). *Multivariate analysis* (4th ed.). NY: Macmillan Publishing Company, Inc.

Thompson, B. (1990). Don't forget the structure coefficients. *Measurement and Evaluation in Counseling and Development, 22*(4), 178-180.

Thompson, B. (1995a). Review of applied discriminant analysis by C. J. Huberty. *Educational and Psychological Measurement, 55,* 340-350.

Thompson, B. (1995b). Stepwise regression and stepwise discriminant analysis need not apply here: A guidelines editorial. *Educational and Psychological Measurement, 55*(4), 525-534.

Thompson, B. (1998). *Five methodology errors in educational research: The pantheon of statistical significance and other faux pas.* Retrieved from ERIC database. (ED419023)

Thorndike, R. L., Hagen, E. P., & Sattler, J. M. (1986). *The Stanford-Binet Intelligence Scale: Fourth edition.* Chicago: The Riverside Publishing Company.

Tucker, L. R., & Lewis, C. (1973). The reliability coefficient for maximum likelihood factor analysis. *Psychometrika, 38,* 1-10.

Twisk, J. W. R. (2006). *Applied multilevel analysis : a practical guide.* New York: Cambridge University Press.

Wang, J. (1997). Using SAS PROC MIXED to demystify the hierarchical linear model. *The Journal of Experimental Education, 66*(1), 84-93

Weisberg, S. (2005). *Applied Linear Regression* (3rd ed.). Hoboken, NJ: John Wiley & Sons.

Whitaker, J. S. (1997a). *Interpretation of structure coefficients can prevent erroneous conclusions about regression results.* Retrieved from ERIC database. (ED406438)

Whitaker, J. S. (1997b). *Use of stepwise methodology in discriminant analysis.* Retrieved from ERIC database. (ED406447)

Wilkinson, L. (1999). Statistical Methods in Psychology Journals Guidelines and Explanations. *American Psychologist, 54*(8), 594-604.

Young, G., & Householder, A. S. (1938). Discussion of a set of points in terms of their mutual distances. *Psychometrika, 3*, 19-22.

Zhou, X.-H., Perkins, A. J., & Hui, S. L. (1999). Comparisons of software packages for generalized linear multilevel models. *The American Statistician, 53*(3), 282-290.

Zwick, W. R., & Velicer, W. F. (1986). Factor influencing five rules for determining the number of components to retain. *Psychological Bulletin, 99*, 432-442.

中英文索引

中文部分

一畫

二畫

四畫

五畫

七畫

八畫

九畫

十畫

十四畫

十五畫

二十五畫

英文部分

A

國家圖書館出版品預行編目資料

多變量分析方法：統計軟體應用／陳正昌等合
著一一六版.一一臺北市：五南圖書出版股
份有限公司, 2011.08
　　面；　公分
ISBN 978-957-11-6378-9（平裝附光碟）

1.多變量分析　2.統計套裝軟體

511.2　　　　　　　　　　100014943

1H23

多變量分析方法──統計軟體應用
（附光碟）

作　　者 ─ 陳正昌、程炳林、陳新豐、劉子鍵

發 行 人 ─ 楊榮川

總 經 理 ─ 楊士清

總 編 輯 ─ 楊秀麗

主　　編 ─ 侯家嵐

責任編輯 ─ 侯家嵐

文字編輯 ─ 余欣怡

封面設計 ─ 盧盈良

出 版 者 ─ 五南圖書出版股份有限公司

地　　址：106台北市大安區和平東路二段339號4樓

電　　話：(02)2705-5066　　傳　真：(02)2706-6100

網　　址：https://www.wunan.com.tw

電子郵件：wunan@wunan.com.tw

劃撥帳號：01068953

戶　　名：五南圖書出版股份有限公司

法律顧問　林勝安律師

出版日期　1994年 4 月初版一刷
　　　　　1998年 8 月二版一刷
　　　　　2003年 9 月三版一刷
　　　　　2005年12月四版一刷
　　　　　2009年 2 月五版一刷
　　　　　2011年 8 月六版一刷
　　　　　2023年 8 月六版七刷

定　　價　新臺幣750元